U0723762

國家出版基金資助項目

「十四五」時期國家重點出版物出版專項規劃項目

2021—2035年國家古籍工作規劃重點出版項目

明清才子傳箋證

第二卷

明代詩文編（宣德—弘治）（上）

主編 陳書録 司馬周

副主編 孫啓華

總主編 —— 羅時進

鳳凰出版社

圖書在版編目（CIP）數據

明清才子傳箋證. 第二卷, 明代詩文編. 宣德—弘治 / 羅時進總主編 ; 陳書録, 司馬周主編 ; 孫啓華副主編. 南京 : 鳳凰出版社, 2025. 6. -- ISBN 978-7-5506-4126-6

Ⅰ. K825.6

中國國家版本館CIP數據核字第2024UJ8609號

書　　名	明清才子傳箋證·第二卷·明代詩文編(宣德—弘治)
總 主 編	羅時進
主　　編	陳書録　司馬周
副 主 編	孫啓華
責任編輯	陳曉清
裝幀設計	姜　嵩
責任監製	程明嬌
出版發行	鳳凰出版社(原江蘇古籍出版社) 發行部電話025-83223462
出版社地址	江蘇省南京市中央路165號,郵編:210009
照　　排	南京凱建文化發展有限公司
印　　刷	徐州緒權印刷有限公司 江蘇省徐州市高新技術産業開發區第三工業園經緯路16號
開　　本	890毫米×1240毫米　1/32
印　　張	37.875
字　　數	960千字
版　　次	2025年6月第1版
印　　次	2025年6月第1次印刷
標準書號	ISBN 978-7-5506-4126-6
定　　價	260.00圓(全二册) (本書凡印裝錯誤可向承印廠調换,電話:0516-83897699)

序

羅時進

明清兩代是中國文學發展史上的兩個重要階段,其作家衆多,創作繁富,特色鮮明,尤其"一代有一代之文學"的文體偏倚性狀況大幅降低,各體文學都得到發展,頗可媲美以往歷代。中國古代文學史從《詩經》産生時代至辛亥革命歷經了近三千年,明清兩代這五六百年可以説是一個全面成長期、發展期、總結期,理應引起充分的重視。但長期以來明清文學除一部分文體和作家外,總體上研究的深度與廣度都遜於前代。究其原因,在相當程度上與明清兩代文學文獻整理與研究不够有關,要真正推動明清文學研究,必須在基本文獻史料的整理上下極大的功夫,構建高水平的"明清文學史料學",以夯實研究的根基。

作家生平行迹的資料發掘、考索,是文學文獻整理的最基礎性工作。在這方面唐代作家資料整理研究的成就最爲突出,代表性成果是傅璇琮先生主持編纂的《唐才子傳校箋》。這部著作對元人辛文房《唐才子傳》逐篇箋釋,爲唐代文學研究立下了堅實的柱礎,持續地推助唐代文學研究走向深入。在此基礎上傅璇琮先生又組織編纂了《宋才子傳箋證》,以新的"傳箋體"形式,爲宋代名家進行傳記撰寫和資料考證,不僅爲宋代文學家建立了一個翔實的譜系,也爲古籍整理,特别是古代作家生平史料的研究提供了一個新的成功範例。傅先生在 1986 年就曾提出過一個設想:"可以組織一套中國古典作家傳記叢書,凡在中國文學史上有過貢獻,有其特色的作家,從屈原開始,到清末,分别寫出傳記。"這"將是一項中國文學史研究的基本工程,在世界上也會産生影響"(《關於唐代文學研究的一些想法》,《文史知識》1986 年第 12 期)。也許正是爲了完成這個宏觀的構想,在《宋才子傳箋證》出版不久,他便邀請另一位專家着手編纂《先唐才子傳箋證》,並來蘇州大學倡議編纂《明清才子傳箋證》。

本校由錢仲聯先生倡導明清詩文研究,有長期積累的學術基礎,但我個人這方面學養不足,很擔心難以完成這項繁重的、長綫的工作。傅先生倍加鼓勵,並提出具體的分卷方案,建議了分卷主編,對入選作家也明確了基本原則。於是,我承乏接受了任務,開始約請相關專家撰寫樣稿,送傅先生審閲,經他批點而定稿。接着,傅先生親自寫信給鳳凰出版社姜小青社長,商量出版事宜。姜社長和鳳凰出版社欣然同意,這對我們啓動編纂工作是一個巨大的推動。在此書出版之際,我們深切緬懷傅先生,他的提議、策劃和全局性的安排,一直是這一學術工程開展的動力。

明清兩代有作品存世的作家,其數之多,是以往任何一個朝代都遠遠不能相比的。根據李時人先生的統計,明代有詩文作品存世者至少有兩萬人(《中國文學家大辭典・明代卷前言》),而據我和相關學者研究,清代則又數倍於明代,幾達十萬人,那麽如何遴選作家? 如何分卷? 對此我們一方面參考《宋才子傳箋證》的經驗,一方面根據明清文學史的實際,在兼顧朝代、文體等方面相對平衡的前提下,以其在文學創作上具有代表性和才子特色爲主要入選標準。

何謂朝代相對平衡? 以朝代來説,清代作家數量過於龐大,文獻存量也極爲可觀,如不嚴格揀擇,明代與清代卷册將明顯地前輕後重。如此雖不違文學史與文獻學之實際,但這項工作畢竟不是純粹構建文學史料庫,不應僅僅從數量上考慮,尤其不必形成明代與清代之間的明顯對照;再之,清代創作成果豐富的名家,選目易擬,但如果入選數量過多,工作量將極大地增加,使工程浩繁,實難以蕆事,故適當壓縮清代作家入選數量,是必要的。

何謂文體相對平衡?《宋才子傳箋證》將詞人專門析出,形成專卷,明清兩代詩人、詞家的融通度較高,似可不必單獨立卷;而小説、戲曲作家雖然一般都有詩文創作,但如不立專卷,則難以反映明清兩代文學史發展的特點,也不符合學界的基本共識。故凡在小説、戲曲方面有所成就的作家,從詩文作家中析出,使小説、戲曲專卷各成家數,充分體現中國文學史最後兩朝特有的光彩。另外,小説家與戲曲家,入選數量也力求大致持平。

何謂具有代表性和才子特色?這是兩個問題,其中代表性或許不難理解。有科名者(或館閣文人)入選會較多,這是因爲科舉本身就是一種"代表性"文人的選拔制度,而一些雖然没有科名而進入館閣者,也經過了一定的薦舉和特選過程,其基本要求仍然是"代表性"。他們也確實是在明清兩代文學生産中最具創作力和影響力的人物,尤其在詩文領域,即使明清戲曲、小説家,有科名者也不在少數。當然布衣文人明代如謝榛、徐霞客,清代如徐大椿、范當世等,也有其代表性和影響力,自當立傳。

若論才子特色,就比較複雜,見仁見智了。近四十年來,明清文學研究逐漸受到重視,研究面向和深度都顯示出全新氣度和格局,出現了諸多新的成果,這些無疑應該在本書中得到反映。故入傳選擇不應局限於在文學史上歷來佔據主體位置的、取得共識的作家,也應注意新發現的具有才性和特點的文人。

舉例來説,嘉道時期一位幾乎被文學史家遺忘了的詩人唐金鑒(原名金釗),其"少讀書羅浮山寺,性耽山水,有烟霞泉石之癖。暇則縋幽鑿險,嘯傲其間,凡羅浮名勝皆有題咏。又翦荆斬棘,手辟羅漢洞,外列十景,自爲記序,並各紀以詩,一時名流和者甚衆"(何曰愈《退庵詩話》卷三)。所謂"一時名流和者甚衆",在今存唐金鑒輯《羅漢洞唱和詩册》中有充分證明。該《詩册》在輯存本人羅漢洞詩之後"附列詞人姓氏",將唱和者一一俱録,有一百二十六家之多,《詩册》在録各家詩作前,列其籍貫、姓氏、字號,是極爲珍貴的清詩研究基礎史料。唐金鑒道光十三年(1833)登進士第後,在四川任知縣,又調管西藏察木多拉里糧臺糧務,道光二十一年(1841)在布達拉宫舉行十一世達賴喇嘛金瓶掣簽認定時,他曾作長篇歌行紀事,今猶傳世。對於這樣一位出色的山水詩人和在民族文化交流上有所貢獻的作家,不妨入選。其目的在於提示,明清文學史料是一個富礦,只要做"有心人",定能有新的發現,呈現新的問題。明代一些浙東文學集團中卓有建樹者,清代一批滿族詩人頗具影響者,都鮮見或未見於現有明清文學史;近些年明清地域、社團、家族文學是取得突破、獲得成果較多的領域,適當選入其中一些"才子"可使本書的立傳選目得到豐富,也能在一定程度上提高本書的學術質量。

根據上述基本原則,本書起自明洪武初,迄於清宣統末,共分十卷,其中詩文方面明代與清代各爲四卷。明代四卷大致是:洪武至永樂(含洪熙)卷,宣德至弘治卷,正德至隆慶卷,萬曆至崇禎卷。清代四卷大致是:順治至康熙前期卷,康熙後期至乾隆卷,嘉慶至道光卷,咸豐至宣統卷。明清小説一卷,明清戲曲一卷。以上各卷所立傳在七十家至一百二十家之間,總一千餘家。每篇傳箋文的字數,一般要求六千至一萬二千字,實際上大部分傳箋文篇幅都在八千字以上。如此，全書規模已屬可觀。

關於本書的起訖，理論上當然應起自洪武元年(1368)，迄於宣統三年(1911)。這意味着入選作家應是在這五百四十多年間有文學活動或影響者，而按照體例(見後)，1949年以後在世且有社會活動或創作活動者不在入選之列。但本書十卷從生卒年來看，以楊維楨首起，而結於陳景韓，則須略作説明。楊維楨生於元成宗元貞二年(1296)，卒於明洪武三年(1370)，入明後三年即謝世。錢仲聯、傅璇琮先生編《中國文學大辭典》將其編入元代作家部分，但其與宋濂等有交遊，入明後朱元璋厚幣安車宣至，時有詩歌創作(《老客婦謡》)，《明史·文苑傳》有其傳，錢基博著《明代文學》，作家首列即楊維楨，本書亦收入。陶安的情况也很特殊，生年晚於楊氏，卒於洪武初年(1368)。歷來研究明代者，一般將他視爲"元末明初"詩人，主要着眼於其在"元末明初"的實際影響(參左東嶺《朝代轉折之際文學思想研究的價值與意義》，見《明代文學思想研究》，商務印書館2013年版)，本書尊重學界的這一觀點，爲之立傳。至於陳景韓，生於光緒四年(1878)，儘管享壽八十八歲(一説八十七歲)，於1965年謝世，但其具有影響的小説創作皆在晚清與民國時期，是近代小説史上的重要作家，《中國文學家大辭典·近代卷》亦收録其人。爲了體現晚近小説史的完整性，我們也予以立傳。全書起訖作家選擇的一些特殊性，想必能够得到理解。另外各卷承啓結轉之際的作家歸屬，或也不同程度地存在前交後錯的情况，這種交錯有一定的複雜性、特殊性，主要尊重各卷主編根據對文學發展的認識所作的選取、裁量，統稿時做了適當調整。

在體例上，《明清才子傳箋證》主要以《宋才子傳箋證》爲式，但也做了一些調整。如《宋才子傳箋證》篇後不録"參考文獻"，我們與鳳凰出版社一起商量，決定每篇傳箋文後列出主要參考文獻五至十五種。這樣更符合現代學術規範,特别可以使近些年明清文學作家生平研究的一些重要成果得以呈現,便於學者進一步深入研究;同時,也使每篇傳箋文稍具文獻學文章的基本格式。

"傳文"與"箋證"合璧,是本書作爲文獻史料學著作的特色,但本書與《宋才子傳箋證》也有所不同。後者的傳文是"自我作古"形成的,而由於明清文獻遺存極爲豐富,遠超宋代,故絶大部分入選立傳的作家,或在史書中有傳,或有碑傳、墓表、行狀、譜文傳世,至少在地方志中可以找到相關人物敘録,故從本質上來説,本書的傳文並非"自我作古",而是"自我述古"。問題是,明清人的記載有準確的,也有不準確的;有清晰的,也有模糊的;有一事可見多證的,也有僅存孤證的;有比照互證的,也有抵牾相歧的。這就需要通過箋證來覆考,以證實或辨僞,這項工作的難度是相當大的。

箋與證,原分屬於訓詁與考據兩個學術範疇,前者重訓釋,後者重究源。但"箋"之義後來逐漸從"箋注"走向與"箋證"的趨同。鄭玄《六藝論》:"注《詩》宗毛爲主,其義若隱略,則更表明;如有不同,即下己意,使可識别也。"這裏的"識别",即包含"證"之義了,孔穎達《毛詩正義》即言"記識其事,故特稱爲箋"。《明清才子傳箋證》之"箋證",即通過記識其事,以發覆考鏡,去僞存真,最大程度上還原本事。

傳主之生平,是由日常與事件構成的。這兩者有時很難區分,出生、死亡是人間之日常,但某些人物的生死之於文學史就是事件;寫作是文人之日常,但有些寫作的行爲與結果,都是文學史的事件。當然在現實生活和實際語境中,日常與事件還是相對可分,能够默認心裁的;而文人在日常生活中易顯才情,在特殊事件中最見人格。故箋證既注意表現日常,包括傳主的生卒時間都力求究底考實;同時注重發現和究明其生平中的個人事件和歷史事件。

撰寫中儘量博徵廣引，既有内證也有外證；同時代人之記載具有優先地位，但也不忽視後人相關記載和研究的意義。

本書所引徵的文獻史料何止萬千，發覆需腹笥與精力，運用則需學養與裁斷。衆所周知，記録唐宋文人事迹的史料相對較少，箋證工作的難點是如何儘量發掘，增加佐證維度；而明清兩代涉及文人的史料極爲豐富而龐雜，除正史、傳記和文集、文論這些基本文獻外，尚有檔案、方志、碑傳、行狀、家集、社集、譜牒、學案、筆記、日記，以及科舉文獻、宗教文獻、出土文獻、海外文獻，更有報刊信息、野史小説等。有時某個作家的資料仍屬稀缺，有時某些作家資料繁夥混雜，不能不剪裁、甄辨。爲提高全書質量，在保證傳文句句有根的前提下，箋證務求實是：史料寧闕而毋濫，不獵奇而虚録；觀點寧折衷而可靠，不趨新而自神；對可備一説的史料，則適當載録，以便深入研究。

源遠流長的中國古代文學史發展到明清兩朝，已至"尾聲"。但這個"尾聲"無法用人們對斷代文學史常用的一個"晚"字來概括，在一定意義上，它是一個完整的文學史結構，自成起承轉合的大系統，自備歷代文學史的幾乎所有要素，而且越到後期越顯示出"承變共時"的特點。

這五六百年涵括了"元明之變""明清之變""清民之變"三次因易代引起的文壇激蕩，每次激蕩都引發了文學家的反思，演化爲文學史發展的動力。哪怕到晚清時代，古代文學史的全部演出即將落幕，文人所産生的思考、文學所表現出來的氣象、文壇所顯示出的願景，却是兩千多年所未有。衆多文人深思個人命運，悲慨亡國絶祀，奇异地交織着痛苦與理想之光。這五六百年的文學史，總體觀照都有某種復古回潮的趨勢，細部勘察則時見新變與展望的姿態；若論文學觀念、創作方法的矛盾糾葛，似乎比歷代更多，但相反相成、對跖融合往往是不期而至的結果。如何評價明清文人與文學,始終是個問題。明清小說、戲曲成就斐然,足稱文學藝術王國,這一點看法比較統一。那麽,文人投入心力最多的詩文呢?客觀來看,明清兩代能文者太多,他們的作品有比以往歷代文人之作更多存世的機會,平庸寫作也很容易被發現,這是不容否定的事實;然而另一個事實是,這兩代文人文化積累的深度和觀察世界的廣度是空前的,杰出或卓越作家的總量絶不會低於以往任何一個朝代,優秀詩文作品數量極爲可觀,同樣無愧爲輝煌的時代。

《明清才子傳箋證》編纂的目的正基於此:我們希望將重要而杰出的文人遴選出來,以之爲坐標,不是散點式的,而是脉絡性地勾勒出明清文學發展的狀態,顯現出明清各種文體創作出現的現象和達到的水平,揭示出明清文人在承變衝突中的突破,總結明清文學在中國古代文學史最後時期的成就。

從這個目的出發,本書力圖譜系式地反映明清文學發展的面貌。依照傳統譜牒學意義推之,家族譜、宗派譜、群體譜應分支分房或分派分門作全員性列叙,但"才子傳"的定位顯然不在於此,而在於立"主"。主與主之間可見輩分、位次;"主"有所承、所連、所傳,如此貫穿起來能够形成某種譜系作用。事實上,每篇傳箋文所涉人物少則十數人,多則數十人乃至更多。全書十卷,由上千名傳主所關聯的明清文人至少萬餘家,似可視作明清文壇主客圖或脉系譜。明清文學發展的特點是"人多勢衆",要將十數萬人的小傳整理出來,尚有待時日,從"家數"入手,不失爲現階段可行的方法,對推進方興未艾的明清文學研究應能産生一定作用。

本書在策劃之初擬出了建議立傳名單、凡例和主要參考文獻,工作開展後則實行分卷主編負責制。主編們根據各階段實際情況對立傳者進行適當增删,並組織學術力量開展編寫工作,並負責審稿。最初邀約的各卷主持者爲(以下均以姓氏筆畫爲序)杜桂萍、陳書録、梅新林、張劍、蔣寅、羅時進、譚帆、饒龍隼等先生;後因開展工作需要又邀請了丁小明、司馬周、何詩海、馬昕、凌郁之、湯志波、魏洪洲等擔任主編;王志剛、孫啓華、黄建林、張立敏擔任副主編。各位主編在實際操作中從提高專業水平、推進編著進程出發,聘請了一些具有專門學養和造詣者作具體執行人。各卷主持者和協同主編工作者在本身學術工作極爲繁重的情況下,高度負責,做了大量的作者隊伍組織和對稿件的學術把關工作,爲保證本書質量耗費了極大精力,克服了許多困難。此書克成厥功,憑賴諸君之力。

各卷參加撰寫工作的學者,都是由主編們邀約的在明清文學方面有長期研究積累和影響,或在某些明清文人研究中有專攻和成果的學者,總數達二百人以上。可以説,近二十多年來有志於明清文學的中青年學者中有相當多人都參加了這項工作。主編們作爲導師,也指導合作研究博士後和許多碩、博士研究生進行傳箋文撰寫。這是國内近年來參與者衆多的一項大型明清文學文獻研究項目,能够有這麽多學者熱情投入其中,在三十年前是不可想象的,這本身已經體現出明清文學研究的歷史性進步。值得提及的是,許多年輕學者,樂於利用休暇和各種機會,到圖書館查檢文獻,獲取第一手史料,尤爲可嘉。他們所顯示的,是明清文學未來發展的力量和希望。

當然,"傳箋體"本身具有創新性,且這一項目工作量很大,前後歷時八九年,完成清樣校改,已經進入第十個年頭了,主編們不同程度地感受到推進工作之不易。客觀來看,由於種種原因,各期之間或有不平衡現象;傳箋文出於衆手,各篇之間水平也難以一致。我本人以及所組織的團隊,利用時間力所能及地做了一些拾遺補缺工作,同時對前期各卷未完全溝通協調、重複寫作的稿件進行了適當的合併。2021年暑假期間,克服疫情造成的困難,團隊駐校集體統齊稿件,彌補欠缺,蘇州大學諸位老師和博士生都付出了極大辛勞。但由於本人水平有限,見識戔戔,無論是傳文的準確性、箋注的可靠度、文獻的發掘面、體例的統一化,都仍然會存在不少問題,希望得到學界同仁和廣大讀者的指教諟正。

本書編著期間,鳳凰出版社姜小青先生、倪培翔先生、吴葆勤先生,作爲前後社長始終高度關切,傾力支持,曾多次約我在南京和蘇州商量如何進行高水平編著,如何推進工作開展;總編輯林日波先生、編輯部主任李相東先生也一直給予關心支持、精心策劃;鳳凰出版社相關編輯以專業精神認真負責編審,在此深表感謝。

這裏要特别説明,項目開展期間,人事頗有變化。沈松勤教授參與了最初的策劃工作,楊旭輝教授在前期協理清代第三卷工作中發揮了積極作用,感謝他們的貢獻。劉勇剛教授曾協助主持明代第二卷的工作,不幸英年早逝,對他付出的心力,深懷謝忱。

本書相繼列入"十三五"國家重點圖書出版規劃、"十四五"國家重點圖書出版規劃、2011—2020年國家古籍整理出版規劃項目、2021—2035年國家古籍工作規劃重點出版項目,并獲得2023年度國家出版基金資助。這是對我們工作的肯定和激勵,對相關部門和評審專家給予該項目的重視,一并表達由衷的感謝。

凡　例

一、《明清才子傳箋證》用考證的方法對明清兩代重要文學家的生平史料進行整理和研究。在時限上，上起明洪武初，下訖清宣統朝。凡由元入明和由清入民的跨代文學家，按照學術界一般共識確定入選與否；明清之際的文學家的歸屬問題，亦同樣尊重學界普遍認知而定。原則上，1949 年以後在世且有社會活動和創作者不入選立傳。

二、《明清才子傳箋證》凡十卷，其中明代詩文作家四卷，清代詩文作家四卷，明清小説家一卷，明清戲曲家一卷。每卷收入文學家人數，七十家至一百二十家不等，清代中晚期稍寬。某文學家擅長多種文體，其身份之確定，以其代表性作品和在文學史上的地位、影響而論。詞家，不列專卷，歸入詩文家。

三、《明清才子傳箋證》收録之人物，原則上人各一傳，單獨箋證；與傳主關係緊密者，爲作附傳。排列以時代先後爲序，其生年乃主要之依據，生年不詳者參照卒年，生卒年皆不詳者，參照科舉活動和交遊活動情況適當排序。

四、傳文内容主要包括傳主的姓名（字號）、籍貫（郡望）、出生、世系、生平經歷、文學活動、卒年、子嗣、著述等，其中生平主要經歷（如科舉、仕宦、退隱）和重要文學活動爲箋證重點。若傳主在歷史文獻和文學文獻中有較完整、準確的傳文，以之爲基礎，取其主要内容表述;若無成文,則在搜集可靠文獻史料的前提下撰寫新的傳文。

五、傳文采用淺近的文言文,叙述力求簡明扼要,行文不分段。對傳主的著述成果和文學成就一般不作主觀評價,適當引用古人之經典評述。隨文箋證,傳箋相合,每篇大體在六千至一萬五千字之間。

六、箋證考證傳主事迹、充實文獻史料,是對傳文的實證和展開。凡箋證之内容,必依前人文獻史料,做到言必有據,事必可信。并在堅實的史實基礎上,作必要的考據按斷。對於史料不足證之問題,則寧闕疑而不臆測。

七、傳文或箋證所徵引文獻,皆隨文注明,明顯訛誤徑改。常見正史類文獻,今已出版者采用通行本,並標明卷次;其他文獻標明卷次(或册次,用"卷×"表示,如"卷九""卷十六",一般不用"第×卷"格式)等信息。

八、紀年一般采用年號紀年法。凡明代(1368—1644)用明帝年號紀年,清代(1644—1911)用清帝年號紀年,民國(1911—1949)用民國紀年。朝代交替之年和某些特殊年份(如"泰昌"等),隨機行文。年號紀年後括注公元年份。

九、史料徵録,力求詳簡得當。一事多證者,取其較早出現且重要的史料;人物生卒年和事件發生的時間記載應詳實。在箋證中相隨較近的紀年,前注後省,無俟複贅。

十、新發現的文獻史料,包括别集、碑誌、行狀、家譜以及重要的輯佚成果,在傳箋中儘量吸收,相關文獻著録尤當詳實。凡一書多名、一文多題者,用括注方式標明异名。

十一、箋證對具有重要參考價值的今人研究成果,尤其是他人研究之重要發現,均注意吸取,并標明作者、著作(論文)名、出版社

(學術刊物)、出版(刊載)時間等要素。一般性研究成果,則不徵引。

十二、對古籍之誤,於箋證中作必要的辨正;對學界之不同意見,酌情客觀表述。文字力求簡潔,不鋪衍縷述。

十三、凡徵引古代文獻,因避諱産生的改字、空格等,一般徑改或補足;誤字者,或徑改,或於誤字後用方括號標注正字。

十四、凡引用今人著述,對其作者,臨文不諱,只表姓名,一律不加“先生”、“女士”(女史)、“教授”之類稱呼。

十五、對以往未曾發現或學界較少注意而特色顯著的作家,儘可能詳加箋證。

十六、傳箋之後,列“參考文獻”。主要標列該傳主生平研究的主要文獻史料(即使常見書目,亦標出版本、出版時間)。所列入者,當是與傳主生平有直接關係或有重要參考價值的古代文獻,民國早期文獻適當選列,今人著述精選考證傳主生平系統且可靠者。

十七、每篇傳箋文均署作者的姓名,署於“參考文獻”之後。

目　録

序 ………………………………………………………… 羅時進 1
凡例 …………………………………………………………………… 1

于謙傳 ………………………………………………………………… 1
劉定之傳 ……………………………………………………………… 24
章綸傳 ………………………………………………………………… 40
商輅傳 ………………………………………………………………… 54
王恕傳 ………………………………………………………………… 69
岳正傳 ………………………………………………………………… 91
葉盛傳 ………………………………………………………………… 112
項忠傳 ………………………………………………………………… 130
劉昌傳 ………………………………………………………………… 145
楊守陳傳 ……………………………………………………………… 156
童軒傳 ………………………………………………………………… 168
張寧傳 ………………………………………………………………… 177
何喬新傳 ……………………………………………………………… 192
沈周傳 ………………………………………………………………… 208
黄孔昭傳 ……………………………………………………………… 225
王佐傳 ………………………………………………………………… 241

陳獻章傳…… 258
董越傳…… 281
史鑒傳…… 293
謝鐸傳…… 302
張泰傳…… 318
吴寬傳…… 330
陸容傳…… 344
章懋傳…… 355
劉大夏傳…… 370
莊昶傳…… 391
倪岳傳…… 411
程敏政傳…… 424
馬中錫傳…… 444
桑悦傳…… 460
李東陽傳…… 474
謝遷傳…… 497
王鏊傳…… 513
林俊傳…… 532
楊廉傳…… 552
楊一清傳…… 567
儲巏傳…… 584
楊循吉傳…… 597
都穆傳…… 613
顧清傳…… 627
邵寶傳…… 639
錢福傳…… 650

方良永傳……661
祝允明傳……673
杭淮傳……694
毛紀傳……707
石瑤傳……723
夏尚朴傳……738
張羽傳……754
費宏傳……762
鄭岳傳……777
陳沂傳……788
唐寅傳……799
文徵明傳……819
王守仁傳……839
李夢陽傳……863
何孟春傳……884
劉麟傳……896
王廷相傳……917
王濟傳……934
康海傳……946
潘希曾傳……965
顧璘傳……979
邊貢傳……996
周用傳……1011
陸深傳……1025
崔銑傳……1044
徐禎卿傳……1057

陳霆傳 …… 1069
韓邦奇傳(附韓邦靖傳) …… 1079
許相卿傳 …… 1096
嚴嵩傳 …… 1105
胡纘宗傳 …… 1116
殷雲霄傳 …… 1129
夏言傳 …… 1138
何景明傳 …… 1153
黄卿傳 …… 1170
戴冠傳 …… 1180

于謙傳

于謙，字廷益，號節庵。錢塘（今浙江省杭州市）人。生於洪武三十一年（1398）四月。

于冕《先肅愍公行狀》（《于謙集》附録二）："公諱謙，字廷益。其先家河南，仕金，爲汾州節度使、知開封府者于公爲七世祖，……（曾祖夔）生九思，歷官中奉大夫、廣東道宣慰使、都元帥，改河南，乞致仕，以嘗爲杭州路總管，遂家於杭，故今爲杭州人。……公以洪武戊寅四月二十七日生于里第。"

于繼先《先忠肅公年譜》（《于謙集》附録二）："公姓于氏，諱謙，字廷益，號節庵。""洪武三十一年，公一歲。戊寅四月二十七日午時，公生。"

張廷玉等《明史》（中華書局 1974 年版）卷一百七十《于謙傳》："于謙，字廷益，錢塘人。"

生而穎异，相貌奇偉，有僧奇之，曰："他日救時宰相也。"過目成誦，尤善屬對。及長，經書悉通，有志古文詞及詩賦之學，喜讀先秦兩漢及蘇長公書，爲文有奇氣，一筆揮成。且留心史學，尤喜陸宣公奏疏，手録一册，朝夕披閲，慨然有天下己任之志。

于冕《先肅愍公行狀》："骨相异常。甫七歲，僧蘭古春見而奇之，曰：'此他日救時宰相也。'"

焦竑《熙朝名臣實録》卷十五《太傅于忠肅公》:"十六補邑諸生。時按察僉事行學,督諸生過峻,争噪而犄之,方詬攘間,僉事墮泮宫池,諸生皆驚走出,謙獨前掖之起。僉事晉,乃欲以罪歸謙。謙徐對曰:'噪公者走,不噪公者留,此易曉也。今不罪噪公者猶可,而因以罪援公者,其謂何?'僉事乃止,而謙由此顯名。"

于繼先《先忠肅公年譜》:"壬午,年五歲。公生而穎异,相貌豐偉,識者知爲不凡器。""永樂元年癸未,年六歲。公時就外傅讀書,過目成誦,尤善屬對,有'癸辛街,子午谷''今朝同上鳳凰臺,他年獨占麒麟閣''樓上書房樓下店,圖名圖利;山東宰相山西將,一文一武'之對。""甲申,年七歲。有僧蘭古春善風鑒,一見奇之,曰:'相人多矣,無若此兒者,异日救時宰相也。'""乙酉,年八歲。公聰明日啓,通經書大旨,屢出奇語,師喜曰:'此真英物也。'由是人呼爲'神童'。""丁亥,年十歲。公經書悉通,有志古文詞,篤學不倦,父母珍之,鄰里親族見皆稱賞。""己丑,年十二歲。公讀書於里中慧安寺。""庚寅,年十三歲。先是,己丑學士解縉所撰試録,士林争傳誦之,公寓目輒記。一日家宴客,客有盛稱其録之佳者,父問之曰:'子曾讀否?'公朗朗背誦,一字不遺,滿座贊嘆。""辛卯,年十四歲。公文譽日起,更留心詩賦之學。於古人雅慕諸葛亮、文天祥之忠義,有題咏贊跋。詩詞清逸,膾炙人口。""壬辰,年十五歲。宗師校士杭州,公膺鑒拔,取充錢塘縣儒學生員。""癸巳,年十六歲。公同友人高孟升輩讀書於吴山三茅觀,公天分最高,喜讀先秦兩漢及蘇長公書,爲文有奇氣,一筆揮成,如陣馬風檣,勢莫能遏。且留心史學,同究古今治亂興亡之故。尤喜陸宣公奏疏,手録一册,朝夕披閱,慨然有天下己任之志。""甲午,年十七歲。鄉試不第,仍同高孟升讀書三茅觀,濡首下帷,足不越户。""乙未,年十八歲。時有督學僉事恣行威福,督諸生過峻,謁廟日,諸生群噪,致督學驚墮泮池，諸生走出，公獨前掖之，僉事罪公，公徐對曰：'噪公者避，掖公者留，此易曉耳。今不罪噪公者，而反罪掖公者，其謂之何？'僉事乃止。公自此名益顯。""丁酉，年二十歲。科考，公列名第一，補廩。"

永樂十八年（1420）領鄉薦，明年舉進士。

于冕《先肅愍公行狀》："比長，補邑庠生。永樂十八年，領浙江鄉薦，明年登進士第。太宗皇帝嘗命賚金帛使湖廣，犒勞官軍，即以廉幹著名。"

于繼先《先忠肅公年譜》："庚子年，二十三歲。鄉試，以《易經》中第六名。""辛丑年，二十四歲。會試，復得魁。時主考春坊楊公士奇、侍讀周公述，皆以國士相待。試録用公'博厚所以載物'二節文作程式。殿試，以策語傷時，當軸者置之三甲第九十二名。"

張廷玉等《明史》卷一百七十《于謙傳》："舉永樂十九年進士。"

宣德初，授山西道監察御史。奏對，音吐鴻暢，帝爲傾聽。扈蹕樂安，高煦出降，帝命謙口數其罪。謙正詞嶄嶄，聲色震厲。高煦伏地戰慄，稱萬死。帝大悦。師還，賞賚與諸大臣等。

于冕《先肅愍公行狀》："宣德元年，授山西道監察御史。公才貌英偉，聲如洪鐘，每入侍奏對，宣宗皇帝爲之傾聽。院長顧佐風紀最嚴，少當其意者，獨於公加重。奏差巡按江西，有平民被仇誣指爲賊首，久不决，公取成案閲之，得其冤白之，抵誣者罪，人稱爲神明。王府官屬素驕横，每遣人和買市物，民甚苦之，有司莫能禁。公廉得其實以聞，罪黜其尤者十數人，弊乃息。諸不便於民者釐革殆盡，奸吏巨族素不法者縮氣屏息，不敢肆，民戴公，至今祀於郡學名宦祠。比代還，命率錦衣官校，捕長蘆一帶馬快船之夾帶私鹽者，公不避權貴，悉置之法，河道爲之肅清。上親討漢庶人高煦，簡公侍從,罪人既得,上命公數其不軌罪,辭嚴義正,肆口而成,大稱上旨。師還,賞賚與文武諸大臣等,蓋自是受知於上,屬意用公矣。"

張廷玉等《明史》卷一百七十《于謙傳》:"宣德初,授御史。奏對,音吐鴻暢,帝爲傾聽。顧佐爲都御史,待寮屬甚嚴,獨下謙,以爲才勝己也。扈蹕樂安,高煦出降,帝命謙口數其罪。謙正詞嶄嶄,聲色震厲。高煦伏地戰慄,稱萬死。帝大悦。師還,賞賚與諸大臣等。"

出按江西,雪冤囚數百。疏奏陜西諸處官校爲民害,詔遣御史捕之。帝知謙可大任,會增設各部右侍郎爲直省巡撫,乃手書謙名授吏部,超遷兵部右侍郎,巡撫河南、山西。謙至官,輕騎遍歷所部,延訪父老,察時事所宜興革,即具疏言之。一歲凡數上,小有水旱,輒上聞。

于冕《先肅愍公行狀》:"五年,河南、山西兩省各奏灾,廷議欲命大臣經理,上親署公名,特升行在兵部右侍郎,巡撫二處地方,時年三十有三。公感上知遇,晝夜經畫,遍歷河南、山西,問民所疾苦,爲之興利除害,二省之民獲蘇。越五年,英宗皇帝嗣位,公還朝議事,復出巡撫九載。秩滿,進左侍郎。公在河南,屢布大政。……公自河南抵山西,夜徑太行山,群盗各持兵刃喊而前,從者相顧駭愕,公厲聲叱曰:'汝何爲者?'群盗覺公,遂奔散,其德威服人如此。山西參議劉孔宗律己過嚴,流輩寡合,群小誣以贓污,累及妻子。公上章白其事,卒不坐。"

張廷玉等《明史》卷一百七十《于謙傳》:"正統六年疏言:'今河南、山西積穀各數百萬。請以每歲三月,令府州縣報缺食下户,隨分支給。先菽秫,次黍麥,次稻。俟秋成償官,而免其老疾及貧不能償者。州縣吏秩滿當遷,預備糧有未足,不聽離任。仍令風憲官以時稽察。'詔行之。河南近河處,時有衝决。謙令厚築堤障,計里置亭,亭有長,責以督率修繕。并令種樹鑿井,榆柳夾路,道無渴者。大同孤懸塞外,按山西者不及至,奏別設御史治之。盡奪鎮將私墾田爲官屯,以資邊用。威惠流行,太行伏盜皆避匿。"

在官九年,遷兵部左侍郎,食二品俸。正統十一年(1446),乃上章舉參政孫原貞、王來以自代。太監王振誤以謙忤己,會有劾謙者,遂下法司論死,繫獄三月。已而振知其誤,得釋,左遷大理寺少卿。山西、河南吏民伏闕上書,請留謙者以千數,周、晋諸王亦言之,乃復命謙巡撫。前後在任十九年,丁内外艱,皆令歸治喪,旋起復。

于冕《先肅愍公行狀》:"十一年,上章舉參政孫原貞、王來以自代。時太監王振方用事,御史有類公姓名者常忤振,振忘其人,疑爲公,乃乘機嗾言者劾其擅舉自代之罪,降大理寺左少卿,罷巡撫。河南、山西之民聞之,倍道赴闕,交章願留,親藩亦以地方不可無公爲請,乃復命巡撫。會得榮禄公之訃,詔起復,公累章懇乞終制,不許。上遣行人汪琰諭祭,有司營葬事畢,還朝陛見,有'河南、山西民安事妥'之諭。尋復兵部右侍郎,理部事。"

于繼先《先忠肅公年譜》:"丙寅,年四十九歲。公當入朝議事,人謂公即不橐金往,寧無一二土物充交際耶?公笑舉其袖曰:'吾惟有清風耳。'因賦詩見志。入朝,舉參政孫原貞、王來自代。時太監王振用事,嗛公無私謁,嗾言官劾其擅舉自代罪,降大理寺左少卿,罷巡撫。二省之民赴闕乞留,親藩亦以地方不可無公爲請,乃復命巡撫。"

張廷玉等《明史》卷一百七十《于謙傳》:"在官九年,遷左侍郎,食二品俸。初,三楊在政府,雅重謙。謙所奏,朝上夕報可,皆三楊主持。而謙每議事京師,空橐以入,諸權貴人不能無望。及是,三楊已前卒,太監王振方用事。適有御史姓名類謙者,嘗忤振。謙入朝,薦參政王來、孫原貞自代。通政使李錫阿振指,劾謙以久不遷怨望,擅舉人自代。下法司論死,繫獄三月。已而振知其誤,得釋,左遷大理寺少卿。山西、河南吏民伏闕上書,請留謙者以千數,周、晉諸王亦言之,乃復命謙巡撫。時山東、陝西流民就食河南者二十餘萬,謙請發河南、懷慶二府積粟以振。又奏令布政使年富安集其衆,授田給牛種,使里老司察之。前後在任十九年,丁内外艱,皆令歸治喪,旋起復。"

十三年(1448)以兵部左侍郎召。明年秋,也先大入寇,王振挾帝親征。謙與尚書鄺埜極諫,不聽。埜從治兵,留謙理部事。及駕陷土木,京師大震,衆莫知所爲。郕王監國,命群臣議戰守。謙力主守議,經畫方略,人心稍安。

于冕《先肅愍公行狀》:"又明年爲正統十四年,虜酋也先入寇獨石、馬營,至秋,勢益猖獗,上將親率六師討之,公偕尚書鄺埜上言:'聖朝備邊最爲嚴謹,將士用命,可坐收功,不必親率六師以臨塞下,皇上宗廟社稷之主,誠不可不自重。'不聽。是年八月三日,六師啓行。初,上命公隨征,忽改遣鄺埜,留公理部事。十有五日,師駐狼山土木,主將不識地利,遠絶水路,我軍焦渴甚窘促,玩不爲備。俄而虜騎奄至,王師敗績,死者填委,溝壑爲滿,蓋曠世所無之奇禍也,上北狩。報至,京師大震,公北望號哭,誓不與虜俱生。太后命郕王監國,是日臺諫廷論土木之變,罪歸王振。王方攝朝,倉卒未有處分,錦衣衛指揮馬順素附振,意頗不平,衆怒擊順,死於廷,且索振所親信二内侍,將擊之,彼此喧嘩,班行雜亂,無復朝儀,文武諸大臣皆驚避,公堅立不動,王亦疑懼,屢起欲退,公直前扶掖勸止之,且請降旨,令群臣立班,勿擅動,命紅盔將軍用瓜擊二内侍,期亟死,王從之。時在廷上下相顧未已,公恐事出不測,復進言曰：'請再宣諭群臣，王振罪固當赤族，俟啓太后行誅未晚。馬順罪惡應死，勿論。'衆稍定退朝，時過午刻矣。公袍袖皆裂，徐步出左掖門，吏部尚書王直迎執公手，謂曰：'今日事起倉卒，賴公以定，雖百王直將焉用之！'公辭謝不敢當。太后以公人望所屬，升兵部尚書，公固辭不獲，始就職。公以鑾輿未回，大敵垂至，若前日扈從失律者一概寬貸，則今披堅臨陣者何所畏憚？乃上章劾之其罪，大略曰：武臣如顧興祖等，茫無一計可施，遂使三軍覆没，上棄君父於虜廷，下委生靈於丘壑；文臣如王佐等，雖無敗軍之罪，難逃違法之誅。王令法司議罪以聞。"

張廷玉等《明史》卷一百七十《于謙傳》："十三年以兵部左侍郎召。明年秋，也先大入寇，王振挾帝親征。謙與尚書鄺埜極諫，不聽。埜從治兵，留謙理部事。及駕陷土木，京師大震，衆莫知所爲。郕王監國，命群臣議戰守。侍講徐珵言星象有變，當南遷。謙厲聲曰：'言南遷者，可斬也。京師天下根本，一動則大事去矣，獨不見宋南渡事乎！'王是其言，守議乃定。時京師勁甲精騎皆陷没，所餘疲卒不及十萬，人心震恐，上下無固志。謙請王檄取兩京、河南備操軍，山東及南京沿海備倭軍，江北及北京諸府運糧軍，亟赴京師。以次經畫部署，人心稍安。即遷本部尚書。郕王方攝朝，廷臣請族誅王振。而振黨馬順者，輒叱言官。於是給事中王竑廷擊順，衆隨之。朝班大亂，衛卒聲洶洶。王懼欲起，謙排衆直前掖王止，且啓王宣諭曰：'順等罪當死，勿論。'衆乃定。謙袍袖爲之盡裂。退出左掖門，吏部尚書王直執謙手嘆曰：'國家正賴公耳。今日雖百王直何能爲！'當是時，上下皆倚重謙，謙亦毅然以社稷安危爲己任。"

景帝立，敕謙提督各營軍馬。也先挾上皇破紫荆關直入，窺京師。謙分遣諸將，率師二十二萬，列陣九門外，遂大破之。論功，加謙少保，總督軍務。

于冕《先肅愍公行狀》:“於是文武群臣交章勸進,王涕泣固辭,避歸郕邸不出。太后復降旨責王,不得已乃即位,遥尊英廟爲太上皇帝,改明年爲景泰元年,天下始知有君,朝綱始肅,法令始行。……時邊報絡繹,訛言萬端,事情百出,公先事預防,攝權制變,衆一視公爲安危輕重。太監喜寧本胡種也,土木之敗降也先,盡以中國虚實告之,遂爲鄉導,奉英廟趨紫荆關,京師戒嚴,人無固志,往往挈而南奔。侍講徐珵妄言占象,倡議南遷以避之。事聞六宫,而二三大臣復依違其間,公慟哭於廷,抗言:‘京師天下根本,宗廟山陵社稷咸在此,百官萬姓帑藏倉儲咸在此,此處不守,何處可守? 若一動,則大勢盡去,宋南渡之事可監矣。’上是公言,堅持固守之議。先是,京師草束,自永樂以來承平日久,俱在城外堆積,動以千數百萬計,壩上養大馬草束料豆,亦置倉場於野外,公一聞虜騎臨關,急分遣五城兵馬司官縱之焚燒,一面奏聞。或謂事重,何不待報? 公曰:‘事有經權,今寇在目前,若少緩待命下,適以資虜。’及京城戒嚴,人皆服公經濟遠略,設不預爲焚燒之計,則在野倉場皆虜囊中之物,藉此持久坐困我必矣。主將石亨與公謀議頗异,只欲盡閉九門,堅壁以待之。公不聽,乃請率先將士,躬擐甲胄,軍德勝門外,閉闔城門,示以必死,泣諭三軍,誓言國恩當報,忠義難得,事機一失,禍患立至,生不如死。人人感奮,勇氣百倍。十月之朔,也先入紫荆關,傳言送駕還京,長驅直前,其先至者四散前突,我軍堅不爲動。知我有備,稍自引却。也先次至城下,對我壘而陳。英廟在也先所,虜酋覘知我軍嚴整,不敢有加,我亦不敢向虜輕放一矢。喜寧嗾也先邀我六七大臣出城議和,奉駕還宫,所邀金帛以萬萬計,蓋責我所難從,以起釁端。廷議汹汹,禮部使來問公,公曰:‘今日止知有軍旅,他非所敢聞。’對壘凡七日,是爲十月既望,諜知虜中移英廟車駕離其壘漸遠,乃炮擊其壘,虜死炮下者萬計,也先大沮,宵遁,仍奉駕以北。我軍奮欲追擊之,公不許,止令逐出境外,縱之自去。初,紫荆失守,公集議所以禦寇之策,皆曰也先善戰,而我軍新集且脆弱。公曰:'聞善戰,不若不戰而屈人也。'乃一以忠義干城,卒致一矢不遺,虜衆自退,人謂天實生公以爲社稷。朝廷論功,特加少保,總督軍務,固辭不允。……公又以涿鹿、保定、真定、易州地方密邇京城,雖有衛所官軍,勢孤援寡,先已奏遣都督僉事劉安,統領京軍往來巡視,以張形勢。"

張廷玉等《明史》卷一百七十《于謙傳》:"初,大臣憂國無主,太子方幼,寇且至,請皇太后立郕王。王驚謝至再。謙颺言曰:'臣等誠憂國家,非爲私計。'王乃受命。九月,景帝立,謙入對,慷慨泣奏曰:'寇得志,要留大駕,勢必輕中國,長驅而南。請飭諸邊守臣協力防遏。京營兵械且盡,宜亟分道募民兵,令工部繕器甲。遣都督孫鏜、衛穎、張軏、張儀、雷通分兵守九門要地,列營郭外。都御史楊善、給事中王竑参之。徙附郭居民入城。通州積糧,令官軍自詣關支,以羸米爲之直,毋棄以資敵。文臣如軒輗者,宜用爲巡撫。武臣如石亨、楊洪、柳溥者,宜用爲將帥。至軍旅之事,臣身當之,不效則治臣罪。'帝深納之。十月勑謙提督各營軍馬。而也先挾上皇破紫荆關直入,窺京師。石亨議斂兵堅壁老之。謙不可,曰:'奈何示弱,使敵益輕我。'亟分遣諸將,率師二十二萬,列陣九門外:都督陶瑾安定門,廣寧伯劉安東直門,武進伯朱瑛朝陽門,都督劉聚西直門,鎮遠侯顧興祖阜成門,都指揮李端正陽門,都督劉得新崇文門,都指揮湯節宣武門,而謙自與石亨率副總兵范廣、武興陳德勝門外,當也先。以部事付侍郎吳寧,悉閉諸城門,身自督戰。下令:'臨陣將不顧軍先退者,斬其將。軍不顧將先退者,後隊斬前隊'。於是將士知必死,皆用命。副總兵高禮、毛福壽却敵彰義門北,擒其長一人。帝喜,令謙選精兵屯教場以便調用,復命太監興安、李永昌同謙理軍務。初,也先深入,視京城可旦夕下,及見官軍嚴陣待,意稍沮。叛閹喜寧嗾使邀大臣迎駕,索金帛以萬萬計,復邀謙及王直、胡濙等出議。帝不許,也先氣益沮。庚申,寇窺德勝門。謙令亨設伏空舍,遣數騎誘敵。敵以萬騎來薄,副總兵范廣發火器,伏起齊擊之。也先弟孛羅、平章卯那孩中炮死。寇轉至西直門,都督孫鏜禦之,亨亦分兵至,寇引退。副總兵武興擊寇彰義門,與都督王敬挫其前鋒。寇且却,而内官數百騎欲争功,躍馬競前。陣亂,興被流矢死。寇逐至土城,居民升屋,號呼投磚石擊寇,嘩聲動天。王竑及福壽援至,寇乃却。相持五日,也先邀請既不應,戰又不利,知終弗可得志,又聞勤王師且至,恐斷其歸路,遂擁上皇由良鄉西去。謙調諸將追擊,至關而還。論功,加謙少保,總督軍務。謙曰:'四郊多壘,卿大夫之耻也,敢邀功賞哉!'固辭,不允。乃益兵守真、保、涿、易諸府州,請以大臣鎮山西,防寇南侵。"

時邊氛未靖,也先時來入寇,或遣使請和,多所要挾。謙知其勢不可和,乃以密計誅其謀主,絶其和議,嚴爲戰守。也先見中國無釁,滋欲乞和,使者頻至,請歸上皇。廷臣議遣使奉迎,帝初不悦,謙從容解之,遂從。

于冕《先肅愍公行狀》:"俄報也先逼朱謙於關口,又明日報追石亨於雁門關,烽火接運,遠邇騷動。言者謂宜急發京軍往援,公曰:'京軍不可輕動,虜衆料難持久。'乃奏上方略,遣人密授朱謙等,仍令各營整點器械,調度官軍,若將克日大舉者,遥爲應援先聲。旋報虜已出境,人皆服公料敵之明。公慮不早除喜寧,邊境無由得安,乃計授都督楊俊擒寧解京,朝廷猶豫未决,公上章廷劾其罪,其略曰:'喜寧以打話爲由,引領强虜入寇,本朝廷之腹心而反爲胡虜之腹心,本胡虜之仇敵而反爲朝廷之仇敵,若不明正典刑,是使夷虜有輕視之心,禍亂無可弭之日。'上從其言,誅寧,識者快之。也先果知懼悔禍效順，遣使詣闕，請自送大駕還京。上集群臣廷議，多言虜情譎詐難信，公曰：'此天意也。君臣大義，兄弟至親，當速遣使奉迎以承天心。若果也先言而無信，則我爲有辭矣。'衆議乃决。二年秋九月，太上皇帝還京，衆歸公一言之重。"

張廷玉等《明史》卷一百七十《于謙傳》："景泰元年三月，總兵朱謙奏敵二萬攻圍萬全，敕范廣充總兵官禦之。已而寇退，謙請即駐兵居庸，寇來則出關勦殺，退則就糧京師。大同參將許貴奏，迤北有三人至鎮，欲朝廷遣使講和。謙曰：'前遣指揮季鐸、岳謙往，而也先隨入寇。繼遣通政王復、少卿趙榮，不見上皇而還。和不足恃，明矣。況我與彼不共戴天，理固不可和。萬一和而彼肆無厭之求，從之則坐敝，不從則生變，勢亦不得和。貴爲介冑臣，而恇怯如此，何以敵愾，法當誅。'移檄切責。自是邊將人人主戰守，無敢言講和者。初，也先多所要挾，皆以喜寧爲謀主。謙密令大同鎮將擒寧，戮之。又計授王偉誘誅間者小田兒。且因諜用間，請特釋忠勇伯把台家，許以封爵，使陰圖之。也先始有歸上皇意，遣使通款，京師稍解嚴。謙上言：'南京重地，撫輯須人。中原多流民，設遇歲荒，嘯聚可虞。乞敕内外守備及各巡撫加意整飭，防患未然。召還所遣召募文武官及鎮守中官在内地者。'於時八月，上皇北狩且一年矣。也先見中國無釁，滋欲乞和，使者頻至，請歸上皇。大臣王直等議遣使奉迎，帝不悦曰：'朕本不欲登大位，當時見推，實出卿等。'謙從容曰：'天位已定，寧復有他，顧理當速奉迎耳。萬一彼果懷詐，我有辭矣。'帝顧而改容曰：'從汝，從汝。'先後遣李實、楊善往，卒奉上皇以歸，謙力也。"

上皇既歸，瓦剌復請朝貢，謙請列兵居庸關備不虞。因言和議難恃，條上安邊三策，創團營之制。時東南及西南諸省變亂蜂起，前後征調，皆謙獨運。當軍馬倥偬，變在俄頃，謙目視指屈，口具章

奏,悉合機宜。其才略開敏,精神周至,一時無與比。

于冕《先肅愍公行狀》:"公以虜情尚未可測,益爲安内攘外之策。……公又以京營軍馬雖有總兵官掌管,彼此各异,一遇調遣轃撥,號令不同,兵將不識,或至誤事,議以五軍、神機、三千等營,揀選馬步官軍一十五萬,分爲十營,每營各以都督總領,每五千用都指揮一員,每千又用都指揮或指揮一十五員把總,每五百各用指揮三十員分管,每隊用管隊官二員,常令在營操練,統體相維,兵將相識,設有調用,就令原管都督等官統領前去征剿策應,號令歸一,行伍不亂,迄今團營之法,守而不易。……時浙江、福建、廣東、廣西等處賊人鄧茂七、葉宗留、黄蕭養輩蜂起,殘破州縣。一切軍中事宜,所司待命方行,公雖在千萬里之外,常若身處其地,目擊其事,凡百籌畫議奏,痛切人情利害,用能所在撲滅,地方以寧。"

張廷玉等《明史》卷一百七十《于謙傳》:"上皇既歸,瓦剌復請朝貢。先是,貢使不過百人,正統十三年至三千餘,賞賚不饜,遂入寇。及是又遣使三千來朝,謙請列兵居庸關備不虞,京師盛陳兵,宴之。因言和議難恃,條上安邊三策。'請敕大同、宣府、永平、山海、遼東各路總兵官增修備禦。京兵分隸五軍、神機、三千諸營,雖各有總兵,不相統一,請擇精鋭十五萬,分十營團操。'團營之制自此始。具《兵志》中。瓦剌入貢,每携故所掠人口至。謙必奏酬其使,前後贖還累數百人。初,永樂中,降人安置近畿者甚衆。也先入寇,多爲内應。謙謀散遣之。因西南用兵,每有征行,輒選其精騎,厚資以往,已更遣其妻子,内患以息。楊洪自獨石入衛,八城悉以委寇。謙使都督孫安以輕騎出龍門關據之,募民屯田,且戰且守,八城遂復。貴州苗未平,何文淵議罷二司,專設都司,以大將鎮之。謙曰:'不設二司,是棄之也。'議乃寢。謙以上皇雖還,國耻未雪,會也先與脱脱不花構,請乘間大發兵,身往討之,以復前仇,除邊患。帝不許。謙之爲兵部也，也先勢方張，而福建鄧茂七、浙江葉宗留、廣東黄蕭養各擁衆僭號，湖廣、貴州、廣西、瑶、僮、苗、僚所至蜂起。前後征調，皆謙獨運。當軍馬倥傯，變在俄頃，謙目視指屈，口具章奏，悉合機宜。僚吏受成，相顧駭服。號令明審，雖勛臣宿將小不中律，即請旨切責。片紙行萬里外，靡不惕息。其才略開敏，精神周至，一時無與比。至性過人，憂國忘身。”

帝知謙深，所論奏無不從者。用一人，必密訪謙。謙具實對，無所隱，不避嫌怨。由是諸不任職者皆怨，而用弗如謙者，亦往往嫉之。謙性故剛，視諸選耎大臣、勛舊貴戚意頗輕之，憤者益衆。

于冕《先肅愍公行狀》：“公以北虜殘滅，軍國之務規畫甫定，邊方無復多事，懇辭解兵柄，又以天變自劾，乞罷職，皆不許。初，也先臨城之時，石亨雖爲主將，其實因人成事，得封世襲武清侯爵，一向内有所歉，至是驀然以公有軍功，宜録用其後爲請，朝廷授冕府軍前衛副千户，公累章懇辭，有曰：‘臣果欲代子求官，自當乞恩於君父，何必假手於石亨！’不得已受命，語冕曰：‘我本書生不知兵，惟聖主憂勤，吾分當死，遂不揣調度軍馬，區區犬馬之勞，顧荷寵异之重，爾宜砥礪名節，毋忝朝廷官爾之意。’不肖孤言猶在耳，痛切肝肺。朝廷賜公第京城，公上章懇辭，謂：‘國家多事之秋，非臣子安居之日。邇者上星犯太微上相，臣忝備大臣，正宜貶損以禳天譴，豈可厚享以重灾愆？’不許，乃以所賜玉帶、金帛、器皿、圖書、盔甲、蟒龍服飾移置第内，封識加謹，以侈大朝廷之賜，間一往視之。公夙染痰疾，動輒喘急，寓宿直房以便朝謁，一日疾舉，上遣太監興安、太醫院使董宿視疾，宿云：‘此疾得竹瀝和藥可愈。’興安爲上言之，且言公自奉甚儉，京師地寒無竹，惟大内萬歲山竹頗成林，上親幸伐竹賜之，仍令計所資用，一切給自尚方，蓋异寵也。病中懇求罷歸，不許，乃降手敕慰諭，免公朝參，且屢促公出視事。公總督軍務漸久,凡各營號令進退賞罰皆由公出,平日議論斷制,宿將斂伏,石亨等不能贊一辭,况亨素貪縱,多壞軍政,公恐誤大計,不得已悉裁之以法,無少貸,遂成嫌隙。亨侄石彪驍勇,議者嫌其一門同握京兵,公奏以石彪充游擊將軍,往大同等處截殺,本善處也,反切齒於公,思有以傾之。"

張廷玉等《明史》卷一百七十《于謙傳》:"上皇雖歸,口不言功。東宫既易,命兼宫僚者支二俸。諸臣皆辭,謙獨辭至再。自奉儉約,所居僅蔽風雨。帝賜第西華門,辭曰:'國家多難,臣子何敢自安。'固辭,不允。乃取前後所賜璽書、袍、錠之屬,悉加封識,歲時一省視而已。帝知謙深,所論奏無不從者。嘗遣使往真定、河間采野菜,直沽造乾魚,謙一言即止。用一人,必密訪謙。謙具實對,無所隱,不避嫌怨。由是諸不任職者皆怨,而用弗如謙者,亦往往嫉之。比寇初退,都御史羅通即劾謙上功簿不實。御史顧曤言謙太專,請六部大事同内閣奏行。謙據祖制折之,户部尚書金濂亦疏争,而言者捃摭不已。諸御史以深文彈劾者屢矣,賴景帝破衆議用之,得以盡所設施。謙性故剛,遇事有不如意,輒拊膺嘆曰:'此一腔熱血,竟灑何地!'視諸選耎大臣、勛舊貴戚,意頗輕之,憤者益衆。又始終不主和議,雖上皇實以是得還,不快也。徐珵以議南遷,爲謙所斥。至是改名有貞,稍稍進用,嘗切齒謙。石亨本以失律削職,謙請宥而用之,總兵十營,畏謙不得逞,亦不樂謙。德勝之捷,亨功不加謙而得世侯,内愧,乃疏薦謙子冕。詔赴京師,辭,不允。謙言:'國家多事,臣子義不得顧私恩。且亨位大將,不聞舉一幽隱,拔一行伍微賤,以裨軍國,而獨薦臣子,於公議得乎?臣於軍功,力杜僥幸,决不敢以子濫功。'亨復大恚。都督張軏以征苗失律,爲謙所劾,與内侍曹吉祥等皆素憾謙。"

景泰八年(1457)正月壬午,石亨與曹吉祥、徐有貞等既迎上皇復位,宣諭朝臣畢,即執謙等下獄,誣謙等更立東宫及謀迎立襄王子,坐以謀逆,處極刑。丙戌改元天順,丁亥棄謙市,籍其家,家戍邊。一時希旨取寵者,率以謙爲口實。

于冕《先肅愍公行狀》:"七年,杭郡湖水竭土裂,人皆驚异,尚書孫原貞方鎮守兩浙,間語人曰:'人材之生,鍾山川之秀,今日之兆,哲人其萎乎?'蓋指公也。明年正月,景泰帝不豫,在廷文武群臣同公等上章,請憲廟臨朝,議未下,太上皇帝光復寶位,改元天順,實天與人歸之,會石亨等貪天功掩爲己有,假奪門迎復之名以欺朝廷,誣迎立外藩之罪以報私怨,原其奸計,蓋謂此罪不重則彼功不高,不大殺股肱重臣則威不立,不構成黨逆大獄則權不專,乘機嗾言官劾公與王文等六七大臣,俱下獄。所司勘得金牌敕符見存禁中,别無顯迹,亨等揚言:'雖無實迹,其意則有。'廷鞫之日,徐有貞對衆大聲令所司痛加拷掠,文不勝其忿,反覆力辯,公徐曰:'辯之何益!'所司畏懼亨等,羅織鍛煉,添揑'意欲'二字,文致成招,蓋踵於秦檜所云'莫須有'之故智也,忠良被誣,古今如出一途,痛哉!是月二十三日狀聞,上猶豫良久,曰:'于謙曾有功。'衆相顧未及對,徐珵避倡南遷之故,改名有貞,素以前事憾公,直前對曰:'若不置謙等於死,今日之事爲無名。'上意乃决,公與文遂遇害。時錦衣衛指揮劉敬帶刀侍衛,目擊其事,後每言及公,未嘗不切齒於有貞。有貞又與亨輩令所司奏列被害諸臣姓名,誣以奸黨,榜示天下,遣官來杭繫家屬戍邊,没産於官。公没之日,天日無光,陰霾蔽天,行路嗟咨。太監曹吉祥麾下達官朵耳者,素不親公,聞公没,慟哭都市,且以紙錢壺漿酹公,吉祥聞之切責,明日號哭如初。忠義感激,雖降虜异類,天理昭然,不可泯也。所司籍公第,自昔所賞賜外無他物。"

張廷玉等《明史》卷一百七十《于謙傳》:"景泰八年正月壬午,亨與吉祥、有貞等既迎上皇復位,宣諭朝臣畢,即執謙與大學士王文下獄。誣謙等與黄竑構邪議,更立東宫,又與太監王誠、舒良、張永、王勤等謀迎立襄王子。亨等主其議,嗾言官上之。都御史蕭惟禎定讞,坐以謀逆,處極刑。文不勝誣,辯之疾,謙笑曰:'亨等意耳,辯何益?'奏上,英宗尚猶豫曰:'于謙實有功。'有貞進曰:'不殺于謙,此舉爲無名。'帝意遂决。丙戌改元天順,丁亥棄謙市,籍其家,家戍邊。遂溪教諭吾豫言謙罪當族,謙所薦舉諸文武大臣并應誅。部議持之而止。千户白琦又請榜其罪,鏤板示天下。一時希旨取寵者,率以謙爲口實。謙自值也先之變,誓不與賊俱生。嘗留宿直廬,不還私第。素病痰,疾作,景帝遣興安、舒良更番往視。聞其服用過薄,詔令上方製賜,至醯菜畢備。又親幸萬歲山,伐竹取瀝以賜。或言寵謙太過,興安等曰:'彼日夜分國憂,不問家産,即彼去,令朝廷何處更得此人?'及籍没,家無餘貲,獨正室鐍鑰甚固。啓視,則上賜蟒衣、劍器也。死之日,陰霾四合,天下冤之。指揮朵兒者,本出曹吉祥部下,以酒酹謙死所,慟哭。吉祥怒,抶之。明日復酹奠如故。都督同知陳逵感謙忠義,收遺骸殯之。逾年,歸葬杭州。逵,六合人。故舉將才,出李時勉門下者也。皇太后初不知謙死,比聞,嗟悼累日。英宗亦悔之。"

謙既死,邊患復起。而群小挾私争權,積不相能,數年間各以事敗,有貞遠竄邊鄙,亨下獄死,吉祥以謀反伏誅。謙之事遂白。

于冕《先肅愍公行狀》:"其後陳汝言代公爲尚書,以賂敗,上御便殿,以所籍財物陳大内廡下,召大臣入視,且曰:'景泰間,任于謙久且專,殁無餘物,汝言未期,何得賂之無算耶?'時上色變,亨輩俯首不敢動者久之。越數日,上擊毬内苑,恭順侯吴瑾、撫寧伯朱永等數勛舊隨侍,石亨、張軏、張輗自外來,未及至御前,上遥見亨等,連以毬杖戳地,曰:‘好個于謙!’如此者數聲,瑾、永等皆流汗沾背,戰慄無所措。出語所親曰:‘觀上意,亨輩將無所逃矣。’一日邊報,忽急集群臣,廷議未定,恭順侯吴瑾進曰:‘于謙若在,邊患何足慮!’上爲之默然。既出,有詰瑾者曰:‘君先世爲謙所劾,幾敗事,君何過言?’瑾大聲曰:‘豈可以私家之怨,而廢天下之公議耶!’初,公被害時,皇太后宫中閟而莫知,後聞之,嗟悼累日,適上來問安,太后語之曰:‘于謙曾效勞,不用當放彼歸田里,何忍置之於死!’上益悟其冤而深悔之。不旋踵間,徐有貞以罪遠竄,石亨等竟坐謀逆,夷滅無噍類。此天道好還之明驗也。公之遺骸,都督陳逵密賂守者收殯城西淺土,且囑居民守之。又逾年,冕遣義兄康謁逵,逵復備棺衾,康扶歸葬祖塋。”

張廷玉等《明史》卷一百七十《于謙傳》:“謙既死,而亨黨陳汝言代爲兵部尚書。未一年敗,贓累巨萬。帝召大臣入視,愀然曰:‘于謙被遇景泰朝,死無餘貲,汝言抑何多也。’亨俯首不能對。俄有邊警,帝憂形於色。恭順侯吴瑾侍,進曰:‘使于謙在,當不令寇至此。’帝爲默然。是年,有貞爲亨所中,戍金齒。又數年,亨亦下獄死,吉祥謀反族誅,謙事白。”

成化初,謙之子冕赦歸,上疏訟冤,得復官賜祭。弘治二年(1489),贈特進光禄大夫、柱國、太傅,謚肅愍,賜祠於其墓曰旌功,有司歲時致祭。萬曆中,改謚忠肅。杭州、河南、山西皆世奉祀不絶。

于冕《先肅愍公行狀》:“明年,憲宗皇帝即位,改元成化,詔釋冕等之戍邊者,仍給還家産。天日開明,公道始白。冕還自龍門,詣闕訴先公之冤,仰荷朝廷大恩,復公故秩,遣行人馬璇祭於公墓,其文曰:‘當國家之多難,保社稷以無虞,惟公道而自持,爲權奸之所害,在先帝已知其枉,而朕心實憐其忠。’中外稱快。冕亦復官,從使臣歸,展拜墓下。痛墓道圮毁,有浙江参政何宜,仰公高義,力爲修葺。三年,特旨令天下有司燒毁奸黨榜文,盡復榜内被誣者官秩,間有復起而大用者。二十一年,杭之父老白其事於巡按御史劉魁,立祠於公故第,以風勵鄉人,名曰'憐忠祠',遵制語也。……越三年,今上皇帝即位,是爲弘治元年,冕以應天府尹致仕,始得專守公墓。鳳陽府學訓導儲衍奏公功績卓异,宜賜贈謚,立廟祭祀,言甚愷切,禮部將上其事,給事中孫孺議奏:'古之節義,若諸葛亮在漢、張巡在唐、文天祥在宋;今之節義,若侍講劉球、祭酒李時勉、少保于謙,俱合一體祭祀,表勵將來。'蒙朝廷歲賜一祭於鄉民所立之祠,恩至渥也。冕痛念公未蒙贈謚,尋復乞恩於上,事下禮部,議得:'古今人臣,能爲國家建大業、成大功者,生則有旌擢之恩,死則有褒恤之典,若前宋岳飛盡忠報國,死非其罪,其追謚祠祀,在宋就已舉行。于謙受冤雖同,而功業所就則大過之,宜如其子所請。'朝廷從之,建祠墓所,賜額'旌功',有司春秋祭祀,其文曰:'逢時艱厄,安内攘外,社稷之功,世永不忘。'仍賜贈謚誥命,其略曰:'當皇祖北狩之時,正國步艱危之日,乃能殫竭心膂,保障家邦。回鑾有期,論功應賞,不幸爲權奸所構,乃隕其身,輿論咸冤。恤恩已錫,兹復贈特進光禄大夫柱國太傅,謚肅愍,用昭旌崇之典。'天語丁寧,垂之萬世。"

張廷玉等《明史》卷一百七十《于謙傳》:"成化初,冕赦歸,上疏訟冤,得復官賜祭。誥曰:'當國家之多難,保社稷以無虞,惟公道之獨持,爲權奸所并嫉。在先帝已知其枉,而朕心實憐其忠。'天下傳誦焉。弘治二年,用給事中孫需言,贈特進光禄大夫、柱國、太傅,謚肅愍。賜祠於其墓曰旌功,有司歲時致祭。萬曆中,改謚忠肅。杭州、河南、山西皆世奉祀不絶。"

謙天性狷介，謝絶交通，不立黨援，惟以忠誠上結主知。爲巡撫時，聲績表著，卓然負經世之才。及時遘艱虞，繕兵固圉。景帝既推心置腹，謙亦憂國忘家，身繫安危，志存宗社，厥功偉矣。變起奪門，禍機猝發，而謙忠心義烈，與日月争光。

于謙《入京》(《于謙集》拾遺)："手帕蘑菇與綫香，本資民用反爲殃。清風兩袖朝天去，免得閭閻話短長。"《石灰吟》(《于謙集》拾遺)："千鎚萬擊出深山，烈火焚燒若等閑。粉骨碎身全不惜，要留清白在人間。"

于冕《先肅愍公行狀》："公天性狷介，謝絶交通，不立黨援，一以忠誠，上結主知，分謗任怨，但知有國，不知有身有家，平居未嘗言及於私。惟事之有關休戚，雖違衆行之無所憚，不貸贓吏，不問小過。急於薦賢，惟恐没人之善，凡公所甄拔，後皆一一知名，如巡撫時薦孫原貞、王來以自代，後二人皆官至尚書，令名彰彰，公知人之明大率類此。方北虜犯順之時，軍旅方興，中外交章論事，紛紛不一，議下兵部，公皆一一裁之以理，可者奏而行之，否者止之，知無不言，言無不用，卒能坐困也先，匡濟王室，若昔晋武帝時郭欽上徙戎之疏而卒不見聽，宋欽宗時李綱沮和議之非而爲群小所譖，遂使劉淵竊號中土，金人入據汴京，臣主具辱，貽天下後世笑，方今之時，又未嘗不爲公幸。……公歷事三朝，服官三十餘年，位極人臣，先世室廬之在故鄉者，未嘗增飾尺寸。丁内外艱，家居衰絰徒跣無异常人。其孤忠峻節，更歷夷險，先後一日。"

張廷玉等《明史》卷一百七十《于謙傳》："贊曰：于謙爲巡撫時，聲績表著，卓然負經世之才。及時遘艱虞，繕兵固圉。景帝既推心置腹，謙亦憂國忘家，身繫安危，志存宗社，厥功偉矣。變起奪門，禍機猝發，徐、石之徒出力而擠之死，當時莫不稱冤。然有貞與亨、吉祥相繼得禍，皆不旋踵，而謙忠心義烈，與日月争光，卒得復官賜恤。公論久而後定,信夫。”

平居好學,手不釋卷。爲文肆筆立就,如雲行水涌,有奇氣,尤長於奏疏,明白洞達,切中事機,尤足覘其經世之略。其詩風格遒上,興象深遠,奕奕俊爽,膾炙人口。雖少裁割,而特多秀句,皆意態自然,不煩雕琢。若其絶句,極有風致。蓋其志存開濟,未嘗於吟咏求工,而品格乃轉出文士上,亦足見其才之無施不可矣。有《于忠肅集》十三卷行世。

于冕《先肅愍公行狀》:“凡遇休暇,諸子百氏之書涉獵無遺。爲文有奇氣而主於理,詩詞清逸流麗,人争傳誦之。在江西時,和祭酒胡順庵《山居十咏》詩;在河南時,周獻王索和馮海粟《梅花百咏》詩,皆揮筆立就。尤長於奏疏,每政事旁午,章日數十上,累千萬言,不假構思,揮翰如流,人稱爲天下奇才云。自號節庵,有《節庵詩文稿》行於世,恨遭變故,僅存什一於千百耳。”

倪岳《青溪漫稿》卷二十一《大明故少保兼兵部尚書贈特進光禄大夫柱國太傅謚肅愍于公神道碑》:“平居好學,手不釋卷,爲文有奇氣,詩詞清麗。在江西時和祭酒胡頣庵《山居十咏》,在河南時和馮海粟《梅花百咏》詩,皆頃刻而就,膾炙人口。尤長於奏疏,至今視以爲準。當政務旁午,章日數十上,累千萬言,揮筆如流,一皆切中事機。人服公明决,率推爲天下奇才焉。平生著述甚多,今僅存《節庵詩文稿》《奏議》各若干卷。禍變之餘,蓋千百之什一耳。”

焦竑《熙朝名臣實録》卷十五《太傅于忠肅公》:“謙爲文肆筆立就,詩亦爽俊,然少裁割,獨其於奏疏尤明切。嘗口授兩吏傳寫,指腕爲痛。所存奏牘若干卷,集若干卷。”

田汝成《西湖游覽志餘》卷八:“于肅愍公高風大節,不在詞華,而其斷簡殘篇,得於煨燼之餘,往往膾炙人口,如‘剩喜門庭無賀客,絶勝厨傳有懸魚’,‘謝客只容風入户,捲簾時放燕歸梁’,‘亦知厚禄慚司馬，且守清風學太常’，‘蕭澀行囊君莫笑，獨留長劍倚青天’，‘金鞍玉勒尋芳者，肯信吾廬别有春’，即此可以知其孤介絶俗之操。如‘香爇雕盤籠睡鴨，燈輝青瑣散栖鴉’，‘風穿疏牖銀燈暗，月轉高城玉漏遲’，‘岸幘耻爲寒士語，調羹不用腐儒酸’，即此可以知其經略閎典之才。如‘天外冥鴻何縹緲，雪中孤鶴太清癯’，‘醉來掃地卧花影，閑處倚窗看藥方’，‘渭水西風吹鶴髮，嚴灘孤月照羊裘’，即此可以知閑雅恬淡之思。其他忠直之氣，奬與古今，如咏蘇武則曰：‘富貴儻來君莫問，丹心報國是男兒。’送人致仕則曰：‘解組還鄉未白頭，身安意適更何求？’題十八學士圖則曰：‘都將治世安民策，散作裁冰剪雪詞。’喜高僉憲病起則曰：‘一團清氣難隨俗，百瓮黄虀足養廉。’此皆直寫胸襟，不當以風雲月露比擬也。”

錢謙益《列朝詩集》乙集卷四：“公少英异，過目成誦，文如雲行水涌，詩頃刻千言，格調不甚高，而奕奕俊爽。田叔禾《西湖志餘》摘其七言今體如‘香爇雕盤籠睡鴨，燈輝青瑣散栖鴉’，‘紫塞北連沙漠去，黄河西繞郡城流’，‘風穿疏牖銀燈暗，月轉高城玉漏遲’，‘天外冥鴻何縹緲，雪中孤鶴太凄清’，‘醉來掃地卧花影，閑處倚窗看藥方’，‘渭水西風吹鶴髮，嚴灘孤月伴羊裘’，‘野花偏向愁中發，池草多從夢裏生’，皆佳句也，惜不能全篇耳。”

朱彝尊《静志居詩話》卷六“于謙”條：“少保社稷之臣，其詩特多秀句。如‘風來疏牖銀燈暗，月轉高城玉漏遲’，‘紫塞北連沙漠去，黄河西繞郡城流’，‘野花偏向愁中發，池草多從夢裏生’，‘千里逢人俱是客，十年持節未還家’，‘鳥飛不過岩頭石，人渴難尋澗底泉’，‘風約閑雲難作雨，渠分流水不成河’，‘炕頭炙炭燒黄鼠，馬上彎弓射白狼’，‘天外青山圍故國，雨中黄葉下空潭’，皆意態自然，不煩雕琢。其論詩曰：‘詩豈易言哉？發於心，形於歌咏，盡乎人情物變，非深於理而適於趣，則未易工也。’觀其持論，造詣深矣。”

陶元藻《全浙詩話》卷二十九:"文藻按,《珊瑚網・法書題跋》卷中載于忠肅《落花吟》云:'昨日花開樹梢紅,今日花落樹頭空。花開花落尋常事,未必皆因一夜風。人生行樂須少年,老去看花亦可憐。典衣沽酒花前飲,醉掃落花鋪地眠。風吹花落依芳草,翠點胭脂顔色好。韶光有限蝶空忙,歲月無情人自老。眼看春盡爲花愁,可惜朱顔變白頭。莫遣花飛江上去,殘紅易逐水東流。'忠肅墨迹世不多見,此詩爲汪玉水所藏,今不知歸於何所矣。"

永瑢等《四庫全書總目》(中華書局1965年版)卷一百七十"集部・别集類"二十三《于忠肅集》提要:"倪岳作謙《神道碑》,稱謙平生著述甚多,僅存《節庵詩文稿》《奏議》各若干卷,禍變之餘,蓋千百之什一云云。是其歿後,遺稿已多散佚,世所刊行者,乃出後人掇拾而成,故其本往往互有同异。《明史・藝文志》載謙《奏議》十卷、《文集》二十卷,又嘉靖中河南刊本,詩文共八卷,而無疏議,此本前爲《奏議》十卷,分'北伐''南征''雜行'三類,與《藝文志》合,後次以詩一卷、雜文一卷、附録一卷,與《藝文志》迥异,與嘉靖刊本亦迥异,蓋又重經編次,非其舊本也。謙遭逢厄運,獨抱孤忠,憂國忘家,計安宗社,其大節炳垂竹帛,本不藉文字以傳。然《集》所載奏疏,明白洞達,切中事機,較史傳首尾完整,尤足覘其經世之略。至其詩風格遒上,興象深遠,雖志存開濟,未嘗於吟咏求工,而品格乃轉出文士上,亦足見其才之無施不可矣。又案,王世貞《名卿績記》及李之藻序謙《集》,皆謂謙嘗再疏請復儲,今《集》中實無此疏,《明史》亦不著其事,惟倪岳《神道碑》稱景帝不豫,謙同廷臣上章乞復皇儲,是當時所上,乃廷臣公疏,非謙一人,故《集》中不載其稿。世貞等專屬之謙,殆亦考之未審歟?"

陳田《明詩紀事》乙籤卷十一"于謙"條:"忠肅絶句,極有風致。"

參考文獻：

1. 焦竑輯《熙朝名臣實録》，明末刻本。

2. 陶元藻《全浙詩話》，清嘉慶元年怡雲閣刻本。

3. 倪岳《青谿漫稿》，清光緒二十六年錢塘丁氏嘉惠堂刻本。

4. 錢謙益《列朝詩集小傳》，上海古籍出版社 1983 年版。

5. 朱彝尊《静志居詩話》，人民文學出版社 1990 年版。

6. 陳田輯《明詩紀事》，上海古籍出版社 1993 年版。

7. 田汝成《西湖游覽志餘》，上海古籍出版社 1998 年版。

8. 于謙著，魏得良點校《于謙集》，浙江古籍出版社 2016 年版。

（劉勇剛　王志剛）

劉定之傳

劉定之，字主静，號保齋，一號呆齋。江西吉安府永新縣（今江西省吉安市永新縣）人，生於永樂七年十二月十七日（1410 年 1 月 21 日）未時。

商輅《商文毅公集》卷八《贈資善大夫禮部尚書謚文安劉公墓誌銘》（下簡稱《劉公墓誌銘》）："公姓劉，諱定之，字主静，别號保齋。曾祖溪甘，遁弗仕。祖元杰，贈工部右侍郎兼翰林院學士。……劉之先自安福荊山徙居永新藥湖。至元杰，贅居於此，子孫因家焉。"

焦竑《國朝獻徵録》卷十三彭時《嘉議大夫禮部左侍郎兼翰林院學士贈禮部尚書謚文安劉公定之神道碑》（下稱《劉公定之神道碑》，《明代傳記叢刊》）："公諱定之，字主静，姓劉氏。江西永新人。"

劉定之《呆齋先生策略》（清乾隆劉世選重刻本）卷十卷前有中書舍人周榮所述《呆齋公年譜》："公姓劉，諱定之，字主静，號保齋，一號呆齋。江西吉安府永新縣人。生永樂七年己丑十二月十七日未時。石潭府君長子也。"

按，劉定之《十科策略》（清雍正四年積秀堂刊本）附録其雲孫劉作梁《呆齋公年譜》，與周榮《年譜》大致相同，偶有字句之别。作梁殆移録周《譜》。下引周《譜》。

父髦，精《易經》，學者稱石潭先生。定之爲其長子，自幼穎敏，日記數千言。父授定之經史群書，而禁其作文。偶見其所作《祀竈文》等詩文，大异之。

商輅《劉公墓誌銘》："父髦，以《易經》魁鄉薦。學者稱爲石潭先生，累贈工部右侍郎兼翰林院學士。母楊氏，累贈淑人，生母留氏，累封太淑人。……公自幼天資卓异，書過目成誦，石潭先生日授以書，而不令作文字。公每私爲之。後因疾，先生往視，於几上乃得所爲《祝［祀］竈文》及《咏桃漿》諸詩，始大驚异。然未嘗口許之也。一日酒酣坐堂上，公以所作文字進，先生顧謂太淑人曰：'此子有八面受敵才！'"

彭時《劉公定之神道碑》："父諱髦，學行篤實，以《易》魁江西鄉闈。授徒家塾，學者稱爲石潭先生。公，其長子也。自幼穎敏絶人，日記數千言。先生傳授以經史群書而禁其作文，然涵積既久，文思溢發不可遏，輒私爲之。一日先生見其所作，驚曰：'此子有八面受敵之才！取一第不難也。'"

張廷玉等《明史》卷一百七十六《劉定之傳》："劉定之，字主静，永新人。幼有异禀。父授之書，日誦數千言。不令作文，一日偶見所爲《祀竈文》，大异之。"

按，《祀竈文》，見劉定之《呆齋藏稿》（明鈔本）卷末附，題下注："七歲時所作。"文長近千五百字，頗可見其早慧。兹引其文末部分云："切念某塵土微軀，田間賤質。自謂冥漠之際，視不見、聽不聞；豈知禍福之來，言有酬、德有報。或虧損於五典，或玷穢於三光。不知不耻不仁、不畏不義，何能毋意毋必、毋固毋我。罄南山之竹，書罪無窮；濯東海之波，流惡難盡。縱免灾殃之凡世，難逃奏對於冥途。以今復遇列位諸神，幸彌節以來臨，敢丐恩而湔洗。伏願含納小物，求减前愆。若鼓鑄於紅爐，頖消雪點；盡蠲除於黑籍，免達天曹。少寬人過,叩首以祈。"

宣德十年(1435),中江西鄉試。明年爲正統元年,會試第一名,殿試一甲第三名,授翰林院編修。自此名聞天下。四年,京師大水,詔求直言,上十事,奏不報。

周榮《年譜》:"宣德元年丙午正月,行冠禮。……十年乙卯,赴鄉闈,中式二十五名。……正統元年丙辰,會試中式第一名,殿試賜進士第一甲第三名。三月授官行在翰林院編修。"

張朝瑞《皇明貢舉考》(明萬曆刻本)卷三"正統元年會試":"時會試之士一千人有奇,取劉定之等一百人刻程文十九篇。"彭時《劉公定之神道碑》:"宣德癸丑,年二十有五,部使者聞其名,舉充邑庠生,乙卯領鄉薦,中正統丙辰會試第一,廷試第一甲第三名。文字入録者,人喜誦之,自此名聞天下。是年授行在翰林編修。"

《明英宗實録》卷十五:"正統元年三月丁卯朔,上御正朝,策會試舉人劉定之等一百人。……戊寅,擢第一甲進士周旋爲行在翰林院修撰,陳文、劉定之爲編修。賜羊酒宴於本院。"卷五十六:"(正統四年六月二十二日敕諭)今歲以來灾沴數見,京畿尤甚。自三月至五月,亢陽不雨,甚傷農麥。五月中至六月,連雨不止,河決堤岸,渰没田稼。城中傾塌官民廬舍,亦有壓溺死者。深用兢惕,洪範咎徵,皆由人事,蓋朕不德之所致也。……凡軍民一切利病及今可濟時恤患、除奸去弊之事,許諸人指實,直言無隱。"

商輅《劉公墓誌銘》:"乙未,京城大水,詔求直言。公上十事,大要謂號令賞罰宜信,公卿侍從宜時常召見,降胡宜遷近南地,京官宜出任郡縣,朝官升職宜令舉賢自代,武官子孫宜習韜略,廷臣丁憂宜終制,僧尼蠹政宜遏絶,奏不報。"

按,"乙未"當爲"己未"。周榮《年譜》載此事即在正統四年己未。所上疏見劉定之《呆齋存稿》(明正德刻本)卷一《水灾奏本》。

正統十年(1445),父髦卒。服闋,還朝。弟寅之與鄉人相訐,訴詞連定之,下獄,事白還職。秩滿,進侍講。

王直《抑庵文後集》(《景印文淵閣四庫全書》)卷二十七《封編修劉公墓表》:"公劉氏,諱髦,字孟恂。永新人。以子定之貴,封翰林編修文林郎。正統乙丑十月九日,以疾終于家,年七十三。……娶楊氏,無子。又娶留氏,生四子,定之、寅之、安之、宜之。……平生所著有《覆瓿集》若干卷、《示兒偶録》若干卷、《易經撮要》四卷,藏于家。"

《明英宗實録》卷一百七十二:"翰林編修劉定之以弟寅之等與鄉人有隙相訐,訴詞連定之,下獄。法司核所訴,多誣。坐寅之徒,定之失戒,當贖杖還職。"卷一百七十五:"復除翰林院編修劉定之仍舊任,以九年任滿及親喪服闋故也。"

張廷玉等《明史》卷一百七十六《劉定之傳》:"(正統)十三年,弟寅之與鄉人相訐,辭連定之,下獄,得白。秩滿,進侍講。"

周榮《年譜》:"十年乙丑十月九日,艮齋府君卒。十三年戊辰五月服闋,十月還朝。己巳二月,升授翰林侍講。"

正統十四年,土木堡之變,英宗被俘。景泰帝即位,定之因也先犯邊,復上言十事,朝廷嘉納之。充經筵官,凡《周易》講章,皆定之所述。

商輅《劉公墓誌銘》:"己巳,北虜犯順,公復上言十事。如戰陣、守禦、選將、遣使、總攬權綱、經筵進學,所言皆切時政,朝廷嘉納之。庚午,充經筵官。壬申,升司經局洗馬,仍兼侍講。"龔錫爵修、尹臺等纂《(萬曆)永新縣志》(明萬曆六年刻本)卷四"人物上":"己巳,北虜犯蹕。景皇帝登極,復上言十事。……皆深切時宜,上咸嘉納之。"

周榮《年譜》:"景泰元年庚午八月,充應天府鄉闈考試官。十月還朝,言沿途水利。奉旨:工部知道。上命公充經筵官,凡《周易》講章皆公所述。詳見《存稿》。兼授徒於尚書館,與今致仕太常寺少卿兼翰林侍讀學士林文、南京國子監祭酒周洪謨等輪日往教。"按,言水利事,參《呆齋存稿》卷一《水利題本》。又,卷二十二有《赴南京較文舟中有作》等詩紀行。

周榮《年譜》:"(十四年己巳)十月,以景泰初即位,建言十事。一言戰陣宜仿古,減火槍增刀斧;二言守禦宜繕亭障、塞蹊隧;三言簡用使臣;四言遷移降胡;五言兵士月錢;六言守令虐民;七言選賢充將;八言武臣濫爵;九言總攬權綱;十言經筵進學。詳見《存稿》。奉旨:'他説的都有理。着該官看當行的便來説,務在至公,不要顧忌。'"

按,此十事疏所論賞罰謂:"昨者遣石亨、于謙等將兵禦虜,未聞其摧陷腥羶,迎回鑾輅。但迭爲勝負,互相殺傷而已。雖不足罰,亦不足賞也。今亨自伯爵升爲侯爵,謙由二品升一品。天下之人,未聞其功而但見其賞,豈不怠忠臣義士之心乎?"參《呆齋存稿》卷一《景泰登極建言題本》。張廷玉等《明史》本傳、陳九德《皇明名臣經濟録》、孫旬《皇明疏鈔》、陳子龍《皇明經世文編》等俱録此疏。

景泰三年(1452),也先使者請遣報使,帝堅不許。定之上疏請暫遣使以羈縻之。會議從之,尋復中止。所陳三疏,流傳天下。

商輅《劉公墓誌銘》:"時北虜遣使來朝,因邀我使往報,廷議不一。公復上疏,備陳前代所以待夷狄之道,與今日國勢之强弱、事理之順逆,以爲宜暫遣使以羈縻之,使我得以修内治。所言曲盡事情。"

周榮《年譜》:"(景泰三年壬申)十二月,建言邊情。……奉旨:'邊情譎詐,難以預料。前者他來請使臣,累着文武官計議。有言遣的，又有言不遣的。朝廷已斷定不遣了。今劉定之又言要差使臣。該部會多官又從長計議停當來説。'後會議遣使，尋復中止。”

龔錫爵修、尹臺等纂《（萬曆）永新縣志》卷四“人物上”：“壬申，北虜遣使來朝，因邀我使往報。言官謂宜遏絶之，以防窺伺。執政謂，不往報，恐開邊釁。定之上疏屢千百言，以爲宜暫遣使羈縻之，使我得益修内治而徐爲之所。是時，朝廷方欲從言官議，以定之言，卒遣使。定之凡三上疏，并存史局，至今人誦稱之。是歲，升洗馬。”

張廷玉等《明史》卷一百七十六《劉定之傳》：“三年遷洗馬。也先使者乞遣報使，帝堅不許。定之疏引故事以請，帝下廷議，竟不果遣。”

永瑢等《四庫全書總目》（中華書局1965年版）卷五十三《否泰録》提要：“初，英宗北狩，額森（按，即也先）乞遣報使，景帝不許。定之疏引故事以請，帝下廷議，竟不果遣。天順改元，定之由右庶子調通政使，歷官翰林學士，入直文淵閣，蓋以是疏蒙遇也。”

修《寰宇通志》成，升授右春坊右庶子。嘗撰《否泰録》，記英宗北狩南還事。

商輅《劉公墓誌銘》：“預修《寰宇通志》，進右春坊庶子，兼職如故。”

周榮《年譜》：“（景泰七年丙子）五月，與修《寰宇通志》書成，升授右春坊右庶子，仍兼翰林侍講。”

永瑢等《四庫全書總目》卷五十三《否泰録》提要：“此書所記，即英宗北狩之事。自言參用楊善《奉使録》暨錢博所述《袁彬傳》。其曰‘出征之月爲《否卦》用事之月，回鑾之年當景泰紀元之年。先以否，繼以泰，雖世運而關天數焉’。蓋所記訖於英宗初歸之時，未叙及後來丁丑復辟之事，故其立言如此。其曰身備史官者，正其遷右庶子時。”

劉定之《否泰録》(王雲五主編《叢書集成初編》,商務印書館1937年版)謂:“自以身備史臣,於國家大務不敢不具載以備遺忘故也。雖然,聖神相繼于億萬年,撫念前事,豈不增感於制治保邦之良圖也哉!”

英宗復位,改通政使司左參議,仍兼侍講。奉旨代祀嵩山暨光武帝、周世宗諸陵,有《代祀録》紀行。尋進翰林學士充東宫講官,修《大明一統志》爲副總裁。

商輅《劉公墓誌銘》:“英廟復位,改通政司右參議。命代祀中岳暨光武諸陵。尋改翰林學士。修《大明一統志》爲副總裁。”

周榮《年譜》:“天順元年丁丑正月,改授通政司右參議,仍兼翰林侍講。奉旨往河南代祀中岳嵩山暨光武、周世宗、伊厲王墓。……十二月改授翰林學士充東宫講官。修《大明一統志》爲副總裁。二年戊寅五月,奉旨掌院印。……三年己卯八月,充順天府鄉闈考試官。四年庚辰四月,奉旨教是科庶吉士習爲文章。”

雷禮《國朝列卿紀》(明萬曆徐鑒刻本)卷八十八“通政使司左右參議年表”:“劉定之,江西永新人,進士,天順元年任左參議。”

《明英宗實録》卷二百七十四載,天順元年正月,改右庶子兼翰林院侍講劉定之,“爲通政司左參議,仍兼侍講”。十二月,復改爲翰林院學士。按,商輅《劉公墓誌銘》、周榮《年譜》所記“改授通政司右參議”誤,當爲“左參議”。

劉定之《呆齋存稿》卷二《代祀録》:“天順元年二月十五日,奉命代祀告復登寶位。……(四月)二十七日早,復命。”卷九有《代祀漢光武皇帝辭》,卷十三有《代祀周世宗陵記》,卷二十三有《祀周世宗和曾檢校蒙吉韻》《祭中岳和曾檢校韻》等詩。

憲宗立,進太常少卿兼侍讀學士,直經筵,入内閣預知機務。纂修《英宗實録》成,升工部右侍郎。以江西、湖廣灾,奏免徵賦。

商輅《劉公墓誌銘》:"今上嗣位,進太常少卿翰林侍講學士兼經筵官。纂修《英廟實録》,充副總裁。丙戌冬,入内閣預知機務。明年,《實録》成。升工部右侍郎兼翰林院學士。"

周榮《年譜》:"憲宗嗣位。二月升授太常寺少卿兼翰林侍讀學士,以公侍春宫講讀有年故也。隨奉旨仍掌院印。三月,充廷試讀卷。……(二年丙戌)十二月奉旨内閣辦事。……三年丁亥五月,受太常寺少卿兼翰林侍讀學士。……七月,因上天垂戒,公同内閣學士陳文、彭時、商輅進本辭職。奉旨:'卿等職居輔導,朕方倚托調燮,遽乞退閑,不允所辭。'八月,以《實録》書成,升授工部右侍郎兼翰林院學士,賜白金、文綺。九月,以江西、湖廣民飢,奏請免徵是年秋糧。……後覆奏減免。"

張廷玉等《明史》卷一百七十六《劉定之傳》:"江西、湖廣灾,有司方徵民賦。定之言國儲充積,倉庾至不能容,而此張口待哺之氓,乃責其租課,非聖主恤下意。帝感其言,即命停徵。"

劉定之《呆齋續稿》卷三《禦旱》:"宣德甲寅,江右闔境大旱。今成化丁亥,復若玆。"《呆齋藏稿》卷四、卷六爲入直内閣時敕諭制誥及奏疏等。如《敕朝鮮國王》《敕諭毛里孩王》《敕京營總兵官》等。卷四《救荒題本》:"竊見湖廣、江西各奏,天旱民饑,乞免徵糧。事下户部擬議,覆奏補以免糧爲請。臣惟天年之運,歉必有豐,豐必有歉。……乞敕户部:如果灼然保民無變,可以徵糧;若猶在將信將疑之間,莫若量爲減免。民安矣,則納糧之本在。"

成化四年(1468),因久旱、風霾奏陳四事,諷切時政,涉及萬貴妃專寵、建儲等事。疏入,留中不發。英宗皇后歿,憲宗生母周貴妃不欲其與英宗合葬。内閣學士商輅、彭時及定之堅守禮法,百官

伏文華殿門力諫,帝終從群情。

張廷玉等《明史》卷一百七十六《劉定之傳》:"萬貴妃專寵,皇后希得見,儲嗣未兆。郕王女及笄未下嫁。定之因久旱,并論及之。且請經筵兼講太祖御製諸書,斥异端邪教,勿令害政耗財。帝留其疏不下。"

《明憲宗實録》卷五十四:"(成化四年五月)丁卯,工部右侍郎兼翰林院學士劉定之以久旱上言四字[事]:'一曰求天地之心。夫天氣下降,地氣上升,則陰陽和而雨澤降。今久旱風霾,天地之氣不和而致然也。臣愚以爲,皇上猶天,中宫正后猶地,豈非正后禮遇稍疏而天地示戒若此乎?由正后而及於妃嬪,其進見先後悉循其序,此誠古帝王修身正家之要道,太祖皇帝垂訓之成法,聖嗣由是而蕃昌,宗社由是而永固。惟皇上其動念焉,不可以爲細故而因循不改,恐有後時不及之悔也。其二曰體祖宗之意。……今郕戾王妃、女,雖已蒙寬恩有素,臣愚以爲其女若已及笄,皇上宜命禮部依宗室諸王女例爲之婚配。此誠祖宗列聖所望於皇上者也。……其三曰聖學宜法乎切近。……太祖皇帝德業隆盛,超越商周之先王、漢唐之先帝遠矣。臣願皇上取其御製諸書及史臣所纂述《寶訓》,與《大學衍義》《貞觀政要》相間進講。……其四曰聖治勿惑于异端。……佛老异端,初無所用。既未能盡闢去之,於祖宗時有寺觀塔院,姑存其舊,勿增廣可也。……若復糜費於异端,民將何以堪之乎?臣既讀儒書,則知侈奉佛老之教爲非,知而不言,則負欺君之罪。惟皇上其俯察焉。'疏入,留中不下。"

周榮《年譜》:"(成化四年)六月,以慈懿黄(皇)太后喪禮,上召内閣學士彭時、商輅暨公,累日至内殿詳議。諸公確守《禮經》、務公論,上嘉納焉。俱賜白金、文綺。"

按,慈懿皇太后錢氏爲英宗皇后,憲宗生母周貴妃不欲錢太后與英宗合葬,百官皆以合葬爲正禮。數諫不聽,百官乃伏文華殿門外,"號哭不起,聲聞於内。内臣傳旨諭衆人退,皆應曰:'不得命,不敢退。'"定之與商輅、彭時進言曰:"人心如此,天理所在。伏望朝廷俯從群情。"内批終從群臣所請。(見彭時《彭文憲公筆記》"戊子六月二十八日"條。王雲五主編《叢書集成初編》本,商務印書館1936年版)其事又參《明憲宗實録》卷五十五、五十六。

成化五年八月十日(1469年9月15日),以病卒於官,年六十一。贈資善大夫、禮部尚書,謚文安。賜祭葬,給驛舟還其喪。入祀吉安府鄉賢祠。有子男八人,女六人。

彭時《劉公定之神道碑》:"(成化)丁亥,升工部右侍郎兼翰林學士。戊子,升禮部左侍郎,仍兼學士。未幾得疾,亟上章乞致仕。上諭留之。命太醫視療,遣中使賜賚。竟以成化己丑八月十日卒,享年六十有一。訃聞,上悼惜,賜賻鈔萬緡。贈資善大夫、禮部尚書,謚文安。遣禮部尚書鄒幹致祭文,命工部造墳,兵部給舟還其喪。皆异數也。"

商輅《劉公墓誌銘》:"又明年,升禮部左侍郎,仍兼學士。賜二品服。未幾得疾,疏乞致仕,不允。命賜楮幣、藥物,遣醫診視至再。竟不起,遂卒。時成化己丑八月某日,距生永樂己丑十二月十七日,壽六十一。訃聞,上悼嘆。遣使致賻鈔萬緡。贈資善大夫、禮部尚書,謚文安。命工部造墳,兵部給驛舟歸其喪。至葬,復命所司致祭。"

周縈《年譜》:"是月(成化四年十二月),公得疾。……(五年三月)上命太醫院趙等來視疾,少瘥。十五,充廷試讀卷。……五月初九日,公疾復作,陳情乞致仕。奉旨:'卿宜調治,俟痊供職,不准致仕。'……八月初二日子時卒,年六十一。上念公輔導有年,良深悼惜。遣中使賜賻楮萬緡。贈資善大夫、禮部尚書,謚文安。九月初十日,遣尚書鄒幹諭祭。初喪,兵部給驛舟歸葬,工部遣官造塋域。十一月庚午,遣江西布政使司林鶚祭下葬。成化二十年甲辰十一月二十六日,江西憲使李芳送文安神座於府鄉賢祠祀之。”

按,《神道碑》謂定之“八月十日卒”,周榮《年譜》則謂“八月初二日子時卒”。周榮所述《年譜》(劉作梁因之),已出于清人輯録。定之天順元年改通政司左參議,《年譜》《墓誌銘》皆誤爲“右參議”。《墓誌銘》不書卒日,《神道碑》明載卒於八月十日,《明憲宗實録》卷七十“成化五年八月十日”條亦謂“禮部左侍郎兼翰林院學士劉定之卒”。綜上,從《神道碑》所記。

定之爲人襟懷坦夷,言行質直,不事矯飾。敢言任事,雖勇者有不及。數上疏陳事,皆關國家大計。屢執文衡,數教庶吉士。儉約自處,性尤孝友。教子孫以力田供税、致身報國爲志。

商輅《劉公墓誌銘》:“公性孝友。微時苦家貧,嘗授徒於鄉,資束脩以養二親。既入仕,即分俸歸養,而自處儉約,無异寒素。後俸入頗給,始迎太淑人就養京師。爲編修時,嘗乞歸省,修葺先廬,與諸弟共之。諸弟經公指教,若今湖廣參議主敬、鄉貢進士主仁、泰州學政主義,皆事公如嚴父。居官耿介,議論不苟。與人交,始終以誠。比易簀,惟諄諄以弗克報上恩及終養老母爲言。其篤於忠孝如此。”按,寅之,字主敬,天順中往封占城,名望與其兄相頡頏,一時有“二難”之目。

彭時《劉公定之神道碑》:“公襟懷坦夷,操履謙謹。與人語,色温氣和,惟恐傷之,遇人無貴賤大小,一於恭敬自下,若怯懦。然至其居官論事,則根據義理,詞鋒峭勵,雖勇者有弗及。爲編修,嘗因水灾陳十事,以規切時政;及爲侍講,當北虜構難,又以十事上陳;比任洗馬,正北虜求和邀使之時,群議未決,公又陳言以爲宜遣使以答其意。所陳三疏,皆援古證今,事理明辯,文氣壯偉,非他人杜撰者比。居内閣,再進密疏,皆國家大計。處事必從公論,而潔己勤事,視昔有加。"

《明憲宗實録》卷七十:"(定之)爲人坦夷,言動質直,不事矯飾。己巳之變,上書陳十事,皆切當時之務。"

葉盛《水東日記》(魏中平點校,中華書局1980年版)卷四"劉洗馬諢語":"劉洗馬定之朝遇王偉兵侍,王戲之曰:'吾太僕馬多,洗馬須一一洗之。'劉應聲曰:'何止太僕也,諸司馬不潔,我固當洗之。'聞者快之。"

商輅《劉公墓誌銘》:"(主)兩京鄉試、禮部會試者各一次,讀廷試卷者二,教庶吉士者三。"彭時《劉公定之神道碑》:"兼職經筵,多啓沃益。修《大明一統志》暨《英廟實録》,俱爲副總裁。商論筆削,咸愜士論。主考兩京鄉闈并會試各一,讀廷試卷二,衆服其能。自入仕凡三受誥敕:贈祖元杰、父髦,俱工部右侍郎兼翰林學士,祖妣歐陽氏、妣楊氏,俱淑人,生母劉氏封太淑人。先後蒙賜銀幣、寶楮,品味不一。"

周榮《年譜》:"(成化)五年己丑閏二月十五日及三月初三日,上再遣中使至家,賜楮幣、藥物養病。公正衣冠獻諸家廟,召弟子泣曰:'吾受國恩重矣。今病若此,懼不能報。願爾仕者致身報國,處者力田供税,以成吾志,即死無憾。'"

《呆齋續稿》卷三《禦旱》:"然予自甲寅,明年乙卯,遂隨計入京,得禄。至去年丙戌,始克以禄入餘金買鄉田數畝,計可給十餘口。今年遣子稱歸耕,而旱又及之。……孔子曰:'耕也,餒在其中;學也,禄在其中。'稱,務其本而已。"又,卷五《第八子名字説》:"予第八子名稿,與諸子皆從禾旁,力田之意也。"亦可參《呆齋存稿》卷十四《諸子名字序》。

學問博洽,爲文援筆立就,而波瀾變化,自出機杼,名重天下。不甚喜爲詩,而時有奇崛語。論詩文主勤學博取,重其倫常世用。或亦病其泥古、蕪雜。

商輅《劉公墓誌銘》:"公天分既高,而石潭先生庭訓尤嚴。故其學自六經子史,下至百家之書,靡不精究。爲文累數百千言,操筆立就,且隨事變化,如驚濤怒瀾,勢莫能禦。由是名重士林,四方求其文者,日接踵於門,公悉應酬不厭。"

劉宣《行狀》(徐咸《皇明名臣言行録》前集卷十"劉定之"條引,明嘉靖刻本):"公之學,自六經子史,下至小説雜技釋老之書,無所不窺。終身猶成誦,非它人仿佛記憶者比。其爲文,數百千言援筆立就,雄渾高古,變化莫測,然逼真蘇氏父子者居多。初年所著《經義》及《策略》,業舉子者,家傳而人誦焉。年十七八,已名動郡邑間。比登進士,遂名動天下。不惟公卿輔相與士林中知之,雖武夫悍卒亦無不知之者。求文者日踵門户,公皆曲爲應答,不少厭倦。初,北虜之變,内外章疏無慮千萬,惟公之奏爲人所膾炙云。"

《明憲宗實録》卷七十:"(定之)總裁國史,發凡舉例,删繁撮要,其功居多。入内閣不久,然一時制作,多出其手。爲文援筆立就,未嘗屬稿,而偉思瑰情、形生境具,自出一家機軸。論者謂國初以來館閣能文之士,博洽如定之者,殆不數人。但頗泥古,施之於事或不通云。"

周榮《年譜》:"(成化)四年戊子正月,中使傳旨,命公製元宵詩,却立以俟。公據案,頃刻成七言四句詩百首以進。上深嘆服。"劉定之《劉文安公呆齋先生策略》卷前李東陽序:"至其伸紙運思,揮毫對客,正書旁竄,晷不移日,稿不易幅,而典册金石,施諸朝廷,播諸四方者,往往而是……及登秘閣,析疑義,稽古訓,或日咏百詩,或一揮九制。常有質宋人名氏者,先生援筆列其世次若譜系然,乃定爲某人之子、某人之侄,詞臣學士恒侈言之。”

郭良翰《問奇類林》(明萬曆三十七年刻本)卷十八“文學下”:“劉文安《英宗挽詩》……此等語入弘正間不復可辨,參之貞元、長慶亦無愧色。”李東陽《懷麓堂詩話》(周寅賓點校《李東陽集》,岳麓書社2008年版):“劉文安公不甚喜爲詩。縱其學力,往往有出語奇崛、用事精當者。如《英廟挽歌》……今集中《石鍾山歌》等篇皆可傳。誦讀者擇而觀之可也。”

永瑢等《四庫全書總目》卷一百七十五《呆齋集》提要:“人服其敏博,然其榛楛勿翦亦由於此。”

按,劉定之《呆齋續稿》卷一《退思八咏詩序》:“予嘗患世之學者呻呫嗶、工詞章以媒利禄。”卷三《韓退之》論韓愈於六藝百家之文,“其取之也勤,故其出之也敏”,以此反襯“後之學者束書不觀,游談無根”。卷四《李杜韓柳》:“以詩言,杜比迹於李。以文言,柳差肩於韓。而以人言,則杜韓陽淑,李柳陰慝。如冰炭异冷熱,薰蕕殊芳臭矣。”推許杜、韓之忠節大義,而頗貶抑李、柳。

著作頗豐。有《易經圖釋》《十科策略》《否泰録》《宋論》《呆齋前稿》《存稿》《續稿》等,後人輯有《呆齋先生文集》《劉文安公全集》。

商輅《劉公墓誌銘》:“所著有《易經圖釋》十二卷、《宋論》三卷、《策略》十卷、《呆齋存稿》十一卷、《續稿》五卷、《藏稿》六卷、《前稿》六卷。”

李東陽《呆齋先生文集序》:“我文安劉公先生遺文若干卷,皆所自擇。或以類析,或以歲次。自舉業程試、講章奏疏、應制代言,以至著述、賦咏、應答之作皆備焉。……是集,先生之子府通判稼刻於廬州,本鉅字細,弗便翻閲。其仲子南京太常寺少卿稱重刻之。”

永瑢等《四庫全書總目》卷一百七十五《呆齋集》提要:"是集《前稿》十六卷、《存稿》二十四卷皆分類編録。如《代祀録》《永新人物録》《經筵講章》《策略》皆在其中,而鄉、會三場試卷亦皆附列。《續稿》五卷則成化乙酉以後所作,不復分類。以一歲爲一卷焉。"

按,《呆齋存稿》二十四卷,有明正德刻本。分類編録,自正統、景泰間奏疏起,《代祀録》《〈周易〉講章》《宋論》《永新人物録》及賦文記序雜著等皆包含在内。自卷二十起,分體録其詩五卷。《呆齋藏稿》有明鈔本,按其居官分爲六卷。前三卷分爲《否泰録》《東閣録》《史館録》,第四卷起爲入直内閣所作制諭誥敕及祭文、致仕諸疏等。卷末則附其七歲時所作《祀竈文》。《呆齋前稿》《呆齋存稿》《呆齋續稿》有明萬曆楊一桂補刻本。《前稿》十六卷,含《策略》、鄉會試録、《易經圖釋》;《存稿》二十四卷,同正德刻本所録;《續稿》所收爲成化元年至五年作,詩文講章等"不復分類,第於歲盡爲卷"(《呆齋續稿》卷首劉定之識語)。

《否泰録》《十科策略》等均有單行本。《否泰録》記土木堡之變前後之事。《策略》爲所擬應舉之作,"分經、書、子、史、吏、户、禮、兵、刑、工十類"(劉定之《策略自序》),定之雲孫作梁注釋,嗣孫廷琨重訂,有雍正四年積秀堂刻本,後被列爲禁書。又有《劉氏雜志》一卷十條,論唐宋人物,如徐敬業、韓愈、王安石、蘇軾等,兼涉太極、日輪。所論不乏卓識,亦有偏頗處。

劉稱將刻《呆齋先生文集》而下世,萬曆中楊一桂訂訛補刻,仍載李東陽序。楊一桂、劉而鉉爲之序。《四庫全書存目叢書》(集部第三十四册)收此刻本,存《呆齋前稿》十六卷、《存稿》十卷、《續稿》五卷,又收清乾隆中劉世選刻本《呆齋先生策略》十卷、周榮《年譜》一卷。又有《劉文安公全集》(六種,又稱《呆齋全集》),清乾隆至咸豐中永新劉氏彙印本,含《文集》十五卷首一卷、《詩集》六卷、《策略》十卷、《易經圖釋》十二卷、《宋史論》三卷及劉髦《易傳撮要》一卷。《明別集叢刊》(第一輯第四十一册)收清乾隆永新劉氏刻本《詩集》六卷、《策略》十卷、《宋史論》三卷及劉髦《易傳撮要》一卷。

參考文獻:

1. 劉定之《呆齋藏稿》,明鈔本。

2. 商輅《商文毅公集》,明萬曆三十年刻本。

3. 龔錫爵修、尹臺等纂《(萬曆)永新縣志》,明萬曆六年刻本。

4. 臺灣"中央研究院"歷史語言研究所校印《明實録》,上海書店 1984 年版。

5. 焦竑編《國朝獻徵録》,周駿富輯《明代傳記叢刊》,臺灣明文書局 1991 年版。

6. 劉定之《呆齋前稿》《存稿》《續稿》《劉文安公呆齋先生策略》(附《年譜》),《四庫全書存目叢書》集部第 34 册,齊魯書社 1997 年版。

7. 劉定之《劉文安公全集》,《明別集叢刊》第一輯第四十一册,黄山書社 2013 年版。

(朱付利)

章綸傳

章綸，字大經，温州樂清(今浙江省樂清市)人，本吴姓，高祖幼孤，依母姨夫撫育，遂從章姓。明成祖永樂十一年(1413)生。

吴朝鳳《氏族實紀》(成化十年序刻本章綸《困志集》卷首)：“公本吴姓，中更襲章姓，而重於復者，以代未遠，難遽割也，乃遺囑，則拳拳于後之人，至朝鳳入仕籍，始克承先志，奏歸本宗。若國史則未易更定，故附著疏稿如左，俾論世者得以互見云。都察院廣西道辦事進士臣章朝鳳謹奏爲乞恩比例復姓事。臣原籍浙江温州府樂清縣人，臣八世祖吴元四生七世祖吴開宗，幼孤，依母姨夫章希恩撫育成人，遂從章姓。臣曾祖故贈尚書章綸、祖故布政使章玄應當時因念章氏恤孤之恩未遠，吴宗旁支尚足承祀，不忍奏復，然於家譜備開來歷，以待後人。今歷年既久，吴宗子孫僅有數人，皆零丁轉徙，祠墓無托，而臣祖從章姓一派，及章氏本宗子孫皆不下百有餘人，是臣姓不復，於章無益，於吴有損。其始吴雖因章而生全，今未必不因章而斬絶矣。”

何喬新《椒丘文集》卷二十《南京禮部左侍郎章恭毅公傳》：“公諱綸，字大經，温州樂清人。其先有仔鈞者，仕閩，官至太傅，因家閩之浦城。太傅之孫貢，避亂徙樂清之南閣，傳數世至開宗者，本吴氏子，後章氏，公之高祖也。父文寶，以篤行稱于鄉。”

王復禮《明尚書章綸公傳》(《章綸集》附録)：“公姓章名綸，字大經，號戇夫，又號葵心，甌之樂清人。母夫人夢一馬繫竹下，寤而生公。”

謝鐸《桃溪净稿》卷十一《侍郎章公墓誌銘》：“公初諱崙，尋改綸，字大經。本吴姓，其先閩人。五代時有爲閩王太傅曰仔鈞之孫賁，避亂徙樂清南閤。凡幾世，諱開宗者，仕元，爲德清典史，後章氏因以爲姓，實公之高祖也。曾祖諱性，不仕。祖諱新民，父諱文寶，皆以公貴，累贈南京禮部右侍郎。公生於永樂癸巳，享年七十有一。”按，永樂癸巳爲永樂十一年(1413)。

尹直《禮部侍郎章恭毅公神道碑銘》(《皇明名臣琬琰録》後集卷十一)：“公諱綸，字大經，姓章，温之樂清南閤里人也。其先出閩王審知太傅仔鈞第七子南唐静邊指揮使，仁政之子賁徙自浦城，凡幾世，元湖州德清典史，諱開宗，本北閤吴氏，來繼章後，公之高祖也。曾祖諱性，祖諱新民，考諱文寶，字叔珍，號西源。世有潛德，祖、父咸以公貴，贈南京禮部右侍郎。祖妣、妣，俱贈淑人。”

何喬遠《名山藏列傳》(崇禎刻本)：“章綸，初名崙，字大經，樂清人也。其先閩人，吴姓。”

張廷玉等《明史》卷一百六十二列傳第五十：“章綸，字大經，樂清人。”

查繼佐《罪惟録》(浙江古籍出版社 1986 年版)列傳卷十三上《諫議諸臣列傳》：“章綸，字大綸，初名崙，浙江樂清人。”

綸天資殊常，幼失怙，八歲入社學，刻苦自勵，家貧膏炬不給，燃枯竹以繼晷。稍長，入郡庠，問學於何文淵，學業大進。

章綸《困志集·自閔賦》曰：“胡余生之孤苦兮，幼失恃而無怙，乃立志以向學兮，竊糟粕以含咀。”

何喬新《椒丘文集》卷二十《南京禮部左侍郎章恭毅公傳》：“公初名崙，八歲入社學，讀書刻苦自勵，遇夜則燃枯竹以繼晷。稍長，從兵部主事黄岩章仲寅先生學舉子業。時予先公爲温州太守,患樂清東數鄉瀕海俗獷戾,思有以變其習,乃選良家俊秀補郡庠弟子員,公在選中。先公問其業甚習,爲易今名,因留府廨躬教之。府掾南昱亦穎敏好學,先公免其治簿書,俾與公同學。政暇,輒召至後堂,親爲講析義理,教之作文,由是學大進。"

王復禮《明尚書章綸公傳》:"及長,讀書山中,家貧,膏炬不給,每以枯竹燃火夜誦。"

謝鐸《桃溪净稿》卷十一《侍郎章公墓誌銘》:"公自少輒嗜學,不事家人生産,嘗截枯竹繼晷,晝夜誦不休。久之,出從春官主事黄岩章先生陬學,及爲郡學生,則又從郡守何公文淵參質疑義。"

尹直《禮部侍郎章恭毅公神道碑銘》:"公資稟殊常,六歲失恃,甫成童,即刻勵好學,不事生業。年十八丁父憂,哀毁逾禮。既冠,郡守何公文淵選補郡庠弟子員,親爲之講授。"

章玄應《章恭毅公年譜》"(宣德)六年辛亥":"公在制中,哀毁逾禮。處小樓,手不停披,口不停誦,夜或無油,乃拾乾竹截長數寸,以瓦藉之,傍置茶罐,燃竹繼晷,煮茶飲渴。勤學雖久,然無明師以啓之,始有尋師之志。"又,"八年癸丑":"公入府學。知府何侯以樂邑之東瀕海且鄰黄岩,距府治頗遠,議舉良家俊秀充府學生教之,公預其列。何至學,宴堂上,特召公出,因改崙爲綸。問所學而答之。尋召至府堂,命題考文,批曰:'初學能文如此,必有成就。'"

彭定求《明賢蒙正録》(清光緒八年津河廣仁堂刻本)卷上:"尚書章公綸(浙江樂清人,正統己未進士)自少嗜學,截竹繼晷,晝夜誦讀。"

正統四年(1439),中進士,授南京禮部主事。景泰初(約1450年),授儀制郎中。時國家多故,綸多上疏章,陳政事闕失。

何喬新《椒丘文集》卷二十《南京禮部左侍郎章恭毅公傳》:"正

統四年登進士第，六年秋除南京禮部主客司主事。”又：“景泰元年，升禮部儀制司郎中。”

王復禮《明尚書章綸公傳》：“正統十四年，太監王振勸上親征，被陷，孫太后與錢皇后即命賚重寶文綺贖駕，不報。遂詔立皇子見深爲皇太子，命郕王監國。時太子年二歲。未幾，孫太后以國不可無長君，命太監金英傳旨：太子幼冲，命郕王早正大位，郕王再三辭讓，衆固請，允之，擇日即皇帝位，遥尊帝太上皇，改明年爲景泰元年。公上《太平致事十六事》，反復萬餘言。”

尹直《禮部侍郎章恭毅公神道碑銘》：“景泰初，升禮部儀制郎中。適國家多故，公知無不言，言無不盡。首稱增會試取士額，次言太平十六事，累數千言，俱准議行。”

袁袠《皇明獻實》(鈔本)卷二十五：“章綸，字大經，温州樂清人也。正統己未進士，授南京禮部主事。景泰初升禮部儀制郎中，首請增會試取士額，次言太平十六事，累數千言，悉見采聽。”

雷禮《國朝列卿紀》(明萬曆刻本)卷三十：“景泰元年，升禮部儀制司郎中，適國家多故，綸知無不言，言無不盡，首稱增會試取士額，次言太平十六事，累數千言，俱准議行。”

張廷玉等《明史》卷一百六十二列傳第五十：“正統四年進士。授南京禮部主事。景泰初，召爲儀制郎中。綸見國家多故，每慷慨論事。嘗上太平十六策，反覆萬餘言。也先既議和，請力圖修攘以待其變。中官興安請帝建大隆福寺成，將臨幸，綸具疏諫。河東鹽運判官濟南楊浩除官未行，亦上章諫。帝即罷幸。浩後累官副都御史，巡撫延綏。綸又因灾异請求致變之由，語頗切至。”

查繼佐《罪惟録》列傳卷十三上《諫議諸臣列傳》：“景泰初，轉儀制郎中，屢有論建。”

景泰五年(1454),綸論復正統帝子爲太子事,特陳《修德弭灾十四事》,疏入,帝大怒。逮繫詔獄,備受酷刑,瀕死者數,卒無一語他及,了無悔意。

倪謙《困志集序》(明成化十年序刻本《困志集》卷首):"景泰中爲禮部儀制郎中,上言時政缺失十四事,皆關國家之大計,格君心之大猷。不意批逆鱗,觸忌諱,詔下錦衣衛獄。三木囊頭,五百殘膚,備嘗楚毒。頌繫三年,人皆爲公危,幸而不死。公茹荼如飴,無所怨悔,惟形諸賦咏以自適,積久成帙,題曰《困志集》。"

王復禮《明尚書章綸公傳》:"五月,公亦上《修德弭灾十四事》,具載《行狀》。……爲拷掠五日,體無完膚,必欲致之死。會天大風雨,黄沙四塞,乃得密敕少緩,公得不死,仍逮於獄。……然公在禁乏食,時有王由字夢竹,是浙之東甌人也,適游京師,與公素不相識。聞公冤,不惜己資,傾囊調護於囹圄間,公始無恙。在禁中不以爲困,時與鍾同賦詩以寓意,獄無紙筆,乃以鐵釘畫瓦片數十頁作貫,彙爲《困志集》。"

謝鐸《桃溪净稿》卷十一《侍郎章公墓誌銘》:"景泰中擢儀制郎中。方是時,南城懷愍之釁上干天變,公卿百執事無一人敢昌言於廷者,公遂極言修德弭灾,凡十四事……皆譏切時病,傳以古儀。而於畏天戒、惇孝義尤惓惓焉。人要以爲:'臣子之邪佞,妾婦之嫿妒,小人進而君子退,夷狄强而中國弱,刑不當罪,賞不當功,賦役繁重,紀綱散壞,凡皆在人之陰足以勝陽,于是乖氣致沴而天變見矣。况上皇爲天下之父,陛下爲上皇之臣,上皇以天下授陛下,陛下以天下尊上皇,今若是,尤天監所在,而不容以僞者。誠不可不念同氣之親,推猶子之義,率群臣時見上皇,詔沂王復居儲位。如此,則五倫全備,和氣充溢,天心自回,灾异自弭。'……疏入,上大怒,逮繫詔獄。連五日榜掠,體無全膚,必欲置之死。天忽大風雨,黄沙四塞,獄遂稍緩,得不死。初,御史鍾同亦上言令諸司各陳所以致灾者,因以復儲事風禮部,老臣縮首不敢對,曰作死作死。公疏方具,奮曰:'我復不言,當誰言者?'遂言之。至是,乃并逮同。明年秋,南京大理寺少卿廖莊亦繼公有言。詔廷棰八十,幾死,且并棰公暨同,同死獄中。"

尹直《禮部侍郎章恭毅公神道碑銘》:"時公爲儀制郎中,特陳《修德弭灾十四事》……疏上忤旨,下公錦衣衛獄,刑逼誣引大臣并南宫通謀,榜掠慘酷,體無完膚,瀕死者數,卒無一語及他,惟御史鍾同先嘗有言,故并逮之,俱欲重坐。會天大風雨,黄氣四塞,刑乃少緩。"

王瓚《章恭毅公廟碑》(《章綸集》附録):"初,景泰中,公在儀曹,陳言《修德弭灾十四事》,罔不痛切時病。其一曰'敦孝義',欲景帝朝兩宫以修問安之禮,朝南内以叙同氣之情,復儲位以推猶子之義。忤旨逮繫,備捶楚炮烙之刑,慘酷萬狀。"

何白《汲古堂續集》(明萬曆刻本)卷九《重修章恭毅公祠堂碑記》:"時公爲儀制郎中,與御史鍾公同論儲位事,慷慨流涕,遂憤發具疏,請復中宫以正壸儀,請復東宫以固宗社。疏入,上震怒,下繫詔獄,炮烙鍛煉,體無完膚。連五日,榜掠交下,絶而復蘇者數四。尋以天變稍停刑,得以不死。嗚呼!當斯時也,朝廷大變,微公精忠勁節,獨揭大義,甘鐵鑕而若餂,趣湯鑊而靡顧,則朝綱幾於絶紐。若公者,疇非千古偉人、一代鐵漢者耶!雖然,天心有在,南内復辟,大地以之載辟,日月以之載朗,人極以之復建。萬古綱常,公以一身繫之,顧不偉歟。同時鍾、廖二公相繼抗疏,鍾斃於獄,廖謫定羌。時論以爲無忝殷之三仁,何論宋之四諫。"

雷禮《國朝列卿紀》(明萬曆刻本)卷三十:"疏上,忤旨下錦衣獄,刑逼誣引,瀕死,無一語及他。惟御史鍾同先嘗有言,故并逮之,俱欲重坐,會天大風雨,黄氣四塞,刑乃少緩。”

袁袠《皇明獻實》卷二十五:“五年,上皇别居南宫,徙封憲廟爲沂王。兩宫疏隔,嫌隙滋萌,灾异薦臻,人心危懼,廷臣皆噤不敢言。綸奮然曰:‘我復不言,誰則言之。’乃陳修德弭灾十四事。……疏入,忤旨,下錦衣衛獄,刑逼誣引大臣并南宫通謀。搒掠慘酷,體無完膚,瀕死,卒無一語他及。御史鍾同先嘗有言,併逮之,會天大風雨,黄氣四塞,刑乃少緩。”

項篤壽《今獻備遺》(項氏萬卷堂明萬曆十一年刻本)卷二十一:“五年,上皇居南宫,封憲廟爲沂王,灾异薦臻,綸陳修德弭灾十四事。……疏入,忤旨,下錦衣獄,及御史鍾同併逮之,會大風雨,黄氣四塞,刑乃少緩。”

張廷玉等《明史》卷一百六十二列傳第五十:“五年五月,鍾同上奏請復儲。越二日,綸亦上疏陳修德弭灾十四事。其大者謂:‘内官不可干外政,佞臣不可假事權,後宫不可盛聲色。凡陰盛之屬,請悉禁罷。’又言:‘孝弟者,百行之本。願退朝後朝謁兩宫皇太后,修問安視膳之儀。上皇君臨天下十有四年,是天下之父也。陛下親受册封,是上皇之臣也。陛下與上皇,雖殊形體,實同一人。伏讀奉迎還宫之詔曰:“禮惟加而無替,義以卑而奉尊。”望陛下允蹈斯言,或朔望,或節旦,率群臣朝見延和門,以展友于之情,實天下之至願也。更請復汪后於中宫,正天下之母儀;還沂王之儲位,定天下之大本。如此則和氣充溢,灾沴自弭。’疏入,帝大怒。時日已暝,宫門閉。乃傳旨自門隙中出,立執綸及鍾同下詔獄。榜掠慘酷,逼引主使及交通南宫狀。瀕死,無一語。會大風揚沙,晝晦,獄得稍緩,令錮之。明年杖廖莊闕下,因封杖就獄中杖綸、同各百。同竟死,綸長繫如故。”

查繼佐《罪惟録》列傳卷十三上《諫議諸臣列傳》:“懷獻太子

卒，人心危懼。御史鍾同諷禮部請復立沂王東宮，禮部大臣咋舌曰：'作死。'綸發憤具疏，陳修德弭灾十四事。其一謂：'上皇君臨天下十有四年，陛下親爲臣子，又以天位授陛下，稱太上，恩分至尊也。月朔望及歲時節旦，宜率百官朝見延安門。'且云：'復汪后于中宫，以正壼儀；復沂王于東宫，以定國本。'上見疏大怒，下綸詔獄，炮烙煅煉，體無完膚。責綸自誣通城狀，綸竟不承。以鍾同先嘗有言，并逮同。會天大風雨，黄霧四塞，獄未决。"

天順元年(1457)，英宗復位，乃立釋綸，擢禮部右侍郎。後調南京禮部，就改吏部。

何喬新《椒丘文集》卷二十《南京禮部左侍郎章恭毅公傳》："天順元年春，太上皇復位，是爲英宗皇帝，首命釋公及出獄。都人士聚觀者塞途，或嘆息泣下。上求公疏不獲，内臣有記其概者爲上誦之，上嗟嘆再三，明日升禮部右侍郎。尋命公往鄭王府册妃，王贈遺幣馬甚厚，公力辭不受。及還，遇襄王入朝，公謁見，王曰：'是請復儲章郎中耶？'對曰：'然。'王喜，命公誦所疏'惇孝義'一節，嘆曰：'我朝作養士大夫垂百年，乃得好人如卿者。'"

王復禮《明尚書章綸公傳》："詔改景泰八年爲天順元年。……吏部侍郎李賢備述前事，上曰：'此等臣子不表揚其忠可乎？'立命出公於獄。公鐵索在頸，久同起居，光白如銀。京城聚觀者謂曰：'此异人也。'公蓬頭跣足伏御階下，上親加冠帶，賜復郎中職。"

尹直《禮部侍郎章恭毅公神道碑銘》："越二載，英宗復登寶位，今上還正儲宫，首録公忠，出之獄，嘉嘆良深，遂升禮部右侍郎。一時自王公而下至里兒巷婦，皆嘖嘖嘆頌不容口，曰：'天祐忠義，何若是其較然也。'"

袁袠《皇明獻實》卷二十五："英廟復辟，首出綸，嘉嘆良深，遂擢禮部右侍郎。……(成化)五年，升南京禮部左侍郎。"

項篤壽《今獻備遺》(項氏萬卷堂明萬曆十一年刻本)卷二十一:"英廟復辟,首出綸,遂擢禮部左侍郎。"

章玄應《章恭毅公年譜》"英宗皇帝天順元年丁丑":"出獄之際,京城男女聚觀填道,擁不可行,有嘆息泣下者。入朝,公卿大夫士皆曰:'此盛事也!'稱爲异人。已而,有旨尋公所陳章疏,無所得。是時,上御文華殿,當夜燭下,内臣中有記所奏者,口陳其事,誦至七曰'敦孝義'條,上以手擊節嘆曰:'是章某爲我家受苦,此好官人,好臣子。'謂内臣曰:'爾識章某否?'對曰:'不識。'上曰:'爾可記之,明日升其官。'乃升禮部右侍郎。三月朔,謝恩,中外臣僚,下至衛士,無不贊喜。連日陰霧,至是天始晴明。天下士大夫聞之嘖嘖嘆賞。雖行路之人,亦皆喜談而樂道之,始號'戇夫'。"

雷禮《國朝列卿紀》(明萬曆刻本)卷四十四:"英宗復辟,升禮部右侍郎,尋爲石亨、楊善所短,調南京禮部。"

張廷玉等《明史》卷一百六十二列傳第五十:"英宗復位,郭登言綸與廖莊、林聰、左鼎、倪敬等皆直言忤時,宜加旌擢。帝乃立釋綸。命内侍檢前疏,不得。内侍從旁誦數語,帝嗟嘆再三,擢禮部右侍郎。綸既以大節爲帝所重,而性亢直,不能諧俗。石亨貴幸招公卿飲,綸辭不往,又數與尚書楊善論事不合。亨、善共短綸,乃調南京禮部,就改吏部。"

成化元年(1465),憲宗即位,綸屢進言,爲天下重。

何喬新《椒丘文集》卷二十《南京禮部左侍郎章恭毅公傳》:"成化元年春,兩淮飢,公奏救荒四事:一曰救民急;二曰息民力;三曰恤流民;四曰備儲積。事下户部,皆舉行之。"

王復禮《明尚書章綸公傳》:"成化二年,兩淮飢,奏救荒四事:救民急,惜民田,撫流民,備儲積。"

何白《汲古堂續集》(明萬曆刻本)卷九《重修章恭毅公祠堂碑

記》:"及公出獄,拜禮部右侍郎,立朝侃侃,不少挫衄,前後讜論數十萬言,類皆軍國大計。"

項篤壽《今獻備遺》卷二十一:"成化元年,陳救荒四事。"

張廷玉等《明史》卷一百六十二列傳第五十:"憲宗即位,有司以遺詔請大婚。綸言:'山陵尚新,元朔未改,百日從吉,心寧自安。陛下踐阼之初,當以孝治天下,三綱五常實原於此。乞俟來春舉行。'議雖不從,天下咸重其言。成化元年,兩淮饑,奏救荒四事。皆報可。"

成化四年(1468),奉命考察官吏,爲權奸所憚,被劾,上書請罷,不允,旋遷南京禮部左侍郎。

何喬新《椒丘文集》卷二十《南京禮部左侍郎章恭毅公傳》:"四年,上敕公與南都都察院僉都御史高明考察官吏,公言:御史某乏風節,郎中某無廉聲,主事某浮猥,皆當黜。高公執不可,公獨以當黜者請于上,南京六科十三道忿之,交章誣公罪,朝廷遣禮部侍郎葉盛、刑科給事中毛弘按驗,具得誣狀,公賢益明。五年秋,公以星變,上書自劾,乞致仕,優詔不允。秩滿,遷南京禮部左侍郎。"

王復禮《明尚書章綸公傳》(《章綸集》附録):"四年,敕公與都御史高明考察官吏,議不合。公素性剛直,爲權奸所憚,故久處南都,勿復改擢。"

項篤壽《今獻備遺》卷二十一:"四年,考察南京官,與都御史高明議不協,遂劾之,并奏黜御史部屬數十人。五年,升南京禮部左侍郎。"

章玄應《章恭毅公年譜》成化四年、五年條:"四年戊子。公在南京,乞致仕。南京科道官嘗被公考核,心懷私忿,誣指公令子冒籍鄉試及賣十坏、荷葉等事。公上章自劾,且分辨誣枉,乞恩罷職。又因考察官吏,與都御史高明議不合,公奏其朋奸罔上,欺滅公道,俱有指實,且疏封獨上,考退御史郎中等官不公不法者數十人。”“五年己丑。以星變,乞致仕,不允。尋升南京禮部左侍郎。”

張廷玉等《明史》卷一百六十二列傳第五十:“四年秋,子玄應以冒籍舉京闈。給事中朱清、御史楊智等因劾綸,命侍郎葉盛勘之。明年,綸及僉都御史高明考察庶官,兩人議不協。疏既上,綸復獨奏給事中王讓不赴考察,且言明剛愎自用,己言多不見從,乞與明俱罷。章并下盛等。於是讓及下考諸臣連章劾綸。綸亦屢疏求罷。帝不聽。既而盛等勘上玄應實冒籍。帝宥綸,而所奏他事,亦悉不問。未幾,復轉禮部。温州知府范奎被論調官。綸言:‘温州臣鄉郡,奎大得民心。解官之日,士民三萬人哭泣攀轅,留十八日乃得去。請還之以慰民望。’章下所司,竟報寢。”

查繼佐《罪惟録》列傳卷十三上《諫議諸臣列傳》:“奉敕會南臺高明考察,綸意盡去諸不職,以是叢衆怨,被誣。上遣侍郎葉盛、給事中毛弘即訊留都,綸得白。五年秋,星變,自劾請罷,不允。”

《徐本明史傳》(《明代史籍叢刊》本,臺灣學生書局1985年版):“綸既以大節爲帝所重,而性亢直,不能諧俗。石亨招公卿飲。綸辭不往,又數與尚書楊善論事不合。亨善共短綸,乃調南京禮部,就改吏部。”

李贄《續藏書》(中華書局1974年版)卷二十三:“公繫獄久,因有足疾。會石亨招公卿飲,公不往,短公上前,改南禮部,上面諭,賜金幣,文華殿遣行,尋改南京吏部。”

成化十二年(1476),六十三歲,辭官回鄉。次年於家鄉南閣建祖先祠及學校,築藏書樓。優游林泉,以詩書自娱。

何喬新《椒丘文集》卷二十《南京禮部左侍郎章恭毅公傳》:“十年春,考績至京,又乞致仕,仍不允。是歲,丁繼母憂歸,持服。十二年夏,公自陳衰老,懇求致仕,上乃許之。公既謝事,徜徉泉石,倏然埃壒之表，自號‘廣莫野人’。十八年閏八月，所居北山石岩忽自崩，聲如震霆。公登樓望之曰：‘异哉！必有當之者。’”

王復禮《明尚書章綸公傳》(《章綸集》附録)：“成化七年還任，十年考績入朝，詔復職，乞致仕，不允。七月，丁繼母包氏憂，入朝陛辭，還家守制。成化十二年，在制，自陳衰老，乞致仕，凡三上，乃方許之。憲宗詔辭，謂公有汲黯之剛直，范鎮之篤忠，因以‘篤忠’名其堂，始悟適符初生之夢。成化十三年，作祠堂。於大門内，以奉先代神主，參酌家禮作祭禮拜謁禮節及居家雜儀，以身率族人築樓於西隙地，廣置圖書充棟。登臨四顧，溪山烟雲皆檐檻間，閑則危坐觀書，倦則藤床倚徙。世慮倏然，有終焉之志，號‘廣漠野人’。”

尹直《禮部侍郎章恭毅公神道碑銘》：“十年，丁母包氏憂，將起復，遂乞休致，許之。家居創祀先祠及校，定時祀拜謁儀節，居家雜儀爲子孫規。宅西構重屋以庋圖籍，日坐其上，觀書覽勝。東構小軒，瞰嶼西泉石，時從賓客觴咏其中，給事嘗得拜慶稱壽，姻族咸集。”

張廷玉等《明史》卷一百六十二列傳第五十：“綸性戇，好直言，不爲當事者所喜。爲侍郎二十年，不得遷，請老去。”

成化十九年(1483)，七十歲，卒於家。贈南京禮部尚書，謚恭毅。後立“會魁”“尚書”牌坊。

何喬新《椒丘文集》卷二十《南京禮部左侍郎章恭毅公傳》：“(成化)十九年三月甲寅，公以疾卒于家。人謂岩崩，蓋其兆。事聞，上命浙江參議道張敷華諭祭，工部進士王俌爲營葬事。二十三年七月，詔贈公南京禮部尚書，謚‘恭毅’。”

王復禮《明尚書章綸公傳》：“公卒，享年七十一。訃聞，上遣官營葬事，賜祭太陵，敕郡邑建‘忠節祠’，奏疏付史館。”又：“成化二十三年八月，帝升遐，九月，太子即位，明年改弘治元年。夫人張氏上公奏稿,且乞恩,帝嘉嘆,贈公禮部尚書,謚恭毅。”

雷禮《國朝列卿紀》卷四十五:“十九年,以疾終,先是宅前山岩崩摧聲振谷,綸嘆曰:‘吾其當之歟?’至是,果然。卒贈南京禮部尚書,謚恭毅。”

鄧球《皇明泳化類編》(明隆慶刻萬曆重修本)人物卷之五十二:“十九年三月甲寅卒,贈尚書,謚恭毅。”

張廷玉等《明史》卷一百六十二列傳第五十:“久之卒。居數年,其妻張氏上其奏稿,且乞恩。帝嘉嘆,贈南京禮部尚書,謚恭毅,官一子鴻臚典簿。玄應後舉進士,爲南京給事中。偕同官論陳鉞罪,忤旨停俸。孝宗嗣位,上治本五事。仕終廣東布政使。”

查繼佐《罪惟録》列傳卷十三上《諫議諸臣列傳》:“十二年請老,卒。泰陵即位,贈尚書,謚恭毅,官其子立爲鴻臚主簿。”

謝鐸《桃溪净稿》卷十一《侍郎章公墓誌銘》:“成化癸卯春三月甲寅,南京禮部左侍郎樂清章公以疾卒于家。”

蘇茂相《皇明寶善類編》(明天啓刻本):“章綸字大經,樂清人,正統己未進士,仕至南京吏部侍郎,謚恭毅。”

綸歷官南北,聚書萬卷。著有《章恭毅公奏議》《進思録》《困志集》。間發爲詩,不事雕琢。

何喬新《椒丘文集》卷二十《南京禮部左侍郎章恭毅公傳》:“公所著有拙稿《困志集》《進思録》,藏于家。爲文以理爲主,不務諧世好,詩平淡温雅,不爲雕刻之詞,皆可傳。”

王復禮《明尚書章綸公傳》:“公上師六經,中友諸子,下奴百氏。爲文必關世教,追踪古作而不蹈襲陳言。君子謂公光明正大如范希文;議論詳明如陸敬輿;立朝大節無愧司馬君實,惜不致大用而不究其所施也。識者以爲然。”

徐咸《明名臣言行録》(清康熙二十年刻本)卷二十:“歷官南

北，聚書萬卷。自六經子史，以至星曆醫卜，皆搜抉其要，尤究心於奏議，而間發爲詩，亦不事雕琢云。”

謝鐸《桃溪净稿》卷十一《侍郎章公墓誌銘》：“歷官南北，聚書幾萬卷。自六經子史，以至星曆醫卜，皆搜抉務達其要。以爲文之有關世教者，莫先告君之詞，故平生之文，奏議爲多，而間發爲詩，亦不事雕琢而自成一家。有拙稿《困志集》《進思録》，凡若干卷，藏于家。”

參考文獻：

1. 章綸《困志集》，中國國家圖書館藏成化十年序刻本。

2. 章玄應《章恭毅公年譜》，《北京圖書館藏珍本年譜叢刊》第 39 册，北京圖書館出版社 1999 年版。

3. 徐紘《皇明名臣琬琰録》，周駿富輯《明代傳記叢刊》，臺灣明文書局 1991 年版。

4. 謝鐸《桃溪净稿》，《四庫全書存目叢書》集部第 38 册，齊魯書社 1997 年版。

5. 鮑作雨編著《(道光)樂清縣志》，綫裝書局 2009 年版。

6. 章綸著，沈不沉編注《章綸集》，綫裝書局 2009 年版。

7. 何喬新《椒丘文集》，《明别集叢刊》第一輯第五十册，黄山書社 2013 年版。

（孫啓華）

商輅傳

商輅，字弘載，號素庵，浙江淳安（今浙江省淳安縣）人。生於永樂十二年（1414）二月二十五日。宋嘉祐時，先祖商瑗自西夏都知兵馬使歸浙東路，累世公卿。祖商敬中、父商仲宣，皆承祖蔭官至資政大夫、兵部尚書兼翰林院學士。

張廷玉等《明史》卷一百七十六《商輅傳》："商輅，字弘載，淳安人。"

顧鼎臣、顧祖訓編《明狀元圖考》卷二《狀元商輅》："商輅，字弘載，號素庵，浙江淳安人。"

徐紘《皇明名臣琬琰録》後集卷十四尹直《少保商文毅公墓誌銘》："抵家十載始卒，丙午七月十八日也。溯生永樂甲午二月二十五日，壽七十有三。"又："始祖諱瑗，宋嘉祐間，自西夏都知兵馬使來歸，賜地于邑芝山，子孫因家焉。三世俱以蔭補官，至祖敬中、考仲宣，咸因公貴，累贈資政大夫、兵部尚書兼翰林院學士。祖妣胡氏、妣解氏，俱夫人。"

廖道南《殿閣詞林記》卷二《謹身殿大學士商輅》："商輅，字弘載，浙江淳安人。"

宣德十年（1435），輅二十二歲，以《書經》發解，鄉試奪魁，稱解元。次年進京會試，不中。乃入國子監苦讀十載，祭酒李時勉見而器之，爲其設館俾卒業。

張廷玉等《明史》卷一百七十六《商輅傳》:“舉鄉試第一。”

查繼佐《罪惟録》列傳卷十一《商輅傳》:“舉宣德乙卯解元,入太學。李忠文時勉爲祭酒,特异之,爲設館東廂之後,俾卒業。”

顧鼎臣、顧祖訓編《明狀元圖考》卷二《狀元商輅》:“正統十年乙丑,廷試商輅等一百五十人,擢商輅第一。……宣德乙卯,以《書經》發解。及會試,弗利,乃入太學。李長爲祭酒,見而器之,特設館東厢之後,俾卒業。”

正統十年(1445),輅三十二歲,進京會試,稱會元。三十三歲參加殿試,中狀元。有明一代,科舉三元及第者,惟輅一人而已。除翰林修撰,尋進學東閣,英宗親授其展書官。

張廷玉等《明史》卷一百七十六《商輅傳》:“正統十年,會試、殿試皆第一。終明之世,三試第一者,輅一人而已。除修撰,尋與劉儼等十人進學東閣。輅丰姿瑰偉,帝親簡爲展書官。”

徐紘《皇明名臣琬琰録》後集卷十四尹直《少保商文毅公墓誌銘》:“正統乙丑,會試、廷試俱第一,授翰林修撰。尋命進學東閣,務期大用。繼選經筵展書,命遂進講。己巳,升侍讀,擢入内閣。”

查繼佐《罪惟録》列傳卷十一《商輅傳》:“正統乙丑會試,明年廷試,皆第一。丁卯,命選詞臣劉儼等十人進學東閣,輅與焉。”

顧鼎臣、顧祖訓編《明狀元圖考》卷二《狀元商輅》:“及乙丑會試、廷試俱第一,時年三十二,授修撰。”

胡宗憲修,薛应旂纂《(嘉靖)浙江通志》卷五《地理志》:“元至正中,建三元橋在郡治南,本朝商輅三試皆第一,立坊其上。”

徐象梅《兩浙名賢録》卷十四《吏部尚書兼謹身殿大學士商弘載輅》:“授翰林院修撰,尋命進學東閣。繼選經筵展書,升侍讀,擢入内閣,俾參綸命。”又:“登第甫六年,即入内閣,預機務,儕輩多有异議,而輅處之自如。尤與錢溥不相能,溥至作《禿婦傳》譏之,亦不與之較。"

廖道南《殿閣詞林記》卷二《謹身殿大學士商輅》:"宣德乙卯鄉試、正統甲子會試、明年廷試皆第一,授修撰。丁卯,英廟命選詞臣十八人進學東閣,輅預焉。"

按,一説黄觀爲明朝三元及第第一人,因忤逆朱棣而舉家獲罪,故被除名。本傳謹按正史記載。

正統十四年(1449)八月,遭"土木之變",英宗被俘,郕王監國,輅薦入内閣。是年冬,進爲翰林侍讀學士,參機要事務。時翰林院侍講徐珵力倡遷都南京,輅與兵部侍郎于謙力阻南遷。既而郕王即位,并尊英宗爲太上皇。同年冬,擢翰林院侍讀。

張廷玉等《明史》卷一百七十六《商輅傳》:"郕王監國,以陳循、高穀薦入内閣,參機務。徐珵倡南遷議,輅力沮之。其冬,進侍讀。"

徐紘《皇明名臣琬琰録》後集卷十四尹直《少保商文毅公墓誌銘》:"時英廟北狩,國勢危疑。妄有倡議南遷者,公力沮之。虜逼京城,公與文武元僚經略戰守,遣官撫輯甸居之虜,徵各邊師選兵入援,揭榜賊營購虜酋,僞爲喜寧報誘擒也先書,故遺于虜營。虜得榜與書,故自相疑遁。"

徐象梅《兩浙名賢録》卷十四《史部尚書兼謹身殿大學士商弘載輅》:"時英廟北狩,國勢危疑。妄有倡議南遷者,輅力沮之。虜逼京城,輅與文武大臣經略戰守,遣官撫輯甸居降虜,徵各邊帥,選兵入援,揭榜賊營購虜酋,復僞爲喜寧報誘擒也先書,故遺於虜營。虜得榜與書,果自相疑遁去。"

廖道南《殿閣詞林記》卷二《謹身殿大學士商輅》:"是時北虜方熾,閩浙盜起,奏牘填委,輅悉心剸裁,績效居多。景泰庚午,進學士。"

景泰元年(1450)秋,輅奉命往居庸關迎英宗回京,後進學士。

張廷玉等《明史》卷一百七十六《商輅傳》:"景泰元年遣迎上皇於居庸,進學士。"

徐紘《皇明名臣琬琰録》後集卷十四尹直《少保商文毅公墓誌銘》:"明年,景泰紀元之秋,往迎英廟回鑾於居庸關,草詔稱旨,賜酒果馬匹。"

徐象梅《兩浙名賢録》卷十四《吏部尚書兼謹身殿大學士商弘載輅》:"景泰紀元之秋,往迎英廟回鑾於居庸關,草詔稱旨,賜以馬匹。"

廖道南《殿閣詞林記》卷二《謹身殿大學士商輅》:"太上皇北還,輅迎至居庸關伏謁,命致書兩宫及皇太弟。壬申,遷兵部侍郎兼左春坊大學士,仍兼學士,賜以居第。"

景泰三年(1452),錦衣衛指揮使盧忠令校尉上奏,誣太上皇與少監阮浪、内使王瑶圖謀復位。代宗震怒,捕二人下詔獄。輅及中官王誠言於帝曰:"忠病風,無足信,不宜聽妄言,傷大倫。"代宗怒意少解。後代宗廢太子朱見浚爲沂王,改立其子朱見濟爲太子。

張廷玉等《明史》卷一百七十六《商輅傳》:"三年,錦衣指揮盧忠令校尉上變,告上皇與少監阮浪、内使王瑶圖復位。帝震怒,捕二人下詔獄,窮治之。忠筮於術者同寅,寅以大義折之,且曰:'此大凶兆,死不足贖。'忠懼,佯狂以冀免。輅及中官王誠言於帝曰:'忠病風,無足信,不宜聽妄言,傷大倫。'帝意少解。乃并下忠獄,坐以他罪,降爲事官立功。殺瑶,錮浪於獄,事得不竟。"

徐紘《皇明名臣琬琰録》後集卷十四尹直《少保商文毅公墓誌銘》:"既而錦衣盧指揮妄言南内事,窮治不已,公言此不足信,獄遂不竟。"

徐象梅《兩浙名賢録》卷十四《吏部尚書兼謹身殿大學士商弘載輅》:"既而錦衣指揮盧忠妄言南内事,中官阮浪等雖被重刑,猶窮治不已。輅極言不可輕聽以壞大倫,傷骨肉之情,獄遂不竟。"

太子既易,輅進爲兵部左侍郎兼左春坊大學士,賜第南薰里。塞上腴田率爲勢豪侵據,輅請核還之軍。開封、鳳陽諸府飢民流濟寧、臨清間,爲有司驅逐。輅憂其爲變,請招墾畿内八府閑田,給糧種,民皆有所歸。鍾同、章綸下獄,輅力求得無死。

張廷玉等《明史》卷一百七十六《商輅傳》:"太子既易,進兵部左侍郎,兼左春坊大學士如故,賜第南薰里。塞上腴田率爲勢豪侵據,輅請核還之軍。開封、鳳陽諸府饑民流濟寧、臨清間,爲有司驅逐。輅憂其爲變,請招墾畿内八府閑田,給糧種,民皆有所歸。鍾同、章綸下獄,輅力救得無死。"

徐紘《皇明名臣琬琰録》後集卷十四尹直《少保商文毅公墓誌銘》:"壬申初,議易儲,公謂:'此國大事,有皇太后在上,臣下誰敢議此?'明日有旨,會多官議,附和者衆,公争不可。逾歲,鍾同、章綸相繼請復儲,下獄,禍不測。公因召對力救,綸竟得免。"

徐象梅《兩浙名賢録》卷十四《吏部尚書兼謹身殿大學士商弘載輅》:"無何而易儲議起,輅謂:'此國大事,有皇太后在上,臣下誰敢議此?'明日有旨,會多官議,附和者衆,輅力争不可。逾歲,鍾同、章綸相繼請復儲,下獄,禍且不測。輅因召對力救,綸竟得免。"

景泰七年(1456),因《寰宇通志》修成,輅加太常寺卿。

張廷玉等《明史》卷一百七十六《商輅傳》:"《寰宇通志》成,加兼太常卿。"

尹守衡《明皇史竊》卷六十七:"《寰宇通志》成,加兼太常卿。"

過庭訓《本朝分省人物考》卷五十五《商輅》:"景泰七年丙子,

《寰宇通志》成，擬進官秩。時保傅止進兼官，擬輅升兵部尚書。會有沮之者：'諸總裁皆止進兼官，商豈可獨升？'至期敕出，輅仍舊兵侍，加兼太常寺卿。衆愕然不滿。"

景泰八年(1457)，太子朱見濟已於景泰四年夭，景帝病重，輅力主復立朱見深爲皇太子。然尚未及啓奏，上皇復辟。輅因草擬詔書遵循祖制，與石亨生隙，遭彈劾下獄。爲英宗忌，中官興安稍解之，帝愈怒。斥輅爲民，英宗一朝不復用。

張廷玉等《明史》卷一百七十六《商輅傳》："景帝不豫，群臣請建東宫，不許。將繼奏，輅援筆曰：'陛下宣宗章皇帝之子，當立章皇帝子孫。'聞者感動。以日暮，奏未入，而是夜石亨輩已迎復上皇。明日，王文、于謙等被收，召輅與高穀入便殿，温旨諭之，命草復位詔。亨密語輅，赦文毋別具條款。輅曰：'舊制也，不敢易。'亨輩不悦，諷言官劾輅朋奸，下之獄。輅上書自訴《復儲疏》在禮部，可覆驗，不省。中官興安稍解之，帝愈怒。安曰：'向者此輩創議南遷，不審置陛下何地。'帝意漸釋，乃斥爲民。然帝每獨念'輅，朕所取士，嘗與姚夔侍東宫'，不忍棄之。以忌者，竟不復用。"

徐紘《皇明名臣琬琰録》後集卷十四尹直《少保商文毅公墓誌銘》："丁丑春，景皇帝不豫，公即與陳公循倡請命復儲以繫人心，不允。繼具疏，公援筆增二語：'陛下爲宣宗章皇帝之子，當立宣宗章皇帝之孫。'擬詰旦進。至期，變作，正月十七日也。先帝復辟，首召慰諭，且問改元，公對：'當同循等具請裁定。'又明日，權奸嗾言官捃摭再劾，坐免。"

徐象梅《兩浙名賢録》卷十四《吏部尚書兼謹身殿大學士商弘載輅》："丁丑春，景皇帝不豫，輅即與陳循倡請復儲，以繫人心，不允。繼具草，輅援筆增二語云：'陛下爲宣宗章皇帝之子，當立宣宗章皇帝之孫。'擬詰旦進。至期，變作，正月十七日也。英廟復辟，首召慰諭,且問改元。明日,權奸嗾言官捃摭再劾,坐免。”

胡宗憲修,薛应旂纂《(嘉靖)浙江通志》卷四十七:“天順初,爲石亨等誣陷革職,爲民十年。”

成化三年(1467),被詔入京,推辭不就,帝曰:“先帝已知向枉,其勿辭。”仍以兵部左侍郎兼翰林院學士入内閣。入閣後首陳八事:勤學、納諫、儲將、防邊、省冗官、設社倉、崇先聖號、廣造士法。帝納許之。又請召復元年以後建言被斥者,帝亦許之。

張廷玉等《明史》卷一百七十六《商輅傳》:“成化三年二月召至京,命以故官入閣。輅疏辭,帝曰:‘先帝已知卿枉,其勿辭。’首陳勤學、納諫、儲將、防邊、省冗官、設社倉、崇先聖號、廣造士法,凡八事。帝嘉納之。其言納諫也,請召復元年以後建言被斥者。於是羅倫、孔公恂等悉復官。”

徐紘《皇明名臣琬琰録》後集卷十四尹直《少保商文毅公墓誌銘》:“朝廷尋知非辜,欲復用,不果。公家居怡然,養母訓子,杜門不出。及復起,首疏八事,舉切時弊。”

胡宗憲修,薛应旂纂《(嘉靖)浙江通志》卷四十七《商輅》:“成化初,被召再起,未有復職之命,陛見戴平定巾絲縧青布員領,自稱原籍爲民。臣商輅蒙召見,廷臣謂其妥帖,即復原官,仍入内閣參預機務。首疏八事,皆切時弊。”

徐象梅《兩浙名賢録》卷十四《吏部尚書兼謹身殿大學士商弘載輅》:“成化丙戌,召起復原官,仍參預機密,首言八事,舉切時弊。”

成化四年(1468),御史林誠以輅曾會與易儲謗之,輅上疏求罷,帝怒,命廷鞫詆輅者。輅寬以待人,爲詆己者進言,帝悦。尋進兵部尚書,仍兼學士。

張廷玉等《明史》卷一百七十六《商輅傳》:“明年,彗星見,給事中董旻、御史胡深等劾不職大臣,并及輅。御史林誠詆輅曾與易儲,不宜用,帝不聽,輅因求罷。帝怒,命廷鞫諸言者,欲加重譴。輅曰:‘臣嘗請優容言者,今論臣反責之,如公論何。’帝悦,旻等各予杖復職。尋進兵部尚書。”

徐紘《皇明名臣琬琰録》後集卷十四尹直《少保商文毅公墓誌銘》:“戊子,以地震乞罷,諭以:‘方托調燮,豈宜去?’是夏,詔議慈懿皇太后葬禮,公同彭文憲公力言:‘附陵祔廟,理不可易。’至率廷臣伏闕泣請,卒從。尋因彗見,言官有所誣詆,公力求退,奉旨:‘朕用卿不疑,何恤人言?’至詰責言者:‘唐太宗用王魏,朕用商輅,何不可?’欲加譴調。公言:‘臣嘗勸優容言官,已荷嘉納。如修撰羅倫,復請召用。今因論臣而反責之,如公論何?’特允所言,召公至榻前,勉慰再三。尋升尚書,仍兼學士。”

徐象梅《兩浙名賢録》卷十四《吏部尚書兼謹身殿大學士商弘載輅》:“戊子,慈懿皇太后崩,輅率群臣上疏,定祔葬之禮。至伏闕泣請,卒從之。升兵部尚書,兼職如故。”

廖道南《殿閣詞林記》卷二《謹身殿大學士商輅》:“戊子,慈懿皇太后崩,百官争禮,輅上疏定祔葬儀,從之。是歲陟兵部尚書。”

成化八年(1472),天下水旱交替,上疏减免賦税,帝允。奉敕修《續資治通鑑綱目》。

徐紘《皇明名臣琬琰録》後集卷十四尹直《少保商文毅公墓誌銘》:“壬辰,以天下水旱相仍,請省科斂、減力役、寬兩税、弛利禁,悉從之。是冬,奉敕修《續資治通鑑綱目》。”

成化九年(1473),改户部尚書。

張廷玉等《明史》卷一百七十六《商輅傳》:“久之,進户部。”

廖道南《殿閣詞林記》卷二《謹身殿大學士商輅》:"改户部尚書,仍兼前職。"

成化十一年(1475),《宋元通鑑綱目》成,改兼文淵閣大學士。

張廷玉等《明史》卷一百七十六《商輅傳》:"《宋元通鑑綱目》成,改兼文淵閣大學士。"

徐紘《明名臣琬琰續録》卷十四尹直《少保商文毅公墓誌銘》:"乙未夏,進兼文淵閣大學士。"

胡宗憲《(嘉靖)浙江通志》卷四十七《商輅》:"上納其言,而不允其辭,改户部尚書文淵閣大學士。"

廖道南《殿閣詞林記》卷二《謹身殿大學士商輅》:"癸巳,《宋元通鑑綱目》成,進文淵閣大學士。"

成化十二年(1476),時悼恭太子薨,帝以繼嗣爲憂。紀妃生皇子已六歲,輅力主早立太子以正社稷,帝頷之。是冬,遂立皇子爲皇太子。加輅太子少保,進吏部尚書。

張廷玉等《明史》卷一百七十六《商輅傳》:"悼恭太子薨,帝以繼嗣爲憂。紀妃生皇子,六歲矣,左右畏萬貴妃,莫敢言。久之,乃聞於帝。帝大喜,欲宣示外廷,遣中官至内閣諭意。輅請敕禮部擬上皇子名,於是廷臣相率稱賀。帝即命皇子出見廷臣。越數日,帝復御文華殿,皇子侍,召見輅及諸閣臣。輅頓首曰:'陛下踐祚十年,儲副未立,天下引領望久矣。當即立爲皇太子,安中外心。'帝頷之。是冬,遂立皇子爲皇太子。初,帝召見皇子留宫中,而紀妃仍居西内。輅恐有他患,難顯言,偕同官上疏曰:'皇子聰明岐嶷,國本攸繫。重以貴妃保護,恩逾己出。但外議謂皇子母因病别居,久不得見。宜移就近所,俾母子朝夕相接,而皇子仍藉撫育於貴妃,宗社幸甚。'由是紀妃遷永壽宫。逾月,妃病篤,輅請曰:'如有不諱，禮宜從厚。'且請命司禮監奉皇子，過妃宫問視，及製衰服行禮。帝皆是之。"

徐紘《皇明名臣琬琰録》後集卷十四尹直《少保商文毅公墓誌銘》："丙申，加太子少保，改吏部，賜冠帶一品服。"

過庭訓《本朝分省人物考》卷五十五《商輅》："西宫儲貳已長，但無敢語，輅獨婉轉探引，東宫乃立。復上疏，略曰：'皇子聰明岐嶷，國本攸繫，天下歸心。重以貴妃撫育保護，恩逾己出，内外稱贊。貴妃之賢，近代無比。但外議皆爲皇子之母因病另居，久不得見。揆之人情事體，誠爲未順。伏望敕令就近居住，皇子仍煩貴妃撫養，俾朝夕之間，便於接見，庶得以遂其母子之至情，愜衆人之公論。'逾月，東宫母紀貴妃薨。輅舉宋李宸妃故事，殯殮悉如禮。"

吏部任時，輅極言郕王有社稷功，憲宗復郕王位號之意遂决。輅阻帝建玉皇閣於宫北。黑眚見，上疏彌灾八事。皆爲良臣之諫，帝優詔褒納。

張廷玉等《明史》卷一百七十六《商輅傳》："帝將復郕王位號，下廷議。輅極言王有社稷功，位號當復，帝意遂决。帝建玉皇閣於宫北，命内臣執事，禮與郊祀等，輅等争罷之。黑眚見，疏弭灾八事，曰：番僧國師法王，毋濫賜印章；四方常貢外，勿受玩好；許諸臣直言；分遣部使慮囚，省冤獄；停不急營造；實三邊軍儲；守沿邊關隘；設雲南巡撫。帝優詔褒納。"

徐紘《皇明名臣琬琰録》後集卷十四尹直《少保商文毅公墓誌銘》："時禁中建玉皇閣，公論毁之。又請建儲，尋因黑眚見，極陳時弊。"

胡宗憲《(嘉靖)浙江通志》卷四十七《商輅》："七年冬，彗星見，疏辭輔導失職，條陳八事。"

徐象梅《兩浙名賢録》卷十四《吏部尚書兼謹身殿大學士商弘

載輅》:"改吏部,時幸臣有欲於掖庭建玉皇祠,每歲以内臣執事,如郊祀儀祭之者。輅力言非禮,訖不建。"

萬貴妃莊户與民争田,帝欲徙民塞外。輅進言以其并無必要,遂止。乾清宫門灾,工部欲至川、湖廣采木。輅以爲宜少緩,以存警畏,帝從之。

張廷玉等《明史》卷一百七十六《商輅傳》:"仁壽太后莊户與民争田,帝欲徙民塞外。輅曰:'天子以天下爲家,安用皇莊爲。'事遂寢。乾清宫門灾,工部請采木川、湖。輅言宜少緩,以存警畏,從之。"

徐象梅《兩浙名賢録》卷十四《吏部尚書兼謹身殿大學士商弘載輅》:"宫門灾,工部請徵材湖廣等處,輅言:'上天垂戒,宜少緩修葺,以存警戒。'從之。"

廖道南《殿閣詞林記》卷二《謹身殿大學士商輅》:"值幸臣有欲建玉皇祠于掖庭者,輅争以爲不可;宫門灾,工部請命中官鳩材于楚蜀,輅又争以爲不可,俱從之。丁酉,兼謹身殿大學士。"

成化十三年(1477),輅兼謹身殿大學士。輅率群臣直斥西廠汪直之過,列其十一罪,例數汪直惡行。會九卿項忠等亦劾直,是日遂罷西廠。直雖不視廠事,寵幸如故。又御史戴縉復頌直功,請復西廠,輅遂求致仕。帝允,詔加少保,賜敕馳傳歸。

張廷玉等《明史》卷一百七十六《商輅傳》:"中官汪直之督西廠也,數興大獄。輅率同官條直十一罪,言:'陛下委聽斷於直,直又寄耳目於群小如韋瑛輩。皆自言承密旨,得顓刑殺,擅作威福,賊虐善良。陛下若謂擿奸禁亂,法不得已,則前此數年,何以帖然無事。且曹欽之變,由逯杲刺事激成,可爲懲鑒。自直用事,士大夫不安其職,商賈不安於途,庶民不安於業,若不亟去,天下安危未可知也。'帝愠曰:'用一内竪,何遽危天下,誰主此奏者?'命太監懷恩傳旨,詰責厲甚。輅正色曰:'朝臣無大小,有罪皆請旨逮問,直擅抄没三品以上京官。大同、宣府,邊城要害,守備俄頃不可缺,直一日械數人。南京,祖宗根本地,留守大臣,直擅收捕。諸近侍在帝左右,直輒易置。直不去,天下安得無危?'萬安、劉珝、劉吉亦俱對,引義慷慨,恩等屈服。輅顧同列謝曰:'諸公皆爲國如此,輅復何憂。'會九卿項忠等亦劾直,是日遂罷西廠。直雖不視廠事,寵幸如故。譖輅嘗納指揮楊曄賄,欲脱其罪。輅不自安,而御史戴縉復頌直功,請復西廠,輅遂力求去。詔加少保,賜敕馳傳歸。輅既去,士大夫益俯首事直,無敢與抗者矣。"

徐紘《皇明名臣琬琰録》後集卷十四尹直《少保商文毅公墓誌銘》:"丁酉,兼殿學士。時内臣汪直創西廠刺事,權傾中外。公與同寅指斥激切,即爲革罷,公亦决於去,遂得辭。"

徐象梅《兩浙名賢録》卷十四《吏部尚書兼謹身殿大學士商弘載輅》:"丁酉,命兼謹身殿大學士,時權璫汪直開西廠行事,大肆羅織,屢起大獄,勢焰熏灼,人不敢言。輅偕同列上疏,極言之,會六部大臣亦以爲言,遂革西廠,由是見憾於直,會故大學士楊榮曾孫曄有罪,不就逮,赴京避罪,爲直所發,詞連輅,輅遂乞致仕,詔進少保,賜璽書,給驛以歸。"

成化二十二年(1486),卒於家中,享年七十三歲。贈太傅,謚文毅。

張廷玉等《明史》卷一百七十六《商輅傳》:"及謝政,劉吉過之,見其子孫林立,嘆曰:'吉與公同事歷年,未嘗見公筆下妄殺一人,宜天之報公厚。'輅曰:'正不敢使朝廷妄殺一人耳。'居十年卒,年七十三。贈太傅,謚文毅。"

胡宗憲《(嘉靖)浙江通志》:"以疾累乞致仕,家居十年而卒,贈太傅,謚文毅。”

徐象梅《兩浙名賢録》卷十四《吏部尚書兼謹身殿大學士商弘載輅》:“卒年七十三。訃聞,特進榮禄大夫,太傅,謚文毅。”

有《商文毅疏稿略》《商文毅公集》傳世。《商文毅疏稿略》爲其子侍講良年所編,所載奏疏凡三十三篇。是集所載,可補史闕。其詩雅淡自然,有陶、韋風。其人輔佐三朝,謀斷過人,寬厚有容,處事有方,風骨凛然,裁决如流,德業功成。

張廷玉等《明史》卷一百七十六《商輅傳》:“輅爲人,平粹簡重,寬厚有容,至臨大事,决大議,毅然莫能奪。”

朱彝尊《明詩綜》卷二十:“李德恢云:‘太傅詩寫性情,雍容雅淡,有陶、韋風。’”

徐紘《皇明名臣琬琰録》後集卷十四尹直《少保商文毅公墓誌銘》:“惟公丰儀山立,襟度淵澄,詞氣温徐,平居敬慎不懈,接人恭遜。早擅三元,旋登内閣,以經濟爲己任,以薦賢爲首務。間論古今治亂、事機得失賢否,亹亹不倦。文牘盈案,裁决如流。中遭誣間,夷然不校,權奸既敗,事白復起,倚毗益切,建明良多。雖一時憸壬構傾,舉無能爲,卒之身退名完,德業著于當時,風聲聳于後世,視古名相碩輔,如勃之厚重、崇之應變、旦之沉静,亦何忝哉!……於書無所不讀,爲文渾厚雅贍,詩主平淡,不雕刻。有集若干卷,傳于家。”

徐象梅《兩浙名賢録》卷十四《吏部尚書兼謹身殿大學士商弘載輅》:“輅體貌修偉,風神秀雅,文章典實,不事華藻。爲人平粹簡重,寬厚有容。”

永瑢等《四庫全書總目》卷五十五《商文毅疏稿略》:“是集爲其子侍講良年所編。後有其孫汝頤《跋》,稱輅《素庵文集》凡數十卷,兩遭回禄,悉爲煨燼,幸此卷獨存,因鋟諸梓云云。此本爲天一閣所鈔，則刊版又佚矣，其偶傳者幸也。所載奏疏凡三十三篇。《明史》所載景泰時請清理塞上軍田，招集開封、鳳陽諸處流民。成化時首陳八事及辯林誠之誣，請皇太子視紀妃疾，弭災八事。劾西廠太監汪直諸疏，今皆在集中。惟劾汪直一疏，史載列直十一罪，而不言其目。此集所載乃止十條，或爲傳寫佚脱一條，抑或史文誤衍'一'字歟。又《邊務》一疏凡言二事。其一論養軍莫善於屯田。若不屯田，雖傾府庫之財，竭軍民之力，不能使邊城充實。宜禁勢豪侵占，令邊軍分二班耕種。非專言清理官田。史但稱核還之軍，未盡其實。其一論守邊爲上，守關次之。若徒守京城，最爲下策。不宜全調保定等處精鋭官軍備禦京城，而以紫荆、倒馬諸要隘委之輪撥京兵，致望風先潰。其言尤深中明代之弊。史削而不載，亦删除過當。是集所載，乃其全文，尤足以補史闕也。"

王世貞《弇州山人續稿》卷八《咏諸功臣像·故榮禄大夫少保吏部尚書華蓋殿大學士贈特進太傅商文毅公輅》："商公一書生，三表群英冠。偶然值屯夷，遽爾參涣汗。中躓乃復起，不修睚眦怨。嗣李務含宏，佐彭出謀斷。密雪廟社功，景皇復昭焕。力發肘腋奸，權璫稍知憚。事違奉身退，翛然嚴瀨畔。所以馬鈞陽，懷賢發浩嘆。"

輅妻盧氏，生三男四女。其長子次子皆入朝爲官。

徐紘《皇明名臣琬琰録》後集卷十四尹直《少保商文毅公墓誌銘》："公配盧氏，封夫人，先卒，敕葬邑西山之原。子男三，長良臣，第進士，仕至翰林侍講，先公兩月卒于京。次良輔，以公蔭授禮部主事。孫男四，汝謙，國子生；汝順，邑庠生；汝晋；汝泰。女四。曾孫男四。良輔將以卒之明年某月某日，奉公柩啓盧夫人之封而葬焉。"

徐象梅《兩浙名賢録》卷十四《吏部尚書兼謹身殿大學士商弘

載輅》:“子良臣,中進士,官終翰林侍講。次子良輔,孫汝謙,俱以蔭得官,良輔刑部主事,汝謙尚寶司丞。”

廖道南《殿閣詞林記》卷二《謹身殿大學士商輅》:“子良臣,舉進士,爲翰林侍講。”

參考文獻:

1. 胡宗憲修,薛应旂等纂《浙江通志》,明嘉靖四十年刊本。

2. 商輅《商文毅公集》,明萬曆三十年劉體元刊本。

3. 過庭訓《本朝分省人物考》,明天啓刻本。

4. 尹守衡《明皇史竊》,明崇禎刻本。

5. 王世貞《弇州續稿》,明萬曆間刻本。

6. 徐紘《皇明名臣琬琰録》,周駿富輯《明代傳記叢刊》,臺灣明文書局1991年版。

7. 廖道南《殿閣詞林記》,《景印文淵閣四庫全書》第452册,臺灣商務印書館1986年版。

8. 查繼佐《罪惟録》,浙江古籍出版社1986年版。

9. 朱彝尊《明詩綜》,中華書局2007年版。

10. 徐象梅《兩浙名賢録》,明天啓三年光碧堂刊本。

11. 顧鼎臣、顧祖訓編《明狀元圖考》,文物出版社2019年版。

(陳家愉)

王恕傳

王恕，字宗貫，號介庵，晚號石渠老人。陝西三原(今陝西省咸陽市三原縣)人。生於永樂十四年(1416)。

王恕《王端毅公文集》卷六《石渠老人履歷略》："予姓王氏，字宗貫，號介庵，石渠老人乃晚年號也。西安三原縣光遠里人。曾大父彦成，號安止；大父惟真，號恒齋；父仲智，號西園翁，皆累贈光禄大夫、柱國、太子太保、吏部尚書。曾大母張氏、侯氏，大母張氏，母周氏，妻蓋氏，繼室張氏，皆累贈一品夫人；繼室文氏，封一品夫人。"

李東陽《懷麓堂集》卷八十文後稿二十《明故光禄大夫柱國太子太傅吏部尚書致仕贈特進左柱國太師謚端毅王公神道碑銘》(以下簡稱《王公神道碑》)："公諱恕，字宗貫，陝西三原人也。"

王鏊《震澤集》卷二十九《王公墓誌銘》："王世家陝西三原縣。"

王雲鳳《博趣齋稿》(明刻本)卷十三《太子太保吏部尚書王公生祠記》："公名恕，字宗貫，三原人。嘗以介名其庵，學者稱爲介庵先生，晚自稱石渠老人。"

張廷玉等《明史》卷一百八十二《王恕傳》："王恕，字宗貫，三原人。"

按，恕之生年，其《石渠老人履歷略》有"癸丑年七十有八"語，按癸丑即弘治六年(1493)，則恕生於永樂十四年(1416)。

正統十三年(1448)進士,由庶吉士授大理左評事。景泰三年(1452),進左寺副。嘗條刑罰不中者六事,皆議行之。

王恕《石渠老人履歷略》:"予十有三歲游邑庠,二十有六以《易經》中正統辛酉鄉試,登戊辰進士,改庶吉士。己巳,授大理寺左寺左評事。景泰壬申,升左寺副。""予乃中人之資,無大知識,其在大理也,惟盡心審録,期得其平而後已,否則參駁之。嘗條陳刑罰之不中者六事,誤蒙嘉納。"

李東陽《王公神道碑銘》:"正統戊辰舉進士,爲翰林庶吉士,授大理寺左評事。景泰間遷左寺副,條刑罰不中六事上之朝。"

王鏊《王公墓誌銘》:"公生而魁偉高岸,音吐如鐘,見者异之。正統戊辰登進士,選入翰林,爲庶吉士,授大理評事,歷左寺副,出知楊州府,擢江西右布政使,轉河南左布政使。成化初,進都察院右副都御史,撫南陽、荆襄流民。丁内艱,會荆襄盜起,特起復公征勦,遂敕巡撫河南,進左副都御史,改南京刑部左侍郎,巡視河防,又改南京户部左侍郎,所至有异政,然猶未甚爲人知也。"

張廷玉等《明史》卷一百八十二《王恕傳》:"正統十三年進士。由庶吉士授大理左評事,進左寺副。嘗條刑罰不中者六事,皆議行之。"

景泰五年(1454),遷揚州知府,發粟振饑不待報,作資政書院以課士。

王恕《石渠老人履歷略》:"甲戌,升直隸楊州府知府。""在楊州五年半,頗修政刑,革奸弊,連年凶荒,民饑且疫,發倉賑濟,遣醫治療,盡此心耳。復作資政書院,訓迪諸生,頗有成效。"

李東陽《王公神道碑銘》:"擢知楊州府,屢辨疑獄,歲饑發廩,不俟報,且給醫藥,多所全活。作資政書院,教群子弟,科不乏人。"

王鏊《王公墓誌銘》:“公在楊州,屢折疑獄,歲飢且疫,發倉廩,給醫藥,全活不可勝紀。”

張廷玉等《明史》卷一百八十二《王恕傳》:“遷揚州知府,發粟振饑不待報,作資政書院以課士。”

天順四年(1460)以治行最,超遷江西右布政使,平贛州寇。

王恕《石渠老人履歷略》:“天順庚辰,升江西右布政使,楊民爲之立石。”

李東陽《王公神道碑銘》:“天順間,遷江西右布政使,楊人爲立石頌德。廣賊寇贛州,公帥兵剿平之。”

張廷玉等《明史》卷一百八十二《王恕傳》:“天順四年以治行最,超遷江西右布政使,平贛州寇。”

憲宗嗣位,詔大臣嚴核天下方面官,乃黜河南左布政使侯臣等十三人,而以恕代臣。

王恕《石渠老人履歷略》:“甲申,升河南左布政使。”

李東陽《王公神道碑銘》:“遷河南左布政使。”

張廷玉等《明史》卷一百八十二《王恕傳》:“憲宗嗣位,詔大臣嚴核天下方面官,乃黜河南左布政使侯臣等十三人,而以恕代臣。”

成化元年(1465),南陽、荆、襄流民嘯聚爲亂,擢恕右副都御史撫治之。會丁母憂,詔奔喪兩月即起視事。恕辭,不許。與尚書白圭共平大盗劉通,復討破其黨石龍。嚴束所部毋濫殺,流民復業。

王恕《石渠老人履歷略》:“成化乙酉,升都察院右副都御史,仍支從二品俸。奉敕諭撫治南陽、襄陽、荆州三府流民,以任評事、寺副俱未滿三年,至是始給敕命,封父爲左評事,母爲孺人。尋聞母喪,乞守制,上以地方有事,止許奔喪,復賜以祭。會襄陽房縣盗起,授敕調兵征剿。賊平,再乞終制,不許。""在江西、河南雖無卓异聲績,亦未嘗逸豫尸素,撫治流民,擒金斗山争礦殺人强賊汪四等二十餘徒,餘黨解散,撫安流民二萬二千户,編成里甲,撥給田地、牛具、種子,給與户帖,令其住種安業,願復業者聽其回還。同總兵官都督李震等進兵討賊,至大木廠,搗其巢穴,賊皆奔潰,遣裨將追擊之,失利,具疏請兵。兵至,分路進剿,元惡千斤劉就擒。捷奏,奉敕獎勵,繼獲石和尚等千餘人解京。賊平,條陳防患安民六策,同提督尚書白圭等上之,皆准行焉。巡撫河南,歲旱且蝗,禱于濟瀆,大雨三日,既命有司捕蝗,復上疏自劾,且援宋真宗故事,勸上崇儉去奢,以回天意。頃之,蝗皆附禾而死,不爲灾。赴京議事,條陳六事,悉蒙采納而行。"

李東陽《王公神道碑銘》:"成化間擢都察院右副都御史,撫治南陽諸府。南陽豪争礦殺人,公獲其魁,餘悉解散。以内艱去,會襄陽盜起,詔公起復,會兵搗其巢走之。及劉千斤輩作亂,公亦會王師剿平之,大帥欲縱兵搜山,公不可,因下令曰擅殺者斬,復榜示流民,諭使復業,民爲建生祠,繪像事之。乞終制,不許,尋奉敕巡撫河南,遷左副都御史。歲旱蝗,上疏請崇儉去奢,以回天意。入朝言時政六事,遷刑部左侍郎。"

王鏊《王公墓誌銘》:"襄陽賊平,首帥欲縱兵搜山,因公言而止。"

張廷玉等《明史》卷一百八十二《王恕傳》:"成化元年,南陽、荆、襄流民嘯聚爲亂,擢恕右副都御史撫治之。會丁母憂,詔奔喪兩月即起視事。恕辭,不許。與尚書白圭共平大盜劉通,復討破其黨石龍。嚴束所部毋濫殺,流民復業。"

移撫河南。論功,進左副都御史,稍遷南京刑部右侍郎。父憂,服除,以原官總督河道。浚高郵、邵伯諸湖,修雷公、上下句城、

陳公四塘水閘。因灾變，請講求弭灾策。帝爲賜山東租一年，畿輔亦多减免。旋改南京户部左侍郎。

王恕《石渠老人履歷略》："丁亥，授敕巡撫河南，進左副都御史，賞平賊功也。戊子，轉南京刑部左侍郎。己丑，聞父喪，給誥命，進通議大夫，贈大父、父皆通議大夫、都察院左副都御史，大母、母并二妻皆淑人，又賜父葬祭。辛卯，服闋，改刑部左侍郎，奉敕總理河道。癸巳，再改南京户部左侍郎。""比至南京刑部，缺尚書，獨理其事，率屬聽讞，務令速，俾無冤滞。總理河道，督率分管郎中等官，遍歷審視，防遏疏浚，不失其宜，凡洪閘、塘堨、鋪舍、井樹之類無不修整。壬申，維楊迤北久旱，河水消耗，上疏乞禁馬快船附載私貨，及轉輸通州倉糧數事，又上疏言雨澤愆期，河水淺澀，五谷[穀]不登，沿河一帶軍民艱食，山東尤甚。三月初四日，德州迤南晝晦，民心驚愕，非休徵也，乞命廷臣講究救灾恤患之策，而力行之，必有明驗。疏入，上曰：'既是山東百姓十分艱難，須行實惠。便降詔，將今年税糧等項盡行蠲免；順天等府有灾處，也量宜减免。'詔至之處，軍民如獲更生。在南京户部，獨理部事三年半，期革吏弊，凡文移往來、錢穀出入，必親看驗，亦嘗建明十餘事。"

李東陽《王公神道碑銘》："丁外艱，服闋，改刑部，巡治漕河成，言弭灾數事，未幾而蠲租之詔下矣。改南京户部。"

張廷玉等《明史》卷一百八十二《王恕傳》："移撫河南。論功，進左副都御史，稍遷南京刑部右侍郎。父憂，服除，以原官總督河道。浚高郵、邵伯諸湖，修雷公、上下句城、陳公四塘水閘。因灾變，請講求弭灾策。帝爲賜山東租一年，畿輔亦多减免。旋改南京户部左侍郎。"

十二年(1476)，改都察院左副都御史，授敕巡撫雲南，言禦夷方略，劾鎮守中官諸不法事，没其部下所得金寶，輸之京師，勛臣世

帥亦爲斂戢,所役官軍、土民皆還部業,使人至夷方無敢索賂,平昔作威作福、虐害軍民者,皆自收斂。恕居雲南九月,威行徼外,黔國以下咸惕息奉令。疏凡二十上,直聲動天下。改南京都察院右都御史,參贊守備機務。

王恕《石渠老人履歷略》:"丙申,改都察院左副都御史,授敕巡撫雲南,不帶家人,隻身自去。丁酉,升右都御史,仍前巡撫,未幾,改南京都察院右都御史,參贊機務。""在雲南九閲月,不知酒味,平昔作威作福、虐害軍民者,皆自收斂。上疏言交趾邊情及備禦方略等十餘事;又拿解私通交趾、擾害夷方犯人及所取寶石等物赴京。又言:'鎮守内臣違例進黄鸚鵡,不宜受,仍乞通行禁止。'又言:'賫來駕帖與勘事郎中而無印信,設有賜死重事,其人將死乎?將不死乎?'二疏俱留中。"

李東陽《王公神道碑銘》:"再改左副都御史,巡撫雲南,進右都御史,以地切交趾,言禦夷方略,劾鎮守中官諸不法事,没其部下所得金寶,輸之京師,勛臣世帥亦爲斂戢,所役官軍、土民皆還部業,使人至夷方無敢索賂,勢家假驛傳、般私貨者,皆自雇役,於是聲震遠邇。"

王鏊《王公墓誌銘》:"會雲南夷僚爲梗,改公都察院左副都御史,巡視其地。時鎮守内臣私市外夷,誅求無厭,人莫敢問,公劾之,其下郭英懼而自盡,没其寶石於官,并械送其下數人于京,且勸上不寶异物,凡花木、禽獸、寶玩宜一切拒絶。有駕帖下郎中鍾蕃所,公言:'舊例,駕帖下諸司,司禮監印刑科號,皇門諸司關防今皆無之,何以爲信?設駕帖有賜死者,其人將何如?死之,恐孤臣節;不死,恐違君命。'又言:'昔交址鎮守非人,致一方陷没;騰冲啓釁,致麓賊叛逆,今日之事殆又甚焉。'在雲南九閲月,疏二十上,由是直聲動天下。"

張廷玉等《明史》卷一百八十二《王恕傳》："十二年，大學士商輅等以雲南遠在萬里，西控諸夷，南接交址，而鎮守中官錢能貪恣甚，議遣大臣有威望者爲巡撫鎮壓之，乃改恕左副都御史以行，就進右都御史。初，能遣指揮郭景奏事京師，言安南捕盜兵闌入雲南境，帝即命景賫敕戒約之。舊制，使安南必由廣西，而景直自雲南往。能因景遺安南王黎灝玉帶、寶絛、蟒衣、珍奇諸物。灝遣將率兵送景還，欲遂通雲南道。景懼後禍，紿先行白守關者。因脱歸，揚言安南寇至，關吏戒嚴。黔國公沐琮遣人諭其帥，始返。而諸臣畏能，匿不奏。能又頻遣景及指揮盧安、蘇本等交通幹崖、孟密諸土官，納其金寶無算。恕皆廉得之。遣騎執景，景懼自殺，因劾能私通外國，罪當死。詔遣刑部郎中潘蕃往按之。能又以其間，驛進黄鸚鵡。恕請禁絶，且盡發能貪暴狀，言：'昔交址以鎮守非人，致一方陷没。今日之事殆又甚焉。陛下何惜一能，不以安邊徼。'能大懼，急屬貴近請召恕還。而是時商輅、項忠諸正人方以忤汪直罷，遂改恕掌南京都察院，參贊守備機務。能事立解，藩勘上得實，置不問。恕居雲南九月，威行徼外，黔國以下咸惕息奉令。疏凡二十上，直聲動天下。當是時，安南納江西叛人王姓者爲謀主，潛遣諜入臨安，又於蒙自市銅鑄兵器，將伺間襲雲南。恕請增設副使二員，以飭邊備，謀遂沮。"

還南京數月，遷兵部尚書，參贊如故。考選官屬，嚴拒請托，同事者咸不悦。帝亦銜恕數直言，遂命兼右副都御史，巡撫南畿。恕在任，周行振貸，上疏乞停四方貢獻，及論列中官暴横，又以應天等五府官、民田租税之弊，量減官田耗，稍增之民田，公私便焉。

王恕《石渠老人履歷略》："戊戌，升南京兵部尚書，仍前參贊。己亥，上特命爲兵部尚書兼都察院左副都御史，授敕巡撫南直隸蘇、松等十一府州地方，總理糧儲，兼管浙江杭、嘉、湖三府糧儲。

庚子,給誥命,進資政大夫,大父、父皆加贈資政大夫、兵部尚書兼都察院左副都御史,大母、母并二妻皆加贈夫人。""巡撫南直隸。庚子,常、鎮等府二麥告灾,上疏言灾傷,及言各府州奉勘合派買物料及織造纻絲紗羅等項數多,又各處進貢禽鳥花木等物,經行之處,亦頗騷擾,合無將差來織造匠師取回,禽鳥花木玩好之物俱不必進貢,俾民息肩,感戴聖德。不報,疏内所請灾傷亦不得旨。以羨餘米,補償户口、食鹽錢鈔六百餘萬貫。辛丑,夏旱秋澇,田禾灾傷,奏免蘇、松、常、鎮、應天、太平六府秋糧六十五萬四千八百九十餘石、馬草二十七萬餘包,又免蘇州府停徵銀九萬兩、布九萬匹、秋糧九千餘石,湖州府秋糧二十六萬六千九百八十餘石、馬草一十九萬餘包,又包補嘉興府秀水、嘉善二縣水灾糧一萬二千餘石。又行令蘇、松、常、鎮等府減價糶糧,以平米價,又令開倉賑濟飢民,煮粥給食,乞丐行間。又奉敕令其賑濟,復備榜曉諭,措置賑濟,共賑濟過缺食人户,以户計者一百九十九萬三千五百四十一,以口計者二百五十二萬二百一十九,共放過糧八十八萬五千三十五石、銀五萬二千五百四十兩、銅錢二百一十四萬五千三百三十九文,煮粥食過乞食男婦二十二萬六千三百四十六口,用米四百五十二石六斗有奇,勸給過無牛具、種子人户九萬四千一百三十八户,每户牛一具,稻五斗。舊例,應天、鎮江、太平、寧國、廣德五府州官糧減半,徵收民糧全免,以致富家多民糧,下户多官糧,富者愈富,貧者愈貧,乃以便宜處置,爲之裒多益寡,量減是歲官糧,加耗米一十萬九千九百七十九石有奇,勸令民糧人户代輸所減之糧。有司設監,太監杜福友傳差監生湯姿來常州,取截江網并刻絲羅漢等件,乃上疏言:'帝王之學不在乎博,在乎知其要。若佛老之學、神仙之説、黄白之術,妖怪妄誕,俱不宜留意。進退人材,用刑賞罰,當如孟子、孔明之言而後可。'留中。又言:'太監王敬載鹽來江南,買玩好之物,聲勢張皇,皆是千户王臣等撥置主使,括索金銀無有紀極,地方爲之騷然,非民之福,亦非國之福也。所以失人心、損國體、傷和氣、召灾沴者,皆在於此。'備述所得金銀寶玩之數,凡三上疏,乞將王敬、王臣等明正典刑。由是王敬貸死,發充净軍;王臣斬首,發江南梟令,隨行同惡人張麒等一十八名俱發充軍。又上疏言:'太監段英來造藥梅冰梅,不過用銀一千兩,已取去銀六千兩,復有蘇合油、牛黄、沉香、乳香、花毯、彩綾諸物之求,因請去位。'亦留中。而段英遂被斥絶,不得近前。先是,王敬誣奏常州知府孫仁被逮,上疏申救,言:'孫仁治郡以廉守己,以仁得民,若加之罪,雖快言者之意,將失小民之心。然快一人之意,其事小;失千萬人之心,其事大。'由是孫仁竟免重譴,得復任焉。又上疏言備邊方略曰:'臣聞邇者醜虜入寇,内外戒嚴,京營不足於調遣,邊儲不足於饋餉,内帑不足於犒賞,今醜虜既退,乞一敕諸司,明其政刑,量減冗食之人,無輕冒功之罰,則不加賦而糧自足。少作無益之事,不貴珍异之物,則不厚斂而財而足。免畚土輦石之差,嚴私役買閑之禁,則不招集而兵自足。三者既足,則元氣自壯,根本自固,邪氣自不能入,外侮自不能侵,以守則固,以戰則克。'不報。"

李東陽《王公神道碑銘》:"改南京都察院參贊留務,兼督巡江。""尋改南京兵部尚書,考選官屬,不受請托,爲同事所忌。命兼左副都御史,巡撫蘇、松諸府。會江南地震,乞歸,不許,言内外官收納過重,請爲禁革,光禄寺歲供白粲,概及庖人、賤工,請爲分别,派買物料、織造、彩幣及貢獻禽鳥花木,請爲節省。又請免常州夏税六萬餘石,以羨米還之。又以補諸府户口鹽鈔六百萬貫,又以水旱灾請免秋糧數十萬,草半之,以官田賦重,減耗米十餘萬,發廩賑饑民,令減價糶谷,又同行賑貸,以户計者幾二百萬,以口計者有加焉。有中官以買書、收藥爲名,搜括遍江南,千户王臣者爲之助惡,公累疏言之，上乃命械繫中官、梟臣於市，而中官亦誣奏公及知府孫仁。仁就逮，公又力救之得免，又請罷内降官數人。又以京師地震乞辭位，不許。”

王鏊《王公墓誌銘》：“進都察院右都御史，又改南京都察院參贊，守備機務，提督巡江，進兵部尚書，仍參贊。同事者忌之，改巡撫南直隸。公以近年貢獻太多，所在騷擾，因言：‘古之明王有投珠抵璧、却千里馬、焚雉頭裘者，非不知珍玩之可愛也，恐因而妨政害事，所以投之、抵之、焚之、却之，以固結人心，爲宗社計也。乞崇恭儉，爲天下先，凡織造官一切取回，珍玩奇貨，令四方無來獻。’中官王敬乘傳東南，搜索奇玩，所至驚懼。公言：‘當此凶歲，謂宜遣使賑濟，而乃横求玩好。昔唐太宗遣使凉州，諷李大亮獻名鷹，明皇令益州織半臂褙子、桿撥、鏤牙，大亮與蘇頲不奉詔，臣敢不效之？’又具言其失人心，損國體，傷和氣，而召災沴，上乃詔戒敬。久之，敬等俱收捕下獄，同惡王臣斬於市，中外稱快，謂公有回天之力。”“東南大水，士庶咸望公奏蠲歲額，公獨持其議，以軍國之計重也，然所免各郡，亦且數十萬，而人莫之知。舊例，應天、鎮江、太平、寧國、廣德官田減半徵，而民田全免。久之，民田多歸豪家，官田多歸下户，公乃爲之損益，官田量減其耗，民田稍增之，公私便焉。”

張廷玉等《明史》卷一百八十二《王恕傳》：“還南京數月，遷兵部尚書，參贊如故。考選官屬，嚴拒請托，同事者咸不悦。而錢能歸，屢譖恕於帝。帝亦銜恕數直言，遂命兼右副都御史巡撫南畿。舊制，應天、鎮江、太平、寧國、廣德官田徵半租，民田全免。其後，民田率歸豪右，而官田累貧民。恕乃量減官田耗，稍增之民田。常州時有羨米，乃奏以六萬石補夏税，又補他府户口鹽鈔六百萬貫，公私便焉。所部水灾，奏免秋糧六十餘萬石。周行振貸，全活二百餘萬口。江南歲輸白糧，民多至破産，而光禄概以給庖人、賤工。

又中官暴横,四方輸上供物,監收者率要羨入。織造繒彩及采花卉禽鳥者,絡繹道路。恕先後論列,皆不納。中官王敬挾妖人千户王臣南行采藥物、珍玩,所至騷然,長吏多被辱。至蘇州,召諸生寫妖書,諸生大嘩。敬奏諸生抗命。恕亟疏言:'當此凶歲,宜遣使振濟,顧乃横索玩好。昔唐太宗諷梁州獻名鷹,明皇令益州織半臂褙子,進琵琶桿撥鏤牙合子諸物,李大亮、蘇頲不奉詔。臣雖無似,有慕斯人。'因盡列敬等罪狀。敬亦誣奏恕并及常州知府孫仁,仁被逮。仁,新淦人,由進士歷知府,爲人方峻,敬至不爲禮,以是見忤。恕抗章救,三疏劾敬。會中官尚銘亦發敬奸狀,乃下敬等獄,戍其黨十九人,而棄臣市,傳首南京。仁亦得釋歸,後積官至巡撫寧夏右副都御史。"

二十年(1484),復改南京兵部尚書,加太子少保。恕侃侃論列無少避,貴近皆側目,帝亦頗厭苦之。

王恕《石渠老人履歷略》:"甲辰,復轉南京兵部尚書,仍參贊機務。乙巳,加太子少保。""又聞主事林俊因言建永昌寺勞費巨萬下獄,經歷張黻申救林俊,亦下獄,皆降謫遠方,乃上疏言:'佛法不足信,天地生成萬物,祖宗創業垂統,孔子明道立教,其功其德,豈佛氏所能仿佛萬一?然京師止設一壇祀天地,内府止設一太廟祀祖宗,京都以及天下郡邑亦各止設一文廟祀孔子,就使佛法有靈,其佛寺亦不宜多於天地、祖宗、孔子之壇也。今都城内外,佛寺不知幾千區,兹又建寺於皇城之側,遷移軍民數十百家,計費帑藏銀數十萬兩,似爲過之,人皆不言,獨林俊言之者,是林俊能盡忠於陛下而不顧身家也。人皆私議,以爲林俊之言是,而無一人公言於朝,獨張黻言之者,是張黻亦能盡忠,欲陛下納諫旌直,以隆治道也。今皆不之省,而悉置之於法,此臣之所未喻也。臣恐由是人皆以言爲諱,設有讒佞之害正,奸邪之誤國,誰復言之?陛下何由以知之?

乞暫罷建寺之役,復林俊等之官。'疏入,遂罷建寺之役,復俊、黻之官。"

李東陽《王公神道碑銘》:"尋復改南京兵部尚書,仍參留務。聞秦晋饑,言便宜十事。聞林俊、張黻之謫,乞還其官,因請罷永昌寺役。加太子少保。"

王鏊《王公墓誌銘》:"仍轉南京兵部尚書,參贊機務。刑部員外郎林俊以諫建永昌寺下獄,經歷張黻救之,亦下獄。公言:'二人志在盡忠而得罪,恐人自此以言爲諱,設有奸邪誤國,誰復爲朝廷言者?'"

張廷玉《明史》卷一百八十二《王恕傳》:"二十年復改恕南京兵部尚書。時錢能亦守備南京,語人曰:'王公,天人也,吾敬事而已。'恕坦懷待之,能卒斂戢。林俊之下獄也,恕言:'天地止一壇,祖宗止一廟,而佛至千餘寺。一寺立,而移民居且數百家,費内帑且數十萬,此舛也。俊言當,不宜罪。'帝得疏不懌。恕侃侃論列無少避。先後應詔陳言者二十一,建白者三十九,皆力阻權幸。天下傾心慕之,遇朝事有不可,必曰:'王公胡不言也?'則又曰:'公疏且至矣。'已,恕疏果至。時爲謡曰:'兩京十二部,獨有一王恕。'於是貴近皆側目,帝亦頗厭苦之。"

二十二年(1486),起用傳奉官,恕諫尤切,帝愈不悦。恕先加太子少保,會南京兵部侍郎馬顯乞罷,忽附批落恕宫保致仕,朝野大駭。既歸,名益高,臺省推薦無虚月。

王恕《石渠老人履歷略》:"丙午,以尚書致仕。""九年秩滿,加太子少保。在兵部巡撫參贊,除日行政務外,考選南京各衛軍政官二次。同成國公奉敕書十餘道,俱欽遵奉行無違。又同各衙門應詔陳言二十一事,又議事條陳三十九件。孝陵功完,賞賜大紅纻絲衣一襲、鈔一千貫。乞休之疏凡四五上,俱蒙優詔免留。丙午八月，聞内府有聖旨告示，禁約内官奏討升官引鹽莊田蟒衣等項數事，以爲若禁得住，天下國家無有不治，但恐不能持久，乃上疏言：'伏望陛下執此之政堅如金石，行此之令信如四時，仍將禁約事意傳與各衙門并科道官知道，今後敢有故違奏討者，俱照敕旨參奏，其奉特旨而與者亦要執奏，不可有失大信。'留中，却於侍郎馬顯乞致仕本上批云：'馬顯准致仕，尚書王恕革了太子少保也，着致仕去。'蓋忤左右意也。工部主事王純上疏留之，反覆數千言，純亦謫官遠方，欒然就道，人皆高之。予聞命即啓行，時九月十三日也，抵家杜門却掃。"

李東陽《王公神道碑銘》："言政令必信，不宜數改，語尤激，旋落太子少保，以尚書致仕。"

王鏊《王公墓誌銘》："俄有旨令致仕，公怡然就道。"

張廷玉等《明史》卷一百八十二《王恕傳》："二十二年起用傳奉官，恕諫尤切，帝愈不悦。恕先加太子少保，會南京兵部侍郎馬顯乞罷，忽附批落恕宫保致仕，朝野大駭。恕數爲巡撫，歷侍郎至尚書，皆在留都。以好直言，終不得立朝。既歸，名益高，臺省推薦無虚月。工部主事仙居王純比恕汲黯，至予杖，謫思南推官。"

孝宗即位，始用廷臣薦，召入爲吏部尚書，尋加太子太保、榮禄大夫。時廷議恕宜置内閣參大政，帝曰："朕用蹇義、王直故事，委恕吏部，若有謀議，亦無不聽。"恕在吏部，凡時政得失，多所匡正。

王恕《石渠老人履歷略》："丁未，復起爲吏部尚書，加太子太保。""丁未，憲宗皇帝宴駕，遺詔至，衰服哭臨如制。今上皇帝即位，遣使賫敕來召。十一月二十五日啓行至西安府，遘疾，上疏辭避。……中途聞升吏部尚書之命，到京師朝見，賜酒飯，上疏辭職。……不允所辭，隨即加太子太保。……弘治改元，戊申正月，聽宣諭，賜大紅織金紵絲衣一襲。南京監察御史吴泰等奏保入閣，奉聖旨:'吏部重任,近因尚書更换不一,朕循祖宗朝,用蹇義、王直、王翺故事,特起王恕任用,以服衆心,若有謀議,亦無不聽納,不必動罷典選。'六年大選,主事、評事、府同知、知州、知縣等官一萬九千八百餘員,推升侍郎、都御史、布政使、按察使、參政副使等官千餘員,急選遠方州縣官并教職等官九千餘員,考察在京五品以下官,黜退、降調寺丞等官一百二十三員。大朝二次,考退老疾、罷軟、不謹參政副使、知府、知州、知縣等官五千三百三十餘員,覆奏數百事,論諫數十事,悉蒙皇上嘉納,若釋奠分獻官准拜及先師前,加弊用太牢,暑月暫止經筵,寢無干之奏,已升府之請,罷幸進之官,停已升之俸,活比律之死,宥因公之誅,升致仕都御史爲尚書之類,此皆聖明從諫如流之明驗也。請老之章凡二十餘上,悉蒙優詔勉留,此又聖明不遺壽考之大德也。從駕大祀天地六次,皆分獻内壇,與慶成宴三次,從耕籍田與九推之列,從幸太學爲分獻之官,初開經筵,賜文綺衣四襲,銀一錠,重五十兩,鈔五千貫,又賜宴,司禮太監侍。持節封親王,賞賜與開經筵賞賜同。殿試讀卷一,與恩榮宴二,待纂修實録官宴二,又賜大紅織金麒麟衣一襲、雲鶴衣二襲。患病三次,每次遣太醫院判御醫來視,又遣中官存問,賜猪羊各一、米二石、酒十瓶、甜醬瓜茄一罈。考滿,又遣中官以羊二隻、酒十瓶、鈔二千貫賞勞,又賜誥命,進階光禄大夫勛柱國,三代皆贈一品官。每年賜鮮梅、楊梅、枇杷、鰣魚、鮮笋、鮮藕、雪梨,又賜象牙邊骨畫扇、紅羅織金扇袋、全虎頭絲、百索艾虎。每壽誕時節又小宴,經筵又賜酒飯,引選官員亦有酒飯。"

李東陽《王公神道碑銘》:"孝宗在東宫已聞公名,既登極,首降敕召之,改吏部尚書,加太子太保,階榮禄大夫。臺諫劾巡撫及藩郡官,奉旨黜革,公以爲不得其職,連疏乞休,皆不許。南臺薦公可入内閣,上曰:'朕用蹇義、王直故事,委恕吏部,若有謀議,亦無不聽。'乃已。弘治初,從耕籍田,預九推禮,視學命下,公請釋奠用爵用三獻分獻官致拜,上許分獻行拜禮,公又争之,乃於孔子加幣,用太牢改獻爲奠,至日分奠鄭國亞聖公。侍經筵,偶議不合,辭印乞休,上曰:'君臣之間,恩同父子,各陳所見,何嫌何疑?可視事如故。'乃起就職屬。有疾,上命醫診視,遣中官賜酒米諸物。南京給事中周弦、御史張昺奉命點軍,爲留司所奏,出補外。公論救之,未得命,臺諫交奏,以爲老臣言當聽,弦、昺乃得改南京别任。徵王奏知升鈞州爲府,晋王乞爲世子别設典膳,皆論止之。知州劉概與御史湯鼐言涉狂誕,當道欲坐以死,御史李典多枝罪人至死,亦坐重辟,公皆論救,乃從末減。山西叛賊王良等既伏誅,或議除其黨千餘輩,公以爲脅從宜免,議始定。又請老,詔大風雨雪免朝,又免午朝。復以慧見自劾求退,不許,進階光禄大夫,勛柱國,封三代。有旨令中官會選御醫,公執不可。壽王冠充副使,都御史秦弦以總督兩廣軍務,奏安遠侯柳景不法,坐致仕去。公極言弦當用,乃起爲南京户部尚書。"

王鏊《王公墓誌銘》:"孝宗在東宫則聞公名,即位,召爲吏部尚書,旋加太子太保。公在吏部,裁抑僥幸,褒奬名節,甄拔淹滯,中貴無敢以私干。劉文穆在内閣,每有所軒輊,公亦不屈。守備蔣琮與南京科道相訐奏,科道多得貶黜,琮自如。公言:'宫中府中,俱爲一體,陟罰臧否,不宜异同。'知州劉概、御史李興以忤文穆下獄,公力辯之,得減死。内旨以通政司經歷高禄爲本司參議,公言:'禄出自科目,自可遠到,而越次超升,恐非所以愛之也。唯以天下之官,待天下之士,勿以親戚妨公義。'事乃止。時有建白,多謂業已行矣。公言:'天下事設未得其當,雖十易之不爲害,若謂已行無及,則古之納諫如流者,豈皆未行乎?'公遇事輒言,有不合即引疾求退,上每温詔留之。"

張廷玉等《明史》卷一百八十二《王恕傳》:"孝宗即位,始用廷臣薦,召入爲吏部尚書,尋加太子太保。……時言官多稱恕賢且老,不當任劇職,宜置内閣參大政。最後,南京御史吴泰等復言之。帝曰:'朕用蹇義、王直故事,官恕吏部,有謀議未嘗不聽,何必内閣也?'恕嘗侍經筵,見帝困熱暑,請依故事大寒暑暫停,仍進講義於宫中。進士董杰、御史湯鼐、給事中韓重等遂交章論駁,恕待罪請解職,優詔不許。恕上言:'臣蒙國厚恩,日夕思報。人見陛下任臣過重,遂望臣太深,欲臣盡取朝政更張之,如宋司馬光故事。無論臣才遠不及光,即今亦豈元祐時。且六卿分職,各有攸司,臣豈敢越而謀之。但杰等責臣良是,臣無所逃罪,惟乞放還。'帝復優詔勉留之。恕感激眷遇,益以身任國事。方以疾在告,聞帝頗擢用宦官,至有賜蟒衣給莊田者,具疏切諫。中官黄順請起復匠官潘俊供役,恕言不可以小臣壞重典。再執奏,竟報許。……徽王見沛乞歸德州田,已得旨。恕言王國懿親,不當争尺寸地,使小民失業,帝婉辭報焉。盧溝橋成,中官李興乞進文思院副使潘俊等官。恕言:'營造常職,安得録功。成化季始有此事,陛下初政幸已革汰,奈何復行。且山陵大工未聞升職,援例奏乞,將何詞拒之。'帝納其言。已,修京城河橋,帝復從興請授四人官,許五人冠帶。恕執奏,不從,再疏争曰:'臣職掌銓選,義當盡言,而再疏莫回天聽,以爲業已許之不可易。夫事求其當,設未當,雖十易何害。不然,流弊有不可救者。'報聞。先後以灾异條七事,以星變陳二十事,咸切時弊。壽寧伯張巒請勛號、誥券。恕言:'錢、王兩太后正位中宫數十年,錢承宗、王源始邀封爵。今皇后立甫三年,巒已封伯。遽有此請,累聖德,不可許。'通政經歷高禄,巒妹婿也,超遷本司參議。恕言:'天下之官以待天下之士,勿私貴戚,妨公議。'中旨以次等御醫徐生超補院判,恕請選上考者,不納。文華殿中書舍人杜昌等夤緣遷秩，御醫王玉自陳乞進官，恕皆力争寢之。”

然恕先後與大學士劉吉、邱濬不相能。先是，恕里居日，嘗屬人作傳，鏤板以行。濬謂其沽直謗君，太醫院判劉文泰因疏論之。恕上章抗辯，帝心不悦恕，乃貶文泰御醫。責恕沽名，焚所鏤版。置濬不問。恕再疏請辨理，不從，遂力求去。聽馳驛歸，不賜敕，月廪、歲隸亦頗减。廷論以是不直濬。

王恕《石渠老人履歷略》：“癸丑，年七十有八，請老之章再上，始允致仕，許乘傳歸。又命有司月給食米二石，歲撥人夫二名應用，及其升辭，又賜酒飯一卓、鈔三千貫。予以菲薄，荷蒙列聖知遇，得行其志，歷官一十九轉，食禄四十五年，寵錫如此，始終保全如此。”

王鏊《王公墓誌銘》：“大賢院判劉文泰者，奏公不當令人作傳議者，以爲有所受，公具自列，乃下文泰獄，降御醫。公又乞休，蓋自蘇、松以來前後疏十餘上，乃賜允命，給驛還鄉，有司月給米二石，歲給夫役二人，賜寳鏹三千貫。”

李東陽《王公神道碑銘》：“執政有不悦，謂其好名者，太醫院判劉文泰因誣奏公，公疏辨，下文泰獄，鞫問事，遂白。而公求去益力，詔允之，命乘傳以歸，有司給役米。既歸，日優游園林，讀書著述不輟，言者每欲起公，不果。”

張廷玉等《明史》卷一百八十二《王恕傳》：“先是，中外劾大學士劉吉者，必薦恕，吉以是大恚。凡恕所推舉，必陰撓之。弘治元年閏正月，言官劾兩廣總督宋旻、漕運總督邱鼐等三十七人，宜降黜，中多素有時望者。吉竟取中旨允之，章不下吏部。恕以不得其職，拜疏乞去，不許。陜西缺巡撫，恕推河南布政使蕭禎。詔别推，恕執奏曰：‘陛下不以臣不肖，任臣銓部。倘所舉不效，臣罪也。今陛下安知禎不才而拒之，是必左右近臣意有所屬。臣不能承望風指,以固禄位。且陛下既以禎爲不可用,是臣不可用也,願乞骸骨。'帝乃卒用禎。……劉吉既憾恕,吉所陷壽州知州劉概及言官周紘、張昺、湯鼐、姜綰等,恕又抗章力救,吉以是益恨,乃合私人魏璋等共排之。恕先後推用羅明、熊懷、强珍、陳壽、丘鼐、白思明等,咸諷璋等糾駁。恕知志不得行,連章求去。帝輒慰留,且以其老特免午朝,遇大風雨雪,早朝亦免。……是時劉吉已罷,而丘濬入閣,亦與恕不相能。初,濬以禮部尚書掌詹事,與恕同爲太子太保。恕長六卿,位濬上。及濬入閣,恕以吏部弗讓也,濬由是不悦。恕考察天下庶官,已黜而濬調旨留之者九十餘人。恕屢争不能得,因力求罷,不許。太醫院判劉文泰者,故往來濬家以求遷官,爲恕所沮,銜恕甚。恕里居日,嘗屬人作傳,鏤板以行。濬謂其沽直謗君,上聞罪且不小。文泰心動,乃自爲奏草,示除名都御史吴禎潤色之。訐恕變亂選法,且傳中自比伊、周,於奏疏留中者,概云不報,以彰先帝拒諫,無人臣禮,欲中以奇禍。恕以奏出濬指,抗言:'臣傳作於成化二十年,致仕在二十二年,非有望於先帝也。且傳中所載,皆足昭先帝納諫之美,何名彰過。文泰無賴小人,此必有老於文學多陰謀者主之。'帝下文泰錦衣獄,鞫之得實,因請逮濬、恕及禎對簿。帝心不悦恕,乃貶文泰御醫,責恕沽名,焚所鏤版,置濬不問。恕再疏請辨理,不從,遂力求去。聽馳驛歸,不賜敕,月廪、歲隸亦頗減。廷論以是不直濬。及濬卒,文泰往吊,濬妻叱之出曰:'以若故,使相公齮王公,負不義名,何吊爲!'恕揚歷中外四十餘年,剛正清嚴,始終一致。所引薦耿裕、彭韶、何喬新、周經、李敏、張悦、倪岳、劉大夏、戴珊、章懋等,皆一時名臣。他賢才久廢草澤者,拔擢之恐後。弘治二十年間,衆正盈朝,職業修理,號爲極盛者,恕力也。"

永瑢等《四庫全書總目》卷五十五史部十一"王端毅公奏議十

五卷浙江巡撫采進本”:“沈德符《顧曲雜言》稱邱濬作《五倫全備》雜劇,王恕謂其程學大儒不宜留心詞曲。濬大恨之,遂謂:‘恕所刻疏稿,凡成化間留中之疏,俱書不報,故彰先帝拒諫之失。’侍醫劉文泰因以此事疏攻恕,恕因去位,所以報恕之輕詆也。《明史》恕傳則謂二人因争坐位,故構是獄案。濬本狠忮,恕一日不去,則濬一日不得快其私,其忌恕未必以此數語,亦未必以此一事。然恕亦殊乖避人,焚草之意,故史謂其昧於遠名之戒。今刊本已無此二字,或後來削之歟?”

武宗嗣位,遣行人賫敕存問,賚羊酒,益廩隸,且諭以讜論無隱。恕陳國家大政數事,帝優詔報之。

李東陽《王公神道碑銘》:“居十有三年,聖天子登極,詔賜牢醴,遣行人存問於家,復加米及夫隸數倍於昔,且賜璽書,有嘉猷入告語。公復上疏言數事。”

張廷玉等《明史》卷一百八十二《王恕傳》:“武宗嗣位,遣行人賫敕存問,賚羊酒,益廩隸,且諭以讜論無隱。恕陳國家大政數事,帝優詔報之。”

正德三年(1508)四月卒,年九十三。訃聞,輟朝,贈特進左柱國太師,謚端毅。五子、十三孫,多賢且顯。

李東陽《王公神道碑銘》:“正德戊辰某月某日,卒於正寢,壽九十有三矣。訃聞,上震悼,贈特進左柱國、太師,賜謚曰端毅,遣官諭祭者九,令有司給棺椁,治凡葬事。公墓在西園尚書府君墓次,其所自卜地也。子曰承祚,爲義官,有丈夫子五人:承祐,南京前軍都督府經歷,早卒;承禄,義官;承祥,順天府通判;承禋,亦爲義官;承裕,舉進士,累官吏科都給事中。孫十三人,某某。”

王鏊《王公墓誌銘》:“今上即位,遣行人即其家存問,而公卒於家,年九十有四。上爲輟視朝一日,諭祭者九,仍命工部治葬事,贈特進光禄大夫、左柱國、太師,謚端毅。”“以正德三年四月二十日卒,明年月日葬某原。”按,恕生於永樂十四年(1416),至正德三年(1508),壽九十三,《墓銘》記誤。

張廷玉等《明史》卷一百八十二《王恕傳》:“正德三年四月卒,年九十三。平居食啖兼人,卒之日小減。閉户獨坐,忽有聲若雷,白氣彌漫,瞰之瞑矣。訃聞,輟朝,贈特進左柱國太師,謚端毅。五子、十三孫,多賢且顯。”

恕平生好學,博涉經籍,至老不倦。爲文平實淺顯,無所雕飾,如其爲人。所著有《王端毅文集》《漕河通志》《介庵奏議》《石渠意見》《玩易意見》《經籍格言》《歷代諫議録》等行於世。

李東陽《王公神道碑銘》:“公平生好學,博涉經籍,至老不倦。所著有《漕河通志》《介庵奏議》《石渠意見》《經籍格言》行於世。”

王鏊《王公墓誌銘》:“公所著有《石渠意見》四卷、《拾遺》二卷、《玩易意見》一卷、《詩文》十卷、《歷代諫議録》一百二十卷、《漕河通志》二十卷、《奏議》若干卷。”

永瑢等《四庫全書總目》卷七經部七“玩易意見二卷浙江汪啓淑家藏本”:“恕於弘治壬戌養痾家居,因構一軒名玩易,於程朱之説有所未愜於心者,札記以成。此書前有自序,作於正德丙寅,時年已九十一矣。其説頗自出新意,然於文義有不可通者,輒疑經文有訛,殊不可訓。凡上經一卷,下經合繫辭爲一卷,而不及其餘,蓋意有所見乃筆之,故不盡解全經云。”卷三十四經部三十四“石渠意見四卷拾遺二卷補闕二卷兩淮鹽政采進本”:“此本首篇自題云己未季秋,據七卿表,當在弘治十二年,則是書作於再致仕時,故自序稱作《意見》時八十四,作《拾遺》時八十六,作《補闕》時八十八,可謂耄而好學矣。其書大意以五經四書傳注列在學官者,於理或有未安，故以己意詮解而筆記之，間亦有所發明者，而語無考證，純以臆測，如謂《左傳》爲子貢等所作之類，殊游談無根也。”卷五十五史部十一“王端毅公奏議十五卷浙江巡撫采進本”：“恕《吏部奏議》九卷，弘治四年文撰郎孫交編次，李東陽序之。後兵部尚書王憲取其自大理寺左寺副至南京兵部尚書時奏議六卷，刻於蘇州，御史程啓元又刻於三原。此本則正德辛巳三原知縣王成章合二本而刻之者。第一卷爲大理寺及巡撫荊襄、河南時所上，二卷爲南京刑部户部及總理河道時所上，三卷爲雲南巡撫時所上，四卷爲前參贊機務時所上，五卷爲巡撫南京時所上，六卷爲後參贊機務時所上，七卷至十五卷皆吏部所上。劉昌《縣笥瑣探》稱恕歷仕四十五年，凡上三千餘疏，則此猶汰而存之者矣。《明史》恕本傳稱其揚歷中外五十餘年，剛正清嚴，始終一致，集中所載如參奏鎮守太監及論中使擾人等疏，皆剴切直陳，無所回護，又如處置地方及撥船事宜諸狀，皆籌劃詳盡，具有經略，其他亦多有關一時朝政，可資史傳之參證。”卷五十六史部十二“王介庵奏稿六卷兩淮鹽政采進本”：“是編乃其官南京兵部尚書時所刻，有成化乙巳程廷珙序，又有陳公懋後序，作於壬寅，李東陽後序，作於弘治壬子，皆初刻也。又有謝應徵序，則嘉靖丁未揚州重刻所作。又有程啓元序，正德壬申三原重刻，所作諸序皆不言篇數、卷數。程啓元序稱六卷，亦據舊刻，惟弘治壬戌楊循吉序稱東魯王公往使關中得疏草二百餘篇，又稱以余之居郡下授而使編，馬魯魚謏勞得效刊正，得八十六篇，釐爲六卷云云。然則此本循吉所定也，其疏各以官標目，始於大理寺，次撫治荊襄，次南京刑部，次總理河道，次南京户部，次巡撫雲南，次前參贊機務，次巡撫南直隸，次後參贊機務。所謂參贊機務，皆官南京時所兼，非北京閣務也。惟吏部諸疏不在編内，後正德辛巳，三原知縣王成章始益以吏部諸疏刻爲全帙，然此本先出，至今并行，故仍存其目焉。”卷一百七十五集部二十八“王端毅文集九卷江蘇巡撫采進本”:“是集乃嘉靖壬子祥符李濂所編,前六卷爲文集,平實淺顯,無所雕飾,如其爲人。喬世寧序稱:‘當時以爲其文無假英藻,而質厚有餘,不務以閎辨,而歸準於躬行。’又最稱其《答劉太保書》。第七卷即《玩易意見》,八卷曰《石渠意見》,九卷曰《意見拾遺》,皆説經之語,各有别本單行,濂用李石《方舟集》例,又編入集中也。”

參考文獻:

1. 王恕《王端毅奏議》,明正德十六年三原知縣王成章刻本。

2. 王恕《王端毅公文集》,明嘉靖三十一年喬世寧刻本。

3. 王鏊《震澤集》,明萬曆震澤王氏三槐堂刻清印本。

4. 李東陽《懷麓堂集》,清康熙二十年溈江廖方逵校刻本。

(劉勇剛　王志剛)

岳正傳

岳正，字季方，别號蒙泉，學者稱爲蒙泉先生。直隸漷縣(今北京市通州區)人。生於永樂十六年(1418)。

葉盛《涇東小稿》卷七《興化知府致仕岳君墓誌銘》(以下簡稱《岳君墓誌銘》)："君字季方，别號蒙泉，畿内漷縣人。曾祖德甫，祖思銘，父興，懷遠將軍，輕車都尉，府軍前衛指揮同知。母太淑人劉氏。""爲成化八年九月十一日疾卒，得年五十五。"據此，岳正生於永樂十六年(1418)。

李東陽《懷麓堂集》卷七十一《蒙泉公補傳》："公姓岳氏，諱正，字季方，别號蒙泉，學者稱爲蒙泉先生。順天漷縣人也。""曾祖諱德甫，祖諱思銘，考諱興，府軍前衛指揮同知。"

正統三年(1438)領鄉薦，卒業太學。十三年會試第一，廷試第三名，賜進士及第，授編修。景泰三年(1452)，升右春坊贊善兼編修。

岳正《類博稿》卷九《岳母述》："正統戊午，正辱有司薦稿，凡四舉得及第，拜翰林編修，用推恩典封太夫人階三品，曰太淑人，從先君爵也。"

葉盛《岳君墓誌銘》："君少年已能學，有名。二十一領鄉薦，卒業太學。正統戊辰會試，同考誤置落卷中。侍講杜寧獨驚其文，言於高文義公,以爲'此吾輩中人',遂占首選。廷試第三名,授翰林編修。景泰三年,升右春坊贊善兼編修。"

李東陽《蒙泉公補傳》:"公長身,美鬚髯,神采秀發,氣屹屹不能下物。舉京闈鄉試,卒國子業。李忠文公爲祭酒,簡四方名士置講下。公與商文毅、彭文憲、王三原諸公皆預焉。正統戊辰會試,禮部同考誤置落卷。侍講杜公寧見之,曰:'此我輩中人。'遂擢第一。廷試,賜進士及第,授翰林院編修。每開口論大事。嘗閉户夜草,疏請復恭讓后位號,其伯兄端俯樓隙窺之,驚曰:'奈老母何?'取其草裂之,乃止。景泰壬申,遷右春坊右贊善兼編修。"

黄瑜《雙槐歲鈔》卷五:"正統戊辰科進士,首甲三人時稱儒道釋。狀元彭時,安福儒籍。榜眼陳鑒,家本姑蘇,謫戍蓋州衛,依神樂觀道士,年三十四矣,然猶未娶,出家故也。探花則會元岳正,通州漷縣人,父府軍衛指揮興蚤世,生母劉,或曰陳,莫知其姓,幼避嫡妒,居大興隆寺,故人以釋目之。"

蔣一葵《堯山堂外紀》卷八十五:"廷試前一月,上夢儒釋道三人來見,至揭曉,狀元彭時由儒士,榜眼陳鑒幼曾爲神樂觀道童,正爲探花,幼曾爲慶壽寺書記云。"

談遷《國榷》(中華書局1958年版)卷二十七:"(正統十三年三月)庚子,策貢士岳正等百五十一人於奉天殿,賜彭時、陳鑒、岳正等進士及第、出身有差。"卷二十九:"(景泰元年九月癸丑)侍講吴節、趙恢、徐珵、陳文、劉定之、周旋,修撰林文、李紹,編修薩琦、楊鼎、吕原、周洪謨、劉俊、陳鑒、岳正、萬安、劉吉、劉珝、李泰,檢討邢讓分直侍講。"卷三十:"(景泰三年四月)編修周洪謨、劉俊、岳正,檢討錢溥爲左右贊善。"卷三十一:"(景泰七年三月)戊子,岳正服闋,補翰林院修撰,兼右春坊右贊善。""(景泰七年五月癸未)贊善兼編修岳正、修撰劉珝、劉宣俱授内豎書。"

英宗復辟，改修撰，教小内侍書。是年六月，被命入内閣，參預機務。帝召見文華殿，甚喜之，欲用爲吏部左侍郎兼翰林院學士，而石亨、張軏輩方用事，以事非己出，故撓之。

岳正《岳母述》："天順改元，正以修撰承乏内閣。"

葉盛《岳君墓誌銘》："天順初元，改修撰。是年六月，被命入内閣，參預機務。及其得罪去，僅一月耳。"

李東陽《蒙泉公補傳》："天順丁丑，英宗復辟，改修撰。上廉知其名，吏部王忠肅公亦薦之。六月，召見文華殿，上遥見，遽曰：'好！'既升陛登殿，連曰：'好！好！'問年若干，對曰：'四十。'上曰：'正好。'問何處人，對曰：'漷縣。'上曰：'又是此北方人。'問治何經，曰：'《尚書》。'上曰：'是書經尤善。'問何科進士，對曰：'正統十三年。'上益喜，曰：'又是我所取者。'乃顧謂曰：'今用汝内閣參預機務，凡事爲朕主張。許彬老矣，不足恃也。'公頓首辭，至再，乃出赴閣。至左順門，石亨、張軏自外入，愕然曰：'何以至此？'公不敢對。時亨、軏已不平，比入見，上曰：'今内閣朕自訪得一好人。'亨、軏請爲誰，上曰：'岳正。'亨、軏陽賀曰：'誠佳。'上曰：'但官小耳，今須與吏部左侍郎兼翰林院學士，如何？'亨、軏因奏曰：'陛下欲升正，亦甚易，但姑試之，果稱職，未晚也。'上默然。蓋亨輩以事非己出，故撓之云爾。"

陸釴《病逸漫記》："修撰岳正字季方之入内閣，太監牛玉所薦也。《墓誌》作王翺薦。正友某指揮與牛玉善，故數稱薦。"

談遷《國榷》卷三十二："（天順元年正月）左贊善兼編修劉俊、岳正，右司直郎鄒循，俱爲修撰。""（天順元年六月）癸卯，翰林院修撰岳正直文淵閣。正出特簡，石亨、張軏值正左順門，駭其驟，比入見，上欲進正吏部左侍郎兼翰林學士，亨請徐任之。"

張廷玉等《明史》卷一百七十六《岳正傳》："閣臣徐有貞、李賢下獄,帝既用吕原預政,頃之,薛瑄又致仕,帝謀代者。王翱以正薦,遂召見文華殿。正長身美鬚髯,帝遥見,色喜。既登陛,連稱善。問年幾何,家安在,何年進士,正具以對。復大喜曰:'爾年正强仕,吾北人,又吾所取士,今用爾内閣,其盡力輔朕。'正頓首受命。趨出,石亨、張軏遇之左順門,愕然曰:'何自至此?'比入,帝曰:'朕今日自擇一閣臣。'問爲誰,帝曰:'岳正。'兩人陽賀。帝曰:'但官小耳,當與吏部左侍郎兼學士。'兩人曰:'陛下既得人,俟稱職,加秩未晚。'帝默然,遂命以原官入閣。"

正素豪邁,負氣敢言。以石亨、曹吉祥等權重專恣,數沮其謀。帝欲解曹、石兵柄,令正往諭之,正即親往,道所以保全之意。吉祥見帝,免冠,泣請死。帝内愧,慰諭之,召正責漏言。

葉盛《岳君墓誌銘》:"英宗皇帝既復辟,宥密之臣累出,親擢其第六人,則吾友燕山岳君正也。君固奇士,而王吏部忠肅公又嘗亟稱其賢,上雅重之,君亦自幸魚水之遭,凡所陳請、所撰述、所對答,竭盡忠藎,多稱旨。一日,湯序言變异以占法進,云奸臣未盡之故,上以問君,君叩首曰:'奸臣未聞,求之,將人人自危,况序術踁淺,宜不足信。'上悦。時石、曹二猾勢方張,君虞其將來必不靖,因極言於上前,且退而面開導之,使爲保全計。二猾雖陽喏好辭,中實銜之。"

李東陽《蒙泉公補傳》:"自是,宣召賜賚,絡繹於道。公感上知遇,鋭意功業,知無不言,言必盡肝腑。一日,欽天監湯序言變异,謂:'奸臣未盡之故。'上以問公,公曰:'奸臣未聞,若求之,將人人自危,且序術疏淺,不足信。'事遂寢。錦衣衛官校邏得一僧,自言當大貴,衆惑之,至妻以女,以覬非分。獄具,當坐反,牛玉援近例,請官邏者。公謂:'事縱得實,不過合妖言律。'活其徒十數人,邏者准應捕律,朝論韙之。時亨與太監曹吉祥怙寵擅權,有投匿名書指斥時政者，亨緝捕甚急，舉朝惶駭。亨勸上出榜募能捕者，賞以三品職。上令撰榜，公與呂文懿公見上，曰：'爲政自有體式，盜賊責兵部，奸宄責法司，豈有天子自出榜購募之理？且堯建進善之旌，舜立誹謗之木，秦始皇護短杜諫，乃下誹謗妖言之令，由此過失不聞，卒至亡國。陛下新復寶位，正當以堯舜爲法，以秦爲戒。縱欲窮治其事，緩則人情怠忽，事自覺露；急則人情危懼，愈求韜晦。不如勿究。'吉祥從旁贊甚力。上徐謂曰：'正是言也。'亨從子彪鎮大同，遣使獻捷。内閣詢其狀，其人盛陳戰伐，且稱斬首無算，皆梟於林木，不能悉致。公取地圖指示曰：'某地至某地，四面皆沙漠，梟於何所？'其人驚伏。公間爲上言：'曹、石勢太盛，慮有變，宜早爲節制。'上曰：'汝以朕意告之。'公徑造亨，諷令稍自斂戢，二人怨之益深。"

何喬遠《名山藏》卷六十四《臣林記》："亨、吉祥既藉李秉彝，投書吉祥，謬請上出榜募捕，上使正撰榜格，正曰：'爲政自有體，陛下即逐捕盜賊，責兵部，即驗治奸宄，責三法司，豈有天子出榜購募人耶？堯建進善之旌，舜立誹謗之木，秦始皇下妖言之令，治亂榮辱，斐然可觀。陛下新復寶位，宜法堯舜，暴秦之軌豈足術哉！且事緩則人情怠忽，不久覺露；急則益生危懼，愈趣閉晦，惟明主察之。'上曰：'學士言是。'亨從子彪鎮大同，使人獻捷，下内閣問狀，其人盛陳戰功，言捕斬無筭，不能悉致，皆梟首林木上。正見地圖，指示之曰：'某所至某所，四面沙漠，何林可梟？'其人驚退。上從容問正：'卿何以輔朕？'正意在貶損亨、吉祥，對上：'今内臣、武臣其權太重。'上頷之曰：'汝可告以朕意。'正出，往語吉祥：'忠國公數遣人候公，何爲者？'吉祥曰：'石公見愛，致誠款耳。'正曰：'不然，彼欲覘公，宜謝絶之。'更造亨所：'君家父子典兵，易啓上疑，辭解就第，上必大喜。'因云：'上意如此，使我告公。'亨、吉祥大恨，謂正訐己上前,反藉上見要劫。吉祥詣上,免冠泣,請死。上曰:'無也。'召責正漏泄,正曰:'臣觀二家必有背叛之滅,即今無可按之誅,臣欲全君臣共難之情,故今早爲計。'上不悦,罷。"

陸釴《病逸漫記》:"正欲以天下事自任,即語上欲乞解曹、石兵柄,上令往諭之,正即親往,道所以保全之意。石駭之,詔上慟哭乞哀,上云:'非干朕,岳正言汝二人有謀反意,故爾。'由是二人怨正。"

談遷《國榷》卷三十二:"(天順元年七月)乙丑,廣東布政司右參政徐有貞下獄。石亨輩慮有貞復起,爲蜚語謗時政,托吏科右給事中李秉彝名上之。時秉彝以憂去久,下獄訊,不勝楚毒死,時購得主名者官三品。吕原、岳正言:'購募非體。'乃已。曹、石又言:'此有貞客泰州馬士權以有貞意爲此。'乃追有貞理之。"

張廷玉等《明史》卷一百七十六《岳正傳》:"正素豪邁,負氣敢言。及爲帝所拔擢,益感激思自效。掌欽天監侍郎湯序者,亨黨也,嘗奏灾异,請盡去奸臣。帝問正,正言:'奸臣無指名。即求之,人人自危。且序術淺,何足信也。'乃止。有僧爲妖言,錦衣校邏得之,坐以謀反。中官牛玉請官邏者,正言:'事縱得實,不過坐妖言律,邏者給賞而已,不宜與官。'僧黨數十人皆得免。或爲匿名書列曹吉祥罪狀,吉祥怒,請出榜購之。帝使正撰榜格,正與吕原入見曰:'爲政有體,盗賊責兵部,奸宄責法司,豈有天子出榜購募者?且事緩之則自露,急之則愈匿,此人情也。'帝是其言,不問。亨從子彪鎮大同,獻捷,下内閣問狀。使者言捕斬無算,不能悉致,皆梟置林木間。正按地圖指詰之,曰:'某地至某地,皆沙漠,汝梟置何所?'其人語塞。時亨、吉祥恣甚,帝頗厭之。正從容言:'二人權太重,臣請以計間之。'帝許焉。正出見吉祥曰:'忠國公常令杜清來此何爲者?'吉祥曰:'辱石公愛,致誠款耳。'正曰:'不然,彼使伺公所爲耳。'因勸吉祥辭兵柄。復詣亨,諭令自戢。亨、吉祥揣知正意,怒。吉祥見帝,免冠,泣請死。帝内愧,慰諭之,召正責漏言。"

會承天門灾,帝下詔罪己,正爲草,歷數政弊,詞極切直,敕下,舉朝傳誦。亨、吉祥乃造蜚語,謂正賣直謗訕。帝怒,命仍授内侍書。明日,謫欽州同知,幾死道中。亨、吉祥既誅,乃釋爲民。

岳正《岳母述》:"既而外遷同知欽州。自念太夫人已老,今遠違膝下,增以離憂,告之宜實,言與泪迸,咽不成辭。太夫人神怡色暢,徐諭曰:'止,人臣之義,不當爾邪?'時六月十二日也。正辭去六日,黄華坊私第及所積奪於勢家。又廿二日,逮繫詔獄成,責戍鎮夷。親友詿誤,僮僕逃散,舉族蒼黄,不知所爲。太夫人猶步與兒别,勉以大義,言不及情,且曰:'吾老及此,殆佛書所謂業障,幸不死,猶得見汝。汝第往,置吾,吾安而兄之養也。'正時身親三木,形殘氣憊,生理無望,太夫人辭雖外壯,神實内傷。"

葉盛《岳君墓誌銘》:"蓋未幾君之禍作矣,上猶惜君甚,止出爲欽州同知,既又追及逮繫,責戍甘肅之鎮夷。二猾尋踵敗,上惻然有思曰:'岳正言是也。'召還,將復有所用,而龍馭上升矣。"

李東陽《蒙泉公補傳》:"會承天門灾,上下詔罪躬,公視草,歷陳弊政,詞極切直,天下傳之。遂有飛語,指爲謗訕。七月,内批降廣東欽州同知。道潞,以母老留閲月。尚書陳某者,曹、石黨也,憾公嘗言其不可用,至是嗾邏者以私事中之,逮繫詔獄,考掠備至,謫戍肅州鎮夷所。所居京第,爲幸臣都督李鏌所奪。至涿州,夜宿傳舍,手梏急,氣奔且死。涿人楊四者,頗尚意氣,爲祈哀解人,其人怒不肯。楊醉以醇酒,伺其酣睡,謂公曰:'梏有封印,奈何?'公教之曰:'可燒鏊令熱,以酒將紙就炙之。'紙得燥,皆昂起,因去釘脱梏,刓其中,復釘封之。其人覺有异,楊説之曰:'業已然矣。今奉銀數十兩爲壽,不如納之。'公乃得至戍。時太監猛虎石鎮甘肅,相傳有密諭'須生不須死',鎮巡而下亦雅重之,致客禮焉。上每念正,輒曰:'岳正倒好,衹是大膽。'越四五年,曹、石俱以不軌敗,上謂内閣李文達公曰:'向岳正固言之。'文達因請曰:'正有老母,得放歸鄉里,幸甚。'乃命釋爲民。"

何喬遠《名山藏》卷六十四《臣林記》:"居戍所時,有從京師來者,舉上所時時念正語爲正賀,曰:'上念公,行召公矣。'正隱括上意,寫照而自題之曰:'岳正倒好,衹是大膽。惟帝念哉,必當有感。如或赦爾,再敢不敢?臣嘗誦古人之言,蓋將之死而靡憾也。'"

蔣一葵《堯山堂外紀》卷八十五:"天順初,岳季方自翰林入閣,英廟深所眷注,後爲曹、石所嫉,謫欽州同知。瀕行,親交無敢送者。欽天監漏刻博士馬軾餞以詩曰:'灤江江上水悠悠,送客江邊莫上樓。五嶺瘴高烟蔽日,兩孤雲濕雨鳴秋。豐城劍氣東南起,合浦珠光晝夜浮。祭罷鰐魚歸去晚,刺桐花外月如鈎。'季方《宿張家灣舟中用韻賦和》曰:'被罪承恩嶺外游,思鄉何處仲宣樓。風霜萬里蠻荒夜,烟雨三江澤國秋。不信功名成夢覺,蚤聞富貴等雲浮。令人却羡桐江叟,長擁羊裘把釣鈎。'"

談遷《國榷》卷三十二:"(天順元年七月)命修撰岳正仍授内豎書。""(天順元年七月)翰林院修撰岳正謫欽州同知。初,正侃侃自立,欲間曹、石,語吉祥曰:'石亨常以杜清來,何也?'曰:'致誠款耳。'正曰:'否,否,伊特偵公,宜謝之。'且勸曹、石解兵柄,又數詆之,欲并去陳汝言,復徐有貞。於是曹、石言其附有貞,故謫。""(天順元年九月)欽州同知岳正戍肅州衛鎮夷千户所。正既貶,候其母於潞,爲少留,兵部尚書陳汝言黨曹、石,嗾游徼構以事,徵下錦衣獄,手梏急,至涿州瀕死,涿人楊四請於緹校不得,乃醉之,而竊刓其梏,得達於戍。"卷三十三:"(天順五年十二月)己丑,釋岳正、陳循、蕭鎡爲編氓。"

張廷玉等《明史》卷一百七十六《岳正傳》:“會承天門灾,正極言亨將爲不軌,且言:‘陳汝言,小人。今既爲尚書,可用盧彬爲侍郎。二人者俱譎悍,若同事必相齮齕,乘其隙可并去之。’徐有貞再下獄,復云:‘用有貞則天變可弭。’帝皆不納。及敕諭廷臣,命正視草。正草敕曰:‘乃者承天門灾,朕心震驚,罔知所措。意敬天事神,有未盡歟?祖宗成憲有不遵歟?善惡不分,用舍乖歟?曲直不辨,刑獄冤歟?征調多方,軍旅勞歟?賞賚無度,府庫虚歟?請謁不息,官爵濫歟?賄賂公行,政事廢歟?朋奸欺罔,附權勢歟?群吏弄法,擅威福歟?徵斂徭役太重,而閭閻靡寧歟?讒諂奔競之徒幸進,而忠言正士不用歟?抑有司闒茸酷暴,貪冒無厭,而致軍民不得其所歟?此皆傷和致灾之由,而朕有所未明也。今朕省愆思咎,怵惕是存。爾群臣休戚惟均,其洗心改過,無蹈前非,當行者直言無隱。’敕下,舉朝傳誦。而亨、吉祥構蜚語,謂正賣直謗訕。帝怒,命仍授内侍書。明日,謫欽州同知。道漷,以母老留旬日。陳汝言令巡校言狀,且言正嘗奪公主田。遂逮繫詔獄,杖百,戍肅州。行至涿,夜宿傳舍。手梏急,氣奔且死。涿人楊四醉卒酒,脱正梏,刳其中,且厚賂卒,乃得至戍所。亨、吉祥既誅,帝謂李賢曰:‘岳正固嘗言之。’賢曰:‘正有老母,得放歸田里,幸甚。’乃釋爲民。”

憲宗立,御史吕洪等請復正與楊瑄官,詔正以原官直經筵,纂修《英宗實録》。初,正得罪,都督僉事季鐸乞得其宅,至是敕還正。正還朝,自謂當大用,而賢欲用爲南京祭酒,正不悦。忌者僞爲正劾賢疏草,賢嗛之。

葉盛《岳君墓誌銘》:“成化初,君居母憂,服闋,御史有言,當亟召用君以勸忠。詔仍元職。吏部言當調南京,有旨其勿調,命充經筵講官,纂修先朝實録。適兵部清黄官闕,部院人臣曾薦君,遂以成化元年四月,俾知興化府以行。君在官生財惠民,民始嘩而終服,號賢守。有司者或不知禮君,君乃有歸志。"

李東陽《蒙泉公補傳》:"甲申,憲宗嗣位,有御史楊宣者亦以劾亨謫戍廣東,臺諫請復二人官以勵忠直。吏部擬調南京,有旨勿調,令在院供職,充經筵講官,纂修先朝實録。文達欲薦爲南京國子祭酒,公不應,有忌者僞爲公劾文達疏草。"

蔣一葵《堯山堂外紀》卷八十五:"成化初有忌岳正者,僞爲正劾内閣李賢疏草,賢銜之。會部院大臣薦正宜大用,賢乃假歷練之説票旨,升知興化府。命下,有以《濯足圖》求題者,正感而有作曰:'踏遍天涯兩足存,西馳未定又南奔。人間有水皆堪濯,何必滄浪一段渾?'"

談遷《國榷》卷三十四:"(天順八年三月)復岳正翰林修撰,楊瑄御史。""(天順八年九月)甲子,復岳正翰林修撰,預修《實録》。"

張廷玉等《明史》卷一百七十六《岳正傳》:"憲宗立,御史吕洪等請復正與楊瑄官,詔正以原官直經筵,纂修《英宗實録》。初,正得罪,都督僉事季鐸乞得其宅,至是敕還正。正還朝,自謂當大用,而賢欲用爲南京祭酒,正不悦。忌者僞爲正劾賢疏草,賢嗛之。"

成化元年(1465)四月,廷推兵部侍郎清理貼黄,以正與給事中張寧名并上。詔以爲私,出正爲興化知府,而寧亦補外。正至官,築堤溉田數千頃,節縮浮費,經理預備倉,欲有所興革。鄉士大夫不利其所爲,騰謗言。正亦厭吏職,五年入覲,遂致仕。

岳正《類博稿》卷二《致仕後戲作二首》:"五十歸來謝世紛,百年勞逸喜平分。不應又受先生號,去與青山管白雲。""雲山到處供詩料,花鳥隨時换樂歌。若説不貪誰肯信,世間此色我偏多。"

葉盛《岳君墓誌銘》:"歲己丑來朝,請致仕。"

李東陽《蒙泉公補傳》:"會廷薦公爲兵部侍郎,清理貼黄,與都給事中張寧名并上。寧負才氣,亦被譖,遂皆補外。公得知興化府，時論嘩然，爲之不平。公才素大，不屑條格，動輒爲闊遠計。築西湖堤，溉田數千頃。京庫輸納多爲解户所侵，公盡省其費。士大夫家有侵廢寺田，及規公利者，悉不與，皆切齒憾之。其貴有力者共騰爲謗書，横莫可遏。公亦厭苦吏職，以成化己丑入覲京師，因引疾致仕。時李鐸已敗，朝廷還其故第，居久之，陳緝熙、郭遜之二公相繼爲祭酒，有官錢爲公用簿不時注，忌者因肆爲媒孽，皆得罪去。文憲敦勸公請代之，公曰：'此事正所不直，安忍代爲？'自是當道交絶。"

蔣一葵《堯山堂外紀》卷八十五："岳季方在興化有《燕臺懷古》一律云：'督亢陂荒蔓草生，廣陽宫廢故城平。秋風易水人何在，午夜蘆溝月自明。召伯封疆經幾换，荆卿事業尚虚名。黄金不置高臺上，似怪年來士價輕。'"

過庭訓《本朝分省人物考》卷一北直隸順天府一："甲申，憲宗嗣位，起正充經筵講官，纂修先朝實録。會廷薦正爲兵部侍郎，與給事中張寧名并上。已，俱被譖，遂皆補外，正得知興化府，時論嘩然不平。正才大，不屑條格，動輒爲闊遠計。至興化，正察民間利權而操之府，於是建澄江書院及孔子廟，鑄祭器，下諸縣。作小西湖，開兼濟河，築南北堤，塞白埕港，别購民田，開河直趨江口，修江口橋。他如通津、鐵河、猴溪諸橋，多修治，而白埕功最巨。復購谷實饑民倉，出羨餘以補料價。民輸料京庫，類多侵克，正親爲會計，且教之納，省其半費。士大夫家食利於官者皆弗得，於是貴有力者共騰爲謗書，横不可遏。惟彭惠安韶、陳太常音保其無他，而正亦厭於吏職，以成化己丑入覲京師，因引疾致仕。時季鐸已敗，朝廷還其故第。"

何喬遠《名山藏》卷六十四《臣林記》："憲宗即位，兩京御史請召還復官，許之。吏部擬調南京，上命毋南，令充經筵講官，纂修英廟實録。久之,賢語正:'南京國子祭酒欲藉君,今舉君矣。'正不應,有僞爲正劾賢草示賢者,殊恨。故事,清理武選貼黄當會官保薦,用兵部侍郎及都御史各一人,兵部尚書王竑薦正可侍郎,禮科都給事中張寧可都御史。賢調旨罷之,第以委當職者,而外升正、寧爲知府。於是正知興化,寧知汀州,時論爲之嘩然。正博學高才,鋭意天下事,自許無一世。既至郡,鏟破條格,以豪杰之意,前百姓之用,興革創刷,察民利而操之,巨室不便,有謗言。正亦倦游,三歲入覲,乞致仕。時季鐸已敗,上使收取其故室廬家産。"

談遷《國榷》卷三十四:"(成化元年四月)兵部尚書王竑等推翰林修撰岳正可兵部右侍郎,禮科都給事中張寧可僉都御史,清理武選貼黄。上以會舉多徇私,不允。清黄令侍郎王復,都御史林聰,調岳正、張寧外任。於是,升正興化知府,寧汀州知府,蓋李賢托歷練外之。馬晋允曰:'李文達賢相也,其立朝興利去弊,竭志盡誠,多可嘉者,獨其斥張寧,沮葉盛,不救王徽、王淵,不用岳正,遂使直道不合於時,正士不究其用,君子譏焉,豈報復忌能之心猶不能忘,而長厚集善有所未盡乎?'"卷三十五:"(成化五年閏二月)己巳,興化知府岳正致仕。袁袠曰:'季方之遇英皇,猶馬周之遇唐宗也,一旦拔起,遂秉中軸,言行若流,亦奇遇矣。然竟以剛直不能容其身,始忤曹、石,終擯李賢,遠戍窮邊,出知外郡,卒坎壈以死。夫曹、石不足言矣,而文達乃若是耶?世多譏文達不能容羅倫、岳正,噫,豈未讀《泰誓》之書耶?'"

張廷玉等《明史》卷一百七十六《岳正傳》:"成化元年四月,廷推兵部侍郎清理貼黄,以正與給事中張寧名并上。詔以爲私,出正爲興化知府,而寧亦補外。正至官,築堤溉田數千頃,節縮浮費,經理預備倉,欲有所興革。鄉士大夫不利其所爲,騰謗言。正亦厭吏職,五年入覲,遂致仕。"

鄭方坤《全閩詩話》卷六："岳文肅正知興化，鑿小西湖，賦詩有'林巒青似滴，城郭隱如無'。書生林照戒石工留'似'字勿刻，工以照言告公，公親詣問故。照謝，徐曰：'似與如未免合掌，更以欲字，何如？'公撫掌大喜，再拜謝之，贈以束帛。《名勝志》。"

陳田《明詩紀事》乙籤卷十八"岳正"條："《醉經堂餔糟編》：蒙泉岳季方先生自翰林入閣，英廟深所眷注，後爲曹、石所嫉，謫黜，補外，卒興化守。嘗有《燕臺懷古》詩云：'督亢陂荒蔓草生，廣陽宮廢故城平。黃金不置高臺上，似怪年來士價輕。'結句深有慨於時也。"

成化八年(1472)卒，年五十五。無子，大學士李東陽、御史李經，其婿也。

葉盛《岳君墓誌銘》："家居越三載，爲成化八年九月十一日疾卒，得年五十五。公卿以下皆往吊哭，莫不嗟悼。曰：'岳先生亡矣。'""配宋氏孺人，側室周氏、王氏。子男二，增、堂，皆夭。女六，長許嫁而卒，已嫁者婿朱昶、生員李經、翰林編修李東陽，餘未行。""以卒之年十月七日葬祖塋之側。君之兄端府軍千户祥，哀君無子，率其猶子培、均、坪、坦、墉長號向予乞銘，予爲作銘慰答之，亦以慰君於地下焉爾。"

李東陽《蒙泉公補傳》："忽喪幼子，慟而成疾，壬辰九月十一日卒，年五十五，十月十日葬壂村世墓。"

正文章氣節名動天下，在内閣纔二十八日，勇事敢言，便殿論奏，至唾濺帝衣。然意廣才疏，欲以縱横之術離散權黨，反爲所噬，人皆迂而惜之。

湯斌《擬明史稿》卷十一《岳正傳》："正文章氣節名動天下，在内閣纔二十八日，任事敢言，或時廷争，至語唾濺御衣。有規以信而後諫者,正慨然曰:'上顧我厚,不敢不盡心,子以諫官處我耶?'英宗亦悉其忠,謫戍時謂近臣:'須還我生岳正。'故權幸不敢加害。又時念曰:'岳正倒好,衹是大膽。'正因用帝語自題像贊曰:'岳正倒好,衹是大膽。惟帝念哉,必當有感。如或赦汝,再敢不敢?臣嘗誦古人之言,益將之死而靡憾也。'其始終强項如此。"

梁維樞《玉劍尊聞》卷七:"岳正性不能容人,或謂之曰:'不聞宰相腹中撑舟乎?'岳曰:'順撑來可容使,縱横來安容得耶?'睿皇帝甚重正,嘗曰:'好個岳正,衹是大膽。'後正謫戍於邊,自題其像曰:'好個岳正,衹是大膽。從今以後,再敢不敢?'"

張廷玉等《明史》卷一百七十六《岳正傳》:"正博學能文章,高自期許,氣屹屹不能下人。在内閣纔二十八日,勇事敢言,便殿論奏,至唾濺帝衣。有規以信而後諫者,慨然曰:'上顧我厚,懼無以報稱,子乃以諫官處我耶?'英宗亦悉其忠,其在戍所,嘗念之曰:'岳正倒好,衹是大膽。'正聞自爲像贊,述帝前語,末言:'臣嘗聞古人之言,蓋將之死而靡憾也。'其自信不回如此。然意廣才疏,欲以縱横之術離散權黨,反爲所噬,人皆迂而惜之。"

嘉靖二年(1523),追贈太常寺卿,謚文肅。

岳正《類博稿》載嘉靖二年七月十五日制誥:"奉天承運,皇帝制曰:人臣奉職,能不負其所修;君上施恩,亦必稱其所報。矧公論之未泯,實風化之攸關。閲世雖多,褒章可恪。故興化知府岳正學識宏深,性資英毅,峻登甲第,早列詞林,首被簡知,晋居宥密。文章誥訓,雅資潤色之功;獻納論思,克效匪躬之節。嫉邪已甚,受謗浸深,左謫南荒,再編西戍。既而逆臣伏鑕,正士賜環。擬陟卿曹,庶僉言之允協;出分符守,竟直道之難容。撫字勞心,循良稱首。奉身以退,賫志而亡。去思雖在於生祠,恤典未沾於没世。高風勁節,不免擯斥之嫌;顯命榮名,終獲褒嘉之典。兹特贈爲嘉議大夫、太常寺卿,謚文肅。於戲！報功必懋其官,蓋無分於存殁;易名必稽其行,斯可質於始終。顧惟具美之榮,實出常科之外。冥靈如在,汙涣其承。"

談遷《國榷》卷五十二:"(嘉靖二年七月)故興化知府岳正贈太常寺卿。"

項篤壽《今獻備遺》卷十八:"岳公受知英皇,一旦拔起,遂秉中軸,遇亦奇矣,竟忤曹、石,及受讒文達,坎壈以死,悲夫!"

正偉貌美髯,言論灑灑,動循矩度。居家孝悌,交朋友有始終之誼。平生性剛而志高,抱負經濟,不輕屈下人,有古豪杰之風。

葉盛《岳君墓誌銘》:"君偉貌美髯,言論灑灑,動循矩度。居家孝悌,交朋友有始終之誼。平生性剛而志高,抱負經濟,不輕屈下人,有古豪杰之風。石、曹事或迂議之,且以未信爲言,直應之曰:'何得以諫官處我?我道當如是。'其篤於自信如此。人有不可意事,雖權貴人,當言即言之,無宿藏,而人不之察,以故愛君者雖多,卒不能勝夫嫉君者之屢也。"

《定襄伯郭登贊》(《類博稿》附録):"器弘而博,義精而約,才儁而腴,志端而確。既鍾之以秀美,又文之以禮樂,鏘金玉而協韶鈞,豁烟雲而瞻山岳,是以蚤登龍虎之榜,遂入絲綸之閣。陪天語以從容,握斗杓而斟酌。實王臣之蹇蹇,匪常流之諾諾。奸諛側目,若健隼之擊秋風,忠鯁犯顔,尚苦口而思良藥。廟堂之高,不足易其介;金革之困,不足改其樂。雖萬折而必東,信六尺之可托。噫!斯人也,行七十子之列,則吾夫子答申棖之先,必不曰吾未見剛,慟顔淵之後,必不曰未聞好學者也。"

陸深《儼山外集》(明嘉靖二十四年華亭陸楫刻本)卷二十七《中和堂隨筆上》:"岳正季方近世奇偉不羈之士,其言曰:'賢者自處淡然,與物無競,其功名事業必因事會而見,未嘗汲汲以求之。

不我用焉,雖終老於耕釣,不悔也。'夷考其平生,正未能然耳,豈其閱世後所見如此?信乎,人不可以不處患難也。"

張廷玉等《明史》卷一百七十六《岳正傳》:"吕原、岳正、劉定之雖相業未優,而原之行誼,正之氣概,定之之建白,咸有可稱。"

永瑢等《四庫全書總目》(清乾隆五十四年武英殿刻本)卷一百七十集部二十三"類博稿十卷附録二卷浙江汪汝瑮家藏本":"天順復辟以後,奪門諸臣挾功驕恣,帝心畏之而不敢遽圖,正以書生支撑其間,欲設計以離曹吉祥、石亨之交,事不能成,反爲所中,至於竄謫瀕死。其策雖疏,其志要爲忠藎。及群奸繼敗,又厄於李賢之媢嫉,淪落以終。薑桂之性,始終不改。嘉靖初追贈太常寺卿,制詞有云:'嫉邪已甚,受謗浸深。左謫南荒,再編西戍。既而逆臣伏鑕,正士賜環。擬陟卿曹,庶僉言之久協;出分符守,竟直道之難容。'紀其實也。"

正博學能文章,高自期許,氣屹屹不能下人。旁熟《莊》《騷》,至方外度數諸書,無所不窺。所著《經解》,務出新意。著《皇極新解》,未及就;《深衣纂誤》一卷,藏於家。文多散佚,有《類博稿》十卷及《雜言》行於今。

葉盛《岳君墓誌銘》:"君之學精博,旁熟《莊》《騷》,至方外度數諸書,無所不窺。所著《經解》,務出新意,多儒先所未發。惟《深衣纂誤》成書,文章有《類博稿》若干卷。"

李東陽《懷麓堂集》卷九《題黄子敬編修所藏登瀛圖》序:"編修黄子敬家藏《瀛洲圖》,吾外舅蒙翁三跋在焉。蓋子敬之先公爲翁同年進士,而翁又其郡大夫也。予刻《類博稿》,舊草中得二跋,嘆遺文不可盡見。悲歌當哭,於此有不得已云。"卷四十一《書蒙翁〈類博稿〉後》:"公在國子時已名,能古文歌詩,然稿成輒棄去。及第,爲翰林,著作甚富。入内閣,典機務,攻曹、石罪逆,得禍幾死。

戍甘之行，第宅爲勢家所奪，書册蕩逸，委不復顧。比召歸，又爲讒娼所中，出守興化以去。及致仕家居，檢閱舊稿，存什一而已。公既屬纊，東陽以治命拾遺文，得於其從子坪，竊懼闕略，不敢就次。乃與公門人潘君辰、李君經稍加搜訪，或摘殘草，手自謄識，越十有餘年始克成編，爲十卷。乃屬我同年知府陳君道刻于金華，名曰'類博'者，存公舊也。""公於書無所不讀，葉文莊《墓銘》載《經疑》數卷，已逸去。著《皇極新解》，未及就。《深衣纂誤》一卷，藏于家，以俟續有得者并刻焉。"

李濂《嵩渚文集》卷七十二《書類博稿後》："蒙泉岳季方先生，我朝奇士也。平生著述甚富，今傳世者僅有《類博稿》十卷耳。……閑中偶閱是稿，漫識所聞，書諸卷末。若夫詩文之高簡雅健，具目者當自知之，弗俟予贅也。"

嵇璜《續文獻通考》卷一百七十六經籍考"岳正類傳雜言一卷"條："臣等謹案，是書雜論陰陽五行及醫卜星算之説，中間論大衍之數及皇極經世之數，亦頗有發明。《明史・藝文志》作二卷，今已編入正《類博稿》中，此本乃曹溶《學海類編》中所收，僅存六頁，非其全也。"

按，祁承㸁《澹生堂藏書目》著録"《蒙泉雜言》一卷""《岳蒙泉類博稿》十六卷"；高儒《百川書志》卷十三著録"《類博稿》七卷，雜言、附録一卷，雜文百六首"，卷十六著録"《類博稿》一卷，古詩歌詞律詩絶句一百七十四首"，卷數與他説异，附識於此。

其文章天真爛漫，落落自將，風格峭勁，如其爲人，高簡峻拔，追古作者。詩亦雅健脱俗，而頗以吟咏爲苦，嘗曰："既要平仄，又要對偶，安得許多工夫？"然微作一二，頗有風旨。

李東陽《蒙泉公補傳》："公於書無所不讀，謂天下事無不可爲，高自負許，俯視一世。其爲文高簡峻拔，追古作者，詩亦雅健脱俗。"《懷麓堂詩話》:"蒙翁才甚高,爲文章俯視一世,獨不屑爲詩,云:'既要平側,又要對偶,安得許多工夫?'然其所作如《公子行》《短短床》二曲,綽有古調,《留侯圖》四絶句,句意皆非時人所到也。"

何喬遠《名山藏》卷六十四《臣林記》:"正爲文簡俊,亦善字學,方外度數,莫不窺考,繪刻悉臻其妙,興化人至今呼爲岳仙。"

王兆雲《皇明詞林人物考》卷三:"鳳洲筆記云:公不以詩名家,微吐一二,頗有風旨。"

蔣一葵《堯山堂外紀》卷八十五:"岳蒙泉有古樂府二闋:'短短床,太局促。徒能坦郎腹,未得展郎足。縱郎有意爲合歡,床短安能薦郎宿?''太局促,短短床。流蘇苦不長,蘭麝無馨香。郎欲招妾妾不來,可憐春色空輝光。'"

朱彝尊《静志居詩話》卷七"岳正"條:"季方謂:'作詩既要平仄,又要對偶,安得許多工夫?'頗以吟咏爲苦,而天眷之作,亦復成章。"

褚人獲《堅瓠集》二集卷三《岳蒙泉詩》:"岳蒙泉正《咏陳橋兵變》:'阿母素知兒有志,外人剛道帝無心。'又:'黄袍不是尋常物,誰信軍中偶得之。'使藝祖聞之,恐亦無詞以對。"

永瑢等《四庫全書總目》卷一百七十集部二十三"類博稿十卷附録二卷浙江汪汝瑮家藏本":"其文章亦天真爛漫,落落自將。史稱所草《承天門災諭廷臣詔》剴切感人,舉朝傳誦,足以見其一斑矣。是集爲其門人李東陽搜輯遺稿而成,凡詩二卷、雜文八卷,又附録二卷,前一卷載諸人誌銘傳贊等作,後一卷則東陽以葉盛所作誌銘多所隱諱,爲正補傳也。《傳》稱正晚好《皇極書》,故所作《雜言》二篇皆闡邵子之學,而詩亦純爲邵子《擊壤集》體。東陽《懷麓堂詩話》稱:蒙翁才甚高,俯視一切,獨不屑爲詩,云'既要平仄,又要對偶，安得許多工夫'云云，蓋得其實。而《傳》乃稱以雅健脱俗，未免阿其所好。至稱其文高簡峻拔，追古作者，則不失爲公評。正統、成化以後，臺閣之體漸成嘽緩之音，惟正文風格峭勁，如其爲人。東陽受學於正，又娶正女，其《懷麓堂集》亦稱一代詞宗，然雍容有餘，氣骨終不逮正也，所謂言者心之聲歟?"

書法晋唐，可名家。字法精邃，大書尤偉，旁及雕繪鎸刻，悉臻其妙。嘗戲畫葡萄，遂稱絶品。

岳正《類博稿》卷三雜言："書家以永字八法該諸字之法，予謂八法本於四法，四法本於一法，即太極分而爲兩儀、四象、八卦、六十四爻之義，故側者，太極也；勒者，引而伸之也；努者，勒之竪也。側分而爲趯，勒分而爲啄爲策，努分而爲掠爲磔。努從而勒衡，策左而啄右，掠倚而磔偃，知此則知筆矣。""歐公學書在半百外，王右軍書家之聖者也，當以天成目之，亦至五十三乃稱成書。予年五十有二，學書未成，不敢以遲鈍自棄，每以辯才老自勉語曰：'物常聚於所好，事竟成於有志。'或將然乎?"卷八《畫葡萄説》："畫，書之餘也。學者於游藝之暇，適趣寫懷，不忘揮灑，大都在意不在象，在韻不在巧。巧則工，象則俗矣。雖然，其所畫者必有意焉。是故於草木也，蘭之芳，菊之秀，梅之潔，松竹之操，皆托物寄興，以資自修，非徒然也。""予謫戍窮荒，偶見一本，因以新意，製爲長幅，用悼不遇，兼暢幽情，具目者苟矜其窮而取焉，則亦未見其爲不幸也。若曰是不象而工，豈徒不識畫格，亦未有以知岳生者也。"

葉盛《岳君墓誌銘》："書法晋唐，可名家。"

李東陽《蒙泉公補傳》："字法精邃，大書尤偉，旁及雕繪鎸刻，悉臻其妙。嘗戲畫蒲萄，遂稱絶品。"

朱謀垔《畫史會要》卷四："公字法精邃，大書尤偉，旁及雕繪鎸刻，悉臻其妙。嘗戲畫葡萄，遂稱絶品。"

朱國禎《涌幢小品》卷二十二《季方小西湖》:"岳季方以閣臣出爲興化太守,城中有水自西來,堰而匯之,立石爲記,題'小西湖'三字,遒勁有韻。媢曹、石者因騰謗書。彭惠安,郡人也,力明無他,僅得致仕。公薨,几上一紙飛下,中有一絶句云:'年來爲戀小西湖,塵世飄飄一幻軀。日下雲生扶拄杖,天邊露滴掛冰壺。'宛然手筆,其子急入公舊書室,見硯有墨汁,筆潤如新。"

袁中道《珂雪齋集》(明萬曆四十六年刻本)外集卷八:"是日于文弱處見岳蒙泉山水。蒙泉名正,字季方,燕人,天順中大拜,爲西涯相公外甥。其畫筆法古勁,妙出筆墨蹊徑之外。西涯有七言長歌題其後。"按,西涯相公即李東陽,實岳正之婿,中道謂正爲東陽外甥,誤。

按,舊題蒙泉畫葡萄者頗多,姑録數首附後。倪岳《青溪漫稿》卷九《題岳蒙泉葡萄畫》:"往年曾説蔡中郎,唾落驪珠顆顆香。却憶凉州辛苦地,個中滋味亦親嘗。""遠道歸來把一麾,轉頭零落又成悲。舊家只有葡萄在,從此無勞説荔支。"吴寬《家藏集》(明正德三年吴奭刻本)卷三《岳蒙泉畫葡萄》:"曾是文淵閣下才,才高只合有人猜。白頭騎馬凉州過,却使葡萄入畫來。"王鏊《震澤集》(明萬曆震澤王氏三槐堂刻清印本)卷八《石田學蒙泉閣老畫蒲萄》:"虬髯詰屈幹鱗皴,二老含毫鬬出新。試看山亭秋雨裏,不知若個得渠真。"屠勛《題岳蒙泉葡萄》(沈季友《檇李詩繫》卷十):"愛此大宛珍,豈彼凡卉偶?蔓延入炎荒,零落等蓬莠。舉俗知者希,畫亦無好手。之子謫戍來,一顧咨嗟久。淒凉骨肉寒,延佇比蘭友。揮灑聊適情,法從草聖剖。柔絲亂虬鬚,佳實映瓊玖。宛似漢宮移,不共秋霜朽。芳甘壓酪奴,勁節奪髯叟。我今重披拂,真迹未塵垢。悠悠隔冥漠,三嘆獨搔首。"

參考文獻:

1. 岳正《類博稿》,明成化刻本。

2. 葉盛《涇東小稿》,明弘治刻本。

3. 過庭訓《本朝分省人物考》,明天啓刻本。

4. 何喬遠《名山藏》,明崇禎刻本。

5. 蔣一葵《堯山堂外紀》,明刻本。

6. 李東陽《懷麓堂集》,清康熙二十年潙江廖方達校刻本。

7. 湯斌《擬明史稿》,清康熙二十七年刻後印本。

8. 陳田《明詩紀事》,清陳氏聽詩齋刻本。

9. 嵇璜《續文獻通考》,文淵閣《四庫全書》影印本第626冊,上海古籍出版社1987年版。

（王志剛）

葉盛傳

葉盛，字與中，號及庵，又號仲盛、水東、涇東道人、澱東老漁。南直隸蘇州府崑山縣石浦（今江蘇省蘇州市崑山市石浦鎮）人，生於永樂十八年十一月十六日（1420年12月20日）。

商輅《正議大夫資治尹吏部左侍郎謚文莊葉公墓銘》（下稱《葉公墓銘》，《商文毅公集》卷六，1919年武進王氏木活字本）："公諱盛，字與中，姓葉氏。世爲崑山右族。五世祖秀實益廣田廬於崑山之泗川鄉，子孫因家焉。曾祖茂林，妣朱氏。祖明，贈通議大夫、吏部侍郎，妣郭氏贈淑人。父春，封兵科給事中，累贈通議大夫、吏部侍郎。前母湯氏、母陳氏贈淑人，繼母沈氏封太淑人。……公生永樂庚子月日。"

《正統十年進士登科録》："葉盛。貫直隸蘇州府崑山縣，民籍。……字與中，行三，年二十六，十一月十六日生。"葉盛《葉文莊公奏疏·西垣奏章》卷一《分俸養親疏》："臣原籍直隸蘇州府崑山縣。"陸心源《穰梨館過眼録》（清光緒十七年吴興陸氏刻本）卷二十三《書朱教諭泰安所藏〈睢陽五老圖〉卷後》："天順二年正月上日，石浦葉盛謹識。"

張金吾《愛日精廬藏書志》（清道光七年刻本）卷二十"史部·目録類·《金石録》"載葉盛跋："成化九年二月朔旦，吴郡葉仲盛甫志。"

葉盛《菉竹堂稿》卷二《至惠州寄王給事》題下自注:"惠州西有蘇州驛,東有水東驛。予嘗以'水東'自號。"又,卷四有《澱東老漁小詞》三首。何焯《義門先生集》(清道光三十年姑蘇刻本)卷九《跋金石録(汲古閣藏本)》謂:"鈔此書者,格、行皆仿澱東老漁元本塹成。"同卷前有跋葉盛藏本《金石録》。

龐元濟《虚齋名畫録》(清宣統元年烏程龐氏上海刻本)卷二"元王孤雲《避暑圖》卷"有葉盛跋語:"展玩累日,不忍去手,書此以識,景泰三年三月三日及庵葉盛。"李東陽《葉文莊公集序》(周寅賓點校《李東陽集·文稿》卷八,岳麓書社 2008 年版):"公諱盛,字與中,别號及庵。"

按,或謂又號"蜕庵",似不確。王聞遠《蜕庵集跋》:"蜕庵者,崑山先輩文莊葉先生别號也。"(黄丕烈《士禮居藏書題跋記》卷六《蜕庵詩集(舊鈔本)》跋語,清光緒十年滂喜齋刻本)葉昌熾《藏書記事詩》卷二論葉氏藏書引此跋。趙尊岳《惜陰堂彙刊明詞提要》、[美]富路特主編《明代名人傳》等均謂葉盛號"蜕庵",而闕"及庵",則不確。

少穎异,嗜學。誦極群書,爲文有奇氣,爲邑人所稱。正統六年(1441)舉於鄉,十年登進士,授兵科給事中。毅然以言責自任。

馮桂芬等纂修《(同治)蘇州府志》(清光緒九年刊本)卷六十一"選舉三·正統六年辛酉科":"崑山葉盛。"卷六十"選舉二""正統十年乙丑商輅榜"載"葉盛"。《正統十年進士登科録》"第二甲第二十九名":"葉盛。……縣學增廣生。治《書經》。……應天府鄉試第二十一名,會試第三十名。"

商輅《葉公墓銘》:"公天資穎异,自幼嗜學。比長,誦極群書,爲文有奇氣。同邑張憲副和未任時已有文名。見公所業,驚曰:'此其志不可量!'因勸游邑校。學業日進,未幾,文名與張等。正統乙丑,以《書經》登進士第,擢兵科給事中。毅然以平定安戢自任。"

彭時《通議大夫吏部左侍郎謚文莊葉公盛神道碑》(下稱《葉公神道碑》,焦竑《國朝獻徵録》卷二十六。下引同):"公天資穎异,自少博學强記,下筆驚人。正統十年,舉進士,授兵科給事中。毅然以言責自任。"

顧潛《静觀堂集》(清雍正十年顧氏桂雲堂刻本)卷一《口外試士有懷葉文莊公》:"葉公吾鄉衮,幼學負弘博。筮仕登諫垣,秋旻横一鶚。"

正統十四年(1449)土木堡之變,盛率同列請正扈從將臣朱勇等失律罪,且選將練兵爲復仇計。聞者壯之。

彭時《葉公神道碑》:"十四年,英皇北狩。郕王監國,公率同列劾將臣扈從者失律敗事,請誅之以謝天下。然後選將練兵,以復不共戴天之仇;興師問罪,以除大逆不仁之賊。如此則大綱以正,大義以明,而聖駕之旋軫可期矣。聞者壯之。九月,監國即位,頒賞廷臣。公以時艱辭,不許。"

《明憲宗實録》(上海書店 1984 年版)卷一百二十六:"盛,字與中,直隸崑山縣人。正統乙丑進士。授兵科給事中,進都給事中。己巳之變,朝廷多事,言路大開,六科聯署建請,多盛與林聰爲之倡,一時名稱翕然。"

葉盛《葉文莊公奏疏·西垣奏章》卷一《糾劾朱勇等疏》:"嘗謂'失律喪師,難逭滔天之罪;陷君辱國,當加赤族之刑'。憲典甚明,人心共憤。切照總兵官太保成國公朱勇、鎮遠侯顧興祖、修武伯沈榮等,俱以庸輩,幸際明時,平居不義不仁,惟務剥削軍士,臨事無謀無勇,遂致玷辱朝廷。邇者逆胡也先侵犯邊境,皇上爲奸臣之所誤,擐甲胄以親征。……各官棄甲曳兵,累挫威于小虜;望風承旨,尚受制於奸臣。凡事依阿,專守諂諛之故態。六師淆亂,全無紀律之可觀。遂使賊庭詫僥幸之功,鑾輿成孤注之失。臣民虀粉,師旅創殘。臣等切惟朱勇等總兵戎,既無决勝之功,臨國難又無致死之節。……伏望殿下恪遵祖訓,大正邦則,挨拿朱勇等,置之極典,籍没其家。仍乞以臣等所言奸臣王振誤國之繇,朱勇等敗事之實,諭告天下。然後訓將練兵以復不共戴天之仇;興師問罪,以除大逆不庭之賊。如此則大綱以正,大義以明,聖駕之旋軫可期、妖酋之繫頸可致矣。"

也先迫京畿。數日間,疏七八上,皆中機宜。寇退,進都給事中,奏言當賞功罰罪。有議邊將留防京城者,盛上疏駁之。

商輅《葉公墓銘》:"十月,賊犯近畿。公極陳備禦之策,大要謂賊情變詐,當以和議爲餘事,以戰守爲實功。四五日間,凡七八奏,言皆切要,多見施行。賊退,封賞有功而未及死事者。公歷舉以言。擢兵科都給事中。大臣有奏留守邊將備京師者,公言:'今日之事急在邊關。往者獨石、馬營不棄,我軍何以陷土木?紫荆、白羊不破,賊騎何以薄京城?居庸不失,逆賊何以遽逃遁?若但保九門無事,其如陵寢及田野之民何?'"

彭時《葉公神道碑》:"九月,監國即位,頒賞廷臣,公以時艱辭,不許。十月,京師戒嚴,公請罷内府軍匠悉遣征操。及虜騎近城,又請令有司儲糧料以給戰士,遣散卒迎取軍器於天津,以張外援。三、四日間,凡上八疏,悉合機宜。虜既退,公言:'賞功罰罪,天下要務,今日之賞罰既行,他日之勸懲攸繫。賞罰明信,則人人力於事功。耻無不雪,仇無不復矣。今效勞如孫鏜、死事如謝澤、韓青,皆當賞以示勸。其他守關不嚴、赴難不力者,皆當罰以示懲。'從之,陞都給事中。時邊境未寧,大臣有奏留邊將守京師者,公言:'今日之事,邊關爲急。往者獨石、馬營不棄,則六師何以陷土木?

紫荆、白羊不失,則虜騎何以薄都城?即此而觀,邊關不固,則京師雖守不過僅保九門無事而已。其如陵寢何?其如郊廟壇壝何?其如田里之民荼毒何?宜急遣固守宣府、居庸爲便。”

張廷玉等《明史》卷一百七十七《葉盛傳》:“大臣陳循等議召還鎮守居庸都御史羅通,并留宣府都督楊洪掌京營。盛言:‘今日之事邊關爲急。往者獨石、馬營不棄,駕何以陷土木?紫荆、白羊不破,寇何以薄都城?今紫荆、倒馬諸關,寇退幾及一月,尚未設守禦。宣府爲大同應援,居庸切近京師,守之尤不可非人。洪等既留,必求如洪者代之,然後可以副重寄而集大功。’帝是之。”

按,上述各事,參見《葉文莊公奏疏·西垣奏稿》卷二《緊急操練疏》《申嚴紀律疏》《計移軍器疏》《賞功罰罪疏》、卷三《邊關緊要疏》等疏。

奉命安集河南流民,撫視得當。景泰元年召還。當多事之秋,盛每隨事諫言,大要以扶忠抑奸、恤民防患爲主,有裨時政爲多。

商輅《葉公墓銘》:“會有報河南陳縣流民數多,恐乘隙生變。詔公往撫視。除虐吏、修兵備、勸貸賑濟,民用安輯。景泰庚戌三月詔還。公以北邊賊寇未寧,西南蠻僚爲患,上疏請求直言,責文武大臣臺諫侍從各獻安邊濟時之策。辛未六月,以天象數變,奏彌灾防患十二事及請復午朝之制。”

彭時《葉公神道碑》:“已而,河南陳州流民煽動。命公往視。公即兼程以進,除貪虐、賑飢寒,威惠并行,民用安輯。景泰元年春還。復上言:‘京城爲天下根本,而八府旱蝗相仍。加以虜寇侵擾,民不聊生,乞議寬恤,俾安生理。不然臣不能不爲社稷憂也。’八月,北虜送駕還京將入關矣。有隱名具帖言迎復事者,大臣見之顧忌不敢舉。公曰:‘此野人無情之言,達於上感動必矣。’或沮以匿名書,不顧,具疏言之。……是冬,公以北虜南蠻爲患不已,上疏請令中外文武要職各陳安邊濟時之策。二年六月，天象示异，公又條陳弭灾防患十二事以上。及聞禁中頗事游畋，又請舉行祖宗午朝故事。公當多事之秋，遇事輒形於疏，每疏不下百千言，而大要則以扶忠直抑奸佞，恤生民禦外患爲主，其有裨於時政爲多。”

何喬遠《名山藏》(明崇禎刻本)卷六十六《臣林記》:“正統中以進士授兵科給事中，進都給事中。屢言事，事不克自盡，欷歔顰蹙，若關在身。”注曰:“故事:中外陳言，禮部集諸大臣若科道官，會議東闕門，則禮部侍郎宣言其要，諸大臣商决之。言者長官，其餘無所可否。盛開陳娓娓。有大臣退言曰:‘我輩會議，葉給事獨娓娓，若任師保者。我名之葉少保矣。’”

張廷玉等《明史》卷一百七十七《葉盛傳》:“尋命出安集陳州流民。景泰元年還朝，言:‘流民雜五方，其情不一。雖幸成編户，而鬥争仇殺時時有之，宜專官綏撫。’又言:‘畿輔旱蝗相仍，請加寬恤。’帝多采納。京衛武臣及其子弟多驕惰不習兵。盛請簡拔精壯，備操守京城。勛戚所置市廛，月徵税。盛以國用不足，請籍其税佐軍餉。皆從之。明年，上弭灾防患八事。帝以兵革稍息，頗事宴游。盛請復午朝故事，立報可。當是時，帝虚懷納諫，凡六科聯署建請，多盛與林聰爲首。廷臣議事，盛每先發言，往復論難。與議大臣或不悦曰:‘彼豈少保耶?’因呼爲‘葉少保’，然物論皆推盛才。”

張大復《崑山人物傳》(明刻清雍正二年重修本)卷四《皇明崑山人物傳·葉盛》:“大臣有憾其异己者。會河南陳州流民有變，詔公往撫之。公至，宣諭恩德，發廩賑貸，河南民安堵如故。景泰元年三月，召還。”

按，《葉文莊公奏疏·西垣奏稿》卷三《安撫流民疏》《京畿民情疏》，卷四《修省弭患疏》《防微杜漸疏》《固安邦本疏》，卷五《請查匿名揭帖疏》，卷六《劾奏事大當疏》，卷七《禦寇安邊疏》《條陳軍務疏》,卷八《陳言勤政疏》,卷九《陳言灾异疏》等俱可參。

景泰三年,擢山西右参政,督糧宣府,尋命協贊獨石等處軍務。招撫流亡、修廢舉墜。立社學、設義家、置暖鋪、均菜圃,療疾扶傷。多所籌劃,兵民安堵。

商輅《葉公墓銘》:"隨升山西布政司右參政,監督宣府等處糧儲。尋命協贊駕營軍務。時獨石等八城經賊失守。公至,招撫流亡,修廢舉墜。擇勁卒以守要害,諸怯懦則悉驅之農畝,官給牛,俾專力耕種。歲收其糧貯之,爲市牛馬器械之需。置暖鋪以便行旅,蓄醫藥以療人病,建社學以教軍中子弟,設義冢以收瘞道旁遺骸。自是,邊境寧謐,歲亦屢豐。有'嘉禾同穎'之异。"

彭時《葉公神道碑》:"三年遷山西布政司右參政,監督宣府糧餉,尋命協贊獨石等處軍務,先是獨石、馬營八城遇虜失守,殘毁未復。公列其利害可興革者爲八條以進。次第罷行之。八城既復,乃立社學以教子弟,置醫藥以濟疾病,立義冢以瘞死亡,設暖鋪以便行旅,均蔬圃以給將士,制度品式,纖悉備具,而又請官銀五千兩,買牛千餘頭,摘戍卒不任戰者俾事耕稼,歲課餘糧于官,凡軍中買馬、除器、勞功、恤貧諸費,皆於是乎取給。自是邊人歡洽,歲亦屢登,有'嘉禾同穎'之祥。"

方鵬《崑山人物志》(明嘉靖刻本)卷一《名賢・葉盛》:"遷山西右參政。尋用薦,協贊獨石、馬營等處軍務。時獨石、馬營八城失守,殘毁殊甚。盛列其利害爲八條,次第罷行之。又以邊人多不知學,奏置社學於諸城中,推有文學者爲之師,買經書字帖以給貧者,一時軍中子弟弦歌相聞。赤城、雕鶚、雲州、龍門、長安等八城相去遠甚,無邸舍。風雪寒雨,行者病之。盛於官道傍每十里爲垣屋一區,中置爨臥芻秣之具,守以邏卒,名曰暖鋪,過者如歸。諸城附郭膏腴地,俱爲權力所占,盛理出之,得五千餘畝。自將帥參隨至軍餘，皆分授之。限以周垣，題其門曰‘某隊菜圃’。人得均其利焉。初，軍中百需皆歛於軍。盛因請官銀五千餘兩買牛具，奪勢要所占屯田，摘戍卒不任戰者，給與牛、種耕之，課其餘糧。凡軍中費皆於是取給。自是邊人效力，歲亦屢登。”

張廷玉等《明史》卷一百七十七《葉盛傳》：“擢右參政，督餉宣府。尋以李秉薦，協贊都督僉事孫安軍務。初，安嘗領獨石，馬營，龍門衛、所，四城備禦。英宗既北狩，安以四城遠在塞外，勢孤，奏棄之內徙。至是廷議命安修復。盛與闢草萊，葺廬舍，庀戰具，招流移，爲行旅置暖鋪，請帑金買牛千頭以賦屯卒，立社學，置義冢，療疾扶傷。兩歲間，四城及赤城、雕鶚諸堡次第皆完，安由是進副總兵。而守備中官弓勝害安，奏安疾宜代。帝以問盛，言：‘安爲勝所持，故病。今諸將無逾安者。’乃留安，且遣醫視疾。已又劾勝，卒調之他鎮。”

按，《葉文莊公奏疏·邊奏存稿》七卷，自景泰三年十一月初九日《赴任謝恩疏》，至景泰七年十一月十二日《卒制辭任疏》。其間削而不載者亦多，如邊地日警、來降夷人、走回人口、進貢、燒荒及措置糧料、買領馬匹、關給冬衣等事，“凡三百餘奏”。所存者，薦舉劾究，修廢撫恤諸事俱備。指斥上官同事、勛貴勢家“或斥其過惡，或救其所溺，或一再言不足至再三言之。中間言會兵及再言虜使事，又上干九重，言亦危矣”。或非之，葉盛謂“吾將存吾稿以識吾過”，則其志可見。（見葉盛《邊奏存稿序》）

景泰七年(1456)冬，丁父憂去職。英宗復位，擢都察院右僉都御史，巡撫兩廣。至則興利革弊，多所建明，公私稱便。時兩廣變亂蜂起，協顏彪征剿，破獲稱多。或以濫殺非之。

商輅《葉公墓銘》：“丙子冬，以外艱去。八城之人，如失慈父。天順戊寅三月，英宗皇帝素知公忠，驛召至京，慰諭甚至。四月，擢都察院右僉都御史,巡撫廣西。公至,會合總戎,征剿蠻寇累數十萬,破賊巢八百餘所。獲回被賊良民、貨物等項無算。凡利弊之當與革者,多所建明。如請立梧州總府,以經略廣西,坐收鹽商餘利,以資給軍餉,至今稱便。”(參孫福軒編校《商輅集》,浙江古籍出版社 2012 年版。)

方鵬《崑山人物志》:“以外艱歸。天順改元,召擢都察院右僉都御史,命巡撫兩廣。初,兩廣守將不相統攝。盛請於梧州建帥府,命征蠻將軍總鎮於此,兩廣各設副總兵及參將,分守要害。悉從征蠻節制。又許鹽商計鹽多寡入米餉邊,公私利之。詢訪其屬忠勇者,悉自下僚引致通顯。後都御史韓雍用兵兩廣,卒賴其力。”

彭時《葉公神道碑》:“時廣西流賊多入廣東爲害,而兩廣守將頡頏自异,是以討賊不成功。公請革兩廣正將,立總鎮於梧州,居中調度,則賊可平矣。衆是其策,而不果行。公不得已,請益兵。英宗乃命都督顔彪率兵赴之。公與彪協議破賊砦八百所,擒斬數萬人而還。或又以殺降謗之,而不知實積年反復之賊也。”

何喬遠《名山藏》卷六十六《臣林記》:“廣西進士張某歸省,盛稍疏薄其人。張還朝,言:‘彪圍大藤峽,久無功。聞僉都御史吴禎,在武宣縣殺降,遂亦殺降附諸蠻及民之供給者。’盛爲彪草奏報捷。丘濬遂言盛於朝,且語李賢:‘葉公嘲公所作詩文不佳。’賢心識之。他日,錦衣指揮吕貴、湯胤績見賢,稱盛學問文章之美,曰:‘儻置内閣,必不忝公。’賢憮然曰:‘與中嘲我詩文乃爲入閣地邪?’及朝命召還,使韓雍代盛,賢草雍敕曰:‘毋若葉盛之殺降也。’”

張廷玉等《明史》卷一百七十七《葉盛傳》:“天順二年召爲右僉都御史,巡撫兩廣。乞終制,不許。瀧水瑶鳳弟吉肆掠,督諸將生擒之。時兩廣盜蜂起,所至破城殺將。諸將怯不敢戰,殺平民冒功,民相率從賊。盛以蠻出没不常,請自今攻劫城池者始以聞,餘止類奏。疏至兵部,駁不行。盛與總兵官顔彪破賊砦七百餘所。彪頗濫殺,謗者遂以咎盛。六年命吴禎撫廣西,而盛專撫廣東。……初,編修丘濬與盛不相能。大學士李賢入濬言,及是草璽敕曰'無若葉盛之殺降也。'盛不置辨。"

《明憲宗實録》卷一百二十六:"在兩廣,不能戢下,以致官軍馘平人以爲功;又以峒蠻出没不常,自古無善處之術。每禁有司不許擅申盗賊,必俟年終彙奏,識者頗非議之。"

憲宗立,遷左僉都御史。巡撫宣府,墾田益廣。以所積餘糧買補戰馬一歲至千八百匹,修屯堡七百餘所,邊塞益寧。

商輅《葉公墓銘》:"甲申,今上嗣位。升公左僉都御史,巡撫宣府。所行一如獨石時,而墾田益廣。所收餘糧,一歲買補戰馬至千八百餘匹。修築拒敵寨堡至七百餘所。邊人利賴。成化丙戌,詔天官舉文行超卓大臣預機務,公亦在舉。丁亥,奏請邊方通行養老之令及旌勸公忠文武之臣事數,朝論韙之。"

張廷玉等《明史》卷一百七十七《葉盛傳》:"憲宗立,議事入都,給事中張寧等欲薦之入閣。以御史吕洪言遂止,而以韓雍代撫廣東。……稍遷左僉都御史,代李秉巡撫宣府。請量減中監米價,以勸商裕邊。復舉官牛官田之法,墾田四千餘頃。以其餘積市戰馬千八百匹,修堡七百餘所,邊塞益寧。"

方鵬《崑山人物志》卷一《名賢・葉盛》:"巡撫宣府,各邊屯堡多廢,盛建議修復,邊人不悦,謗聞京師。盛任怨力主其役。不數月築完,計七百餘所。自是兵民畜牧,得免寇掠。"

《葉文莊公奏疏・上谷奏草》卷三《議補官牛疏》:"伏乞聖明特敕該部計議前項軍中官牛官田事宜,請敕宣府邊方守臣著立定規。"卷六《修復屯堡邊墻書目疏》:"今奉明文,修築過拒敵屯堡,共七百三座。舊有新修過拒敵屯堡一百三十一座:拒敵堡五十二座,屯堡七十九座;今奉明文修築過屯堡五百七十二座。”卷七《請給馬匹疏》:“查得上年已買過馬一千五百餘匹。今歲……約所買有一千七八百匹之數,尚欠二千餘匹。”葉盛《水東日記》卷三十一:“宣府官田成化二年所種四千餘頃,收粗細粮止及七萬四千之上。”

顧潛《静觀堂集》卷一《口外試士有懷葉文莊公》:“東吴固多賢,詫此材磊落。暨公分藩符,兹地久經略。希文富甲兵,寇老宜鎖鑰。戍卒飽而歌,行旅無寇掠。至今八城人,感戴尚如昨。”

成化三年,召爲禮部右侍郎,往南京覆實部屬官員,去留惟公。尋改吏部。京畿告歉,往賑濟飢民,撫綏流亡,區畫得當。延慶邊警,受命往議方略,奏陳皆鑿鑿可行。

商輅《葉公墓銘》:“(成化)戊子冬,命偕給事中毛弘往南京覆實大臣所考察部屬等官,去留惟公,輿論攸服。己丑,進吏部右侍郎。尋充正使持節封瀋府稷山王。庚寅,畿内告歉。命公巡視真定、保定二府及賑濟在京軍民。區畫適宜,流移得所。壬辰,北賊寇陝西延慶等府,命公往彼會議戰守方略以聞。公所奏刈削險隘,增築城堡,添兵戍守及招募土人,以時訓習等事,皆鑿鑿可行。”

彭時《葉公神道碑》:“成化三年,升禮部右侍郎。五年,改任吏部。是冬,持節封瀋府稷山王。六年,畿内大饑,命公巡視真定、保定二府。賑恤貧困、綏輯流亡。既還,復命賑濟人民之饑者,全活甚衆。八年,北虜出没河套,爲西邊患。有言增兵守險者,有言大舉搜套,驅出河外,沿河築城堡抵東勝,徙民耕守其中者,公受命往議方略。奏言:‘搜河套,復東勝,此皆事勢所難,不敢妄意。惟增兵守險可爲遠圖。宜令守臣剷削邊牆,增築城堡,收新軍以實邊,選土兵以助守。此不但可責近效而亦足爲長便也。’上是其言。”

張廷玉等《明史》卷一百七十七《葉盛傳》:“成化三年秋,入爲禮部右侍郎,偕給事毛弘按事南京。還改吏部。出賑真定、保定饑,議清莊田,分養民間種馬,置倉涿州、天津,積粟備荒,皆切時計。滿都魯諸部久駐河套,兵部尚書白圭議以十萬衆大舉逐之,沿河築城抵東勝,徙民耕守。帝壯其議。八年春,敕盛往會總督王越,巡撫馬文升、余子俊、徐廷璋詳議。初,盛爲諫官,喜言兵,多所論建。既往來三邊,知時無良將,邊備久虚,轉運勞費,搜河套復東勝未可輕議。……而圭主復套。師出,竟無功。人以是服盛之先見。"

葉盛《涇東小稿》卷一《九月二十日禮部上任,因憶甲申歲辭朝適是日也》《行册封禮畢燕瀋王府正殿》、卷二《京城賑飢隆福寺夜坐有懷定襄郭公》《西兵未解且城中時疫死亡相枕藉,吾徒之責有不得而辭者。執事乃欲以賞芍藥詩示人,可乎?因用韻再和二章,當解嘲耳》《歸自榆林馬上偶成》等可參其行迹。

成化九年,轉左侍郎階正議大夫、資治尹,贊畫裨益良多。十年三月八日(1474年3月25日),卒於官,年五十有五,賜謚文莊。有子男一,女三。

彭時《葉公神道碑》:"九年,轉左侍郎。公自入佐部政,每議禮用人,從容贊决其間。僚長敬信,司屬悦服。至若事非部分而關當時利害、繫生民休戚者,遇諸卿必相辨正。因而助益者不少。一日坐後堂署事,忽疾作不能言。舁歸私第而卒。實甲午三月八日也。享年五十有五。上聞深悼惜之。賜賻鈔三千緡,謚爲文莊,遣官諭祭營葬。"

《明憲宗實録》卷一百二十六:"遷左侍郎,至是卒,年五十五。命官祭葬如例,特賜謚文莊。"《明武宗實録》卷四十九:"(《孝宗實録》)總裁大學士焦芳人品庸劣,不爲士論所重。弘治間,垂涎臺鼎,久不得進,每以爲限。至是,附瑾獲柄用,與操史筆。凡其所褒貶,一任己私,以好惡定之。如葉盛、何喬新、彭韶、謝遷皆天下所稱許,以爲端人正士,而芳肆其詆誣,不恤公論。"

商輅《葉公墓銘》:“九年,轉左侍郎,階正議大夫資治尹。公感激恩遇,益思報稱,而遽以無疾卒。朝野惜之。訃聞,上震悼。特賜寶楮三千貫,謚文莊,命有司諭祭營葬事,恤典甚厚。……公生永樂庚子月日,春秋五十有五。娶童氏,先卒,贈淑人。繼娶耿氏,封淑人,刑部尚書静專公之女,國子司業裕之妹。童氏子男一,即晨,補國子生。女一,適舉人虞臣,兵部侍郎祥之孫。耿氏女一,許夏景澄,太常卿王公之孫、中書舍人文振之子。側室唐氏女一,在幼。公之墓在邑之西山之原。其葬以卒之明年二月一日。”

爲人温雅簡重,崇道尚節,有文武才。爲有用之學,敢言任事,所至有政聲。博洽好古,郁郁文章。以范文正自期。

商輅《葉公墓銘》:“公之學,期有用。故所至政績卓异。……且孝友忠厚,謙約節儉。所寓門無雜賓。而於族姻故舊,必接之以禮。士有文行修潔及慷慨負節義者,無論窮達必傾心待之。公務之暇,手不釋卷。爲文典重賅博,語詞雋雅。”

彭時《葉公神道碑》:“爲人温雅簡重,崇道誼、尚名節。言動思跂古人,居家惇孝友。莅官清慎勤恪,設施不苟。與僚友論事,不激不隨,而言色自若。其取人先行檢而後才藝。然存心寬厚,終不及人之過惡。所寓門無雜客,公退手不釋卷。考古辨疑,殆忘寢食。而於世俗聲色財利之好,澹然不以經心。平生爲文師歐陽,而功業自期於韓、范。以范公爲鄉先正,尤景慕焉。”

項篤壽《今獻備遺》(明萬曆十二年刻本)卷二十《葉盛》:“材之難兼久矣。或以文學顯,或以政事稱,或以節行著。而葉公兼之,可不謂難乎? 方居諫垣時,嘗對仗讀彈文,詞氣慷慨。凡大利害,言之無避。巡撫兩廣,還舟無私載,篋中惟書史;兩鎮北邊,所經略至今賴之。好古博學,郁郁文章,其希文之徒侶乎?”按,談遷《國榷》(清鈔本)卷三十七引袁袠語,與此略同。詳略互有出入,可參。

李東陽《葉文莊公集序》(周寅賓點校《李東陽集·文稿》卷八,岳麓書社2008年版):"公學勤好古,而志切濟時。其在朝廷敷陳獻替,多見采納;在藩鎮,威惠并行;在部曹,清鑒雅操,始終不貳。其或違志咈意,不克自盡,則欷歔顰蹙,若有已而不能已者。然則得於歐學也,顧不已多,而况文哉!"

羅惇衍《集義軒咏史詩鈔》(清光緒元年刻本)卷五十三《葉盛》:"宣府居庸倚將才,練兵堅守論恢恢。近畿倉庾頒糧料,舊塞城垣闢草萊。議預諫臣嫌露穎,戲呼少保忌風裁。先憂後樂經綸志,小范香焚一瓣來。"

程敏政《篁墩集》(明正德二年刻本)卷三十七《書葉文莊公手書後》:"右吏部侍郎崑山葉文莊公寄其母、夫人及其弟與謙書,共七通。……走每見世之好修者,知勉於衆中而略於家庭之間。异乎文正公'無不可對人言'者,蓋於此可以觀人。若文莊'七書'吐真情於家常語中,無非孝友之發及謹身保族之要。殆幾於文正之所爲者,其真可敬也哉。"

尤嗜書籍、碑刻。亦善行楷。其玄孫葉恭焕始建菉竹堂儲之。葉氏遂爲江南藏書名家。

葉盛《菉竹堂稿》卷五《五嶺奇觀自序》:"予性僻。平生於書籍之外,酷嗜古碑刻。……吾家所藏之碑本甚多。自三代先秦以迄於今皆有之。"程敏政《篁墩集》卷二十五《贈葉君與謙南歸詩序》:"公雖貴有勛名,手不釋卷,所蓄古書名帖,蓋不下鄴侯與歐公,且校讎如法,而文章製作亦杰然高出一時。"

朱謀垔《續書史會要》(《四庫全書·子部》第814册)"葉盛條":"篤學辨博,爲一時首稱。善行楷,得蘇文忠公筆法。"

永瑢等《四庫全書總目》八十六著録《菉竹堂書目》六卷:"此其家藏書之目。中爲經、史、子、集各一卷。首卷曰制,乃官頒各書及賜書、賜敕之類。末卷曰後録,則其家所刊及自著書。前有成化七年自序。……其叙列體例,大率本之馬端臨《經籍考》,然如集部别出舉業類,而無詩集類,亦略有所增損矣。盛之書凡爲册者四千六百有奇,爲卷者二萬二千七百有奇,在儲藏家稱極富。故於舊書著録爲多,獨其不載撰人姓名,頗傷闕略。又别有《新書目》一卷附於後。中載夏言、王守仁諸人集,皆不與盛同時,蓋其子孫所續入也。"又,《葉氏菉竹堂碑目》六卷,載三代以來碑帖。

錢大昕《潛研堂集》(清嘉慶十一年刻本)文集卷三十一《跋江雨軒集》:"崑山葉文莊公藏書之富甲于海内。服官數十年,未嘗一日輟書。雖持節邊徼,必携鈔胥自隨。每鈔一書成,輒用官印識于卷端,其風流好事如此。今惟《菉竹堂書目》尚有鈔本流傳。"瞿鏞《鐵琴銅劍樓藏書目録》(元刊本)卷六經部六"《論語》一卷":"舊爲葉文莊藏書。……有'巡撫宣府關防'印。"

按,《菉竹堂書目》有真、僞本之分。錢大昕所見爲僞本,真本或已佚。可參張雷《〈菉竹堂書目〉的真本和僞本》(《江蘇圖書館學報》1998 年第 3 期)、陳偉軍《〈菉竹堂書目〉的僞本》《再説〈菉竹堂書目〉的僞本》(陳偉軍、陳鳴超《榕蔭書話》,中國書店 2019 年版)等文。

葉盛有"菉竹"之名,而實未構其堂,至其玄孫葉恭焕,始"因故居地而拓其右爲堂,以居公之書,用公之舊署以榜之",恭焕"益旁購古文奇帙,得數百千卷副之"。王世貞《弇州山人四部稿》(明萬曆五年刻本)卷七十五《菉竹堂記》"菉竹堂藏書"稱名於世。葉昌熾《藏書記事詩》(上海古典文學出版社 1958 年版)卷二記葉盛玄孫葉恭焕、七世孫葉國華:"湧出飛泉映佩刀,霜寒絶徼憶麾旄。百餘年後方星散,畢竟書橱鎖尚牢。"

按,《菉竹堂書目》(清鈔本)卷前有《文莊公書橱銘》:"讀必謹,鎖必牢。收必審，閣必高。子孫子，惟學斆。借非其人，亦不孝。”（亦見於《菉竹堂稿》卷一《書櫥》）可謂葉氏藏書之寫照。

文紆徐委備。以餘事爲詩。歷任兩廣、宣府，有詩紀行。多寫政事、風俗，關心民瘼而寓情甚真。七言近體尤風格遒上。

李東陽《葉文莊公集序》：“公之文博取深詣，而得諸歐陽文忠公者爲多。公雖未嘗自言，然觀其紆徐委備、詳而不厭，要知爲歐學也。”彭士望《恥躬堂文鈔》（清咸豐二年刻本）卷五《葉文莊公集序》：“公蓋自成其文章者也。詩不必其似杜而無不可爲杜；文不必似歐無不可以爲歐。文從理順，達其胸中之意。”

陳田《明詩紀事》（清光緒二十五年陳氏聽詩齋刻本）乙籤卷十七《葉盛》：“文莊碩德重望，不以詩名。余綜覽全集，七言近體風格遒上。即精研聲律者，無以過之。自來名輩，往往出其緒餘足了數人。此其徵也。”

葉盛《八城社學詩》以七絶八首分寫獨石、馬營、雲州、赤城、龍門衛、龍門所、雕鶚、長安嶺等八城社學之建。“欲以詩書爲甲胄，以禮義爲干櫓，使夫尊君親上之義昭然於人心，而戰勝攻取之術無煩與督勸，然後閫外之寄始爲無負也已。”（商輅《商文毅公集》卷二《題葉參政〈八城社學詩〉序》）

《菉竹堂稿》收詩詞四卷、《涇東小稿》録詩二卷。其詞數首而已。詩則各體皆有。葉夢淇謂：“《菉竹堂稿》者，先公官嶺北及撫廣時所作。”（《菉竹堂稿》卷前）《口外八詩》《八城社學詩》《雷高發兵告二司官》等多可見其行迹。至其宦游南北，所謂“緑水青山馬上詩”（卷三《保定道中述懷》），途次紀行亦多。《涇東小稿》前二卷爲詩，多成化入官禮部後詩，酬贈甚多。然《賑老詩》《西兵未解，且城中時疫死亡相枕藉……》《送丘户科使琉球》等亦足徵時事。

永瑢等《四庫全書總目》卷一百七十五《菉竹堂稿》提要：“是集

乃盛所自訂。凡詩、詞四卷,文四卷。詩、詞皆非所長,文有勁直之氣,稍勝於詩。然亦無杰構,惟碑誌諸篇什,尚頗整飭有法耳。”

趙尊岳《惜陰堂彙刊明詞提要·菉竹堂詞》(《詞學季刊》第二卷第一號,上海書店1985年版):“初非作家,亦有疏俊處。《浣溪沙》云……菉竹得此,亦足以比肩於詞流之列。惜其它尚一間相去,不能復稱耳。”

著述甚多。有《葉文莊公奏議》《水東日記》《菉竹堂稿》《涇東小稿》等。

商輅《葉公墓銘》:“所著有《菉竹堂稿》《涇東小稿》《水東詩文稿》《開封紀行詩》《西垣奏草》《邊奏存稿》《兩廣奏草》《上谷奏篇》《水東日記》《衛族考》若干卷,《葉氏書目》六卷、《碑目》十卷。”

永瑢等《四庫全書總目》卷五十六《葉文莊奏疏》提要:“盛初官兵科給事中,有《西垣奏草》九卷,出官山西參政協贊軍務,有《邊奏存稿》七卷,巡撫兩廣有《兩廣奏草》十六卷,巡撫宣府有《上谷奏草》八卷。其子淇(按,應爲“其孫夢淇”)初并‘水東稿’‘開封紀行稿’‘菉竹堂’‘涇東稿’合爲九十卷,刻於衡州。此本則崇禎辛未其六世孫重華所刊也。”

永瑢等《四庫全書總目》卷一百四十一《水東日記》提要:“是書記明代制度及一時遺文逸事,多可與史傳相參。其間徵引既繁,亦不免時有牴牾,又好自叙居官事迹,殆不免露才揚己之病。王士禛作《居易録》多自記言行,有如家傳,其源濫觴於此。古人無是體例也。”

按,《水東日記》有明弘治三十八卷刻本,嘉靖中葉恭焕補足爲四十卷本,清康熙十九年葉方蔚校勘重修,爲較好刻本,中華書局本據之點校。《水東日記》記載的遺文逸事,頗資補闕、考證。此外,又有《宋元祐幸學詩跋》稿本(上海圖書館藏),跋凡二十九則。

題識散見他處者亦多。

葉盛嘗自編《水東稿》《開封紀行稿》《菉竹堂稿》《涇東稿》，其子葉晨總之曰《文莊集》，請李東陽爲之序。“其曰《水東稿》者，爲諸生及爲給事中、參政爲都御史巡撫宣府而作；曰《開封紀行稿》者，爲給事奉使河南而作；曰《菉竹堂稿》者，在廣東、西巡撫而作；曰《涇東稿》者，爲禮、吏二部侍郎而作。”（李東陽《葉文莊公集序》）葉盛孫夢淇始刻於衡州，清康熙中七世孫葉奕苞等重刻，俾彭士望序之。（參彭士望《葉文莊公集序》）清乾隆間據此版印刷，是爲《葉文莊公全集》三十卷。又有葉氏鈔本十六卷。

參考文獻：

1. 葉盛《涇東小稿》，明弘治刻本。

2. 商輅《商文毅公集》，1919 年武進王氏木活字本。

3. 葉盛著，魏中平點校《水東日記》，中華書局 1980 年版。

4. 焦竑編《國朝獻徵録》，周駿富輯《明代傳記叢刊》，臺灣明文書局 1991 年版。

5. 葉盛《菉竹堂稿》，《四庫全書存目叢書》集部第 35 册，齊魯書社 1997 年版。

6. 葉盛《葉文莊公奏疏》，《四庫全書存目叢書》史部第 58 册，齊魯書社 1996 年版。

7. 李東陽著，周寅賓點校《李東陽集》，岳麓書社 2008 年版。

（朱付利）

項忠傳

項忠，字藎臣，號喬松，浙江嘉興人，明成祖永樂十九年(1421)生。

張廷玉等《明史》卷一百七十八列傳第六十六："項忠，字藎臣，嘉興人。"

項德楨《項襄毅公年譜》卷之一："公諱忠，字藎臣，別號喬松，姓項氏。""成祖文皇帝永樂十九年辛丑二月十日申時，公生於吴江。"

項德楨《項襄毅公實紀》卷之一吕𫍲《明故資德大夫正治上卿進階光禄大夫兵部尚書贈太子太保謚襄毅項公行狀》："生永樂十九年二月十日。"

少穎异，九歲，補嘉興府學增廣生員，勤苦自持。

項德楨《項襄毅公年譜》卷之一：六歲"公穎异過常兒，吴江公口授尚書，輒成誦。"七歲"公就外傅雲泉吴先生講析經義，即能超悟"。"宣德四年，九歲，補嘉興府學增廣生員。""時里中貢士金先生鼎(後吏部員外)以尚書鳴，用平公命公就學，金先生嘉公穎而勤，授舉子業，諄誨不倦，見公肄業，日异，薦諸郡太守徐公政，徐公試以藝，大奇之。會督學咸寧楊公昺按郡校士，見公幼，命破孝慈則忠題，公立應曰：'上能兩盡乎？仁下必皆向夫義。'楊公更大奇之。復試以蓺,曰:'是國器也。'超補增廣生。""愈攻苦,每焚膏繼晷,至漏下三十刻不休。"

正統二年(1437),補廩膳生員。

項德楨《項襄毅公年譜》卷之一:正統元年,十六歲,"御史楊公鉞按嘉遴博士弟子中之最穎异者,以校郡學,范教授公順首推公,及校蓺,果列首選。楊公曰:'子文武全才,名世士也。'時御史左公瑺、僉事花公潤生累試,未始列三名外,而譽聖蔚起,凡廟見者,公出講,上下悚聽。"

項德楨《項襄毅公年譜》卷之一正統二年:"二月己未,補廩膳生員。"

正統六年(1441),舉浙江鄉試。次年,舉進士。八年,授刑部雲南司主事。十三年,擢刑部陝西司員外郎。十四年,扈帝親征。

項德楨《項襄毅公年譜》卷之一:正統六年,"八月,舉浙江鄉試三十八名。"正統七年,"二月會試,中式第三十一名。""戊寅,賜進士出身,第二甲第三十六名。"正統八年,"十二月,授刑部雲南司主事。"正統十三年,"二月壬戌,擢刑部陝西司員外郎。"正統十四年,"七月甲午,扈帝親征。"

張廷玉等《明史》卷一百七十八列傳第六十六:"正統七年進士。授刑部主事,進員外郎。從英宗陷於瓦剌,令飼馬,乘間挾二馬南奔。馬疲,棄之,徒跣行七晝夜,始達宣府。"

過庭訓《明分省人物考》卷四十四:"正統壬戌進士,授刑部主事。戊辰轉員外郎。十四年己巳,扈從北征。羈留虜中飼馬,忠仰天竊嘆,日圖歸事本朝。久之,挾二良馬而南,越四日,馬疲,遂棄馬步奔間道,攀岩涉澗,凡七晝夜,達宣府,視其足,陷蒺藜刺者百數。"

景泰元年(1450),敕授承德郎。十月,擢刑部山東司署郎中。二年,實授員外郎,誥授奉直大夫。四月,擢廣東按察司副使領西兵備道。四年,從總督兩廣軍務副都御史馬昂征瀧水瑶,有功,加從三品俸。是歲,丁父憂。

項德楨《項襄毅公年譜》卷之一:"景泰元年,敕授承德郎,封父衡如公官,贈母翁氏、妻劉氏封,繼母鄧氏、繼室鮑氏俱安人。""十月,擢刑部山東司署郎中,事員外郎。""景泰二年,實授員外郎。誥授奉直大夫,奉父衡如公官,贈母翁氏、妻劉氏封,繼母鄧氏、繼室鮑氏皆宜人。""四月壬午,擢廣東按察司副使領西兵備道。"

張廷玉等《明史》卷一百七十八列傳第六十六:"景泰中,由郎中遷廣東副使。按行高州,諜報賊携男女數百剽村落。忠曰:'賊無携家理,必被掠良民也。'戒諸將毋妄殺。已,訊所俘獲,果然,盡釋之。從征瀧水瑶有功,增俸一秩。"

項德楨《項襄毅公年譜》卷之一:"十月,從總督兩廣軍務副都御史馬昂征瀧水瑶。"

過庭訓《明分省人物考》卷四十四:"景泰二年,升廣東按察副使。""癸酉,從都御史馬昂征瀧水賊,有功,加從三品俸。是歲,丁父憂,服闋,改山東副使。"

天順二年(1458),復除山東按察司副使。次年,擢陝西按察司按察使。七年,召爲大理寺卿。尋改都察院右副都御史,巡撫陝西,所在有良政。

項德楨《項襄毅公年譜》卷之二:天順二年,"十一月,復除山東按察司副使。"

項德楨《項襄毅公年譜》卷之二:天順三年,"六月乙未擢陝西按察司按察使。"

項德楨《項襄毅公年譜》卷之二：天順七年，“五月丙辰，召爲大理寺卿。”“八月戊戌，改都察院右副都御史，巡撫陝西。”

張廷玉等《明史》卷一百七十八列傳第六十六：“天順初，歷陝西按察使。母憂歸，部民詣闕乞留，詔起復。時陝西連歲灾傷，忠發廪振，且請輕罪納米，民賴以濟。”“七年，以大理卿召，民乞留如前，遂改右副都御史，巡撫其地。洮、岷羌叛，忠疏言：‘羌志在劫掠，盡誅則傷仁，遽撫則不威，請聽臣便宜從事。’報可。乃發兵據險，揚聲進討，衆盡降。西安水泉鹵不可飲，爲開龍首渠及皂河，引水入城。又疏鄭、白二渠，溉涇陽、三原、醴泉、高陵、臨潼五縣田七萬餘頃，民祠祀之。”

雷禮《國朝列卿紀》卷一百二十七“巡撫陝西尚書、左、右都侍郎御史年表”：“天順七年，以右副都御史任。”

陳建《皇明通紀法傳全録》卷二十二：“以項忠爲右副都御史，巡撫陝西，先是，忠爲陝西按察使，適陝饑，忠以拯民爲己任，不待奏報，輒倉賑之，民感其惠。聞繼母喪，軍民詣闕乞留，詔奪服返任。明年徵爲大理卿，陝人復赴闕借留。時天子欲慰陝人，乃有是命，軍民喜忠復來，争焚香迎迓，歡聲如雷，其得民如此。正統末，項毅襄以刑部員外扈從北征，土木之敗，爲虜所縶北去，令忠飼馬。謀歸，久之，忠伺便，挾二良馬而南，越四日，馬疲，遂棄馬步奔間道，攀崖涉澗，凡七晝夜，達宣府，視其足，陷蒺蔾刺者百數。然考李文達及周尚書瑄當時亦以部屬扈從，瀕死而還。忠，嘉興人。”

成化三年(1467)，召理院事。四年，命總督陝西軍務，同平虜副將軍都督同知劉玉帥討土達滿四。五年，命充廷試讀卷官。進右都御史，仍協理院事。同年，陪推總督兩廣軍務。六年，授總督軍務。

項德楨《項襄毅公年譜》卷之三：成化三年，“七月戊辰，召理院事。”

項德楨《項襄毅公年譜》卷之三:成化四年,七月“命總督陝西軍務,同平虜副將軍都督同知劉玉帥師討土達滿四”。

項德楨《項襄毅公年譜》卷之三:成化五年,“三月,命充廷試讀卷官。”“庚戌進右都御史,仍協理院事。”“十二月己亥,陪推總督兩廣軍務。”

項德楨《項襄毅公年譜》卷之三:成化六年,“授總督軍務。”

王世貞《弇山堂別集》卷六十九:“成化四年七月,命都察院右副都御史項忠總督軍務。”“成化六年,命都察院右都御史項忠,總督軍務,督同湖廣總兵官右都督李震撫剿荆襄流民。”

雷禮《國朝列卿紀》卷七十六“都察院左右都御史”:“成化三年任右,四年出征陝西。”卷一百二十六“總督陝西三邊軍務都御史”:“成化四年,固原滿四構變,始命右都御史項忠總督固原等處軍務,然事畢則止,未有專職。”卷一百二十七“敕使陝西侍郎都御史”:“成化四年,以右副都御史平土達滿四。”

雷禮《國朝列卿紀》卷一百一十二“撫治鄖陽”:“成化七年,以都察院右副都御史征流賊。”

雷禮《國朝列卿紀》卷一百一十六“敕使畿輔侍郎都御史年表”:“成化六年,以右都御史巡視順天、河間二府。”

張廷玉等《明史》卷一百七十八列傳第六十六:“四年,滿俊反。滿俊者,亦名滿四。其祖巴丹,自明初率所歸附,世以千户畜牧爲雄長。仍故俗,無科徭。其地在開城縣之固原里,接邊境。俊獷悍,素藏匿奸盜,出邊抄掠。會有獄連俊,有司迹逋至其家,多要求。俊怒,遂激衆爲亂。守臣遣俊侄指揮璹往捕。俊殺其從者,劫璹叛,入據石城。石城,即唐吐蕃石堡。城稱險固,非數萬人不能克者也。山上有城砦,四面峭壁,中鑿五石井以貯水,惟一徑可緣而上。俊自稱招賢王,有衆四千,都指揮邢端等御之,敗績。不再月,衆至二萬,關中震動。乃命忠總督軍務,與監督軍務太監劉祥、總兵官都督劉玉帥京營及陜西四鎮兵討之。師未行,而巡撫陳價等先以兵三萬進討,復大敗。賊因官軍器甲,勢益張。朝議欲益兵。忠慮京軍脆弱不足恃,且更遣大將撓事權,因上言:'臣等調兵三萬三千餘人,足以滅賊。今秋深草寒,若更調他軍,恐往復需時,賊得遠遁。且邊兵不能久留,益兵非便。'大學士彭時、商輅主其議,京軍得毋遣。""忠遂與巡撫都御史馬文升分軍七道,抵石城下,與戰,斬獲多。伏羌伯毛忠乘勝奪其西北山,幾破,忽中流矢死。玉亦被圍。諸軍欲退,忠斬一千户以徇。衆力戰,玉得出,乃列圍困之。適有星孛於台斗,中朝多言占在秦分,師不利。忠曰:'李晟討朱泚,熒惑守歲,此何害。'日遣兵薄城下,焚芻草,絶汲道。賊窘欲降,邀忠與文升相見。忠偕劉玉單騎赴之,文升亦從數十騎至,呼俊、璹諭以速降。賊遥望羅拜,忠直前挾璹以歸。俊氣沮,猶豫不出。忠命縛木爲橋,人負土囊填濠塹,擊以銅炮,死者益衆。賊倚愛將楊虎貍爲謀主,夜出汲被擒,忠貫其死,諭以購賊賞格。示之金,且賜金帶鈎,縱歸,使誘俊出戰,伏兵擒焉。急擊下石城,盡獲餘寇。毁其城,鑿石紀功。增一衛於固原西北西安廢城,留兵戍之而還。""初,石城未下,天甚寒,士卒頗困。忠慮賊奔突,乘凍渡河與套寇合,日夜治攻具,身當矢石不少避,大小三百餘戰。彭時、商輅知忠能辦賊,不從中制,卒用殄賊。論功,進右都御史,與林聰協掌院事。"

張廷玉等《明史》卷一百七十八列傳第六十六:"白圭既平劉通,荆、襄間流民屯結如故。通黨李鬍子者名原,僞稱平王,與小王洪、王彪等掠南漳、房、内鄉、渭南諸縣。流民附賊者至百萬。六年冬,詔忠總督軍務,與湖廣總兵官李震討之。忠乃奏調永順、保靖土兵。而先分軍列要害,多設旗幟鉦鼓,遣人入山招諭。流民歸者四十餘萬,彪亦就擒。時白圭爲兵部,遣錦衣百户吴綬贊參將王信軍。綬欲攘功,不利賊瓦解。縱流言,圭信之,止土兵毋調。忠疏争,且劾綬罪,帝爲召綬還,而聽調土兵如故。合二十五萬,分八道逼之,流民歸者又數萬。賊潜伏山砦,伺間出劫。忠命副使余洵、都指揮李振擊之,遇於竹山。乘溪漲半渡截擊,擒李原、小王洪等,賊多溺死。忠移軍竹山,捕餘孽。復招流民五十萬,斬首六百四十,俘八百有奇,家口三萬餘人。户選一丁,戍湖廣邊衛,餘令歸籍給田。疏陳善後十事,悉允行。"

七年(1471),任都察院左都御史。九年,任右都御史,督軍務,因平李鬍子有功,晋左都御史,賜金幣。考二品績,誥授資政大夫。十年,拜刑部尚書,十一年轉兵部尚書。

項德楨《項襄毅公年譜》卷之四:成化八年,四月"命項忠往督軍務,諭令罔及非辜"。

項德楨《項襄毅公年譜》卷之四:成化八年,"五月戊午,晋左都御史,賜金幣。"

項德楨《項襄毅公年譜》卷之四:成化九年,"十月戊戌,召還協理院事。""癸丑考二品績,誥授資政大夫。""十一月丁卯,改刑部尚書。""十二月丙午,改兵部尚書。"

張廷玉等《明史》卷一百七十八列傳第六十六:"八年,召還,與李賓協掌院事。後二年,拜刑部尚書,尋代圭爲兵部。"

王世貞《弇山堂别集》卷五十二"右都御史":"項忠,見前,成化九年任,同理院事。"

王世貞《弇山堂别集》卷五十二"都察院左都御史":"成化七年任,同掌。"

王世貞《弇山堂别集》卷五十"刑部尚書":"成化十年任。"

王世貞《弇山堂别集》卷五十"兵部尚書":"項忠,浙江嘉善人,正統壬戌進士,成化十一年任,十三年除名。"

陳建《皇明通紀集要》卷二十二憲宗純皇帝:"襄陽賊李鬍子作亂,命右都御史項忠總督軍務,討平之,進忠左都御史。"

十二年(1476),考二品績,進階資德大夫正治上卿。十三年,因反汪直,革職削籍,引咎杜門,絕口不談朝事。十九年,賜復職致仕。

項德楨《項襄毅公年譜》卷之四:成化十二年,"庚子,以再考二品績進階資德大夫正治上卿。"

項德楨《項襄毅公年譜》卷之四:成化十三年,"甲辰削籍。"

項德楨《項襄毅公年譜》卷之四:成化十四年,"時公引咎杜門,足迹不入郡邑,絕口不談往事,一惟課子訓孫,暇則與里中故知少參金公禮、僉憲梅公江、戴公祐、知府姜公諒、張公玘輩結耆英會,飲醇賦詩,以樂太平餘年。而怡庵公於城北增建庭苑,奉娛公。"

項德楨《項襄毅公年譜》卷之四:成化十九年"八月,賜復職致仕。"

張廷玉等《明史》卷一百七十八列傳第六十六:"汪直開西廠,恣横,忠屢遭侮不能堪。會大學士商輅等劾直,忠亦倡九卿劾之。奏留中,而西廠遂罷,直深恨之。未幾,西廠復設,直以吴綬爲腹心,綬挾前憾,伺忠益急。忠不自安,乞歸治病。未行,而綬嗾偵事者誣忠罪。給事中郭鏜、御史馮貫等復交章劾忠,事連其子經、太監黄賜、興寧伯李震、彰武伯楊信等。詔法司會錦衣衛廷鞫,忠抗辯不少屈。然衆知出直意,無敢爲之白者,竟斥爲民,賜與震等亦得罪。直敗,復官,致仕。"

陳建《皇明通紀法傳全録》卷二十二:"下兵部尚書項忠獄,除名爲民,汪直既復,坐廠首發忠過,欲置之死。忠廷辯慷慨,詞頗剛直,竟除名。""五月,刑部尚書董方、左都御史李賓、户部尚書薛遠、侍郎程萬里、兵部侍郎滕昭,俱被劾罷。項忠既去,汪直權勢愈熾,一時諸大臣皆因王越附直,深自結納,异己者許各自陳,而董方等皆因此去位。”

弘治十五年(1502),卒於家,贈太子太保,謚襄毅。

張廷玉等《明史》卷一百七十八列傳第六十六:“家居二十六年,至弘治十五年乃卒,年八十二。贈太子太保,謚襄毅。”

鮑應鰲《明臣謚考》卷下:“兵部尚書,贈太子太保,弘治年謚襄毅,浙江嘉善縣人。”

過庭訓《明分省人物考》卷四十四:“久之,陷忠者次第皆敗,上洞察其枉,復兵部尚書,致仕。自去官,家居者二十有六載,中朝縉紳論舊德宿望,可當大任者,蓋未嘗不屬望焉。弘治初,吏部侍郎彭韶巡視兩浙,嘗薦其可用,而遘疾,竟不果起。贈太子太保,謚襄毅。大學士謝遷云:‘自文武判爲兩途,章甫逢掖之士克任軍旅者,寡矣。先帝嗣統之初,四方多警,赫怒徂征,公以文儒屢當董師之任,所向克捷,以弼大有爲之治,求之簡册所書,如公者,亦豈可多得哉!’”

忠剛果沉毅,遇事敢爲。曉暢軍務,敏於政事。不惑群議,剛直不阿,不屑詭隨時俗。以文儒屢當董師之任,所向克捷。所在皆有善政。

陸樹聲《項襄毅公年譜序》:“公敏練剛果之才,輔之以九死不移、百折彌鋭之志,故能脱狡虜、抗奸回。吏事兵形,指麾如意,隱然繫國家安危者數十年,而天下亦以此窺儒者折衝之效。嘻,難矣哉!”

項忠《項襄毅公遺稿》李東陽《明故兵部尚書致仕進階光禄大夫贈太子太保謚襄毅項公神道碑銘》:“公剛果沉毅,遇事敢爲,不惑群議,故能臨敵制勝,累著勛伐。及排擊凶暴,身犯大難,中雖顛阻,終暴白於天下云。"

焦竑《皇明人物要考》卷四:"公剛果沉毅,遇事敢爲,不惑群議,故能臨敵制勝,累著勛伐。及排擊凶暴,身犯大難,中雖顛阻,終暴白於天下云。鄭端簡曰:'王竑殺馬順,項忠摧汪直。'此其人豈以死生利害動其心耶!"

傅維麟《明書》卷一百列傳一:"忠明果倜儻,曉暢軍務,直言正色,不屑詭隨。"

陸應陽《廣輿記》卷十:"項忠,字蓋臣,嘉興人。以文儒屢當征討之任,所向克捷。卒,謚襄毅。"

項篤壽《今獻備遺》卷二十九:"論曰:襄毅公將略具馬公《西征石城記》中,浮言不顧,卒以成功。昔先零未服,而辛武賢請亟進兵;淮蔡將下,而李逢吉請班師,非漢宣之明、唐憲之斷,何以成功哉! 襄毅公雖得之滿四,然卒以荆襄,招怨讟。故曰難成者,功也;易興者,謗也。君子以身任天下大事,死生以之,蒼蠅點玉,自古然矣。詩曰:'愷悌君子,無信讒言。'不有君子,誰可語此乎?"

張廷玉等《明史》卷一百七十八列傳第六十六:"忠倜儻多大略,練戎務,彊直不阿,敏於政事,故所在著稱。"

項德楨《項襄毅公實紀》卷之二謝木齋《墓誌銘》:"先帝嗣統之初,四方多警,赫斯徂征,公以文儒屢當董師之任,所向克捷,以弼成大有爲之治。"

項德楨《項襄毅公實紀》卷之二馬文升《項襄毅公傳》:"公立朝侃侃正論,偉人也。而石城之役,余又辱從旄鉞,時滿賊稔亂,諸將失利,且怯進 矣,公忠義奮發,□甲督戰,賊注矢以射,先驅殪,公馬前屹不動,督戰益急,即日賊平,壯哉! 昔宋虞文靖公嘗以書生破完顔亮軍於采石,一時風采,使宿將劉錡愧死,古今氣象可想見也,以公視之文靖,蓋不是過。公雖中道被讒,卒之功名兩完,壽終正寢,國之恤典亦加矣。"

項德楨《項襄毅公實紀》卷之二項忠《自叙》:"人皆以官高寵盛,侈大富盈,不知予之歷官,中外爲德爲民,持廉思危,罔敢不恪不虔,以貽家謀。始自曾祖舊業,悉爲叔祖瑄、琮蕩廢,祖置新居,予亦義讓與弟,别構其室於瓶山之右。"

從學於陳濂、季春、沈淳、金鼎,與同學施奎、陸評相友善,號"歲寒三友"。

項德楨《項襄毅公年譜》卷之一:宣德九年,十四歲,"時公更師陳先生濂。"十四歲,"時公與施竹坡更師季景陽先生春(後歲貢訓導)。大肆力於文章。"正統四年,十八歲,"時吏部司勛員外郎沈惟厚公淳請告歸平湖,聚徒講學,負笈從焉。"

項德楨《項襄毅公年譜》卷之一:"時里中貢士金先生鼎(後吏部員外)以尚書鳴,用平公命公就學,金先生嘉公穎而勤,授舉子業,諄誨不倦。見公肄業,日异,薦諸郡太守徐公政,徐公試以藝,大奇之。"

吕憲《明故資德大夫正治上卿進階光禄大夫兵部尚書贈太子太保謚襄毅項公行狀》:"幼學於季春、金鼎,九齡入郡學,稍長與同學施奎、陸評相友善,號'歲寒三友'。朝夕麗澤,讀書必千遍,焚膏繼晷。""後更受業稽勛沈公淳。"

沈叔埏《頤彩堂文集》卷十三《項襄毅公外傳》:"吾鄉項襄毅公,起家儒學,獨以事功著,蓋王文成一流人也。余嘗輯公軼事,次爲外傳。凡國史、家史、墓碑、年譜及《石城記》《今獻言行録》諸書所載者,不贅焉。公之師爲壺守正,烏程人,係出安定弟子德。德六世孫徵,字慎之,以例貢官舒州通判。徵子嘉會,字子禮,中嘉定十四年鄉試,爲同安主簿。嘉會五世孫,字怡樂,號萬菊居士,入元，不樂仕進，工詩詞，有《樵雲集》《龍泉章》。三益嘗師之，守正即怡樂孫也。（《烏青志》）公又與平湖沈太守石牕琮，侍御青壁瑋兩孝子，同受業於沈拙庵司勛。司勛名淳，字惟厚，吕文懿《序》所稱難進易退，君子儒者也。”

項忠《項襄毅公遺稿》卷一《南安府同知竹坡施公墓誌銘》：“予與公家居里巷相比，幼同進學從師，攻苦相類，議論趨向靡不相合，結契投分，時時互相過從，取醪烹茗，吟咏爲娱，辨析上下古今事與家務，各相嗟嘆者，十二年。”有《祭竹坡施公文》《挽施竹坡》。

忠以功業顯，詩文罕傳，有《藏史居集》十卷。玄孫德楨輯《項襄毅公遺稿》。

朱彝尊《明詩綜》卷二十“項忠”：“有《藏史居集》。”録詩二首：“《出清遠峽野望》：‘行盡溪中路，蒼茫見遠天。歸猨啼（一作平林開）曉日，飛鳥入寒烟。緑樹江頭驛，黄茅郭外田。孤懷無限思，望斷白雲邊。’《題宋徽宗畫碧桃鸜鵒》：‘五國城邊掩泪時，汴梁宫闕已無遺。争如鸜鵒知春色，獨占東風第一枝。’”

嵇曾筠《（雍正）浙江通志》卷二百四十九：“《藏史居集》十卷。《檇李詩繫》項忠著。字藎臣，嘉興人。《尤氏藝文志》：《遺稿》一卷，元孫德楨輯。”

黄虞稷《千頃堂書目》卷十：“項忠《藏史居集》十卷。”“《項襄毅公年譜》九卷。”

嵇曾筠《（雍正）浙江通志》卷二百五十四：“《項襄毅公年譜》五卷，《實紀》四卷，《遺稿》一卷，陸樹聲序。五世孫廷堅纂《嘉禾徵獻録》。《實紀》，項臯謨著。《項襄毅補記》《秀水縣志》，項承芳著。”

萬斯同《明史》卷一百三十四志一百零八：“《項襄毅公年譜》九卷，《實紀》四卷，又《實紀補遺》四卷。”

萬斯同《明史》卷一百三十六志一百一十“項忠”：“《項襄毅公

遺稿》一卷。”

吴偉業《吴詩集覽》卷五上七言古詩二之上:“贊曰:項忠、韓雍皆以文學通籍,而親提桴鼓,勛戎馬之場,其應機决勝,成畫遠謀,雖宿將殆無以過。”

朱彝尊《静志居詩話》卷七“項忠”:“襄毅以功業顯,詩文罕傳。其里居日,結槜李耆英之會,月一集於僧房道院中。同會者,雲南布政司參議金禮敬之、四川按察司僉事梅江文淵、福建按察司僉事戴祐元吉、漳州知府姜諒用真、武岡知州伍方公矩、碭山知縣包鼒汝和、通判湯彦和、教授陳蒙福。主之者,公也。會始於弘治戊午春,所賦詩文,文淵匯爲一集,府學教授新淦蕭子鵬序之,比於香山洛社云。”

忠先汴人。祖邦,字景亮,洪武初舉人,爲人端肅粹樸,好學嫻文。歷官孝感、同安、吴江三縣丞。父衡。妻鮑氏。子男六。長經,成化丁未進士,歷監察御史、太平府知府,有父風。次綬,蘇州衛指揮僉事,守禦嘉興。次縉、纘、繕。繼女一。孫男八,長即鏞,次鏜、鎧、錫、鎮,餘未名,女三。

項德楨《項襄毅公年譜》卷之一:“其先汴人,項自唐堯第六子開國,春秋時滅於楚,子孫遂蒙國氏,上世遐莫考。宋靖康間,公十三世祖人理評事公,諱晋,扈駕南蹕,徙吴之嘉禾胥山里,乃稱嘉興人。評事公八傳爲元廉訪使,公諱衢,廉訪公再傳爲信人公,諱永原,立心寬厚,操行絶謹,見推於里黨。信人公第三子爲吴江公,公諱邦,字景亮,後以字行,爲人端肅粹樸,好學嫻文。皇朝洪武,中舉文學,選充郡學生,升國子生,歷丞孝感、同安、吴江三縣,是爲公祖,而胥山里至宣德五年分隸嘉善,故又稱嘉善人。生用平公,諱衡,是爲公父,後皆緣公貴,贈資政大夫都察院左都御史,祖母姚氏、繼范氏、母翁氏、繼鄧氏,皆夫人。”

項德楨《項襄毅公實紀》册卷之二謝木齋《墓誌銘》:"子男六。長經,成化丁未進士,歷監察御史,今爲太平府知府,有父風。次綬,蘇州衛指揮僉事,守禦嘉興。次縉、纘、繕。繼女一,適嘉興守御千户沈楨。孫男八,長即鏞,次鏜、鎧、錫、鎮,餘未名。女三,適太學生吕言,縣學生沈堂、胡道。項氏之先汴梁人,其徙居嘉興則自公八世祖秀,宋南渡時始也。"

項德楨《項襄毅公年譜》卷之一:景泰四年"三月壬辰,長子經生。是爲怡庵公,字誠之,鮑夫人出"。景泰五年"十二月甲申,仲子綬生。是爲集勝公,字佩之,亦鮑夫人出。而季子縉,字重之,四子瓚,字述之,五子繕,其生年月及履歷皆不傳"。

項德楨《項襄毅公年譜》卷之四:成化七年"八月,子經舉順天鄉試,從子綱舉浙江鄉試,怡庵公治《書》,二十一歲由官生入國子監,中順天四十九名,典試則諭德王襄敏公獻、侍讀尹文和公直。時齋公治《書》,年二十六歲,由嘉興府學生中浙江三十六名,其監臨則御史郭公瑞"。

項德楨《項襄毅公年譜》卷之四:弘治九年,"二月癸酉,子繼生,是爲東溪公,字宗之,公第六子也。妾宋孺人出,是爲壬戌進士,刑部主事,南沙公錪父。"

盛楓《嘉禾徵獻録》卷五:"項忠祖邦,父衡,玄孫桂芳。""祖邦,字景亮,洪武初舉人,才官孝感、同安、吴江三縣丞。父衡,生忠吴江丞署,時永樂十九年辛丑也。"

傅維麟《明書》卷一百列傳一:"子綬、孫錫,舉進士。綬爲江西參政,錫爲南京光禄卿。錫兄鏞,以忠功,世蘇州衛指揮。錫子治元,嘉靖丙辰進士。"

參考文獻:

1. 項德楨《項忠毅公年譜》,天津圖書館藏明萬曆二十四年項皋謨刻本。

2. 項忠撰,項德楨輯《項襄毅公遺稿》,國家圖書館藏鈔本。

3. 傅維麟《明書》,商務印書館 1936 年版。

4. 王世貞《弇山堂别集》,中華書局 1985 年版。

5. 鮑應鰲《明臣謚考》,文淵閣《四庫全書》影印本史部第 409 册,上海古籍出版社 1987 年版。

6. 項篤壽《今獻備遺》,文淵閣《四庫全書》影印本史部第 211 册,上海古籍出版社 1987 年版。

7. 朱彝尊《静志居詩話》,人民文學出版社 1990 年版。

8. 過庭訓《明分省人物考》,周駿富編《明代傳記叢刊》第 131 册,臺灣明文書局印行 1991 年版。

9. 陳建《皇明通紀法傳全録》,《續修四庫全書》史部第 357 册,上海古籍出版社 2002 年版。

(閆霞)

劉昌傳

劉昌,字欽謨,號椶園,南直隸蘇州府長洲(今江蘇省蘇州市)人,明成祖永樂二十二年(1424)生。

過庭訓《本朝分省人物考》卷二十"南直隸蘇州府三":"劉昌字欽謨,號椶園,吴縣人。"

王鏊《(正德)姑蘇志》(清文淵閣四庫全書本)卷五十四:"劉昌,字欽謨,吴縣人。"

陳頎《廣東布政使司左參政劉公昌墓誌銘》(《國朝獻徵録》卷九十九):"成化十六年十月壬午,廣東左參政劉公卒。公諱昌,字欽謨,别號椶園,其先河南人,宋有諱岳者,由祚城徙洛陽,元季兵亂,避江南,居無錫,晚乃定居吴城西之雁蕩里,至今爲吴人。曾祖本道,祖天祐,皆隱於廛,父公禮,南京工部虞衡司主事,母計氏,封安氏。"又,"在廣五年,内艱歸,以疾彌留竟卒,享年五十有七。"按,張昶《吴中人物志》亦載昌享年五十七,據此推斷,昌生於永樂二十二年(1424)。

文震孟《姑蘇名賢小記》(明萬曆刻清順治重修本)卷上《大中大夫劉公》:"劉椶園公昌,字欽謨,吴縣人。"

錢謙益《列朝詩集小傳》(上海古籍出版社 1983 年版)乙集"劉參政昌":"昌,字欽謨,吴縣人。"

陳田《明詩紀事》(商務印書館 1936 年版)乙籤卷十七"劉昌":

“昌字欽謨,吳人。”

早歲穎悟,立志不群,讀書過目不忘,每旦升堂退,輒掩户獨坐,博觀群典。

過庭訓《本朝分省人物考》卷二十“南直隸蘇州府(三)”:“少爲諸生,即立志不群。每旦升堂退,輒掩户獨坐,肄習常業之外,博觀群典,不求人知,雖同門進業者亦莫測其所造。”

王鏊《(正德)姑蘇志》卷五十四:“性穎敏,書過目輒成誦。”

張昶《吳中人物志》(國家圖書館藏明隆慶張鳳翼、張燕翼刻本)卷七:“劉昌,字欽謨,吳縣人。少入邑庠,常業之外,博覽群典,不求人知,雖同門連業者,亦莫測其造詣。”

陳頎《廣東布政使司左參政劉公昌墓誌銘》:“公早以穎秀被選入邑庠,即立志不群,每旦升堂退,輒掩户獨坐,肄習常業之外,博觀群典,不求人知,雖同門連業者,亦莫測其所造。”

文震孟《姑蘇名賢小記》卷上《大中大夫劉公》:“生而穎敏,讀書過目輒誦,善屬文。”

錢謙益《列朝詩集小傳》乙集“劉參政昌”:“早歲穎悟。過目不忘,嘗避雨染肆,閲其簿籍,已而染肆火,書以畀之,不失毫髮。”

正統九年舉進士,明年(1445)成進士,二十一歲,中二甲,授南京工部主事。

雷禮《皇明大政紀》(明萬曆刻本)卷十一“甲子正統九年八月”:“應天府奏鄉試,取中式舉人劉昌等一百名。”

張朝瑞《皇明貢舉考》(明萬曆刻本)卷四:“甲子正統九年兩京十三藩鄉試,解元,應天府劉昌(吳縣學生詩乙丑)。”

張弘道《明三元考》(明刻本)卷四“正統九年甲子科解元”條:“應天劉昌。”

過庭訓《本朝分省人物考》卷二十“南直隸蘇州府三”:“年十九,舉鄉試,高學士穀讀其文,語諸同事者曰:‘此必山林老宿。’置之第一,徹棘,乃一白皙少年耳,嘆賞不已。明年會試禮部第二,廷對後以疾乞假,大肆其力於學,造詣益深。”

陳頎《廣東布政使司左參政劉公昌墓誌銘》:“正統九年,當大比,提學廬陵孫公首以爲薦,同列心疑而口訾之,及試京闈,高學士穀讀其文語諸同事者曰:‘此必山林老學。’置之第一,暨徹棘,乃一白皙少年耳。爲之嘆賞不已。於是,疑訾者始大愧以服。明年,會試禮部第二,廷對大臣高其文而忌其直,不以進讀,抑置第二甲。未幾,以疾乞假南還,大肆其力於學,造詣益深。”

王鏊《(正德)姑蘇志》卷五十四:弱冠中鄉試第一,會試禮部第二,以進士授南京工部主事。

張昶《吴中人物志》卷七:“正統甲子歲當大比,提學孫公首以爲薦,同列心疑而口訾之,及試京闈,高學士穀讀其文,語諸同事者曰:‘此必山林老學。’置之第一,撤棘乃一白皙少年,爲之嘆賞。會試復第二,廷對大臣忌其文,抑置二甲,以疾乞假南還。大肆力於學,造詣益深,名稱益著。景泰三年,授南京工部虞衡司主事。”

王兆雲《皇明詞林人物考》(明萬曆三十二年序刊本)卷五:“劉椶園公昌,字欽謨,吴縣人。生而穎敏,讀書過目輒誦,工屬文。十九舉鄉試第一,明年會試第二人,廷試高等,以疾予告。”

文震孟《姑蘇名賢小記》卷上《大中大夫劉公》:“十九舉解元,明年會試第二人,廷試對策,頗忤時宰,抑不及第,授南曹郎,乙巳之歲,虜寇充斥,作權論。”

楊循吉《吴中往哲記》(國家圖書館藏劉氏味經書屋鈔本)“參政劉公昌”:“景泰史局開,首預掄選作史論。”

祝允明《成化間蘇材小纂》(國家圖書館藏鈔本)第三:“劉先生

昌,字欽謨,吴人。幼讀書并下數行。少長,游學郡橫,入試,高學士穀手先生卷示同事曰:'此必山林老生。'以冠榜,撤棘,乃白皙少年生,咸聲聳重焉,先生名遽通赫。殿試,衆望首先生。大臣忌之,落從賜進士出身。無幾,告還,益鋭於業。"

錢謙益《列朝詩集小傳》乙集"劉參政昌":"舉進士,對策忤時宰,抑置二甲,授南京工部主事。"

陳田《明詩紀事》乙籤卷十七"劉昌":"正統乙丑進士,授南工部主事。"

蔣鏡寰輯《吴中藏書先哲考略》(1935年鉛印本):"劉昌,字欽謨,明蘇州人。正統九年鄉試第一,明年,會試第二。"

景泰元年(1450),二十六歲,選修宋元史。史事寢,復舊任。

陳頎《廣東布政使司左參政劉公昌墓誌銘》:"景泰二年,還朝,授南京工部虞衡司主事,時詔選儒臣纂修宋元史,公與刑部主事崑山張和在選中,後史就寢,復舊任,升本司員外郎,又升都水司郎中。在工部先後凡五年,會朝廷復敕憲臣,提督學校。公與張和俱拜按察司副使以行。"

王兆雲《皇明詞林人物考》卷五:"久之,授南京工部主事,召修宋元史,遷員外郎郎中。"

文震孟《姑蘇名賢小記》卷上《大中大夫劉公》:"景泰史局開,首預掄選,作史論。"

祝允明《成化間蘇材小纂》第三:"值景泰初,授虞衡主事,與張先生節之同徵修宋元史,後史事不就,進員外郎、都水郎中,轉按察副使,提學河南。"

錢謙益《列朝詩集小傳》乙集"劉參政昌":"景泰初,詔選儒臣纂修宋元史,欽謨與崑山張和在選中。史事寢,復舊任。"

景泰六年(1455),三十一歲,遷河南提學副使。後再考,擢廣東布政司左參政。

陳頎《廣東布政使司左參政劉公昌墓誌銘》:"公得河南再考,受誥進階中憲大夫,秩滿,河南諸學官請留於朝,不報,擢廣東布政使司左參政,提督糧儲。"

王兆雲《皇明詞林人物考》卷五:"出爲河南按察副使,提調學校,滿九載,始擢廣東左參政。"

祝允明《成化間蘇材小纂》第三:"暨滿,河南校官,請留先生中秘,必能黼黻皇猷,裨贊聖化,不報,轉廣東左參政。"

過庭訓《本朝分省人物考》卷二十"南直隸蘇州府三":"久之,遷河南副使,提督學政,兩臺交疏,以論曰:劉昌宜侍帷幄,蒙親近,必能有所啓沃,不宜置之外列,會有阻之者,不報,擢廣東左參政。"

錢謙益《列朝詩集小傳》乙集"劉參政昌":越五年,朝廷復敕憲臣提督學政,復與和俱拜按察副使以行。欽謨得河南,再考,擢廣東布政司左參政。

陳田《明詩紀事》乙籤卷十七"劉昌":歷員外、郎中,出爲河南提學副使,遷廣東參政。

成化十六年(1480),昌卒於家。

陳頎《廣東布政使司左參政劉公昌墓誌銘》:"成化十六年十月壬午,廣東左參政劉公卒。"

昌博學多聞,性與人寡合。才思華贍,文詞爾雅,詩律溫麗,海内稱一時作者。《無題》五首,人盛傳之。

過庭訓《本朝分省人物考》卷二十"南直隸蘇州府三":"昌矜抗自憙,性與人寡合,不可其意則相對寂默,不出一言,有侵之者亦復默然,不與校也。才思華贍,文詞爾雅,振筆可千百言常若有餘。

詩律尤温麗。”

王鏊《(正德)姑蘇志》卷五十四:“昌博學多聞,豐於文辭,性與人寡合。”

張昶《吴中人物志》卷七:“昌聰明過人,書一目輒能記,及習知當代典章前輩故實,叩之與談,亹亹不休,然性與人寡合,不可其意則相對終日,默不出一語。有侵之者,從容順受而已,未嘗指摘人之詩文瑕纇。其爲文章,才思華贍,言詞爾雅,振筆千言若有餘裕。詩律尤温麗,稱一時作者。”

張弘道《明三元考》卷四:“昌爲文贍麗,詩宗盛唐,一時稱爲名家。”

陳頎《廣東布政使司左參政劉公昌墓誌銘》:“公聰明過人,書一目輒能記,故博極群書,又習聞當朝典章及前輩故實,扣之,亹亹談不休,然性與人寡合,不可其意,則相對默不出一言,有侵之者,但容受而已,不見其校也。至閱人詩文,未嘗指摘其瑕纇作。爲文章,才思華贍,言詞爾雅,振筆可千百言,常若有餘。詩律尤温麗可愛,海内稱一時作者,蓋未嘗後公云。”

李東陽《懷麓堂詩話》(人民文學出版社2009年版):“夏正夫、劉欽謨同在南曹,有詩名。初,劉有俊思,名差勝。如《無題》詩曰:‘簾幕深沉柳絮風,象床豹枕畫廊東。一春空自聞啼鳥,半夜誰來問守宫? 眉學遠山低晚翠,心隨流水寄題紅。十年不到門前去,零落棠梨野草中。’人盛傳之。夏每見卷中有劉欽謨詩,則累月不下筆,必求所以勝之者。後,劉早卒,夏造詣益深,競出其右。如《虔州懷古》詩曰:‘宋家後葉如東晋,南渡虔州益可哀。母后撤簾行在所,相臣開府濟時才。虎頭城向江心起,龍脉泉從地底來。人代興亡今又古,春風回首鬱孤臺。’若此者甚多。然東南士夫猶不喜夏作,至以爲頭巾詩,不知何也?”

劉鳳《續吴先賢贊》(明萬曆刻本)卷三:“吴爲文者代變,昌乃授之季迪(高啓),而弘農(楊循吉)復授之昌,皆好學不倦,至廢其仕專攻之,意良苦,而非以爲名。隨所肆各極其力,質未開渾厚有餘。雖尚沿近代,不至乎盛,亦斐然可觀。邇乃至以謁請事王公大人,初未窺門閾而已志在名高,若爲樹赤幟焉,皆欺世而罔之,取虚譽矣。可勝罪哉!余爲校飾厥文,亦頗有傳者,故昌之業不墜。”

王世貞《藝苑卮言》(周維德集校《全明詩話》,齊魯書社 2005 年版)卷六:“成化中,郎署有詩名者,無過於劉昌欽謨、夏寅正夫。欽謨《無題》與正夫《虔州懷古》詩,《懷麓堂詩話》亦載之,然俱平平耳,他作愈不稱。”

王世貞《明詩評》(周維德集校《全明詩話》,齊魯書社 2005 年版)卷四評曰:“欽謨才擅國琛,識窮夏鼎,尤工倩麗,更足風情,膾炙菁華,能重洛陽之紙,雕蟲綴羽,尚存吴閶之集,如村女簪花,非不豐艷,本態自如。”

王世貞《弇州山人續稿》(明萬曆刻本)卷一百四十七:“贊曰:公之文采,五色渥窪,著書窮年。冀成大家,雖則成家,猶未離駒。世無伯樂,老而鹽車,以此自悲,若賈長沙蓬類可也。得毋過乎?”

王世貞《國朝詩評》(周維德集校《全明詩話》,齊魯書社 2005 年版):劉欽謨如村女簪花,穠艷羞澀,正得各半。

錢謙益《列朝詩集小傳》乙集“劉參政昌”:“欽謨爲郎時,才情最著。《無題》五首,一時傳誦。其他詩可傳者殊寡。”

文震孟《姑蘇名賢小記》卷上《大中大夫劉公》:“初公以詩名,大振郎署間。”

陳田《明詩紀事》乙籤卷十七“劉昌”:“田按:欽謨《無題》五首有名於時,細紬繹之,惟‘東風一夜芭蕉緑,亦似含愁卷半心’差有新意耳。”

朱彝尊《静志居詩話》卷七:"欽謨《無題》五首,不脱元人舊染。而世顧稱之。昔晋人之譏劉輿也,謂輿猶膩,近則污人。若欽謨及瞿宗吉、楊君謙、張君玉之艷詩,其不污人也,僅矣。"

昌勤於撰述,有《中州名賢文表》《蘇州續志》《五臺集》(《胥臺》《鳳臺》《金臺》《嵩臺》《越臺》)《炎芳慟哭記》等。

顧沅《吴郡名賢圖傳贊》(清道光九年刻本)卷五:"早登甲第,健筆凌雲,宦游豫粤,纂述多問。"

過庭訓《本朝分省人物考》卷二十"南直隸蘇州府三":"所編有《中州文表》《胥臺》《鳳臺》《金臺》《嵩臺》《越臺》諸稿,《懸笥瑣探》若干卷,餘書十餘種,未就。"

王鏊《(正德)姑蘇志》卷五十四:"嘗著《河南志》,又收集名賢遺文作《中州文表》,……所著復有《五臺集》及《懸笥瑣探》。"

張昶《吴中人物志》卷七:"所著作有《胥臺》《鳳臺》《金臺》《嵩臺》《越臺》《岳臺》等集,蓋紀載所歷也。在河南編刻《中州名賢文表》,又嘗類本朝文章如《文選》《文鑒》類爲一書。"

張弘道《明三元考》卷四:"所著有《中州文表》《河南志》《姑蘇志》《文集》等書。"

陳頎《廣東布政使司左參政劉公昌墓誌銘》:"所著有《胥臺稿》《鳳臺稿》《金臺稿》《嵩臺稿》《越臺稿》若干卷;所編有《中州文表》若干卷,《懸笥瑣探》若干卷;嘗類本朝文章如《文選》《文鑒》,以彰一代之盛,未脱稿;又别有邑志、《姑蘇志》,亦未成書。"

文震孟《姑蘇名賢小記》卷上《大中大夫劉公》:"視學河南,搜集殘碑作《中州文表》,又作《河南志》。晚宦嶺南,作《炎臺記》。以家在吴中,作《蘇州雜志》。裒撮聞見,作《懸笥瑣探》,紀録海内人物,作《叙士平生》,所歷大都曰《金臺》,南都曰《雨花臺》。中州曰《嵩臺》,嶺南曰《瓊臺》,蘇曰《蘇臺》,故有五臺集。"又,"論曰:富矣哉！劉大中公之著述也。余蓋求其所爲《雜志》及《叙士》而不可得見，然觀其他所著撰，皆持正，非漫然者。楊儀部君謙云，是時葉文莊公最知公，公不少干薦，終身不致大用，則其人亦豈僅讀書綴文者乎？後有僉憲劉鳳子威者，著書至八十餘不衰，持論每乖而詞頗奥，勒成幾數百卷。”

錢謙益《列朝詩集小傳》乙集“劉參政昌”：“居艱服闋，卒於家。欽謨博學多聞，勤於纂述，在中州著《河南志》，以先代金石遺文，多在汴洛間，網羅放失，作《中州名賢文表》。他如《懸笥瑣探》《蘇州續志》《五臺集》《炎方慟哭記》，又數百卷，藏於家。”

朱彝尊《静志居詩話》卷七：“有《胥臺》《鳳臺》《金臺》《嵩臺》《越臺》諸稿。”

楊循吉《吴中往哲記》“參政劉公昌”：“提學河南，搜集殘碑，作《中州文表》，又作《河南志》；晚宦廣中，悲憶太安人，作《炎臺慟哭記》，以家在吴，作《蘇州續志》，裒撮聞見，作《懸笥瑣探》；記録海内人物，作《叙士生平》；所歷大都曰金臺，南都曰雨花臺，河南曰嵩臺，廣東曰瓊臺，蘇曰胥臺，故有《五臺集》。”

祝允明《成化間蘇材小纂》第三：“文章綿茂華麗，熹尚纂輯，所撰著名《六臺集》，以生長歷仕之地，有蘇、越、鳳、相、瓊、滑諸古臺也。外記事二卷，曰《懸笥瑣探》，又《河南志》《中州名賢文表》，添校蕭儼編《大明風雅廣選》，皆未竟。初，明興以來，作者日富，而編聚鮮人，乃力求匯訂，稍成倫叙，命爲《大明文要》，起洪武，訖成化，得二十七帙，可五十卷，來者有志，當爲權輿。又有《姑蘇郡邑志》一百卷，亦未潤色。”

賈漢復《河南通志》(清康熙刊本)：“舊有《通志》一書，明天順間創始於提學副使劉公昌，後十餘年，副使胡公謐略加芟潤，後八十年，續修於都御史鄒公守愚，又三年，而告成於都御史潘公恩。

迄今百三十年矣。”

王兆雲《皇明詞林人物考》卷五:“所著有《胥臺》《鳳臺》《金臺》《嵩臺》《越臺》,凡五稿若干卷,《懸笥鎖探》三卷,《中州文表》若干卷,他未成書十餘種。”

陳田《明詩紀事》乙籤卷十七“劉昌”:“有《胥臺》《鳳臺》《金臺》《嵩臺》《越臺》諸稿。”

永瑢等《四庫全書總目提要》(商務印書館1933年版)卷一百八十九,集部四十二,總集類四:“《中州名賢文表》三十卷(浙江鮑士恭家藏本)”云:“明劉昌編。昌字欽謨,吴縣人。正統乙丑進士,歷官河南提學副使,遷廣東參政。是編即其官河南時所搜輯。凡許衡六卷,姚燧八卷,馬祖常五卷,許有壬三卷,王惲六卷,富珠哩翀二卷。又略依本集之體,各以碑誌銘傳等篇附録於後。考許衡《魯齋遺書》、馬祖常《石田集》、許有壬《至正集》、王惲《秋澗集》,雖尚存傳本;而惟《魯齋遺書》有刊板,餘皆輾轉傳鈔,舛訛滋甚,賴此編擷其英華,得以互勘。至姚燧本集五十卷,富珠哩翀本集六十餘卷,見於諸家著録者,已久佚不傳,獨賴此僅存。其表章之功,亦不可泯矣。每集末有昌所作《跋語》數則,亦頗見考訂。王士禎《香祖筆記》載其《勸宋牧仲重刻文表》,且云:欽謨諸跋,當悉刻之,以存其舊。此本實康熙丙戌宋犖授錢塘汪立名所刊,其附入原跋,蓋本士禎之意也。昌《自序》又謂此其内集,尚有外集、正集、雜集若干卷。今俱未見,殆久而散佚歟。”

劉鳳《續吴先賢贊》卷三:“吴爲文者代變,昌乃授之季迪(高啓),而弘農(楊循吉)復授之昌,皆好學不倦,至廢其仕專攻之,意良苦,而非以爲名。隨所肆各極其力,質未開渾厚有餘。雖尚沿近代,不至乎盛,亦斐然可觀。邇乃至以謁請事王公大人,初未窺門閾而已志在名高,若爲樹赤幟焉,皆欺世而罔之,取虚譽矣。可勝罪哉！余爲校飾厥文，亦頗有傳者，故昌之業不墜。”

李濂《嵩渚文集》（明嘉靖刻本）卷七十二《讀中州名賢文表》：“《中州名賢文表》内集三十卷，乃天順、成化間河南提學副使姑蘇劉昌欽謨選輯中州六君子之文也。六君子爲誰？曰河内許文正公衡、輝縣姚文公燧、光州馬文貞公祖常、安陽許文忠公有壬、汲縣王文定公惲、鄧州孛術魯文靖公翀也。”“（六君子）誠所謂有本之學、經濟之儒，非區區浮藻詞華之士可望其萬一。欽謨謂其文之行世，如河洛淮濟之行地，人固無有禦之，不待表之而後傳者，蓋確論也。……顧吾黨之士，爲諸先正之鄉後進，可不熟讀而取法矣乎？”

按，《中州名賢文表》現存主要版本有明成化七年（1471）劉昌刊本、清康熙四十五年（1706）汪立名刊本、四庫全書本、清光緒三十年（1904）鴻文書局石印本。

參考文獻：

1. 張昶《吴中人物志》，國家圖書館藏明隆慶張鳳翼、張燕翼刻本。

2. 劉鳳《續吴先賢贊》，明萬曆刻本。

3. 過庭訓《本朝分省人物考》，明天啓刻本。

4. 文震孟《姑蘇名賢小記》，明萬曆刻清順治重修本。

5. 祝允明《成化間蘇材小纂》，國家圖書館藏鈔本。

6. 焦竑輯《國朝獻徵録》，北京大學圖書館藏本。

7. 楊循吉《吴中往哲記》，國家圖書館藏劉氏味經書屋鈔本。

（孫啓華）

楊守陳傳

楊守陳，字維新，號晉庵，又號鏡川，浙江鄞縣（今浙江省寧波市）人。明仁宗洪熙元年（1425）生。上世以仁富聞其鄉，考諱自徵，官至泉州倉副使。母張氏，後追贈宜人。

張廷玉等《明史》卷一百八十四《楊守陳列傳》："楊守陳，字維新，鄞人。"

程敏政《篁墩文集》卷五十《楊文懿公傳》："公諱守陳，字維新，姓楊氏，浙江鄞縣人。曾祖浩卿，而上世以仁富聞其鄉。祖範，益好修，爲名儒學者，號栖芸先生，别有傳。父自徵，傳其學，官止泉州倉副使。"又，"自號晉庵，晚更號鏡川"。

何喬新《椒丘文集》卷三〇《嘉議大夫吏部右侍郎兼詹事府丞謚文懿楊公墓誌銘》（以下簡稱《楊公墓誌銘》）："弘治二年冬十月，吏部右侍郎兼詹事府丞四明楊公以疾卧家……享年八十有五……公諱守陳，字維新，世家鄞之鏡川，曾祖諱浩卿，富而勇於義。祖諱範，學行卓然，爲時名儒，學者宗之，即栖芸也。考諱自徵，克傳家學，官止泉州司倉，累贈翰林侍講學士。母張氏，封太孺人，追贈宜人。"

守陳早慧，才思敏捷，稍長，好爲古文辭。曾師從其祖父楊範，清江張公以及吕淡庵。

張廷玉等《明史》卷一百八十四《楊守陳列傳》:“祖範,有學行,嘗誨守陳以精思實踐之學。”

楊守陳《楊文懿公文集》《晋庵稿序》:“五齡就家塾,師先大父,日記數百言。於是六齡而學對句,九齡而學詩歌,十三而學舉子業,十五而學古文。”

程敏政《篁墩文集》卷五十《楊文懿公傳》:“五歲即端恪如成人,而才識穎异,栖芸親教之,日記數百言。稍長學舉業,及爲古文辭,敻出流輩,四方多傳其程試之文以爲式。”

楊守陳《楊文懿公文集》卷十六《送曹以誠序》載:“余兒時,先祖栖芸先生,一以古小學之教教之。舞勺之年,受知於河南布政使清江張公,俾兼時學,以俟選舉。時先考贈編修府君之執友曰:‘淡庵吕先生,方以德行文學雄郡庠,名聲藹鬱,贏糧負笈者麇至,余奉命從之。’”

萬斯同《明史》卷二百四十三《楊守陳列傳》:“祖範,有學行。鄉人稱栖芸先生。嘗誨守陳曰:‘聖賢之學,以精思實踐爲要,博聞强記,輔此而已。’守陳受教。作致知力行,持敬三銘。”

景泰庚午(1450),舉鄉試第一。辛未(1451)進士,改庶吉士。亡何,相繼丁父、祖父、祖母憂,居家七年,讀《禮》,學識逐增。天順二年(1458),除編修,預修《大明一統志》。成化三年(1467),歷侍講、洗馬,校刊《通鑑綱目》,預修《續通鑑綱目》,母憂服闋,起故官。八年,進侍講學士。時編《文華大訓》,以求實爲要,書成後擢詹事府少詹事,兼翰林侍講學士。

張廷玉等《明史》卷一百八十四《楊守陳列傳》:“舉景泰二年進士,改庶吉士,授編修。成化初,充經筵講官,進侍講。《英宗實録》成,遷洗馬。尋進侍講學士,同修《宋元通鑑綱目》。母憂服闋,起故官。

孝宗出閣,爲東宫講官。時編《文華大訓》,事涉宦官者皆不録。守陳以爲非,備列其善惡得失。書成,進少詹事。"

程敏政《篁墩文集》卷五十《楊文懿公傳》:"未幾,丁父憂,而祖父、母相繼卒,居喪七年,學益邃,識益遠。天順戊寅,服闋,授翰林編修,預修《大明一統志》。尋被旨授徒内侍監,辭,不許。憲宗即位,以選爲經筵官,預修《英宗實録》。成化丁亥,以考績升侍講,逾月,《實録》成,升司經局洗馬,公每進講,必積誠意,傳經訓,冀納忠以感悟上心……壬辰,選侍講學士校刊《通鑑綱目》,遂預修《續通鑑綱目》,以母喪去。

公官五品十六年,所教中人已多貴幸,凡預教者,率因之以進,獨公泊然無少藉。有欲出力援之,則謝曰:'我嫠婦也,抱節三十年矣,乃垂老而改志邪!'薦紳往往傳誦其言。今上出閣,公等六七人被選,日侍講讀。《文華大訓》成,升詹事府少詹事,兼翰林侍講學士。"

萬斯同《明史》卷二百四十三《楊守陳列傳》:"舉景泰二年進士,改庶吉士。尋遭父喪,祖父母繼殁,居廬七年。服除,授編修。成化初,充經筵講官,進侍講。《英宗實録》成,遷洗馬。嘗進講《武成篇》……尋進侍講學士,同修《宋元通鑑綱目》。母憂闋,起故官。

守陳官五品十六年,泊然退處。初嘗教習小内侍,至是多貴幸者,欲援之,謝曰:'嫠婦守節,顧老而改志耶?'孝宗出閣,爲東宫講官。時編《文華大訓》,事涉宦官者皆不録,守陳以爲非,備列其善惡得失。書成,進少詹事。"

孝宗即位,進宫寮官,皇帝親授任吏部右侍郎。未幾詔議祧禮,禮官請祧懿祖,以德祖比宋禧祖。守陳上疏直諫,以爲名與實乖,皇帝不從。

張廷玉等《明史》卷一百八十四《楊守陳列傳》:"孝宗嗣位,宫僚悉遷秩，執政擬守陳南京吏部右侍郎，帝舉筆去‘南京’字。左右言劉宣見爲右侍郎，帝乃改宣左，而以守陳代之。”

查繼佐《罪惟録》卷十三《楊守陳列傳》：“泰陵即位，例遷宫僚官，執政擬守陳南京吏部侍郎，上爲削南京字。守陳疏言：‘禮天子七廟，祖功宗德，故凡號太祖者即始祖，必以配天。若商周契稷皆有功德，非直原本統也。宋禧及我德祖，可比商報乙、周亞圉，非契稷比。議者習見宋儒嘗取王安石説，遂使七廟既有始祖，又有太祖，太祖配天，又不得正位南向，名與實乖，非禮也。’時不能從。”

傅維麟《明書》（商務印書館 1936 年版）卷一百二十八《楊守陳列傳》：“孝宗即位，進宫寮官，柄臣忌守陳，擬南吏部侍郎。上覽疏曰：‘守陳宜留此。’即涂去‘南京’字，未幾詔議祧禮，禮官請祧懿祖，以德祖比宋禧祖，百世不遷。守陳疏言：‘禮天子七廟，祖功宗德，故凡號太祖者即始祖，必以配天。若商周契稷皆有功德，非直原本統也。宋禧及我德祖，可比商報乙、周亞辛，非契稷比。議者習見宋儒嘗取王安石説，遂使七廟既有始祖，又有太祖，太祖配天，又不得正位南向，名與實乖，非禮也。’時不能從。”

弘治元年（1488），疏請開小經筵講學，御午朝聽政，累數百言。帝深嘉納。後依守陳之見復午朝，召大臣面議政事，皆自守陳發之。

張廷玉等《明史》卷一百八十四《楊守陳列傳》：“弘治改元正月，上疏曰：‘孟子言我非堯舜之道不敢陳於王前。夫堯舜之道何道？’《書》曰：‘人心惟危，道心惟微；惟精惟一，允執厥中。’此堯、舜之得於内者深，而爲出治之本也。詢四岳，闢四門，明四目，達四聰，此堯、舜之資於外者博，而爲致治之綱也。臣昔忝宫僚，伏睹陛下朗讀經書，未嘗勤睿問以究聖賢奥旨。儒臣略陳訓詁，未嘗進詳説以極帝王要道。是陛下得於内者未深也。今視朝，所接見者，大臣之丰采而已。君子、小人之情狀,小臣、遠臣之才行,何由識?退朝所披閱者,百官之章奏而已。諸司之典則,群吏之情弊,何由見?宫中所聽信者,内臣之語言而已。百官之正議,萬姓之繁言,何由聞?恐陛下資於外者未博也。願遵祖宗舊制,開大小經筵,日再御朝。大經筵及早朝,但如舊儀。若小經筵,必擇端方博雅之臣,更番進講。凡所未明,輒賜清問。凡聖賢經旨,帝王大道,以及人臣賢否,政事得失,民情休戚,必講之明而無疑,乃可行之篤而無弊。若夫前朝經籍,祖宗典訓,百官章奏,皆當貯文華殿後,陛下退朝披覽。日令内閣一人、講官二人居前殿右廂,有疑則詢,必洞晰而後矣。一日之間,居文華殿之時多,處乾清宫之時少,則欲寡心清,臨政不惑,得於内者深而出治之本立矣。午朝則御文華門,大臣臺諫更番侍直。事已具疏者用揭帖,略節口奏,陛下詳問而裁决之。在外文武官來覲,俾條列地方事,口陳大要,付諸司評議。其陛辭赴任者,隨其職任而戒諭之。有大政則御文華殿,使大臣各盡其謀,勿相推避。不當則許言官駁正。其他具疏進者,召閣臣面議可否,然後批答。而於奏事、辭朝諸臣,必降詞色,詳詢博訪,務竭下情,使賢才常接於目前,視聽不偏於左右,合天下之耳目以爲聰明,則資於外者博而致治之綱舉矣。若如經筵、常朝衹循故事,凡百章奏皆付内臣調旨批答,臣恐積弊未革,後患滋深。且今積弊不可勝數。官鮮廉耻之風,士多浮競之習。教化凌夷,刑禁弛懈。俗侈而財滋乏,民困而盜日繁。列衛之城池不修,諸郡之倉庫鮮積。甲兵朽鈍,行伍空虚。將驕惰而不知兵,士疲弱而不習戰。一或有警,何以禦之?此臣所以朝夕憂思,至或廢寢忘食者也。帝深嘉納。後果復午朝,召大臣面議政事,皆自守陳發之。”

程敏政《篁墩文集》卷五十《楊文懿公傳》:“弘治戊申,上疏論講學聽政,累數百言,大略謂:陛下御極以來,屏棄珍玩,放遠奇邪,登用正人,聽納忠諫,躬閱題奏,日勤政務,若此不懈,可幾堯舜?獨臣之愚,猶有過慮。蓋革故正始猶易,持久保終實難。若内得弗深,外資弗博,鋭志少懈,欲心漸滋,豈能保其始終如一?乞開經筵,御午朝,聽講之際,凡所未明,輒賜清問,必待聖心洞然明悟而後已。一日之間,居文華殿之時多,處乾清宫之時少,使欲寡而心清,惑少而理明,則得於内者深,而出治之本立矣。午朝有事者,皆先用略節,口奏而裁決之。大政則召大臣面議,未當則許諫官駁正而審行之,俾賢才常集於目前,視聽不偏於左右,則資於外者博,而致治之綱舉矣。若但如近日之聽日講、御午朝以應故事,凡百題奏,皆付内監諸臣調旨批答。臣恐積年之弊未革,而將來之患難測,不但如前所過慮而已,優詔嘉納。諭禮部以三月御經筵,禮部得請,并午朝如。"

查繼佐《罪惟録》卷十三《楊守陳列傳》:"臣恐陛下鋭志少懈,欲心漸滋,伏望退朝御文華殿,日值内閣大臣一員,領講官二員進講。聽講未明,即賜清問,必求明悟,不憚諮詢。人才孰賢不肖?政事孰得失?天下何治亂?歷代何興亡?講之明而無疑,乃可行之篤而無懈。午朝則御文華門聽政,百官奏事,面與裁斷。言有忠讜切實者議行之;讒佞諂諛者絀逐之;愚戇狂直者優容之;蹇訥不能言者補本備陳之。大抵一日之間,陛下居文華殿之時多,處乾清宫之時少,賢才常接於耳目,視聽不偏於左右,終始如一,比隆堯舜不難。上頗遵行之。"

會修《憲宗實録》,數上章請解部事,專史職,皆不允。命公以吏部侍郎兼詹事府丞,史館供職如故。

傅維麟《明書》卷一百二十八《楊守陳列傳》:"會修《憲宗實録》,充副總裁。再請解部事,專史職,不允。未逾年,又辭。且請老曰:'吏部進退百官,衆怨所集,尚書王恕尚不免人言。况臣迂疏宜亟退。'上不許。請老益力,乃以本官兼詹事丞專職史館。"

何喬新《椒丘文集》卷三十《嘉議大夫吏部右侍郎兼詹事府丞謚文懿楊公墓誌銘》:"修《憲宗實録》,以公爲副總裁,仍兼理部事,公上章請解部事,專史職,章再上,皆不允。已而嗜進者以訐爲直,詆詆大臣,君子不自安。公嘆曰:吾可久處此耶?乃疏乞致仕,且曰:'吏部進退百官,衆怨所集。聞望如尚書王恕者,尚招人言,况臣迂疏,豈勝此任?伏望放臣致仕,俾養疴林下,以盡餘年。'上不許致仕,命公以吏部侍郎兼詹事府丞,史館供職如故。"

程敏政《篁墩文集》卷五十《楊文懿公傳》:"諭禮部以三月御經筵,禮部得請,并午朝如楊某奏。修《憲宗實録》,以公兼副總裁,公念更化初,凡吏部有所升黜,人必視其忠邪易險,顧奸爲趨舍,故偘偘持議,雖取嫌忌於同列,弗苟徇也。己酉,再請解部事,專史職,不許。章三上,乞致仕,始命以本官兼詹事府丞,供職史館如故。"

守陳留心史學,上疏國史三大闕事:請追記建文帝君臣事,復郕戾王位號,留中之奏付史館。返本歸元,以正視聽。草成,因病而未及上。

朱彝尊《静志居詩話》卷七:"蓋公留心史學,嘗草疏,言'國史有三大闕事未舉:一靖難後,不記建文君朝政,及方、黄死事諸臣。一景帝已復位號,《實録》猶附書稱郕戾王。一章疏留中者不獲登《實録》,宜宣付史館'。惜乎!疏雖草而未及上也。"

何喬新《椒丘文集》卷三十《嘉議大夫吏部右侍郎兼詹事府丞謚文懿楊公墓誌銘》:"公嘗言:'古人謂國可滅,史不可滅。我太祖定天下,即命儒臣撰《元史》。太宗靖内難,其後史臣不紀建文君事,遂使建文數年朝廷政事及當時忠於所事者,皆湮没不傳。及今采輯,尚可補國史之闕。景皇帝已復位號,而《英宗實録》標目猶書郕戾王附,是宜改正。舊例,群臣章疏留中者,雖有可傳,皆不得書。乞以留中之奏，悉付史館，擇而書之。'草奏欲上，以病不果，有識深以爲恨。"

萬斯同《明史》卷二百四十三《楊守陳列傳》："守陳嘗言：'靖難後不記建文君事，遂使當時朝政與死事諸臣皆闕略無傳。及今搜采，猶可成書。景帝已復位號，而《英宗實録》猶書附郕戾王，宜改正。留中疏多忠言正議，當宣付史館。'疏具，病不果上。"

弘治二年(1489)十月卒於家，享年六十又五。謚文懿，贈禮部尚書。

張廷玉等《明史》卷一百八十四《楊守陳列傳》："二年卒。謚文懿，贈禮部尚書。"

程敏政《篁墩文集》卷五十《楊文懿公傳》："奏未及上，而公以十月十八日不起。……公疾革，語其弟守址、男茂仁曰：吾學志爲君子，仕登三品。年邁六十，斯亦何憾！惟上恩厚未能報，先栖芸先生未及封，汝曹勉圖報稱，以繼吾志。諸弟暨男茂元不及訣，其以是語之。語訖不亂。明日，端坐而逝。訃聞，上悼惜，賜謚曰文懿，命官諭祭葬事。後二年，《實録》成，詔贈公禮部尚書。"

何喬新《椒丘文集》卷三十《嘉議大夫吏部右侍郎兼詹事府丞謚文懿楊公墓誌銘》："弘治二年冬十月，吏部右侍郎兼詹事府丞四明楊公以疾卧家，……享年六十有五。訃聞，天子嗟悼，賜謚文懿，命禮部致祭，工部遣官治葬事。"

守陳雅性方正，扶老攜幼，家風醇良。説理論事堅毅不屈，與人相交篤於信義。德行深厚，爲人敬重。

戴枚等《鄞縣志》卷三十三《楊守址》："公天性孝友，與人交篤於信義。居嘗退遜體若不勝衣，言若不出諸口，至商確義理論事是非曲直，則侃侃剛直，視義所在勇往奮發，雖壯夫不逮也。"

傅維麟《明書》卷一百二十八《楊守陳列傳》:"守陳孝友方正,與人交篤於信誼。居常恂恂若不出口。至論事辯是非,毅然不可屈。"

程敏政《篁墩文集》卷五十《楊文懿公傳》:"公天性孝友,筮仕即遭三喪,竭力襄事,不一舛於禮。奉母極孝養,與丁夫人起家偕老,肅雍相成,未嘗畜女侍奉巾櫛。待諸弟怡怡,自相師友。公暇,子侄環侍,循循雅飭,無毫髮豢養之習。在京師,所居高坡巷,四方來者皆知爲楊先生家,敬愛之風熏然被於宦族,有宏農之遺範。與人交,必以義相規,而見善如己出,體若不勝衣,言若不出口,至説理論事,則毅然不可屈。"

在翰林三十餘年,博學多識,疑經求真,遍注九籍。文辭淳雅,雄麗精深。有《晋庵》《桂坊》《鏡川》《東觀》《金坡》《銓部》等集三十卷。今匯爲《楊文懿公文集》十一卷,其弟守址爲之序。

楊守陳《楊文懿公文集》卷三《尚書私抄序》:"壁藏者已經後人修潤,故鮮錯訛。口授者蓋其所誦已非盡本文,而當時傳言後世,謄寫亦多闕與錯訛,且有重複,滋不可盡信矣。"

楊守陳《楊文懿公文集》卷五《私鈔解》:"世儒乃欲盡信而悉明之,至於有所難明則亦不疑其傳本之有錯訛重闕,而必巧爲之説,穿鑿附會,委屈求合,甚或害理而傷教。行其説者或至誤國而殘民。畏聖人之言者固當如是乎?漢唐諸儒膠固經傳之弊已至於此!"

何喬新《椒丘文集》卷三十《嘉議大夫吏部右侍郎兼詹事府丞謚文懿楊公墓誌銘》:"在喪七年,居廬讀《禮》有所得,作《禮記》《周禮》《儀禮》私抄。繼而旁讀群經,悟先儒注釋不能無失者,又作《孝經》《大學》《中庸》《論語》《孟子》《尚書》《周易》《春秋》《詩》私抄。"又"自六經、諸子、史氏之籍,先儒箋、疏、傳、注之説,外至山經、地志、星曆、釋老、稗官、紀録之書，靡不搜覽。其爲文，必本於經，雄麗精深，藹然仁義之言。讀其文，知其爲君子也。其校定群經，謂《書·象以典刑》一章，乃舜命官之詞；《詩·卷耳》，乃大夫行役者之作；《大學·本末》一章，乃治國平天下之傳；《禮·喪大記》一篇，乃儀禮經文。皆超然獨見，先儒論議未嘗及是也。所著有《諸經私抄》，其雜著詩文，有《晋庵稿》《鏡川稿》《東觀稿》《桂坊稿》《金坡稿》《銓部稿》，凡數百卷"。

傅維鱗《明書》卷一百二十八《楊守陳列傳》："博學多識，文辭淳雅。五經四書，時有獨見。不泥古説，録爲私抄，凡數百卷。"

守陳不屑拾淳熙諸儒遺唾，而詩格深穩，在唐、宋之間。

朱彝尊《明詩綜》卷二十一：李賓之云："文毅詩博采深詣，典則温厚，成一家言，而愛君、憂國、感事、寓物，得諸'三百篇'者深。"

朱彝尊《静志居詩話》卷七："文懿難經伉伉，不屑拾淳熙諸儒遺唾，而詩格深穩，在唐、宋之間。其《史館感懷詩》云：'在古左右史，言動悉分書。由漢至國初，有官注起居。不知自何歲，史職曠成虛。有故始闢館，編纂亦紛如。新人叙陳迹，寧免闊且疏。'又云：'崔杼弑其主，直筆遭刑誅。二弟相繼死，南史猶特書。古人守一職，往往思捐軀。可憐今世士，利害論錙銖。'"

汪源澤修，聞性道纂《（康熙）鄞縣志》卷十五《楊守陳》："初學詩文，輒吐奇語，稍長，迥出倫輩。"

其弟守阯，子茂元、茂仁皆入仕，均能濟美其家。

張廷玉等《明史》卷一百八十四《楊守陳列傳》："弟守阯。子茂元、茂仁。守阯，字維立。成化初，鄉試第一，入國學。祭酒邢讓下獄，率六館生伏闕訟冤。十四年，進士及第。授編修……茂元，字志仁。成化十一年進士。授官刑部主事。歷郎中，出爲湖廣副使，改山東……茂仁,字志道。成化末進士,歷刑部郎中。遼東鎮守中官梁玘被劾,偕給事中往按核,盡發其罪。終四川按察使。”

傅維麟《明書》卷一百二十八《楊守陳列傳》:“弟守址,南吏部尚書。從弟守隨,掌大理寺事,工部尚書,謚康簡。守隅,廣西布政使。二子,茂元,刑部侍郎;茂仁,四川按察使。皆能濟美克世家。”

萬斯同《明史》卷二百四十三《楊守陳列傳》:“弟守址,子茂元、茂仁。守址,字維立。成化初,舉鄉試第一,入國學。祭酒邢讓下獄,再率六館生伏闕訟冤,時論義之。十四年,進士及第,授編修。秩滿,故事無遷陪京者。……學士不與考察,自守址始。修《會典》,充副總裁。尋遷南京吏部右侍郎,嘗署兵部,陳時弊五事。改署國子監,考績入都。時《會典》猶未成,衆議守址纂輯精當,仍留爲總裁。事竣,遷左侍郎。還任,進二秩。十七年,以灾异,復偕九卿陳五事,多施行。武宗立,引年乞休,不待報,競歸。詔加尚書致仕。劉瑾亂政,奪其加官。瑾敗,乃復。久之,卒。……守址爲位哭奠者三年。子茂清,以父任歷沔陽知州,有异政。茂元,字志仁。成化十一年進士,授刑部主事,歷郎中。爲人强直不撓,善辨冤獄。……子美璜,以蔭官南京中府。……成化末,舉進士,歷刑部郎中。遼東巡撫韓重劾鎮守中官梁玘貪暴,偕給事中鄒文盛往按之,盡發其罪。茂仁居官廉慎,如其父兄。終四川按察使。”

參考文獻:

1. 楊守陳《楊文懿公文集》,明弘治十二年刻本。

2. 汪源澤修,聞性道纂《(康熙)鄞縣志》,清康熙二十五年刻本。

3. 傅維麟《明書》,商務印書館1936年版。

4. 程敏政《篁墩文集》,《景印文淵閣四庫全書》第 1253 册,臺灣商務印書館 1986 年版。

5. 何喬新《椒丘文集》,《景印文淵閣四庫全書》第 1249 册,臺灣商務印書館 1986 年版。

6. 查繼佐《罪惟録》,浙江古籍出版社 1986 年版。

7. 朱彝尊《静志居詩話》,人民文學出版社 1990 年版。

8. 萬斯同《明史》,《續修四庫全書》第 328 册,上海古籍出版社 2002 年版。

9. 朱彝尊《明詩綜》,中華書局 2007 年版。

(陳家愉)

童軒傳

童軒，字士昂，江西鄱陽（今江西省鄱陽縣）人，生於南京。明仁宗洪熙元年（1425）生。其父爲碧瑄，號玉壺。精天官學，永樂初徵爲欽天監天文生，後入文淵閣纂修天文諸書。遂占籍南京，居秦淮之西。

李東陽《懷麓堂集》文後稿卷十八《明故資政大夫南京禮部尚書致仕贈太子少保童公神道碑銘》："公姓童氏，諱軒，字士昂，本鄱陽鉅族也。祖諱金友，考諱碧瑄，號玉壺，以號顯，皆用。公貴累贈南京禮部尚書，玉壺在永樂初徵爲欽天監天文生，始居秦淮之西，爲南京人，而公生焉。"

項珂、陳志培編《（同治）鄱陽縣志》卷十《童軒傳》："童軒，字士昂，世居文北鄉，父玉壺以精天官學充欽天監天文生，徙家南畿。"

倪岳《青溪漫稿》卷二十三《明故資政大夫南京禮部尚書致仕贈太子少保童公墓誌銘》（《景印文淵閣四庫全書》第1251册，臺灣商務印書館1986年版）："童本儒族，至玉壺以精天官學，永樂初召充欽天監天文生，尋命入文淵閣纂修天文諸書。三子皆留鄱，後家南京秦淮之西，生公。"又，"公生以洪熙乙巳（1425）月日，享年七十有四"。

公幼時穎敏异常，過目成誦。習父業，工文舉，博學篤行，文譽日顯，選充應天府學生。

倪岳《清溪漫稿》卷二十三《明故資政大夫南京禮部尚書致仕贈太子少保童公墓誌銘》:“幼穎敏异常,兒讀書過目成誦。玉壺乃召其仲子惠來繼役,而一意教公,俾攻進士業。博學篤行,文譽日著,選充應天學生。”

李東陽《懷麓堂集》文後稿卷十八《明故資政大夫南京禮部尚書致仕贈太子少保童公神道碑銘》:“公少爲應天府學生。”

萬斯同《明史》卷二百四十二《童軒列傳》(《續修四庫全書》第328册,上海古籍出版社2002年版):“軒習父業,績學工文舉。”

正統十二年(1447),拔鄉貢,後登景泰二年(1451)進士,官拜南京吏科給事中,體察民情,深居簡出。上疏諫言,切中時弊,屢被采納。景泰六年,秩滿三載,得賜敕贈封其父母、妻如制。

李東陽《懷麓堂集》文後稿卷十八《明故資政大夫南京禮部尚書致仕贈太子少保童公神道碑銘》:“舉正統丁卯鄉貢,登景泰辛未進士,拜南京吏科給事中。上疏言省冗官,杜幸進,公考察,倡武勇,擇師傅諸事。又請賑南京飢民,多被采納。乙亥,詔留司貢翠羽、魚魫諸物以萬計,公極論止之。英廟復辟,檢公奏,嘉其敢言,公因言弭盜安民數事。天順戊寅,劾户部尚書張鳳罪,名益起。”

倪岳《清溪漫稿》卷二十三《明故資政大夫南京禮部尚書致仕贈太子少保童公墓誌銘》:“領正統丁卯鄉薦,登景泰辛未進士,拜南京吏科給事中。公思舉諫職,深居簡出,不妄與物接嘗。上疏言省冗員,公考察,倡武勇,擇師儒,杜幸進,恤京民,又言南京糴貴民多死,請命官賑貸,俾御史體察,多見采納。乙亥,秩滿三載,得賜敕贈封其父母妻如制。時詔南京守備采辦翠毛、魚魫諸物以萬計,公極言止之。及英廟復辟,覽公所奏,嘉其敢言,尋上疏言弭盜安民數事,尤切時弊。天順戊寅冬,劾户部張尚書鳳下獄,有詔宥之。”

天順三年(1459),丁嫡母章夫人憂。五年,服闋,改户科給事中。七年,同考禮部會試,精於校閲,得倪岳輩十數人,時稱得人。

傅維鱗《明書》卷一百二十七《童軒列傳》:"天順己卯,以嫡母艱歸,服闋,改户科給事中。癸未(按,天順七年),同考禮部會試,得倪岳輩十數人,時稱得士。"

倪岳《清溪漫稿》卷二十三《明故資政大夫南京禮部尚書致仕贈太子少保童公墓誌銘》:"明年(按,天順三年),丁嫡母章夫人憂。辛巳(按,天順五年),服闋,改户科給事中。癸未,同考禮部會試,精於校閲,時稱得人。"

李東陽《懷麓堂集》文後稿卷十八《明故資政大夫南京禮部尚書致仕贈太子少保童公神道碑銘》:"己卯,丁嫡母憂。辛巳,服闋,改户科。"

甲申(1464),憲宗登基,公首陳帝王之治在先本而後末者數百言,帝優詔答之。四川盗作,公承敕往治,剿捕而還,進都給事中。明年夏,盗復起猖獗,謫壽昌知縣。

倪岳《清溪漫稿》卷二十三《明故資政大夫南京禮部尚書致仕贈太子少保童公墓誌銘》:"甲申,憲廟踐阼,公首上疏言:帝王之治,在先本而後末。隆聖德,用賢才,納忠諫,愛小民,謹邊備之謂本,而簿書刑名其末也。願時引儒臣,講求祖宗謨範,及古帝王修身用人之旨,著爲大明,一經推而行之,則聖德隆。命在廷三品大臣,歲舉堪任方面一人,且嚴連坐之法。進用大臣,亦召三品大臣於便殿,各舉一人以對。俾科道糾其非,則賢才用臺諫之言;賞其直,貸其過,則忠諫納養民之政。"

李東陽《懷麓堂集》文後稿卷十八《明故資政大夫南京禮部尚書致仕贈太子少保童公神道碑銘》:"上優詔答曰:軒言良是,朕當自勉,有司其各議行之。”

萬斯同《明史》卷二百四十二《童軒列傳》:“四川盜趙鐸作亂,刑部司務朱貴請遣使招撫。廷議舉軒,命與貴同往。至則遍歷賊巢,曉以禍福,賊多就撫。軒召與飲食,遣還復業。而賊素凶狡,言:‘我曹乃聽撫官,賊誰敢難我?’或背負撫安榜及免死帖,公行剽劫,而貧民亦效之,勢益熾。軒奏聞,即偕守臣進討,斬獲頗衆。會都督何洪等陣殁,軒不以時奏被劾,帝置不問。未幾還朝,直進露布,自叙功伐,而守臣又以賊告。於是言者踵至,遂下吏。當除名時,軒已進都給事中。帝薄其罪,命外除,以爲壽昌知縣。”

查繼佐《罪惟録》卷十一中《童軒列傳》:“四川盜作,命軒往撫。賊首王應高等聞軒名,羅拜乞生,悉慰遣之。進都給事中。已賊趙鐸撫訖旋叛,軒復分兵剿捕,凱還,蜀人繪班師圖紀軒功。明年夏,賊復猖獗,且議出師,軒曰:‘賊已平,奚用出師?’不數日,捷奏果至。而卒以賊反覆不終撫,謫浙江壽昌令。”

成化己丑(1469),擢雲南提學僉事,以敦本爲教,士風丕變。甲午(1474)秋,召拜太常寺少卿,掌欽天監事,夙弊一清。素稱病歸,不許。

倪岳《清溪漫稿》卷二十三《明故資政大夫南京禮部尚書致仕贈太子少保童公墓誌銘》:“己丑,述職來朝,上疏自理廷議,咸以爲冤。於是大宗伯姚公舉公學行宜董學政,乃擢公雲南按察僉事,提調雲貴學校。公務敦教本,精於考校,隨才造就,士風一變,鎮守貴臣咸敬憚焉。公復上言:‘考察庶官,宜廣詢公論。作養賢材,宜優待學校。’於是巡按者交章薦公,請加旌擢。甲午秋,召拜太常寺少卿,掌欽天監事。公嚴考天文陰陽,諸生旁搜博訪,以爲用公僚屬之,薦省歷紙之費,夙弊一清。累以疾辭,不許。”

查繼佐《罪惟録》卷十一中《童軒列傳》:“己丑,入覲,上疏自理,改僉事督雲貴學政,召拜太常寺卿,掌欽天監事,教諭余正已倡言曆法宜修。軒上言:'歲差置閏,其來已久。我朝考曆制象爲精密,雖日月薄蝕不無先後,晷刻之殊,分秒多寡之异,則以土有南北高下故耳。正已乃謂天地有自然之冬至,以至望朔置閏,皆非人力可爲,是不知古人以數求天之術,顧以小智亂成式,宜下之吏,以正其妄。'從之。予告歸。"

張廷玉《明史》卷三十一《曆法沿革》:"成化十年,以監官多不職,擢雲南提學童軒爲太常寺少卿,掌監事。"

弘治元年(1488),仍掌欽天監官監事。是年冬,進右副都御史,提督松潘軍務,兼理巡撫。時蜀中歲歉,軒開倉賑濟,資遣流移還業。出官帑以充邊餉,奏除松、茂戍守役人之勞苦。

倪岳《清溪漫稿》卷二十三《明故資政大夫南京禮部尚書致仕贈太子少保童公墓誌銘》:"弘治改元。戊申,會欽天監官以不職罷去,衆復以公薦,命公仍掌監事……是年冬,復以僉舉進都察院右副都御史,奉敕提督松潘軍務,兼理巡撫。時蜀歲荒,公至開倉賑貸,設粥以食饑餒,給糧以歸流,移平訟以决久禁。先是逾月不雨,公至,而雨亦沾足。公乃爲禁令三十餘事,皆安邊保民之政。次第舉行復以南路鎮番一帶,苦於蠻夷出没,歲減軍糧以備犒賞,軍多逃亡。公奏以四川官帑銀布代之,兵食以足。公復以其地險遠,蠻夷雜處,疏言:松、茂、威、迭戍守甚艱,而叠溪一路尤甚,宜調兵設衛,令一都指揮守之。四處要路各設一倉,以便轉輸。令一督察之,復言:'沿邊衛所州縣皆在萬山中,與蠻夷共之關堡之設,有害而無利,宜捐松、茂之中羊腸一徑之路,則關堡倉廪可省,兵無遠戍之勞,民免艱運之苦,蠻夷有坐困之機,凡八害三利,晝一以聞。'"

萬斯同《明史》卷二百四十二《童軒列傳》:"弘治改元,用監正吴昊薦,復以原官掌監事……其冬,進右副都御史,提督松潘軍務。

值歲饑，開倉賑貸，煮糜以食餓者，資遣流移還業，爲禁令三十餘條，軍民稱便。南路鎮番素苦蠻賊出没，歲減軍餉充犒，致軍多逃亡。軒易以官帑銀布，軍乃無乏。”

四年(1491)春，擢南京吏部右侍郎，七年夏，晋南京禮部尚書。屢請致仕方允，十一年戊午二月十九日，以疾卒於家，享年七十有四，贈太子少保，與陳夫人合葬。

李東陽《懷麓堂集》文後稿卷十八《明故資政大夫南京禮部尚書致仕贈太子少保童公神道碑銘》:“召還道，擢南京禮部右侍郎。甲寅，進尚書，前後上數千言，間謂朝廷大政廷議，倉猝不能盡。宜如古昔公卿大夫各得議，識者韙之。丁巳，再乞歸，語益加切，上乃許之。以公既滿三載，特給誥命。戊午二月十九日，卒於正寢。公配陳夫人先卒，上特遣禮部諭祭，工部治塋域。至是，贈公爲太子少保，啓窴合葬。”

倪岳《清溪漫稿》卷二十三《明故資政大夫南京禮部尚書致仕贈太子少保童公墓誌銘》:“辛亥春，召還未至，擢南京吏部右侍郎。癸丑冬，疏言：臣年六十有九，入仕四十年，禮宜致仕，不許。甲寅夏，進南京禮部尚書。二年三疏懇求致仕，皆不許，且有操履清慎，方切委任之諭。公感上知遇，前後力陳數千言，皆軍國之務。其言朝廷大政事闕門，一時之議不足以决是非，宜如古者，公卿大夫各得獻其所議，以俟上裁。此最近古，而格於近制，亦不果行。丙辰冬，夫人陳氏卒，時淑人授封者例無葬祭，公以爲請詔，禮部賜祭於家，工部爲塋兆域，蓋特恩也。及公卒，工部復請，如公今官之制。”

傅維麟《明書》卷一百二十七《童軒列傳》:“辛亥，晋南吏部右侍郎。甲寅夏，進南禮部尚書。累疏乞骸骨，上再四勉留，軒力陳數千言，謂朝廷大政，闕門一議，不足决是非。宜如古公卿大夫各得獻議,以俟采擇。未幾,以疾卒,贈太子少保。”

按,萬斯同《明史》卷二百四十二載軒擢南京吏部右侍郎爲弘治五年(1492),與諸記載不符,誤。

公性寡合,爲官廉勤耿介,不妄取。强學好問,至老不倦。

趙宏恩《江南通志》卷一百九十五《童軒》:“童軒性寡合,不妄取。子雖貴,家人衣食不給。王恕爲巡撫,有所饋,亦不受。毗陵王僎知其介,不敢致饋。值有持禮幣求文者,因謂曰:‘童尚書文勝予,可往求之。’至則童問曰:‘汝自來乎?抑有使之者乎?’其人以王尚書對,遂却而不納。”

萬斯同《明史》卷二百四十二《童軒列傳》:“軒强學好問,至老不倦。居官廉介寡合,而篤於内行,南都搢紳以爲儀表焉。”

查繼佐《罪惟録》卷十一中《童軒列傳》:“軒身若不勝衣,强學好問,至老不倦。”

倪岳《清溪漫稿》卷二十三《明故資政大夫南京禮部尚書致仕贈太子少保童公墓誌銘》:“至其自奉,蔬食飲水,泊如也。廉勤慎密,無愧古人,而今不可作矣。”

其爲文淵博雄麗,作詩淡雅絶俗,有唐人體裁。

朱彝尊《明詩綜》卷二十一:錢受之云:“尚書詩有唐人體裁。”又引周吉父之言:“‘尚書《九日》詩云:黄菊酒香人病後,白蘋風冷雁來初。’《草堂》詩云:‘草堂夜雨生科斗,花徑春風叫栗留。’均佳句也。”

錢謙益《列朝詩集小傳》乙集:“詩有唐人體裁,書法遒勁。”

查繼佐《罪惟録》卷十一中《童軒列傳》:“爲文淵博雄麗,詩有唐人體裁,書學遒勁。”

永瑢《四庫全書總目》卷一百七十《清風亭稿》:“其人品本爲高

潔,其詩亦雅淡絶俗。然在明代不以詩名。殆正德以後,北地信陽之説盛行,寥寥清音,不諧俗尚故耶?”

著述頗豐,有《清風亭稿》《紀夢要覽》《枕肱集》《海岳涓埃》《諭蜀稿》等。

查繼佐《罪惟録》卷十一中《童軒列傳》:“所著有《清風亭稿》《枕肱集》《海岳涓埃》《諭蜀稿》《籌邊録》《夢徵録》,藏於家。”

傅維麟《明書》卷一百二十七《童軒列傳》:“所著有《清風亭稿》《枕肱集》《海岳涓埃》《諭蜀稿》《籌邊録》《夢徵録》各若干卷。”

永瑢等《四庫全書總目》卷一百七十《清風亭稿》:“軒有《紀夢要覽》,已著録。《千頃堂書目》載《清風亭稿》十卷。此本第一卷爲騷賦,自二卷至七卷皆詩。其門人李澄所編、而劉珝、張弼評之。後有魏驥、楊守陳、沈周諸人題詞。較《千頃堂書目》少三卷,未知爲原本佚脱,爲黄虞稷誤記也……軒别有《枕肱集》二十卷、又有《海岳涓談》《諭蜀稿》,《千頃堂書目》尚著録,今未之見。其存佚蓋莫之詳矣。”

按,現僅存《清風亭稿》《枕肱亭文集》《紀夢要覽》。

公與沈周相交甚篤,相互論詩,令人稱羡。

按,錢謙益《石田先生事略》:“童軒評沈周詩曰:‘觀《春雪》《秋興》諸詩,則知啓南憂國之忠;觀《家君賞菊侍行》詩,則知啓南愛新之篤;觀《送繼南弟執役》及《和陳啓東》詩則知啓南交友之篤。’”又按,沈周《題清風亭稿後》曰:“一編新寄自嚴州,洗眼開心讀不休。夜月有輝生白璧,春風無迹動黄流。潮陽遣鰐多高思,蜀道聞鵑足遠憂。落落乾坤雅音在,獨怪絶唱少人酬。”成化二年至六年,童軒左遷壽昌知縣,沈周作《送童黄門士昂出宰壽昌》詩。此外童軒與沈周嘗互爲對方的文集作序、跋。

童軒原配夫人無子,側室李氏有一女,曰静娥。蔡氏有一子,曰紫芝。

倪岳《清溪漫稿》卷二十三《明故資政大夫南京禮部尚書致仕贈太子少保童公墓誌銘》:"配夫人陳氏無子,側室李氏生女一,曰静娥,適錦衣舍人黄璋。蔡氏生子一,即紫芝。"

參考文獻:

1. 李東陽《懷麓堂集》,康熙二十年刊本。

2. 項珂、陳志培《(同治)鄱陽縣志》,清同治十年刻本。

3. 傅維麟《明書》,商務印書館1936年版。

4. 錢謙益《列朝詩集小傳》,上海古籍出版社1983年版。

5. 倪岳《青溪漫稿》,《景印文淵閣四庫全書》第1251册,臺灣商務印書館1986年版。

6. 查繼佐《罪惟録》,浙江古籍出版社1986年版。

7. 趙宏恩《(乾隆)江南通志》,《景印文淵閣四庫全書》第512册,臺灣商務印書館1986年版。

8. 萬斯同《明史》,《續修四庫全書》第328册,上海古籍出版社2002年版。

9. 朱彝尊《明詩綜》,中華書局2007年版。

(陳家愉)

張寧傳

張寧，字靖之，號方洲，浙江海鹽人。明宣德元年(1426)生。

張廷玉等《明史》卷一百八十列傳第六十八："張寧，字靖之，海鹽人。"

陳田《明詩紀事》乙籤卷十九："寧，字靖之，海鹽人。"

朱彝尊《明詩綜》卷二十一："寧，字静之，海鹽人。"

盛楓《嘉禾徵獻録》卷二十三："張寧，字靖之，晚號方洲、歸叟，本德清人，父翥戍海鹽，遂爲海鹽人。"

沈季友《檇李詩繫》卷九《張汀州先生寧》："寧字靖之，號方洲，海鹽人。或云海寧人，誤。"

按，據四庫全書本《方洲集》卷一《廷策》後張氏自跋云："弘治三年，寧年六十有五矣。"可推知其生於宣德元年(1426)。

幼穎异。正統十二年(1447)，舉於鄉。景泰五年(1454)，中進士。授禮科給事中。

張廷玉等《明史》卷一百八十列傳第六十八："景泰五年進士。授禮科給事中。"

陳田《明詩紀事》乙籤卷十九："景泰甲戌進士，除禮科給事中，出爲汀州知府。"

查繼佐《罪惟録》列傳卷十三上："景泰甲戌，擬會試第一，以南人抑二甲。力學攻文辭,授禮科給事中。”

錢謙益《列朝詩集小傳》乙集:“景泰五年進士,授禮科給事中。”

過庭訓《本朝分省人物考》卷四十四《張寧》:“七歲題《畫龍》,有‘莫點金睛恐飛去’之句。景泰甲戌會試,考官奇其文,擬置第一,不遂。侍郎姚文敏讀之,驚問曰:‘得非張寧耶?’”

盛楓《嘉禾徵獻録》卷二十三:“寧七歲已能詩,長益宏博,負經濟之志。正統丁卯,舉於鄉。景泰甲戌,成進士。”

徐泰《家傳》:“公幼穎敏絶人,七歲題《畫龍》,有‘莫點金睛恐飛去’之句,人已識其不凡。”

夏時正《墓誌》:“景泰甲戌會試,考官奇其文,擬置第一,不遂。批其卷:‘進對大廷,自當出一頭地。’廷對,舉筆數千言,觀者走相報,稱學識不易得,侍郎姚夔讀之驚問曰:‘得非張寧耶?’少保于謙嘆曰:‘是之謂天馬行空,步驟不凡者。’”

徐咸《西園雜記》卷下:“正德丁卯元夜,先母宜人夢方洲先生緋袍金帶過寒家,問予在否。先母出見,答曰:‘少出矣。’先生徑入予寢室,解袍帶置於床,出曰:‘吾冠帶已付三郎矣。’遂去。明晨,先母語豐厓兄以所夢,兄即往學宫觀題名,先生中正統丁卯鄉試,歸告先母,甚爲予喜之。及秋,予果中式。”

焦竑《國朝獻徵録》卷九十一福建二太學志《汀州府知府張公寧傳》:“景泰甲戌進士,授禮科給事中。謇諤自將,遇事即言。宛平縣以買辦繁重,奏乞踏勘大興、宛平鋪户,均平坐派。寧奏:‘法出弊生,踏勘莫若節省,以蘇民困。’丙子,順天府鄉試,内閣大臣陳循、王文以其子不中,歸咎考官。寧奏:‘元宰私其子,而爲暴才稱屈,失大臣體,難居内閣,乞令罷歸。’聞者竦然。”

馬叙倫《讀書續記》:“公景泰初舉進士,自大魁之望,大學士王文以南人忌之，抑置二甲。旋拜禮科給事，歷都給事中。遇事敢言，章日數上，每有大議，景帝必問‘張給事中云何’。”

張廷玉等《明史》卷一百八十列傳第六十八：“天順中，曹、石竊柄。事關禮科者，寧輒裁損，英宗以是知寧。朝鮮與鄰部毛憐衛仇殺，詔寧同都指揮武忠往解。寧辭義慷慨，而忠驍健張兩弓折之，射雁一發墜，朝鮮人大驚服，兩人竟解其仇而還。”

朱彝尊《静志居詩話》卷七：“景泰甲戌進士，官禮科給事中，兩使朝鮮，轉都給事中。”

查繼佐《罪惟録》列傳卷十三上：“朝鮮仇殺毛憐即卜兒哈父子，寧以片言代重共，俾之感悦。”

過庭訓《本朝分省人物考》卷四十四《張寧》：“授禮科給事中，謇諤自將，遇事敢言。宛平等縣以買辦繁重，奏乞均平坐派，又：‘法出弊生，與其踏勘，莫若節省，以蘇貧困。’順天府鄉試，内閣大臣陳、王以其子不舉，歸咎劉文介，幾中傷得罪。寧奏：‘元宰私其子，陷考官，失大臣體，難居内閣，乞令罷歸。’聞者竦然。”

焦竑《國朝獻徵録》卷九十一福建二太學志《汀州府知府張公寧傳》：“英宗復位，勵精爲治，因灾變日御齋宫，用祈消弭。寧會六科，乞詔：‘在京衙門將秕政苛法所當改變芟薙者，悉舉奏行，其有不盡不實許言官劾奏，皇上尤當專慮澄心，嚴恭寅畏，静存動察，默感潜孚，凡可以上當天心，順而從之，隱微冥漠，一念轉移，望深留意。’上優詔允答。太監吉祥、忠國公石亨恃迎駕之功，竊弄張甚，事關禮科，舉奏無避，上以是知之，稱其不可多得。”

天順四年(1460)，以禮科給事中使朝鮮，轉都給事中。

沈季友《檇李詩繫》卷九《張汀州先生寧》：“天順中奉使朝鮮，饋遺一無所受。朝鮮爲樹亭，曰‘却金’。陪臣朴元亨從游太平館，寧賦百韻詩，朴隨手和之，殊不相下。寧得‘溪流殘白春前雪，柳折新黄夜半風',朴乃閣筆,曰:'不能和矣。'升都給事中。"

陳田《明詩紀事》乙籤卷十九:"靖之成化中以給事中使朝鮮,有《贈朴判書》詩,云:'朝鮮賢臣朴判書,老成風雅非凡儒。緱山玉笙鳳凰侣,弱流鐵網珊瑚株。鴨緑江頭始相見,雅度清談便依戀。曲池春水曉同吟,驛路東風夜共燕。'判書名元亨,朝鮮陪臣充館伴者也。靖之游太平館,賦七言長律六十韻,朴隨和之,殊不相下。靖之得'溪流殘白春雪前,柳折新黄夜半風'之句,朴擱筆曰:'不能屬和矣。'靖之對客揮毫,驚動遠裔,馬工不如枚速矣!"

姜紹書《無聲詩史》卷一:"天順間,出使高麗,畫蘭竹贈陪臣李扶,兼題詩其上,云:'新竹初解籜,幽蘭未著花。風光雖淺薄,生意亦無涯。'高麗《皇華集》載公詩文頗多,此其一也。"

張寧《方洲集》卷十二:《朝鮮義州遣還護送官兵榜》《朝鮮國回還命題本》《天順四年春三月五日登漢江樓,時申、權二議政、金、朴二判書、李府判、尹、李而承旨,在座皆朝鮮名士也。酒酣,落筆偶成十章,草率鄙俚,無足怪者,共發一笑,不妨以覆醬瓿云,又成一首》《余初至朝鮮,國王遣李府君陪從於太平館,禮意甚勤,及余行之五日,復遣趨黄州遠餞,酒半,持是卷索詩,詞意良篤,即席書一律以復之》。

成化元年(1465),出爲汀州知府。

朱彝尊《明詩綜》卷二十一:"景泰甲戌進士,官禮科給事中。兩使朝鮮,轉都給事中,出知汀州府。"

錢謙益《列朝詩集小傳》乙集卷四:"在省垣,與葉盛、林聰齊名,大臣忌之。出爲汀州知府,與岳正同日拜命。"

張廷玉等《明史》卷一百八十列傳第六十八:"憲宗初御經筵,請日以《大學衍義》進講。是年十月,皇太后生辰,禮部尚書姚夔仍故事,設齋建醮,會百官赴壇行香。寧言無益,徒傷大體,乞禁止。

帝嘉納之。未幾,給事中王徽以牛玉事劾大學士李賢,得罪。寧率六科論救,由是浸與内閣忤。會王竑等薦寧堪僉都御史清軍職貼黄,與岳正并舉。得旨,會舉多私,皆予外任。寧出爲汀州知府,以簡静爲治。期年,善政具舉。"

沈季友《檇李詩繫》卷九《張汀州先生寧》:"憲宗朝首勸經筵,又薦起,王竑、李秉諸大臣不悦。太后生辰,設齋醮,禮官斂大臣金錢祈福,寧言:'不可。'給事中王徽等劾内閣李賢,寧又合六科申救,人益忌之。出知汀州,未幾,乞歸。"

成化二年,引疾歸,致仕。家居三十年,累薦不起。

張廷玉等《明史》卷一百八十列傳第六十八:"英宗嘗欲重用之,不果。久居諫垣,不爲大臣所喜。既出守,益鬱鬱不得志,以病免歸。家居三十年,言者屢薦,終不復召。"

查繼佐《罪惟録》列傳卷十三上:"明年(成化二年)乞歸,父老遮泣。寧敏爽矜才,坐蒙忌嫉。已,御史張敬特薦,終不起。"

錢謙益《列朝詩集小傳》乙集:"致仕家居,凡三十年,無子。"

徐咸《西園雜記》卷下:"先生仕至知府,成化丙戌解官。"

沈季友《檇李詩繫》卷九《張汀州先生寧》:"家居三十年,日杜門以琴書自娱,放志山水,彩舟蠟屐,隨意所之,興至成文,呼筆立就。性喜繪事,特饒姿逸,然不輕與人點染。"

弘治九年(1496),卒,年七十。

嵇曾筠《(雍正)浙江通志》卷一百五十八:"出寧知汀州,興學崇賢,痛裁頑梗,治稱神明。逾年乞歸,父老遮留,有泣下者。"

按,張寧成化二年(1466)乞歸致仕。《明史》本傳言其"家居三十年",則張寧卒年當在弘治九年(1496)。

寧爲官正直,勤恤民隱,高風峻節,直言敢諫,嘗爲内閣所忌,以直諫名。

查繼佐《罪惟録》卷十三上:"遇事敢言,奮劾大臣陳徇、王文以科舉私其子,陷考官,廷臣意讋。天順中,鈐約石、曹等,聲焰稍戢。皇太后壽,尚書姚文敏斂大臣香錢齋醮,力争之,且云釋老不宜崇奉。救同官王徽,忤内閣。勸天子芟秕政,修省以弭天變,以蘇民困。……成化初,勸經筵薦王竑、李秉可大用,奏增鄉試名額。時有以'天縱'二字請加謚宣聖者,寧議此二字不足重孔子,已之。太監寧欲一見寧,必不枉。廷臣頗忌,出知汀州,郡事一清。"

過庭訓《本朝分省人物考》卷四十四《張寧》:"謇諤自將,遇事敢言。……寧偉貌修能,雄文直道,才高不下人,人以故摧挫之。銜命萬里,專對不辱。出守南郡,勤恤民隱。早見遄歸,養高林壑,閑家有則,孤踪無玷,如寧者,出則爲天下士,處則稱鄉先生者也。"

焦竑《國朝獻徵録》卷九十一福建二太學志《汀州府知府張公寧傳》:"閑居三十年,絶迹不事干請,高風峻節,足以敦薄俗,勵後進,素負經綸,景泰天順間爲諫官第一云。"

夏時正《方洲張先生文集序》:"先生志節卓偉,其道光明,故英華發外而時出者,絶塵當世,允迪前徽,投之宜無不合也。真無愧於古之立言。"

吴伯通《序》:"先生今之陸贄也,蹇於時迹,頗與宣公類,皆可慨也。其文集與奏議可并傳無疑。"

徐象梅《兩浙名賢録》卷二十四《黨直》:"閑居三十年,絶迹不事干請,高風竣節,足以敦薄俗、勵後進。素負經綸,景泰天順間爲諫官第一。"

傅維麟《明書》卷一百二十三列傳四《張寧傳》:"寧貌偉修度,雄文直道,銜命萬里,專對不辱。出守南郡,勤恤民隱,早見遄歸,養高林壑，閑家有則，孤踪無玷。”

詩思敏捷，尤善題畫詩。性喜繪事，規摹米氏，工人物山水。著有《方洲集》。

陳霆《渚山堂詞話》卷三：“張靖之有《方洲集》，中載南詞逾二十篇。”

周慶雲《歷代兩浙詞人小傳》卷五：“有《方洲集》四十卷，詞附。”

焦竑《國史經籍志》卷五集類：“張寧《方洲集》四十卷。”

丁仁《八千卷樓書目》卷十六集部：“《張方洲集》四十卷，明張寧撰，明刊本。《方洲集》二十六卷，附《讀史録》四卷，明張寧撰，明刊本。《奉使録》二卷，明張寧撰，鹽邑志林本。”

嵇璜《續通志》卷一百六十二《藝文略》：“《方洲集》二十六卷，附《讀史録》四卷，明張寧撰。”

夏時正《方洲張先生文集序》：“《方洲張先生文集》四十卷，士人許清所編，鄉貢士朱祚校正，浙江都司把總備倭觀海衛指揮使王侯英以浙江按察僉事武公屬命刻梓。”

謝丕《方洲後集序》：“公爲諸生時即自負磊落，及筮仕歸休，不爲依阿洟涊，浩然之氣老壯一致，故其發於製作，自廷對給諫，以至遣興應酬之作，無一委靡奇怪，而心畫遒勁，尤爲人所愛護，是其文章志節擬諸梅溪。”

永瑢等《四庫全書總目》卷一百七十集部二十三：“《方洲集》二十六卷，附《讀史録》四卷，兩淮馬裕家藏本，明張寧撰。寧有《方洲雜言》，已著録。是集首有弘治四年仁和夏時正《序》，稱《方洲集》四十卷，又有餘姚謝丕《續集序》，稱‘夏復拾林下之作爲四卷’。又有錢升募刻疏，稱‘僭作《補遺》’。是又在四卷外矣。而今本乃止二十六卷，合以所附《讀史録》，僅三十卷，或錢升重刊改并歟？寧官給事中,謇諤自持。六科章奏多出其手,每有大議,必問:'張給事云?'石亨、曹吉祥惡之,會有邊釁,奏使宣撫,竟諭定而還,其才略爲一時所稱。後以建言忤李賢,與岳正同調外,其氣節尤爲天下所重。雖一麾出守,蹶不復振,而屹然宿望,不在廊廟巨公下。今觀其奏疏諸篇,偉言正論,通達國體,不愧其名。他文亦磊落有氣,詩則頗雜浮聲,然亦無齷齪萎弱之態。觀其使朝鮮日,與館伴朴元亨登太平館樓,頃刻成七言長律六十韻,殆由才調縱横,不耐沉思之故矣。"

永瑢等《四庫全書總目》卷一百七十五集部二十八:"《奉使録》二卷,兩江總督采進本,明張寧撰。寧有《方洲集》,已著録。是集乃寧天順四年出使朝鮮所作,已編入《方洲集》内,此其初出别行之本也。上卷首叙奉使召對及奏稿數篇,餘皆途中留題之作。下卷則至朝鮮以後篇什,題曰《皇華集》,注云:'朝鮮刻本前有崔恒序,乃奉國王李瑈命編次而序之者也。'"

陳田《明詩紀事》乙籤卷十九:"有《方洲集》二十六卷。《詩談》:'海鹽張靖之,高雅得唐調。'《藝苑卮言》:'張靖之如小櫂急流,一瞬而過,無復雅觀。'《國雅》:'靖之縱調騁情,頗稱作者。其《采蓮》《昭君》,風力丹彩俱備,堪以陶寫幽心。至"林葉經霜盡,河水近午開",是前賢未振語。殷璠所謂意新理愜,斯得之。'《紫桃軒雜綴》:'張黄門靖之負海内重名,與時不能俯仰,拂衣早退。性喜繪事,不輕與人點染。余少時曾見其《海天落照》《石梁飛瀑》二幀,極詭麗奇偉之觀。近又見《李白看廬山瀑布圖》,泉壑樹石,縱横森布,一唐帽紅衫人,仰面掀鬚,豪態溢出,知其有傾河倒峽之氣鬱盤於胸也。抑先生假以自寓乎?'《無聲詩史》:'張靖之詩思敏捷,工人物山水。'《静志居詩話》:'黄門致仕歸,築方洲草堂於海澨,叠石爲山,上有峰曰蒼玉、曰拄頰、曰小飛來岩,岩曰宿雨、曰滴露洞、曰歸雲坡、曰蘭雪岫、曰茶烟嶠、曰咏月礐、曰卓筆泉、曰洗硯池、曰映山，皆劖於石，而通目之曰："一笑山。"家居三十年，歌詩畫筆與云東逸史齊稱。暮年無子，有二婢子曰寒香、晚翠，剪髮自誓，不下樓者四十年。有司以聞，詔旌爲雙節。'釋明秀詩云：'交翦雲鬟報主恩，鏡臺花落洗頭盆。同心誓死方洲上，霜月寥寥夜照門。'一時和者甚衆。黄門嘗過杭州，潑墨寫《目送飛鴻手揮五絃圖》，縱横潦草，侍婢笑之。題詩云：'閑尋敗筆作圖畫，小鬟立侍笑欲倒。山頭禿似土灰堆，樹根亂若蓬蒿草。'所云小鬟，殆即寒香、晚翠乎？田按：靖之，成化中以給事中使朝鮮。有《贈朴判書詩》云：'朝鮮賢臣朴判書，老成風雅非凡儒。緱山玉笙鳳凰侶，弱流鐵網珊瑚株。鴨緑江頭始相見，雅度清談便依戀。曲池春水曉同吟，驛路東風夜共燕。'判書名元亨，朝鮮陪臣充館伴者也。靖之游太平館，賦七言長律六十韻，朴隨和之，殊不相下，靖之得'溪流殘白春前雪，柳折新黄夜半風'之句，朴擱筆，曰：'不能屬和矣。'靖之對客揮毫，驚動遠裔，馬工不如枚速矣。"

朱彝尊《静志居詩話》卷七："黄門賦才捷敏，不費沉思。兩使朝鮮，水館星郵，留題殆遍。陪臣朴元亨以刑曹判司爲館伴，詩篇酬和，殊不相下。及偕登太平館樓，黄門成七言長律六十韻，元亨誦至'溪流殘白春前雪，柳折新黄夜半風'之句，乃閣筆。曰：'不能屬和矣。'旋爲大臣所忌，出守汀州，與岳文肅同日拜命。致仕歸而築方洲草堂於海濱，家居三十年。歌詩畫筆與云東逸史齊稱。暮年無子，有二婢，曰寒香、晚翠，剪髮自誓不下樓者四十年。有司以聞詔，旌爲'雙節'。釋明秀詩云：'交剪雲鬟報主恩，鏡臺花落洗頭盆。同心誓死方洲上，霜月寥寥月照門。'一時和者甚衆。黄門嘗過杭州，潑墨寫《目送飛鴻手揮五弦圖》，縱横潦草，侍婢笑之，題詩曰：'閑尋敗筆作圖畫，小鬟立侍笑欲倒。山頭頽似土灰堆，樹根亂若蓬蒿草。'所云小鬟殆即寒香、晚翠乎?蔣仲舒云:'静之既離瑣闥,旋就乞身,追念舊恩,愴然興涕。歌詩本於才敏,終鮮沉思,大概一時之雄,終難百世之業。'顧元言云:'方洲縱調聘情,頗稱作者。句如"林葉經霜盡,河水近午開",殷璠所稱"意新理愜",斯得之矣。'"

沈季友《檇李詩繫》卷九《張汀州先生寧》:"著有《方洲集》,是時風雅浸微,寧力爲振起,厥後董許、朱陳輩出,武原詩學所以獨盛於他邑也。"

錢泰吉《甘泉鄉人稿》卷十三《跋張方洲朱西村兩先生詩畫卷》:"海鹽張方洲先生以直諫顯,朱西村先生以高隱重。出處雖殊,皆擅三絶,實足輝映後先。此卷朱先生畫有自題句,三絶備矣。張先生雖但有詩墨,而行楷蒼勁,草書飛舞,想見清燕堂中,清興頓發,與集中所述《閑居畫記》無二致也,自署'成化乙未秋九月一笑山雪夜歸舟中録'。'一笑山雪夜歸舟'者,先生告歸後,以七字自題草堂之室也,有記見集中。朱先生在小瀛洲社會中年最長,當嘉靖壬寅實七十有八,此畫自署八十一翁,則在嘉靖乙巳。以甲子推之,張先生録詩時,朱先生甫十一歲耳,今裝者以畫居前,失其次矣。《方洲集》爲先世所校刊,家有藏本,惜殘闕。卷中《爲李使君題張南山畫》七古及《一笑山》以下三絶句,與《題餘不春社》絶句第一首,集中均未見,《題邊景昭畫馬》七古及餘不春社兩絶句,亦可校正集刻數字。西村詩於小瀛洲社集中略窺一二,肆中曾見全集鈔本,未及購藏,至今以爲恨。道光乙巳正月從沈雪門洛假此卷,展讀竟日,雜識於後而歸之。"

姜南《蓉塘詩話》卷十一《感事詩》:"張靖之先生《方洲集》中感事詩二首,蓋爲正統十四年,胡虜犯塞,車駕親征,王師敗績於土木,英宗北狩而作也。憂時感慨,觸目激中,使當時將相觀此,亦有動於中否乎？其一云：‘羽書昨夜報居庸，百萬雄師下九重。天子垂衣臨大漠，群臣端笏扈元戎。禁中已乏回天諫，閫外誰成闢地功。千古澶淵扶日轂，令人長憶寇萊公。’其二云：‘寶馬朱輪接上游，時危誰解奉天憂。鼎湖龍去英雄盡，劍閣雲深日月愁。玉輦已隨胡地草，青山依舊漢宫秋。元勛野死潼關破，誤國何人更首丘。’”

田汝成《西湖游覽志餘》卷十三：“雅好山水，歲率一再至杭州，至輒携親朋出游西湖、訪孤山、吊岳墳、登天竺、采舟蠟，屐隨意所之，興至呼筆，大篇短章頃刻立就，又善丹青，所著有《方洲集》，其《秋日游紫陽庵》詩：‘石級清懸絶薜蘿，洞門深敞野人過。霜林葉盡群峰出，風岫烟開夕照多。誰躡白雲尋鶴蜕，自摩蒼壁寫樵歌。登臨日少歸期促，白髮青山奈老何。’《題飛來峰》詩：‘舞岫翔巒勢薄天，岩崖空敞欲飛懸。詩窮翰墨題難盡，畫絶丹青趣不傳。浪説此中曾見佛，却疑深處可通仙。冷泉亭下西風緊，晚藉山房一醉眠。翠擁螺攢玉作堆，一峰孤絶似飛來。龍翔北海蒼鱗重，風落西湖錦翼開。鬼斧鑿穿生混沌，神鞭驅出小蓬萊。石首負郭岩扉敞，石壇上方門徑繞。’……”

陳田《明詩紀事》乙籤卷二十：“田按，英宗北狩，當時見之篇咏者，張和《與朱千户夜話詩》云：‘客里相逢感慨深，劍歌時復動悲吟。清尊坐對三更月，紫塞遥馳萬里心。瀚海地荒龍馭遠，交河風急雁書沉。微生愧乏安邊策，北望長天泪滿襟。’張寧《感事詩》云：‘羽書昨夜報居庸，百萬雄師下九重。天子垂衣臨大漠，群臣端笏扈元戎。禁中已乏回天諫，閫外誰成闢地功。千載澶淵扶日轂，令人却憶寇萊公。’‘寶馬朱輪接上游，時危誰解奉天憂。鼎湖龍去英雄盡，劍閣雲深日月愁。玉輦已隨胡地草，青山依舊漢宫秋。元勛野死潼關破，誤國何人更首丘。’”

盛楓《嘉禾徵獻録》卷二十三:“亦善畫,規摹米氏。”

其爲詩也,倡風教於音律,發乎性情自然,體切事理,藴温柔敦厚之遺意。主學詩者須有學問之力,定志高識,周知博覽,發聖賢之言,托著述於比興。

張寧《沈稽勛先生詩序》:“風雅義湮,漢魏日遠。近世爲詩者,沿襲於風土好尚,又各因其氣質學問以相高下,而所見無全詩矣。然與其流連模仿、矯而爲工,又不若出於性情自然者,可以考見是非得失、不失先王聲教之意。”

張寧《三忠二潔挽詩序》:“余嘗患今世多挽詩,大率爲人子孫表揚祖、父之文,具空言相高,上下一致。與之者非衷言,受之者無德譽,見之者不以爲重輕。《黄鳥》《尸鄉》之哀聲,至是一大變矣。”

張寧《吴文肅公竹洲文集序》:“聖賢之士,原於性情,藴蓄爲道德,著見爲功業,初無意於言也。然不教不行、不書不傳、不辯不明,不能不托諸言,以詔天下後世。”

張寧《學詩齋卷跋》:“孔子謂伯魚:‘不學詩,無以言。’所謂‘學’與‘言’,通達志意,體切事理,而自有以善於言。非欲誦習其文,以資辯説也。自觀興群怨之教衰,而《三百篇》勸戒大義,盡湮於聲律文詞之末。雖盛唐諸家,亦不出此。但視漢魏以降,稍能和平雅淡,庶幾温柔敦厚之遺意猶有存者耳。先輩謂删後無詩,蓋自有見。或者遂洞視近古,至謂宋儒之詩爲無物,幾欲一掃而空焉者,棄本逐末,弊一至此。夫文章固個有體,聲韻亦自不同,然未有外理趣、舍經典,而可以言詩者。詩有清新者,亦有優逸者,有沉着者,有痛快流麗者,有豪放放蕩、不可拘者,有模擬相像、捕風捉影、奇怪百變者,……使不切理達情、不根藝實,則淫哇巧艷,荒唐汗漫之言,過耳輒了,無復遺意,於宋詩也遠甚,况《三百篇》乎?故善詩者,必有定志高識,周知博覽,本始放聖賢之言,師意變文,涵融渾化,寓理趣於聲律之内,托著述於比興之餘。……是故欲學詩,非有得於學問之力,雖近古疏節,猶不可及,况六藝之大要哉?”

張寧《陸參政北征唱和詩跋》:“‘詩言志’,志正,則其言也必精;志同,則其言也必協。志同而正,言協而精,必若人焉。措諸天下,事無不濟。……詩固人才政化所關,非但句律之間。”

張寧《畫米元章拜石圖附一詩》:“吾聞周人拜,九辯各有則。空稽猶簡易,振肅儀已極。禮達百不煩,力致一可惜。蘇卿抗名王,鄭從厲絶域。亞夫辭介胄,汲黯服長揖。生死矢不移,寵辱安所恤。云何後來者,軟媚等難極。望塵伏床下,不復論曲直。黠以諂公卿,愚以祈老佛。頽流逐靡風,掃地盡古迹。元章夙奇蕩,動止异俗習。强項難苟俛,捫膝不輕屈。自從辭君親,久不爲是役。落落無爲鄉,寥寥不齊邑。伊誰與爲禮,見此孤立石。颯焉松風生,隱只雲霧出。踞如猛虎化,厲若老蛟蟄。仿佛入魯廟,正我緘口客。又疑千秋亭,翁仲失其一。終知混沌鑿,倏忽委靈骨。欣然命袍笏,雅拜情孔適。物我了相忘,恭傲吻無隙。清狂詎如許,深意將有激。全勝彼昏人,僕僕賈危慝。但恐違中庸,行怪不可率。”《爲吴玉甫侍御題芙蓉圖》:“志在懷寂寥,佳人念遲暮。本與秋風期,不悟春已去。嫣然如有情,暄妍發寒素。紅摇碧潭水,緑掩黄葉樹。垂垂翠帳烟,冉冉錦城路。試問涉江人,相思在何處。”《自題方洲草堂》:“一住深山不計年,幽居風景勝平泉。茂林芳草無行轍,流水飛花有釣船。白髮人閑將老矣,紅塵夢醒益蕭然。憑誰唤起王摩詰,爲寫吾齋入輞川。”《爲徐甘谷寫枯木竹石》:“梓澤荒凉勝覽空,平泉無樹領春風。與君共老滄江曲,晚色寒聲滿釣篷。”《題雁》:“孤雲寒影共悠揚,塞北江南萬里長。最是日斜疏雨歇,半拖秋色到衡陽。”《畫景》:“千山晴翠濕春雲,萬樹凝風晝不分。欲趁山童入深處,落花填徑鹿成群。”《題畫》:“雨晴芳渚野梟飛,楊柳條長荇葉肥。閑展蓬窗看溪水,春痕才上釣魚几。"

廷對,受知於于謙,與伍僉憲、王漢昭、陳彦章、孫廷珍、楊廷獻、沈希貴、施有章相友善。

盛楓《嘉禾徵獻録》卷二十三:"廷對,受知於于謙。《支華平集》:'方洲廷對策長不能終,特爲添一卷,而讀者忌之,抑置三甲。'當時公卿無不稱屈。"

張寧《方洲集》卷四:《草蟲雜圖四十二首爲伍僉憲題》《王漢昭招予同社友輩賞雪即席紀事》《送陳彦章還温州》《和孫廷珍侍御短檠歌》;卷六:《爲楊廷獻題畫六首》;卷七:《寄陳彦章》《爲陳彦章題夏圭山水圖五十韻》《酬陳彦章見寄》;卷八:《别陳敬佐》;卷十:《贈沈希貴老友》;卷十五:《送施有章序》;卷十六:《送錢廷珍憲使序赴江西序》。

無子。有二妾,寧卒,剪髮自誓,樓居不下四十年,詔旌爲"雙節"。

張廷玉等《明史》卷一百八十列傳第六十八:"無子。有二妾,寧没,剪髮誓死,樓居不下者四十年。詔旌爲'雙節'。"

錢謙益《列朝詩集小傳》乙集:"致仕家居,凡三十年,無子。有二妾曰寒香、晚翠,剪髮自誓,不下樓者四十年,詔旌爲雙節。""静之《題士女圖》落句云:'陽春宛宛白日暮,空抱花枝歸洞房。'人以爲詩讖。"

朱彝尊《静志居詩話》卷七:"暮年無子,有二婢子,曰寒香、晚翠,剪髮自誓,不下樓四十年。有司以聞,詔旌爲雙節。釋明秀詩云:'交翦雲鬟報主恩,鏡臺花落洗頭盆。同心誓死方洲上,霜月寥寥夜照門。'一時和者甚衆。黄門嘗過杭州,潑墨寫《目送飛鴻手揮五絃圖》,縱横潦草,侍婢笑之。題詩云:'閑尋敗筆作圖畫,小鬟立侍笑欲倒。山頭禿似土灰堆,樹根亂若蓬蒿草。'所云小鬟,殆即寒香、晚翠乎?"

查繼佐《罪惟録》列傳卷十三上:"寧老無子,所畜妾高、李,及寧卒,年可十七八,剪髮誓死不得,閉齊不下樓者三十九年,旌雙節云。"

參考文獻:

1. 張寧《方洲先生集》二十六卷《讀史録》六卷,明萬曆刻本。

2. 盛楓《嘉禾徵獻録》,清鈔本。

3. 錢謙益《列朝詩集小傳》,上海古籍出版社 1981 年版。

4. 沈季友《檇李詩繫》,《景印文淵閣四庫全書》第 1475 册,臺灣商務印書館 1986 年版。

5. 朱彝尊《静志居詩話》,人民文學出版社 1990 年版。

6. 過庭訓《本朝分省人物考》,周駿富編《明代傳記叢刊》第 131 册,臺灣明文書局 1991 年版。

7. 陳田《明詩紀事》,上海古籍出版社 1993 年版。

8. 朱彝尊《明詩綜》,中華書局 2007 年版。

(閆麗)

何喬新傳

何喬新，字廷秀，一字天苗，號椒丘，江西建昌府廣昌(今江西省撫州市廣昌縣)人。宣德二年(1427)生。

蔡清《椒丘先生傳》(何喬新《椒丘文集》外集)："先生名喬新，字廷秀，姓何氏，世家盱之廣昌。宋寶謨閣直學士謚文定公坦之裔，吏部尚書東園先生第三子也。"

林俊《見素集》卷十八《刑部尚書贈太子少傅謚文肅何公神道碑》(以下簡稱《何公神道碑》)："椒丘公之卒弘治壬戌臘月，俊巡視江西時也。……公壽七十六。"錢椒《補疑年録》(清道光刻本)卷三："何廷秀，七十六，喬新，生宣德二年丁未。據林俊撰《神道碑》，以卒年推之。卒弘治十五年壬戌。"

朱彝尊《明詩綜》卷二十一"何喬新"條："喬新，字廷秀，一云字天苗，江西廣昌人。"

曾燠《江西詩徵》卷五十一"何喬新"條："喬新字廷秀，一字天苗，廣昌人。"

陳田《明詩紀事》乙籤卷十九"何喬新"條："喬新字廷秀，一字天苗，江西廣昌人。"

父文淵，永樂十六年(1418)進士。官至御史，歷按山東、四川。

蔡清《椒丘先生傳》："吏部尚書東園先生第三子也。"

林俊《何公神道碑》:“公出宋寶謨閣直學士文定公坦之裔,吏部尚書東園公文淵淑子。”

張廷玉等《明史》卷一百八十三《何喬新傳》:“父文淵,永樂十六年進士。授御史,歷按山東、四川。”

喬新穎敏過人,九歲,就外傅讀書,十一歲,隨父居京邸。讀《通鑑綱目》,輒了其大旨。比長,博綜群籍,聞异書輒借鈔。

蔡清《椒丘先生傳》:“少多疾,九歲始就外傅讀書,穎敏過人。年十一,讀《通鑑綱目》,輒了其大旨。有問者,備舉其首尾,若道目前事,聽者忘倦。刑部尚書匡山魏公、侍郎豐城丁公皆以偉器期之。翰林修撰周君中規嘗至先生書齋,見壁間懸新城朱文徽所寫《丹鳳鳴陽圖》,中規因嘆文徽多能。先生徐曰:‘此非學者所當爲也。’中規异之,因問所讀何書。對曰:‘陳子桱《通鑑續編》也。’曰:‘子桱書法,視朱子何如?’曰:‘先輩著述,非後生所敢議。然吕文焕之降元,不書其叛;張世杰之溺海,不書其死節;曹彬、包拯之卒,不書其官;紀羲軒,則采怪誕不經之談;書遼金,則失内夏外夷之義,似未有當也。’中規大驚,因白東園曰:‘三郎學識不易及也。’”

林俊《何公神道碑》:“公字庭秀,少穎异,年十一二,《通鑑》道無遺,病陳子桱《續編》書法,卒曹彬、包拯不書官,吕文焕降元不書叛,張世杰溺海不書死節,紀羲軒附不經之談,書遼金失内夏外夷之辨,爲周殿撰中規所奇。”

張廷玉《明史》卷一百八十三《何喬新傳》:“喬新年十一時,侍父京邸。修撰周旋過之,喬新方讀《通鑑續編》。旋問曰:‘書法何如《綱目》?’對曰:‘吕文焕降元不書叛,張世杰溺海不書死節,曹彬、包拯之卒不書其官,而紀羲、軒多采怪妄,似未有當也。’旋大驚异。比長,博綜群籍,聞异書輒借鈔,積三萬餘帙,皆手較讎,著述甚富。”

陳音《送刑部尚書何公序》(《椒丘文集》外集):"今刑部尚書何公,自少穎悟絶人,潛静篤學,凡群經諸史以至百家書,皆窮搜力索而得其歸趣。宅心操行,嚴辨可否,動必思古人,惟恐自負其所學。援筆爲詩文,雄渾典雅,可追于古名家。"

景泰元年(1450),舉鄉試第六名。明年會試,中甲榜,移置乙榜。授教職,辭不受,暫歸鄉里。

蔡清《椒丘先生傳》:"景泰庚午,赴江西鄉試。時姑蘇韓公雍巡按江右,欲私見之,先生辭不往。及入試,主司天台章先生陬得其文,擢置第一。監察御史周君孔明以東園方典銓衡,懼招物議,乃移置第六。明年會試禮部,名在甲榜,翰林學士江先生淵亦避嫌,移置乙榜。例授教職,辭不受。"

周旋《畏庵集》(明成化十九年劉遜刻本)卷六《送何君喬新還廣昌序》:"今年春,領鄉薦。會試京師,以中乙榜,辭不就教職。卒業于胄監,循例暫歸省其母太夫人。"

景泰五年(1454),中二甲第六十一名進士,觀政工部。七年,授南京禮部主事。

蔡清《椒丘先生傳》:"及東園致仕,乃登進士第,觀政工部。嘗奉使淮西,巢縣令閻徽少學於東園,以白金文綺爲贈,先生力却之。徽曰:'吾以壽吾師,非贈君也。'先生曰:'子欲壽吾親,因他人致之則可,因吾致之則不可。'卒不受。東園聞之喜,曰:'吾兒如是,吾無憂矣。'景泰七年春,擢南京禮部主客司主事,政務甚簡,終日閉户讀書。宗伯姚公重之語人曰:'何主事方爲時用,恐其不習於政,奈何?'乃檄先生收糧。先生平斗斛,謹出納,嚴勾稽,而痛懲奸吏之侵漁者。姚公喜謂先生曰:'推是以往,無施不可矣。'會丁東園憂,解任歸。宋樞密陳文定公父葬廣昌,世稱吉壤,其子孫貧甚,欲鬻其墳爲東園宅兆。先生曰：'暴人之父而葬吾父，吾不忍爲也。'"

徐瓊《送刑部尚書何公赴召詩序》（《椒丘文集》外集）："自公少時，已負重名。景泰甲戌登第，初授南京主客主事，庭草交翠，觀書若將終身。"

英宗復辟，父文淵以景泰中有"父有天下傳之子"之語，懼而自縊。里人奏文淵死實諸子迫之，遂逮獄就對，旋解。復丁母憂。

張廷玉等《明史》卷一百八十三《何喬新傳》："父文淵，永樂十六年進士……英宗復位，削其加官，而景泰中易儲詔書'父有天下傳之子'語出文淵，或傳朝命逮捕，懼而自縊。時喬新已登景泰五年進士，官南京禮部主事，奔喪歸里。里人故侍郎揭稽嘗受業文淵，而與喬新兄弟不協，奏文淵死實諸子迫之自經，又逼嫁父所愛妾。喬新亦訐稽爲巡撫時，嘗席黄竑，且代草易儲疏。皆被徵比對簿。父妾斷指，爲諸郎訟冤，獄得少解。帝亦以事經赦，釋不問。已，復丁母憂。"

何喬新《椒丘文集》卷三十《先兄本茂墓誌銘》："先兄諱宗，字本茂。……先公歿，居喪哀毀，幾不能生。縣之不逞者懷宿憾，誣以罪，先兄詣闕自陳，下錦衣衛獄，而逮諸弟就對。典獄者察其誣，奏遣使者復之。未至，先兄遘疾，藥餌罔功，自度不起，語喬新曰：'此冤不白，吾將訴於上帝。'遂卒，時天順三年四月某日也。卒後一日，使者至，辨所誣無毫髮實，遂抵誣者罪，而先兄不及知矣。"

尹守衡《皇明史竊》（明崇禎刻本）卷四十八《何喬新傳》："論曰：怨毒之於人也甚矣哉！史稱何喬新勸父引决以自全，或曰出焦芳之懟筆。王弇州曰：文淵四月卒，黄竑、徐正五月誅，先後不相及。嗟夫！小人之得以污蔑乎？君子其奚誅，百世下猶能令百犬之群吠，可恨也哉！"

查繼佐《罪惟録》罪惟録列傳卷之十一中《何喬新傳》："論曰：

甫服官誓三言,文肅可爲終身以之者矣。同鄉侍郎揭稽故與喬新郗,奏文淵誤聞自盡,實諸子逼以脱禍。喬新亦奏稽巡撫廣東時,嘗薦黄竑,且代竑草易儲之疏。逮訊兩釋。夫代草自足死,即喬新以子正諫其父,禮也,亦頗似幹蠱之義,子何罪?請禁胡語,當指内附諸彝,防後變,非國初尚遺薄俗。"

談遷《國榷》卷四十四"孝宗弘治十五年":"成化間,倪文毅之于謙,何文肅之於文淵,俱風節矯矯,光於前烈,而史以焦芳修郄,誣其脅父自盡,讒人罔極,要不得冤蔑之也。"

張岱《石匱書》卷一百一十三《何喬新傳》:"景帝立太子,文淵草詔有'天降下民作之君父,有天下傳之子'句,文淵自喜爲人誦之。英宗復辟,文淵虞禍,自經死。有愛妾,霸州人,諸子令之嫁,不肯。郡人揭稽者,亦文淵門人,爲侍郎謫官家居,奏文淵死實諸子逼之以脱禍,又逼嫁父所愛妾。詔逮繫獄拷掠。霸州妾剁十指爲喬新訟冤,喬新亦奏稽巡撫廣東時,嘗薦黄竑及代草易儲疏,既以事往不竟獄,并釋歸。霸州妾謂諸子曰:'諸郎謂我不能節邪?今日非我,諸郎斃矣。'諸子乃羅拜霸州妾階下,尊稱之曰'霸州夫人'。"

服除,改刑部陜西司主事,遷本部廣東司郎中。錦衣衛卒犯法,捕治不少貸。都指揮袁彬有所囑,執不從。彬因使人捃摭,無所得,由是知名。

蔡清《椒丘先生傳》:"繼丁母夫人憂,服闋,改刑部陜西司主事。先生盡心庶獄,無小大必求其情。武清農家婦牧牛於野,二戎卒驅其牛去,婦號而請之,不予。錦衣衛捕盗者執之以爲强盗,送刑部,治其罪。先生曰:'此白晝奪人物,非强盗也,律當徒。'又有强盗舍逆旅,分所劫彩繒遺主翁,事覺,巡徼者并主翁執之,以爲同盗。先生訊得其情,曰:'此與盗分贓耳,當與强盗殊科。'司寇陸公喜曰:'子慎刑如此,不愧乃翁矣。'遷本部廣東司員外郎。錦衣衛隸廣東司，其官校恃侍衛親軍，恣横冒禁，法司每優容之，先生曰：'法者，天下之公也。有犯輒捕治，不少貸。'繇是，官校悚懼，相戒不敢犯。修《英廟實録》，命各部采摭事當紀載者，爲書上之，司寇以屬先生。及書上史館，少保南陽李文達公閲之，曰：'紀實而飾以文，視諸司惟謄吏牘者大不侔矣。'遷本司郎中。錦衣衛百户有逐其舅之子而奪其財産者，舅子死，其孫訟於官。指揮使袁彬囑先生抑訟者，先生執不可，悉奪財産歸其孫。彬怒，欲因事陷先生，遣覘事者百端攟摭，卒無毫髮可指爲罪者。先生在刑部久，凡法比、禁例，具通其本末。陸公及侍郎太原周公、新安程公、滁水董公皆重之，有大獄具必以屬先生，章疏當上者輒使具草。"

張廷玉等《明史》卷一百八十三《何喬新傳》："服除，改刑部主事，歷廣東司郎中。錦衣衛卒犯法，捕治不少貸。都指揮袁彬有所囑，執不從。彬怒，使人捃摭無所得。由是名大起。"

徐瓊《送刑部尚書何公赴召詩序》："丁外艱去，起復，改刑部，再遷至郎中。執法不回，雖豪右無少假藉，用事者銜之欲傾，伺累月無得，時皆爲公危。公嚴己自如，彼用事者竟敗貶，公名益彰。"

成化四年(1468)，遷福建副使。九年，升河南按察使。十四年，升湖廣右布政使。十五年，轉左。十六年，擢督察院右副都御史，巡撫山西。十八年，任刑部左侍郎。

《憲宗實録》卷五十二"成化四年三月壬申"："升刑部郎中何喬新爲福建按察司副使。"蔡清《椒丘先生傳》："吏部尚書古曹李公知先生材且賢，屢薦于朝，升福建按察司副使。既抵任，浙寇千餘人壽寧等縣盗采銀礦，所過剽掠，先生募鄉兵擊之，斬首數百級，擒其魁，浙寇敗走。福寧土豪尤氏暴横殺人，出入以兵甲自隨，縣官捕之，輒旅拒不服，幾二十年。先生設方略，生致其父子，置於法。福清薛氏以所居瀕海，歲出諸蕃互市，事覺，遂聚衆欲爲亂。先生掩其不備,盡獲其渠黨,海道以寧。福安、寧德銀礦久絶,有司責民供歲課,民多破産,先生具奏,減二縣銀課三之二。行部興化,問民所病,皆曰:'洪武初,官以牛貸民耕,而徵其租,牛物故已久,而徵租如故,民以是病。'先生以聞,遂蠲其租。都察院副都御史滕公巡撫福建,檄先生分巡汀、邵、延、建。先生遍歷諸縣,訪民利病,而興除之。清流之歸化里,介乎將樂、沙縣之間,民恃其險僻,不供徭賦。先生白滕公,即其地置歸化縣,其民始奉法令。龜山先生,將樂人,子孫微甚,墳塋蕪穢,其書院亦爲戎卒所據。先生修其墳,復其書院,且藉廢寺腴田百畝,俾其子孫耕以奉祀焉。典番舶中官死,鎮守太監分其餘財,遺三司,先生力辭不得,乃受而輸之庫。"

《憲宗實録》卷一百一十二"成化九年正月癸丑":"升福建按察司副使何喬新爲河南按察使。"蔡清《椒丘先生傳》:"升河南按察使。福建都指揮僉事武成,以先生薦,授閫職。及先生行,以犀帶、銀器爲贐。先生笑而却之,曰:'我知君,君何不知我邪?'成慚而退。河南大水,民艱食。舊制,賑貸貧民,至秋罷。先生曰:'令賑貸止於秋者,以秋成可仰也。今秋田無收,賑貸可已乎?'命郡縣如舊賑之,至麥熟乃止。流民入境,無食者發粟爲粥食之,無衣者以庫藏帛給之,所全活不可勝計。河南守薛昌、鹿邑令胡宏、杞縣令李文中皆以貪暴病民,而有强援,它使者不敢問。先生劾其罪,或徙或黜。鈞州民趙甲飲于陳乙酒肆,乘夜渡河,溺而死,甲之子訟於官,謂:'甲與乙鬥,乙殺而投諸河。'乙以鍛鍊慘酷,自誣服,坐繫數年。先生讞之曰:'酒肆民居櫛比,使鬥,必有聞之者。肆距河且十里,負屍投之,必有見之者,奈何以單辭成罪乎?'令有司驗甲屍,腦皮裏有沙石,仵作定爲溺死,遂破械出之。都御史陽城原公招籲流民,至河南,引先生自助。先是,都御史項公驅逐流民,死者十餘萬,及聞原公至,皆逃匿。先生馳至山谷,委曲諭之,流民感泣,願附籍者六萬餘户。兩覲京師,同覲者多重載以遺權貴,先生僦車以行,所載書籍、朝服而已。升湖廣右布政使。荆襄大水,漂溺千餘家,巡撫都御史劉公檄先生賑之。先生躬自撫循,發粟以續其食,而給錢使葺其居,民咸安焉。荆民以徭役不均,訟於臺,劉公又檄先生理之。先生驗其丁口,登耗貲産厚薄,列爲九等,以輕重授役焉,民咸稱便。"

《憲宗實録》卷一百七十四"成化十四年正月丁亥":"升……河南按察使何喬新……爲右布政使。"卷一百九十七"成化十五年十一月癸卯":"升湖廣右布政使何喬新……爲本司左布政使。"

《憲宗實録》卷二百九"成化十六年十一月壬辰":"升湖廣左布政使何喬新爲都察院右副都御史,提督雁門等關,兼巡撫山西。"蔡清《椒丘先生傳》:"成化十七年冬十一月升都察院右副都御史,巡撫山西,兼督三關兵備。成化十七年冬十一月升都察院右副都御史巡撫山西兼督三關兵備。時山西連歲旱饑,米價騰躍,先生發倉粟三十萬,減價糶之,民賴以濟。北虜寇邊,先生伏兵灰溝營,虜至與戰,斬獲甚衆。升左副都御史,奉敕清理刑獄,辯沉冤,察隱慝,咸當人心。律重情輕者具以聞,多得末減。"按,何喬新擢右副都御使的時間當以實録爲準,即成化十六年。

《憲宗實録》卷二百三十二"成化十八年九月乙丑":"以巡撫山西左副都御使何喬新爲刑部左侍郎。"蔡清《椒丘先生傳》:"召爲刑部左侍郎,屢辯疑獄,請托無所徇,屬官畏其嚴,莫敢恣睢者。虜酋小王子寇大同,殺邊將,畿内驚駭,紫荆、居庸二關尤急。先生奉敕巡邊,相險阻,築城堡,簡精壯,礪器械,爲戰守備。嘗獲虜諜,知小王子營在邊守者多老弱,又請選精兵,間道出擣之,會虜潛遁,不果用。山西大飢,人相食,逃徙他境者什四五。上命先生往賑之,許便宜行事。先生請於朝發内帑,并賣淮鹽,得銀數萬兩,又勸富室及僧道士,得粟數十萬石,選司府官分部賑濟,死者爲叢冢葬之,又僦民疏溝渠而償以粟,所活凡三十萬人,招回復業者十四萬人。播州宣慰使楊愛與其庶兄友不睦,友奏愛奢僭淫暴等罪,且云有异謀。朝廷命先生即訊囚愛以待命,先生言:'楊氏據有播州六百餘年,其民知有楊氏而已,一旦見其酋長囚禁,群夷驚疑,恐生他變。乞審驗虚實,重者監候,輕者發遣。'上從之。既而訊鞫,具得其情,友實欲奪愛宣慰,肆爲誣罔,先生具以上請,且慮其兄弟相仇殺,遷友它郡,邊夷以安。"

林俊《何公神道碑》:"孤介嚴冷,法執是確,不可移積。忤袁錦衣,伺之無其隙。大僚大奏讞、大制作皆出其手,在閩奏減銀礦課額,蠲半租,以無病在民,而置其稔惡土豪尤者交番薛者於獄。在河南,出貪横有强援守者一人,令者二人。趙甲飲陳乙酒肆,歸而溺諸河,甲之子訟乙毆死,誣服,公讞之曰:'肆櫛比民居,毆必有聞,去河遠,負亦必有以見。'其驗果拾甲沙泥,乙得辨。開封并郡境歲飢,故事,賑至秋,公令連賑,麥實乃已。前後安輯南陽,賑荆襄一,再賑山西,全活者不可勝計。南陽招回復業十四萬人,附籍六萬餘户。北虜犯邊,公設伏灰溝橋,斬獲甚衆。又犯邊,殺邊將,畿輔震驚,紫荆、居庸尤急。公往經略,練兵立險,爲必搗老營之計,小王了聞而遁。播州楊友謀宣撫,遂謀奪宣慰,誣有反狀。公往訊,具得其奸,奏誅其黨數人,革官銷印,而遷友保寧。其它疏還留守奪民蘆洲、革官校私駕帖、禁京師胡服胡語、録罪囚、第徭役、行賤糶,經猷注措,皆翊正國是、贊畫泰平之大端,雖未能盡副人意,要所謂异同公者,殆非公人也。"

徐瓊《送刑部尚書何公赴召詩序》:"後用薦,累遷爲福建憲副,爲河南憲使,爲湖廣左右布政使,爲都察院右副都御史,巡撫山西,建有軍功,用轉于左。德威清肅邊境,剔蠹抑勢,元元用乂。審録獄囚疏上，先帝覽而喜其簡明，簡在淵衷，尋遷刑部左侍郎。議公久撫山西，達軍民之情，兩奉敕行，先詰戎兵，後賑旱飢，以致戎事休，而老稚無溝壑之轉矣。既還，不狗賈媚，潔己獨立，退則謙抑下人，至臨大事、決大疑，則愕愕便便，勇冠三軍，而利害不之顧，以故寡合，久不調。”

孝宗嗣位，遭忌，出爲南京刑部尚書。弘治元年(1488)，召爲刑部尚書。

《孝宗實録》卷四“成化二十三年十月甲戌”：“……刑部左侍郎何喬新爲南京刑部尚書。”卷九“弘治元年正月己未”：“改南京刑部尚書何喬新爲刑部尚書。”

蔡清《椒丘先生傳》：“今上皇帝即位，升南京刑部尚書，到任僅二月，召爲刑部尚書。先生在南都，嘗言：‘沿江蘆洲率爲中官占據，有訟者輒云買物進奉，今陛下既罷貢獻，乞以蘆洲給還軍民。’由是牾中官意。及在刑部，拒絶請托，凡大小之獄，一以法律從事，或脅以禍福，皆不顧。錦衣衛官校出入逮捕，但賫駕帖到臺，皆不與聞。先生言：‘舊制，提取囚犯，必給精微批，所至比號乃行，則矯詐無所托。駕帖不必比號，則真僞無由辨，乞仍給批便。’又言：‘京師大水，恐内外刑獄有冤枉者，乞選官審録，庶以弭灾。’又言：‘京師軍民習胡語，服胡服，此亦伊川被髮野祭之類也，乞出榜禁約。’上皆從之。兩以疾卧家，上皆命醫診治，又遣中使臨問，賜以酒米肴蔬。”

張廷玉等《明史》卷一百八十三《何喬新傳》：“孝宗嗣位，萬安、劉吉等忌喬新剛正，出爲南京刑部尚書。既而刑部尚書杜銘罷，群望屬喬新，而吉代安爲首輔，終忌之，久不補。弘治改元，用王恕薦，始召喬新代銘。”

陳洪謨《治世餘聞録》下篇卷一《芷沅箬陂微臣》：“建昌何公喬

新,素有重名。成化末蜀人杜銘欲求爲刑書,萬閣老預薦何爲南京刑書,恐妨銘耳。及太監懷恩起自謫所,一日詣内閣言:'新君即位,如何以何喬新升去南京?'時尹閣老徐對云:'初以其年深,暫且升去。今有此闕,又何難取?'劉閣老遽曰:'纔到南部,如何可取?'尹曰:'取屠滽亦可。'劉曰:'在廣東未歸。'尹曰:'昨具題本,已復南臺矣。'劉曰:'年亦淺。'蓋劉欲進一私人而不果,遂空其位,乃薦彭韶爲右侍郎。戊申春,冢宰王公首舉何爲司寇,士夫翕然稱快。"

弘治四年春,乞歸,許致仕。

蔡清《椒丘先生傳》:"屢疏乞罷,上不允。然以執法不阿,群小多不悦。御史鄒魯等乘風誣奏,先生不自辯,但解印待罪,且乞致仕。既而有旨,仍令先生掌印,亦固辭。及錦衣衛逮證佐鞫之,知魯等所奏皆誣詞,上乃命先生致仕。賣宅即行,抵家不接人事,鄉人罕得見其面。大理少卿屠勛及南京六科十三道累奏,欲起先生,權貴多忌之者,竟不用。宣慰楊愛聞先生致仕,遣使致金銀爲壽,并獻名梓可爲棺者,先生拒不受。或譏其近名,先生曰:'吾道當如是也。'"

陳建《皇明通紀集要》(明崇禎刻本)卷二十四:"辛亥弘治四年正月刑部尚書何喬新致仕。喬新執法不阿,有御史鄒魯謀躐陞大理寺丞,喬新薦其屬郎中魏紳補之,魯遂誣奏喬新受親故饋遺囑托。内閣劉吉素銜喬新,遂下錦衣衛鞫訊,無驗,喬新乃乞致仕南歸。"

張廷玉等《明史》卷一百八十三《何喬新傳》:"二年夏,京城大水,喬新請恤被灾者家,又慮刑獄失平,條上律文當更議者數事,吉悉格不行。大理丞闕,御史鄒魯覬遷,而喬新薦郎中魏紳。會喬新外家與鄉人訟,魯即誣喬新受賕曲庇。吉取中旨下其外家詔獄,喬新乃拜疏乞歸。頃之,窮治無驗,魯坐停俸,喬新亦許致仕。"

弘治十五年十二月二十二日(1503 年 1 月 20 日),卒,年七十六。正德十一年(1516),贈太子少傅。明年,賜謚文肅。

林俊《何公神道碑》:"椒丘公之卒弘治壬戌臘月。"《椒丘外集》"都察院右副都御史韓邦問題爲乞恩優厚病故大臣事":"今於弘治十五年十二月二十二日,有祖刑部尚書何喬新亦故。"按,十二月二十二日,公曆爲 1503 年 1 月 20 日。

林俊《何公神道碑》:"今正德丙子,廣昌令張潔又再論,上曰:何喬新學行俱優,始終全德。贈太子少傅,蔭子孫一人入監,既又謚文肅。""晚年喪道同、永孚、永弼三子,僅一弱孫,吴夫人强爲立妾,舉承鳳,舉瑞麟。承鳳,邑庠生,蔭入監。孫一,延禄,道同生;曾孫二,洛、濂,延禄生。"(按,此段據何喬新《椒丘文集》外集所載林俊"何公神道碑"。)

張廷玉等《明史》卷一百八十三《何喬新傳》:"正德十一年,廣昌知縣張杰復以爲言,乃贈太子太保,予蔭。明年賜謚文肅。"

喬新性廉介,沉晦周謹,言動必儒賢爲準,義利界軫,截不可犯。不營利、不阿權貴、不以愛憎爲賞罰,始終全節,故忌者甚衆。

林俊《何公神道碑》:"沉晦周謹,時然後出言,動必儒賢爲準。其學以窮理爲先,博物洽聞爲輔,正心修身,而措之家國天下爲期。""國朝父子尚書,何爲盛,識者議之范之文正、忠宣,可謂世澤之綿。弘治初,與王端毅三數公稱大老,可謂人望之重。嘗兩得疾,敬皇帝命醫診視,遣中官賜酒米蔬肴,可謂眷遇之深,雖禄世二品己即貧,而義利界軫,截不可犯。鎮守分惠,市舶遺財輸之庫,武都司感薦已有文犀之贐,楊宣慰聞謝致飲器秘具,皆不納。平生氣節友彭惠安,文學友丘文莊,以爲知己,而聲色澹然。"

蔡清《椒丘先生傳》:"自初仕即自誓不營利、不阿權貴、不以愛憎爲賞罰,守其誓終身。性剛介寡與,歷官皆久而後遷。"

張廷玉《明史》卷一百八十三《何喬新傳》:"喬新性廉介。觀政工部時,嘗使淮西。巢令閻徽少學於文淵,以金幣饋。喬新却之……卒不受。福建市舶中官死,鎮守者分其貲遺三司,喬新獨固辭。不得,輸之於庫。既家居,楊愛遣使厚致贈,且獻良材可爲櫬者,喬新堅却之。"

項篤壽《今獻備遺》(明萬曆十一年秀水項氏萬卷堂刻本)卷二十四:"椒丘德學政事,世所希有,儻得柄用,惡可量哉?而卒以讒廢命耶?觀其氣節推惠安,文學推文莊,意可占矣。太宰盛德,不減椒丘,世謂賢逾乃父,要亦才節更著也。裔孫源尹嘉興,有惠政,亦以才節聞。"

傅維麟《明書》(清畿輔叢書本)卷一百二十二列傳四《何喬新傳》:"喬新守官清慎律己,方整博學,精法律,敏於吏事,事無難易夷險,不避嫌怨,必行其志。"

與人寡合,氣節友彭韶,學問友丘濬而已。與王恕、彭韶并稱三大老,皆一時名臣。

張廷玉等《明史》卷一百八十三《何喬新傳》:"與人寡合,氣節友彭韶,學問友丘濬而已。"同卷《彭韶傳》:"當是時,韶與何喬新同官,并有重名,一時稱何、彭。……(弘治)四年秋,代何喬新爲刑部尚書。……韶莅部三年,昌言正色,秉節無私,與王恕及喬新稱三大老。"

何喬新《椒丘文集》卷九《同年燕集詩序》:"予在京師者八年,公卿貴人酒食伎樂之燕未嘗赴,雖寮友之會,亦鮮預焉。"卷十《送僉憲李君繼之赴貴州序》:"予性剛簡,自居鄉校時,不敢妄與人友,人厭予之迂也,亦莫肯與之友者。暨來京師,所與往還者,不爲無人,求其知心者,迄未遇焉。"

曾燠《江西詩徵》卷五十一"何喬新"："潛心濂洛之學。"

博綜群籍，聞异書輒借鈔，積三萬餘帙，皆手校讎，著述甚富。有《椒丘文集》三十四卷附録一卷、《周禮集注》七卷、《周禮明解》十二卷、《儀禮明解》十八卷、《百將列傳續編》四卷、《策府群玉》三卷等。

蔡清《椒丘先生傳》："自少好學，公退，書聲琅然聞户外。雖視事，亦手一編不少置。聞人有异書，輒假録之。藏書三萬卷，皆手自讎校。所著有《宋元史臆見》《周禮集注》《椒丘稿》。所編選有《文苑群玉》《唐律群玉》《續編百將傳》《勛賢琬琰集》，皆藏于家。"

林俊《何公神道碑》："自公之隙，目存心寄盡在書，有异種輒從假録，藏書至三萬卷，忘其疲與其身之既老，文章援據經史，謹重而簡則。所著《宋元臆見》《周禮集注》《椒丘集》，所編選《文苑群玉》《唐音群玉》《續編百將傳》《勛賢琬琰集》，秘終其身，間梓行之天下。"

按，《明史・藝文志》另著録其《儀禮叙録》十七卷、《勛賢琬琰集》二卷、《唐律群玉》十六卷。

祁承㸁《澹生堂藏書目》："《傳國寶志》一卷，何喬新。"

王圻《續文獻通考》卷一百七十四經籍考："《左傳擷英》，何喬新著。""《周禮注解》，刑部尚書何喬新著。"

朱睦㮮《授經圖》(清光緒二十二年長沙刻惜陰軒叢書本)卷二十："《周禮明解》十二卷，何喬新。""《周禮集注》七卷，何喬新。"

丁仁《八千卷樓書目》卷四史部："《勘處播州事情疏》一卷，明何喬新撰。《紀録匯編》本。"

黄虞稷《千頃堂書目》(1913—1917年烏程張氏刻適園叢書本)卷二："何喬新《周禮集注》七卷，弘治九年丙辰序。《周禮明解》十二卷，每篇首仿鄭本，列其目，次則取四家所論定，其屬黜'考工記'

別爲卷,不使引諸聖經,參考諸儒,附以臆見,作《集注》,以俟後之君子擇焉。""何喬新《左傳擷英》三卷。"

姚覲元《清代禁毀書目四種》:"《何文肅集》,明何喬新著。"

文章本於《左傳》歐蘇之文,詳明剴切,典重有法。詩温雅有則,澤古者深。

何喬新《椒丘文集》卷九《論學繩尺序》:"予少時從事舉子業,先公嘗訓之曰:'近時場屋,論體卑弱,當以歐蘇諸論爲法,乃可以脱凡近而追古雅。'予因而取歐蘇諸論熟讀之,間仿其體,擬作一二,出示同舍生,莫不駭且笑之。雖予亦不能自信,蓋當是時科舉之士未見此書故也。……凡世之學者,本之經史以培其根,參之賈班夏錙以暢其支,廓之蘇韓以博其趣,旁求之歐蘇諸論以極其變。"卷九《春秋左傳擷英序》:"予少讀昌黎、河東二家文,愛其叙事峻潔,摛詞豐潤。及讀《春秋左氏傳》,乃知二家之文皆宗左氏。如韓之《田弘正家廟碑》《董晋行狀》,柳之《封建論》《梓人傳》,玩其詞而察其態度,宛然《左氏》之矩矱也。予因慨然曰:'有志學古者,《左傳》不可廢。'"

丘濬《贈何君廷秀赴福建按察司副使序》(《椒丘外集》):"廷秀勵行嗜學,發於文章,典重有法。"

錢謙益《列朝詩集》(清順治九年毛氏汲古閣刻本)丙集卷三"何尚書喬新"條:"博學多聞,爲詩多援據典故。"

永瑢等《四庫全書總目》(清乾隆五十四年武英殿刻本)卷一百七十"椒丘文集四十卷":"喬新不以文章名,而所作詳明剴切,直抒胸臆。學問經濟,實具見於斯。史稱其博綜群籍,聞异書輒借鈔,積三萬餘帙,皆手自校讎著述甚富,則有本之言,固宜與枵腹高談者异矣。"

陳田《明詩紀事》乙籤卷十九"何喬新"條:"田按:尚書詩温雅

有則，澤古者深，與凡響自別。”

倪濤《六藝之一録》卷三百六十六“何喬新”條：“喬新楷法極謹細，無一筆苟。王世貞《國朝名賢遺墨跋》。”

參考文獻：

1. 林俊《見素集》，明萬曆刻本。

2. 何喬新《椒丘文集》，臺灣文海出版社 1970 年版。

3. 陳田《明詩紀事》，上海古籍出版社 1993 年版。

4. 朱彝尊《明詩綜》，上海古籍出版社 1993 年版。

5. 何喬遠《名山藏》，上海古籍出版社 1996 年版。

6. 雷禮《國朝列卿紀》，《四庫全書存目叢書》史部第 92—94 册，齊魯書社 1996 年版。

7. 劉元卿《劉聘君全集》，《四庫全書存目叢書》集部第 154 册，齊魯書社 1997 年版。

8. 鄧元錫《皇明書》，《續修四庫全書》第 315—316 册，上海古籍出版社 2002 年版。

9. 過庭訓《本朝分省人物考》，《續修四庫全書》第 533—536 册，上海古籍出版社 2002 年版。

（鄧曉東　王志剛）

沈周傳

沈周，字啓南，號石田，晚更號白石翁。南直隸蘇州府長洲縣相城里（今江蘇省蘇州市相城區）人。宣德二年（1427）生。

沈周《題謝葵丘畫》（《石田稿》）："此圖作於宣德二年二月三日，周尚未生，生於其年十一月二十一日，距作圖時尚十越月。"

文徵明《甫田集》卷二十五《沈先生行狀》："先生諱周，字啓南，姓沈氏，别號石田，人稱石田先生，世居長洲之相城里。自孟淵先生以儒碩肇家，生二子，曰貞吉，曰恒吉，才美雅飭，并有聲稱。恒吉號同齋，生三子，先生嫡長也。"

文震孟《姑蘇名賢小記》卷上《白石翁先生》："先生名周，字啓南，晚更自稱曰白石翁。"

王鏊《震澤集》卷二十九《石田先生墓誌銘》："有吴隱君子沈姓，諱周，啓南字，而世稱之唯曰石田先生。"

張時徹《沈孝廉周傳》（《國朝獻徵録》卷一百一十五）："吴有隱君子曰沈周氏，字啓南，長洲相城里人也，别號石田，人因稱石田先生，亦曰沈孝廉云。"

黄雲《白石翁畫梅花主人圖記》："予於歲甲戌夏四月訪石田先生，先生謂余曰：'吾年六十則更號白石翁矣！'……余後見其所作詩畫皆用'白石翁'印。"

沈氏世家長洲之相城里。曾大父良琛始闢田，以大其家；大父孟淵、伯父貞吉、父恒吉皆不仕，而以文雅稱。家庭之間，自相酬唱，下及童僕，悉諳文墨。

文徵明《沈先生行狀》："高祖懋卿，曾祖良琛，祖孟淵，父恒吉，母張氏。"

王鏊《石田先生墓誌銘》："先生世家長洲之相城里，曾大父良琛始闢田以大其家，大父孟淵、考恒吉皆不仕，而以文雅稱。"

文震孟《白石翁先生》："沈氏家長洲之相城，有孟淵者，以儒起家。二子南齋貞吉、同齋恒吉，皆善唐律，工染翰，不可以金錢購取。家庭之間，自相酬唱，下及童僕，悉諳文墨。"

錢謙益《列朝詩集》乙集卷七"沈徵士澄"條："澄字孟淵，以字行。長洲人。永樂初以人材徵，引疾歸。好自標置，恒著道衣，逍遥池館，海内名士，莫不造門。居相城之西莊，日治具待賓客，飲酒賦詩，或令人於溪上望客舟，惟恐不至。人以顧玉山擬之。"

吴寬《匏翁家藏集》卷七十《隆池阡表》："沈氏故爲長洲邑中大家，中衰。有曰良琛者，始居相城，能闢田復其家以大。是生孟淵，永樂初以人才徵，引疾歸卧江南，有詩名於時。而厚德雅量，福履最盛。配朱氏，生二子，其仲處士諱恒，以字恒吉行，别號同齋。自其少時，與其兄貞吉同學于家塾，而塾師爲翰林檢討陳嗣初先生也。且其父徵士好客，一時名流相過從者，日常滿坐。處士因盡得接見前輩，而熏其德，漸其藝，以成其名。……處士貌厚而神清，望之温然美玉也。所居窗几明潔，器物古雅，而奇石嘉樹掩映庭戺，儼如畫中。風日清美，每被古冠服，登樓眺望，神情爽然。或時扁舟入城，留止必僧舍，焚香瀹茗，纍夕忘返。善繪事，妙處逼宋人，然自重，不苟作，亦善爲詩，落紙可誦。平生好客，綽有父風，日必具酒肴以須，客至則相與劇飲，雖甚醉不亂，特使諸子歌古詩章，以爲樂。其視市朝榮利事,真有漠然浮雲之意。"

錢穀《吴都文粹續集》(清鈔本)卷四十陳頎《同齋沈君墓誌銘》:"其族之盛,不特貲産之富,蓋亦有詩書禮樂以爲之業。當其燕閑,父子祖孫相聚一堂,商確古今,情發於詩,有倡有和,儀度文章,雍容詳雅。四方賢士大夫聞風踵門,請觀其禮,殆無虚日。三吴間一時論盛族,咸稱相城沈氏爲之最焉。"

張廷玉等《明史》卷二百九十八《隱逸傳》本傳:"祖澄,永樂間舉人材,不就。所居曰西莊,日置酒款賓,人擬之顧仲瑛。伯父貞吉,父恒吉,并抗隱。構有竹居,兄弟讀書其中,工詩善畫,臧獲亦解文墨。"

生而娟秀玉立,聰明絶人。少學於邑人陳寬。年十五,游金陵,作百韻上地官,侍郎崔恭面試《鳳凰臺歌》,援筆而就,咸以爲不減王子安。

文徵明《沈先生行狀》:"生而娟秀玉立,聰明絶人。少學於陳孟賢先生。孟賢,故檢討嗣初先生子也。諸陳皆以文學高自標致,不輕許可人,而先生所作,輒出其上,孟賢遂遜去。年十五,貸其父爲賦長,聽宣南京。時地官侍郎崔公雅尚文學,先生爲百韻詩上之。崔得詩驚异,疑非己出,面試《鳳凰臺歌》。先生援筆立就,詞采爛發。崔乃大加激賞,曰:'王子安才也。'即日檄下有司,蠲其役。"按,陳正宏《沈周年譜》以沈周從學於陳寬約在宣德八年(1433)。

王鏊《石田先生墓誌銘》:"先生風骼潔修,眉目娟秀,外標朗潤,内蘊精明。"

錢謙益《列朝詩集》丙集卷八"石田先生沈周"條:"少學於陳五經之子孟賢,得前輩經學指授。年十五,游金陵,作百韻上地官,崔侍郎面試《鳳凰臺賦》,援筆而就,咸以爲不減王子安。"

張廷玉等《明史》卷二百九十八《隱逸傳》本傳："邑人陳孟賢者，陳五經繼之子也。周少從之游，得其指授。年十一，游南都，作百韻詩，上巡撫侍郎崔恭。面試《鳳凰臺賦》，援筆立就，恭大嗟异。"按，《明史》及文淵閣四庫全書本《甫田集》等均作"年十一游南都"，然嘉靖本《甫田集》作"年十五游南都"。陳正宏《沈周年譜》詳考其事，亦繫於本年，即正統六年(1441)。

既長，益用心於學，涉獵廣博。自群經而下，若諸史、子、集，若釋老、若稗官小説，莫不貫總淹浹，掇其英華。

文徵明《沈先生行狀》："先生既長，益務學。自群經而下，若諸史、子、集，若釋老、若稗官小説，莫不貫總淹浹，其所得悉以資於詩。"

王鏊《石田先生墓誌銘》："書過目即能默識，凡經傳子史百家、山經地志、醫方卜筮、稗官傳奇，下至浮屠老子，亦皆涉其要，掇其英華。"

張時徹《沈孝廉周傳》："先生大父曰繉庵徵君，以詩名江南，而先生世其家學。亡他，勤也。而精於誦肄，自墳典、丘索以及百氏雜家言，博覽無所不窺。方其華齒，綺文麗藻，已流傳人間，莫不以奇珍魁品也。"

景泰間，郡守欲薦周賢良，周筮《易》，得"遁"之九五，遂决意隱遁。然每聞時政得失，則憂喜形於顔面，人以是知其非忘世者。

沈周《石田先生集》卷四《市隱》："莫言嘉遁獨終南，即此城中住亦甘。浩蕩開門心自静，滑稽玩世估仍堪。壺公溷迹無人識，周令移文好自慚。酷愛林泉圖上見，生憎官府酒邊談。經車過馬常無數，掃地焚香日再三。市脯不教供座客，户庸還喜走丁男。檐頭沐髮風初到，樓角攤書月半含。蝸壁雨深留篆看，燕巢春暖忌僮探。時來卜肆聽論易,偶過農家問養蠶。爲報山公休薦達,只今雙鬢已毵毵。”

文徵明《沈先生行狀》:“先是,景泰間,郡守汪公滸,欲以賢良舉之,以書敦遣。先生筮《易》,得《遁》之九五,曰‘嘉遁貞吉’,喜曰:‘吾其遁哉!’卒辭不應。然一時監司以下皆接以殊禮,尤爲太保三原王公所知。公按吴,必求與語,語連日夜不休。一日論諫,先生曰:‘對章伏諫,非鄙野人所知,然竊聞之禮上諷諫,而下直諫,豈亦貴沃君心,而忌觸諱耶?’公遽曰:‘當今之時,將爲直諫乎?抑亦諷乎?’先生曰:‘今主聖臣賢,如明公又遭時倚賴,諷諫、直諫蓋無施不可。’公徐出一章示之曰:‘此吾所以事君者,試閲之。’先生讀畢,曰:‘指事切而不泛,演言婉而不激,於諷諫、直諫兩得其義矣。’公以爲知言。同時文學之士,爲上官所禮者,往往陳説時弊。先生不然,曰:‘彼以南面臨我,我北面事之,安能盡其情哉?君子思不出其位,吾盡吾事而已。’然先生每聞時政得失,輒憂喜形於色。人以是知先生非忘世者也。”

王鏊《石田先生墓誌銘》:“王端毅公巡撫南畿,尤重之,延問得失,而先生終不及時政,曰:‘吾野人也,於時事何如焉?’然每聞時政得失,則憂喜形於顔面,人以是知先生非忘世者。”

張鈇《石田詩選跋》:“身在田野,乃心罔不在廟堂,雖口遁世無悶,而憂時憫俗之志,未嘗去諸方寸也。”

祝允明《懷星堂集》(明萬曆三十九年陳以聞刻本)卷二十八《石田記》:“巢許其居服,而禹稷其腎腸。”

文震孟《姑蘇名賢小記》:“三原王公撫吴,獨與先生善,與語輒連日夕。語不及私,唯時時言宦寺宜戢,貧民宜賑,及他所裨益甚衆。而王公亦終不持先生一詩一畫歸。”

張廷玉等《明史》卷二百九十八《隱逸傳》本傳:“郡守欲薦周賢

良，周筮《易》，得《遁》之九五，遂决意隱遁。”按，據《（正德）姑蘇志》（明正德刻嘉靖續修本）卷三“古今守令表中”：“汪滸，成縣人，景泰四年以刑部郎中升任，六年卒於官。”則其薦沈周應在景泰四年至六年之間；陳正宏《沈周年譜》亦將此事繫於景泰五年前後。

按，石田正統年間有《送徐武功南遷》《喜徐武功伯召歸》之詩。徐武功即徐有貞，奪門之首魁，而陷于謙之元凶，爲人雖小有才，而傾險躁進，怙權植黨，威福自專。有貞吴人，詩文皆有可觀，且工書法，石田與之交游可也，結姻可也，稱其幹略可也，惜其遭遇亦可也，至揄揚其人品心術，則過也。石田與史鑒共祭徐有貞之文曰：“竊嘗論之，自有生民以來，撥亂反正之功，惟唐之狄梁與公而已。然狄保其身，公罹其禍，此特出於身存身亡之异耳，非智有淺深、功有大小也。使狄在當時與五王俱存，其能免於三思之殺否耶？悠悠之談，論人已然之迹，以爲監國病篤，不日當薨，神器自有攸屬，何必公之生事邀功哉？群議附和，如出一口。嗚呼！爲此説者，其亦不仁甚矣！夫大寶不可以久虚，奸雄之人常利國家有釁，當此之時，歷月不朝，中外危疑，咸懼生變，萬一有亂臣賊子窺伺其間，則生民之禍未有涯也。故公獨决大策，翊戴先帝，宗社危而復安，彝倫斁而復正，四海亂而復治，三光晦而復明，此所謂萬世之功也。而談者反有以病之，其亦不仁甚矣！”（明史鑒《西村集》卷八《祭武功伯徐公文》）史云“公論久而後定”，石田徒以與有貞交好，且爲姻親，故爲之回護，至貶他人爲不仁，焉能遽奪公論？

石田言時事之作，如《堤决行》《低田婦》，成化元年述蘇州洪水而作；《虎來》，成化十一年咏蘇州虎患事；《廿四夜書事》，苦鄉民之遭官吏催租也；《十八鄰》，述鄉民之困於水灾也；《吴俗火葬》，咏蘇州知府立義冢、更民風事等。

耕讀於有竹居,適性逍遥,聲名遠播,慕名造訪者甚衆。周既老,而聰明不衰,酬對終日,不少厭怠。興至,對客揮灑,烟雲盈紙,畫成自題其上,頃刻數百言,風流文翰,照映一時。與同郡吴寬、都穆、文林最稱莫逆。

文徵明《沈先生行狀》:"先生去所居里餘爲别業,曰有竹居,耕讀其間。佳時勝日,必具酒肴,合近局,從容談笑。出所蓄古圖書器物,相與撫玩品題以爲樂。晚歲名益盛,客至亦益多,户屨常滿。先生既老,而聰明不衰,酬對終日,不少厭怠。風流文物,照映一時,百年來東南文物之盛,蓋莫有過之者。"

王鏊《石田先生墓誌銘》:"一時名人皆折節内交,自部使者郡縣大夫,皆見賓禮。縉紳東西行過吴及後學好事者,日造其廬而請焉。相城居長洲之東偏,其别業名有竹居,每黎明,門未闢,舟已塞乎其港矣。先生固喜,客至則相與宴笑咏歌,出古圖書器物,摸撫品題,酬對終日不厭。間以事入城,必擇地之僻隩者潛焉。好事者已物色之,比至,則屨滿乎其户外矣。""文徵明曰:'石田之名,世莫不知。知之深者,誰乎?宜莫如吴文定公及公。闡其潛而掩諸幽,則惟公在。'予諾焉。"

張時徹《沈孝廉周傳》:"先生雖與物無忤,而披襟吐赤者十不一二,惟吴少宰寬、都太僕穆、文温州林則其莫逆交也,蓋世所稱篤行慕古金玉偉人也。"

錢謙益《列朝詩集》丙集卷八"石田先生沈周"條:"先生風神散朗,骨格清古,碧眼飄鬚,儼如神仙。所居有水竹亭館之勝,圖書彝鼎,充牣錯列,户屨填咽,賓客墻進,撫玩品題,談笑移日。興至,對客揮灑,烟雲盈紙,畫成自題其上,頃刻數百言,風流文翰,照映一時。百年來,東南之盛,蓋莫有過之者。"

錢謙益輯《石田先生事略》:"成化辛卯,啓南既結'有竹居',其伯父南齋先生貞吉過之，貽之詩曰：‘東林移得閑風月，來學王維住輞川。紫陌桃花紅雨外，滄洲野水白鷗邊。滿斟濁酒無絲竹，散雨新鄰有石泉。教子只留方寸地，藍田何待玉生烟。’石田有次六首，今見集中。一時詞客和者數十人。”

張廷玉等《明史》卷二百九十八《隱逸傳》本傳：“所居有水竹亭館之勝，圖書鼎彝充牣錯列，四方名士過從無虚日，風流文彩照映一時。”

爲人寬和孝友，修謹謙下。又喜獎掖後進，有當其意者，爲延譽不已。一時盛名之士如都穆、文徵明、唐寅等，皆從其學詩學畫。

文徵明《沈先生行狀》：“先生爲人，修謹謙下，雖内藴精明，而不少外暴。與人處，曾無乖忤，而中實介辨不可犯。然喜獎掖後進，寸才片善，苟有以當其意，必爲延譽於人，不藏也。尤不忍人疾苦，緩急有求，無不應者。里黨戚屬，咸仰成焉。平居事其父同齋，無所不至。同齋高朗喜客，飲酒必醉。先生不能飲，每爲强醉以樂客。同齋没，乃絶。母張夫人年幾百齡，卒時先生八十年矣，猶孺慕不已。弟召病瘵，不内處，先生與俱卧起者歲餘。及卒，撫其孤如子。庶弟豳，稚未練事，爲植産使均於己。一妹早寡，養之終其身。其天性孝友如此。”

王鏊《石田先生墓誌銘》：“先生事親，色養無違。母張夫人以高壽終，先生已八十，而孺暮毁瘠，杖而後興。弟病瘵，終年與同卧起。館嫠妹，扶孤侄，皆有恩義。尤喜獎掖後進，有當其意者，爲延譽不已。”

張時徹《沈孝廉周傳》：“父没，遂捐棄儒生家業，絶意干禄，有風勸之者，輒曰：‘若不知母氏以周爲命乎？獨奈何徼尺寸之榮，去離膝下也。’蓋色養無方，母寢，斯寢；母膳，斯膳。扇枕席，滌厠牏以爲常。母欲有所如往，輒翼輿刺舟，挈甘旨以從。”

顧元慶《夷白齋詩話》(清道光十一年六安晁氏木活字排印學海類編本):"南濠都先生穆,少嘗學詩沈石田先生之門。石田問:'近日有何得意作?'南濠以《節婦詩》首聯爲對。詩云:'白髮貞心在,青燈泪眼枯。'石田曰:'詩則佳矣。有一字未穩。'南濠茫然,避席請教。石田曰:'爾不讀《禮經》,經云"寡婦不夜哭",何不以"燈"字爲"春"字?'南濠不覺悦服。"

何良俊《四友齋叢説》(明萬曆七年龔元成刻本)卷二十六:"余至姑蘇,在衡山齋中坐,清談盡日。見衡山常稱'我家吴先生''我家李先生''我家沈先生',蓋即匏庵、范庵、石田。其平生所師事者,此三人也。一日,論及石田之詩曰:'我家沈先生詩,但不經意寫出,意像俱新,可謂妙絶。一經改削,便不能佳。今有刻集,往往不滿人意。'因口誦其率意者二三十首,亹亹不休。即余所見石田題畫詩甚多,皆可傳咏,與集中如出二手,乃知衡山之論不虚也。"

許學夷《詩源辯體》(明崇禎十五年陳所學刻本)後集纂要卷二:"啓南傳,馮元成詳言之。門下學詩學畫者皆一時盛名之士,如都玄敬、文徵仲、唐伯虎等,故其名最著。然後人所慕,如《落花詩》等,但得其膚淺耳,於精快處,無一語也。觀其摘句,當知之。"

張廷玉等《明史》卷二百九十八《隱逸傳》本傳:"奉親至孝。父没,或勸之仕,對曰:'若不知母氏以我爲命耶?奈何離膝下。'……周以母故,終身不遠游。母年九十九而終,周亦八十矣。"

正德四年(1509)八月二日,以疾卒於寢,壽八十有三。

文徵明《沈先生行狀》:"先生娶於陳,生子雲鴻,文學稱家,嘗爲崑山縣陰陽訓術。側出子復,郡學生。女三:長適崑山縣學生許貞,次適徐襄,又次適太學生吴江史永齡。孫男一人履,女二人。曾孫男一人,女二人。……正德四年己巳,先生年八十有三。八月二日,以疾卒於寢。"

王鏊《石田先生墓誌銘》:"先生娶於陳,生子曰雲鴻,官崑山縣陰陽訓術,早卒;庶子復,孫履,皆郡學生。先生以正德四年八月二日卒,壽八十有三。復相履治喪,以壬申十二月二十一日葬相城西牒字圩之原。"

祝允明《刻沈石田詩序》:"公始愛予深,其子雲鴻,又余表姊之家也。"

周工書善畫。書學黄庭堅,遒勁奇崛。畫尤擅名一代,師法董源、巨然,能兼總條貫,自成一派,與文徵明、唐寅、仇英合稱"明四家",評者謂爲明世第一。

文徵明《沈先生行狀》:"稍輟其餘,以游繪事,亦皆妙詣,追踪古人。所至賓客墻進,先生對客揮灑不休。所作多自題其上,頃刻數百言,莫不妙麗可誦。下至輿皂賤夫,有求輒應,長縑斷素,流布充斥。内自京師,遠而閩、浙、川、廣,莫不知有沈周先生也。"

王鏊《石田先生墓誌銘》:"書法涪翁,遒勁奇倔。間作繪事,峰巒、烟雲、波濤、花卉、鳥獸、蟲魚,莫不各極其態,或草草點綴而意已足,成輒自題其上,時稱二絶。"

吴寬《匏翁家藏集》卷五十二《跋沈石田畫册》:"石田翁爲王府博作此小册。山水竹木、花果虫鳥,無乎不具,其亦能矣。近時畫家可以及此者,惟錢塘戴文進一人,然文進之能止於畫耳。若夫吮墨之餘,綴以短句,隨物賦形,各極其趣,則翁當獨步於今日也。"

文震孟《白石翁先生》:"其丹青之學,超聖入神,雖北苑、巨然、徐熙父子復出,弗能過也。書類山谷老人。"

王世貞《弇州四部稿》(明萬曆五年王氏世經堂刻本)卷一百五十五:"其父亦善畫,能起雅去俗矣。至啓南而造妙,凡北宋、胡元名手,一一能變化出入,而獨於董北苑、僧巨然、李營丘,尤得心印。稍以己意發之,遇得意處,恐諸公未必便過也。啓南有一種本色,不甚稱而以名高。"《弇州四部稿》卷一百五十:"吴中如徐博士昌穀詩、祝京兆希哲書、沈山人啓南畫,足稱國朝三絶。"《弇州四部稿續稿》卷一百四十七《沈周像贊》:"書法雙井,矻矻未化。"

王穉登《吴郡丹青志》(清王原祈《佩文齋書畫譜》卷五十六注引,清康熙四十七年内府刻本):"沈周先生繪事,爲當代第一。山水、人物、花卉、禽魚,悉入神品。其畫自唐宋名流及勝國諸賢,上下千載,縱横百輩,先生兼總條貫,莫不攬其精微。每營一障,則長林巨壑,小市寒墟,高明委曲,風趣洽然。使夫覽者若雲霧生於屋中,山川集於几上。下視衆作,真峿嶁耳。一時名士,如唐寅、文璧之流,咸出龍門,往往致於風雲之表。信乎國朝畫苑,不知誰當并驅也。"

李日華《六研齋筆記》(明天啓崇禎間刻清康熙乾隆間修補本)二筆卷一:"石田畫法宗北苑,近代則黄子久、王叔明、吴仲圭三家其所醉心,他則旁及而已。以故仿倪之作,往往縱横有餘而幽澹不足,亦所自歉而不能强者。"

袁宏道《袁中郎全集》(明崇禎二年武林佩蘭居刻本)卷一《叙姜陸二公同適稿》:"畫苑書法,精絶一時,詩文之長因之而掩者,沈石田、唐伯虎、祝希哲、文徵仲是也。"

張廷玉等《明史》卷二百八十六《隱逸傳》本傳:"字仿黄庭堅,并爲世所愛重。尤工於畫,評者謂爲明世第一。"

袁枚《隨園詩話》(清同治八年刻本)卷八:"文、沈、唐、仇,以畫名前朝。仇畫從無題咏。唐能詩,恰無佳句。詩畫兼工者,惟文、沈二公。而筆情超脱,則沈爲獨絶。"

徐沁《明畫録》(清嘉慶四年至十六年桐川顧氏刻讀畫齋叢書本)卷三:"詩格高朗,工山水,宋元諸家,皆能變化出入,而獨於董北苑、巨然、李營丘尤得心印。惟仿倪元鎮不似,蓋老筆過之也。

寫生、花鳥并佳。”

陳田《明詩紀事》丁籤卷十一上“沈周”條：“明四家畫，稱沈、文、唐、仇。白石翁畫、詩均是蒼堅一派，惟畫神明模範，深入董、巨之室。”

文摹左氏，然非所長。爲詩初學唐，雅意香山，間擬長吉，後出入少陵、眉山、放翁間，踔厲頓挫，沉鬱蒼老。緣情體物，不拘一格，揮灑淋漓，自寫天趣，不以字句取工，所作亦不雕不琢，自然拔俗。然或沿襲宋、元，沉浸理學，典而近腐，質而近俚，亦時所不免。

文徵明《沈先生行狀》：“其詩初學唐人，雅意白傅，既而師眉山爲長句，已又爲放翁近體律，所擬莫不合作。然其緣情隨事，因物賦形，開闔變化，縱横百出，初不拘拘乎一體之長。”

王鏊《石田先生墓誌銘》：“發爲詩，雄深辨博，開闔變化，神怪叠出，讀者傾耳駭目。其體裁初規白傅，忽變眉山，或兼放翁。而先生所得，要自有不凡近者。”

文震孟《白石翁先生》：“詩則白香山，兼情事，雜雅俗，當所意到，亹亹不休。博學無所不通，多著書而皆非先生之至者。”

都穆《南濠詩話》（清乾隆三十七年至道光三年長塘鮑氏刻知不足齋叢書本）：“沈先生啓南，以詩豪名海内，而其咏物尤妙。予少嘗學詩先生，記其數聯，如《咏錢》云：‘有堪使鬼原非繆，無任呼兄亦不來。’《門神》云：‘檢爾功名惟故紙，傍誰門户有長情。’《咏簾》云：‘外面令人倍惆悵，裏邊容眼自分明。’《混堂》云：‘未能潔己嗟先亂，亦復隨波惜衆同。’《楊花》云：‘借風爲力終無賴，與水何緣却托生。’先生又嘗作《落花詩》，其警聯云：‘無方漂泊關游子，如此衰殘類老夫。送雨送春長壽寺，飛來飛去洛陽城。美人天遠無家别，逐客春深盡族行。懊惱夜生聽雨枕，浮沈朝入送春杯。萬物死生寧離土，一場恩怨本同風。’皆清新雄健，不拘題目，而亦不離乎題目,兹其所以爲妙也。"

祝允明《懷星堂集》卷二十四《刻沈石田詩序》:"沈公獨醾涓流,横放四海,一時風騷,讓以右席。嘗試觀之,唐與宋與,衆或未知,我獨知之。蓋其家法固主放翁,而神度所寄,唯浣花耳。是以興觀群怨,君父動植,已發之而自愜,人推之而莫辭。號爲我朝詩人,謂其音异唐,而猶挾其骨也。不然,徒以其語將不足以望前輩諸子,况其上者乎!公始愛予深,其子雲鴻又余表姊之家也。辱公置年而友,昔命雲鴻持詩八編,倩爲簡次,皆公壯歲之作,純唐格也。後更自不足,卒老於宋,悉索舊編毁去。後學者皆不知,此余猶爲惜之不已。今人重公詩,亦多震於聲爾。公學練《左氏傳》,平生語言義理,皆左與杜也。"

王世貞《弇州四部稿》卷一百四十八:"沈啓南如老農老圃,無非實際,但多俚辭。"又《明詩評》卷三:"居士夙神畫理,兼精翰墨,冢筆可對,户屨恒蒲。其詩如村童唱歌,時操粤音,亦自近情可喜。一歃滄浪,便覺無復餘興。"

劉鳳《續吴先賢贊》(明萬曆四十五年陽羨陳于廷刻紀録彙編本)卷十三《沈周傳》:"間爲詩,亦如與兒女子語耕稼織衽事,雖俚甚,而頗切於人情。"

《列朝詩集》丙集卷八"石田先生沈周"條:"先生既以畫擅名一代,片楮匹練,流傳遍天下,而一時鉅公勝流,則皆推挹其詩文:謂以詩餘發爲圖繪,而畫不能掩其詩者,李賓之、吴原博也;斷以爲文章大家,而山水竹樹其餘事者,楊君謙也;謂其緣情隨事,因物賦形,開闔變化,神怪叠出者王濟之、文徵仲也;謂其獨醾衆流,横絶四海,家法在放翁,而風度主浣花者,祝希哲也。""余與孟陽居耦耕堂,嘗評定其詩而爲之序曰:石田之詩,才情風發,天真爛熳,舒寫性情,牢籠物態。少壯模仿唐人,間擬長吉,分刌比度,守而未化。

已而悔其少作，舉焚棄之，而出入於少陵、香山、眉山、劍南之間，踔厲頓挫，沉鬱蒼老，文章之老境盡，而作者之能事畢。其或沿襲宋、元，沈浸理學，典而近腐，質而近俚，斷爛朝報與村夫子兔園册，亦時所不免。”

朱彝尊《静志居詩話》卷九“沈周”條：“石田詩不專仿一家，中晚唐、南北宋靡所不學，每於平衍中露新警語。人既貞不絶俗，詩亦變而成方，惟七言律詩差少全璧。”

張廷玉等《明史》卷二百九十八《隱逸傳》本傳：“文摹左氏，詩擬白居易、蘇軾、陸游。”

永瑢等《四庫全書總目》卷一百七十集部二十三“石田詩選十卷兩江總督采進本”：“此集不標體制，不譜年月，但分天文、時令等三十一類，蓋仿宋人分類杜詩之例。據慈谿張鈇跋，蓋其友光禄寺署丞華汝德所編也。顧元慶《夷白齋詩話》載都穆學詩於周，嘗作《節婦詩》，有‘青燈泪眼枯’句，周以《禮》寡婦不夜哭，議‘燈’字未穩，是周於詩律不爲不細。然周以畫名一代，詩非其所留意。又晚年畫境彌高，頹然天放，方圓自造，惟意所如；詩亦揮灑淋漓，自寫天趣。蓋不以字句取工，徒以栖心邱壑，名利兩忘，風月往還，烟雲供養。其胸次本無塵累，故所作亦不雕不琢，自然拔俗，寄興於町畦之外，可以意會，而不可加之以繩削。其於詩也，亦可謂教外别傳矣。都穆《南濠詩話》稱其《咏錢》《咏門神》《咏簾》《咏混堂》《咏楊花》《咏落花》諸聯，皆未免索之於句下。蓋穆於詩所得不深，故所見止是也。集前有吴寬序，稱其‘詩餘發爲圖繪，妙逼古人’，核實而論，周固以畫之餘事溢而爲詩，非以詩之餘事溢而爲畫，寬序其詩，故主詩而賓畫耳。又有李東陽後序。東陽與周不相識時，已爲大學士，與周勢分懸隔，以吴寬嘗以寫本示之，重其爲人，故越三十年後又補爲作之。然二序皆爲全集而作，華汝德刊此選本時仍而録之,非序此本者也。"卷一百七十五集部二十八"耕石齋石田集九卷兩江總督采進本":"是集乃瞿式耜所删定,凡詩八卷,文一卷。其詩與華汝德本互有出入,文則華本所未收。然周詩猶以天趣勝,文則更非所長,徒爲贅疣矣。"

陳田《明詩紀事》丁籤卷十一上"沈周"條:"詩則不受拘束,吐詞天拔而頹然自放,俚詞讕言亦時攔入,然其奇警之處,亦非拘拘繩墨者所能夢見也。"

著作甚富,有《石田稿》《石田文鈔》《石田雜記》《石田咏史備忘録》《客座新聞》《沈氏交游録》《續千金方》等若干卷。

文徵明《沈先生行狀》:"先生所著詩文曰《石田稿》,總若干卷,他雜著曰《石田文鈔》《石田咏史備忘録》《客座新聞》《續千金方》,總若干卷。"

王鏊《石田先生墓誌銘》:"所著有《石田稿》《石田文鈔》《石田咏史補忘》《客座新聞》《沈氏交游録》若干卷,獨其詩已大行於時。"

祝允明《懷星堂集》卷二十四《刻沈石田詩序》:"其集稿甚富,稍有華氏、沈氏二刻本,淮陰王揮使廷瑞又以所得百數篇成刻。"

高儒《百川書志》卷一七:"《石田稿》二卷、《沈詩補遺》一卷,石田沈周啓南著,長洲人。"

黄虞稷《千頃堂書目》卷一九:"沈周《石田詩集》二卷。""又《畊石齋石田詩鈔》十卷。"

張廷玉等《明史》卷九十八《藝文志三》著録"《客座新聞》二十二卷""《石田詩鈔》十卷"。

按,據湯志波《沈周著作考》(《圖書館理論與實踐》2012年第8期),沈周現存著述計有:《石田稿》(稿本)、《石田稿》(明弘治十六年刊本)、《石田詩選》(正德間安國刊本)、《石田先生集》(萬曆四十三年陳仁錫刊本)、《石田先生詩文鈔》(崇禎十七年瞿氏耕石齋刊本)、《客座新聞》、《沈氏客譚》、《石田雜記》、《吟窗小會》、《杜東原先生年譜》等。

錢允治《石田先生集序》(沈周《石田先生集》):“先生遺集一刻於成化甲辰,鄱陽童太常軒爲之序;一刻於弘治癸亥,安城彭中丞禮爲之序;一刻於正德丙寅,同郡吴文定寬爲之序,互有去取,互有得失,嗣後散軼漫漶,莫有愛惜拾之者。逮今萬曆中,稍稍復知向慕,欲付剞劂則不可多得矣。陳孝廉明卿既刻其先《白陽山人集》,復欲裒先生集,而苦無善本,不佞爲之訪於故藏書家,稍獲一二,於是按體分類,都爲若干卷,付書林翁氏。”

永瑢等《四庫全書總目》卷一百四十三子部五十三“石田雜記一卷編修程晋芳家藏本”:“此編乃所記聞見雜事,末有伍忠光跋稱:‘先生化後二十餘年,而是記存於糊工故紙之中,手墨宛然,疑即先生絶筆。友人何良輔持以示予,因命工梓之。’云云。蓋本叢殘手稿,非有意於著書,故所記頗涉瑣屑云。”卷一百九十一集部四十四“江南春詞一卷浙江巡撫采進本”:“明沈周等追和元倪瓚作也。時吴中有得瓚手稿者,因共屬和成帙,首有作者姓氏,自周以下共五十人。嘉靖十八年袁表序而刻之,後有袁褒跋,二人亦皆有和作。又有張鳳翼、湯科、陳瀚三人之作,卷首不載姓氏,疑刻成後所續入也。瓚原倡題三首,而其後和者皆作二首。祝允明跋云:‘案其音調是兩章,而題作三首,豈誤書耶?’袁表則云:‘細觀墨迹,本書二首,後人以詞一闋謬增爲三也。今考雲林詩集,惟《春風顛》一首載入七言古體,題作《江南曲》,而無《汀洲夜雨》一首,則後一首是七言詩,而前一首是詞耳。’然文徵明《甫田集》云:‘追和倪元鎮《江南春》亦載入詩内。’則當時實皆以詩和之。蓋唐人樂府被諸管弦者往往收入詩集,自古而然,固非周之創例矣。”

參考文獻：

1. 吴寬《匏翁家藏集》，明正德三年吴奭刻本。

2. 文徵明《甫田集》，明嘉靖刻本。

3. 沈周《石田先生集》，明萬曆四十三年陳仁錫刻本。

4. 王鏊《震澤集》，明萬曆震澤王氏三槐堂刻清印本。

5. 錢謙益《石田先生事略》，沈周《石田先生詩鈔》八卷、《文鈔》一卷附《事略》一卷，《四庫全書存目叢書》集部第 37 册，影印明崇禎十七年瞿式耜刻本。

6. 朱彝尊《静志居詩話》，清嘉慶二十四年扶荔山房刻本。

7. 錢謙益《列朝詩集小傳》，上海古籍出版社 1959 年版。

8. 焦竑《國朝獻徵録》，上海書店 1987 年版。

9. 陳田《明詩紀事》，上海古籍出版社 1993 年版。

10. 陳正宏《沈周年譜》，復旦大學出版社 1993 年版。

11. 文震孟《姑蘇名賢小記》，《四庫全書存目叢書》史部第 115 册，齊魯書社 1996 年版。

12. 沈周撰，湯志波點校《沈周集》，浙江人民美術出版社 2013 年版。

（鄧曉東　王志剛）

黄孔昭傳

黄孔昭,初名曜,後以字行,更字世顯,號定軒,又號洞山迂叟。本爲閩人,因避亂徙居台之黄岩,黄岩屬太平,因稱太平人。明宣德三年十二月二十二日(1429 年 1 月 26 日)生。

黄俌《先考定軒府君行狀》(國家圖書館藏鈔本《定軒存稿》附録):"先君諱曜,字孔昭,後以字行,更字世顯,姓黄氏,號定軒,又號洞山迂叟。始祖昭武鎮都監緒,避五季之亂,自閩徙居台黄岩之洞山,世敦儒術,爲邑大家,人因稱之曰洞黄。曾大父諱與莊,鄉稱爲長者。大父諱禮遐,字尚斌,號松塢,性剛介,好讀書,尤邃於史,其心術之無愧於古人者,子孫仰之,終身不能及。父諱瑜,字彦俊,以正統丙辰進士擢兵部職方主事。德行政事名動一時。"又,"先君生於宣德戊申十二月二十二日,卒於弘治四年六月十七日,享年六十有四。"

謝鐸《桃溪净稿》卷十四《南京工部侍郎黄公墓誌銘》:"公生宣德戊申。"又,"公諱曜,字孔昭,後以字行,更字世顯,别號定軒。姓黄氏。其先昭武鎮都監緒,避五代之亂,徙居黄岩洞山,山今分屬太平,公以其地隘,不能容,始再遷舊邑之西而定居焉。曾祖與莊不仕,鄉稱長者。祖諱禮遐,號松塢,性狷介,鄉人服其行義無异詞。以公貴,贈南京工部右侍郎。父諱彦俊,以正統丙辰進士,擢兵部職方主事,其操其才,人猶至今稱之,累贈右通政南京工部右侍郎。母金氏,累贈淑人。”按,宣德戊申爲宣德三年(1428)。

吴寬《匏翁家藏集》卷五十九《侍郎黄公傳》:“公諱孔昭,字世顯,姓黄氏。唐末有諱緒者,爲昭武鎮都監,避亂自閩中徙家台之黄岩,後其地割爲太平,故今爲太平人。所居洞山,更數世,族益大,人稱洞黄。”

張邦奇《張文定公靡悔軒集》卷四《明故通議大夫南京工部右侍郎贈禮部尚書謚文毅黄公墓碑銘》:“謹按狀,公初諱曜,字孔昭,後以字行,更字世顯,號定軒,晚號東山遷叟。其先有諱緒者,避五季亂,自閩遷黄岩之洞山。歲久,族蕃,人稱洞黄。”

李東陽《李東陽集(第二卷)》(岳麓書社 1985 年版)卷二十五《明故通議大夫南京工部右侍郎黄公神道碑銘》:“公姓黄氏,本名曜,字孔昭,以字行,乃更字世顯,世家台州黄岩之洞山,今太平地也,然公猶居黄岩。其先自昭武鎮都監緒,避五季亂,徙自閩者數世矣。曾大父諱與莊。大父諱禮遐,有聞於鄉。考諱瑜,正統丙辰進士,兵部主事。台之三世舉進士者,自兹始。”

蘇茂相輯《皇明寶善類編》(明天啓刻本):“黄孔昭,字世顯,號定軒,太平人。”

雷禮《國朝列卿紀》卷六十六:“黄孔昭,字世顯,浙江台州府黄岩縣人,後其地割爲太平,故今爲太平人。”

張廷玉等《明史》卷一百五十八列傳第四十六:“黄孔昭,黄岩人。初名曜,後以字行,改字世顯。”

查繼佐《罪惟録》列傳卷十五上:“黄孔昭,南直隸太平人,力學,致性矯卓。”

陳田《明詩紀事》丙籤卷四:“孔昭初名曜,以字行,改字世顯,黄岩人。”

孔昭年十四,遭父母之喪,自京師扶柩返,哀毁骨立。扶葬歸,撫其弟妹益篤。

黄俌《先考定軒府君行狀》:"先君生而端確明敏,自少讀書,輒以古人自期。年十四,母夫人金氏歿於京,扶親南還,既葬,北上中道而職方府君之訃至矣。復匍匐歸葬,哀毁骨立,撫其弟妹益篤,雖一茶一果,必與之俱。服闋。"

謝鐸《桃溪净稿》卷十四《南京工部侍郎黄公墓誌銘》:"公自幼穎拔。屹然如成人。未弱冠,職方公即世,扶伏歸葬,撫其弟妹益篤。"

吴寬《匏翁家藏集》卷五十九《侍郎黄公傳》:"年十四,遭職方公與母夫人金氏相繼下世,自京師扶柩返葬,哀毁骨立。人已謂黄氏有子。"

張邦奇《張文定公靡悔軒集》卷四《明故通議大夫南京工部右侍郎贈禮部尚書謚文毅黄公墓碑銘》:"公年十四,自京師扶母金夫人喪歸,葬祥而返,道聞職方公訃,一哭輒死,翌日乃蘇。"

李東陽《李東陽集(第二卷)》卷二十五《明故通議大夫南京工部右侍郎黄公神道碑銘》:"公未冠,自京師扶母金夫人喪歸。比北上,職方公繼喪,復匍匐返葬,皆成禮。弟妹俱弱,躬撫育之。"

雷禮《國朝列卿紀》卷六十六:"父瑜,兵部職方主事,賢名甚著。年十四,遭職方公與母夫人金氏相繼下世,自京師扶柩返葬,哀毁骨立。"

張凝道、張弘道輯《皇明三元考》卷六"天順四年庚辰科":"年十四,遭父主事彦俊與母相繼歿於京師,扶喪歸葬,哀毁骨立。"

過庭訓《本朝分省人物考》卷五十四(明天啓刻本):"父瑜,兵部職方主事,賢名甚著。年十四,遭職方公與母夫人相繼下世,自京師扶柩返葬,哀毁骨立。"

既長,摯友舉爲訓導,不果,慨然誓取科第。刻苦爲學,食不知味、寤不安枕者累月,中天順四年(1460)進士。

黄俌《先考定軒府君行狀》:"執友建寧守賀公浤舉爲松溪訓導,有沮之者,弗果。就因而嘆曰:'求人曷若求己,吾出身自有正路,奚用此?'歸坐一小樓,環列經書,以古人閉户懸髮爲則,澄神凝思,至食不知味,寤不安枕者累月。既而補邑庠生,遂移居邑之西岳廟巷,以便肄業。雖貧乏窘促,處之晏然,而爲學益力,如是不一年,遂以明經領景泰丙子鄉薦,庚辰登進士第。"

謝鐸《桃溪净稿》卷十四《南京工部侍郎黄公墓誌銘》:"初以明經舉不合,乃退而爲縣學生,刻苦問學。公辱與予友,予少且劣,日追之,日見其不可及。未幾,領丙子鄉薦,登庚辰進士第。"

吴寬《匏翁家藏集》卷五十九《侍郎黄公傳》:"既長,執友建寧守賀浤知其賢,舉爲松溪訓導,不果。公嘆曰:'士之出仕,乃藉人舉薦耶?'慨然誓取科第,以世其家,樓居讀書,刻苦特甚,至忘寢食,及入邑學,家貧乏資給,而學益力,遂中鄉試,天順庚辰,登進士第。"

張邦奇《張文定公靡悔軒集》卷四《明故通議大夫南京工部右侍郎贈禮部尚書謚文毅黄公墓碑銘》:"家貧力學,宵晝不懈,稍倦,手書姓名繫之以自勵。歲歉,老婢治半粥,雜芒粃以進,從容揭芒食之。而易粱以食其弟妹。執友進建寧守賀浤舉爲松溪訓導,不果。笑曰:'士之仕進,當藉力於人耶?'天順庚辰舉進士。"

李東陽《李東陽集(第二卷)》卷二十五《明故通議大夫南京工部右侍郎黄公神道碑銘》:"貧不廢學,初以明經舉不合,乃爲縣學生。舉景泰丙子鄉薦,登天順庚辰進士。"

蘇茂相輯《皇明寶善類編》(明天啓刻本):"天順庚辰進士。"

袁袠《皇明獻實》(鈔本)卷三十六:"黄孔昭,……天順庚辰進士。”

雷禮《國朝列卿紀》卷六十六：“既長，執友建寧守賀浤知其賢，舉爲松溪訓導，不果。乃嘆曰：‘士之出仕，乃藉人舉薦耶？’慨然誓取科第，以世其家，樓居獨，刻苦特甚，至忘寢食，及入邑學，家貧乏資給，而學益力，遂中鄉試，天順庚辰，登進士第。”

張凝道、張弘道輯《皇明三元考》卷六“天順四年庚辰科”：“既長，父執建寧守賀浤因其賢，欲舉爲松溪訓導。孔昭曰：‘士之出處，乃藉人邪？’不就。至是，舉進士。”

張廷玉等《明史》卷一百五十八列傳第四十六：“舉天順四年進士，授屯田主事。奉使江南，却饋弗受，進都水員外郎。”

陳田《明詩紀事》丙籤卷四：“天順庚辰進士，授工部主事。進員外郎，改吏部、進郎中，擢右通政，遷南工部侍郎。”

初授屯田主事，同官有貪墨者，與不合，以計排擠之，無所得，後得白，聲譽因之起。尋擢都水員外郎。

黄俌《先考定軒府君行狀》：“初授工部屯田主事郎中，李姓者行檢不修，政日以弛衆，謂之濁曹。先君疾之，每形氣嘆，反爲其所擠，賴公道得白，而聲譽亦因以起。尋署事不數月，宿弊頓革，人皆目之曰黄青天。……尋升都水員外郎。”

謝鐸《桃溪浄稿》卷十四《南京工部侍郎黄公墓誌銘》：“擢工部屯田主事。屯田號濁曹，公稍持以正，顧爲其僚所怨嗾，惡吏誣毁之。公雖不之較，然彼竟坐是落職，而公之譽亦因以起。尋遷都水員外郎。”

吴寬《匏翁家藏集》卷五十九《侍郎黄公傳》：“初授工部屯田主事，同官有貪污廢事者與不合，以計擠之，無所得，而公之名因起。其人既被黜，公獨署司事，事悉舉而宿弊盡革。”

張邦奇《張文定公靡悔軒集》卷四《明故通議大夫南京工部右

侍郎贈禮部尚書謚文毅黄公墓碑銘》:“授工部屯田司主事,司多積垢,稍爬刷之,遂爲同官者所嫉嗾,悍吏構之下獄數月,事白,彼坐落職,而公顧用是起名。”

李東陽《李東陽集(第二卷)》卷二十五《明故通議大夫南京工部右侍郎黄公神道碑銘》:“初命爲工部屯田主事,司多積弊,公稍持以正。同官者不能堪,嗾惡吏構之,事竟白,被坐落職,而公顧用是起名。遷都水員外郎,督造江南,饋遺無所受。”

雷禮《國朝列卿紀》卷六十六:“初授工部屯田主事,同官有貪污廢事者與不合,以計擠之,無所得,而孔昭之名因起。其人既被黜,獨署司事悉舉,宿弊盡革,時適議慈懿太后山陵,憤其事曰治葬,吾職也。亟草奏疏上,而朝廷竟從。衆議乃已。尋擢都水員外郎。”

成化五年(1469),特奏改文選。九年,進郎中。銓文選者先後十五年,持選法謹嚴,汲汲以人才爲慮,始終一節不少變。

黄俌《先考定軒府君行狀》:“未及,回調吏部文選歷郎中,先後十有五年,始終一節。曰:‘國家之用才,猶富家之積粟,粟積於豐年,乃可以濟饑;才用於平時,乃可以備患。’又曰:‘行端則影正,源潔則流清。銓司天下人才之根本,吾今既居此位,豈可負厥初心哉?況天下至大,人才至多,苟或矯激,以閉門不納爲高,何以周知天下之人才。’每公至客退,必延坐細詢其風俗美惡,政治煩簡,官吏得失,道路遠近,因之以察其人之賢否,與其所言之誠僞。一事之善,一政之得,必書於册,置諸篋笥,以便檢閱,有所選舉,則量其才,隨其地,參之輿論而薦用之。嘗曰:‘一人之不職,一方之害也。雖雜職小官,吾亦安敢忽哉?’……有干求要,結上人欲用之者,先君抗言力諫,或致大怒,推几擲硯,亦處之自若,不爲撓,後雖終不能不用,然亦往往自敗,反累上之人,衆始服先君之明,而上之人亦自悔焉。”

謝鐸《桃溪净稿》卷十四《南京工部侍郎黄公墓誌銘》:“調吏部文選郎中,在職守法,據例不示恩,不賣直,凡所舉措,不獨人莫之敢干,雖上之人,亦或以公爲辭而若有所憚。每公退,輒過予,予望而見其喜,則知賢者之進;見其憂,則知小人之不得退。如是者,蓋十有五年。終始一節不少變。後先在文選者,率驟遷,輒敗,至或并累其上之人,爲天下笑。”

吴寬《匏翁家藏集》卷五十九《侍郎黄公傳》:“後擢郎中,公持選法最慎,汲汲以人才爲慮,嘗曰:‘國家之用才,猶富家之積粟,粟積於豐年,乃可以濟饑;才儲於平時,斯可以濟事。’自頃人矯激沽名,以閉門謝客爲高。天下人才何由知之。故公退客至,輒延見詢訪,有所得必書於册,往往量其才,隨其地,參之輿論,薦於天官卿用之,務使用之各當其才,雖小官卑職,亦不敢忽。……凡在文選者十五年。”

李東陽《李東陽集(第二卷)》卷二十五《明故通議大夫南京工部右侍郎黄公神道碑銘》:“未幾,遷郎中,凡天下州縣地善惡、政令繁簡、人才賢不肖,極力搜訪,耳注籍記,罔不周悉,而辭涉請托,則未嘗少徇。惟守法執論,以贊其官之長。爲之長者雖不盡用,亦以輿議付之,有怨亦藉以自解。先後十五年,稱文選之賢者,必曰‘黄郎中,黄郎中’云。”

蘇茂相輯《皇明寶善類編》:“黄文毅孔昭爲吏部,人見其喜,則知君子之得進;見其憂,則知小人之不得退。”又,“黄孔昭,歷選郎十五年。嘗曰:‘國朝用人,猶農家積粟,粟積於豐年,乃可濟饑,才儲於平時,乃可濟用。’”

袁袠《皇明獻實》卷三十六:“奉使江南,鄉人仕其地者饋遺,一無所受。同考會試,有勢家子夜持百金私謁,叱去之。歷升文選郎中銓選。公慎汲汲,以人才爲慮。嘗曰:‘國家之用才,猶農之積粟,粟積於豐歲,乃可濟饑,才儲於平時,乃可濟事。'自頃人務矯激,以閉門謝客爲高,天下人才何由知之。公退客至,輒延見,詢訪有所得,即書於册,參之輿論,用之各當其才,雖小官不忽也。勢要干請,輒力言其不可或不能,盡沮其人多自敗。在文選中十五年,稱知人。仕終南京工部右侍郎。袁袠曰:'文選者,庶官之衡鏡而百度之樞機也。賢不肖之進退,理亂繫焉。居是官者有二要。律己之嚴也,知人之哲也。哲則無遺才,嚴則無私昵。黄公開門以禮天下之士,而苞苴自不敢入,又焉有私昵遺才之嘆乎?'"

項篤壽《今獻備遺》(項氏萬卷堂明萬曆十一年刻本)卷三十五:"論曰:'世稱文選,爲庶官衡鏡,百度樞機。人才進退,理亂繫之,非律己嚴而知人哲者,安能稱此任乎?黄公開門以禮天下之士,而苞苴自不敢入,宜其用無遺才而比無私昵也。'"

雷禮《國朝列卿紀》卷六十六:"成化五年,特奏改文選,命下,皆以爲宜。九年,擢本部郎中。持選法最慎,汲汲以人才爲務,嘗曰:'國家之用才,猶富家之積粟。積於豐年,乃可以濟饑;才儲於平時,斯可以濟事。'自頃人矯激沽名以閉門謝客爲高。天下人才何由知之。故公退客至,輒延見詢訪,有所得必書於册,往往量其才隨其地,參之輿論,薦於天官卿用之,務使用各當其才,雖小官卑職,亦不敢忽,或因勢家干請,欲私用其人,輒力言其不可,時既不能盡沮,後其人多自敗。衆始服其正。凡在文選者十五年。"

張凝道、張弘道輯《皇明三元考》卷六"天順四年庚辰科":"歷官文選郎,謂選曹矯激沽名,以閉門謝客爲高,天下人才何由而知,每散衙,客至輒延見,詢訪有所得,必書於册,往往量其才地,參之輿論,薦於冢宰,雖小官卑職,亦不敢忽。在文選十五年。"

陳建《皇明通紀法傳全録》卷二十四:"以黄孔昭爲南京工部右侍郎。孔昭力學有守,志趣卓然。在文選十五年,汲汲以人才爲念，始終一節，有貴勢干請，堅却之，謝鐸云見其喜則知賢者之進，見其憂則知小人之不退。信至言也。”

過庭訓《本朝分省人物考》卷五十五“樊瑩”條：“樊瑩，字廷璧，常山人。幼敏悟篤學，未冠，知自勵，屏居山寺，潛心義理。冬不爐，夏不扇者凡三年……弘治初詔天下舉异才，京工部侍郎黄孔昭以瑩應。吏部尚書王恕聞之，喜曰：‘薦人者，當如是矣！’將驟用瑩而未得其所。”

張廷玉等《明史》卷一百五十八列傳第四十六：“故事，選郎率閉門謝客。孔昭曰：‘國家用才，猶富家積粟。粟不素積，豈足赡饑；才不預儲，安能濟用？苟以深居絶客爲高，何由知天下才俊。’公退，遇客至，輒延見，訪以人才，書之於册。除官，以其才高下配地繁簡。由是銓叙平允。其以私干者，悉拒之。嘗與尚書尹旻争，至推案盛怒。孔昭拱立，侍其怒止，復言之。旻亦信其諒直。旻暱通政談倫，欲用爲侍郎，孔昭執不可。旻卒用之，倫果敗。旻欲推故人爲巡撫，孔昭不應。其人入都謁孔昭，至屈膝。孔昭益鄙之。旻令推舉，孔昭曰：‘彼所少者，大臣體耳。’旻謂其人曰：‘黄君不離銓曹，汝不能遷也。’……有官地十餘區爲勢家所侵，奏復之。奉詔薦舉方面，以知府樊瑩、僉事章懋應。後皆爲名臣。郎官主藏者以羨銀數千進，斥退之。”又“贊曰：‘國家盛時，士大夫多以廉節自重，豈刻意勵行，好爲矯飾名譽哉。亦其淡嗜欲，耻營競，介特之性然也。仁、宣之際，懲吏道貪墨，登進公廉剛正之士。宗載佐銓衡，顧佐掌邦憲，風紀爲之一清。段民、吴訥、魏驥、魯穆皭然秉羔羊素絲之節。軒、耿、孔昭矯厲絶俗，物不能干。章敞、徐琦、劉戩律己嚴正，异域傾心。廉之足尚也卓矣。’”又，“成化五年，文選郎中陳雲等爲吏所訐，盡下獄貶官，尚書姚夔知孔昭廉，調之文選。九年進郎中。”

查繼佐《罪惟録》列傳卷十五上:“成化中,在文選十五年,貴人干請,悉謝却之,始終一節,未嘗矜以爲名。謝方石曰:‘吾於黄文選,見其喜,知拔一善士;見其憂,知不善之不得退。’蓋終其身以人才爲汲汲也。鄉人入都,饋以尺帛,亦必不受。耐約素寒暑,不妄交游。”

弘治元年(1488),官至南京工部右侍郎。

黄俌《先考定軒府君行狀》:“又五年,升南京工部右侍郎。”

黄光昇《昭代典則》(明萬曆二十八年刻本)卷二十一:“升通政司右通政黄孔昭爲南京兵部右侍郎。”

張廷玉等《明史》卷一百五十八列傳第四十六:“爲郎中滿九載,始擢右通政。久之,遷南京工部右侍郎。”

弘治四年(1491)六月卒,享年六十四。贈禮部尚書,謚文毅。

黄俌《先考定軒府君行狀》:“先君生於宣德戊申十二月二十二日,卒於弘治四年六月十七日,享年六十有四。”

張邦奇《張文定公靡悔軒集》卷四《明故通議大夫南京工部右侍郎贈禮部尚書謚文毅黄公墓碑銘》:“弘治辛亥六月十七日,南京工部右侍郎黄公卒於官。”

謝鐸《桃溪净稿》卷十四《南京工部侍郎黄公墓誌銘》:“弘治辛亥夏六月十有七日,南京工部右侍郎黄公卒。公得疾甚暴,予亟往視,至中途,公訃已至。於呼痛哉!”

李東陽《李東陽集(第二卷)》卷二十五《明故通議大夫南京工部右侍郎黄公神道碑銘》:“偶得熱疾,三日遽卒,辛亥六月十七日也,年六十四。”

雷禮《國朝列卿紀》卷六十六:“俄以疾卒,年六十四。”

鮑應鰲《明臣謚彙考》(明刻本)卷上“文毅”條:“黄孔昭,南京工部侍郎，贈禮部尚書，嘉靖年謚，浙江黄岩縣人。”

張廷玉等《明史》卷一百五十八列傳第四十六：“弘治四年卒。嘉靖中，贈禮部尚書，謚文毅。”

陳田《明詩紀事》丙籤卷四：“嘉靖中，贈禮部尚書，謚文毅。”

孔昭性恬静，爲人敦厚，清廉自律，雖老且貴，一如未仕時。

黄俌《先考定軒府君行狀》：“大抵先君居官清慎，視公事如家事，不避難險，不畏權勢，凡可以益國利民者，見之必爲，爲之必盡，其心内性剛明，果决外體。”

吴寬《匏翁家藏集》卷五十九《侍郎黄公傳》：“終身儉素，雖老且貴，如未仕時。至待宗族，獨不計惜。嘗以舊居悉讓其弟，以女弟貧乏，斥俸令養之，凡親友患難、疾病，必扶植乃已。”

張邦奇《張文定公靡悔軒集》卷四《明故通議大夫南京工部右侍郎贈禮部尚書謚文毅黄公墓碑銘》：“性儉素，自奉如寒士，而施予不倦，以舊宅讓弟女，弟貧斥俸給之。立義塾，訓其族姓，以遺田三十畝爲之助。”

李東陽《李東陽集(第二卷)》卷二十五《明故通議大夫南京工部右侍郎黄公神道碑銘》：“公體貌嚴毅，不躁語戲笑，沉静自守。厚倫睦族，以舊居讓弟，女弟貧，割俸金給之，立義塾，擇族子弟爲師，歲出束脩爲之助。”

謝鐸《桃溪净稿》卷十四《南京工部侍郎黄公墓誌銘》：“性恬静，寡嗜好。平生無所苟取，而亦不以一毫苟費。雖官至三品，居室服食無所增。惟事關倫理則惓惓。”

雷禮《國朝列卿紀》卷六十六：“爲人清介有守，自舉進士已有廉名，及授秩以公事之江西，雖鄉人之仕其地，以尺帛來饋，亦却去。……其處公事，必盡其力，非特無私而已。終身儉素，雖老且貴，如未仕時，至待宗族，獨不計惜，嘗以舊居悉讓其弟，以女弟貧乏，斥俸令養之。凡親友患難、疾病，必扶植乃已。”

傅維麟《明書》(商務印書館 1936 年版)卷一百二十四：“清介有守，自舉進士，既著廉名……孔昭體貌嚴重，不躁語戲笑，沉静自守，厚倫睦族……張悦稱其學純志潔，公正剛直。重如山，不依勢以動；介如石，不逐物以移。”

孔昭志潔學純，公正剛直，不妄交游，與陳士賢、林一鶚、謝鳴治相友善。

吴寬《匏翁家藏集》卷五十九《侍郎黄公傳》：“尤不妄交游，故布政使陳公士賢、今祭酒謝公鳴治，皆鄉人之卓然者，獨以道義相好。若刑部侍郎林公一鶚，既没，念其子孱弱，爲經紀其喪，復輯其事行傳之。後奉詔得薦舉异才。以今應天府尹樊公廷璧、福建按察僉事致仕章公德懋奏。二人，蓋公素所賢者。士論以爲得人。”

張邦奇《張文定公靡悔軒集》卷四《明故通議大夫南京工部右侍郎贈禮部尚書謚文毅黄公墓碑銘》：“其所與交，如布政使陳公士賢、刑部侍郎林公一鶚、祭酒謝公鳴治，終始無間。林公、陳公卒，皆爲撫其子或經紀其喪。”

雷禮《國朝列卿紀》卷六十六：“尤不妄交游，故布政司陳選侍郎謝鐸皆鄉人之卓然者，獨以道義相好；若刑部侍郎林一鶚既没，念其子孱弱，爲經紀其喪，復輯其事，行傳之後，奉詔得薦舉异才，以常山樊公瑩蘭谿、章公懋奏二人，蓋素所賢者。”

張凝道、張弘道輯《皇明三元考》卷六“天順四年庚辰科”：“孔昭志潔學純，公正剛直，雖老且貴如未仕時。”

過庭訓《本朝分省人物考》卷五十四“謝鐸”條：“謝鐸，字鳴治，號方石，太平縣人。少穎敏，能韻語。將冠，游邑校，與少司空黄孔昭友相與砥礪，然以古人自期。”

何喬遠《名山藏》卷六十九《臣林記》“謝鐸”條：“謝鐸，字鳴治，台州太平人。謝靈運之後也。高祖温良以孝稱。鐸澄朗穎悟，少游邑泮，與同邑黄孔昭并服膺儒素，砥礪古賢。”

張廷玉等《明史》卷一百五十八列傳第四十六：“孔昭嗜學敦行，與陳選、林鶚、謝鐸友善，并爲士類所宗。”

黄綰《黄綰集》卷二十四《謝文肅公行狀》云：“將冠，游邑校，與綰先大父少司空友。大父樹立堅特罕比，獨先生相與砥礪，慨然以古人自期。”

《明孝宗實録》（綫裝書局 2005 年版）卷五十二“弘治四年六月”條曰：“方成化中，（黄孔昭）每早朝入掖門，當縉紳叢聚之中，必與鐸輩論詩文或又評程朱當時事，故聲大言，欲聞於人，剌剌不休，如是者十餘年。”

傅維鱗《明書》卷一百二十四：“樓居讀書，刻苦特甚，志忘寢食……孔昭不妄交游，陳瀛、謝鐸，獨以道義相好……讀書尚理致，尤精詩格。”

孔昭平生好學不倦，日求古書，多自校正。自幼慕方孝孺之爲人，廣詢博訪，搜輯方氏著作刊行。嘗輯鄉里前輩文詞，爲《赤城論諫録》《赤城詩集》，校刻行世。著有《定軒集》《定軒存稿》等若干卷。

黄俌《先考定軒府君行狀》：“讀書不事章句，嘗以聖賢爲法，以不及古人爲耻，聞天下有名書古典，必欲得之，雖多費不吝，拙訥葉先生，鄉里前輩，古道君子也。先人特爲請於邑大夫俾祀鄉賢祠。又孝孺方先生死於難，禁不許藏先生片紙隻字，先君自幼慕其爲人，廣詢博訪，求其文章，得一字如寶珠玉，積累成集，且自序其後，特爲致書寧海尹郭俾刻板行世。……暇更輯鄉里前輩詩文爲《赤城論諫録》并《赤城詩集》刊行之。公退，手不釋卷，自所作詩文有《定軒集》若干卷，藏於家。”

謝鐸《桃溪净稿》卷十四《南京工部侍郎黄公墓誌銘》:“公讀書不事章句,往往能窮前人所未至。精思之餘,下筆沽然,而尤長於詩。與吾叔父王城山人慨詩道中絶,將力振之,有《定軒集》若干卷,藏於家。”

吴寬《匏翁家藏集》卷五十九《侍郎黄公傳》:“平生好學不倦,公暇輒手一册,日求古書,多自校正,更輯鄉里前輩文詞,爲《赤城論諫録》并《赤城詩集》,板刻行世,其所自著質實而理勝,有《定軒集》若干卷。”

張邦奇《張文定公靡悔軒集》卷四《明故通議大夫南京工部右侍郎贈禮部尚書謚文毅黄公墓碑銘》:“編葺方希直先生遺文,復采鄉里前輩文詞,爲《赤城論諫録》及《赤城詩集》,板刻行世,又摭其行實爲《尊鄉録》。”又,“尤精詩律,所著有《定軒稿》若干卷”。

李東陽《李東陽集(第二卷)》卷二十五《明故通議大夫南京工部右侍郎黄公神道碑銘》:“讀書尚理致,尤精詩格,不苟制,所著有《定軒集》若干卷,藏於家。”

雷禮《國朝列卿紀》卷六十六:“平生好學不倦,公暇輒手一册,日求古書,多自校正,更輯鄉里前輩文詞,爲《赤城論諫録》并《赤城詩集》,校刻行世,其所自著,質實而理勝,有《定軒集》若干卷。”

張萱《西園聞見録》(全國圖書館文獻縮微複製中心 1996 年版)卷八:“黄孔昭平生好學不倦,公暇,輒手一册,日求古書,多自校正。輯鄉里前輩文詞爲《赤城論諫録》并《赤城録》。詩集板刻行世,其所自著,質實而理勝,有《定軒集》若干卷。定軒者,公之别號也,謚文毅。”

陳田《明詩紀事》丙籤卷四:“有《定軒集》。田按:文毅官吏部最有名,嘗與謝鳴治輯台人詩爲《赤城集》六卷,許廷慎、李長民諸人詩,皆賴以傳。”

孔昭子孫亦在朝爲官。

吴寬《匏翁家藏集》卷五十九《侍郎黄公傳》:“娶淑人蔡氏,生子三,俌工部營繕主事,居官有父風。次侹、佐,皆早卒。”

張邦奇《張文定公靡悔軒集》卷四《明故通議大夫南京工部右侍郎贈禮部尚書謚文毅黄公墓碑銘》:“配淑人蔡氏,子男三,長郎俌,今贈通議大夫,詹事府詹事兼翰林院侍講學士。次侹,次佐,皆夭。孫男五……”

李東陽《李東陽集(第二卷)》卷二十五《明故通議大夫南京工部右侍郎黄公神道碑銘》:子男三:長即俌,世守儒業;次侹、次佐,皆早死。

張廷玉等《明史》卷一百五十八列傳第四十六:“子俌,亦舉進士,爲文選郎中。俌之子綰,以議‘大禮’至禮部尚書,自有傳。”

傅維鱗《明書》卷一百二十四:“子俌亦爲文選郎中,俌子綰官生,從張璁桂萼後論大禮,歷官禮部侍郎,遣使交南,升尚書未行,落尚書,以侍郎致仕。”

何喬遠《名山藏》卷六十九《臣林記》:“孔昭子俌舉進士,其孫綰嘉靖中以議大禮進仕至禮部尚書,别見。”又,卷七十三《臣林記》:“黄綰,黄孔昭之孫也。以孔昭蔭。”

凌迪知《萬姓統譜》(明萬曆刻本)卷四十七:“子俌舉進士,吏部郎中;孫綰,官生,歷官禮部左侍郎,升尚書,致仕。”

徐學聚《國朝典匯》(書目文獻出版社 1996 年版)卷一百八十六“工部”:“子俌,亦爲文選郎。孫綰,官禮部尚書。”

參考文獻:

1. 黄孔昭《定軒存稿》,國家圖書館藏鈔本。

2. 吴寬《匏翁家藏集》,明正德三年吴奭刻本。

3. 謝鐸《桃溪净稿》,明正德十六年台州知府顧璘刻本。

4. 雷禮《國朝列卿紀》,明萬曆豐城徐鑒刊本。

5. 何喬遠《名山藏》,明崇禎刻本。

6. 張凝道、張弘道輯《皇明三元考》,常郡書林何敬塘梓行本。

7. 張邦奇《張文定公靡悔軒集》,明刻本。

(孫啓華)

王佐傳

王佐，字汝學，號桐鄉。瓊州臨高蠶村都（今海南省臨高縣）人。明宣德三年（1428）生。

王佐《鷄肋集》卷六《四友傳》："王佐字汝學，蠶村都人。""居透灘村，門巷多刺桐，故號桐鄉。"

唐冑《（正德）瓊臺志》卷三十六《王佐傳》："王佐字汝學，號桐鄉，臨高蠶村人。"

黄佐《臨江府同知王佐傳》（焦竑《國朝獻徵録》卷八十七江西二）："王佐字汝學，瓊州臨高人。"按，過庭訓《本朝分省人物考》卷一百一十二有《王佐傳》，其文與黄佐《王佐傳》同，不贅録。

樊庶《王汝學先生傳》（王佐《鷄肋集》卷首本傳）："王佐，字汝學，臨之蠶村人也。"

汝學之生年，按樊庶《王汝學先生傳》："弱冠，由邑庠生領正統丁卯鄉薦。"唐冑《（正德）瓊臺志》卷二十五："佐遵守慈訓，年甫弱冠，僥幸以禮經領廣東。"則汝學正統十二年丁卯（1447）始弱冠，則其生於宣德三年（1428）。又按，今人黄元輯編《王佐年譜簡表》，亦繫年宣德三年。

少孤。父原愷領本縣撫黎縣丞職，宣德間，因旁累赴憲司對簿，歿於外。母唐氏性方嚴，動遵禮法，勤劬教育，佐遂得就外傅讀書。

王佐《鷄肋集》卷七《先母行狀》:"母姓唐氏,名朝選,瓊山縣南橋人,前山東兖州府金鄉縣知縣瑶次女也。""性方嚴,動遵禮法。適父原愷爲繼室,生女二,男一。女長曰村,適澄邁縣下嶺謝教;次曰蘭,適本縣西黎土官主簿倪通男晟;男即佐。父承籍伯祖元翼黎官世業,撫有本縣東黎之土。永樂四年,率首領王尋、王旺赴京貢方物,蒙太宗皇帝授以本縣撫黎縣丞職,事傳世襲,仍守其土。璽書二道,專敕督首領王尋、王旺招撫。宣德八年,父因旁累,赴憲司對簿,瀕行,屬後事。時家頗豐裕,父以前母諸兄皆長,且有室,能自營也,産外儲蓄餘貲盡付母以與佐。母辭不獲,姑受之。及父外終,歸喪襄事,母乃盡出父所與物,呼諸兄來前,并佐與二姐應得貲奩,悉散與之。諸兄重違父命,泣不敢受。母曰:'我非不取,但我寡居,子女幼,恐不能守也。'卒散之。"

唐胄《(正德)瓊臺志》卷二十五:"慈訓堂,在縣東南鼉村都,即王桐鄉先生家正寢。知縣泰和梁儉記:慈訓堂者,高州貳守王君汝學少奉母受教處也。余昔待選天官時,與汝學有舊識。及選臨高,叙别間,汝學泣稱有老母唐氏在堂,因自叙云:'佐少早孤,賴母氏勤劬教育,母性方嚴自能,言節皆有教。稍長,出就外傅讀書,一二日不學,則母憂不食。逮稍知學,聞有明師,雖數百里外即遣往從。'"

性極警敏,事母孝。年未十齡,從學於那邕馮源,後受業於唐舟、丘濬。

樊庶《王汝學先生傳》:"少孤,性極警敏,事母孝。"

王佐《鷄肋集》卷九《挽那邕馮教諭先生》:"憶昔爲兒未十齡,趨庭委贄拜先生。初能雪案涂鴉字,已許朝陽作鳳鳴。寂寞荒苔封講席,凄凉抔土閉佳城。東風吹泪看遺稿,尺許枯藤無限情。"

唐胄《(正德)瓊臺志》卷三十六:"少從唐頤庵、丘深庵二先生學。"

黄佐《臨江府同知王佐傳》:“少受業於丘濬。”

按,唐胄《(正德)瓊臺志》卷三十六“人物一”:“唐舟字汝濟,號頤庵,瓊山東廂人。英之子。學贍才優,革除年間鄉試,永樂癸未復試,皆中第二名。甲申,舉進士。”“丘濬字仲深,瓊山西廂人。正統甲子解元,景泰甲戌廷試第二甲第一,選翰林庶吉士,授編修,歷升侍講、侍講學士、學士、翰林學士、國子祭酒、禮部右侍郎、尚書掌詹事府事、太子太保、文淵閣大學士,轉柱國、少保、户部尚書、武英殿大學士,贈特進左柱國、太傅,謚文莊。别號深庵,又號海山道人。”卷三十八“人物三”:“馮源,瓊山上那邕人,仕俊之子,龍岩訓導,升清流教諭,改新城。”

正統十二年(1447),年甫弱冠,即以禮經領廣東鄉薦。

梁儉《慈訓堂記》(唐胄《(正德)瓊臺志》卷二十五)引王佐語:“佐遵守慈訓,年甫弱冠,僥幸以禮經領廣東正統丁卯科鄉薦。”

唐胄《(正德)瓊臺志》卷三十六:“正統丁卯,始弱冠,以禮經魁鄉舉。”唐胄《鷄肋集序》:“蓋先生自少穎邁。正統末,弱冠,以禮經魁鄉省。與陳石翁同庚,俱英妙,榜中指爲二俊。”

黄佐《臨江府同知王佐傳》:“弱冠,正統丁卯以禮經魁鄉薦。”

樊庶《王汝學先生傳》:“弱冠,由邑庠生領正統丁卯鄉薦。”

游太學,爲祭酒吴節、司業閻禹錫所稱許,監試每擢爲首,延譽於内閣,李賢冀其大用。後試南省五策,條答無遺,本房欲置魁選,爲忌者所黜。

王佐《四友傳》:“爲舉子時,游太學。國子先生亦嘗於稠人中,獨稱此子可教也。”

梁儉《慈訓堂記》引王佐語:“春闈不第,寄名太學待科,未得卒業。”卷三十六:“正統丁卯,始弱冠,以禮經魁鄉舉,即游學京師多年,甚爲太學劉、吴、閻祭酒、司業諸公所稱許,監試每擢爲元,爲延譽於閣老李南陽先生,冀其大顯用。後試南省五策,條答,本房欲擢首選,爲忌者所黜。"唐胄《鷄肋集序》:"尋游學京師多年,爲祭酒吴節、司業閻禹錫諸巨公所稱許,屢擢爲元,大爲延譽。"

黄佐《臨江府同知王佐傳》:"游太學,爲祭酒吴節、司業閻禹錫所稱許,監試每擢爲首,延譽于内閣,李賢冀其大用。後試南省五策,條答無遺,本房欲置魁選,爲忌者所黜。"

邢祚昌《鷄肋集序》(王佐《鷄肋集》卷首原序):"公弱冠以禮經魁北省,人皆以大用期之,而卒艱於一第。及入成均,爲學士劉、吴諸公所重,即南陽李公亦器之,而卒老於郡佐,三任未轉一官。"

樊庶《鷄肋集序》(王佐《鷄肋集》卷首原序):"及其入太學,諸儒臣交譽其才。"

樊庶《王汝學先生傳》:"卒業太學,爲祭酒吴節所推重。每試居第一,爲之延譽於閣老南陽李賢,冀其大用。皆深爲器重,然竟弗克成進士。"

天順初,英宗大獵,從獵儒臣,背腰弓矢,應制賦詩。有祭酒劉某詩,以"雕弓"爲"弓雕",太學生輕薄者帖詩嘲之。佐以古人作詩,倒者甚多,於理可通,遂上詩於劉云:"豈是大家無好句,先生何愧古人詩。"劉覽之愈怒。

楊慎《升庵集》(明刻本)卷六十《弓雕》:"天順初,英廟大獵,從官皆戎服弓矢以護蹕,應制賦詩。有祭酒劉某詩,以'雕弓'爲'弓雕',大學生輕薄者帖詩於監門云:'獵羽楊長共友僚,雕弓詩倒作弓雕。祭酒如今爲酒祭,御官何以達廷朝?'廣東舉人王佐復上詩於劉云:'樂羊終是愧巴西,許下惟聞哭習脂。豈是先生無好句,弓雕何愧古人詩。'本爲能得司成之喜,劉覽之愈怒。其後王佐刻其《桐鄉詩》,具載此首,遂大傳其事。"

趙翼《檐曝雜記》(清乾隆嘉慶間湛貽堂刻《甌北全集》本)卷五:"《水南翰記》:國子祭酒和詩有以'雕弓'作'弓雕'者,監生嘲之曰:'雕弓難以作弓雕,似此詩才欠致標。若是此人爲酒祭,算來端的負廷朝。'"

按,今《鷄肋集》不載此詩,詩見韓林元編注《溟南三十家詩選注》(海南人民出版社 1989 年版),題爲《太學解嘲并小序》:"天順初,天子大獵,從獵儒臣,背腰弓矢。時國子祭酒安城劉先生作詩,句尾有'弓雕'字,其義尤今人稱腰金帶爲帶金耳。時有嘲之者,尾二字,皆倒叶韻,蓋近於謔也。殊不知古人作詩,此倒者甚多。按《史傳》:孟孫獵得麑,使秦西巴載歸,麑母隨焉,西巴弗忍,與之。而山谷和荊公詩云:'樂羊終是愧巴西。'又《漢書》:京兆人脂習與孔融善,及融被害,許下莫敢收其屍,習往撫之,曰:'文舉舍我死,何用生爲。'而王逢原咏孔融詩云:'許下惟聞哭習脂。'論詩者猶知其倒,猶終不忍舍,况弓雕二字,理猶有可通者耶? 余在太學,辱指教於先生,故略爲論之。""樂羊終是愧巴西,許下惟聞哭習脂。豈是大家無好句,先生何愧古人詩。"

成化二年(1466),授高州府同知。其地連廣西徭山,時有流寇豕突,攻陷連郡,邑中震驚。時都御史韓雍用兵兩廣,佐獻策平戎,用之,動中肯綮,雍奇其才。

王佐《先母行狀》:"成化二年,叨蒙除授高州府同知。高、瓊鄰境,時高地兵火未息,俸給恒不足,凡常諸所食用皆母自家致之。"《鷄肋集》卷九《高州官舍書懷》:"山郭民居十數家,官僚無事早休衙。緑毫日寫籌邊策,白帖時催運餉槎。雨過庭添瑶草色,日來窗映佛桑花。此種詩景誰同賞,老我商羊咏聖涯。"

王佐《鷄肋集》卷一《上都督府韓公邊情策》,條舉六策:一、委官以撫安化州;二、設軍堡以保障高化;三、開中鹽糧,切見高化府州地方;四、鹽法已行之驗;五、通鹽路;六、納言。又,卷六《高州二烈士傳上巡撫都憲陳公》,表彰死難義士林雄、符瓊,亦作於此時。

唐胄《(正德)瓊臺志》卷三十六《王佐傳》:"成化初,授高州府同知。時都御史韓雍用兵兩廣,用佐所上策爲多。"

黄佐《臨江府同知王佐傳》:"成化初,授高州府同知。時都御史韓雍用兵兩廣,佐獻策平戎,用之,動中肯綮,雍奇其才。"

樊庶《王汝學先生傳》:"成化初年,撰授本省高郡司馬。其地連廣西瑶山,時有流寇豕突,攻陷連郡,邑中震驚。先生甫至,知電白爲高州藩籬,與太守孔鏞協力籌謀,飭兵守禦,賊不敢犯其境。條陳制府韓雍,次第施行,郡遂以安,皆先生力也。"

五年(1469),母唐氏卒,丁母艱。十年,改福建邵武府同知。士民愛戴,有"仁明司馬"之頌。屬泰寧盜發,佐奉僉事章懋檄行縣,以策平其亂,而其功爲懋同僚所冒,佐亦無所白。

王佐《先母行狀》:"母因憂勞得疾,成化五年六月初六日終於家,距生時辛未年六月十三日享年七十九。"唐胄《(正德)瓊臺志》卷四十:"王原愷以子佐貴,贈邵武府同知;妻唐氏、佐妻吴氏俱宜人,誥命四通。"阮元《(道光)廣東通志》(清道光二年刻本)卷三百二十二列傳五十五:"王原愷妻唐氏知書嫻禮,年二十五,原愷卒,守節撫孤,教子佐以文學名世,贈宜人。"

唐胄《(正德)瓊臺志》卷三十六《王佐傳》:"改邵武、臨江,所至以廉操聞,遺愛于民,以質直任職,不能與時俯仰,故低徊廣、閩、江右三省諸郡間二十餘年,一官不徙,衆皆惜之。"

黄佐《臨江府同知王佐傳》:"甲午,改邵武。以文章飾政事,持身廉而不徼,事上恭而不阿。屬泰寧盜發,時僉事章懋適分巡至郡,檄佐行縣召集里老,密切訪問賊中動静,若其可招,則選其里老之有識幹者往諭之,除首惡不宥,其餘脅從者悉聽自新;若不可招,則亦令其各陳勦捕方略以報。佐至縣,周詢衆論,皆以爲賊勢方張,若遽攻之,則其黨必固結以拒戰,而其勢遂成;不若乘其衆心未固,誘其來降者,以殺其勢,則可不攻而自潰矣。佐遂遣人招諭,降其脅從者數十人,賊果散去。懋同寮聞之,有欲邀功希賞者,言於部使者,謂懋儒者不知兵,恐不能濟事,願自行勦之。部使者信其言,遂調將樂所官軍俾率以行,至則賊已平矣。乃械繫佐所招降者,凱還獻功,悉戮之。懋耻與争,而佐亦絶口不言,惟輿人頌其靖亂安民之績,然終亦無由白於上也。"

樊庶《王汝學先生傳》:"丁母艱歸,服闋,補閩之邵武。士民愛戴,有'仁明司馬'之頌。"

滿九載去,改同知臨江府,亦多政績,輿人稱其廉能。

王佐《鷄肋集》卷九《舟次金陵和丁郎中席間韻》,題下小注:"時丁除知興化府,余選臨江,丁以弟相托。"又,同卷《弘治二年述職泊南京上新河和大里府吴守韻》:"浩浩大江流,行人古渡頭。萬年初日麗,六代暮烟愁。吴楚舟航地,唐虞岳牧秋。紫宸仍昨夢,北望緑雲浮。"

黄佐《臨江府同知王佐傳》:"滿九載去,改同知臨江府,致仕。臨江輿人又頌其公平正大,博學,工吟咏,以賢能著稱云。"

樊庶《王汝學先生傳》:"最後調臨江府,亦多政績,輿人稱其廉能。"

又,唐胄《(正德)瓊臺志》卷四十二"雜事":"王桐鄉先生官臨江時,曾承遣往湖廣采宫殿木。舟過鄱陽,有硯隨舟而浮,撈得之,磨面耀金兩片,背銘曰:'誰割紫雲,落我書几?其爽津津,中含霖雨。曷發其藏,蒼生之喜。'後有名僧告曰:'此乃陶五柳物也。聞每數十年雖必一見,然不可鈎致。今以了問學,故付之耳。'桐鄉特置盒藏之,每私戒諭子孫以爲世寶,近聞爲他所得矣。"

佐凡爲官二十餘年,居官廉謹,頗能舉大綱。所居民愛,所去民思,然低徊郡佐,未能展其抱負,人多惜之。

王佐《四友傳》:“性疏散,不事家事。生計甚拙,又不甚聰敏,而好耽書,以故多學少成。自知病根,而痴癖莫能改也。然而居官廉謹,頗能舉大綱。污吏甚惡之,而士民之樂簡便者亦安之。”《雞肋集》卷六《自贊》:“汝才不能上人,汝貌不逾中人。胡爲乎峨冠盛服,欲筆汝真。汝惟始終一節,庶乎其可稱者,曰清、曰慎、曰勤。畫工之筆,難著精神。”

唐冑《雞肋集序》:“偶銓選佐郡,所至惟行道惠民,公餘手不釋卷。或行部所至,物無一嗜,獨賫書自隨,舟車滿載。文雅德譽,籍甚一時。雖低徊廣閩、江右、高凉、邵武、臨江諸郡之間,二十餘年一官不徙,而去多遺愛。及耄悼艱失明,猶令人呫嗶聽之,則其所以得此者,亦豈偶然也哉!”

黄佐《臨江府同知王佐傳》:“佐所至廉操遺愛,始終如一日,惟質直任職,不能隨時俯仰,故低徊二郡二十餘年,一官不徙,衆皆惜之。平生雅淡,惟耽書史,自少至老,手未釋卷,雖眊聵,猶使家人讀而聽之。”

樊庶《雞肋集序》:“雖三佐郡曹,位不足以展所抱,而所在多惠績,皆祀於名宦祠。”《王汝學先生傳》:“雖低徊郡佐二十餘年,而所居民愛,所去民思,至今崇祀名宦不輟。且其生平無他嗜好,每行部,所至,獨載書自隨。”“桐鄉先生弱冠以禮經魁鄉榜。入成均,爲祭酒閣老諸先生所賞識,名重一時。丘文莊公亦异其才。雖與公同官侍從可也,卒不得再登一第,僅以郡佐終,爲可惜也。然古之傳人,豈盡以位顯哉?”

晚歲力請歸田,著《珠崖録》,切中瓊黎利害。表以進,前後數萬言,指陳得失,洞若觀火,皆嘉納之。

王佐《進〈珠崖録〉奏》:“臣年幾八十,老病目昏,不能自行,謹具本專令侄孫王丙賫聞。”

樊庶《王汝學先生傳》:“晚歲力請歸田,著《珠崖録》,切中瓊黎利害。表以進,前後數萬言,指陳得失,洞若觀火,皆嘉納之。”

王國憲《王桐鄉公傳》:“著《珠崖録》,言招撫生黎事情,痛革奸邪之謀,禁止役人相襲之弊,一惟遵奉祖宗舊制成例。休老山林,心知邊境利害,謹具録册,隨表以進。”

顧炎武《天下郡國利病書》:“正統年間革官子孫,如臨高王紹祖因襲不得,乃假官坐縣,立萬人屯,截路禁行,欲謀不軌。李僉事誘至杖死。儋州劉秀判,殺田表水西等村,巡撫韓雍賫榜開諭。以故鄉官同知王佐著《珠崖録》,拳拳在抑土舍。後儋之土舍峒首構成符南蛇之禍,可不决去之哉。”

暇日與同邑致仕訓導謝寧、國子生王錫、隱士王政迭爲賓主,爲林下之游,號爲“四友”。四友之約,暇則相過訪,講論詩書道理,以相私麗澤。各歲一二會,會必下榻講論,夜以達旦。講論者詩書道理,外不他及,然亦不以是之能否相愧病,但得其中之趣而已。

王佐《四友傳》:“四友者,前高州府同知臨高王佐與同邑致仕訓導謝寧、國子生王錫、隱士王政。四人暇日迭爲賓主,爲林下之游,故名也。四友之約,暇則相過訪,講論詩書道理,以相私麗澤。賓贄執雁雉,主者饌具鷄黍,惟家常所有,否則不以爲禮,賓亦不敢當。一人主,則三賓者俱皆僕。各歲一二會,會必下榻講論,夜以達旦。講論者詩書道理,外不他及,然亦不以是之能否相愧病,但得其中之趣而已。四人者皆心迹平易易知,而性情出處不同。”按,謝寧字子善,英丘都人,舉訓導,年四十致仕;王錫字承德,那綿都人;王政字原教,縣郭都人。

樊庶《王汝學先生傳》:“優游山水間,以詩書自怡。與當時隱士謝寧、王錫、王政交游,稱爲'四友',其高風自不可及。"

又,與佐善者,又有華亭張弼。顧清《(正德)松江府志》(明正德七年刻本)卷二十九:"張弼字汝弼,華亭人。少穎悟過人,成化丙戌羅倫榜進士。……丁未卒,年六十三。弼人品高襟度夷曠,而敦尚行履,以風節自將,雖談論間雜諧謔,而往往必以理勝。爲詩清健有風致,而尤以草聖得名,四方求者無虚日。有《鶴城》《天趣》《面墻》《清和》《慶雲》諸稿。晚號東海翁,又有《東海手稿》行於世。"唐胄《(正德)瓊臺志》卷四十二"雜事":"張東海弼與王桐鄉善。一日,桐鄉爲其舅氏吴璿求出谷迎賓詩,東海只書二句於卷曰:'芽齋卧風雨,忽夢故人來。'而題其下云:'昔潘邠老《咏重陽詩寄友》得"滿城風雨近重陽"一句,爲催租人敗興,遂止以一句寄之。予題出谷《迎賓詩册》方得此二句,未之書,而姜文博輩索草書擁并入户,予遂投筆。越明日,欲續之不可得也。遂秉燭揮毫,用邠老例以復王汝學,亦詩壇中一故事也,古今工拙何計耶?况予既題一詩於前,此政可略矣。'見今淋漓筆迹,賨吴氏。"

性曠達,自爲生壙,賦詩其中。

王佐《鷄肋集》卷十《瓦窑原開生壙》:"千年喬木護佳城,慷慨邀賓載酒行。一十八年重覓我,化爲烏有一先生。""一十八年風景殊,鴻蒙汗漫是吾墟。吾墟迥與人間异,渣滓人間不是吾。"按,唐胄《(正德)瓊臺志》卷二十七:"王桐鄉佐墓在縣東十里博文都瓦窑山。"并徵引此詩,且注云:"時公年八十二。"

樊庶《王汝學先生傳》:"自爲生壙,賦詩其中,其曠達如此。卒年八十餘。"

正德六年(1511),郡有修志之議。初,佐載筆數十年,作《瓊臺外紀》,備録郡事,守取閲其書,首加延訪,迎之於郡之東岳祠。及

首啓沿革，佐於建武復縣，執舊疑史，與衆不合，閣筆延月，僅授序答守以歸。

按，王佐《瓊臺外紀》一書爲修郡志所由作，其著書緣起、體例、梗概等略見於其《東岳行祠會修志序》（見《（正德）瓊臺志》）："於是訪延郡中士夫若干人，相與稽考典籍。自漢唐宋以來歸宿於皇朝，要重修郡志以新海外一代耳目。緣唐宋古志無徵，而國朝舊志亦多蠹落，乃廣搜博采國初謫宦諸老儒之家存有殘篇遺集，而濫及不禄。自昧寡陋，著爲《瓊臺外紀》一書，亦得側於諸家遺集，以補郡志之缺略。自郡縣建置、沿革，至於山川、形勝、軍衛、城池、學校、人物、户口、貢賦等事，與凡事有關涉風化、利益、軍民者，一一修舉，俱要事無遺漏，人無遺憾，爲一代全書，以副郡守朝夕憂勤報國之心。經始於正德六年某月日，告成於某月日，一一皆資公定其可否。而江右貳守李公贊成其事，僉議以佐年歲優多，首辱延訪，俾爲之序其首。"以故《外紀》雖散佚，其文多爲郡志采録。《（正德）瓊臺志》凡例："《外紀》一書，王桐鄉先生平生精力所在，故凡有録入者，逐一明著，不敢竊爲己有，以掩其善，惟所紀原出舊志者不著。"

唐胄《瓊臺志序》："丘文莊公晚年嘗言己有三恨，郡牒未修一也。桐鄉王公載筆數十年，録郡事，警官志前後擅易之陋，乃命所集爲《外紀》，以自成一家之書。孫户部九峰先生嘗托前守方公爲梓而不果，後守王公取閲其書，謂獨詳於人物、土産，而他目仍舊。乃迎公於東岳祠，禮郡雋副裁爲志，而余與焉。及首啓沿革，而公於建武復縣，執舊疑史，與衆不合，閣筆延月，僅授序答守以歸。"

王國憲《鷄肋集後序》："其後，傳其學於唐西洲，爲一代名臣。本先生《瓊臺外紀》《珠崖録》等編，著爲《瓊臺志》。海南累朝掌故，藉此以傳。其提學廣西時，梓《鷄肋集》以訓多士，俾廣流傳，可謂不負師傳矣。"

正德七年(1512),卒於家,年八十五歲。

唐胄《(正德)瓊臺志》卷三十六:"年八十五卒。"

黄佐《臨江府同知王佐傳》:"年八十五卒。"

佐性雅淡,惟耽書史,自少至老,手未嘗一日釋卷,雖昏眊猶使家人讀而聽之。新喻胡榮稱其博學多識,精思力踐,見道精審,故其詩辭和平温厚,文氣光明正大,當比擬唐宋諸大家,識者以爲確論。

唐胄《(正德)瓊臺志》卷三十六:"佐性雅淡,惟耽書史,自少至老,手未嘗一日釋卷,雖昏眊猶使家人讀而聽之。新喻胡榮稱其博學多識,精思力踐,見道精審,故其詩辭和平温厚,文氣光明正大,當比擬唐宋諸大家,識者以爲確論。"

唐胄《鷄肋集序》:"吾鄉王桐鄉先生棄世二十餘年矣,余久得藏其遺稿。近於學政之暇,始出而編次之。讀之若尋常無可驚异,而大方家每服其詞之平易温雅、氣之光明雋偉,當比擬於古諸大家。""余嘗嘆後世文章,自漢司馬子長,至唐始有韓昌黎,可謂難矣。逮宋,文人嗜韓文莫善於穆伯,莫醇於歐陽。先生生乎其後,師法有年,其内已閎深,而外則無一字相襲也。有續我皇明文衡之作者,諒不能遺此,而獨具隻眼者,必能辨其家數之所自。謂非一時拔出之杰,豈公論乎?"

黄佐《臨江府同知王佐傳》:"提學新喻胡榮稱其博學多識,精思力踐,見道精審,故其詩辭和平温厚,文氣光明正大,當比唐宋諸大家。識者以爲確論。"

邢祚昌《鷄肋集序》:"聞其行部時,惟以書卷自隨,不及他物。即晚艱於視,猶令人誦之,而公潛玩焉。亦足以明其心之所酷嗜,蓋非特以詩文自鳴,亦庶幾因文以見道者。嘗考於公與丘文莊之事，及吾族湄丘公同時，文莊每异其才，而於湄丘尤最厚，豈際國家氣運之隆，故吾瓊英賢濟濟迭出耶？"

樊庶《王汝學先生傳》："先生德圭璋，學純粹，質之前人，傳之後世，皆有難泯滅者。其詩文比之歐陽文忠，信然矣。"

時海南文士，獨佐與丘濬最負盛名。其文與詩，得風雅之正軌，爲世典型，尤爲里人所重。

王佐《雞肋集》卷三《贈地師曲全徐先生序》："無何，文莊捐館舍，天子遣官護歸櫬諭營葬城道，洪都東白復申薦先生與偕來瓊。既襄事，乃西行，致東白之辭於佐曰：'吾於海南所與可者二人，謂文莊與佐也。'"按，張東白即張元禎，字廷祥，别號東白，南昌人。

唐胄《（正德）瓊臺志》卷三十七"人物二"："裴崇禮字居敬，崖州人。盛之子。由鄉舉任貴縣訓導，改歐寧。積學，詩文有古趣，如《游大小洞天記》等文皆佳作。常自品曰：'瓊南文士雖多，獨讓王汝學出吾一頭，餘子不數也。'""王朝隆字國昌，瓊山烈樓人，忱之侄。向武判官，詩文如馮海，雖無家數，然信口充贍，其博學多聞，不亞張忭、王桐鄉。避庚申之亂，多藉講論以爲慰。"

邢祚昌《雞肋集序》："今夫詩以道性情，而文以發事理，所從來久矣，故詩文非道也，而可以見道。自古名儒碩彦，得時行道，政事與文章合而爲一。其大者紀風謡以見志，借時事以陳謨，邈乎上矣。即其次焉者，或怡情於山水，或寄慨於古今，耳之所聞，目之所見，皆可以發舒其性靈，在遇與不遇之間，而各以寫其胸中之所得，莫不有道存焉。如吾鄉臨高王公是也。"

樊庶《雞肋集序》："嘗考先生文章政事，標炳後先，時同里丘文莊公雅相器重。""作爲文與詩，得風雅之正軌，是所謂人文并美，宜其爲世典型。"

李熙《重刻王桐鄉先生〈雞肋集〉序》："作者本六經以爲言，文固足傳,即參以韻學,亦不失風人温厚之本意,其味醇矣。樊明府庶刻之於廣州,即其深知此味而不忍棄焉者,况宗裔一脉相承,忍恝然而棄之乎?”“余觀是集,凡身歷之境及所見到之處,皆有味乎其言之,而讀之亦津津有餘味焉。竊謂此非作者之言,特代聖賢立言,故言之有味如此。又似我心所欲言,而入於作者之筆下,爲先得我心之所嗜耳。味之腴者,人固咀嚼不厭,即淡如太羹元醴,其中亦自有真味也,鷄肋云乎哉?”

王國憲《鷄肋集後序》:“吾瓊人才輩出,盛於有明。其時丘文莊公崛起海外,北學中國,文章經濟,天下仰之如泰山北斗。而同鄉之從學者,得其師法,著等身書,尤以王桐鄉先生爲最。自少負笈從游,潛心嗜古,自往載經籍以及近代詩、古文、詞,無不博覽宏通,知其體要。及游太學,獲窺天禄中秘之富,與夫嚴師益友之講求,名譽日隆,馳聲輦轂。宦游而後,躬勤纂述,至老不倦。”

所著有《鷄肋集》《經籍目略》《原教篇》《庚申録》《珠崖録》《瓊臺外紀》《金川玉屑集》等。其《珠崖録》經進御,《瓊臺外紀》旁搜郡中古今文獻故實,最爲博雅。

唐胄《(正德)瓊臺志》卷三十六:“所著有《鷄肋集》《經籍目略》《原教篇》《庚申録》。其《珠崖録》經進御,《瓊臺外紀》旁搜郡中古今文獻故實,最爲博雅。”唐胄《鷄肋集序》:“但具生平所作,如《鷄肋集》《經籍目略》《瓊臺外紀》《庚申録》《金川玉屑集》《家塾原教》及《珠崖》,已經進御,今皆不能盡擇也,故曰《摘稿》云。”

黄佐《臨江府同知王佐傳》:“所著有《鷄肋集》《經籍目略》《原教編》《庚申録》《瓊臺外紀》,其經進御則有《珠崖録》,世稱其文行。”

王國憲《鷄肋集後序》:“所著《原教編》《經籍目録》《庚申録》《瓊臺外紀》《珠崖録》《崖州志》等書,皆有益於世道人心,鄉邦文獻。而《鷄肋集》,則其生平所爲詩文,自訂以傳後人者也。"

按,王佐之著述雖豐,散佚亦多。今所存者僅《鷄肋集》,恐亦非全豹,故唐胄云:"今皆不能盡擇也,故曰《摘稿》云。"又,邢祚昌《鷄肋集序》:"公平生多所著述,唐司徒篤嗜其詩文,爲之選,名曰《摘稿》。今歲久不無殘缺,其五代孫汝銓於殘缺者補之,手一篇以相證。予家居之暇,因得而詳覽之。因其文亦可想見其爲人,故喜而爲之序,以授之梓。"

至清康熙間,樊庶宰臨高時,其集剥蝕漶漫,已失其初,事具樊庶《鷄肋集序》:"余於癸未歲來宰臨高,慨邑乘之凋殘,懼無以備采風者之采擇,乃廣爲搜輯,以成一邑之書。聞鄉賢王桐鄉先生有集若干卷,其中辨證風土潮候甚確徹,懸榜購求。閱三月而無有以應之,最後得之村落民舍,則剥蝕漶漫,已失其初。是蓋出之兵燹之遺,而其子孫亦莫可究詰矣。……余幸治先生之邑,被先生之遺教,而不爲之表彰其餘緒,是委先生於草芥也,豈余之心哉?爰欲輯其殘編,垂諸來祀,而邑務旁午,未暇從事丹黄。嗣以署郡事積勞,尋至寢疾,百慮俱屏,惟是集爲拳拳。乃謹次其篇章,加之補正,編爲十卷,仍先生所命名。欲鋟板印行,會以引疾去,橐如懸罄,無以爲梨棗之資。適行次羊城,有故人解贈,則出之篋笥,以授梓人。"

然世仍罕傳其書,至清季,幾散佚無存。迨至民國,佐之族裔王光謨以其外祖所藏鈔本爲底本,重加校訂,付之剞劂,乃爲今本。光謨《重刻桐鄉公〈鷄肋集〉跋》:"昔樊明府手輯桐鄉公《鷄肋集》,携刻於羊城。明府一游宦耳,猶珍重吾族祖手澤。若任散失不傳,謨曷辭其責。惟惜吾瓊罕有其書。此傳鈔本,乃外祖馮蓮溪先生家藏者。光緒戊戌,某借去。甲辰外祖卒,遺命授謨意,蓋責謨之傳之也。謨如命,屢索未獲。至宣統辛亥三月,始得其書,受而讀之,愛其詩文温厚和平,卓然大家風格。伏念先朝文獻,散失已久,未能訪求。獨存此集鈔本,數百年之著作,賴此以傳,遂視如性命,藏之秘篋。……謨唯唯,遂略爲訂正。然其間錯誤尚多,無有他本可以參校。思得博雅君子,相與商定,方付手民。歲甲寅,適值堯雲先生(按,即王國憲)過訪,謨出此書,重加校正。至是可付梓矣。"

王國憲《鶏肋集後序》:"乃爲時不久,其板漶漫,易代之後,無一存者。清初,樊庶來宰臨高,訪求遺書,未獲原刻。采取其殘本,廣爲搜羅,重加補輯,編成十卷,携刻羊城。未久而又散失。瓊之藏書家皆未有其集。憲近年輯瓊臺文獻,旁搜博采,僅得詩文一册。歲在甲寅,偶游臨江,寄覺禪弟别業,晨夕論學。閲其藏書,始獲手鈔原集,爲之狂喜。詢其所自,爲外祖馮蓮溪學博所貽。覺禪將謀剞劂,爲校讎一過。惜無别本以參考之,不知者闕如。憲旋里後,覺禪遭内艱,營葬事畢。遵母遺命,急付手民,是誠難能而可貴也。"

李熙《重刻王桐鄉先生〈鶏肋集〉序》:"余向宰臨邑耳,作者爲王桐鄉先生,鼎鼎大名,特求是集而不可得,豈亦如古來六經受厄於秦火耶?不然,是集果在,何以不膾炙於士林耶?爲慨嘆久之。適王鴻文明經即作者之宗裔瓣香默按,求之於既失之後,照原集編次十本。將付剞劂,問序於余。"

參考文獻:

1. 唐胄《(正德)瓊臺志》,明正德十六年刻本。

2. 焦竑《國朝獻徵録》,明萬曆四十四年徐象橒曼山館刻本。

3. 過庭訓《本朝分省人物考》,明天啓刻本。

4. 楊慎《升庵集》,明刻本。

5. 阮元《(道光)廣東通志》,清道光二年刻本。

6. 王佐《鷄肋集》,海南書局 1928 年版。

7. 顧炎武《天下郡國利病書》,《顧炎武全集》,上海古籍出版社 2011 年版。

(王志剛)

陳獻章傳

陳獻章，字公甫，號石齋，晚號石翁。遺腹子，宣宗宣德三年戊申十月二十一日(1428年11月27日)生，祖居廣東新會縣都會村，後徙居江門白沙村，學者稱白沙先生。

陳獻章《白沙子全集》卷一《乞終養疏》："緣臣父陳琮年二十七而棄養，臣母二十四而寡居，臣遺腹之子也。"

張詡《翰林檢討白沙陳先生行狀》(徐紘《皇明名臣琬琰録》後集卷二十二)載："先生諱獻章，字公甫，姓陳氏。高祖判鄉。曾祖東源。祖永盛，號渭川，少戇，不省世事，好讀老氏書，嘗慕陳希夷之爲人。父琮，號樂芸居士，讀書能一目數行下，善詩。卒之一月而先生始生。母太夫人林，年二十有四，守節教育之。祖居廣之新會縣都會村，至先生始徙居白沙村。白沙村去縣北二十里許。天下士大夫重先生之道，不斥其名字，因共稱之曰'白沙先生'。"

李承箕《大厓李先生文集》(明正德五年吴廷舉刻本)卷十八《陳公樂芸配林合葬志》："宣德戊申九月十二日，陳公樂芸卒。於呼，生存於世者，二十有七年，何若是夭也。"又，卷十六《石翁慶壽詩序》："先生今年兩見戊申，蓋六十有一矣。……今孟冬二十有一日，先生誕辰。"

唐伯元《白沙先生文編》(明萬曆十一年刻本)附録《白沙先生年譜》："宣德三年戊申十月二十一日，先生生於白沙里。先是，望氣者言黄雲紫水之間當有賢人生。黄雲紫水者，新會山川也。及先生生而身長八尺，目光如星，右臉有七黑子如北斗狀。警悟絶人，兒時讀書一覽輒記，嘗讀《孟子》'有天民者，達可行於天下而後行之者也'，自誓曰：爲人必當如此。按，先生之生也，父先卒一月，母太夫人林鞠之，先生性至孝，事太夫人以禮，有兄某侍之如父，坐必隅，居閑許負，耻隨庸俗，間外出不慊意，歸輒對兄泣，不食，房婢偶露體，見告太夫人，必黜乃已，蓋其性然矣。"

張廷玉等《明史》卷二百八十三列傳第一百七十一："陳獻章，字公甫，新會人。"

查繼佐《罪惟録》列傳卷十："陳獻章，字公甫，號石齋，晚號古岡老人，廣東新會人。"

沈德潛、周準《明詩别裁集》(上海古籍出版社 1979 年版)卷三："憲章，字公甫，新會人。"

錢謙益《列朝詩集小傳》(上海古籍出版社 2008 年版)丙集："憲章，字公甫，新會人。"

何維柏《改創白沙家祠碑記》(《白沙子全集》附録)："白沙先生生都會里。里俗悍。先生長，遷白沙小廬山下，築春陽臺、碧玉樓，奉太夫人居之。"

林光《南川冰蘗全集》卷六《明故翰林院檢討白沙陳先生墓碣銘》："祖永盛，號渭川，始徙居白沙。"

阮榕齡《編次陳白沙先生年譜》："朝昌，字永盛，號渭川，娶吕氏。自外海遷都會，又自都會遷白沙。"又，"都會在白沙西四里許，先生於此乃鐘靈故地，宜先生每過之，躊躇躕躅，不能忘情也。考先生自都會遷白沙，不知何年，先生《與黄叔仁父題東溪卷并引》云：'昔予大父渭川府君居此溪上，與黄氏故鄰也，去之六十年矣。閲此卷有感而作。'按先生卒年七十三，若此引作於七十歲，則遷白沙之年方十歲。若作於七十二三時,是年方十二三耳。今以此引考之,大底多遷在十歲以前也。先生年方二十二,渭川公方卒,是徙白沙者乃渭川公也。《行狀》云'祖居都會,至先生始徙白沙',誤也。或曰,祖者,高曾之通詞也。然榕考《白沙家譜》,高曾原居外海,非都會也。又按:《移居》詩云,'長揖都會里,求趨白沙役',乃《和陶》十二首之二也。《和陶》有'庚子九月獲稻'詩。庚子,成化十六年也。是時,先生年已五十三矣,則此詩乃追感移居而和陶,必非作於徙白沙之年也明矣。"

按,白沙先生别號甚多,如白沙子、碧玉老人、玉臺居士、江門漁父、南海病夫,等等。參見阮榕齡《白沙叢考》。

獻章年少警敏,穎悟絶人,讀書一覽輒誦。正統十一年丙寅(1446),始拜澹齋。

陳獻章《白沙子全集》卷一《澹齋先生挽詩序》:"澹齋先生,姓某氏,名某,秫坡黎先生門人也。吾鄉稱先達,以文行教後進,百餘年間,黎秫坡一人而已。秫坡與予連里第,予之生也後,不及侍其門。弱冠,與澹齋之子益游,始拜澹齋,誨予以秫坡事縷縷。此豈一日忘其師者耶?當是時,秫坡之門存者不少,獨澹齋以其學教授於羅山之下,子弟有所矜式焉。"按,阮榕齡撰《白沙叢考》:"梁繼灝,字行素,號澹齋,新會滘頭人。"金鉷監修,錢元昌編纂《廣西通志》:"梁益,新會人,舉人。"

張詡《翰林檢討白沙陳先生行狀》(徐紘《皇明名臣琬琰録》後集卷二十二)載:"自幼警悟絶人,讀書一覽輒記。"又,"陳生,非常人也,勢利不足以羈之矣。"

查繼佐《罪惟録》列傳卷十:"穎悟絶人。"

正統十二年(1447),參加鄉試,中試。明年,入國子監讀書。後,兩上春闈,不第。

陳獻章《白沙子全集》卷一《乞終養疏》:"臣原籍廣東廣州府新會縣人,由本縣儒學生員應正統十二年鄉試,中式。正統十三年會試禮部,中副榜,告入國子監讀書。"

張詡《翰林檢討白沙陳先生行狀》(徐紘《皇明名臣琬琰録》後集卷二十二):"弱冠,充邑庠生……明年丁卯,中鄉試第九人,録經義一篇。"又,"戊辰、辛未,兩赴禮闈,不第。"

張廷玉等《明史》卷二百八十三列傳第一百七十一:"舉正統十二年鄉試,再上禮部,不第。"

查繼佐《罪惟録》列傳卷十:"正統十二年,鄉薦。"

景泰五年(1454),獻章年二十七,發憤從吴聘君學,然未知入處,比歸白沙,杜門不出,求所以用力之方。復築春陽臺,日端坐其中,數年不出户,以涵養本源。

陳獻章《白沙子全集》卷三《復趙提學僉憲》:"僕才不逮人,年二十七始發憤從吴聘君學。其於古聖賢垂訓之書,蓋無所不講,然未知入處。比歸白沙,杜門不出,專求所以用力之方,既無師友指引,惟日靠書册尋之,忘寢亡食,如是者亦累年,而卒未得焉。"又,卷二《書玉枕山詩話後》:"予年二十七游小陂,聞其論學,多舉古人成法,由濂洛關閩以上達洙泗;尊師道,勇擔荷,不屈不撓,如立千仞之壁,蓋一代之人豪也。"

張詡《翰林檢討白沙陳先生行狀》(徐紘《皇明名臣琬琰録》後集卷二十二):"聞江右吴康齋徵君與弼講伊洛之學於臨川之上,君徒步上謁,睹其風範,讀其條教,遂棄其學而學焉,時年二十有七也。康齋性嚴毅,來學者未與語,先令躬稼,獨待先生异,朝夕與之講究,如家人父子。”

湛若水《甘泉先生文集内編》卷三十一《明故翰林院檢討白沙陳先生改葬墓碑銘》:“二十有七年罷於禮闈,從學於吴聘君,聞伊洛之緒。既博記於群籍,三載罔攸得;既又習静於春陽臺,十載罔協於一。”

林光《南川冰蘗全集》卷六《明故翰林院檢討白沙陳先生墓碣銘》:“聞江右吴聘君康齋講學,遂往從之游,時年二十有七。康齋性嚴毅,雅重先生。教人多舉伊洛成語,經史百子,無所不講,然未有得也。又,“兄諱獻文,性極友愛,先生托以家務細碎,力支,不相聒撓。築一臺,名之曰陽春,日端默其中,以涵養本源,人罕見面。”按,白沙所築之臺,張詡、湛若水作“春陽”,而林光作“陽春”。

楊起元《白沙語録序》(阮榕齡撰《編次陳白沙先生年譜》):“予少時,聞白沙先生學於吴康齋先生。吴先生無講説,使先生劚地、植蔬、編籬。吴先生或作字,先生研墨;或客至,則令接茶。如是者數月而歸,竟無所得於吴先生也。”

黄宗羲《明儒學案》(中華書局1985年版)卷一“崇仁學案一”:“陳白沙自廣來學。晨光才辨,康齋先生手自簸谷。白沙未起,先生大聲曰:‘秀才若爲懶惰,即他日何從到伊川門下?又何從到孟子門下?’”

屈大均《廣東新語》(中華書局1985年版)卷十《事師》:“白沙之於吴聘君也,爲之執役數月,而不敢請益一言。”

張廷玉等《明史》卷二百八十三列傳第一百七十一:“築陽春臺,静坐其中,數年無户外迹。”

查繼佐《罪惟録》列傳卷十:“比歸白沙,閉户讀書,湛思忘寢食者累歲,未得也。復築陽春臺,置水一盂,終日兀對,履不逾門,以十年所。”

成化二年(1466),獻章因錢溥之薦,復游太學,入國子監讀書,因和楊龜山《此日不再得》韻,名震京師,譽爲真儒復出。一時名士如羅倫、莊昶、賀欽,皆樂與之游。次年,獻章南歸。

張詡《翰林檢討白沙陳先生行狀》(徐紘《皇明名臣琬琰録》後集卷二十二):"暇日或與門徒習射禮於曠野。未幾,流言四起,衆皆危之,先生漠如也。時翰林院侍讀學士錢溥謫知順德縣事,雅重先生,遺書先生:'亟起,毋貽太夫人憂。'先生以爲然,遂復游太學。"又,"給事中賀欽執弟子禮,既别,肖先生小像懸於家之别室,有大事必啓焉。羅倫改官南京修撰,先生謂曰:'子未可以去乎?'倫即日解官去。按察使薛綱始疑先生,及得於觀感,乃悔嘆,即欲解官從學,有詩曰:'欲抛事業留門下,老驥那能學駿奔。'進士姜麟以史事使貴州,特取道如白沙,以師禮見先生,出曰:'吾閲人多矣,如先生者,耳目口鼻,人也,所以視聽言動者,殆非人也。吾何以名哉!'至京師,有問之,對曰:'活孟子! 活孟子!'都御史韓邦問、劉洪官廣東藩臬時,每見翊,一則曰'無緣',一則曰'無福',以不見先生爲恨也。嶺南士游國學者,北士必問曰:'游白沙先生門否?'以一字一墨爲符驗,而因之以輕重其人焉。"

湛若水《甘泉先生文集内編》卷二十《明故翰林院檢討白沙陳先生改葬墓碑銘》:"惟歲丁亥,游於太學,祭酒邢公爲之彰譽,一峰羅子、定山莊子爲之左次,遼陽賀子爲之從學。"

林光《南川冰蘗全集》卷六《明故翰林院檢討白沙陳先生墓碣銘》:"成化丙戌,鄉謗流煽,時翰林院侍讀學士錢溥謫知順德縣,敬慕先生,移書曰:'亟起,毋重貽太夫人憂。'遂復起游太學。祭酒邢公令作《太學小試賦》并律詩一首。次日,因游山還,又令和楊龜山《此日不再得》韻,大驚曰:'龜山不如也。'遂揚言於朝,以爲真儒復出,由是名振京師。一時名士如殿元羅倫,檢討莊昶,給事賀欽輩,皆樂與之游。……侍郎尹旻益賢之,遣子某從學,先生力辭,凡六七往,竟不納。給事賀欽日聞先生議論,即抗疏解官,又令畫工肖先生像而歸。先生賢之,反復題詩以贈。後致書云:'間嘗自謂,欽之此出,不喜得是官,所幸者遇先生。非先生之教,欽幾爲患得失之鄙夫矣。'居神樂觀,士夫來而去,去而復來,往返無虚日,皆情濃心醉,京師風動矣。"

查繼佐《罪惟録》列傳卷十:"于是成化三年,復游太學,嘗和楊龜山一日不再得詩,名動京師。尋歸復隱。"

阮榕齡撰《編次陳白沙先生年譜》:"是年春,先生南歸。"

林俊《祭白沙祠文》(《白沙子全集》附録卷之末):"先生澄瑩開闊,韻致極高。自游康齋而心學正,友一峰而節概明,友定山而詩學更大進。"

張恒《詣白沙祠祭文恭陳夫子文》(《白沙子全集》附録卷之末):"真儒間出,傾動朝紳。譽滿金台,道孚定山。一峰樂交,克恭棄官。折節門墻,日侍講壇。"

按,廣東左布政使彭韶所上《薦舉陳獻章疏》疏後,有吏部批語云:"陳獻章,由舉人監生,成化三年本部歷事滿,收候聽選間,該通政使司連狀送,據本生告要取討盤纏,已經札送順天府,給引照回去。"

廣東左布政使彭韶上書薦獻章,成化十八年(1482)徵召部檄至,獻章應召赴京。明年,上《乞養病疏》,乞還養母,兼理舊疾。授翰林檢討。

彭韶《彭惠安公文集》(明嘉靖十八年劉勛刻本)卷一《奏爲薦舉事》:"切見廣州府新會縣依親監生陳獻章,心術正大,識見高明,涵養有素,德性堅定,立志願學於古人,榮辱不足以介意,誠高世之儒也。……臣等自度才德不及獻章遠甚,猶且叨食厚禄,顧於醇儒，反未見用，非惟臣等之心誠切不安，亦恐國家不及收用，坐失惟善之寶也。”又，卷三《送陳公甫先生詩序》：“聲名滿四海，薦牘遂交馳。一朝徵書至，八十慈顔嬉。有司勸就道，束書敢遲遲？積誠動天聽，納牖契神機。詒化淳以洽，轉移良在兹。”

張弼《東海張先生文集》（明正德十三年刻本）卷三《玉枕山詩話》：“成化壬寅九月既望，石齋先生白沙陳獻章公甫應召起而之京，道過南安，而太守東海居士華亭張汝弼甫欲用曹參禮蓋公故事，款留於周、程吟風弄月臺上數月以受教。”

陳獻章《白沙子全集》卷五《告羅一峰墓文》：“維成化十八年，歲次壬寅，十月某甲子，白沙陳某應徵起赴京，行過永豐，謹具酒果庶羞，告于亡友一峰羅先生之墓曰……”

成化十九年（1483）正月，獻章過江浦，訪莊昶。後昶送獻章揚州，偕行至六合縣，經宿而去。陳獻章《白沙子全集》卷九《題瑞鵲卷（有序）》：“成化十九年，予被薦入京，過江浦訪孔暘莊先生。先生送予揚州，偕行至六合縣，經宿而去。”又，卷二《書蓮塘書屋册後》：“成化十九年春正月，予訪予友莊定山於江浦，提學南畿侍御上饒婁克讓來會予白馬庵，三人相與論學賦詩，浹辰而别。”又，湛若水《明定山莊先生墓誌銘》：“十九年癸卯正月，白沙先生起取入京，過定山，相留越月，送至揚州。”陳獻章詩文集中收録有《白馬庵聯句》。

張詡《翰林檢討白沙陳先生行狀》（徐紘《皇明名臣琬琰録》後集卷二十二）：“壬寅，廣東左布政使彭韶上疏，略曰：‘臣聞古昔聖帝明王，諮詢敷求，罔間遺逸，小或致之，大或起之，動則賴以成顯著之事功，静則因以繫士心之嚮幕。聲望丰采，蔚爲國華。竊見依親監生陳獻章，心術正大，識見高明，涵養有素，德性堅定。給假回還，杜門養志，沉潛聖賢之書，實窺體要，通達事物之理，有見精微。

今年五十餘,讀書踐履,愈覺純熟,孝義著聞,人皆感動。臣等自度,才德不及獻章萬萬,猶且叨食厚禄,顧於獻章醇儒,反未及見用,非惟臣等之心誠有不安,抑恐國家不及收用,坐失爲善之寶也。伏見天順年間,英宗皇帝聞撫州民人吴與弼文行高古,特加禮聘,處以宫僚,奈緣與弼老病,辭不供職,是以未見作用之效。今獻章年方强盛,大非與弼之比,伏乞聖明以禮徵召,必有以補助聖德、風動士類。'疏聞,憲宗皇帝可其奏,命有司以禮勸駕。先生以母老并久病辭。時巡撫右都御史朱英懼先生終不起也,具題薦末云:'臣已趣其就道矣。'因曰:'先生萬一遲遲其行,則如予誑君何?'先生不得已起。"

林光《南川冰蘗全集》卷六《明故翰林院檢討白沙陳先生墓碣銘》:"壬寅,廣東左布政使彭韶上疏略曰:'國以仁賢爲寶,臣才德不及獻章萬萬,猶叨厚禄,顧於獻章醇儒,乃未見收用,誠恐國家坐失爲善之寶。'疏聞,憲宗可其奏。部書下,有司以禮勸駕。先生以母老及病,未能起程。復筮之,得喜'歸妹'之'師',自釋告光,略云:'初爲娣,象娣之微,豈能自主於行?必依正配而行,如跛者依人而履,故曰:跛能履,吉,相承也。其旨明矣,筮者之進退決矣。'時巡撫右都御史朱英慮先生終不起,具題末云:'臣已趣某就道矣。'且告之故,曰:'先生萬一遲遲其行,則予爲誑君矣。'遂行。"

陳獻章《白沙子全集》卷一《謝恩疏》:"臣於成化十九年八月二十八日具本陳情,乞還養母,兼理舊疾。"又,"陳獻章既係巡撫等官薦他,今自陳有疾,乞回終養。與做翰林院檢討去,親終疾愈,仍來供職。欽此。"

《憲宗實録》(上海書店2018年版)卷二百四十四"成化十九年九月甲午":"授吏部聽選監生陳獻章爲翰林院檢討,許歸養其親。獻章,廣東新會縣人,由舉人入國子監,屢會試不中,歷事吏部,需選未及，回家授徒，不復就試。至是廣東布政使彭韶、巡撫都御史朱英皆言其學行可用，乞以禮徵聘。吏部謂：'獻章乃聽選之人，非隱士比，揆以祖宗法度，安用聘焉？'遂移文取至京，欲試其所學，量擬授職。獻章稱疾不就試。居久之，奏言：'臣以舊疾未平，未能就試，而母年七十有九，乞放歸田里，就醫奉母，俟母養獲終、臣病全愈，仍赴吏部聽用。'上以其爲巡撫等官前後交章共薦，而監生亦有親老願回侍養之例，遂特授以翰林院檢討而聽其回。"

唐伯元《白沙先生文編》（明萬曆十一年刻本）附録《白沙先生年譜》："成化十九年癸卯三月至京見。朝下部考試，先生屢以病辭，至八月陳情乞終養兼理舊疾，許之，九月奉旨授翰林院檢討回家，是年五十六歲。癸卯正月過江浦訪莊定山，留越月乃行，定山送至揚州餘月日，具見《陳情》《謝恩》二疏。"

吴榮光《辛丑銷夏記》（清光緒三十一年五郎園刻本）卷五"明陳文恭詩卷"條："白沙先生以成化十九年癸卯應召，三月三十日至京師，鄉人祭酒使人邀先生主其家，已而先生蹴居慶壽寺，至八月二十八日，疏陳患病乞終養，九月初四日得旨授翰林院檢討。"

張廷玉等《明史》卷二百八十三列傳第一百七十一："召至京，令就試吏部。屢辭疾不赴，疏乞終養，授翰林院檢討以歸。"

查繼佐《罪惟録》列傳卷十："令就試吏部，辭疾再三，不赴。獻章以召試如選人，非行取意也，乞終養。有曰：'臣遺腹子也。臣父二十七而棄養，臣母二十四而寡居。臣非臣母，久填溝壑。臣生五十六年，臣母七十有九。臣母見臣衰病，尚如孩褓。天下母子之愛雖一，未有如臣母憂臣之至、念臣之深。臣于臣母，無以爲報。而臣母以守節蒙恩，表厥宅里，是臣又用臣母荷陛下高厚獨深。顧臣母以貧賤蚤寡，殷憂交病，老而深劇。使臣遠羈闕下，臣母憂臣日甚，憂病相仍，理難長久。臣以病軀，憂臣老母，年未暮而氣先衰，心有爲而力不逮。惟陛下以大孝化天下,以至誠體萬物,放臣暫歸田里,日就醫藥,奉侍老母,以終餘年。'時特授翰林檢討而歸。自後屢薦不起。或勸之著述,不答。"

錢謙益《列朝詩集小傳》丙集:"成化十八年,辟召至京,不肯就禮部試,乞歸養母。詔特授翰林檢討。自後屢薦不起。"

弘治十三年(1500)庚申,卒,享年七十三歲。

湛若水《甘泉先生文集》卷十八《奠先師白沙先生文》:"弘治十三年,歲次庚申,三月某朔,越八日壬戌,門生湛某謹以牲醴之奠,敢昭告於先師石翁先生之靈。"

張詡《翰林檢討白沙陳先生行狀》(徐紘《皇明名臣琬琰録》後集卷二十二):"庚申,給事中吴世忠以先生及尚書王恕、侍郎劉大夏、學士張元禎、祭酒謝鐸等八人同薦與二三儒臣入内閣柄用,上方敕吏部查勘,而先生歿矣,是年三月十日也,享年七十有三。歿之前數日,蚤具朝衣朝冠,命子弟扶掖,焚香北面五拜三叩首,曰:'吾辭吾君。復作一詩云:'托仙終被謗,托佛乃多修。弄艇滄溟月,聞歌碧玉樓。'曰:'吾以此辭世。'歿之日,頂出白氣,勃勃加蒸,竟日乃息。前一夕五鼓,僯人聞車馬駢闐,异之,急出,見一人若王者狀,儀節甚都,出先生廬而去,以爲大官至,及旦詢之,無有也。"

林光《南川冰蘗全集》卷六《明故翰林院檢討白沙陳先生墓碣銘》:"弘治庚申,給事中吴世忠以先生及尚書王恕等八人同薦與二三儒臣内閣柄用,上方敕吏部查勘,命將及門,而先生歿矣,庚申二月十日也,享年七十有三。"

錢謙益《列朝詩集小傳》丙集:"弘治十三年卒。學者稱爲白沙先生。"

黄宗羲撰《明儒學案》卷五"白沙學案上":"弘治十三年二月十日卒,年七十有三。先生疾革,知縣左某以醫來,門人進曰:'疾不可爲也。'先生曰:'須盡朋友之情。'飲一匙而遣之。"

張廷玉等《明史》卷二百八十三列傳第一百七十一:"獻章儀幹修偉,右頰有七黑子。母年二十四守節,獻章事之至孝,母有念,輒心動即歸。弘治十三年卒,年七十三。"

正德十六年(1521),改葬皂帽峰下。萬曆二年(1574),詔建白沙家祠,特賜額聯并祭文、肖像。十二年,陳獻章與胡居仁、王守仁獲准從祀孔廟。三十七年,朝廷追謚獻章,謚"文恭"。

湛若水《甘泉先生文集内編》卷二十《明故翰林院檢討白沙陳先生改葬墓碑銘》:"惟弘治戊午遘疾,彌留弗興,越二年庚申二月十日乃卒。方伯周公葬之圭峰。越二十有一年,惟正德辛巳,胤子景雲謀及門下晋江知縣梁生景行、翰林編修湛生若水、庠生鄧生德昌、湯生霨、太學生趙生善鳴、處士梁生景孚、黄生昊曰:'惟予家中否,惟予兄弟二人,景晹也先折。惟諸子弗振,惟我顯考之藏卜罔知吉,至以累子。'若水等乃以鄧生、湯生具,以十一月十二日改葬皂帽峰下。"

阮榕齡《編次陳白沙先生年譜》"萬曆二年甲戌":"詔建白沙家祠,特賜額聯并祭文肖像。祠中賜額曰:'崇正堂';聯曰:'道傳孔孟三千載,學紹程朱第一支。'覆命翰林院撰文以祭,文曰:'恭惟先生,五嶺秀靈,潛心理學。宗濂洛之主静,弄月吟風;接洙泗之心源,鳶飛魚躍。孝友出處,昭在當時;懿範嘉言,垂於後世。洵一代醇修,足爲儒林矜式者也。朝廷重道,致祭於祠。靈明不昧,庶其來歆。'"

薛侃《薛侃集》(上海古籍出版社 2014 年版)卷四《正祀典以敦化理疏》:"惟翰林院檢討陳獻章博而能約,不離人倫日用,而有鳶飛魚躍之機,雖無著述,觀其答人論學數書,已啓聖學之扃鑰矣。……仰惟皇上以道化天下,伏乞將獻章賜謚從祀,以彰我皇明之盛德,鼓舞人心,當有不疾而速者矣。"

唐伯元編《白沙先生文編》附録《白沙先生年譜》:“先師巾石吕先生曰:‘某爲宫直時,議欲將道統正傳進之廟堂,繫於四配下。’時議祀典者不一,奉旨下吏部議,竟寢。某意謂:‘國朝儒者不乏,若論學有自得,惟先生一人,當與宋二三大儒并祟。因前議不行,姑已之,他日必有知我者。’”

徐渭《徐文長三集》(中華書局1983年版)卷二十七《吕尚書行狀》:“又奏河東薛瑄、崇仁吴與弼、新會陳獻章三賢者,不宜不在孔子廟庭。”

耿定向《耿定向集》(華東師範大學出版社2015年版)卷二《議從祀疏(甲申左院草)》:“其深造自得之趣,堅貞明懿之履,抑可謂醇乎醇者矣。昭代學術知反約而求諸心,不爲口耳支離之鶩者,實其開先也。或以著述無傳,勛業未見少之。然昔宋儒歐陽修謂:‘立德者不必立言,立功者亦自不朽,如顔、閔是矣。’由是以談獻章,是亦可附德行之科。所當與守仁并議者也。”

《大明神宗顯皇帝實録》(上海書店2018年版)卷一百五十五“萬曆十二年十一月”:“上曰:皇祖世宗嘗稱王守仁有用道學。陳獻章、胡居仁既衆論推許盛,准從祀孔廟。”又,卷四百六十一“萬曆三十七年八月”:“戊寅予從祀臣,故翰林院檢討陳獻章謚文恭。布衣胡居仁謚文敬。”

張廷玉等《明史》卷二百八十三列傳第一百七十一:“弘治十三年卒,年七十三。萬曆初,從祀孔廟,追謚文恭。”

查繼佐《罪惟録》列傳卷十:“弘治中,年七十三卒,學者稱爲白沙先生。萬曆中,從祀孔子廟廷,謚文恭。”

陳觀光《詔准從祀文廟謝表》(《陳獻章全集》附録二):“臣竊念臣祖陳獻章,本以諸生遭逢盛世,初由鄉薦,繼膺聘書,蒙登朝而授官,特賜歸以養母,甘侍菽水二十餘秋,飽歷冰霜一十九載。……

一洗沉錮之習，頓開理學之途。詎臣等二三孫子之榮光，實天下億萬儒矜之瞻仰也。”

陳田《明詩紀事》乙籤卷十二：“萬曆初，從祀孔廟，追謚文恭。”

按，獻章從祀孔廟，頗多曲折。詳見孫啓華《陳獻章從祀孔廟考》（北京大學 2017 年博士學位論文《陳獻章文學研究》）。

獻章爲學求道，秉持學貴自得、學宗自然，有明之學始入精微。倡道東南四十餘年，從學者衆，開江門學派。

張怡《玉光劍氣集》（中華書局 2006 年版）卷十三《理學》：“一時從學者如李承箕、林緝熙、張詡、湛甘泉諸公，蜂涌而至。”

羅僑《書白沙先生全集後序》（《陳獻章全集》附録二）：“公甫陳先生生於新會白沙里，數十年來嶺南士風一變者，先生啓之也。凡今天下莫不知有白沙先生，得其片紙隻字訝以爲榮。嗚呼，先生豈但風一方而已哉，實足風天下風後世也！”

張詡《東所先生文集》卷二《白沙遺言纂要序》：“故我白沙先生起於東南，倡道四十餘年，多示人以無言之教，所以救僭僞之弊而長養夫真風也。”

張詡《翰林檢討白沙陳先生行狀》（徐紘《皇明名臣琬琰録》後集卷二十二）：“既歸杜門，潛心大業。道價響天下矣，四方學者日益衆，往來東西兩藩部使以及藩王島夷宣慰，無不致禮於先生之廬。先生日飲食，賓客了不知其囊之罄也。自朝至夕，與門人講學、賓友論天下古今事，或至漏下，亹亹不少厭倦，翌旦精神如故，雖少壯者自以爲莫及也。”

《大明憲宗純皇帝實録》卷二百四十四“成化十九年九月”條：“上以其爲巡撫等官前後交章共薦，而監生亦有親老願回侍養之例，遂特授以翰林院檢討而聽其回。獻章爲人貌謹愿，爲詩文，有可取者，然於理學未究也。自領鄉薦入太學，務自矜持以沽名，因會試不偶,家居海南(南海),不復仕進,一時好事妄加推尊,目爲道學。自是,從而和之、極其贊頌。形諸薦奏者,不知其幾,以其所居地名白沙,稱爲白沙先生。雖其鄉里前輩素以德行文章自負者亦疑之,謂:'獻章不過如是之人耳,何其標榜者之多也?'要之,皆慕其名而不察其實者,及授官稱病不辭朝,而沿途擁騶從、列叉槊,揚揚得志而去,聞者莫不非笑云。"

張廷玉等《明史》卷二百八十三列傳第一百七十一:"獻章之學,以静爲主。其教學者,但令端坐澄心,於静中養出端倪。或勸之著述,不答。嘗自言曰:'吾年二十七,始從吴聘君學,於古聖賢之書無所不講,然未知入處。比歸白沙,專求用力之方,亦卒未有得。於是舍繁求約,静坐久之,然後見吾心之體隱然呈露,日用應酬隨吾所欲,如馬之銜勒也。'其學灑然獨得,論者謂有鳶飛魚躍之樂,而蘭谿姜麟至以爲'活孟子'云。"

查繼佐《罪惟録》列傳卷十:"獻章紹學不在文字,以自然爲宗,忘己爲大,無欲爲至。四方來學者,但教之端坐,澄心,使其渣滓潛消,境界内朗。世或語其爲禪,而獻章獨曰:'爲學之初,當從静中養出端倪,然後有得。'及門如賀欽而外,李承箕、張詡、湛若水、林光,皆能紹明之。湛若水自有傳。獻章且卒,謂其徒曰:'道止於此,無他求也。'"

張詡《東所先生文集》卷五《嘉會樓記》:"白沙先生倡道東南,幾四十年矣,天下之士聞風景從,而凡東西往來與夫部使者過必謁焉,村落懋茨土楝至無所容。"

按,白沙弟子,可參看阮榕齡《白沙門人考》。

獻章性喜吟咏,擅詩文,其詩與定山齊稱,號"陳莊體"。其詩自出機軸,或自然高妙,或率意粗野,有明詩學爲之一變,然亦毁譽參半。

莊昶《定山先生集》（明嘉靖十四年劉緡刻本）卷四《題梅和韻》："舞罷真香草閣風，瘦笻水月放天踪。有圈太極真成借，無畫乾坤妙莫窮。此外可尋桃李聖，眼中誰認古今雄。憑君莫説陳莊句，已費天機浪語中。"

黄瑜《雙槐歲鈔》（中華書局 1999 年版）卷九："昶善爲詩，《咏包節婦》云：'二十夫君棄妾身，諸郎痴小舅姑貧。已甘薄命同衰葉，不掃蛾眉别嫁人。化石未成猶有泪，舞鸞雖在不驚塵。銷窗獨對東風樹，歲歲花開他自春。'羅一峰倫見之曰：'可以泣鬼神矣。'昶不以爲然，惟乾坤鳶魚、老眼脚頭之類，自謂爲佳，如'枝閑鳥共天機語，江上梅擔太極行'諸句是也，時稱陳莊體。"

李東陽《懷麓堂詩話》（人民文學出版社 2009 年版）："陳白沙詩，極有聲韻。《厓山大忠祠》曰：'天王舟楫浮南海，大將旌旗仆北風。世亂英雄終死國，時來割據亦成功。身爲左祖皆劉豫，志復中原有謝公。人衆勝天非一日，西湖雲掩岳王宫。'和者皆不及。餘詩亦有風致，但所刻净稿者，未之擇耳。"

黄佐《泰泉集》（清康熙刻本）卷三十九《白沙律詩解注序》："先生有言：'子美詩之聖，堯夫又别傳。'蓋賞其自然也。意則欲兼二妙而有之，豈非以自然爲宗者。……先生之詩，言近指遠，因斯訓釋，當妙悟入神矣。"

黄佐《翰林記》（商務印書館 1936 年版）卷十九《文體三變》："永樂中，楊士奇獨宗歐陽修，而氣焰或不及，一時翕然從之，至於李東陽、程敏政爲盛。……至於詩，則名家者猶罕。……弘治，檢討陳獻章、莊昶，養高山林以詩鳴，謂之陳莊體，爲世所宗。"

張詡《東所先生文集》卷九《書陳莊二先生詩》："近年來，詩道之行，曰江浦莊孔昜先生、予鄉白沙陳公甫先生。二先生道重於時，而於詩則一掃數百年膚淺之陋習，自莊先生倡之，而陳先生和之,完然大音震響於時。……陳之詩豪壯,如郭令公單騎見虜,説以誠信,皆下馬羅拜,而卒成奇偉之功。”

林希元《林次崖先生文集》(清乾隆十八年詒燕堂刻本)卷五《與吴思齋書》:“工詩、文,二者雖非學者先務,然亦不可廢。竊意詩當主白沙而參以老杜。晚唐諸家似傷於點綴湊合,殊失胸中渾全之真趣。”

田藝蘅《留青日札》卷六《詩談二編》:“莊定山、陳白沙曾不可以言詩,而公甫乃曰:‘百煉不如莊定山。’此兩人所以合轍也。”

楊慎《升庵全集》(商務印書館1968年版)卷五十四《胡唐論詩》:“永樂之末至成化之初,則微乎渺矣。弘治間,文明中天,古學焕日。藝苑則李懷麓、張滄洲爲赤幟,而和之者多失於流易。山林則陳白沙、莊定山稱白眉,而識者皆以爲旁門。”

楊慎《升庵全集》卷五十五“陳白沙詩”:“陳白沙詩五言冲澹,有陶靖節遺意,然賞者少,徒見其七言近體效簡齊、康節之渣滓,至於筋斗樣子,打乖個裏,如禪家呵佛罵祖之語,殆是《傳燈録》偈子,非詩也。若其古詩之美,何可掩哉!然謬解者篇篇皆附於心學性理,則是痴人説夢矣!”

安磐《頤山詩話》(《明詩紀事》乙籤卷十二附):“公甫自是禪學,如《午睡》詩云:‘道人本自畏炎炎,一榻清風卷畫簾。無柰華胥留不得,起憑香几讀《楞嚴》。’又云‘天涯放逐渾閑是,消得《金剛》一部經’是也。又有詩云:‘是身如虚空,樂矣生滅滅!’公甫禪學滿盤托出,何曾如宋人所謂改頭换面者耶!”

王世貞《明詩評》(周維德輯校《全明詩話》,齊魯書社2005年版)卷三:“獻章襟度瀟灑,神情充預,發爲詩歌,毋論工拙,頗自風雲。間作瘦語,殊异本色。如禪家呵罵擊杖,非達磨正法。又類優人出諢,便極借扣,終乖大雅。而增城湛若水,取爲詩教,妄加箋釋，真目中無珠者也。固知陳氏之忠臣，必將鳴鼓，湛生之罪矣。”

王世貞《藝苑卮言》卷五：“陳公甫如學禪家，偶得一自然語，謂爲游戲三昧。”

王世貞《弇州山人讀書後》（明天啓崇禎刻本）卷四《書陳白沙集後》：“陳公甫先生詩不入法，文不入體，又皆不入題，而其妙處有超乎法與體及題之外者。予少年學爲古文辭，殊不能相契，晚節始自會心，偶然讀之，或倦而躍然以醒，不飲而陶然以甘，不自知其所以然也。”

夏尚朴《東岩集》（明嘉靖四十五年斯正刻本）卷一《語録》：“詩自漢、魏以來，至唐宋諸大家，皆有典則。至白沙自出機軸，好爲跌宕新奇之語，使人不可追逐。蓋其詩本之莊定山，定山本之劉静修，規模意氣絶相類，詩學爲之大變。”

駱問禮《續羊棗集（附二卷）》（鈔本）卷七《徐生二詩》：“兩詩皆有重字，近世文徵明《甫田集》多如此，若陳白沙集專以此詫人，謂：不忌重字，乃爲豪邁，恐唐人制律之意不若此耳。”

俞憲《盛明百家詩·陳白沙集》（齊魯書社 1997 年版）卷首：“白沙詩從《擊壤集》中來，當另作一家看。”

陶汝鼐《陶汝鼐集》（岳麓書社 2008 年版）卷七《古岡謁白沙先生祠》：“白沙先生專有庭，紫水親聞一掬馨。日月眉間縣北斗（公面有七黑子），山川嶺外見中星（當公時占中星見粤分）。堯夫擊壤詩超乘，种放還山畫入屏。楚客乍來增仰止，荒臺吾欲注元經。”

邵經邦《藝苑玄機》（《全明詩話》，齊魯書社 2005 年版）：“國初詩，好者是元（如楊鐵崖、解大紳）；成化間，好者是宋（如陳白沙、莊定山）。至弘、德、嘉靖以來，駸駸乎盛唐矣（如何大復、李崆峒）。”

鄧伯羔《藝轂》（四庫全書本）卷中：“白沙、定山詩并主淺易。定山每以自然推白沙，而白沙却以鍛煉推定山。”

沈德符《萬曆野獲編》(中華書局 1997 年版)卷二十六《詩厄》:"怪率之詩,起於玉川,而極於打油釘鉸,然而至今傳也。我朝道學諸公,習爲鄙褻之調,欲以敵詞人,徒增其醜耳。如莊定山云:'枝頭鳥點天機語,擔上梅挑太極行'及'太極圈兒大,先生帽子高'之類,真堪嘔噦,而沾沾自以爲佳句。試閱陳白沙及王陽明、唐荆川初年作,何等清新整栗,有此一字否?"

朱彝尊《明詩綜》(中華書局 2007 年版)卷二十:"俞汝成云:'白沙詩從《擊壤》中來,當另作一家看。要之藝林不可無者。'"

朱彝尊《静志居詩話》卷七:"成化間,白沙詩與定山齊稱,號陳莊體。然白沙雖宗《擊壤》,源出柴桑。其言曰:'論詩當論性情,論性情先論風韻,無風韻則無詩矣。'故所作,猶未墮惡道,非定山比也。其云:'百煉不如莊定山。'蓋謙辭爾。"

錢謙益《列朝詩集小傳》丙集"謝秀才承舉":"陳白沙主沈雅,莊定山主雄渾,并尚理致。"

翁方綱《石洲詩話》(人民文學出版社 1981 年版)卷四:"……後來頹波日甚,至如祝枝山、唐伯虎之放肆,陳白沙、莊定山之流易,以及袁公安、鍾伯敬之佻薄,皆此一家之言浸淫灌注,而莫可復返。所謂率天下而禍仁義者。"

王士禛《帶經堂詩話》(人民文學出版社 2006 年版)卷二十三《書畫類下》:"按《静志居詩話》:成化間白沙詩與定山齊稱,號陳莊體。然白沙雖宗擊壤,源出柴桑,其言曰:'論詩當論性情,論性情先論風韻,無風韻則無詩矣。'故所作未墮惡道,非定山比也。其云'百煉不如莊定山'蓋謙辭爾。"

永瑢等《四庫全書總目提要》卷一百七十"白沙集九卷":"其詩文偶然有合,或高妙不可思議;偶然率意,或粗野不可嚮邇。至今毁譽亦參半。"又,"雖未可謂之正宗,要未可謂非豪杰之士也。"

褚人獲《堅瓠甲集》(上海進步書局民國石印本)卷二《陳白沙詩》:“《白沙外傳》中盡有好句,如‘仲尼不作周公夢,天下誰嗟吾道衰’。又‘一春花鳥篇章廢,萬里雲霄羽翼孤’。又‘出墻老竹青千個,泛浦春鷗白一雙’。又‘竹徑旁通沽酒市,桃花亂點釣漁船’。此等句何常不佳。”

孫原湘《天真閣集》(清嘉慶五年刻增修本)卷四十三《跋擊壤集》:“康節先生《擊壤集》寓易理於韻語,所謂俯拾即是與道大適者。其風韻勝絶處,後來惟陳白沙得其元微,此事可爲知者道,難與俗人言也。”

宋長白《柳亭詩話》(《清詩話三編》,上海古籍出版社 2014 年版)卷一“七十峰”:“陳白沙最重定山,以同效康節法門也,然陳語多悶,莊語多俳。”又,卷十四“白沙”:“其真率處皆淡雅可歌。”

賀貽孫《水田居文集》(《清代詩文集彙編》)卷三《陶邵陳三先生詩選序》:“自陶以後,有邵堯夫、陳白沙兩先生,皆有陶風,然而稍涉於理矣。陶詩與三百篇,惟不言理,故理至焉。邵、陳言理之詩,非詩人之詩也。然理足而止,不假外求,猶風藉簫管,止於成吹;竅因律吕,止於成奏,雖曰比竹,而亦天也。”

譚瑩《樂志堂文集續集》(清咸豐十年吏隱園刻本)卷一《邵子詩鈔序》:“邵子詩理趣不凡,胸次誰及。比乾坤龍馬之象,察上下鳶魚之機,曾點春風,蒙莊秋水,似取徑於香山居士,實導源於彭澤先生。朱紫陽夙所賞音,陳白沙殆其嗣響。以視釘鉸打油之作,‘圈兒、帽子’之詩,迥不侔矣。”

王鉞《世德堂集文集》(清康熙五十三年刻本)卷一《晚寤齋詩集叙》:“有明一代,詩人輩出。有所謂四才子者,有所謂七才子者,又有所謂後七才子者,其既也一舉而矯之以袁、徐,再舉而矯之以鍾、譚。而陳白沙、莊定山兩公獨以其道學一派,遠追新安,卓然有發乎情,止乎義理之風,蓋所謂亘萬古而不忘心會而得之者,豈不存乎其人哉！余此道以論詩久矣,蓋落落乎於世,未有合也。”

陳田《明詩紀事》乙籤卷十二:《麓堂詩話》:“陳白沙詩極有聲韻,《厓山大忠祠》曰:‘天王舟楫浮南海,大將旌旗仆北風。世亂英雄終死國,時來胡虜亦成功。身爲左衽皆劉豫,志復中原有謝公。人衆勝天非一日,西湖雲掩岳王宫。’和者皆不及。餘詩亦有風致。但所刻净稿者,未之擇耳。”

獻章善書,其法亦得之於心,隨意點化。晚年用茅筆,奇氣萬丈,峭削槎枒,自成一家。

陳獻章《白沙子全集》卷二《書法》:“予書每於動上求静。放而不放,留而不留,此吾所以妙乎動也;得志弗驚,厄而不憂,此吾所以保乎静也;法而不囿,肆而不流,拙而愈巧,剛而能柔。形立而勢奔焉,意足而奇溢焉。以正吾心,以陶吾情,以調吾性,此吾所以游於藝也。”又,卷八《病中寫懷寄李九淵》:“客來索我書,穎秃不能供。茅君稍用事,入手稱神工。”又,卷八《次韻張侍御叔亨見寄》:“小飲未嘗沽市酒,狂書時復弄茅根。”

游潛《夢蕉詩話》(《全明詩話》)卷上:嶺南陳徵士獻章,號白沙,作詩脱落凡近,其書法亦直於心得妙處,隨筆點畫,自成一家。

屈大均《廣東新語》(中華書局 1985 年版)卷十三《白沙書》:“白沙先生善書,……白沙晚年用茅筆,奇氣千萬丈,峭削槎枒,自成一家,其縛秃管作擘窠大書尤奇。諸石刻皆親視工爲之,故慈元廟、浴日亭、莊節婦諸碑,粤人以爲寶。”

按,陳獻章的書法藝術,參看陳福樹著《陳白沙的書法藝術》,廣東旅游出版社 2008 年版。

獻章不事著述,其思想一寓於詩,有《白沙子》傳世。

楊起元《續刻楊復所先生家藏文集》(明萬曆楊見晙刻本)卷二《白沙先生全集序》:"生平不事著述,曰:'孔子之道至矣,慎毋畫蛇添足。'此集所載,詩半之,酬應之書又半之,記序等作殆不數篇,乃先生不得已而應之者。聲出於無心,乃爲希聲;言出於無意,乃爲至言。故其詩若文,不落蹊徑。全讀之,其味淡而不厭,細而舉之,其義無所不該。嗟夫,先生之學其至矣乎。此集當與天壤共敝者也。"

黄淳《重刻白沙子序》(《白沙子全集》卷首):"白沙先生崛起海濱,仰希鄒魯,春陽静養,碧玉自得,舉凡天下可愛可求,漠然無動其中,不事著述,間嘗拈弄於詩文,亦可以得先生之所以爲先生也。"

何熊祥《重刻白沙全集序》(《白沙子全集》卷首):"先生之學,由濂洛關閩以溯洙泗,不事著述,不立門户。"

張恒《詣白沙祠祭文恭陳夫子文》(《白沙子全集》附録卷之末):"不事著述,寓詩陶甄。造詣益深,藹乎如春。"

林光《南川冰蘗全集》卷五《與陸克潛大尹》:"向在家,見順德吴尹刻白沙、定山詩。到京,又見剡城刻《石齋净稿》(按,當爲《石翁净稿》)四本,京師争傳。"

高儒《百川書志》(上海古籍出版社2005年版)卷十六:"《石翁净稿》七卷,翰林檢討番禺陳獻章著,起成化甲午至弘治辛亥,十八年之作也。"

按,獻章詩文集整理可追溯至其生前,一爲《白沙先生詩近稿》;一爲《石翁净稿》。其詩文集全集,或稱《白沙子》或稱《白沙先生全集》,主要有五個版本系統,即羅僑刻本系統、王安舜序刻本系統、何九疇刻本系統、碧玉樓刻本系統及何熊祥刻本系統。具體參見孫啓華《陳獻章文集版本源流考》(北京大學2017年博士學位論文《陳獻章文學研究》)。除全集外,陳獻章詩文集尚有幾種選本存世,除《白沙先生詩近稿》外,主要有湛若水《白沙先生詩教解》、唐伯元《白沙先生文編》、明萬曆十二年(1584)袁奎刻《白沙先生遺詩補集》、周謙山選《新刻國朝白沙陳先生詩選》、[日]桑原忱有終選《陳白沙文鈔》,另魏時亮《大儒學粹》、范鄗鼎《廣理學備考》、谷際岐《歷代大儒詩鈔》、羅學鵬《廣東文獻初集》、南岳圖書館編《陳湛二先生南岳詩文》等亦收録有白沙詩文。具體參見湯志波《明代陳獻章别集版本叙録》(《華中國學》2019年。)

參考文獻:

1. 陳獻章著,唐伯元編《白沙先生文編》,明萬曆十一年刻本。

2. 徐紘《皇明名臣琬琰録》,明弘治刻本。

3. 湛若水《甘泉先生文集》,明嘉靖十五年刻本。

4. 張詡《東所先生文集》,明嘉靖三十年張希舉刻本。

5. 魏時亮編《大儒學粹》,明萬曆十六年序刻本。

6. 陳獻章《白沙子全集》,清乾隆三十六年碧玉樓刊本。

7. 林光《南川冰蘗全集》,清咸豐元年東莞明倫堂刻本。

8. 阮榕齡《白沙叢考》,清咸豐元年新會阮氏夢菊堂刻本。

9. 楊慎《升庵全集》,臺灣商務印書館1968年版。

10. 朱彝尊《静志居詩話》,人民文學出版社1990年版。

11. 黎業明《陳獻章年譜》,上海古籍出版社2015年版。

12. 孫啓華《陳獻章文學研究》,北京大學2017年博士學位論文。

(孫啓華)

董越傳

董越，字尚矩，號圭峰。江西寧都（今江西省贛州市寧都縣）人，故里璜溪村。宣德六年二月十六日（1431年3月29日）生。

李東陽《明故資政大夫南京工部尚書贈太子少保謚文僖董公墓誌銘》（下稱《董公墓誌銘》，周寅賓校點《李東陽集·文後稿》卷二十五）："按，董氏世居贛之寧都。曾祖諱子平，隱于鄉。祖諱吉義，贈南京禮部右侍郎。考諱時謙，累贈翰林院編修、右春坊右庶子而加贈如其祖。祖妣某氏，贈淑人。妣温氏，封太孺人贈宜人，加贈亦如之。公諱越，字尚矩。……（生於）宣德辛亥二月十六日。"

楊守阯《碧川文選》（明嘉靖四年刻本）卷二《南京工部尚書董公介壽詩序》："弘治十四年二月丙申，南京部院寺府諸司僚友，會於大司空董公之第，介眉壽也。時公年七十有一。先一日，維其初度之辰。"按，弘治十四年（1501）二月丙申，即二月十七日，則董越生辰爲二月十六日。

李東陽《董文僖公集序》（錢振民校點《李東陽續集·文續稿》卷二）："公，贛之寧都人。諱越，字尚矩，號圭峰。"

邱維屏《邱邦士文集》（清道光十七年刻本）卷十一《浮藍渡永贍橋田碑記》："璜溪，董尚書、中書大理父子與夫人温氏所生之鄉。"

少孤,母温氏撫育長成。及弱冠,竭力供養。暇習舉子業,補府學生。天順三年領鄉薦,成化五年登進士一甲第三名,爲編修。秩滿,考績列上等,升侍讀,充經筵講官,屢有開陳。

李東陽《董公墓誌銘》:"生五歲失怙,爲母氏所鞠。及弱冠,極力供養,以其暇學舉子業,補府學生。天順己卯,舉鄉貢。試禮部輒不利,卒業國監,攻苦力學,雖敝巾垢服,名隱隱起儕輩間。"

李東陽《董封君孺人哀辭》(《李東陽集·文稿》卷二十三)其一:"大兒五齡兮婦三十,君中捐兮百憂集。執兒手兮屬婦,吾不兒父兮兒有母。燠寒兮渴饑,兒心兮母知。壯無使游兮,少不可使嬉。敬爾如父兮,畏爾如師。豈不兒憐兮?無禽犢爾爲。"

謝旻等修,陶成等纂《(雍正)江西通志》(清雍正十年刻本)卷九十四:"董越,字尚矩。少孤貧,竭力以奉母。嘗教授村中。夜歸,熒熒有光前導,比及門,咆哮而去,則虎也。越以此自負,人亦以此奇之。"按,明清地方志中,多有"孝義"驅虎事迹。雖爲道德教化之一環,而其事亦有迹可循。可參黄志繁《"山獸之君"、虎患與道德教化》一文(《中國社會歷史評論》第七卷,天津古籍出版社2006年版)。

《成化五年進士登科録》"第一甲第三名":"董越。貫江西贛州府寧都縣,民籍。國子生。治《詩經》。字尚矩,年三十九,二月十六日生。……江西鄉試第十二名,會試第三十九名。"

李東陽《董公墓誌銘》:"成化己丑,進士及第,初命爲編修。乙未戊戌,皆同考禮部,時稱得人。……九載考最,進侍讀。癸卯,典京闈鄉試。甲辰,值東宫講讀。丁未,充經筵講官。"

謝旻等修,陶成等纂《(雍正)江西通志》卷九十四:"成化乙丑,及第第三人。授翰林院編修,上《西北備邊》封事。乙未、戊戌,分考禮闈,取中大學士王鏊、梁儲等,稱得人。進侍讀充東宫講讀、經筵講官，屢有開陳。”又，同卷一百七十：“（成化）四年，寧都三江水合。先是，有‘三江合，狀元來’之謡，明年，邑人董越果進士及第。”

按，“西北備邊”封事，即董越《論西北備邊事宜》，指出邊防四點危弊，并從擇名將、增上兵、廣屯戍、明賞罰四個方面提出建議，條分縷析、文明事賅。

成化二十三年(1487)，孝宗即位，以明年爲弘治元年。越升爲右春坊右庶子兼侍講，與工科右給事中王敞充頒詔正、副使，於弘治元年出使朝鮮。

《明孝宗實録》卷八：“（成化二十三年十二月）以即位，遣右春坊右庶子兼翰林院侍講董越、工科右給事中王敞充正、副使，頒詔於朝鮮國。”

《（朝鮮）李朝實録・成宗實録》卷二百一十二“戊申十九年（明孝宗弘治元年）”：“（閏正月登極使盧思慎、副使柳子光、正朝使李崇元等）還至遼東，馳啓曰：‘臣等在北京，正月十九日通事朴孝順到禮部，適見翰林院外郎馬泰’曰：‘我是侍讀董越陪吏。今以頒詔正使差往汝國。欲見汝國人，審問道路遠近，汝宜往見。’翌日，臣等令孝順往見，語之曰：‘本國宰相以賀登極入朝，明日當還。聞大人奉詔使本國，敢問起程日時。’董越答曰：‘閏正月十一日、十九日中發程，但遼塞寒甚，欲待天氣向緩發行。”

《（朝鮮）成宗實録》卷二百一十三：“遠接使許琮馳啓曰：‘正使左春坊右庶子兼翰林侍講董越，年五十八，江西贛州人，登己丑進士第二名，副使工科右給事中王敞，年三十六，居南京城内，登辛丑進士。”同卷：“遠接使許琮馳啓：正使左春坊右庶子兼翰林侍講董越、副使工科右給事中王敞，率頭目十四人，將賜物櫃、私櫃并六，今月二十五日越江。”按，董越爲己丑科第三名，時爲右春坊右庶子。

丘濬、吴寬、程敏政等諸僚友有詩送行。程敏政《篁墩集》(《篁墩程先生文集》,明正德二年刻本)卷八十一《送董尚矩侍讀使朝鮮》:"持節下丹霄,嚴程擬度遼。寵分新帝命,爵重舊宫僚。别醞頻浮蟻,行裝尚擁貂。董生家學正,箕子國封遥。候館催晨策,周廬警夜刁。玄菟荒隱樹,鴨緑暗通潮。譯史傳華語,蕃王接使軺。……臨邊詢戰法,觀俗聽風謡。史案需鉛槧,吟囊富篇韶。皇華莫輕續,留取壯天朝。"吴寬《匏翁家藏集》(明正德三年刻本)卷十六《送董尚矩使朝鮮》:"聖主新登寶位高,儒臣寧肯嘆賢勞。天朝雨露隨黄紙,海國雲霞映錦袍。周室受封箕子遠,漢廷陳策董生豪。史編有待歸無緩,憑仗春風送節旄。"

至朝鮮,饋贈一無所受,宣布德意,逾月而還。與朝鮮士夫交契,風度爲人想慕。與副使王敞、朝鮮遠接使許琮途次紀行、唱和成帙,朝鮮官方編三人詩文爲《(戊申)皇華集》,傳播中外。

李東陽《董公墓誌銘》:"尋以登極恩進右庶子兼侍讀。會朝廷頒朔於朝鮮,特命公奉使,賜麒麟服以行。至則宣德意,正王度,饋贈無所受,居三日而還。乃作賦以紀國俗,他所題咏尤多,國人鋟諸梓以傳。"

李東陽《壽董圭峰六十》(《李東陽集·詩稿》卷十七)其二:"陌上兒童知姓字,館中年德讓耆髦。東夷不用詢安否,親見先生壽骨高。"下注:"董嘗使朝鮮。"謝旻等修,陶成等纂《(雍正)江西通志》卷九十四:"孝宗登極,進右春坊右庶子,賜麒麟服頒朔朝鮮。饋贈一無所受,朝鮮歲使至,必問越起居焉。"《(朝鮮)成宗實録》卷二百一十三,載許琮所奏,朝鮮宣慰使呈人情單子,二使皆不受,再三强之,僅取魚肉,同議分與遼東軍人。

朝鮮魚世謙《(戊申)皇華集》(《足本皇華集》卷十)序:"皇帝位九五之初,大誥四方萬國,與天下更始。以我國世守侯度,秉禮惟舊，於是選於朝。以右春坊右庶子兼侍講董公爲之使，貳以工科右給事中王公，捧綸音，沛鴻恩。我殿下對天威如咫尺，歆使華之文雅肅敬，將禮既，謂左右若曰：'帝眷小邦，今兹繼統出政之始，而特命經幄之臣、金閨之彦如兩公者來，覃施德意。使我東人有所矜式，其爲賜重矣。然兩公不可留，則其所留詩若文，宜取以爲集，以壽其傳，以寓景仰之思。'仍命臣序之。"收詩三百八十餘首，内董越九十四首，王敞一百一十餘首。

按，董越、王敞出使，朝鮮派許琮爲遠接使，率翻譯、直講等官員迎於鴨緑江，復送於江上。董、王與諸人交契，途次紀行，臨别有贈詩。如王敞《晚赴義順館，王已遣都承旨宋瑛候。予自抵碧蹄入王京，承旨蓋無日不相接見。明發渡江，又欲造送江滸。殊不能忘情，因作一詩留别》《直講申從濩、許吏曹逆予於江上，往返實月餘矣。……昔景泰改元時，吾鄉文僖倪公嘗使朝鮮，從濩之大父叔舟泛翁，實爲館伴。今年予復過此，而從濩又居執事之列。……但恨不能作長歌發泄此意，奈何》等；董越《朝鮮司譯院僉正孫重根字崇本者，侍予大平館，又送至鴨緑江，循謹可與，亦頗解事。臨行索詩，勉賦以答》《朝鮮司譯院僉正李生名義字集之，既逆予鴨緑江，復侍予於大平館，兹復送予出境。臨别索詩，用録以似》等。

董越、王敞與朝鮮許琮交契，唱和尤多，情思綿緲，殊足動人。許琮於弘治元年二月廿一日迎二使於鴨緑江上，逾月復送於江上，離别悵惘，以七律各三首分送二使。董越《鴨緑江舟中留别許吏曹》序謂："予使朝鮮，與吏曹相處者逾月。清談雅會，無日無之。兹將别去，情實有不能相忘者。因賦此聊繫别後之思云。"詩云："匝月清尊又路岐，有情誰不重分離。正當揚厲鋪張日，不是流連倡和時。樓倚漢江曾赴約，山圍箕甸亦題詩。請看鴨緑江頭水，東去何曾有盡期！"許琮《奉寄内翰、黄門兩先生》序謂："自江上奉别之後,心緒撩亂,難以爲懷,今因成同知之去。謹次舟中留别之作。以寄下情。兩先生亦無忘前日陪侍之歡,則於琮幸矣。"詩云:"平生不分路多歧,况是雲霄遠别離。揮泪一江春盡後,傷心千里月明時。如今花鳥混無賴,何處樓臺更有詩。惆悵東西各自去,鳳城他日赴深期。"深情眷注,交誼可感。

在朝周覽諮詢,多有所得。歸國後,作《朝鮮賦》,詳記朝鮮山川風俗、人情物態;又有《使東日録》爲出使紀行之詩文。賦用謝靈運《山居賦》例,自爲之注,所言與史皆合,信而有徵。

《(朝鮮)成宗實録》卷二百一十四:"遠接使許琮馳啓天使動止,且曰:'天使渡博川江時,臣從容談話。'因語之曰:'吾見《大明一統志》書我國風俗,或云父子同川初浴,或云男女相悦爲婚。是皆古史之言,今我國絶無此風。《一統志》因古史書之,無乃不可乎?'副使曰:'老董先生當修先帝實録,如此事改之何難?'正使曰:'當書本國今時風俗。而仍載古史之言,不可。本國美風俗盡録與我,則修實録時當奏達載之。'"

歐陽鵬《朝鮮賦序》(《豫章叢書》本《朝鮮賦》附録四):"弘治元年春,先生圭峰董公以右庶子兼翰林侍講奉詔使朝鮮國。秋八月歸復使命。首尾留國中者不旬日。於是宣布王命,廷見其君臣之暇,詢事察言,將無遺善。余若往來在道,有得於周爰諮訪者尤多。於是遂罄其所得,參諸日所聞,據實陳《使朝賦》一通,萬有千言。"董越《朝鮮賦自序》:"予使朝鮮,經其地者,浹月有奇。凡山川、風俗、人情、物態,日有得於周覽諮詢者,遇夜則以片楮記之,納諸巾笥。然得此遺彼者甚多。竣事道遼,息肩公署者凡七日。乃獲參訂於同事黄門王君漢英,所記凡無關使事者悉去之,猶未能歸於簡約。意蓋主於直言敷事,誠不自覺其辭之繁且蕪也。"

永瑢等《四庫全書總目》卷七十一《朝鮮賦》提要:"孝宗即位,

越以右春坊右庶子兼翰林院侍講，同刑科給事中王敞使朝鮮，因述所見聞，以作此賦。又用謝靈運《山居賦》例，自爲之注。所言與《明史·朝鮮傳》皆合。知其信而有徵，非鑿空也。考越自正月出使，五月還朝，留其地者僅一月有餘。而凡其土地之沿革、風俗之變易，以及山川亭館、人物畜産，無不詳録。自序所謂'得於傳聞周覽與彼國所具風俗帖'者，恐不能如是之周匝。其亦奉使之始，預訪圖經，還朝以後，更徵典籍，参以耳目所及，以成是制乎？"卷一百七十五《使東日録》提要："是集乃弘治元年，越爲朝鮮頒詔正使，途中紀行之詩。考越奉使時官庶子，而刻本首行結銜乃作'儒林郎大理寺'，'寺'字以下刊版刓滅，不可辨其姓名。其姓名疑或校刊者所題歟？"

按，《朝鮮賦》有明鈔《國朝典故》叢書本，誤作"寧都董鉞撰"，前後有弘治三年歐陽鵬《引》及王政《後序》。《四庫全書》收在史部地理類，有歐陽鵬序，文津閣本與文淵閣本偶有文字之异，所據底本爲天一閣藏本。丁丙八千卷樓藏本亦從天一閣借鈔，與四庫本同，民國四年胡思敬據之收入《豫章叢書》，有江西教育出版社 2002 年點校本。康熙年間陳元龍《歷代賦彙》亦收，僅保留賦文，不録夾注。在朝鮮、日本也有多种版本。如朝鮮總督府影印嘉靖十年朝鮮刊本、日本正德元年刊本等。（可参［日］夫馬進著，伍躍譯《朝鮮燕行使與朝鮮通信使》第十六章《使琉球録和使朝鮮録》，上海古籍出版社 2010 年版）相關研究亦多，曹虹《論董越〈朝鮮賦〉——兼談古代外交與辭賦的關係》（《域外漢籍研究輯刊》2005 年第 1 期）等俱可參。

《使東日録》有正德九年刻本，卷前有汪俊序謂："《使東日録》一编，蓋公紀所經行，凡雨晹寒燠之候、山川風物之异、耳目之所創見者，皆見諸題咏。有倡斯和，無求不應。有以見公諏詢之周焉，有以見公綜理之詳焉,有以見公愷悌之誠焉。”又有題名董越《朝鮮雜志》一卷,内容同於《朝鮮賦》自注。當爲好事者鈔出别行,僞立名目。館臣已辨之。參《四庫全書總目》卷七十八《朝鮮雜志》提要。

與修《憲宗實録》成,擢太常少卿兼侍講學士,進日講,敷奏明暢,帝每爲注聽。擢南京禮部右侍郎、拜南工部尚書。習聞本朝故事,應之綽然。暇與僚友酬唱雅集。

李東陽《董公墓誌銘》:“弘治己酉,典試南畿。辛亥,修《憲宗實録》成,擢太常寺少卿兼侍講學士。壬子,進日講,敷奏明暢,義歸於正,上每爲注聽,久之,賚予尤數。癸丑,擢南京禮部右侍郎。公博古典,習聞本朝故事,而職務清簡,無由自見,大夫士議禮者多取決焉。……拜南京工部尚書,凡上供服器、藩王張其暨都城内外土木之費,日旁午不絶,公應之綽然有餘。”

《明孝宗實録》(上海書店 1984 年版)卷一百八十七:“纂修《憲宗實録》成,升太常寺少卿兼侍講學士,充日講官。尋遷南京禮部右侍郎,至工部尚書。”雷禮《國朝列卿紀》(明萬曆徐鑒刻本)卷六十三《南京工部尚書行實》“董越”條:“弘治三年,預修《憲廟實録》成,升太常寺少卿兼侍講學士,充日講官。六年,擢南京禮部右侍郎,十三年,升南京工部尚書。”

陸簡《龍皋文稿》(明嘉靖元年楊鑨刻本)卷八《送少宗伯董公尚矩之任南都詩序》:“頃者,南京禮部右侍郎員缺。太常少鄉寧都董公尚矩,爰自經帷,簡擢以往。館閣寮舊,若元老謙齋徐公而下,咸賦詩贈行。雖事以例舉,而於公有深屬意焉。”如,程敏政《送董學士尚矩赴南京禮部侍郎》(《篁墩集》卷八十九)、李東陽《送董圭峰之南京禮部侍郎二首》(《李東陽集・詩稿》卷十)等。此外,《李東陽集・詩後稿》卷五又有《送董禮部尚矩還南京》。

黄佐《翰林記》(王雲五主編《叢書集成初編》本,商務印書館

1936 年版)卷二十:"弘治中,南京吏部尚書倪岳、吏部侍郎楊守址、户部侍郎鄭紀、禮部侍郎董越、祭酒劉震、學士馬廷用,皆發身翰林者,相與醵飲,倡爲瀛洲雅會,會必序齒。"

弘治十五年壬戌五月七日(1502 年 6 月 11 日)以病卒,壽七十有二。追贈太子少保,謚文僖。有子四人,次子天錫於弘治九年進士及第,精於典章政事,慎官守,尤能克肖其父。

李東陽《董公墓誌銘》:"比董文僖公訃聞,命有司祭葬如制,而特贈爲太子少保。文僖,其賜謚也。……壬戌五月七日以疾卒,距其生宣德辛亥二月十六日,壽七十有二。葬以癸亥某月日,其地曰某山之原。娶温氏,母族也,世有内行。子四:長天叙,賜冠服;其次爲天錫;又次天穀,以蔭爲國子生;天申,縣學生。"

妻温氏,有懿行。《温氏墓誌銘》:"子男四:長天叙,賜冠服。次郎運使君。又次天穀,國子生。又次天申,邑庠生。女一,適何蘭。孫男十:韓,以蔭爲中書舍人。柳、歐、蘇、遷、固、洛、達、吕、裴,皆讀書秀發。孫女十二。"墓銘現存寧都縣博物館。(參龔遠生《江西寧都出土明代董越妻温氏墓誌銘》,《南方文物》1992 年第 3 期)

董天錫等纂修《(嘉靖)贛州府志》卷五,有"探花""尚書"坊,注曰:"俱爲董越立。""大參""大卿"下注:"俱爲董天錫立。""父子九卿""聯芳""濟美"下注:"俱爲董越、天錫父子立。"

董天錫等纂修《(嘉靖)贛州府志》卷五:"尚書董越墓,河東山。"謝旻等修,陶成等纂《(雍正)江西通志》卷一百一十:"尚書董越墓,在寧都縣河東山梅江之濱。"

李東陽《董文僖公集序》:"國朝儒臣出翰林者,類謚爲文,惟劉忠愍從其所重,陳莊静則避其名。文僖之謚凡四,而其所爲文者不同。張學士士謙尚清,倪禮部尚達,吾師禮部黎公尚平正,公之文則如前所云者。……公,贛之寧都人,諱越,字尚矩,號圭峰,官至南京工部尚書,贈太子少保,皆大夫士所熟知。……天錫繼舉進士,累官刑部郎中,今爲山東都轉運鹽使。精問學,慎官守,克肖其父。"

平生不廢著述,積所得爲《圭峰稿》,其子天錫編校《董文僖公集》若干卷。越爲成化、弘治間八股名家,文章、歌詩重規矩、尚警策,典雅優裕,不事雕琢。

李東陽《董公墓誌銘》:"平生爲文章歌詩,典雅優裕,無煩雕琢。至是尤不廢著述,積所得爲《圭峰稿》若干卷。"

李東陽《董文僖公集序》:"董文僖公集若干卷,其子天錫手自編校,將鋟梓以傳。公初舉鄉薦游國學時,已能古文歌詩。暨及第入翰林,奉詔與庶吉士肄業,學益博,制作日益工,四方造請酬應,無虚旬月。其直經筵,有講讀之章;使朝鮮,有述事之録;在南都,有紀行之作。并爲一集。蓋皆所自録,而散佚不存者弗預也。"

《董文僖公集序》又謂:"予與公同官久,雅相契厚,朝夕倡和,至相爲諧謔,必以文。公嘗謂:'文章貴規矩,尤尚警策。苟執常而不變,雖多而無所於用。'予感乎其言,而亦徵乎其文也。古之以文名者,若左氏、司馬氏、韓氏皆預史事,歐、蘇、曾、王諸氏皆出自翰林。蓋翰林、史局典法所在,理道所出,以爲根幹,律度之真正、藻飾之華彩遞相傳續,若所謂專門而居肆,故雖不中,亦不遠。自余間見獨得者固不乏人,而出盤之珠、泛駕之御,殆亦多矣。公所爲詩文,大抵皆清峻簡潔,脱去塵俗,不爲詰屈怪誕之語。"

方苞《欽定四書文》(清乾隆七年刻道光補刻本)"化治四書文上孟"選董越《天子適諸侯曰巡狩》載原評謂:"縱横馳驟,有高屋建瓴之勢。昔人謂子長'文章百數十句只作一句',讀此文亦然。"朱彝尊《静志居詩話》卷八"王敞":"宫保與董文僖越同使朝鮮,迭相唱和,而諸詩蒼老,頗勝董公。"

按,明清書目中均載有董越《文僖集》《董文僖公集》,而卷數不一，或曰三十九卷，或曰四十二卷。詩文散見地方志、詩文選編。董天錫等纂修《（嘉靖）贛州府志》、謝旻等修，陶成等纂《（雍正）江西通志》均載董越《圭峰文集》。又，《使東日録》《朝鮮賦》均有單行本，已詳前文。

又按，莫伯驥《五十萬卷樓群書跋文》（1947 年鉛印本）“集部五”著録《董文僖公集》四十二卷精寫本，摘録李東陽序，且謂：“卷四十二有《朝鮮賦》，以其嘗使朝鮮也。此賦有單行本。”《董文僖公集》四十二卷，有舊鈔本，鈐“覺民印”，中國社會科學院歷史研究所圖書館藏。卷一至卷四講章（收青宫直講、經筵講章、日講講章、策問等）；卷五至卷十一古近體詩；卷十二、十三歌行、書、説；卷十四至卷二十七序；卷二十八至三十記；卷三十一祭文；卷三十二詔、頌、表、致語；卷三十三事狀、題跋、引；卷三十四至四十贊、傳、行狀、碑文、墓表、墓誌。卷四十一爲《使東日録》；卷四十二即《朝鮮賦》（參武新立《明清稀見史籍敘録》，金陵書畫社 1983 年）。

越爲人修眉長身，度量優遠，博洽善議論。不以貴凌人，人無問貴賤親疏，皆樂與之親。人想慕其風采。其人其文頗爲時人夸許、後人追慕。

李東陽《董公墓誌銘》：“丁内艱，歸用禮襄事。舉先世舊業讓其兄，睦處宗鄙，不以貴加人。人無問疏戚貴賤，皆樂與之親。有訟者懷金以請，笑而却之，亦不怨也。”

魏瀛修，魯琪光等纂《（同治）贛州府志》（清同治十二年刻本）卷五十：“越有先世田業，舉以讓其兄。睦族黨，恤貧交。”《（朝鮮）成宗實録》卷二百一十三記董越、王敞二人：“正史性和厚，副使性明察，至於接人，皆恭謹致禮。”卷八十三：“天使之來我國，酒談歡欣之時，莫如祁順、董越之事也。從容留此，多有詩文答問之語。”

按，越使朝鮮，歸途游“聰秀山”，以“其西數峰蒼翠，削出如青葱”,遂易其名爲“葱秀山”,且爲《游葱秀山記》,後朝鮮爲之立碑,後此使節過此,有記。正德元年,徐穆使朝鮮有《葱秀山董圭峰碑》“命使天家老仲舒,形容真似列仙臞”(《足本皇華集》卷十三);正德十六年唐皋《過葱秀嶺》有“問此名所始,董仙踐斯境”,史道次唐皋韻謂“董仙記在石,文如逸馬騁”。

邱維屏《邱邦士文集》(清道光十七年刻本)卷十七《將赴贛擬泊舟璜溪》:“浮藍渡口欲黄昏,稚子牽衣送出門。問我扁舟何處泊,前頭笑指尚書村。”自注:“璜溪爲大司空董文僖公故里。”

雷禮《國朝列卿紀》卷六十三《南京工部尚書行實》“董越”條:“越修眉長身,博洽善議論。成化末,諸執政大臣不相能,其門客各有所厚。獨越出入諸公之門,皆得其歡心。議者以是少之。”

參考文獻:

1. 董越《使東日録》,明正德九年刻本。

2. 董天錫等修纂《(嘉靖)贛州府志》,明嘉靖刻本。

3. 臺灣“中央研究院”歷史語言研究所校印《明孝宗實録》,上海書店 1984 年版。

4. 董越著,傅玉珠點校《朝鮮賦》,江西教育出版社 2002 年《豫章叢書》本。

5. 李東陽著,周寅賓、錢振民點校《李東陽集》,岳麓書社 2008 年版。

6.《李朝實録》,北京圖書館出版社 2011 年版。

7. 趙季輯校《足本皇華集》,鳳凰出版社 2013 年版。

(朱付利)

史鑒傳

史鑒，初字未定，更字明古，號西村，人稱“西村先生”。南直隸蘇州府吴江(今江蘇省蘇州市吴江區)人，居范隅鄉穆溪里。宣德九年(1434)生。

吴寬《匏翁家藏集》卷七十四《隱士史明古墓表》(以下簡稱《墓表》)：“其諱鑒，初字未定，後始字明古，自號西村，人稱西村先生。”“又二旬而疾作，家人進藥，俾持去，曰：‘吾治棺待盡久矣，且吾年六十三，又夭耶？’竟卒，弘治丙辰六月甲子也。”弘治丙辰即弘治九年(1496)，據此逆推知其生於宣德九年(1434)。

張昶《吴中人物志》卷九“逸民”：“史鑒字明古，吴江穆西里人。”

永瑢等《四庫全書總目》卷一百七十一“西村集八卷附録一卷”：“案，憲宗、孝宗時有兩史鑒，其一長洲人，弘治己未進士，見太學題名碑。其一吴江人，字明古，號西村，隱居不仕，即撰此集者也。”

狀貌奇偉，鬚髯奮張。性介直，好面折人過。崇古禮，好著古衣冠，望之如列仙之儒。

史鑒《西村集》卷六《自贊》：“以爾爲山澤之儒，則形容匪癯；以爾爲干城之夫，則才術又疏。但見爛然射人者其目，翳然垂胸者其鬚，身不少暫乎車馬，口不絶誦乎詩書。噫！豈邯鄲排難之流，抑大梁監門之徒也歟？”

吴寬《墓表》:“明古狀貌奇偉,鬚髯奮張。”“其志正而直,其言確而厲,其所爲無弗依於禮者。當其壯時,患閭里之人以巫覡惑衆,上書縣中,欲盡除之,曰:‘此皆不容於先王之世者,不除則風俗不正,禮教何由而行耶?’與人論事,辨説超踔,坐客莫能屈。至有所感奮,詞氣益峻,雖達官貴人衝突不顧。見依違狥情者,心輒鄙之。其治家辨内外,定上下,嚴若官府。……行必仿於古,知禮者取之。……好著古衣冠,曳履揮麈,望之者以爲列仙之儒也。……於所厚者,有過尤好面折,故人尤以直諒稱之。”

弱冠即知務學,經史群籍無不窮覽,受知於徐有貞。

張昶《吴中人物志》卷九“逸民”:“世力穡起家,弱冠即知務學,凡經史群籍無不窮覽。”

潘檉章《松陵文獻》卷十人物志十《史鑒》:“鑒博學洽聞,年十二三爲四六近體,語即驚人。”

吴寬《墓表》:“少謁武功徐公。公與談史,即許其有識,遂數從議論而識益進。”按,史鑒《西村集》卷八有《祭疑舫周夫子文》《祭業師菊軒夏夫子文》,自稱“門人史某”。周疑舫即周鼎,錢謙益《列朝詩集》乙集卷五“周沐陽鼎”:“鼎,字伯器,嘉善人。……門人最有名者,松陵史鑒。”馮桂芬《(同治)蘇州府志》卷一百八十三《藝文三》“吴江”著録有:“夏慶,《菊軒集》。”此夏慶或即爲史鑒師,生平事迹無考。

隱居不仕,汲古嗜學,而尤熟於史。留心經世之務,於古今治亂之端,政事名物及吴中水利,皆知其故。屢次上書郡縣,言及郡政利弊并水利得失,皆中肯綮。

吴寬《墓表》:“於書無所不讀,而尤熟於史,論千載事,歷歷如見,而剖斷必公,蓋有宋劉道原之精。至於時事人言,得於聞見,往往筆之成編，則有洪容齋之博焉。若其才，如錢穀水利之類，皆知其故。使得郡縣而治之，恢恢乎無難者。……今致仕三原王公巡撫江南時，聞其名，延見之，詢以政務，尤許其才。"

周用《周恭肅公集》(明嘉靖二十八年周國南川上草堂刻本)卷十一《西村集序》："自少好學，於書無所不讀，卓然舉大義，不掇拾以爲文辭。而尤攻於史學，於古今治亂之端，官府政事、物名數紀、縱横上下、指掌論説，莫不有肯綮歸宿，以爲學者宜如是。而不屑以求一試，聲名隱然起東南。成化中，三原王公巡撫江南，以百姓之利病坐先生而問焉。則歷歷語所以，退復疏其事以道諸所宜更置。公嘆曰：'子之才，可以當一面。'"

永瑢等《四庫全書總目》卷一百七十一"西村集八卷附録一卷"："鑒留心經世之務。三原王恕巡撫江南時，聞其名，延見之，訪以時政，鑒指陳利病，恕深服其才，以爲可以當一面。"

史鑒《西村集》卷五《論郡政利弊書》注"上太守孟公浚"，論爲政八要曰"優農民、除盗長、抑豪强、均勞役、會徵收、平獄訟、明聽納、廣聰明"。同卷有《上中丞侣相公書》，亦談爲政得失。同卷《與陳黄門玉汝書》《與祝冬官書》，卷六《吴江水利議》，則分析吴江水患之由并治水之要。《西村集》卷六《運河志上》小序云："成化十二年，南京户部王侍郎以漕艘稽程由運河之不治，令各郡邑考運河原委里數形勢，具詳以憑，疏請專員巡視修治。邑侯以水利過訪，乃撰志三篇以進。"

築小雅堂、西村别構。家居水竹之盛，客來清淡彌日，尤好藏三代秦漢器物、唐宋書畫。與吴中名流沈周、吴寬、李應禎、文林等交好，詩酒爲樂。風流文雅，耀映一時。

吴寬《墓表》："家居甚勝，水竹幽茂，亭館相通，如入顧辟疆之園。客至，陳三代秦漢器物及唐宋以來書畫名品，相與鑒賞。……

晚歲益務清曠,室無姬侍,築小雅之堂,方床曲几,宴坐其中。"

馮桂芬《(同治)蘇州府志》卷四十八"第宅園林四":"西村別構,在黄家溪,徵士史鑒所居。中有榆柳堂、鶴汀、橘洲、桃李溪、回塘、迷魚島、花隖、芳草渡、芙蓉莊、碧蘆灣。水竹幽茂,花木森列,吴興張淵署曰'西村釣游處'。"

《(乾隆)吴江縣志》(清乾隆修民國年間石印本)卷三十三《隱逸》:"家故饒,所居擅園亭池館竹木之勝,而鼎彝圖書陳列滿室,莫不精麗,一時名人雲集,如同郡吴寬、文林、李應禎、沈周,同邑尹寬、曹孚諸人,其至近而最著者也。集則流連觴咏,浹旬彌月,禮終不倦。"

卞永譽《式古堂書畫彙考》(1921年鑒古書社影印吴興蔣氏密均樓藏本)卷四書四,著録史鑒家藏唐趙模《集晋字千文》,褚河南《書文皇哀册文》,歐陽率更《夢奠帖》,顏魯公《與劉中使帖》《蔡端明八帖》《宋賢諸帖》一卷、《王佚老二帖》,朱文公《與六十郎帖》《宋孝宗賜虞丞相手詔》,趙子固《書梅竹詩》三首,元張師道《書木蘭花慢詞》一卷、《子昂臨大令帖并自書詩》一卷、《松雪書歸去來辭》一卷、鮮于伯機《自書詩文》一卷,周伯温《書四體千文》一卷。《式古堂書畫彙考》卷三十二畫二,著録史鑒家藏陸晃《昭君圖》、僧巨然《山水大幅》《韓熙載夜宴圖》、李龍眠《九歌圖卷》、郭熙《祝壽一望松圖》、陳居中《五馬圖》、趙千里《春江待渡圖》《福禄壽三星圖》、宋人畫《文姬歸漢》、温日觀《葡萄》、趙子昂《人馬圖》《秋江烟靄圖》、錢舜舉畫《垂絲海棠》《班姬題扇圖》、吴仲圭《擬范寬雲峰蕭寺圖》、黄大痴《溪山圖》。

喜出游,足迹不出百里之外。與友人吴鐵峰、吴寬、沈周等,或爲雅集,以觴咏相娱樂;或扁舟往來,遍覽蘇杭間諸名勝。

史鑒《西村集》卷五《答吴汝琇》:"今聊構小房,以與二子分居,度至明秋可了，必捐家事與之。便當輕舟遠泛，以從諸名勝，游於山光水色間，遂其素心，未知天肯許之否？碌碌世故，無有了期。人生貴適意耳，吾子以爲何如？"

吴寬《墓表》："其爲人足迹不出百里之外……間與親友吴鐵峰數人扁舟往來，月爲雅集，以觴咏相娱樂。又嘗與劉僉憲、沈石田諸公游武林，經月忘返。所至爲文記之，曰：'此未愜吾志也。'會當絶大江，北游中原，覽岱華，涉河濟，循王屋廬阜而歸，其思致之高如此。"《匏翁家藏集》卷三十三《光福山游記》："成化十四年五月，光福徐翁用莊邀予爲西山之游，予諾之。然不忍獨游也，則爲書招史明古。乙酉明古來自吴江，丙戌舟發胥門，西過横塘……丁亥緣玉遮入蒸山……戊午游鄧尉山……己巳過海雲院，……乃別去，晡時至胥門，明古還吴江，予入城。是游也，歷四日，舟行六十里，輿行四十里，得詩三十首。"

陸心源《穰梨館過眼録》(清光緒十七年吴興陸氏家塾刻本)卷十三劉完庵《臨安山色圖軸》沈周題云："劉僉憲挈予三人游臨安，阻雪於檇李。僉憲爲繼南弟作小景短吟，種種可羡。湖山之勝，恍在目前，尚何待於南游哉！史明古偕予和之，聊遣客懷耳。辛卯二月己酉燈下沈周書。"按，據陳正宏《沈周年譜》："成化七年辛卯(1471)二月，周與史鑒、劉珏踐宿約，游杭州。月初啓程，沈召同行。四日抵達吴江，宿史鑒家。六日復行，抵嘉興；劉珏爲沈召作《臨安山色圖》并詩，啓南、明古有詩和之。七日，舟過石門，已而經臨平抵達杭州。寓寶叔寺僧修公房，與劉英、諸中、沈宣游。遍覽西湖山水，訪城内古迹寺觀。二月二十三日離杭返蘇。"又按，史鑒《西村集》卷七有《記臨平山一》《記寶石山二》《記参寥泉鄂王墓飛來峰三》《記韜光庵三天竺寺四》《記風篁嶺靈石山烟霞洞五》《記石屋虎跑玉岑山六通寺六》《記南屏山玉泉寺紫雲洞七》《記西湖八》

《記銀瓶祠紫陽庵三茅觀九》《記鳳凰山勝果寺淛江潮十》。

按,成化二十年甲辰(1484)春末夏初,史鑒與沈周、汝泰再游杭州。首赴北山,宿飛來峰,因繪《冷泉亭圖》。次游南山,抵虎跑寺中。至立夏,已遍游杭州諸山;是夜宿劉英竹東别墅,有詩别之。《增修雲林寺志》卷六有《冷泉亭圖題咏》,録劉英、沈周、史鑒、汝泰詩各一。劉英題爲《三月十八日石田、西村招予游西山,予與汝其通先行,憩冷泉以俟。少焉二君至,予詩適成,諸君繼作,石田仍寫圖,留爲山中故事,俾予録於上,蒹葭倚玉,愧不稱也》。下爲沈周《和劉邦彦宿飛來峰韻》。又按,沈周《石田先生詩鈔》卷六《和劉邦彦宿飛來峰韻》"逢僧古寺春將暮",時在暮春。《立夏日山中遍游後,夜宿劉邦彦竹東别墅》,時在夏初。則史鑒、沈周一行人自春末夏初間在杭州。《二十日劉邦彦約游虎跑不至,留題寺中》:"抱衾兩夜宿北山,忽夢南山即移去。"由此可知是先游北山後南山。

弘治九年(1496)六月二十五日卒,年六十三。葬西山博士塢。

吴寬《墓表》:"又二旬而疾作,家人進藥,俾持去,曰:'吾治棺待盡久矣,且吾年六十三,又夭耶?'竟卒,弘治丙辰六月甲子也。"按,史鑒《西村集》卷首所載《墓表》有"乃卒之四年己未三月庚申,葬於吴縣西山之博士塢"之語。又,"曾祖彬,祖晟,父珩,母某氏,繼母某氏。娶張氏,子男二人,曰永齡,太學生;曰永錫,縣學生。女一人,過鄉貢進士吴鎣。孫男三人,曰曾同,曰某某。女一人。"按,史鑒《西村集》卷首所載《墓表》曰:"孫男四人,曰曾同,曾繼,曾遇,曾逵。曾同,縣學生。孫女二人。曾孫男一人,曰夢禛。"

文徵明《登小雅堂哭西村夫子》:"六十三年蓋代豪,掀髯想見氣横濤。"

按,焦竑《國朝獻徵録》卷一百一十六載此《墓表》,其卒時作"弘治丙辰六月庚子"。據陳垣《二十史朔閏表》,本年六月無甲子日而有庚子日(二十五日),則《國朝獻徵録》所記爲是。

所爲文雄深古雅,紀事有法,究悉物情,練達時勢。詩則不屑爲近體,尤擅五言,欲追魏晋而及之。其詞流連妓咏,筆力清近,雖有淺近之弊,然得宋賢遺法。

吴寬《墓表》:"爲文章紀事有法,醇雅如漢人語。詩則不屑爲近體,興至,吟聲咿咿,冥搜苦索.欲追魏晋而及之。"

《(乾隆)吴江縣志》卷三十三《隱逸》:"詩文雄深古雅,卓然成家。""其文究悉物情,練達時勢,多關於國計民生,而於吴中水利言之尤詳。第五卷皆明初諸人列傳,敘次簡明,疑其欲爲野史而未就也。其詩亦落落無俗韻。惟古詩不知古音,所注叶韻多謬誤。文中祭徐有貞文及文後跋一篇,以私恩之故,力辯奪門一事,未免曲筆耳。"

朱彝尊《静志居詩話》卷九:"西村才名,亞於石田。然以詩論,刻意學古,似當勝沈一籌。"

陳田《明詩紀事》丁籤卷十五:"田按:《西村集》五字詩爲勝七言斷句,亦有風韻。"

周銘《松陵絶妙詞選》卷一:"西村詞如遠山凝黛,蒼翠欲滴,而韶秀之中,氣骨自具,天然設色,不與俗共争艷者也。"

陳廷焯《雲韶集》卷十二評《臨江仙》(秋水芙蓉江上飲):"寫景如畫,筆力清勁,骨韻都高,此清真、白石化境也。不謂於明代見之。一快。"

王昶《西崦山人詞話》卷一云:"史明古鑒,長於史學,……詞非所長。"

趙尊岳《惜陰堂匯刊明詞提要》"西村詞一卷"(《詞學季刊》第二卷第一號):"(史鑒)著《西村集》,詞三十五首,附集以行。詞多艷麗,筆亦能曲達其意,不落凡章。如《浣溪紗》:'半夜月明歌楚調,雙蓮波冷泣吴宫。鴛鴦驚散各西東。'《菩薩蠻》:'柳腰清減花容瘦,眼波凝緑眉山皺。春去已多時,不堪聽子規。'《少年游》:'風振華林,滿空靈籟,走上小亭時。'均饒有古意。至《解連環》:'别離事人生常有,底何須爲著,真個消瘦。但若是下情長,便海角天涯,等是相守。潮水西流,肯寄我、鯉魚雙否。'《孤鸞》:'喜今年重見舊風味,想尚怯春寒,開也還閉。'均以直率之語,抒宛轉之情,略能張柳七之目,於明人詞中殊爲罕見矣。"

著《西村集》《西村雜言》《小雅堂日鈔》《禮疑》《禮纂》《吴江縣志》等。

《(乾隆)吴江縣志》通例:"舊吴江諸志之典核可信者有五:一明成化間莫旦志……一成化間史鑒志,其書乃寫本,藏於家。鑒後人或增益之,所傳多异,然真筆自可考見。"卷三十三《隱逸》:"所著有《西村集》《西村雜言》《小雅堂日抄》《禮疑》《禮纂》諸書。"

崔建英《明别集版本志》(中華書局2005年版):"《西村集》八卷首一卷。清乾隆十二年史開基刻本,十行二十一字,白口,左右雙邊雙黑魚尾,尾間鎸書名及卷次。卷端題'松陵史鑒明古'。周用《西村集序》,嘉靖八年盧襄《西村集序》,萬曆三十一年徐應雷《西村集序》,劉鳳《西村集序》,史開基跋。史開基曰:'先徵君西村公詩文集八卷,明嘉靖間公長孫少參南湖公鋟板行世。兵燹後板盡散失。後叔祖梅岩公有藏稿二十餘册,假歸録呈當湖陸陸堂先生較閲,爲節去酬應諸作,釐爲八卷,視藏稿減三之一,舊刻增三之二。乾隆丙寅冬開雕,訖工於丁卯(十二年)夏五。'丙寅,十一年;丁卯,十二年。""《西村先生集》二十八卷附録一卷。清初鈔本。九行二十字。卷端題:'松陵史鑒明古父著雲間陳繼儒醇儒父校　門人文徵明閲　耳孫册編輯。'盧襄《西村集序》,周用《西村集序》,劉鳳《西村集序》,萬曆三十一年徐應雷《西村集序》。鈐'舊史徐釚'

'菊莊徐氏藏書'等朱印。"王士禛《香祖筆記》:"吴江門人徐翰林電發(釚)寄《西村集》二十八卷,其鄉前輩史鑒明古著也。"

參考文獻:

1. 吴寬《匏翁家藏集》,明正德三年吴奭刻本。

2. 張昶《吴中人物志》,明隆慶張鳳翼、張燕翼刻本。

3. 潘檉章《松陵文獻》,清康熙三十二年潘耒刻本。

4. 史鑒《西村集》,清乾隆十一年史開基刻本。

5. 錢謙益《列朝詩集小傳》,上海古籍出版社 1959 年版。

6. 焦竑《國朝獻徵録》,上海書店 1987 年版。

7. 李銘皖等修,馮桂芬等纂《蘇州府志》,《中國地方志集成·江蘇府縣志輯》第 7—10 册,江蘇古籍出版社 1991 年版。

8. 陳田《明詩紀事》,上海古籍出版社 1993 年版。

(鄧曉東　王志剛)

謝鐸傳

謝鐸，字鳴治，號方山，更號方石，別署桃溪。太平（今浙江省温嶺市）人。宣德十年（1435）生。

黄綰《石龍集》卷二十四《謝文肅公行狀》："先生姓謝氏諱鐸，字鳴治，别號方石，……先生裔出晋康樂公，宋經略使鞅始遷黄岩縣學西，元末孝子温良再遷桃溪，今隸太平。曾祖原睦，祖性端，贈禮部右侍郎，妣趙氏，贈淑人，即節婦。考世衍，封編修，贈禮部右侍郎；妣高氏，贈淑人。從叔父省，寶慶太守，所謂逸老先生，及其弟王城山人績，皆以學行重于時。"

李東陽《懷麓堂集》文稿卷八《桃溪雜稿序》："先生姓謝氏，名鐸，字鳴治，台之太平人，累官翰林侍講。號方山，後更號方石，桃溪其居地也。"

王廷相《王氏家藏集》卷三十一《方石先生墓誌銘》："先生姓謝氏，諱鐸，字鳴治，别號方石。"

少穎敏勤勉，年十四從叔父省學。將冠入縣學，與黄孔昭友契，并有時名。

李東陽《懷麓堂集》文後稿卷二十一《明故通議大夫禮部右侍郎管國子監祭酒事致仕贈禮部尚書謚文肅謝公神道碑銘》（以下簡稱《謝公神道碑銘》）："少爲縣學生。……少從從父寶慶知府世修學,師事終身。”

黄綰《謝文肅公行狀》:“少警敏,能爲韻句。年十四,其叔父逸老先生授四子、《毛詩》,輒悟大意。將冠,游邑校,與綰先大父少司空友。大父樹立堅特罕比,獨先生相與砥礪,慨然以古人自期。”

王廷相《方石先生墓誌銘》:“生而資性澄朗,機神警悟,童時即能爲韻語。年十四,叔父逸老先生授以四子書、《毛詩》,輒通大義。將冠,游邑校,與同邑黄文毅公孔昭友契,服膺儒素,日相砥礪,以古人自期,乃并有時名。”

《(民國)台州府志》(1926年鉛印本)卷一百零一人物傳二《謝鐸傳》:“幼苦學,常懸髻讀書,至夜分不輟。”

按,叔父逸老先生即謝省,字世修,别號愚得,晚號台南逸老。曾任寶慶知府,著有《逸老堂净稿》。黄孔昭,名曜,字孔昭,以字行,改字世顯,號定軒,累遷南京工部右侍郎,以疾卒。嘉靖中贈吏部尚書,追謚文毅。有《定軒存稿》。謝鐸與黄孔昭互爲知己,始終不負,故二人詩文寄贈之作較多。弘治四年黄孔昭卒,謝鐸作《南京侍郎黄公墓誌銘》。黄孔昭之子黄俌與鐸亦相厚,孫黄綰則師事謝鐸。鐸卒,綰作《方石先生行狀》。

天順三年(1459),鄉試第二。八年,登進士第,與李東陽同入翰林爲庶吉士,益肆力於學。

李東陽《謝公神道碑銘》:“天順己卯,舉鄉薦第二。甲申,登進士第,入翰林爲庶吉士。”

黄綰《謝文肅公行狀》:“天順己卯,發解第二人。甲申,登進士第,與今少司長沙李公、大司馬華容劉公同選入翰林,爲庶吉士。益肆力學問,學士永新劉公、莆田柯公典教,皆深器之。”

王廷相《方石先生墓誌銘》:“天順三年,浙江發解第二人。八年,登進士第,選爲翰林院庶吉士。”

按,《行狀》所云長沙李公即李東陽,華容劉公即劉大夏,永新劉公即劉定之,莆田柯公即柯潛。據《明清進士題名碑録·天順八年甲申科》,謝鐸在二甲三十一名,李東陽爲二甲第二名。又按,據李東陽及王廷相記載,謝鐸鄉試當爲第二名,黄綰作"第一人",似爲乃師溢美。

成化元年(1465),授編修。三年,預修《英宗實録》成。九年,被旨校勘《通鑑綱目》,因指歷代得失,爲疏數千言以進。十年,被旨入讀中秘書。時塞上有警,條上西北備邊事宜,語皆切時弊。明年秩滿,進侍講,直經筵,屢進規諷之論。

李東陽《謝公神道碑銘》:"乙酉,授編修。成化丁亥,預修《英廟實録》。成,升從七品俸。乙未,秩滿,遷侍講,仍加從五品俸。……公爲編修時,嘗奉旨校勘《通鑑綱目》,上疏言神宗喜《通鑑》,理宗好《綱目》,而不能推之政治。因勸求賢講學,以史册質經傳、窮義理,則大本立而萬末自隨矣。爲侍講,撰經筵講章,必盡所欲言者。"

黄綰《謝文肅公行狀》:"成化乙酉,授編修,預修《英廟實録》,賜銀幣,升俸從六品。癸巳,被旨校《通鑑綱目》,先生因指歷代得失,爲疏數千言以進。……甲午,被旨入讀中秘書,條上西北備邊事宜,……言甚剴切,皆鑿鑿可用。乙未,秩滿,升侍講,入預經筵,反覆推説,皆人所難言。"王廷相《方石先生墓誌銘》同。

張廷玉等《明史》卷一百六十三《謝鐸傳》:"成化九年校勘《通鑑綱目》。……時塞上有警,條上備邊事宜,請養兵積粟,收復東勝、河套故疆。……語皆切時弊。秩滿,進侍講,直經筵。"

按,上疏之事,《明史》稱"帝不能從",其餘材料皆避而不談,唯王廷相《方石先生墓誌銘》稱"帝嘉納之"。

成化十六年(1480),丁外艱,再罹内艱,守禮如古。十八年服闋,無意仕進,遂以疾聞。明年,吏部促起復,堅以疾謝。楗門讀書,教授鄉族。

謝鐸《謝鐸集》卷六十九《謝病疏》:“成化十六年四月十六日,丁父謝某憂,欽蒙照例,還家守制。本年六月二十二日奔喪至杭州府地面,又聞母高氏病故,照給勘合内事理具告本縣。至成化十八年閏八月初一日,例該服滿起復。緣臣居喪以來,心神耗亂,氣血摧毁,幾不能生。去年四月内忽感傷寒等疾,困苦纏綿,至今未獲平復。”

李東陽《謝公神道碑銘》:“戊戌,以家艱去。既免喪,謝病居數年。”按,李東陽謂“戊戌,以家艱去”,誤。黄綰《方石先生行狀》:“庚子,丁外艱,再罹内艱,守禮如古。壬寅終制,謂人曰:‘初心冀禄爲親,今無及矣。苟仕,非義也。’遂以疾聞。明年癸卯,吏部趣起復,堅以疾謝,楗門讀書,暇則侍逸老,登眺方岩、雁宕之上,仕進之念泊如也。”

張廷玉等《明史》卷一百六十三《謝鐸傳》:“遭兩喪,服除,以親不逮養,遂不起。”

按,鐸居喪期間,與叔父省擴建族學會緦庵,并執教其中。《(嘉靖)太平縣志》卷五《職官上·書院·方岩書院》:“明封翰林謝世衍與弟寶慶知府省創建,以教鄉族之秀,而方石成之。”潘辰《方岩書院詩序》:“成化庚子,翰林侍講方石謝先生服闋不起,日講學里中,從游者衆,書舍不能容,請其季父寶慶公就左近地圖爲書院。”按,會緦庵爲方岩書院前身,是其父謝世衍與叔謝省所建。據李東陽《方岩書院記》,書院正式建成命名在弘治二年八月。

弘治初,以原官召修《憲宗實録》。三年,擢南京國子監祭酒,以身爲教,士皆刮滌。上疏言國學及祀典事。

李東陽《謝公神道碑銘》:"弘治初,臺諫部屬言事者交薦之,會以修《憲廟實録》徵,乃起供職。庚戌,擢南京國子監祭酒。……在南監時,動以身教,每嚴約束,禁諸生班見禮,捐皂役錢以沛僚屬,籍膳夫餘錢於官,購東西二書樓,以庋鏤板。上疏請增楊龜山從祀,而黜草廬吴氏。餘若擇師儒、慎科貢、廣載籍、復會饌、均差遣,論列尤多。"

黄綰《謝文肅公行狀》:"孝皇初新庶政,于是廷臣交章論薦,會修《憲廟實録》,詔起之。先生未决,大父與長沙公貽書來勸,遂行入朝,供事兵館。書汪直、王越開邊事最直。庚戌,升南京國子祭酒。以廉節爲教,士皆刮滌,有以請托自愧者。又疏上國學事宜,曰:擇師儒、慎科貢、正祀典、廣載籍、復會饌、均撥歷。其論祀典,略曰:'孔廟從祀之賢,萬代瞻仰,教化之原。龜山楊時,程門高第,實衍延平之派;新經之闢,足衛吾道,而不預從祀。臨川郡公吴澄,生長於宋而顯於元,夫出處聖賢大節,夷夏古今大防,忘君事虜,迹其所爲,不及洛邑頑民,顧在從祀之列,臣固不能無惑。况二人皆太學之師,其于廟祀黜陟,不可不正。'先生以師道難盡,疏請致仕,不許。"王廷相《方石先生墓誌銘》同。

張廷玉等《明史》卷一百六十三《謝鐸傳》:"弘治初,言者交薦,以原官召修《憲宗實録》。三年擢南京國子祭酒。上言六事,曰擇師儒、慎科貢、正祀典、廣載籍、復會饌、均撥歷。其正祀典,請進宋儒楊時而罷吴澄。禮部尚書傅瀚持之,乃進時而澄祀如故。"

弘治四年(1491),適喪仲子,先祀罔托,遂謝病致仕,家居將十年。會國子缺祭酒,部議起之。十二年,擢禮部右侍郎,管祭酒事。屢辭不許,乃行。道得疾,徑歸。復請,至京,再辭不得,十三年十

二月始就職。

李東陽《謝公神道碑銘》:"辛亥,致仕歸。薦者以十數,特擢禮部右侍郎,管國子祭酒事,命吏部遣使即其家起之。公再辭不得,道得疾,徑歸。復請而敦迫日益急,乃行。至京師,辭所加職,以本官治事,亦不許。"

黄綰《謝文肅公行狀》:"明年辛亥,仲子死,先祀無托,遂致仕。諸生以狀歷部臺,請留且疏,留于朝。先生嘗抑諸生之納粟馬者,至是舉則多所抑者,一時薦紳榮其歸,皆祖于郊外。家居幾十載,惟讀書求志,日不少懈,勢利一毫不嬰于懷。天下之思其人、想其風者,皆謂可望而不可即,而薦者益力,孝廟於是深知先生,欲大用之。戊午,會國子缺祭酒,吏部以先生名進,上特命升禮部右侍郎,掌祭酒事,遣使就其家起之。先生兩具疏辭疾。長沙公在政府,貽書諭上意,乃行。次越,得疾徑歸,以狀投紹興府繳進,力求致仕,不許。又疏投台州府轉奏,知府不敢上。給事中吴世忠、主事潘府言當速起,以盡正人之用。使者再至,有司勸駕益急,遂行至京。以求退而得遷,非義所安,辭以舊官供職,不許,始受命。"王廷相《方石先生墓誌銘》同。

張廷玉等《明史》卷一百六十三《謝鐸傳》:"明年謝病去。家居將十年,薦者益衆。會國子缺祭酒,部議起之。帝素重鐸,擢禮部右侍郎,管祭酒事。屢辭,不許。"

謝鐸《謝鐸集》卷七十《乞致仕疏》:"弘治十二年八月内,過蒙皇上誤采人言,不忘求舊,增以爵秩,特起自家。"卷七十《再乞致仕疏》:"弘治十二年八月三十日,本縣知縣羅政欽奉旨意公文前到臣家,催趣上道。"卷二十六《再乞辭免禮部職名疏》補記云:"弘治十三年十一月二十八日,該通政司官進。十二月初一奉聖旨。"按,自弘治十二年八月接旨後,屢次請辭,至十三年十一月抵京,十二月正式上任。參見《謝鐸集》卷七十一《辭免禮部疏》《在途再乞養病致仕疏》《再擬乞恩養病疏》《再乞辭免禮部職名疏》諸文。

其爲教如在南雍,一時士類翕然大變。又上章論維持風教等事,皆不果行。

李東陽《謝公神道碑銘》:"居二年,辭至再。……在北監,請增號舍、修堂室,又謂廟門衢面多狹斜,以爲褻慢,買其地而廓之。又買官廨三十餘區,居學宫以省僦直,皆出夫皂雇役,餘悉藉爲公用。諸生貧困者亦有給,死者請京府致賻,給驛歸其喪。又别祀叔梁紇、曾晳、顔路、孔鯉,配之以全倫義,而議黜吴氏者尤切,皆不果行。凡所建白,皆師古義,持獨見,未始有徇俗希人之意。"

黄綰《謝文肅公行狀》:"其爲教如在南雍。時地震,詔諸司言事。因上章論'維持風教'四事,而論黜吴氏及納粟馬之害尤切。連疏乞致仕,六館師生上章乞留。廷臣吴世忠、張芝、吴蕣薦益力,被旨不允。"

王廷相《方石先生墓誌銘》:"在國學教胄,務先成養器識,濯礪風節,一時士類翕然大變。"

張廷玉等《明史》卷七十《選舉志二》:"弘治十四年,掌國子監謝鐸言:'考官皆御史方面所辟召,職分既卑,聽其指使,以外簾官預定去取,名爲防閑,實則關節,而科舉之法壞矣。乞敕兩京大臣,各舉部屬等官素有文望者,每省差二員主考,庶幾前弊可革。'時未能從。"

《孝宗實録》卷一百七十三"弘治十四年四月壬午":"禮部議覆掌國子監事禮部右侍郎謝鐸所陳三事,謂叔梁紇立廟及吴澄從祀事。鐸與學士程敏政嘗言之,俱以廷議不合而止。今請再集廷議。歲貢生員入監一年方許告就教職,請如鐸議。餘皆有不可行者。惟論吴澄不當從祀,時尚書傅瀚力詆鐸言爲謬。侍郎焦芳曰:'鐸言誠有難行者。但草廬先生苦心著述，雖若有功，而出處大節，則真有可議。鐸言不當從祀，是。'已，瀚力稱前人之請爲有見，今不可遽易。芳曰：'所謂前人者，蓋楊士奇也。今天下方議其當柄用之際，雖從祀大事，猶能私庇其鄉人，可又襲其非耶？'瀚曰：'薛文清學徒博而少著述，人猶曰能繼道統，爲之請列從祀，况草廬著述之多，可不祀乎？'芳曰：'不然。文清著述雖少于草廬，而出處之正，則加草廬之上矣。况以盡心知性之學，達窮神知化之妙，其讀書一録，皆寫其身心之所得。蓋在聖人所必與者，豈常人所能識也。然至今猶未躋之從祀。草廬著述，其何以加之？且道統者，謂深達往聖之域，而身有之者也。傳聖門之道者，莫加于顔子，後世稱未達一間，彼豈以著述爲達耶？今欲尚言而不尚行，則取尋常士且不應如此，而况道統之大？顧謂能修辭立言者即是，而不復論其大節，豈不悖乎？'瀚不能應。于是會集諸廷臣議，而芳不與。瀚竟因禮所謂凡祭有其舉之，莫敢廢詩書，所謂率由舊章，監于成憲，以文其説。而于澄忘宋事元之大節，略不及。澄遂仍舊從事，而鐸議皆寢。"按，鐸上疏言事，雖切時弊，然多所難用。其一再求去，未必全然因病，亦有難展抱負之緣故。

十六年(1503)，修《歷代通鑑纂要》，爲潤色官。

李東陽《謝公神道碑銘》："癸亥，修《歷代通鑑纂要》，命爲潤色官。"

黄綰《謝文肅公行狀》："癸亥，上命會輯《通鑑綱目》，并續編爲《纂要》，先生爲潤色官。論黜晋、隋、胡元之統説，皆有據。"王廷相《方石先生墓誌銘》同。

十八年，鐸稱病，獲准歸家。正德元年，聞大學士劉健、謝遷被迫致仕，大慟。

李東陽《謝公神道碑銘》:“疏又五六上,復乞歸養疾,乃許,命給驛以行,命有司俟病愈聞奏。”

黄綰《謝文肅公行狀》:“任職三載……復疏,乞致仕。半歲之間,疏凡五上,辭署印至再四,上皆以温旨勉留。又不能奪,方許養疾,命驛歸,俟疾愈以聞。”王廷相《方石先生墓誌銘》同。

張廷玉《明史》卷一百六十三《謝鐸傳》:“居五年,引疾歸。”

按,謝鐸《桃溪類稿》卷四十五有《乞致仕疏》《再乞致仕疏》《三乞致仕疏》《五乞致仕疏》《六乞致仕疏》《乞恩養病疏》。

正德三年(1508),吏部上其名,會劉瑾用事,遂令致仕。雖退處岩野,亦心繫朝廷,聞朝政更革,君子小人進退消長,每拊膺太息。

李東陽《謝公神道碑銘》:“正德戊辰,吏部例上其名,會權奸用事,恐其復起,遂仍致仕。”

黄綰《方石先生行狀》:“正德戊辰,吏部上其名,會權奸用事,遂令致仕。……每聞朝政改革,君子、小人進退消長之機,未嘗不感慨深嗟而掩袂也。”

王廷相《方石先生墓誌銘》:“正德三年,吏部薦先生儒術弘深,當大用。會權奄用事,矯令致仕。……雖退處岩野,而其心未嘗不在天下。每聞朝政更革,君子小人進退消長之會,亦未嘗不拊膺太息,而致慮於世道之升降也。”

《(嘉靖)太平縣志》(明嘉靖刻本)卷七“人物志”本傳:“既歸,會敬皇帝賓天,爲之大慟。已而權奸用事,公聞劉、謝二閣老致仕去,輒又慟。已又聞劉華容謫戍,又慟。自後凡有北來人,輒顰蹙問邸報,又輒連慟。”

正德五年(1510)卒,贈禮部尚書,謚文肅。年七十六。

李東陽《謝公神道碑銘》:"既其没也,特贈爲禮部尚書,謚文肅,遣官諭祭,令有司治葬事。……公配陳氏,繼孔氏,宣聖五十七代孫,皆贈淑人。公三子,某某,次興寅。孫一,必祚。公生某卒某,壽七十六。"

黄綰《謝文肅公行狀》:"先生歸六歲,終于正寢,享年七十有六,正德庚午二月二日也。有司以聞,贈禮部尚書,諭祭,賜謚文肅。命進士桂萼治其葬,葬其里暘嶴大夢山之原。……先生娶陳氏,繼孔氏,宣聖五十七代孫,皆贈淑人。子男三,興仁、興義皆夭,興寅側室焦氏出。女二,長聘綰叔父侹,俱夭;次適金忻。孫男一,必祚,興義遺腹子,以蔭補國子生。曾孫男二,某、某。"王廷相《方石先生墓誌銘》同。

廉直孤介,好善嫉惡。家居好周恤族黨,自奉則布衣蔬食。

李東陽《謝公神道碑銘》:"公孤介寡合,性氣屹屹,嗜義如渴,見不善若將浼。然家居孝友,自違養後輒無意仕進。……世衍嘗出祭田二十畝,公買田代之,而以其田分諸弟及供家塾,間以葬族之貧者。又買田以益弟侄,數亦如之。又修宗譜、構墓廬爲合族計。其高祖孝子温良遺行久弗白,至公始表著之。祖母趙氏以節死,後公以侍郎考績,請輟所得封誥,移爲旌典,詔特表爲貞節之門,仍予誥命。以至鄉郡諸先正遺文善行,皆輯録以傳。……姻黨知識困乏者,皆有周恤。然實無長物,惟節俸入爲之。其居常第疏食醴飲而已。"

黄綰《謝文肅公行狀》:"先生性孤介,簡樸無華,節操堅厲,慎取予,有防畛,晚始寬涵有'内'。居常坦坦,雖庸人、孺子得親之。及遇事,則斷斷一定,不可奪志。耻温飽,布素疏食,將以終身,常曰:'吾無他長,惟安分知止而已。'故其生平不吝義退,不榮幸進。其進也,反復辭免,至不已而後就;其退也,量任揆己,奮而決去。此其出處大節,本末甚明,夫豈偶中幸致者?……平生不喜與内侍往來,在纂局有内侍之執權者,每設食恭禮,丐一言不可得。見義必爲,先公有遺田若干畝,以供先世祠墓祿食。稍贏,輒買田代之,分給諸弟,置家塾,資宗族貧葬。又買田分諸侄,而又創方岩書院,築牛橋閘,與賙親故婚喪患難之不贍者。鄉郡先哲行義、著述,靡不搜輯表闡,或求其祠墓繕之。老居田里,有以自樂。"

王廷相《方石先生墓誌銘》:"先生性孤介廉直,重氣節,慎取予,有防畛。遇事侃侃能斷,義不可奪,且安止知命,不競不華,布素蔬食,終身弗厭。故平生不吝義退,不榮幸進。其進也,反復辭免,至不得已而後就。其退也,量任揆己,奮迅而決去。……嗟乎,粵自成化以來,内閣司禮交相倚藉,暗汩朝政,士必夤緣依附而後通顯。苟不由此,雖韜德迪義,高邁清遠之儒,不陸沉於下僚,則濱棄于草野。夫以三原王公,天下倚望,以不附順,猶設謀害之,使不得久于其位。他可以振壓無恐者,不啻毆逐矣。朝寡廉節,習稔污風,三事九列,有愧於具瞻者,亦多矣哉。乃先生卓爾名輔,卒不能弘濟大烈,以究竟其素志,則其時可知矣。然而羲易幽貞之吉,大雅進止之度,百世之下,聞其風者,亦足以激貪立懦,而又何歉乎哉?"

焦竑《皇明人物要考》(明萬曆二十三年三衢舒承溪刻本)卷五《文肅公謝鐸》:"公忠誠孝友,性氣屹屹,好善嫉邪,不屑互回。非其書不讀,非其友不交,非其時不仕。家居稍餘財,周賑宗戚。疏食布衣,囊無長物,人高其行云。"

張廷玉等《明史》卷一百六十三《謝鐸傳》:"家居好周恤族黨,自奉則布衣蔬食。"

於書無不讀,博通經史。學傳伊洛,宗奉程朱。搜刊方孝孺集,又輯鄉邦文獻。

《謝鐸集》卷五十一《伊洛淵源續録序》稱:"鐸僭不自量,于是竊取先生之意,具録勉齋所撰行狀,與其師友之間凡有預聞於斯道者,定爲《續録》六卷,以見先生繼往開來之功於是爲大,而是録之不可以不續也。"卷七十七《伊洛遺音引》曰:"予嘗讀伊洛諸書,見其精神奥博,茫無崖涘,因取其詩日讀之而涵咏焉,得百五十七首,萃而録之,曰《伊洛遺音》。"

石瑤《熊峰集》(清康熙九年孫光刻本)卷四《送方石謝先生》:"學傳伊洛非無用,官比陽城更不同。"

談遷《國榷》卷四十八"正德五年十一月甲申":"潛心理學,搜刊方孝孺集。"

張廷玉等《明史》卷一百六十三《謝鐸傳》:"力學慕古,講求經世務。""經術湛深。"

李紹文《皇明世説新語》(明萬曆刻本)卷四:"謝方石憫方正學殞身滅族,收其遺文,梓行于世。蔡虚齋曰:'遜志一編,乃天地正氣沉鬱百年而幾泯者,一旦得其全,以顯行于世,公之功大矣。'"

謝鐸所輯鄉邦文獻有《尊鄉録》《赤城新志》《赤城詩集》《赤城論諫録》等。《尊鄉録》四十一卷,輯其郡先正言行。鐸有《尊鄉録序》《尊鄉録詳節引》《書尊鄉録詳節後》。《赤城論諫録》十卷,取有關治道之文。參《四庫總目提要》卷五十六《史部·詔令奏議類存目》。鐸有《書赤城論諫録後》。《赤城新志》二十三卷,參《四庫總目提要》卷七十三《史部·地理類存目二》。鐸有《赤城新志序》《書赤城新志後》。《赤城詩集》六卷,輯郡人詩,參《百川書志》卷十九。鐸有《書赤城詩集後》《書重刊赤城詩集後》。

詩文以綱維人倫爲宗,以剖白事實爲用,以抑揚邪正爲志,以遺遠聲利爲情。

李東陽《謝公神道碑銘》:“爲詩精煉不苟,力追古作,當所得意,殆忘寢食。又尚理致,謹體裁,考訂評騭,多前人所未及。”

黄綰《方石先生行狀》:“其所爲文甚多,尤長于詩,蓋其精識絶人,論議歸于一是。”

顧璘《顧華玉集》(1914年至1916年排印金陵叢書本)卷三十《謝文肅公文集序》:“其文明健宏博,根柢經傳,以綱維人倫爲宗,以剖白事實爲用,以抑揚邪正爲志,以遺外聲利爲情。詩與文同致,合發情止義之則,鍛煉馳騖,莫爲有無,蓋其所負者獨遠大矣。”

《盛明百家詩存後編・謝文肅公集序》:“方石謝公詩不免限於時代氣運,然李文正公已稱其精到有法,學高而識絶矣,豈後世詞人所易及哉!……平生好古力學,自附樸忠,東橋顧公嘗稱其詩文同致,大抵以綱維人倫爲宗,以剖白事實爲用,以遺遠聲利爲情,殆知言哉!”

王世貞《弇州四部稿》(明萬曆五年王氏世經堂刻本)卷一百四十八:“謝方石如鄉里社塾師,日作小兒號嗄。”

胡應麟《詩藪》(明萬曆三十七年張養正刻本)續編一國朝上:“國朝詩流顯達,無若孝廟以還……謝文肅鐸……凡所製作,務爲和平暢達,演繹有餘,覃研不足。”

與李東陽齊名,同年同館凡十餘年,切摩之誼甚篤,論者以茶陵派目之。

李東陽《懷麓堂集》文後稿卷八《桃溪雜稿序》:“予與方石先生同試禮部時,已聞其有能詩名。及舉進士,同爲翰林庶吉士,又同舍,見所作《京都十景》律詩,精刻有法,爲保齋劉公、竹喦柯公所甄獎。……同官十有餘年,先生學愈高,詩亦益古,日追之而不可及。然先生愛我日至,每有所規益,必盡肝腑,見所撰述,亦指摘瑕垢,不少匿。"文後稿卷十五《祭方石先生文》:"并舉甲第,聯步詞林。忘年合誼,异地同襟。以文字相劘,以道義相箴。"《懷麓堂詩話》(清乾隆三十七年至道光三年長塘鮑氏知不足齋叢書本):"既其老矣,每出一詩,必令予指疵,不指不已。及予有所質,亦傾心應之,必使盡力。予嘗爲《匡山》詩,内一聯,渠意不滿。予以爲更無可易。渠笑曰:'觀子胸中,似不止此。'最後曰:'廟堂遺恨和戎策,宗社深恩養士年。'渠又笑曰:'微我,子不到此。'予又爲《端禮門》古樂府,渠以爲末句未盡。往復再四,最後乃曰:'碑可毁,亦可建。蓋棺事,久乃見。不見奸黨碑,但見奸臣傳。'渠不待辭畢,已躍然而起。"

謝鐸《謝鐸集》卷二十三《李賓之學士批抹拙稿賦爲此謝》:"風月情多每自耽,敢從至味托鹹酸。咏歌直作康衢看,筆削翻爲魯史慚。點鐵有丹金可化,奪胎無地骨空鑱。神交更在忘言外,何限繁蕪待刈芟。"

羅僑《桃溪净稿後序》:"僑每於詩文中竊見公於西涯李公極加推遜,而西涯於公亦甚敬服,蓋二公可謂知己。"

俞弁《山樵暇語》(1916 年至 1926 年上海商務印書館影印及鉛印涵芬樓秘笈本)卷三:"謝方石與李西涯齊名,有《桃溪净稿》,天下傳之。"

王世貞《明詩評》卷四:"文肅資之玄朗,功深琢磨,遜心長沙之門,用構臺閣之體。"

錢謙益《列朝詩集》丙集卷二"謝侍郎鐸"條:"二公同年同館凡十餘年,輯其聯句倡和詩,題曰《同聲集》。及李公當國,謝自田間再起,而唱酬不异往日。又有《後集》《續集》若干卷。當國家承平,詞館優閑無事,以文字爲職業,而先輩道義之雅,僚友切摩之誼,亦具見於此。"

著述宏富,有《赤城論諫録》《伊洛淵源續録》《赤城新志》《桃溪净稿》等傳於世。《净稿》爲李東陽删定。

李東陽《謝公神道碑銘》:"所著有《桃溪籍》《續真西山讀書記》《伊洛淵源續録》《伊洛遺音》,并《四子擇言》《元史本末》《宰輔沿革》《國朝名臣事略》《尊鄉略》《赤城新志》,及《詩集》《論諫録》《蝭忱稿》《汲綆餘誠》《歸夷雜録》《緦山集》《祭禮儀注》若干卷。"

黄綰《謝文肅公行狀》:"所著有《桃溪集》《續真西山讀書記》《伊洛遺音》《伊洛淵源續録》《四子擇言》《元史本末》《宰輔沿革》《國朝名臣事略》《尊鄉録》《赤城志》,及《文集》《詩集》《論諫録》《緦山集》百餘卷。"王廷相《方石先生墓誌銘》同。

《盛明百家詩存後編・謝文肅公集序》:"詩凡二百餘首,列爲後編,蓋取諸《桃溪净稿》……桃溪其所居地,稱净稿者,初名雜稿,後爲文正公所删定也。"

永瑢等《四庫全書總目》卷一百七十五《桃溪净稿》八十四卷:"是集凡詩四十五卷,文三十九卷。蓋李東陽因其舊本再取而芟之,故以《桃溪净稿》爲名。然瑕瑜參半,猶不能悉爲刊除也。"

參考文獻:

1. 黄綰《石龍集》,明嘉靖刻本。

2. 王廷相《王氏家藏集》,明嘉靖楊時薦刻清順治十二年修補本。

3. 李東陽《懷麓堂集》,清康熙二十年溈江廖方達校刻本。

4. 錢謙益《列朝詩集小傳》,上海古籍出版社 1959 年版。

5. 陳田《明詩紀事》,上海古籍出版社 1993 年版。

6. 謝鐸著,林家驪點校《謝鐸集》,中華書局 2002 年版。

7. 談遷撰《國榷》,中華書局 2005 年版。

（鄧曉東　王志剛）

張泰傳

張泰，字亨父，一字亨甫，號滄洲，江蘇太倉（今蘇州崑山）人。正統元年（1436）生。

張廷玉等《明史》卷二百八十六列傳第一百七十四："張泰，字亨父，太倉人。"

陸容《翰林院修撰滄洲張先生行狀》："張先生諱泰，字亨父。先世蘇州太倉人，……亨父之先本姚姓，洪武間，朝廷方隆重軍士，而畿内之民徭賦煩重，其曾祖原瑞圖所以自便，晋陵張某者由軍籍隸太倉衛，因冒其姓。至亨父未之改，嘗自草一疏，其略曰：'臣思祖先以來的繫姚姓，一時因畏匠役，附入軍籍，冒姓未改。臣昔登進士時，已於登科録報書姚氏三代名字，臣今猶冒張姓，背棄本原，心實不安，云云。'疏雖成，未果上。"

陸釴《明故翰林院修撰張亨甫先生墓誌銘》："張亨甫，諱泰，字亨甫，蘇州太倉人。……亨甫本姚姓，自其祖冒張氏軍□，從張姓。然亨甫乃考檢討君與余編修君同舟，具道其先世事，以爲雖姚亦非本姓，吾實姓沈，雖子弟皆未嘗與言，故亨南不獲與聞，而復姚姓，不果，蓋其先實湖州人也。姓氏，君子所重，余故傳其疑云。"

方鵬《崑山人物志》卷三文學："張泰字亨父，本姓姚氏，世爲崑山人。曾祖瑞代晋陵張某戍太倉衛，遂冒其姓。"

王昶《（嘉慶）直隸太倉州志》卷二十六人物："張泰，字亨甫，本姓姚氏，曾祖瑞代晋陵張某戍太倉衛，遂冒其姓。”

按，據陸容《翰林院修撰滄洲張先生行狀》載：“庚子，滿考，升修撰。逾月得暴疾，嘔血數升而卒，十一月九日也，年四十有五。”則張泰生於正統元年(1436)。

幼以聰敏聞於鄉，過目成誦，下筆有驚人語，不循故説。

陸容《翰林院修撰滄洲張先生行狀》：“先世蘇州太倉人，曾祖原瑞、祖興宗、父顯忠、母徐氏。亨父少以聰敏聞於里閈，有司選爲衛學生，書過目輒成誦。爲舉子業，下筆往往多驚人語，然性豪邁，不能受記誦師拘束，見時輩日夜兀兀抄讀人陳腐文字，頗自鄙笑，人亦由此忌之。訓導嚴州許鑾懼其廢業，嘗解冠於案，曰：‘汝之質禀如此，才器如此，而不勤學，何耶？吾寧棄此官，必不汝棄。’由是感激自勵，肆力於爲文。”

陸釴《明故翰林院修撰張亨甫先生墓誌銘》：“亨甫起自行伍家，而聰敏過人，爲衛學生，書過目輒領其要。業舉子，逾歲而成，然性豪，不受記誦師拘束，見時輩日夜矻矻抄讀人陳腐文字，頗鄙笑之。”

方鵬《崑山人物志》卷三文學：“泰生而秀穎，書過目輒成誦。性豪邁，見時輩日夜兀兀抄讀陳腐文字，頗鄙笑之。”

天順三年(1459)，應應天府鄉試，奪《易經》魁。八年，舉進士，選翰林庶吉士。

張廷玉等《明史》卷二百八十六列傳第一百七十四：“泰舉天順八年進士，選庶吉士，授檢討，遷修撰。”《列朝詩集小傳》丙集：“天順八年進士，選庶吉士，授簡討，遷修撰。”《明詩紀事》丙籤卷四：“天順甲申進士，選庶吉士，授檢討，遷修撰。”《崑山人物志》卷三：“登進士，爲翰林庶吉士，名隱隱出行輩中。遭父母喪，服闋，除檢討，名聲籍甚，四方之士願受學焉。”

陸容《翰林院修撰滄洲張先生行狀》:"天順己卯,應應天府鄉試,主司得其卷,异之,擢爲《易經》魁,且録其文以傳。明年,會試中乙榜,不就。甲申再試,登進士,尋改翰林庶吉士,名隱出行輩中。劉文安公時爲學士,月試諸士學業,嘗批某吉士卷曰:'律詩如象戲,古選如棋,昨見張某之作各得體,汝與群居,宜優柔從容,以叩其妙也。'其見重於人已如此。"

陸釴《明故翰林院修撰張亨甫先生墓誌銘》:"天順己卯,應天府鄉試,《周易》題邃奥,君不甚記悉,獨以意逆之,與傳注合,主司以爲奇,刻之以傳。明年中乙榜,辭不就。甲申舉進士,改翰林院庶吉士。學士劉文安公課其業,深相許與,嘗曰:'律詩如象戲,古選如棋,昨見張某作,各得其體,繼今以文名者,其在某矣。'君則自視慊然,益肆力於學,自五經百氏而下,無不披閲,惟不事記誦,曰:'吾獨得其意而已,其存否,吾不知也。'"

方鵬《崑山人物志》卷三文學:"登進士,爲翰林庶吉士,名隱隱出行輩中。"

成化元年(1465),丁父憂。三年,復丁母憂。七年,始復至京,除翰林檢討。十年,封徵仕郎。次年,充禮部會試同考官。因學行堪爲師表,薦河南提學副使,因病不赴。

陸容《翰林院修撰滄洲張先生行狀》:"乙酉,聞父喪,南歸。丁亥,復臨母喪,得痞疾,攻熨治療幾不能起,或者曰:'此憂困彌年所致,不宜切切秉禮自取傷,勸令出游,以舒鬱結。'於是買舟求醫江浙間,聞許先生歸老於家,直抵嚴州山中拜焉。幼嘗從鄉人胡友蘭、李文耀游,及筮仕,而二先生已謝世,乃具牲醴,即僧舍合祭也。或譏其非禮,亨父曰:'禮緣人情而爲之,何必一一蹈襲古人陳迹。吾所以爲此,重報本也,非禮而何?'時人義之。疾少愈,鄉里後生執經問學者遠近歸之。辛卯,服闋,赴吏部,奏除翰林院檢討。聲名籍甚，四方之士游學京師者，願受業焉。甲午，三載考最，封徵仕郎，賜敕命，贈其父如其官，母孺人。乙未，禮部會試天下貢士，充同考試官。進典雅出穿鑿，一時號稱得人。未幾，河南提學副使員缺，當道以亨父學行堪爲師表，欲薦之，亨父亦以提學師儒之任。始，欣然欲就，既而聞河南巡歷多陸行，非病軀所宜，白於知者，乃止。"

陸釴《明故翰林院修撰張亨甫先生墓誌銘》："明年乙酉，丁父憂。又明年，丁母憂。得痞疾，攻熨治療幾不能起。辛卯，服闋，至京授翰林檢討。甲午考最，追贈其父母、妻。乙未，禮部會試，充同考試官。未幾，河南提學副使員缺，當道以君薦，君以病辭。"

方鵬《崑山人物志》卷三文學："遭父母喪，服闋，除檢討，名聲籍甚，四方之士願受學焉。"

成化十六年(1480)，升修撰。逾月而得暴疾，卒，年四十五。

陸容《翰林院修撰滄洲張先生行狀》："庚子十月，九載考績，升本院修撰，人方以爲遲且滯也。逾月而得暴疾，嘔血數升死，十一月十九日也，年四十有五。"

陸釴《明故翰林院修撰張亨甫先生墓誌銘》："庚子，滿考，升修撰。逾月得暴疾，嘔血數升而卒，十一月九日也，年四十有五。"

李東陽《滄洲詩集序》："予先生同年進士，又同官甚厚，先生之卒，其孤璉尚在襁褓。……先生名泰，字亨父，別號滄洲，累官翰林修撰，卒時年四十有五。"

方鵬《崑山人物志》卷三文學："久之，升修撰，逾月，得暴疾卒。"

泰爲人倜儻坦率，恬淡自適，怡静寡言，然憤世嫉邪，遇不平之事，則激烈奮發，爲之攘臂。

陸釴《明故翰林院修撰張亨甫先生墓誌銘》："亨甫爲人坦夷，

未嘗以智術軒輊人,人或施之,則笑而受之。衣縷蕭散,怡静寡言,雖身居郎署,有山林江湖之況。嘗自以爲閑官有餘味,人不知也,故安於遲暮,未嘗一造貴人之門,亦絶口不論歲月升進。"

陸容《翰林院修撰滄洲張先生行狀》:"亨父爲人倜儻率直,不詭行以絶俗,不矯情以干譽,然而耿介自守,毅如也。與人交,雖在造次,其情無不周至,人亦以是樂與之交。居常抱病,人有持卷軸求詩文者,未嘗以病自沮,揮毫應客若不顧名,而名於是乎愈彰。酒酣耳熱,談論當世不平之事,激烈奮發,每爲之攘臂岸幘而後止。迹其憤世疾邪之心,雖賈生之痛哭流涕,不能過之。自亨父入翰林,朝廷數有纂修之舉,後進者多以此沾被恩澤,次第進階,而亨父獨不得一與其列,其自處則退然止足,略不見有嗟卑之意也。既爲修撰,嘗語予曰:'明年於例得省祭,將率婦子南歸,祭掃先人之墓,求美材爲壽櫬,奉吾兩兄若嫂,俾無身後之憂,然後如期還朝,以圖報稱,此吾志也。'而竟止於此。"

李東陽《懷麓堂集》卷二十六文稿六《滄洲詩集序》:"若其恬淡寡欲之心,端居自守之操,官雖久,而不究於用,天下之所爲惜者,豈止是哉!"

張泰《滄洲續集》附録門生徐元獻祭詞:"惟公器識高遠,襟度坦夷,性則不激,行實不隨。凡所閲書,循經了義,而瑣説不拘故。雖少日多所充擴而不煩乎師資。發於製作,憑氣溢奇,而陳言不入。故其詩文,類可遠媲而不屑乎擬爲。至其書畫,瀟灑勁健,宛有歐晋風致,而亦未嘗事乎臨池。蓋公之才,大率閎中肆外,猶古人所謂不羈者也。夙所倦爲者,舉子之文。而從之游者時出一言,咸自謂其聞所不聞。以故京居里處,莫或開授也,而弟子亦衆哉,其爲群。庚寅之歲,公以憂家居,服闋,愚獲從焉。義經之奥,不秘其傳,顧惟鄙鈍,懼弗此習,而不觀旁及之路,實指引其前,彼拘時好者，其孰云然。越歲之秋，乃此赴闕，愚往送之，自錫驛至常，同舟累日而留連，講益不置，遺以詩篇，載拜而別，祝言勉旃。自是以來，念愚之寡陋也。爲文爲詩爲書爲牘，教之誨之期之望之，每致乎拳拳，平生恩義，蓋於此而曲全。庚子秋，愚忝鄉舉，喜而遣書，速之行，愚亦竊喜之，曰‘侍側之會幸獲遂於兹年’，詎意至則先已謝館而長捐矣。”“嗚呼！公則亡矣，而實有所以不亡者。其高風偉望，愜於士夫游從之心者，莫不近慕而遠揚。其殘篇遺墨，流於縹囊緗軸之間者，皆將什襲而寶藏。雖來世之遠，可預知其有耿光。然則公之享年，雖止於四十有五，而視彼終老而無一善可稱者，較其所得，孰短而孰長，是天之所以厚公者多矣，又安可深咎夫彼蒼。”

錢謙益《列朝詩集小傳》丙集：“亨父爲人坦率，絶去厓岸，恬淡自守，獨喜爲詩，雖不學書，亦翩翩可喜。李西涯序其《滄洲詩集》曰：‘先生於文，無所不能，而必工於詩。縱手迅筆，衆莫能及。’”

王鏊《式齋稿序》：“始吾蘇之官於京者，最名多文學之士。其在崑山，則有若翰林修撰張君亨甫、太常少卿兼翰林侍讀陸君鼎彝、浙江左參政陸君文量，三人皆能文，而尤工於詩。亨甫頗以才自喜，其詩翩翩如濁世佳公子，奇氣溢出，最爲時所膾炙。鼎彝志尤高，不肯苟出，出必奇奥簡古，讀之或不能句，商盤周鼎，識者賞之，而世好之差少。文量不爲險峻奇怪，意盡則止，如行雲流水，自中法律。亨甫、鼎彝皆官翰林，文量獨官兵部，頗以政妨，世知之益少。而三人最號相得，杯酒倡酬，無集不偕，意氣所至，不知古人何如耳。”

方鵬《崑山人物志》卷三：“泰爲人坦率，絶去厓岸，然憤世嫉邪特甚，酒酣耳熱，談論當世不平之事，激烈奮發，爲之攘臂岸幘。恬淡自守，獨喜吟詩，所著有《滄洲集》行於世。”

張昶《吴中人物志》卷七:“生而秀异,爲人絶去崖岸,静嘿寡言,蕭然閑野之適,自以官居清華,况味有餘。”

張泰《滄洲詩集》卷七《自釋》:“醉裏忘情醒上心,不如無醉且長吟。古來百感遺文在,哀樂相仍只至今。”《沉抱》:“沉抱吾誰語,良辰彼自歌。分方甘闃寂,名敢計蹉跎。病裏歡元少,春來泪轉多。長安花與柳,不恨未交柯。”《閑述》:“千尺珊瑚萬斛珠,海商猶謂我舟虚。臨流别有安閑者,杯水清風日有餘。”《又》:“除却崎嶇盡坦途,何需焜燿是亨衢。縱饒溟海滔天遠,不到艱潢不受污。”

張泰《滄洲續集附録》:“嗚呼!亨父行足以絶俗,才足以空群,抉六義之奇秘,紬百民之紛綸,當其鉥心劌目,出鬼入神,傲睨一世,前無古人,蓋縱之可以轢唐及漢,而卑之猶足以掃元季之遺塵也。”“亨父方其始仕也,神采逸發,而憂患摧其勢,志氣堅勁而疾灾纏其體。七年而始拜,十有七年而一徙職。”

張泰《滄洲續集附録》:“襟期瀟灑,才氣超越,德充而不揚,行和而不涅,鸞停鵠峙。其文整潔,竹色蘭芬。其詩清絶,得之何艱,歷十七年而登六品之官,失之何易,病一夕而成終古之别。是使文章雖得其名,而禄壽獨嗇於天,孝友僅行於家,而政事未及於物也。”

著有《滄洲集》十卷,《續集》二卷,皆其從子瓛所録。爲詩尚杜子美,嘗學李白,雄健俊逸,音韻鏗鏘。其詩沉着高簡、清拔流麗,頗受時人推崇。爲文不事模擬,務自己出。書法亦翩翩可喜。

陸容《翰林院修撰滄洲張先生行狀》:“所著有詩文若干卷,皆其平居令從子瓛所録,今藏於家云。”

李東陽《懷麓堂集》卷二十六文稿六《滄洲詩集序》:“滄洲張先生於文無所不能,而尤工詩,縱手迅筆,衆莫能及。及其凝神注思,窮深騖遠,一字一句寧闕焉而不苟用。晚乃益爲沉着高簡之辭,而盡斂其峭拔奔洶之勢,蓋將極於古人而不意其遽止也。”“求其遺詩，不可得，後静逸陸先生取諸其從子獻，以留子家，而静逸亦卒，因與謝方石、吴匏庵二先生録其若干篇爲十卷。文太僕宗儒以付其所部成府判桂，刻於淮安。書成，屬予序，因爲題其篇之首。”

永瑢等《四庫全書總目》卷一七五：“《滄洲集》十卷，《續集》二卷，浙江汪汝瑮家藏本，明張泰撰。泰字亨父，太倉人，天順甲申進士，官至翰林院修撰，事迹具《明史》文苑傳。泰爲人恬淡，獨喜爲詩，初與李東陽齊名，後東陽久持文柄，所學彌老彌深，而泰不幸早終，未及成就。故聲華銷歇，世不復稱。今觀是集，大抵圓轉流便，而短於含蓄，正如清水半灣，洮洮易盡，視東陽《懷麓堂集》實相去徑庭，故東陽作序亦云：‘將極於古人而不意其遽止’云。”

陳田《明詩紀事》丙籤卷四：“有《滄洲集》十二卷。”“館選時，劉文安爲院長，語某吉士云：‘古詩、律詩各有體裁，與亨父叩其妙可也。’其爲老輩推重若此。”

陸釴《大明故翰林院修撰張亨甫先生墓誌銘》：“爲文務自己出，視韓柳若不暇模擬，直欲追兩漢先秦以上；詩則根據杜子美。少嘗學李白，音韻鏗鏘，雄健俊逸，隨事賦咏，各當其情。由是天下之人，識與不識，皆知有亨甫，至京師必欲求見，得一詩以爲榮。”

楊慎《升庵集》：“張亨父詩句清拔，名於一時。其《正月十六日》詩云：‘長安元夕少燈光，此夜歡娱覺更忙。十里東風吹翠袖，九門銀燭照紅妝。虹橋御陌争春步，雲閣誰家閉晚香。醉着吟鞭急歸去，老夫當避少年狂。’其手書稿，慎於先師李文正公處見之。”

都穆《南濠詩話》：“張修撰亨父工於詩，嘗歲晚與翰林諸公聯句，有云‘生事殘年話，風流後輩夸’，竟以是月卒，亦詩讖也。”

朱彝尊《明詩綜》卷二十二：“有《滄洲集》。李賓之云：‘先生詩縱手迅筆，衆莫能及。及其凝神注思，窮深騖遠，一字一句寧闕然而不苟用。晚乃益爲沉着高簡之辭，而盡斂其峭拔奔洶之勢。蓋將極於古人,而不意其遽止也。'"

錢謙益《列朝詩集小傳》丙集:"及其凝神注思,窮深騖遠,一字一句寧闕然而不苟用。晚乃益爲沉着高簡之辭,而盡斂其峭拔奔洶之勢。蓋將極於古人,而不意其遽止也。亨父之詩,其見推於西涯而惜之如此。"

陸釴《明故翰林院修撰張亨甫先生墓誌銘》:"惟嗜詩,閉門自哦,若將終身焉。爲文務自己出,視韓柳若不暇模擬,直欲追兩漢先秦以上。詩則根據杜子美,少嘗學李白,音韻鏗鏘,雄健俊逸,隨事賦咏,各當其情。由是天下之人,識與不識,皆知有亨甫,至京師必欲求見,得一詩以爲榮。亨甫官業雖不顯,而恬退可重,有文可傳,有子可繼,亦足以少慰矣。"

汪學金《婁東詩派》卷二:"有《滄洲集》。李賓之云:'亨父詩縱手迅筆,衆莫能及,及其凝神注思,窮深騖遠,一字一句寧闕然而不苟用,晚乃益爲沈着高簡之辭,而盡斂其峭拔奔洶之勢,蓋將極於古人而不意其遽止也。'唐元薦云:'成弘間,藝苑則以李懷麓、張滄洲爲赤幟。'"

王鏊《(正德)姑蘇志》卷五十二:"獨喜吟詩,其詩豪邁雋爽,善於常格中出奇。雖不學書,而書法亦翩翩可喜,所著有《滄洲集》若十卷,行於時。"

張昶《吴中人物志》卷七:"文追古人,詩備諸體,長沙李侍講東陽序其《滄洲集》而以高太史擬之,爲天下惜也。"

王昶《(嘉慶)直隸太倉州志》卷二十六人物:"劉定之深服其文,詩名亞李東陽,時號'李張',書法亦翩翩可愛。"

張泰與李東陽齊名,并稱"李張",又與陸釴、陸容號"婁東三鳳"。與李東陽、吴鼎儀、文林、陳克敬、吴寬、查若庸、孟與貞、方克信、劉時雍等人多有往來。

李東陽《滄洲詩集序》:“予與先生(張泰)同年進士,又同官甚厚。”又《文前稿》卷二十二《祭張亨父文》:“我等與子,同登薦書,而官同曹,而志同趨。朝與行游,夕與宴娛。其言嬉嬉,其意於於。”

倪岳《翰林同年會圖記》載:“步而前來者三人。其一爲張泰亨父,次則焦芳孟陽,又次則劉淳尚質也。其後聯坐展卷以觀者二人,左則彭教敷五,右則陸釴鼎儀也。”

朱彝尊《明詩綜》卷二十二:“唐元薦云:‘成弘間,藝苑則以李懷麓、張滄洲爲赤幟,而和之者或流於率易。’”

張廷玉等《明史》卷二百八十六列傳第一百七十四:“張泰,字亨父,太倉人。陸釴,字鼎儀,崑山人。陸容,字文量,亦太倉人。三人少齊名,號‘婁東三鳳’。泰舉天順八年進士,選庶吉士,授檢討,遷修撰。爲人恬淡自守,詩名亞李東陽。弘治間藝苑皆稱李懷麓、張滄洲,東陽有《懷麓堂集》,泰有《滄洲集》也。”

張泰《滄洲詩集》卷二《夏日張氏西館寄吴鼎儀五首》《共鼎儀宿文量館》《寄吴鼎儀》《冬夜懷鼎儀》《酬吴鼎儀》《翰林和吴鼎儀見寄》《送沈仲律主事南禮部》《送戴廷珎進士憂歸》;卷三《翰林清宴賡韻答李賓之》《春雨夜憶賓之》《翰林用虞集集三題寫懷寄李賓之》《憶昨酬李賓之》;卷四《用韻答陳克敬杏花下和坡之作欲就一賞》《初秋東林喟詩盟久寒寄諸同社》《寄陳克敬》;卷五《對雪寄同里文宗儒》《寄鄉學故舊》三首,爲查若庸、孟與貞、方克信。《和吴修撰原博齋宿》《將謁陵出土城馬上作同行者吴原慱也》《復用楊維新先生四首既歸和答》;卷六《贈别錢郎中大用同年》《夏雨後錢世恒席上用原慱韻》;卷七《送崑山戴伯誠》《送金進士楷之涪州》《送施克寛》《與職方劉時雍陸文量索炭戲柬》;卷八《送蔣學諭還婁將家却之武城任》《用賓之夜囱聯句韻寫懷寄賓之鼎儀》《寄查若庸》。

張泰《滄洲續集附録》:“維成化十六年,歲在庚子,十二月丙午朔,越二十三日戊辰,司經局洗馬羅璟,翰林院侍講焦芳、陳音、李東陽,修撰傅瀚、吴希賢、陸釴,吏部員外郎劉淳、劉大夏,謹以清酌庶羞之奠致祭於亡友翰林院修撰張君亨父之靈。""我等與子同登薦書,而官同曹,而志同,趨朝與行游,夕燕與娱,其言嘻嘻,其意於於,其離而合也。"

張泰《滄洲續集附録》:"維成化十七年歲次辛丑四月朔日,郎中劉大夏、陸容、朱紳、高敞,員外郎蕭奎、馬紹榮、顧餘慶,主事龐塗、毛倫、徐源,侍講李杰,修撰吴寬,檢討趙勉,御史林符,給事中陳璚,中書舍人管琪……謹以清酌庶羞之奠致祭於亡友翰林院修撰張君亨父之靈。"

其先世蘇州太倉人,曾祖原瑞、祖興宗、父顯忠、母徐氏。初娶管氏,繼武氏。

陸容《翰林院修撰滄洲張先生行狀》:"先世蘇州太倉人,曾祖原瑞、祖興宗、父顯忠、母徐氏。……初娶管氏,繼武氏,皆贈孺人。武氏生一子,再繼楊氏,生二子。某某。"

陸釴《明故翰林院修撰張亨甫先生墓誌銘》:"初娶管氏,繼武氏,皆贈孺人。武氏生一子,再楊氏生二子,名某某。"

李東陽《懷麓堂集》卷二十一《題張滄洲遺詩後》:"嗚呼,亨父先生不可作矣。其遺詩在文量、職方者,予泣而觀之,清口翹拔,無一字札俗,雖偶書旁集,若精擇而後得者,世果有仙乎!"

參考文獻:

1. 方鵬《崑山人物志》,明嘉靖刻本。
2. 錢謙益《列朝詩集小傳》,上海古籍出版社 1981 年版。
3. 都穆《南濠詩話》,中華書局 1991 年版。

4. 汪學金《婁東詩派》,《四庫未收書輯刊》九輯第30册,北京出版社2000年版。

5. 朱彝尊《明詩綜》,中華書局2007年版。

6. 李東陽《懷麓堂集》,《明別集叢刊》第一輯第64册,黄山書社2013年版。

7. 張泰《滄洲詩集》,《明別集叢刊》第一輯第57册,黄山書社2013年版。

8. 王昶《(嘉慶)直隸太倉州志》,上海古籍出版社2016年版。

(閆麗)

吴寬傳

吴寬，字原博，號匏庵，又號玉延亭主，南直隸蘇州府長洲(今江蘇蘇州)人。生於宣德十年十二月二十九日(1436年1月17日)。

李東陽《明故資善大夫禮部尚書兼翰林院學士掌詹事府贈太子太保謚文定吴公墓誌銘》(以下簡稱《墓誌銘》)："公姓吴氏，諱寬，字原博，學者稱爲匏庵先生。蘇之長洲人。"

吴寬《匏翁家藏集》(故宫博物院藏)卷十五《次韻任太常雨中見寄》中有"只許玉延亭主解，天工聊作小兒嬉"，其書法長卷《記園中草木二十首詩卷》有"玉延亭主"長方印，則"玉延亭主"亦其自號。

父吴融，字孟融，自號東莊翁。母張氏，早逝，時寬方十六。兄吴宗，字原本；弟吴宣，字原輝。

吴寬《匏翁家藏集》卷六十一《先考封儒林郎翰林院修撰府君墓誌》(下文簡稱"吴寬《府君墓誌》")："府君諱融，字孟融，姓吴氏。蘇之長洲東吴上鄉人。……府君既以勤儉謹畏拓其家以大，而城東舊業，然未嘗一日敢忘而不經理之。晚歲益種樹結屋，爲終老之圖，因自號東莊翁。及孤寬忝科第入翰林爲修撰，獲以其官封府君階儒林郎。……娶居氏，繼張氏，繼王氏，皆封安人。子男三：曰宗，曰寬，曰宣。"卷六十三《亡兄處士墓誌》："亡兄諱宗，字原本，姓吴氏。世爲蘇之長洲人，先修撰東莊府君長子也。”卷六十一《亡弟原輝墓誌銘》:“原輝諱宣，姓吴氏，世家長洲，爲先修撰府君之季子，而吾之母弟也。年十三，母張安人不幸下世。……其生正統三年十二月十一日，卒成化二十一年三月二十日，年止四十八。”

寬生有异質，年十一入鄉校習舉業，博覽群籍，不喜時文，而屬意古文辭。屢試不第，以歲資貢入太學。嘗從陳鑒、劉諭、徐有貞等學。

吴寬《匏翁家藏集》卷四十一《舊文稿序》:“寬年十一入鄉校，習科舉業。稍長，有知識，竊疑場屋之文，排比牽合格律，篇同之，使人筆勢拘縶，不得馳騖以肆其所欲言，私心不喜。時幸先君好購書，始得《文選》讀之，知古人乃自有文。及讀《史記》《漢書》與唐宋諸家集，益知古文乃自有人，意頗屬之。”按，李東陽《墓誌銘》謂:“公年十二而爲府學生。”今從吴寬自述。

王鏊《震澤集》卷二十二《資善大夫禮部尚書兼翰林院學士贈太子太保謚文定吴公神道碑》(以下簡稱《神道碑》):“公生有异質，未冠入郡庠，輩流方務舉業，公獨博覽群籍，爲古文詞，下筆已有老成風格。屢試應天不利，以歲資貢入太學。東海張汝弼見之曰:‘天下亦有如此貢士也哉!’江陰卞郎中華伯有‘低頭拜東野’之句。武功伯徐公高邁少可，折節與交，曰:‘館閣器也。’”吴寬《匏翁家藏集》卷三十一《耻庵記》:“胡君彦超，佳士也。余得其爲人已久，南宫之試始見而獲交焉。……及來南都，同在太學。……去年秋當大比，就試京闈者，幾三千人。”按，據《耻庵記》，吴寬當入應天府太學。

吴寬《匏翁家藏集》卷五十六《祭陳祭酒先生文》:“寬昔童年登門求師，孺子可教，以撲以麾。”卷六十一《前朝列大大國了祭酒陳公墓誌銘》:“公諱鑒，字緝熙。”卷六十四《蘇州府儒學教授劉先生墓誌銘》:"先生,吾郡賢師也。寬幼受教益,其何敢忘?……先生諱諭,字體信,自號信庵。"王鏊《震澤集》卷五《吴文定公挽詞》:"天全授受真正音。"按,徐有貞(1407—1472),初名珵,字元玉,又字元武,晚號天全翁,南直隸吴縣(今江蘇蘇州)人。

成化四年(1468)大比,寬以屢舉不利,絶意進取。督學陳選以禮敦遣,中鄉試第三名。

吴寬《匏翁家藏集》卷四十一《舊文稿序》:"未幾,當大比之歲,提學憲臣有知予者乃强遣之,不意名在鄉解。"

王鏊《神道碑》:"公以屢舉不利,絶意仕進,不肯復應舉。天台陳公士賢,時以御史董學南畿,以禮敦遣,公不得已入試,名在第三。"

李東陽《墓誌銘》:"蓋公年十二而爲府學士,十八而應試,三十四而舉於鄉,三十八而登進士,在官三十三年。其得科第也,始試久不售,已絶意進取。提學陳御史士賢見其文奇之,敦勸就試爲京闈書魁。"

顧清《(正德)松江府志》(天一閣藏明代方志選刊續編影印明正德刻本)卷二十四:"陳選,字士賢,浙江臨海人。成化中,以監察御史提學南畿。"

八年(1472),會試、殿試皆第一,授翰林修撰,侍講東宫。九年,進太子右諭德。

吴寬《家藏集》卷七十六《明故朝議大夫南京國子監祭酒劉公墓碑銘》:"成化壬辰擢進士第者二百五十人,蒙賜及第者三人,予與公及莆田李士英。"

李東陽《墓誌銘》:"試禮部名第一。殿試之日,魁選未定,憲廟已出御便殿,趣讀卷,衆亟擬以省元卷上。既賜及第,時論翕然。……今上在東宫時，爲講讀官。”

王鏊《神道碑》：“成化壬辰會試第一，入試大廷又第一，授翰林修撰，旋被選侍先皇帝於東宫。九年進太子右諭德。”

張廷玉等《明史》卷一百八十四《吴寬傳》：“成化八年，會試、廷試皆第一，授修撰。侍孝宗東宫，秩滿進右諭德。”

十一年(1475)八月，乞歸省。未至家而父卒。十五年五月(1479)，返京復任。

《憲宗實録》卷一百四十四“成化十一年八月乙卯”：“翰林院修撰吴寬乞歸省親，許之。”卷一百九十“成化十五年五月甲子”：“翰林院修撰吴寬復任。”

吴寬《匏翁家藏集》卷六十一《府君墓誌》：“卒以成化乙未八月戊子，年七十有七……初，寬居京師，聞府君病，凡再上章，始賜歸省。未至家之七日，而凶問至。”卷五十七《己亥上京録》：“成化十五年己亥三月十日丙寅，予服闋上京……五月朔丙辰至張家灣，戊午入京城。”卷五十六《上京告祠堂文》：“維成化十四年三月六日，玄孫翰林修撰寬謹以牲醴敢昭告于四代考妣，寬憂制既終，例宜起復。丙寅日吉，已卜啓行，維是遠違，不勝攀慕。”

按，依制丁憂期限爲二十七個月，自成化十一年八月至十四年三月即爲二十七個月。然吴寬還京當在成化十五年，因成化十四年三月以“癸亥”爲初一，此月内無丙寅日，故《上京告祠堂文》中“成化十四年”當爲誤記。

在京師，與吴中文人結“文字會”。又與陳璚、李杰、吴洪、王鏊結“五同會”。

吴寬《匏翁家藏集》卷四十《贈周原已院判詩序》：“自予官於朝，買宅於崇文街之東，地既幽僻，不類城市，頗於疏懶爲宜。比歲更闢園號曰'亦樂',復治一二亭館,與吾鄉諸君子數游其間。而李世賢亦有禄隱之園,陳玉汝有半舫之齋,王濟之有共月之庵,周原已有傳菊之堂,皆爽潔可愛。而吾數人者又多清暇,數日輒會,舉杯相屬,間以吟咏,往往入夜始散去。"卷四十四《五同會序》:"吴人出而仕者,率盛於天下。今之顯於時者,僅得五人,曰:都御史長洲陳玉汝、禮部侍郎常熟李世賢、太僕寺卿吴江吴禹疇、吏部侍郎古吴王濟之及予爲五人。去歲,五人者公暇,人輒具酒饌爲會,坐以齒定,談以音諧,以正道相責望,以疑義相辨析,興之所至,即形於咏歌,事之所感,每發於議論,庶幾古所謂莫逆者。同時也,同鄉也,同朝也,而又同志也,同道也,因名之曰五同會。"

王鏊《震澤集》卷十《送廣東參政徐君序》:"始吾蘇之仕於京者,有文字會。翰林則今少詹吴學士、海虞李學士及鏊爲三人,其外則有若陳給事玉汝、周御醫原已、徐武選仲山,而時至出入者則有若趙刑部栗夫、孫進士希説、朱天昭氏、楊君謙氏、毛貞甫氏、陸全卿氏。少詹有園曰一鶴,亭曰玉延,庵曰海月;李有禄隱園;陳有半舫齋;周有傳菊軒;武選有超勝樓;予家有小適園。花時月夕,公退輒相過從,燕集賦詩,或聯句,或分題咏物,有倡斯和,角麗搜奇,往往聯爲大卷,傳播中外。風流文雅,他邦鮮儷。"

孝宗即位,以舊學遷左庶子,預修《憲宗實録》。四年(1491),進少詹事,兼侍講學士。六年三月,充殿試讀卷官,八月升吏部右侍郎。

《孝宗實録》卷七"成化二十三年十一月己卯":"右諭德謝遷、吴寬俱左庶子兼侍讀,仍加俸一級。"《孝宗實録》卷十一"弘治元年二月辛酉":"左春坊左庶子兼翰林院侍讀張升、謝遷、吴寬……兼經筵官。"卷五十四"弘治四年八月":"丁卯,上御奉天殿,監修官太傅兼太子太師英國公張懋……等率纂修官上表進《憲宗純皇帝實録》。""辛未,……左庶子兼侍讀謝遷、吴寬,右庶子兼侍讀陸簡俱少詹兼侍講學士。"卷七十三"弘治六年三月庚辰":"命詹事府少詹事兼翰林院侍講學士吴寬充殿試讀卷官。"卷七十九"弘治六年八月丙寅":"升詹事府少詹事兼翰林院侍讀學士吴寬爲吏部右侍郎。"

王鏊《神道碑》:"以舊學進春坊左庶子,預修《憲宗實録》。成,進詹事府少詹事兼侍講學士。"

張廷玉等《明史》卷一八四本傳:"孝宗即位,以舊學遷左庶子,預修《憲宗實録》,進少詹事,兼侍講學士。"

八年,丁繼母王氏憂,居家。文徵明從其游,悉以古文法授之。唐寅投書,求爲汲引。

吴寬《匏翁家藏集》卷六十八《先妣太宜人王氏墓誌》:"先妣太宜人王氏,……終於弘治甲寅十月二十三日。"卷四十二《贈進士秦君序》:"弘治七年十二月八日,寬聞先太宜人之喪,將歸守制。上念寬爲春宫舊學之臣,特敕有司治葬,以榮其親,事下工部。"

《孝宗實録》卷二百一十四"弘治十七年七月戊戌":"丁繼母憂,吏部員再缺,朝廷命虚位待之。"

文嘉《先君行略》(《文徵明集》附録二):"温州於吴文定公寬爲同年進士,時文定居憂於家,温州使公(文徵明)往從之游。文定得公甚喜,因悉以古文法授之,且爲延譽於公卿間。"

唐寅《唐伯虎集》(明萬曆二十年刻本)卷下《上吴天官書》:"寅竊不料,反顧微軀,塊然一物,若得充後陳之清問,被壁上之餘光,則枯骨不朽。故敢伏光範門下請教,不勝惶恐之至。"

袁袠《唐伯虎集序》(《唐伯虎集》序):"嘗上書吴文定公寬,覽書曰:'吴安得有此人邪!'頗爲延譽公卿間。"

張廷玉等《明史》卷一百八十四《吴寬傳》:"弘治八年,擢吏部右侍郎。丁繼母憂,吏部員缺,命虚位待之。”按,吴寬任吏部右侍郎在弘治六年,《明史》本傳誤。

十年(1497)三月,服滿還任,轉吏部左侍郎,掌詹事府,入東閣專典誥,仍侍東宫。充《大明會典》副總裁。時宦豎不欲太子近儒臣,寬率同僚上疏諫之。

王鏊《神道碑》:“擢吏部右侍郎,久之轉左,尋兼翰林院學士,入内閣,掌制誥。仍侍今上於東宫,充會典副總裁。”

張廷玉等《明史》卷一百八十四《吴寬傳》:“服滿還任,轉左,改掌詹事府,入東閣,專典誥敕,仍侍武宗東宫。宦豎多不欲太子近儒臣,數移事閑講讀。寬率其僚上疏曰:‘東宫講學,寒暑風雨則止,朔望令節則止,一年不過數月,一月不過數日,一日不過數刻。是進講之時少,輟講之日多,豈容復以他事妨誦讀。古人八歲就傅,即居宿於外,欲離近習、親正人耳。庶民且然,矧太子天下本哉?’帝嘉納之。”

十六年(1503)二月,《大明會典》成,進禮部尚書,仍兼翰林院學士,掌詹事府事。修《歷代通鑑纂要》,充副總裁。

《明孝宗實録》卷一百九十六“弘治十六年二月乙丑”:“以纂修《大明會典》成……副總裁吏部左侍郎兼翰林院學士吴寬禮部尚書仍兼學士掌詹事府事。”

王鏊《神道碑》:“《會典》成,進禮部尚書兼學士,修《歷代通鑑纂要》,仍充副總裁。”

李東陽《墓誌銘》:“其史事,則修《憲宗實録》,兼校正;修《大明會典》,充副總裁;比修《歷代通鑑纂要》,亦如之。”

張廷玉等《明史》卷一百八十四《吴寬傳》:“十六年進禮部尚書,餘如故。”

十七年(1504),數以疾告歸,帝慰留。七月十日卒,年七十。贈太子太保,謚文定。長子奭授中書舍人,次子奐補國學生。

吴寬《匏翁家藏集》卷六十八《亡妻陳宜人壙志》:"嘗有男女數人,男長者曰康壽,女曰順正,皆夭死。後爲予圖嗣,續得二男曰奭,曰奐。宜人撫之皆如己出,而待其母陳氏尤厚。"

李東陽《墓誌銘》:"以疾告,則命醫診視,遣中官存問,賜酒肉蔬米諸物。訃聞,則命有司治葬如例而加祭二壇。賜鏹楮萬緡爲賻,驛給舟車,遣官護送,超贈太子太保,皆出常格。賜謚文定,則本朝自南陽公之外,一人而已。其長子奭以三品恩已蔭爲國子生,比以舊學恩當官其少子奐,特命奭爲中書舍人,而以奐爲國學生。"

王鏊《神道碑》:"公年甫七十,數引疾求退,屢詔懇留,有'學行聞望、輿論攸歸'之褒。載閲月卒,弘治甲子七月十日也。訃聞,先帝震悼,命有司治葬諭祭者四,給驛舟,遣官護還,特贈太子太保。長子奭授中書舍人,次子奐補國學生,皆异數云。"

張廷玉等《明史》卷一百八十四《吴寬傳》:"年七十,數引疾,輒慰留,竟卒於官。贈太子太保,謚文定。授長子奭中書舍人,補次子奐國子生,异數也。"

寬識趣高雅,行履端潔,名聲在望,有君子之風。

《孝宗實録》卷二百一十四"弘治十七年七月戊戌":"寬行履高潔,志操純正,權勢榮利所在退避若懦夫。"

李東陽《墓誌銘》:"公識趣高雅,行履端潔。孝友天至,遇族里有恩。其居官,廉慎律物,以權勢所在,未嘗寧處。既復就清簡,雖優詔累留,而引退不置。"

王鏊《神道碑》:"公端靖淵穆,不涵涵爲同,不嶢嶢爲异。士無賢愚,見者靡不歸心。公亦保合兼容,不見畛域,平生不聞有毁譽之言,亦不見喜慍之色,其古所謂大雅君子者乎?"

顧清《(正德)姑蘇志》(明正德刻嘉靖續修本)卷五十二本傳:"寬爲人静重醇實,自少至老,人不見其過舉。不爲慷慨激烈之行,而能以正自持,遇有不可,卒未嘗碌碌苟隨。言詞雅淳,文翰清妙,無愧古人。成化、弘治之間,以文章德行負天下之望者三十年。"

錢謙益《列朝詩集》丙集卷六"吴尚書寬"條:"服官禁近三十餘年,前後奉諱家居不滿六載,風流弘長,沾丐閭里,迄於今未艾。吴人屈指先哲名賢搢紳,首稱匏翁。"

張廷玉等《明史》卷一百八十四《吴寬傳》:"時詞臣望重者,寬爲最,謝遷次之。遷既入閣,嘗爲劉健言,欲引寬共政,健固不從。他日又曰:'吴公科第、年齒、聞望皆先於遷,遷實自愧,乞又私於吴公耶。'及遷引退,舉寬自代,亦不果用。中外皆爲之惜,而寬甚安之,曰:'吾初望不及此也。'"

廣交游,尚結納,與李東陽、王鏊、沈周、史鑒等交好。又喜提携後進,凡數任會試同考官及主考官,得人爲多。

吴寬《匏翁家藏集》卷四十《賢科世繼圖序》:"成化辛丑,予同考天下士。"卷四十一《丁未會試録後序》:"上命文學重臣充考試官,而濫及臣寬。"卷四十三《壬戌會試録序》:"弘治壬戌之春……吏部右侍郎臣王鏊特奉命攝其事,臣寬適承乏翰林,則命偕侍讀學士臣劉機充考試官。"

王鏊《神道碑》:"在翰林時,於所居之東治園亭,雜蒔花木。退朝執一卷,日哦其中。每良辰佳節,爲具召客,分題聯句爲樂,若不知有官者。"

李東陽《墓誌銘》:"其校士,則辛丑、甲辰爲同考,丁未、壬戌爲主考,皆在禮部,得人爲多。而壬戌所取爲庶吉士者,即奉詔授之業,讀卷例用尚書,己未之試,公獨以侍郎預。"

廖道南《殿閣詞林記》(1923年沔陽盧氏慎始基齋影印湖北先正遺書本)卷二《武英殿大學士王鏊》:“知貢舉有景陵魯鐸者,屢蹶科屋,鏊偶閲其卷,亟稱之。時吴文定公爲考官,取鐸爲省元,人咸稱其知人。”

朱彝尊《静志居詩話》(清嘉慶二十四年扶荔山房刻本)卷八“吴寬”條:“匏庵與沈啓南、史明古衿契最深,車馬簦笠,往還無倦,其詩亦足相敵。在都門闢東園,築玉延亭,留客園中,草木莫不有詩。吏部後園,亦爲掃除,欄藥檻花,暇必酬和,極友朋文字之樂。”

詩醲郁深厚,淺切尚趣,尚李杜、元白、韓孟、皮陸諸家,尤稱韋柳。

吴寬《匏庵家藏集》卷四十一《後同聲集序》:“予嘗觀古詩人,莫盛於唐。其間如元白、韓孟、皮陸,生同其時,各相爲偶,固其人才之敵,亦惟其心之合耳。合則其言同,同則其聲自有不得不同者。”卷四十四《完庵詩集序》:“夫詩自魏晋以下,莫盛於唐。唐之詩如李杜二家不可及已,其餘誦其詞,亦莫不清婉和暢,藹然有出塵之意。其體裁不越乎當時,而世似相隔;其情景皆在乎目前,而人不能道。是以家傳其集,論詩者必曰‘唐人’‘唐人’云。抑唐人何以能此?由其蓄於胸中者有高趣,故寫之筆下,往往出於自然,無雕琢之病,如韋柳又其首稱也。世傳應物所至,焚香掃地,而子厚雖在遷謫中,能窮山水之樂,其高趣如此,詩其有不妙者乎?”

李東陽《墓誌銘》:“詩得唐格。”《懷麓堂詩話》:“原博之詩醲郁深厚,自成一家。與亨父、鼎儀皆脱去吴中習尚,天下重之。”

王鏊《神道碑》:“爲詩用事渾然天成,不見痕迹,沉着高壯,一洗近世尖新之習。”

張怡《玉光劍氣集》(清鈔本)卷二十藝苑:“吴文定寬學有根柢,言無枝葉。詩深厚醲郁,自成一家。”

永瑢等《四庫全書總目》(清乾隆五十四年武英殿刻本)卷一百七十一"家藏集七十七卷":"詩文亦和平恬雅,有鳴鸞佩玉之風。朱承爵《存餘堂詩話》稱其《雪後入朝》詩雖非高格,至謂其詩格尚渾厚,琢句沉着,用事典切,無漫然嘲風弄月之語,則頗爲得實。以之羽翼茶陵,實如驂之有靳。"又《四庫全書》集部六《家藏集提要》:"詩筆更深厚醲郁,追蹤作者。"

爲文氣度從容,格調高雅,有古作者風。倡"氣充""理直""言達而暢"之説。

吴寬《匏翁家藏集》卷三十二《義烏王氏新建忠文公廟記》:"唐昌黎韓氏以文章妙天下,歷千百年鮮有及之者,豈其下筆刊落陳言,卓然成家,足以聳動乎人哉?其氣充,其理直,其言達而暢也。……故嘗竊論韓氏之文之妙,由其所養者充,所守者直,而其名至於今稱之者,非徒以其文而以其人也。"卷三十九《送周仲瞻應舉》詩:"蓋文之體有不定也,而學之志有定。所以有不定者,時之尚;所以有定者,吾之守。時之尚自尚,而吾之守自守,此真所謂特立之士,非流俗之所知。"卷四十一《丁未會試録後序》:"夫文載乎道,道因文而凝,不因文而散。而洵之言若此,豈不以世之所尚者。文則所立有大於此者,將分其力奪其志。及其弊也,不幾爲浮華之言乎!夫浮華之言,蕩然無益於世,其體裁類俳足以惑人,是以君子患之。今日所取士,豈亦有是乎?蓋言與理俱勝取之,理勝於言取之,若夫言勝於理,固所謂浮華者,不能取也。"

王鏊《神道碑》:"公爲文不事追琢,歛嚴體裁,藴藉簡淡,理致悠然。"

王鏊《家藏集序》(《家藏集》卷首):"獨念公生頗好蘇學,其於長公每若數數然者,及其自著,乃獨异焉。紆餘有歐之態,老成有韓之格,信其學力之至,自得者深乎,其所養可知已。明興,作者代起,獨楊文貞公爲之最,爲其醇且則也。公之文視文貞,吾未知所先後。”

張怡《玉光劍氣集》卷二十四藝苑:“文定未遇時,受知于徐武功。有人來乞墓誌,公曰:‘若欲名宦以榮親耶?欲傳也之文耶?’其人言爲親不朽計,正欲傳世耳。公曰:‘若是,則吴寬秀才,其文足傳世,子盍求之?’”

永瑢等《四庫全書總目提要》集部六《家藏集提要》:“其文章和平恬雅,有鳴鸞珮玉之風。”

書宗魏晋,源出蘇軾,姿潤中時出奇崛。

吴寬《匏翁家藏集》卷四十九《跋趙吴興臨王右軍十七帖》:“學書者師晋王氏,乃爲善學。若近代吴興趙公,又其高第弟子也。”卷五十《跋子昂臨羲之十七帖》:“書家有羲、獻,猶詩家之有韋、柳也。朱子云:作詩不從韋、柳門中來,終無以發蕭散冲澹之趣。則書不從羲、獻,可乎?松雪翁每臨此帖,蓋其平生書課,其書之獨步當世也,宜哉!”卷五十五《跋鮮于困學詩墨》:“書家例能文詞,不能,則望而知其筆畫之俗,特一書工而已。困學翁平生以善書掩其詩名,余每讀其詩輒嘆其妙,若此篇概亦可見。蓋世之學書者如未能詩,吾未見其能榀也。”

王鏊《神道碑》:“作書姿潤中時出奇倔,雖規模于蘇,而多所自得。”

邢侗《來禽館集》(明萬曆四十六年刻清康熙十九年鄭雍重修本)卷二十一《題吴文定書》:“書法法蘇學士,濃顔厚面,祛去吴習,亦畢竟趙宋本色耳,超著實難。”

李日華《味水軒日記》(清光緒二年至七年仁和葛氏刻巾箱嘯園叢書本)卷一:“長洲吴寬晦翁書法,行草含蓄有味,半類魯公,半類季海。”

好古力學,筆耕不輟,著有《匏翁家藏集》七十七卷。

李東陽《家藏集序》(吴寬《匏翁家藏集》):“《匏翁家藏集》七十卷,吴文定公所著而手自編輯者也。爲詩三十卷,不分體制,以年月先後爲序。文四十卷,則分體彙載,而先後亦隱然寓乎其間。蓋惟輯其所可識,而散佚於世者弗與也。公之没,其子中書舍人奭刻梓于家。”

王鏊《家藏集序》(吴寬《匏翁家藏集》):“詩諸體凡三十卷,序記碑銘雜著四十卷,總之爲七十卷。”

永瑢等《四庫全書總目》卷一百七十一“家藏集七十七卷”:“《家藏集》七十七卷,明吴寬撰。……集爲寬所自訂,李東陽、王鏊二序皆稱詩三十卷,雜文四十卷,總爲七十卷。今此本詩目相同,而文集實多七卷,又附以補遺文六篇,後序亦稱寬子中書舍人奭搜閲笥稿,得詩三十卷,文四十七卷,與前序頗不合,疑七十卷以上乃寬原編,而其後七卷則出奭等所附益也。”

吴中自吴寬、王鏊以文章領袖館閣,一時名士沈周、祝允明輩與并馳騁,文風極盛。而寬之才氣雄逸,足以籠罩一時,明代中葉以還,吴中文士未有能過之者。

張怡《玉光劍氣集》卷二十藝苑:“少壯好學,老而彌篤。所藏書多手自抄。服官禁近三十餘年,風流弘長,治丐閭里。吴人屈指先哲名賢,縉紳首稱匏翁,布衣首推白石翁云。”

張廷玉等《明史》卷二百八十七《文苑三·文徵明傳》:“吴中自吴寬、王鏊以文章領袖館閣,一時名士沈周、祝允明輩與并馳騁,文風極盛。”

永瑢等《四庫全書總目提要》集部六《家藏集提要》:“蓋成、弘之際,正文體極盛之時,有楊士奇等以導其波瀾,有李東陽等以爲之推挽,而寬之才雄氣逸,更足以籠罩一時。明代中葉以還,吴中文士未有能過之者。"

參考文獻:

1. 吴寬《匏翁家藏集》,明正德三年吴奭刻本。

2. 王鏊《震澤集》,明萬曆震澤王氏三槐堂刻清印本。

3. 劉吉等修《明憲宗實録》,臺灣"中央研究院"歷史語言研究所校印本 1962 年版。

4. 劉建等修《明孝宗實録》,臺灣"中央研究院"歷史語言研究所校印本 1962 年版。

5. 文徵明著,周道振輯校《文徵明集》,上海古籍出版社 1987 年版。

6. 李東陽撰,周寅賓、錢振民校點《李東陽集》,岳麓書社 2008 年版。

(鄧曉東　王志剛)

陸容傳

陸容，字文量，號式齋，南直隸蘇州府崑山（今江蘇省蘇州市崑山市）人。榜名徐容，蓋先世冒徐姓，後復姓。正統元年（1436）生。

程敏政《篁墩集》卷五十《參政陸公傳》："公諱容，字文量，姓陸氏，蘇州崑山人。元盛時號周涇陸家，曰士明者，販遼東，值兵興，客死。子福，育姻鄰徐氏，因冒其姓。福生繼宗，繼宗生裕，贈兵部武庫員外郎，娶陳氏，生公……舉成化丙戌進士第，除南京吏部驗封主事，始請於朝，復姓陸氏。"

文林《文温州集》卷九《故浙江布政使司右參政陸公墓誌銘》（以下簡稱《陸公墓誌銘》）："公諱容，字文量，崑山惠安鄉人。……四世祖士明，勝國時客游外番，阻兵遼東不返。曾祖福育於姻家，遂冒徐姓。公請于朝，復之。""甲寅七月辛丑得疾，戊申終於正寢，年五十有九。"按甲寅即弘治七年（1494），由此逆推可知陸容生於正統元年（1436）。

吴寬《匏翁家藏集》卷七十六《明故太中大夫浙江等處承宣布政使司右參政陸公墓碑銘》（以下簡稱《陸公墓碑銘》）："公諱容，字文量，姓陸氏，先世冒徐氏，至公始復。未生，其母夢紫衣人以笏擊其首，曰：'當生貴子。'已而得公。"

張大復《崑山人物傳》卷四《陸容》："曾祖福、祖繼宗、父裕皆冒徐姓，公復其初爲陸氏。"

按，陸容籍貫，文林《陸公墓誌銘》作"崑山惠安鄉人"，王鏊《震澤集》卷十二《式齋稿序》、吴寬《陸公墓碑銘》亦作"崑山人"；然錢謙益《列朝詩集》、朱彝尊《明詩綜》、張廷玉《明史》、陳田《明詩紀事》等均言其爲"太倉人"。據《明史·地理志》："太倉州本太倉衛，太祖吴元年四月置。弘治十年正月置州於衛城，析崑山、常熟、嘉定三縣地益之。"陸容里籍惠安鄉於太倉州未置前屬崑山，置州後始屬太倉。容卒於弘治七年，故吴寬、程敏政、文林等爲其所作碑銘志傳中言其爲崑山人，而弘治十年之後之史傳、方志等則言其爲太倉人。

九歲賦詩有奇語，十六爲縣學生，穎敏篤學，與張泰、陸釴并稱婁東三鳳。

程敏政《參政陸公傳》："九歲賦詩有奇語，十六爲縣學生。大肆力於經史百家，至廢寢食，而凡摴蒲博弈之戲一不挂目。葉文莊公亟器之，曰：'范文公事業不可不勉也。'"吴寬《陸公墓碑銘》："弱歲穎敏篤學，游鄉校，不專治舉子業，日取諸經子史程誦不輟。同輩謂非所急，曰：'聊以抵諸君戲耳。'"陸容《菽園雜記》卷十四："鬥葉子之戲，吾崑城上自士夫，下至僮豎，皆能之。予游崑庠八年，獨不解此，人以拙嗤之。"

文徵明《甫田集》（明嘉靖刻本）卷四《失友詩·參政陸公容》："陸公婁東鳳，少小已翱翔。"注云："公少與張滄洲泰、陸静逸釴齊名，時稱'婁東三鳳'。"

錢謙益《列朝詩集》（清順治九年毛氏汲古閣刻本）丙集卷六"陸參政容"條："少與張泰、陸釴齊名，時號'婁東三鳳'。"

天順三年(1459)，中應天府鄉試，兩赴會試，不第。

吴寬《陸公墓碑銘》："天順三年，中應天府鄉試。"

王昶纂修《(嘉慶)直隸太倉州志》(清嘉慶七年刻本)卷十五選舉"舉人":"天順三年己卯陸容。"

陸容《菽園雜記》卷十:"天順己卯赴會試,夢至一寺,老僧出卷求題,予爲一闋與之。既覺,猶記其半云:'一片白雲,人留不住。一坐湖山,人移不去。翠竹吟風,蒼松積雨,此是怡情處。'及下第歸,讀書海寧寺,僧文公出《白雲窩卷》求題,宛如夢中。癸未會試,嘗夢人贈詩云:'一篙春水到底渾,入指不見波濤痕,霹靂爲我開天門。'至期,貢院火,蓋術家有'霹靂火'之名,而'到底渾''不見痕',如其兆矣。"按,天順己卯爲天順三年,此年只有鄉試,會試當在天順四年。

成化二年(1466),舉進士,觀政工部,旋授南京吏部驗封司主事。丁外艱,服除改兵部職方司,擢武庫司員外郎,再擢職方司郎中。二十一年,丁内艱,服除,改武選司郎中。

陸容《菽園雜記》卷四:"予登進士,觀政工部。"

吴寬《陸公墓碑銘》:"成化二年登進士第,受南京吏部驗封司主事。丁外艱,服除,改兵部職方司,擢武庫司員外郎,再擢職方司郎中。丁内艱,服除,改武選司。"

程敏政《參政陸公傳》:"舉成化丙戌進士第,除南京吏部驗封主事。……丁父憂,服闋,改兵部職方。……進武庫員外郎……尋進職方郎中。……未幾,丁母憂。服闋,上疏言太倉兵衛不便者八事,從之。所司復采其尤切要者行天下,爲著令,除武選郎中。"

張大復《崑山人物傳》卷四:"成化二年登第,授南京吏部驗封司主事,改北兵部職方司。……擢武庫司員外郎,再擢職方郎中。……改武選司郎中。"

張廷玉等《明史》卷二百八十六《文苑二・陸容傳》:"容,成化中進士,授南京主事,進兵部職方郎中。"

容在兵部,勤於公事,邊報或急,疏皆出於其手。其大者,如紀北征軍功,咨訪北方諸府馬政之弊,諫止出兵安南及西番貢獅,劾錦衣百户韋瑛誣良冒功等,罔不切諫,且慮遠持正,士論歸之。

陸容《菽園雜記》卷四:“甲午北征,歸自宣府,過土墓,嘗詢問己巳車駕蒙塵事。”卷四:“成化丁酉,予嘗差往畿内及山東、河南三處印馬,咨訪馬政之弊。力能行者,嘗爲處置一二。”卷六:“成化辛丑歲,西胡撒馬兒罕進二獅子,至嘉峪關,奏乞遣大臣迎接,沿途撥軍護送。事下兵部,予謂進貢禮部事,兵部不過行文撥軍護送而已。時河間陳公鉞爲尚書,必欲爲復奏。予草奏,大略言:‘獅子固是奇獸,然在郊廟不可以爲犧牲,在乘輿不可以備驂服,蓋無用之物,不宜受。且引珍禽奇獸不育中國,不貴异物賤用物等語爲律,力言當却之。如或閔其重譯而來,嘉其奉藩之謹,則當聽其自至,斯盡進貢之禮。若遣大臣迎接,是求之也。古者天王求車求金於諸侯,《春秋》譏之,况以中國萬乘之尊,而求异物於外夷,寧不詒笑於天下後世!’陳公覽之,恐拂上意,乃咨禮部。時則四川周公爲尚書,亦言不當遣官迎接,事遂寢,而遣中官迎至。”

吴寬《陸公墓碑銘》:“公在兵部勤於公事,邊報或急,奏疏日三四上,動輒數千言,皆出公手,而慮遠持正,士論歸之。西域賈胡進獅子,至陝西嘉峪關,奏乞大臣率軍士往迎。公言于尚書:‘外夷以奇獸進,朝廷既不能却,若復往迎之,寧不貽笑天下後世耶!’議上,遂已。安南累歲侵擾,鄰邦有欲加兵者。公言安南臣服中國已久,今事大之禮不虧,叛逆之形未見,一旦以兵加之,恐遺禍不細。其事亦已。錦衣百户韋瑛,凶悍附勢,得罪,調宣府,謀再用,指良民妖言爲功。公言於尚書,具疏,請下法司鞫之。瑛竟坐誅,而被誣者十餘人皆獲釋,京師稱快。先時,捕妖言者多升官,例得世襲。愚民被誣死者無數,公請除其例,獄遂衰。”

文林《陸公墓誌銘》:"百户韋瑛捕平民十餘,械致京師告變。公知瑛詐,急白尚書,遂秉燭草疏,請詔法司讞瑛,果坐不實,誅,原其民。錦衣衛官校以捕妖言請官且得襲,往往戮及不辜,公請於部疏罷襲,自是頻年無捕妖言者。"

程敏政《參政陸公傳》:"會虜入邊,遣將北征,敕公紀功軍中。虜退而還,進武庫員外郎。大臣患京城多盜,請遣給事中御史部屬官五十人大索,以公總其事,公極陳不可,事果中格,尋進職方郎中。時邊報旁午,封事日或四三上,凡虜情虚實,地里險易,兵力分合,皆犂然中其肯綮。事下三邊,邊人驚服,大抵皆出公手。""他如韋瑛之誅,定捕妖言功不得世襲,皆自公發之。"

王鏊《(正德)姑蘇志》(明正德元年刻本)卷五十二《陸容傳》:"嘗籍官馬於北方諸府,還陳馬政四事甚悉。"

張泰《滄州詩集》(明弘治三年成桂刻嘉靖十三年毛淵增修本)卷六有《陸文量明日往紀北征功中秋月下酒後贈》七絶七首。

谷應泰《明史紀事本末》(清光緒五年至十八年定州王氏謙德堂刻畿輔叢書彙印本)卷三十七"汪直用事":"十六年春……秋七月,汪直議征安南。時安南累歲侵擾占城,占城遣使入奏,請討之,直因獻取安南之策。郎中陸容上言:'安南臣服中國已久,今事大之禮不失,叛逆之形未著,一旦以兵加之,恐貽禍不細。'直意猶未已,傳旨索永樂中調軍數。時劉大夏在職方,故匿其籍,徐以利害告尚書余子俊,力言沮之,事乃寢。"

張大復《崑山人物傳》卷四:"公夙負壯猷,持重爲用。安南侵擾鄰邦,議置勿問,久亦自戢,所省供億累鉅萬。賈胡請迎獅子嘉峪關,公白尚書止之,令知朝廷不貴异物。錦衣百户韋瑛,憸人也。罪謫宣府,願捕妖言自效,所根株不下數十百人,妄希再幸。而是時捕禁嚴切,例得襲,所在引繩批根,冤濫之獄動以百計。公白尚書置瑛於法，罷襲封之例，戎政肅然。”

張廷玉等《明史》卷二百八十六《文苑二·陸容傳》：“西番進獅子，奏請大臣往迎，容諫止之。”《明史》卷三百三十二《西域四·撒馬兒罕》：“（成化）十九年偕亦思罕酋長貢二獅，至肅州，其使者奏請大臣往迎。職方郎中陸容言：‘此無用之物，在郊廟不可爲犧牲，在乘輿不可被驂服，宜勿受。’禮官周洪謨等亦言往迎非禮，帝卒遣中使迎之。”按，《明史》撒馬兒罕傳謂進貢在成化十九年，誤。雷禮《皇明大政紀》卷十六“成化十七年三月”：“西域撒馬兒罕進二獅子，至嘉峪關，乞命大臣迎接。職方司郎中陸容以不宜受極論之。”

弘治元年（1488），諫止太監李良舉王欽、梁宏爲都督僉事，當道不悦，出爲浙江右參政。

《孝宗實録》卷十六“弘治元年七月辛卯”：“兵部郎中陸容言近御馬監太監李良等乞升都指揮王欽、梁宏爲都督僉事，臣曾論其不可，未蒙俞允，續因科道論諫，將欽等乞升職事革去，大小臣僚無不稱快。”《孝宗實録》卷二十一“弘治元年十二月丙申”：“升兵部郎中陸容爲浙江右參政。”

程敏政《參政陸公傳》：“值今上初即位，斥戮幸進，庶政一新。而太監李良典御厩，爲都指揮王欽、梁宏乞升都督，得旨矣。公上疏極論：‘都督，武官極品，體勢甚重，不宜授無功及非人。而良等招權恃恩，當正典刑，仍乞立法，以禁將來。’疏兩上，奪其新命，士論壯之。復上疏論八事，曰儲養臺輔，曰教導勛戚，曰愛惜人才，曰久任巡撫，曰經理京衛，曰選練禁兵，曰均平鈔法，曰慎重會議，而儲養臺輔、愛惜人才二事尤剴切。時柄臣疑公侵官，且臺諫方爲之排逐异己者，懼公言動上，將陰中之。尚書余公爲言吏部，得出爲浙江右參政，距上疏一月爾。公至任，復條例兩浙不便者八事，多見采納。”

吴寬《陸公墓碑銘》:“有中貴人舉都指揮二人爲都督僉事者,命已下,公益不可,言:‘都督大官,必積功始得,彼何人而欲亂法耶。舉者市恩專擅,尤宜置之于法,以爲後戒。’疏凡再上,言甚切直,上從之。一時雖曲宥其人,而自後犯者必罪,著爲令。他所建白,若論馬政四事,論儲養臺輔、教導勛戚、愛惜人才、久任巡撫、經理京衛、選練禁兵、均平鈔法、慎重會議,又八事。及在浙江,益究察民隱,振作士風。”

張大復《崑山人物傳》卷四:“升浙江布政司右參政。公條列浙中便宜十事,悉見施行。”

四年(1491),入京賀壽,上疏論漕渠利病。六年,以浮議罷歸。

程敏政《參政陸公傳》:“辛亥聖節入賀,復上疏論漕渠利病,不報。癸丑大朝,罷官者若干人,而公亦與焉。聞者大駭,公處之怡然,且賦詩道别。”

文林《陸公墓碑銘》:“辛亥奉進萬壽賀表,詣闕疏論漕渠利病,不報。越二年癸丑,以讒罷。”

吴寬《陸公墓碑銘》:“間因公務入京,又論漕渠利病,語斥權貴沮事,有人所不敢言者。”

王鏊《(正德)姑蘇志》卷五十二《陸容傳》:“以浮議罷歸。”

張大復《崑山人物傳》卷四:“後賫捧還京,又疏漕渠利病,纚纚萬言,未報。讒口鑠之,遂致其仕。”

七年(1494),卒於家,年五十九。

程敏政《參政陸公傳》:“以甲寅七月戊申卒,得年五十有九。”

吴寬《參政陸公墓碑銘》:“弘治七年七月戊申,浙江右參政致仕陸公以疾卒於家。”

文林《陸公墓碑銘》:“甲寅七月辛丑得疾,戊申終於正寢,年五十有九。”

性耿介,侍親極孝,治家嚴肅。

陸容《菽園雜記》卷四:“予登進士,觀政工部,父執徐翁孟章謂予曰:‘仕路乃毒蛇聚會之地,君平昔心腸條直,全不使乖,今却不宜如此。’”

吴寬《參政陸公墓碑銘》:“公事父母甚孝,父病,躬奉湯藥,不離左右者累月。嘗夜醉歸,母不樂。自是飲必半杯,不敢至醉。其居喪盡禮,三年不入私室,人未嘗見其嘻笑。治家嚴肅,動容凝重,若不可親狎。至與人處,歡然也。”

程敏政《參政陸公傳》:“居家孝友。父爲人所誣,坐謫戍,連者二十四人,公陳書上官,雪之。葬母之日,冢上廬次及城中屋宇,烏鳥飛集萬數,鄉人嗟异。公子未蕃,夫人張氏數勸買妾,公曰:‘吾祖宗以來無畜妾者,不可。’”

勤勉博學,頗通經史百家,留心經濟實學。喜藏書。

吴寬《陸公墓碑銘》:“蓋公少即有志天下,如兵刑、水利之類,有所得,輒手書之册,後多見於用云。”“性喜聚書,政事之餘,手不釋卷。”

唐樞《國琛集》(中華書局 1985 年版)下卷:“公自少有志經濟、典禮、兵刑、水利、漕運,罔不究極。其本末利害手書之册識者,以爲百不一失也。”

張大復《崑山人物傳》卷四:“讀書遇兵刑、水利悉籍記之,慨然有經濟天下之志。”

文林《陸公墓誌銘》:“平生無它嗜好,惟聚書數千卷。老猶自課不厭,勤劇且樂焉。”

祝允明《懷星堂集》(明萬曆三十九年陳以聞刻本)卷二十七

《甘泉陸氏藏書目序》:"故浙江參政式齋陸先生文量,以雅德碩學,偉才高識,立功立言於憲、孝兩朝間。平生蓄書甚富,既歿,其子鄉貢進士安甫彙列其目,并己所得者通繫之,凡爲經、史、子、集,合若干卷。"

錢謙益《列朝詩集》丙集卷八"陸參政容"條:"文量好學,居官手不釋卷,家藏萬餘卷,皆手自讎勘。"

所與交無非當世之名士。

王世貞《弇州山人四部續稿》(明萬曆刻本)卷一百六十二《題陸氏藏交游翰墨》:"吾州先達陸式齋公,以文學節概名一時,尤有經世才。而其官浙藩時,中萋菲不獲展。公爲尚書兵部郎最久,所與交無非當世知名士,若卷中吴文定、李文正、李文安三公,程克勤、陸鼎儀、李貞伯、張亨父、張汝弼、文宗儒六先生,皆其人也。"

其詩不爲險峻奇怪,意盡則止,所作典雅平實。文章以潔雅順暢爲長。

陸容《式齋先生集》卷二《和李賓之止詩之作》:"詩本具性情,觸之即興起。耽溺固可悲,力止亦非理。操觚與擲筆,要在必由己。適意無勞神,如此而已矣。"

王鏊《震澤集》(明萬曆震澤王氏三槐堂刻清印本)卷十二《式齋稿序》:"文量不爲險峻奇怪,意盡則止,如行雲流水,自中法律。"

文林《陸公墓碑銘》:"爲文務理勝適用,奏議務明切,詩亦刊落葩藻。"

陳田《明詩紀事》(清光緒二十五年貴陽陳氏聽詩齋刻本)丙籤卷五"陸容"條:"平生不以詩名,而學問既博,掇其佳篇,究非專語性靈者所得比。"

著有《式齋先生文集》《菽園雜記》等。

程敏政《參政陸公傳》:“所著詩文曰《式齋稿》《浙藩稿》《歸田稿》;奏議在朝曰《式齋筆記》,在浙曰《封事録》;記事之書曰《菽園雜記》《式齋邇察》《太倉志》;別有《兵署録》《水利集》《問官録》,總若干卷。”

文林《陸公墓碑銘》:“所著詩文曰《式齋稿》《乙戊稿》《浙藩稿》《歸田稿》《奏議録》。”

按,弘治十四年(1501),其子陸伸刻《式齋先生文集》三十七卷,内《式齋稿》二十二卷,《浙藩稿》十一卷,《歸田稿》四卷。

永瑢等《四庫全書總目》(清乾隆五十四年武英殿刻本)卷一百四十一“菽園雜記十五卷”:“是編乃其札録之文,於明代朝野故實,敘述頗詳,多可與史相考證。旁及談諧、雜事,皆并列簡編。蓋自唐宋以來,説部之體如是也。其中間有考辨,……然核其大致,可采者較多。王鏊嘗語其門人曰:‘本朝紀事之書,當以陸文量爲第一。’即指此書也。雖無雙之譽,奬借過深,要其所以取之者,必有在矣。”

子伸,亦舉進士,撰《式齋藏書目録》。

程敏政《參政陸公傳》:“子一人曰伸,舉於鄉,嗜問學,有行儉,克紹其業。”

吴寬《陸公墓碑銘》:“子男一人,即伸,鄉貢進士。女二人,長適太倉衛指揮使張漢,次適鎮海衛指揮使武勛,皆封淑人。孫男二人,復陽、洊陽;女一人。”

文林《陸公墓誌銘》:“子男一人,即伸,鄉貢進士,娶叙州府知府吴愈女。女二人,長適太倉衛指揮使張漢,次適鎮海衛指揮使武勛。孫男二人,女一人。”

文徵明《甫田集》卷三十《明故嘉議大夫河南布政司右參政吴公墓誌銘》:“陸伸戊辰進士,死逆瑾時,追贈大理寺評事。”

錢謙益《列朝詩集》丙集卷六“陸參政容”條:“子伸,字安甫,亦舉進士,能讀父書,撰《式齋藏書目録》,桑悦、祝允明、徐禎卿爲之存。”

參考文獻:

1. 程敏政《篁墩文集》,明正德二年何歆程曾刻本。

2. 吴寬《匏翁家藏集》,明正德三年吴奭刻本。

3. 陸容《式齋先生文集》,清雍正四年謝氏抄本。

4. 錢謙益《列朝詩集小傳》,上海古籍出版社 1959 年版。

5. 文林《文温州集》,《四庫全書存目叢書》集部第 40 册,齊魯書社 1997 年版。

6. 陸容《菽園雜記》,中華書局 1997 年版。

7. 張大復《崑山人物傳》,《續修四庫全書》第 541 册,上海古籍出版社 2002 年版。

(鄧曉東　王志剛)

章懋傳

章懋字德懋，號闇然翁，晚别號瀫濱遺老。門人又以其講道楓木山，稱楓山先生。浙江金華府蘭谿(今浙江省金華市蘭谿市)人。生正統元年(1436)。

林俊《見素集》卷二十四《明文懿公楓山章先生行狀》(以下簡稱《章先生行狀》)："楓山章先生，諱懋，字德懋，號闇然翁。瀫濱遺老，其晚年别號也。蘭谿純孝鄉人。……公生正統丙辰。"

羅欽順《明故致仕南京禮部尚書贈太子少保謚文懿楓山先生章公墓誌銘》(以下簡稱《章公墓誌銘》，《楓山章先生實紀》卷六)："公姓章氏，諱懋，字德懋。世居蘭谿純孝鄉之渡瀆，至公始顯。""公生正統丙辰。"

阮鶚《楓山章文懿公年譜》卷上："正統元年丙辰冬十有二月乙丑，先生生。按章子沛《日紀》曰：'先生諱懋，字德懋，號闇然翁，而瀫濱遺老，其晚年别號也。門人又以其講道楓木山，稱楓山先生。先世居福建之浦城，相傳出宋丞相郇文簡公之後，南渡時始家於蘭谿之純孝鄉。曾祖叔良，祖邦和，父申甫號松坡居士。母吴氏，鄉之南樓名族女。'"

按，章懋少子章接編有《楓山章先生實紀》八卷，有關其父事迹之文彙爲一編。卷一龍章，即皇帝誥命、諭祭之文，卷二各部奏疏，卷三本傳，卷四外傳，卷五祭文，卷六墓銘、像贊等，卷七祠記，卷八祠狀。

天資穎异,讀書數過即成誦。長益嗜學,淹貫群籍,尤深於《易》。天順六年(1462)鄉試解元,成化二年(1466)試禮闈,擢冠。多士廷對,賜進士出身,選翰林庶吉士,文學益進。明年冬,授編修。

林俊《章先生行狀》:"壬午魁于鄉。丙戌試禮部,爲會元,入翰林爲庶吉士。"

羅欽順《章公墓誌銘》:"天資穎异,讀書數過即成誦。長益嗜學,淹貫群籍,尤深於《易》。天順壬午鄉舉《易》魁。成化丙戌試禮闈,爲劉文安公所賞識,擢冠多士。廷對,賜進士出身,改翰林庶吉士,文學益進。"

黄佐《南京禮部尚書章懋》(焦竑《國朝獻徵録》卷三十六):"章懋字德懋,金華蘭谿人。少游庠校,讀書學問,負經濟志略,然不自炫露。與人交,恂恂儒者也。天順壬午,舉鄉薦,以《易》魁浙士。丙戌,再至禮部,褒然舉首,入翰林爲庶吉士。丁亥冬,除編修。"

阮鶚《楓山章文懿公年譜》卷上:"景泰元年庚午春正月,補邑庠弟子員。按《日紀》曰:時汀州守黄公理、御史郭公仲初俱有時名,先生與之友,問難較藝,間有弗逮。黄期之曰:'文學已追唐李賀,功名擬效宋王曾。'""(景泰)二年辛未春,受《易》於淩公宗政。""(景泰)三年壬申春,省試第一。按《日紀》曰:劉公克彦試先生,批其卷云:'博洽經史,通貫古今,他日成一代大儒,以嗣續千古絶學者,必吾子也。'""(天順)六年壬午秋八月,舉于鄉。按《日紀》曰:是年春,僉事劉公以先生學行試第一,御史孫公覆試之,嘆曰:'真儒也。'八月魁多士,梓其文以式後學者。""(成化)二年丙戌春二月,會試第一。按《日紀》曰:時學士劉公定之主試事,得先生文,喜曰:'有德者之言也。'非但以其文而已。三月,登進士第。按《日紀》曰:先生中羅公倫榜第十七,文學、行誼一時并稱。科目得人,以爲莫盛於此云。閏三月選翰林院庶吉士。按《日紀》曰：是年秋八月，内閣試先生以《中秋賞月賦》，先生寓對景憂時之意，太史公亦愀然不樂，曰：'先生真以天下爲己任者矣。'"

錢謙益《列朝詩集》丙集卷三"章尚書懋"條："懋，字德懋，蘭谿人。成化二年舉進士第一人，入翰林，除編修。"

張廷玉等《明史》卷一百七十九《章懋傳》："成化二年會試第一，成進士，改庶吉士。明年冬，授編修。"

憲宗將以元夕張燈，命詞臣撰詩詞進奉。懋與同官黄仲昭、檢討莊昶疏諫，論上元烟火非。帝怒，并杖之闕下，左遷其官。修撰羅倫先以言事被黜，時稱"翰林四諫"。

林俊《章先生行狀》："編修甫四十日，偕同官黄未軒、莊定山，論上元烟火非是，謫。先是，羅一峰論首相不當奪情，亦謫，時稱'翰林四諫'。"

羅欽順《章公墓誌銘》："成化初，翰林有'四諫'之稱，公其一也。其三人爲吉豐羅公倫、莆田黄公仲昭、江浦莊公昶。羅公首上《扶持綱常》一疏，公繼草《培養聖德疏》，偕黄公、莊公上之，所言皆切於治化本原。雖相繼外補，而直聲大著，士氣勃興，至於今未衰也。""丁亥冬，授編修。内閣循例課《上元燈火詩》進呈。公謂：'燈火非昭德之器，詩賦非論思之業，遂因事納忠。'疏入，忤旨。"

黄佐《南京禮部尚書章懋》："戊子春正月，朝廷舉張燈。故事，命下詞臣咏詩。懋謀諸同官黄仲昭、莊昶曰：'國家無事，海宇乂安。内庭燃燈，朝士踏歌。傳之往史，已非盛事。此蘇長公所以有疏，而深惜其君之不用也。今天子仁聖，孝奉兩宫，將以備耳目之娱，極天下之養，則斯舉固足以爲樂。然而大孝在乎養志，雖舍是亦無有不樂者。吾輩盍進諫焉。'越明日，與二人同上章，大要以培養聖德爲本。上怒，左遷懋知臨武縣。時修撰羅倫亦以起復元臣言事坐貶,時人稱爲'翰林四諫'。"

阮鶚《楓山章文懿公年譜》卷上:"(成化)三年丁亥冬十月,授翰林院編修。十二月,諫止烟火,調臨武縣知縣。"

錢謙益《列朝詩集》丙集卷三"章尚書懋"條:"與莊昶、黄仲昭諫内廷張燈,杖闕下,謫知臨武縣。羅倫亦以論起復謫官,時稱'翰林四諫'。"

張廷玉等《明史》卷一百七十九《章懋傳》:"憲宗將以元夕張燈,命詞臣撰詩詞進奉。懋與同官黄仲昭、檢討莊昶疏諫曰:'頃諭臣等撰鰲山烟火詩詞,臣等竊議,此必非陛下本懷,或以兩宫聖母在上,欲備極孝養奉其歡心耳。然大孝在乎養志,不可徒陳耳目之玩以爲養也。今川東未靖,遼左多虞,江西、湖廣赤地數千里,萬姓嗷嗷,張口待哺,此正陛下宵旰焦勞、兩宫母后同憂天下之日。至翰林官以論思爲職,鄙俚之言豈宜進於君上。伏讀宣宗皇帝御製《翰林箴》有曰:"啓沃之言,唯義與仁。堯、舜之道,鄒、魯以陳。"張燈豈堯、舜之道,詩詞豈仁義之言。若謂烟火細故不足爲聖德累,則舜何必不造漆器,禹何必不嗜旨酒,漢文何必不作露臺。古帝王慎小謹微必矜細行者,正以欲不可縱,漸不可長也。伏乞將烟火停止,移此視聽以明目達聰,省此資財以振饑恤困,則灾祲可銷,太平可致。'帝以元夕張燈,祖宗故事,惡懋等妄言,并杖之闕下,左遷其官。修撰羅倫先以言事被黜,時稱'翰林四諫'。"

懋既貶臨武知縣,未行,言官論救,改南京大理寺評事。逾三年,遷福建按察僉事,政績甚著。滿考入都,年止四十一,力求致仕。吏部尚書尹旻固留之,不可。三詰而終不變,乃可之。

林俊《章先生行狀》:"爲榜得人,毛給諫弘論救,改南京大理評事。由儒飾吏,不腐不深。南俸入視,北乎縮例,益以堂隸,雇直之贏,公獨無益。遷福建按察僉事,體仁藏用,與道弛張。沙尤、泰寧、閩漳、山海之寇，皆有以俘其魁，離其黨，以默囿完醇之故而蕢桴土鼓，非世觀之習也。三年，疏致仕以去。尹莊簡固留，不可。三詰而終不變，時年四十一，人以爲難。”

羅欽順《章公墓誌銘》：“調臨武知縣。言官論救，改南京大理評事。日取刑書及故牘玩之，具得其要領。每有論駁，人服其平。滿三年，得告歸省。升福建按察僉事，毅然以振揚風紀爲己任。嘗議處番舶，均海田，弛礦禁，假清軍以擒泰寧劇寇，急賑濟以離沙尤賊黨，皆有實惠及民。然事多掣肘，不得盡行其志，殊不樂也。滿考入覲，遂懇致其事而歸。”

阮鶚《楓山章文懿公年譜》卷上：“（景泰）四年戊子春正月，改南京大理寺評事。按《日紀》曰：先生調臨武時，刑科左給事中毛弘具疏乞留，故有是改。夏四月，之南京大理寺任。”“九年癸巳夏五月，升福建按察司僉事。冬十月，清理軍伍。”“十年甲午春正月，議處番貨事宜。……三月議處福安縣銀坑事宜。……夏四月，巡泉州，以疾乞休，不允。”“十一年乙未，先生年四十歲。春正月，巡視鹽法。……三月巡建寧，道至邵武，行救荒政。……夏四月，泰寧盜蕭實貴等平。……六月，巡建寧，行糶糴法。……七月，巡延平，諸盜平。”“十二年丙申春正月，斷問冤獄。……夏五月，議鄉約。”“十三年丁酉春正月，三載考績。……冬十月，上疏乞歸田里。”

黄佐《南京禮部尚書章懋》：“會廷臣論救，上頓悟，命與仲昭俱改南京大理寺評事。既至，留心職業。日取刑書故牘詳閱之，遂至精練。平反庶獄，老吏不如。法所當執，雖貴卿莫奪也。南倖入視北爲縮例，益以堂隸顧直之贏，懋獨無所益。二年考績，省親予告，尋擢福建按察僉事。閩有番舶、銀礦，屢爲患。懋建議許民與番互市，商夷兩便。弛銀礦禁，聽民采取。自是不復，盜患遂息。浮税病民，令以海田抵之。泰寧寇作梗，陽爲清戎，往掩捕之，寇悉就擒。沙尤饑,盜起,開倉賑濟,即時解散。會與巡察不相得,加之行部。積勞觸瘴成疾,因有去志。考績至京,遂疏求謝事。吏部尚書尹旻固留,不可。三詰而終不變,乃可之。時年四十一。"

錢謙益《列朝詩集》丙集卷三"章尚書懋"條:"改南京大理評事,升福建按察僉事,致仕。"

張廷玉等《明史》卷一百七十九《章懋傳》:"懋既貶臨武知縣,未行,以給事中毛弘等論救,改南京大理左評事。逾三年,遷福建僉事。平泰寧、沙、尤賊,聽福安民采礦以杜盜源,建議番貨互通貿易以裕商民,政績甚著。滿考入都,年止四十一,力求致仕。吏部尚書尹旻固留之,不可。"

既歸,屏迹不入城府。奉親之暇,專以讀書講學爲事,所造益深,守益固。弟子執經者日益進,隨材引誘,諄諄不倦,學者稱爲"楓山先生"。家居二十餘年,中外交薦,以親老,堅不赴。

林俊《章先生行狀》:"既歸,甘貧守道,奉親外,閉關讀書。畢心體認之學,而言必根志,志必宣用,用必副功。楓山授受,提挈綱要,以自得悟領之精,蓋至是公之得益深,士之風爲之一變,學子至不能容。白沙、一峰、定山,皆極推與朝論,時有所薦。張莊簡、儲殖庵、潘南山尤道味同也。"

羅欽順《章公墓誌銘》:"歸則日以娱親爲事,梢暇輒讀書楓山庵中,從其游者日益多。隨材誘引,諄諄不倦,學者因稱爲楓山先生。士夫道過蘭谿,得一見公,無不欣慰。家居二十餘年,所造益深,守益固。侍從、臺諫交章論薦,前後不啻十數。"

阮鶚《楓山章文懿公年譜》卷上:"(成化)十九年癸卯春正月,講學于楓木山。"

黄佐《南京禮部尚書章懋》:"至家,即杜門,足不入城府。奉親之外,日惟讀書講學,甘貧守道,若將終身。詣門請誨者,無問遠近,常往來楓木庵中,學者稱曰'楓山先生'。嘉遁將二十年,廷臣論薦無虚日。"

張廷玉等《明史》卷一百七十九《章懋傳》:"既歸,屏迹不入城府。奉親之暇,專以讀書講學爲事,弟子執經者日益進。貧無供具,惟脱粟菜羹而已。四方學士大夫高其風,稱爲'楓山先生'。家居二十餘年,中外交薦,部檄屢起之,以親老堅不赴。"

弘治中,孝宗登用群賢。起懋爲南監祭酒,以父憂不就,詔虚位以待。十六年,服闋,懋復固辭。不允,始莅任。

林俊《章先生行狀》:"孝宗朝,南北缺祭酒。倪文毅起謝方石於北,公於南,時未終制,詔虚位以待。既就官,開示近裏,南士意若無奇。比論理道,探索幽隱,論天下古今事,若生其時、履其地。處分其虧,成五經論難,若寸莛撞鐘,迎手而應,然後知書無不讀,理若事無不會。學政時政有疏'勤聖學,重詔令,謹天戒,隆繼述,謹大婚'疏。"

羅欽順《章公墓誌銘》:"孝廟因熟公名,辛酉夏特起公爲南京國子祭酒。會遭父喪,辭不拜。詔復置司業,攝學事,以需終制。又辭,不允,乃赴任。名高望重,尊尚德化,寬大中自有規矩。諸生質疑、請益,無不響答。或泛而不切,務令收斂。近裏士皆愜服。凡學政所宜興革者次第以聞,率從其請。"

阮鶚《楓山章文懿公年譜》卷上:"弘治元年戊申春正月,廷論薦先生。按《日紀》曰:是時,朝廷新政,求賢圖治。主事林公沂,御史姜公洪、楊公鼐、王公鑒之等交章薦先生。而王公奏章云:'先生德足以表人,文足以華國,乞要催督該部授任。'""四年辛亥夏四月,南京工部侍郎黄公孔昭論薦。""五年壬子,時南京大臣論薦,先生辭免。""六年癸丑,先生修《蘭谿縣志》。""十年丁巳春二月,《鄉賢祠志》成。""十二年己未,授學于家。""十三年庚申春,廷臣論薦,先生辭免。……夏四月,刑部主事潘公府疏薦。""十四年辛酉春二月,松坡先生卒。……秋八月,升南京國子監祭酒。按《日紀》曰:南京缺祭酒,吏部題云:'章某係節該科道等官奏要起用,近又該巡按浙江監察御史陳銓查勘,本官病已痊可,見丁父憂,具題節,奉欽依待有相應員缺來説,欽此。今若可用,俟有成命之日,另行本官,令其服闋赴任。本月初六日奉旨,章某升南京國子監祭酒。'……冬十一月,先生奏辭,免新任。""十六年癸亥春正月,吏部催赴任。……三月,具奏懇辭,不允。夏四月,差官守候赴任。……秋八月,先生赴任。……九月,試諸生。""(十七年)三月,上《修舉學政疏》。……秋九月,奏乞放歸田里,不允。……十月,上《弊政疏》。""十八年乙丑,先生年七十歲。夏五月,疏乞去位,不允。"

黄佐《南京禮部尚書章懋》:"孝宗勵精,圖任儒宿,北以謝鐸爲祭酒,南以屬懋。懋方遭父喪,力辭。詔添設司業,虚位以待,及終制就官,謹檠度,尚德化,厲廉耻。六館之士,翕然向風。豪杰有志者,排日執經質問所疑,隨方而答,人人自以爲得師。姑蘇尤樾,母病,據例不得歸省,晝夜涕泣。懋許之歸。或以爲言,懋曰:'吾寧以違制獲罪,不忍絶其母子之情也。'聞者嘆服。兩疏學政時政等諸宿弊,皆不報。凡再乞休,不允。"

張廷玉等《明史》卷一百七十九《章懋傳》:"弘治中,孝宗登用群賢。衆議兩京國學當用名儒,起謝鐸於北監。及南監缺祭酒,遂以懋補之。懋方遭父憂不就。時南監缺司業且二十年,詔特以羅欽順爲之,而虚位以待懋。十六年,服闋,懋復固辭。不允,始莅任。六館士人人自以爲得師。監生尤樾母病,例不得歸省,晝夜泣。懋遣之歸,曰:'吾寧以違制獲罪。'"

武宗立，陳“勤聖學、隆繼述、謹大婚、重詔令、敬天戒”五事。正德元年(1506)乞休，五疏不允。復引疾懇辭，明年三月始得請。五年起南京太常卿，明年又起爲南京禮部右侍郎，皆力辭不就。言者屢陳懋德望，請加優禮，詔有司歲時存問。

林俊《章先生行狀》：“武宗朝，如此前後兩乞致仕。温旨勉留，有‘老成端謹，聞望素著，宜師表’之褒。既三年，三疏請老，而自問醫東下。南京太常卿，辭；禮部侍郎，又辭。既致仕，憸壬鼓奸，綱常易故，縉紳罹毒，在宗社亦爲之摇。公明炳幾先，而憂同在位者，蓋怲怲焉。江之寇陷浙，公移縣城，矮屋三間，左寢右爨，門垣不能備。侍御鮮君冕、張君縉，給諫徐君文博，守劉君蒞時疏舊學耆德表以風，詔加存問。”

羅欽順《章公墓誌銘》：“正德紀元，陳言五事，曰勤聖學、隆繼述、謹大婚、重詔令、敬天戒，皆切時務。會逆瑾擅權，紀綱日紊，公深以爲憂。前此，嘗三疏乞休，皆被温旨勉留。及滿三年，以年逾七十，連章請老甚力，上乃從之。瑾勢益張，縉紳多被其摧折，於是始羨公之明決也。庚午冬，復起爲南京太常卿，辭。辛未春，升南京禮部右侍郎，又辭。詔聽以侍郎致仕，乃受命。”

阮鶚《楓山章文懿公年譜》卷下：“正德元年丙寅春正月，疏乞休致，不允。……二月，疏乞休致，不允。……夏四月，上《治道要務疏》。……六月，奏《乞修理廟學疏》，見《文集》。秋七月，報三載政，乞休致。……八月，疏乞休致，不允。……冬十月，回家俟命。南京吏部侍郎黄公珣具奏保留。”“二年丁卯，奏乞養病，得旨。”“三年戊辰二月，乞休，得旨。……三月，誥贈先生父南京國子監祭酒，母吴氏贈太恭人。”“五年庚午六月，《蘭谿縣志》成。……冬十一月，起先生爲南京太常寺卿。”“六年辛未二月，具奏辭免，不允。……夏四月，升南京禮部右侍郎。秋七月，具奏辭免升職。……八月,具疏謝恩,疏見《文集》。""八年癸酉十一月,金華守劉公葰役民浚濠築堤,先生止之。""十年乙亥,先生年八十歲。春正月,先生寓居縣城。三月,金華守劉公葰疏乞優養耆德,以勸士風。""十一年丙子夏五月,詔有司時加存問。""十二年丁丑夏四月,詔有司存問。"

黄佐《南京禮部尚書章懋》:"正德改元,陳'勤聖學、隆繼述、謹大婚、重詔令、敬天戒'五事。先後五疏乞休,又不允。居無何,引年以請,凡三疏始允。尋轉南京太常寺卿,辭;進南京禮部侍郎,又辭。詔許致仕。懋既退,而逆瑾之難作,縉紳相繼蒙禍,人服其先見。當道咸疏懋耆儒宿德,詔有司歲時存問,以風天下。"

錢謙益《列朝詩集》丙集卷三"章尚書懋"條:"家居二十餘年,召爲南京祭酒,升南京禮部侍郎,辭去。"

張廷玉等《明史》卷一百七十九《章懋傳》:"武宗立,陳勤聖學、隆繼述、謹大婚、重詔令、敬天戒五事。正德元年乞休,五疏不允。復引疾懇辭,明年三月始得請。五年起南京太常卿,明年又起爲南京禮部右侍郎,皆力辭不就。言者屢陳懋德望,請加優禮,詔有司歲時存問。"

世宗嗣位,即家進南京禮部尚書,致仕。其冬,遣行人存問,而懋已卒。時正德十六年(1522)十二月三十日,年八十六。贈太子少保,謚文懿。

林俊《章先生行狀》:"上入正大統,再用言者薦,加南京禮部尚書,致仕,有'學行老成,名實相稱'之褒。報至,公已床褥,曰:'噫,無以報爲也。'疾亟,與林守有年論古今事,與侄贇論君大夫保天下國家之本,取士會父子。庶幾未旦,故居之前星隕,申及化辛巳除夕夕也,壽八十六。善類相吊,皆曰:'章先生亡,章先生亡。'公仕籍幾六十年,官僅三考,立朝僅四十日,城府不見其迹者四十餘年。

義利界畛，表坊立第，辭之甚峻。《易》深而善於用，健取乾，定取履，順取巽，固取恒，粹中貞格，真足以歆動一世，表律天下之士，夫不知古君子何如？配郭恭人，善共艱難，先卒。子振、擴、捷，孫訢，曾孫衢試皆夭殁，諧不慧。少子接八十二始生，今始五歲，天固章氏念也。壬午三月癸酉，侄方伯君拯奉遺命長山祖塋以附，以與郭乎合，以不煩有司。既畢事，檢其笥，文幣數端，二婦，穀五十石，妾尚無遺，完名始終，其偶然之故哉！璽書存問之使及門，已不待賜葬、賜祭。贈太子少保，謚文懿，皆身後之遭。事行，門人董遵記爲詳。"

羅欽順《章公墓誌銘》："今上即位，言者請待公以异數，特升尚書致仕，懇辭不允。有'學行老成，名實相稱'之褒，繼遣行人王懋賫敕存問，而公已不待也。疾且亟，卧與林守有年論天下事甚悉，又與族子贊論保國家長久之道，於士會獨有取焉，始終不亂。卒之日，則辛巳歲除也。""四諫齊名，而公最壽，蓋享年八十有六，官累進至南京禮部尚書而卒。其卒也，制贈太子少保，謚文懿，賜祭與葬。恤典之厚，近時所稀有也。"

阮鶚《楓山章文懿公年譜》卷下："（正德）十六年辛巳，先生年八十六歲。五月，升南京禮部尚書。按《日紀》曰：是月初二日，奉旨：章懋德望隆重，升南京禮部尚書，仍舊致仕，著有司時加存問。九月，具奏辭免升職，不允。……十二月，敕行人存問，疏見禮部咨文。是月三十日，先生殂。"

黄佐《南京禮部尚書章懋》："今上登極，詔升南京禮部尚書致仕，辭，弗允。辛巳歲且暮，忽構疾，親朋子侄更迭問候，至屬纊語不亂。衙守林有年至，疾已劇，卧榻上與論古今天下事甚悉。次夕，與侄贊論君大夫保國保天下之道，因及春秋列國名卿，推許士會父子。庶幾歲除，令親友各歸守歲，嚮晦遂卒，年八十六。是日末旦,有星墜所居之前山。有司以聞,與葬祭,贈太子太保,謚文懿。"

錢謙益《列朝詩集》丙集卷三"章尚書懋"條:"嘉靖初,進南禮部尚書,致仕。年八十六,謚文懿。"

張廷玉等《明史》卷一百七十九《章懋傳》:"世宗嗣位,即家進南京禮部尚書,致仕。其冬,遣行人存問,而懋已卒,年八十六。贈太子少保,謚文懿。""生三子,兼令業農。縣令過之,諸子釋耒跪迎,人不知其貴公子也。子省懋於南監,徒步往,道爲巡檢所笞,已知而請罪,懋慰遣之。晚年,三子一孫盡死。年八十二生少子接,後以蔭爲國子生。"

懋器度宏偉,於人無所不容。和厚之氣溢於顔面,坦懷待物,好善有成,居常無甚异同。及臨事决議,援據精審,確乎不易。清心寡欲,不事標榜。服食器用,取給而已。

唐樞《國琛集》下卷:"(章懋)力學敦古,襟懷坦蕩,嗜好無入於心,居常無甚异同。至臨大事决大議,則據經援古,確乎其不能易。雖官至侍郎,食禄不數載,尋請老歸栖林壑隱。然繫天下之望者,幾二十年。"

羅欽順《章公墓誌銘》:"公器度宏偉,於人無所不容。和厚之氣溢於顔面,坦懷待物,好善有誠,居常無甚异同。及臨事决議,援據精審,確乎不易。清心寡欲,不事標榜。有欲爲之表宅里、築書院者,皆力辭。服食器用,取給而已。"

黄佐《南京禮部尚書章懋》:"懋胸度夷坦,與人言輒露肝膽,或詐亦不逆億也。見人有善,不啻在己。汲引後進,惟恐不及。居常無甚异同,至臨大事、决大議,是非可否,確乎不拔。性寡嗜欲,衣服飲食,宫室器用,隨寓而安。薄田僅自給,不求增益。辭受取予,出處去就,一於道義,一毫不慊,萬鍾弗顧。故自入翰林,以至八座，立朝僅四十日，官不過三考，乞休凡十餘疏，難進易退，當於古人中求之。其心常在天下，每聞進一善人，行一善政，喜動顏色，否則愀然不樂。夜必露天焚香，默以'親賢遠奸，康國庇民'爲禱。民生利害，輒爲上官言之。"

懋爲學，恪守先儒訓。於書無所不讀，有所不合，必折衷於程朱。其精切之論，皆可爲法。於天下事，無不理會。堯舜君民之念，每惓惓焉。民間利病，苟接於聞見，必以達之上官，其誠心愛人如此。

羅欽順《章公墓誌銘》："於書無所不讀，有所不合，必折衷於程朱。其精切之論，門人董知縣遵記之特詳，皆可爲法。於天下事無不理會，堯舜君民之念，每惓惓焉。郡守嘗以嚴冬集夫築堤捍江，亟爲書，以天時、水勢、人情利害白之，守爲立罷其役。民間利病，苟接於聞見，必以達之上官，其誠心愛人如此。"

黃佐《南京禮部尚書章懋》："其學以關閩濂洛爲宗，本之自得，非有傳授，亦世所間見也。於書無所不讀，於天下事無不理會，要在精究而力行之，不襲口耳，不涉支離，故能真見獨到，洞貫道妙。其發之議論，精實切當，多有前賢所未發者。嘗謂人心有小大，大以窮理，小以慎獨。謂政體始於格君心、收人才、固民心，格言至論，不一而足，皆其所獨得者。一時同志若羅倫、謝鐸、莊昶、陳獻章，皆極推許。諸人皆蚤世，惟懋年逾大耋，巋然獨存，殆天佑之，以壽斯道也。然倫嘗立鄉約過嚴，則移書責之，其盡交誼如此。"

或諷爲文章，曰："小技耳，予弗暇。"有勸以著述者，曰："先儒之言至矣，芟其繁可也。"雖不欲以文藻見長，然爲文章平正典實，理勝而味永，詩亦清麗可誦。所著有《楓山集》《婺鄉賢志》《蘭谿志》《遺訓》數卷，所輯有《諸儒粹語》《宋史刊誤》，未成書。

林俊《章先生行狀》:"所著有《楓山集》《婺鄉賢志》《蘭谿志》,所輯有《諸儒粹語》《宋史刊誤》,未成書。"

羅欽順《章公墓誌銘》:"爲文章平正典實,理勝而味永。遺文若干卷,門弟子於公卒後,相與搜輯以傳者也。"

黄佐《南京禮部尚書章懋》:"文章不甚求工,達意而止,或以相諷,曰:'小技爾,予弗暇。'或勸以著述,曰:'儒先之言,至矣盡矣,又何加焉?第删其繁蕪可也。'嘗欲摘選程朱後諸儒經書粹語爲《集説》,及刊《宋史》之繆,患力不足而止。平生所著惟《蘭谿金華鄉賢祠志》及《遺訓》數卷而已。""先生在闓時,歲序却桃符書於門,曰:'正要鬼神司屋漏,何須荼壘衛門庭。'蓋以明志也。"

張廷玉等《明史》卷一百七十九《章懋傳》:"懋爲學,恪守先儒訓。或諷爲文章,曰:'小技耳,予弗暇。'有勸以著述者,曰:'先儒之言至矣,芟其繁可也。'通籍五十餘年,歷俸僅滿三考。難進易退,世皆高之。"

陳田《明詩紀事》丙籤卷五"章懋"條:"文懿以清望重一時,不欲以文藻見長,余檢其集,有《禁中聞鶯》詩云:'不隨舞袖歌金縷,却伴仙韶奏玉墀。長信夢回欹枕處,瑣闈吟罷倚闌時。'未嘗不清麗可誦也。"

參考文獻:

1. 章懋《楓山章先生文集》,明嘉靖刻後印本。

2. 林俊《見素集》,明萬曆刻本。

3. 錢謙益《列朝詩集》,清順治九年毛氏汲古閣刻本。

4. 章接《楓山章先生實紀》,清同治七年至光緒八年永康胡氏退補齋刻金華叢書本。

5. 焦竑著,吴相湘主編《國朝獻徵録》,臺灣學生書局 1965 年版。

6. 陳田《明詩紀事》,上海古籍出版社 1993 年版。

7. 黄宗羲《明文海》,上海古籍出版社 1994 年版。

8. 阮鶚《楓山章文懿公年譜》,《叢書集成新編》第 102 册,臺灣新文豐出版社 2008 年版。

(司馬周　王志剛)

劉大夏傳

劉大夏，字時雍。號東山、東山居士，人稱東山先生。湖廣岳州府華容縣(今湖南省岳陽市華容縣)人。正統元年十二月二十五日(1437年1月31日)生於瑞昌(今江西省瑞昌市)官舍。

林俊《見素集》卷十九《光禄大夫太子太保兵部尚書劉忠宣公神道碑》(下簡稱《劉忠宣公神道碑》，明萬曆十三年刻本)："公諱大夏，字時雍。上世東平劉氏。宋都統制寶從岳武穆平湖南，隱華容之東山。十三傳爲公。未名，楊文定公爲之名。"

邵寶《容春堂集·前集》卷十五《東山公前傳》(明正德十二年刻本)："東山公，姓劉氏，名某，字時雍，岳之華容人。其先自宋都統寶從岳武穆平湖南。武穆死，棄官居華容。十一傳至松岩公某，歷官按察副使實生公。公幼時，楊文定公見而器之，爲定今名。"

孫繼芳《東山先生劉大夏忠宣公全傳》(下稱《忠宣公全傳》，《劉忠宣公遺集》附録文卷二)："公諱大夏，字時雍，號東山居士。其先東平人也。始祖宗再傳爲都統制寶從岳忠武平湖南。忠武死，棄官居華容，遂爲始遷之祖。凡十傳而生松岩翁仁宅，歷官瑞昌縣尹至按察副使。生公於瑞昌。"劉大夏《劉忠宣公遺集·詩集》卷三《寓桂林公館寫懷東同事沈公》詩注："予少時在桂林府學讀書。"

劉大夏《劉忠宣公遺集·文集》卷一《壽藏記》："予家自宋都統

制府君由東平來居華容。終元之世無仕者。至國朝先考松岩府君爲瑞昌令,生予於官舍。時正統元年丙辰十二月二十五日也。六年,先考進御史,先妣嚴恭人携予來京師。楊文定公見之而名之曰大夏。"

《天順八年進士登科録》:"劉大夏。貫湖廣岳州府華容縣,軍籍。國子生,治《書經》。字時雍,行十一,年二十九,十二月二十五日生。"劉世節編次《劉忠宣公年譜》(清光緒元年刻本)卷一:"英宗睿皇帝正統元年丙辰十二月二十五日公生。公諱大夏,字時雍,號東山居士。"

焦竑《國朝獻徵録》卷三十八王世貞《兵部尚書劉公大夏傳》:"大夏素倦功名。既歸築草堂而居之,僅數楹。天下因稱之曰東山先生。"

幼穎敏不群。天順三年(1459),舉湖廣鄉試第一。登八年進士,與李東陽等十八人俱改翰林院庶吉士,讀書中秘。嘗自言平生遭水、火二厄。

劉大夏《劉忠宣公遺集·文集》卷一《壽藏記》:"先考出爲廣西按察副使。與參政泰和曾暈友善。曾公因教予讀《尚書》,習舉子業。既還華容,從黎文僖公學。補邑庠生,領天順己卯鄉薦,赴禮闈,脱癸未風火之變,登彭教榜進士。與今西涯李學士輩十八人俱改翰林庶吉士,讀中秘書。"按,黎淳,華容縣人,爲天順元年狀元。謚文僖。

劉世節編次《劉忠宣公年譜》卷一:"(景泰)七年丙子,年二十一,如湖廣鄉試不第。"又:"(天順)三年己卯,年二十四,舉湖廣鄉試第一。……七年癸未年二十八,八月會試中式。……八年甲申,年二十九,登彭教榜進士。三月廷試,公第三甲二十一名。與李東陽等十八人俱選爲翰林院庶吉士。"

邵寶《容春堂集·前集》卷十五《東山公前傳》:"稍長,學於黎文僖公,領湖廣鄉薦第一,登甲申進士。改翰林庶吉士,與今大學士西涯李公輩十八人同時有文學名。"

孫繼芳《忠宣公全傳》:"嘗自言平生遭水、火二厄。松岩翁由廣西歸舟至赤亭,公誤墮水,時風悍湍急,舟行已遠,公浮沈水中,遇漁艇救之。松岩翁且悲且喜,因以米物謝漁者而去。癸未會試,文場火。倉卒謀攀垣,攀數四,皆爲後人拽下,幾不能免。俄而若有人推之使上者,遂獲逾墻出。旁一人衣之白袍,問其名不言。後懸袍遍求不獲。既返舍乃體皆棘刺,拔之,逾月始愈。其鬼神陰相之歟?"

成化元年(1465),授兵部職方司主事,選車駕司郎中,復改職方。明習兵事,曹中宿弊盡革。所奏覆多當上意,尚書倚之若左右手。以忤内臣繫獄,旋釋。乃益求外補。

劉大夏《劉忠宣公遺集·文集》卷一《壽藏記》:"成化元年,授兵部職方主事。升車駕郎中,再改職方。"

邵寶《容春堂集·前集》卷十五《東山公前傳》:"授職方主事,進車駕郎中,嘗奉使山東、河南,上救荒事宜若干條,皆切時務。未幾,尚書項公忠以職方事劇,乃請調公職方。……虜數寇雲中,邊帥失律,中外震驚,調發戰守,日無虚時。每一報至尚書,必曰:'劉郎中云何?'所言輒行,行輒獲效。"

張廷玉等《明史》卷一百八十二《劉大夏傳》:"成化初,館試當留,自請試吏。乃除職方主事,再遷郎中。明習兵事,曹中宿弊盡革。所奏覆多當上意,尚書倚之若左右手。汪直好邊功,以安南黎灝敗於老撾,欲乘間取之。言於帝,索永樂間討安南故牘。大夏匿弗予。密告尚書余子俊曰:'兵釁一開,西南立糜爛矣。'子俊悟,事得寢。朝鮮貢道故由鴉鶻關,至是請改由鴨緑江。尚書將許之,大夏曰：'鴨緑道徑，祖宗朝豈不知，顧紆回數大鎮，此殆有微意。不可許。'乃止。中官阿九者，其兄任京衛經歷，以罪爲大夏所笞。憲宗入其譖，捕繫詔獄，令東廠偵之無所得。會懷恩力救，乃杖二十而釋之。"

孫繼芳《忠宣公全傳》："公爲庶吉士，與安成張敷華、福建黄某約同詣李文達公辭乞外補，李懇留之，命爲諫官。公辭以親在，遂授職方主事，遷車駕郎。嘗奉使山東，條上救荒事宜，調職方。時有中官用事，獻取交南策。以中旨索永樂時調軍數甚急，公故匿其籍。司馬余公日杖吏。公曰：'吏死一人耳，交南事成，死者豈第萬人已耶？'因徐以國脉民命告余公，事遂寢。朝鮮使者爲建州虜所邀劫，請改貢道。中官有朝鮮人爲之地，事下兵部議。公曰：'朝鮮貢道，自鴉骨關由遼陽經廣寧過前屯，而後入山海，迂迴三四大鎮，此祖宗微意。今從鴨緑江抵前屯、山海，道太徑，恐貽他日憂。'余公嘆服。"

孫繼芳《忠宣公全傳》："有范英者，司勇士。公每見婦人携少子更役，久而未得更。一日其子衣青布袍，既而無有。公詰其故。曰：'以易楮也。'公因呼還其袍，便與收籍。後其衛經歷抗公，公榜之。經歷，中官阿九之兄也。遂膚訴於中官。是時禱雨，憲皇帝方齋居受釐。阿九乃從旁譖曰：'陛下慈悲至誠，奈群臣不體聖意何？如劉某者，致齋笞人，淫刑特甚。'經歷因誣奏公。憲皇大怒，捕繫詔獄。敕中官尚明緝公私事。人皆爲公危，尚明遣校緝無所得，笞校。校泣詢人。人曰：'職方劉郎中安有瑕疵可指？'或謂：'前某婦子更役，必有賄成也。'校因造婦室，餂之曰：'汝子更役時，寧有費邪？'婦曰：'不費一錢。'因延入。啓户則焚香祀公中堂。校泣，拉衆反命尚明。中官懷恩復力解之。憲皇乃僅杖公二十，還舊職。公莫喻其端也。久之，懷恩遇公於朝，乃告之故。曰：'若先世有何積慶不?然當時罪可測耶?'公因中官之救也,乃益求外補。"

成化十九年(1483),遷福建右參政,選官造船,修倉計儲,厚遣琉球遭風商舶,以政績聞。聞母訃,一宿即行。僚友不及知。

邵寶《容春堂集·前集》卷十五《東山公前傳》:"尋出爲福建參政,奉敕巡海。海道兵久弛,而倉儲既于勢盗,卒難就理。公曰:'在得人耳。'謀於鎮巡,首選衛所軍政官,而擇其尤者總諸水寨兵,造戰哨船各若干艘,緩急异用。葺倉計儲、立收支法,寨設一館,而親督察之,不半年海道肅然。"

孫繼芳《忠宣公全傳》:"未幾,升福建右參政,巡視海道。時兵久廢弛,倉儲匱乏,卒難就理。公因謀於鎮巡,選衛所官,拔其尤者總諸水寨兵,造戰哨船若干艘,大小之制、多寡之數隨其緩急而异用之。修倉計儲,立收支法,寨設一館,親督察之。不半歲,海道肅然。有琉球商舶遭風漂至平海,守者妄以犯邊報於閫帥,欲剿之而陰利其財,兵且集矣。公廉得其情,遣數人乘小船招其首領,厚恤而遣之。公初室吕夫人卒,繼傅又卒,公年甫逾四十即不再室。宦游四方,惟携一僕。所得俸貲,悉寄之帑藏。在福建,聞母嚴氏訃,一夕遂行。僚友皆不及知。迨旦,清戎御史張昺聞之,追至四十里爲别而還。"

雷禮《皇明大政紀》(明萬曆刻本)卷十六:"(成化十九年)二月以職方郎中劉大夏爲福建右參政。初郎中考滿三載,當國者以太僕處之。大夏知其故,私語所知曰:'郎中轉京官,固人所欲。但吾做秀才時,見府縣政事不得其平,輒曰使我做時,某事當如何行,某事當如何罷。今幸登朝,不得一親民官,非素志也。况郎中一出,非知府則參議,官階崇重,何爲而不可?但恐人負官耳。'吏部不能奪。"

弘治改元,服闋,遷廣東右布政使。禮賢祀義,施政得人。平兩廣田州、後山之亂,全活甚多。民人德之。

邵寶《容春堂集·前集》卷十五《東山公前傳》:“升廣東右布政使。適黄賊初靖,財匱費繁,有司城從化縣累年不就,民尤患之。公究事體,節費便民,擇人授之,逾月而城成。先是,廣西泗城州官族弄兵,方命兵部議撫諭之,不服則繼以兵。謂是行非公不可。公承檄即往,反覆曉譬。先恩信次福禍,詞懇意至。數月間叛者大悟,胥戕以滅,兵竟不用。既還,廣東後山寇作,督府檄公率兵平之。公恐延及脅從,乃下生擒之。令有所獲,則集土人審實乃斬。因而得生者過半。嘗過崖山吊大忠祠,念宋慈元后陵寢無主。輒泫然曰:‘后與陸、張二臣同死國,今大忠有祠,而慈元不祀忽諸,於義弗稱。謀於白沙陳公甫,爲之立廟,人感其義,不日而就。’”

孫繼芳《忠宣公全傳》:“服闋,上銓部。時有詔大臣各舉都御史者。邑人嚴柳東爲地官郎,言於司徒襄成李公,舉公,疏出,武弁皆酌酒賀。李曰:‘是常官。職方不求聞達。公何由知之也?’公於時髮已皤,又不自飾其衣履,厭厭往謁銓司。銓司目笑之曰:‘此老亦堪都御史邪?’候半載,擢廣東右布政使。……公常言:‘成小事在人,况大者乎?’廣西梧州舊有公館,藩臬候撫臣所居。歲久傾頽,吏皆假宿於僧舍。一日,公候某巡撫所寓,方丈甚飾。問之故,僧曰:‘徒某爲之也。’公因呼徒至,具素飯,語以欲修館。徒曰:‘俟往料。’……不逾年而館舍悉就,諸僚尚莫之知也。……公每出按屬,常乘小站舟、減騶從,有時造陳白沙倡和及論修身治國之道。白沙嘗問其學,公曰:‘予存心之功十九,致知之功十一。’人以爲名言。”

劉世節編次《劉忠宣公年譜》卷一:“嘗行縣至順德,縣佐以下俱郊迎,獨吴知縣廷舉不至。公亦不問。詰旦,廷舉入見,曰:‘原任庶吉士鄒智左遷在此,死無所歸。某昨治具而殯之,故失參謁。'公聞之慘然。且曰:'即此見公高誼,因出俸金若干以賻,而爲文躬吊之。'"卷一:"廣東後山寇復作。督撫檄公暨按察使陶魯領兵平之。公恐延及脅從,遂下'生擒'之令。有所獲,則集土人審實乃斬以徇,因而得生者過半。陳白沙獻章因遺以律句,有云'東山此老同開手,南海今年定洗兵',一時軍民大喜慰。"

《劉忠宣公遺集》詩集卷二《弘治庚戌十月往田州撫岑氏舟過潯江次韻答張大參》《南寧過冬至雨中有感呈同事二王公》《觀廢州空城用前韻,時城中爲寇兵屠戮已盡》《過望墟》《四年冬赴廣西勘登梧州城有感》等詩,可見詩人憂懷。

弘治五年,轉浙江左布政使,節財愛民,用法優裕。會鄉試大雨,號舍漂流。大夏鎮静持之,令諸生自决去留。是歲得人稱盛,王守仁、胡世寧、孫燧等俱出門下。

邵寶《容春堂集·前集》卷十五《東山公前傳》:"轉浙江左布政使,在浙甫八月,吏蠹漸革,而用法優裕,犯者不怨。"

孫繼芳《忠宣公全傳》:"進浙江左布政使,節財愛民,履任雖甫八月,而吏蠹頓革。用法裕如,時右布政雍,剛直頗使氣。每事至,公未及處分,雍輒令去。公候其人去遠,乃徐呼之前,曰事當云云。還詣雍聽指揮,雍亦不敢异同。久而化之,凡事悉聽公旨。雍或不在,公必遣吏白之。雍後語人曰:'劉某如春風、冬日,可親可愛。'公亦服其直節,曰'勁柏孤松'。後雍家居,公疏薦之。逆瑾時,雍以鄉里,獨不附瑾。乃窮治薦雍者,公亦贖米二百石。"

沈德符《萬曆野獲編》(中華書局1959年版)卷十五"鄉試遇水火灾":"弘治五年壬子,浙江鄉試首場遇大雨,漂浮號舍,不能坐立。士子讙擾,競散而出,約束之不能止。監臨御史、監察憲臣俱欲罷試。獨左布政劉大夏曰:'暴雨必有息時,可令自揣能文者聽其願留,勿隨衆去。當以留者爲準,閱其文登榜。'于是存者尚有八百餘人,悉命還號舍。雨果止。于是仍如額取足數。比榜出,人謂得人勝他科。"

劉世節編次《劉忠宣公年譜》卷一:"是年浙江鄉試。至期,大雨如注。貢院、號舍皆漂流。諸生避雨悉奔公堂。按察使令逐之,諸生急,乃投瓦礫擲按察,按察走匿。堂階哄然。監臨大懼,欲易明日覆試。公曰:'非制也。且雨驟,勢必晚霽。'乃令一武官立案上,傳言諸生:'宜各自度,拭目可決第者留,否者出!'諸生皆聽如公言。已而,出者雲涌。監臨懼,以爲遂空群矣。薄暮,雨止。諸生請燭者尚八百餘。衆方喜公處分得宜。是歲就試者既少,主司精於檢閱,得人最盛。而王守仁、胡世寧、孫燧俱出門下云。"

劉大夏《劉忠宣公遺集》詩集卷三《留别陳白沙先生》題下注:"時予遷官赴浙。"詩云:"江門三度接清容,尊酒論文氣味同。愧我未酬東廣願,憐君真有古人風。交情老去偏難别,知己從來不易逢。聞道浙西民更苦,不知何藥可療窮。"

六年春,河決張秋,擢大夏都察院副都御史往治。大夏疏浚上流以分水勢,築長堤捍之。水大治,更名張秋鎮曰"安平鎮"。

《明武宗實録》(上海書店 1984 年版)卷一百三十七:"壬子,升浙江左布政使。癸丑,河北徙,妨運道。擢大夏右副都御史往治之。未幾,決張秋鎮。大夏議於孫家渡、四府營,疏上流以分水力,而築長堤捍之。堤起胙城,盡徐州,亘三百六十里。功垂就,中人有譖其糜費官錢者,復遣太監李興共事,且密察大夏所爲。興至,核卷籍,卒無所得。甲寅冬,功成。乙卯,召還,視院事,進左副都御史,改户部右侍郎,進左侍郎。"

邵寶《容春堂集·前集》卷十五《東山公前傳》:"於是,河決張秋,擢公右副都御史治焉。公既至,乃集山東、河南二省守臣議,以事關運道,莫敢適主。公曰:'河性猛悍,張秋乃下流,喉襟未可輒治,治於上流,分導南行,復築長堤以禦横波,且防大名、山東之患,候其循軌,而後决可塞也。'遂疏孫家渡河三十里,四府營河十里,築長堤。起河南胙城,盡徐州。經滑、長垣、東明、曹、單諸縣。長三百六十里,量能任功,敷和宣勤。五旬而事竣,會上命内外臣來,乃於張秋口南,開河三里通運舟。及冬,水涸而塞之。已而决塞,悉如公初議。有敕就勞且召之還,加賜羊酒、金綺。公曰:'兹惟天意,某敢貪以爲功?'聞者益重之。論功進左副都御史,佐院事。公疏辭,不許。轉户部右侍郎,再轉左侍郎,又兩疏乞歸,不許。"

張廷玉等《明史》卷八十三《河渠一》:"六年二月,以劉大夏爲副都御史,治張秋决河。……七年五月命太監李興、平江伯陳鋭往同大夏共治張秋。十二月築塞張秋决口工成。初,河流湍悍,决口闊九十餘丈,大夏行視之,曰:'是下流未可治,當治上流。'……帝遣行人賫羊酒往勞之,改張秋名爲安平鎮。"

劉大夏《劉忠宣公遺集·文集》卷一《議疏黄河築决口狀》《河防運糧疏》,詩集卷三《循河相度風雨中賦此》《在黄河遇風雨,泊舟於荒烟野渡,感而賦此寄諸同年》《在張秋初得河議奏報》等,均可參看。

弘治十年,宣府、大同邊警,命兼左僉都御史,往理宣府兵餉。塞上勢家子以市糴爲私利。大夏往治,不兩月儲積充羡。次年,召還。復以病乞歸,許之。自爲《壽藏記》,叙平生履歷,刻石以還。

邵寶《容春堂集·前集》卷十五《東山公前傳》:"越一年,虜逼雲中、上谷。上命兼左僉都御史,往理兵餉。公以内地芻糧不能出關,出關者率以銀易之,利歸勢家。乃擬奏減價寬民,别設倉於近地,募商給軍,率以時直,由是宿弊潛去什九,有三便焉。及條上他便宜,皆從之。未幾,還朝。居數月,移疾,乞歸,疏再上,不許。而同朝亦多願留者。公堅卧，三請僅得予告。因自爲《壽藏記》，叙其平生履歷歲月，刻石以歸。"

《明武宗實録》卷一百三十七："丁巳，虜寇宣、大，以本官兼左僉都御史，往總兵餉，奏減價寬民，别設廩於近地。募商人上納，勢家不得牟利。戊午春，還京。三疏請致仕，許之。"

張廷玉等《明史》卷一百八十二《劉大夏傳》："十年，命兼左僉都御史，往理宣府兵餉。尚書周經謂曰：'塞上勢家子以市糴爲私利，公毋以剛賈禍。'大夏曰：'處天下事，以理不以勢，俟至彼圖之。'初，塞上糴買必粟千石、芻萬束，乃得告納，以故，中官、武臣家得操利權。大夏令有芻粟者，自百束十石以上皆許，勢家欲牟利無所得。不兩月儲積充羨，邊人蒙其利。明年秋，三疏移疾歸。"

劉大夏《劉忠宣公遺集》文集卷一《壽藏記》："十年，虜寇大同、宣府。朝廷議出師禦之。命以本官兼左僉都御史往總兵餉。明年春，虜款塞，遂召還京。逾六月，病復作。三上疏乞歸里。聖天子憐而從之。將歸，作《壽藏》於東山之陽，以待終焉。……萬一後人私其所親，謬言以誤名筆，縱可欺人，獨不自愧於地下也耶？用是自述平生履歷，書而勒諸石，歸付兒祖生等藏之，以俟他日。……弘治十一年戊午秋九月二十一日書於都城寓舍。"

劉世節編次《劉忠宣公年譜》卷一："公見朝廷求將之意勞，而選將之路狹。乃上疏請行武舉。擬初場試騎射，二場試步射，三場試策論。上從之。詔以明年四月開科。在京兵部題試，在省巡撫御史題試。"《劉忠宣公遺集・文集》卷一《議行武舉疏》可參。

築草堂東山下，讀書其中，敦睦族誼，作《家規十條》，教養子孫讀書兼力農務。弘治十三年，以廷臣交薦，起右都御史，總制兩廣軍務。裁省供億，禁斥貪殘，一時肅然。

孫繼芳《忠宣公全傳》："病卧草堂，日課諸子孫讀書、力田、種樹及誨以修身齊家之道。……始祖寶墓世遠湮没,公乃追維祖父之意,作敦本堂,歲二祭。祭畢有燕,以合族人。爲《家規》,誦於燕所。具述善惡及古今成敗之迹,以訓族人。貧不能存,死不能葬,長而不能嫁娶者,皆有以給之。家居,京舊有以書問者,亦無所答。曰:'大臣退,不自當通賓客。'"

邵寶《容春堂集》卷十五《東山公前傳》:"嘗以先世二宗屬族疏散,墓幾弗可識,作敦本堂。歲舉二祭,祭畢有燕,以合族人。且爲《家規》誦燕所。教子讀書,兼力農務,常命督耕雨中,曰:'習勤忘勞,習逸成惰。吾困之,將以益之也。'或勸公爲子乞恩。公曰:'此固國典,然以待賢、有功者,某何敢哉!'"

李東陽《敦本堂記》(《李東陽集·文稿》卷十一,岳麓書社2008年版):"敦本堂者,吾友職方郎中劉君時雍所作也。……每歲春秋之仲,與凡爲劉氏者,望都統之墓祭於堂,而二祖之子孫皆在焉。祭畢而燕,以世次叙坐立,令子弟讀家規,講古今善惡成敗,以垂戒之。"劉大夏《劉忠宣公遺集·文集》卷一有《家規十條》可參看。

《明武宗實録》卷一百三十七:"庚申,用廷臣薦,起爲右都御史,總督兩廣軍務,兼理巡撫。旌賢才,斥貪穢,裁冗費,更役法,上下不便者,一切正之。"焦竑《國朝獻徵録》卷三十八王世貞《兵部尚書劉公大夏傳》:"會廣東、西督撫缺,即家起大夏,以右都御史任之。其吏人思大夏遺愛,鼓舞稱慶。大夏亦精心無倦,裁省供億,禁斥貪殘,一時肅然,盗賊亦爲之衰止。"

孫繼芳《忠宣公全傳》:"越二年,孝皇用廷臣之薦,擢公總督兩廣。詔書及門,輿疾就道。至即興利除害,靡有顧忌。先是班軍爲中鎮及總戎私役者以千計,每瑶僮犯順,則兵力不支。乃申明祖宗愛養士卒之意,朝廷委任付托之重。聞者感其言,因各出其私役者還之。不數月,武備整飭,軍威大振。廣地有夷民十三村,素號强悍。衆盛未可以力招。公乃移檄戒諭，動以至誠。十三首領悉來屈服。公聯以什伍之法，朔、望則限其赴省而考其從違。由是，終公之任，夷民帖息。官皆得人，有某僉事，黷貨無厭，進女子。公立逐之。已而，僉事歸渡海舟覆，妻子皆没，僅以身免。公居廣逾年，屢疏請代。”

弘治十五年，召爲兵部尚書。乃備陳軍民困苦之狀，鎮守太監之害。奏減光禄寺無名供饋、裁革騰驤勇士及諸監匠役之爲國蠹者。每隨事進言，多所贊畫。而方嚴練達，帝眷注益深。大夏有《宣召録》記召對事。

劉世節編次《劉忠宣公年譜》卷二：“（弘治十五年）是年正月，公以蒙召發蒼梧。至韶州，病作。取道郴州回華容，具本辭。上優詔答之，且遣人促行，五月入京。至邯鄲，再疏辭，復遣官坐侍。公不得已入朝。自是召問無時，益見信任矣。”

《明武宗實録》卷一百三十七：“逾年，召爲兵部尚書，壬戌夏至京。上召諭之曰：‘朕召用卿，何爲累辭邪？’對曰：‘臣實老病，況比年民貧財匱，萬一變生不測，臣懼力弗克濟，故不敢來。’上默然。後復因召對，備陳軍民困苦之狀。上嘆曰：‘朕豈知天下軍民貧至此邪！’乃詔内外諸司，凡損於軍民者，俱查議以聞。上一日召大夏及都御史戴珊，問天下何時太平。大夏對曰：‘求治不宜太急，惟每事與大臣議之，必求其當行之。日久天下自治。’又嘗言‘鎮守太監極爲民害’，上曰：‘徐思之。’越數日，諭曰：‘鎮守之革，誠如卿言，第去之不宜大驟，莫若因其有罪，次第召回，勿補爲愈也。’是後，奏減光禄寺無名供饋，裁革騰驤勇士及諸監匠役之爲國蠹者，内外快之，而權奸側目。”

《劉忠宣公遺集》文集卷一《宣召録》卷一：“時各邊俱有警報，上以兵事屬意於太監苗逵。與逵謀，欲舉兵出塞刼虜營。謀已決，而英國公張懋與大夏俱未知。逵因與予在教場論兵事不合,心知予二人不欲此舉,蜜告於上。帝召問,大夏諫阻以爲'不若令各邊將料敵戰守猶似得策',左都御史戴在旁贊决。上遽曰:'微爾二人之言,朕幾爲人所誣。'遂寢其謀。"

張廷玉等《明史》卷一百八十二《劉大夏傳》:"南京、鳳陽大風拔木,河南湖廣大水,京師苦雨沉陰。大夏請凡事非祖宗舊而害軍民者,悉條上釐革。十七年二月又言之。帝命事當興革者,所司具實以聞,乃會廷臣條上十六事,皆權幸所不便者,相與力尼之。……織造、齋醮皆停罷,光禄省浮費鉅萬計,而勇士虚冒之弊亦大減。制下,舉朝歡悦。先是外戚、近幸多干恩澤,帝深知其害政,奮然欲振之。因時多灾异,復宣諭群臣,令各陳缺失。大夏乃復上數事。其年六月,再陳兵政十害。……嘗對久,憊不能興,呼司禮太監李榮掖之出。一日早朝,大夏固在班,帝偶未見,明日諭曰:'卿昨失朝耶?恐御史糾,不果召卿。'其受眷深如此。特賜玉帶、麒麟服,所賚金幣、上尊,歲時不絶。"

劉大夏《劉忠宣公遺集》文集卷一《宣召録》自序:"弘治十四年以後,大夏誤蒙孝廟眷顧,宣召無時,面聆聖諭最多。當時疏懶,退而未能隨録。……近於謫居閑暇思索之,十不得其一二矣。除干涉兵部面議復奏之事,有奏題本在内史局,《實録》必已備采之。其日聞聖諭,尚能記憶者,僅得二十條。謹録於右,冀以奉揚聖德。若夫忘却并記之不詳盡者,俱不敢妄録也。"

武宗嗣位,大夏奏减鎮守中官、武將等十餘事。諸將當入直者故不入侍,大夏幾及禍,賴中官救之。數諫不聽,遂連章乞休。詔加太子太保賜歸。

張廷玉等《明史》卷一百八十二《劉大夏傳》:"未幾,孝宗崩,武宗嗣位,承詔請撤四方鎮守中官非額設者,帝止撤均州齊元,大夏復議上應撤者二十四人，又奏減皇城京城守視中官，皆不納。頃之，列上傳奉武臣當汰者六百八十三人，報可。大漢將軍薛福敬等四十八人亦當奪官，福敬等故不入侍以激帝怒。帝遽命復之，而責兵部對狀，欲加罪。中官甯瑾頓首曰：'此先帝遺命，陛下列之登極詔書，不宜罪。'帝意乃解。中官韋興者，成化末得罪久廢，至是夤緣守均州。言官交諫，大夏等再三争，皆不聽。正德元年春，又言：'鎮守中官，如江西董讓、薊州劉琅、陝西劉雲、山東朱雲貪殘尤甚，乞按治。'帝不悦。大夏自知言不見用，數上章乞骸骨。其年五月，詔加太子太保，賜敕馳驛歸，給廪隸如制。給事中王翊、張襘請留之，吏部亦請如翊、襘言，不報。"《劉忠宣公遺集》文集卷一《論用韋興疏》可參。

劉世節編次《劉忠宣公年譜》："公劾奏劉瑾罪狀，瑾恨公，欲致之死。東陽爲解於瑾，瑾曰：'但令來跪我則已。'公聞之，奮怒曰：'我爲大臣，肯見奴乎？死，吾分也。'瑾竟以東陽言釋怨。公自去冬乞休，至是，疏凡四上，其辭懇切，乃從之，進太子太保，賜敕給驛還鄉。……閣臣李東陽爲作《草堂賦》。"

焦竑《國朝獻徵録》卷三十八《太子太保兵部尚書劉大夏傳》："武宗立，大夏所條奏十餘事皆剴切，有詔行。而上少，而從左右爲狎游，幾已露。時戴珊已卒，大夏與馬文升相繼乞骸骨。詔進大夏光禄大夫、太子太保，賜璽書、乘傳、續廪、給扶，瀕行又賜白金、彩幣、寶鏹，而郎中李夢陽爲《東山草堂歌》，語跌宕悲壯，天下傳之。"

李夢陽《空同集》(明嘉靖十一年刻本)卷十八《奉送大司馬劉公歸東山草堂歌》："東山有草堂，縹緲雲嶠孤。前對祝融峰，下瞰巴陵湖。明公昔時此堂居，麋鹿熊豕當窗趨。洞庭日落風浪涌，倒影射堂堂欲動。慘淡誰聞《紫芝曲》，獨善不救蒼生哭。先帝親裁五色詔，老臣曾受三朝禄。此時邊徼多戰聲，曳履謁帝登承明。謝安笑却淮淝敵,魏相坐測單于兵。九重移榻數召見,夾城日高未下殿。英謀密語人不知,左右微聞至尊羨。自從龍去不叩攀,公亦卧病思東山。湘娥含笑倚竹立,山鬼窈窕堂之側。上書苦死只欲歸,聖旨優容意凄惻。内府盤螭縷金織,賜出傾朝皆動色。白金之鋌紅票記,寶鈔生硬鵶翎黑。崇文城門水雲白,是日觀者涂路塞。城中冠蓋盡追送,塵埃不見長安陌。人生富貴豈有極,男兒要在能死國,不爾抽身早亦得。君不見漢二疏,千載想慕傳畫圖。即如草堂何處無,禄食靦竊胡爲乎?乃知我公真丈夫!嗚呼,乃知我公真丈夫!"

屢裁抑權幸,爲劉瑾所惡,遂藉田州岑猛事,逮繫詔獄。正德三年(1508)秋,乃坐戍肅州。大夏年已七十三,僅携一僕,布衣徒步過大明門下,叩首而去。父老饋送遮道,惟受李東陽一羊裘。

焦竑《國朝獻徵録》卷三十八王世貞《兵部尚書劉公大夏傳》:"大夏歸未幾,而逆瑾亂政,與中貴人修大夏郄,劉宇又微聞造膝事,炫之。與焦芳比而譖諸瑾曰:'藉大夏家,可當邊費十二。'於是,以廣西土帥岑濬事,波及大夏而訊之,欲坐以激變死。中外識不識咸惜大夏先帝朝遺老。濬不反,何名變事?與大夏不相涉,何名激?而無敢以語瑾者。屬三法司議。左都御史屠滽言:'檢律,劉尚書無死罪。'瑾慢罵曰:'即不死,可無戍耶?'李東陽時居内閣首,不能直抗瑾,而婉解之。又,瑾所使使,詗大夏家實貧,始永戍甘肅衛。大夏怡然就道,所至人聚觀,相指識。争損金以資道路費,大夏謝不受。"

何孟春《書劉東山西行稿後》(《劉忠宣公遺集》附録文卷一):"劉東山公晚年肅州之謫,雖事由逆瑾,其實公同年焦閣老芳者爲之。公與焦素無他,焦特忌公名耳。岑猛賂既行,瑾集大臣議,欲置公重辟。諸大臣惴不敢吐一語,獨都御史屠公滽曰:'劉公此何罪，必欲文致之？當其不應。'瑾勃怒罵屠曰：'老畜，黨劉某耶？'明日，大臣以屠議奏。瑾謀於焦及吏部尚書劉宇，宇又素嫉公者，乃署劉公輕議夷人遷徙，與潘尚書蕃俱發遠戍。瑾初擬廣西邊衛，焦曰：'是送二人歸也。'乃定肅州。"

張廷玉等《明史》卷一百八十二《劉大夏傳》："（謫肅州）大夏年已七十三，布衣徒步過大明門下，叩首而去。觀者嘆息泣下，父老携筐送食，所至爲罷市、焚香，祝劉尚書生還。比至戍所，諸司憚瑾，絶饋問，儒學生徒傳食之。遇團操，輒荷戈就伍。所司固辭，大夏曰：'軍，固當役也。'所携止一僕。或問何不挈子姓，曰：'吾宦時，不爲子孫乞恩澤。今垂老得罪，忍令同死戍所耶？'大夏既遣戍，瑾猶摭他事罰米輸塞上者再。"

孫繼芳《忠宣公全傳》："執金吾羅某捕公，詣瑾謁辭，瑾屬羅瞰公田園居室。羅至岳，恐驚公，遣公婿趙鏜行。鏜夜半及門，公詰旦就道。餽羅銀盞二，羅謝弗受，惟索詩一律。羅還謁瑾，因訴公敝廬糲食，瑾不爲解。……發都城之肅，惟受李西涯一羊裘。肅有總戎某，舊爲公所舉，遺公百金，曰：'患難且老，非復在位時比矣。'公曰：'語不云乎，及其老也，戒之在得。'參戎某遣使餽公，敕使：不受毋返。公曰：'第歸語汝主，我惟一僕，日食不過數十錢，苟受汝主金而爲僕竊逃，隻身沙漠，非陷之死地乎？'"按，贈錦衣衛羅某詩見《劉忠宣公遺集·西行詩集》卷四《贈奉使羅錦衣》，所謂"幸逢有道老成使""聊寫衷情贈一詩"者，即此。

正德五年夏，赦歸。有《西行稿》紀獲罪、謫戍之行，可悲、喜者俱載。瑾誅，復官，致仕。歸教子孫力田謀食，稍贏，散之故舊宗族。正德十一年五月二十九日（1516 年 6 月 28 日）卒，享年八十一。贈太保，謚忠宣。

焦竑《國朝獻徵録》卷三十八王世貞《兵部尚書劉公大夏傳》：

“瑾誅,始赦歸。尋悉復其官爵。於是,言官交薦大夏,謂當併復其廩秩,而中貴人在事者尚不平大夏,不許。大夏杜門教子弟,爲敦睦耕。稍贏,即以貸予姻族。天下猶以其存亡爲重輕,居數歲,卒,壽八十一。”

劉世節編次《劉忠宣公年譜》卷二:“(正德五年)是年夏,京師風霾蔽天,寧夏置鐇叛亂,肆赦天下,公得釋歸。……八月,逆瑾誅,朝廷復公原官。公自往肅州以及赦歸,凡應酬、贈送、懷古、感興與天時人事,可悲喜者,莫不有詩,今所傳《西行稿》是也。”

劉世節編次《劉忠宣公年譜》卷二:“(正德)十一年丙子,年八十一,五月晦,公卒。公居新宅一年。五月二十九日,北河河水涌溢,流聲如號,渡舟覆溺,堤岸崩隤,雷電風雨大作,已而復霽。公以是夕壽終。遺命窆於是年十二月二十六日。戒子孫勿乞葬、恩蔭。雖有請者,無待也。至期,仲子祖修、嫡孫如愚等悉如命。葬公於公所卜之壽藏。在居西南五里許。湖廣巡撫秦公金、巡按張君翰,交章言於上,賜謚忠宣,遣官諭祭九壇,以一品官禮造墳焉。”

林俊《劉忠宣公神道碑》:“高祖、光祖、曾祖必弘至祖御史公行簡,父察副公仁宅,并贈兵部尚書,妣配并贈夫人。……預卜壽藏所居西五里,僅記其履歷大都。久之,追賜葬祭,謚忠宣,録其一孫國學。”邵寶《容春堂集・前集》卷十五《東山公前傳》:“公二子:長曰祖生,次曰祖修。”《明武宗實録》卷一百四十:“(正德十一年八月)蔭太子太保兵部尚書致仕劉大夏孫汝愚爲國子生。從巡撫都御史秦金請也。”

按,《劉忠宣公遺集》西行詩集卷四有《在錦衣獄中過重陽》《冬至日宿彰德府禪房贈主僧》《十一月二十九日將至内縣,道中遇雪》《再叠前韻謝益之寄藥》《聞京師有省灾恩典,令所司通查天下充軍之人》《過秦嶺謁韓文公廟,次韓示湘舊韻》《謫肅回,次韻東復莆田林二首》等，俱可見其謫戍感懷。

何孟春《書劉東山西行稿後》："公《西行稿》載，公赴肅州時，故舊皆避不來會，獨鄉人嚴仲洪贈詩和答之。公過六盤山，寄李西涯閣老詩末句云：'寄語同年老知己，天涯孤客幾時還？'嘆同年也。後歸自六盤，和前韻，末句云：'憑誰寄語中州子，前度劉郎今已還。'中州子，焦與劉也。其事蓋如此。公在戍所，又嘗寄其故人嘉興姜用真詩，末句云：'邊城黄閣眠醒處，慙負當年舊布衣。'時姜以太守致仕於家二十餘年矣。公之謫，予當家難，不在京。今始得見其族子所刻《西行稿》者，爲識其事。黄閣、中州子之云，公豈亦未之能忘情耶？天下代公之憤，而高公之爲人，今日已有定論。公死可無憾也已。"

大夏清修剛介，而中實坦易。與物無競，臨事敢爲。揚歷中外，斥革冗弊，所至士服民懷。敦睦鄉里，教養子孫力田謀食。士大夫識與不識，稱爲劉東山云。

李東陽《甲申十同年圖詩序》："甲申十同年圖一卷，蓋吾同年進士之在朝者九人，與南京來朝者一人，……爲兵部尚書華容劉公時雍者，面微方而長，鬚鬢皓白，左手握帶，右手按膝而中坐。"（《李東陽集·文後稿》卷三）

劉世節編次《劉忠宣公年譜》卷二："（正德四年）邑舉人張某，會朝鮮使於鴻臚寺。使見其貫址，因問公（大夏）起居。張詰其故。使曰：'吾聞中國有李西涯、劉東山。'張復叩其優劣。使畫地徐曰：'是何待言？'鄉人某令廣，中遇安南使者入貢問曰：'爾鄉劉司馬遠戍西鄙，今安否也？'其爲遠人重如此。"按，此處涉及李東陽形象建構問題。可參《李東陽傳》。

林俊《劉忠宣公神道碑》："公開朗平粹，休休然樂善，貴不忘貧，與人言忠孝，教士廉謹，教子孫士農，不乞蔭。……公清約如知白,先憂如希文,公望如彦國,能處大事如子明,忠結主知,望實孚於中外。問安否於裔夷,其仕、其止、其世可知也。”

邵寶《容春堂前集》(明刻本)卷十五《東山公前傳》:“君子謂公不伐之心,遠及身後。况其生乎?其可謂忠且樸矣。公釋褐迄請老,凡三十五年。所至士服民懷,有所爲皆願盡力。至於權貴强悍號稱難處者,公夷然與之,無不得其愛慕,至有終身焉者。接引士類,寸善片長,每自以爲不及。憂時憫俗,形於色辭。事關國家利病,斷斷不易,而周旋其間,必求濟而后已。……公揚歷中外,八遷厥官。靖寇者三,行邊者二,治水者一,皆天下之所謂難事,而從容暇豫,以能有成功。”按,《容春堂集》本缺頁,兹據明刻本《容春堂前集》。

《明武宗實録》卷一百三十七:“大夏清修剛介,而中實坦易。喜人之善,恕人之不及。自奉甚薄,食止一豆,衣裘無餘襲。不居城市,未嘗干人舉薦及爲人請托。自守泊如也。揚歷中外,政迹卓然。晚年受知孝廟,每朝罷,傳宣循御陛而上,面與商確時事,雖公輔貴近有不預聞者。嘗召對,自旦至午,憊不能行,命司禮監太監李榮扶掖而出。又嘗命密具揭帖,大夏對曰:‘事之可否,當内咨臺閣,外付府部。如用揭帖,久必有弊,且非後法。’其欲斥汰冗濫,敢於任怨,竟爲權奸所構。垂老戍邊,而毅然之氣卒不少變。完名全節,雖夷狄皆知重之。士大夫識與不識稱爲劉東山云。”

焦竑《國朝獻徵録》卷三十八王世貞《兵部尚書劉公大夏傳》:“陳獻章者以道學名一世,少許可,顧獨與大夏善,而稱之曰:‘劉公愛民如子,守身如女,毋論於今人中,即古人亦未易當也。”孫繼芳《忠宣公全傳》:“公嘗言:‘聖賢固難到,惟每事依義理,自可少失。’平生不爲皎皎之行,不立赫赫之譽。二泉邵氏論曰:‘與物無競,臨事敢爲。’可謂善知公矣。”

屬文賦詩，簡易明白，不務艱深，而事核情真，得風人之旨。著有《東山詩集》《宣召録》等，後人輯有《劉忠宣公遺集》。

孫繼芳《忠宣公全傳》："公屬文賦詩，簡易明白，下筆力就，不務巧滯、艱深，而聞之者足以戒。尤善章奏，纔數語而事意具足。有《西行稿》。詩集、文賦、策略藏於家。"邵寶《容春堂集·前集》卷十五《東山公前傳》："公爲詩文，有自得之趣。敷奏覆議，操筆立就，而明白切要，轉折流通，足以動人。有《東山集》若干卷。"施閏章《蠖齋詩話》（何青善、楊應芹點校《施愚山集》第四册，黄山書社1993年版）卷下"劉忠宣"："平生不刻意作詩，間有爲而作者，皆事核意真，情到興具。"

吴廷舉《東山詩集序》（《東山詩集》卷前，明嘉靖刻本）："公之心志、性情，涵養既深，省察亦力。故聲色榮利，舉不足以動其中；貧賤禍患，曾不足以撓其守。是以其詩和平典實，見風人之賦焉；引物連類，見風人之比焉；言近指遠，見風人之興焉。若旬鍛月煉以爲工，難字僻事以爲古，嘔心掏腎以爲險，則非公之志，亦非公之學也。"

《東山詩集》，有正德中李承勛刻本，吴廷舉爲序，收詩三百三十一首。後嘉靖中屠應塤重刻，增訂八十一首。光緒元年大夏十一世從孫劉乙燃輯刻《劉忠宣公遺集》九卷，含《文集》一卷，《宣召録》一卷，《詩集》四卷（卷四《西行詩集》），附録文二卷，附録詩一卷，并附《年譜二卷》（從曾孫劉世節編次）。附録文爲誥命、敕命及李東陽等所作書、序、祭文、神道碑、傳、祠堂碑記等。附録詩收李東陽等寄贈及後世追懷之作。《四庫未收書輯刊（第六輯）》《明别集叢刊（第一輯）》所收均爲此刻本，而編次有不同。岳麓書社亦據《劉忠宣公遺集》點校爲《劉大夏集》，收《遺集》本序跋及《年譜》，而删去附録詩文三卷，亦未録正德、嘉靖兩版《東山詩集》吴廷舉、王韋等序跋。

參考文獻:

1. 邵寶《容春堂集》,明正德十二年刻本。

2. 劉大夏《東山詩集》,明嘉靖刻本。

3. 林俊《見素集》,明萬曆十三年刻本。

4. 劉大夏《劉忠宣公遺集》,清光緒元年劉乙燃刻本。

5. 劉世節編次《劉忠宣公年譜》,清光緒元年華容劉氏刻本。

6. 焦竑編《國朝獻徵録》,周駿富輯《明代傳記叢刊》,臺灣明文書局1991年版。

(司馬周　朱付利)

莊昶傳

莊昶，字孔暘，號木齋，又號卧林居士、定山居士，人稱"定山先生"。晚號活水翁。南直隸應天府江浦（今屬南京市）人。正統二年十一月十二日（1437 年 12 月 9 日）生。

湛若水《湛甘泉先生文集》卷三十一《明定山莊先生墓誌銘》："先生諱昶，字孔昜，號木齋，江浦人。卜築浦口清江，方建亭而東莞林緝熙適至，扁曰卧林，遂號'卧林居士'。遷定山……又號'定山居士'，四方人稱之亦曰'定山先生'……先生生於正統二年丁巳十一月十二日。"

王弘《文節公年譜》（清嘉慶六年刻本《定山先生集》附録）："公諱昶，字孔暘，號木齋，晚號定山居士，學者稱定山先生。"又，"（成化）十六年庚子，公四十四歲，正月遷居定山。山有二泉，澄澈可愛，公於合流處占其勝焉，建橋曰雙泉，亭曰活水，故號定山及活水翁云。"

本姓章，北宋丞相章得象之後。祖智甫，洪武初不樂仕進，逃名更姓，自閩越游淮泗，至江浦，家焉，遂爲莊氏。父諱詡，號質庵。母任氏。

莊昶《定山先生集》卷十《題吴以魁族譜》："予郇國文簡公後，宋南渡，子孫漫處閩越。先世自浦城徙松，吾祖又以世變流寓兹土,一百餘年,方言之訛,轉章爲莊。"

林光《南川冰蘗全集》卷六《明故南京吏部郎中莊定山先生墓誌銘》:"先生係出宋丞相郇國文簡公得象後,宋南渡,子孫漫處閩越,自浦城徙居松江。曾祖諱孟文,有才名。祖智甫,洪武初不樂仕進,變名游淮泗間,至江浦家焉。智甫生五子,其行三者諱詡,即先生父質庵也。以先生貴,封南京行人司左司副,母任氏封孺人。"

湛若水《湛甘泉先生文集》卷三十一《明定山莊先生墓誌銘》:"本姓章氏,宋丞相郇國得象之後,子孫由閩越而浦城而松江。至祖曰智甫者,以儒術名。洪武初,不樂仕進,逃名更姓莊氏,游淮泗,至江浦家焉。父諱詡,贈徵仕郎、行人司左司副。妣任氏贈太孺人。"

王弘《文節公年譜》:"宋丞相郇國章文簡公得象後也。世居泉州,宋南渡子孫散處閩越,後自浦城徙松江之上海,公高祖諱并,并生武,武生志甫。元末以儒術及書法名世。明初不樂仕進,嗣因族大,變姓爲莊,挈妻子游淮泗間,流寓江浦。及永樂北狩至滁陽,上書言時政十事,多見采納。後遂卜居江浦孝義鄉焉。志甫生詡,號質庵,誥贈徵仕郎行人司副,即公父也。妣任氏,贈孺人。公未生時,有望氣者曰江浦山川當出轉脚尚書。天下秀才後張公瑄位尚書而名滿天下者,則公也。生之夕,鄰翁夢火焚其宅云。"

何喬遠《名山藏》(明崇禎刻本)卷六十七《臣林記》注:"莊昶,字孔陽,江浦人。本姓章,宋章得象之後。其祖曰知甫,洪武初不樂仕進,逃名更姓,遂爲莊氏。自閩越游淮泗,至江浦,家焉。"

幼豪邁不群,嗜古博學。正統十二年(1447),充邑庠生。十四年,考冠諸生,受月廩。景泰七年(1456)八月,領應天府鄉薦。

湛若水《湛甘泉先生文集》卷三十一《明定山莊先生墓誌銘》:"爲兒甚异,十一歲充邑庠生,十三補廩膳,景泰丙子領鄉薦。"

王弘《文節公年譜》:“(正統)四年己未,公三歲,聰穎絶倫,質庵公授以古詩,讀之琅琅成誦。”又,“十年乙丑,公九歲。治書經,習舉業,賦詩能追古作者,尤工書法。”又,“十四年己巳,公十三歲,補廪膳生,願讓母舅任信。巡按御史驚曰:‘小子能爲此哉?’然公義不可廢。”又,“景泰四年癸酉,公十七歲,讀山谷詩至‘俗學已知回首晚’之句,嘆曰:‘幾誤歲年。’自是力務性命之學。”又,“七年丙子,公二十歲,八月領應天府鄉薦,中式八十六名。”

尹守衡《皇明史竊》(明崇禎刻本)卷七十三:“年十一,里選爲諸生。十三考冠諸生,受月廪,時稱奇童。”

張廷玉等《明史》卷一百七十九本傳:“自幼豪邁不群,嗜古博學。”

張夏《洛閩源流録》(鳳凰出版社 2019 年版)卷十四:“自少穎异,長益不群。貌古而心和,學博而志曠。”

成化二年(1466),舉進士,改庶吉士,授翰林檢討。名士争與之游,昶與志氣相投、言談相近者爲十友,陳獻章(白沙)、羅倫(一峰)爲其尤者。

莊昶《定山先生集》卷六《送陳直夫先生序》:“予在京師時,見天下之賢者多矣,得與十人者交焉,如陳白沙之大、羅一峰之廓、陳直夫之直、李賓之之敏、婁克讓之公、潘應昌之偉、章德懋之浩、沈仲律之温、黄仲昭之暢、林緝熙之雅,皆予所不敢望而及者,予皆取以爲友。是十人者,不以予爲不肖,亦皆有願納交之想。”

湛若水《湛甘泉先生文集》卷三十一《明定山莊先生墓誌銘》:“成化丙戌舉進士,選庶吉士,授翰林檢討。風志慕古,文尤奇偉,與之交游者,皆一時名儒,如白沙陳先生、一峰羅先生,其尤者也。”

張廷玉等《明史》卷一百七十九本傳:“舉成化二年進士,改庶吉士,授翰林檢討。”

王弘《文節公年譜》:“(成化)二年丙戌,公三十歲,登進士第。……殿式中三甲,以才名選入翰林,爲庶吉士。讀書内閣時,劉公定之、柯公潛校院中卷,驚問南士曰:‘江浦山川何如,而生此人耶?’由是名震京師。一時名士争願與之游,而羅一峰倫與陳白沙爲尤契焉。後與同年編修章懋論先世,懋亦文簡公後云。”

《按院駱騣曾擬謚轉部稿》(清嘉慶六年刻本《定山先生集》附録):“成化丙戌登進士,選庶吉士,一時名士願與之游,而江西羅倫、南海陳獻章尤爲契合。”

陳建《皇明通紀集要》(明崇禎刻本)卷二十三:“秋以廣東舉人陳獻章爲翰林院檢討,俾歸終養,……由是名動京師,一時名士如修撰羅倫、檢討莊昶輩,皆樂與之游。”

程嗣功《(萬曆)應天府志》(明萬曆二十年刻本)卷二十八:“莊昶字孔陽,江浦人,舉進士,授翰林檢討,與羅倫、陳獻章友。”

按,莊昶與白沙弟子多交游論學。如白沙弟子林光,其《南川冰蘗全集》收録《書秉之事寄莊定山》《慰莊定山先生》《奉莊定山》《奉莊定山先生》《留别莊木齋》《莊定山先生聞受平湖典教叠韻贈六律依韻奉答》《次韻莊定山贈徐僉憲》《如斯亭次韻莊定山》《訪莊定山先生》《承莊定山和答過訪之作七律再用前韻寄意》《承莊定山先生垂訪平湖喜而有作》《次韻定山游南寺》《定山來訪再贈》《静觀亭次定山韻》《寄莊定山》,等等。

成化三年(1467)十一月二十九日,憲宗欲設上元鰲山燈,令詞臣賦詩。十二月初,與章懋、黄仲昭上《培養聖德疏》諫張燈内廷事。帝怒,責廷杖二十,謫桂陽州判官。成化四年正月,以言官論救,改南京行人司副。與章懋、黄仲昭、羅倫并稱“翰林四諫”。

莊昶《定山先生集》卷十《奏議》:“翰林院檢討臣莊某等謹奏,爲培養聖德事:成化三年十一月二十九日,内閣遣郎中韓定持小揭帖到於東閣及史館，分與太常卿兼翰林院侍讀學士吴節等，令各賦詩，以爲上元賞玩之具。臣等各受一帖，内開花果烟火等項，面帖詩贊題目，仍令照依舊詩格式，擬述進呈。”

湛若水《湛甘泉先生文集》卷三十一《明定山莊先生墓誌銘》：“憲廟欲設上元鰲山燈，先生同編修章公懋、黄公仲昭上《培養君德疏》，言甚剴。忤旨，杖之，調湖廣桂陽判行。間用給事中毛弘、御史陳壯言，改南京行人司左司副。”

林光《南川冰蘗全集》卷六《明故南京吏部郎中莊定山先生墓誌銘》：“居檢討未兩月，以元宵燈光事，同編修章懋、黄仲昭上《培養聖德疏》，言過切直，調湖廣桂陽州判。用給事中毛弘言，尋調南京行人司左司副。”

王弘《文節公年譜》：“（成化三年）十一月二十九日，詔翰林院。依舊式，擬贊鰲山燈火。公不奉詔，於十二月同編修章懋、黄仲昭上《培養盛德疏》，忤旨，各杖二十，謫湖廣桂陽州判；章出知臨武；黄出知湘潭。十一日，謝恩出城。……先是，修撰羅倫論大學士李賢起復，謫福建市舶提舉，故汝弼語及之。時以四人皆丙戌進士，有‘翰林四諫’之目。”

王世貞《弇州史料》（明萬曆四十二年刻本）前集卷九：“羅倫以上疏論閣臣李賢不奔喪。久之，章懋、莊昶、黄仲昭以諫元宵燈火，俱得罪外謫，時號‘翰林四諫’。”

薛應旂《憲章録》（明萬曆二年序刻本）卷三十二：“四年春正月壬戌朔，改湖廣臨武知縣章懋爲南京大理左評事，湘潭知縣黄仲昭爲右評事，桂陽判官莊昶爲南京行人司副。時六科給事中毛弘等上言……遂俱改調南京。時羅倫已復南翰修撰，人稱爲‘翰林四諫’。”

李贄《續藏書》（中華書局 1959 年版）卷二十一“太子少保章文懿公”：“公名懋……内庭張燈，下詞臣賦詩。公謂莊昶、黄仲昭曰……明日,三人同上章,以培養聖德爲言。上怒,杖三人闕下,左遷知臨武縣,稱三君子。時羅一峰論内閣大臣起復非禮,亦謫官。又稱爲'翰林四諫'。公未行,給事中毛玉論救,改南京大理左評事。"

陳全之《輟耰述》(明萬曆癸未書林熊少泉刻本)卷三:"成化四年春正月,改湖廣臨武知縣章懋爲南京大理左評事,湘潭知縣黄仲昭爲右評事,桂陽判官莊昶爲南京行人司副,時羅倫由福建泉州提舉司提舉復南翰林修撰,稱爲'翰林四諫'。"

何喬遠《名山藏》(明崇禎刻本)卷六十七《臣林記》注:"於是,懋調臨武知縣,仲昭湘潭知縣,昶桂陽州判官。未行,明年正月,刑科給事中毛弘等言,三臣初出草茅,敢言直諫,實盛世事,乞復其職。特旨改懋南京大理寺左評事,仲昭右評事,昶南京行人司左司副。蓋是時,懋等除官纔四十日耳,京師稱三君子,而羅倫以論李賢坐謫,又通稱'翰林四諫'。"

陸容《菽園雜記》(中華書局 1985 年版)卷十三:"成化丙戌科,至弘治辛亥,二十六年間,同年雖存亡不一,通計束金者一百六十六人矣。故近時言科目之盛者,多以丙戌爲稱,然其間如羅倫上疏論李文達奪情起復之非,卒著爲令。章懋、黄仲昭、莊昶諫鰲山烟火之戲,陸淵之論陳文謚莊靖之不當,賀欽、胡智、鄭已、張進禄輩之劾商文毅、姚文敏,强珍之劾汪直、陳鉞,皆氣節凛然,表表出色。後來各科,多無此風,此丙戌之科所以爲尤盛也。"

沈德符《萬曆野獲編》(中華書局 1959 年版)卷十"翰林建言知名":"詞林職在論思風議,若面折廷諍,非其事也。惟成化初年,以上元宫中放燈事,編修章懋、黄仲昭、檢討莊昶,合疏力諫,俱謫外,時人名爲'翰林三諫'。"

項篤壽《今獻備遺》(項氏萬卷樓明萬曆十一年刻本)卷二十五

"莊昶"條:"論曰:世稱莊定山豪邁,胸中多奇。早以直諫著聲,可謂偉矣。老而赴召,偃蹇以去,信哉!出處之際,人所難言也。"

顧炎武《日知録》(上海古籍出版社 2006 年版)卷二十四"翰林":"成化三年,以明年上元張燈,命翰林院詞臣撰詩詞。編修章懋、黄仲昭,檢討莊昶上疏言……上怒,命杖之。謫懋臨武知縣,仲昭湘潭知縣,昶桂陽州判官,各謫外用。已而諫官爲之申理,乃改懋、仲昭南京大理寺評事,昶南京行人司副。自此翰林之官重矣。"

尤侗《西堂詩集》《擬明史樂府》之"翰林四諫"(清康熙二十五年刻本):"翰林四諫名誰何?楓山定山黄與羅。内殿燒燈踏嫦娥,外廷傳柑進艷歌。闕下杖者血滂沱。直哉三君名不磨,一峰抗疏前乎此。文達先生愧弟子,起復不過一年耳。亡何又見陳文死,寄書爲報南陽李。"

張廷玉等《明史》卷十三《本紀》第十三《憲宗》一:"(冬十二月)杖編修章懋、黄仲昭,檢討莊昶,謫官有差。"又,《明史》卷一百七十九本傳:"與編修章懋、黄仲昭疏諫内廷張燈,忤旨廷杖二十,謫桂陽州判官。尋以言官論救,改南京行人司副。"

迎父母就養。未滿三年,尋遭二艱。成化十二年(1476)服除,無意仕進,移居清江别業,專心理學。

湛若水《湛甘泉先生文集》卷三十一《明定山莊先生墓誌銘》:"改南京行人司左司副。迎二親就養,尋遭二艱。丙申服闋,不起復,超然肥遁。"

焦竑《熙朝名臣實録》卷二十一《郎中莊公》:"改南京行人司副。久之以家艱去,不復起。"

張廷玉等《明史》卷一百七十九本傳:"居三年,母憂去,繼丁父憂,哀毁,喪除,不復出。"

王弘《文節公年譜》:"成化四年"條:"三月,迎父母赴京就養,已而俱病風痿,公侍湯藥,勞苦備至。"又,"七年辛卯,公三十五歲,六月十五日,丁内艱,二十日扶柩歸江浦。"又"十年甲子,公三十八歲,正月二十九日,丁外艱,公前後居喪,哀毁骨立,喪葬,悉遵文公家禮,不作佛事,鄉人化之。"又,"十二年丙申,公四十歲,四月二十九日,釋服,不赴部。……六月移居清江别業,在浦口城南清江門外。凡府縣官來拜者,未到任,公拜之於别館,既到任後,概不與接。自是號'木齋'。七月,建觀物草亭。……作《近思録序》,略曰:聖人之道,貴無言,不貴有言也。影響形似,糟粕文章,已落第二義矣。而無言則真静圓融若曠也;而真見若賓也;而真趣若虚寂也;而真樂彼以天得此,以天與極,其自得真出乎意象之外,是以聖人不貴有言也。"

成化十九年(1483)正月,陳獻章被薦入京,過定山,相留月餘,送至揚州。及獻章南還,又送之龍江關。弘治六年(1493),湛若水會試未售,歸途往謁定山。

湛若水《湛甘泉先生文集》卷三十一《明定山莊先生墓誌銘》:"十九年癸卯正月,白沙先生起取入京,過定山,相留越月,送於揚州;及南還,復送之龍江關。故白沙詩曰:'憶昔經江東,多士了[予]所欽。論文一杯酒,惟我與子斟。豈意千載下,復此聞韶音。我病不出户,何時還盍簪。俯仰宇宙間,與了契其深。'"

王弘《文節公年譜》:"十九年癸卯,公四十七歲,正月,白沙應聘赴京師,過江浦,訪公,公留宿月餘。因與游定山。……二月,送白沙至揚州,偕宿寶勝寺。"

湛若水《湛甘泉先生文集》卷三十《過江浦祭莊定山先生文》:"水也癸丑下第,掉臂南行,與夫六七子者,造謁先生於定山之庭。"

湛若水《湛甘泉先生文集》卷三十一《明定山莊先生墓誌銘》:"甘泉子曰:予癸丑下第南歸,謁先生於定山,瀟然灑落,望之知爲有德人也。"

弘治七年(1494),奉詔起用,因丘濬惡之,乃復以爲行人司副。

湛若水《湛甘泉先生文集》卷三十一《明定山莊先生墓誌銘》:"弘治七年甲寅二月,後軍都督府經歷周廣榮薦先生恬退自守、涵養有素,奉聖旨曰:'取來用。'巡撫何公鑒躬詣定山勸駕,繼遣應天府候行。先是,冢宰王公恕、司寇張公瑄、都憲虞公瑶、侍御朱公德、提學王公鑒之、知州萬公本諸薦疏,皆出部檄,非特旨也。故先生曰:'吾向以諫被謫,既而退處幾三十年矣。今來出自特旨,其敢不行?且學士丘瓊臺常嫉曰:"引天下士夫背朝廷者,昶也。吾當國必殺之。"丘今入閣矣,承特召而不行,罪其可逭乎?'七月遂行,九月入京朝見。大學士徐公溥語郎中邵二泉寶曰:'定山亦我朝出色人,當復翰林,乃協輿情。'丘語人曰:'我不識所謂定山也。'徐公又語學士西涯李公東陽曰:'定山,君之故人,君當注意。我已致仕,不能爲朝廷薦賢矣。'李但唯唯。予嘗謂:'西涯初見先生入京,戲曰:"公今後能用大筆字作拜帖乎?"'謁吏部,三揖不跪,冢宰耿公裕起,延之以茶,令四司送出部門。先生曰:'第令不失己,官職外物耳!'吏部題復行人司副。"

林光《南川冰蘗全集》卷六《明故南京吏部郎中莊定山先生墓誌銘》:"甲寅因修省以回天事,朝廷用薦者之言,下吏部,促起之。先生幡然曰:'吾初應舉,本欲得官,頃以疾,故不起。滅迹烟霞,非我志也。今疾少愈,敢不趨赴供職,以盡臣子犬馬之私。'遂行,仍以舊職供事。"

焦竑《玉堂叢語》(中華書局1981年版)卷八"刺毁"條:"莊昶卧病不起,入定山,據真珠、達磨二泉交流之内居之,繞山墾田,引流種樹,賦詩爲樂。名公過者,無不造焉。丘文莊深惡之,曰:'引天下士背朝廷者,昶也,吾當國,必殺之。'"

朱國禎《涌幢小品》(明天啓二年刻本)卷之十六《莊定山先生》:"先生以南行人司副,家居三十年,奉旨赴都。過吏部堂,止三揖,不跪,補原職。"

程嗣功修《(萬曆)應天府志》(明萬曆二十年刻本)卷二十八:"久之,以艱去,不起,居定山垂三十年,以薦召用,巡撫何鑒入定山勸起之,謁部長揖,尚書耿裕優禮之,大學士徐溥謂當復昶翰林,丘濬沮之,仍司副,遷南驗封郎中。"

張廷玉等《明史》卷一百七十九本傳:"弘治七年有薦昶者,奉詔起用。昶念濬當國,不出且得罪,强起入都。大學士徐溥語郎中邵寶曰:'定山故翰林,復之。'濬聞曰:'我不識所謂定山也。'乃復以爲行人司副。"

弘治八年(1495),升南京吏部驗封司郎中,患風疾。

湛若水《湛甘泉先生文集》卷三十一《明定山莊先生墓誌銘》:"子介暨王巴山弘謂:'西涯語吏部曰:留都根本之地,定山還當官此。'八年乙卯三月,升南京吏部驗封司郎中。以八月日到任,十二日病中風疾,遷延野寺,彌留日甚。"

林光《南川冰蘗全集》(清咸豐元年東莞明倫堂刻本)卷六《明故南京吏部郎中莊定山先生墓誌銘》:"無何,升南京吏部驗封司郎中。既之任,病風不能起,轉或迷懵失語。"

王弘《文節公年譜》(清嘉慶六年刻本《定山先生集》附録):"八年乙卯公五十九歲,正月考滿,李西涯語吏部曰:'留都乃根本之地,定山當官留都。'三月,授南京吏部驗封司郎中。學士程敏政送詩一章云:'北來南去太匆匆,出去關時道未窮。林下有詩嘗教我,朝行無力爲留公。韋齋吏署遥相踵,茂叔郎銜亦偶同。一雨洗塵山更好,定山才隔大江東。'進士夏璲送長歌一章云……十月,得中風疾。"

張廷玉等《明史》卷一百七十九《列傳》第六十七“莊昶”條：“俄遷南京吏部郎中，得風疾。”

弘治九年(1496)，告歸不獲准，自歸定山。

湛若水《湛甘泉先生文集》卷三十一《明定山莊先生墓誌銘》：“明年丙辰八月二十日，赴通政司告行本部，即歸定山。自是屢告部，不爲題。”

林光《南川冰蘗全集》卷六《明故南京吏部郎中莊定山先生墓誌銘》：“在告日久，士夫猶不知其實病也。”

《明史》卷一百七十九本傳：“明年乞身歸，部臣不爲奏。”

弘治十年(1497)，考察，尚書倪岳以老疾中之，遂令致仕。

湛若水《湛甘泉先生文集》卷三十一《明定山莊先生墓誌銘》：“越明年丁巳三月，遇考察，尚書清溪倪公岳，以老疾退之，乃先生告去已改歲矣。”

林光《南川冰蘗全集》卷六《明故南京吏部郎中莊定山先生墓誌銘》：“時值考京官，當道者遂以老疾退之，坐是毀者至今呶呶。”

《明史》卷一百七十九本傳：“又明年京察，尚書倪岳以老疾罷之。”

弘治十二年(1499)九月二十九日卒，年六十三。十二月二十日，葬定山之原。

湛若水《湛甘泉先生文集》卷三十一《明定山莊先生墓誌銘》：“十二年己未九月，疾大作；二十九日，終於正寢。十二月二十日，葬定山之原。”

張廷玉等《明史》卷一百七十九本傳：“居二年卒，年六十三。”

王弘《文節公年譜》：“十二年己未，公六十三歲，九月二十八日,以手麾菜不飲,明日命會等爲整冠正容。斂手至戌時,神思安静,泰然而逝。……時公卒於天峰草閣,與己酉歲語人壽止十年之説若素定云。十二月二十四葬於定山之陽。"

張詡《東所先生文集》(明嘉靖三十年張希舉刻本)卷八《祭莊定山先生墓文》:"於戲!先生莊公,挺生江浦。起家科第,拜官玉署。上元應制,爲慶燈舉。公率同志,奏曰無補。君臣賡歌,喜起是取。荒嬉生亂,爲戒自古。坐是忤旨,謫官遠叙。俄復南畿,尋以憂去。嗣是以來,閉關掃軌。載咏載弦,孔規孟矩。沛然有得,發之詩趣。鳶魚活潑,江河流注。或謂詩法,妙契天吐。書得三昧,皆公餘緒。有偉石翁,興道南土。公實尊信,推爲宗主。多士雲歸,翕然鄒魯。自況桐江,九鼎一縷。……北望長江,公墓何所。束帛裹香,以代樽俎。臨風三嘆,有涕如雨。"又,卷十二《哭莊定山先生》:"早歲東南我慕公,天緣一旦幸登龍。朱弦白雪茅檐奏,瀛水神山曲徑通。滿腹經綸眠坐處,遍身風月有無中。天涯咫尺知何許,多少銘詩宿草封。"

弘治十三年庚申(1500),入祀鄉賢祠。天啓初,追謚文節。

湛若水《湛甘泉先生文集》卷三十一《明定山莊先生墓誌銘》:"其明年庚申,邑尹明君昉請祀於鄉賢祠。"

王弘《文節公年譜》:"十三年庚申二月八日,邑侯胡公昉請入鄉賢祠。嘉靖十三年甲午邑侯劉公縉建特祠祀公,天啓初追謚文節。"

湛若水《定山莊先生祠堂記》:"夫祠堂者,江浦劉尹之所建以祠定山莊先生之堂也。"

湛若水《泉翁大全文集》(明嘉靖十九年嶺南宋明書院刻本)卷四十三《謁定山先生祠》:"巍巍定山孤,高士不入俗;涔涔定山雲,作雨不盈谷。伊人久云亡,山水留芳躅;我涂出新江,瞻望宛在目。

涉江采蘋芷，陳詞奠衷曲；蘋芷亦非馨，惟馨在明德。”

劉儒《重修定山莊先生祠堂記》（清嘉慶六年刻本《定山先生集》附録）：“定山莊先生祠於江浦三十餘年於兹矣。祠之建也，先邑令憚於創造，縣西梓潼祠者，舊爲先生讀書處，乃即其祠，肖先生像祀之。其祠則浦民許琰改己宅爲之者。”

《按院駱駸曾擬謚轉部稿》：“昶論學肯綮，主於静坐，而以不放義理爲分内事。要其邃養所自得，直與周張諸儒潛孚默契，尚友千古，列諸理學，不虚也。應謚，奉聖旨謚‘文節’。萬曆四十四年奏請。”

張廷玉等《明史》卷一百七十九本傳：“天啓初，追謚文節。”

昶性豁達，不慕名利。持身謹嚴，接人和氣。居定山時，潛心理學，從講者常數十人，人稱“定山先生”。

湛若水《湛甘泉先生文集》卷三十一《明定山莊先生墓誌銘》：“其持身則慕伊川法度，斬然而難犯；接人則慕明道和氣，油然而可親。”

何喬遠《名山藏》（明崇禎刻本）卷六十七《臣林記》注：“其縣之定山有峰壑泉畝之勝，昶結亭鑿池居之。爲人瀟然灑落，望之知爲德人。……海内名公奇士過山中而訪者，逍遥徜徉，各滿所願。”

程嗣功《（萬曆）應天府志》（明萬曆二十年刻本）卷二十八：“昶豪邁，胸中多奇。早著直聲以道自任，持身慕伊川矩度，接人慕明道和氣。”

尹守衡《皇明史竊》（明崇禎刻本）卷七十三：“昶持身則慕伊川，接人則慕明道，白沙甚高其人品，寄之詩曰：‘影響驅馳等是勞，風流今古幾人豪？但聞司馬衣裳古，更見伊川帽桶高。’”

傅維麟《明書》（商務印書館 1936 年版）卷一百二十三本傳：“昶家居，潛心理學，從講者常數十人。海内望如羽儀，人稱‘定山先生’。”

吴肅公《明語林》(清宣統元年刻本)卷六:"楊文恪(濂)稱章文懿(懋)曰:'未軒(黄仲昭)儒雅;定山(莊𣁽)豪邁,公斂華就實,獨立其間。'"

劉儒《重修定山莊先生祠堂記》(清嘉慶六年刻本《定山先生集》附録):"定山先生以直節閎才蚤官史局,慨然有志於聖人之道。"

其學以主静爲宗,默志忘言,故其文多闡太極圖之義。

湛若水《湛甘泉先生文集》卷三十一《明定山莊先生墓誌銘》:"其學大要以默識忘言爲宗,與獻章相類。"

吕懷《定山莊先生祠田記》(清嘉慶六年刻本《定山先生集》附録):"尤鋭志以詩文立言,是故其爲言也,不曰太極,則曰鳶魚;不曰乾坤,則曰經綸、曰位育,揮霍古今,吞吐宇宙,横馳乎羲軒堯舜之上,追縱乎風花雪月之豪,是以當時海内名流佳士慕先生之風者,日造先生,與之眺天峰之閣,臨溪云活水之亭,逍遥尋樂,各足分願。"

袁三接《釐正理學名臣定山莊先生祠堂碑記》(清嘉慶六年刻本《定山先生集》附録):"先生自幼穎悟絶人,早有志聖人之道,學一本於主静,其發爲文辭,根極理道,非太極則乾坤,言皆有考而動皆有法,非苟知之者。是以進而立朝也,即思陳善而閉邪;退而隱處也,足以廉頑而立懦,古所云明體達用之學。"

弓元《書定山先生集後》(清嘉慶六年刻本《定山先生集》附録):"先生之學、之詩、之文,高古淵粹,機軸自成一家,不肯寄人籬下作活計。天下後世尚有能評之者,予何敢贅一辭。"

聞人詮《讀定山先生集》(清嘉慶六年刻本《定山先生集》附録):"聞人子曰:定山先生,真所謂當時之豪杰也已。道宗孔孟而志不迂學,紹程朱而業不陂,其所演繹洙泗之微言也。其所咏歌濂洛之遺響也。"

陳鵬年《定山莊文節公集序》(清嘉慶六年刻本《定山先生集》

卷首):"前明理學名儒自方正學、薛文清而後,江浦莊文節公首與陳白沙、羅一峰倡明主静之説,開陽明龍溪之宗。"

甘國埏《定山先生文集序》(清嘉慶六年刻本《定山先生集》卷首):"明初道學之傳倡於月川,續於文清,皆各有祖述,獨定山莊文節先生在成弘間專拈太極無極之旨,以爲道之大原,莫要於此開陽明無善無惡、龍溪四無之先。"

陳鎬《莊定山先生小傳》(清嘉慶六年刻本《定山先生集》卷首):"主於静坐,而以不放過義理爲分内事,蓋還養精造,印證關閩。此其得與理學之傳而興起人心潑潑争欲磨濯之不暇者,豈世貴丘言者所能仿佛哉?"

黄宗羲《明儒學案》卷四十五:"先生以無言自得爲宗,受用於浴沂之趣,山峙川流之妙,鳶飛魚躍之機,略見源頭,打成一片。而於所謂文理密察者,竟不加功。蓋功未入細,而受用太早。慈湖之後,流傳多是此種學問。其時雖與白沙相合,而白沙一本萬殊之間,煞是仔細。"

永瑢等《四庫全書總目提要》卷一百七十一"莊定山集十卷":"惟癖於講學,故其文多闡太極圖之義。"

生平不尚著述,性最豪於詩,有所得即見之於詩。詩風與陳獻章相類,一掃詩壇膚淺之陋習,寓理於詩,時稱"陳莊體"。有《莊定山集》十卷。

陳獻章《白沙子全集》(清乾隆三十六年碧玉樓刻本)卷五《夜坐與童子方祥慶話别偶成》:"晚飯蹒跌竹幾安,秋吟涕泪閣燈殘。一詩可送方童子,千煉不如莊定山。"

李東陽《懷麓堂詩話》(人民文學出版社 2009 年版):"莊定山孔暘未第時,已有詩名。苦思精煉,累日不成一章。……晚年益豪縱,出入規格,如'開闢以來元有此,蓬萊之外更無山'之類。陳公甫有曰'百煉不如莊定山'有以也。"

李夢陽《李夢陽集》(中華書局 2020 年版)卷五十二《缶音序》:"宋人主理作理語,於是薄風雲月露一切鏟去不爲,又作詩話教人,人不復知詩矣。詩何嘗無理,若專作理語,何不作文而詩爲邪?今人有作性氣詩,輒自賢於'穿花蛺蝶''點水蜻蜓'等句,此何异痴人前説夢也。"

林光《南川冰蘗全集》卷六《明故南京吏部郎中莊定山先生墓誌銘》:"其爲詩,以爲近代之詩俚俗可厭;握唐人機軸,變换自出,往往追踵風雅。而其妙處,讀之,如入名山,仰見層峰、叠峰、懸崖、滴乳,可望而不可到。又如賓宴撤去常羞,時出野味,風韻自别。其字畫亦然。詩一脱稿,即傳誦四方。詩之初變。自先生始也。"

湛若水《湛甘泉先生文集》卷十七《重刻定山先生詩文集序》:"白沙先生之詩有曰'千煉不如莊定山',蓋尊莊公也。又曰:'不及陳無已,能無賞自然?'蓋自道也。故世之君子,欲知定山先生之詩者,觀諸白沙先生之詩可也。欲知白沙先生之詩者,觀諸定山先生之詩可也。金輝玉映,并妙偕佳,由其言以觀其藴,誦其詩讀其書,以知其人,尚論其世,同乎不同,在覽者自得之。"

張詡《東所先生文集》(明嘉靖三十年張希舉刻本)卷九《書陳莊二先生詩》:"近年來,詩道之行,曰江浦莊孔昜先生、予鄉白沙陳公甫先生。二先生道重於時,而於詩則一掃數百年膚淺之陋習,自莊先生倡之,而陳先生和之,完然大音震響於時。……莊之詩精粹,如孫武子之師,紀律不紊,制敵取勝,動有成法,而出奇無窮。"

李承箕《大崖李先生文集》(明正德五年吴廷舉刻本)卷十七《定山先生詩集序》:"定山之詩,非魏晋詩,非唐,非宋,非元諸名家詩,定山之詩也。"

王世貞《藝苑卮言》(周維德集校《全明詩話》第三册,齊魯書社

2005年版)卷五:"莊孔陽[晹]佳處不必言,惡處如村巫降神,里老罵座。"

王世貞《明詩評三》"莊驗封昶":"評曰:詩以緣物極興,非爲詁義訓釋。昶與陳獻章,俱號山林白眉,至乃鳥點天機,梅挑太極。如巫師降神,里老罵座,兒女走聽,雅士掩耳。然昶詩别至,自有佳處,全篇不足存也。"

儲巏《柴墟文集》(明嘉靖四年刻本)卷十一《題莊定山貽秦用中詩卷》:"余聞之定山詩初就少陵,既而讀劉静修詩,酷愛之。近得其數十篇,横逸益不可當,遂與二公相忘矣。文章要爲儒者餘事,古今人善鳴者,未有不自聞道始。觀定山詩者,當以此意求之。此卷乃中歲所作,貽其友無錫秦用中。用中與定山相得,其亦以予言爲然乎?"

楊慎《升庵全集》(臺灣商務印書館1968年版)卷五十五《莊定山詩》:"莊定山早有詩名,詩集刻於生前,淺學者相與效其'太極圈兒大,先生帽子高'以爲奇絶。又有絶可笑者,如'贈我一壺陶靖節,還他兩首邵堯夫',本不是佳語。有滑稽者改作外官答京宦苞苴詩云:'贈我兩包陳福建,還他一匹好南京。'聞者捧腹。然定山晚年詩入細,有可并唐人者。"

陳鵬年《定山莊文節公集序》:"若夫文章者,道德之糟粕也,雕蟲篆刻,壯夫羞爲。先生之詩文自道其性情,自述其問學,豈屑屑較工拙於世俗之文者位其品第,抑亦康節擊壤集之亞,詩人文人云乎哉?且其古文,卓自成家,洗盡八家習氣,集中如《病眼詩》'殘書漢楚燈前壘,草閣江山霧裏詩'之句,詞人楊用修曾稱之不朽之業,何必不在是哉?"

欽璉《莊定山先生詩文集序》(清嘉慶六年刻本《定山先生集》):"蓋詩本性情而性情之正者必嚴密於戒謹慎獨,致中、致和而後可以魚躍鳶飛,弄月吟風之趣發爲歌咏。其次則孝子忠臣義士節婦詩出至性者,亦足以正人心而維風化。外此恐皆自鄶以下無庸論列也。吾嘗執是以求古來詩史。晋惟陶潛,唐惟韓愈、陸龜蒙、杜甫,宋惟邵堯夫、朱晦翁,於明則方正學、高忠憲、莊定山諸公皆以天德王道性命之學上接孔顔、濂洛、關閩道派,且出處進退德業事功卓然今古。"

王華《定山先生集序》(明嘉靖十四年劉縉刻本《定山先生集》卷首):"定山之文得其氣於莊騷而矩度於宋儒。其論事明而暢;其説理簡而達。其詩格韻風調大抵類后山、簡齋而冲虚豪曠多其所自得,故其音節紀律雖不拘拘於唐人之步武而出於近代詩人則既遠矣。"

邵經邦《藝苑玄機》(周維德集校《全明詩話》第二册,齊魯書社2005年版):"國初詩,好者是元(如楊鐵崖、解大紳);成化間,好者是宋(如陳白沙、莊定山);至弘、德、嘉靖以來,駸駸乎盛唐矣(如何大復、李崆峒)。"

朱孟震《玉笥詩談》(周維德集校《全明詩話》第三册,齊魯書社2005年版):"莊定山昶《節婦》詩云:'二十夫君棄妾身,諸郎痴小舅姑貧。自甘薄命同衰葉,不掃蛾眉嫁别人。化石未成猶有泪,舞鸞雖在不驚塵。鎖窗獨對東風樹,歲歲花開他自春。'羅一峰先生倫評之云:'苦心苦語,可泣鬼神。'"

黄瑜《雙槐歲鈔》(中華書局1999年版)卷九:"昶善爲詩,……羅一峰倫見之曰:'可以泣鬼神矣',昶不以爲然。惟'乾坤鳶魚''老眼脚頭'之類,自謂爲佳,如'枝閑鳥共天機語,江上梅擔太極行'諸句是也,時稱'陳莊體'。"

朱彝尊《明詩綜》(中華書局2007年版)卷二十:"成化間,白沙詩與定山齊稱,號陳莊體。"

黄宗羲《明儒學案》(中華書局2008年版)卷四十五《諸儒學案

上三・郎中莊定山先生昶》:“先生形容道理,多見之詩。白沙所謂‘百鍊不如莊定山’是也。唐之白樂天喜談禪,其見之詩者,以禪言禪,無不可厭。先生之談道,多在風雲月露、傍花隨柳之間,而意象躍如,加於樂天一等。錢牧齋反謂其多用道語入詩,是不知定山,其自謂知白沙,亦未必也。”

謝啓崑《樹經堂詩續集》(清嘉慶刻本)卷七《清風堂草中》“《論明詩絶句九十六首》”:“三百風詩未就删,流傳濮上與桑閑。自從擊壤傳遺派,高帽先生笑定山(莊昶)。”

張廷玉等《明史》卷一百七十九本傳:“昶生平不尚著述,有自得,輒見之於詩。”

永瑢等《四庫全書總目提要》卷一百七十一“莊定山集十卷”:“其詩亦全作《擊壤集》之體,又頗爲世所嗤點。然如《病眼詩》:‘殘書楚漢燈前壘,草閣江山霧裏詩’句,楊慎亦嘗稱之。其他如‘山隨病起青逾峻,菊到秋深瘦亦香’‘土屋背墻烘野日,午溪隨步領和風’‘碧樹可驚游子夢,黄花偏愛老人頭’‘酒盞漫傾剛月上,釣絲才揚恰風和’諸句,亦未嘗不語含興象。蓋其學以主静爲宗,故息慮澄觀,天機偶到,往往妙合自然,不可以文章格律論,要亦文章之一種。譬諸釣叟田翁,不可繩以禮貌,而野逸之態,乃有時可入畫圖。録之以備别格,亦論唐詩者存寒山子集之意也。”

永瑢等《四庫全書總目提要》卷一百五十三集部六别集類六“擊壤集二十卷”:“莊昶諸人,轉相摹仿,如所謂‘送我一壺陶靖節,還他兩首邵堯夫’者,亦爲刻畫無鹽,唐突西子,失邵子之所以爲詩矣。况邵子之詩,不過不苦吟以求工,亦非以工爲厲禁……而明人乃惟以鄙俚相高,又烏知邵子哉!”

高儒《百川書志》(上海古籍出版社 2005 年版)卷十七“集”:“張弼詩一卷,陳獻章詩一卷,莊昶詩一卷,明南安知府東海居士松江張汝弼,翰林檢討石齋新會陳公甫,行人木齋金陵莊孔昜三先生之作也。予各有其全集,此卷未詳録出何人也。”

蔣國榜《定山集跋》(《金陵叢書》丁集《定山集》):“所爲詩文,亦皆悟道之作,詩宗擊壤集,然亦有雕章琢句,逼真唐人者。……荆川尊之爲詩家正派,虞山詆之爲下劣詩魔,皆非篤論也。文亦朗暢深醇,上法紫陽,下開陽明。雖多爲闡發理道而作,然亦不失文家正軌。視其詩殆將過之。”

按,莊昶文集版本,按其八代孫莊端、莊燮補修案語(見清嘉慶六年刻本《定山先生集》),自明至康熙四十一年,凡四刻,嘉慶六年,莊端、莊燮補修刊刻之。民國時期,翁長森、蔣國榜輯《金陵叢書》,收録莊昶詩文集,是爲六刻。

參考文獻:

1. 莊昶《定山先生集》,明嘉靖十四年劉繒刻本。

2. 王弘《文節公年譜》,《定山先生集》附録,清嘉慶六年刻本。

3. 林光《南川冰蘗全集》,清咸豐元年東莞明倫堂刻本。

4. 莊昶《定山集》,翁長森、蔣國榜輯《金陵叢書》丁集,上元蔣氏慎修書屋1914—1916年刻本。

5. 李東陽《李東陽集》,岳麓書社1983年版。

6. 黄宗羲《明儒學案》,中華書局1985年版。

7. 湛若水《湛甘泉先生文集》,廣西師範大學出版社2014年版。

(鄧曉東　孫啓華)

倪岳傳

倪岳，字舜咨，號青谿，南直隸應天府上元(今江蘇省南京市江寧區)人。生於正統九年四月二十三日(1444年5月10日)。父謙，嘗奉命祀北岳。母姚夫人夢緋衣神入室，驚寤生岳，遂以爲名。

王鏊《震澤集》(明嘉靖刻本)卷二十五《故太子少保吏部尚書贈榮禄大夫少保謚文毅倪公行狀》(下稱《倪公行狀》，下引同)："倪世家浙之錢塘。國初以閭右徙京師，故今爲應天上元人。公之考文僖公在翰林，久未有子，被命祀北岳，因禱焉。母姚夫人夢神人緋袍幞頭入寢，驚寤生公，因名岳，字舜咨。"

焦竑《國朝獻徵録》卷二十四吴寬《吏部尚書倪文毅公岳傳》(下稱《倪文毅公岳傳》)："公諱岳，字舜咨，姓倪氏。其先從宋南渡，家于錢塘。國初，詔徙江浙諸省民實京師。公之高祖啓在徙中，故今爲上元人。自啓以下三世，皆未顯。至公之父謙，在英宗之世始以進士及第，入翰林。仕至南京禮部尚書，卒贈太子少保，謚文僖。文僖嘗奉命祀北岳，其配姚夫人夜夢緋袍神人入室，寤而生子。文僖以爲岳神所感也，因名其子曰岳，即公。"按，吴寬《匏翁家藏集》(明正德三年刻本)卷五十九作《倪文毅公家傳》，字句稍异。下引《國朝獻徵録》本。

李東陽《李東陽集·文後稿》卷二十四《明故資德大夫正治上卿太子少保吏部尚書贈榮禄大夫少保謚文毅倪公墓誌銘》(下稱

《倪公墓誌銘》,下引未注皆引此本):"公姓倪氏,世居杭之錢塘。高祖諱啓,國初徙應天之上元。曾祖諱德潤,祖諱子安,皆累贈資善大夫、南京禮部尚書。考諱謙,累官南京禮部尚書,贈太子少保,謚文僖。妣姚氏,繼郭氏,皆贈夫人。初,文僖公代祀北岳,姚夫人感异夢,遂生公,因名曰岳,字舜咨。公體貌豐碩,目光炯炯,望之如神人。"

李東陽《懷麓堂集·文後稿》卷七《答楊邃庵書》:"倪青谿、傅體齋兩先生先後傾逝,一時人物凋謝至此,固當爲天下痛之。"《李東陽續集·詩續稿》(錢振民輯校,岳麓書社1997年版)卷二《酒半續得一首,兼簡南都諸翰林》句下注:"往歲倪青谿諸公在南都有八仙會。"《李東陽續集·文續稿》卷四《倪文毅公文集序》:"先生之文,手自編訂,以所號名爲《青谿漫稿》。"按,黄宗羲《明文海》(清涵芬樓鈔本)卷二百三十五收此序,作"青谿漫稿"。青溪(谿),舊傳有九曲,爲南京勝景。

汪宗伊等修,王一化等纂《(萬曆)應天府志》(明萬曆五年刻本)卷二十六"人物傳一":"倪岳,字舜咨,上元人。父謙,進士及第,奉命使朝鮮,通曉外夷事,引經辨問,夷人聳服。後官至南京禮部尚書,嘗祀北岳,夫人姚夢緋袍神入[室],生岳,因以爲名。"按,原闕一字,據意補。

倪岳《青谿漫稿》卷首亦録李東陽《明故資德大夫正治上卿太子少保吏部尚書贈榮禄大夫少保謚文毅倪公墓誌銘》:"公生正統甲子四月二十三日。"按,所收即李東陽《倪公墓誌銘》,而《懷麓堂集》中略去生卒年月。《天順八年進士登科録》:"倪岳。……字舜咨,行一,年二十一,四月二十三日生。"

生而瑰碩,迥异常兒。性孝,母没時,年僅七歲,居喪哀而盡禮。幼知向學,兼通吏事,識者异之。隨父戍萬全,益勤於學業。

吴寬《倪文毅公岳傳》："公生而瑰碩，迥异常兒。性更孝，姚夫人没時，年甫七歲，居喪哀而盡禮，吊客嘆异。幼即知向學，業文之餘兼通吏事。偶有群吏將赴吏部試，戲出獄詞爲題，令剖斷。旁觀者曰：'此老吏筆也。'識者已知公他日非特以文名者。文僖以翰林學士主順天府鄉試，爲怨家中傷，謫戍宣府。公從行，患難中學業益勤。既長，文僖擇日筮賓爲行冠禮，邊人環觀嘆羡，自是習行之。"

李東陽《倪公墓誌銘》："少有高識，年十一，見群吏將赴部試，戲出獄辭試之，第其高下，已而果然。文僖爲翰林學士，典京闈試事，拒勢家請托，爲所中，謫戍萬全。公爲都司學生，内受家學，習聞先朝典故，恒究心天下事。"

王兆雲《皇明詞林人物考》(明萬曆刻本)卷三"倪文毅"："生而瑰岸秀异。五歲聞鄰塾讀書聲，即請游。間侍文僖公問曰：'天上更有天，地下亦當有天。'蓋已自悟天包地之理矣。"

《明英宗實録》(上海書店 1984 年版)卷三百一十四："(天順四年)謫翰林院學士倪謙戍邊。削遼府儀賓魏玉、武縉、周遠官。初，謙爲順天府考試官，其受業生章黼不中式，銜之。因碁令緝事者，言謙嘗奉使遼府，遼庶人貴㷻以其母與謙妻皆出武定侯郭氏，因饋謙，謀復王爵。謙還，庶人遣人詣謙，庶人婿玉、縉、遠亦詣謙，謀請復儀賓職。謙爲具奏稿，玉等得授職。庶人雖未得復爵，然亦德謙，寓物酬之。語聞，下謙等錦衣衛獄，鞫送都察院。論謙當充軍，玉等當贖徒還職，故有是命。"

天順六年(1462)，舉順天府鄉試。八年成進士，選翰林庶吉士，授編修，考校纂綴，精詳安雅。預修《英宗實録》成，遷侍讀。又輯《文華大訓》，書成，進學士，充東宫講讀。成化初，父謙復翰林學士，一時父子同在翰林，人以爲榮。

李東陽《倪公墓誌銘》："舉天順甲申進士。被簡入翰林，爲庶吉士,諸先輩奇之曰:'此公輔器也。'授編修,預修英廟實録,加從六品俸。文僖致仕而南,公予告省覲。還,秩滿,進侍讀,加俸從五品,直講經筵,音吐洪暢,義歸於正,憲廟每目屬焉。文僖疾,再乞歸省,因得終制。暨今上爲皇太子出閣進學,預修《文華大訓》,進學士,侍東宫講讀。在翰林者二十年,同考禮部及試京闈,再執文柄,校閲明當,得名士爲多。擢禮部右侍郎。"

王鏊《倪公行狀》:"天順甲申,登進士。入翰林爲庶吉士,授編修。預修《英廟實録》,秩滿,遷侍讀,選充經筵講官。被命編輯《文華大訓》,時翰林預者三四人而已。書成,進翰林院學士,選侍皇太子講讀,遂拜禮部右侍郎,仍充經筵講官。"

汪宗伊等修,王一化等纂《(萬曆)應天府志》卷二十六"人物傳一":"(岳)瑰偉秀异,目光炯炯,望之如神。爲文敏捷,天順元年進士(按,當爲八年),入翰林爲編修,考校纂綴,精詳安雅。進講上前。敷古義、傅時政,言意剴切,音吐洪亮。上喜。歷升侍讀至學士。"

吴寬《倪文毅公岳傳》:"天順壬午,以宣府學生鄉試中式,甲申登進士第。年二十一。選爲庶吉士,績學翰林,預修《英宗實録》。成化乙酉,授編修。《實録》成,加俸一級。先是文僖用詔恩,復學士。一時父子同在翰林,人以爲榮。後文僖擢南京禮部侍郎,致仕家居。公乞歸省,因過錢塘展墓,還任。乙未,秩滿,進侍讀。明年,選,充經筵講官。於是,文僖再起爲尚書,仍以疾致仕。公再乞歸侍,竟遭喪,服除,還任。適今上爲皇太子,講學春宫。詔輯《文華大訓》,内閣大臣首以公名上。壬寅,書成,進學士。甲辰,充春宫講讀官。丙午,擢禮部右侍郎,仍命經筵進講。"

弘治初,遷禮部左侍郎,進尚書。儀文制度,多所製定。累知貢舉,防範得法。留心世務,加以箴諫,得大臣體。

李東陽《倪公墓誌銘》:"今上即阼,遷左侍郎,進尚書。在禮部者十三年，儀文制度多所擬定。其大者若皇太后上徽號，皇太子婚，諸王冠，憲廟大喪而太廟祧祫議，母后奉慈殿制，皆前所未有。親耕籍田，視太學，皆以職事從。他如革淫祀、正神號、禁齋醮、止召胡僧、請却西域貢獅諸疏，皆其手出。累知貢舉。往往於舊法加新意，遂不可易。尤喜斷大事，每廷議群疑不能决，輒用片語折之，無不帖服。凡四方灾异，歲一再類奏，加以箴諫，得大臣體。"

王鏊《倪公行狀》："憲宗賓天，充山陵使。弘治初，將升祔憲宗。孝穆太后將祔享，詔廷臣議其禮，言人人殊。公言：'……今憲考升祔，則懿祖神主當祧，宜於太廟寢殿之後，略仿夾室之制，别建一殿，殿九室以藏祧主，每歲暮時享。則奉祧主仍居舊位，以應古祫祭之制。……孝穆神主宜於奉先殿旁，别爲一廟。歲時祭享，悉如奉先殿之儀。'從之。上初即位，言者坌集，皆下禮部，議擬多出公手。遂釐正京師諸神祠，淫名侈費，裁革殆盡。時議者又欲改定孔廷從祀諸賢，公言：'……七十子名字，自馬遷以來相沿已久，今生千百年後，何可臆定？'於是咸仍舊。"

王鏊《倪公行狀》："時以灾异求言，公陳八事。……宗室、冗官二議雖格，識者韙之。進禮部尚書時，年始五十。會京師大雨雹，公言：'雨雹之作，天所以告。陛下宜深求致灾之由，以回天意。'又勸上勵精以勤聖學，推誠以開言路，止無功之賞，停不急之役，黜奸貪，進忠直。時有旨召番僧領占竹。公言：'占竹僭侈爲异端首，先賜罷黜，中外稱聖。今一旦召復之，豈不爲聖政之累？'時西域番人，從海道進獅子。公言：'獅者，外夷之獸，真僞不可知。使真，非中國所宜畜；非真，豈不爲外夷所笑？且海道亦非西域常貢之路。'有旨還之。先是四方奏報灾异，禮部率類其凡，歲終一復，以爲故事。公乃以日月先後，彙分條析，末復援經史，懇懇爲上言之。知弘治九年貢舉。公凡三知貢舉，防範嚴密。如帖圖編號，每因舊法出新意,後遂不可易。”

吴寬《倪文毅公岳傳》:“弘治戊申,爲今上即位改元之歲,進左侍郎。癸丑,拜尚書。……及在禮部,遇事如素習,無難易即治。”

倪岳《青谿漫稿》卷十一《禮儀一》《祀典一》、卷十三《止夷貢一》《止番僧一》等奏疏,卷八《癸丑春闈忝知貢舉試事將畢寄東李陸二學士》《六月二十九日拜命進位尚書,適與體齋傅先生年兄同升,比承詩示,次韻奉復兼柬西涯學士》等詩,俱可參。

弘治九年,改南京吏部尚書,加太子少保以行。後改兵部,參贊機務。十三年,詔還爲吏部尚書。嚴絶請托,不徇名譽,抑揚進退,銓政稱平。

張廷玉等《明史》卷一百八十三《倪岳傳》:“左侍郎徐瓊與后家有連,謀代岳。九年,南京吏部缺尚書,廷推瓊。詔加岳太子少保往任之,而瓊果代岳。尋改岳南京兵部,參贊機務。還,代屠滽爲吏部尚書。嚴絶請托,不徇名譽,銓政稱平。”

吴寬《倪文毅公岳傳》:“丙辰,加太子少保,改南京吏部尚書。己未,再改兵部,賜敕參贊機務。明年,召爲吏部尚書,兼太子少保如故。……在南京吏部,奉詔考核諸司,人服其公明,無异議者。以灾异叠見,率諸公卿條奏二十事。如法祖宗、謹好尚、恤軍民、選將帥、積邊儲等事,皆切於時。後復以清寧宫灾,再以二十八事上。詔皆下諸司看詳行之。公既有才具,部事益簡,人以爲不足爲,竟改任。自永樂間遷都於北,每以武臣一人有重望者留後,而以兵部尚書共事,故其責任視他部爲重,人以公爲宜。一時武備修舉,軍民倚重,相戒不敢犯法,留都肅然。於是,上知公果可大用,始有吏部之命。公居常則能鑒别人物,一旦當銓選,抑揚進退,各當其才。或言别白太過,終當召怨,公不恤,曰:‘吾知冢宰之職當如是。’若諸末務,不喜紛更,日昃退歸私第,若無事者。當廷議,凡軍民利病，能究知其故，正色侃侃言之。衆亦惟公一言而定。天下想望其風采。”

李東陽《倪公墓誌銘》：“南京參贊機務官闕，廷薦公，上留不釋。未幾，忽有南京吏部之命，加太子少保以行。奉詔考庶官，甄别惟允。參贊再缺，改兵部，時留務齟齬。公秉正達變，不激不隨，百廢頓舉，兵民皆恃以爲命。吏部闕尚書，上選於衆，特召公。至則釐正品類，獎恬抑躁，不恤恩怨，正色盛氣，人莫敢干以私，除目下，必翕然稱快，天下想聞其風采。每率諸曹會奏，如講學、修行、敬天、法祖、節宗室、汰冗員、闢异端，前後數十事，皆切治道。”

李東陽《懷麓堂集·文後稿》卷二有《送太子少保南京吏部尚書倪公序》。同卷《送倪吏部考績還南京詩序》：“今年夏，青谿倪先生以禮部尚書加太子少保，改南京吏部，予嘗爲詩及文贈之。先生尚書幾三載，至南京考績上京師，既陛引得旨，令復舊職以去。”

《青谿漫稿》卷十二《灾异》、卷十四《會議》、卷二十《與兵部論快舡事宜書》等均可參。卷十三《辭職疏二》：“臣由進士累蒙聖恩改南京兵部尚書、參贊守備機務，至弘治十三年七月初六日，准吏部咨節該，本部等衙門題奉聖旨：倪岳改吏部尚書，太子少保仍舊，欽此。欽遵備咨到，臣除已離任前来，於八月二十六日到京朝見。”

岳風采嚴峻，善斷大事。廷議不決，往往片語折之。前後陳請百餘事，軍國弊政剔抉無遺。疏出，人多傳録之。

王鏊《倪公行狀》：“公自在翰林，則留心世務，中外利害，罔不諳悉。每大廷集議，衆相視莫發。公氣貌高岸，衆多唯唯以從。……公每爲文，援筆立就，吏抱案前，運筆如飛。殊不經意視之，則宿構者不能及，而法家老吏亦不能增損也。鏊與公同在翰林，猶未知公。及承乏吏部，同事頗久，見其識之開敏，氣之超邁，自恨知公之晚也。”并記倪岳諫阻議加蘇、松折糧銀及遣京官諭雲南思叠事。

汪宗伊等修,王一化等纂《(萬曆)應天府志》卷二十六:"留心世務,經史之餘,凡生民休戚、財計登縮、戎禦利害,無不諳曉。歷官執政每大廷集議,慷慨持正論,一時儀文古典、軍國重計多所擬定。又長於奏議,一寫千言,春容鬯達。考古道今,會文切理。下至瑣屑案牘,吏人旁候,運筆如飛,略不經意。"

張廷玉等《明史》卷一百八十三《倪岳傳》:"岳狀貌魁岸,風采嚴峻,善斷大事。每盈廷聚議,决以片言,聞者悦服。同列中最推遜馬文升,然論事未嘗苟同。前後陳請百餘事,軍國弊政剔抉無遺。疏出,人多傳録之。論西北用兵害尤切。"

倪岳長於奏議,論西北用兵害尤切,《明史》本傳節録之,頗有删改。今存清刻本《青谿漫稿》亦有人名字句等改動。孫旬《皇明疏鈔》(明萬曆自刻本)卷五十五"邊防二"收倪岳《備邊事宜疏》則近於原貌。

兹據《皇明疏鈔》,參校《青谿漫稿》等,略引如下:"往歲虜酋毛里孩猖獗犯順,竊入河套,窺伺延綏,時被寇鈔。既而阿羅出、孛羅忽、乩加思蘭之衆,踵奸效尤,蟠結據伏,數年之間,大爲邊患。蓋緣河套之中,水草甘肥,易於駐札,而腹裹之地,道路曠遠,難於守禦。……擁衆鼓行,長驅深入,遠者逾千里,近者不下數十百里。男婦悉被其虜,畜産爲之一空。村邑荒凉,疆埸擾動。而沿邊諸將,或嬰城以自守,或擁兵以自衛。輕佻者以無謀而挫衄;怯懦者以無勇而退避。既不能折其前鋒,又不能邀其歸路。所以任其源源而来,恣其洋洋而去。遂使之進獲重利,退無後憂。取於我者,得衣食之原,屢起盜心;據於彼者,得窟穴之固,遂無去志。而虜勢之不輯者,日甚一日,邊患之不寧者,歲復一歲於今矣。乃者,上廑九重之憂,特施九伐之討。既簡精兵以出,復命大將以行。宜其大肆剿除,庶乎少酬委托也。奈何四年三舉,一無寸功。或高卧而歸,或安行以返。乃析圭儋爵以優游於朝行,輦帛輿金以充牣於私室。且其軍旅一動,輒報捷音。賜予濫施,官爵輕授。然究其實,則殺傷我之士卒,悉泯而弗聞。掇拾彼之器械,仍虚以呈數。甚至濫殺被虜之平民,妄稱逆虜之首級。未嘗致其敗北,輒以奔竄而遁爲言。未嘗有所斬獲,輒以鈎搭而去爲解。及夫功籍所載,賞格所加者,非私家之子弟,即權門之厮養。而骨委戰塵,血膏野草者,非什伍之卒,即征行之民,誰復知之?良可悼也。此大失乎人心,後焉致其死力哉!况夫京營之兵,素爲冗怯,平居不習夫披堅執鋭之勞,有事安取其斬馘執俘之用?臨陣退縮,反隳邊兵之功。望敵奔潰,久爲虜人所侮。此宜留鎮京師以壯根本,顧乃輕於出禦以瀆天威。所謂'千鈞之弩,不以鼷鼠發機'者,是固不可輕,而亦焉保其必中哉!蓋此意也。……"

按,寫邊寇之横行、諸將之怯懦、權貴子弟之攘功等。下文則針對種種弊端,提出五條應對策略:"曰重將權以一統制而責成功;曰增城堡、廣斥堠以保衆而疑賊;曰募民壯、去客兵以彌患而省費;曰明賞罰、嚴間諜以立兵紀而覘賊情;曰實屯田、復漕運以足兵食而紓民力。"持論堂堂,氣盛言宜。陳九德《皇明名臣經濟録》卷十六,陳子龍《皇明經世文編》卷七十七,汪宗伊等修、王一化等纂《(萬曆)應天府志》卷二十六等均録此疏。

弘治十四年十月九日(1501 年 11 月 19 日),以疾卒於京師官舍,年五十八。贈少保,謚文毅。明世父子官翰林,俱謚文,自岳始。岳爲人嚴重剛毅,而表裏洞達,温然可親。教養子弟,撫恤鄉黨,清正自守。

王鏊《倪公行狀》:"以弘治十四年十月九日,終於京師之官舍,春秋五十有八。訃聞,上賜寶鏹萬緡,爲治斂具,贈榮禄大夫、少保,謚文毅。諭祭者四,遣官營葬,給舟車傳送還其鄉。先夫人盧氏、繼夫人袁氏皆無子,以弟子霦後。”

吴寬《倪文毅公岳傳》:“方以吏部得人贺,而公以疾不起矣。年五十八,疾革,昏憒,口喃喃猶及禦虜事。蓋時邊報方急也。索筆作書,惟及朝政,其狥國之心至死不已。自幼事其父與繼母郭夫人,能盡子道,反愛諸弟,不以异母間其恩意。諸弟亦謹事之。至於親戚故舊,所以周恤之者尤至。平生馭下雖嚴,然未嘗妄笞辱一人,故人望其外若不可親,其中心實厚也。卒之日,人莫不痛惜之。上聞訃震悼,特贈榮禄大夫、少保,謚文毅。公娶盧氏,生一子,夭。繼娶袁氏,無子。以弟阜之子霦爲後。霦蒙恩授中書舍人。三弟阜登進士第,今爲工部郎中。寬與公同朝三十年,同在翰林,同侍春宫,頗知公。……如文毅公爲人挺然,任事不少避忌,其亦有大臣之風者哉! 國朝父子爲學士翰林,得并謚‘文’,自公父子始。”

謝鐸《謝鐸集》(浙江古籍出版社2012年版)卷六十五《倪文毅公謚議》:“惟公以英妙之年而接武科第,以雄偉之學而濟美玉堂,講殿經筵之啓沃,裨益良多,《實録》《大訓》之纂修,勞勩不少。陟宗伯而繼掌邦禮,輔新政而入議宗祧,凡此皆足以見其文。暨夫冢宰南都而官僚懾服,參贊留務而軍政肅清。及其被召而至,百辟爲之改觀。黜陟惟公而人不敢譁,進退以漸而下無所怨,吏牘堆案而判决如流,衆論盈庭而一言立斷,凡此又足以見其毅。謚毅而先之以文,謚文而麗之以毅,於法爲合,於議爲得。”

李東陽《倪公墓誌銘》:“甫逾年,偶趨朝急,動氣成疾,疾且亟,猶手書薦稿。既殆,强索筆書‘平生公正無偏私’數語,字隱隱可識,竟不及家事。爲尚書,歷兩京四部,去一部,其屬必眷慕不忍别。卒之日,自公卿下及百執事,交口痛悼,有失聲者。嗚呼,天生一世之才,間有恢閎博大杰特而絶出者,蓋不數見。此其人之用舍存没,必關氣數,繫家國,非群生旅喪者比。公文學行業,大用於時,而卒弗克究以没,獨非天哉?然公以父子爲史官,爲學士,爲大宗伯,本朝所僅見。以禮部兼講官,實出親命;歲時所賜,若金幣襲衣諸珍物;疾則賜牲酒、蔬米,命醫診治;辭免則温詔慰留;訃聞則賜寶鏹萬貫,遣禮部諭祭者四,敕有司治葬,仍給驛歸其喪,贈榮禄大夫、少保,謚文毅。官其子爲中書舍人。遭際之盛,終始極備,亦可謂無遺憾已。"

李東陽《倪公墓誌銘》(《青谿漫稿》卷首):"公娶盧氏,湖廣布政司使雍之女,有才慧,贈夫人。生子孝,五歲而夭。繼袁氏,封夫人,善理家政。公以弟工部郎中阜之子霦爲後,今爲中書者是也。公生正統甲子四月二十三日,卒以弘治辛酉十月九日,年五十有八。阜請護喪歸,卜弘治壬戌十二月二十日,葬於新亭鄉堽墓村之原。啓盧夫人之竁,自新亭來祔。公嚴重剛毅,而表裏洞達,即之温然可親。性至孝,父難時,匍匐求解,居喪哀毁逾度。以舊業讓諸叔弟,弟阜及山、澤,皆所教育。澤亦爲中書舍人。篤念舊故,鄉黨貧乏,蒙賑恤者多至不可數。雖奕世貴顯,囊無遺貲。……予與公同舉進士,又同官久,爲知己,固將爲天下慟,而後及吾私。乃據吏部侍郎王公濟之所著狀爲銘,而狀所不載者,則互相發云。"

《明孝宗實録》卷一百八十:"獨在翰林時,太監黄錫母死,哀服送葬。論者謂其急於功名,昵比權要,君子益深惜焉。"

所著有《青谿漫稿》,與父謙《倪文僖集》并行於世。岳奏議簡明切達,他文亦渾灝流轉,不爲雕琢之習。

永瑢等《四庫全書總目》卷一百七十《清谿漫稿》二十四卷:"今集中疏議共五十九篇,與所謂百餘事者不合。疑刊集時已有所删擇。然如《正祀典》《陳灾异》及《論西北用兵》諸奏,皆建白之最大者,已具在其中。所言簡切明達,得告君之體,頗有北宋諸賢奏議遺風。他文亦浩瀚流轉,不屑爲追章琢句之習。"

同卷《倪文僖集》三十二卷:“此本凡賦、辭、琴操、古今體詩、詩餘十一卷,頌贊、表箋、箴銘一卷,文二十卷,蓋謙所自編,於生平著作汰存六之一者也。三楊臺閣之體至弘、正之間而極弊,冗闒膚廓,幾於萬喙一音。謙當有明盛時,去開國之初未遠,前輩流風餘韻,往往而存,故其文步驟謹嚴,樸而不俚,簡而不陋,體近三楊而未染其末流之失。雖不及李東陽之籠罩一時,然有質有文,亦彬彬然自成一家矣。”

李東陽《倪文毅公文集序》(《李東陽續集・文續稿》卷四):“及出爲禮部侍郎,進尚書,加太子太保,改南京吏、兵二部,參贊留務,入掌吏部,如黜淫祠、却异物、謹天戒、守舊章諸疏,亦嘗考古義,稽故典,極陳利害,辭嚴理正,得古人告君之體。是其文見於敷奏間,天下皆傾耳注目,顯然知勛業之所由建,非苟具簿書,循條格之爲者,誠可謂有用之文也。至其詞賦、碑表、序記、著述、賦咏之作,長篇大章,泉涌山出,聲應響答,情興逸發,事理并備,游刃於全牛之内,安行於逐水之曲,固其天資所得,素業所就,以鳴一時、傳四方者。自先生觀之,亦其餘力所及。視彼旬鍛月煉、章追而句琢者,固其所不暇爲,亦其所不屑爲也。……先生之文,手自編訂,以所號名《青谿漫稿》。知府熊君桂刻於徽州,其嗣子中書舍人霦請予序。”

陳田《明詩紀事》(清光緒一十五年陳氏聽詩齋刻本)丙籤卷四:“文毅詩才不逮文僖,而政績遠過之。”劉敬思《青谿漫稿跋》(《青谿漫稿》卷末附)稱引倪岳《題芳池春水》《題駿馬圖》《次李西涯韻》《陪祀》《松庢山大忠祠》等數詩。

按,《青谿漫稿》二十四卷,有詩賦九卷、講章一卷、奏議三卷及表贊碑傳誌銘等十卷。附録爲倪霦、倪民悦詩二首。有明正德熊桂(字世芳)刻本,有丁丙跋語謂:“此本目録後有夾行注云:文毅倪公《青谿漫稿》,詩文七十八卷、講章奏議二十一卷,南畿提學莆田黄公刊行二十四卷。”(参丁丙《善本書室藏書志》卷三十六《青谿漫稿》,清光緒刻本)又有清光緒二十六年刻本,卷前有李東陽所作序、墓誌銘及馬文升、閔珪二贊,卷末有劉敬思跋。又有清鈔本,然缺第十二卷。

倪夫人廬氏亦善文、工畫。尹繼善等修,黄之雋等纂《(乾隆)江南通志》(清乾隆元年刻本)卷一百九十四《藝文志》録江寧盧氏《倪文毅夫人集》。劉敬思《青谿漫稿跋》:“公夫人廬氏名允貞,字德恒。白描工妙,有《九歌圖》《璇璣圖》二卷,藏於家。曾孫民悦曾出以示客,周吉甫見之。”

參考文獻:

1. 倪岳《青谿漫稿》,清光緒二十六年錢塘丁氏嘉惠堂刻本。

2. 吴寬《匏翁家藏集》,明正德三年刻本。

3. 王鏊《震澤先生集》,明嘉靖刻本。

4. 孫旬《皇明疏鈔》,明萬曆十二年自刻本。

5. 李東陽《懷麓堂集》,清康熙二十年刻本。

6. 焦竑編《國朝獻徵録》,周駿富輯《明代傳記叢刊》,臺灣明文書局 1991 年版。

7. 李東陽著,錢振民輯校《李東陽續集》,岳麓書社 1997 年版。

(司馬周　朱付利)

程敏政傳

程敏政，字克勤，號篁墩、篁墩居士，又號留暖道人。南直隸徽州府休寧（今安徽省黄山市休寧縣）人。正統十年十二月十日（1446 年 1 月 7 日）生。父信，官至南京兵部尚書兼大理寺卿，謚襄毅。敏政爲其長子。

《篁墩程先生文粹》卷首《篁墩程學士傳》："公諱敏政，字克勤。徽州休寧人。徽之諸程皆出陳開府儀同三司重安郡公靈洗，至公曾祖杜壽始坐累謫戍河間，居三世至公之考，諱信，始以河間學官弟子員舉進士。官吏科給事中，至南京兵部尚書兼大理寺卿。卒贈太子少保，謚襄毅。襄毅既貴，復還休寧。公，襄毅公長子也。"

按，此文署"北海氿東之撰"。據考證當爲"仇東之"之誤。仇潼，字東之，與敏政相善（參何威萱《寂寞的神童：明儒程敏政生平要事考釋》，《中國文化研究所學報》，2016 年總第 63 期）。

程敏政《篁墩程先生文集》（下稱《篁墩文集》）卷十《奏乞省親》："臣原籍直隸徽州府休寧縣人，直隸瀋陽中屯衛官籍。"

倪岳《青谿漫稿》（清光緒二十六年刻本）卷五《篁墩爲程克勤賦》題下注："新安之程，世居篁墩。黄巢之亂，改爲'黄墩'以避禍。至克勤乃考諸譜誌，復舊名云。"詩云："十畝新篁翠色屯，依然還是舊家墩。浮名豈惜隨時改，直節元知自古存。一代清風重有主，千年遺澤又生孫。已除蕪穢供游樂，不异晴洲斷石村。"

雷禮《國朝列卿紀》(明萬曆刻本)卷十五"程敏政"條:"程敏政,字克勤。直隸徽州府休寧縣人。……新安之篁墩,以多竹故名。且開府舊賜第、廟食處也。唐廣明中,巢賊嘗經其第,與己姓同者則不動。民懼其戕害乃遷就之改'篁'爲'黄'。公成化間省襄毅公歸,考於圖牒,詢於父老,惡其以忠臣故第爲逆巢所污,乃復爲'篁墩',因以自號。"

"留暖道人"之號見於程敏政《篁墩文集》卷二十八《梁園賞花詩引》、卷八十五《送徐中行進士》。又張旭《梅岩小稿》卷三《題篁墩先生寫贈師魯竹梅并詩卷》(明正德刻本)注云:"留暖道人乃篁墩先生别號。"

程氏生日,劉彭冰《程敏政年譜》(安徽大學 2003 年學位論文)繫於正統九年十二月十日;郭玉《程敏政詩文創作與〈明文衡〉編纂研究》(廣西師範大學 2011 年博士學位論文)則辨爲正統十年十二月初七或初九日;何威萱《寂寞的神童:明儒程敏政生平要事考釋》考證爲正統十年十二月初十日。兹參考相關研究,略論述如下。

按,《篁墩文集》卷六十三詩題中"成化癸巳臘月十日,予生蓋三十年矣",卷八十一詩題謂:"小女以乙巳歲臘月八日生,與予生辰隔一日,人以爲奇。"由此,敏政生日爲臘月十日。卷五十一《奉安顯祖尚書府君遺像告文》有"惟藐孫之生未周兩月,不幸府君奄棄於家",卷四十一《資德大夫正治上卿南京兵部尚書兼大理寺卿贈太子少保謚襄毅程公事狀》(下引稱《襄毅程公事狀》)謂其父"丙寅二月以父憂去",而敏政祖父程晟"卒正統丙寅二月六日"(李賢《贈亞中大夫太僕寺卿程公晟墓碑銘》,《新安文獻志》卷九十二下,明弘治十年刻本),丙寅爲正統十一年,時敏政未滿兩月,則其生在正統十年。所謂"予生蓋三十年矣","三十年"殆舉其成數。

又,《成化二年進士登科録》:"程敏政,字克勤,行一。年二十二,十二月初十日生。”沈德符《萬曆野獲編》卷十五“現任大臣子弟登第”條:“程(敏政)舉鼎甲,年已二十有二。”要之,敏政之生年爲正統十年十二月初十,即公元1446年1月7日。

生而早慧,人比之孔融、李泌。十餘歲隨父官四川。巡撫羅綺以神童薦於朝,英宗喜其應對拜起如老成人,詔讀書翰林院,官給廪饌。大學士李賢以女妻之。

《篁墩程學士傳》:“生而蚤慧,人方之孔文舉、李長源。十餘歲隨襄毅公參政蜀藩,方鎮大臣以神童薦之朝。英宗喜其應對拜起如老成人,命賜食。詔館閣試之。即日賦《聖節》及《瑞雪》詩,并經義各一篇。援筆立就,文采粲然。諸閣老翰長皆嗟异之。暨進呈,上喜甚。詔讀書翰林院,官給廪饌。時大學士南陽李公賢、安成彭公時、學士嘉興吕公原、中允壽光劉公珝,皆當世碩儒,皆就之講授。李公尤愛之,因妻以女。”

焦竑《國朝獻徵録》卷三十五《禮部右侍郎兼翰林院學士程敏政傳》(下稱《程敏政傳》),按,此傳同《明孝宗實録》卷一百五十一所載程敏政傳略。“早慧,年十歲,侍父信官蜀。巡撫侍郎羅綺以神童薦於朝,命讀書翰林院。”

張廷玉等《明史》卷二百八十六《程敏政傳》:“十歲侍父官四川,巡撫羅綺以神童薦。英宗召試,悦之,詔讀書翰林院,給廪饌。學士李賢、彭時咸愛重之,賢以女妻焉。”

雷禮《國朝列卿紀》卷十五“程敏政”條:“十餘歲,隨襄毅公參政蜀藩,巡撫侍郎羅綺以神童薦之朝。英宗召試,出題命對,曰:‘鵬翮高飛,摶扶摇之九萬。’敏政云:‘龍墀獨對,陳禮樂之三千。’上首肯之,且喜其拜起如老成人。命賜食,詔館閣試之。即日賦《聖節》及《瑞雪》詩,并經義各一篇。援筆立就,文采粲然。諸閣老翰長嗟异之,暨進呈,上喜甚,詔讀書翰林院,官給廪饌。時大學士南陽李賢、安成彭時、學士嘉興吕原、中允壽光劉珝，皆當世碩儒，皆就之講授。李公尤愛之，因妻以女。”

按，敏政聰穎善對，屬對得偶事，明清筆記小説多載之。蔣一葵《堯山堂外紀》（明萬曆刻本）卷八十七：“程敏政以神童至京，李賢學士許妻以女，因留飯。李指席間果出一對曰：‘因荷而得藕。’程應聲曰：‘有杏不須梅。’李大奇之。”查應光《靳史》卷二十八、姚之駰《元明事類鈔》卷二十五引《明世説》亦同，而顧起元《客座贅語》（明萬曆四十六年自刻本）卷七“吴公擇婿”條則謂“緣荷方得藕”，屬對者爲周約庵（按，周金，號約庵，晚於敏政），事同而人异。

又，李紹文《皇明世説新語》（明萬曆刻本）卷五“夙惠”：“（李東陽）嘗與程敏政同召，上試對云‘螃蟹渾身甲胄。’敏政對曰：‘鳳凰遍體文章。’東陽對曰：‘蜘蛛滿腹經綸。’後程官學士，李大拜，兆於此矣。”查應光《靳史》卷二十七亦載，然方弘静《千一録》（明萬曆刻本）卷十五“客談三”已辨之。此類殆多後人附會之語，以見敏政早慧。

按，《篁墩文集》卷二十《送内兄林文秀之官淮陰序》：“内兄林文秀與余同學詩於家君晴洲先生，時先生參政於蜀，余與文秀侍行，道荆江，溯巴峡以達成都。”卷四十一《襄毅程公事狀》：“乙亥七月服闋，十月改四川，丙子四月抵任。分巡所至，問民疾苦，不憚險遠。……天順丁丑，英廟復位。公奉表入賀，時方録景泰間上言之人，乃留公爲太僕卿。”又按，《明英宗實録》（上海書店1984年版）卷二百七十八：“（天順元年五月）提督四川松潘兵備刑部左侍郎羅綺召至，調爲都察院左副都御史。”卷二百七十九：“（天順元年六月二日）右副都御史羅綺下錦衣衛獄。”敏政與父信於景泰七年（1456）四月抵蜀，則羅綺上表推薦當在此後至天順元年（1457）六月之間，或即天順元年五月間事。據學者考證，程信奉表入賀萬壽,於天順元年冬至京(何威萱《寂寞的神童:明儒程敏政生平要事考釋》),英宗生辰爲"十一月十一日"(《明英宗實録》卷一),敏政應對有《萬聖》之詩,則敏政召試應對事應在此際。

天順六年,中順天府鄉試第二名,爲《尚書》經魁。成化二年(1466),第一甲第二名進士及第,授翰林院編修,同修《英宗實録》《續資治通鑑綱目》。歷左諭德,直講東宫。

程敏政《篁墩文集》卷二十四《户部郎中官君挽詩序》:"平度官君汝清,與余治《尚書》,就天順壬午之試。君魁山東,余亦繆魁畿北,蓋詳聞而未相識也。既舉進士,成化初,先婦翁太師李文達公卒。君以工部主事受命往治葬於南陽,始識君而未悉其人也。"

張廷玉等《明史》卷二百八十六:"成化二年進士及第,授編修,歷左諭德,直講東宫。"

張廷玉等《明史》卷二百八十六《程敏政傳》:"成化二年進士及第,授編修,歷左諭德,直講東宫。"

《成化二年進士登科録》"程敏政":"治《書經》,……順天府鄉試第二名。"

彭澤等修,汪舜民等纂《(弘治)徽州府志》卷六"天順六年壬午科":"順天府鄉試:程敏政,《書經》魁。"卷七本傳:"逾冠,舉成化丙戌進士,第一甲第二人,授翰林院編修。同修《英宗實録》。己丑春,同考禮部貢舉。時欲刊布《大明一統志》《洪武正韻》《資治通鑑綱目》,皆同校勘。尋同修《續資治通鑑綱目》。書成,遷左春坊左諭德。"

《篁墩程學士傳》:"逾冠,舉進士,中成化丙戌科第一甲第二人,授翰林院編修,同修《英宗實録》。己丑春,同考禮部貢舉。時欲刊布《大明一統志》《洪武正韻》《資治通鑑綱目》,皆同校勘。……書成,遷左春坊左諭德。且以宋藝祖、太宗授受大事也,當時史臣不能詳記。遂乃啓千古之疑。乃取宋李燾《宋史長編》，元史臣歐陽玄等《宋史·本紀》以爲正，而考訂發揮之餘，黜陳涇、胡一桂之繆，别著《宋紀受終考》三卷。乙未春，廷試進士，充受卷官。俄詔侍講經筵，尋兼皇太子讀講。”

成化十五年秋，父卒。次年春，扶喪南歸。會族人修《新安程氏統宗世譜》二十餘卷。服闋，入朝。二十二年秋，主考南京鄉試。

焦竑《國朝獻徵録》卷四十二劉珝《資德大夫正治上卿南京致仕兵部尚書兼大理寺卿贈太子少保謚襄毅程公信墓誌銘》："成化己亥秋九月二十有七日，南京致仕兵部尚書兼大理寺卿、休寧程公卒於正寢。有司以訃聞，詔贈太子少保，謚襄毅，遣官諭祭、營葬。……距其生則永樂丁酉，得壽六十有三。配林氏，累封夫人。子男三：長即敏政，成化丙戌進士及第，授翰林編修，累升春坊諭德，學行爲時所嘉。次敏德，太學生，次敏行，邑庠生。”

《篁墩文集》卷四十一《襄毅程公事狀》："己亥五月，忽因吐致疾，轉爲風痰，既差而復者三，竟不起，時九月二十七日辰時也，享年六十有三。……敏政將請於朝，奔喪而歸，奉窆於休寧縣東南三里許南山之原。”

《篁墩文集》卷五十三《至家告几筵文》："維成化十六年，歲次庚子，春三月辛巳朔三十日庚戌，孤子左春坊左諭德敏政敢昭告於顯考尚書少保襄毅公府君靈座前曰：'孤不孝之罪，上通於天，不自死亡，釁鐘先考。兹者，得請解官奔喪，以獲祗奉几筵。委頓之餘，攀號無逮，俯伏奠告，伏惟鑒之。”

《篁墩文集》卷五十三《答衍聖公書》："前歲冬，不幸先公棄背。……舊歲春，奔喪南歸。”

《篁墩文集》卷二十三《新安程氏統宗世譜序》："成化壬寅春，先公之服既除，乃發書以告諸宗人，諸宗人是之。各以其譜來會。

理淆伐舛,將六月逾月始克成。編爲卷凡二十有畸,會者四十四支,名之登於譜者逾萬人,先墓之可以共業者五十三世。相與告之先廟,而命之曰《新安程氏統宗世譜》。"

按,程敏政編纂《程氏統宗世譜》的目的,在於提高本房在安徽程氏中的地位。有學者以爲,程敏政此舉發揮了二程"'以貴代宗'的世家統宗思想,……以世臣世家統宗自許"(林濟《程敏政統宗譜法與徽州譜法發展》,《安徽史學》2008年第4期)。此外,程敏政還編輯《程氏貽範集》(《篁墩文集》卷五十九《新安程氏統宗世譜凡例》)、重建二程祠(《篁墩文集》卷十四《休寧重修二程夫子祠記》),這些都顯示了其對宗族及地方文教的努力。

《篁墩文集》卷二十六《應天府鄉試録後序》:"應天府臣以成化丙午南畿鄉試,前期請官主考,惟臣諧、臣敏政。適皆承乏,被命而行。以七月望前一日升辭,八月朔濟江,七日鎖院,廿七日撤棘。蓋其在行也兼程,其在公也通夕。得士百三十五人。取其氏名、邑里及文之優者,與凡内外典事之職名,刻爲《鄉試録》,以進而傳焉。"

孝宗即位,遷詹事府少詹事,兼翰林院侍講學士,侍文華殿日講。詔同修《憲宗實録》。頗受帝雅重。

《篁墩文集》卷八十一《九月六日今上登極禮成,聽詔次韻》:"大闢逋税徹圜扉,一詔丁寧感綴衣。仗馬新從軒陛立,宫鴉時繞殿檐飛。九重聖孝推恩博,十載皇心探道微。求治便應今日始,鵷行誰守愧甘肥。"

《篁墩程學士傳》《國朝列卿紀》俱載憲宗升祔祧遷之制、孝穆皇后神主奉享之禮,張懋、李瑾等人疏稿俱出敏政之手。與王鏊《倪公行狀》所載有异,參《倪岳傳》。

雷禮《國朝列卿紀》卷十五"程敏政"條:"弘治戊申,同修《憲宗實録》。尋詔敏政率其屬侍雍王講讀。及上將視學時,禮儀簡略不稱。詔議儀注。敏政倡議：預齋一日，加帛一段，樂設不作，改分獻爲奠。從之。初開經筵，詔侍講。仍日侍文華殿講讀。上初即位，雅重講幄儒臣，呼先生而不名。嘗因講罷，賜講官冠服，敏政得金織緋袍一襲，金帶、冠履各一，慰勞甚至。”

彭澤等修，汪舜民等纂《（弘治）徽州府志》卷七：“弘治戊申，同修《憲宗實録》。二月，諸王出閣，詔敏政率屬於右順門侍雍王講讀。三月，初開經筵，詔敏政侍講，仍日侍文華殿講讀。”

《篁墩程學士傳》：“徽州府儒學訓導周成，進《治安備覽》，詔公看詳。公摘其中多竊宋趙善璙《自警編》，元張養浩《牧民忠告》。或襲用其標目，或全剽其語言，然此之猥不及彼之精，況以治安爲名而不及君德心學。謂‘秦商鞅有見於孔門立信’之説，則又踵王安石之故智；其‘息异端等’説，亦非拔本塞源之論。鄙俚而無雅馴之言，迂妄而非經久之策。詔以成狂妄，置不問責，還其書。”

弘治元年（1488）冬，以久陰不雨，言官劾敏政私德有虧，請罷以塞天變，詔致仕。舟過吴門，沈周有詩贈行，海内傳誦。

《篁墩程學士傳》：“先是，臺臣論奏，請進賢退奸，且各有所指。公之名在所進中。由是素忌者有逐公之意矣。俄御史魏璋以曖昧之言中公。詔公致仕。有勸公自辯者，公答書謂：‘歐陽公、朱文公當時各遭讒謗，時歐公在執政，故力可辯；文公在庶僚，故不可辯，恐反遭鍛煉故耳。況上有老母，下有弱子邪？’”

《明孝宗實録》卷十九：“（弘治元年十月）時久陰不雨，監察御史王嵩等因疏陳修省五事，……詹事府少詹事兼翰林院侍講學士程敏政，奸叔之妾，至生一女；奪弟之官，致死非命；及與樂婦通奸，教以詩書，貪淫無耻。……奏上得旨，……程敏政……念舊侍從官，亦令致仕。”

張廷玉等《明史》卷二百八十六《程敏政傳》：“敏政名臣子，才高負文學,常俯視儕偶,頗爲人所疾。弘治元年冬,御史王嵩等以雨災劾敏政,因勒致仕。"

按,謂"雨灾",或因沈周、錢謙益所記。沈周《石田先生集》(明萬曆四十三年刻本)卷五《送程宫諭》題下注:"因久雨爲言者濫及去位。"詩云:"車馬出春明,雨中人獨行。人從今日去,雨是幾時晴。静閣一杯酒,亂聞千樹鶯。故山堪注《易》,天意就先生。"錢謙益《列朝詩集》(清順治九年毛氏汲古閣刻本)丙集卷八"石田先生沈周"引程敏政與沈周書謂:"篁墩以久雨去位無疑,《實録》誤耳。"丙集卷六"程侍郎敏政":"沈啓南贈詩云:'人從今日去,雨是幾時晴。'海内傳誦。"

《篁墩文集》卷五十四《與姑蘇沈啓南書》:"累年闊别,甚欲一見,以寫所懷。不意舟次吴門,匆匆竟不得一面。……繼聞君謙儀曹誦左右見贈佳作,有'人從今日去,雨到幾時晴'之句,亦甚欲請書爲行李之重,不可得也。"《明孝宗實録》卷十九"弘治元年十二月"内閣大學士劉吉奏:"况今年自冬以來,京師久陰不雨,川、廣到處旱灾民饑。"可證應爲"久陰無雨"。

《篁墩文集》卷八十二《弘治元年十月十八日,得休致之命與李符臺士欽小酌口占》:"忽奉歸田詔,天恩免逐臣。便談林壑事,莫問市朝人。好夢依黄犢,先聲撫翠筠。難酬君相意,擊壤助遺民。"《得用光宗侄新安寄來書并禄命書一紙,有勸予省人事、謝應酬,及早歸之意,時予得遣出城已三日矣,喜而有作》:"小阮書來亦太奇,勸予休遣鬢成絲。誰知逆旅開緘日,正是君王賜玦時。恩負從龍真大愧,命當磨蝎可中移。山林不日重相見,喜取新成第一詩。"

又按,程敏政私行或有可議之處(參郭玉《程敏政詩文創作與〈明文衡〉編纂研究》第一章"弘治元年第一次致仕")。此次被劾,無論其私生活有無不檢,政治上的分歧纔是導致其致仕的主因。

何威萱《寂寞的神童：明儒程敏政生平要事考釋》一文中“弘治元年罷官之由”，從湯鼐上疏、程敏政於弘治初年的心態與行動、彈劾程敏政之人，三個方面考釋甚詳，可參看。

居鄉講學、著述。弘治五年冬，詔復官。尋升太常寺卿。時議楊時孔廟從祀，敏政上疏言其宜，從之。八年，丁母憂還。詔修《大明會典》，上章乞終制，從之。

《篁墩程學士傳》：“既歸，讀書休寧南山中，若將終其身焉。”程敏政《篁墩文集》卷二十九《送汪承之序》：“新安郡學生汪祚承之，從予講學南山精舍。”編著《道一編》論“朱陸二氏之學，始异而終同”（卷二十八《道一編序》），編纂《新安文獻志》：“甲集六十卷，以載其言；乙集四十卷，以列其行。蓋積之三十年始克成也。”（卷二十九《新安文獻志序》）又對南宋真德秀《心經》作注，著《心經附注》：“敬者，聖學始終之要也。然則是經所訓不出敬之一言。故附注之中特加詳焉。”（卷三十《心經附注序》）

彭澤等修，汪舜民等纂《（弘治）徽州府志》卷七本傳：“郎中陸容、給事中楊廉、進士夏昶、錦衣千户葉通，先後上書訟之。上悟，詔還。”《明孝宗實録》卷一百五十一：“弘治六年召還，仍供舊職。尋升太常寺卿，掌院事，兼修玉牒。”

《篁墩程學士傳》：“郎中陸容、給事中楊廉、進士夏某、錦衣千户葉通先後上書訟公。上悟，召還。公將赴召，有以書止公無起者。公答書以爲：自古聖賢，固不以不仕爲高，亦不以苟就爲得。雖伊川之嚴重剛毅，至於復官之際，無所辭焉。誠以義之所在，擇之宜精，而非顧一己之私者也。可辭則辭，可無辭則無辭，一出於誠心直道，是乃聖賢爲己之學，豈以流俗之譏爲之前却也。……今一旦復其舊官，雪其幽枉，若稍偃蹇，則疑若出於忿懟不平之餘，恐於大義有所不可。……既至，職任如故。命教庶吉士於翰林院，尋遷太常寺卿,仍兼翰林院侍讀學士,掌院事,兼修玉牒。”按,答書見《篁墩文集》卷五十五《與鄭萬里書》,有删節。

《篁墩文集》卷八十八《十二月廿一日得昭雪復官感激賦此》:“紫鳳銜書下九霄,君王還念舊宫僚。春回大地陽初動,日轉陰崖雪盡消。犬馬有情終戀主,山林無分又趨朝。旁人欲問酬恩事,洛黨塵編未寂寥。”《篁墩文集》卷九十有詩《廿八日受命與賓之同教庶吉士於翰林》。卷九十一《和答屠朝宗都憲見贈之什》題下注:“時予與賓之、廉伯、啓昭同升。”其二“湛恩三日愧重加”句下注:“十四日徼幸進官,十七日承乏署印。”

《篁墩程學士傳》:“時有上書請以宋儒楊時從祀孔廟者,詔下廷臣僉議。公上疏曰:‘……今以龜山躋于從祀,列于東廡司馬光之下、胡安國之上,宜矣。其應封伯爵,行移翰林院定擬,仍行國子監及天下學校,一體從祀。’從之。”疏見《篁墩文集》卷十《龜山先生從祀議》。

程敏政《新安文獻志》(明萬曆四十二年刻本)卷九十九徐溥《程襄毅公夫人林氏墓誌銘》:“弘治八年乙卯七月十日,程襄毅公夫人林氏卒於京師官舍。”《篁墩程學士傳》:“尋丁母夫人林氏憂,扶護歸鄉里,與襄毅公合葬。詔修《大明會典》,召公爲副總裁。公上疏乞終喪制,許之。”《明孝宗實録》卷一百五十一:“八年丁母憂。修《大明會典》,召爲副總裁,上章乞終制,從之。”奏疏見《篁墩文集》卷十《奏乞終制》。

弘治十一年,服闋返京。進禮部右侍郎兼翰林院學士掌詹師府事,入侍東宫。梁儲使安南,敏政應南京鄉試解元唐寅之請,作序送之。江陰舉人徐經與寅善,同往來敏政門下。

《明孝宗實録》卷一百五十一:“服闋,還京,未至轉詹事兼翰林院學士,陛見,遷禮部右侍郎,侍皇太子講讀。”《篁墩程學士傳》:

“服闋，入朝，未至轉詹事府詹事兼翰林院學士，陛見後，遷禮部右侍郎，《會典》副總裁，餘如故。仍掌詹事府事，侍皇太子講讀。”《篁墩文集》卷五十二《至京轉官告文》：“某被召，三月廿四日至京。廿八日上荷天恩，進副宗伯仍兼翰長，入侍東宫。”

程敏政《篁墩文集》卷三十五《贈太子洗馬兼翰林侍講梁公使安南詩序》：“公前此受命主秋試，於南畿號得士。其第一人曰姑蘇唐寅，合同榜賦詩以贈公，屬予序。予與公同事相得，其文學之昌，才識之卓，操履之懿，蓋畏友也。於其行固將有言以致區區，而况重之唐請哉！”

《明孝宗實録》卷一百三十九：“（弘治十一年七月）命司經局洗馬梁儲、翰林院侍讀劉機，爲應天府鄉試考試官。”張廷玉等《明史》卷二百八十六《唐寅傳》：“舉弘治十一年鄉試第一。座主梁儲奇其文，還朝，示學士程敏政，敏政亦奇之。”

尹守衡《皇明史竊》（明崇禎刻本）卷九十五《唐寅傳》：“弘治十一年，太子洗馬梁儲主試應天，舉寅爲第一人。當赴會試江，陰舉人徐經亟欲交知於寅，百金爲壽，同舟俱北。時寅文名籍甚，都中公造謁闐咽於門。儲還京，言於詹事程敏政曰：‘僕在南都得唐生，天下才也。請君物色之。’敏政曰：‘吾固聞之，寅故江南奇士也。’寅以是與經，咸得受知敏政門下。”

弘治十二年，與李東陽主考會試。言官以鬻題責士劾之。敏政、唐寅、徐經等俱下獄。累疏自責請致仕，弗遂。乃自請廷辯，諸大臣白其事以聞，詔許致仕。出獄數日，以癰毒不治卒，時弘治十二年六月四日(1499 年 7 月 11 日)，年五十五。

《明孝宗實録》卷一百四十七：“（弘治十二年二月）户科給事中華昶奏：‘國家求賢，以得目爲重，公道所在，賴此一途。今年會試，臣聞士大夫公議於朝，私議於巷，翰林學士程敏政假手文場，甘心市井。士子初場未入,而《論語》題已傳誦於外;二場未入,而表題又傳誦於外;三場未入,而策之第三、四問又傳誦於外。江陰縣舉人徐經、蘇州府舉人唐寅等狂童孺子,天奪其魄,或先以此題驕於衆,或先以此題問於人。此豈科目所宜有,盛世所宜容?臣待罪言職,有此風聞,願陛下特敕禮部,場中硃卷凡經程敏政看者,許主考大學士李東陽與五經同考官重加翻閱,公爲去取,俾天下就試於京師者,咸知有司之公。'上令禮部即議處以聞。禮部言:'昶必有所聞,故陳此奏,但恐風聞之事,猶或未真,况未經開榜,不知所指實之人曾取中否?乞如所奏,行令李東陽會同五經同考試官,將場中硃卷凡經程敏政看中者,重加翻閱,從公去取,以息物議。開榜日期,亦乞改移本月二十九日或三月初二日。'上從之,命以三月初二日放榜。"

《明孝宗實録》卷一百四十八:"(弘治十二年三月)下户科給事中華昶及舉人徐經、唐寅入獄。"且引李東陽等奏疏,謂徐經、唐寅"二卷俱不在取中正榜之數";卷一百四十九:"(四月)下禮部右侍郎兼翰林院學士程敏政於獄。華昶等既繫錦衣衛鎮撫司,工科都給事中林廷玉以嘗爲同考試官與知内簾事,歷陳程敏政出題閲卷取人有可疑者六。……既而給事中尚衡、監察御史王綬皆請釋昶,而逮敏政。徐經亦奏昶挾私誣指。敏政復屢奏自辯且求放歸。及置對鎮撫司,以經、昶等獄辭多异,請取自宸斷。上命三法司及錦衣衛廷鞫之。經即自言敏政嘗受其金幣。於是左都御史閔珪等請逮敏政對問。奏留中十餘日乃可之。"

《明孝宗實録》卷一百五十一:"(弘治十二年六月四日)致仕禮部右侍郎兼翰林院學士程敏政卒。……十二年春,奉命主考會試。言官以任私劾之,逮繫數舉子,獄久不决,屢上章責躬求退弗遂,乃自請廷辯。執法諸大臣白其事以聞,詔許致仕。時方值盛暑,甫出獄四日，以癰毒不治而卒。贈禮部尚書，賜祭葬如例。……言官劾其主考任私之事，實未嘗有。蓋當時有謀代其位者，嗾給事中華昶言之，遂成大獄，以致憤恨而死。有知之者，至今多冤惜之。"張廷玉《明史》卷二百八十六《程敏政傳》："或言敏政之獄，傅瀚欲奪其位，令昶奏之。事秘，莫能明也。"

周經《故禮部右侍郎兼翰林院學士贈禮部尚書程公畫像記》(《篁墩程先生文粹》卷前)："未幾，考會試。適有飛語中傷，事既白，乃遽以疾卒。弘治己未六月四日也。"

《篁墩程學士傳》："己未春，主考禮部貢舉。未揭榜，給事中華昶劾公鬻題賣士，有旨付詔獄核昶。公累疏請致仕，且引咎自責。乞釋昶，以全諫臣。既而獄上，亦以諫官一時風聞流言，無迹可指。而同列有右昶者再疏劾公。公聞之曰：'有識者皆知昶爲妄。吾所以不深辯者，顧存大體爾。今言不置，是豈欲但已耶?'乃請與廷辯。連拄昶語塞，事方釋，仍因公前請，詔致仕，而盡斥言者。未行，卒，年五十五。贈禮部尚書。……子壎，以襄毅公功官錦衣副千户。"

祝允明《懷星堂全集》(明萬曆三十九年刻本)卷十七《唐子畏墓誌并銘》："己未，往會試。時傍郡有富子，亦已舉於鄉。師慕子畏，載與俱北。既入試二場後，有仇富子者抨於朝，言與主司有私，并連子畏。詔馳敕禮闈，令此主司不得閲卷。亟捕富子及子畏付詔獄，逮主司出，同訊于廷。富子既承，子畏不復辯，與同罰，黜椽于浙藩。歸而不往。"

吴寬《與履庵爲唐寅乞情帖》(周道振等輯校《唐寅集》附録五，上海古籍出版社 2013 年版)："今歲科場事，累及鄉友唐寅，渠只是到程處，爲坐主梁洗馬求文送行，往來幾次，有妒其名盛者，遂加毁謗。"

按,弘治己未科"鬻題案"背後牽涉複雜的政治鬥争及人事關係,相關研究甚多,且多争論。如陳寒鳴《程敏政與弘治己未會試"鬻題"案探析》(《中國社會科學院研究生院學報》1998年第4期)、劉彭冰《弘治十二年科場風波考述》(《九江師專學報(哲學社會科學版)》2003年第1期)、談晟廣《明弘治十二年禮部會試舞弊案》(《故宫博物院院刊》2006年第5期)等。何威萱《寂寞的神童:明儒程敏政生平要事考釋》(《中國文化研究所學報》2016年總第63期)對"鬻題案"中程敏政與傅瀚競争關係有較詳細之考證,可參看。

敏政爲人秀眉長髯,風神清茂,善談論,性疏爽。廣交游,喜與名士往來。學問該博,於書無所不讀,文章爲時輩所推。推尊程朱,考核朱、陸异同,爲王陽明所承襲。而囿於宗派之别,或不免所論偏頗。

《篁墩程學士傳》:"公秀眉長髯,風神清茂,於書無所不讀,文章爲一代宗臣。天稟既高,而又上溯伊洛淵源,深探而精擇。嘗考合朱、陸二家,始之所以异而終之所以同,爲《道一編》。其造詣概可見矣。在經筵久,每進講篇,終必有規諫。諷切深至,而一出於支撑忠愛。故上每欣然聽納。喜接士大夫,不以貴自倨,不以才自賢,升其堂者,屢談不厭。叩之者,不能測其涯涘。雖遭多言,至於逮繫,言動如平日,未嘗有幾微不平意。"

焦竑《國朝獻徵録》卷三十五《程敏政傳》:"敏政爲人秀眉長髯,風神清茂,善談論,性復疏爽。於書無所不讀,作爲文章爲時輩所推。"張廷玉等《明史》卷二百八十六《程敏政傳》:"翰林中,學問該博稱敏政,文章古雅稱李東陽,性行真純稱陳音,各爲一時之冠。"

按,敏政之博學考據,前引其指摘周成《治安備覽》已可略見。四庫館臣亦謂:"明之中葉,士大夫侈談性命,其病日流於空疏。敏政獨以雄才博學,挺出一時。”(永瑢等《四庫全書總目》卷一百七十一《篁墩集》提要)《篁墩文集》卷十一《關羽爵謚考》考明:“夫漢壽者,封邑,而亭侯者,爵也。”且促成國家祀典的更正。然其改“黄墩”爲“篁墩”,或出於氏族之争,引起當地黄氏非議。可參何威萱《程敏政及其學術思想:明代陽明學興起前夕的學術風氣研究》第三章《程敏政的交游與思想概述》。

《明孝宗實録》卷一百五十一謂敏政:“外附權貴,内結奥援,急於進取之心恒汲汲然,士夫多有議之者。”涂山《明政統宗》(明萬曆刻本)卷二十“李夢陽閑住”後引陳建語曰:“士君子立身可不慎哉! ……汪循《日録》謂,程篁墩擺脱得勢與利二字,當爲天下第一等人。愚於空同亦云。”汪循此語亦見李紹文《皇明世説新語》(明萬曆刻本)卷四“規箴”條。或以此處“勢利”蓋指敏政未能忘情政事(參何威萱《寂寞的神童:明儒程敏政生平要事考釋》一文所附《程敏政“勢利”考》),然參諸《實録》及敏政以“世臣”自居(《篁墩文集》卷五十五《與鄭萬里書》),其汲汲用世之心,恐亦難掩。

《四庫全書總目》卷一百七十一《篁墩集》提要:“特以生於朱子之鄉,又自稱爲程子之裔。故於漢儒、宋儒,判如冰炭。於蜀黨、洛黨亦争若寇仇。門户之見既深,徇其私心,遂往往傷於偏駁。如《奏考正祀典》欲黜鄭康成祀於其鄉;作《蘇氏檮杌》以鍛鍊蘇軾,復伊川九世之讎。至今爲通人所詬。”

《篁墩文集》卷二十八《道一編序》:“朱、陸二氏之學,始异而終同,見於書者可考也。不知者往往尊朱而斥陸,豈非以其早年未定之論而致夫終身不同之説,惑於門人記録之手而不取正於朱子親筆之書耶? ……朱子晚年所以推重陸子之學,殆出於南軒、東萊之右,顧不考者斥之爲异,是固不知陸子,而亦豈知朱子者哉。”程敏政與王陽明在朱陸异同説上的比較,可參何威萱《程敏政及其學術思想:明代陽明學興起前夕的學術風氣研究》第五章《程敏政〈道一編〉與王陽明〈朱子晚年定論〉》。

論文主文以載道,主言行相符,華實相稱。論詩須有關世道,以扶世立教爲準的。爲文宏博偉麗,成一家言。存詩數千首,佳者亦不愧一時作者。

趙翼《廿二史札記》(清嘉慶五年湛貽堂刻本)卷三十四《明代文人不必皆翰林》舉"歷數翰林中以詩文著者",推程敏政等十數人而已。黄佐《翰林記》(王雲五主編《叢書集成初編》本,商務印書館1936年版)卷十九"文體三變":"國初劉基、宋濂在館閣,文字以韓柳歐蘇爲宗,與方希直皆稱名家。永樂中楊士奇獨宗歐陽修,而氣焰或不及,一時翕然從之。至於李東陽、程敏政爲盛。"

《篁墩文集》卷二十一《皇明文衡序》:"文之來尚矣,而後世詞華之習蠹之,故近有爲道學之談者,曰:'必去而文然後可以入道。'夫文,載道之器也,惟作者有精粗,故論道有純駁。使於其精純者取之,粗駁者去之,則文固不害於道矣。"卷二十九《丘先生文集序》:"蓋此集雖出於所學之緒餘,然閎肆而精純,明潤而雅潔,究本之論、扶世立教之意,郁乎粲然。"

《篁墩文集》卷二十二《西巡紀行詩序》:"詩有六義,而風居其首焉。……蓋凡耳之所聞,目之所擊,口之所咨諏者,一寓之詩。雖近代之聲不能不互出於正變,而忠君體國之念,藹然詞意之表。可以觀民風,察吏治,不必工而自工者也。彼世之言詩者,率不過留連光景,嘲咏風月,其弊至於蠱善人而懷雅俗,則先王陳詩之制如之何,其可廢哉!"《篁墩文集》卷二十二《志雲先生集序》:"'三百篇'而後,若楚之《騷》,若漢魏之《選》,邈乎不可及矣。叔世以來,詩愈變而格愈卑。惟唐杜子美力追古作,號爲正宗。其次則楊伯謙所輯《唐音》,詮擇精審,成一家之言,談者尚之。"《篁墩文集》卷二十三《咏史絶句序》:"《詩》美刺與《春秋》褒貶,同一扶世立教之義。後世詞人,遂有以詩咏史者……余家居,見塾師以小詩訓童子,乃首以市本無稽韻語,意甚不樂,因以所記古七言絶句咏及史者,手書授之。……其間世之治亂,政之得失,人才之邪正賢否,大抵略備。"

永瑢等《四庫全書總目》卷一百七十一《篁墩集》提要:"其文格亦頗頹唐,不出當時風氣。詩歌多至數千篇,尤多率易,求其警策者殊稀。然明之中葉,士大夫侈談性命,其病日流於空疏。敏政獨以雄才博學,挺出一時。集中徵引故實,恃其淹博,不加詳檢。舛誤者固多,其考證精當者亦時有可取。要爲一時之碩學,未可盡以蕪雜廢也。"

李東陽《篁墩文集序》(周寅賓點校《李東陽集·文後稿》卷四,岳麓書社 1984 年版):"賾探隱索,注釋經傳,旁引曲證,而才與力又足以達之。雖皆出經史之餘,而宏博偉麗,成一家言,質諸今世,殆絶無而僅有者也。……顧中遭忌嫉,晚羅奇禍,經濟之用,不能盡白於世。其所自見,不過進講經幄及於儲宫校正《綱目》、預修《續編》之類而已。若金梓所刻,卷帙所録,家藏而人誦,自都邑以遍於天下,貽之後世,則雖巧詆深嫉者,亦惡能使之無傳哉!……獨慨先生年不及下壽,雖所謂文,亦未竟其所欲爲者耳。"

所著甚豐。編輯有《皇明文衡》《新安文獻志》《道一編》《心經附注》等。後人選其詩文爲《篁墩程先生文粹》,又輯有《篁墩程先生文集》。

李東陽《篁墩文集序》:"先生之文有《篁墩前稿》《後稿》《三稿》《續稿》百二十卷,没之七年爲正德丙寅,其門人輩摘而刻於徽州,名曰《篁墩文粹》。論者以爲未盡其選。越明年丁卯,知府何君歆暨知縣張九逵徵於其子錦衣千户壎得全稿焉,將并鋟諸梓以示來者,而壎請序於予。予與先生同舉京闈,且同官甚久,最其爲文,悼其不大用以没,故爲天下道而因以附吾私云。先生所輯,有《道一編》《心經附注》《程氏統宗譜》《貽範集》,共百餘卷,别行於世。《皇明文衡》《瀛賢奏對録》《宋逸民録》又百餘卷,藏於家,不在集中。"

《篁墩程學士傳》:"所著有《篁墩稿》《篁墩續稿》《篁墩三稿》《新稿》共百二十卷,《行素稿》一卷,編類《皇明文衡》一百卷,《蘇氏檮杌》若干卷,《道一編》六卷,《瀛賢奏對録》若干卷,《新安文獻志》一百卷,《宋逸民録》十五卷。修定《程氏統宗譜》四十卷,《陪郭支譜》三卷,《程氏貽範集》四十卷,附注真文忠公《心經》三卷,《大學》有重定本子。"

錢謙益《列朝詩集》丙集卷六"程侍郎敏政":"《篁墩文集》九十餘卷,李長沙爲序。他所撰輯《宋紀受終考》《遺民録》《新安文獻志》皆可觀,惟著《蘇氏檮杌》力詆眉山以報洛、蜀九世之仇,則腐而近愚,且比於妄矣。爲君子諱,略之可也。"朱彝尊《静志居詩話》(人民文學出版社 1990 年版)卷八"程敏政":"集中存詩數千,究乏警策。至其輯録諸書,若《明文衡》《新安文獻志》,甄綜有法。餘如《宋紀受終考》《宋遺民録》,皆有功史學。……若夫《蘇氏檮杌》一編,謂眉山父子罪浮於王安石,蓋藉文公《雜學辨》而周内之,其意第欲爲伊川復仇,不知徒貽有識者笑。"

李汛《篁墩集後序》(《篁墩程先生文集》卷後附):"先生一代人豪也,文翰雖其餘事,而抱負之宏,造詣之邃,蓋將於是乎?……《宋紀受終》一考,訂千古之大疑;續修宋、元《鑒》,謹嚴得《春秋》之大旨;附注《心經》,考合朱、陸之道則又深探理學之大源。……其文之行於世,燁然與奎璧争光,巍然與嵩華争高。"

又有題程敏政編《天機餘錦》四卷,當爲僞托(參王兆鵬《詞學秘籍〈天機餘錦〉考述》,《文學遺産》1998 年第 5 期)。按,《篁墩程先生文粹》二十五卷,敏政族子程曾摘選,門人戴銑詮次,知縣張九逵正德元年刻於休寧。卷前有敏政誥命、畫像及周經《畫像記》、仇東之《傳》,卷後有戴銑附識。同年冬,程曾感於遺漏尚多,乃上書徽州知府何歆,請倡募刊刻全集,是爲《篁墩程先生文集》正德二年刻本,李東陽爲之序,收詩文九十三卷,附拾遺一卷。卷末附程曾上書及何歆《文集》書後。嘉靖十二年刻本因之,合爲九十四卷,而未收何歆跋語。

參考文獻:

1. 程敏政《篁墩程先生文粹》,明正德元年刻本。

2. 程敏政《篁墩程先生文集》,明正德二年刻本。

3. 雷禮《國朝列卿紀》,明萬曆刻本。

4. 臺灣"中央研究院"歷史語言研究所校印《明孝宗實録》,上海書店 1984 年版。

5. 焦竑編《國朝獻徵録》,周駿富輯《明代傳記叢刊》,臺灣明文書局 1991 年版。

6. 劉彭冰《程敏政年譜》,安徽大學 2003 年學位論文。

7. 何威萱《程敏政及其學術思想:明代陽明學興起前夕的學術風氣研究》,香港理工大學 2013 年博士學位論文。

(鄧曉東　朱付利)

馬中錫傳

馬中錫,字天禄,又作添禄,號東田。京師河間府故城(今河北省衡水市故城縣)人。生於正統十一年三月十六日(1446年4月11日)。

孫緒《沙溪集》卷六《資善大夫都察院左都御史東田先生馬公行狀》(下稱《馬公行狀》):"公諱中錫,字天禄,别號東田,姓馬氏,世爲大都人。……公生於正統十一年三月十六日。"

靳貴《戒庵文集》卷十三《都察院左都御史東田馬公墓誌銘》(下稱《馬公墓誌銘》):"公諱中錫,字天禄,號東田。先世大都人。曾祖歸義驛丞,唐始居故城。祖顯,父處州知府偉,以公貴俱贈右副都御史。祖母胡氏、母姚氏俱淑人,繼母朱氏封淑人。"按,焦竑《國朝獻徵録》卷五十四亦收靳貴《資善大夫都察院左都御史東田馬公中錫墓誌銘》,有删節。

《明武宗實録》卷一百四十三:"中錫,字天禄,直隸故城人。"

《成化十一年進士登科録》:"馬中錫。貫直隸河間府景州故城縣,民籍。縣學生,治《易經》。字添禄,行二,年三十,三月十六日生。曾祖從周,祖顯,父偉。前母李氏,母姚氏,繼母朱氏。具慶下。兄恒、泰、驄、元喆、驥、升。"

幼警穎不群。父偉,爲唐王府長史,以直諫忤王,械送京師。中錫時年九歲,以幼免,乃奔訴巡按御史。復隨母走京師訴冤,事

終得白。

孫緒《沙溪集》卷六《馬公行狀》:"幼警穎不群,三歲識字,八歲能賦小詩。時處州方爲唐府長史,王多不法,處州每諫,不能爲委曲語。王怒處州,械送京師,姚淑人以下皆下之獄,公以幼免。分巡劉僉事按部適至,公具牒投訴,辭語清辯若成人。劉憫泣,乃詣王,曉譬怵以法。王悟,家得釋。公依母走訟於朝,事卒得白。"

《明英宗實録》卷二百四十一:"(景泰五年五月)敕唐王瓊炟曰:'比得王奏長史馬偉等事,即令法司勘治如律。偉等亦云王平日飭非拒諫,疏棄骨肉,凌虐輔臣,狎昵小人,妄構獄訟及諸徇私背理之事。……王宜痛改前非。務親親尊賢,安分循理,庶可以延令名而保富貴。王其省之。"按,中錫時年九歲。

毛奇齡《西河文集》"傳十"《馬中錫》:"馬中錫,字天禄,故城人。三歲識字,七歲能爲詩。父偉,唐府長史,以直諫忤王,拲械來京,中錫方毀齒,隨母徒跣訴闕下,事得白,見者憐之。"

張廷玉等《明史》卷一百八十七《馬中錫傳》:"馬中錫,字天禄,故城人。父偉,爲唐府長史,以直諫忤王,械送京師,而盡縲其家人。中錫以幼免,乃奔訴巡按御史。御史言於王,釋其家。復奉母走京師訴冤,父竟得白,終處州知府。"

成化十年,舉順天鄉試第一,明年登進士,授刑科給事中。遇事敢言,兩劾萬貴妃之弟,皆被杖,瀕死不爲變。公主侵畿内民田,勘還之民。又嘗劾汪直不法十餘事,汪欲陷之而無所乘。

孫緒《沙溪集》卷六《馬公行狀》:"年十六,丁内艱。服闋,入邑庠爲諸生。成化甲午,舉鄉試第一,登乙未進士。丙申,拜刑科給事中。憲廟萬妃方擅寵,其弟萬二驕恣不法,公疏其奸,語過切直,兩被杖於午門,幾殆。某公主侵大名府民田,上命公往,核田屬民者悉給還之。其家以危語嚇公,公屹不動。辛丑,同考會試,號得人。太監汪直、梁方怙勢放恣,朝野以目,公陳其不法十餘事,直怒。命邏卒日覘於門,竟無可乘,以故久不得遷。”

靳貴《戒庵文集》卷十三《馬公墓誌銘》:“成化甲午,舉鄉闈,薦第一。乙未登進士,丙申拜刑科給事中。遇事敢言,兩被杖於朝,不爲變。汪中貴勢張甚,人莫敢犯,公力陳其不法十餘事。汪怒,欲中傷之,滿三考竟無一隙可乘。”

毛奇齡《西河文集》“傳十”《馬中錫》:“成化十年,舉鄉試第一。明年登進士,授刑科給事中。萬貴妃弟通驕而侈,中錫疏斥之,予杖。再疏,再予杖。公主侵畿甸民田,奉命往勘,以其田還民。乃劾中貴汪直不法十數事。直怒,使賊曹詗其門,無所得。”

張廷玉等《明史》卷一百八十七《馬中錫傳》:“中錫舉成化十年鄉試第一,明年成進士,授刑科給事中。萬貴妃弟通驕横,再疏斥之,再被杖。公主侵畿内田,勘還之民。又嘗劾汪直違恣罪。”

考績,擢雲南按察僉事,以憂不赴。服闋,除陜西僉事,督糧延綏。有政聲,以考試得人,遷提學副使。

孫緒《沙溪集》卷六《馬公行狀》:“既考績,遷雲南按察僉事。舊例,給事中滿九載,多授京秩四品或外藩三品。公獨得遠方五品,縉紳愕然。已而知其出於直,噤莫敢問。尋丁外艱。服闋,復除陜西僉事,督糧延綏。分司舊有歲供銀三百餘兩,名曰公用,其實督糧者陰攘之,公至革去。土人形諸謡。弘治己酉,監鄉試,所刊文字,盡出公筆。太宰三原王公讀試録,嘆曰:‘奇才,奇才!’遂改提學,尋升副使。公立條約,謹章程,士習丕變,登巍科者相望。”

靳貴《戒庵文集》卷十三《馬公墓誌銘》:“升雲南按察司僉事。以憂不赴,服闋,復除陜西僉事,督糧延綏。革歲例,公一錢不受。弘治己酉,以監陜西鄉試,爲吏部尚書三原王公所奇,改本司提學,升副使。”

《明孝宗實録》卷二十九：“（弘治二年）改陝西按察司管糧僉事馬中錫提調學校。”卷四十八：“（弘治四年）陝西按察司僉事馬中錫爲副使。”又，因邊儲虧空，自巡撫、都御史以下十餘人俱被劾，中錫被罰俸一月。事見《明孝宗實録》卷三十六。

馬中錫《東田漫稿》卷三《赴延綏》：“兩足黄塵未得閑，纔離滇海又榆關。壯心已逐歸雲倦，老態難憑大藥還。千里轉輸叨重寄，十年供奉玷清班。荷衣芰製今誰是，空愧移文在北山。”《抵靖邊營》：“遠塞孤城落照間，故鄉回首動愁顔。長年擾擾成何事，十口迢迢度萬山。危險尚須談蜀道，宦游再勿入秦關。當時把似滇南去，今日蒙恩得賜環。”同卷尚有《靖邊營分司十首》《寧塞營》《新安邊營》《把都河堡》《永濟堡》《新興堡》等詩。其他描摹邊地風情者甚多，途次俱有詩。而《中秋有感》足見其宦游之情：“前度中秋見月時，一家十口未分離。三年甘旨俄成誤，兩月妻孥敢動思。坐久桂花疑墮影，醉來竹葉反增悲。遥知故國當今夕，老母登樓亦念兒。”

馬中錫《東田漫稿》卷三《試諸生》：“臺鎖諸生校藝時，文章燦爛墨淋漓。盛名本自無虚士，百戰還應有健兒。沙裏揀金良獨苦，璞中得玉始爲奇。須知此特雕蟲技，留取山龍獻赤墀。”

弘治五年，召爲大理寺右少卿。南京守備太監蔣琮與兵部郎中婁性、指揮石文通相訐，連數百人。中錫請往，廉得其情。性除名，琮下獄抵罪，餘坐罪有差。

孫緒《沙溪集》卷六《馬公行狀》：“南京守備太監蔣琮，蝟興大獄，人兢兢不自保。主事婁性發其奸，上兩次遣官廉問，俱爲所中。事經久不結。朝議再遣廷臣，人人有難色。公方舉家罹重疾，毅然請行。既至，庭訊琮，不事刑威，惟以言誘，致盡得其情，抵琮於法。

大司空才公時爲刑部郎中,嘆曰:‘古人訊獄不如也。’”

《明孝宗實録》卷八十八:“(弘治七年)黜南京兵部郎中婁性爲民。先是,南京守備太監蔣琮奏性逞威擅權,欺凌軍職。……琮又屢奏不已,株連蔓引幾數百人,遂成大獄。刑部乃奏差司禮監太監趙忠,同大理寺右少卿馬中錫、錦衣衛都指揮僉事楊榮會勘。”

張廷玉等《明史》卷一百八十七《馬中錫傳》:“弘治五年,召爲大理寺右少卿。南京守備太監蔣琮與兵部郎中婁性、指揮石文通相訐,連數百人,遣官按,不服。中錫偕司禮太監趙忠等往,一訊得實。性除名,琮下獄抵罪。”

弘治九年,擢右副都御史,巡撫宣府。劾罷貪耄,興利革弊。寇嘗犯邊,督軍擊敗之。尋以疾辭歸。

孫緒《沙溪集》卷六《馬公行狀》:“乙卯,升左少卿。上命閱實居庸、紫荆、倒馬諸關。稱旨,賜羊酒寶鏹。丙辰,升右副都御史,巡撫宣府。宣府巨鎮也,鎮守以下影射頗多,公首革巡撫門下諸技藝百餘人還伍,人皆望風效慕。間有不樂者,畏公嚴正,亦勉從之。不數月,尺籍充實,士樂用命。連疏總兵馬某及丘監鎗、孫參將之奸,三人相繼去。又以‘居庸關控制南北,爲往來襟喉。出者例於後府掛號,入者或不給引,加以榆林、大同諸鎮,門客貿遷,饋遺往來雜沓,恐奸宄混其中,難以防範,欲於巡撫衙門給符掛號如後府式,庶間諜不得竊發,賄賂難於交通’,上可其奏。公去鎮即罷。在鎮三年,申嚴禁例,杜絶請托,凡糧芻、工匠、馬匹之利,勢家夙所擅者,悉奪歸之官。己未二月,北敵擾邊,公督兵斬俘甚衆。捷奏,賜白金文幣。三月,以疾辭,得如請。宣人萬計具疏叩闕,願留。上亦惜其去。顧詔旨已下,特敕有司:‘待病痊起用。’”

靳貴《戒庵文集》卷十三《馬公墓誌銘》:“乙卯,升左少卿,丙辰,升右副都御史,巡撫宣府。首革門下工之諸匠,奏罷將官之奸横者三人,不使播毒於下。府官隸故爲勢家擅奪者,悉禁革之。又疏諸入開者,率詣巡撫,給符驗如後府式,邊弊肅清,而萋斐之言興矣。己未,引疾謝事。”

馬中錫《東田漫稿》卷四《書行臺壁五首》爲其時所作,情韻俱佳,兹録三首。其一:“金帶奚堪束沈腰,小山叢桂謬相招。朝廷寵重臣才劣,邊塞功成士骨銷。退虜恨無中令郭,漏師元有寺人貂。不堪倚柱成惆悵,况復風花一片飄。”其二:“坐拂吴鈎看斗文,春來青海静妖氛。邊頭樹與中華接,屋角山從北極分。萬里長城勞戍卒,十圍便腹負將軍。含情欲語無人會,翹首東南是五雲。”其五:“候雁飛歸塞草春,悄愁人卧已經旬。浮名可但途千里,厚禄深慚歲百緡。既逐鴟鴞甘腐鼠,敢辭犬豕混祥麟。思量總被殘編誤,燈火教兒且漫親。”

同卷《别上谷》爲離宣府時作:“馬首東歸第一程,猶憑熊軾建雙旌。鄉心杜宇枝頭血,世事鵰鴣江上聲。統幕地寒春閴寂,摩笄山晚水紆縈。高原回首踟躕久,不見黄雲萬里城。”

里居七年,足不及官府,築别業自適,優游東田。中外交薦,前後至十三疏,武宗即位,起撫遼東。在遼兩月,還屯田於軍,治武弁等侵漁民利諸罪,謫其尤甚者。

孫緒《沙溪集》卷六《馬公行狀》:“里居七年,足不及官府,築西庵、獨嘯亭、抱甕亭、半里橋以自適。親舊李懷慶、翟鴻臚輩日夕與盡醉圖籍花卉,若將終身。而在廷諸君子論薦不息,自太宰以下,給事中張文、許天錫,御史劉淮、費鎧,知府施槃,前後凡十有三疏。乙丑十二月,今上命公巡撫遼東。遼東屯田,舊爲鎮守、參戎諸勢家所占者,多至三五萬畝。歲役卒收其租,屯田頃畝惟寄虚名,而營伍播種,纔得斥鹵淤沙、近邊之地,又代勢家納賦,遼人苦之。公具疏於朝,悉奪諸所占而虚名無實者。盡除其籍,遼人相慶。曰:

‘得公住三年,則家給人足矣。’太監朱某開客店、擅馬市,專利自殖,武弁轉相效尤,各有錢户、魚户、識字頭目諸稱謂,肆爲侵漁。公一裁以法,且疏朱之奸,抵其用事者黄某罪,人大慴服。”

靳貴《戒庵文集》卷十三《馬公墓誌銘》:“家居七年,足不及公府。築西庵以自適,若將終身,而薦者不已。自給事中張文、御史費鎧、知府施槃,前後至十三疏,吏部亦以爲言。乙丑冬,今上命巡撫遼東。公以邊軍屯田多爲勢家占種,而仍代納子粒,乃疏其弊,力請還之軍。鎮守招商市馬,漁民利,公一裁以法,謫其黨,尤用事者一人戍廣東,遼人大悦。”

毛奇齡《西河文集》“傳十”《馬中錫》:“武宗即位,以薦起撫遼東。勢家所占屯田便利者,積數百頃,役卒以耕,而卒所受皆虚籍,益復爲勢家賠畝税。中錫疏於朝,奪田給卒,而除其虚籍。鎮監招商市馬,牟民利,諸弁效尤,各爲立草行魚户,設鲘投責。中錫密核之,一裁以法,且謫其尤甚者,遼大治。”

馬中錫《東田漫稿》卷四,《謝病還家八首》《村飲》《西庵四首》《游西庵二首》及卷五《白蓮》《朱槿》《芙蓉》諸詩等,見其自適意;卷四《罹謗》《閑述》《病述四首》《病起偶述》等諸詩,亦可見其中心無有不平。而卷四《東田八景》可爲其居家之典型寫照。題下自注云:“去縣東二里,予家别業在焉。茅屋數間,林木蔽虧,田疇環繞,真退休者解衣盤礴之所也。東田之號,蓋取諸此。暇日即其所有,題爲八景,仍繫以詩。將酒後朗吟以詔田翁、社友,豈敢爲達官長者道哉!”

按,《行狀》《明史》等皆記中錫劾鎮守太監朱秀之罪事。馬中錫《東田漫稿》卷五《貽朱太監口號》記與朱秀在宣府、遼東兩度共事,可備一時故事。詩中有“無計可留賢太監”句。《明武宗實録》卷十三:“吏科給事中吉時劾鎮守遼東太監朱秀於山海關外八里鋪奏立官店以駐往來車兩。初欲取其税以備犒夷之費耳,而乃私之。凡一車必銀一兩,過者皆不免焉。實未嘗用之於公。又强占廣寧右屯一衛軍田至七十頃,餘蓋莫知其數也。往往役軍佃種,而時遣私人督之。貽邊方之害甚矣。乞正其罪,而擇人代之。下其章於所司,未幾,秀罷歸。"則上疏劾朱秀者,爲吉時。

又按,《東田漫稿》卷五有"野水荒山兩月程"(《望京》)、"兩月邊陲愾未增"(《自述呈舊游諸公》)句,是其在遼兩月。《明武宗實録》卷八:"(弘治十八年十二月)起用養病都察院右副都御史馬中錫,巡撫遼東地方兼贊理軍務。"卷十四記次年六月:"升……巡撫遼東右副都御史馬中錫爲兵部右侍郎。"中錫有《簡謝閣老木齋》《山海關》《行臺雜述》《遼陽雜述》《入山海關》等詩,爲此時所作。

正德元年(1506),召爲兵部右侍郎,尋轉左。劉瑾心腹冒邊功請官至數百人,中錫持不可。瑾怒,矯詔改中錫南京工部左侍郎,尋勒致仕。復逮繫詔獄,械送遼東,責償所收腐粟,乃盡鬻田廬、貸親故以償。事竣,褫爲民。

孫緒《沙溪集》卷六《馬公行狀》:"正德丙寅六月,升兵部右侍郎,尋轉左侍郎。劉瑾方用事,朱瀛者,瑾之腹心,以邊功當得官,應預者數十百人,實皆攘奪冒報。瑾脅兵部爲之論奏,閻司馬亦既許之矣。公曰:'如此,則冗員日增,邊疆解體,正當據實上請耳。'司馬有難色,公不可奪,卒如所論上,事得已,而瑾之憾深矣。十二月,矯詔改南京工部左侍郎。未幾,復令致仕。瑾怒猶未已。故事:沿邊糧芻,每三歲遣官核實奏請,事下户部,有缺乏則預處之,且防侵盗,實分司督糧諸司及倉氏之責。丁卯十月,使遼者以聞。瑾即矯上命,誣公巡撫重臣,邊儲腐損溢常數。自原籍繫至京,下錦衣獄。臺閣諸老多爲申解,瑾怒愈甚,必欲置公死地。戊辰三月,械送遼東獄,責限賠償,計其費當用銀數千兩。公自分無生還理,訣親故而去。遼人聞公來,争出迎。擔囊挽車,願代輸者盈路。公曰:'此將益重吾辜。'固謝之。有司望風追迫,公易田廬、貸親故。親故亦多憫公冤,相率出貲。"

又謂:"遼人憤無所泄,適侍郎韓某核屯田抵遼。韓,瑾之鄉人。因取公前所除屯田盡什一之,以投瑾好。遼人益憤。己巳三月某日,廣寧卒數千人,午夜荷介策馬,登城喧呼,將爲變。韓窘不知所措,使人告公。公偕獄吏往,登城遥謂曰:'馬某在此。'諸人相顧自失曰:'奈我公何!'遂引去。瑾聞,亦惡韓所爲。公禍得少解。歲餘,償完,褫爲民。"

《明武宗實録》卷二十:"(正德元年十二月)改兵部左侍郎馬中錫爲南京工部左侍郎。時南京缺工部右侍郎,吏部會推兩員上請,而内批以中錫改,人駭异之。"卷三十六:"(正德三年三月)械送巡撫遼東都御史張鼐、馬中錫、鄧璋,分守參政冒政,參議方矩,管糧郎中劉繹、王藎,監收知州趙瑾、章英於遼東,巡撫大同都御史周南、管糧郎中孫禄於大同。令各該鎮巡等官監追糧草而趣其納畢,仍解送鎮撫司奏請處治。鼐等以任内所收糧草有浥爛者,逮繫詔獄。責令其家屬往任所陪償。至是奏乞容家屬還鄉鬻産償納,而躬赴任所監候,事乃可完,故有是命。二獄逮繫朝紳頗衆,中外駭震,人不自保,瑾權蓋日熾矣。"卷五十:"(正德四年五月)發都御史馬中錫……回原籍爲民,以先在遼東經收糧草多腐爛虧折故也。"

馬中錫《東田漫稿》卷五《改南京工侍》題下自注:"成化乙巳,予以言謫官於滇。弘治己未,予以事謝病於家。兹正德丙寅復有是命,蓋直道未敢自附展禽而不遇適符顔駟也。故頸聯云云。至於尾句,則别有所感也。"詩云:"篋裹貂裘歲月深,老披殘雪度寒林。形容覽鏡悲顔駟,出處登車笑展禽。宦入舊都真吏隱,詩逢工部足豪吟。擔頭一束殘書外,還有中郎爨下琴。"

馬中錫《東田漫稿》卷六《賜歸》:“江上南風送北船,九重新命許歸田。在官八十有餘日,算老六旬餘二年。建國丹楓辭闕下,故園黄菊待籬邊。行囊一物都無有,唯貯聃翁《止足篇》。”又有《秋日歸田十首》。《車過盧溝橋望京師漸近》題下注:“時予被繫。”《謁獄神》《獄中自述》《獄鼠》則爲獄中作。《出關道中》則爲解赴遼東償腐粟作,語極哀慟,詩云:“帶索阻北荒,剛腸愁屢絶。日暮塞風高,鬚髯盡吹折。獻鹿計已非,冥鴻志徒切。引領睇鄉關,潸然泪成血。”

馬中錫《東田漫稿》卷六《醫巫閭山賦》題下注云:“醫巫閭山賦,戊辰歲秋,予以邊儲逮繫廣寧傳舍,望醫巫閭山里餘不獲一陟,感而賦之。又恨窮邊闕書考據,姑憑記憶成章,恐未足以盡兹山之勝也。”賦後評:“歷叙山之奇、大、尊,而因以悲其不遇,皆以自况,不怨不激,老成爾雅,律賦之體正如此。”此時之作則多有悽苦之音。還家又有《後歸田十首》。

五年,瑾誅,起巡撫大同。劉六等亂起,以中錫爲右都御史提督軍務,與惠安伯張偉統禁兵南征。戰、撫終不得要領,竟無功,與偉同下獄,以疾卒獄中。時正德七年五月二日(1512年5月16日),年六十七。

孫緒《沙溪集》卷六《馬公行狀》:“庚午九月,瑾誅。上起公巡撫大同。大同乘瑾擾之後,瘡痍殘破。公多方撫綏,抑貴幸、育羸弱,如宣府遼東時。宗室某邀去任馮同知,奪其貲。馮貧不能歸,公廉得其實,疏諸朝。上爲罪宗室,給還馮故貲。宗室怒,亦具疏誣公。上雅知公,不之問。威聲赫奕,縉紳想望其風采焉。”

《馬公行狀》又謂:“值山東寇亂,劉六、楊虎輩衆號五千,殘破山東、河北諸州邑。遠近騷然。上命升公右都御史,授大將節鉞,往督軍務。賜白金文幣。公兼程遄征,至河南彰德府,與寇遇。公帥其師冲其鋒,寇敗,夜遁。追至河間泊頭鎮又敗之。前後斬馘五百有餘。捷奏,降敕獎勵,升左都御史,掌院事。已而,寇遁入山中。數月復還,則其衆數萬,我軍寡不能敵矣。辛未七月,圍棗强,公調參將宋振兵遮其前,而自引兵躡其後。蓋將以腹背攻之。振素恇怯,所部多近幸少年,不識戰陣,惴惴不敢前。翌日棗强陷,令以下死者近千人。振既辱公命,公懸孤軍止七百餘,亦未敢深入。寇志益驕,公素多術,知進戰决無成功,乃便服單車從數僕直抵寇壘,諭以朝廷恩威,曰:'若悔過自新,則俱保首領。'寇感泣,横刀誓水示不復爲惡,連名投牒願丐餘命。公上其事於朝,制曰:'可。'然豺狼其性,終難撫馴,未幾,復縱兵焚掠。言者遂論公信賊愚誑,以重民禍,乃并總兵官惠安伯張公偉,巡撫御史邊公肅、蕭公翀俱徵下之獄。廷議以寇日猖獗,終非膏粱紈綺所能辦。乃檄諸邊勁卒并力殲之。改命大臣往莅其事,師衆之盛,比公時殆將什伯,諸將又素出邊陲,累建戰功。旬月之間,事勢頓异。公在獄聞之,時疾已革,嘆曰:'古人有言:"雖有智慧,不如乘勢;雖有鎡基,不如待時。"吾值其難,人襲其易,奈何!且吾惜生靈供億,欲不勞以成功而一敗至此,豈非天哉!'在獄八月,感疾而卒。壬申五月二日也,年六十七。……師言將以今年六月某日與二淑人合葬城西先塋之次。"

張廷玉等《明史》卷一百八十七《馬中錫傳》:"劉六名寵,其弟七名宸,文安人也,并驍悍善騎射。……當是時,寵、宸等自畿輔犯山東、河南,南下湖廣,抵江西。復自南而北,直窺霸州。楊虎等由河北入山西,復東抵文安,與寵等合,破邑百數,縱横數千里,所過若無人。中錫雖有時望,不習兵。偉亦紈綺子,見賊强,諸將怯,度不能破賊,乃議招撫。謂盗本良民,由酷吏甯杲與中官貪黷所激,若推誠待之,可毋戰降也。遂下令:賊所在勿捕,過勿邀擊,飢渴則食飲之，降者待以不死。賊聞，欲就撫，相戒毋焚掠，猶豫未定。而朝廷以京軍弱，議發邊兵。中錫欲戰，則兵未集，欲撫，則賊時向背，終不得要領。既建議主撫，不能變。會寵等聞邊兵且至，退屯德州桑園。中錫肩輿入其營，與酒食，開誠慰諭之。衆拜且泣，送馬爲壽。寵慷慨請降，宸乃仰天咨嗟曰：'騎虎不得下。今奄臣柄國，人所知也。馬都堂能自主乎？'遂罷會。而是時方詔懸賞格購賊。寵等偵知之，益疑懼，徑去，焚掠如故。獨至故城，戒毋犯馬都堂家。由是，中錫謗大起，謂其以家故縱賊。言官交劾之，下詔切責。中錫猶堅持其説以請。兵部尚書何鑒謂賊誠解甲則貰死，即不然，毋爲所誑。既而寵等終不降，乃遣侍郎陸完督師，而召中錫、偉還。初，中錫受命討賊，大學士楊廷和謂楊一清曰：'彼文士耳，不足任也。'竟無功，與偉同下獄論死。中錫死獄中，偉革爵。"

《明武宗實録》卷七十八："（正德六年八月）下總制都御史馬中錫、惠安伯張偉、參將宋振於獄。……既而六科十三道交章劾中錫等僨事。上曰：'爾等言是，已令法司鞫問矣。'"卷八十七："（正德七年五月）宥惠安伯張偉死，革其太保并禄米閑住。都御史馬中錫死獄中。"

中錫性孝友，慷慨尚義。性嗜讀書，泛濫經史百家。居官中介不受私，所至有政聲。有子一，女三。十年(1515)，蔭其子爲國子生。十一年，巡按御史盧雍追訟中錫冤，朝廷乃復中錫官，賜祭。

靳貴《戒庵文集》卷十三《馬公墓誌銘》："公性孝友，事繼母能得其歡。撫諸孤侄有恩。居官剛介不受私，囑其子當蔭，或請援例陳乞，公曰：'乞字豈宜出吾口？'竟弗乞。慷慨尚義，揮金如土苴。"

孫緒《沙溪集》卷六《馬公行狀》："酷嗜讀書。始爲諸生，厭棄俗學，日取六經百氏，騷人才士之作，及史牒治亂得失之迹，諷咏而玩索之。以求馳騁貫穿於古作者之域。事或毛密，隨機應酬，手抄口誦不輟。同舍生頗訝其迂,亦有竊笑之,公不顧。……士習猥陋則道術淺薄,而施於政事卑簡不足觀。衆方陋於學,公無所沿襲,力以好古自任,卓然名世,所謂'豪杰之士,不待文王而興',非耶?……公正色立朝廷,威名播中外,德惠浹軍民,文章聲譽在天下,乃末路一蹶,死非其所。固志士無窮之恨,而公論之所同爲扼腕也,豈不痛哉!"

《沙溪集》卷一《馬東田漫稿序》:"劾萬二、梁方、汪直,檢料嘉祥長公主田,蓋嘗屢犯宸威,屢瀕於死,而烈衷直節,愈老愈勁。正德初,逆瑾當國,虐焰熾天,公以直嬰之。瑾怒,捃摭下之獄。陳梃負校,死生在毫芒,獄吏引對,奮色亢膺,無沮無懾。目睫之下,初不知有劉瑾,瑾竟無以加也。至今談及往昔,凛凛猶有生氣。志士想望風采,思執鞭而不可得。此其人爲何如?"

孫緒《沙溪集》卷六《馬公行狀》:"配吴氏,處士某之女,大司空中之孫。有賢行,封孺人,累贈淑人。繼室林氏,都督某之女,封恭人,贈淑人。子男一人曰師言,娶孫氏。先吏部季女,緒之妹也。女三人,適庠生吕韶、國子生戈霽、義官裴佐,俱吴出。孫女二,尚幼。公耿介孤峻,一毫不以干人,而人亦不敢干以私。游宦幾四十年,寒素始終如一。然巉岩太露,勇於任事而不遑恤其他。平生問遺,未嘗及權貴。至其便利之區,復力爲裁抑,故動與物忤。鄉鄰親識或事當屬公者,矯枉常過當。曰:'如此,庶不廢法。'以此,所至多赫赫名,而塾黨嗛其少恩。事繼母朱,曲盡愛敬。兄元喆蚤卒,遇嫂氏,撫兄諸子有恩。族人老而困窶者,預爲具棺斂諸所需,月廪其家至終身,凡六七人。孝友之譽,屹爲鄉評所重。居家嚴整有法,肅如官府儀。歲時奉母爲壽,諸卑幼雜侍,雖盡歡無敢言及他事者。公於例當蔭子,然須援例陳乞,家人乘間爲言。公正色曰:'乞字豈宜出諸口?'竟日耿不樂。"

《明武宗實録》卷一百二十三:“(正德十年四月)蔭故右都御史馬中錫子師言爲國子生。中錫既死獄中,至是,吏部言中錫歷官行檢無虧,不宜絶其蔭。故有是命。”卷一百四十三:“(正德十一年十一月)賜都御史馬中錫祭。……十一年,巡按御史盧雍追訟其冤,謂:‘賊實聽招。而僉事許承芳忌之,密請益兵以疑其心。後雖更受中錫約束,方至軍門而徵入之命下矣。’朝廷是其言,賜祭一壇。中錫歷官俱有可觀,而忤瑾得罪尤爲時所重。招降之謬,未必盡如言官所論,而劉七輩横行猖獗,其可招者或不免於怯云。”

爲文横逸奇崛,尤工四六。詩中和雅正,早學許渾,時出入於陸游集中。而憫時痛俗,類其爲人,要爲特立之士。入秦撫遼,南下北上,皆有詩。後人輯刻有《馬東田漫稿》六卷,又有詩文集《東田集》十五卷。

孫緒《沙溪集》卷一《東田文集序》:“蓋公不爲俗學,不作凡近語,高遠獨出,能盡道其意,又能道人意,故敷對詳明剀切。……蓋嘗撫治上谷、雲中、遼陽三鎮,驕兵偷將,持公片檄,夔夔瞿瞿,不敢肆於惰。散言儷語,多不爲煩,少不爲略。幽寂著蘭芷之潔,華潤灼桃李之艷,信手乘興,落筆輒驚人。朝端宏儒,若西涯李公、邃庵楊公、木齋謝公、守溪王公諸君子,争招致入壇社。科舉之文,横陳旁貫,高翔逸騖,躍然脱略於畛域畦徑之外,而凌厲不跆,閎侈不縱,從容於程文矩度,不失尺寸,一時應試計偕士,得公一字一句,味之以自得師。師即掇巍科稱作者。”

何塘《東田馬公傳》(《東田集》卷後附):“爲文刊落凡近,寄意命語必欲出古人右。日取經史百氏博觀詳玩,老猶不廢。晚歲撰述尤横逸奇崛,荒徼絶裔皆知公名。余爲諸生時,每得公文,即快讀詳味,力不敢暇。備員翰林修史牒,又備見公建白論列,規畫區處,皆切中時務,而文詞氣焰有古人所不及者,未嘗不擊節而嘆。”

王崇慶《序馬東田漫稿》(《東田漫稿》卷前):“先生篤於行而理欲情,則其發之乎詩大而雅,曲而中,和而不淫,怨而不怒,有以也夫。”陳田《明詩紀事》(清光緒二十五年刻本)丙籤卷三:“《東田集》句律渾成,有明珠走盤、彈丸脱手之妙。是時茶陵執盟詩壇,東田别派孤行,可謂特立之士。”

孫緒《沙溪集》卷一《馬東田漫稿序》:“其詩類其爲人,憫時痛俗,以極於體物,盡性而要諸變,雄渾深沉,無急蹙狹小之病,間於閨情、幽思、旅懷、宫怨以自况,而閑情逸興,時得之諷咏之外。洪音廣調,渢如也,泱如也。……遺稿十喪七八。公子監生師言得詩賦、歌辭、樂府若干於蟲鼠之餘,屬緒爲評。時議擬公詩,足邁許渾。高者當在劉長卿、陸龜蒙間。……欲讀公詩,先觀其人,欲學李杜、昌黎詩,當先論世以自厲,不然竊片語、撏數字,規規於聲韻步驟,吾恐模仿愈工,背馳愈遠矣!”

孫緒《沙溪集》卷六《馬公行狀》:“公甫弱冠也,既筮仕。文益横逸奇崛,尤工四六。片言隻語,往往膾炙人口,詩蚤慕許渾,晚入劉長卿、陸龜蒙間。……所著《入秦稿》《棘寺稿》《上谷稿》《廣丘稿》《遼西稿》《雲中稿》《東征稿》《族譜》《甘陵志》《箋經寓言》貽於世。”又,孫緒《沙溪集》卷一《東田文集序》:“開州已刻公詩,别有《箋經寓言》數卷未刻,不在集中。”又,李詡《戒庵老人漫筆》(明萬曆刻本)卷八:“《中山狼傳》,馬左都中錫撰,刺李空同悖德康對山脱劉瑾之害耳。刻者雜之唐宋稗官諸傳之列,讀者豈能了其意之所屬哉!”王世貞《弇州四部稿》(明萬曆刻本)卷一百八十“説部·野史家乘考誤下”:“《中山狼傳》乃馬中錫撰,叙康救李,語亦可喜。”

永瑢等《四庫全書總目》卷一百七十一《沙溪集》提要:“此集舊與馬中錫《東田集》合刊,然學問筆力皆勝中錫。”卷一百七十五《東田集》十五卷提要："康熙丁亥，中錫鄉人賈棠所刊。凡文五卷、詩十一卷。"卷一百七十五《東田漫稿六卷》提要："中錫詩格實出入於《劍南集》中，精神魄力尚不能逮夢陽也。"

按，《東田漫稿》六卷，爲詩集，有嘉靖十七年文三畏刻本，附孫緒評語。此版又有清鈔本，可補刻本漫漶之處。清康熙四十六年，里人賈棠搜輯馬中錫文五卷、詩十卷，合爲《東田集》十五卷，與孫緒《沙溪集》合刻刊行，是爲《馬東田孫沙溪兩公遺集》合編本。又有《東田皋言》一卷，存札記數條。或論古人之行、或辨時人之言。如以孟子、樂毅之去魏而論得士之重要，辨伯夷、姜太公之异同，考朱熹卦變説之非，論屈原、霍光、顔真卿、王安石等，頗可見東田之胸次。

參考文獻：

1. 馬中錫《馬東田稿》，明嘉靖十七年文三畏刻本。

2. 馬中錫《東田集》，清康熙四十六年賈棠輯刻本。

3. 馬中錫《馬東田漫稿》，清鈔本。

4. 靳貴《戒庵文集》，明嘉靖十九年丹徒靳氏刻本。

5. 孫緒《沙溪集》，清康熙四十六年刻本。

6. 毛奇齡《西河文集》，王雲五主編《萬有文庫》本，商務印書館 1937 年版。

7. 臺灣"中央研究院"歷史語言研究所校印《明武宗實録》，上海書店 1984 年版。

（司馬周　朱付利）

桑悦傳

桑悦,字民懌,號思玄居士,又曾號假鳴子。吴之常熟(今江蘇省常熟市)人。英宗正統十二年(1447)生。

楊循吉《松籌堂集》(下稱《桑公墓誌銘》)卷六《故柳州府通判桑公墓誌銘》:"吴郡思玄先生桑公……弘治癸亥六月四日,以柳州府通判卒於故鄉常熟之寓館,年五十七。……先生諱悦,字民懌。其先有舉齋公者,仕元爲都水庸田使司副使,六世至廷貢,婿穿山周氏。"弘治癸亥爲1503年,逆推知其生年爲正統十二年(1447)。

閻秀卿《吴郡二科志》"狂簡・桑悦":"桑悦,字民懌,居海虞之沙溪。"

桑悦《思玄集》《鶴溪府君泣血志》卷七(明萬曆二年木活字本):"吾父姓桑,諱琳,字廷貢,别號鶴溪道人。先世莫考,有舉齋者士元爲鎮南王府官,升都水庸田使司副使,司在蘇城,因家常熟。"

桑悦《思玄集》卷九《續思玄賦》序謂:"昔漢張平子,以圖身之事,吉凶隱伏難明,作《思玄賦》。予居京師數月,觀之人情物理有難曉者。因自號思玄居士,爲續其賦云。"

桑悦《思玄集》卷十二《自作假鳴子歌》注:"予初以假鳴自號,作是歌。"

穎悟博學，文名動場屋，成化元年(1465)，年十九，領鄉薦。試禮部，答策語不雅馴，被斥。先後三試，得乙榜，因年籍之誤，除泰和訓導，時在成化十四年。李東陽有詩送行。

桑悦《思玄集》卷七《鶴溪府君泣血志》："不肖孤齠齔喪母，吾父嚴慈濟撫，稍長，粗知爲學向方。年十九，叨領鄉薦，吾父教以大人之學，使泛覽今古，精擇熟踐而博施。性倔，疏於趨世，一無所試。常分教泰和。"卷九《兩都賦》後記："臣成童時許國爲邑庠生。年一十有九，領成化乙酉鄉薦。屢舉進士之京。"

楊子器等修、桑瑜等纂《(弘治)常熟縣志》(清鈔本)卷四"鄉舉·成化元年己酉科"："桑悦，字民懌，琳之子。瓊、瑾、瑜皆其諸父也。任泰和縣學訓導。"

楊循吉《松籌堂集》卷六《桑公墓誌銘》："年十九，領鄉薦，累試吏(禮)部不第，負才游京師，無所屈下。竟以乙榜坐例授泰和訓導。"

閻秀卿《吴郡二科志》"狂簡·桑悦"："以貢士試禮部，文大奇，典試曰：'豈江南桑生耶？狂士，狂士！'遂下第。"

張廷玉等《明史》卷二百八十六《桑悦傳》："年十九，舉成化元年鄉試。試春官，答策語不雅馴，被斥。三試得副榜，年二十餘耳。年籍誤二爲六，遂除泰和訓導。"

李東陽《送桑民懌訓導泰和》(清康熙二十年刻本)詩序："民懌，蘇人。會試春闈，策有'胸中有長劍，一日幾回磨'等語，爲晏檢討汝賢所黜。又作《學以至聖人之道論》有'我去而夫子來'等語，爲丘學士仲深所黜。今年得乙榜，年二十二，籍誤以二爲□，用新例，辭不許，遂有是命。"詩謂："十年三度試春闈，親見聲名滿帝畿。甲第久慙唐李部，奇才終誤宋劉幾。功名歲晚非蓬鬢，湖海官貧尚布衣。試看孤鷹下林落，甘心還向碧天飛。"

按,各版《懷麓堂集》皆謂“晏檢討汝賢”,誤。當爲“吴檢討汝賢”,吴希賢字汝賢,成化元年授檢討(見《明孝宗實録》卷二十六“弘治二年五月乙酉”)。《懷麓堂集》(清康熙二十年刻本)“誤以二爲□”末字挖去。《懷麓堂全集》(清嘉慶八年刻本)則作“誤以二爲六”。《李東陽集》(周寅賓點校,岳麓書社 1984 年版。2008 年版同)亦作“誤二爲六”。《四庫全書》本《懷麓堂集》則作“誤以二爲五”。以上均作“年二十二”,顯誤。管一德《思玄桑先生傳》:“時年方二十九,籍誤以二爲六。”蔣一葵《堯山堂外紀》(明萬曆刻本)卷九十《桑悦》、錢謙益《列朝詩集》(清順治九年毛氏汲古閣刻本)丙集卷七《桑柳州悦》均作:“年二十六,籍誤以二爲六。”《明史》作“二十餘”。要之,二十二、二十六、二十九、二十餘,均不確。

桑悦《思玄集》卷九之“兩都賦”後記云:“去年春,蒙恩除授。……成化十有五年二月一日,江西吉安府泰和縣儒學訓導臣桑悦百拜書於乾坤一寄樓中。”文洪《游黄金臺故址記》(《文氏五家集・淶水文集》,明萬曆十七年刻本):“戊戌之夏,海虞桑民懌,授泰和訓導,將自京師赴潁上,乃紆道訪余於淶。”據此可知桑悦授泰和訓導當在成化十四年。此年桑悦三十二歲。

桑悦《思玄集》卷十《會試感懷》:“骨肉樂完聚,貧賤生別離。連年遠行役,心死精力疲。世途所履歷,半篇《北征》詩。兹行懷倍惡,重與諸子辭。大女甚哽咽,欲語聲不隨。意云爺早返,免我日夜思。次子病初起,阿母親扶持。母子相對泣,侍婢亦慘凄。幼女初發疹,生死未可知。眼痛不見我,涕泪尋縫垂。侵晨當發脚,眷戀住移時。有愛不忍割,愛反割我肌。堂上白頭父,相送立如痴。生我乏孝養,重累反相遺。天晚日色薄,庭葉響枯枝。蕭蕭北風急,瘦馬那可騎。欲求斗升禄,活此老少饑。……”寫士子窮困之狀,歷歷如繪。凄苦悲凉,幾不忍讀。

官訓導時，不責以訓詁程式。與數文士上下議論，時越境訪諸聞人。三爲考官，皆大省，號能得士。撰《北都賦》《南都賦》。文名益著。

馮汝弼等修，鄧韍等纂《（嘉靖）常熟縣志》卷九《邑人文苑志·桑悦》："悦教士不責以訓詁程式，以古學迪引之。士始訝其迂，後皆悦服。邑有文士數人，悦與之上下其議論，相切劘爲文章。又時越境往訪諸聞士。監臨知其人，皆折節傾接，禮爲上客。"

王昶等纂修《（嘉慶）直隸太倉州志》（清嘉慶七年刻本）卷三十五"人物"："初，悦在京師見高麗使臣市本朝《兩都賦》無有，以爲耻，遂賦之。時頗稱焉。"錢謙益《列朝詩集》（清順治九年毛氏汲古閣刻本）丙集卷七《桑柳州悦》："民懌在燕市，見高麗使者市本朝《兩都賦》無有，心竊耻之，作《兩都賦》。"

桑悦《思玄集》卷九《兩都賦》後記："屢舉進士之京，每見安南、朝鮮進貢陪臣，尋買本朝《兩都賦》，市無以應。臣私念我朝聖聖相承，治隆唐虞，而反無班孟堅、張平子等頌德之臣，非缺典耶？是心日往來胸中。奔走南北，觚臨中尼。去年春，蒙恩除授本職。訓課之暇，頗有長晷，因憶舊聞，衍成二篇，總若干言。自起草至脱稿，凡三閲月而成。"

按，據《思玄集》，則《兩都賦》當於成化十四、十五年間，作於泰和訓導任時。陳第《世善堂藏書目録》卷上録有吴人桑悦《大明兩都賦》一卷。張廷玉等《明史》卷九十九、焦竑《國史經籍志》卷五，均載桑悦《兩都賦》二卷。

楊循吉《松籌堂集》卷六《桑公墓誌銘》："三爲考官，皆大省，號能得士。"許宗道《思玄集序》（《思玄集》卷首）："連數大藩聘司貢舉。"

桑悦《思玄集》卷二《吊賈太傅文序》："成化庚子，楚藩聘予典文衡。……又三年,知滇南貢舉。”按,“成化庚子”即成化十六年,“又三年”則爲成化十九年。又,卷五《雲南鄉試小録後序》:“成化癸卯,雲南當大比之秋。……悦濫竽較文之末……”卷十三有《練川王用仁,予主浙貢舉時所取士也。兹有風憲之擢,作詩送之》。

弘治三年(1490),秩滿,吏部尚書王恕方執政,將薦用之,不果。以資拜長沙府通判,因催課無績,調柳州通判。有惠政。

桑悦《思玄集》卷一《庸言引》:“由西昌司訓擢卒長沙,專以催科爲職業。”卷四《鶴溪府君泣血志》:“秩滿,始擢長沙通判。不三載,又調柳州。”

馮汝弼等修,鄧韍等纂《(嘉靖)常熟縣志》卷九《邑人文苑志·桑悦》:“考滿,謁吏部。王尚書恕惜其久滯,爲遷長沙府通判。時潭卒有佳士以遷客寓。王慰之曰:‘吾與子好伴,不久召子矣。’悦職領糧事。豪猾多侵入,積逋常三十餘萬,逮繫滿獄。……竟以催科無課,調柳州。柳民夷錯居,悦柔之以簡易,待以誠信。其人皆歸心焉。”閻秀卿《吴郡二科志》“狂簡·桑悦”:“(御史)後復薦之,遷長沙别駕,尋轉柳州。”

楊循吉《松籌堂集》卷六《桑公墓誌銘》:“秩滿,冢宰三原公方執政,將薦用之,不果。以資拜長沙府通判,又以催課無績,調柳州府。柳邊民雜居,多竊發,先生出入賊巢穴,示以恩信,來附者萬家,柳人至爲繪像以祀。然由是名聞於會府,因得召致幕下用事,有賓師之隆、謀畫之柄。”

許宗道《思玄集序》(《思玄集》卷首):“海内之士挹其高名者,尚其文遇。有力者欲收之出於門下,許以美官,咈不就。由是竟外補而遠移。蓋謂卒郡催科非所長,故(去)長沙之柳州,奄有惠政。”李柷《思玄集後序》(《思玄集》卷末):“嘗卒余柳,飭紀宣和,剔蠹潤微,種種瀸澤,滲漉人臆,迄今永歲,猶思慕之不忘。”

桑悦《思玄集》卷十《予卒長沙,以拙於催科,調柳。正愜遠游之懷。或者謂予少附虚名,不得一試,有疑於天。閑中讀柳子厚、劉禹錫〈天論〉,因成四言詩一章,爲天解嘲云》:"……我學大道,耻攻小技。天之所與,亦不可棄。奔走吴楚,跋涉幽冀。歷覽至柳,舌存齒弊。凡身之灾,皆文之利。立名無極,所關非細。劉柳之言,家傳人味。生短幾何,死長莫計。敢告其靈,天不可議。"

桑悦《思玄集》卷十四《催科有感》:"荒地徵租實可憐,眼前赤子半顛連。于公欲急天下賦,元子肯爲時世賢。盡説催科無善政,自甘罷軟放歸田。挑燈夜與妻孥説,慚愧全家使俸錢。"同卷《攝守茶陵州》:"全楚凋殘獨此州,雨餘長夏冷如秋。鞭笞黎庶心俱痛,撫輯逃亡泪暗流。……"哀憐之意深沉。卷十《寓觀音殿催科有感》、卷十五《寓僧寺催科有感》俱可參。

桑悦《思玄集》卷十四《予既調柳,憲長林君待用以書來云'柳州山林,子厚爲之出色,今付公矣',作詩答之》:"三載星沙作宦游,每逢山鳥話綢繆。鷓鴣知我行不得,杜宇勸人歸去休。泛月詩成湘水夜,看雲興入大潙秋。安心此日無言語,肯與宗元競柳州?"又,《登柳州城》:"城上陰雲向晚開,登臨懷古興悠哉。鵝山矗矗劉蕡節,潯水滔滔子厚才。一代高名人共仰,千年遺迹我重來。明春得遂歸田約,日抱遺經卧草萊。"

桑悦《思玄集》卷十五《予將去柳,軍民士夫之家不忍别,乃刊予豫以留,以爲异日可配享柳子厚廟。予又重柳人知予二人也。前桃源令許君從善且以詩見贈,爲和其韻云》:"衆君以木刻吾真,千百分明是化身。他日羅池還祀我,休言禍福解驚人。"

悦久有歸田奉養意,嘗因公事私還。會丁外艱,服闋,遂不復出。居家益不飾,褐衣楚制,往來郡邑間。門人故舊時時周濟之。

桑悦《思玄集》卷七《鶴溪府君泣血志》:"往歲不肖孤自柳以公

事私還侍養數月,堅欲乞終養。吾父慨邊夷凋弊,且聞總制兩廣中丞鄧公能容度外之士,乃遣不肖孤歸其幕下待用。……鄧公果待以客禮,留置軍前。坐奉談笑者幾一載,欲有舉薦而吾父弗逮矣。吾父歿時,百費貸人。不肖孤至家哀痛之餘,支吾債利,食玉薪桂,莫措手足。凡喪葬之資俱藉今之郭元振爲之經紀,所謂生死不能養葬者,兼而有之。"

楊循吉《松籌堂集》卷六《桑公墓誌銘》:"聞名於會府,因得召致幕下用事。……道方行,會父喪,歸,遂不起。以至於歿。"計宗道《思玄集序》:"及其聞父憂,遂束書東歸,而終喪不出矣。"

馮汝弼等修,鄧韍等纂《(嘉靖)常熟縣志》卷九《邑人文苑志·桑悦》:"左都御史鄧廷瓚鎮嶺表,常收之幕中,待以客禮。自以久居夷,若柳氏,知不復振,遂以疾請歸。家資益落,門人故舊來南多賙助之。入手輒盡,不復校所餘。時海上盜發,常熟令計宗道,柳進士也。嘗師於悦,迎致於廨舍,饋給之。"

閻秀卿《吴郡二科志》"狂簡·桑悦":"州迫西戎,荒落殊甚。悦不堪,思歸。因作詩有'鷓鴣道我行不得,杜宇勸人歸去休'之句。會丁外艱,服闋,遂不就。居家益不飾,褐衣楚制,往來郡邑間。"按,引詩見《思玄集》卷十四,作"鷓鴣知我行不得,杜宇勸人歸去休"。悦久有歸田意,前引諸詩略可見,此類集中尚多。

按,桑悦《思玄集》卷七《鶴溪府君泣血志》:"吾父姓桑,諱琳,字廷貢,别號鶴溪道人。……卒於弘治丁巳五月廿有六日。春秋七十有五,以次年十一月廿有二日與吾母合葬於湄溪之原。吾母先吾父卒四十餘年,吾父以吾母賢,不易耦,不復娶。生子一,即不肖孤悦。"弘治丁巳即弘治十年,據此則桑悦辭官柳州,當在此年。

桑悦《思玄集》卷十一《和淵明詩七首》自序:"予棄官家居數年,口食不繼,幸州主李侯表正、提學御史方君信之、海虞令楊君名父相周，得免凍餒。"卷十二《謝瞿用九惠米》："我師孔孟源流窮，度日好似彎强弓。李侯去後更狼狽，孰有好事堪爲東。"

按，李表正，即太倉知州李端。弘治十三年，桑悦受其邀撰寫《太倉州志》（見《（弘治）太倉州志》桑悦序，清宣統元年刻本）。方信之，即鄞縣人方志。楊名父，即常熟縣令楊子器，弘治九年，邀桑悦叔父桑瑜總纂《常熟縣志》（見《（弘治）常熟縣志》李杰序，清鈔本）。李端卸任後，同鄉瞿剛（字用九）時時周濟之。

弘治十六年六月四日（1503 年 6 月 27 日）卒於常熟寓馆。享年五十七。妻章氏，子皐早卒，女二人。生前故舊爲建思玄書院，歿後即書院祠之。後人屢爲修葺。

楊循吉《松籌堂集》卷六《桑公墓誌銘》："弘治癸亥六月四日，以柳州府通判卒於故邑常熟之寓館，年五十七。邑令計君，柳進士也，盡發其書觀之，嘆曰：'懿哉！斯可謂博大之儒矣。'爲具殮加厚。其將葬也，其從弟鄉貢進士翹，以遺言請銘於我。"

崇慶《思玄桑先生祠堂記》（《思玄集》明萬曆四十四年重刻本卷後附録）："會慈溪楊公名父令海虞，爲先生治菟裘，建思玄書院於縣治之西，用爲异日俎豆地。久之，先生殁矣。嗣令者曰粵西計公惟中，遂即書院祠之，以栖先生之神，而名則仍之無改焉。"

楊循吉《松籌堂集》卷六《桑公墓誌銘》："先是，未卒之前一月，友人薛大章夢見先生乘高車蓋，旌幢擁入玄冥，云與屈子遨游。已而果卒。説者謂先生躬萃元精，以神明其心志，又不大於事業，以有蓄焉。一旦而死，其不逐逐爲常鬼，亦明矣。夢所見殆將然乎？先生配章氏，故贈都御史孟端女，男一人皐，先卒。女二人，長適吴樟，吴文恪公四世孫；次適歸應祥，蘇州衛援例指揮僉事。孫男二人，内曰接，外曰溥，皆嗣皐爲後，幼未克立，夫人實主喪事。先生先世皆葬故邑虞山，今以十月十六日葬湄溪之原，從其先君兆禮也。在太倉州南四十里,與穿山三里而近,先屬邑今屬州,故先生又爲州人。"

按,桑悦《思玄集》卷十《會試感懷》有"大女甚哽咽""次子病初起""幼女初發疹"語。又,卷七《鶴溪府君泣血志》:"生子一,即不肖孤悦,娶誥贈都察院右副都御史前監察御史章孟端女。"

桑悦《思玄集》卷七《亡兒阜并妻沈氏合葬墓誌銘》:"吾兒姓桑名阜,字舜財。……卒於弘治十四年七月廿四日,春秋三十有一,配沈氏。……吾兒卒後成疾,於次年之二月一日亦卒。……生男女各一,俱夭。"

桑悦《思玄集》卷十三《阜兒病危甚,矧家貧,公私相迫,繼而一甥年十有七忽夭。老妻又卧病奄奄,諸痛攻心,不能聊生。兼有憂出家外者,無可奈何,聲而爲詩》:"獨子造危疾,全家正食貧。只將愁作伴,動與死爲鄰。正則將沉候,天祥被虜辰。飢腸鳴鼓急,清泪濺珠勻。星月難挨曉,鶯花不當春。典衣先問主,乞米苦求人。官税煎烹甚,私逋取索頻。乾坤俱作客,湖海莫容身。甥夭增新痛,妻眠卜舊屯。釋迦應蹙額,莊叟亦沾巾。親睹江南潦,傳聞塞北塵。自甘天廢棄,誰展世經綸。職外無窮事,安能問大鈞。"凄愴悲凉,讀之心酸。詩末推及時事艱難,所謂"憂出家外者",雖窮愁百端,而不忘憂世。

悦穎悟絶人,博聞强識,才氣俊逸,讀書過目不忘。然性傲岸不羈,不拘小節,與世多忤,或以爲狂士,而實中心坦蕩。"狂簡"頗可狀其人其行。

許宗道《思玄集序》"穎悟絶人,記覽捷敏。……望之其外,瀟灑可近,清談戲劇,而小節若不拘,扣其中則落落莫可奪。其才氣更如天閑神駿,騖曼振鬣而不羈也。"

李柷《思玄集後序》:"家素貧,亡所蓄書,從肆中得過目輒棄去,以孟軻自況,原、遷以下弗論也。矯亢偃蹇,一時權貴,雖氣焰熏炙,視之蔑如。”

張廷玉等《明史》卷二百八十六《桑悦傳》:“尤怪妄,亦以才名吴中。書過目,輒焚棄,曰:‘已在吾腹中矣。’敢爲大言,以孟子自況。或問翰林文章,曰:‘虚無人。舉天下惟悦,其次祝允明,又次羅玘。’爲諸生,上謁監司,曰‘江南才子’。監司大駭,延之較書,預刊落以試悦,文義不屬者,索筆補之。”

閻秀卿《吴郡二科志》“狂簡·桑悦”:“大學士丘濬慕其名,召令觀所爲文,紿曰‘某人撰’。悦心知之,曰:‘明公謂悦不怯穢乎?何得若文而令悦觀?”濬曰:“然則生試爲之。’歸,撰以奏,濬稱善。……御史聞悦名,數召問,謂悦曰:‘匡衡講經書,能解人頤,今子亦復能乎?’對曰:‘悦所談玄妙,匡衡不敢望。假令匡衡而在,可使解頤,何但名公。願賜清閑之宴。’御史壯之,令坐講,悦因跣足捫虱,御史不能禁,令出,後復薦之。”

趙翼撰《甌北集》(清嘉慶十七年湛貽堂刻本)卷十八《柳州》:“我聞吴中桑民懌,得官不赴柳州城。謂昔子厚擅其地,去恐掩前人名。斯言抑何過自譽,毋乃蚍蜉撼大樹?……”按,此説或因王世貞所記。《弇州四部稿》(明萬曆刻本)卷一百四十九“説部·藝苑卮言六”:“再調柳州。悦實惡州荒落,不欲往。人問之,輒曰:‘宗元小生,擅此州名久。吾一旦往,掩奪其上,不安耳。’”按,以《思玄集》中詩文衡之,此語或涉訛傳。

又,黄宗羲《明儒學案》(清康熙刻本)卷三十九:“婁一齋高冠佩劍,所至傾仰。至姑蘇,桑悦来訪,引僻書相難,一齋未答。悦曰:‘老先生德性工夫有之,道問學則未也。’一齋遂不與語。”

閻秀卿《吴郡二科志》“狂簡·桑悦”,論曰:“以民懌之才,加之繩墨。上可以休贊龍章下,可以美垂兔迹。蓋文以行彰,位無虚踐也。而落落下僚豈命也哉。文則雋拔,欲使端士祖述,難矣。世固有雅量之賢,成就其志,謙尊君子不亦相去遠乎?其所詆笑皆古今名碩,固難盡是,亦難盡非。傳曰'笑古人之未工,忘己事之已拙'則其大較也。孟軻在當時無所遭而民懌稱之,可謂千載知己。推原其意,豈亦以軻爲狂耶?狂者未嘗無人,至如民懌,可與進取者也。"斯可謂公允之論。

學有根柢,力探群經,多所發明。與世齟齬,一發爲詩文。好辭賦,以屈宋班馬爲宗。文辭瑰麗汗漫。詩古、今體皆長,伉爽俊健,多及時事民隱。寫情狀物,能得其神。書法亦佳。

楊循吉《松籌堂集》卷六《桑公墓誌銘》:"力探群經,自《易》《春秋》《周禮》,皆有義、釋文數十卷,合二家總二十餘萬言。"許宗道《思玄集序》:"如《易》《春秋》《周禮》與夫子史,多所發明成卷。"或以其批評臺閣體詩文,將其視爲明中葉復古派詩文創作的先聲。(參廖可斌《論明代景泰至弘治中期的文學思潮》,《杭州大學學報(哲學社會科學版)》1991年第3期)

許宗道《思玄集序》:"嘗與語曰:'士不幸不獲展其經濟之業,時或出其緒餘,而一鳴之。後必當有知者。'又曰:'屬辭須宗屈宋班馬,造理宜祖周程張朱。'今即其言而夷考之,先生無乃假文以鳴道乎?"

楊循吉《松籌堂集》卷六《桑公墓誌銘》:"吴郡思玄先生桑公少好詞賦,師司馬相如、揚雄,以其長振名一時。至爲他文章皆本是。"張弼《張東海先生詩集》(明正德十三年刻本)卷三《與桑民懌宿別》:"司馬奇文空自賞,元龍豪氣卧能諳。"桑悦之文章性情可概見。

李桄《思玄集後序》:"顧著述稱雄,而於聲詩或詘,以近體較勝,乃古體弱焉。尺有所短,寸有所長。其不能相兼類如此。乃先生則學有本原，囊括蒼黄，規度姚姒。於性命道德真有得其大者。故著爲詩文，如瓊林武庫，隨取隨足。”

王世貞《弇州四部稿》（明萬曆刻本）卷一百四十七“説部・藝苑卮言五”論“國朝詩”：“桑民懌如洛陽博徒，家無擔石，一擲百萬。”論“國朝文”：“桑民懌如社劇夷歌，亦自滿眼充耳。”《明詩評》（《叢書集成初編》本，商務印書館 1937 年版）卷四“桑通判悦”：“民懌一覽輒誦，千言不草，氣凌五侯，目鮮百代，可謂文陣之健兒，人群之逸驥矣。詩如洛陽博徒，家無儋石，一擲百萬；又如灌將軍罵坐，雖復伉健，終鮮致語。”

馮汝弼等修，鄧韍等纂《（嘉靖）常熟縣志》卷九《邑人文苑志・桑悦》：“悦志高遠，初欲以功名奮，既與世齟齬，久被擯抑，遂一發之於詩文。其詞瑰麗汗漫，間以晉人言語風度行之篇章間，而其議論行已亦略似之。中歲後，頗厭華繪，趨於平實，探索理奥，於《易》《春秋》《周禮》皆有傳解，其説多本之儒先，不務出於己。……草書流暢，法懷素。行楷有姿韻，宗晉人。”

桑悦位居下僚，志在經世，其詩多見憂懷。催科諸詩已見前引。又如《思玄集》卷十四《勘灾湘鄉》；卷十二《夏日收糧有感》《閲邸報有感》《得鄉信知年荒疫病之詳，作詩悲悼和游晝寒分韻得竹字韻》；卷十五《大旱》《感事》《柳州大水》；卷十三《蘇守曹侯嗚岐去淫祠數十萬，閣老匏庵吴先生紀之以詩，予次其韻》等。汪森《粵西詩載》（清康熙四十三年刻本）卷七收桑悦诗數首。“崖前朱草官吏血，商賈叠屍岩谷底。……離城十里是生獞，通衢處處生荆杞。打村劫路聞暗熟，里半居民存有幾？”（《至柳寫懷》）“上司出榜安獞瑶，軍民激變法不饒。”（《賁榜謡》）寫柳州干戈滿地、民人雜居之狀，可爲史徵。

有《思玄集》十六卷。嘗修《太倉州志》十一卷。所撰《庸言》,人或非之。

馮汝弼等修,鄧韍等纂《(嘉靖)常熟縣志》卷九《邑人文苑志·桑悦》:"其集凡六十餘卷,遺集二十卷。"楊循吉《思玄先生墓誌銘》(《思玄集》萬曆四十四年重刻本卷後附録):"凡爲集十六卷。……自《易》《春秋》《周禮》皆有義、釋文數十卷。合二家總二十餘萬言。"

張廷玉等《明史》卷九十七"藝文二":"桑悦《太倉州志》十一卷。"卷九十九"藝文四":"桑悦《兩都賦》二卷、《古賦》三卷、文集十六卷。"

永瑢等《四庫全書總目》卷一百七十五《思玄集》提要:"悦有《桑子庸言》,已著録,是編賦一卷,文八卷,詩六卷,詩餘一卷,附刻一卷,則悦之志傳也。史稱悦爲人怪妄,敢爲大言以欺人。朱彝尊《静志居詩話》稱悦在長沙著《庸言》自詡窮究天人之際,非儒者所知。又自稱其詩根於太極,則史所云'怪妄'不虚也。所作《兩都賦》有名於時,然去班固、張衡實不可道里計。而夸誕如是,淺之乎其爲人矣。"

《四庫全書總目》卷一百二十四《桑子庸言》提要:"悦《思玄集》中有《道統論》曰:'夫子傳之我。'又,《學以至聖人論》曰:'我去而夫子來。'可謂肆無忌憚。史所詆者不虚。史又稱悦在長沙著此書,自以爲窮究天人之際。今觀所論,實無甚精奥也。"

桑悦《太倉州志序》(李端等修,桑悦等纂《(弘治)太倉州志》卷前,清宣統元年刻本):"棗陽李侯由名進士起家,……畢守是州。……以州志未修爲缺典。禮請予至州,專任其事。……凡數閲月,始克成編。分爲十有一卷。總若干萬言。"又記:"斯志每題有論有斷,有若效司馬遷、班孟堅、范蔚宗之所爲者。"則其意不在一州一志而已。

按,《思玄集》十六卷,初由計宗道編次刊行於弘治十八年。萬曆二年,桑悦從孫桑大協以木活字重刊,前有計宗道原序,後有李栻序,附楊循吉所撰墓誌銘。萬曆四十四年,同邑翁應祥重刻,除卷前增加錢謙益、翁應祥、楊循吉等序跋外,卷後附刻桑悦祠堂記、傳、祭文等一卷。《庸言》已收入《思玄集》,又有《桑子庸言》一卷,道光十一年六安晁氏木活字本,《四庫全書存目叢書補編》據以影印。

參考文獻:

1. 桑悦《思玄集》,明萬曆二年木活字本。

2. 桑悦《思玄集》,明萬曆四十四年刻本。

3. 馮汝弼等修,鄧韍等纂《(嘉靖)常熟縣志》,明嘉靖十八年刻本。

4. 錢謙益《列朝詩集》,清順治九年毛氏汲古閣刻本。

5. 楊循吉《松籌堂集》,清金氏文瑞樓鈔本。

6. 閻秀卿《吴郡二科志》,《叢書集成初編》第 3381 册,商務印書館 1937 年版。

(鄧曉東　朱付利)

李東陽傳

李東陽,字賓之,號西涯。筮仕時曾號嚮齋。其先茶陵(今湖南省株洲市茶陵縣)人,洪武初其祖以戎籍居京師,因爲京師順天府(今北京市)人。茶陵屬長沙府,後人亦以"茶陵""李長沙"稱之。正統十二年六月九日(1447 年 7 月 21 日)生於京師。

焦竑《國朝獻徵録》卷十四楊一清《特進光禄大夫左柱國少師兼太子太師吏部尚書華蓋殿大學士贈太師謚文正李公東陽墓誌銘》(下稱《李公東陽墓誌銘》):"公姓李氏,東陽名,賓之字也。少居京師,先本湖廣茶陵人,國朝洪武初以戎籍隸燕山左護衛,後改金吾左衛。曾祖文祥,祖允興,父淳,皆以公貴,累贈如其官。曾祖妣、祖妣、妣,俱累贈一品夫人。繼母麻氏,再封一品太夫人。生正統丁卯六月九日。"

李東陽《懷麓堂集・文續稿》卷一《南行稿》《高祖戊七府君墓表》:"惟我李氏,出自臨洮。譜傳爲西平忠武王之後,王之第十子曰憲,爲觀察使,始居江西。江西之八世諱餘,始還於茶陵之中洲。"

《天順八年進士登科録》"二甲第一名":"李東陽。貫湖廣茶陵縣人。金吾左衛軍籍。……字賓之,行一。年十八,六月初九日生。"李東陽《生日有感》(《懷麓堂集・詩後稿》卷八):"六月九日多鬱蒸,我生初度未相仍。"

梁儲《鬱洲遺稿》(《景印文淵閣四庫全書》)卷四《賀閣老西涯李公七十詩序》:"正統丁卯六月九日,吾西涯李公實始生於京師玄武湖之西滸。"

法式善《存素堂文集》(清嘉慶十二年刻本)卷一《西涯考》:"納蘭容若《渌水亭雜識》云:'李長沙賜第在長安門西,俗呼李閣老衚衕是也。其别業在北安門北。'……余綜諸説與地址印證,蓋廣福觀(在今鼓樓斜街)之南,響閘(今之萬寧橋澄清閘)之西,月橋(今之三座橋)之北,海潮寺之東,地名煤廠,文正故第當在是。"

李東陽《題崔甥畫卷》序(《懷麓堂集·詩後稿》卷十):"禮部郎中崔甥世興,得中書焦家畫卷十幅,皆正統天順間一時名筆。内有予詩十首,跋一通,皆書'警齋'。……予筮仕時,實有此號。……正德壬申二月七日,西涯李東陽賓之識。"

東陽幼慧悟,四歲能作徑尺書,景帝召試之,甚喜,抱置膝上,賜果鈔。後兩召講《尚書》大義,送順天府學。

焦竑《國朝獻徵録》卷十四楊一清《李公東陽墓誌銘》:"方三四齡,輒能運筆大書至一二尺,中外稱爲神童。景皇帝召見,親抱置膝上,命給紙筆書,賜果鈔送歸。六歲至八歲,再召見,賜賚如初。送順天府學,肄業。天順丁丑,授舉業於華容黎文僖之門。"

李東陽《懷麓堂集·文稿》卷二十六《明故封承德郎户部主事陳先生墓誌銘》:"景泰初,東陽以童子奉詔入順天府學爲諸生。時益都陳先生實分教事,殊見優遇。俾得月朔望參謁,不與諸儕輩同朝夕。"

張廷玉等《明史》卷一百八十一《李東陽傳》:"四歲能作徑尺書,景帝召試之,甚喜,抱置膝上,賜果鈔。後兩召講《尚書大義》,稱旨,命入京學。"

按,東陽與程敏政俱以神童見詔,二人應對之事多見諸筆記小説。参《程敏政傳》。

天順六年(1462)舉順天鄉試,時年十六。八年,年十八,成進士,以二甲第一,入翰林爲庶吉士。成化改元,授編修,修《英宗實録》。累遷侍講學士,充東宫講官。嘗告歸茶陵省墓、主考南京應天府鄉試,分有《南行稿》《北上録》紀其事。

焦竑《國朝獻徵録》卷十四楊一清《李公東陽墓誌銘》:"壬午,年十六,舉順天鄉試。癸未,中會試。甲申,殿試得二甲第一,入翰林,爲庶吉士。成化乙酉,授編修,修英廟實録。丁亥,實録成,升從六品俸。壬辰,予省墓湖南。甲午,滿九載,遷侍講。乙未,經筵侍班。癸卯,再滿九載,遷侍講學士。甲辰,選侍東宫講讀。"

《明武宗實録》卷一百三十九:"年十六舉鄉試,十八登進士,改翰林庶吉士,授編修。秩滿,遷侍講。秩再滿,遷侍講學士。尋侍東宫講讀。……東陽在翰林以文學名,前輩或忌之。遷侍講學士數年始與經筵,然不以爲意也。"

按,成化八年,東陽回茶陵省墓,此行寫有《南行稿》;成化十六年,主考南京應天府鄉試,北歸又有《北上録》。二集見《懷麓堂集·文續稿》,詩文皆收,以詩爲主。《文續稿》卷一、二爲《南行稿》;卷三、四爲《北上録》。

李東陽《南行稿序》(《懷麓堂集·文續稿》卷一《南行稿》卷前):"成化壬辰歲二月,予得告歸茶陵,奉家君編修公以行。至則省始祖州佐公及高祖處士府君之墓,既合族序,燕居十有八日,乃北返。以八月末入見於朝,蓋閱七月而畢事。方吾舟之南也,出東魯,觀舊都,上武昌,溯洞庭,經長沙而後至。其間連山大江,境象開豁,廓然若小宇宙而游混茫者,信天下之大觀也。既而下吉安,歷南昌,涉浙江,經吴會之墟,則溪壑深窈,峰巒奇秀,千變百折,間見層出,不知其極。柳子厚所謂曠與奥者,庶幾其兩得之。其間流峙之殊形,飛躍開落之异情,耳目所接,興况所寄,左觸右激,發乎言而成聲,雖欲止之,亦有不可得而止矣。……每一詩成,輒請諸家君,以爲可則叙之,得百二十有六首,文五通。"

《懷麓堂集·文稿》卷六李東陽《應天府鄉試録序》:"成化十六年庚子秋八月癸酉,應天府鄉試録成。蓋自奉詔以來,凡二十有六日而試,越三日再試,又三日三試,既試之十有一日而畢。録諸中外臣名在執事者三十有六人、士之中選者百三十有五人文之尤粹者二十篇而成。"

李東陽《北上録序》(《怀麓堂稿·雜記》卷三《北上録》卷前):"予與洗馬羅君明仲校文南都。既聞命,登舟兼程以往。……校閲既畢,始爲一章,貽我同志。公卿大夫士在南都者,延訪燕會,或登名山,歷勝地,輒有詩。獨以久勞卷牘,繼困於酬接,觸口縱筆,如夢寐中語。留數日,輒還舟北上,遇石頭,沿大江,絶長淮,觀吕梁百步之壯,溯天津潞河之深遠,歸眺太行,數千里縈抱不絶,於是盡得兩京之形勝,神爽飛越,心胸開蕩。烟雲風雨之聚散,禽魚草木之下上開落,衣冠人物風土俗尚之殊异,前朝舊迹之興廢不常者,不能不形諸言。……彙次之得賦一、詩百有二、聯句二、雜文三,爲一卷。以皆使歸録,故名曰《北上録》云。"

父卒,破例賜祭。服闋,與修《憲宗實録》成,遷太常少卿。弘治六年,旱灾求言。東陽條摘《孟子》七篇大義,附以時政得失,析爲十條,累數千言。疏上,孝宗稱善。

焦竑《國朝獻徵録》卷十四楊一清《李公東陽墓誌銘》:"父卒,解官守制,賜祭一壇,五品父例無,祭實自公始。孝宗嗣位,弘治戊申,召修《憲廟實録》,以喪辭。己酉服闋,乃起供職。以從龍恩,遷左春坊左庶子,仍兼侍講學士。辛亥,實録成,遷太常少卿,兼職如故。壬子,始供事日講,并經筵講書。時大旱,應詔上疏,摘經筵所講《孟子》中要論切於治道者,析爲數條,極論其理,而時政得失,以類附焉,上嘉納。"

《明孝宗實録》卷七十六:"(弘治六年閏五月)太常寺少卿兼翰林院侍講學士李東陽奏:'近奉敕諭以久旱求言。……近臣於經筵輪講《孟子》,兩年之内輪侍日講亦用此書。今不敢遠引,謹摘《孟子》中格言要論……'"《明武宗實録》卷一百三十九:"丁内艱。弘治二年服闋,以從龍恩,遷左春坊左庶子,仍兼侍講學士。四年,《憲廟實録》成,遷太常寺少卿,兼官如故。"

李東陽《懷麓堂集·文稿》卷十九《應詔陳言奏》:"弘治六年四月二十七日節該欽奉敕諭:'天道弗順,亢旱逾時,民庶驚惶,朕甚憂懼。凡軍民利病,時政得失,爾文武群臣條奏來聞。欽此。'……近臣於五月二十二日經筵輪講《孟子》。兩年之内,輪侍日講,亦用此書。今不敢遠引,謹摘《孟子》中格言要論,切於君心治道,臣與二三講官已徹聖聽而未悉愚見者,析爲數條,極論其理。而軍民利病,時政得失,如陛下所欲聞者,以類附焉。"

七年(1494),擢禮部右侍郎兼侍讀學士,入内閣專典誥敕。次年,以本官與謝遷同日受命入内閣參預機務。久之,進太子少保、禮部尚書兼文淵閣大學士。力持國是,知無不言。因事納忠,每稱意旨。十七年,代祀孔廟,有《東祀録》紀行。還,上疏極論民物困敝之狀。

焦竑《國朝獻徵録》卷十四楊一清《李公東陽墓誌銘》:"甲寅,内閣薦,升禮部右侍郎,兼侍讀學士,專管誥敕。乙卯,與木齋謝公,并命入閣。中外相賀,以爲得人。公感知遇,力持國是,知無不言,兼稽古纂述之務。上嘗命撰祭三清樂章,公等上疏言:'天子祭天地,禮以簡爲貴,祭不過南郊,故漢祀五帝,儒者非之。况三清者,道家邪妄之説,不敢奉詔。'科道官劾近幸二人,召公等議所當去留者，且出諸司題奏，令一一擬斷，親賜可否。蓋自是始復奏事之制云。武岡知州劉遜爲藩府所奏訐，被逮至京，科道奏乞寬貸，上怒，俱下詔獄。公等言：'遜誠情輕譴重，言官爲國盡忠，而概以爲罪，後有大利害、大闕失，誰肯言者?'事竟得釋。戊午，皇太子出閣進學，加太子少師禮部尚書兼文淵閣大學士。上慮京營總戎多不得人，召公等議更置，乃出英國公輩所辭疏，面與商榷曰：某可去，某可調。公執筆撰稿，上御書下兵部行之。辛酉，病眩，三上疏辭，不允。壬戌，賜玉帶。癸亥，賜蟒衣一襲。《大明會典》成，凡議例表奏，皆出公手，加太子太保户部尚書謹身殿大學士。甲子，孝肅太皇太后喪。上以廟制事重，屢召内閣臣面議，多公言是用，自是不數日輒召問。因事納忠，每稱意旨。闕里孔廟重建成，敕遣公往行祭告禮。還朝，以途中所見民物困敝狀，具疏言之，因乞罷。"

《明孝宗實録》卷二百零四："（弘治十六年十月）内閣大學士劉健等言：'竊惟天下之事，有輕有重，有緩有急，得其序則治，不得其序則亂。而所不當爲者，弗論也。夫事之重且急者，不過親賢愛民，賞功罰罪而已。近時以來，奏事之期日漸遲晚，散本不及，禁門已閉，内外章疏，動經累日，甚者或延至半年，或終留不出。因循積習，遂以爲常。仰惟皇上於聲色貨利，無所嗜好。宫禁嚴密，臣等所不敢知，但恐佛老鬼神之事有妨聖政耳。'"

弘治十七年，重建闕里孔廟成，東陽奉詔代祀。《懷麓堂稿·雜記》卷六《東祀録》卷前《東祀録序》："弘治己未，宣聖廟灾，有詔重建，及今年甲子告成。上以爲國家重典，用國學時祭之制，遣内閣臣往祭，而東陽實承敕以行。……凡悲歡喜愕鬱抑宣泄之間，一出於正，雖不敢以自謂，而亦因以自考也。自發軔至返棹爲日四十有七。得記、序、辭各一，銘二，文四，奏疏五，詩二十有八，彙録之爲卷。乃冠以敕文、祝辭，用志王事之始。"同卷《憂旱辭》《次日大雨至夜喜而有作》《通達下情題本》等俱可見其憂懷。

《憂旱辭》謂:"黄塵赤日無南北,平田見土不見麥。秋麥垂垂盡枯死,春麥雖青不滿咫。秋田種少未種多,田家四顧無妻子。官河水淺舟不行,漕舟不載南舟名。河西鈔關坐不税,大倉粳稻何時至。一春無雨過半夏,貧民望雨如望赦。安得一雨如懸河,坐令愁怨成歡歌,我行雖難奈樂何。"而《通達下情題本》所述種種慘狀、亂象,尤爲觸目驚心。

《通達下情題本》:"臣自閏四月以來,經過里河、天津一帶,適遇天時亢旱,風霾屢作。夏麥枯死,秋田未種。運舟不至,客船稀少。曳纜之夫,身無完衣。荷鋤之民,面有菜色。極目四望,可爲寒心。臨清、安平等處,盗賊縱横,殺人劫財者,在在而是。傳聞青州劫奪尤甚。各該地方官員,隨捕隨發,各處回賊,百十成群,白晝公行,出没無忌。又聞南來人言,淮揚各府,十分狼狽,或掘食死人,或賤賣生口。流移搶掠,各自逃生。運糧官軍,搬壩剥淺,艱辛萬倍。人心惶惶,莫知所措。以至江浙、浙東,荒歉之地方數千里。朝廷雖差官賑濟,減耗折糧,拆東補西,得不償失。且民户消耗,軍伍空虚,官庫無旬月之儲,俸糧有累年之欠。"

又謂:"臣嘗訪之道路,詢之官吏,皆言糧草税課,歲有常額。而冗食太衆,國用無經,差役頻繁,科派重疊。木植顔料,百凡之物,歲無虚月。内府錢糧,交納使用,更無紀極。京城修造,前後相仍,做工軍士,累力陪錢,每遇班操,寧死不赴。勢家巨室,田連州縣,徵科過度,請乞無厭。親王之國,供億之費,每至二三十萬。修齋掛袍,開山取礦,作無益以害有益者,間復有之。加以貪官酷吏,肆虐爲奸,民力困窮,嗟怨交作,天灾迭降,固有由然。他如游手之徒,號稱皇親名目,附搭鹽船,聲言各處,馬頭起蓋店房,網羅商税。國家建都於北,仰給南方,商貿驚疑,大非細故。織造内官,縱使群小,采打閘河官吏,趕捉買賣居民,騷擾動地,又臣所目擊者。在途如此,在彼可知。若此之類,未易枚舉。”

孝宗崩,東陽與劉健、謝遷同受顧命,修《孝宗實録》爲總裁官。正德初,劉瑾入司禮,東陽與健、遷多所匡正。因謀誅劉瑾等不果,三人乃各具疏乞休。中旨去健、遷,而東陽獨留。

楊一清《李公東陽墓誌銘》:“五月,上不豫,召内閣三人,入造乾清宫,直叩御榻。聖諭諄複,以今上皇帝爲托,公等頓首奉慰出。翼日,宫車晏駕,公號慟幾絶。今上嗣位,凡詔册議謚大制作出公手尤多。以侍從輔導恩加少傅兼太子太傅户部尚書謹身殿大學士,又以上兩宫尊號恩賜誥命,階光禄大夫、勛柱國贈及三代。修《孝廟實録》,爲總裁官。正德丙寅春,初開經筵,命同知經筵事。上親耕藉田,豫九推列。三月,幸太學,釋奠先師,公分獻兖國復聖公。八月,册皇后,充納吉納徵副使。公既受顧命,毅然以天下爲己任。事有未當,偕同事二公,盡言匡正,無所忌避,至再至三不輟。又以詔書不信,政令失中,條陳十事,指斥貴近,自劾失職,乞解任。時逆瑾已柄用,於是劉、謝二公皆得謝去,而公獨留。公據案涕泣,連疏懇乞同罷。上素重公,兩宫亦言:‘舊臣惟此一人,不宜聽其去。’瑾不得已,故留之。公以病不良於行,乃詔免朝,日赴閣與新命焦、王二公同治事。已而進二公官,遞加公少師兼太子太師吏部尚書華蓋殿大學士。”

《明武宗實録》卷四:“(弘治十八年八月)大學士劉健、李東陽、謝遷言:‘今年自六月以來,陰雲蔽翳,大雨連綿,京畿内外,民舍傾頹,田禾淹没,日復一日,爲患未已。……經今兩月之上,内外多餘官員,未聞查減某職,傳奉乞升等項,未聞查革何人。諸如此類,未易枚舉。政壅於上而不得行,民望於下而不得遂。此陰陽所以失調,雨暘所以不順也。如軍器鞍轡二局、各門、各馬房倉庫,及各處分守守備等項内官,舊設有數,今添至幾倍。朝廷養軍養匠,錢糧萬萬,僅足供其使令,豈可不減?文武官員中有曠職僨事、虚糜廪禄者,豈可不黜?内官等監、匠官,御用等監畫士,多至數十百人,濫授官職,浪支俸禄,皆剥民膏脂以供無益,豈可不革?内承運庫放支銀兩,全無印簿,支銷二十年來,累數百萬,以致府藏空竭。承領之人,豈無侵克?本庫内官,自請查算,豈可不查?……'"

《明武宗實録》卷七:"(弘治十八年十一月)大學士劉健等言:'今月十七日冬至節,靈濟宫祭金闕真君、玉闕真君,奉旨遣尚書李東陽行禮。臣等竊有愚悃,謹昧死爲陛下陳之。佛老二教,聖王所必禁,儒者所不談。中世以來,正道不明,人心久溺。……伏乞聖明洞察,俯聽愚言,將前項祭祀,通行革罷,免令臣等行禮。'……上嘉納之。"

《明武宗實録》卷十八:"(正德元年十月)少傅兼太子太傅户部尚書謹身殿大學士李東陽乞致仕。……上曰:'卿輔導有年,勞勩顯著。受先帝顧命,托以匡弼。蓋欲隆政治也。上天垂戒,朕自當省。卿可安心供職,以副委任,毋再固辭。'先是,請誅瑾等疏,實東陽秉筆。第太監陳寬等至閣議時,東陽辭頗緩,中人皆以爲事不由之。故與健等同日具疏懇求去位,而東陽獨留。人亦幸其留云。"

張廷玉等《明史》卷一百八十一《李東陽傳》:"武宗立,屢加少傅兼太子太傅。劉瑾入司禮,東陽與健、遷即日辭位。中旨去健、遷,而東陽獨留。耻之,再疏懇請,不許。初,健、遷持議欲誅瑾,詞甚厲,惟東陽少緩,故獨留。健、遷瀕行,東陽祖餞泣下。健正色曰:'何泣爲?使當日力争,與我輩同去矣。'東陽默然。"

劉瑾威權日盛,務摧抑縉紳。而焦芳入閣助之虐,東陽悒悒不得志,亦委蛇避禍。凡瑾所爲亂政,東陽彌縫其間,亦多所補救。天下陰受其庇,而物論或非之。

張廷玉等《明史》卷一百八十一《李東陽傳》:"瑾凶暴日甚,無所不詘侮,於東陽猶陽禮敬。凡瑾所爲亂政,東陽彌縫其間,亦多所補救。尚寶卿崔璿、副使姚祥、郎中張偉以違制乘肩輿,從者妄索驛馬,給事中安奎、御史張彧以核邊餉失瑾意,皆荷重校幾死。東陽力救,璿等謫戍,奎、彧釋爲民。"

焦竑《國朝獻徵録》卷十四楊一清《李公東陽墓誌銘》:"《通鑑纂要》書成,賜宴於禮部。瑾以修書盛典,欲因以示恩。公謂此書先帝所命,不及進御,豈敢言功。瑾内銜之。會進焦、王二公少傅,而加公正一品俸。鎮守中貴有請便宜行事者,公執不可。一日早朝,有文書一卷,投入丹墀,録瑾過惡。上命瑾等詰問,無肯承者,遂執朝官三百餘人送詔獄。公奏此事必一人所爲,同朝諸臣,倉皇拜起,豈能知之? 一人之外,皆無罪之人。乃盡得釋。"

張廷玉等《明史》卷一百八十一《李東陽傳》:"瑾既得志,務摧抑縉紳。而焦芳入閣助之虐,老臣、忠直士放逐殆盡。東陽悒悒不得志,亦委蛇避禍。而焦芳嫉其位己上,日夕構之瑾。先是,東陽奉命編《通鑑纂要》。既成,瑾令人摘筆畫小疵,除謄録官數人名,欲因以及東陽。東陽大窘,屬芳與張綵爲解,乃已。"

焦竑《國朝獻徵録》卷十四楊一清《李公東陽墓誌銘》:"時瑾立苛法,公卿重足立,道路以目,分遣徼卒四出,真僞莫辨,遠近驚悚;争以厚斂,祈脱禍。公上疏極論之,大忤瑾意,然亦稍稍戢。瑾又患盜賊日滋,欲并其家屬俱坐編戍。公言爲盜之人,惡心猝動,雖其父兄有不豫知。自古罪人不孥,若玉石俱焚,何以開自新之路? 於是得從末減。有徼卒捕盜不得,并其無服親執送官。法司承風旨,概坐以籍没發遣。公謂即如新例,亦不當連坐,乃令改擬如律。又有以例前盜援新例處分者,悉止不行。所全活者,不知幾何! 其他類此者,不能盡述也。瑾威權日盛,狎視公卿,惟見公,則改容起敬。然他人瑾前論事,唯諾無敢與可否。公獨事事辨析,瑾不能平,每切齒焉,卒不能害也。"

谷應泰《明史紀事本末》(清同治十三年刻本)卷四十三《劉瑾用事》:"(正德三年)逮前總制三邊都御史楊一清下獄,尋釋之。先是一清巡邊上疏陳戰守之策,請復守東勝,開屯田數百里,省内運。奏上,報可。一清遂興築邊墻,克期完工,而劉瑾憾一清,罷之,工亦止。至是,又惡其築邊糜費,下詔獄。大學士王鏊言於瑾曰一清有高才重望,爲國修邊可以爲罪乎?李東陽亦力救,乃得釋。"劉瑾亂政、李東陽彌縫補救之事頗多,可參該卷。

張廷玉等《明史》卷一百八十一《李東陽傳》:"劉健、謝遷、劉大夏、楊一清及平江伯陳熊輩幾得危禍,皆賴東陽而解。其潛移默奪,保全善類,天下陰受其庇,而氣節之士多非之。侍郎羅玘上書勸其早退,至請削門生籍。東陽得書,俯首長嘆而已。"

正德五年秋,助誅劉瑾。時武宗講筵不舉,視朝久曠。又議大興豹房之役,建寺觀禁中。東陽等憂之,屢上疏極諫,不聽。屢乞休,終從所請。有《求退録》紀之。

焦竑《國朝獻徵録》卷十四楊一清《李公東陽墓誌銘》:"庚午夏四月,寧夏慶府置鐇與都指揮何錦等叛逆。朝廷出師征討,公請詔天下,稍革近時苛政。敕旨日十數降,迅筆擬奏,動中機宜。王師出而捷報至。八月寧夏獻俘。瑾罪惡暴著,伏誅。乃贊新政,凡瑾所變更者,令所司查革,悉遵成法,天下忻忻,想望太平。"

彭維新《墨香閣文集》(清道光二年刻本)卷五《李文正論》文後附:"公從侄敦常爲公司書札。楊文襄一清同張永討安化時,中途遣親信致書面呈公。公袖入卧内,不以付敦常。正德辛未,瑾已誅,公患暴下,敦常入問疾,見文襄書在几上,私窺之。寒温而已,夾别紙云'孝友毅然,期此行有功,得間以爲'十餘字,知隱語張永也。今其族人猶有道其事者。"

張廷玉等《明史》卷一百八十一《李東陽傳》:"寘鐇平,加特進左柱國,蔭一子尚寶司丞,爲御史張芹所劾。帝怒,奪芹俸。東陽亦乞休辭蔭,不許。時焦芳、曹元已罷,而劉忠、梁儲入,政事一新。然張永、魏彬、馬永成、谷大用等猶用事,帝嬉游如故。皇子未生,多居宿於外。又議大興豹房之役,建寺觀禁中。東陽等憂之,前後上章切諫,不報。七年,東陽等以京師及山西、陝西、雲南、福建相繼地震,而帝講筵不舉,視朝久曠,宗社祭享不親,禁門出入無度,谷大用仍開西廠,屢上疏極諫,帝亦終不聽。"

何喬遠《名山藏》(明崇禎刻本)卷七十《臣林記》:"有近習言京軍不習戰陳,欲調宣府邊軍三千入衛,而以京軍如數戍邊,春秋分番。上甚喜,遣司禮監與谷大用至閣議,東陽力辨不可。"

東陽諫邊軍入衛,極論其"十不便":"聞有獻密計者,托言京軍不習戰陣,欲調宣府邊軍三千入衛京師,而以京軍充數戍邊。每歲春秋畨换,如班操例。……凡此一事不便者有此數端。今五府以爲不便,六部等衙門以爲不便,六科十三道皆以爲不便。臣等以腹心之臣,居輔導之地,若阿諛委順,勉强曲從,是滿朝之臣皆有爲國之心,而臣等獨當誤國之罪。萬死不能以塞責矣。"(李東陽《議邊軍入衛疏》,孫旬《皇明疏鈔》卷五十"武備一",明萬曆十二年刻本)

《明武宗實録》卷九十五:"少師兼太子太師吏部尚書華蓋殿大學士李東陽致仕。東陽屢以老病乞休,不允,至是復上疏。……上始可其請,賞銀五十兩,文綺四襲,蔭其侄兆延爲中書舍人。"

東陽致仕,有詩文報諸故舊,劉健、謝遷、劉大夏等。見錢振民輯校《李東陽續集》,如《文續稿》卷六《與晦庵先生書》《答謝木齋書》《答劉東山書》,《詩續稿》卷一《寄木齋先生用留别韻二首》《寄東山先生用話别韻二首》等。

又有《求退録》三卷，載其自弘治乙卯入閣至正德壬申致仕求退之奏疏，頗可見其立朝大略、心迹："弘治乙卯春，東陽辱先皇帝簡入内閣參預機務。自揣凉薄，弗克膺重任，具疏辭不許，黽勉就職。辛酉春，屬以疾告，三具疏乞休，繼以灾异辭、以不職辭，前後十餘上，皆不許。……當正德丙寅秋，與少師洛陽劉公、少傅餘姚謝公并辭，亦不許。疏再上，二公皆得請以去，而東陽獨被留命。旋值權奸竊柄，國是動摇，既不獲退，則曲爲匡救，十不能一二，累疾累辭。及《會典》《實録》次第告成，藩賊外平，逆臣内殄，上尊宸斷，下釐弊政，稍稍就緒，而諸方盗起，累歲而後定。中間疢疾時作，輒不得已而辭。辭必奉温旨俯加慰勉，且命醫調治，遣内臣存問，甚者敕吏部敦諭，趣令視事。……乃於壬申之冬歲未盡四日，特賜諭旨，許令致仕。……居閑無事，檢閲舊章，仰念兩朝眷注之德，一代之典禮存焉。不敢以蕪陋自棄，彙録之，得若干篇，爲三卷，總名曰《求退録》。而辭蔭之章，謝恩之奏，亦以事附焉。"(李東陽《懷麓堂稿・雜記》卷九《求退録》卷前自序)

致仕後，與諸所厚者棋局詩酒，隨意所適。正德十一年(1516)年六月，七十壽辰，賀壽者彌月不止，積勞與熱，病不能興。七月二十日(8月17日)卒。訃聞，賜祭，贈太師，謚文正。有明文臣謚文正者，自東陽始。

李東陽《致仕命下，喜而有述》(錢振民輯校《李東陽續集・詩續稿》卷一)："四朝冠弁已華顛，一住黄扉十八年。力盡馳驅千里道，夢回鐘漏五更天。從來癖性耽山水，老去閑情付簡編。惟有國恩酬未了，海波無地著微涓。"

李東陽《七十自壽三首》(《李東陽續集・詩續稿》卷一)其一："少時髫丱總成霜，舊話分明記轉長。五十年前惟老母，七千里外是吾鄉。古稀事且從人説，後樂心能與世忘。起向庭闈稱壽酒，更呼兒女盡餘觴。"其二:"不出門庭有路岐,直從巇險到平夷。苦心用盡終何益,蔗境餐來只獨知。康泰一身惟仗藥,破除萬事却憑詩。詩成自壽還堪笑,人過稀年復幾時。"其三:"旱時須雨雨須晴,好雨晴時眼倍明。天假壽筵如應卜,客當佳景更多情。即看三伏炎蒸盡,但覺滿堂和氣生。一自老親年八十,不妨重此醉深觥。"按,楊一清、顧清、何孟春、謝遷、邵寶等俱有賀壽詩,見各人集中,兹不備舉。

東陽致仕後家居,優游林下、與故舊詩酒往來。其間不乏臺閣重臣如楊廷和、楊一清、費宏等,見錢振民輯校《李東陽續集·詩續稿》。如卷一《次三閣老賀李司空六十七生子聯句韻三首》,卷二《叠聯句韻答石齋》《再叠韻答厚齋》《三叠韻答湖東》,卷三《十六夜次韻邃庵二首》《會别聯句》等。可參法式善《明李文正公年譜》(清嘉慶九年刻本)及錢振民《李東陽年譜》"正德八年"條及之後。

羅欽順《整庵存稿》(《景印文淵閣四庫全書》)卷七《奉壽少師西涯先生李公七十詩序》:"今内而臺省,外至藩方,居高位當事任者,往往多公之故人與其門生弟子,微言奥論,人懷所得。既以見諸行事,其有不合,亦必於公焉質之,几杖之操,箋牘之貢,日相繼於門下,而公皆樂爲之盡。其出也,源源不窮。身雖退藏於家,而道未始不行於天下,此天下之士所以莫不願公之壽千萬以爲期,况於門生弟子?有位於南都者,凡十有一人,大司馬喬公宇先期訂議,期各賦詩一篇,以效南山之祝詩,以'八荒開壽域,一氣轉鴻鈞'爲韻,而韻不及欽順,則俾序於卷端。"

焦竑《國朝獻徵録》卷十四楊一清《李公東陽墓誌銘》:"公既致仕,非展墓不出。宅東有隙地,構軒爲石假山。諸所厚者,日造問。棋局詩酒,隨意所適。丙子年七月,公卿大夫士奉觴獻壽者,彌月不止,積勞與熱,病卧不能興,至七月二十日,終於正寢。聞者莫不嗟嘆,曰:'西涯先生亡矣。'有司以訃聞,上震悼,輟視朝一日,賜寶鏹一萬貫,致米布爲賻,遣禮部官諭祭九壇,贈太師,謚文正。國朝文臣謚文正者,自公始。"

王鴻緒《李東陽列傳》(法式善《明李文正公年譜》卷七,清嘉慶九年刻本):"(東陽)故與楊一清善,及疾亟,一清視之,東陽以謚爲憂,一清曰:'本朝無謚文正者,請以奉公。'東陽自床上頓首謝,後竟得之。"按,陳師《禪寄筆談》卷七、黄光升《昭代典則》卷二十五等,皆記此事。或涉文人虚構,屬李東陽形象建構的一部分。參下文。

焦竑《國朝獻徵録》卷十四楊一清《李公東陽墓誌銘》:"初娶劉氏,累贈一品夫人。繼岳氏,蒙泉先生女,贈宜人。再繼朱氏,故成國朱公女,累封一品夫人。子兆先,岳夫人出,蔭國子生,少有盛名,其卒也,舉朝惜之,孝廟遣近臣慰問賜賻。次兆同,朱夫人出。今以東溟子爲後,即兆蕃,恭謹有文,能世其家。擇以卒之年九月二十八日,葬於京城西直門外畏吾村,蓋公祖塋也。"

立朝五十年,清慎之操,終始不渝。少負重名,不隨不激。恒持謙冲,未嘗以才智先人。既罷政居家,請詩文書篆者填塞户限,頗資以給朝夕。因其依違隱忍不去位,生前身後,褒刺不一。

焦竑《國朝獻徵録》卷十四楊一清《李公東陽墓誌銘》:"公天資英邁,讀書一目數行下,輒成誦不忘。少入翰林,即負文學重名。然恒持謙冲,未嘗以才智先人。資望既積,而當道殊不意慊,每沮抑之,士論嘩然不平,公裕如也。比柄用遭遇,孝宗不時召對,啓沃之功爲多。更化以來,值權奸用事,隨事應變,所以解紓調劑,潛消默奪,天下陰受其賜者,公不自言,而人亦或鮮知之。是時微公,衣冠之禍,不知何所極也。公位既顯,恒以盛滿爲憂,顧受知兩朝,求退愈切,而眷留愈至。有疾必命太醫院官診視,遣内官賚厚賚,禮意隆重，無與爲比。至於謝政，歲時賜鮮，及頒上尊珍饌，皆與任事同。郊祀慶成，光禄猶致宴，皆先是所未有者。事父孝謹。嘗夜歸寒甚，父口占一絶諭之，自是終身不夜歸。痛母劉夫人早世，語及，哀不自勝。養繼母麻太夫人如母，事季父如父。同母弟東川、東山早卒，無子，哭之痛。東溟，麻太夫人所出，亦没，遺二男，公撫之如子。”

張廷玉等《明史》卷一百八十一《李東陽傳》：“立朝五十年，清節不渝。既罷政居家，請詩文書篆者填塞户限，頗資以給朝夕。一日，夫人方進紙墨，東陽有倦色。夫人笑曰：‘今日設客，可使案無魚菜耶？’乃欣然命筆，移時而罷，其風操如此。”

張時徹《芝園集》（明嘉靖刻本）外集卷二十二：“其清約之操，出自性成。冬月不爐，披册操觚不勝其栗，輒就日而暴之。日移亦移，其儉如此。余家尚書邦奇，公門人也。一日侍坐，有興化守者，亦公門下士。因覲事至京，緘兩帕四扇，令從吏饋公。公曰：‘扇以染翰，固可。但多帕，奈何？’吏頓首於庭。乃啓緘取扇，而歸其帕。”

何良俊《四友齋叢説》（明萬曆七年刻本）卷八：“李西涯晚年，致政家居。至臨殁時，其門生故吏滿朝。西涯凡平日所用袍笏、束帶、硯臺、書畫之類，皆分贈諸門生，東江亦分得數件。東江子顧伯庸，親對余言之。即書籍所載古之宰相，亦未有如此者。”

蔣永修《懷麓堂稿序》（《懷麓堂集》卷前）：“迄何、李蹶馳踸踔，負材謾罵，其初不過争文章之名，意氣所激，遂欲使不得爲全人。士林一唱百和，謂西涯文章取熟爛，人物取軟靡，甚者有進士山東李伯華‘相逢亦罵李西涯’之句，毋論是非當否，其辭固輕薄矣。弇州則欲獨有一代者也，不置茶陵於必廢，則壇坫必不在太倉，故大縱其説，勢使莫挽，迨晚年始悟曰：‘西涯樂府自是天地間一種文字。’憾其説已行世，不可復收，弇州雖悔而不可復收之言，爲士林金科玉條矣。"

《明武宗實録》卷一百三十九:"劉瑾威權日盛,狎視公卿。惟見東陽則改容起敬。時焦芳與東陽同官,又助瑾煽虐。東陽隨事彌縫,去太去甚。或疏論廷辯,無所避忌。所以解紓調劑,潛消默奪之功居多。否則,衣冠之禍不知何所極也。或者乃以其依違隱忍不即决去非之,過矣。"

按,李東陽因在劉瑾亂政時妥協退讓,飽受争議。後世因立場、動機不同,建構了多重的李東陽形象。其中既有時代的不同,又有文體的差异。而言説焦點集中於"留任事件""爲劉瑾作碑文事件""謚號事件"及庇護大臣、與閹黨焦芳的關係等諸方面。關於李東陽形象的争論,或難止息。然通過對幾個話題的討論,可以還原一個較爲真實的李東陽(參高明祥《李東陽歷史形象塑造的考察》,《華南師範大學學報(社會科學版)》2021年第2期)。

門生遍天下,有奬成後進、推挽才彦之名,學士大夫出其門者,多有時名。自明興以來,宰臣以文章領袖縉紳者,楊士奇後,東陽而已。憐才愛士,脱略勢位。與衆講藝談文,弘奬風流,或推爲"茶陵派"首領。

焦竑《國朝獻徵録》卷十四楊一清《李公東陽墓誌銘》:"汲引人才,有善輒稱揚不已,所薦士不使人知。同考、主考禮部會試者各二,主順天、應天鄉試者各一,廷試讀卷者八,門生半四方,凡經指授,多有時名。"

何良俊《四友齋叢説》(明萬曆七年刻本)卷八:"李文正當國時,每日朝罷,則門生群集其家,皆海内名流。其坐上常滿,殆無虚日,談文講藝,絶口不及勢利,其文章亦足領袖一時。正恐興事建功或自有人,若論風流儒雅,雖前代宰相中,亦罕見其比也。"同卷又記:"李西涯當國時,嘗冬月五更入朝。至長安街,值崔後渠方在道上酣飲。後渠拱立於轎前曰:'請老先生少飲數酌,以敵寒氣。'西涯即下轎,連進數觥,升轎去。時後渠尚爲翰林院編修。王元美《藝苑卮言》亦載此一事。夫宰相憐才愛士,脱略勢位,如此風流,世豈能多見。"

張廷玉等《明史》卷一百八十一《李東陽傳》:"獎成後進,推挽才彦。學士大夫出其門者,悉粲然有所成就。自明興以來,宰臣以文章領袖縉紳者,楊士奇後,東陽而已。"

錢謙益《列朝詩集》丙集卷一《李少師東陽》:"公慧悟夙成,風神娟秀,歷官館閣,四十年不出國門。獎成後學,推挽才雋,風流弘長,衣被海内。學士大夫出其門墻者,文章學述,粲然有所成就,必曰:'此西涯先生之門人也。'……國家休明之運,萃於成、弘,公以金鐘玉衡之質,振朱弦清廟之音。含咀宫商,吐納和雅,渢渢乎,洋洋乎,長離之和鳴,共命之交響也。"

永瑢等《四庫全書總目》卷一百九十《明詩綜》提要:"明之詩派,始終三變:洪武開國之初,人心渾樸,一洗元季之綺靡,作者各抒所長,無門户异同之見。永樂以迄弘治,沿三楊臺閣之體,務以舂容和雅,歌咏太平,其弊也冗沓膚廓,萬喙一音,形模徒具,興象不存。是以正德、嘉靖、隆慶之間,李夢陽、何景明等崛起於前,李攀龍、王世貞等奮發於後,以復古之説遞相唱和,導天下無讀唐以後書,天下響應,文體一新,七子之名,遂竟奪長沙之壇坫。"

王世貞《弇州四部稿》(明萬曆刻本)卷一百二十七《答王貢士文禄》:"臺閣之體,東里(楊士奇)闢源,長沙(李東陽)導流;先秦之則,北地(李夢陽)反正,歷下(李攀龍)造玄。"胡維霖《胡維霖集·墨池浪語詩評》(明崇禎刻本)卷一《明詩總論》:"長沙之於何、李也,其陳涉之啓漢高乎?"

錢謙益《列朝詩集》丙集卷五:"成、弘之間,長沙李文正公,繼金華、廬陵之後,雍容臺閣,執化權、操文柄,弘獎風流,長養善類,昭代之人文爲之再盛。百年以來,士大夫學知本原,詞尚體要,彬彬焉,彧彧焉,未有不出於長沙之門者也。"

按,"茶陵派"之命名,定於四庫館臣。相關研究可參周寅賓《李東陽與茶陵派》、薛泉《李東陽與茶陵派研究》(人民出版社 2011 年版)、司馬周《茶陵派學術檔案》(武漢大學出版社 2015 年版)等。有學者指出"茶陵派"并非實際存在,乃明末清初文學思潮、文派之争不斷層累、塑造的結果(參何宗美《茶陵派非"派"試論——"茶陵派"命名由來及相關問題的考辨》,《文學遺産》2012 年第 6 期)。上述觀點可與郭瑞林《應給"茶陵派"重新命名》(《學術研究》2004 年第 10 期)、薛泉《論茶陵派之成立》(《湖南大學學報(社會科學版)》2010 年第 3 期)參看,以見學術發展與争鳴。又,東陽生長於京師,其生平履歷、文學成就實與茶陵無涉。这种籍里混同現象,具有文學典型性(參許振東《試論古代文人的籍里混同與客徙——以明代京畿文人李東陽、程敏政等爲例》,《南開學報(哲學社會科學版)》2020 年第 1 期)。

又,明人注重辨體,倡導"入門須正",認定文各有體。在這一點上,李東陽及茶陵派,與李夢陽、王世貞及臺閣體、前後七子,立場大致相同。因他們的持續倡導,從而形成了明代文學中的文體壁壘(參陳文新《明代文學中的文體壁壘與文體互動》,《蘇州大學學報(哲學社會科學版)》2023 年第 1 期)。

文不爲倔奇可駭之辭,而法度森嚴,典雅流麗,朝廷大制作多出其手。詩則博綜諸家,而自有面目,格律嚴整,高步一時。論詩尊唐,主格調聲律。亦工篆隸書,碑版、篇翰流播四裔。

錢謙益《列朝詩集》丙集卷一《李少師東陽》:"余嘗與曲周劉敬仲論之曰:'西涯之詩,原本少陵、隨州、香山,以追宋之眉山、元之道園，兼綜而互出之。其詩有少陵，有隨州、香山，有眉山、道園，而其爲西涯者自在。試取空同之詩，汰去其吞剥撏扯，吽牙齟齒者，求其所以爲空同者，而無有也。’敬仲深思久之，亦以余言爲然。今年録西涯詩，思與孟陽、敬仲後先揚扢之語，爲之慨然，而又念西涯、北地升降之間，文章氣運，胥有繫焉。不得不詳切言之。非欲與世之君子争壇坫而絜短長也。”

永瑢等《四庫全書總目》卷一百七十《懷麓堂集》提要：“（東陽）文章則究爲明一代大宗。自李夢陽、何景明崛起弘、正之間，倡復古學，於是文必秦漢，詩必盛唐，其才學足以籠罩一世，天下亦響然從之，茶陵之光焰幾盡。逮北地、信陽之派轉相模擬，流弊漸深，論者乃稍稍復李東陽之傳，以相撑拄。蓋明洪、永以後，文以平正典雅爲宗，其究漸流於庸膚。庸膚之極，不得不變而求新。正、嘉以後，文以沉博偉麗爲宗，其究漸流於虚憍。虚憍之極，不得不變而務實。二百餘年，兩派互相勝負，蓋皆理勢之必然。平心而論，何、李如齊桓、晋文，功烈震天下，而霸氣終存。東陽如衰周弱魯，力不足禦强横，而典章文物尚有先王之遺風。殫後來雄偉奇杰之才，終不能擠而廢之，亦有由矣。”

謝鐸《謝鐸集》（浙江古籍出版社 2012 年版）卷七十五《讀懷麓堂稿》：“發而爲文，則根據六籍，泛濫百家，隨所欲言，無不如意，一時學者翕然宗之。先生方且自視欿然，雖與人無競，而其中則固有不可奪者。”

朱彝尊《明詩綜》（清康熙刻本）卷二十六引胡應麟語：“成化以還，詩道傍落，唐人風致，幾於盡墜。獨文正才具宏通，格律嚴整，高步一時，興起何、李，厥功甚偉。是時中、晚、宋、元諸調雜興。此老砥柱其間。固不易也。”

永瑢等《四庫全書總目》卷一百九十六：“李、何未出以前，東陽實以臺閣耆宿主持文柄。其論詩主於法度音調,而極論剽竊摹擬之非。當時奉以爲宗。至何李既出,始變其體,然贋古之病適中其所詆訶。故後人多抑彼而伸此。此編所論,多得古人之意,雖詩家三昧不盡於是,要亦深知甘苦之言矣。”

又,王鐸《麓堂詩話序》(《麓堂詩話》卷首,丁福保《歷代詩話續編》,中華書局 1983 年版):“其評騭折衷,如老吏斷律,無不曲當。人在堂上方能辨堂下人曲直。予於是亦云。用托之木,與滄浪并傳。”

焦竑《國朝獻徵録》卷十四楊一清《李公東陽墓誌銘》:“真行草隸,俱有法。而篆書則一剗近習,復古之功爲大。”《明武宗實録》卷一百三十九:“凡朝廷詔册謚議,諸大制作,多出其手。詩篇碑板,傳播四裔。雖字書小技亦精絶逼古,人罕及之。”

林俊《見素集》(明萬曆十三年刻本)卷二十七《祭太師涯翁李文正公》:“成化及今,文之盛又極矣。吾師文正公,又特起其時。渾厚紆徐,無刻深峭絶之態,而油然其光,蒼然其色,抑揚正變,如迴風立海,倏焉砥平。良將勍敵,優游而暇豫。又如長江大河,滀之不盈,支之千百派,無見其縮。先生於文蓋深矣。書兼六體,真行草篆,點畫韻致,宗秦晋而參以獨得之妙。先生之於藝亦精以習矣。”

著述宏富,詩文集有《懷麓堂稿》《懷麓堂後稿》九十卷,另收入《南行稿》等七種“雜記”共十卷,爲致仕前所作。又有《懷麓堂續稿》收致仕後作。今人亦多有輯佚。

焦竑《國朝獻徵録》卷十四楊一清《李公東陽墓誌銘》:“所著有《懷麓堂前、後稿》各若干卷,别有《南行》《北上》《東祀》諸録。”《明武宗實録》卷一百三十九:“所著有《懷麓堂前、後、續稿》百餘卷。”

邵寶《容春堂集・後集》(明正德刻本)卷三《李文正公麓堂續稿序》:“《麓堂續稿》若干卷,太師西涯李文正公致仕後所著也。公所著有《麓堂前後稿》者，刻於徽郡，公門下士提學侍御張君汝立實與圖焉。公卒之明年，汝立復得是稿，遂於蘇郡刻之。”

楊一清《懷麓堂集序》（《懷麓堂集》卷首）：“先生嘗自輯其詩文凡九十卷，總名之曰《懷麓堂稿》。《詩稿》二十卷、《文稿》三十卷，在翰林時作；《詩後稿》十卷、《文後稿》三十卷，在内閣時作。外有《南行稿》《北上録》，以及《經筵講讀》《東祀》《集句》《哭子》《求退》諸録，則附於《全稿》之末，以皆雜記，故不入卷中。……若致仕以後詩文，則别爲《續稿》，他日當自有傳之者。”

《懷麓堂前稿》《後稿》，有周寅賓點校《李東陽集》。錢振民輯校《懷麓堂續稿》殘本爲《李東陽續集》。後二集合爲《李東陽集》，有岳麓書社 2008 年版。錢振民又編訂《李東陽全集》，有復旦大學出版社 2022 年版。其餘輯佚情況，如魏寧楠《李東陽佚詩文考釋》、藍青《李東陽集外詩文考釋》、李花蕾《新見李東陽撰宦官墓誌銘考述》、司馬周有關李東陽《聯句録》的系列論文等。

按，李東陽《詩話》原有單行本。清乾隆間，鮑廷博據倪建中鈔單行本刻入《知不足齋叢書》，卷前有王鐸識語，卷後有陳大曉跋語及鮑廷博識語。丁福保《歷代詩話續編》據之排印。《四庫全書》本則僅收詩話。清嘉慶刻本《懷麓堂全集》始附入《雜記》，闕陳、鮑二人跋識語。《四庫全書》作《懷麓堂詩話》，《知不足齋叢書》《歷代詩話續編》均題作《麓堂詩話》。又，關於李東陽著述情況，可參《李東陽著述考》（錢振民《李東陽年譜》附録）。

參考文獻：

1. 李東陽《懷麓堂集》，清康熙二十年刻本。

2. 李東陽《懷麓堂全集》，清嘉庆八年刻本。

3. 何良俊《四友齋叢説》,明萬曆七年刻本。

4. 錢謙益《列朝詩集》,清順治九年毛氏汲古閣刻本。

5. 法式善《明李文正公年譜》,清嘉慶九年刻本。

6. 李東陽著,周寅賓點校《李東陽集》,岳麓書社 1984—1985 年版。

7. 焦竑編《國朝獻徵録》,周駿富輯《明代傳記叢刊》,臺灣明文書局 1991 年版。

8. 錢振民《李東陽年譜》,復旦大學出版社 1995 年版。

9. 李東陽著,錢振民輯校《李東陽續集》,岳麓書社 1997 年版。

(司馬周　朱付利)

謝遷傳

謝遷,字于喬,號木齋,學者稱爲木齋先生。浙江餘姚(今浙江省餘姚市)人。正統十四年十二月二十八日(1450 年 1 月 11 日)生。當其生時,甫遷新居,因以爲名。

焦竑《國朝獻徵録》卷十四費宏《光禄大夫柱國少傅兼太子太傅户部尚書謹身殿大學士贈太傅謚文正謝公遷神道碑》(下稱《謝公遷神道碑》):"謝氏之先出河南陽夏,太傅文靖公安,顯於東晋,遂寓會稽,後徙台之臨海。少傅丞相惠正公深甫,又顯於南宋。其行長二處士者,則自臨海徙餘姚之始祖也。五傳而至見賢,見賢生原廣,原廣生瑩,號直庵,仕終福建布政司都事。瑩生恩,號簡庵,則公之高、曾、祖、考也。自原廣而下,俱以公貴,累贈少傅兼太子太傅禮部尚書武英殿大學士。曾祖妣嚴氏,祖妣余氏,妣鄒氏,俱累贈一品夫人。正統己巳十二月二十八日,甫遷新居,而公生。直庵公因以爲公名,後字之曰于喬。"

按,費宏《費文憲公摘稿》卷十九有《光禄大夫柱國少傅兼太子太傅户部尚書謹身殿大學士贈太傅謚文正謝公神道碑》(下稱《謝公神道碑》,明嘉靖刻本。下引同)二者有字句、事迹之异。《摘稿》本或孱入他人事迹。下文以《國朝獻徵録》爲主,參酌《費文憲公摘稿》。

費宏《費文憲公摘稿》卷九《謝公神道碑》:"正統己巳十二月二

十八日,甫遷新居,而公生,直庵公因以爲公名,後字之曰于喬,學者稱爲木齋先生。"

謝遷《歸田稿》卷二《山莊唱和小序》:"時甲戌六月晦日木齋識。"

謝鍾和重輯,倪宗正編《文正謝公年譜》:"正統十四年己巳冬十二月二十八日公生,時新構落成,甫遷居而生公。大父直庵公在閩中聞之喜,遂以命名。"

幼聰慧,年數歲屬對即有奇句,且志趣不凡,人皆以遠大期之。成化十年(1474)舉鄉試第一。次年,會試爲第三人,廷試爲第一甲第一名狀元及第,授翰林院修撰。考滿,選侍東宮,充經筵講官。

焦竑《國朝獻徵録》卷十四費宏《費文憲公摘稿》卷十九《謝公神道碑》:"直庵在閩治盜,多開釋無辜,人謂其必有後。及公,生而聰慧异常,年數歲屬對,即有奇句且志趣不凡,皆以遠大期之。且曰:'他日名位視晋太傅、宋少傅,蓋不多讓,况當天下全盛之時。其勛烈之隆,殆將過之也。'成化甲午鄉試爲第一人,乙未會試爲第三人,廷試爲第一甲第一人。授翰林院修撰,奉詔入館,進學勤而且謙,爲諸元老所重。"

謝鍾和重輯,倪宗正編《文正謝公年譜》:"(景泰)七年丙子,從舅氏憒齋鄒先生學,時已能屬對。一日直庵公與憒齋夜坐,偶聞蛙聲,遽曰:'蛙鳴水澤,爲公乎,爲私乎?'對曰:'馬出河圖,將治也,將亂也。'直庵公與憒齋大奇之。……(天順)四年庚辰,時年十二,父簡庵公以《禮經》授之。初作經義即成章,不煩改削。直庵公見之甚喜。自是,學日益進。……(成化三年)補邑庠弟子員。四年戊子,初應浙江鄉試,不偶,歸益勵志進學。……(七年)鄉試復不偶。……(八年)補廪膳生。……十年甲午,中鄉試第一名。藩臬諸公見之喜,咸相謂曰:'此甚似商公,异日名位必繼之矣。'十一年乙未會試禮部，學士瓊臺丘公得卷甚稱賞，取置第三名。……廷對擢第一甲第一名，授翰林院修撰。”

何喬遠《名山藏》（明崇禎刻本）卷九《臣林記》“謝遷”：“成化十年，舉鄉試第一。明年會試，考試官趙珤閲其文，欲置選首，而珤爲兵部主事，名位輕，置第三。顧珤已批遷卷曰：‘狀元拜相，必此子也。’廷試，擢第一。授翰林修撰，入館進學，專勤謙抑，諸先輩皆重之。”

《成化十一年進士登科録》“一甲第一名”：“謝遷。貫浙江紹興府餘姚縣，民籍。縣學生。治《禮記》。字于喬，行二，年二十七，十二月二十八日生。曾祖原廣。祖瑩，前布政司都事。父恩。母鄒氏。重慶下。弟選、迪、遲。娶徐氏。浙江鄉試第一名，會試第三名。”

費宏《謝公遷神道碑》：“御史某驟升都憲，臺中循例請公爲文以賀，峻拒之，衆遂知公正直，不可妄干矣。辛丑同考禮部，一甲三人，其二皆公所取士也，咸服其精鑒。癸卯冬，滿九載，升右春坊右諭德。甲辰，再同考禮部。孝宗皇帝毓德春宫，慎簡侍從，首及公。乙巳，充經筵講官。”

孝宗即位，遷左庶子兼翰林院侍講，初開經筵，爲日講官，與修《憲宗實録》。弘治元年（1488）春，中官郭鏞請豫選妃嬪備六宫。遷諫止之。尋連遭母、父之喪。

焦竑《國朝獻徵録》卷十四費宏《謝公遷神道碑》：“丁未，孝宗登極，推恩官僚，升左春坊左庶子兼翰林院侍講，仍加俸一級。初開經筵，奉敕爲日講官，與修《憲廟實録》。内侍郭鏞者，請選妃嬪，以備六宫。公言：‘上方諒陰，豈宜有此？俟陵畢，徐議之，未晚也。’命禮部議，如公言。……辛亥，《實録》成，升詹事府少詹事兼翰林院侍講學士，加俸如前。冬十月，母鄒宜人卒。癸丑，簡庵公又卒。訃聞,皆蒙特恩賜葬祭。"

毛奇齡《西河文集》(《萬有文庫》本)第四册卷二"傳二"《明少傅謹身殿大學士文正謝公傳》(下稱《謝公傳》):"御馬監少監郭鏞請豫選女子入宫或諸王館中,習禮誦書,爲册封諸妃地。遷疏争曰:'伏聞陛下用内官言,欲預選後宫以廣儲嗣,誠善。但山陵未畢,諒陰可哀。陛下富春秋,中宫得人,則其餘嬪御以貫魚進,未晚也。臣聞《九經》之義,遠色爲先。陛下嗣服伊始,奈何以宫闈細故爲首德累?'帝善之。時帝方向學,遷務積誠,以開聖聽。每進講必先期習誦,如在侍。及講從容詳警,甚稱帝意。弘治四年,加少詹事兼侍讀學士。"

陳子龍《皇明經世文編》卷九十七謝遷《諫選妃嬪疏》:"伏聞陛下因内侍進言,欲選妃嬪以充後宫。臣愚聞之且駭且懼,以爲陛下聰明神聖,豈宜有此舉動?夫六宫之制,固所當備,而三年之憂,豈容頓忘?今山陵之工未畢,諒陰之痛猶新。曩陛下以神器之重,萬幾之繁,勉遵遺詔,俯從吉典。蓋亦出於甚不得已。臣知陛下食旨不甘,聞樂不樂,居處不安之心,未嘗頃刻少衰。奈何遽有此事?……陛下春秋向盛,如日初升;血氣未定,如泉始達。况至孝格天,深仁覆物,衆所祝願,天必降休。維熊維羆之祥,螽斯麟趾之慶,將有不期然而然者。何必汲汲爲此慮哉!……今則中宫正位,内主得人矣。自餘妃嬪,宜可稍緩,又况祥禫之期,歲月幾何,俟山陵既畢,禮制既終,徐議其事亦未晚也。朝廷舉事,風行甚速,聖明全德,白璧無瑕,豈可不自慎重,輕致玷虧也哉?臣又聞《中庸·九經》以去讒遠色爲勸賢之道,今陛下建極之始,正親賢修德之時,《中庸》之義尤不可不深省也。伏望陛下涣發宸斷,亟寢前命,勿逐一時之失,以貽後世之譏。庶幾不遠而復,凡爲諛佞容悦者,亦不得以誘惑聖心矣。"

弘治八年，詔同李東陽入内閣參預機務。服除始拜命。進詹事兼官如故，累進太子少保、兵部尚書兼東閣大學士。主考禮部，以得人稱。修《大明會典》充總裁官。莅事多所匡正。

焦竑《國朝獻徵録》卷十四費宏《謝公遷神道碑》："乙卯春，詔以本官入閣辦事，時猶未終喪。八月，服闋。赴京，疏辭，不允，且升詹事兼秩如舊。蓋皇太子將出閣讀書，欲重儲端之任，故以輔臣領之也。丙辰，命主會試，所取多知名士，是歲累有鶴袍犀帶之賜。丁巳，敕修《大明會典》，爲總裁官。"

謝鍾和重輯，倪宗正編《文正謝公年譜》："(弘治)八年乙卯春，内閣員缺，命多官公舉五六員。公與長沙李公同被簡擢。召命至家，時服尚未闋。秋八月，既終制，乃赴召。冬十月至京，具疏辭重任，乞仍供舊職，不允。優旨敦勉莅事。升詹事兼職如故。時武宗在東宫，將出閣，特重儲端之任也。公赴召，巡按移檄有司，具水手銀若干，公却之，即以爲重建鄉賢祠費，邑人頌焉。"

《文正謝公年譜》："九年丙辰，命主考禮部會試，所取多知名士，衆咸稱之。……十年丁巳，奉敕修《大明會典》，充總裁官，有《諫禁中祀三清》等疏。……(十一年)清寧宫灾，疏請修人事以應天變，詞甚剴切，上嘉納之。引咎乞避位，不允。十二年己未，太監李廣死，欲例加恩典，力陳其不可。上從之。時内外文武群僚，多有與廣交結者。科道交章論列，而近幸或曲爲掩護，公力勸上從公論以清朝綱。上以干礙衆，雖務爲含容，而後亦漸次罷黜矣。"

費宏《謝公遷神道碑》："戊午春，皇太子出閣，奉敕升太子少保、兵部尚書兼東閣大學士。公因上疏，以親賢遠佞，勤學戒逸，爲皇太子勸。上嘉納之。清寧宫灾，上疏請修人事以應天變，詞甚剴切，且引咎避位，不允。己未，賜一品服。太監李廣死，欲例加恩典，公力陳其不可。"

徐咸《皇明名臣言行録·後集》(明嘉靖刻本)卷八"謝遷":"公自入内閣,獻替甚炙,若《勤政保治節用恤民》等疏不一而足。禁中嘗祀三清,公以爲非禮,請罷其祀。皇太子既出閣,屢疏論儲養之道,宜遠佞幸、視儒臣、戒嬉游、勤講讀,上深嘉之。太監李廣以方術得幸,因而怙權納賄,及廣死,欲例加恤典,公力陳其不可。上從之。"

遷處事敏决,每中機要。大同邊警,疏安邊機宜以進,上從之。部議欲加南方折銀,遷疏駁止之。荆襄流民屯聚生息,遷撰旨令隨宜安集,會有沮其事者,遂中止,未幾果亂。

焦竑《國朝獻徵録》卷十四費宏《謝公遷神道碑》:"辛酉,虜犯大同,上爲之旰食。公疏安邊機宜以進,上即行之。本兵預慮軍興或乏,欲加南方折銀每石三之二。公曰:'先朝以官田税至重,故立折銀以寬之。今若再加,民不堪命矣。盍節用以紓之乎?'虜騎尋遁。國用不乏,其事遂寢。時視朝稍宴,諸司章奏或有不報者。兼以工役頗繁,公累言之,皆見采納。且有玉帶蟒衣之賜。癸亥,《會典》成,升太子太保禮部尚書武英殿大學士。武岡蠻寇平,賜俘奴一人。甲子,以灾异再乞避位,不允。孝肅太后崩,禮官預擬與孝莊太后并祔太廟。公請命集衆議,以正典禮,尋别立奉慈殿以祀之。"

毛奇齡《西河文集》"傳二"《謝公傳》:"遷器量弘達,而處事敏决,每中機要。火篩寇大同,遷爲决策驅去,而部計以邊警加餉,每議增南折銀三分之二,遷力沮之,然警亦尋息。荆襄流民激變,遷撰旨區置,急令附籍。附籍則流者自止,時編户約三十萬,會有阻其事者,忽中止,而餘衆遂叛。其審要如此。"

徐咸《皇明名臣言行録·後集》卷八"謝遷":"荆襄等處流民,屯聚生育,莫可數計,而漫無名籍。成化初,區處失宜,幾至大變。公深以爲憂,每與户部議,思有以處之。後司徒韓公言於上,命刑部侍郎何公鑒經理其事。公撰旨,令隨宜安集,附籍還鄉,各從其願。附籍者終令得所,編户已三十餘萬。復有沮其事者,遂中止。識者恨之,未幾果叛。”

時承平既久,政漸廢弛。内府各庫及諸倉場,内監多作奸索賂。遷輒爲搜剔革除之。軍伍、户口、鹽政等將漸次修舉而帝崩。遷等受顧命。弘治之治,遷等稱賢相。

焦竑《國朝獻徵録》卷十四費宏《謝公遷神道碑》:“時承平既久,政漸寬弛,而近習怙侈尤甚。有齊玄者,奉使武當山,欲載‘激濁揚清,便宜行事’等語于敕中;遼東守將張天祥妄殺冒賞,近幸欲曲庇之。公皆執不可,至觸聖怒不恤也。内府各庫及諸倉場、馬坊莅事内臣,多作奸索賂,民不勝其害。而御馬監軍士自以禁旅不隸本兵,虚名冗食,莫敢誰何,其弊尤甚。一日忽召對,命通行禁約,且令所司搜剔弊端,嚴立條科,有犯者必懲不貸。皆從公之請也。公知上圖治甚切,委任甚隆,思盡革諸弊以肅政化。若軍將之曠缺,户口之衰耗,以及屯田、鹽法、馬政等事,將漸次修舉,而宫車晏駕矣。憂世者有遺恨焉。”

朱希周《明故光禄大夫柱國少傅兼太子太傅户部尚書謹身殿大學士進階特進光禄大夫左柱國贈太傅謚文正木齋謝公墓誌銘》(下稱《謝公墓誌銘》。謝敏行《東山志》卷十七,清康熙謝鍾和重刻本):“内府倉庫諸司宦官莅輸納者每多索賄賂,民不勝其害,公嘗乘間言之,上令撰旨禁約。公曰:‘虚言設禁無益也。須令曹司搜剔弊端,明白開奏,而後嚴立條禁,有犯必誅,庶可以蘇民困。’上悦,即如其言行之。由是諸司宿弊一切革去。御馬監軍士多以虚名冒廪賜,每托以禁兵,不許外知,有司莫敢詰。至是亦皆核實,所省糧賞大半。”

何喬遠《名山藏》卷九《臣林記》“謝遷”:“遷長身玉立,儀觀都偉,爲人慎默簡重。其與劉健、李東陽同相,健敢於任事而資遷之剸斷,東陽長於爲文而資遷之典則。孝宗臨御十有八年,繼體守文,號稱至治,三人稱賢相焉。"

張廷玉等《明史》卷一百八十一《謝遷傳》:"遷儀觀俊偉,秉節直亮。與劉健、李東陽同輔政,而遷見事明敏,善持論。時人爲之語曰:'李公謀,劉公斷,謝公尤侃侃。'天下稱賢相。"

武宗登極,與修《孝宗實録》,而待遷等殊厚。然蠹政日滋,數諫弗聽。及請誅劉瑾等不克,遂與劉健同致仕歸。

焦竑《國朝獻徵録》卷十四費宏《謝公遷神道碑》:"武廟登極,敕加少傅兼太子太傅,餘秩如舊。纂修《孝廟實録》,充總裁官。初開經筵,賜冠帶衣履,蓋追念先帝遺命付托之重,待公等甚厚。但近習蠹政,漸不可長。户部尚書韓忠定公率百官伏闕論,始賴公等主張於内,將置諸犯於法,會事預泄,遂不克。公等皆不能安於位矣。十月,一再引疾乞休,遂允之,賜敕給驛,月廩五石,歲隸八名,仍賜金幣襲衣。"

謝鍾和重輯,倪宗正編《文正謝公年譜》:"武宗之初即位也,以三臣皆受先朝顧托,曲加優禮,言無不從。已而,焦芳者求進彌急。以鄉里之故,怨劉公薦引不力,又怨公先薦吴、王二公,乃肆爲傾奪之計,益交結群小,媒孽白端。謗加於劉公者,靡所不至。小次及公。讒言既入,事多掣肘,漸不可爲。公見其幾,遂力求去。"

朱希周《謝公墓誌銘》(謝敏行《東山志》卷十七):"公以先朝侍托,竭力輔導。凡政事闕失,極言規諫,無所畏避。時逆豎劉瑾擅權,忌之。……公見時事漸不可爲,乃自劾不職,力求去位,至再至三,皆温旨免留。章四上,始允之。賜敕給驛而歸,命有司月給禄米五石,歲給輿夫四人,仍賜襲衣、金幣。天下聞其去位,皆驚愕嗟嘆,爲朝廷惜焉。"

《明世宗實録》(上海書店 1984 年版)卷一百二十七:“孝廟之末,與劉健等俱授遺詔輔政。武廟即位,頗事游狎,遷反復諷諫,言甚切直。逆瑾矯詔逐諸大臣,遷與劉健皆去位,家居十有八年,望重朝野。”

張廷玉等《明史》卷一百八十一《謝遷傳》:“武宗嗣位,屢加少傅兼太子太傅。數諫,帝弗聽。因天變求去甚力,帝輒慰留。及請誅劉瑾不克,遂與健同致仕歸,禮數俱如健。而瑾怨遷未已。”

瑾等怨遷未已,正德四年,以浙江應詔所舉懷才抱德士數人皆遷同鄉,欲逮籍其家,得東陽爲之解。復削其爵,且詔自今餘姚人不得選京官。是時,人以爲危,而遷處之裕如。瑾敗,復職,致仕。

焦竑《國朝獻徵録》卷十四費宏《謝公遷神道碑》:“公等既去,吏部尚書焦芳入閣,而太監劉瑾擅柄於内。芳急於幸進,憾公嘗舉王文恪、吴文定二公而不及己,瑾又以公等先嘗裁抑其黨及今廷論之故,尤切齒焉。二人乃深相結納,欲甘心於公。因遣偵卒四出,伺察公事,竟無所得。會鄉人有以賢良應薦者,瑾謂違詔格,以爲公咎,與劉公俱褫秩。又矯旨令公弟武選員外郎迪致仕,子編修丕除名。且欲追奪公誥敕,會瑾敗而止。公之去位也,臺諫交奏留,皆逮繫詔獄,備遭慘毒,至死不悔,亦可見天理之在人心,不容泯滅矣。公既歸,瑾意叵測,人皆危之。公曰:‘天佑皇明,我當無他,不見劉元城之事乎?’處之裕如,日與客圍棋、賦詩以自娱,若不知有憂患者。歲嘗大饑,出粟以賑貧乏,族黨鄉閭賴之。祠堂成,每旦必具衣冠,率子孫焚香恭謁,忌辰必茹素,祭物豐潔,其儀一遵文公家禮,俾世守焉。庚午,瑾誅,詔復職,致仕。”

張廷玉等《明史》卷一百八十一《謝遷傳》:“四年二月,以浙江應詔所舉懷才抱德士餘姚周禮、徐子元、許龍,上虞徐文彪,皆遷同鄉,而草詔由健,欲因此爲二人罪。矯旨謂餘姚隱士何多,此必徇私援引,下禮等詔獄,詞連健、遷。瑾欲逮健、遷,籍其家,東陽力解。芳從旁厲聲曰:'縱輕貸,亦當除名。'旨下,如芳言,禮等咸戍邊。尚書劉宇復劾兩司以上訪舉失實,坐罰米,有削籍者。且詔自今餘姚人毋選京官,著爲令。其年十二月,言官希瑾指,請奪健、遷及尚書馬文升、劉大夏、韓文、許進等誥命,詔并追還所賜玉帶服物。同時奪誥命者六百七十五人。當是時,人皆爲遷危,而遷與客圍棋、賦詩自若。瑾誅,復職,致仕。"

謝遷《歸田稿》卷二《使軺贈言序》:"余自乞骸歸海壖,十有六年於兹。每竊思念辜敬皇末命,罪無所逃,幸而苟免誅責,乃閉户養痾,待盡而已。"卷五《和答雪湖見懷及述懷各二首》其一:"束髮履宦途,妄意遵伊周。遭逢誤明主,黽勉三十秋。乞骸賦《歸來》,荒蕪念田疇。所學期不負,此志終遂否?飄飄赤松子,聊復從之游。"卷三《祭西涯先生文》:"紫閣同升,屢更歲月。敬皇殊遇,我慚淺劣。同寅協恭,不爲容悦。榻前顧托,相期盡節。龍馭上賓,憸邪作孽。於時乞身,草草言别。"卷六《初出城懷李西涯》:"乞身歸去荷温綸,當佇深仁念舊臣。犬馬力疲徒戀主,金蘭誼重更懷人。鄉心已負青山久,客路真慚白髮新。猶幸潞河冰未合,匆匆解纜問前津。"

家居幾二十年,優游湖山,憫世憂時。與馮蘭有《湖山唱和》《山莊唱和》。世宗即位,數遣使存問,嘉靖六年(1527),帝遣行人賫手敕即家起之,居位數月,力辭去。

謝遷《歸田稿》卷二《湖山唱和序》:"予既謝事歸,養痾海陬,知舊多疏絶。蓋以零落殆盡,間有存者,亦相遠。逾時經歲不獲一聚首。雪湖素莫逆,居甚邇且强健無恙,日相與往還雪、汝兩湖之間,山水頗幽勝,盤桓不厭。雪湖工於詩,酷好吟咏,興至時輒有作。予雖拙,强而企焉。有唱斯和,因以爲樂,不知老之將至也。居無何，予横罹罪累，戒吟思咎。於時，雪湖亦有母夫人之憂，杳然絶響者幾三載。洎予蒙寬宥，雪湖亦從吉。乃復作，積久遂盈卷帙。蓋雖消閑遣興，而其間懷君愛國、憫世憂時之意，亦自有不容已者。……詩凡若干首，爲二卷，聯句若干首并附録焉。”

謝遷《歸田稿》卷二《山莊唱和小序》：“是歲夏，雪湖三過余杏莊。夏初迄仲，頗有旱暵之虞，既而連得雨，農事孔嘉，且雨中倍凉爽。吾兩人相與盤桓甚適，時復賡一詩爲樂，韻仍舊而意彌新。各得詩二十四首而别。别後餘興相往復，又各得四首。時則夏季向秋，旱復如初夏，故其間不能無憫農之意也。自予歸汝曲，閑中與雪湖以文字相娱，唱和不少，今夏會尤數，詩尤多，故特録爲一卷。後會有作，當更續書之也。時甲戌六月晦日，木齋識。”

焦竑《國朝獻徵録》卷十四費宏《謝公遷神道碑》：“乙巳，今上登極。臺諫疏薦公。遣行人賚敕存問，復官廪、輿隸如舊，而增其數焉。武選君起爲參議，編修復任翰林。公遣正入謝，温旨褒答，蔭爲中書舍人。時徐夫人卒，正乞終制，仍賜祭葬如例。癸未，復令有司特加存問。丁亥二月，遣行人陳侃賚敕起公於家，且命鎮巡藩臬，敦請上道，十月抵京。敕進户部尚書、謹身殿大學士。初，宏以衰病將乞休，曾具疏舉公自代。宏去，而邃庵楊公又以公薦，意若虚元佐以遜公者。天下皆相慶公復入，而賢邃庵之能讓。及公至京，而邃庵以官視公爲尊，不肯處公之下，乃竟違初志。輿論頗少邃庵，然公盛德不與之較也。公在舟中嘗具二疏，大意以安静寬厚爲本。及入朝，自度衰年且難狥時，力求生還，遂不果上，然上之待公則甚隆。嘗以天寒免朝參，以除夕賜御製諸詩，郊祀賜錦織大帶，以疾在告，遣太醫視藥餌，遣中官賜酒米。少間，則遣鴻臚卿諭視事，而公竟以疾辭。上察公誠懇，特從所請，諸凡恩澤視前加厚焉。”

張廷玉等《明史》卷一百八十一《謝遷傳》:“世宗即位,遣使存問,起迪參議,丕復官翰林。遷乃遣子正入謝。勸帝勤學、法祖、納諫,優旨答之。嘉靖二年復詔有司存問。六年,大學士費宏舉遷自代,楊一清欲阻張璁,亦力舉遷。帝乃遣行人賫手敕即家起之,命撫、按官敦促上道。遷年七十九矣,不得已拜命。比至,而璁已入閣,一清以官尊於遷無相下意。遷居位數月,力求去。帝待遷愈厚,以天寒免朝參,除夕賜御製詩,及以病告則遣醫賜藥餌,光禄致酒饍,使者相望於道。遷竟以次年三月辭歸。”

謝遷《歸田稿》卷一《謝存問疏》《謝時加存問疏》《辭免恩命疏》《乞恩仍賜歸休疏》《辭免新職疏》《乞賜歸休疏》《再乞歸休疏》《三乞歸休疏》《四乞歸休疏》等俱可參。

《乞賜歸休疏》:“臣謝遷謹奏爲衰老陳情乞賜歸休事。臣犬馬之齒,今年已八十矣。去歲誤蒙聖恩,特敕召用,不容辭避,臣勉强奔趨,忘其力之不足。既獲瞻睹天顔,恭謝恩命。自惟衰殘昏耄,無以仰副驅策,即欲懇乞歸休。”《謝恩疏》:“嘉靖七年閏十月初六日,臣本府官欽遵詔旨恩例,備彩帛、羊酒來家問勞,天寵光被,閭里歡騰,臣不勝感戴,謹稽首頓首,登拜領受訖。”又有《謝恩疏》:“伏蒙聖恩,以《明倫大典》書成,特差鴻臚寺序班楊孫元頒賜臣一部。”

嘉靖十年二月十八日(1531年3月6日)卒於家,年八十有三。贈太傅,謚文正。弟迪仕至廣東布政使。長子正,蔭中書舍人。次子丕鄉試第一,弘治十八年探花。餘子亦各有所成。餘姚謝氏之盛,實自遷始。

過庭訓《本朝分省人物考》(明天啓刻本)卷五十:“後瑾誅,文正公與丕皆復官。構肥遁、嘉遁二莊,日與高人燕賞爲樂。文正公家居喜接後進,丕尤加意獎掖,凡雋异之材,必欲成就之,以濟世用。其立教，重經義治事，有宋湖學風。士爭興起，遠方來學者踵至。”

謝鍾和重輯，倪宗正編《文正謝公年譜》：“（嘉靖）十年辛卯元旦，公力疾具冠服望闕行禮。守巡諸公過訪，猶㙔㙔以民間利弊爲言，無异平時。諸子見公飲食漸減，勸進藥餌，公笑而不答。至二月十八日，子孫家衆咸侍側，披衣起坐而逝。”

張廷玉等《明史》卷一百八十一《謝遷傳》：“十年卒於家，年八十有三。贈太傅，謚文正。迪仕至廣東布政使。丕鄉試第一，弘治末進士及第。歷官吏部左侍郎，贈禮部尚書。”

焦竑《國朝獻徵録》卷十四費宏《謝公遷神道碑》：“己丑九月，病頗亟。寓書二子，以不及見爲恨。會中書以疾請告，少卿亦侍母還。相見甚歡，疾遂愈。又明年，辛卯，二月十八日，乃考終於正寢。享年八十有三，訃聞，上震悼，輟視朝一日。贈太傅，謚文正，遣官諭祭者九，遣工部主事羅餘慶治葬。［葬］以是歲冬十二月十有八日。墓在杏山之麓，與徐夫人合。夫人出同邑滸塘巨族，處士諱旻之女。賢淑可範，累受一品之封。子男六，長即中書舍人，老成博雅，無忝世休，方以翰墨供奉内閣。次即少卿，以進士及第入翰林，累今官。德望、文學，推重於時，可以繼公之相業，爲公仲弟于五公後。次豆，中書舍人。次亘，左軍都督府經歷，爲公季弟方伯石厓後。次至、次亜，皆國子生。孫男十八，長用檳，贈尚寶司司丞。次用棁、用楷、用楨、用梅、用栻，蔭國子生。用楫、用櫝、用樌、用標、用根、用柷、用梯、用樞、用模、用柱、用構。曾孫男一，即敏行，尚寶司司丞。玄孫男二。”

朱希周《謝公墓誌銘》（《東山志》卷十七）有所補充：“女二，婿馮汝材、宋惟昭。孫男十八，長用檳，贈尚寶司司丞。次用棁、用楷、用楨、用梅、用栻，蔭國子生。用楫、用標、用櫝、用樌、用根、用柷、用梯、用柯、用樞、用模、用柱、用構。女孫十。曾孫男二，敏行，尚寶司司丞;炳行。玄孫男女各二。”按,費宏《神道碑》失録孫男用柯、曾孫炳行,“用桂”或爲“用柱”形誤。

餘姚泗門謝氏家族,自謝遷始,迅速向仕宦家族轉變。謝氏一族在明清兩朝獲貢生以上功名者五十餘人,獲各類官職者一百二十餘人。通過完善宗譜、增建宗祠等活動,逐步塑造自身的望族形象。(參蔣宏達《望族的形成:明清時期餘姚泗門謝氏的宗族建設》,《史林》2018 年第 2 期)

遷爲人清白剛毅。學以明義理爲先,詩文正大温厚,不事雕琢。優游酬唱,皆有性情;憫世傷時,俱見懷抱。

焦竑《國朝獻徵録》卷十四費宏《謝公遷神道碑》:“所謂‘清白之操,百練愈精,剛毅之氣,萬人必往’,誠如聖諭也。其學以明義理爲先,爲文正大温厚,不事雕琢,可以垂之不朽。在内閣時,劉公敢於任事而資公之謀斷,李公長於爲文而資公之典則,公可否其間,不阿不激,同寅協恭,所以輔成盛治者,端在是也。宏在翰林,侍公最久。凡此皆身親見之,倏忽數十載矣,赫赫如前日事,感今思昔,惟以永嘆。”

朱希周《謝公墓誌銘》:“其接人和易恭遜,而嚴於守己,慎於交際。非其義不苟取,非其人不苟合。……其出處之際,光明磊落、卓然有大過人者。非常情所能窺測也。平生著作甚富,爲詩文皆正大温厚,不事雕琢,所以鳴國家之盛者。固當垂之不朽矣。”

《明世宗實録》卷一百二十七:“遷,學術純正,有大臣風節。弘治間與劉健、李東陽同心輔政,一時稱爲賢相。正德初年,權奸擅政,遷以顧命大臣,不能艱貞以濟難,捐軀以殉國,雖達權不足而守正有餘,所謂‘以道事君,不可則止’者,遷蓋有焉。”

倪宗正《倪小野先生全集》(清康熙四十九年刻本)卷八《挽謝文正公》:“海宇天人逝,哀歌歌未休。風雷白日變,霄漢紫雲收。

社稷勛名在，絲綸德澤流。文章三試雋，肝膽四朝猷。力障波瀾日，高飛搏擊秋。聖明終有遇，徵請復何求。固遂裴公志，長懷范老憂。去留關係重，始終寵榮優。沾沃江河潤，栽培桃李儔。英靈瞻仰表，石獸護山丘。”

永瑢等《四庫全書總目》卷一百七十一《歸田稿》提要：“遷之在内閣也，與劉健同心輔政。史稱其秉節直諒，見事明敏，天下稱爲賢相。……然遷當歸里以後，正劉瑾、焦芳等挾怨修隙，日在危疑震撼之中。而所作詩文大抵詞旨和平，惟惓惓寄江湖魏闕之思。老臣憂國，退不忘君。讀此一編，已足以知其忠悃矣。”

文集全稿毁於嘉靖中倭亂。現存《歸田稿》八卷，《湖山唱和》二卷，又有《梅花百咏》。陳子龍輯《謝文正集》奏疏一卷。

永瑢等《四庫全書總目》卷一百七十一《歸田稿》提要：“其文集全稿，嘉靖中倭亂被毁。此集乃其致仕以後及再召時所作。自題曰《歸田稿》以授其子至者也。國朝康熙中，其七世孫大名府同知鍾和，復加釐輯，梓而傳之。集中奏疏，類多晚年陳謝之作。凡在朝時嘉謨讜論，均已無存。即史所稱《請罷選妃嬪》《禁約内官》諸疏，亦不在其間，則其散失者當復不少。”按，陳子龍《皇明經世文編》卷九十七《謝文正公集》收謝遷《諫選妃嬪疏》等奏疏八篇。

《歸田稿》有康熙二十三年謝鍾和刻本。《四庫全書》即以之爲底本，而有錯訛，且失收謝至、謝鍾和跋語及《題歸去來辭畫圖》詩四十三首（參張梅秀《稀見明清文集五種考略》，《文獻研究》第一輯，北京圖書館出版社 1999 年版）。《文淵閣四庫全書補遺》據文津閣本補詩一首。

近人趙尊岳輯《歸田稿》卷四《梁州序》二闋爲《歸田詞》，編入《明詞匯刊》。評曰：“詞筆直率，非所專長，二詞又爲酬應之作，無可評騭，聊存家數而已。”（《惜陰堂匯刊明詞提要·歸田詞》，《詞學

季刊》第二卷第一號,上海書店 1985 年版)

謝鍾和《歸田稿跋》:“和自筮仕山左,歷粤、閩、金陵,以及卒於天雄,車馬相撞時得廣爲采摭。第散之易而合之難,所獲詩文止此,而《梅花百咏》尚無覓處,不敢以闕失未全而姑待用,分八卷以授梓,并肖先文正公之像及年譜,重刻於首。”

《梅花百咏》,民國七年謝嗣庚等纂修《四門謝氏二房譜》卷五“藝文卷”鈔録,且謂:“薇居公《歸田稿跋》‘《梅花百咏》尚無覓處’云云。今從他家鈔本録入。”

參考文獻:

1. 費宏《費文憲公摘稿》,明嘉靖刻本。

2. 陳子龍《皇明經世文編》,明崇禎刻本。

3. 謝遷《歸田稿》,清康熙二十三年刻本。

4. 謝敏行《東山志》,清康熙間謝鍾和重刻本。

5. 毛奇齡《西河文集》,王雲五主編《萬有文庫》本,商務印書館 1937 年版。

6. 焦竑編《國朝獻徵録》,周駿富輯《明代傳記叢刊》,臺灣明文書局 1991 年版。

7. 倪宗正編,謝鍾和重輯《文正謝公年譜》,《北京圖書館藏珍本年譜叢刊》第 41 册,北京圖書館出版社 1999 年影印版。

(司馬周　朱付利)

王鏊傳

王鏊，字濟之，别號守溪，晚又號拙叟、碧山翁，學者稱震澤先生。吴縣（今江蘇省蘇州市）人。景泰元年八月十七日（1450年9月12日）生。

邵寶《容春堂集·續集》卷十六《大明故光禄大夫柱國少傅兼太子太傅户部尚書武英殿大學士致仕贈太傅謚文恪王公墓誌銘》（下稱《王公墓誌銘》，明正德十二年刻本）："公諱鏊，字濟之，姓王氏，别號守溪，晚更拙叟，學者稱震澤先生。其先自汴扈宋南渡，諱百八者，始家吴之洞庭山。曾祖伯英，祖惟道，考朝用，光化知縣。皆以公貴贈如公官。曾祖妣陸氏，祖妣葉氏，妣葉氏，皆一品夫人。……生景泰七年八月十七日。"

文徵明《太傅王文恪公傳》（《文徵明集》卷二十八）："公名鏊，字濟之，世稱守溪先生。吴洞庭山人也。其先有百八者，自汴京扈宋南渡，遂居山中。至是族屬衍大，號其地爲王巷。其初未有仕者，正統間有司選生徒隸學官，里中子弟咸走匿，公父朝用獨請入學爲弟子員。後仕爲光化知縣。"

《太原家譜》（《中華族譜集成·王氏譜卷》第17册）卷十八《太傅文恪公年譜》："景皇帝景泰元年庚午八月十七日甲寅，公生洞庭東山之震澤鄉胥母界陸巷口舊第。母葉氏。"又，卷二十徐縉《文恪公行狀》："公生景泰元年八月十七日。"王鏊《震澤先生集》卷九《六十初度自壽四首序》:"正德己巳(1509)八月十七日,予六十初度之辰。"按,正德己巳(1509)六十,則生於景泰元年(1450)。邵寶《王公墓誌铭》誤。

《太原家譜》卷二十七"雜文類上編"《承徽樓詩》後王仲鎏注曰:"此詩集中未載。……卷首題三篆字,旁署曰'碧山翁',蓋恪祖晚年所自號也。"

或又謂號九峰主人。朱謀垔《續書史會要》(《景印文淵閣四庫全書》):"王鏊字濟之,號震澤,别號九峰主人。吴中人。"

幼穎悟,七歲讀書,十二歲已能賦詩。年十六隨父在國學始習舉子業,落筆過人,侍郎葉盛、提學御史陳選奇之,以天下士期之。歸游吴庠,凡考必居首。

邵寶《容春堂續集》卷十六《王公墓誌銘》:"公自幼穎悟不凡,年十六,隨父在國學,始課舉業。落筆過人,有傳其論策於文莊葉公,公大奇之,曰:'此子他日忠肅乎?'忠肅,鹽山公謚也。公與同姓,且嫌名,故稱之。於是聲名動京師。京師有屈年與行引爲友,如奚元啓者。居二年,歸游吴庠,凡考必居首。陳提學天台先生,尤以天下士期之。"

文徵明《太傅王文恪公傳》:"光化未仕時,公已有名。年十八,隨光化在太學,聲稱益藉。時葉文莊在禮部,召與相見,公體幹纖弱,而内蕴精明,舉止静重,文莊大奇之。挑試所學,益以爲非近時經生所能,時王忠肅公翱新逝,文莊以公嫌名相近,戲曰:'失一王某,復一王某,安知非後來忠肅乎?'越日親具儀帛,遣從陳音先生學。時陳官翰林有聲,從游者衆,獨許公善學。無幾,盡得其肯綮。成化戊子,將歸試應天。文莊欲留卒業,不果。意甚惜之,曰:'科目不足以浼子也。'"

王鏊《震澤先生集》卷三十五《跋葉文莊公手書》:"成化初,鏊以童子游學京師。時文莊公爲禮侍,陸參政文量初第進士,簡中所稱用光者,張姓,爲太學生,亟稱鏊於文莊所,間以所業見於禮部之廂房。公獎勵備至,有將來忠肅之許,蓋以鏊與王忠肅同嫌名,故云。"

《太原家譜》卷十八《太傅文恪公年譜》:"既歸,試於縣、於府、於烏臺,皆首選,縣尹樊瑾、郡守賈爽咸以國士待之。提學御史天台陳公披其卷曰:'他日當名重天下,非止一鄉一國士已也。'至南畿,人皆聚觀焉。"

《太原家譜》卷十八《太傅文恪公年譜》:"(景泰)七年丙子,公年七歲,始出就外傅,授句讀於鄉師翁君,輒以英敏端重,稱於群弟子中,已嶄然露頭角矣。翁學規嚴甚,生徒畏之。公後官翰林,猶時夢見,驚覺曰:'吾今者尚畏翁乎?'山人至今傳道焉。"《太傅文恪公年譜》:"(天順)五年辛巳,公十二歲,已能賦詩。有以《吕純陽渡海像》索題者,即援筆書云:'扇作帆兮劍作舟,飄然直渡海陽秋。饒他弱水三千里,終到蓬萊第一洲。'得詩者大奇之,咸知爲遠到器矣。"

張廷玉等《明史》卷一百八十一《王鏊傳》:"鏊年十六,隨父讀書,國子監諸生争傳誦其文。侍郎葉盛、提學御史陳選奇之,稱爲天下士。"

成化十年(1474)鄉試第一。明年會試,又第一。執政忌其廷策言直,欲抑之。尹旻争之,遂置一甲第三名,授翰林院編修。

邵寶《容春堂續集》卷十六《王公墓誌銘》:"甲午,試應天,第一。主司謂:'安得東坡復出!'至全録其論策,不易一字。乙未,會試第一,廷對策入,衆擬第一。執政有忌其言直而抑之者,諉曰:'文太長難讀也。'冢宰尹公讀之,遂置第一甲第三,初授翰林編修。"

文徵明《太傅王文恪公傳》:"時制策以教養爲問,公舉《周書·

無逸》《易》之'自强不息'以對。大要言:保治在勤,勤在教養備,教養備而王道成矣。反復數千言,皆當時利害,人所難言者。時承平久,朝廷頗怠於政,故公以是爲言,言激而直,當國者惡之,假以冗長不可讀,欲抑置次甲。尹恭簡爲冢宰,不可,曰:'朝廷策士,取其能言。言而抑之,豈臨軒之意乎?'因力争,得賜及第,遂入翰林爲編修。時文莊已逝,陳先生者方爲編修。遂與同列,一時以爲盛事。"

《太原家譜》卷十八《太傅文恪公年譜》:"(成化)十年甲午,二十五歲。鄉場試官諭德謝一夔、修撰鄭環閲卷,得公文大驚曰:'東坡復出矣!'置之第一。故事,試録必於首列諸人均取一二篇録之,且必出主司删改。是科,一論五策,悉録公作,不易一字,蓋自開科以來所未有者。由是名大振,謝公披語有曰:'予於初場之夕,嘗夢得奇士矣,非子而誰?'又曰:'他日效用范文正之事業,幸無負此志!'鄭亦極其稱賞。二公識鑒非後世所有。"

《成化十一年進士登科録》"第一甲第三名":"王鏊。貫直隸蘇州府吴縣,民籍,府學生。治《詩經》。字濟之,行二,年二十六,八月十七日生。曾祖伯瑛,祖惟道。父朝用,知縣。母葉氏。重慶下。兄銘,弟録。娶吴氏。應天府鄉試第一名,會試第一名。"按,是科狀元爲謝遷。

王鏊《震澤長語》卷下"夢兆":"乙未會試,公(按,徐溥)與丘文莊公主考。久之,未得魁選。公與文莊約夕各默禱於天,以祈夢兆。明日公語文莊曰:'公有夢乎?'丘曰:'無也。'丘問公何夢,公曰:'余夢至一所大浸,茫茫不見水端。忽有一物若鼋焉,昂首登岸。余以三箭插其上。'夢如是,人頗异之,而未詳所主。或以大浸喋漫其湖廣洞庭之間乎?公不謂然。鏊時新發解,家在太湖,公以爲其應也。及揭榜,某果忝第一,謂三箭者三元也。深以狀頭望余，而余不克副其意，終未知夢之所屬。”

王鏊《震澤先生集》卷三十六《復尹太宰》：“鏊方幼學，則幸聞名於將命者，顧未嘗得望履絇於門。其後見録有司，入試大廷，愚不識忌諱，奏其狷狂之説，當道者欲擯斥之，獨公奮然不顧，謂：‘其辭雖狂，其心何罪？’是以卒置之一甲。公之爲此非有私於鏊，而鏊之懷德有不能忘者。”

成化十四年，考滿，進階文林郎。尋丁母憂居家。服闋，復職翰林。與吴寬等爲文字會。杜門讀書，避遠權勢。

《太原家譜》卷十八《太傅文恪公年譜》：“（成化）十四年戊戌，二十九歲。是年考滿，進階文林郎，封父光化公如其官，母葉氏封孺人，……配吴氏追贈孺人。……是歲，光化公與葉孺人俱年六十，祖母周夫人年八十，公既得告，乃捧封誥還鄉。又請諸朝貴名公詞翰以歸獻壽。而鄉之縉紳先生謂公之可喜者不一而足，乃分爲八題……而總顔其額曰‘萃喜’，各爲詩歌以揄揚其感，有《萃喜堂卷》藏於家。抵家越三月，太孺人葉氏忽遘疾，竟不起。十一月二十七日也。公遂守制居家。”

王鏊《震澤先生集》卷十《送廣東參政徐君序》：“始吾蘇之仕於京者，有文字會。……花時月夕，公退輒相過從，燕集賦詩，或聯句，或分題咏物，有倡斯和，角麗搜奇，往往聯爲大卷，傳播中外。風流文雅，他邦鮮儷予數人者。”

吴寬《匏翁家藏集》卷四十《贈周原已院判序》：“自予官於朝，買宅於崇文街之東，地既幽僻，不類城市，頗於疏懶爲宜。比歲更闢園號‘亦樂’，復治一二亭館，與吾鄉諸君子數游其間。而李世賢亦有禄隱之園，陳玉汝有半舫之齋，王濟之有共月之庵，周原已有傳菊之堂，皆爽潔可愛。而吾數人者又多清暇，日輒會，舉杯相屬，間以吟咏，往往入夜始散去。”

邵寶《王公墓誌銘》:“公在翰林,益肆力於學,閉門讀書,避遠權勢如恐不及。士請業者遠近踵至,惟中貴弟侄皆絶之。”《太原家譜》卷二十徐縉《文恪公行狀》:“在翰林時,閉門讀書,肆力於六經、諸子、史,非其人絶不與交。權門勢家足迹不至。遠近士子多願及門,雖中貴亦遣弟侄從游,公皆謝絶之。”

弘治初,遷侍講學士,充講官。修《憲宗實録》成,升右春坊右諭德,尋擢吏部右侍郎。在經筵,雅志啓沃;在吏部,清簡得體。又嘗於京師作同年會、五同會。

邵寶《容春堂續集》卷十六《王公墓誌銘》:“孝宗初,開經筵,充展書官。《憲宗實録》成,升右諭德,用徐文靖公薦爲侍講學士。尋進日講。以宫僚選兼左諭德,尋升少詹事兼侍讀學士,擢吏部侍郎。……在經筵,雅志啓沃。每講至天理人欲之際,及君子小人之用舍,必詳必懇。……東宫將出閣,司馬鈞陽馬公,疏請選正人以端國本。詔會議,至公名,同聲曰:‘此真其人。’遂以爲首。吏部闕侍郎,侍郎韓公攝事,以公與壽寧故有連,既貴而能遠之。其正可敬也。首薦而用之,在吏部抑躁獎恬,清簡得體。”

文徵明《太傅王文恪公傳》:“弘治初,充經筵展書官,尋充講官。每進講,必分天理人欲,君子小人。至治亂用舍之際,必反復開導,務裨時政。時中官李廣用事,公隱然有所指陳。上退謂左右曰:‘若知今日講官之意乎?大抵謂廣也。’方春,上出游後苑,公講‘文王盤於游田’,詞嚴意暢,上爲悚聽。自是絶不復出。修《憲廟實録》成,進右春坊右諭德,尋進侍講學士,充經筵日講官。武宗出閣,進兼左春坊左諭德,再升詹事府少詹事兼侍讀學士。弘治甲子,升吏部左侍郎。初,李廣得幸於上,朝士或附麗取寵,廣敗,贓賄狼藉,大臣多被玷污,惟公絶無一迹。壽寧侯貧賤時與公有連,比貴,方憑藉用事,勢傾中外,公絶不與通。歲時問遺,亦輒麾去。

或者以爲過，公曰：‘昔萬循吉攀附昭德，吾竊耻之，乃今自蹈之耶？’”

《太傅文恪公年譜》：“（弘治十二年正月乞歸省）至十月輟講，乃得允。……十三年庚申，五十一歲。還朝，進吏部右侍郎仍兼日講。時吏部員缺，内旨欲文學純正、操履端方者。時山西韓文公署部事，以公名進，且曰：‘王公與張壽寧舊有連，既貴而絶不與通，其端方可知也。’故有是命。”

王鏊《震澤先生集》卷十《鄉試同年會序》：“成化甲午，南畿鄉試同上者一百三十五人。今年爲弘治甲寅，官京師者六人焉，三人者至自外，九人而已。……庚辰，會午城之西垣，六人者爲主。甲申，會玉河之西堤，三人者爲主。契誼參合，形迹俱忘。六博投壺，浮白相屬。和不至褻，醉不至亂。衆謂是會不可不志，遂分韻爲詩，而屬予序。”吴寬《匏翁家藏集》卷四十四《五同會序》：“吴人出而仕者，率盛於天下。今之顯於時者，僅得五人，曰：都御史長洲陳玉汝，禮部侍郎常熟李世賢，太僕寺卿吴江吴禹疇、吏部侍郎古吴王濟之及予爲五人。……同時也，同鄉也，同朝也，而又同志也，同道也，因名之曰‘五同會’，亦曰同會者五人耳。”

弘治、正德間，歷與鄉試、會試，頗稱得人。弘治五年八月，任應天府鄉試主考，場中得顧清卷大喜，置第一，又取中祝允明。

焦竑《國朝獻徵録》卷三十六孫承恩《南京禮部尚書謚文僖顧公墓誌銘》：“弘治壬子，吴郡王文恪公主南畿試事，閲公文曰：‘昔歐陽子謂當讓蘇子瞻一頭地。斯人也，我固當讓矣。’遂薦爲第一，輿論允愜。”

焦竑《國朝獻徵録》卷七十五陸粲《祝京兆允明墓誌銘》：“歲壬子，舉於鄉，故相王文恪公主試事，手其卷不置，曰：‘必祝某也。’既而果得先生。文恪益自喜，曰：‘吾不謬知人。’”

王鏊《震澤先生集》卷三《壬子校文南畿得詩十二首》,其八《場中初九夜有感》:"複閣周垣深復深,重門魚鑰夜沉沉。海潮忽涌轟聲動,山雨横來筆陣侵。鏡出秦樓憐我忝,馬空冀野定誰任。悠悠淮水東邊月,十九年前此夜心。"卷十四《愧知説》:"吴君鳴翰,少與予同學,其詩篇、字畫有晋唐之風,其文非近世之所謂時文也。予謂:'空冀北之群,非君耶?'壬子秋,予主試應天。殫心竭力,於時之才自以無失也。揭榜而君名不預。"

《明孝宗實録》卷一百零九:"(弘治九年二月)命詹事府詹事兼翰林院侍講學士謝遷、翰林院侍讀學士王鏊爲會試考試官。……乙亥,禮部會試取中式舉人陳瀾等三百名。"《明武宗實録》卷三十五:"(正德三年二月)命少傅兼太子太傅户部尚書武英殿大學士王鏊、掌詹事府事吏部尚書兼翰林院學士梁儲爲會試考試官。"

《震澤先生集》卷十一《丙辰進士同年會序》:"弘治丙辰進士三百人,首陳瀾,殿唐欽,南省有司所上之次也;首朱希周,殿童品,傳臚恩榮之次也;首童品,殿王朝卿,諸同年私會朝天宫,以齒坐列之次也。是科廷試以三月十五日,既而傳臚、賜宴、釋奠,咸如故事。"卷十二《會試録序(戊辰)》:"正德戊辰二月,會試天下士。於時,知貢舉,則禮部尚書臣機、侍郎臣滐;考試,則大學士臣鏊、學士臣儲。……天下士抱藝就試者,三千八百八十餘人。三試之。遵制詔預選者,凡三百五十人。刻其文之粹者以傳。凡二十篇,名之曰《會試録》。臣鏊謹序其首。"

弘治十三年,小王子、火篩入寇大同,奏陳邊計,丁父憂歸。家居著《震澤編》。重修《姑蘇志》,蔡羽、祝允明、文徵明等與其事。唐寅亦從之游。

張廷玉等《明史》卷十五《孝宗本紀》:"(十三年)夏四月火篩寇大同。……(五月)火篩大舉入寇大同。……冬十月戊申,兩京地震。是月，小王子諸部寇大同。十二月辛丑，火篩寇大同，南掠百餘里。是年，小王子部入居河套。”卷三百二十七“外國八”：“（弘治）十三年冬，小王子復居河套。明年春，吏部侍郎王鏊上禦敵八策：一曰定廟算，二曰重主將，三曰嚴法令，四曰恤邊民，五曰廣招募，六曰用間，七曰分兵，八曰出奇。帝命所司知之。”卷一百八十一《王鏊傳》：“嘗奏陳邊計。……時不能用，尋以父憂歸。”

按，《明史》王鏊本傳撮其大略，而有删改，如“虜”字。此疏詳見王鏊《震澤先生集》卷十九《上邊議八事》，四庫本亦有删改。

吴寬《匏翁家藏集》卷六十四《封詹事府少詹事兼翰林院侍讀學士前光化縣知縣王公墓誌銘》：“弘治十六年二月三日，封詹事府少詹事兼翰林院侍讀學士前光化縣知縣王公卒，其子吏部右侍郎鏊，聞喪去位。”

永瑢等《四庫全書總目》卷七十六《震澤編》提要：“明蔡升撰，王鏊重修。……是書首紀五湖、七十二山、兩洞庭，次石泉、古迹，次風俗、人物、土産、賦税，次水利、官署、寺觀、庵庙、雜記，次集詩、集文。前有弘治十八年楊循吉序，稱其：‘操觚之妙，天機獨運，中間有似《爾雅》者，有似《山海經》者，有似柳子厚諸山水記者。用能劊畫造物，陳諸簡牘。’未免譽過其實。升書本名《太湖志》，鏊爲重修，乃取《禹貢》之語改今名云。”卷六十八《姑蘇志》提要：“首列沿革、守令、科第三表，自沿革分野以下，分爲三十一門，而人物門中又分子目十三。繁簡得中，考核精當，在明人地志之中猶爲近古。”

《太原家譜》卷十八《太傅文恪公年譜》：“弘治十七年甲子，五十五歲。居憂吴城新第，著《震澤編》成。南峰先生爲之序，有‘生賢木以資世，而山水亦若自托焉’等語。……重修《姑蘇志》成，郡守林侯所屬也。同事者祝允明等七人。閲八月而成。”王鏊等纂修《（正德）姑蘇志》（明正德元年刻本）卷前“修志名氏”：“資善大夫禮部尚書吴寬、嘉議大夫吏部右侍郎王鏊,同修奉議大夫福建按察司僉事杜啓、鄉貢進士浦應祥、鄉貢進士祝允明、蘇州府學生蔡羽、長洲縣儒士文璧、長洲縣儒士朱存理、長洲縣儒士邢參,對讀儒士陳怡,提調直隸蘇州府知府林世遠、同知丁哲、李嘉言、通判應龍、陳瑋,推官甘泉。”

王鏊《震澤先生集》卷十二《姑蘇志序》:“成化間,番陽丘侯霽守蘇,有志修述。時則有若劉參政昌、李中舍應禎、陳訓導頎,各應聘修纂。會丘罷去遂已。弘治中,河南史侯簡、曹侯鳳,又皆繼爲之。時則有若張僉事習、都進士穆,而裁决於吴文定公寬。久之二侯相繼去。……廣東林侯世遠之守蘇也,宿弊盡剗,文事聿興。一日抱文定遺稿屬予曰:‘敢以溷子。’予謝非其人。侯曰:‘文定之志不可以不就也。’予不得辭。侯乃延聘文學得同志者七人,相與討論搜輯,合盧、范二志,參以諸家,裨以近事,閱八月而成。”

何大成輯《唐伯虎先生外編》(明萬曆刻本)卷三,引《虎丘志》云:“六如《題虎丘劒池石壁》云:‘弘治乙丑十一月十日,侍郎王鏊、少卿李旻、憲副朱文來游,諸生唐寅等從。’雖閲歲滋久,苺苔剥落,而石刻宛然。聊爲識之。”按,弘治十八年乙丑,時王鏊正丁憂在家。

正德初,起爲左侍郎。與韓文諸大臣請誅劉瑾等“八黨”不果。瑾入司禮監,鏊與焦芳同入閣。瑾威權日熾,摧殘縉紳。鏊時時正言維護。當其應詔入京,唐寅繪《出山圖》贈行。

張丑撰《清河書畫舫》(清乾隆刻本)卷十二下“唐寅”條《王濟之出山圖》載張鳳翼跋語:“王文恪公濟之,爲吴中名宰相。無論學術、科第、德業、聲望載在傳志者,照映千古。即其門人交友周旋於公者,莫非名流韻士。此卷一圖七詩,乃正德改元,公方大拜,超起之洞庭。此出山圖咏之所由作也。”圖現藏故宫博物院,款識“門生唐寅拜寫”，卷尾有祝允明等人題詩。

文徵明《太傅王文恪公傳》：“武宗登極，復起爲吏部侍郎。修《孝廟實録》，充副總裁。時上冲年，頗事逸游，中官馬永成等八人實從中導誘。……而大臣未有言者。公言於户部尚書韓文：‘此國家大事，治亂所關。大臣，百寮師率。獨無一言救正乎？’於是六部相率會疏以請。……因罪狀八人，請逐去之。疏入，上大怒，召諸大臣至左順門。中官宣旨詰責，因言八人事，上久不忍遽逐之意。時聖怒叵測，衆相視莫敢言。公獨進曰：‘今日之舉，正爲八人，八人者實蠱聖心，不去將亂天下。’韓公亦從而言之。上知衆意不回，將有處分。會内閣大臣欲置八人於理，八人者環泣上前，抱足乞命。事遂中變。於是大學士劉健、謝遷相繼去國，而文亦以罪去。八人遂分布要路。瑾居中用事，而天下事權悉屬之矣。”

張廷玉等《明史》卷一百八十一《王鏊傳》：“正德元年四月起左侍郎，與韓文諸大臣請誅劉瑾等‘八黨’。俄瑾入司禮，大學士劉健、謝遷相繼去，内閣止李東陽一人。瑾欲引焦芳，廷議獨推鏊。瑾迫公論，命以本官兼學士與芳同入内閣。逾月，進户部尚書文淵閣大學士。明年加少傅兼太子太傅。”

按，《明武宗實録》卷十八、十九與李夢陽《空同集》卷四十《代劾宦官狀疏（正德元年九月）》附《秘聞》叙事件原委經過甚詳，可參。

文徵明《太傅王文恪公傳》：“時瑾日益驕横，疾視文臣如仇。所尤惎者，大學士謝遷、兵部尚書劉大夏、户部尚書韓文。韓既去，瑾必欲殺之，百方詗伺，既無所得，而意猶恨之。公衆中大言：‘韓文清忠粹德，朝野所知。萬一死非其罪，天下後世謂何？’後竟釋不問。雖瑾自畏公議，亦公昌言有以讋之也。劉在廣西，嘗變置土官岑氏，至是致仕家居，自華容逮去，至坐以激變，當死。公曰：‘所謂激變,激之變叛。或緣是致地方失守也。今地方無虞,岑氏守職如故,何名激變?'劉得減死。先是,有司奉詔舉經明行修之士,及是舉至,適皆餘姚人。事在謝當國時。瑾謂謝私其鄉人,摭以爲罪。亦以公言得釋。郎中張瑋等咸以微罪荷百斤重校,暴烈日中,瀕死不貸。公亟言於朝,謂:'士可殺,不可辱。今既辱之,又殺之,極矣。吾亦何顏復立於此。'遂與大學士李東陽上疏極言,得貸死戍邊。他如免逋戍連坐之法,正廢后吴氏及景皇妃汪氏喪葬之禮,雖與李協議,而公慫恿贊决爲多。"

焦芳阿附劉瑾,禍流縉紳,鏊不能救,乃求去。歸家二年,瑾敗,廷臣交薦不起。與鄉里名士優游山林,讀書著述,每有所感則托著述以自况。

文徵明《太傅王文恪公傳》:"芳既與瑾合,一意迎附,又陰賊喜中傷善類。惟公時時正言折其奸謀,一時中外咸恃賴之。然用是積忤瑾意。瑾雖無意斥公,而公不可留矣。會所言不合,遂堅疏乞去。疏三上,得請。詔有司給餘禄終身,仍賜璽書馳傳以歸。歸二年,而瑾敗。時公年齒方壯,海内咸冀公復起。而公優游林泉,方以文學自適,不復有意當世。中外臣僚數有論薦,亦皆報罷。於是,公閑居十有六年。"

邵寶《容春堂續集》卷十六《王公墓誌銘》:"時中外權悉歸瑾,公初開誠與之言,間亦見聽。及焦事媕阿,議乃不合,瑾亦狂悖横厲,禍流縉紳,公救之不能得,蹙然見顔面。瑾望見之,曰:'王先生居高位,何乃爾哉?'公再疏求去,甚情而懇。或以公咈瑾意,虞有奇禍。公曰:'吾自省無咎,何畏彼哉?'瑾使邏者詗公,以公絶贄幣報。瑾笑曰:'過矣。'於是公疏至三上,許焉。賜璽書,乘傳以歸,歲夫月米具給。當時以爲异數云。"

張廷玉等《明史》卷一百八十一《王鏊傳》:"芳專媕阿,瑾横彌甚，禍流縉紳。鏊不能救，力求去。四年，疏三上，許之。賜璽書、乘傳、有司給廩隸，咸如故事。家居十四年，廷臣交薦不起。"

《太原家譜》卷十八《太傅文恪公年譜》："公性恬退，既歸田，不復預聞世務，日惟耽玩書史，操弄文翰，朝夕坐起不離卷帙。暇則共鄉里諸名士登山臨水，遨游園林寺觀。在山則有隱士東岡施鳳、林屋蔡羽、五湖張本、弟秉之等，入城則有門下諸生祝允明、文徵明、唐寅、陸粲、黄省曾、王守、王寵、陳怡、杜璠等。相與談説古今，花前月下，飲酒賦詩，揮毫染翰，竟日不厭。有所感觸，每托之著述以自況，若《擬招》《短解》《謫解》《罪言》及《十三絶句》等篇是也。"

世宗即位，數遣行人存問。後人有"山中宰相"之譽。以嘉靖三年三月十一日(1524 年 4 月 14 日)卒於家，年七十五。贈太傅，謚文恪。有子男四，女五。

邵寶《容春堂續集》卷十六《王公墓誌銘》："嘉靖三年三月十一日，少傅王公卒於吴城里第。於是，公致仕歸十五年矣。先是，上即位，遣行人即其家存問。敕有'全德盛名，海内推重'之語。公上謝疏，進《講學》《勤政》二篇，上嘉納焉。官一子爲中書舍人。越三年，又遣有司存問，恩禮隆重。時方仰之。至是，訃聞。上爲輟視朝一日，賜賻米及布。命諭祭者九，贈太傅，謚文恪，仍命工部治葬事。……墓在東洞庭梁家山之原，葬之日爲明年乙酉正月元日庚申。"

文徵明《太傅王文恪公傳》："於是，公閑居十有六年，年七十有五矣。嘉靖三年甲申三月十一日，以疾卒於家。訃聞，上爲輟視朝一日，追贈太傅，謚文恪。賻米若干石，布若干匹，詔工部遣官營葬。自始卒至葬，賜諭祭者九。……子男四人：延喆，大理寺寺副；延素，南京中軍都督府經歷；延陵，中書舍人；延昭，郡學生。女五人，適吏部侍郎徐縉，貴州都司都事朱希召，宜興縣學生邵鑾，中書舍人靳懋仁,郡學生嚴濡。”

《太原家譜》卷二十徐縉《文恪公行狀》:“子男四:延喆,中書舍人,娶毛氏;延素,南京中軍都督府都事,娶陳氏;延陵,郡學生,娶朱氏:延昭,尚幼。女五:長適縉,次適都事朱希召,次適生員邵鑾,次適中書舍人靳懋仁,次許生員嚴濡。孫男三、女二。”

王有光《吳下諺聯》(清同治刻本)卷三“山中宰相”:“(王文恪公鏊)明武宗時入閣,力遏逆瑾,不得,乃旋里。後邀存問,上《講學》《親政》二篇,志格君心。今游其墓,讀其坊聯云:‘天下文章第一,山中宰相無雙。’公實不愧。”

性沉静,與人交簡而嚴。廉正守道,遇事直前。究心理性,晚益純明。讀書著述,至老不廢。論學尊秦漢,博而有識。

文徵明《太傅王文恪公傳》:“公爲人敦悃靖謐,於世寡與,而能以道自勝。初性恇怯,一日讀程子‘明理可以治懼’之言,恍然有得,曰:‘在我者有理,在天者有命,吾何畏乎哉。’自是剛果自信,遇事直前,無少係悋。雖勢利在前,不爲屈折。植志高明,下視流俗,莫有當其意者。與人處,不爲翕翕熱,而默然之間,意已獨至。平生未嘗干人以私,人亦不敢以私意干之。立朝四十年,權門利路,不一錯足。班資下上,未嘗出口。每進官,輒遜避不敢當。晚益韜斂,以逾越爲戒。”

《太原家譜》卷二十徐縉《文恪公行狀》:“性沈静,寡言笑,與人交簡而若嚴,自不敢干以私。見人之賢,汲汲然引用之唯恐不及。立朝三十餘年,廉正守道,恒如一日。望之如泰山喬岳,不見運動而足以坐鎮雅俗。至於聲色貨利,澹然不以經心;博弈奇玩,一不留意。事或非禮,須臾不苟處;財有非義,秋毫不苟取。惟讀書著述,雖老未嘗一日廢。……晚年精於理學,每自有所得,有先儒所未發省。”

王守仁《王文成公全書》（明隆慶六年刻本）卷二十五《太傅王文恪公狀》："公既歸吴，屏謝紛器，翛然山水之間，究心理性，尚友千古。至其與人，清而不絶於俗，和而不淆於時；無貴賤少長，咸敬慕悦服，有所興起。平生嗜欲澹然，吴中士夫所好尚珍賞觀游之具，一無所入。惟喜文辭翰墨之事，至是亦皆脱落雕繪，出之自然。中年嘗作《明理》《克己》二箴，以進德砥行。及充養既久，晚益純明，凡有著述，必有所發。……史臣曰：世所謂完人，若震澤先生王公者，非邪？内裕倫常，無俯仰之憾；外際明良，極禄位聲光之顯。自爲童子至於耆耋，自廟朝下逮閭巷至於偏隅，或師其文學，或慕其節行，或仰其德業；隨所見异其稱，莫或有瑕疵之者。所謂壽福康寧，攸好德而考終命，公殆無愧爾矣！"

文徵明《太傅王文恪公傳》："好學專精，不爲事奪。……及官翰林，遂肆力群經，下逮子史百家之言，莫不貫總。……議者謂公於經術爲深，故粹然一出於正。……惟公之學，本欲見之行事，屬以記載爲職，周旋於文詞翰墨之間者三十年，未嘗有兵、民、錢、谷之寄。或因事一見，而其高才卓識，亦自有不可得而掩者。"

文由蘇、韓，上學秦漢，典雅遒潔，議論明暢。時文爲天下式，弘、正間文體爲之一變。詩出入唐宋，峭直疏放。七言律絶，尤格調不凡。書法有晋、唐筆意。

黄佐《翰林記》（叢書集成初編本，中華書局 1985 年版）卷十九"文體三變"："國初，劉基、宋濂在館閣，文字以韓柳歐蘇爲宗，與方希直皆稱名家。永樂中，楊士奇獨宗歐陽修，而氣焰或不及，一時翕然從之，至於李東陽、程敏政爲盛。成化中，學士王鏊以《左傳》體裁倡；弘治年，修撰康海輩，以先秦兩漢倡，稍有和者，文體蓋至是三變矣。"

李樂《見聞雜紀》（明萬曆刻清補修本）卷五"四十二"："本朝舉

業文字,自永樂、天順間,非無佳者,然開創首功,惟文恪王公鏊爲正宗。”張廷玉等《明史》卷一百八十一《王鏊傳》:“少善制舉義,後數典鄉試,程文魁一代。取士尚經術,險詭者一切屏去。弘、正間文體爲一變。”

永瑢等《四庫全書總目》卷一百七十一《震澤集》提要:“鏊以制義名一代,雖鄉塾童稚,纔能誦讀八比,即無不知有王守溪者。然其古文亦湛深經術,典雅遒潔,有唐宋遺風。蓋有明盛時,雖爲時文者亦必研索六籍,泛覽百氏,以培其根柢而窮其波瀾。鏊困頓名場,老乃得遇。其澤於古者已深,故時文工而古文亦工也。”

文徵明《太傅王文恪公傳》:“少工舉子文,既連捷魁選,文名一日傳天下。程文四出,士爭傳録以爲式。……晚益精詣,鑄詞發藻,必先秦、兩漢爲法。在唐亦惟二三名家耳,宋以下若所不屑。其見諸論撰,莫不典則雅馴,麗質兼備。至所得意。不知於古人何如也。”

《太原家譜》卷二十徐縉《文恪公行狀》:“及官翰林久,刊落浮華,力追古作,規模昌黎及秦漢,其文始變矣。嘗言:‘吾讀《孟子》,得爲文之法。’識者論其文,純而不流於弱,奇而不涉於怪,雄偉峻潔,體裁絶然,振起一代之衰,功不在韓柳下。”

邵寶《容春堂續集》卷十六《王公墓誌銘》:“其爲文,先愛三蘇,才思川涌,援筆如不能止;既自超蜕,力追古作,自昌黎上溯秦漢,駸駸乎幾矣。論起衰者歸之。……詩蕭散清逸,有王、岑風格。書法精勁自成,得晋唐筆意。”

錢謙益《列朝詩集》(清順治九年毛氏汲古閣刻本)丙集卷六“王少傅鏊”:“詩不專法唐,於北宋似梅聖俞,於南宋似范致能,峭直疏放,於先正格律之外,自成一家。”陳田《明詩紀事》(清光緒二十五年陳氏聽詩齋刻本)丙籤卷七:“文恪以文章名一世,集中七言律絶，格調風致，兢爾不凡。”

據統計，王鏊詩歌現存約九百五十首，文約存四百四十篇，詞十六闋、賦七篇。（參劉俊偉《王鏊研究》，浙江大學 2011 年博士學位論文）

著述宏富。有《震澤先生集》三十六卷、《震澤長語》二卷、《震澤紀聞》二卷、《本草單方》八卷。修有《震澤編》八卷、《姑蘇志》六十卷。

邵寶《容春堂續集》卷十六《王公墓誌銘》：“所著有《震澤集》《震澤編》《震澤長語》《紀聞》各若干卷。”

《震澤編》《姑蘇志》已詳前文。《四庫全書總目》卷一百二十二《震澤長語》提要：“此本乃其退休歸里，隨時筆録記之書。分經傳、國猷、官制、食貨、象緯、文章、音律、音韻、字學、姓氏、雜論、仙釋、夢兆十三類。鏊文詞醇正，又生當明之盛時，士大夫猶崇實學。不似隆慶、萬曆以後聚徒植黨、務以心性相標榜，故持論頗有根據。”又，魏良貴《序震澤紀聞後》（《震澤紀聞》卷首，明嘉靖刻本）：“此編者，乃其監修之暇，述所見聞以備筆削。蓋自洪、永迄于弘、正，凡忠賢之遺行、奸佞之隱情，靡不畢載，而列聖聖政之大者，亦多附見。”

又有《春秋詞命》三卷，存明刻本，館臣疑其爲書肆托名。王鏊《震澤先生集》卷十三《春秋詞命引》：“予讀《左傳》，愛其文，而尤愛其詞命。……予生謇訥，甚思所以變其氣質而無由，因彙萃其詞而日諷焉。庶有益乎？”《四庫全書總目》卷一百九十一《春秋詞命》提要：“舊本題明王鏊撰，王徹注。鏊有《史餘》已著録。徹，自署松江人，始末未詳。是書雜采左氏所載應對之詞，釋以通俗之語，似非鏊之所作，疑爲書肆所托名。然序文乃載鏊集中，朱彝尊《經義考》亦著録，則事之不可解者也。所録雖源出《春秋》而於經義無關，於傳義亦不相涉。”

永瑢等《四庫全書總目》卷一百七十一《震澤集》提要:“集中《尊號議》《昭穆對》大旨與張璁、桂萼相合。故霍韜爲其集序極爲推挹,至比於孔門之游、夏,未免朋黨之私。然其謂鏊早學於蘇,晚學於韓,折衷於程朱。則固公論也。其《河源考》一篇,能不信篤什所言,似爲有見。而雜引佛典、道書,以駁崑崙之説,則考證殊爲疏舛。此由明代幅員至嘉峪關而止,軺車不到之地,徒執故籍以推測之,其影響揣摩,固亦不足怪矣。”

按,霍韜序見嘉靖本《震澤先生集》卷前。是集分詩、賦、序、記、書及制敕、奏疏、碑傳、誌銘、雜著、題跋等共三十六卷。又有萬曆洞庭王氏三槐堂刻本《王文恪公集》三十六卷(附《鶡音》《白杜》詩二卷),朱國楨訂,董其昌閲。蓋因王鏊《震澤先生集》年久漫漶,其曾孫王禹声《鶡音》《白杜》兩稿未刊。王鏊玄孫王永熙等遂合刊之(參朱國楨序)。有朱國楨、董其昌、霍韜序。卷前《名公筆記》一卷,爲吴廷舉、吴寬、文徵明等二十人所作有關王鏊之奏疏、跋語、壽詩、像贊、傳狀等。如吴廷舉《請褒恤疏》、邵寶《墓銘》、徐縉《狀》等則節録數語。正文卷數、編次同嘉靖本。

參考文獻:

1. 王鏊《震澤先生集》,明嘉靖刻本。
2. 王鏊《王文恪公集》,明萬曆王氏三槐堂刻本。
3. 王鏊《震澤長語》,明萬曆刻本。
4. 吴寬《匏翁家藏集》,明正德三年刻本。
5. 邵寶《容春堂集》,明正德十二年刻本。
6. 文徵明著,周道振輯校《文徵明集》,上海古籍出版社

1987 年版。

7. 焦竑編《國朝獻徵録》,周駿富輯《明代傳記叢刊》,臺灣明文書局 1991 年版。

8.《太原家譜》,《中華族譜集成・王氏譜卷》第十七册,巴蜀書社 1995 年版。

9. 劉俊偉《王鏊年譜》,浙江大學出版社 2013 年版。

（鄧曉東　朱付利）

林俊傳

林俊，字待用，號見素，晚號雲莊，稱見素子、雲莊散民、雲莊逸老。福建興化府莆田(今福建省莆田市)人。生於景泰三年二月十一日(1452年3月2日)。

鄭岳《鄭山齋先生文集》卷十四《故榮禄大夫太子太保刑部尚書見素林公行狀》(下稱《林公行狀》):"莆望姓稱林氏。唐有九牧，邵州刺史藴公以忠名，傳至公二十二世矣。族聚聯桂坊上，世以道學名家，而仕不甚顯。入國朝，寧國教諭公圭，以耆儒師表一郡，是生處士公豫，配方氏，嚴有家法。生揚州教授敬齋公宗，亦名師儒，配趙，繼姚氏。生公之父鞠莊公元旭，配黄氏，媲德孕賢，以公貴，敬齋、鞠莊公俱累贈工部尚書，配俱贈夫人。"

鄭岳《鄭山齋先生文集》卷十四《林公行狀》:"公名俊，字待用，號見素，晚更號雲莊逸老。以景泰三年壬申二月十一日生。"

林達《編年紀略》(《見素集》卷前附，明萬曆十三年刻本，下引同):"雲莊公諱俊，字待用，號見素，晚號雲莊。……以景泰壬申年二月十一日乙亥午時生於聯桂里。"

楊廉《楊文恪公文集》(明刻本)卷八《和韻復林雲莊》題下注:"見素復號雲莊。"林俊《見素集》卷二《送任宗海序》:"弘治辛酉七月上浣，莆田見素子林俊書。"集中"見素子"多見。林俊《見素集》卷十《保和堂記》:"歲正德九年甲戌，春正月穀旦又二日，雲莊散民見素子林俊謹記。”

幼穎敏。年十六即善屬詞。補郡庠生，專《尚書》，旁通他經，博學綜貫。成化十三年(1477)領鄉薦，明年登進士。除刑部主事，進員外郎。

鄭岳《鄭山齋先生文集》卷十四《林公行狀》：“比就傅，穎敏异常。九歲時，客試以對偶，曰：‘宰相本書生。’公應聲曰：‘忠臣由孝子。’識者异之。年十六，岳學士季方爲郡守，試破題，立對。岳驚异，謂公大父教授公曰：‘是孫不作先生官矣。’十七，祖敬齋病亟，方大母欲爲之娶，公辭。明年，方又病亟，欲爲娶。公以祖未大祥辭。游郡庠，益肆力於學，莆士雅工程試之文，不事博總。公所業雖專《尚書》，而於他經，咸讀而通之。若諸史子，若諸家文集，下至稗官小説，莫不貫綜。稍習爲古文詞，於諸經義若不屑意，而爲之輒工。一時文名大起。成化丁酉，舉鄉薦。明年戊戌，登進士。西涯李文正公得公文，奇之。自是遂托知己。”

鄭岳《鄭山齋先生文集》卷十四《林公行狀》：“己亥，授刑部陝西司主事。明習刑書，議獄率歸平恕，事干貴幸不少假。而以其暇，益力於學。擇僚友以相師資。陳白沙公甫以薦至京。公日與講明理學，而造詣益純。時當道久未有處。公上書尹太宰，謂山林遺逸之路，不可自我而塞。尹公遂爲請試。公又勸白沙勿試，上疏乞歸養。白沙服公有識。甲辰，升本部四川司，署員外郎。”

杨一清《明故榮禄大夫太子太保刑部尚書見素林公墓誌銘》(下称《林公墓誌铭》,《见素集》卷前附，明萬曆十三年刻本)：“公生秀朗，比就外傅，穎敏异常兒。年十六，即善屬詞。岳蒙泉先生，時爲莆守，甚加賞識。年十七，祖病劇，祖母欲爲之娶，辭弗肯。明年，祖母病，復强之娶，以祖未大祥，固辭不肯。君子已知其志向之不凡矣。補郡庠生，游心理學，業專《尚書》，而他經亦多誦，習學古文辭,科舉業若不屑爲意。成化丁酉,舉於鄉。戊戌,連第進士。西涯李文正公見其所著作,語人曰:'是他日當以文名世者。'授刑部主事,遷署員外郎,明習刑書,執法不苛,而卒歸於平恕。"

林達《編年紀略》:"九歲作聯字對,十三歲即善屬文詞。……(成化)六年戊寅,補郡庠生。七年辛卯,公年二十,娶方夫人,知府鯉曾孫。十三年丁酉,公年二十六,福建鄉試中式二十三名。明年戊戌,會試中式三十一名,殿試第二甲二十七名,賜進士出身。觀刑部政。己亥二月,選刑部陝西清吏司主事,治獄平恕。……十八年壬寅正月,秩滿三載,敕進階承德郎。……二十年甲辰,公年三十二,六月升本部四川司署員外郎事。"

林俊《見素集》卷六《四同年會詩序》:"成化戊戌進士三百有五十人,莆者十人,……光景轉瞬三十有七年,今惟正郎王公自庵、憲副吴公萊庵、吴公及軒暨予乎在。"

性侃直不避,僧繼曉以秘術得幸,俊上疏請斬之,并罪中貴梁方。二人直聲震都下。俊謫姚州判官,尋復官,改南京。

林達《編年紀略》:"太監梁方引妖僧繼曉以秘術得幸。爲蓋大鎮國永昌寺。九月二十日上《扶植國本疏》,請斬繼曉并方。言:'今内而大臣,次而百官,以及閭巷小夫亦皆欲食梁方、繼曉之肉,卒之不敢以此言進於陛下。所惜者官,所畏者死。臣誠不畏死,惟陛下留神聽覽,熟計而必行之。'疏入,憲廟大怒,詔下錦衣獄。翼日,宣加刑。後府經歷張黻疏救,并下獄。十月初二日,有旨:'不必擬罪。打三十,送吏部調邊方州判官去。'初三日降除姚安軍民府姚州判官。人擬之鳴鳳朝陽,繪圖列贊,鬻於都門。三原王端毅公恕疏救。二十一年乙巳元日星變,上悟,命復舊職,南京管事,添注南京刑部貴州司。"

張廷玉等《明史》卷一百九十四《林俊傳》:"性侃直,不隨俗浮湛。事涉權貴,尚書林聰輒屬俊治之。上疏請斬妖僧繼曉并罪中貴梁芳,帝大怒,下詔獄考訊。後府經歷張黻救之,并下獄。太監懷恩力救,俊得謫姚州判官,黻師宗知州。時言路久塞,兩人直聲震都下,爲之語曰:'御史在刑曹,黄門出後府。'尋以正月朔星變,帝感悟,復俊官,改南京。"

鄭岳《鄭山齋先生文集》卷十四《林公行狀》:"時妖僧繼曉以秘術得幸,權璫梁方陰爲之援,發内帑銀數十萬兩蓋寺,舉朝無敢言者。公因論陜西荒政,遂及二人之罪。大略謂:'……臣謂不斬繼曉,不足以弭他日之禍。不治梁方之罪,不足以消天下之怨。今内而大臣,次而百官,以及閭巷小夫,亦皆痛心飢民之死,欲食梁方、繼曉之肉,卒之不敢以此言進於陛下者,所惜者官,所畏者死耳。臣以爲言之,則禍止於臣之一身。不言則陛下終於不悟其禍。有不可勝言者,故不敢惜一身之禍,而卒爲陛下陳之。'疏上,留中不出者數日。公自分必死,料理家事,待罪於直房。俄付詔獄加刑,公對益厲。官校亦爲感涕。後府張經歷黻上疏論救,并下獄。責降遠方。公得姚州判官,黻施宗州知州。自是直聲振海内,有'刑曹御史,後府黄門'之目。人争傳疏草讀之。又擬之鳴鳳,有繪圖鬻於都門。所至士民求識面爲快。三原王端毅公在留都上疏申救甚力。會乙巳元日星變,憲廟感悟,叙復南部。"

按,"施宗州"當爲"師宗州"。疏見林俊《見素集·見素集奏議》卷一"西曹稿"《扶植國本疏》。此疏流傳甚廣。陳九德《皇明名臣經濟録》、孫旬《皇明疏鈔》、鄭岳《莆陽文獻》、陳子龍《皇明經世文編》等均有收録。

陳全之《輟耰述》(明萬曆十一年刻本)卷二:"莆田林見素先生,成化間以署部言計曉事謫姚安。士林偉之。《渡楊子江》詩云:'親見朝廷政令新,小臣何事浪憂民。一言雖忤九重意,萬死猶存七尺身。沙畔白鶴閑待我,鏡中華髮苦催人。十年楊子江三渡,此日何勞更問津。'初貶時有國子生用李時中贈唐子方韻送之:'八千里外未爲遠,三十名成始是難。自信孤忠能報國,誰憐赤手可移山。沙門有地黄金盡,溝壑無田白骨寒。愧我布衣空引領,九重何日詔君還。'"

孝宗即位,擢雲南按察副使。滇俗崇釋信鬼,鶴慶玄化寺稱有活佛,歲時士女會集,動數萬人,争以金涂其面。俊命焚之。又毁淫祠三百六十餘區,皆撤其材修學宫。

鄭岳《鄭山齋先生文集》卷十四《林公行狀》:"丁未,孝宗登極,臣僚交薦。超擢公雲南按察使副使。滇俗雜夷,崇釋信鬼。鶴慶玄化寺稱有活佛,元世祖時,賜袈裟、鉢器、水火珠諸物。故在歲時,士女會集,動數萬人,争以金泥其面。公按鶴慶,命焚之。父老言,犯之能致雹損稼。公與約,積薪伺之,果雹即止,已而無所見,遂焚之,得金一千二百六十兩,悉輸之官。嗣是,連二歲無雹,田亦比登。土人乃不爲惑。所毁若麗江塔、若大理玁神廟、若蒙化四柳諸淫祠,凡三百六十餘區,時所在學校頹敝,悉撤其材新之。"

張廷玉等《明史》卷一百九十四《林俊傳》:"弘治元年,用薦擢雲南副使。鶴慶玄化寺稱有活佛,歲時集士女萬人,争以金涂其面。俊命焚之,得金悉以償民逋。又毁淫祠三百六十區,皆撤其材修學宫。"

林達《編年紀略》:"分巡金滄,道玄化,有活佛,歲時遠近男女會集,争以金泥其面。盜因以起。命焚之,範其金并大珠解京。毁各屬淫詞三百六十餘區。"

倪輅《南詔野史》(明祁氏澹生堂鈔本):"僧贊陀鶴慶玄化寺。先是,鶴慶地水淹,僧杖刺東隅泄之,水中得樟木一段,刻爲佛,咒之忽靈,遠近名曰活佛。至明成化間,雲南憲副林後聞之,親至火之,得金數百入官。火滇淫祠三百,人呼公爲林劈佛。公,福建莆田人。”

在滇三年,勤於撫綏。親歷瘴癘,平反冤獄,黜陟官吏,深求民隱,而興除之。進按察使,弘治五年調湖廣,會境内雨雪灾异,上疏陳言。九年,引疾歸。

《明孝宗實録》卷四十二:“(弘治三年)雲南干崖宣撫司土舍刀怕愈欺其侄刀怕落之幼,將謀奪宗,而蠻衆不附,遂起兵相攻,劫去宣撫司印者四年。按察司副使林俊等,因他事過其地,知之。遂同參將沐詳等移文諭以禍福,始釋兵歸印。”卷五十一:“(弘治四年五月)升雲南按察司副使林俊爲本司按察使。”卷六十二:“(弘治五年四月)命湖廣按察司按察使張撫,與雲南按察使林俊兩易其任。”卷一百一十七:“(弘治九年)湖廣按察司按察使林俊乞歸養病,從之。”

鄭岳《鄭山齋先生文集》卷十四《林公行狀》:“趙州故無城,居民數苦寇掠,而地貧,費無從出。公爲區畫,得盜礦贜鏹四千餘兩,斥而用之。民得不擾,而城亦遂完。民追思,爲立生祠。干崖土官奪印讎殺。公諭以至誠,遂感送印出,竟不煩兵。由是芒市、孟密、緬甸八百諸夷,咸慴威信。隴川夷見加儒巾,立學教之。在滇三年,勤於撫綏。雖溪山險惡、瘴毒深僻之處,皆親歷其地。所至平反冤獄,黜陟官吏,深求民隱,而興除之。若按余祥、岳山,釋余文材、張忠等尤爲章灼。鎮守太監王舉卒,公白撫按,檢其遺財,得金一萬八千以聞。内臣庇其類,多不悦。”

張廷玉等《明史》卷一百九十四《林俊傳》:“干崖土舍刀怕愈欲奪從子宣撫官,劫其印數年。俊檄諭之,遂歸印。進按察使。五年,調湖廣。以雨雪灾异上疏陳時政得失。又言德安、安陸建王府及增修吉府,工役浩繁,財費鉅萬,民不堪命。乞循寧、襄、德府故事,一切省儉,勿用琉璃及白石雕闌,請著爲例。不從。九年引疾,不待報徑歸。”

林俊《見素集・見素集奏議》卷一《灾异陳言疏》:“湖廣概屬自弘治六年十一月十四日以來,連大雨雪。二十九日夜至十二月初四日夜,連大雷電風雨,卒暴雹霰交作,霏霧晝晦。雨木成冰,膠結纏綴,折裂震野,摧墮遍山谷。檐冰盈丈,瓦雪數尺。……臣又疑他或有致之者。貴州藉調官軍,措運糧餉,軍苦戰鬬,民疲挽輸。都勻之征,勢或不得已者,斯臣之所未喻也。德安、安陸創造興、岐王府,工役浩繁,財費鉅萬,民命良以不堪,吉府復增修蓋。……臣又聞直隸、河南、山陜、江浙、川貴皆大雪,臣又疑焉。……木少陽也,陰脇則冰,是皆陰盛之象、恒寒之罰也。夫陽爲君、爲德、爲内、爲君子、爲中華,陰爲臣、爲刑、爲外、爲小人、爲夷狄。……木冰,説者謂,臣用柄、刑失中、外戚驕恣、小人禍君子、夷狄窺中華之應。”同卷《養病疏》:“奏乞放回致仕或閑住,養疴林泉,退避賢路。”得旨:“林俊准暫回原籍養病,不爲例。”

久之,起爲南京右僉都御史,督操江防,悉心經畫,多所釐正。十四年正月朔,陜西、山西地震水涌。復疏引古今徵應,指斥時忌。

楊一清撰《林公墓誌銘》:“已而,言官交章論薦,起爲廣東右布政使,辭不赴。庚申,起拜南京都察院右僉都御史,提督巡江,兼理操江。至南京,再疏乞歸,不許。時江防頗弛,公悉心經畫,多所釐正。正身率物,與張簡肅公并名清約,都人化之,有唐楊綰之風焉。陜西地震水涌,公疏援古今徵應,指斥時忌。又疏乞録正人,以端國本。時武廟在東宫,謂宜預教。因薦謝方石、儲静夫、楊方震諸賢,堪任輔導。廷議屢推户禮二部侍郎,皆不果。”

張廷玉等《明史》卷一百九十四《林俊傳》:“久之,薦起廣東右布政使,不拜。起南京右僉都御史,督操江。十四年正月朔,陜西、山西地震水涌。疏述古宫闈、外戚、内侍、柄臣之禍，乞罷齋醮，減織造，清役占，汰冗員，止工作，省供應，節賞賜，戒逸欲，遠佞幸，親賢人。又請豫教皇儲，因薦侍郎謝鐸，少卿儲瓘、楊廉，致仕副使曹時中，處士劉閔堪輔導。報聞。已，屢疏乞休，薦時中自代。不許。”

林俊《見素集·見素集奏議》卷一《謝恩疏》《侍養疏》《再乞侍養疏》《墾乞休致疏》《申乞休致疏》《薦賢自代疏》等，可見其辭歸之心。亦有《録正人以端國本疏》《灾异疏》等，可見其用世之心。同卷《灾异陳言疏》：“臣聞雲南等處，地震山崩，灾變异常。今年正月初一日，陝西延安、朝邑等二十餘處同時地震，摇倒官民房屋五十餘間，壓死人民頭畜甚衆。地裂水涌，灾變尤异。夫正當西北有事之際，人心危疑，灾變屢作，臣竊憂焉。……變不虚生，必有其應，况至至异如此者哉。臣謂夬非泛泛循省可以消此大變者也。考之前古，地震水涌皆未有如是之异，亦未有元日者。若狀類相近，漢和帝永元二年，則宫闈之應；安帝建康元年，則内侍之應；晋元帝大興元年，則柄臣之應。今宜皆無是也。惟兵禍之應，方今北虜陸梁，久聚河套，兵禍之結已兆於斯。……臣觀近時用費日奢，科差日重，人民日貧，頗無固志。如荆州、瑞州、九江等處，烏合强徒，輕竊名號，敵殺官軍，况内地人民之若有加數倍者乎？則不但北虜可憂，遠壤内地均可憂也。”

又謂：“所謂宫闈内侍柄者，臣望陛下静思，而善處之，未有謹而太過者也。他如齋醮之設，褻天黷神，不惟無福，實足召灾；南京、蘇州織造花樣太巧，丈尺太長，松江大紅布、太倉洗白布太細。古人謂之服妖，費財勞人，灾或由此；至於占役當清，冗食當汰，工作當止，供應當省，賞賜當節，儉德當謹，逸豫當戒，佞幸當遠，賢人君子當親，皆陛下所宜留情，盡己以修人事回天變者也。……今中外人心，日願陛下子孫振振，昌有支庶，而難於言。臣亦展轉久之，既謂臣歸之後,雖有忠謀,無由自進則終負陛下、負祖宗、負中外之望。"

按,謝鐸評此疏曰:"字少意長,近時章疏,此爲第一。"(見鄭岳《鄭山齋先生文集》卷十四《林公行狀》)

江西新昌民王武爲亂,命俊巡視,俊至平之。詔以爲江西巡撫,乃更定要約,庶務一新。寧王貪譎,俊屢裁抑之,尋丁母憂歸。

鄭岳《鄭山齋先生文集》卷十四《林公行狀》:"壬戌,江西盜起。言者以守臣不職所致,宜遣大臣巡視。璽書以公素守風力才望,不畏强禦,委以便宜從事。公至榜示盜,許自新。躬抵其巢,新昌賊首王武率衆出迎,擒四十。餘賊自效,其他有名賊首,出片紙責令巨姓悉擒之,餘黨解散。勘覆知府李復貞、王塘不職,吴叙已改任,猶追論之。副使李澄暴狠虐傲,且恃所親在要路,恣肆不法,人莫敢問。公令致仕去,其他貪酷之吏,多望風解去。既而,前都御史韓邦問,巽軟不振,有詔勒回。遂以公代之。公上疏引嫌辭避,不允。於是更定要束,處税糧、均徭役百。凡政務一新。又建阜俗三義,謂義倉、義學、義冢也。……人多樂從者。"

鄭岳《鄭山齋先生文集》卷十四《林公行狀》:"寧庶人貪譎忮害,本府禄米每石納銀三兩。公量時值而優給之,使納一兩二錢,著爲令。具他官校害人侵牟民利,悉裁抑,不令得肆。其奏易府殿琉璃瓦,公上疏極言其非。……遍歷州縣,察覽風俗,禁治豪猾,修葺周元公、狄梁公、二陸及曾南豐諸祠墓,斥賣淫祠萬餘區。甫八月,諸弊盡革,庶政一新。而母黄夫人訃至,號慟幾絶,即奔還守制。"

張廷玉等《明史》卷一百九十四《林俊傳》:"江西新昌民王武爲盜,巡撫韓邦問不能靖,命俊巡視。身入武巢,武請自效,悉擒賊黨。詔即以俊代邦問,俊引朱熹代唐仲友、包拯代宋祁事,力辭。

不允。乃更定要約,庶務一新。王府徵歲禄,率倍取於民,以俊言大減省。寧王宸濠貪暴,俊屢裁抑之。王請易琉璃瓦,費二萬。俊言宜如舊,毋涉叔段京鄙之求,吴王几杖之賜。王怒,伺其過,無所得。會俊以聖節按部,遂劾奏之,停俸三月。尋以母憂歸。"

林俊《見素集·見素集奏議》卷一《勘都御史韓邦問疏》《勘制府王瑭、李復貞疏》《定禄米疏》《地方灾异疏》,卷二《撫處王武等疏》《查報擒獲盗賊爲各官開俸疏》《論寧府用琉璃瓦疏》《水患疏》《請復常平疏》等,俱爲撫江西時作,可與其政事互映。按,林俊既屢裁抑寧王,寧王銜之,遂以萬壽節慶賀官員數少、林俊等人不到參之。俊以定制、實情辯之。可參《見素集奏議》卷二《回話疏》。

武宗即位,進右副都御史,再撫江西,遭父憂不果。正德四年(1509)以四川盗起,召爲右副都御史,特敕專征。事且平,因忤權幸乞歸,詔許致仕。俊有《西征集》紀此役。

鄭岳《鄭山齋先生文集》卷十四《林公行狀》:"武宗初政,巡按御史宗彝及南北科道交章論薦。有旨起用。吏部屢奏都察院左副都御史及南北直隸巡撫、南北兵刑部侍郎,皆報罷。江西士民群訴之吏部,必欲得公,乃升右副都御史,巡撫江西。公上疏力辭。寧庶人懼公復來,密賂逆瑾,特允致仕。尋丁鞠莊公憂。瑾擅權蓄逆,縉紳被禍。公憂之,嘗草《急除大逆以禦大患》疏,未上,忽中批:'致仕都御史林某,鋪馬取來用。'俄改巡撫湖廣,又改四川。"

楊一清《林公墓誌銘》:"時兩川所在皆賊,衆四十餘萬。公督兵追剿,凡戰皆捷,擒斬動數千級,俘獲無算。已而,江津賊曹甫復起,公聞報馳赴。……藍鄢餘寇復熾,公督兵追剿。……江津餘寇方四等收合數萬人來攻江津,公追逐大敗之,擒斬萬餘。……初,播州土官楊友與其兄愛争襲,已奏革其宣撫職,既乃以萬金賂瑾求復。公言'亂階不可啓,宣撫不宜復',大忤瑾意。會瑾誅,乃得無事。公又奏,瑾雖誅,權猶在近幸,安知後無復瑾者。乃請朝廷擇取宗室育之宫中,召用先朝舊臣劉健、謝遷、林瀚、王鏊、韓文以修復舊政,指斥新用事者屬。公請致仕,忌者謂盜已衰,易與耳。即可其請。命下,朝論大駭,科道乞留,不果。公歸,蜀人號哭追送之。未幾,而兩川之寇復作矣。癸酉、甲戌,予在吏部奏起公,連薦南北掌院事及兵部尚書,皆不果。己卯,寧庶人反,科道又交薦公,未用。"

張廷玉等《明史》卷一百九十四《林俊傳》:"俊在軍,與總督洪鍾議多左。中貴子弟欲冒從軍功,輒禁止。御史俞緇走避賊,而僉事吴景戰殁。緇慚,欲委罪俊,遂劾俊累報首功,賊終不滅,加鑿井毀寺,逐僧徒迫爲賊。於是俊前後被切責。比方四敗,賊且盡,俊辭加秩及賞,乞以舊職歸田。詔不許辭秩,聽其致仕。言官交請留,不報。俊歸,士民號哭追送。時正德六年十一月也。"

林俊《見素集·見素集奏議》卷二有《辭免再起江西巡撫疏》,卷三、卷四題曰《西征稿》,均爲征撫四川時所作。卷三《通江捷音》《奪獲流賊印刀疏》《江津捷音》,卷四《藍鄢等捷音》《大埡捷音》等可見其征剿之績。卷三《致仕疏》、卷四《辭免升賞賊平曲容致仕疏》《再辭升賞疏》《更賢討賊疏》等亦見其辭退之心,而非爲無因。卷四《急除大逆以禦大亂疏》是爲劉瑾而發。疏上,有旨切責:"林俊先因四川地方有事,起廢復用,遷延日久,未見成功,乃敢出位妄言,沽名要譽。況劉瑾罪惡已明正典刑,廢黜官員已陸續起用,先朝舊政已漸次修復,蕭敬等已有處置,劉大夏已有恩典。如何又掇拾奏擾,事多不實。……又自稱本稿久已寫成,當劉瑾亂政之時未及呈。顯是懷奸畏罪。"見卷四《回話疏》。後雖有藍鄢、大埡等捷音,而辭免、更賢諸疏亦隨之。是俊知不獲知於朝,而退意漸篤。

永瑢等《四庫全書總目》卷一百七十五《西征集》提要:"是集皆其正德四年再起,官四川巡撫平定巴、夔土寇時作。故以西征爲名。凡詩歌一百二篇,跋二篇,賦一篇,書二十三篇,祭文二十四篇,序四篇,記五篇。末附戴錦所撰《西征傳》述靖亂始末頗詳。”

姜南《蓉塘詩話》(明嘉靖二十二年刻本)卷三《空同寄見素詩》:“正德中,見素林公俊以右都御史受命平蜀寇。未幾,即乞休致。時閹宦與佞幸用事故也。空同李夢陽以詩寄公云:‘錦水啼鶯起,巴山春望微。干戈滿眼急,江漢再歸遲。花送琴書色,霜留斧鉞威。所傷豺虎亂,公也惜鷗機。’‘諸葛能安蜀,穰苴本善兵。向來優起詔,翻作急流行。老益丹心壯,憂惟白髮驚。衹憐川父老,涕泣挽歸旌。’二詩摹寫公盡矣。”按,二詩見李夢陽《空同集》(明嘉靖刻本)卷二十四,題作《寄贈林都御史二首》。

嘉靖初,起工部尚書,改刑部。數辭,不許。途次上《議禮疏》。至京,朝紳動色相慶曰:“見素先生來矣!”朝有大政,必侃侃陳論,中外想望其風采。

鄭岳《鄭山齋先生文集》卷十四《林公行狀》:“辛巳,公年七十。今上在藩邸,久熟公名,入繼大統,首降敕召公云:‘朝廷更化之初,方將圖任舊臣,輔成新政,茲特起用,可即日馳驛來京,以副簡用至意。’既乃以先朝任用匪人,工部弊孔煩多,尤不可以理,乃以公爲工部尚書。公具疏辭,荷温旨:‘卿老成舊德,譽望素隆。新政之初,特茲起用,宜亟來供職,以副眷注至意。’吏部還差官催促。九月,復與喬宇并推吏部尚書,上用宇。壬午正月,始就道。上《輯成論以備議禮疏》。至濟寧再上辭疏,有旨:‘朕方延佇以伺,豈可稱疾?’固辭。尋改刑部尚書。公再上疏辭,大略謂:‘前者召爲工部未赴,又改刑部,前辭今受,似涉擇官。’有旨不允,促令入覲。又上《親大臣疏》。……疏上,温旨褒美。”

楊一清《林公墓誌銘》:“今皇帝嗣位之初,敕召致仕都察院右都御史見素林公爲工部尚書於其家。公具疏辭,温詔褒答不允。

又與推吏部尚書,不果。嘉靖壬午春正月,公强起就道。既而改刑部尚書,途間又上疏辭,再荷温旨不允,且趣其來。以五月四日入京,陛見。上注視久之,朝紳皆動色相慶,曰:'見素先生來矣。'"

按,林俊《見素集·見素集奏議》卷五有《辭免起用第一疏》以至《第四疏》,可見其辭免之力。卷五《請親大臣疏》、卷六《勤學疏》亦可見規勸之意。《見素集·見素續集》卷三有《召命紀懷》《紀瑞》等詩,可見欣喜期待之狀。而《召命書懷》之一:"召命三申力敢辭,轉於遇晚屬深思。柄方幾適循時製,紘直真煩聖主私。心有温公元已病,迹如樊子故無奇。秋瓜落盡曾根蒂,祇恐歸時异去時。"於欣幸之外又不無憂慮。

張廷玉等《明史》卷一百九十四《林俊傳》:"世宗即位,起工部尚書,改刑部。在道數引疾,不許。因請帝親近儒臣,正其心以出號令,用渾樸爲天下先,初詔所革,無遷就以廢公議。既抵京師,會暑月經筵輟講,舉祖宗勤學故事以諫。俊時年已七十,寓止朝房,示無久居意。數爲帝言親大臣,勤聖學,辨异端,節財用。朝有大政,必侃侃陳論,中外想望其風采。"

俊持議不避,以屢諫不納,遂乞致仕。士夫送之都門外,相顧嘆曰:"見素先生歸矣。"論者謂數十年來大臣以禮進退、無瑕隙可議者,俊一人而已。

楊一清《林公墓誌銘》:"立朝僅十四閱月,屢疏乞歸,輒荷慰留,且遣鴻臚諭意,特免朝參,在部治事。公甫出又辭,疏凡八上,情益迫,上重違其志,從之。加太子太保,賜璽書,俾乘傳以歸。有司月給公廪三石,歲給人夫四名供役使。命有司歲時存問。公以聖恩過重,又上疏辭,不允。癸未七月二十六日甲午也。時萬壽聖節且近,公曰:'吾老臣也,不可不以禮爲進退。'丁未,同諸臣入賀。庚戌,陛辭,賜酒饌、寶鏹以行。大夫士留之不得,設祖餞之都門外。至傾朝省，相顧慨然曰：'見素先生歸矣。'"

鄭岳《鄭山齋先生文集》卷十四《林公行狀》："至是疏八上，情詞益懇切，上不得已，從之。加太子太保，寫敕馳驛還鄉，有司月給食米三石，歲撥人夫四名應用，歲時以禮存問。公又辭致仕渥恩不允。時束裝已具，猶入賀聖節乃行。癸未八月十三日陛辭，賜敕、酒饌、寶鏹。……敕士夫祖餞於都門外，輿馬輻輳道路，争嘆息其賢。論者以數十年來大臣以禮進退、無瑕隙可議者，公一人耳。"

張廷玉等《明史》卷一百九十四《林俊傳》："中官葛景等奸利事覺，爲言官所糾，詔下司禮監察訊。俊言内臣犯法，法司不得訊，是宫府异體也。乞下法司公訊，以昭平明之治。都督劉暉下獄，俊當以交結朋黨律，言與許泰同罪，請斬以謝天下。廖鵬、廖鎧、齊佐、王瓛論死，屢詔緩刑，俊乞亟行誅。又劾谷大用占民田萬餘頃。皆不聽。中官崔文家人李陽鳳索匠師宋鈺賄不獲，嗾文杖之幾死，下刑部治未决，而中旨移鎮撫司。俊留不遣，力争不納。明日又奏，帝怒責陳狀。俊言：'祖宗以刑獄付法司，以緝獲奸盗付鎮撫。訊鞫既得，猶必付法司擬罪。未有奪取未定之囚，反付推問者。文先朝漏奸，罪不容誅，兹復干内降。臣不忍朝廷百五十年紀綱，爲此輩壞亂。'帝憚其言直，乃不問。"

林俊《見素集·見素集奏議》卷六《止司禮監奏補應役人匠疏》《正違禁番貨夤緣給主疏》《闢异端疏》《乞寢内降以正法守疏》《再乞寢内降以正法守疏》、卷七《論内臣犯法當付法司推讞疏》《正廖鵬等獄疏》等，可與史事互參。卷六、卷七有《奏乞致仕第一疏》以至《奏乞致仕第八疏》，又有《辭免致仕渥恩疏》，是可見其退志之堅。《見素續集》卷四有《留别諸老》《留别内閣四老》《留别鄉諸賢》等詩。

又，卷七有《辯李夢陽獄》一疏，認爲對寧王之反，夢陽"似無交通知謀之情"。相關研究可參郝潤華《李夢陽江西任官及其兩次下獄的真相——兼考其與寧王朱宸濠之關繫》(《南昌大學學報(人文社會科學版)》2013年第1期)。朱彝尊《静志居詩話》(清嘉慶刻本)卷八:"《中山狼》小説乃東田馬中錫所作,今載其集中。世傳以訾獻吉者,數其負德涵也。考之,康、李未嘗隙末。黄才伯有《讀見素救空同奏疏》詩云:'憐才不是雲莊老,愁殺中山獵後狼。'然則當日所訾乃負見素耳。"可備一説。

家居數年,不忘憂國。嘉靖六年四月六日(1527年5月5日)病卒,年七十有六。訃聞,縉紳惜之曰:"見素先生亡矣。"後數争"大禮",與楊廷和合。後追論"議大禮"事,削其官。隆慶初復官,贈少保,謚貞肅。

楊一清《林公墓誌銘》:"家居逾年,得末疾,具疏預辭身後恤典,且及時政,薦名臣數人以助輔德。士大夫每遇莆人,輒問公眠食起居,卜其安否,爲世重輕。越三年丁亥,疾且革,草遺奏,勸上勤學親賢,任人圖政,保養聖躬,蕃衍皇儲,及再辭恤與,遣其仲子適上之。比屬纊,呼伯子達,授遺言曰:'吾葬雲莊,所費不過四五十金,毋煩官府。垂絶,猶强作聲,曰'聖躬',曰'皇儲',不及他事,遂卒。是年四月六日也。訃聞於朝,縉紳交相悼惜,曰:'見素先生亡矣。'"

鄭岳《鄭山齋先生文集》卷十四《林公行狀》:"甲申,遘末疾,具疏預辭身後恤典且及時政數事。薦尚書羅欽順、王守仁,祭酒魯鐸,修撰吕柟,宜用輔德,不報。今年丁亥,公年七十有六,三月二十二日得疾草遺奏。勸上以勤學親賢、任人圖政、保養聖躬、皇儲蕃衍及再辭恤典。四月初六日五鼓,呼子達授遺言曰:'吾葬雲莊,所費不過四五十金,毋煩官府科派。'又曰'聖躬',曰'太子'者再,自是絶口不及他。是夜二鼓卒。……配方氏,出名族,内治斬斬有法,累封夫人。子達,南京吏部郎中,娶翁進士岩女。適,郡庠生,娶陳知州河女。女,適李同知伯通之子承恩,皆方出。周,娶鄭司徒紀女,側室汪出。孫男:及南、及人、及祖、及士,女十人。墓在尊賢里。”

楊一清《林公墓誌銘》:“男孫:及南、及人、及祖、及士、及觀。女,十人。……公之生景泰壬申二月十一日,得壽七十有六。墓在尊賢里大觀山子山午向。其葬以明年戊子十二月十又其日甲申。”

按,林俊在嘉靖初入京途中,聞“大禮”未定,即作《議禮疏》(《見素集·見素集奏議》卷五),輯往古成論十條爲鑒。其後復有《舉大禮以成大孝疏》(卷六),所論與楊廷和等合。卷七《陳愚悃以附餘忠疏》《霽天威養聖德疏》《效遺直以畢餘忠疏》則是其歸家後作,憂國之心不渝。《效遺直以畢餘忠疏》爲其忠藎遺音,僅二百餘字,可見其力疾草疏。而猶以“保養聖躬、調和元氣、皇儲以蕃”爲言,是所謂“以禮進退,始終一節”者矣。

張廷玉等《明史》卷一百九十四《林俊傳》:“俊數争‘大禮’,與楊廷和合。嘗上言推尊所生有不容已之情,有不可易之禮,因輯堯、舜至宋理宗事凡十條,以上。及‘大禮’議定,得罪者或杖死。四年秋,俊從病中上書……帝但下所司而已。又明年,疾革,復上書請懋學隆孝,任賢納諫,保躬導和,且預辭身後恤典,遂卒。年七十六。後一年,《明倫大典》成,追論俊附和廷和,削其官,其子達以士禮葬之。俊歷事四朝,抗辭敢諫,以禮進退,始終一節。隆慶初,復官,贈少保,謚貞肅。”

《明世宗實録》卷八十九:“(嘉靖七年六月)敕定議礼諸臣之罪曰:……廷和等力主定陶濮王不倫之典,妄稽曹魏偏安私己之言,鼓聚朋黨,一倡百和,期於必勝。……林俊自遠方起用而來,著論迎合。……林俊也革去生前職銜。”《明穆宗實録》(上海書店 1984 年版)卷九:“(隆慶元年六月)賜故太子太保刑部尚書林俊祭九壇. ……俊謚貞肅。”卷十九:“(隆慶二年四月)改贈故太子太保刑部尚書林俊爲少保。蔭其孫及祖爲國子生。”

性儉約,居官茹淡服疏,至義所當舉,又略無靳惜。嚴重莊整,動不逾矩,深厭末俗,汰侈直欲,以身爲中外表望。推挽後進,忘分以誠。性嗜學,既老且病,猶日手一編,夜御燈火,閱細字。

鄭岳《鄭山齋先生文集》卷十四《林公行狀》:“公自湖臬歸,屢起屢休,官皆不及滿考。居閑不忘憂國,聞進一善人,舉一善政,則喜。其不然,蹙額不怡。若痌瘝乃身者。遇歲旱,率先請禱,發廪告灾。若消弭寇患,皆指授所司,預爲之計。或不便於民,輒以直告鄉人。有曲直不能平者,得公一言,無不愧感以去。性簡儉,居官尤廉約。不取隸金,不費公廪,蕭然若寒素。家居自製角巾、野服,徜徉山水間。一時人士翕然效之。客至輒留,肴核數品,酒數行而止。深厭末俗,汰侈直欲,以身爲鄉邦表率。至於義所當舉,又略無靳惜。鄉族姻舊,貧不自存者。歲給以粟,殮與衣,殯與棺,婚嫁與財,率以爲常。期功之親尤篤,御家甚嚴。事父母,曲盡誠孝,喪祭一循家禮。鞠莊公所遺,推與諸弟。一弟無子,家獨裕,公舍子以侄,後人尤難之。上世墳墓,出貲修復,而九牧爲費尤巨。邵州忠烈祠,擇地重建,費數百金。割田以供,族祀鄉先賢,如蔡忠惠、林艾軒,皆言於官,爲修祠立後,一時同德諸老推先焉。海内名流聞風向往。及門接引有恩,凡後進之賢,莫不虚懷延納,引與俱升。若陳侍御時周,黄郎中伯固,極力獎與,卒成大名。既没,爲治後事,經紀其家,方布政宜約、劉孝子閔爲請田,鄭節婦爲續食。其在官所,禮賢勵俗,日惟不給。謫官,若方給事中向、姜御史綰、李進士文祥,今大司馬李公梧山,皆處以賓禮。性嗜學,既老且病,猶日手一編,夜御燈火,閱細字。”按,楊一清《楊公墓誌銘》:“一弟無子,家獨裕,公不與子以侄,後之人以爲難。”應以《墓誌銘》爲是。

林達《編年紀略》:“公嚴重莊整,矩度尺寸不逾。平居手不釋卷，足不入公府。鄉後學及四方執業而至者，無不忘分推誠，見若飢渴。其所成就，多成大名。在仕途屢起屢乞，雅志林壑，不繫心得喪。其歸也，人徯其起；其起也，人又恐其亟歸。仕止進退，以身爲中外表望者垂五十年。官一生不取堂例，官紙不取封私書，服疏茹淡，蕭然若寒士。”

鄭岳《林公行狀》：“公孝仁端亮，以清約勵躬，以至誠動物，以文章命世，以直言敢諫結主知，寢逆藩之謀，平西蜀之難，望重四朝，名聞中外，謙撝自下，斂焉若無。世以爲闢邪如韓昌黎，先憂如范文正，忠純如司馬君實，廓清如張忠定。而其好賢樂善之誠，難進易退之節，雖歐陽文忠、錢宣靖不是過也。”

按，鄭岳以俊同鄉，推譽如此，俊子林達《編年紀略》取焉。楊一清《墓誌銘》則於銘文中以韓、范諸人比之。俊直諫不避，而屢起屢休；身歷四朝，或交薦不報，實未能盡得其志。裁抑寧王，與劾諸藩同。西征之功已著，然未底定而去。俊之事功、亮節，有足名史册者。有韓、范之事，而未盡得韓、范之功。

作文溯先秦，追韓歐遺範，大都奇崛博奥，不沿襲臺閣之派。其詩多學山谷、後山兩家，味能遠俗。歷官四十年，所至有詩。有《見素集》《見素詩集》。

楊一清《林公墓誌銘》：“成化丁酉，舉於鄉，戊戌連得進士。西涯李文正公見其所著作，語人曰：‘是他日當以文名世者。’……書非正不讀，作文溯先秦，追韓歐遺範，而本之六經。詩宗唐杜，晚乃出入黄山谷、陳無己間。初視之，若有隱澀語，久而咀嚼，悠然有餘味焉。碑板流播遍四方，求者日踵於門。有《見素詩集》《文集》各若干卷，梓行於世。”

永瑢等《四庫全書總目》卷一百七十一《見素文集》提要：“所著詩文，張詡序謂：俊致仕之時手編成集者，五十餘卷。此本，文二十八卷,奏疏七卷,續集詩文十二卷,兼及其起廢以後所作,并附以遺疏四首。與詡序不符。蓋已出後人裒輯,非俊自編之原本也。俊爲文,體裁不一,大都奇崛博奥,不沿襲臺閣之派。其詩多學山谷、後山兩家,頗多隱澀之詞,而氣味頗能遠俗。奏議分《兩曹》《外臺》《内臺》《西征》《起輔新政》《秋臺》六稿,無不委曲詳盡,通達事機。平生經略,此足見其大凡矣。又案,王鳳靈《續集序》,稱俊原有詩集十四卷,此本無之。别有《西征集》,凡詩歌二百二篇、跋二篇、賦一篇、書二十二篇、祭文二十四篇、序四篇、記五篇,亦不以詩爲一集。觀其孫則祖《跋》,稱重梓是書,而詩集尚闕。是當時本未同刊,故流傳頗尠。今仍其原第著録云。"按,《四庫全書總目》卷一百七十五存《西征集》之目,然謂有詩"一百二篇",與此處"二百二篇"不合。

楊一清序其詩曰:"其初年詩甚清遠,已而宏衍浩博,日大以肆,久乃刊落華藻,尽洗鉛黛。随意所如,有超然自得之趣。雖時出險硬語,率不逾矩矱,而古意独存。不求諧時好,而一時稱能詩者莫之能違也。"(《見素詩集序》)集中近體時見硬語,味能不俗。古體長篇亦摇蕩超佚。感懷紀事之作,如西征諸詩等,亦頗足徵史事。夏良勝等纂修《(正德)建昌府志》卷十三"名宦・林俊"節録《西征集序》:"因論妖僧致忤拳貴左遷。仕宦三十餘年,升沉相半,平生忠義不阿之氣、剛方不屈之節見重於人,無异論者。詩文僅其餘事。"

按,西征詩文散見於詩文集中,詩如《見素詩集》卷二《賊平用子美舂陵行紀事》、卷六《江津聞警由重慶趨開邑》《賞吏楊賢》、卷八《江津與賊隔江而陣,麾兵殪之良捷,辛未九月十八日也。是日自子至戌水米俱絶》等;文如《見素集》卷九《三功祠記》《南平關記》、卷二十九《爲官兵疫禱》《祭病死征夫》《祭吴僉事景》《祭汪洋指揮陣亡》等。

又按,《見素集》有萬曆十三年林及祖、林大黼刻本。含《文集》二十八卷、《奏議》七卷、《素翁續集》十二卷。又附《宸翰録》三卷、《清朝特典》五卷、《恤録紀事》一卷,爲與林俊有關誥敕、題奏、諭祭、褒恤等,又《雲莊公畫像贊》一卷,卷前識語:"每五年一繪其像,以驗貌盛衰、德稱否。凡爲像十二、贊十九。"此本卷前有郭應聘、張詡等序及張林達《編年紀略》、楊一清《墓誌銘》。《見素詩集》十四卷,有明正德十四年林達刻本,卷前有楊一清、李夢陽序,卷後附邵寶後序。又有嘉靖元年林有年刻本,丁丙謂:"嘉靖壬申鄭山齋輯公之詩,族侄有年捐俸重梓,自爲一跋,列楊一清、邵寶二序而無李夢陽序。"(《善本書室藏書志》卷三十六《見素詩集》,清光緒刻本)

參考文獻:

1. 夏良勝等纂修《(正德)建昌府志》,明正德十三年刻本。

2. 林俊《見素詩集》,明正德十四年刻本。

3. 林俊《見素集》,明萬曆十三年刻本。

4. 鄭岳《鄭山齋先生文集》,明萬曆十九年鄭炫刻本。

5. 臺灣"中央研究院"歷史語言研究所校印《明孝宗實録》,上海書店 1984 年版。

(司馬周　朱付利)

楊廉傳

楊廉，字方震，號月湖，一號畏軒，江西南昌府豐城(今江西省豐城市)人。生於景泰三年(1452)八月。

焦竑《國朝獻徵録》卷三十六孫存《南京禮部尚書贈太子少保謚文恪楊公廉行狀》："公諱廉，字方震。姓楊氏，號月湖，一號畏軒。""距生景泰八年八月十一日，享年七十有四。"

過庭訓《本朝分省人物考》卷五十七："楊廉，字方震，號月湖，豐城人。"

按，孫存《南京禮部尚書贈太子少保謚文恪楊公廉行狀》記楊廉卒年爲"乙酉春……享年七十有四。"過庭訓《本朝分省人物考》卷五十七："乙酉以疾終，年七十有四。"錢保塘《歷代名人生卒録》卷七："楊廉，嘉靖四年卒，年七十四。"乙酉年爲嘉靖四年(1525)，可推知楊廉生於1452年。楊廉《自贊給事中小像》："二十六魁鄉，三十六魁省"，成化十三年(1477)舉鄉試第一，二十三年(1487)中進士，可推楊廉生年爲景泰三年。孫存記録有誤。

幼穎异，熟讀《小學》《大學》《論語》《孟子》《中庸》諸書。早以文行稱。

焦竑《國朝獻徵録》卷三十六孫存《南京禮部尚書贈太子少保謚文恪楊公廉行狀》："公幼穎悟絶倫，書過目即了大義。復庵公嘗學於康齋先生之高弟彭九韶,其在桂林,携公就學,不令作無益詩文與見异端書。每令熟讀《小學》《大學》《論》《孟》《中庸》,故公之學得於性理者,自家庭始。長,游邑庠,人咸器之。"

過庭訓《本朝分省人物考》卷五十七:"自幼穎悟過人。學以六經爲正宗,四書爲嫡傳,周、程、張、朱爲正派,而飭躬砥行,不落塵紛。"

成化十三年(1477),舉鄉試第一。次年,春闈下第,築室城南,授徒講學,修纂縣志。二十三年,中進士,選翰林院庶吉士。弘治三年(1490),授南京户科給事中。六年,丁母憂。服闋,補刑科給事中。

焦竑《國朝獻徵録》卷三十六孫存《南京禮部尚書贈太子少保謚文恪楊公廉行狀》:"成化丁酉,舉鄉試第一。戊戌,下第,築室城南,授徒講學。復庵大書'時習'二字,題其堂以示警。丙午,修縣志成。丁未,魁會試進士,改翰林院庶吉士。謝病家居。庚戌,除南京户科給事中。奏行後湖查册法,與部參伍,籍究根源,弊盡革。""辛亥秋,地震,劾用事大臣。薦張元禎、吴寬、李東陽、王鏊、劉戩日講《大學衍義》,時論韙之。兵部議洪武、永樂年間黄册,公奏彼年黄册不全,暴之天下,吏緣爲奸,但實查軍匠根源,册之祖也,乞添造册庫,使稀架薄堆,以便揭查曬晾。制曰:可。壬子秋,上六事。一、經筵停罷。時月令講官更直,以俟召問。二、詔用言事謫官,不當限科道、拘年月。三、治蘇浙水患,停織造。四、取恬退林下之人曾經薦舉者。五、删法司條例。六、灾异策免大臣。末總言,凡大政,宜召大臣面議,科道官隨入駁正。""癸丑夏,論吏部尚書王恕被誣,朝廷宜斥遠讒邪,優禮大臣,且言公卿中不可無恕。冬,丁劉夫人憂。"

過庭訓《本朝分省人物考》卷五十七:"成化丁酉,中鄉試第一。

丁未,會試第三,選翰林庶吉士。移疾家居。庚戌,改授南京户科給事中。益留心世務,經史之外凡民生休戚、財計盈歉、邊務利害,悉研究顛末思以自效。”

張廷玉《明史》卷二百八十二列傳第一百七十:“吏部尚書王恕被讒,廉請斥讒邪,無爲所惑。母喪,服闋,起任刑科。請祀薛瑄,取《讀書録》貯國學。明年三月,有詔以下旬御經筵。廉言:‘故事,經筵一月三舉,苟以月終起以月初罷,則進講有幾?且經筵啓而後日講繼之,今遲一日之經筵,即輟一旬之日講也。’報聞。以父老欲便養,復改南京兵科。”

弘治九年(1496),復除刑科。十一年,改南京兵科。十三年,升南京光禄寺少卿。

焦竑《國朝獻徵録》卷三十六孫存《南京禮部尚書贈太子少保謚文恪楊公廉行狀》:“丙辰,復除刑科。冬,上章請祠祀文清公薛瑄,及取《讀書録》貯國學,以教諸生,刊布天下。有旨准行。丁巳春,上章論經筵日講爲格心之學,宜以一暴十寒爲戒。戊午春,改南京兵科,便迎養,復庵公不欲往,乃移禄歸養。冬,兩上章論黜陟,謂布政使周瑛、按察使周孟中、僉事王鴻儒、知府張吉、知州王雲鳳,俱政績有聲,宜照天順例,賜楮幣,宴禮部,破格升擢,以收才望。己未春,應詔陳四事,其二事申明日講行義,删正條例前議。其三均節力役,謂濟寧、沛縣之間,宜增立夫廠。四申明祀典,謂宋儒周、程、張、朱從祀之位,宜居漢唐諸人之上。夏,上章論獄事,乞叙復楊茂元、盛應期。秋,西北有警,陳言邊務三事。冬,闕里災,上章謂宜趍廟宇一新,更立木主,以革夷教及‘大成’二字,譬喻之語,於謚法不合。庚申夏,上章乞早用周瑛、劉元、劉大夏、謝鐸、林俊、曹璘。秋,大同有警,陳言六事,尋升南京光禄寺少卿。……辛酉秋,入賀千秋節,陳言輔導元良,謂皇太子講讀,須先《大學》,次

《論》《孟》，而後及《中庸》《尚書》。屬對作文非帝王之學，其於格致誠正之功有妨，乞於翰林宫僚，選其年齒最少、性行端謹者二三人，日與皇太子游處，爲傳德保身之助。"

過庭訓《本朝分省人物考》卷五十七："戊午，以便養請改南京兵科。""庚申，升南京光禄寺少卿。"

弘治十七年(1504)，主浙江鄉試。正德二年(1507)春，升南京太僕少卿。四年，丁父憂。服闋，升南京通政司右通政。七年冬，升順天府尹。

焦竑《國朝獻徵録》卷三十六孫存《南京禮部尚書贈太子少保謚文恪楊公廉行狀》："甲子秋，主浙江鄉試，得人最多。丙寅，再乞休，未允。丁卯春，升南京太僕少卿。己巳春，復庵君卒，赴京領勘合，乞致仕，吏部以學行奏留。辛未秋，釋服，升南京通政司右通政。冬，升順天府尹。嘗書公移簿曰：爾當時每病府州縣取民無制，不恤民隱，每羡周恂如、韓永熙立法之善，今當局請看如何？又書晋陶侃、唐劉宴事於壁扁，公署後堂曰希包，爲文記之。癸酉，咸寧侯仇鉞、太監張永、都督白玉相繼奉命出征，車輛銀動以數千兩，公以水旱蝗灾不派於民止，借大興遞運所餘銀供之，仍奏免派，補緩急以濟，而民莫知爲之者。又奏免夏税一萬七千餘石，令農民改撥者納銀備賑，請托亦因以已。凡值鄉會二試，革鋪户和買之害，免器皿借辦之擾，皆官給之。凡徵税則例、鄉飲儀節，悉加裁定。"

過庭訓《本朝分省人物考》卷五十七："庚申，升南京光禄寺少卿。淹抑閑居幾三考，惟潛心著述，取濂洛遺言奥境，多所闡發。嘗入賀千秋節，陳言輔導元良，其説尤備。丁卯，升南京太僕寺少卿。""服滿，升南京通政司右通政。前此軍民投狀，或寢不行，廉以政主於通，不宜任情行止，悉分送所司，仍存其底備考。壬申冬，升順天府尹。"

張廷玉《明史》卷二百八十二列傳第一百七十:“正德初,就改太僕,歷順天府尹。時京軍數出,車費動數千金,廉請大興遞運所餘銀供之,奏免夏税萬五千石。盧州縣巧取民財,置歲辦簿,吏無能爲奸。乾清宫灾,極陳時政缺失,疏留中。”

正德十年(1515),升南京禮部右侍郎。

焦竑《國朝獻徵録》卷三十六孫存《南京禮部尚書贈太子少保謚文恪楊公廉行狀》:“乙亥……升南京禮部右侍郎。秋,地震,上章言上下交修之道。又論太廟祭祀。己卯春,上章論巡幸。署南京工部,事繁雜,著《令官舉要》一卷。冬,聖駕幸南京,有旨百官并戎服,公奏諸臣僚冠服宜如朝儀,更請謁太廟,俱從之。”

過庭訓《本朝分省人物考》卷五十七:“乙亥春,升南京禮部右侍郎。”

張廷玉《明史》卷二百八十二列傳第一百七十:“明年,擢南京禮部右侍郎。上疏諫南巡,不報。帝駐南京,命百官戎服朝見,廉不可,乞用常儀,更請謁見太廟,俱報許。世宗即位,就遷尚書。”

累疏乞休,俱奉旨勉留。嘉靖元年(1522),升南京禮部尚書。二年,致仕,賜敕、馳驛、給夫、廩如制。家居二年,四年十月初三卒,年七十四。贈太子少保,謚文恪。

焦竑《國朝獻徵録》卷三十六孫存《南京禮部尚書贈太子少保謚文恪楊公廉行狀》:“自亥至巳,凡五乞休,俱奉温旨勉留。今上登極,用廷臣薦,升南京禮部尚書,進《太學衍義節略》,上以忠愛答之。是歲,再乞休,雖優旨未允,眷注方隆,而公引年益力,上曰:‘卿才行老成,譽望素著。新政之初,方膺委任。’累疏乞休,情辭懇切,特允所請。寫敕給驛還鄉,有司月給米三石,歲撥人夫四名應用。……杜門謝事,惟讀書教子而已。居官及懸車,終日手不釋卷。”

過庭訓《本朝分省人物考》卷五十七:"前後凡八疏乞休。癸未春,求去益力,特允所請。歸里中,則杜門却掃,縉紳益歸重焉。"

焦竑《國朝獻徵録》卷三十六孫存《南京禮部尚書贈太子少保謚文恪楊公廉行狀》:"明年乙酉春,……三月,公疾劇,寬齋亦病,猶問慰不輟,迨寬齋卒,公不食不言者已五日,公冢子畋等不令知之,忽有聞,遂泪下痛呼諸子亟往治其喪禮,謂吾尚無恙也。越十有三日,畋等泣請後事,乃徐言曰:汝輩讀書修行,毋玷前人。没後,恤典自有聖制公論在。行狀托孫性甫,銘、表請於羅整庵、費鵝湖也。言訖而逝,距生景泰八年八月十一日,享年七十有四。是日,黄霧四塞,人异之。高吾公方巡撫江西,與御史秦公鉞具以訃聞。上悼痛,遣工部司務范廷儀營葬,命江西布政司右參政馮公訓諭祭二壇,贈太子少保,謚文恪。"

羅欽順《南京禮部尚書致仕贈太子少保謚文恪月湖先生楊公墓誌銘》:"乙酉三月十三日以疾卒於正寢。"

過庭訓《本朝分省人物考》卷五十七:"乙酉以疾終,年七十有四。上嗟悼,贈太子少保,謚文恪。"

錢保塘《歷代名人生卒録》卷七:"楊廉,嘉靖四年卒,年七十四。"

廉以氣節稱,爲人清約嚴重。雅尚恬静,不逐時好,言行皆取法程朱,篤信而固守之。

焦竑《國朝獻徵録》卷三十六孫存《南京禮部尚書贈太子少保謚文恪楊公廉行狀》:"公天性孝友,事親以養志爲孝,待弟侄如手足,於伯兄寬齋友愛尤篤。家居終日萃聚坐話,多至夜分,祁寒盛暑不輟也。雅尚恬静,不逐時好,位升八座,淡樸如韋布時。素不嗜酒,對客亦微醺而罷。自處雖剛肅,望之凜然,及至接人,則從容和氣,無少長皆使可親就。人在患難中者,尤加閔恤。"

徐咸《皇明名臣言行録》續集卷一:“先生世家豐城,自其尊人永州太守得豫章理學之傳,至先生益昌大,遂掇危科入翰林,讀中秘書,拜官清要。論事侃侃,無所規回,一時推重,以爲得體。逮進副光禄,遷秩太僕,出典文衡,職業彌勵,中外屬望,臺司之任可計日而起者。先生方且恬然自居如韋布時,未嘗少置有無於其間。公餘輒肆於學,而心事如青天白日,故其所作冲淡簡遠,而理道自寓焉。豈規規於世俗,忺然自榮其爲文,而欲以夸示於人者哉。”(《月湖集》)

馬叙倫《讀書續記》:“公幼篤志强學,多考據。爲南京禮科給事中,凡所論諫皆關君德、弭灾、聖學、政治之切要。及進禮部,敦崇禮教、祛斥浮靡。”

傅維麟《明書》卷一百一十三列傳三:“廉好學能文,負時名。吏事精敏,性耿介,耻回互,論事多據經義,通達古今。”

何喬遠《名山藏》卷七十五《臣林記》:“廉留心伊洛之學,居敬窮理,老而不懈,才智幹局,綜世達務。其文章言議,推理明法,足以决疑定是。爲人清約嚴重,就之則言温氣和,愛人好士出於誠意。”

焦竑《皇明人物要考》卷五:“公事親養志,間移禄以具甘旨,自奉甚薄,友愛諸弟,清約嚴重,望之儼然,就之温和,愛人好士一出於誠。每講説,旁引曲諭,務令得聖賢指歸乃已。”

博通諸學,凡禮樂、兵刑、計賦、數算、雜藝、稗談,各取而涉略。喜講學,著述甚富,平生有《文集》六十二卷、《札記》三卷、《奏議》四卷、《家規》一卷。《新增伊洛淵源録》《先天後天圖學考證》《太極圖纂要》《分類程氏遺書》《外書》《二程年表》《西銘旁通》《皇極經世啓鑰》《象山語類》《洪範纂要》《大學衍義節略》,類有發明於志道者。《皇明名臣言行録》《皇明理學名臣言行録》各一部,皆有補於據德

者。《禮樂書》《選注風雅源流》《唐詩咏史絶句》《白沙定山詩》《星略》《算學發明》《綴算舉例》《醫學舉要》《明醫録》,皆有裨於游藝者。凡二十餘種。

高儒《百川書志》卷三經:"《程氏遺書分類》三十一卷,豐城楊廉取先儒記河南程氏兩夫子之遺言大訓,各以類從。"卷四史:"《皇明名臣言行録》九卷,豐城楊廉纂集。"卷十三集:"《月湖後稿》三卷,豐城楊廉著。"卷十七集:"《月湖後稿》一卷,豐城楊廉著。"

王圻《續文獻通考》卷一百七十七經籍考:"《皇明名臣言行録》豐城楊廉輯。""《先後天圖學考證》《西銘旁通》《象山語類》《太極圖纂要》《新增河洛淵源録》《皇極經世啓鑰》《札記》三卷、《程氏遺書》《二程年表》,俱楊文恪濂著。""《皇明理學名臣録》楊廉輯。"

焦竑《國朝獻徵録》卷三十六孫存《南京禮部尚書贈太子少保謚文恪楊公廉行狀》:"平生著述有《月湖稿》七卷、《奏議》《札記》《家規》《新增伊洛淵源録》《先天後天圖學考證》《太極圖纂要》《分類程氏遺書》《外書》《二程年表》《西銘旁通》《皇極經世啓鑰》《象山語類》《洪範纂要》《深衣纂要》《大學衍義節略》一卷,類有發明於志道者。《皇明名臣言行録》《皇明理學名臣言行録》各一部,皆有補於據德者。《禮樂書》《選注風雅源流》《唐詩咏史絶句》《白沙定山詩》《星略》《算學發明》《綴算舉例》《醫學舉要》《明醫録》各一卷,皆有裨於游藝者。"

焦竑《國史經籍志》卷五集類:"《月湖奏議》四卷,楊廉。""楊廉《月湖集》六十二卷。"

過庭訓《本朝分省人物考》卷五十七:"平生所著有《文集》六十二卷、《札記》三卷、《奏議》四卷、《家規》一卷,所述有《伊洛淵源録》《新增先天後天圖學考證》《太極圖纂要》《分類程氏遺書》《二程年表》《西銘旁通》《皇極經世啓鑰》《象山語類》《洪範纂要》《禮樂書》

《皇明名臣言行録》《皇明理學名臣録》《選注風雅源流》《唐詩咏史絶句》《月湖詩稿》《白沙定山詩》《星略》《算學發明》《綴算舉例》《醫學舉要》《名醫録》凡二十餘種。”

永瑢等《四庫全書總目》卷一百七十五集部二十八:“《月湖集》四十八卷,浙江巡撫采進本,明楊廉撰。廉字方震,豐城人,成化丁未進士,官至南京禮部尚書,謚文恪,事迹具《明史・儒林傳》。是編凡分六集,以所作歲月核之,《月湖净稿》十九卷、《續稿》二卷、《遺稿》一卷當在前,《月湖四稿》十卷、《五稿》七卷、《六稿》七卷當在後,原本次序顛倒,蓋編次偶誤也。廉以氣節稱,而其父崇嘗從吴與弼游,因亦喜講學。請頒薛瑄《讀書録》於同朝,請躋周、程、張、朱於漢唐諸儒上,皆其所奏。故其詩多涉理路,其文亦概似語録云。”

唐樞《國琛集》下卷:“公好學,攻文詞,以宇宙内事當盡索理會,凡禮樂、兵刑之説及計賦、數算、雜藝、稗談,各取而玩之,尋復歸其游騎。低昂百氏而權衡程朱。公厭俗狀,於功利不噲噲向前。以庶吉士,歷官宗伯。嘉樂退休之心,老而彌切,謚文恪。”

爲學專意程朱之書,居敬窮理,精思力踐,潛心世務,至老不懈,學者稱月湖先生。文必根六經,議論皆有本源,有關名教。其詩多涉理路,閎肆辯博,充然有餘,莊嚴簡勁,力追古作。

焦竑《國朝獻徵録》卷三十六孫存《南京禮部尚書贈太子少保謚文恪楊公廉行狀》:“初爲詩文,出入古名家。久之,自成機軸。鄉舉後,四書五經之外,雖諸子百家,無不折衷其説,而一意程朱之書,晝誦夜思,至忘寢食。少未安,反復根求,必至於是而後已。大要以敬爲主,直欲體之身心而見之行事焉。”

焦竑《國朝獻徵録》卷三十六孫存《南京禮部尚書贈太子少保謚文恪楊公廉行狀》:“嘗聞晦庵劉公語人曰:‘在仕途肯讀書究理,

惟楊方震、蔡介夫耳。'見素林公薦公堪以輔導東宫。舉人劉君教謂公:'在諫垣,章奏剴切。南科年來重如九鼎大吕,以有公也。'林希元謂:'公之學,門户自程、朱,淵源自六經,權衡百氏,低昂漢唐。'介溪嚴公謂:'公真積實踐而不事文具。潛心當世之務,而不爲空言。'高吾陳公謂:'公天分極高,雖於書無所不讀,然居敬窮理,精思力踐,則惟程朱之學爲準。故發於詩文,閎肆辯博,充然有餘,莊嚴簡勁,確乎不忒河東之後惟先生焉。'間齋汪公謂:'公爲伊洛之學,居敬窮理,老而弗懈,爲文章必根於六經,而多所目得。於天下事靡不究心,生民利害之源、吏治得失之故、制禮作樂之要、律曆算數之賾,具有本末。'東山劉公謂:'公詩文非但筆力追古作,而議論皆有本源,有關名教,自當名家。'皆確論也。"

朱彝尊《静志居詩話》卷八:"月湖詩派,本白沙、定山。其言曰:'近代之詩,大抵只守唐人矩矱,不敢違越一步。惟陳公甫、莊孔暘獨出新格。予好公甫詩,既選注之;好孔暘詩,又選注之。'其論絶句云:'於宋得濂洛關閩之作,於元得劉静修,於國朝得陳公甫、莊孔暘,因類成一帙,名曰《風雅源流》。'其師心若是。然其七言長篇,頗具排奡之力,五律亦以樸勝,不盡類陳、莊二公。"

萬斯同《明史》卷二百五十五列傳一百零六:"廉與羅欽順交善,爲程朱之學,居敬窮理,至老弗懈。爲文必根六經,然多所自得,於天下事靡不究心,自禮樂錢穀以及星曆算數之賾,具識其本末,學者稱月湖先生。"

王圻《續文獻通考》卷二百零六《道統考》:"淵源自六經,權衡程朱,低昂百氏,故其發之詩文,鑿鑿乎先儒之矩度。若求之漢唐,殆不能及。程朱之書,至老篤好,自修諸身,施諸政,以致文詞、書札、冠禮、衣裳之細,必取法焉。或群言淆雜,人莫適從,先生輒舉二夫子言,曰:'程朱云云,吾不知其他。'可謂言程朱之言、行程朱之行、服程朱之服者矣。嘗復余子積論理氣,曰:‘論一則不徒理一,而氣亦一;論萬則不徒氣萬,而理亦萬。’此言尤有獨見。自庶吉士歷宗伯,嘉樂退休之心,始終一致。”

羅欽順《整庵先生存稿》卷九《月湖文集序》:“公夙有志識,求道甚懇。百家之籍,無所不覽,而一以六經爲的。凡辭説之出於諸君子者,篤信而固守之。精思而力踐之,及其學成行尊,遂爲多士之所矜式,士無遐邇,皆知有楊月湖先生,聞其名而不見者,未嘗不以爲私恨也。……伸紙揮毫,直寫其胸中之藴,氣昌而詞達,調高而節和,闔肆簡嚴,雖或不同,而事理物情往往曲盡。”

羅欽順《南京禮部尚書致仕贈太子少保謚文恪月湖先生楊公墓誌銘》(《明文海》卷四百四十二):“國朝士夫留心理學者,往往有之,以余所聞,若河津薛文清公、崇仁吴聘君、安仁胡敬齋。所見若蘭谿章文懿公、晋江蔡虚齋、豐城楊文恪公,則君子之論皆無間然者也。文恪公之學開端用力,得之乃父復庵先生。復庵師胡九韶,九韶師聘君,淵源固有所自。若夫旁搜博取,窮深及約,則公所自得,爲多其平居應酬、立朝議論、篇章著述、政事敷施,大抵自學術中出,可謂名實相副者矣。”

查繼佐《罪惟録》列傳卷之十:“論曰:所謂理學,非於經濟之外另有别解。以其所主在是,故其詩多涉理路,爲聖賢存嫡系耳。總期明新有裨,何遂尊宋儒踞漢唐諸子以上乎!立朝諸疏論俱合,請革孔廟塑像,以大成屬譬喻,非謚法正體,尤關大義。或曰楊方震與蔡介夫俱稱崛起,夫孔孟之道不晦,總在聞知,所云崛起,將何説以稱獨得?”

浦銑《復小齋賦話》卷下:“明人楊廉《夢蛙賦》可以追踵宋元人。雅不喜賦蟬者作比喻體,如‘疑紡絡之雙至,似簫韶之九成’‘嘒嘒非管,泠泠若弦’等語。蓋其爲物清素,非春庚可類也。唐左牢《蟬蜕賦》一聯云：‘吟遠樹於荒郊，思盈秋野；嗲寒花於別浦，韻繞晴江。’斯得之矣。”

蔡清《蔡文莊公集》卷之四《跋月湖集》：“月湖先生詩文純正而精切。其於雅道，譬如齊人之必爲齊語，君子雖醉寐，不作市井聲氣也。尤善鑒别物情，含弘委曲，以規人於正，蓋誠之不可掩如此。此豈可以尋常文章家例待哉？清此行，後期不論矣。惟得此而時展玩之，如先生日提其耳而教戒之也。抑先生之所以與進清又有在於文字之外者。思之惴惴，若不自容耳。”

楊廉《楊文恪公文集》：“《和朱大尹新正寫懷》：‘潭潭道愛堂，素不通雜客。況當正旦初，公事少關白。嘗觀循吏傳，聲譽無赫赫。如公真其人，清暇事文墨。’《題林待用所畫山水爲王員郎作》：‘王君此畫來何從，自言昨得之林公。公心欣然爲揮寫，蒼烟老樹山重重。莓苔無塵水石净，中有袒裼遐栖翁。養高習静君夙志，無乃聊寓烟霞胸。我言是境皆脱灑，朝市亦有山林風。正聞部符忽相促，淮陽徵榷行匆匆。詩人王事念靡盬，未許箕踞休長鬆。淮陽莆陽地雖异，公齋對此將無同。不見濂溪廬阜下，曾志鄉關在目中。’《食梨戲作》：‘鵝聲鵙鵙梨百顆，多謝鄉人遠遺我。放鵝出籠且養之，愛渠日浴當清池。梨擇數顆呼爨僕，緼火爇薪爲蒸熟。擘來去柄削其皮，軟脆頗足充吾饑。記得往年涉遠道，南北兩京梨最好。就中二美堪齊驅，雪梨香水天下無。風滋露味生最上，熟之似員方竹杖。西江所産澀者多，間如嚼木齒欲訛。是品只可令熟啗，不比兩京熟味淡。噫嘻凡物皆有宜，豈獨區區口腹梨。’《折桂寺》：‘境豈浮屠勝，東南秀此峰。澗流千丈瀑，崖長萬年松。少室留蒼鹿，番君現小龍。布鞋從此制，雲嶠寄遐踪。’《道傍廢宅》：‘破屋三間古道西，蓬蒿門外與腰齊。鼠留舊穴妖蛇入，鷄别空塒野雉啼。庭草有痕曾接燒，上墻無覆半頹泥。感傷豈獨王承福，馬上行人亦慘淒。'《讀書臺》:'日光斜照碧巑岏,滿壑清輝上石欄。芳樹不從秋色淡,蒼苔常映屐痕乾。雲山當日誰知己,烟水斯時起暮寒。葉落我來空悵望,數村野火接高巒。'《登玉枕山》:'玉枕高横修水湄,歸來空有卧雲思。鏡中白髮搔逾短,道上黄粱熟更炊。萬里風塵催我倦,百年心事與誰期。從今學得南華睡,花落花開總不知。'《居敬》:'敬在經書如本草,直從伊洛始修方。勿忘勿"助"長如此,即是鳶飛魚躍鄉。'《中庸》:'中中已有平常義,只合還將定訓庸。三代唐虞分禪繼,乾坤此理古今同。'"

楊廉《楊文恪公集》卷四十六《與蕭子雝》:"或以才勝,或以理勝。韓、柳、歐、蘇,以才勝者也;濂、洛、關、閩,以理勝者也。"

交友甚廣,與羅欽順、儲巏、余祐、蔡清、張克修、鄒智、石珤、胡瓚宗諸人友善。師婁諒。

楊廉《楊文恪公文集》:"《次韻張汝霖和潘黄門齋居二首》:'禪室由來静,幽偏更此亭。天齋閑數日,夜坐或觀星。對越惟精白,功名要汗青。昔年陪鎖闥,從未此居停。'《和儲静夫户侍元武湖》:'群公湖上欣持杯,此會難再須徘徊。百年籍册比銅版,祖皇嚴令如春雷。就中半字誰敢裂,冤抑扣之自能雪。環以波光水氣寒,六月那知有炎熱。千櫃萬牖諸庫開,我初見之猶驚猜。承平户口轉增益,但睹萬國梯航來。我朝聲教皆漸被,周禮司徒掌輿地。示來詩句何鏗鏘,繩有高才敵賓戲。中洲去岸六七里,猶憶宿湖霄曳履。畫船上鎖金鑰收,極目惟看渺瀰水。一來五日耗不通,紗窗夜夜明晴虹。魂清少寐歌達旦,餘音下撼蛟龍宫。廿年不到湖上路,回首光陰如箭去。澄波照影衰鬢蓬,自覺容顔已非故。沿堤高柳仍含烟,鍾山一幅罨畫然。無端往事不可問,惟有景物如當年。'《邂逅張克修時聞李天瑞鄒汝愚貶官》:'卧病湖頭少送迎,春風一笑故交情。幾年逐客無消息,此日斯文喜合併。往事不妨於我訴,新聞更是使人驚。尊前只用沉沉醉,分付蒼頭酒盡傾。'《聞鄒汝愚言事》:'燕臺消息近全無,忽見封章出汝愚。此日讀來驚吐舌,當時投進分捐軀。洛陽自古稱年少,西蜀於今有丈夫。愧我恰如君疏語,江湖泛泛水中鳧。'《送宫保徐公致仕》:'歸沐君恩似海深,堂開緑野對槐陰。光生閭里新橫玉,惠普交親舊賜金,鵷侶天邊長作别。鷗盟溪上復相尋,大臣畎畮難忘國,會見他年有諫林。'"此外,詩集中有《王大參寄示知邵提學登滕王閣吊徐孺子墓詩用韻復之》《王知州朝卿挽詞》《送楊惟高先生致仕》《畫菊與鄒汝愚同賦》《題畫爲吴德厚作》《哭汪德卿侍御》(二首)、《挽同年胡兵書良弼》《送石邦彦赴禮侍之召》《瀛洲雅會限韻并送整庵少宰三首》《泰安胡掌教七十壽詩子瓚中郎中》《慰蔡介夫》《冢宰羅公整庵覲省贈詩序》等。羅欽順《整庵存稿》卷五《送順天府尹月湖楊先生序》。

楊廉《楊文恪公集》卷四十九《祭一齋樓先生文》:"出示以《春秋》之注疏,而謂《公》《谷》、左氏之可無。且極論出處之道與爲學之工夫,悉取證以晦翁之語録,而一一堆叠於座隅,使人於親炙之際,若聆點瑟而風舞雩。"

廉世家豫章之豐城。曾祖諱德義,祖諱行素,累贈南京禮部尚書。父諱崇,號復庵,仕終永州知府,受業吴與弼門人胡九韶,累贈南京禮部尚書。母劉氏,累贈夫人。

焦竑《國朝獻徵録》卷三十六孫存《南京禮部尚書贈太子少保謚文恪楊公廉行狀》:"世家豫章之豐城。曾祖諱德義,祖諱行素,累贈南京禮部尚書。父諱崇,號復庵,仕終永州知府,累贈南京禮部尚書。母劉氏,累贈夫人。"

章潢《(萬曆)新修南昌府志》卷十九:"楊廉,字方震,豐城人,崇之次子。"

何喬遠《名山藏》卷七十五《臣林記》:"父崇,永州知府,受業於胡九韶,爲吴與弼高弟。廉漸濡其學,蔚爲儒者。"

參考文獻:

1. 羅欽順《整庵先生存稿》,明嘉靖刻本。

2. 焦竑著,吴相湘主編《國朝獻徵録》,臺灣學生書局1965年版。

3. 唐樞《國琛集》,中華書局1985年版。

4. 過庭訓《本朝分省人物考》,《明代傳記叢刊》,臺灣明文書局1991年版。

5. 朱彝尊《明詩綜》,上海古籍出版社1993年版。

6. 楊廉《楊文恪公集》,《續修四庫全書》第1332—1333册,上海古籍出版社2002年版。

7. 蔡清著,張吉昌、廖淵泉點校《蔡文莊公集》,商務印書館2018年版。

(閆麗)

楊一清傳

楊一清，字應寧，號邃庵，又號石淙，人稱石淙先生。雲南安寧人。生於景泰五年(1454)十二月六日。

焦竑《國朝獻徵録》卷十五謝純《特進光禄大夫左柱國少師兼太子太師吏部尚書華蓋殿大學士贈太保謚文襄楊公一清行狀》："楊公一清，字應寧，號邃庵。先世雲南安寧州，州有石淙渡，公凡撰述題識，皆以石淙繫之，故時人稱爲石淙先生。""景泰甲戌十二月六日，生公於化州。"

胡維霖《胡維霖集》祭文卷三《楊文襄公一清傳》："先生雲南安寧州人，州有石淙渡，公凡撰述，皆以石淙繫之，時人稱石淙先生。"

謝純《楊文襄公事略》："楊公一清，字應寧，號邃庵。先世雲南安寧州，州有石淙渡，公凡撰述題識皆以石淙繫之文字之間，故時人又稱爲石淙先生。"李東陽《懷麓堂文集》："《石淙賦》，邃庵楊先生應寧。先世在雲南，其地曰石淙，又游寓巴陵，卜築京口，皆以名其所居。其入而仕於朝，出而官於外，撰述題識亦以空名繫之文字之間，示不忘也。"

過庭訓《本朝分省人物考》卷一百一十四："楊一清，字應寧，安寧州人。"

鄂爾泰《(雍正)雲南通志》卷二十一之一："楊一清，字應寧，號邃庵，别號石淙，安寧人。"

何喬遠《名山藏》卷七十二《臣林記》:“楊一清,安寧石淙人也,字應寧。”

按,楊一清生於廣東高州府化州,先世雲南安寧人,後家於江蘇鎮江丹徒。

少能文,穎悟過人,經術一覽不忘。八歲時有司以奇童薦入翰林,讀中秘書,受業於狀元黎淳。

焦竑《國朝獻徵録》卷十五謝純《特進光禄大夫左柱國少師兼太子太師吏部尚書華蓋殿大學士贈太保謚文襄楊公一清行狀》:“公甫八九歲,穎悟絶倫,經書一覽不忘,文義一經指授即能成章。時岳州同知胡公升大奇之,薦於湖藩當道,遂以奇童薦入翰林,讀中秘書。憲廟命内閣選師教之,受業於黎文僖公。”

焦竑《國朝獻徵録》卷十五李元陽《少師太保華蓋殿大學士吏部尚書文襄楊公墓表》:“公七歲能屬文,聰敏絶世,讀書過目成誦。人欲試其心計,戲取市家日曆,鱗雜米鹽之數,令目一過,輒無遺脱。故六經百氏,無所不窺。官制兵衛、本朝故事,歷歷詳曉。八歲以奇童薦入翰林爲秀才。及中進士,爲中書舍人。結交海内名士,文章日益有名,從學者日衆。如丹徒靳貴,同在内閣。大原喬宇爲冢宰,皆執弟子禮。終身不衰。”

胡維霖《胡維霖集》祭文卷三《楊文襄公一清傳》:“公八九歲,穎悟絶倫,湖藩當道以奇童薦入翰林爲秀才。”

成化三年(1467),年十四,舉北闈鄉試。八年,中進士。丁父憂,服除,授中書舍人。二十三年,擢爲山西提學僉事。丁母憂,服闋,改陜西提學副使,創正學書院。在陜八年,以其暇究邊事,甚悉。入爲太常寺少卿。

焦竑《國朝獻徵録》卷十五謝純《特進光禄大夫左柱國少師兼

太子太師吏部尚書華蓋殿大學士贈太保謚文襄楊公一清行狀》:“年十四,中順天鄉試。時已抗顔爲人師,有文中子之風。壬辰,登進士。癸巳,以父艱解官,訪姊氏於丹徒。會公前室段氏繼卒,貧窶不任遠歸,乃葬丹徒,因家焉。初授中書舍人,職務清簡,横經授徒,從者日益衆。以其教魁天下,魁兩京諸省,登顯位者百餘人,詳見於《同門題名集》。成化乙巳,公年已壯,未有子,奉母命請於朝,歸雲南,會宗族,以堂兄績次子紹芳爲家嗣,楊氏爲鎮江人自此始。出爲山西提學僉事,力祛宿弊,學政肅清。丁母張夫人憂,服闋,改陝西提學副使,創建正學書院,拔各學俊秀會業於中,親爲督教,其大規先德行而後文藝,故院中士連魁天下爲狀元者二人。其以學行功業著聞者甚多,具見於《正學書院志》及《關西政教集》。入爲太常少卿,遷南京太常卿。”

過庭訓《本朝分省人物考》卷一百一十四:“幼讀書過目不忘,以奇童薦入翰林。憲廟命内閣選師教之,受業於黎文僖淳。年十四,中順天鄉試。時已抗顔爲人師。登成化壬辰進士,授中書舍人。文譽籍甚,從游門下者皆海内名士。二十三年,擢山西提學僉事。力祛宿弊,學政肅清。會丁憂,去。服闋,補陝西提學副使。大作士類,愈久愈嚴,士凛凛守法。命郡邑制諸禮樂之器,俾諸生肄習諸禮,久之,弦歌盈於西土。凡所首取,恒多中式,或許以將來科第及冠世名世,必卒如所言,五十餘年用之未盡。當其時,雖宗室不能奪生員之婚,雖撫按縉紳不能撓課試之權,爲國朝提學之最。久之,召爲太常少卿,提督四夷館。”

錢謙益《列朝詩集小傳》:“成化八年進士,由中書舍人歷提學副使、太常卿。”

何喬遠《名山藏》卷七十二《臣林記》:“正統中,以奇童薦入翰林院爲秀才。道黄河,河適一綫清景,遂以命之。年十四,中順天鄉試。成化八年,年十八,舉進士,授中書舍人。”

弘治十四年(1501),進南京太常寺卿。次年,擢都察院左副都御史,督理陝西茶馬,後經略邊務兼巡撫陝西。

焦竑《國朝獻徵録》卷十五謝純《特進光禄大夫左柱國少師兼太子太師吏部尚書華蓋殿大學士贈太保謚文襄楊公一清行狀》:“薦升左副都御史,督理陝西茶馬。親歷邊荒,浚求利弊,條陳機宜,累十餘疏,詔皆擬行。茶利大興而馬大蕃盛,三邊仰給,詳具御史陳講所著《馬政志》中。會虜賊大舉,司馬劉大夏奏謂:‘楊一清在彼,多才好問,有謀善斷,請敕改爲巡撫兼經略邊務。’敕下,公即率精兵阻遏,上疏具陳邊事,劾罷總兵武安侯及守備不職者數人。請釋緣事守備楊宏,使自效。裁抑鎮守太監支應,歲省數千兩。創城平虜、紅古二處,以援固原。築垣瀕河一帶,以捍靖虜,虜遂不敢渡河。”

焦竑《國朝獻徵録》卷十五李元陽《少師太保華蓋殿大學士吏部尚書文襄楊公墓表》:“弘治十五年,劉忠宣言馬政廢壞,薦公升副都御史,督馬。召詣闕,面授敕行。明年,拜理茶馬、鹽馬,公條上茶鹽監牧事宜及易置馬吏,奏請輒允。牧事有成,益開水草善地,起城堡廬舍。河、湟、凉、固間,雲錦成群。十七年,虜入花馬池塞。十八年,敕公經略邊務兼巡撫陝西禦虜。虜素畏公威名,聞公至,遁去。改總制三邊兼理馬政。是年,升右都御史。”

焦竑《國朝獻徵録》卷十五謝純《特進光禄大夫左柱國少師兼太子太師吏部尚書華蓋殿大學士贈太保謚文襄楊公一清行狀》:“公以三月興工築邊墻,刻期奏績。時劉瑾憾公,公遂乞休,工亦罷,僅築四十餘里,至今屹然巨障。後瑾羅織,公被逮,得致仕。”

過庭訓《本朝分省人物考》卷一百一十四:“十四年,轉南京太常寺卿。壬戌,虜火篩入寇,馬政廢弛,乃遷右副都御史,督理茶馬。……正德改元,朝廷以邊患方熾,兵權太分,命總制全陝三邊軍馬。”

正德五年(1510),一清總制軍務,平安化王朱寘鐇反。拜户部尚書,加太子太保。六年,改吏部尚書。時中原盜起,公上《平賊十一策》,賊果平。論功,加太子少保,賜金幣。十年,兼武英殿大學士,入參機務。

焦竑《國朝獻徵録》卷十五謝純《特進光禄大夫左柱國少師兼太子太師吏部尚書華蓋殿大學士贈太保謚文襄楊公一清行狀》:"慶藩寘鐇叛起,公復爲總制,寘鐇既就擒,仍留公爲總制。瑾素憾公,以事變不得已起用,既平,頗悔之。乃矯詔,改公専在寧夏撫馭,實陰奪總制之權。亡何,瑾逆發,伏誅。衆但知瑾之誅爲張永所發,不知永先受算於公,以遂成之耳。其一切興革計處事宜,具見於《西征日録》中。""徵爲户部尚書,改吏部,黜邪佑正,起廢拔幽,國是復定。"

焦竑《國朝獻徵録》卷十五李元陽《少師太保華蓋殿大學士吏部尚書文襄楊公墓表》:"五年,安化王反寧夏,命太監張永討賊。永奏須文臣有智謀者一人同行。召公仍總制陝西延綏、寧夏甘凉各處軍務,協同討賊。謂永曰:'藩室亂易除,國家内變不可測,奈何?'永曰:'何謂?'公曰:'寧夏事不足平,非久當有捷報。内變事,非公無能爲也。'永佯若不知。纔入陜界,果聞仇鉞已擒賊。永服公料事有神,促席問内變事。公手畫'瑾'字,永曰:'渠日夜在上傍不離,上一時不見渠,不樂。今其本幹枝葉連結已成,上傍皆其耳目,安從得間入一言乎?'公曰:'此自有間可乘,觀討賊不付他人付公,上意可知矣。'言已,即袖出二奏與永,一言寧夏事,一言内變事。囑永曰:'公班師入京見上,先進寧夏奏,上必就公問,公詭言:"請屏人語。"乃進内變奏。'永曰:'即不濟,奈何?'公曰:'他人言濟不濟,未可知,公言必濟。顧公言時,須有端緒,萬一不信,公頓首請上即時召瑾,抄其兵器,請上登城驗之,如無反狀,殺奴喂狗。又頓首涕哭。上必怒瑾,瑾誅,柄用,公益矯所爲,吕强、張承業暨公千載三人耳。但須得請即行事,無緩時刻。’永勃然作曰:‘老奴何惜餘年報主乎!’已而,永入京,請見,如公策。上覽奏至瑾侄劉二漢方面大耳已謀不軌,遂頓足,即召瑾入侍,瑾不知已有别旨,差永抄没其家矣。上命縛瑾下獄,時上尚未甚信,及登城閲所抄兵器,繩繩不絶,始吐舌,竟誅瑾等。一時公卿士庶方能吐氣,歡聲震天,摘瑾肉而嚼者如市。永乃備言於首相長沙李公,同薦公才望。上益喜公。”

焦竑《國朝獻徵録》卷十五李元陽《少師太保華蓋殿大學士吏部尚書文襄楊公墓表》:“瑾誅,召公入户部尚書,尋加太子太保。六年,改吏部尚書。時中原盜起,公上《平賊十一策》,賊果平。加少保,兼太子太保。十年,入内閣,加少傅、太子太傅、武英殿大學士。”

焦竑《國朝獻徵録》卷十五謝純《特進光禄大夫左柱國少師兼太子太師吏部尚書華蓋殿大學士贈太保謚文襄楊公一清行狀》:“乙亥閏四月,詔兼武英殿大學士,入内閣辦事,固辭不允。上時多微行,公奏曰:‘聖駕出宫,經宿乃返,文武群臣皆不與知。塵埃中萬一奸盜竊發,奈何?’疏入,上大驚,遣官釋諭。公以時事多乖,言不盡用,乃因灾异自劾。……越數日,移疾堅卧,連上四疏,上乃敕允,累數百言,極盡褒嘉之美,月米、人夫逾於常例。”

嘉靖四年(1525),起授兵部尚書兼都察院左都御史,提督陕西諸邊軍務,命巡撫都御史。十一月,召入閣。明年五月,復吏部尚書、武英殿大學士,加少師兼太子太傅。《獻皇帝實録》成,加兼太子太師、謹身殿大學士,提督三邊。

張廷玉等《明史》卷一百九十八列傳第八十六:“世宗爲世子時,獻王嘗言楚有三杰:劉大夏、李東陽及一清也,心識之。及即位,廷臣交薦一清,乃遣官賜金幣存問,諭以宣召期,趣使有言。一清陳謝，特予一子官中書舍人。嘉靖三年十二月戊午，詔一清以少傅、太子太傅改兵部尚書、左都御史，總制陝西三邊軍務。故相行邊，自一清始。温詔褒美，比之郭子儀。……會張璁等力排費宏，御史吉棠因請還一清内閣。給事中章僑、御史侯秩等争之。帝謫秩官，召一清爲吏部尚書、武英殿大學士。既入見，加少師，仍兼太子太傅，非故事也。亡何，《獻皇帝實録》成，加太子太師、謹身殿大學士。一清以不預纂修辭，不許。王憲奏捷，推功一清，加特進左柱國、華蓋殿大學士。費宏已去，一清遂爲首輔。帝賜銀章二，曰'耆德忠正'，曰'繩愆糾違'，令密封言事。"

焦竑《國朝獻徵録》卷十五謝純《特進光禄大夫左柱國少師兼太子太師吏部尚書華蓋殿大學士贈太保謚文襄楊公一清行狀》："世宗即位，論薦起公者凡二十疏。詔待缺起用，特先遣官賫敕存問。嘉靖四年正月，起授兵部尚書兼都察院左都御史，提督陝西諸邊軍務，命巡撫都御史，即家敦遣啓行。十一月，召入閣。明年五月，陛見，復公吏部尚書、武英殿大學士，加少師兼太子太傅。御製詩一章賜公。《獻皇帝實録》成，加兼太子太師、謹身殿大學士，提督三邊。"

焦竑《國朝獻徵録》卷十五李元陽《少師太保華蓋殿大學士吏部尚書文襄楊公墓表》："四年，虜大入塞，擾關隴。起公兵部尚書，兼憲職，提督陝西軍務。五年五月，召入内閣。公首薦起餘姚謝、鉛山費，二公至京，遂請老，公亦請老，不允。加少師，改華蓋殿。上憐公老，令朝朔望。"

焦竑《國朝獻徵録》卷十五謝純《特進光禄大夫左柱國少師兼太子太師吏部尚書華蓋殿大學士贈太保謚文襄楊公一清行狀》："王憲報捷，謂公前年經畫有素，敕加特進左柱國兼華蓋殿大學士，廕一子錦衣衛百户，世襲。初張、桂二臣恣肆著聞，上亦厭之，每降諭懲戒，言官多有論劾。八月十三日，給事中陸粲上疏，極陳其罪狀有浮於錢寧、江彬者。上怒,欲重罰二臣,又念議禮之功,革桂散官致仕,令張暫回家省過。十五日早,上忽降敕諭,宣揚二臣罪惡於午門,百官聞之動容,公在家聞之亦愕然驚訝。越二日,桂先行。次一日,張乃行。縉紳無一人餞於祖道,惟路人有揄揶之者。又一日,上問公曰:'璁可留乎?'公曰:'朝命方下,諭示初宣,未可遽變。且璁妻久亡,每欲歸葬,莫若待其回家葬畢,詔取回京,則公法、私情兩無損矣。'於是璁深憾公不將順請留。又以陸粲之奏疑公所授。方二臣行時,即私謀於霍韜,韜懼有齒寒之勢,遂上疏毁公於朝。宸聰尚未爲惑,次日降旨,追還璁於道。公求退愈切,上屢降温旨慰留。至九月初,内閣無人辦事。公姑强出一二日,且將與璁暴白衷曲即引歸。霍懼公出不利於己,復上疏誣公,上始有投杼之疑矣。璁回京,見公偃然自負曰:'若吾在閣,韜敢有是言邪?'公笑不答,再疏乞歸。上乃俞允,命馳驛去,又遣中使賫賜白金五十兩、蟒衣四表裏。公行日,舉朝士大夫有祖於南郭門外者,有祖於五里亭、十里亭者,有追祖於張家灣者,冠蓋擁道,一時之盛近未之有也。"

焦竑《國朝獻徵録》卷十五謝純《特進光禄大夫左柱國少師兼太子太師吏部尚書華蓋殿大學士贈太保謚文襄楊公一清行狀》:"武宗南征,特幸公第,宴飲賡歌兩晝夜,左右有導上幸江浙者,公從容婉諫,不果行。"

張廷玉等《明史》卷一百九十八列傳第八十六:"帝南征,幸一清第,樂飲兩晝夜,賦詩賡和以十數。一清從容諷止,帝遂不爲江浙行。"

嘉靖九年(1530)八月卒,年七十七。遺疏言身被污衊,死且不瞑,帝令釋贜罪不問。後數年復故官。久之,贈太保,謚文襄。

謝純《楊文襄公事略》:"卒之期爲嘉靖九年八月十四日夜四鼓矣。"

羅洪先《念庵文集》卷十七《祭楊文襄公》:“邃庵楊公,既卒之若干年,今上用所司議‘節惠’易名賜謚曰‘文襄’。”

焦竑《國朝獻徵録》卷十五謝純《特進光禄大夫左柱國少師兼太子太師吏部尚書華蓋殿大學士贈太保謚文襄楊公一清行狀》:“公賦性燥熱,又多飲醇酒,故每病熱毒。至六月終疽發,加泄瀉。越數日,卒,無一言及後事。前半月嘗嘆曰:‘吾疾不起矣。使是疾早發,則吾得早歸林泉。使是疾後發,則吾得白心迹。今適當蒙昧之際,而是疾乃發,嗟乎! 人將以爲口實也。’卒之期爲嘉靖九年八月十四日夜四鼓矣。是夕,寒風颼颼,堂户閉皆洞開。有一卒過公之門,恍惚見公輿出,騎從旌幟甚盛。卒私念曰:‘吾聞公病,今將何之? 公病起耶?’及間出大市,又遇公如故,天明方聞公殁矣。於戲! 公身雖殁,而英靈洋洋在天地間,將復爲神而陰祐下民,是故岳降生甫、説卒騎箕,古今一道也,又奚足訝哉!”

焦竑《國朝獻徵録》卷十五李元陽《少師太保華蓋殿大學士吏部尚書文襄楊公墓表》附《維風編》云:“羅文恭述楊文襄一清爲相時,有人饋美珠一斗者,公直受之。嗣諸邊將謁請,留侍左右,詢邊事,公隨出所受珠分勞之,投之地,頃刻立盡。門生有以貧歸者,發囊助給,率數十百金以爲常。蓋以天下財爲天下用,而不爲私蓄,即比於一介不取可也。”

陳建《皇明通紀集要》卷二十九:“九月,大學士楊一清卒。一清量宏識遠,有文武長才,功烈在陝尤著。張永之誅劉瑾,謀出一清。已而璁、萼以‘大禮議’,合力爲薦引,清亦盡心贊翊。時璁、萼柄國,清稍示裁抑,其黨極力攻之,誣以贓罪。清既去,復興許獄,誣成其罪,削籍里居,忽忽不樂。疽發背死,死之前數日猶自疏解,言:‘身被污衊,死不瞑目。’上聞而悼之,至戊申始贈太保,謚文襄。”

一清學博才雄,曉暢邊事,熟諳軍旅,機敏善權變。所在皆有善政,關中沾沃尤厚。性闊大,不甚飾邊幅。愛才惜賢,與共功名,朝有所知,夕即登薦,以是桃李遍天下。

張廷玉等《明史》卷一百九十八列傳第八十六:"一清生而隱宫,貌寺人,無子。博學善權變,尤曉暢邊事。羽書旁午,一夕占十疏,悉中機宜。人或訾己,反薦揚之。惟晚與璁、萼异,爲所軋,不獲以恩禮終。然其才一時無兩,或比之姚崇云。"

羅洪先《念庵文集》卷十七《祭楊文襄公》:"舊之出入門下者,感公身後之有遭也,俱各撰言相吊,且寓追慕之意。憶嘗道曲阿、訪毗陵,與唐應德氏論公平生。唐謂某曰:'世以多欲病公,亦孰知其廉介者?'某曰:'何?'曰:'聞有故人饋寶珠一斗,受之。客既退,分勞左右,投之地,頃刻立盡。而門生有以貧歸者,發囊助給,率數十百金爲常。夫爲天下用財,而不以私蓄,即比於一芥不取可也,非廉介乎?'某聞而頷之,輒應聲曰:'世亦以尚通病公,又孰知其方嚴者?'唐曰:'何?'曰:'先君賓其塾,又故門生也,爲武選郎。八年出之守郡。曰:"此地不可無此人。"不知其抑也。又三年,轉而備兵徐州,曰:"此地不可無此人。"不虞其淹也。夫爲天下用人而不以私惠,即比於一介不通亦可也,非方嚴乎?'唐聞而頷之。嗚呼!世之追慕公者,亦嘗聞此兩言否?先君承公訃,泣連日,曰:'公固愛我,其忘抑與淹者,不以俗人視我也。'嗚呼!知公者,不必盡形之言;能爲言者,或不足以知公。知不知,於公何與?世道之升降繫之矣。公如聞言,其亦頷之否乎?嗚呼!"

焦竑《國朝獻徵録》卷十五李元陽《少師太保華蓋殿大學士吏部尚書文襄楊公墓表》:"明年,公卒。孫元援詔請得復公官。公生而隱宫無嗣,學博才雄,應變濟務,斡旋事勢,調停機宜,人所不及。尤曉暢邊事,熟諳軍旅,總制歲久,得士卒歡。虜聞公至,相謂曰:

‘公已回矣。今云復來,將無僞傳?’公召虜人來,果見非僞,又相率遁去。其威信之著,自有國以來未之前聞也。羽檄旁午,頃刻應上十餘疏,列書吏十餘人,各執筆聽受,甲乙爲次,口拈輒書。一疏成則諸疏皆成,文事各殊,略無錯亂。古今才敏如公者,百代不一二數也。好汲引人,一時才俊,無問識不識,皆使之通達。人或訾己,顧薦揚之。在吏部時,給事中王昂劾吏部,謫官,公疏救。在内閣時,御史孟洋劾内閣,謫官,公疏救。陝西、雲南鎮守太監誣奏巡按御史張璞、劉天和、王廷相,逮下獄,公又一一疏救。其存心行己,光明俊偉類如此。處群小横流之中,而有陰扶善類之意;當大權倒置之際,而有密制凶逆之謀。堂堂乎大臣哉!”

焦竑《玉堂叢語》卷三:“楊一清於時政最稱爲通練,而性闊大,不甚飾邊幅,愛樂賢士大夫,與共功名,朝有所知,夕即登薦,以是桃李遍天下。”

胡維霖《胡維霖集》祭文卷三《楊文襄公一清傳》:“楊文襄學博才雄,曉暢邊事,總制久,得士卒歡心。虜慴公名,聞公至,相率遁去。我朝威信著於邊者,無如公。羽檄旁午,頃刻上十餘疏,文事各殊,略無錯亂。古今才敏如公者,能幾人。且好汲引人,一時才俊無問識不識,皆使之顯庸。救王昂、劉天和、王廷相,心事最爲光明;借宦官去宦官,尤爲濟變妙手。吁處群小横流之中,而陰扶善類,當大阿倒置之日,而密擒凶閹。堂堂乎大臣也哉!當今夷虜交訌,盗賊竊發之日,安得才品膽識如公者,戰勝廟堂而中外安枕。”

胡纘宗《鳥鼠山人小集》小集卷十二《石淙先生西巡集序》:“我明誕敷文命,濡涵百年,大肆於成化、弘治之間,時則有若吾師邃庵今柱國相公,始以憲臣督視學校,再以御史中丞綜理茶馬,尋以御史大夫總制三邊,凡三莅關中焉。關中固道化之源也,然非巨人碩儒力起而倡之,載浚載决,孰放其流於萬里之外哉?公始督學也,髦士聿興,雲蒸龍變,莫不以爲公之文。繼理馬政、統戎務也,互市鱗集,三垂晏然,莫不以爲公之政。似也,然未足以盡公也。公崇正學而立書院,以祀程、張、吕、許諸先君子,吊横渠而復草堂以專祀張子。公以程、張、吕、許之學,倡我關中,我關中□亡乎?□是濯磨砥厲,以周以上列聖爲可學,以秦漢以下諸儒爲不足法,詵詵然,彬彬然進於道矣。微公其孰啓之,公之教遍天下,而關中親炙者尤衆。公之政達四夷,而關中沾沃者尤厚。公之望在朝中,勞在宗社,而倡我關中之學,以聿追伊、洛、横渠之緒,而宗羲文之統,尤彰彰萬世弗泯已。公西巡時,有詩若干首,文若干篇,統若干卷,我門人輩輯而梓之,傳習之下,見其粲然如星而芒寒,蔚然如岳而博大,非所謂文章可得而聞者邪?公文事朔炳,勛業赫赫,此其緒餘耳。"

治古詩原本韓、蘇,近體以陳與義、陸游爲師。其詩和平暢達,與茶陵旗鼓相當,有《石淙詩稿》。著述甚富。

范邦甸《天一閣書目》卷二之一史部:"《宸翰録》三卷,刊本,明吏部尚書楊一清謹録。《宸章集録》一卷,藍絲闌鈔本,明嘉靖御製,費宏、石珤、賈咏、楊一清等恭和。""《關中奏議》十八卷,又一部同,刊本。明少師邃庵楊一清撰,憲副齊宗道、少參劉世用校刊,嘉靖二十九年庚戌,少保王以旂序、巡撫陝西傅鳳翔序、楊守謙序,蒲坂虞坡楊博、苑洛韓邦奇、廬郡劉崙、漁石唐龍均有序,劉世用跋。""《吏部獻納稿》十四條,明吏部尚書楊一清撰,蘭谿唐龍序。"卷二之二史部:"《九江府志》十六卷,刊本,明楊一清編,并序。""《明倫大典》二十四卷,刊本,明大學士楊一清等奉敕纂修,各有後序,凡例五條。首條載是典仿《通鑑》編年,以年繫月,以月繫日,始於正德辛巳三月丙寅,終於嘉靖戊子三月壬申,卷端有嘉靖七年六月御製序文,'欽命之寶'圖章。卷首有'廣運之寶'圖章。"卷三之一子部:"《經濟文衡》二十五卷,刊本。宋朱子撰,明石淙楊一清編。"

永瑢等《四庫全書總目》卷五十五史部十一："《關中奏議》十卷，直隸總督采進本。明楊一清撰。一清，字應寧，安寧人。成化壬辰進士，官至華蓋殿大學士，謚文襄。事迹具《明史》本傳。此編以其生平章疏分爲五類。卷一、卷二曰馬政類，卷三曰茶馬類。弘治十五年以副都御史督理陝西馬政時所上。卷四、卷五、卷六曰巡撫類，則寇入花馬池，命巡撫陝西時所上。卷七、卷八、卷九曰總制類，則正德初，寇犯固原、隆德，一清以延綏、甘肅、寧夏，有警不相援，患無所統攝，請遣大臣領之，即命一清總制時所上。第十卷曰後總制類，則其忤劉瑾致仕後，以安化王寘鐇反，復起時所上也。以所陳多陝甘邊事，故以關中爲名。嘉靖初始刊行於南京。其間所載，不盡皆一清奏稿，凡當時部臣覆疏，及前後所奉諭旨，悉編入之，故於時事本末頗爲詳盡。史稱：'一清官陝西提學副使時，即詳究邊情利弊。嘗當羽書旁午，一夕草十疏，悉中機宜，其才一時無兩，或比之姚崇云。'"

永瑢等《四庫全書總目》卷一百七十五集部二十八："《石淙稿》十九卷，安徽巡撫采進本，明楊一清撰。一清有《關中奏題稿》已著録，考《明史·藝文志》載一清《奏議》三十卷、《石淙類稿》四十五卷、《詩》二十卷，今所傳《關中奏題稿》已與三十卷之數不符，此本有詩無文，首《鳳池稿》，次《省墓稿》，次《禫後稿》，次《西巡稿》，次《北行稿》，次《容臺稿》，次《行臺稿》，次《歸田前稿》，次《自訟稿》，次《制府稿》，次《吏部稿》，次《玉堂稿》，次《歸田後稿》，次《督府稿》，次《玉堂後稿》，各以類分，止十九卷，與《藝文志》卷目亦不合，惟《督府稿》後別附簡札一卷，當爲文集中一種，緝誤入於此，《史志》或并此數之歟？"

高儒《百川書志》卷二經："《射禮儀節》一卷，皇明楊一清增注，石淙人。"卷四史："《明倫大典》二十四卷，嘉靖七年六月朔日，少師兼太子太師、吏部尚書、華蓋殿大學士臣楊一清等奉敕纂修。"卷十七集:"《關南雜興詩》一卷,石淙楊一清著。"卷二十集:"《咏雪唱和》一卷,皇明楊一清提學陝西,出巡郡縣,往返積雪中幾四十日,得詩三十六首,秦藩、賓竹道人和之。"

陳第《世善堂藏書目録》卷下:"《石淙稿》三十卷,楊一清。"

王世貞《藝苑卮言》:"楊文襄如老弋陽伎,發喉甚便而多鼻音,不復見調。"

胡應麟《詩藪》:"國朝詩流顯達無若孝廟以還,李文正東陽、楊文襄一清、石文隱珤、謝文肅鐸、吴文定寬、程學士敏政,凡所製作,務爲和平暢達,演繹有餘,覃研不足。"

沈德符《萬曆野獲編》:"楊文襄在正德末年,以次揆少傅,居丹陽。適武宗南巡,以徽寧庶人爲名幸其第,留車駕,前後凡三至焉。上賦絶句十二首賜之,楊以絶句賀上聖武,數亦如之。又有應制律詩諸篇,刻爲二編,名《車駕幸第録》。吴中王文恪爲詩四章侈其事,其最後一詩云:'漫衍魚龍看未了,梨園新部出西厢。'想其時,文襄上南山之觴,以崔、張傳奇,命伶人侑玉食。詩蓋紀其實也。楊是時特荷殊眷,徒以邀致六飛爲榮,而不能力勸旋軫,僅以《册府元龜》等書爲獻,似乖舊弼之誼。然能止蘇浙之行,則功亦足稱。"

朱彝尊《静志居詩話》:"邃庵古詩原本韓、蘇,近體一以陳簡齋、陸放翁爲師。李獻吉《送徐昌谷詩》:'吾師崛起楊與李,力挽元化回千鈞。'初意楊非李敵,不過爲師同耳。及觀《石淙集》,實有高出李者,乃知文士以千秋自命,類不輕許人也。"

陳田《明詩紀事》丙籤卷二:"文襄《石淙全集》,利鈍雜陳,其杰出之篇,實可與茶陵旗鼓相當。"

陳仁錫《無夢園初集》干集一:"楊一清詩:'風高鶻嶺驚秋早,

江轉龍門到海遲。'此詩在今時金山詩中亦卓然而不遥者。"

錢謙益《列朝詩集小傳》:"公生而隱宫,貌類寺人,才情敏給,汲引士類,海内争趨其門。提學陜西,賞識李獻吉,召置門下,故《石淙類稿》屬獻吉評點行世,而獻吉亦極稱公之詩筆與長沙并駕。蓋當成、弘時,長沙爲一世宗匠,獻吉并舉楊、李,不欲使專主齊盟,軒楊正所以輊李也。"

顧元慶《夷白齋詩話》:"江西宸濠謀逆,武宗親征,既得凱旋,駐蹕金陵,復渡江,幸致仕楊一清第。賜絶句二十首,公又有應制律詩四首、應制賀聖武詩絶句十二首,編爲二卷,名《車駕幸第録》。公自叙謂:'虞廷賡歌之後,古帝王有以詩章寵臣下者,不過一篇數言而止,未有聯章累牘若是其盛者。至於屈萬乘之尊,在位者或有之,然亦鮮矣。若罷政歸休者,爲尤鮮,或有之,豈有至再至三如今日者乎?'守溪王公鏊有四絶句云:'相國移家江水湄,金山望幸已多時。太平金鏡無由進,願得回鑾一顧之。''趙普元爲社稷臣,君臣魚水更何人。難虛雪夜相過意,海錯尤堪佐酒巡。''北固山前駐翠華,殷勤來訪相臣家。太湖怪石慚多幸,也得相隨載後車。''賡歌千載盛明良,宸翰如金更煒煌。漫衍魚龍看未盡,梨園新部出西厢。'"

楊一清《石淙詩稿》:"《甘凉道中書事感懷》:'弧矢威天下,雷霆震域中。大兵方出塞,小醜自相攻。繼絶君王義,宣威將帥功。從今宵旰慮,不復在西戎。'《山丹題壁》:'關山逼仄人踪少,風雨蒼茫野色昏。萬里一身難獨任,百年多事共誰論?東風四月初生草,落日孤城早閉門。記取漢兵追寇地,沙場猶有未招魂。'《將至寧夏》:'奉詔西征駐節時,元戎奏凱已先期。苗民自逆三旬命,玁狁何勞六月師。燈火家家開夜户,弓刀處處卷風旗。益兵加賦休重論,財賦於今兩不支。'《宿吴江》:'長堤維暮色,野况獨蕭然。水市魚蝦上,江城鳥雀喧。疏鐘寒破夜,荒荄暗浮烟。竟夕淹游舫,揆予有勝緣。'"

與謝純、徐文溥、朱應登、楊淞、陳獻章、吴寬、郭勛、柳應辰、石珤諸人皆有往來,尤與李東陽善。康海、吕柟、馬理、喬宇、李夢陽諸人皆爲其門生。

楊一清《石淙詩稿》:《用贈謝伯一舉人韻贈唐子畏解元》《吴江舟中謝伯一有詩次韻》《贈升之》《和楊鏡川學士先生游南園詩韻》《修武寄陸克深大参約河内一會》《和韻答夏提學正夫》《和韻贈陳白沙》《和白沙留别韻》《哭同年張太僕鳴岐》《入京會西涯先生感而有作》《謁西涯先大夫塋用謝方石先生舊韻二首》《林黄門寸草春暉卷》《送林黄門除服上京》《和西涯先生贈行詩韻》《和西涯先生卜居韻》《會同年和吴匏庵先生韻》《答吴匏庵先生》。

方豪《棠陵文集》卷五《明廣東按察司副使徐公墓誌銘》:"公所交多名士,若大學士楊一清。"

謝純《楊文襄公事略》:"武定侯郭勛亦與公知厚。"

鍾崇文《(隆慶)岳州府志》卷十六:"柳應辰,字拱之,巴陵人。進士,累官副都御史。清才博學。弘治間大學士李東陽、楊一清,咸以詩文爲海内宗尚。應辰與二公,官與年俱略相先後,又所居同地也,具唱和至成卷帙,有《鬐游聯句録》行於世。"

陳建《皇明通紀集要》卷二十七:"東陽與楊一清皆湖廣人,極相善。"

陳田《明詩紀事》丙籤卷一:"楊一清《石淙類稿》:'西涯先生高才絶識,獨步一時。詩文深厚雄渾,不爲倔奇可駭之辭,而法度森嚴,思味雋永,古意獨存。'"

焦竑《國朝獻徵録》卷十五李元陽《少師太保華蓋殿大學士吏部尚書文襄楊公墓表》:"公薨。喬復自山西至丹徒,持服奔喪,其師友之義何如也？公爲提學，謂都人曰：'吾於陜得三士，康海、吕柟、馬理也。'後果爲聞人。"

其先雲南府安寧。父景，爲永樂舉人，判霸州，以化州（今屬廣東省）同知致仕。

焦竑《國朝獻徵録》卷十五謝純《特進光禄大夫左柱國少師兼太子太師吏部尚書華蓋殿大學士贈太保謚文襄楊公一清行狀》："先世雲南安寧州。"

參考文獻：

1. 錢謙益《列朝詩集小傳》，上海古籍出版社 1959 年版。

2. 焦竑著，吴相湘主編《國朝獻徵録》，臺灣學生書局 1965 年版。

3. 羅洪先《念庵文集》，《四庫明人文集叢刊》本，上海古籍出版社 1993 年版。

4. 朱彝尊《明詩綜》，上海古籍出版社 1993 年版。

5. 謝純《重葺楊文襄公事略》，《叢書集成續編》第 31 册，上海書店出版社 1994 年版。

6. 楊一清著，唐景崑、謝玉杰點校《楊一清集》，中華書局 2001 年版。

7. 孫秋克《明代雲南文學家年譜·楊一清年譜》，商務印書館 2017 年版。

8. 楊一清著，馮良方點校《石淙詩稿》，雲南教育出版社 2018 年版。

（閆麗）

儲巏傳

儲巏，字静夫，號柴墟，揚州府泰州（今江蘇省泰州市）人。天順元年（1457）九月生。

顧璘《息園存稿》文卷六《通議大夫南京吏部左侍郎儲公行狀》："公諱巏，字静夫，别號柴墟。""生於天順丁丑九月二十一日亥時。"

張廷玉等《明史》卷二百八十六："儲巏，字静夫，泰州人。"

盛儀《（嘉靖）惟揚志》卷十九："儲巏，字静夫，泰州人。"

少聰穎，過目成誦。九歲善屬文，選充州學弟子員。

顧璘《息園存稿》文卷六《通議大夫南京吏部左侍郎儲公行狀》："公生而穎异，六歲讀書，過目成誦。九歲善屬文，選充州學弟子員。"

蔣一葵《堯山堂外紀》卷八十八："儲巏初游州庠，少循矩度，學官示以句，曰：'賭錢吃酒養婆娘，三者備矣。'儲應聲曰：'齊家治國平天下，一以貫之。'已而舉應天癸卯鄉試第一，甲辰會試第一。比廷對，巏以三元自期，内閣聞其自負，乃抑置二甲第一。自後勵行檢、務文學，遂得全終身名。"

十六食廪，應鄉試，名聞京師。成化十九年（1483），舉應天鄉試第一。二十年，會試禮部第一，廷試賜二甲第一。觀政吏部，授

南京吏部考功主事,尋升文選郎中。弘治七年(1494),改吏部考功郎中。十年,升太僕少卿。次年,遭母喪。十四年,服闋,仍補舊職。

顧璘《息園存稿》文卷六《通議大夫南京吏部左侍郎儲公行狀》:"十六食廩,應鄉試,名聞京師。""甲辰,會試禮部第一,廷試賜二甲第一。觀政吏部,太宰濟南尹公欲選爲屬,公懇求便養,遂授南京吏部考功主事,尋升郎中。弘治甲寅,太宰鉅鹿耿公奏改吏部考功郎中。公留意人才,考注臧否,無不曲當,一時人士,竦然戒曰:'儲君陽秋可畏。'居南部時,考察衆官,有悍吏肆暴不法,或憚黜之生亂,公毅然贊罷之。北部,當朝覲考察,雖執政親戚,不職者,咸無假藉,天下服其公。""丁巳,擢太僕少卿。次年,遭董淑人喪。辛酉起復,仍補舊職。行部禁吏迎送,除民苛費及馬政積弊。"

李贄《續藏書》卷二十二理學名臣《侍郎儲文懿公(事茂陵泰陵康陵)》:"成化二十年進士,歷南京考功主事、文選郎中。弘治七年,調考功。十年,升太僕少卿。公與物無競,而自守介然。在考功出入三年,臧否不淆,交游稀寡。嘗薦張吉等五人可任諫官。論救科道龐泮等不宜以言事下獄。"

張廷玉等《明史》卷二百八十六:"成化十九年鄉試,明年會試,皆第一。授南京考功主事。孝宗嗣位,疏薦前直諫貶謫者主事張吉、王純,中書舍人丁璣,進士李文祥,吉等皆録用。久之,進郎中。吏部尚書耿裕知其賢,調北部,考注臧否,一出至公。嘗核實一官,裕欲改其評,巏正色曰:'公所執,何异王介甫!'群僚咸在側,裕大慚,徐曰:'郎中言是,然非我莫能容也。'擢太僕少卿,請命史官記注言動,如古左右史,時不能用。"

雷禮《國朝列卿紀》卷一百五十三"太僕寺少卿年表":"儲巏,見卿,弘治十年任,十一年丁憂,十四年復任。"

弘治十八年(1505),升太僕卿。正德二年(1507),擢都察院左僉都御史。總糧南京,釐革宿弊,多所惠益。正德三年,擢户部右侍郎。次年,遷左侍郎。五年,以疾乞休。

李贄《續藏書》卷二十二理學名臣《侍郎儲文懿公(事茂陵泰陵康陵)》:"康陵初,升太僕卿。明年,僉都御史,總糧南京。閑局無事,專心經史,訪輯國朝故事。又明年,入户部爲侍郎。逆瑾專權,公卿奔走瑾前,公愧憤,引疾求去。長沙與公善,得允致仕。"

顧璘《息園存稿》文卷六《通議大夫南京吏部左侍郎儲公行狀》:"乙丑,升本寺卿,首舉馬政便民者四事疏於朝,語在奏議中,悉見施行。譽望日重,性狷介,寡合執政,不相悦。奏擢都察院左僉都御史,總督南京糧儲,釐革倉庾宿弊,裁省供費及條陳應議四事,多所惠益。正德戊辰,擢户部右侍郎。己巳,遷左侍郎,督京儲,其莅政一如南都。沉静端毅,中貴同事者咸見嚴憚。時逆瑾用事,大臣多爲屈損,稱公爲先生而不敢慢。庚午春,以疾乞休,詔賜乘傳。還,仍敕有司候病痊奏聞起用。同事太監蔡用素重公,廉饋白金五十兩爲賻,辭不受。冬十月,仍起爲左侍郎,辭不就。"

張廷玉等《明史》卷二百八十六:"武宗立,塞上有警,條御邊五事,又陳馬政病民者四事,多議行。正德二年,改左僉都御史,總督南京糧儲。召爲户部右侍郎,尋轉左,督倉場,所至宿弊盡釐。劉瑾用事,數陵侮大臣,獨敬巏,稱爲先生。巏憤其所爲,五年春,引疾求去。詔許乘傳,有司候疾痊以聞。其秋,瑾敗,以故官召,辭不赴。"

雷禮《國朝列卿紀》卷一百五十"太僕寺卿年表":"儲巏,直隸泰州人,進士,弘治十八年任。"

雷禮《國朝列卿紀》卷九十九"總督南京糧儲侍郎都御史年

表”:“儲巏,直隸泰州人,進士。正德二年,以右僉都御史任。”

七年(1512),起南京户部左侍郎。八年,改吏部左侍郎。同年七月,卒官。嘉靖初,賜謚文懿。

李贄《續藏書》卷二十二理學名臣《侍郎儲文懿公(事茂陵泰陵康陵)》:“七年,起南京户部。是年冬,改吏部南京。”

雷禮《國朝列卿紀》卷三十“南京吏部左右侍郎年表”:“儲巏,南直隸泰州人,進士。正德七年任左,八年致仕。”

顧璘《息園存稿》文卷六《通議大夫南京吏部左侍郎儲公行狀》:“壬申春,復起爲南京户部左侍郎。時四方多故,京儲虚耗,公籌劃深遠,務善後圖。癸酉正月,改吏部左侍郎。時方望其大用,遽以疾終。”“晚爲朝廷倚重,故誥辭稱其雅操不群,長才杰出,學有本原,志存貞固,簡在固已切矣。易簀時,召璘與車駕主事王韋,屬以後事,至不能語,猶舉筆作‘國恩未報、親養未終’八字,泣數行下,無一語及其家事,非素養堅定,烏能至是哉!”“卒於正德癸酉七月十一日未時,享年五十有七。”

顧璘《息園存稿》文卷九《書儲公行狀後》:“公既没之十年,爲嘉靖二載癸未,禮部請謚曰‘文懿’。又五年,爲嘉靖七載戊子,吏部請蔭嗣子灦爲國子生,皆异數也。國朝大臣謚皆出特恩,三品尤難,今甲任子以三品以上。嘗考績者爲限,公雖久涉卿階,所歷未踐是限,非名德表著,爲衆所推,二典皆不可冀也。嗚呼!亦天道與。前事贊成於刑部尚書莆田林公俊、吏部尚書太原喬公宇,後事成於大學士京口楊公一清、吏部尚書廣信桂公萼。”

巏天資超邁,淳行清修,端默簡重,介然自守。好賢惜才,凡海内知名之士,無老少遠近,咸見推引。事親至孝。

顧璘《息園存稿》文卷六《通議大夫南京吏部左侍郎儲公行

狀》:“公體貌清羸,若不勝衣,端默簡重,凝然具臺閣之器。……好賢惜才,凡海内知名之士,無老少遠近,咸見推引。厄窮弗達者,必思振起之。辟遠非類,不惡而嚴,未嘗有不善人至其門也。初璘舉進士,今司徒無錫邵公嘗相語曰:‘子持身當以柴墟爲方,終不爲非人累。’其見推重如此。每與學士大夫語,必政事文學等事,否則端坐終日而已,人莫敢言其私。居常與家人言,亦恒引古賢孝貞烈故事爲訓,絶無燕昵語。”

張廷玉等《明史》卷二百八十六:“巏體貌清羸,若不勝衣。淳行清修,介然自守。工詩文。好推引知名士,辟遠非類,不惡而嚴。進士顧璘嘗謁尚書邵寶,寶語曰:‘子立身,當以柴墟爲法。’柴墟者,巏别號也。”

查繼佐《罪惟録》列傳卷之十三上:“論曰:‘制科以來,凡居鄉、會、殿第一,率以名諫見長,如羅倫、楊守陳、姚夔、劉定之、吴寬、梁儲、章懋、李夢陽、趙時春、沈懋學等,儲文懿又其一也。朝廷以言耴人,而立言裨時政者居多,亦間有以言垂後世者。’”

顧璘《息園存稿》文卷六《通議大夫南京吏部左侍郎儲公行狀》:“成化乙亥,年二十三,王淑人疾,祠藥不愈,乃刺股救之,延數旬,卒。時尚未室,宗戚强公娶,公頓足號天,足指俱碎,乃已。淑人遺命勿葬先兆内,家貧無資,公極力别營墓域,每旦伏哭冢上,夜則苦誦讀,以圖顯揚。癸卯,舉應天鄉試第一。歸至儀真,即號泣赴家,痛母氏弗及見也。”“侍郎公年八十在堂,少有違遠,凡飲食衣服之養,顧慮周至。兩蒙恩賜綺幣,悉制衣以爲悦。自主事至侍郎,四奉敕誥推封。每臨母淑人忌辰,必齋戒祭祀以致思。平生鬚髪爪甲不敢棄遺,藏至數大裹,竟以殉斂,其謹身慎行此可類推已。”

出李東陽之門,與李夢陽、何景明、徐禎卿、邊貢、喬宇、都穆、王陽明、謝鐸、許進、朱應登、楊一清、王禕、楊君謙、徐子仁、杜棰

居、孫緒、楊廉等多有詩文唱和。

儲巏《柴墟文集》卷十三《奉李西涯先生》:“巏鄙陋之資,謬從諸生後,出入門下十有餘年,殘膏剩馥,沾丐多矣。”《奉謝方石先生》:“巏昔在江東,極蒙垂愛。”“巋然人望如我公者,今不過數人而已。”此外,集中有《與黄縉秀才》《驛中會宿别朱亨之用實夫韻》《次楊邃庵先生韻》《賀克温遷居次仲湜太宰韻》《送克温改官禮部》《仲湜請老次韻》《送蔣中允敬之歸省》《復楊邃庵都憲》等。

李贄《續藏書》卷二十二理學名臣《侍郎儲文懿公(事茂陵泰陵康陵)》:“李贄曰:‘公視陽明先生居然前輩矣,陽明中弘治十二年進士,時公則已太僕少卿,而往來問學若弟子。吁! 此公之所以益不可及也。後泰州有心齋先生,其聞風而興者歟! 心齋之子東崖公,贄之師。東崖之學雖出自庭訓,然心齋先生在日,親遣之事龍溪於越東,與龍溪之友月泉老衲矣,所得更深邃也。東崖幼時,親見陽明。’”

邵寶《容春堂集》前集卷八《和儲静夫》:“宦途回首各風烟,浪説春江有渡船。珍重寄書千里意,高秋一雁落雲邊。”集中還有《寄儲静夫太僕》《送儲考功赴南京序》等。

孫緒《沙溪集》卷十二雜著:“司徒儲静夫巏,於余爲先進。初未相知,因送王翰林九思歸省,席上聯句以贈。儲有句云:‘詩許奪袍供戲彩’,坐客俱未能對。余時年最幼,居末坐,起續其下曰:‘腹藏充棟未題籤’,儲喜甚。既而共談《史記》,喬太宰希大有句曰:‘午夜卷舒驚落蠹’,余應之曰:‘當年辛苦費雕蟲’,儲起執余手曰:‘予當讓子一頭地’,自此遂相知。”

李東陽《懷麓堂集》卷十六詩稿十六:《送儲静夫主事之南京吏部兼寄夏廷章》:“萬里晴空一鶴飛,野雲溪雪避光輝。不應銀海妨迴櫂,未許緇塵得上衣。南國地夸山水麗,東曹官愛簿書稀。多情定與吾鄉彦,石假峰前咏落暉。”卷五十七有《儲都憲静夫在南曹時嘗取鶴鳴詩義名其園曰檀園又取杜少陵〈渼陂〉詩義名其軒曰净拭軒比再入南京請各賦一首》。

吴寬《匏翁家藏集》卷第十七《喜儲静夫考功自南京至》:“與子三年别,長存耿耿思。偶來今日雨,又屬暮春時。風度看逾好,功名喜未遲。吏曹能自署,應不數光羲。”

曹學佺《石倉歷代詩選》卷四百二十六《明詩次集》六十王雲鳳《過天津答儲静夫絶句見寄》:“我舟初掛一篷新,偶遇南船便問津。唤我停橈過倉去,岸頭閑看放罾人。”

楊廉《楊文恪公文集》卷二《和儲静夫户侍玄武湖》二首:“群公湖上欣持杯,此會難再須徘徊。百年籍册比銅版,祖皇嚴令如春雷。就中半字誰敢裂,冤抑扣之自能雪。環以波光水氣寒,六月那知有炎熱。千櫺萬牖諸庫開,我初見之猶驚猜。承平户口轉增益,但睹萬國梯航來。我朝聲教皆漸被,周禮司徒掌輿地。示來詩句何鏗鏘,剩有高才敵賓戲。”“中洲去岸六七里,猶憶宿湖霄曳履。畫船上鎖金鑰收,極目惟看渺瀰水。一來五日耗不通,紗窗夜夜明晴虹。魂清少寐歌達旦,餘音下撼蛟龍宫。廿年不到湖上路,回首光陰如箭去。澄波照影衰鬢蓬,自覺容顏已非故。沿堤高柳仍含烟,鍾山一幅罨畫然。無端往事不可問,惟有景物如當年。”卷四有《酷熱和儲静夫韻(正德戊辰年)》。

何喬遠《名山藏》卷六十九《臣林記》:“時李夢陽、何景明等倡古文詞,執政者嫉才,欲擯斥之,巏以文章復古爲國家元氣,故於李、何極其扶植,得不傾陷。”

此外,顧潛《静觀堂集》卷三《又和儲静夫韻四首》、石珤《熊峰集》卷四《送儲静夫》、莊昶《莊定山集》卷五《與儲静夫》、喬宇《喬莊簡公集》卷十《儲公神道碑銘》等,可見巏與諸文士之交往。

性好學，老而彌篤。詩自《騷》《選》以來，魏晋唐宋諸家之所賦，無不誦也。乃若近事，自宋、金至明初諸老之遺言逸迹，旁詢壽耇，徵之故府，歷能道之。爲詩規仿陶、韋，以西涯爲師，空同爲友。其詩兼具冲淡沉蔚、灑落清遠、渾雄跌宕之風。其爲奏疏、書啓、碑表諸作，繫國家大體，關乎古今治亂，方正嚴毅，斬截崛奇，潔雅有致。所著有《柴墟文集》十五卷，編修《皇明政要》二十卷。與同里陳沂、王韋，號“金陵三俊”。其後寶應朱應登繼起，稱“四大家”。

焦竑《國史經籍志》卷五集類：“儲巏《文懿集》十五卷。”

盛儀《（嘉靖）惟揚志》卷十二：“《柴墟文集》十五卷，南京吏部侍郎儲巏撰。”

朱睦㮮《萬卷堂書目》卷四：“《儲文懿公集》十五卷，儲巏。”

張廷玉等《明史》卷九十七志第七十三藝文二：“儲巏《皇明政要》二十卷。”志第七十五藝文四：“《儲巏文集》十五卷。”卷二百八十六列傳第一百七十四：“巏與同里陳沂、王韋，號‘金陵三俊’。其後寶應朱應登繼起，稱‘四大家’。”

永瑢等《四庫全書總目》卷一百七十五集部二十八：“《柴墟齋集》十五卷，兩江總督采進本。明儲巏撰。”“是集爲其曾孫耀所刊，詩五卷、序文三卷、墓誌一卷、雜著二卷、疏一卷、書簡三卷。巏嘗與李夢陽、何景明、徐禎卿相倡和，其詩規仿陶、韋，文亦恬雅，至於才力富健，則不及夢陽等也。”

顧璘《息園存稿》文卷六《通議大夫南京吏部左侍郎儲公行狀》：“所著有《柴墟文集》若干卷、《奏議》一卷、《駉野集》一卷。”“爲文簡古多思，尤深於詩，冲淡沉蔚，兼晋唐之風，士林寶之爲訓。”

顧璘《息園存稿》文卷十八《凌溪朱先生墓碑》：“自成化、弘治間，質文始備，翰苑專門不可一二數。其在臺省，初有無錫邵公寶、海陵儲公巏等開啓門户，自是關西李夢陽、河南何景明、姑蘇徐禎卿、維揚則先生,岳立宇内,發憤覃精,力紹正宗。”

王世貞《國朝名賢遺墨》第四卷:“南京吏部左侍郎泰州儲文懿公巏《次韻雨花臺》一律,詩拙而微有句,書拙而微有筆。”

陳沂《石亭文集》卷十《祭儲少宰文》:“天出穎异,學足弘博,德輝藝華,莫有能若。”

王兆雲《皇明詞林人物考》卷三:“性好學,老而彌篤,文法極森嚴,詩冲淡沉蔚,有陶、韋之風,所著有《柴墟文集》《騆野集》、奏疏各若干卷。”

王昶《春容堂集》:“柴墟詩渾雄跌宕,灑落清遠,風雅遺音,公蓋有之。”

朱彝尊《静志居詩話》:“文懿掉鞅詞場,與楊君謙、徐子仁、杜樫居衿契。君謙嘗題扇寄之,文懿愛惜緘題字,未開視也。一日子仁、樫居過,出扇作畫,文懿因題詩寄君謙,云:‘爲惜緘題入手遲,清風千里故人思。畫成一事知還欠,封寄江南乞寫詩。’亦藝林韻事也。”

李夢陽《空同集》卷五十九雜文《朝正唱和詩跋》:“詩倡和莫盛於弘治,蓋其時古學漸興,士彬彬乎盛矣。此一運會也。予承乏郎署,所與倡和,則揚州儲静夫、趙叔鳴,無錫錢世恩,嘉定秦國聲,太原喬希大,宜興杭氏兄弟,郴州李貽教、何子元,慈谿楊名父,餘姚王伯安,濟南邊庭實,其後又有丹陽殷文濟,蘇州都元敬、徐昌谷,信陽何仲默。其在南都,則顧華玉、朱升之。其尤也,當日倡和,文懿實居其首。及李、何教行,執政欲加擯斥,文懿以文章復古爲國家元氣,極其扶植,得不傾陷。風雅蔚興,斯人攸賴。今之論詩者,鮮及之。論世者,所當表徵也。文懿卒於南都,在正德癸酉。後三年,歸柩海陵,攢於墓舍。丁丑將葬,啓視棺,上生黝墨成繪畫文,具畫家皴染之法。前則奇石、枯松,旁出二條,莖葉咸備。左則梅株夭矯，梢著數花。右如左，而樹枝差短，其文深入木理，四方來觀，詫爲神异。華玉爲作《靈徵記》，此事甚怪，近《靈壽傳》。去异，撰《有明异叢》。寶應劉禹峰撰《史外叢譚》，探幽索隱，獨此未載，故附識之。"

陳田《明詩紀事》丙籤卷八："柴墟以西涯爲師，空同爲友，故詩力雄厚，迥异臺閣之體。"

邵寶《柴墟文集序》："儲公天資超邁，自幼學時已有尚友千古之志。涵養既久，其性情風度從容詳暇，接引後進，穆如可親。至論國事人才，正邪忠佞，辨析涇渭，義色法言，凜莫可犯。歷兩考功，品署惟允，及佐中臺，薦起名節，如恐不及。剡牘之餘，溢於言論，時稱大雅君子，必公焉歸！故其爲詩或恬淡平雅，或渾雄跌宕，或灑落清遠，所謂風雅遺音，公蓋有之。其爲奏疏，爲書啓，爲碑表、序記、銘誌諸作，繫天下國家大體，關乎古今治亂者，則方正嚴毅，斬截崛奇，雖片言單詞，蒼然古色，壁立千仞，望之嵬然而未易即焉。其長篇大章，抑不待論也。烏乎盛哉！故觀公之爲人者，雖未嘗執簡披閱，可以知其言，觀其言者亦然。若夫公所蓄積，書自六籍外，先秦兩漢以來諸子者之所撰無不讀也；詩自《騷》《選》以來，魏晋唐宋諸家者之所賦，無不誦也，其博如此。乃若近事，自宋、金、元季，至我國初諸老之遺言逸迹，旁詢壽耇，徵之故府，歷能道之。元夫、鉅人自卿達於韋布號有識者，無不賓禮交游，相與參訂焉，至欲筆之爲書，其言則曰：'知古非難，知今爲難，通達國體者，古難其人，而况今乎'云云。繼之以嘆，由是觀之，充公所志，使見柄用，必將大建勛業，上追古人，而以時以地未之究也。其所述作，托諸縑楮金石者，皆公之餘爾。然公之所藴，孰是以暴於天下，而徵乎其所行，夫誰曰不可哉！予自甲申以公登第，越十年被召自州，相從郎署者數年，凡公著，往往得承面論而私讀其稿，故嘗僭有所論如此。先是,公之知友山西憲使東吴顧君華玉嘗以台守過我,亦將屬序,未果,今乃卒爲台州執筆,固亦予之分也。""南京吏部左侍郎柴墟先生儲公既卒之十有三年,其從子台州貳守平甫以公集若干卷刻於沔陽郡齋者,謁予二泉山中,請爲之序,其言曰:先伯父爲先生知素矣,是集之序非先生其誰圖之?敢虚首簡以請。予愧乎其言,抑有感焉。集……初名《柴墟》,刻既成而賜謚命下,遂稱之。上以昭聖明,崇獎名德,不遺遐,故之盛典下,以慰公於九原云爾。"

儲昌祚《柴墟文集序》:"公家居每與諸名儒講聖賢之學,踐履一如其言,喜接引後輩,户外之履常滿。既掇巍科,猶手不釋卷,緗緗之業,儲蓄甚富,該覽甚博,至朝家典故,尤所究心,每謂知古非難,知今爲難,故耆儒老生多所詢訪,即稗官野史咸加采録,真有經世之略,而惜猶未究其用也。公既没,猶子平野公以名進士出典州郡,刻公之集行於世,世共珍之,今讀其詩,温厚典則,綽有風人之致,而其文則遒勁古雅,直逼西京而上,我朝所稱名家,誰有出其右者?"

儲燿《柴墟文集跋》:"燿莊誦我老祖《柴墟文懿公集》凡十五卷,惟我伯祖平野公嘉靖乙酉刻於沔陽宦署者是也,已行之天下矣。行之既遠,則原板用之彌勤,墨瀋蠹嚙,雖有棗梨,必無幸矣,士夫購求兹集率無以應,識者憾之。君子曰:'先烈之弗彰非孝也,後學之靡式非公也。'非孝非公,燿於是有大懼焉,搜笥中僅存原稿一部,自備百金,重授之梓,更撿鄭淡泉《吾學編》、顧華玉《靈徵記》、趙叔鳴《靈徵詩》并圖、歐楨伯《廣陵十先生傳》之一、《皇朝世説新語》數則,咸補入邵二泉《集序》之後,列爲一卷,合原集共十六卷,繕寫校刊,閲二年而始就,庶乎可以當宗器、存口澤也歟哉!"

儲巏《柴墟文集》:"《宿金山聽潮閣》:'朝游歡未極,暮憩還自謍。上方鐘磬罷，虚室泠然清。起視夜何其，片月東南生。青山如改顧，隱隱攢高城。蛟龍寒尚蟄，波浪誰與争。乃知群動息，夕景涵空明。歘爾紫霞想，緬貽滄洲情。篝燈閉石閣，細聽江濤聲。'《薊州山中》：'青山借微雨，洗沐爲誰容。宿雲猶未歸，更覺岡巒重。我行頗愁寂，賴此青山容。宛如平生交，傾蓋遥相從。晚來境逾勝，四顧皆奇峰。何由擅一丘，且作漁陽農。諒無功業建，還以千家封。'《題蒼雪道人卷》：'水官失蒼佩，龍伯竊上天。染成天水碧，屑花競芳妍。瀰漫三萬頃，仿佛堆雲烟。物情忌太潔，白帝不敢前。道人茅宇小，骨冷驚高眠。出門杳無見，乾坤正蒼然。誰開混沌竅，坐此清泠淵。翩然謝濁世，還我太古年。'《馮御史執之賈主事璇同游太明寺》：'野寺乘春到，縈紆一徑賒。風聲殘葉亂，人影夕陽斜。醉墨懷僧壁，歌鐘失帝家。馮唐多逸興，隨處岸烏紗。'《郊行》：'凌競瘦馬踏春泥，雪後郊原緑未齊。一抹午烟風隔斷，野鷄聲在竹林西。'《望岐溝》：'野水荒烟没斷橋，欲尋遺老問前朝。不因書記班師奏，未必岐溝定屬遼。'"

本毗陵茂族，元末始徙海陵。父諱信，字宗實。以巏貴，累封至通議大夫、户部右侍郎。母王氏、繼母董氏俱贈至淑人。初娶周氏，繼娶朱淑人。無子，以從弟崐子灝嗣，女三。

顧璘《息園存稿》文卷六《通議大夫南京吏部左侍郎儲公行狀》："本毗陵茂族，元末始徙海陵。曾大父諱某，字仲文，倜儻負義，嘗隆冬載布數乘入遼，遇警道阻，人多凍死，遂立市門散之。又嘗行道中得遺金，歸其人，其人分謝，悉不受。此其種德所自夐哉，厚矣！大父諱玉，字景榮，以公貴贈通議大夫、户部右侍郎。父諱信，字宗實，累封至通議大夫、户部右侍郎。母王氏、繼母董氏，俱贈至淑人。"

顧璘《息園存稿》文卷六《通議大夫南京吏部左侍郎儲公行

狀》:"公初娶周氏,十有七年而卒,《誌》稱相夫多賢,累贈至淑人。繼娶朱淑人,實應封御史朱公之女。通古經傳,惠妾媵,育遺女,咸稱於人。女三。長適陝西按察使仲公子承佑,早卒。仲適泰州守御所千户周沐。皆周出。季未適,側室嚴出。無子,以從弟崐子灝嗣云。"

田藝蘅《詩女史》卷十四:"儲氏,尚書儲巏女也。適舉人陳某,其小姑嫁時,儲戲贈詩,曰:'夭桃灼灼向窗前,十二闌干次第看。昨夜雨聲三四點,惜花人聽未曾眠。'"

參考文獻:

1. 朱彝尊《静志居詩話》,人民文學出版社 1990 年版。

2. 王兆雲《皇明詞林人物考》,周駿富輯《明代傳記叢刊》,臺灣明文書局 1991 年版。

3. 陳田《明詩紀事》,上海古籍出版社 1993 年版。

4. 田藝蘅《詩女史》,齊魯書社 1997 年版。

5. 顧璘《顧華玉集》,香港迪志文化出版有限公司 2003 年版。

6. 儲巏《柴墟文集》,沈乃文主編《明别集叢刊》第一輯第 71 册,黄山書社 2013 年版。

7. 李夢陽《空同集》影印本,國家圖書館出版社 2014 年版。

(閆麗)

總主編——羅時進

明清才子傳箋證

——第二卷——

明代詩文編（宣德——弘治）（下）

主編　陳書録　司馬周

副主編　孫啓華

鳳凰出版社

楊循吉傳

楊循吉，字君謙，號南峰山人，吴縣（今江蘇省蘇州市）人。天順二年（1458）生。

張廷玉等《明史》卷二百八十六列傳第一百七十四："楊循吉，字君謙，吴縣人。"

趙宏恩《（乾隆）江南通志》卷一百六十五人物志："楊循吉，字君謙，吴縣人。"

楊循吉《松籌堂集》卷五《禮曹郎楊君生壙埤》："君姓楊氏，名循吉，字君謙。"卷十二《賀新郎·丙午生日自壽》："二十九年何所就，但寒窗，一味交書史。"

錢穀《吴都文粹續集》卷四十三楊循吉《明禮曹郎楊君自撰生壙碑》跋："公生天順戊寅十一月五日。"

天質穎异，品貌秀雅。少學《易》，嘗讀書吴城西金山禪寺中。師舅氏劉昌。

王錡《寓圃雜記》卷六："楊君謙天質穎异。"

楊循吉《松籌堂集》卷五《禮曹郎楊君生壙埤》："少習《易》。"

吴寬跋楊循吉《都下贈僧詩》云："君謙儀曹，幼時讀書吴城西金山中，倦則取釋典閲之。久而自謂恍然若有所得，故其與佛者遇，輒作佛語投之，雖率爾韻語，亦歸於是。"

楊循吉自題《都下贈僧詩》:"鄙人少時嘗業於金山禪刹,得與法侶交游。自是竺梵之書恒陳於目,方上淄流亦時接焉。"

牛若麟、王焕如《(崇禎)吴縣志》卷四十八:"楊循吉,少敏慧,從舅氏劉參政昌學《易》。"

楊循吉《松籌堂集》卷五《禮曹郎楊君生壙碑》:"母劉,封安人,安人之兄擢解元於正統間,官至三品,楊業儒自此始。"

成化十三年(1477),領鄉薦。成化二十年,中二甲十五名進士。擢拜儀曹,觀政工部,奉使浙江。

楊循吉《松籌堂集》卷五《禮曹郎楊君生壙碑》:"弱冠登科。"

牛若麟、王焕如《(崇禎)吴縣志》卷五十一:"楊循吉,字君謙……弱冠,領成化丁酉鄉薦。"

王錡《寓圃雜記》卷六:"楊君謙天質穎异,文章爲當今大家之冠,名著天下。歲戊戌會試,儀制員外郎閻某與事。閻,河南人,爲士子時,嘗受提學副使劉欽謨訓戒,銜而不發,以君謙爲劉甥,因欲重困之。適巡官見君謙落筆,驟加稱賞,許以鼎甲。閻聞其言益恚。日未瞑,君謙文草已畢,未脱者七之二,閻遽奪其卷,麾之使出,見者皆抱不平,而君謙自如也。"

楊循吉《松籌堂集》卷五《禮曹郎楊君生壙碑》:"又七年,憲祖御天。成化甲辰科,幸叨皇榜。擢拜儀曹,爲京師木職,幞簡青袍,入參朔望,人生之極榮。"卷六《明故行取推官華公墓誌銘》:"余與君初釋褐,即同試政工部,又同有事於外,相與聯舟涉江。"

張朝瑞《皇明貢舉考》卷五第二甲第十五名:"楊循吉,南直隸吴縣。"

王錡《寓圃雜記》卷六:"初觀工部政,同年外補。"

成化二十二年(1486),授禮部主事。與吴僧交往於京師,有《都下贈僧詩》一卷。秋,歸里養痾。王古直、陳一夔、王存敬等諸公送别,有《七人聯句詩》。

王錡《寓圃雜記》卷六:"君謙連任差遣,咸克乃事,特除儀制主事。"

張廷玉等《明史》卷二百八十六列傳第一百七十四:"成化二十年進士,授禮部主事。"

楊循吉題《都下贈僧詩》:"成化丙午,竊禄在都下,會大給祠牒,鄉僧雲集。鄙人時方卧痾寓舍,頻蒙訪慰。錫笠交横,蔬羞雜沓。於時既病體多閑,兼悦方友,每一人南旋,輒有贈,自録爲一卷,命曰《都下贈僧詩》,以呈翰林吴公。……今鄙人養疾故里,殆已三年,游息之處,多來持定塔院,蓋即金山之下庵也。因探公之故題,臨而刻之。……弘治己酉十月二十日楊循吉題。"

永瑢等《四庫全書總目提要》:"《都下贈僧詩》一卷。浙江汪汝瑮家藏本。明楊循吉撰。循吉好與方外游,成化丙午大給祠牒,吴僧多集京師,其所識淄流時或往訪。比其還也,各賦詩以送之,因録爲一通。吴寬跋其後。後二年,循吉復摹寬書,刻之持定塔院。"

楊循吉《七人聯句詩記》:"余頃得請,將還山中,承古直老人一夔、存敬、公繩、栗夫四刑部約以飲食,過余作餞,且爲别。……成化二十二年丙午八月二十六日,病子楊循吉記。"

楊循吉《松籌堂集》卷二《予既得請,將歸吴,王秋官弼亦以奉使西行,以詩見贈,兼詢歸意,遂依韻奉酬》:"我今且去君亦行,凄風枯林月當九。君有高幢盛僕馬,我有空車載鷄狗。出城分路而不同,一就官途一林藪。"

弘治元年(1488),自吴返京,復原官,因五王册封受賞。同年,疏請致仕,時年三十一歲。

楊循吉《松籌堂集》卷五《禮曹郎楊君生壙碑》:"弘治初,逮事孝廟,時五王册封,備員執事,獲從堂官拜華蓋殿,得覲龍顔。事竣,賜宴直房,并賞羅綺。福薄命蹇,痞癖内攻,日食米止三合,恐曠職致尤,上奏乞换校官,不果,遂乞歸,蒙恩准放。次年,移封典下,郡諸侯具彩輿迎,賜二親,冀報劬勞之萬一矣,自惟受官無補。"

錢謙益《列朝詩集》丙集卷六:"在郎署,每稱病不出。浹歲中促數移病,長官厭而呵之,即疏請致仕,年纔三十有一。"

張廷玉等《明史》卷二百八十六列傳第一百七十四:"一歲中,數移病不出。弘治初,奏乞改教,不許,遂請致仕歸,年纔三十有一。"

王世貞《藝苑巵言》卷五:"楊君謙爲儀部主事,與郎中不得,因謝病歸。久之,病良已,起復除原官。……復官彌月,再乞病告,吏部以格不可,曰:'郎病已,復病耶? 安得告? 而可爲者,致仕耳。'君謙恚曰:'吾難致仕何?'即自劾罷,時僅三十餘。"

朱彝尊《静志居詩話》卷八:"君謙官儀曹,人目爲'顛主事',每稱病不出,長官厭之。人或勸之歸,賦詩云:'鄙人自從三月來,腹心久已病痴瘕。晨興至午尚不食,夜枕呻吟睡尤寡。有人謂我病如此,何不抽身向林野。一聞此言即再拜,誰有愛人如此者。久知山水淡有味,漸覺功名輕可舍。乘今秋事天漸凉,定買扁舟向南下。'遂疏請致仕。沈啓南聞其歸,賦詩云:'都門祖帳百花飛,多見龍鍾賦式微。較取柳條千萬折,不曾送一少年歸。'是時君謙年僅三十有一也。"

吴寬《家藏集》卷十八《送楊君謙致仕》:"公署席未暖,求去何嗷嗷。濟河先焚舟,預賣冠與袍。我不更勸子,知子意殊勞。……歸來必自得,有樂斯陶陶。發洩胸中奇,文場戰當鏖。多事反自今,筆墨肯停操。已忘虞卿愁,且著屈子騷。"

沈周《石田詩選》卷七《聞楊君謙致政賦以致健羨十五首》:"當場拂袖便南行,一注孤高更沉清。初擬熱官移教授,思量猶自累瓢聲。""到手功名賦子虛,深山長谷覓安居。讀書已足功名事,更讀人間未讀書。"

胡文學《甬上耆舊詩》卷八李堂《擬古送儀部楊君謙致仕歸東吴》:"朔風吹華髮,驅車出都門。雪消原野潤,爽肅無塵昏。行行望吴會,白雲依遠村。俯憐丘壑姿,仰銜海岳恩。身完道乃立,志適理斯存。達人會有見,耿耿胡具論。"

弘治十二年(1499),上書請追謚建文帝,格不行。

楊循吉《松籌堂集》卷五《禮曹郎楊君生壙碑》:"己未歲,清寧宫灾,下詔求直言,不揣應詔,上疏請復建文君尊號以禮文事,分所當言,用是塞責。帝衷欲允,太宗伯以爲事體重大,弗敢覆,存爲文案。傳聞收入太史氏,未知然否。既而,謹厚大臣遠貽如瓶之戒。"

王世貞《弇州四部稿續稿》卷一百四十七:"居十二年而上書復請建文帝號,禮曹爲大驚,不敢舉其案,賴天子寬仁,不罪也。"

龍文彬《明會要》卷一:"弘治十二年四月,前禮部主事楊循吉上言:'建文君乃高皇帝嫡孫,躬受神器,後太宗入繼大統,削建文位號,百餘年來未蒙顯復。夫建文雖以左右非人得罪社稷,而實則生民之主也,請復尊號,如景泰故事,庶幾裨益先聖,有光大孝。'下禮部議,格不行。"

正德十五年(1520),武宗幸南都,召賦樂府,扈從稱旨。冬,召至京。明年,會帝崩,南歸,築室支硎山下,修葺舊聞,成《雲峰廣要》,筆耕度日。

楊循吉《松籌堂集》卷五《禮曹郎楊君生壙碑》:"庚辰歲,武宗在南都,蒙呼試樂府,三次扈駕,凡九易冥筴告歸。是歲冬,復取如京,莫辭,趨命,歲齋不廢。明年夏,南歸。别築室支硎山下,修葺舊聞,名《雲峰廣要》。檢書既多,稍諳典故,然以筆耕度日,不作生業。"

何良俊《四友齋叢説》卷十五:"武宗南巡時,因徐髯仙進《打虎曲》以希進用,竟不得志。"

文震孟《姑蘇名賢小記》卷上《楊儀部南峰先生》:"比武宗南巡,以名驛召先生,郡邑前爲先生治裝。先生冠武人裝,韎韐戎錦,無所不狎侮。已見上,令應制爲詩歌,輒稱旨,然不授先生官。先生力懇乃免,歸。"

錢謙益《列朝詩集》丙集卷六:"正德庚辰,武宗幸南都,問伶臧賢:'南人有善詞曲?'賢以君謙對,武宗立召之,命賦《打虎曲》,稱旨。每扈從,輒在御前承者,爲樂府小令,然不授官,與優伶雜處。君謙耻之,謀於賢,爲請急放歸。"

張廷玉等《明史》卷二百八十六列傳第一百七十四:"武宗駐蹕南都,召賦《打虎曲》,稱旨,易武人裝,日侍御前,爲樂府小令。帝以優俳畜之,不授官。循吉以爲耻,閲九月辭歸。既復召至京,會帝崩,乃還。"

談遷《棗林雜俎》"智集":"武宗南巡,於北固山上見楊循吉留題,因召見行在,見上不能對,遂罷遣歸。忌者因以爲伶人臧賢所薦,不知此際循吉貧不能糊口,其赴召也,典衣爲裝,惡從市伶人。王元美輕信,筆其事於《卮言》,因而傳播天下,冤哉!徐文貞云:'世廟初年,欲起君謙,聞其顛而止。楊公實顛,不以伶人事也。'愚按:正德十六年八月癸未,發京師,是日即杖臧賢等於午門,戍邊。安得從南巡薦循吉也?又江寧徐子仁霖亦曰臧賢所薦。是年十二月,上至南京,賢死久矣。流聞之謬如此。"

嘉靖十五年(1536),上《九廟頌》《華陽求嗣齋儀》。是年冬,自西山還歸故村。

楊循吉《松籌堂集》卷五《禮曹郎楊君生壙碑》:"嘉靖十五年,田野間樂聞盛事,時則恭逢九廟肇興,上頌文一篇,蒙頒史館。薄表葵藿之敬,諒無補益也。外《華陽求嗣齋儀》十卷同進,亦蒙嘉納。……是年冬,自西山還歸故村,埋頭隱伏,終日惟與古聖賢相對,輪蹄斷迹,亦不尤人。自是年益老,耳聵目昏,龍鍾强步,起拜必俟扶,自知去死不遠。"

張廷玉《明史》卷二百八十六列傳第一百七十四:"嘉靖中,上《九廟頌》及《華陽求嗣齋儀》,報聞而已。"

嘉靖二十一年(1542),自作《生壙碑》以紀生平大要。二十五年卒,得年八十九。

楊循吉《松籌堂集》卷五《禮曹郎楊君生壙碑》:"堪輿上下,元元處中,是生萬物,予得爲人,其所居距大海十舍許,蓋宇内之陋夫也。今則素餐於世八十五年,行將奄歸玄宅,返乎太初,相彼廬,山右有丘焉,我之永歸,庶幾在是。恐一旦先朝露,無人紀述,乃自爲文,琢石而鎸之。"據"今則素餐於世八十五年",可知《生壙碑》當作於嘉靖二十一年。"有墳自築,前溪後城,亦足偃卧。文集方斟酌未成,書三四種有完有未完。愧無寸長,不欲勞他人之筆,所貴以自述爲不誣,故撰其碑云爾。"

楊循吉《松籌堂集》卷首顧從德《序》:"嘉靖丙午北試,道經吴門,始獲拜先生於濠上。時先生壽已望九,而奬進後學特甚……是冬,北歸,忽聞先生化去,雖反袂過吴門,然此情終不能已。"

錢穀《吴都文粹續集》卷四十三《明禮曹郎楊君謙自撰生壙碑》碑文後識:"公生天順戊寅十一月五日,卒嘉靖丙午七月二日,享年八十又九,卒之年十二月十九日,葬吴縣至德鄉碣字圩之新阡。"

性狷隘,好持人短長,又好以學問窮人,至頰赤不顧。晚益落寞,益堅癖自好。

王世貞《藝苑卮言》卷五:"既以歸,益亡復問外事,而踪迹益詭怪寡合。出擶冠服,羸輿馬,故以起人易而更侮之。又好緣文章語中傷人。"

張廷玉等《明史》卷二百八十六列傳第一百七十四:"性狷隘,好持人短長,又好以學問窮人,至頰赤不顧。"

錢謙益《列朝詩集》丁集第十六:"何穉孝撰皇朝史書,名之曰《名山藏》,損仲見而笑曰:'古之爲國史者,記則記,書則書,志則志,此何爲者?'楊君謙得《姑蘇志》,見其標目,不復開卷,擲而還之,豈爲過乎?"

張廷玉等《明史》卷二百八十六列傳第一百七十四:"晚歲落寞,益堅癖自好。尚書顧璘道吴,以幣贄,促膝論文,歡甚。俄郡守邀璘,璘將赴之,循吉忽色變,驅之出,擲還其幣。明日,璘往謝,閉門不納。"

蔣一葵《堯山堂外紀》卷九十一"國朝":"性好山水,嘗論郡中奇勝,得金山,因結廬居焉。後徙南峰,號南峰山人。每讀書得意,則手足不能禁,人謂之'顛主事'。""楊君謙《題畫扇》云:'一竹竿,一笠簑。知是陸魯望,知是張志和。醉醒張眼問人世,我是何人識得麼?'又題云:'蘁荳香生澗水深,谿邊閑立聽風吟。有人識得寒山子,直到天台寺裹尋。'此皆在友人坐頃刻而書者。君謙每以文示其人,曰佳,即掩卷,曰何處佳,其人卒不能答,便去不復别。"

好讀書,又好蓄書,聞某所有异本,必購求繕寫。

王世貞《藝苑卮言》卷五:"循吉多病而好讀書,最不喜人間酬應,嘗開卷至得意,因起踔掉不休,人遂相目呼'顛主事'云。"

文震孟《姑蘇名賢小記》卷上:"居曹事簡,日惟矻矻讀書,每讀書得意,則手足狂舞不自禁,以是得'顛主事'名。……結廬支硎南峰,日折松枝爲籌課書,書益博奥,内外典、稗官小説幾無不通。每歲輒持齋誦經百日不出,以報其先人。"

錢謙益《列朝詩集》丙集卷六:"善病,好讀書,每得意則手足踔掉不能禁,人呼爲'顛主事'。……居家好畜書,聞某所有异本,必購求繕寫。結廬支硎山下,課讀經史,以松枝爲籌,不精熟不止,多至千卷。"

朱彝尊《明詩綜》卷二十九:"君謙好蓄异書,孜孜不及。《題書厨詩》云:'吾家本市人,南濠居百年。自我始爲士,家無一簡編。辛勤一十載,購求心頗專。小者雖未備,大者亦略全。經史及子集,一一義貫穿。當怒讀則喜,當疾讀則痊。恃此用爲命,縱横堆滿前。當時作書者,非聖必大賢。豈待開卷看,撫弄亦欣然。奈何家人愚,心惟財貨先。墜地不肯拾,斷爛無與憐。朋友有讀者,悉當相奉捐。勝付不肖子,持去將鬻錢。'又《鈔書詩》云:'沉疾已在躬,嗜書猶不廢。每聞有奇籍,多方必羅致。手録兼貿人,恒輟衣食費。往來繞案行,點畫勞指視。成編亦艱難,把玩自珍貴。家人怪我癖,既宦安用是。自知身有病,不作長久計。偏好固莫捐,聊爾從吾意。'是時吴中藏書家多以秘册相尚,若朱性甫、吴原博、閻秀卿、都元敬輩,皆手自鈔録。今尚有流傳者,實君謙倡之也。"

楊循吉《松籌堂集》卷五《禮曹郎楊君生壙碑》:"一向守嘿,性偶好書。結廬天峰院,折松枝爲籌,課麟葩經,稍通章句,傍涉子史百家,又及千卷。時或歸省,從郡使君游,或爲文章吐言,亦未名家。正德初,嚴慈既殁,寢苫先隴,傾資修築,靡千金。既畢大事,每歲率持齋誦經,一百日不出以報,如此十三年。……明年夏南歸,别築室支硎山下,修葺舊聞,名《雲峰廣要》。檢書既多,稍諳典故。然以筆耕度日,不作生業,有附郭田百畝,悉賣不存。”

不以舉業爲貴,重經史古文。爲文學韓愈、歐陽修等,標舉唐宋,主張以文章觀時化。其古文宕逸有奇氣。

楊循吉《松籌堂集》卷九《答東郭生書》:“僕,吴中一庸夫耳。自少來,從舉業師治,俯首場屋,操筆撰墨,義色難之,而人恒取以爲輕重,苟工矣,必嘩傳朋友間,騰敬聳羡曰‘斯且不顯’。此我不貴而人貴者也。及竊窺經書,用古法以讀,味其詞,玩其義,仿前人作文字一二篇,宣述己意,力不從,心甚快,而人則訾之曰:‘是不急務,何庸爲此?’則我貴而人不貴者也。向也,當年少時,不閲世故,每不信時俗之所去取,直非病世人謂爲失輕重之分。及予果用是登科,而向者舉業之貴,遂一驗。即仕以後,則有人間簿書聲援之事,所謂筆札絶無用,而向者‘何庸爲’之譏又一驗。僕既罷官家居,久益知人情曲折,人視操觚秉翰,直如巫祝輩,將謂爲世之不能生存而假是以鼻息者也。”

楊循吉《松籌堂集》卷四《彭文思公文集後序》:“自古以文章觀時化,蓋一代之興,必有人焉。夫輔聖主,典製作,秉筆鋪張,則昭宣皇猷,裨翼史牒,而以風示天下,此非宗工碩儒不能爲。……而前代立國,率有文章家傳世,其不可忽如此。唐興至貞元,韓始出,宋興至慶曆,歐始出,其有所俟又如此。……其述作深厚嚴密,非仁義道德之懿,不陳諸口,蓋粹如也。由我聖明言之,則文人之盛,宜在今日,有任其責而無愧者,其非公乎?”

俞弁《逸老堂詩話》卷下:“南峰楊君謙循吉,作古文甚有時名。”

劉鳳《續吴先賢贊》卷四:“文學韓愈氏,似之,而時有恢調,若所善,則有明以來,莫之先矣。”

永瑢等《四庫全書總目》卷一百七十五集部二十八:“《燈窗末

藝》一卷、《攢眉集》一卷,明楊循吉撰。皆所作古文,合兩集僅四十餘首。頗宕逸有奇氣,而縱横曼衍,亦多不入格。徐景鳳亦嘗刻入《南峰逸稿》中。"

治詩不以格律、體裁爲論,惟求直吐胸懷,實叙景象,讀之可以諭,使婦人小子皆曉所謂。其爲詩用古人法,不受檢束,傲兀自放。好戴復古、陸游詩。

楊循吉《松籌堂集》卷十《書新刻石屏集後》:"石屏詩有古淡者,有穠麗者,有怪逸者,不凡者,吾知愛之而莫能評焉。故所謂好詩如轉丸,斯當之矣。吾家故所藏本,小字細書,視爲奇貨,每讀則輒恐卷盡。……或病宋詩不如唐,以其於性情處遠,如石屏詩,果遠哉?"又《陸放翁詩選新刻後跋》:"放翁爲南渡詩人大家,而年又最壽,日課一詩,至耄耋不懈。今須溪、澗谷從所選,殆十一耳。二家趨好,微有不同,然搜玄獵奇,班班略備,俾嗜者觀之,亦足以厭飫而思休矣。……翁才力放逸,殆出天縱,在李、杜、蘇、黄而下,已有定論,誠不敢加喙其間。"

楊循吉《松籌堂集》卷四《蘇氏滇游吟集序》:"作詩用古人法,説自己意,命所見事,如此而後詩道備矣。然是三能無先後次第,得則皆得之,如華嚴樓閣,一啓扁鑰,斯重重悉見也。此在學者著力讀書,聚材積料,如恒人務衣食,日日不忘,而又能不以揠助成功,聽其自化,則其至境界不難也。至則縱横變化,皆得三昧,無一事非詩,所謂我欲詩,斯詩至矣。於是乎,或自成一家,或幻爲諸家,出口觸筆,豈欲不隨我者哉。"

楊循吉《松籌堂集》卷四《朱先生詩序》:"予觀詩不以格律體裁爲論,惟求能直吐胸懷,實叙景象,讀之可以諭,婦人小子皆曉所謂者,斯定爲好詩。其他飯飣攢簇,拘拘拾古人涕唾,以欺新學生者,雖千篇百卷,粉飾備至,亦木偶之假綫索以舉動者耳,吾無取焉。

大抵景物不窮,人事隨變,位置遷易,在在成狀,古人豈能道盡,不復可置語?清篇新句,目中競列,特患吟哦不到耳。”

錢謙益《列朝詩集》丙集卷六:“君謙序國初朱應辰詩曰:‘予觀詩不以格律體裁爲論,惟求直吐胸懷、實叙景象,婦人小子皆曉所謂者,然後定爲好詩。其他餖飣攢簇,拘拘拾古人涕唾者,亦木偶之假綫索以舉動者,吾無取焉。大抵景物不窮,人事隨變,位置遷易,在在成狀,古人豈能道盡不復可置語?清篇新句,目中競列,特患吟哦不到耳。’君謙爲詩,傲兀自放,多闌入盧仝、任華諸家,不屑規摹三唐,故其持論如此。近代崇奉俗學,以剽賊摸擬爲能事,君謙斯言,真對病之藥也,余故表而出之。”

錢穀《吴都文粹續集》卷五十六楊循吉《感樓集序》:“大抵詩在天地間,實藝之至精者,其工可爲,其妙不可爲,妙在觸則情感,故其句美,雖善詩者,莫能自知之。是以求好詩,必有所俟,俟於事之觸、境之觸、無故之觸也,不觸則不可以舉筆就題而浪爲。”

楊循吉《七人聯句詩記》:“爲詩以去澀去晦,故多俚近,爲文章亦然。”

朱彝尊《静志居詩話》卷八:“故其詩多俚近,然如《陽山大石》一篇,賦情傲兀,用韻妥帖,非讀破萬卷書不能作也。”

陳田《明詩紀事》卷八:“君謙才力富贍,徒以不受古人檢束,取易曉於里夫豎子,故體多近俳。然集中合作如《咏陽山雲泉庵大石》《咏石假山》諸篇未嘗不嘆爲奇寶也。”

著述甚富,有萬曆三十七年徐景鳳刊《合刻楊南峰先生全集》十種二十二卷。内《蘇州府纂修識略》六卷、《金小史》八卷、《遼小史》《齋中拙咏》《廬陽客記》《攢眉集》《金山雜志》《都下贈僧詩》《燈窗末藝》《菊花百咏》各一卷,《吴中往哲記》一卷、《補遺》三卷、《雪窗譚异》八卷、《蘇談》一卷,自選詩文集《松籌堂集》十二卷等。

按,《千頃堂書目》著録楊著甚夥,除上文已見者,尚有以下:卷二:"《春秋經解摘録》一卷。"卷六:"《長洲縣志》十卷,《吴邑志》十六卷,《章丘縣志》四卷,《寧海州志》二卷。"卷八:"《金山小志》一卷。"卷十五:"楊循吉《奚囊手鏡》二十卷,又《雲峰廣要》。"卷十六:"《經進華陽求嗣齋儀》十卷。"卷二十:"《松籌堂遺集》。"卷三十一:"《大明文寶》八十卷。楊循吉等《倚玉集》一卷。"

焦竑《國史經籍志》卷三史類:"《吴中往哲記》一卷,楊循吉。""《吴邑志》十六卷,楊循吉。""《金山志》一卷,楊循吉。"卷四子類:"《吴中故語》一卷,楊循吉。"卷五集類:"楊循吉《松籌堂集》十一卷。""《大明文寶》八十卷,楊循吉。""《倚玉集》一卷,楊循吉等聯句。"

與吴寬、王鏊、都穆、文徵明、唐寅、王弼、陳一夔諸人皆善,常結伴出游,閑泛山水,晤談風雅,分韻作詩。爲官及家居時,嘗結詩社,互以文字相可否。

陸師道《袁永之集序》:"英、孝之際,徐武功、吴文定、王文恪三公者出,任當鈞冶,主握文柄,天下操觚之士,向風景服,靡然而從之。時則有李太僕貞伯、沈處士啓南、祝通判希哲、楊儀部君謙、都太僕元敬、文待詔徵明、唐解元伯虎、徐博士昌國、蔡孔目九逵,先後繼起,聲景比附,名實彰流,金玉相宣,并麗黼黻,吴下文獻於斯爲盛,彬彬乎不可尚矣。"

劉鳳《續吴先賢贊》卷五:"吴公寬、王公鏊及君謙,時相與賦,每有屬,下筆不可了。"

錢謙益《列朝詩集》丙集卷六:"存敬(王弼)爲郎時,與楊君謙爲詩社,君謙稱其忠信醇實,神凝目定,早有詩名,才思豪逸,後師山谷,故多拗句,造思甚苦,與初詩骨格稍不同。"又丙集卷十三《方處士太古》:"已而復出游,吊公甫於江門,泛彭蠡,陟三天子障,縱游金陵、吴會,與楊君謙、沈啓南、文徵仲暨孫太初結詩酒社。"

錢謙益《列朝詩集》丙集第六:"君謙移疾,得請諸公携酒餞别,日暮雨作,有七人聯句詩。七人爲:古直老人黄岩王仁甫、海寧徐寬栗夫、松江陳章一夔、黄岩王弼存敬、華亭侯直公繩、吴江趙寬栗夫,皆爲君謙詩友,而一夔、存敬、栗夫皆出吴原博之門,時時過從東園,相與酬和者也。"

朱彝尊《静志居詩話》卷八:"文懿(儲巏)掉鞅詞場,與楊君謙、徐子仁、杜檉居衿契,君謙嘗題扇寄之,文懿愛惜緘題字,未開視也。一日子仁、檉居過,出扇作畫,文懿因題詩寄君謙云:爲惜緘題入手遲,清風千里故人思。畫成一事知還欠,封寄江南乞寫詩。亦藝林韻事也。"又卷九:"淵甫(崔瀓)年未三十而夭,當其存日,楊君謙、吴原博、李貞伯、都元敬、沈啓南、周伯器、史明古諸君子皆與訂忘年之交。"

朱存理《樓居雜著》《題松下清言》:"僦居松下,日録過客之談,曰《松下清言》。松之下所過客,遠自西郭至者,曰楊君謙、曰都玄敬、曰祝希哲、曰史引之、曰吴次明;近自東西鄰而至者,曰堯民。……非他勢利之人,過談勢利之事也。今吾與客之所談者,又不過品硯、借書、鑒畫之事而已,幸無俗子來混我松下。"

吕常《題芙蓉和楊循吉禮部作》:"亭亭綴高紅,氣毓金天朗。無言妙容華,對者意弘敞。凉颸久矣至,固絶趨炎想。色傾南國姝,石帶西山爽。輕雲動素波,疑渡銀河響。及含沆瀣餘,宛若仙人掌。我行忽見之,褰裳欲孤往。恨無華堂奉,寵以金瓶養。過時而霰零,委頓均草莽。才難歲易徂,憂來倚書幌。"

吴寬《家藏集》卷十四《送楊君謙》:"七日儀部官,在告月且又。服藥未見功,具疏遂入奏。昨朝獲俞音,顔面喜欲皺。西風作新寒,南去不可逗。相過一何疏,相别一何驟。……三年當復來,觀子所成就。”

楊循吉《七人聯句詩記》“徐寬小傳”：“余自登第後，奉差至浙，遂與君遇，君亦見余，遂如故人。”

文徵明《甫田集》卷三《冬日楊儀部宅燕集，會者朱性甫、朱堯民、祝希哲、邢麗文、陳道復及余六人，分韻得酒字》。

元末，循吉四世祖自崑山徙居吴縣，後遷居雁蕩村。高祖父楊子中，高祖母陶氏。父封承德郎。母劉氏，封安人。妻趙氏。有四子、一女。

楊循吉《松籌堂集》卷五《禮曹郎楊君生壙碑》：“於望弘農郡，周宣王子楊侯之後，漢太尉震之遠裔也。唐丞相綰清德著聞，宋學士億文辭蓋世，至於國朝，三内閣，文貞、敏、定，名彰華夏，門閥盛矣。君世家崑山，元末雲擾，來居吴城西市坊。高祖子中，性忠勇，策名霸府，戰死。妣陶，守節嫠居，洪武中選爲内庭姥姥，供執事，末年放歸。今先塋首穴配葬衣冠者是已。陶生子五人。曾祖考居長，以富民填實京師，供億有年。仲氏商閩，尤富，廛屋跨里。叔亦眉壽，從居，同稱淑士。最幼二季，由母故得官御用少監及神樂觀提點。雖非顯融，亦不下賤。考府君封承德郎。母劉，封安人。”“昔李白一子遠游不歸，不幸類之。君配趙，生子二，一從北上，惑僕遨外未歸。一喪京口舟中，今停柩在殯所。庶生二胤，尚幼。”

楊循吉《松籌堂集》卷七《從嫂朱氏墓誌銘》：“吾家自元季四世祖府君自崑山來，避兵吴城之中，居西市坊，是用基立我家於吴。天下平定，遷雁蕩村上。”又《長洲劉節婦楊氏墓誌銘》：“節婦楊姓，諱慧娟，世居吴之南壕，父君謙氏，成化中嘗進士第，爲禮官。”又記節婦：“其享年五十有八，母趙氏。”

參考文獻:

1. 錢謙益編著《列朝詩集小傳》,上海古籍出版社 1959 年版。

2. 吴寬《家藏集》,文淵閣《四庫全書》影印本第 1255 册,上海古籍出版社 1987 年版。

3. 王鏊《震澤集》,文淵閣《四庫全書》影印本第 1230 册,上海古籍出版社 1989 年版。

4. 朱彝尊編《明詩綜》,上海古籍出版社 1993 年版。

5. 劉鳳《續吴先賢贊》,《四庫全書存目叢書》史部第 95 册,齊魯書社 1996 年版。

6. 文震孟《姑蘇名賢小記》,《四庫全書存目叢書》史部第 115 册,齊魯書社 1996 年版。

7. 楊循吉《七人聯句詩記》,《四庫全書存目叢書》史部第 127 册,齊魯書社 1996 年版。

8. 楊循吉《松籌堂集》,《四庫全書存目叢書》集部第 43 册,齊魯書社 1997 年版。

9. 王世貞著,陸潔棟、周明初批注《藝苑卮言》,鳳凰出版社 2009 年版。

(鄧曉東　閆麗)

都穆傳

都穆，字玄敬，又字元敬，號南濠居士、虎丘山人、虎丘老樵。蘇州吴縣（今江蘇省蘇州市）人。天順三年（1459）生。

胡纘宗《鳥鼠山人小集》卷十五《明中憲大夫太僕寺少卿致仕都公墓誌銘》："公諱穆，字玄敬。……年六十有七卒，實嘉靖乙酉九月二十二日。"

都穆輯《吴下冢墓遺文》題詞署"虎丘山人都穆玄敬"。《聽雨紀談》自序題"虎丘山人都穆"。都穆跋孫廣《嘯旨》題："正德庚辰虎丘老樵都穆跋。"則"虎丘山人""虎丘老樵"皆其自號。

牛若麟、王焕如《（崇禎）吴縣志》選舉三"進士"："都穆，字元敬，治《易》，歷官南京太僕寺少卿。"卷四十一"人物"："都穆，字元敬，又字玄敬。"

按，都穆輯《吴下冢墓遺文》卷首題詞稱："睦生長吴下，喜收郡事。"頁首空白處有"案：龍池山房本元作'睦'，或其舊名，似宜仍之。"又《石渠寶笈》卷十五《明沈周春郊散犢圖一卷》，上有都穆題詩，署"南濠都睦"。據此"睦"或爲其舊名。

又按，穆字玄敬，前人或以清人避康熙諱而改稱"元敬"。然"元敬"之説已見於明代，《（崇禎）吴縣志》選舉三"進士"有"都穆，字元敬，治《易》，歷官南京太僕寺少卿"，同書卷四十一"人物"記載："都穆，字元敬，又字玄敬"，可見"元敬"之稱非避清諱。據范志新《避諱學》中《歷朝帝王諱例簡表》所載,宋代太祖趙匡胤之始祖爲"玄朗",避諱改"玄"爲元、正。傳至元明,或避或不避,故多見有元、玄并稱者。因此都穆"元敬""玄敬"并稱雖因避諱,但非清諱而係宋諱。

都穆卒於嘉靖四年乙酉(1525),年六十七歲。逆推之,則知其生年爲天順三年(1459)。

七歲能詩。不習章句,泛濫群籍,杜門篤學二十餘年。環堵蕭然,無意進取。授書濠上,網羅舊聞,日晏如也。時以古文名吴中,與楊循吉、祝允明、唐寅、文徵明、杭濂等倡爲古文辭。

胡纘宗《鳥鼠山人小集》卷十五《明中憲大夫太僕寺少卿致仕都公墓誌銘》:"公七歲能詩。及長,不習章句,泛濫群籍,杜門篤學者幾二十年,屢空晏如,絶意進取,名聲大噪。"

錢謙益《列朝詩集》丙集卷九:"玄敬七歲能詩。及長,不習章句,泛濫群籍,挾兔園策,教授濠上,幾二十年。"

文徵明《文徵明集》卷二十三《題希哲手稿》:"君(祝希哲)年甫二十有四,同時有都君元敬者,與君并以古文名吴中,其年相若,聲名亦略相上下。"

文徵明《文徵明集》補輯卷第十九《大川遺稿序》:"弘治初,余爲諸生,與都君玄敬、祝君希哲、唐君子畏倡爲古文辭,争懸金購書,探奇摘异,窮日力不休,儼然皆自以爲有得,而衆咸笑之。杭君道卿(杭濂)來自宜興,顧獨喜余所爲,遂舍其所業而從余四人者游。"

文徵明《文徵明集》附録二文嘉《先君行略》:"時南峰楊公循吉、枝山祝公允明俱以古文辭鳴,……二公雖性行不同,亦皆折輩與交,深相契合。……南濠都公穆,博雅好古。六如唐君寅,天才俊逸,公與二人者共耽古學,游從甚密。"

弘治元年(1488),授館吴江史鑒。

都穆《寓意編》:"成化戊申,余授館史氏。"按,弘治元年爲戊申年,成化無戊申年,當爲都穆誤記。

沈周《石田詩選》卷七《送都元敬赴史西村家塾》:"黄溪雪後爛生光,童冠迎船青佩長。客子能行秘書監,東家好是鄭公鄉。春帷開講禽魚動,夜觀鳴弦水月蒼。賓主閑時還倡和,吴江滿地緑新章。"

弘治八年(1495),吴寬言之巡撫都御史、提學御史,遂領應天鄉薦。

胡纘宗《鳥鼠山人小集》卷十五《明中憲大夫太僕寺少卿致仕都公墓誌銘》:"巡撫都御史何公某、提學御史林公某,忻其名,强之應舉,公乃出,以是秋乙卯領應天鄉薦。"

俞弁《山樵暇語》卷九:"至弘治乙卯,何御史巡撫蘇郡,求訪遺才,吴文定公首舉都。何公以大宗、小宗論考之,頗加稱賞。是年果領鄉薦,本經試官乃高士達也。"

王世貞《弇州山人四部續稿》卷一百四十八《像贊》:"時吴文定公以少宰憂歸里,奇而言之撫臣何公、提學林公,檄入應天試,遂中試。"

牛若麟、王焕如《(崇禎)吴縣志》卷四十一人物:"巡撫都御史何鑒謁吴文定公,見穆詞章,驚异,强之應舉。弘治乙卯,以儒士領鄉薦。"

馮桂芬《(同治)蘇州府志》卷八十:"吴文定公爲言之學使,乃得補博士弟子。""弘治八年乙卯科":"都穆。"

十一年(1498)秋,與同舉之士赴京會試,游金山。次年,舉進士,授工部主事。以外艱歸。在京結識李夢陽,相與唱和。受李廷梧邀往修《桐廬縣志》。

何鏜《古今游名山記》卷四都穆《游金山記》:"弘治戊午秋,予與同舉之士,將會試春官,舟濟中流。"

牛若麟、王焕如《(崇禎)吴縣志》卷四十一人物:"己未登進士,授工部主事,以外艱歸。"

馮桂芬《(同治)蘇州府志》卷六十:"弘治十二年己未倫文叙榜":"都穆。"

李夢陽《空同集》卷五十九《朝正唱和詩跋》:"詩唱和莫盛於弘治,蓋其時古學漸興,士彬彬乎盛矣,此一運會也。余時承乏郎署,所與唱和則揚州儲静夫、趙叔鳴,無錫錢世恩、陳嘉言、秦國聲,太原喬希大,宜興杭氏兄弟,郴州李貽教、何子元,慈谿楊名父,餘姚王伯安,濟南邊庭實。其後又有丹陽殷文濟,蘇州都元敬、徐昌穀,信陽何仲默。其在南都,則顧華玉、朱升之。其尤也,諸在翰林者,以人衆不叙。"

牛若麟、王焕如《(崇禎)吴縣志》卷四十一人物:"昔與李廷梧同登進士,同舟南歸,李授桐廬知縣,因與偕往,修《桐廬縣志》。"

十六年(1503)冬,王守仁游震澤,遇玄敬,同登天平山,次虎丘,相從旬有五日。歸造穆家,拜望穆父。十七年,官拜工部都水司主事,階承德郎。次年,王守仁作《豫軒都先生八十受封序》。

王守仁《王文成全書》卷二十九《豫軒都先生八十受封序》:"弘治癸亥冬,守仁自會稽上天目,東觀於震澤,遇南濠子都玄敬於吴門。遂偕之入玄墓,登天平。還,值大雪,次虎丘,幾相從旬五日。予與南濠子爲同年,蓋至是始知其學之無所不窺也。歸造其廬,獲拜其父豫軒先生。""夫南濠子學以該恰聞,四方之學者,莫不誦南濠子之名,而莫有知其學之出自先生者。先生之學,南濠子之所未能盡,而其鄉人曾莫知之。古所謂潜世之士哉!""乙丑十月。"

胡纘宗《鳥鼠山人小集》卷十五《明中憲大夫太僕寺少卿致仕

都公墓誌銘》:"甲子,拜工部都水司主事,階承德郎。"

正德元年(1506),穆乞養親,改官南京兵部武庫司。三年六月,父卒,丁憂。六年,服除,復官工部,擢工部虞衡司署員外郎。

胡纘宗《鳥鼠山人小集》卷十五《明中憲大夫太僕寺少卿致仕都公墓誌銘》:"丙寅,改南京兵部武庫司,廉幹如工部日。辛未,復官工部,升虞衡司署員外郎。"

胡纘宗《鳥鼠山人小集》卷十五《明中憲大夫太僕寺少卿致仕都公墓誌銘》:"未幾,丁父憂。服闋,復官工部,分理器皿廠。廠事故旁午,多靡費。公則鳩匠會計,大小贏縮,惟其舊有不便,輒弛去。匹馬入廨,自賫米蔬。廠人掘地得金,貯之庫,吏有私請者,公斥之曰:'若曹何敢污我?'"

杭淮《雙溪集》卷八十七言律詩《都元敬乞養親改官留都兵曹》:"不見而翁今七年,白頭强健似神仙。逢人再拜不扶杖,出郭看花還泛船。司馬新遷過江上,青春迎養小車便。送君自是惡懷抱,菊蕊寒雲當別筵。"

羅玘《圭峰集》卷十七《故封都水主事豫軒翁墓誌銘》:"以正德三年六月十八日卒。"

正德七年(1512)秋,任禮部主客司郎中。輯《壬午功臣爵賞録》《壬午功賞別録》。次年,奉册封之命西使慶藩,沿途訪靈勝形勢、故宫遺壤,徜徉而返,作《使西日記》。未幾,上疏乞休。吏部尚書楊一清重其學行,賢其廉能,爲請於上,加太僕寺少卿,致仕歸吴。

胡纘宗《鳥鼠山人小集》卷十五《明中憲大夫太僕寺少卿致仕都公墓誌銘》:"壬申,乃進禮部,職主客。諸夷入貢,使者充館,公柔遠有道,國體以尊。慶陽王妃應册封,公副崇信伯費公某往使之,贐以腆幣,拒弗受。便道躡終南巔,尋過首陽,登華、嵩兩山,抵少林,濯温泉,轉入王屋以及三山砥柱、龍門、伊闕,囊括其勝,泄之歌詩,徜徉而返。”

都穆《南濠居士文跋》卷第二《壬午功臣爵賞録》:“賞賜國之盛典,禮部主客一司實掌其事。正德壬申秋,穆爲主客郎中。理故牘,得洪武壬午九月爵賞功臣名數,惜其繕寫失次,因略爲修整,勒成一卷,名之曰《壬午功臣爵賞録》,蓋將以備私家之閲。若夫諸臣事功,則有史事之筆在焉。”卷第二《壬午功賞别録》:“穆爲主客郎中之一月,於故牘得洪武壬午功臣受爵賞者三十有三人,既次第之,爲録。後二月,復得指揮而下功賞之數,仍爲次第,筆而藏之,名曰《壬午功賞别録》,用補前録之闕。後之欲知當時之事者,或於是乎有考。”

邵寶《使西日記序》:“《使西日記》,記使事也。正德癸酉,今致政太僕少卿姑蘇都君玄敬,以禮部郎中奉册封之命,西如慶藩,自京師至寧夏,而復歷三時,行數千里,日記於是乎書。”

都穆《游名山記》卷一收《砥柱》《華山》《驪山》《石龍洞》《終南山》《首陽山》《嵩山》,卷二收《王屋山》《伊闕》。

胡纘宗《鳥鼠山人小集》卷十五《明中憲大夫太僕寺少卿致仕都公墓誌銘》:“年五十有四,即上書乞骸骨歸,許之,加太僕寺少卿致仕。”

牛若麟、王焕如《(崇禎)吴縣志》卷四十三人物:“未幾,上疏乞休。吏部尚書楊一清重其學行,復請加太僕寺少卿致仕。”

何喬遠《名山藏》:“仕禮部郎中,簿書吏事,不協於情。年五十餘即棄官歸,加太僕少卿致仕。”

嘉靖元年(1522),受蘇州知府徐贊之邀,參修《武宗實録》。事畢,巡撫李充嗣繼以《三吴水利通志》請穆讎校。時承天寺爲纂修

局，穆久居於寺，知府胡纘宗扁曰“南濠書院”。同年，以充嗣薦，進階中憲大夫。

牛若麟、王焕如《(崇禎)吴縣志》卷四十三人物：“會修《武宗實録》，命采事於蘇，知府徐贊敦請即承天寺爲纂修。局事畢，巡撫李充嗣繼以《三吴水利通志》請穆讎校，居於寺者。久之，知府胡纘宗扁曰‘南濠書院’。”

胡纘宗《鳥鼠山人小集》卷十五《明中憲大夫太僕寺少卿致仕都公墓誌銘》：“嘉靖壬午，以撫臣薦進階中憲大夫。”

嘉靖四年(1525)九月卒，年六十七。胡纘宗爲其撰墓銘，又以南濠書院建祠以祀之。

胡纘宗《鳥鼠山人小集》卷十五《明中憲大夫太僕寺少卿致仕都公墓誌銘》：“又三年，年六十有七，卒，實嘉靖乙酉九月二十二日。其子元翁等卜以卒之年，十二月六日葬公花園山。纘宗屬守吴，得與其凡役事，而又屬之以銘。”

牛若麟、王焕如《(崇禎)吴縣志》：“都南濠先生祠，在能仁寺内，祀明太僕少卿都公穆。嘉靖四年，知府胡纘宗即南濠書院建。”

玄敬博物洽聞，砥節礪行，秉性孤介，淵澄玉潔。性友愛，齋居蕭然，樂善好施。

胡纘宗《鳥鼠山人小集》卷十五《明中憲大夫太僕寺少卿致仕都公墓誌銘》：“吴有大雅君子，博物洽聞，砥節礪行，淵澄玉潔，蔚爲醇儒。”“公性友愛，養孀妹，撫孤甥，恤幼弟，皇皇如不及。”

牛若麟、王焕如《(崇禎)吴縣志》卷四十三人物：“穆凡有筆資，必與异母弟共，次及二子，又推及門下士。每至缺乏，以裹衣質金給費，甚以鹽菽啖口。後愈食貧簡薄，竟成衰疾。”“而秉性孤介，擅弘博之才，持忠貞之節，惜柄用未弘，而以窮死。”

馮桂芬《(同治)蘇州府志》卷八十:"歸老之日,齋居蕭然,日事讎討,或至乏食,輒笑曰:'天壤間,當不令都生餓死。'晏如也。"

少嘗學詩於沈周。文祖韓、歐,詩宗陶、孟。論詩則貴真,推揚宋詩。

都穆《南濠詩話》:"沈先生啓南,以詩豪名海内,而其咏物尤妙。予少嘗學詩先生。"

顧元慶《夷白齋詩話》:"南濠都先生穆,少嘗學詩沈石田先生之門。"又"都南濠小時學詩於沈石田。石田問:'近有何得意作?'南濠以《節婦》詩首聯爲對,曰:'白髮真心在,青燈泪眼枯。'石田曰:'詩則佳矣,然有一字未穩。'南濠茫然,避席請教,石田曰:'爾不讀《禮經》乎?《經》云"寡婦不夜哭",何不以'燈'字爲'春'字!'南濠不覺嘆服。"

胡纘宗《鳥鼠山人小集》卷十五《明中憲大夫太僕寺少卿致仕都公墓誌銘》:"文祖韓、歐,詩宗陶、孟。"

都穆《學詩詩》:"學詩渾似學參禪,不悟真乘枉百年。切莫嘔心并剔肺,須知妙語出天然。""學詩渾似學參禪,筆下隨人世豈傳。好句眼前吟不盡,痴人猶自管窺天。""學詩渾似學參禪,語要驚人不在聯。但寫真情并實境,任它埋没與流傳。"

都穆《南濠詩話》第九則:"昔人謂'詩盛於唐,壞於宋',近亦有謂元詩過於宋詩者。陋哉見也。劉後村云:'宋詩豈惟不愧於唐,蓋過之矣。'予觀歐、梅、蘇、黄、二陳,至石湖、放翁諸公,其詩視唐,未可便謂之'過',然真無愧色者也。元詩稱大家,必曰虞、楊、范、揭。以四子而視宋,特太山之卷石耳。方正學詩云:'前宋文章配兩周,盛時詩律亦無儔。今人未識崑崙派,却笑黄河是濁流。'又云:'天曆諸公制作新,力排舊習祖唐人。粗豪未脱風沙氣,難詆熙豐作後塵。'非具正法眼者,焉能道此。"

黄桓《都南濠先生詩話序》:“讀太宗之詩,而知貞觀之治;誦清碧之集,而慨宋室之亡。王孟端感久客之嫠婦,曹子建助老瞞之奸雄,是又即其人知其世。公之詩話,大率類此,非瑣碎章句之末耳。公在吴下以學行稱,官兵曹以政事著,余企慕素矣。今觀是集,信知其體具用行,而發言之有本也。遂捐俸繡梓,用廣厥傳,俾四方之士,因公之言,求公之心,可以推類而至於道,其於風教未必無補,正德癸酉秋七月望日,封邱黄桓書於和州之公寓。”

文徵明《文徵明集補輯》卷十九《南濠居士詩話序》:“詩話必具史筆,宋人之過論也。玄辭泠語,用以博見聞,資談笑而已,奚史哉?所貴是書,正在識見耳。若拾録闕异,商訂古義,不爲無裨正史,而雅非作者之意矣。余十六七時,喜爲詩,余友都君玄敬實授之法。於時君有心戒,不事吟諷,而談評不廢。余每一篇成,輒就君是正,而君未嘗不爲余盡也。君於詩别具一識。世之談者,或元人爲宗,而君雅意於宋,謂必音韻清勝,而君惟性情之真。倚馬萬言,莫不蹉嘆,而碧山雙泪,獨有取焉。凡其所采,率與他爲詩者异,而自信特堅。故久而人亦信之。觀其所著《南濠詩話》,玄辭泠語,居然有見,而向之三言具在。是知君所爲教余者,皆的然有見,而非漫言酬對也。是故拈而出之,他日當有作法於是者,非徒取其有裨史氏也。”

錢謙益《列朝詩集小傳》丙集卷九:“玄敬著述甚富,文筆平衍,詩尤單弱不成家。余聞之故老,玄敬少與伯虎交,最莫逆,伯虎鎖院得禍,玄敬實發其事,伯虎誓不與相見,而吴中諸公皆薄之。玄敬晚年深自悔恨,其殁也,不請銘於吴人,而求胡孝思,蓋亦其遺意云。”“吴門有娶婦者,夜大風,雨滅燭,遍乞火,無應者。雜然曰:‘南濠都少卿家,當有讀書燈在。’扣其門,果得火,其老而好學如此。”

博學清修，學貫四部，事必稽核，尤長於鑒古，著書爲業，圖籍甚富。所著《周易考异》、《壬午功臣爵賞録》一卷、《壬午功賞別録》一卷、《使西日記》二卷、《史外類抄》、《練川圖記》二卷、《游名山記》、《太倉州新志》、《潤州游山記》二卷、《泉石膏肓》、《工部器皿志》、《吴下冢墓遺文》三卷、《金薤琳琅》二十卷、《南濠居士文跋》四卷、《聽雨紀談》一卷、《都公譚纂》二卷、《玉壺冰》一卷、《奚囊雜要》二十卷、《寓意編》一卷、《鐵網珊瑚》二十卷、《本朝名畫記》、《方外集》、《南濠文略》、《南濠詩略》、《南濠詩話》二卷等，皆爲時所重。

王錡《寓圃雜記》卷五："都穆凡聽聞事關古今之奇怪者，必汲汲訪其地，求其人，得其詳而歸，不得則數日忘返，其好古至此。"

朱彝尊《明詩綜》卷二十七："祝希哲《九朝野紀》、徐昌穀《翦勝野文》，往往記載非實。惟都少卿《南濠文跋》《西使記》《金薤琳琅》《聽雨紀談》，事必稽核。"

王鳴盛序錢大昕《嘉定錢氏潛研堂全書・金石文跋尾》："古來以金石學名家者七人：宋之歐陽修、趙明誠，明之都穆、趙崡，清之顧炎武、王澍、朱彝尊。"

都穆自序《玉壺冰》："予少厭塵濁，志樂閑曠。三十年前嘗爲此書，中間以親老家貧竊禄於朝。兹得請致仕，夙願始遂。再披閱之，恍如隔世，而予亦老矣。乃重録而藏之，非知我者不以示也。皇明正德乙亥六月吴郡都穆玄敬撰。"

高儒《百川書志》卷八《聽雨紀談》："皇明都穆成化丁未九月，淫雨洽旬，與客清談竟日，漫爾筆之，得事五十則，爲此。"

胡纘宗《鳥鼠山人小集》卷十五《明中憲大夫太僕寺少卿致仕都公墓誌銘》："歸而攻苦食淡，寢卧圖籍，與相婆娑嬉游，屏車斥騶，掃迹公府，以著書爲業，或放逐山水，冥搜遐寄，如是者十餘年。"

王世貞《吴中往哲像贊》:"先生爲郎,數奉使必游,游必凌幽險,探奇勝,考究掌故,探金石古文,摹拓鈔録。"

顧璘《國寶新編傳贊》:"好游山水。雖居官曹,奉使命,有間即臨賞名勝,騁其素懷,所得必撰一記,輯成巨帙。"

顧元慶《瘞鶴銘考》:"吾師南濠先生家藏碑刻甲於東南,嘗録其文,悉加題品爲《金薤琳琅》,凡數十卷,獨以未得此銘爲恨。邇者放舟京口,冒雪渡江,果得於山石之下,親拓以歸,由是此銘復傳人間,而僧亦不能隱矣。"

高儒《百川書志》卷二十集:"《南濠居士文跋》四卷。皇明太僕少卿吴郡都穆玄敬撰。書籍四十五跋,翰墨三十一跋,圖畫二十四跋。"

祝允明《懷星堂集》卷二十四《太倉州新志序》云:"慎哉劉侯之作其州之史也,其古之遺教乎?《書》與《春秋》之志也。都氏之筆亦有以成其志焉。"又言:"始州未建,陸大参容作《太倉志》、陳丞伸作《事迹》,其他散在崑山、常熟、嘉定三邑書。李君端初守州,即屬桑郡判悦爲志。今志蓋總諸策而登黜之,其旨主簡核,故寡失而可觀。書成,都且病革,不及自序,故稍爲詳之。"

錢穀《吴都文粹續集》卷一都邑書籍王積《太倉州志序》:"太倉有志肇自弘治丁巳,迄今纔五十年,守更十九、貳卒五十七、掾幕十一,而志且三易矣,初志出於桑柳州,再志出於都太僕。"

張寅《太倉州志後序》:"州志刻行有如桑柳州、都太僕所爲者。桑務才華不假遺事,都值危病,或托他手,寥寥簡編,括其梗概,觀者少之。"

馮桂芬《(同治)蘇州府志》卷八十:"爲郎,奉使至秦中,訪問其山川形勢、故宫遺壤,作《西使記》。搜訪金石遺文,作《金薤琳琅録》。"

穆與吴寬、沈周、文徵明、邊貢、何景明、史鑒、張邦奇諸人多有詩歌往來。

吴寬《家藏集》卷第十四《春山讀易圖爲都元敬題》:“山中春雨過,嘉樹如新沐。鳥語時復間,惟聞澗聲續。對此一欣然,孤懷浩無欲。便携童冠人,咏歸效沂浴。歸來亦何事,妙意溢春服。寤寐羲文間,手持一編讀。惓惓濟時心,願言均發育。”

沈周《石田詩選》卷七《送都元敬赴史西村家塾》:“黄溪雪後爛生光,童冠迎船青佩長。客子能行秘書監,東家好是鄭公鄉。春帷開講禽魚動,夜觀鳴弦水月蒼。賓主閑時還倡和,吴江滿地緑新章。”《送都元敬赴試》:“新科拔隱淪,蓬藋不勝春。經術必用世,山林還有人。九苞看舉鳳,三浪促潜鱗。仙桂凡千樹,扳花要認真。”

邊貢《華泉集》卷三詩集《送都玄敬二首》:“才高憐晚達,十載尚爲郎。書買黄金盡,愁生白髮長。夏曹分武庫,秋殿别文昌。木脱霜臯冷,何人共采芳。”“驅馬别君處,秋陰當暮生。林柯無静葉,江雁有歸聲。緑水閶門道,青山建業城。未能同理楫,延伫獨含情。”此外,卷六有詩《送都玄敬二首次韻》。

孟洋《别都玄敬主事改南京禮部》:“回車塵路轍,停棹故山廬。禄薄堪迎養,官閑好著書。吴門楓樹色,京口菊花初。到處宜乘興,江樓坐月虚。”

何景明《大復集》卷之十九《送都玄敬主事二首》:“夫子風流士,才高耻受樊。長貧思故里,多病乞文園。落日空山暮,清霜十月繁。修程正迢遞,努力爲加餐。”“此别何時晤,佳期難重尋。扁舟南國遠,歲晚大江深。白首三年客,滄洲萬里心。平沙有歸雁,并起送離音。”《簡都玄敬》:“故友日零落,都君情不忘。草玄常避客,頭白近爲郎。宦况思江上,鄉心望海傍。聞君話山水,吾亦慕南方。”

史鑒《西村集》卷三《都玄敬見訪夜話》:"跫然步履忽聞聲,喜極翻成倒屣迎。一别五年如轉眼,重來信宿見交情。溪雲杳杳隨流去,池月娟娟入牖明。夜半孤燈挑欲盡,更傳餘爝在薪荆。"集中亦有《與都玄敬》《端午日飲都玄敬於豫章堂》等。

此外,張邦奇《四友亭集》卷十八有《送都玄敬太僕致仕》。

朱存理《樓居雜著》《題松下清言》:"松之下所過客,遠自西郭至者,曰楊君謙、曰都玄敬、曰祝希哲、曰史引之、曰吴次明。近自東西鄰而至者,曰堯民宿一。非他勢利之人,過談勢利之事也。今吾與客之所談者,又不過品硯、借書、鑒畫之事而已。"

都氏之先爲丹陽人。有遠祖稱丹陽先生者,仕宋,爲尚書吏部郎中,由丹陽徙蘇,居吴縣南濠里。曾大父文信,大父彦和,父都印,字維明,號豫庵,封工部都水司主事,有《三餘贅筆》。都氏家世讀《易》,二百年來藏《易》古注凡十數家。

胡纘宗《鳥鼠山人小集》卷十五《明中憲大夫太僕寺少卿致仕都公墓誌銘》:"曾大父文信,大父彦和,父印,封工部都水司主事。"

永瑢等《四庫全書總目》:"《三餘贅筆》二卷,明都印撰,印字維明,號豫庵,吴縣人。太常寺卿穆之父也。穆官工部主事時封如其官,年已八十。"

羅玘《圭峰集》卷十七《故封都水主事豫軒翁墓誌銘》:"封都水主事八十三翁,號豫軒,姓都氏,諱印,字維明,姑蘇閶門南濠人。蘇以地最天下以閶門,閶門以南濠,南濠以都、尉諸氏。"

都穆《寓意編》:"余家自高祖南山翁以來好蓄名畫。"

都穆《南濠居士文跋》:"予家世讀《易》,二百年來藏《易》古注凡十數家。"

胡纘宗《鳥鼠山人小集》卷十五《明中憲大大太僕寺少卿致仕都公墓誌銘》:"都氏之先爲丹陽人,有遠祖稱丹陽先生者,仕宋,爲尚書吏部郎中,由丹陽徙蘇,居吴縣南濠里。"

參考文獻:

1. 錢謙益《列朝詩集小傳》,上海古籍出版社 1959 年版。

2. 焦竑《國朝獻徵録》,上海書店 1987 年版。

3. 羅玘《圭峰集》,文淵閣《四庫全書》影印本第 1259 册,上海古籍出版社 1987 年版。

4. 朱存理《樓居雜著》,文淵閣《四庫全書》影印本第 1251 册,上海古籍出版社 1987 年版。

5. 牛若麟修,王焕如纂,朱鼎玲、陸國强編《(崇禎)吴縣志》,《天一閣藏明代方志選刊續編》第 15—19 册,上海書店 1990 年版。

6. 都穆《南濠居士文跋》,《續修四庫全書》第 922 册,上海古籍出版社 1995 年版。

7. 都穆《南濠詩話》,《四庫全書存目叢書》集部第 416 册,齊魯書社 1997 年版。

8. 胡纘宗《鳥鼠山人小集》,《四庫全書存目叢書》集部第 62 册,齊魯書社 1997 年版。

9. 黄魯曾《續吴中往哲記》,《四庫全書存目叢書》史部第 89 册,齊魯書社 1996 年版。

(鄧曉東　閆麗)

顧清傳

顧清,字士廉,號東江,學者稱爲東江先生。松江府華亭(今上海市松江區)人。生於明英宗天順四年(1460)。

張廷玉等《明史》卷一百八十四列傳第七十二:"顧清,字士廉,松江華亭人。"

焦竑《國朝獻徵録》卷三十六南京禮部一孫承恩《南京禮部尚書謚文僖顧公清墓誌銘》:"公諱清,字士廉,别號東江,學者稱爲東江先生。"

顧清《東江家藏集》《庚戌初度》:"三十年前此日中,滿堂犀玉動春風。"庚戌,爲弘治三年(1490),上推三十年即天順四年(1460)。

少有穎質。成化四年(1468),從張友蘭受小學,過目成誦。六年,從任怡庵學。年十五,謁張莊簡公,公語人曰"大器也"。弱冠,游縣庠,與錢福、沈悦交最厚。奮志於學,廣閲群籍,而業日進。

焦竑《國朝獻徵録》卷三十六南京禮部一孫承恩《南京禮部尚書謚文僖顧公清墓誌銘》:"公生而穎异,九歲受小學,過目成誦。年十五,謁張莊簡公,公以元老負重望,即衣冠出見,退,語人曰:'大器也。'弱冠,游縣庠,與錢太史鶴灘先生福、沈惟馨先生悦交最厚。奮志於學,鑽研討論,廣閲群籍,而業日進。三人者,藝皆頡頎,而公獨以沉實勝,識者占其遠到,尤爲督學司馬公亜所器重,每期以公輔。”

顧清《東江家藏集》《祭友蘭張先生文》:“清九齡而學於先生,十一而奉教從怡庵任公學。”

顧清《東江家藏集》《先考可閑府君行實》:“九歲,清從友蘭張先生受小學。”

成化十九年(1483),主阮大經、廷言兄弟家。二十三年,入縣學。

顧清《東江家藏集》《寄阮廷言》注:“成化癸卯,予初觀場屋,主阮大經、廷言兄弟家,所以相期甚厚。”

顧清《東江家藏集》《初舉不第却回書所歷》:“自從失脚下青冥,往迹回看如敗枰。……丈夫結束自有地,肯學兒女空愁嗟。”

顧清《東江家藏集》《同年會記》:“予年二十八入縣庠。”

弘治五年(1492),中鄉試第一。次年,聯捷二甲第一,改庶吉士,讀書中秘。九年,任會試同考官。十一年,進文林郎。十六年,丁内艱。三月,以《大明會典》成,晋翰林院侍讀。

焦竑《國朝獻徵録》卷三十六南京禮部一孫承恩《南京禮部尚書謚文僖顧公清墓誌銘》:“弘治壬子,吴郡王文恪公主南畿試事,閲公文,曰:‘昔歐陽子謂當讓蘇子瞻一頭地,斯人也,我固當讓矣。’遂薦爲第一,與論尤愜。明年癸丑,長沙李文正公主會試,公名第二。廷試吴文肅公爲掌卷官,或欲導公往見,公辭曰:‘昔人所謂呈身者,吾愧之。’竟不往。洎吴得公卷,極力贊美,以九重字失,提置二甲第一人,改翰林庶吉士,讀書中秘,每試必在甲乙。公與同年毛文簡公澄、羅文莊公欽順、汪宗伯俊四人,每以名節自砥礪。授編修,與修《大明會典》。”

焦竑《國朝獻徵録》卷三十六南京禮部一孫承恩《南京禮部尚書謚文僖顧公清墓誌銘》:“丙辰己未,連同考會試,稱得人。戊午秋,滿進文林郎。封父爲編修,母陸、張,俱爲孺人。癸亥正月,丁内艱。三月,以《會典》成,進侍讀。”

張廷玉等《明史》卷一百八十四列傳第七十二:“弘治五年舉鄉試第一。明年,成進士,改庶吉士,授編修。……進侍讀。”

馮桂芬《(同治)蘇州府志》卷六十一:“弘治五年壬子科,解元顧清,華亭人。”

顧清《東江家藏集》《送王敬止赴嶺南序》:“壬戌歲,予當爲王君敬止序。未及稿,而君奉旨按遼東。明年,予以憂去官。”“乙丑予免喪。”

顧清《東江家藏集》《代家君祭先母文》:“封翰林編修顧某率男清等,以明日甲申葬我先室孺人陸氏於先塋。”

正德初,還朝,與修《孝廟實録》。二年(1507),主南畿鄉試,尋充經筵講官。次年,丁父艱。四年五月,《實録》成,例當進秩。爲瑾所銜,尋端降編修。未幾,復調南京兵部員外郎,會憂,不起。

張廷玉等《明史》卷一百八十四列傳第七十二:“正德初,劉瑾竊柄,清邑子張文冕爲謀主,附者立尊顯。清絶不與通,瑾銜之。四年,摘《會典》小誤,挫諸翰林,清降編修。又以諸翰林未諳政事,調外任及兩京部屬,清得南京兵部員外郎。會父憂,不赴。”

焦竑《國朝獻徵録》卷三十六南京禮部一孫承恩《南京禮部尚書謚文僖顧公清墓誌銘》:“正德初,還朝,與修《孝廟實録》。書妖人李孜省事。焦公芳與彭文思公隙,欲誣其附以得進,貽公以風聞書,公云:‘據實直書,史職也。他不敢與聞。’焦不能敓。中官蔣琮誣逐臺諫,涉歷既久,章疏雜沓。時逆瑾方熾,僉畏觸其黨,莫敢涉筆,公潛披精核,盡載其實。有詭而欲節略者,公不爲動。丁卯,主南畿鄉試,尋充經筵講官,前後進講義,必稽古兼規諷時政,辭旨剴直,多所裨益。逆瑾竊柄,朝士多屈意與交,公抗不爲禮。鄉人張文冕用事,附和者皆至美官,公絶不與通,有言公肯枉一剌即高位可致。公叱曰:'吾足可輕動乎?且吾但知做吾官而已,遑知其他。'戊辰十月,丁外艱。己巳五月,《實録》成,例當進秩。瑾銜諸翰林素不加禮,因矯詔追論《會典》事,以不諳政事爲名,降編修。尋調南京兵部車駕司員外。會憂,不起。"

顧清《東江家藏集》《應天府鄉試録後序》:"今撤棘有期,録既成矣,二旬之間,搜珠於淵,采玉於山,亦自竭其力矣。"

顧清《東江家藏集》《先考可閑府君行實》:"正德戊辰夏,東南旱,先君從鄉大夫禱諸祠宮,徒步行數里,歸而熱甚,風於庭,遂以得疾,小間復作。九月初,增劇,語諸子孫曰:'吾今年七十三,與吾父同壽,足矣。惟不及清歸。歸則以吾言示之。'十三日戌時,竟不起。"

正德六年(1511),瑾誅,服除,還侍讀。次年,擢侍讀學士,兼修玉牒。九年,主武舉考試,作《武舉録序》。次年,掌院,詔同内閣輔臣,照例考察,上疏辭免,不允。十一年,秩滿,進奉直大夫,尋遷詹事府少詹事,兼翰林院學士,充經筵日講官。

焦竑《國朝獻徵録》卷三十六南京禮部一孫承恩《南京禮部尚書謚文僖顧公清墓誌銘》:"庚午八月,瑾誅,還侍讀。辛未五月,升侍讀學士,兼修玉牒。甲戌,主武舉考試。乙亥,掌院,詔同内閣輔臣,照例考察,上疏辭免,不允。九月,有文綺之賜。丙子四月,秩滿,進奉直大夫,加贈父爲侍讀學士,母陸爲宜人。尋升詹事府少詹事,兼翰林院學士,充經筵日講官。"

張廷玉等《明史》卷一百八十四列傳第七十二:"瑾誅,還侍讀,擢侍讀學士,掌院事。尋遷少詹事,充經筵日講官,進禮部右侍郎。

時澄已爲尚書,清協恭守職,前後請建儲宫、罷巡幸,疏凡十數上。”

正德十二年(1517),主考會試,奉命教庶吉士。

焦竑《國朝獻徵録》卷三十六南京禮部一孫承恩《南京禮部尚書謚文僖顧公清墓誌銘》:“丁丑,主考會試,防範嚴肅,校文崇雅黜浮,得士爲盛。奉命教庶吉士,陶鎔造就,一時出門下者,若江右舒芬、南廣倫以訓、建康陳沂、貴溪汪佃、西安許宗魯、關中馬文簡汝驥,至今稱爲一代名流。又嘗教内書堂,不結生徒,不使與子弟相接,嘗曰:‘此輩如穢物,遠之猶恐其污,况近之也。’餘姚謝文正公每稱其臨事有守。以此時儲位尚虚,公疏請預定,不報。武宗數巡幸,公屢疏請回鑾,言甚切。是歲六月,升禮部右侍郎,與宗伯毛文簡公協心秉政。會郊祀且迫,而駕猶未還。公草疏數百言上之,上亦爲感動。秩滿,進階通議大夫,贈及再世如其官,蔭一孫入監讀書。時宸濠既獲,武宗駐蹕通州,江彬在側,人情汹汹,内閣會議疏請班師。”

顧清《東江家藏集》《春日與客談舊事有不能忘者紀以小詩》:“官羅新賜印封全,擎出天門衆手傳。惜道比他顔色异,文皇庚子進來年。”

顧清《東江家藏集》《會試録後序》:“以明道德通世務爲爲文之要,以深怪險僻、雕刻浮躁爲爲文之病。”

嘉靖初,顧清爲御史李獻所彈劾,罷歸。六年(1527),復起爲禮部右侍郎。數疏乞致仕,升南京禮部尚書致仕。

張廷玉等《明史》卷一百八十四列傳第七十二:“世宗嗣位,爲御史李獻所劾,罷歸。”

焦竑《國朝獻徵録》卷三十六南京禮部一孫承恩《南京禮部尚書謚文僖顧公清墓誌銘》:“辛巳,武宗崩,今上入繼大統,復命議迎駕册立、勸進頒詔、易服臨喪諸吉凶大禮,公援古證今,折衷群言,時以公所議爲得體,從公居多。公時譽望日起,僉謂旦夕爰立。而有忌公欲傾之者,嗾臺諫,摭他人事誣公,不根特甚,衆論囂然,内閣亦持之不下,而公從容鎮静,因詔例自引退,無少濡滯,一時皆爲公不平。王文恪公方家居,因作《風聞論》以雪之。論一出而輿論益定,於是南北臺諫程英、朱光等四十餘人并撫按,各上章論薦,上乃起公南京禮部右侍郎。公既歸,自喜甚適,絶意仕進。不謂復有簡命,不得已之任,兩疏乞歸,不允。時望方屬公漸次柄用,而公歸志已决,疏益懇。是秋,得俞旨,有'歷事先朝講讀年久,多效勤勞'。既病篤,懇辭,升南京禮部尚書致仕。"

王鏊《風聞言事論》:"華亭顧君士廉爲禮侍,衆稱得人。忽言者蔑以曖昧事,士廉不辯,自引去。或以問於王子,曰:'若是者,盍廷辯之可乎?'應之曰:'可。'凡物不得其平則鳴。如所言者有之,是天下之大惡也;無之,是天下之大冤也。惡得而不辨哉!曰:'朝廷以耳目寄之,言官許以風聞言事。雖有不實,不當辯也。'曰:'朝廷以耳目寄之諫官,許之風聞言事,豈不欲是非之得其實乎!而以曖昧不實之事蔑人可乎!且所謂"風聞"者,何所始乎?考之於經,質之於史,籍之於國家之典,無有也。'"

馮時可《馮元成選集》卷六十九:"顧文僖公清性方正,見人少年買妾,輒正色責之,或遇人挾狡童者,諄諄相戒。其後官至少宗伯、南臺省。競以娶淫娼、比頑童污衊之,蓋即被公責戒者之造言也。大學士王守溪居山中,聞之不平,特作《風聞論》以雪。顧公卒,莫能白諸朝,而梓里間盡信其無兹事。蓋論至匹夫三代,直道猶存也。"

張廷玉等《明史》卷一百八十四列傳第七十二:"屢疏引疾,詔進尚書致仕。時方進表入都,道卒。謚文僖。"

嘉靖七年(1528),入都進表,道卒。謚文僖。

焦竑《國朝獻徵録》卷三十六南京禮部一孫承恩《南京禮部尚書謚文僖顧公清墓誌銘》:"先是公以進徽號賀表上京師,至東昌,聞命,有勸公謀以代進者,公曰:'清被皇上渥恩,得遂私請。今一事不終,豈人臣之義乎?'時已力疾,猶云:'縱不能覲天顔,得一拜闕門爲幸。'乃抵德州,輿疾而進,卒於河間府瀛海驛,戊子閏十月二十九日也。……公卒之三年,督學章公衮,并巡按魏公有本從庠校群議,奉公入祀鄉賢,復疏聞於朝,下部議,得俞旨,賜葬如制,謚文僖,恩禮渥矣。"

顧清學端行謹,恬於進取。精思敏到,忠勤始終。

焦竑《國朝獻徵録》卷三十六南京禮部一孫承恩《南京禮部尚書謚文僖顧公清墓誌銘》:"家本儒素,值歲侵,有常情所不堪者,而公安貧固守。有富家欲結納公,公書座右曰:'毋狥物而爲所溺,毋狎物而爲所秉。'自少立志已如此。四試不利,不少銼。"

焦竑《國朝獻徵録》卷三十六南京禮部一孫承恩《南京禮部尚書謚文僖顧公清墓誌銘》:"公疾革時,知府牛天麟問以家事,曰:'無以問也,吾表安在?謹護之。'牛深嘆其忠勤始終,敬畏不亂。公之出處之概如此,自少至老,與人一以誠,論事侃侃,不少貶。非其人,不與言;可與言,惟恐不盡己意。至立朝當事,王章國體,鑿鑿具有根據。若所著廟制、服制、私議諸皆可類推。平生事皆實歷,其言雖數十年不變一字。凡事精思敏到,即始要終,如指諸掌也。恬於進取,以退步爲消謗忌,長策不因遲速動意。最受知李文正公,間嘗表於公曰:'清在門下,惟當退一步。'文正悵然曰:'誰肯道此?'初轉學士,有沮之者,梁文康公曰:'他人且及渠,已後,若更遲之,如公論何?'後五年,學士而亦漠然,故文正有'始知衣鉢是家風'之句。蓋其高情雅致,不汲汲於顯貴,至於贋被誣謗,危禍且及,而亦不動心,其量度過人遠矣。嘗謂人曰:'人看聖賢太高,故畏而不敢爲。然本無异,要在自立耳。'又言:'人便亨達,終不可失了秀才氣味,習勤事,事必終。'勸之少逸,即怫然曰:'事畢乃逸,舍而求閑,只益忙耳。'先是,公嘗戒子曰:'吾無補於時,即死,慎毋陳乞恤典,以重吾過。'子奉命惟謹。"

周召《雙橋隨筆》卷六:"明顧東江清以解元會魁登第,張莊簡公爲吏部侍郎,東江首往謁之,時尚未考館選,莊簡有意欲留吏部,語之曰:'我部中少主事一員,今留你在我部中亦好。'東江曰:'某是個書生,但會讀幾句書耳,於政體恐有未諳。'莊簡曰:'汝但能照書本上行,幾曾見錯了。'昔趙普自謂以半部《論語》治天下,其言未嘗不是。但普之行事,未能盡照書本,不免負却《論語》耳。"

其詩清新婉麗,天趣盎然,深得長沙衣鉢,獨力守先民之矩矱,可謂正聲,在茶陵一派之中亦挺然翹楚。文章簡練醇雅,自嫻法律,有高峻之風。平生著作頗豐,有《東江家藏集》四十二卷、附録一卷、《(正德)松江府志》三十二卷、《傍秋亭雜記》一卷、《田家月令》一卷、《顧東江集》一卷、《周文襄公年譜》一卷等。

梁章鉅《制義叢話》卷四:"俞桐川曰:'顧東江清潔己奉公,恬淡樂道,故其文亦有高峻之風。凡在科第者,以受知人賢爲榮,以識拔多才爲雋,一不可得,况於能兼。東江登賢書,主司爲王文恪。捷南宫,主司爲李文正。及丁丑,禮闈拔得倫、舒、崔、汪諸君子,并有名當世。師弟淵源,可謂極盛而已。復能以文章配之,所以光前而裕後也。'"

錢謙益《列朝詩集小傳》:"清新婉麗,深得長沙衣鉢。正、嘉之際,獨存正始之音。今人以其不爲何、李輩所推,不復過而問焉。"

朱彝尊《静志居詩話》:"詩法西涯,觀其險韻再四叠用,足見能事。當日諸公受長沙衣鉢,或推方石,或稱二泉,或首熊峰,以鄙見衡之,要皆不敵也。"

張廷玉等《明史》卷九十七志第七十三:"顧清《松江府志》三十二卷。"志第七十四:"顧清《田家月令》一卷。"志第七十五:"《顧清文集》四十二卷。"

黄虞稷《千頃堂書目》卷二十一:"顧清《東江文集》四十二卷,字士廉,華亭人。"

永瑢等《四庫全書總目》卷七十三史部二十九:"《松江府志》三十二卷,内府藏本,明顧清撰。清字士廉,華亭人。弘治癸丑進士,官至南京禮部尚書。"卷一百七十一集部二十四:"《東江家藏集》四十二卷,兩淮馬裕家藏本,明顧清撰。清有《松江府志》,已著録。是集凡《山中稿》四卷爲初集,乃未仕時作。《北游稿》二十九卷,爲中集,乃既仕後作。《歸來稿》九卷,爲後集,乃致仕後作,皆清晚年所自編,故體例頗爲精審。又有《留都稿》四卷、《存稿》十卷,爲其子孫所續輯,今已不傳矣。清學端行謹,砥礪名節。當正德時,諫疏凡十數上。嘉靖初,力請停遣旗校,於時政皆有所獻替。其詩清新婉麗,天趣盎然。文章簡煉醇雅,自嫻法律。當時何、李崛興,文體將變,清獨力守先民之矩矱,雖波瀾氣焰未能極俶奇偉麗之觀,要不謂之正聲不可也,在茶陵一派之中亦挺然翹楚矣。"

陳田《明詩紀事》丙籤卷一:"東江雖法西涯,實導源東坡。古歌噴薄鬱盤,可與匏庵抗席。弇州輩評詩,於附和何、李者,自鄶以下亦刺刺不休,而東江曾不齒及,宜來牧齋之指摘也。"

朱彝尊《明詩綜》卷三十一:"孫貞父云:'文僖吟咏篇章有關民情世用。'"

顧清《東江家藏集卷》《辛亥感興》六首:"六籍無孔孟,諸子競爲書。班馬雄兩漢,韓柳後馳驅。斯文雖未喪,元氣久已殊。云胡後來者,每變日下趨。靡然事華藻,瑣甚雕蟲魚。杳眇亂人耳,黄鐘委路衢。時無歐陽子,誰爲掃其蕪。”“秦皇肆吞噬,王白亦雄哉。漢祖仗黄鉞,韓彭後先來。仁暴雖异趨,戡定各奇才。悠悠千載下,文勝武略頽。貔貅百萬輩,孰是長城材? 虎卧不脱爪,天行不廢雷。干羽格有苗,兹運久未回。”“大運日頽下,皇風返無期。區區二三子,乘時各揚眉。聲名動京闕,舉世欽所爲。吾觀古人作,舉措不如兹。悠悠嘆升沉,我獨傷此時。”“漢王仗三尺,陸賈陳詩書。齊客工彈瑟,其王乃好竽。爲業非不精,鑿枘將焉如。入水須操舟,陸行須駕車。君看屠龍手,終年不食魚。”“仲淹歸鄉閭,榮先照江東。散帛分族人,府藏一時空。明年買義莊,傾囊無吝客。向來西山下,平田正春農。老稺各欣欣,鄉里自成風。仰止慕芳躅,咄嗟吾道窮。”“急湍無漫波,高崗多烈風。君子抱奇節,安能與時同。譬彼松柏資,豈雜蕭艾叢。水濁不污月,道喪身乃窮。誰云唐虞遠,大運不再逢?”

與錢福、陸時敏、李東陽、嚴嵩、劉文瑞、毛紀、羅欽順、毛澄諸人多有詩歌往來。

顧清《東江家藏集》中多有《通波塘泛舟沈惟馨王大用錢時斂聯句》《辭李文正公》《書劉文瑞所藏侯東樵詩卷後》《書劉文瑞追遠卷後》《癸卯立春日寄陸時敏》《祭李文正公文》等。

陸深《丁丑六月二日與東江石潭未齋介溪餞别聞齋司業於受公房聯句》:“十年蕭寺此重游(清)。一酌還同惜别留,聚散無端庭樹長(俊)。陰晴未定還雲浮,宦情莫問僧炊飯(鼎臣)。詩興惟憑客倚樓,天末相望重相憶(深)。欲攀江柳繫蘭舟(嵩)。”

張廷玉《明史》卷一百八十四列傳第七十二:“與同年生毛澄、羅欽順、汪俊相砥以名節。進侍讀。”

永瑢《四庫全書總目》卷一百九十二集部四十五:“《聯句私鈔》

四卷,兩江總督采進本。明毛紀編。……是集前有引一篇,稱:昔在翰林,與僚友及諸司善鳴者會晤游賞,多形之聯句,得二卷。後爲部佐,與同年數公相處,因事感懷,復得一卷。其末卷則在内閣,與諸老同作者總七言律二百二十五首、排律二首、五言古詩一首。歸田後葺録爲一帙,并題姓名、履貫於卷首,自華亭顧清以下共三十有三人。"

世居於華亭城南古西湖之涘。曾祖文理、祖顯、父瓊,皆隱德不仕。祖、父皆以公貴,俱贈禮部右侍郎。祖妣沈、妣陸,俱贈淑人。三男。

焦竑《國朝獻徵録》卷三十六南京禮部一孫承恩《南京禮部尚書謚文僖顧公清墓誌銘》:"世居於華亭城南古西湖之涘。曾祖文理、祖顯、父瓊,皆隱德不仕。後以公貴,祖、父俱贈禮部右侍郎。祖妣沈、妣陸,俱贈淑人。"

顧清《東江家藏集》《辯明誣罔奏》:"臣一生無女,止有三男。長顧天彝,娶同縣民人嚴璋女;次男天叙,聘訓導張稷女,未娶身故;又次男天秩,初娶同年進士李希顔女,再娶南京鴻臚寺卿陸淞堂兄陸淵女。長孫顧應陽,娶江西豐城縣學教諭沈暄女,孫女嫁金山衛指揮侯藩男侯乾。""弘治十六年,丁憂回家,服滿還任,臣妻張氏爲臣娶民人褚某女爲妾。"

顧清《東江家藏集》《亡室贈淑人張氏墓誌銘》:"淑人姓張氏,諱淑正,小字壽寧,世家華亭。""予爲弟子員,淑人躬緝紡,助朝夕。服勤嘗苦,茹納包容,有人所不能堪者。中更先祖喪,畢兩弟婚娶,至盡脱服飾以助,著簪布衣,若將終身焉。予三黜鄉闈,不爲憂,聞得薦,亦不甚喜。從予居京師,每以不及奉二親趣予歸省。先淑人訃至,哭泣怨悔不自勝。"

參考文獻:

1. 錢謙益編著《列朝詩集小傳》,上海古籍出版社1959年版。

2. 朱彝尊《静志居詩話》,人民文學出版社1990年版。

3. 馮桂芬《(同治)蘇州府志》,《中國地方志集成》本,江蘇古籍出版社1991年版。

4. 顧清《東江家藏集》,《四庫明人文學叢刊》本,上海古籍出版社1991年版。

5. 吴文治主編《明詩話全編》,江蘇古籍出版社1997年版。

6. 梁章鉅著,陳居淵校點《制義叢話》,上海書店出版社2001年版。

7. 王鏊著,吴建華點校《王鏊集》,上海古籍出版社2013年版。

8. 朱麗霞《明代江南家族與文學——以上海顧、陸家族爲個案》,河南人民出版社2012年版。

(閆麗)

邵寶傳

邵寶,字國賢,號泉齋,别號二泉,南直隸常州府無錫(今江蘇省無錫市)人。生於天順四年(1460)九月。

吴道成編《邵文莊公年譜》:“公諱寶,字國賢,姓邵氏,號泉齋,又曰二泉學者,稱爲二泉先生。”“英宗皇帝天順四年庚辰九月三日酉時公生。”

楊一清《資善大夫南京禮部尚書贈太子少保謚文莊邵公寶神道碑銘》(以下簡稱《神道碑銘》):“錫山有鉅公家,食爲名士,仕爲名臣,要其終爲名儒。曰邵公,諱寶,字國賢者。”“公世居無錫近慧山,傳稱天下第二泉也,因號泉齋,又曰二泉學者,稱爲二泉先生。”“公生天順庚辰。”

桂蕚《墓誌銘》:“先生諱寶,字國賢。”“先生生天順庚辰九月三日。”

張廷玉等《明史》列傳第一百七十:“邵寶,字國賢,無錫人。”

少穎异,九歲屬對,爲人傳誦。成化九年(1473),習舉子業。次年,受業於監生俞鎧。十一年,補邑庠生。十二年,就錢希齋公講理學。嘗問學於莊昶。

吴道成編《邵文莊公年譜》:“四年戊子,九歲……先生初出對云:‘低低粉壁,畫出萬里江山。’公應聲曰:‘小小池塘,浸入一天星斗。'爲人傳誦。""九年癸巳,十四歲,習舉子業。""十年甲午,十五歲,受業於蒿庵俞公,同業者丁松年、莫潛止三人。時蒿庵先生授《書經》至《禹貢》,公以撮要進,先生取而擲之,曰:'他人讀撮要,子須讀全文,子不聞徐武功治水成功因熟讀《禹貢》故耶?'公遂受讀,後督漕至安平,讀武功碑,益思先生言。公後有曰:'蒿庵先生嘗謂我云:凡與人交,必先觀其處父母、兄弟、妻子如何,此而或薄,交必不終。三四十年來驗之,尤信。'""十一年乙未,十六歲,補邑庠生。提學御史戴公珊於同進十四人中特賞异之。""十四年戊戌,十九歲,就錢希齋公講理學。……問學於定山莊先生,先生諱昶,字孔陽,江浦人,初爲翰林檢討,以奏事落職,後復南京行人司致仕。家居,先生答書,有'邵君一日千里'之語。"

張廷玉等《明史》列傳第一百七十:"年十九,學於江浦莊昶。"

趙宏恩《(乾隆)江南通志》卷一百九十五雜類志:"邵文莊寶幼與同邑丁松年、惠遠稱三奇童。嘗同至洞虚宫嗣龍山房,道士年八十餘,謂曰:'聞三君敏妙,我有王學士壽先師祖文千餘言,能誦十過記,當烹白鵝以進。'於是,丁誦一過,背之,不失一字。惠誦兩過,訛四五字。邵細讀三過,又聽二子背誦各一過,訛十餘字。道士進鵝,既去,謂弟子曰:'邵子深沉寡言,舉止不苟,此遠大之器。二子質敏而氣浮,非其倫也。'又三年,而丁以儒士第一人應舉不第,尋卒。惠後仕終順天通判,邵至大位,悉如道士言。"

十六年(1480),中應天府鄉試。二十年,中進士,入大理右寺辦事。次年,除河南開封府許州知州。

吴道成編《邵文莊公年譜》:"十六年庚子,二十一歲,八月,應天府鄉試中式,名在第八。時主考洗馬羅先生璟、侍講李先生東陽同考本經。""二十年甲辰,二十五歲,二月,會試中式第三十九人。……三月,殿試賜進士出身,狀元李旻,榜第二甲第十八名。……是月,吏部分送大理右寺辦事。""二十一年乙巳,二十六歲,八月二十一日,除河南開封府許州知州。"

桂萼《墓誌銘》:"成化甲辰進士,授許州刺史。"

楊一清《神道碑銘》:"文正公成化庚子主考南畿,得公歸,以詫於予曰:'吾得天下士。'舉甲辰進士,出知河南許州。能以禮讓爲國,所舉動多風化中事,作《新廟學》,諭諸生義利、公私之辨及忠孝大節,聞者感動,皆知慎其所自立。次教之讀書爲文,矩則許之,文風蔚然改觀。正穎考序祠墓,改魏文帝廟以祠漢愍帝,祠范忠宣公於襄城、裴晋公於郾城,毁龍骨,杖妖巫,尤急民事,躬課農種,仿朱文公社倉,立積散法,行計口澆田法,爲備荒計,釐正糧籍,民至于今稱便。"

弘治十年(1497),升户部郎中。十三年,提學江西。修濂溪書院,改建白鹿洞書院,清學田,定課程,遠近向慕。十九年,升浙江按察使。

桂萼《墓誌銘》:"丁巳,升户部郎中。庚申,提學江西,凡六年,升浙江按察使,歷左布政使。"

楊一清《神道碑銘》:"徵户部員外郎,尚書委閲章奏。進郎中。太原周文端公、華容劉忠宣公甚器重之。孝廟臨御,諸公奏抑恩幸,杜請求,釐正度支,多公言是用,章奏多出公筆。以薦爲江西提學副使。至則以身爲教,先行檢而後辭藝,黜浮崇雅,士類勃興。修濂溪書院,白於巡撫林公待用,檄取濂溪族孫守祠。改建白鹿洞書院,清學田,定課程,遠近向慕。遷浙江按察使,慮獄囚成豪惡殺人之獄,出可矜疑者若干人。"

正德二年(1507),遷浙江右布政使,進湖廣左布政使。四年,擢都察院右副都御史,總督漕運。五年,起巡撫貴州,尋升户部右

侍郎,進左侍郎,命兼左僉都御史,督處糧運。

楊一清《神道碑銘》:"正德丁卯,遷浙江右布政使,進湖廣左布政使。己巳,擢都察院右副都御史,總督漕運。時劉瑾用事,公一無所通,瑾銜之,數令人以危言撼之,公不爲動,乃勒令致仕。庚午,瑾誅,起巡撫貴州,尋升户部右侍郎,進左侍郎,命兼左僉都御史,督處糧運。及會勘通州城壕,歸奏俱稱旨。"

桂蕚《墓誌銘》:"已而巡撫貴州,無何,召督漕事,升户部右侍郎,尋升左侍郎,兼左僉都御史。"

張廷玉等《明史》列傳第一百七十:"正德四年,擢右副都御史,總督漕運。劉瑾擅政,實至京,絶不與通。瑾怒漕帥平江伯陳熊,欲使實劾之,遣校尉數輩要實左順門,危言恐之曰:'行逮汝。'張彩、曹元自内出,語實曰:'郡第劾平江,無後患矣。'實曰:'平江功臣後,督漕未久,無大過,不知所劾。'二人默然出。越三日,給事中劾熊,并及實,勒致仕去。瑾誅,起巡撫貴州,尋遷户部右侍郎,進左侍郎。命兼左僉都御史,處置糧運。"

屢疏致仕,不允。正德七年(1512),許歸省,賜寶鏹四千緡以行。嘉靖初,升南京禮部尚書致仕。

桂蕚《墓誌銘》:"升南京禮部尚書,累引疾致仕,不可,遂乞終養。辛巳,今上登極,起先生,將大用之,先生懇辭焉。"

楊一清《神道碑銘》:"先是,公以母太夫人老,自爲藩憲,時屢奏乞終養,格于例,爲侍郎,再乞歸養,俱不許。壬申,許歸省,賜寶鏹四千緡以行。抵家又疏終養,始報可。得疾,尋愈。年近六十,朝夕侍親側,承歡婉愉,太夫人安其養,年八十餘壽終。公養親之暇,深居簡出,日親書史,以著作爲事。求請者踵接於門,碑版流播遍四方。今上嗣極,大臣、言官交薦公,乃有南京禮部尚書之命,公疏懇辭，上褒以温旨，不奪其志，且令有司以禮存問，待養終用之。比終太夫人之喪，天子且召用公，而公病不可起矣。"

張廷玉等《明史》列傳第一百七十："及會勘通州城壕，歸奏稱旨。尋疏請終養歸，御史唐鳳儀、葉忠請用之留都便養，乃拜南京禮部尚書，再疏辭免。世宗即位，起前官，復以母老懇辭。許之，命有司以禮存問。"

嘉靖六年(1527)卒，贈太子太保，謚文莊。

楊一清《神道碑銘》："去年嘉靖丁亥，予在朝，忽得守臣報，則公亡矣。""卒於嘉靖丁亥二月辛未，壽六十有八。訃聞，贈太子少保，賜謚文莊，諭祭一壇，官爲營葬。域鄉大夫士共經紀其喪，中外縉紳交口惜之。"

桂蕚《墓誌銘》："嘉靖丁亥二月辛未，二泉先生卒。又明年，己丑正月二十二日，卜葬西綉嶺之陽。""先生居家，一日晨起謁先聖及家廟，既退，端居瞑目，不言而逝。訃聞天子，遣官營葬，諭祭焉。有司最其行，謂：先生節行著於朝廷，孝友聞於鄉里，化人有道，傳後有書，擬贈太子少保，謚文莊。……享年六十有八。"

寶操履端飭，性度端雅，貞介夙成。居鄉厚倫睦族，好爲義舉。

楊一清《神道碑銘》："公居鄉厚隣睦族，好爲義舉，里人薰而善良，顧自公視之，皆常行不及。"

楊一清《神道碑銘》："公平生操履端飭，自登第至侍養家居，一切饋遺不苟受，篋中無長物，惟圖書金石遺文而已。公於家稱孝子，於國稱名臣，於世稱純儒，杰然爲天地間完德君子。公性度端雅，貞介夙成，臨事猶講學，未嘗疾言遽色。人或數百語不能終，公以數語即竟之。嘗曰：'願爲真士夫，不爲假道學。'於聲色貨利，絶口不言，惟賢人君子則敬之弗衰。一時碩儒并以天下士稱之，而憲臣有言於朝曰:‘行追古人,學方國士。’”

與李東陽、楊一清、石珤、儲巏、吴寬、楊廉、莊昶、王雲鳳、孫一元、劉春、劉忠諸人相友善。

李東陽《懷麓堂集》中多有與邵寶往來之詩文:卷三詩稿三《送邵國賢還治許州》、卷二十六文稿六《送邵國賢詩序》、卷五十五詩後稿五《用韻答邵國賢》、卷五十八詩後稿八《孟冬五日冒雪出城簡邵國賢都憲喬希大侍郎崔世興員外》、卷七十三文後稿十三《邵國賢亞硯銘》、卷九十八文續稿八《次韻答邵國賢提學五首》。

劉春《東川劉文簡公集》:卷二十二《送邵國賢分韻得春字》、卷二十三《送邵國賢提學江西》。

劉忠《野亭劉公遺稿》卷七:《送邵國賢提學江西》。

石珤《熊峰集》卷七:《送邵國賢分韻得引字》。

孫一元《太白山人漫稿》:卷四《簡邵國賢少司徒》、卷六《次韻答邵國賢少司徒》。

王雲鳳《博趣齋稿》卷八:《次韻贈邵國賢守許二首》《慶成宴次邵國賢喬希大聯句韻》《朱仙鎮次邵國賢韻》。

吴寬《家藏集》匏翁家藏集卷第二十七:《送邵國賢》。

楊廉《楊文恪公文集》:卷三十九《閲邵國賢評徐可大詩卷書其後》、卷四十五《與邵國賢》。

莊昶《莊定山集》卷二:《題邵國賢畫》。

儲巏《柴墟文集》:卷一《次韻邵國賢生女》、卷十四《寄邵國賢》。

楊一清《神道碑銘》:“邵公,諱寶,字國賢者,予友西涯李文正公之門人也。予以西涯故,獲好於公,久乃益習。晚年予謝政,公歸侍養,鎮、常郡相比,時通問訊不絶,然制於踪迹不及見。”

邵寶博綜群籍，講學以理學爲宗。爲詩清和淡泊，興寄閑遠。曾受知於李東陽，東陽稱其集"出入經史，搜羅傳記，該括情事，摹寫景物，以極其所欲言，而無冗字長語、辛苦不怡之色，若欲進於古之人"。其文高簡有法、醇正和雅、體裁簡則、文辭典重。著述甚富，編有《左觿》一卷、《簡端録》十二卷、《學史》十三卷、《漕政録》十八卷、《許州志》三卷、《容春堂全集》六十一卷、《定性書説》、《慧山記》等書。

張廷玉等《明史》列傳第一百七十儒林一及藝文志："邵寶《左觿》一卷。""邵寶《簡端録》十二卷。""邵寶《學史》十三卷。""邵寶《漕政録》十八卷。""邵寶《許州志》三卷。""邵寶《容春堂全集》六十一卷。"

陳田《明詩紀事》丙籤卷八："文莊詩格平衍，其蘊藉入古處，則學爲之也。在茶陵詩派中不失爲第二流。"

楊一清《神道碑銘》："詩歌出入唐李、杜間，樂府有漢魏遺意，所著《學史》《簡端》二録，爲都憲吴公獻臣録進。他如《定性書説》《漕政舉要録》《容春堂勿藥》諸集各若干卷，藏於家，其厄於火者，莫得而詳也。"

永瑢等《四庫全書總目》卷一百七十一集部二十四："《容春堂前集》二十卷、《後集》十四卷、《續集》十八卷、《别集》九卷，浙江汪汝瑮家藏本，明邵寶撰。寶有《左觿》已著録。寶舉鄉試，出李東陽之門，故其詩文矩度皆宗法東陽。東陽於其詩文亦極推奬，當寶以侍郎予告歸，東陽作《信難》一篇以贈，稱其集'出入經史，搜羅傳記，該括情事，摹寫景物，以極其所欲言，而無冗字長語、辛苦不怡之色，若欲進於古之人'。且以歐陽修之知蘇軾爲比，其心之相契如此。然東陽所見只有《前集》，其《後集》《續集》《别集》，則寶後所續編，東陽弗及睹也。今統觀四集，其文邊幅少狹，而高簡有法，要無愧於醇正之目。《明史·儒林傳》稱其'學以洛閩爲的,嘗曰:"吾願爲真士大夫,不願爲假道學。"''其文典重和雅,以李東陽爲宗。而原本經術,粹然一出於正。'殆非虚美。其詩清和淡泊,尤能抒寫性靈。顧元慶《夷白齋詩話》極稱其《乞歸終養上疏不允》一篇,謂其感動激發,最爲海内傳誦,蓋其真摯不可及云。"

王世懋《王奉常集》卷五十文部《跋邵文莊公詩卷》:"邵文莊公,吾江左名卿。是卷乃公督學江右時所書,所紀多其地山川,所遺多其鄉大夫。而匡廬獨居其大半,以鉅麗所關也。督學使者得按行諸郡,故能徧題諸勝處。余兩官兹地,常株縶一方,既不能如公遍覽,而久部匡廬,所見名勝不啻公。一再往,然詩篇寥寥,不稱俗吏,愧公遠矣。貞吉王孫雅善詩畫,好山水,每有出塵之想,坐諸侯王故事,不能出百里,每有陳思之憤,嘗得此卷,善畜之,以當卧游,蓋非獨重前賢名迹也。"

張萱《西園聞見録》卷六:"邵文莊公爲李公西涯門生,情義懇篤,邵雖在顯貴,李公尤箴規切磋。嘗批邵文莊公字後,云:'予往時嘗被方石老駁得慌,迄今爲感,不知國賢亦耐得我駁否?'文莊家居,偶得手病,不能作楷字,每上李公書輒假手於人,李恐文莊手尚病,故貽書索親書,曰:'但得數字足矣,不必楷也。'甲戌歲,李得文莊壽文、壽詩,其和章有'月窟静手探,間稱老萊衣。'文莊嘗誦以自警。及西涯病没,文莊聞訃,執喪如子,爲位哭泣,追憶生時,每事作詩,不下百首。"

張萱《西園聞見録》卷八:"邵文莊公寶博綜群籍,研窮有得,著爲《日格子》十二卷,蓋取伊川'今日格一物,明日格一物'之意也,而疑似之剖析、義理之折衷、人物賢否之評、古今治亂之故,亦略可見矣。"

黄虞稷《千頃堂書目》卷二:"邵寶《左觿》一卷。"卷三:"邵寶

《簡端録》十二卷,一名《日格子》。嘉靖四年,巡撫應天都御史吴廷舉上終養南京禮部尚書邵寶所著《簡端録》《學史》二書,以資啓沃,詔下所司。"卷五:"邵寶《學史》十三卷,弘治乙未序。"卷七:"邵寶《許州志》三卷。"卷八:"邵寶《慧山集》六卷,録永樂以前慧山詩文。"卷九:"邵寶《漕政舉要録》十八卷。"卷十一:"邵寶《定性書説》,又《日格子》十二卷。"卷二十:"邵寶《容春堂前集》二十卷。字國賢,無錫人,南京禮部尚書,謚文莊。又《後集》十四卷,又《續集》十八卷,又《别集》九卷,又《泉齋勿藥集》十四卷。"卷三:"《左觿》一卷,通行本,明邵寶撰。寶字國賢,號二泉,無錫人。成化甲辰進士,官至南京禮部尚書,謚文莊,事迹具《明史·儒林傳》。是編乃其讀《左傳》所記雜論、書法及注解。然寥寥無多,蓋隨意標識於傳文之上,亦其《簡端録》之類也,其中精確者數條,顧炎武《左傳補注》已采之,所遺者其糟粕矣。"

朱彝尊《静志居詩話》卷八:"二泉詩如平原,彌望雖盡,翦其荆榛,惜少芳華可采。附録愚山云:'文莊爲户部郎,始受業西涯之門,西涯以衣鉢期之。西涯既没,李、何之焰大張,而公獨守其師法確然而不變。'"

世爲無錫人。元季,七世祖容春府君,與倪處士元鎮爲文字交。明初,五世祖仲容府君以人才試職知州,始徙南塘。仲容生叔安,從學周士衡,能自受益,以資踐履,士望歸之。純和公溥生寶。配顧淑人生男子子二:德生、佛真,俱夭。以族弟之子煦爲嗣。

吴道成編《邵文莊公年譜》:"世爲無錫人,其先宋以上譜逸無徵。元季,公七世祖容春府君高不仕之義,與倪處士元鎮爲文字交。國初,五世祖仲容府君以人才試職知州,始徙南塘。仲容生叔安,從學周正言士衡,而與王中書孟端爲友,能自受益,以資踐履,士望歸之。叔安生存一,博洽經史,終身由禮,隱然山澤之儒。存一生鎬,能詩,嘗省用以濟人,配楊氏,生溥,是爲純和公,孝友温恭,通書史大義,配過氏,生公。存一、純和皆以公貴,贈都察院右副都御史。楊氏贈淑人,過氏累封太淑人,進太夫人服。”

桂萼《墓誌銘》:“邵氏世家常之無錫。曾大人諱式,大父諱鎬,贈嘉議大夫、右副都御史。父溥,加贈如大父官,母過氏,封太淑人。”“配顧淑人,生男子子二:德生、佛真,俱夭。嗣子一即煦,聘太學生華麟祥女,女子子三,長適華珉、次吴汝憲、次秦汶。”

楊一清《神道碑銘》:“曾大父諱式,母朱氏。大父諱鎬,父諱溥,俱累贈嘉議大夫、都察院右副都御史。大母楊氏,累贈淑人。母柯氏,累封太淑人,進太夫人。配顧氏,累封淑人。生子男二,曰德孫、佛孫,早卒。今以族弟之子煦爲嗣,聘國子生華麟祥女。女三,義官華珉、邑生吴汝憲、國子生秦汶,其婿也。”

張廷玉等《明史》列傳第一百七十:“寶三歲而孤,事母過氏至孝。甫十歲,母疾,爲文告天,願減己算延母年。及終養歸,得疾,左手不仁,猶朝夕侍親側不懈。”

王鏊《邵尚書母過氏太淑人貞節之碑》:“尚書生三歲,而大夫蚤世。太淑人方盛年,族人欲奪之節,太淑人嶷然自持,誓不復貳。及家析産,金帛泉貨一無所取,獨取先守一府君手校遺書千餘卷,曰:‘將與吾兒讀之。’且育且誨。備履艱辛。”

參考文獻:

1. 張萱《西園聞見録》,杭州古舊書店 1983 年版。

2. 焦竑《國朝獻徵録》,上海書店 1987 年版。

3. 朱彝尊《静志居詩話》,人民文學出版社 1990 年版。

4. 邵寶《容春堂集》,《四庫明人文集叢刊》本,上海古籍出版社 1991 年版。

5. 李東陽《懷麓堂集》,《四庫明人文集叢刊》本,上海古籍出版社 1991 年版。

6. 王世懋《王奉常集》,齊魯書社 1997 年版。

7. 吴道成編《邵文莊公年譜》,《北京圖書館藏珍本年譜叢刊》第 42 册,北京圖書館出版社 1999 年版。

8. 趙宏恩《(乾隆)江南通志》,《中國地方志集成》本,鳳凰出版社 2011 年版。

(閆麗)

錢福傳

錢福,字時斂,後改字與謙。自號鶴灘,世稱鶴灘先生。南直隸松江府華亭(今上海市松江區)人。天順五年辛巳(1461)生。

《國朝獻徵録》卷二十一李東陽《翰林修撰錢福墓表》(下文簡稱"李東陽《墓表》"):"與謙諱福,字時斂,予爲改字與謙。"

喬宇《翰林院修撰錢與謙墓誌銘》(見《鶴灘稿》附刻,下文簡稱"喬宇《墓誌銘》"):"家近鶴灘,因以自號,學者稱爲鶴灘先生云。"

顧清《東江家藏集》卷二十一《錢與謙墓記》(下文簡稱"顧清《墓記》"):"先生諱福,字與謙,姓錢氏。家近鶴灘,人稱爲鶴灘先生,遂因以自號。"

錢福《鶴灘稿》卷首《鶴灘先生紀事》(下文簡稱"卷首《紀事》"):"錢福,字與謙,號鶴灘,松之華亭人。"

李東陽《墓表》:"甲子八月二日,遂不起,年四十有四而已。"甲子爲弘治十七年(1504),可推其生年爲天順五年(1461)。

福少而穎异,隆準秀目,七歲能文。成化十四年(1478),隨父寓京,從楊一清學。弱冠成生員,與同縣顧清、沈悦齊名,人稱"三杰"。

喬宇《墓誌銘》:"君始生,穎异不凡。……甫七歲,能屬文。"

顧清《墓記》:"予少與與謙及今府學生沈悦惟馨游,志同而氣合,相責以道誼。君嘗慷慨謂:'吾三人者,异時入翰林,則以年遞爲作傳，皆笑而諾之。’時相傳以爲戲。……幼而穎异，八歲能屬文。長益閎肆，凌駕今古，波瀾横溢，鋒焰逼人，有萬夫莫禦之勢；而義理精核，情景切至，剪裁融化，恒言近事，名理粲然。”

錢福《鶴灘稿》卷首《紀事》：“少而穎异，八歲能屬詞。及長，隆準秀目，志意高遠。”

喬宇《墓誌銘》：“成化戊戌，藺州公挈君至京師，聞邃庵楊公先生善教，遣受業焉。先生曰：‘此子數年後當有文名。’”

李東陽《墓表》：“與謙蚤從今少保吏部尚書邃庵楊先生游。”

馮時可《鶴灘先生遺事》(《鶴灘稿》卷首)：“弱冠補博士弟子，與顧公清、沈生悦齊名，稱爲‘三杰’。嘗游小赤壁，對客放歌云：‘六丁拔出天地骨，一柱鎮壓吴江東。’時人以爲奇句。”

成化二十二年(1486)，舉應天鄉薦。後會試落第，又從學李東陽。在國學，屢試皆置首列。

喬宇《墓誌銘》：“丙午，舉應天鄉薦，隨藺州公試禮闈，俱落第，藺州公遂就選，君抵家。别二親，復上京師，曰：‘兒名不成，弗敢歸。’乃從學於西涯李公先生。先生每器賞君所作，曰：‘此吾館閣中人。’兩試太學，皆置首列。”李東陽《墓表》：“成化丙午，舉南畿鄉貢，已以文著。一失意禮部，衆輒嘩之，時邃庵已仕在外，與謙乃因其友就質於予。試司馬温公贊，因録以詫於謝文肅公，公以爲予作也，亟譽許之，謂數語間用舍治亂，該括殆盡。及詢知其人，大駭嘆焉。在國學，屢試皆前多士，名益起。”

錢福《鶴灘稿》卷六《司馬温公贊李西涯命題》：“連茹拔茅，維公在朝；青苗保馬，維公在野。公之再入，旋乾轉坤，重睹慶曆；公之云亡，陰凝冰堅，馴致靖康。嗚呼悲哉！誠竭於己，命屬於天；天若祚宋，曷爲其然？”

何三畏《雲間志略》卷十《錢翰撰鶴灘公傳》：“成化丙午，府守樊公瑩録考科舉,士皆求公改削文字,公一一應之。至薄暮不得完卷,樊守棄之不録。至試遺才又不録。公意怏怏,佇立郵亭中,適見有投遞文書者,公邀之入,啖以酒脯,强起而視之。偶一生起復送考,止一名,名下幸不勾斷。錢以己名添置其後,文投入,督學司馬公收考,録其名應試。是科,中式第九人。隨赴都門,謁見祭酒謝公而器之。適西涯李文正公爲子擇師,問之謝公,謝首以公薦。隨令贄拜文正爲門下士,文正即留公課子而館其家。時有以司馬温公小像求文正作贊者,文正欲以試公才,即屬代筆。贊曰:'公之在朝,拔茅連茹;公之在野,青苗變法。公之再起,是爲元祐;公之云亡,是爲靖康。'文正見之,驚嘆曰:'不惟温公之出處事業包括殆盡,而宋朝之治亂興衰亦盡在數語中。此會狀才也。'"

孫緒《沙溪集》卷十三雜著:"錢狀元福未第時,游西涯門下。西涯嘗試以司馬温公贊,其中云:'群賢拔茅,惟公在朝;群奸奔馬,惟公在野。'西涯不勝嘆賞,遍舉以告人。時遂庵楊應寧提學陜西,謄書數千里外告之,且曰:'温公平生心迹,數語包括俱盡,此子終當魁天下。'"按,楊一清提學陜西時在弘治四年,孫緒所言不實。《錢太史鶴灘稿》卷三《餞邃庵先生督學陜西序》:"弘治辛亥夏五月,邃庵先生既至京,拜陜西提學之命以行。"

弘治三年(1490),會試第一,殿試第一。授翰林院修撰。自始名益盛,至多有异聞。

喬宇《墓誌銘》:"弘治庚戌,爲孝廟龍飛第一科,君試禮闈第一,廷試又第一,於是君之名赫然滿天下。松江自唐宋來,未有狀元,狀元實自君始。藺州公在滇南,喜曰:'吾願畢矣。'"

李東陽《墓表》:"弘治庚戌,禮部試畢,誦所爲文,予曰:'無以易子。'揭曉前一夕,有報云第四者,予曰:'恐不止是。'已而果第一。與謙每爲文字不屬草,廷試三千餘言,辭理精確,若宿構然者。

彌封官以無稿難之,衆謂科場必欲具稿者,防代作也。今殿陛間,萬目所視,何嫌之避。閣劉文穆公得之,嘖嘖不容口,曰:'程序中乃有此等文字邪?'以請於上,復賜第一。……松人在國朝,未有爲狀元者,有之自與謙始。授翰林院修撰。"

錢福《鶴灘稿》卷二《及第》詩:"十載寒窗味六經,一朝金榜占魁名。龍墀大對三千字,鵬海高搏九萬程。銀帶賜從天府出,玉驄騎向御街行。英雄三百隨吾後,好把忠良答聖明。"

李東陽《墓表》:"與謙幼時病甚劇,其父夢人語曰:'爾子,吴寬也。'時吴文定公尚家食後,連舉省殿二元。至是乃應。"

王鏊《震澤長語》卷下《夢兆》:"庚戌會試,公(徐溥)與汪伯諧學士爲主考,余爲同考。一夕,余送卷至堂,汪對余謂:'公日來不怡。'某問:'何也?'汪曰:'以不得好卷。'既而曰:'公昨夢人饋一大錢,何也?'某曰:'昔人謂文如青錢,萬選萬中,其有异卷乎?'汪曰:'公又夢人饋黄牡丹三大本,何也?'余未有以應。時錢福有名場屋。某退而思之,大錢之兆,其在福乎? 獨牡丹之説未得。楊介夫曰:'此亦福之兆也。不聞"洛陽相君忠孝家,可憐亦進姚黄花",爲錢惟演故事乎。斯人也,高科兆矣,而非端士。'是科會試、殿試,福皆第一,而不克終。"

張鼐《寶日堂初集》卷二十二:"李西涯雅重錢鶴灘才,錢將入會場,李曰:'有一論題可撰一稿。'稿既具,李大稱賞曰:'此作當冠南宫。'及貳場,果是此題。李問錢記得前作否? 錢曰:'已忘之。'李不懌。即索觀,與前一字不同而較更勝。李人喜。果中第一。"

弘治六年(1493),考禮闈。同年,考績入儒林,錫命封父如其官。以疾告歸,未至家,父歿。

喬宇《墓誌銘》:"癸丑,同考禮闈,所取者多知名士。"

李東陽《墓表》:"癸丑,同考會試,得弋陽汪俊爲省元,泰和羅欽順爲亞魁,後皆入翰林有名。"

李東陽《懷麓堂集》卷二十八《會試録序》:"弘治六年春二月,禮部當會試天下士。尚書臣耿裕、左侍郎臣倪岳、右侍郎臣費闇,以考試官請上。命少卿臣李東陽、少詹事臣陸簡輟講事以往,同考則侍讀臣江瀾、侍講臣武衛、臣張天瑞、修撰臣錢福、臣楊時暢、臣涂瑞"。

羅欽順《困知記》續補《整庵履歷記》:"六年癸丑春正月九日,至京師。會試榜出,余名列第七,修撰錢與謙先生所取士也。錢批余論首云:'有相業者作。'士夫往往爲余誦之。然録中所刻,乃出錢手,非余本色也。"

程敏政《藺州同知封翰林修撰錢君傳》:"福爲翰林修撰,三載得推恩封君如其官。忽思君心動,例不得歸省。則移疾冒暑,行至東昌,得君訃。"

李東陽《墓表》:"以考績進階儒林,即被錫命封父如其官。"

顧清《(正德)松江府志》卷三十:"癸丑謁告歸,丁家艱。"

十年(1497),以大計罷。

喬宇《墓誌銘》:"丁巳考京朝官列,以疾致仕。君略無芥蒂。鄉人諗君者,君謝曰:'吾始圖薄禄,爲親也;今疾弗免,亦以親故也。盡力於親而不得竭職於君,事故不能兩全爾。'"

李東陽《墓表》:"其父爲藺州同知,聞與謙及第,即乞致仕,歸自京師。與謙亦以疾乞歸就醫,藥居數年,以例得致仕。"

顧清《墓記》:"先生生三十而及第,三年告歸,又四年而致仕。"

焦竑《國朝獻徵録》卷二十一《錢鶴灘先生遺事》:"三十魁省試及奉廷對,賜進士第一人。三年告歸,又四年以大計罷。"按,錢福致仕有"以疾致仕""以例得致仕""以大計罷"三説。今考黄佐《翰林記》卷五《考滿》:"弘治元年,令翰林院官亦從吏部考察。十年,令兩京官照例考察。惟翰林學士不在五品之例,百餘年來,儒臣未嘗玷清議。自考察之典行,修撰錢福、編修孫清,蓋由兹退者。”喬宇《墓誌銘》云:“然性坦夷,不解立崖岸,每飲輒至醉,頹然自放,若不可繩以法度,用是頗不合於時,而衆望亦有所未滿者。大抵盛名之下,難以名居,故愛君者雖多,而忌者亦不可謂少也。”

馮時可《鶴灘先生遺事》:“公既登第,名滿天下,從者如雲,雖宿學通人,莫不避席相遜,而公亦意氣豪悍,若無足當者。居旅中,日飲亡何,當其醉後,銜口恣吻,時或逆人,同列皆不堪,以故得謗,卒於不振。然其中心隱厚,有人所不及者。”

錢福《鶴灘稿》卷首《鶴灘先生紀事》引陸伯生《樵史》:“性灑落,有晋人風致,不樂斤斤規矱,惜乎功名之於此矣。”又引顧清《傍秋亭雜記》:“與謙與楊碧川同爲修撰,有言某人爲文,自叙家世、宦學、遭逢之盛者。與謙曰:‘猶吾碧川之於鏡川也。’碧川色變,而與謙不知。及考察,碧川方署院事,僉議已定,而以諗徐謙齋。謙齋曰:‘此吏部事,何問我?’爲實不然之詞也,而遂成以决計。蓋當是時,諸公多不樂與謙,謙齋雖惜之,而衆論不可奪。與謙犯碧川事,得之石熊峰。及命下碧川於東閣,揚言:‘如此人不去不可,去之。’又損衙門江侍讀文瀾,以下皆勃然不答,始知事出此公,非謬。”

何三畏《雲間志略》卷十《錢翰撰鶴灘公傳》云:“公於既第之後,名聲赫奕,賓客輻輳其門。有外相推重,而中未必然,且不無忌嫉者。至大計,公已告歸,竟中察典,文正不能爲之力也。”

歸家後,放意山水,酬答賓客,教授生徒,四方乞文者不絶。

喬宇《墓誌銘》:“乃拓舊居、治田圃,用供甘旨費。暇則教授生徒,四方士來乞文者,踵相接。又喜延賓友,雖劇談終日,不少懈。”

李東陽《墓表》:“放意山水,益肆力爲文,藻出入微纆,維志所適,遠近購請,建扣向答,殆無虚日。每廣坐間,群客競請,各用幅紙,爲起居酬酢,交錯不廢,諧謔以其隙遞續之,比酒罷,無弗就者。此邃庵所親見,因相與賞嘆之,以爲稍自靳惜,擇言而省,度其所造詣,雖吾輩亦當避路。而恃才任達,不遑後恤。"

弘治十七年(1504)八月二日卒,年四十四。配顧氏,封孺人。子二,元、國。孫男一,名穀,孫女一。

李東陽《墓表》:"以酒成癖,手書抵予,若爲永訣者,予怪之。甲子八月二日,遂不起,年四十有四而已。"

喬宇《墓誌銘》:"竟以勞瘁成疾。捐館之旦,起步於庭,復瞑目,移時而卒,年纔四十有四而已。……配顧氏,封孺人。子二,即元、國。子生次凱。孫男一,名穀。孫女一。"

顧清《墓記》:"吾與謙太史既殁之明年,爲弘治乙丑,其子元始克營葬事。先事請銘於太常少卿喬君希大,請墓表於閣老西涯李公,使未返而葬期已迫。"

公侍親孝友,樂善好施。然性坦夷,意氣豪悍,嗜酒成癖,恃才任達。

喬宇《墓誌銘》:"君天性孝友,自藺州公殁,奉母孺人,罔不備至。愛弟祚,終身無异辭。尤樂施予宗族故舊有貧乏者,動給以衣食,不忍逆詐。有非禮相加者,未嘗與較。居常行事,不居細小,中無嬴餘,弗恤也,其天資豪邁類如此。"

李東陽《墓表》:"與謙家居,能色養。念父老,欲具疏乞移近地,例不得行,以考績進階儒林郎,被錫命封父如其官,母陸氏自安人。居喪毁瘠,葬祭皆如禮教。……與人坦率,不立町畛,有犯者,笑而受之,不爲報。故雖以才見忌,而怨怒不及云。"

所爲文章雄贍閎闊，藻思層出。論詩尚情，論文主氣。

喬宇《墓誌銘》："君既入翰林，又從西涯李公先生，益肆力於文章。閎衍浩瀚，闊視一世，而才高氣齊，揮毫對客，往往數千言可立就，詞鋒所向，莫之與攖。"

錢福《鶴灘稿》卷首《鶴灘先生紀事》："爲文章雄贍閎闊，藻思層出，人所不足，沛然有餘。"

錢福《鶴灘稿》卷三《芝岩詩序》："詩言志道性情者也。今之作者往往欲歌頌唐虞，遵法風雅，然豈真出於其志與性情哉？第其音律之乖和，采取之邪正，美刺之當否，不於其所勉，而於其所忽，自有不覺真情之發見者。"

喬宇《墓誌銘》："恒記與謙言：'作文須昌其氣，先使一篇機軸定於胸中，然後下筆，當沛然莫禦矣。'又云：'詞必根據理道，雖恒言近事，亦不可略。'此皆得之師傳，加之體識，正同類所弗如者也。"

錢福《鶴灘稿》卷三《墨莊詩集序》云："昔人謂臺閣之文，豐潤宏博；山林之文，枯槁奇峻。迥不相入，而於詩尤甚，蓋性情之真見也。若居臺閣而能道閭閻之艱，宅山林而不忘堯舜之思，則可與論於詩之外矣。"

李東陽《懷麓堂集》卷二十九《倪文僖公集序》曰："館閣之文，鋪典章，裨道化，其體蓋典則正大，明而不晦，達而不滯，而惟適於用。山林之文，尚志節，遠聲利，其體則清聳奇峻，滌陳薙定，以成一家之論。二者固皆天下所不可無，而要其極有不能合者。"

善制舉文，爲世所崇，與王鏊并稱"錢王"。

錢福《鶴灘稿》卷首陸慎修《書鶴灘先生遺稿後》："先生（制藝）布局立格，爲吾松開國一人。其文渾渾噩噩，如珠在函，如玉在璞，世稱錢王大家,至今無與爭席者。"

董玘《董中峰稿》卷首題識:"守溪長於議論,鶴灘善於刻畫,故高古典碩,望之有色,聽之有聲,至於游行理窟,自成大家。"

魏裔介《兼濟堂文集》卷之八《趙問源大題文所序》:"成、弘間,王守溪、錢鶴灘諸公,謹嚴高潔。"

魏禧《魏叔子文集》外篇卷之十二:"王守溪之文如天人,錢鶴灘之文如飛將。"

平生文字,多不屬草,故多散佚。弟祚、子元并沈思等爲之輯録,成《鶴灘稿》六卷。

喬宇《墓誌銘》:"平生文字,多不起草,坐上時爲人持去,故稿不盡存者,雜文若干篇,詩賦騷詞若干首,經義若干道。"

李東陽《墓表》:"與謙爲詩文,多散佚。祚及元方輯録之經義,則爲京師人鋟梓以傳,多至若干卷。"

何三畏《雲間志略》卷十《錢翰林鶴灘公傳》:"蓋公有所撰作,皆矢口而出,倚馬而成。太白之仙才,長吉之鬼才,殆以一人兼之者。"

錢福《鶴灘稿》卷首陸慎《書鶴灘先生遺稿後》:"先生嘗游天馬山圓智寺,寺僧出高麗紙一張乞詩,先生爲作長歌,信筆疾書,紙盡不續而止,至今山僧猶作十襲珍也。先生每縱筆,累千萬言,多不屬稿而成。"

朱彝尊《静志居詩話》:"鶴灘吟情以捷敏勝,故自解春雨後,凡俚詞儷句,動輒歸之,此選家皆棄不録也。"陳田《明詩紀事》丁籤卷六:"田按:修撰雖以敏捷見推,然合格之作,亦頗矜煉。"

焦竑《國朝獻徵録》卷二十一《錢鶴灘先生遺事》:"已而禮闈廷對,果占首。選《西湖談麈録》。"

朱睦㮮《萬卷堂書目》卷三《雜志》:"《天方地》一卷,錢福。"

錢福《鶴灘稿》卷首有《紀事》一卷、《遺事》一卷，記其逸事甚多。

其先本嘉興桐鄉人。五世祖德明（德名），徙華亭，贅於西闉薄氏。高祖實，出居鶴灘。曾祖復，以《中庸》學稱於鄉。祖昌，隱居不仕。父中，舉鄉貢，官雲南藺州同知。母陸氏，封孺人。弟祚，舉鄉貢。

李東陽《墓表》："其先本嘉興桐鄉人，五世祖德明徙華亭，贅於西闉薄氏。高祖實，出居鶴灘。曾祖復，能熟《中庸》學以名於鄉。至祖昌，未有仕者。父諱中，舉鄉貢。陸安人慈而能教。……弟祚俾學於予，亦領鄉舉。"

喬宇《墓誌銘》："高祖諱實。曾祖諱復，以《中庸》學稱於鄉。祖諱昌，隱，弗試。考諱中，雲南藺州同知。……三載考最，封藺州公如已官，階文林郎，母陸氏爲孺人。"

程敏政《篁墩集》卷五十《藺州同知封翰林修撰錢君傳》："君諱中，字用之，松江華亭人。曾祖實、祖復、父昌，皆不仕。而復故儒者，尤好子思子之書，鄉人目爲錢中庸。……成化戊子中南畿秋試，七上禮部又輒不利，乃詣選曹，請改隸南京，便養母。得歷事工部，未滿五日，聞母訃，或請足期而後發喪，君大慟斥之。服闋，以禄不及養，乞遠郡自效。廷授藺州同知。……使稽鄧州軍餉，再攝雲南縣，又攝黑鹽井提舉司。……歲庚戌，委君入賀長至節，值子福舉進士第一，君慨然曰：'是足以成吾志矣！'遂引疾致仕。君所居後即晋陸機放鶴灘故地。……錢之先，居嘉興桐鄉，相傳忠懿王后。元季，君高祖德名，避地華亭城西，贅薄氏，家焉。"

參考文獻:

1. 喬宇《喬莊簡公集》,明隆慶五年王世貞、喬世良刻本。

2. 張鼐《寶日堂初集》,《四庫禁毀書叢刊》集部第76—77册,北京出版社1977年版。

3. 焦竑《國朝獻徵録》,上海書店1987年版。

4. 顧清《四庫明人文集叢刊·東江家藏集》,上海古籍出版社1991年版。

5. 何三畏《雲間志略》,《四庫全書存目叢書》史部第230册,齊魯書社1996年版。

6. 錢福《錢太史鶴灘稿》,《四庫全書存目叢書》集部第46册,齊魯書社1997年版。

(鄧曉東　閆麗)

方良永傳

方良永，字壽卿，號松厓，福建興化府莆田（今福建省莆田市）人。生於天順五年（1461）九月十五日。

張廷玉等《明史》卷二百零一列傳第八十九：“方良永，字壽卿，莆田人。”

彭澤《南京刑部尚書謚簡肅方公良永墓誌銘》：“公姓方氏，諱良永，字壽卿，别號松厓。”“天順辛巳九月十五日生公於莆。”

何喬遠《名山藏》卷七十一《臣林記》：“方良永，字壽卿，莆田人。”

雷禮《國朝列卿紀》卷一百：“方良永，字壽卿，福建興化府莆田縣人。”

弘治三年（1490），良永與弟良節同登進士第。督逋兩廣，還，授刑部廣東司主事。十二年，補刑部貴州司主事，本年升廣東司員外郎。十三年，升廣東按察司僉事，攝海南兵備。十四年，因平定瓊州符南蛇亂有功，推補海北兵備。十八年，丁父憂，服除，赴補。

顔鼎臣《明狀元圖考》卷二“狀元錢福”條附弘治三年庚戌榜：“兄弟同登者：莆田方良永、良節。”

張廷玉等《明史》卷二百零一列傳第八十九：“弘治三年進士。督逋兩廣，峻却饋遺，爲布政使劉大夏所器。還授刑部主事。進員外郎,擢廣東僉事。瓊州賊符南蛇爲亂,大夏時爲總督,檄攝海南兵備,會師討平之。御史坐良永失利。大夏已入爲本兵,爲白於朝,賚銀幣。”

何喬遠《名山藏》卷七十一《臣林記》:“弘治三年進士,授刑部主事,轉員外郎。擢廣東按察僉事。瓊賊符南蛇作亂,衆至四萬,守吏多棄城走,良永慨然請行。時劉大夏總督兩廣,遂委攝海南兵備,良永統所部兵紀律嚴明,他軍莫及。比及三載,縛其元凶,前後擒斬二千百有奇,所獲生口牛馬器械稱是。尋推補爲真。丁父憂,服除,赴補。”

雷禮《國朝列卿紀》卷五十七:“九年養病,十二年,補刑部貴州司主事,本年升廣東司員外郎。十三年,升廣東按察司僉事。十八年,丁憂。”

林希元《(嘉靖)欽州志》卷六“海北兵備道”:“方良永,福建莆田縣人,進士,弘治十四年任。”

歐陽保《(萬曆)雷州府志》卷七分鎮志“海北巡道”:“方良永,莆田人,僉事,弘治十四年任,廉明風采,上下稱之。”

正德初,太監劉瑾弄權。三年(1508),良永以抗節忤逆瑾,勒令致仕。瑾誅,復起,任湖廣副使。八年,擢廣西按察使。本年,遷山東右布政使。九年,吏部考察,良永因政績顯著、才行兼優轉浙江左布政使。時錢寧以鈔二萬鬻於浙,攫民財,戕邦本,上書白發其奸,寧乃止。連上二疏,乞去。十年,致仕。

張廷玉等《明史》卷二百零一列傳第八十九:“正德初,父喪除,待銓闕下。外官朝見畢,必謁劉瑾。鴻臚導良永詣左順門叩頭畢,令東向揖瑾,良永竟出。或勸詣瑾家,良永不可。及吏部除良永河南撫民僉事,中旨勒致仕。既去,瑾怒未已,欲假海南殺人事中之。刑部郎中周敏力持,乃不坐。瑾誅,起湖廣副使。尋擢廣西按察使。發巡按御史朱志榮罪至謫戍。遷山東右布政使。旋調浙江，改左。”“錢寧以鈔二萬鬻於浙，良永上疏曰：‘四方盗甫息，瘡痍未瘳，浙東西雨雹。寧斯養賤流，假義子名，躋公侯之列。賜予無算，納賄不貲，乃敢攫民財，戕邦本。有司奉行急於詔旨，胥吏緣爲奸，椎膚剥髓，民不堪命。鎮守太監王堂、劉璟畏寧威，受役使。臣何敢愛一死，不以聞。乞陛下下寧詔獄，明正典刑，并治其黨，以謝百姓。’寧懼，留疏不下。謀遣校尉捕假勢鬻鈔者，以自飾於帝，而請以鈔直還之民，陰召還前所遣使。寧初欲散鈔遍天下，先行之浙江、山東，山東爲巡撫趙璜所格，而良永白發其奸，寧自是不敢鬻鈔矣。寧方得志，公卿、臺諫無敢出一語。良永以外僚訟言誅之，聞者震悚。良永念母老，恐中禍，三疏乞休去。”

過庭訓《明分省人物考》：“方良永，莆田人。弘治初進士，爲河南僉事，以抗節忤逆瑾，勒令致仕。瑾誅，復起，歷浙江左布政使。”

何喬遠《名山藏》卷七十一《臣林記》：“擢廣西按察使。巡按御史某挾勢，多爲不法，良永率三司暴其奸，御史遁去。”“進山東右布政，轉浙江左布政。”“良永知寧怨恨必中以禍，又念母老，遂決意求去。連上二疏，寧從中徑批不允，仍私授意，以示無憾。良永曰：‘此牢籠我耳。’復乞致仕，吏部覆允。”

彭澤《南京刑部尚書謚簡肅方公良永墓誌銘》：“冬，進山東右布政使。是年，公弟亦自參政升是官。”

雷禮《國朝列卿紀》卷五十七“南京刑部尚書年表”：“正德三年致仕。起升湖廣副使。八年，升廣東按察使，本年升山東右布政使。九年，升浙江左布政使。十年，致仕。”

正德十六年(1521)，世宗即位，錢寧伏法。中外交薦，拜都察院右副都御史，撫治鄖陽。以母老，再疏乞終養，賜廩米。未幾，母卒，詔賜祭葬。嘉靖六年(1527)，服除，起爲總理糧儲，兼應天巡

撫。行抵浙江衢州,疾作,連疏乞請致仕,未報遽歸,卒。卒後有南京刑部尚書之命,暨訃聞,賜恤如制,謚簡肅。

張廷玉等《明史》卷二百零一列傳第八十九:"世宗即位,中外交薦。拜右副都御史,撫治鄖陽。以母老,再疏乞終養。都御史姚鏌請破格褒寵。尚書喬宇、孫交言,良永家無贏資,宜用侍郎潘禮、御史陳茂烈故事,賜廩米。詔月給三石。久之,母卒,詔賜祭葬。皆异數也。服除,以故官巡撫應天,即家賜敕。至衢州疾作,連疏乞致仕,未報遽歸,卒。卒後有南京刑部尚書之命。暨訃聞,賜恤如制,謚簡肅。"

鮑應鰲《明臣謚考》卷下:"方良永,南刑部尚書,嘉靖年謚簡肅,福建莆田縣人。"

雷禮《國朝列卿紀》卷五十七"南京刑部尚書年表":"十六年,起升都察院右副都御史,撫治鄖陽等處地方。嘉靖元年,侍養二年,丁憂。六年,起原職,巡撫應天等處地方,未任。本年升南京刑部尚書,未任,卒於家,謚簡肅。"

雷禮《國朝列卿紀》卷一百一十二"撫治鄖陽卿少副僉都御史":"方良永,福建莆田人,進士。正德十六年,以都察院右副都御史任。"

黄光昇《昭代典則》卷二十五:"秋七月,浙江左布政使方良永致仕。"

雷禮《皇明大政記》卷二十:乙酉"起浙江左布政致仕方良永爲右副都御史,撫治鄖陽"。

雷禮《國朝列卿紀》卷一百"巡撫應天侍郎卿都御史":"方良永,福建莆田人,弘治庚戌進士。嘉靖六年,以右副都御史任升南京刑部尚書。"

雷禮《國朝列卿紀》卷五十七《南京刑部尚書年表》:"方良永,

福建莆田人,進士,嘉靖六年推,未任。”

何喬遠《名山藏》卷七十一《臣林記》:“世廟登極,用薦,擢都御史,撫治鄖陽等處。尋廷推提督操江,又推兵部侍郎,而良永復以母老乞終養,疏請者再,上重違其意,乃許侍養家居。言官、部使者奏薦無虚歲,最後都御史姚鏌請於常格之外顯示褒獎,吏部尚書喬宇、户部尚書孫交言良永居官素謹,家無羸餘,宜依廉官侍郎潘禮、孝養御史陳茂烈例,月賜食米。詔有司月給米三石,辭免,不允。久之,母卒。上聞,遣官諭祭,命有司營葬,大臣未任授恩,又以廉孝賜月米,皆一時异數也。服除,命總理糧儲,兼巡撫應天等府地方,中道疾作,連疏乞休,温旨勉留。再推南刑部尚書,而良永卒矣。計聞,賜祭葬,謚簡肅。”

彭澤《南京刑部尚書謚簡肅方公良永墓誌銘》:“未幾,今上入繼大統,召用舊臣,乃用言官薦,擢公都察院右副都御史,提督撫治鄖陽等處地方。先是朱御史節、沈御史灼皆奏起公,及是薦者愈衆,左都御史胡公世寧復薦公,自代廷議推提督操江,又推兵部侍郎,公以太淑人年逾八十,力乞終養,恐朝廷不即允,復具一疏并進,詞尤切至,上重違其志,暫許侍養,進公階通議大夫,誥詞有‘至孝孤忠,始終一致,清操雅望,上下交孚’之褒。右都御史姚公鏌復上章薦公忠節,請於常格之外顯示褒獎,風勵天下。時白岩喬公爲太宰,九峰孫公爲司徒,立爲查覆,曰:‘居官素謹,家無羸餘,宜依廉官侍郎潘禮孝養、御史陳茂烈例,月賜食米,以示優崇。’得旨:‘方良永既居官素謹,著有司月給米三石養贍,各處地方致仕終養官員,但有節行可稱的,都著撫按官一體優禮。’公辭免,不允。甲申,太淑人以壽終,上聞,遣官諭祭,命有司營葬。大臣未任,得受恩數,又以廉孝賜月米,皆近所未有也。”

彭澤《南京刑部尚書謚簡肅方公良永墓誌銘》:“丙戌,服除,知府楊公銓奏欲起用,公至是家居又十三年矣,上知公賢,虛位待之,尊命總理糧儲兼巡撫應天等府。地方少師邃庵楊公以書賀,曰:'江南巡撫久缺,欲仗名賢以蘇凋瘵。'新建伯陽明王公亦遺書,曰:'任賢求舊,此意久闊。'新命之下,論者謂執事尚須一出。丁亥七月,敕至,公乃治裝行,僅二僕從。抵衢,疾作,公題上二疏,乞致仕。報未下,先歸莆舍太淑人墓下以俟,閭里姻族分日來候,皆與歡洽,若訣别者。幾月,感瘧疾,乃還。浹旬病革,卒於正寢,實嘉靖丁亥也。距生享年六十有七。""禮部復因巡按聶御史豹之請,議公行應謚法,賜謚簡肅。"

良永爲人至孝。侍父疾,衣不解帶者三月。因母老終養,數次疏乞致仕。母病,良永年六十餘矣,手進湯藥,無少怠。居倚廬哀毁,稱純孝焉。學識卓越,爲官以廉介仗義、不避權勢爲人稱道。

張廷玉等《明史》卷二百零一列傳第八十九:"良永侍父疾,衣不解帶者三月。母病,良永年六十餘矣,手進湯藥,無少怠。居倚廬哀毁,稱純孝焉。"

李清馥《閩中理學淵源考》卷五十五:"良永侍父疾,衣不解帶者三月。母病,良永年六十餘矣,手進湯藥,無少怠。居倚廬哀毁,稱純孝焉。"

何喬遠《名山藏》卷七十一《臣林記》:"而良永復以母老乞終養,疏請者再。"

胡世寧《胡端敏奏議》卷三《舉用賢才以安地方疏》:"先任浙江左布政使方良永,爲人仗義而不隨流俗,舍己爲民而不避權勢。"

彭澤《南京刑部尚書謚簡肅方公良永墓誌銘》:"公觀政户部,承委督逋兩廣,所司饋遺,悉峻却之。時忠宣劉公爲方伯知而器之,事竣,與同郡孝廉陳先生聯舟而北,夜泊靳家莊。寇猝至,衆怖失常,公意氣安閑如平時,孝廉服公之量,遂定交焉。是冬,授刑部廣東司主事，訊鞫詳明，斷決平恕，事干權貴，略不撓屈，大爲司寇惠安彭公、恭敏白公所知。三載考績，進階承德郎，轉本部廣東司員外郎。庚申，擢廣東按察司僉事。御史知公名，檄攝學政。未數月，瓊州賊符南蛇作亂，衆至四萬，攻劫殺掠，守吏多棄城走。公慨然請行，忠宣公時總督兩廣軍務，遂委公攝海南兵備，既至，宣布恩信，欲招降之，賊未即聽命，遂調防海兵捕之，授以方略，前後俘馘千餘人。賊勢大挫，時有與公异議者，食功輕進，我軍挫衄三府，乃濟師分道并入，公所統紀律嚴甚，廣右狼兵所過搔擾，獨畏公不敢犯，居民安堵。運奇制勝，遂縛元凶及其餘黨，悉平之，計擒斬二千七百有奇，所獲生口牛馬器械稱是。公於是役出入軍旅中，三易寒暑。陳淑人念公成疾，卒於官所。弱稚呱呱，公不暇顧念，卒。……其年，海北道兵備缺，吏部以公有風力，又推補之。公歷二道，每行部所至，一切行李，皆令官屬籍記，比還，令啓篋視之，以絶點吁。瓊州富民海姓者，盜嫂事覺，獄久不决。知公嚴，不可近，謀遣人貽子侄爲先容。公知狀，立决之。海康有知縣王，藉勢巨璫，虐用其下。既敗，猶冒將才自薦。公劾之。……巡按御史華公璉首薦於朝，會丁質庵公憂，即日奔歸，斥去常例水手銀與僚屬賻贈，一無所受。戊辰，服除，赴京。時逆瑾用事，外官至朝見畢，必造私第，至匍伏拜跪，覬悦其意。公入朝，爲鴻臚官導詣左順門，叩頭畢，即令向東揖瑾，公徑趨出，瑾已銜之。至旅寓，或勸公循例謁瑾，公厲聲曰：'官可棄，身可殺，此膝不可屈。'竟不往，瑾益怒。及吏部，擬除公河南信陽等處兵備。……公自分忤瑾，禍且叵測，以得致仕爲望外，謝恩即行。然是缺實祖宗額設孝廟申詔，必推補有風力者。瑾之矯誣類此，公既去，瑾怒未已。會海南有愬人命事者，瑾欲因此中公，遂奏遣錦衣衛千户、刑部郎中各一員，往勘，公恐驚動太淑人，乃寓浙，俟逮旅次。已而，周郎中時敏力明無罪，公乃歸,杜門不出,絶口時事。久之,公同年黨瑾者語所知以瑾,且悔,促公一來,公焚書不報。"

彭澤《南京刑部尚書謚簡肅方公良永墓誌銘》:"癸酉,擢廣西按察使,在職半年,理冤滯,繩貪墨,摧豪右。……甲戌,當歲考察,吏部請依正統間例,廷旌才行兼優、政迹顯著者,上允之。通十有六人,公與列。奉旨以彩幣、羊、酒犒之。尋轉浙江左布政使,入境首問民疾苦。去奸吏數人,出庫貯羨餘,代民常供,抑織造内臣之横,所省不貲。""有朱御史者,挾勢多爲不法,獨心憚公,假以殊禮,且密令同官示以厚公意,公竟發其奸,御史坐,奪官去。"

與王守仁、鄭岳、徐元嘉、吴守正、林齊、陳伯獻、劉槃等人交善。

方良永《方簡肅文集》卷二《贈都憲鄭山齋公巡撫江西序》《送徐元嘉掌教安仁序》、卷六《敕封承德郎吏部考功司主事東樓劉先生墓誌銘》、卷七《祭林寒厓文》等。

方良永《方簡肅文集》卷四《同年嘉會圖序》:"遂各即席賦詩,峰湖復爲圖序,題曰:'同年嘉會',爲警齋贈,所以寄素衷,寓感慨,情之至也。警齋爲吴伯貞守正,一齋爲林賢卿齊,峰湖爲陳敦賢伯獻,山齋爲鄭汝華岳。予則松厓居士壽卿良永也。是歲庚辰月辛巳日乙丑作。"

良永學識卓越,爲文信筆揮灑,不刻意求工,而和平坦易,不事鈎棘,自爲本色。其論《劾朱寧疏》,慷慨壯烈,猶有牽裾折檻之風。與王守仁論學有异,卓然不阿其所好。所著有《私匡類稿》,鄭茂編其著,撰爲《方簡肅文集》,其孫續刊。

彭澤《南京刑部尚書謚簡肅方公良永墓誌銘》:"所作有《私匡類稿》若干卷。"

黄虞稷《千頃堂書目》卷十:“《方簡肅公遺行録》三卷。”卷二十一:“方良永《方簡肅公集》十卷。”

焦竑《國史經籍志》卷五集類:“方良永《簡肅集》十卷。”

孫能傳《内閣藏書目録》卷三:“《方簡肅公文集》四册全,正德間大司寇方良永著。”

李清馥《閩中理學淵源考》卷五十五:“素善王守仁,而論學與之异,嘗語人曰:‘近世專言心學,自謂超悟獨到,推其説以自附於象山,而上達於孔子。目賢聖教人次第爲小子無用之學,程、朱而下,無不受擯,而不知其入於妄。’”

永瑢等《四庫全書總目》卷一百七十一集部二十四:“《方簡肅文集》十卷,浙江巡撫采進本。明方良永撰。良永,字壽卿,莆田人。弘治庚戌進士,官至右副都御史,撫治鄖陽,告歸。再起巡撫應天,中途疾作,乞致仕,旋除南京刑部尚書,良永已先卒,謚簡肅。事迹具《明史》本傳。是集爲河南按察使鄭茂所編。隆慶庚午,其孫山東布政使攸續刊之。良永當正德時,歷仕岩疆,皆著丰采。乞休後,廷推屢及,輒以養親辭。今諸疏俱在集中,進退頗爲不苟。其文信筆揮灑,雖不刻意求工,而和平坦易,不事鈎棘,視後來摹擬涂飾之習,轉爲本色。其論劾朱寧一疏,慷慨壯烈,猶有牽裾折檻之風。又常豫决寧王宸濠反謀,濠敗後,貽書王守仁,與論定亂大計,及其生平言學,則云:‘近世學者出天入神,超悟獨到,專以心學爲言,皆附於象山,其妄如此,即所爲象山者似矣,而中實未然,毋亦優孟之爲孫叔敖歟?’其語皆隱刺守仁,可謂卓然不阿其所好者矣。”

徐咸《皇明名臣言行録》續集卷三《滄江野史》:“姚司馬鏌稱公學識卓越,嘗論近世學術,務爲宋闊之論。自謂出天出神,超詣獨到,專以心學爲言,獨推其説,以自附於象山,而上達於孔子。以聖賢教人次第爲鈍根小子無用之學，程、朱以下無不受擯，其妄有如此者，且自謂學象山，而中實未然，無亦優孟之爲叔孫敖乎？愚謂如公者，忠孝之節，剛廉之操，精卓之識，完名全美，可謂一世偉人矣。”

方良永《方簡肅文集》卷七《題黄子堯〈知止詩卷〉》：“予嘗讀靖節先生《止酒》詩，於世味紛華，一切屏棄，然後知靖節所以知止者，以淡泊爲之宗也，高風既邈，芳躅莫續。”

方良永《方簡肅文集》卷七《跋萬雲書莊卷》：“萬雲書莊者，余族甥學召甫讀書處也。其友余同年陳君伯獻寫其景，鄭君汝華序其意，足稱二絶矣。學召復遍求諸士夫能言者，詩以益之，裝璜成卷，持以謁余，請記其後。余謂諸君子所以語學召者，寓規於美，終身弦韋在是矣，予復何言。第恐其特藉是爲書莊粉飾，則非予與諸君所望於學召者，故爲之跋，以警之。”

方良永《方簡肅文集》卷四《覺軒序》：“近世有一切簡易自立門庭者，教人以瞑目静坐，謂即此可以悟道，侈然以先覺自許，而聖門格致之學，顧指爲破碎支離。究其所謂覺者，茫無依據，視空寂之教，殆無以异，其誤人滋甚，而亦以自誑。”

雷鋐《讀書偶記》卷二：“訪河南孫仲符於京邸，見其案頭有《方簡肅公文集》數册，蓋莆田方公良永也。考其生平，不拜劉瑾，直劾錢寧，退休家食，不忘廟堂。晚屢起用巡撫、司寇，以終養辭，以老疾辭，蓋一代完人也。與姚江同時，所學卓然不惑。其作《覺軒序》云：‘近世有一切簡易自立門庭者，教人以瞑目静坐，謂即此可以悟道，而聖門格致之學顧指爲破碎支離。究其所謂覺者，茫無依據，視空寂之教，殆無以异云云。’”

其先河南固始人，歷宋、元至今，十有一世居莆之烏石山下，爲福望姓。高祖諱大享，曾祖諱孟章，祖諱象輝，考諱澄，字朝深，以

字行，號質庵。妣陳氏。弟良節，官廣東左布政使，亦有治行。子重杰，舉於鄉，以孝聞。

彭澤《南京刑部尚書謚簡肅方公良永墓誌銘》："其先河南固始人，有祖紘者，在漢避莽賊之亂，徙居江左。有諱殷符者，在唐平巢賊之亂，官至銀青光禄大夫、國子祭酒、御史中丞。其子廷範，贈金紫光禄大夫。因仕閩，徙居莆田。廷範六子并貴，稱六桂公，則禮部郎中仁載後也。歷宋、元至今，十有一世居莆之烏石山下，爲福望姓。高祖諱大亨，曾祖諱孟章，祖諱象輝，考諱澄，字朝深，以字行，號質庵。妣陳氏。皆以弟同年進士，廣東左布政使良節及公貴，洊被誥敕，封贈至道議大夫、都察院右副都御史。妣皆太淑人。天順辛巳，九月十五日生公於莆。幼有异禀，能言即异常兒，質庵公奇而愛之。提學憲副任公彦常録補邑庠生，領弘治己酉鄉薦。庚戌與布政公同登進士。"

張廷玉等《明史》卷二百零一列傳第八十九："弟良節，官廣東左布政使，亦有治行。子重杰，舉於鄉，以孝聞。"

陳建《皇明通紀法傳全録》卷二十八："方良永，字壽卿，福建莆田人。性至孝。筮仕，所至以廉介稱。初爲河南僉事，以不肯謁劉瑾，勒致仕。瑾誅，復起。累今官，以劾朱寧，復致仕。嘉靖更化，廷臣交薦，良永以母年逾八十，力乞終養。嗣後，起爲副都御史、兵部侍郎、刑部尚書，皆以終養辭。"

黄景昉《國史唯疑》卷十二："方簡肅良永子重杰，至孝，登鄉榜，不仕，篤志心性之學。黄鞏嘗云：'簡肅之有重杰，猶張忠獻之有南軒也。今人徒稱莆陳孝廉茂烈，鮮知方者。有子夢升，孝亦著。'"

參考文獻:

1. 焦竑《國史經籍志》,商務印書館1939年版。

2. 雷禮《國朝列卿紀》,周駿富編《明代傳記叢刊》第33、38册,臺灣明文書局1991年版。

3. 彭澤《南京刑部尚書謚簡肅方公良永墓誌銘》,焦竑《國朝獻徵録》,周駿富編《明代傳記叢刊》第110册,臺灣明文書局1991年版。

4. 方良永《方簡肅文集》,文淵閣《四庫全書》影印本第1260册,上海古籍出版社1997年版。

5. 雷鋐著,趙英明、王懋明點校《讀書偶記》,中華書局1997年版。

6. 黄虞稷著,瞿鳳起、潘景鄭整理《千頃堂書目》,上海古籍出版社2001年版。

7. 何喬遠著,張德信、商傳、王熹點校《名山藏》,福建人民出版社2010年版。

8. 黄光昇著,顔章炮點校《昭代典則》,商務印書館2017年版。

(閆麗)

祝允明傳

祝允明，字希哲。長洲（今江蘇省蘇州市）人。生而枝指，故自號枝山，又號枝指生、枝指道人。生天順四年十二月六日（1461 年 1 月 17 日）。

陸粲《陸子餘集》卷三《祝先生墓誌銘》："先生諱允明，字希哲。蘇之長洲人也。"

王寵《雅宜山人集》卷十《明故承直郎應天府通判祝公行狀》（以下簡稱《祝公行狀》）："以嘉靖丙戌十二月二十七日卒，距其生爲天順庚辰十二月六日，春秋六十有七。"

王世貞《弇州史料》後集卷二十四《祝允明傳》："祝京兆先生允明，字希哲，長洲人。生而枝指，故自號枝山，又曰枝指道人。"

文震孟《姑蘇名賢小記》卷上《祝京兆先生》："祝先生允明字希哲，長洲人。生而枝指，故自號枝山，又稱枝指生。"

過庭訓《本朝分省人物考》卷二十一《祝允明傳》："祝允明字希哲，蘇州人也。生而右手指枝，因自號枝指生。"

何喬遠《名山藏》卷九十六高道記《祝允明傳》："祝允明字希哲，長洲人。徐有貞外甥也。生而右手指枝，因自號枝指生。"

祖顥，正統四年（1439）進士，内侍傳旨試能文者四人，顥與焉。入掖門，知欲令教小内豎也，不試而出。由給事中歷山西參政，并有聲。

陸粲《祝先生墓誌銘》:"其先出古太祝,以官氏,或曰黄帝之後,封於祝,以國氏云。七世祖碧山,勝國時由松江來守郡,後卒官。一子留於蘇,遂爲蘇人。祖顥,皇正統己未進士,終山西布政司右參政。父瓛,母徐氏,大學士武功公女。"

王寵《祝公行狀》:"曾祖焕文,贈山西布政司左參議。祖顥,山西布政司右參政。父瓛。公姓祝氏,諱允明,字希哲,蘇之長洲人也。祝之先出古太祝,以官氏,或曰武王封黄帝之後于祝,蓋以國氏也。春秋時稍見於鄭衛,漢有九江祝生,歷唐宋多名士,而江閩之祝最著。其籍長洲也,自元大德、元祐間,有碧山府君者由松江來,爲漕府經歷,升平江路總管。有五丈夫子,季九鼎,因家焉。生子潛,潛生景彰,景彰生焕文,焕文生顥。明正統間起家進士,官給事中,累升山西布政司右參政。生瓛,娶兵部尚書、華蓋殿大學士、武功伯徐公有貞女,生公。"

文震孟《祝京兆先生》:"先生祖參政公顥,所在有政績。正統初舉進士。一日入左掖門,而巨璫以旨召公及其同年四人入内館,出詩目試之,問其故,曰:'上知若等名,姑試一詩,欲召入詞林耳。'公不應,竟出。乙巳之變,景皇帝詔奪情,以都御史起復,復不應,故吴中一時大老咸重祝惟清公。"

按,張廷玉等《明史》(清乾隆武英殿刻本,中華書局本)本傳載其祖名"顯",爲"顥"字之誤。

允明少穎敏,五歲作徑尺字,讀書一目數行下。九歲能詩,有奇語。稍長,博覽群籍,文章有奇氣,當筵疾書,思若涌泉。

祝允明《祝氏集略》卷十三《上巡按陳公辭召修廣省通志狀》:"幼承内外尊長,則以仕學之規并教之,又竊自意古人志於牧字之職者,如漢劉、梁之流,以及唐宋才哲辭中職而請外補者甚衆,此於愚心甚合。竊妄以爲他日獲登一命,苟得親民,誠爲大幸。"

陸粲《祝先生墓誌銘》:"先生少穎敏,五歲作徑尺字,讀書一目數行下。九歲能詩,有奇語。既天賦殊特,加内外二祖咸當代魁儒,目濡耳染,不離典訓。稍長,遂貫綜群籍、稗官、雜家、幽遐、嵬瑣之言,皆入記覽,發爲文章,崇深鉅麗,横從開闔,茹涵古今,無所不有。或當廣坐,詼笑雜遝,援毫疾書,思若泉涌,一時名聲大噪。"

王寵《祝公行狀》:"生有殊質絶倫,五歲作徑尺大字,讀書過目不忘。九歲病瘍,寢處有古詩一編,因遍和之,名已隱起。稍長,益閎肆博洽,其于書自六經子史外,玄詮釋典、稗官小説之類,無所不通。既天才卓踔,横從四溢,重以内外二祖咸當代魁儒,礱錯夾持,浸漬穠沃,覃思發藻,虎躍龍翔,蔚然名家,超追百代。"

王世貞《祝允明傳》:"先生天質穎絶,讀書目數行俱下,於古載籍靡所不該浹。自其爲博士弟子,則以文辭稱,而不能致深湛之思,以故雅、鄭時揉錯。然至成、弘際,名能復古者,先生蓋先登矣。"

文震孟《祝京兆先生》:"先生少爲名家子,天質穎絶,讀書目數行俱下,於古載籍靡所不該洽。自其爲博士弟子,則已力攻古文詞,深湛棘奥,吴中文體爲之一變。當座談笑雜遝,援毫疾書,思若泉涌。"

皇甫汸《皇甫司勳集》卷三十八《祝氏集略序代張中丞景賢作》:"公諱允明,字希哲。性靈夙授,機敏默成,五歲而手作徑寸之書,九齡而目兼數行之覽。稍長,益篤於學。夏無卷帷,冬有穿榻,遂綜貫百氏,銓析九流,窮鏡玄緇,覃研緗素,雖輶使未譯,《爾雅》闕載,靡不究而習其説焉。其爲文也,芳腴融於心,極雕繢,暢於辭鋒,取無竭源,叩有餘響。分吏占牘,則十紙互通;對客揮毫,而千言立就。同時乃有楊儀曹之博極、都太僕之冲淡、徐迪功之俊婉、唐處士之縱誕,公將兼之。"

何喬遠《祝允明傳》:"爲人簡易,不拘押,時時游伶酒間,然默而好深湛之思。時獨居著書,解衣槃礴,游心玄閬。或當廣坐,詼笑雜遝,援毫疾書,有若泉涌。"

張岱《石匱書》(稿本補配清鈔本)卷二百零五《祝允明傳》:"允明天資穎絶,讀書目數行下,於古載籍靡不賅博,涵今茹古,發爲文章,名譽鵲起。或當廣座,詼笑雜遝,援毫疾書,思若泉涌。"

尤侗《明史擬稿》(清康熙刻本)卷四《祝允明傳》:"五歲作徑尺字,九歲能詩。内外二祖咸當代鉅儒,耳濡目染,綜貫典訓,發爲文章,吐納古今。或當廣坐,詼諧雜遝,援毫疾書,羲獻真行,顛素狂草,并臻其妙。"

與同郡都穆、文徵明、唐寅等文酒倡酬,不間時日。於時年少氣鋭,皆以古人自期。

文徵明《甫田集》(明嘉靖刻本)卷二十三《題希哲手稿》:"於時君年甫二十有四,同時有都君元敬者,與君并以古文名吴中,其年相若,聲名亦略相下上,而祝君尤古邃奇奥,爲時所重。又後數年,某與唐君伯虎亦追逐其間,文酒倡酬,不間時日。於時年少氣鋭,僩然皆以古人自期。"

以弘治五年(1492)舉於鄉,連試禮部,不第。當道奇其才,會修史,將名薦之,弗果。

祝允明《祝氏集略》卷十三《上巡按陳公辭召修廣省通志狀》:"五應鄉薦,裁忝一名,七試禮部,竟不見録,曾未嘗有毫髮怨尤忿懟之氣。衆人盡知,非敢妄繆。迨戊辰年會試下第,朝廷纂修孝宗皇帝實録,伏蒙當時元相欲薦允明入中書,執事筆札,允明自審,力辭不就,惟默感恩而已。"

陸粲《祝先生墓誌銘》:"歲壬子,舉於鄉。故相王文恪公主試事，手其卷不置，曰：‘必祝某也。’既而果得先生，文恪益自喜曰：‘吾不謬知人。’自是連試禮部，不第。當道奇其才，會修史，將名薦之，弗果。”

王寵《祝公行狀》：“太僕少卿李公應禎，風裁峻整，慎與可人，時以中書舍人奉使過吴，妻之子焉。弘治壬子，王文恪公典文南畿，公遂膺薦。文恪以得公爲華。累試南官，輒不利，然聲實益恢，典述崇積，閉户掃轍，萬言騰涌，儒林傳譯，寶于隨和。當道奇其才，將特薦預史事。公以獵資僥榮，不屑也。”

文震孟《姑蘇名賢小記》卷上：“壬子舉鄉薦，上春官，累不第。當道奇其才，會修史，將名薦之，弗果。”

皇甫汸《祝氏集略序》：“自謂取高第反覆掌耳，乃僅舉於鄉。”

過庭訓《祝允明傳》：“弘治壬子舉鄉薦，從春官試，下第。”

張岱《祝允明傳》：“弘治壬子舉於鄉。王文恪爲主司，手其卷不置，曰：‘必祝某也。’既而自喜，以爲能知人。連試禮部，不第。”

尤侗《祝允明傳》：“弘治壬子舉於鄉，王鏊爲主司，手其卷不置，曰：‘必祝某也。’既而自喜，以爲能知人。連試禮部，不第。”

永瑢等《四庫全書總目》卷六十一史部十七“蘇材小纂六卷户部尚書王際華家藏本”：“是書記天順以後蘇州人物，前有自序，稱弘治改元，詔中外諸可撰集事迹上史館，爲實録，簡允明等數弟子員司其事，因私纂紀爲此書。第一曰簪纓，纂徐有貞以下十九人；第二曰邱壑，纂杜瓊以下五人；第三曰孝德，纂朱顥一人；第四曰女憲，纂王妙鳳以下二人；第五曰方術，纂張豫等二人。大約本之碑誌、行狀，而稍爲考據异同，注於本文之下。其叙徐有貞事頗有諱飾，蓋允明爲有貞外孫，親串之私，不能無所假藉云。”

正德九年(1514)，授廣東興寧知縣，簡進秀异，授以經學，親爲講解，遂一變其俗。捕戮盜魁三十餘，邑以無警。

祝允明《上巡按陳公辭召修廣省通志狀》:“逮於甲戌,赴選天曹,乃得令命。”

陸粲《祝先生墓誌銘》:“初仕興寧令。地介嶺、海,民尚嘩訐,惑於機祥。先生示之禮,簡進秀异,授以經學,親爲講解,遂一變其俗。群盜竄處山谷,時出焚敚,爲設方略,一旦捕得三十餘輩,邑以無警。”

王寵《祝公行狀》:“又數年,選知廣東興寧縣。興寧民尚嘩訐,訟牒旁午。公至,懲其一二尤無良者,奸黠斂迹。故多盜竄處山谷,時出焚劫,爲民害。公設方略捕之,一旦獲三十餘輩,桴鼓不警。土俗,婚姻喪祭多違禮,疾不迎醫而尚祈禱,公皆爲條約禁止。暇則親莅學官,進諸生課試講解,嶺之南彬彬嚮風矣。嘗攝令南海,治之如興寧。丙子、己卯再鄉試,公皆參典文衡,得士之盛,與有勞焉。”

王世貞《祝允明傳》:“其令興寧,政術顧時時以嗜好奪之。”

文震孟《祝京兆先生》:“謁選興寧令。地介嶺、海,民尚訐,惑於機祥。先生示之禮,簡進秀异,親爲講解。群盜竄處山谷,時出焚敚,爲設方略,一朝捕三十輩,邑以無警。”

何喬遠《祝允明傳》:“以舉人授興寧令,稍遷應天府通判。亡何,乞歸。”

稍遷應天通判,謝病歸。築室吴城日華里,益事著述,洞觀天人。或放浪山水間,翛然樂也。

陸粲《祝先生墓誌銘》:“稍遷,通判應天府。亡何,乞歸。”

王寵《祝公行狀》:“在嶺南幾五年,以當道剡薦,升應天府通判,專督財賦。公悉力經總民,不擾而事集。居無何,乞身歸。築室吴城日華里,益事著述,洞觀天人。或放浪山水間,翛然樂也。”

王世貞《祝允明傳》:“遷應天府通判,致仕。”

文震孟《祝京兆先生》:“稍遷,判京兆事,遂乞歸。”

皇甫汸《祝氏集略序》:“晚歲試宰興寧,超卒京兆,著有异績,皆非所好也,因自免歸。”

張岱《祝允明傳》:“除興寧知縣,稍遷應天府卒。亡何,自免歸。”

尤侗《祝允明傳》:“除興寧知縣,稍遷通判應天府。亡何,自免歸。”

嘉靖五年十二月二十七日(1527年1月28日)卒,年六十七。

陸粲《祝先生墓誌銘》:“又五年卒,春秋六十有七。夫人李氏,鄉先生太僕少卿應禎之女。子男二,長續,進士,入翰林,累遷陝西按察副使;次側出,幼未名。女嫁潮州府經歷王穀禎。”“先生歿以嘉靖丙戌冬十有二月二十七日,又明年戊子冬閏十月十六日,葬横山丹霞塢。”

王寵《祝公行狀》:“以嘉靖丙戌十二月二十七日卒,距其生爲天順庚辰十二月六日,春秋六十有七。妻李氏,封孺人。子:男二人,曰續,由進士官給事中,累升陝西按察司副使;次側出,幼未名。女一人,嫁潮州府經歷王穀禎。孫女三人。”

王世貞《祝允明傳》:“卒年六十七,今像乃朝衣冠老矣,而尚腴澤,或云不能全類之。”

文震孟《祝京兆先生》:“年六十七而卒,幾無以斂也。”

按,允明長子續,正德中進士,仕至廣西左布政使;次子繁。允明有手稿,多涂抹改注,他人不能識,續歷官自携,時復緒正,貧不能梓,後眉山張景賢撫吴,始付棗梨。祝繁《祝氏集略跋》:“我先京兆公自少讀書積文,至老不倦。中更五十餘年,未嘗一日輟筆硯。以是著述爲多,或每勸入梓,先公未以爲然,唯自詮次成帙以藏而已。先公捐養,吾兄方伯公檢輯遺稿,得十之六七,多出先公手録,然涂抹改注處,他人不能識也。吾兄頻歲歷官遠涉,携以自隨,時復緒正。及歸老林下,無所事事,唯先公之集是校。以力不任梓,徘徊又三十年。乃嘉靖戊午,蜀明崖張公來撫江南,公大父嘗同吾兄登第,至則索先公集甚懇,惠然任刻,又爲之序,以成厥美。繁侍我兄,日相與校其繕寫舛訛。未竟,而兄以壽考終矣。繁孤陋何知,謹爲刊落字謬,庶以仰副我兄用心之勤,亦不敢負我明崖公講作興之意云爾。庚申正月之望,不肖繁謹識。"皇甫汸《祝氏集略序》:"余家食時,蓋聞祝枝山云。迨游京師,每學士大夫持其片言寸翰,争相傳視,咸加嘆賞,惜乎未睹其全也。丙辰之秋,叨奉簡命,來撫兹邦,軍旅之暇,躬歷山川,周爰土風,延眺氣狀,其嘉麗英淑,固無爽於乘諜所載也。奇巧精良,物産工師,猶昔也;握珠抱璧,文獻之彬彬,具在也。間詢所謂枝山公者,則已物化三十載矣,而公之元子方伯續謝秩屏居,亦久矣。訪其廬,蓬徑蕭然也。索其籍珍,發篋中也,翰墨僅存其一,又蠹所殘缺也。蓋公少落魄,不事家業,而方伯克守其祖參知公清白之遺,力莫能梓。翰墨爲時所重,書竟,人皆持去,家無餘也。世德其賢矣哉!""昔魯肅披卷以臨麾,燕公視學於戎幕,予愧非其人,悼往哲之不作,而懼斯集之久湮也。又先大父與方伯公同登進士,忝兹世誼,圖爲鋟梓,時則蘇守雲中温君飾吏右文樂任其事,用廣其傳云。"

允明性簡易高曠,不樂拘檢,在衆若無能者,然默而好深湛之思。時獨居著書,解衣槃礴,游心玄間,賓客來者,叩户呼之,若弗聞也。

陸粲《祝先生墓誌銘》:"先生簡易高曠,不樂拘檢,在衆若無能者,然默而好深湛之思。時獨居著書,解衣槃礴,游心玄間,賓客來者,叩户呼之,若弗聞也。"

王寵《祝公行狀》:"公爲人簡易佚蕩,不耐齪齪守繩法,或任性自便，目無旁人，然默而好深湛之思，濡毫展卷，游心玄間，賓衆雜遝，凝神反視，川奔雲爛，捷若宿構，殆天所殊畀乎？生平雖湛浮不羈，亦以濩落難偶，大觀逍遥，傲睨當時，軼出塵壒，非可與拘，方之士道也。母徐夫人歿，事繼母陳極盡誠孝。”

尤工書法，名動海内，索之者盈門。其書法魏晋六朝，至顔蘇米趙，無所不精詣。晚節變化出入，不可端倪，風骨爛熳，天真縱逸。時人推爲明興第一。

文徵明《甫田集》卷二十三《題希哲手稿》：“此卷雖君少作，而鑄詞發藻居然玄勝，至於筆翰之妙，亦在晋宋之間，誠不易得也。”

陸粲《祝先生墓誌銘》：“性善書，出入魏晋諸家，晚益奇縱。或購得之，輒藏去爲榮。”

王寵《祝公行狀》：“書法上軌鍾王，下視近代，晚歲益出入變化，莫可端倪。酒酣縱筆，神鬼怪幻，墨客填門，購之厚直。”

王世貞《祝允明傳》：“書法魏晋六朝，至顔蘇米趙，無所不精詣。而晚節尤横放自喜，故當爲明興第一。”《文徵明傳》（《弇州史料》後集卷二十四）：“先生（文徵明）所嚴事故吴尚書寬、李太僕應禎、沈周先生，而友祝允明、唐寅、徐禎卿。吴、徐工古文歌詩，吴又能書；李、祝工書，祝又能古文歌詩；沈、唐工繪事，又能歌詩，而皆推讓先生，以爲不可及。”《弇州四部稿》卷一百五十四：“天下法書歸吾吴，而祝京兆允明爲最，文待詔徵明、王貢士寵次之。京兆少年楷法自元常、二王、永師、秘監、率更、河南、吴興，行草則大令、永師、河南、狂素、顛旭、北海、眉山、豫章、襄陽，靡不臨寫，工絶。晚節變化出入，不可端倪，風骨爛熳，天真縱逸，直足上配吴興，它所不論也。唯少傳世間，有拘局未化者。又一種行草有俗筆，爲人謲寫亂真，頗可厭耳。”

文震孟《祝京兆先生》：“書法魏晋六朝，至歐顔蘇米，無所不精詣。而晚節尤横放自喜,一時名稱大噪,索其文及書者接踵,或輦金帛至門,輒辭弗應。然時時醉卧伎館中,掩之,雖累紙可得。”

何喬遠《祝允明傳》:“其書出入晋魏,晚益奇縱,爲國朝第一。”

王禹聲《續震澤紀聞》(明末刻本)《應天府通判枝山祝公》:“書學精工,自《急就》以逮虞、趙,上下數千年變體,罔不得其結構,若羲獻真行、懷素狂草,尤臻筆妙。晚益奇縱,恒作老樹交蘿、翔鳥鬥獸、飛龍騰蛇之狀,蓋有得於粤中山水之助云,品爲當代第一。”

時吴中人文萃集,允明以書,唐寅以畫,徐禎卿以詩,而文徵明兼之,四人齊名,後遂有“吴中四才子”之稱。

按,當弘、正之際,吴中才士之秀异杰出者,莫可指數。允明之外,則沈周、唐寅、文徵明、徐禎卿、都穆、楊循吉、桑悦等皆名擅一時。祝、唐、文、徐四子并稱,則發於王弇州,其《文先生傳》(《弇州四部稿》卷八十三):“吴中文士秀异,祝允明、唐寅、徐禎卿日來游。允明精八法,寅善丹青,禎卿詩奕奕有建安風。”“吴中人於詩述徐禎卿,書述祝允明,畫則唐寅伯虎,彼自以專技精詣哉!則皆文先生友也。”然是時尚未有“吴中四才子”之名,名之者始於華亭陸應陽,其《廣輿記》卷三:“徐禎卿字昌穀,長洲人,天性穎异,家不蓄一書,而無所不通。與唐寅、祝允明、文璧齊名,號吴中四才子。”自後錢謙益《列朝詩集》復張目之,其稱始大顯,《列朝詩集》丙集卷九“徐博士禎卿”條:“昌穀少與唐寅、祝允明、文璧齊名,號吴中四才子。”張岱《石匱書》、萬斯同《明史稿》、尤侗《明史擬稿》、張廷玉《明史》等皆沿其説,著在史館,“吴中四才子”之名遂盛稱海内。

又按,“吴中四才子”,允明與唐寅、文徵明詩酒切劘,交最厚;禎卿則少允明幾二十歲,今檢其集,交游似略疏,允明有《夢唐寅徐禎卿》(《祝氏集略》卷四)一首,第賞其詩才,姑録於此:“唐生白虹寶,荆砥夙磨礲。江河鯤不徙,魯野遂戕麟。徐子十□周,邃討務精純。遑遑訪魏漢，北學中離群。伊余守初質，温故以知新。誰出不由户，貌别情還均。濁世二三子，厭棄猶爲人。相逢靡幽明，隔域豈不親。兹塗無爾我，相泯等一真。昔亦念張孺，猶能逐冥塵。”

允明與寅、徵明交誼甚厚，乃其情尚固自殊絶。徵明性端方，二人好狹邪，每相戲謔爲樂。其任達放誕，不拘禮法，吴中多傳其故事。

唐寅《唐伯虎集》外編卷三：“伯虎與文徵仲交誼甚厚，乃其情尚固自殊絶，伯虎、希哲兩公每欲戲之。一日，偕徵仲同游竹堂寺，伯虎先囑近寺妓者云：‘此來文君，青樓中素稱豪俠，第其性猝難狎，若輩宜善事之。’妓首肯已，密伺所謂文君者。兩公乃故與徵仲道經狎邪，伯虎目挑之，妓即固邀徵仲，苦不相釋。徵仲悵然曰：‘兩公調我耳。’遂相與大笑而别。”“伯虎嘗夏月訪祝枝山。枝山適大醉，倮體縱筆疾書，了不爲謝，伯虎戲謂曰：‘無衣無褐，何以卒歲？’枝山遽答曰：‘豈曰無衣？與子同袍。’”“唐伯虎、祝枝山兩公浪游維揚，極聲伎之樂，貲用乏絶。兩公戲謂鹽使者課税甚饒，乃僞作玄妙觀募緣道者，衣冠甚偉，詣臺造請焉。鹽使者大怒，咤之曰：‘爾獨不聞御史臺霜威凛凛耶？何物道者，輒敢徑造乎？’兩公對曰：‘明公將以貧道爲游食者與？非敢然也，貧道所與交，皆天下賢豪長者，即如吾吴唐伯虎、祝允明輩，咸折節爲友。明公不棄，請奏薄技，惟公所命。’御史霽威，隨指牛眠石爲題，命兩公賦之。兩公立就一律，其辭云：‘嵯峨怪石倚雲間（伯虎），抛擲於今定幾年（枝山）？苔蘚作毛因雨長（伯虎），藤蘿穿鼻任風牽（枝山）。從來不食溪邊草（伯虎），自古難耕隴上田（枝山）。怪殺牧童鞭不起（伯虎），笛聲斜挂夕陽烟（枝山）。’御史得詩，笑謂兩公曰：‘詩則佳矣，意欲何爲？’兩公進曰：‘明公輕財好施，天下莫不聞，今姑蘇玄妙觀圮甚，明公倘能捐俸葺之，名且不朽。’御史大悦，即檄下長、吴二邑,資金五百爲葺觀費。兩公得檄,遂扁舟歸吴,投檄二邑,更修刺往謁二尹,詐爲道者關説,得金果如其數,乃悉召諸妓及所與游者暢飲,數日輟盡。异日鹽使者按吴,肅儀謁觀,見廟貌傾圮如故,召長、吴二令責之。令對曰:‘奉明公檄,適唐解元伯虎、祝京兆允明兩公云自維揚來,極道明公爲此勝舉,令即畀金如數,久矣。’鹽使者悵然,心知兩公,然惜其才名,不問也。”

蔣一葵《堯山堂外紀》(明刻本)卷九十一“張靈”條:“張靈字夢晋,吴縣人,與祝允明、唐寅皆誕節猖狂,嘗雨雪中作乞兒,鼓節唱蓮花落,得錢,沽酒野寺中,曰:‘此樂惜不令大白知之。’”

按,嘉靖二年,唐寅卒,允明爲歌詩往哭之慟,且爲墓誌。《祝氏集略》卷七《哭子畏二首》:“天道難公也不私,茫茫聚散底須知。水衡於此都無準,月鑒由來最易虧。不泯人間聊墨草,化生何處産靈芝。知君含笑歸兜率,衹爲斯文世事悲。”“萬妄安能滅一真,六如今日已無身。周山既不容神鳳,魯野何須哭死麟。顔氏道存非謂夭,子雲玄在豈稱貧?高才賸買紅塵妒,身後猶聞樂禍人。”《再挽子畏》:“少日同懷天下奇,中來出世也曾期。朱弦并絶桐薪韻,黄土生埋玉樹枝。生老病餘吾尚在,去來今際子先知。當時欲印樞機事,可解中宵入夢思。”卷十七《唐子畏墓誌并銘》:“子畏死,余爲歌詩往哭之慟,將葬,其弟子重請爲銘。子畏,余肺腑友,微子重,且銘之。”

允明好酒色、六博,善新聲。求文及書者踵至,多賄伎掩得之。

王世貞《祝允明傳》:“爲人好酒色、六博,不檢勵,頗不受方内士賞許。”

過庭訓《祝允明傳》:“爲人好跅馳嬉游,不矜容檢,嘗傅粉黛,從優伶,酒間度新聲,俠少年好慕之,多賫金游,允明甚洽。”“是時,海内漸熟允明名,索其文及書者接踵,或輦金幣至門,允明輒以疾辭不見。然允明多醉伎館中,掩之,雖累紙可得。"

張岱《祝允明傳》:"允明性豪放,好酒色、六博,善度新聲,少年歌習之間,傅粉墨登場,梨園子弟相顧弗如也。海内索其文及書,贄幣踵門,輒辭勿見。伺其游狎,使傒僮、女伎掩取之,皆綑載以去。"

尤侗《祝允明傳》:"好酒色、陸博,善度新聲,少年習歌之間,傅粉墨登場,梨園子弟相顧弗如也。海内索其文及書,贄幣踵門,輒辭弗見。伺其狎游,使女伎掩之,皆捆載以去。日本貢使過吴,有僧名左省者,謁允明求文,不值。遇沈潤卿,留贈一詩,有'見君似見祝先生'之句,其爲外國傾慕如此。"

惡禮法士,亦不問生産,有所入輒召客豪飲,費盡乃已,或分與持去,不留一錢。晚益困,每出,追呼索逋者相隨於後,允明益自喜。

陸粲《祝先生墓誌銘》:"喜獎掖後進,終身不言人過。其爲家,未嘗問有無,得俸禄及四方餉遺,輒召所善客與噱飲歌呼,費盡乃已,或分與持去,不遺一錢。故其没也,幾無以殮云。"

王寵《祝公行狀》:"與人交,坦坦無他腸,延獎後進,不憚折行。尤不喜蓄藏,咄嗟揮霍,糞土金帛。若其經緯術略,局於薄宦,曾不僅試,莫能殫述,端可慨已。"

文震孟《祝京兆先生》:"性拓落,不問僮奴作業。又捐産蓄古法書名籍,售者故昂直欺之,弗算。至或留客飲,計無所出酒,窘甚,以所蓄易置,得初直什一二耳。當其窘時,黠者持少錢米乞文及手書,輒與。已小饒,更自貴也。""歸,日張酒,召故所喜客,與劇飲歌呼,盡其橐中裝乃已,或分與持去,不遺一錢。""先生好獎掖後進,其與唐寅先生書,言:'萬物轉高轉細,未聞華峰可建都聚。'故益廣泓。茹口多戲謔,而終身不言人過。"

過庭訓《祝允明傳》:“而家故給,以不問僮奴作業,又捐業蓄古法書名籍,售者或故昂直欺之,弗算。至或留客,計無所出酒,窘甚,以所蓄易置,得初值什一二耳。當其窘時,黠者持少錢米乞文及手書,輒與。已小饒,更自貴也。嘗遺黑貂裘甚美,欲市之,或曰:‘青女至矣,何故市之?’允明曰:‘昨蒼頭言,始識不市,而忘弊之篋,何益?’後拜廣中邑令歸,量所受槖中裝可千金,歸日張酒呼故,狎游宴歌呼爲壽,不兩年都盡矣。允明多負逋責,出則群萃而訶誶者至接踵,恬然弗問。”

何喬遠《祝允明傳》:“所得官俸及四方餉遺,輒召所善客與飲歌呼,費盡乃已。或分與持去,不遺一錢。逋責盈門,訶誶滿路,殊不顧問。”

張岱《祝允明傳》:“爲家未嘗問有無,得俸錢及四方餉遺,輒召所善客噱飲呼歌,費盡乃已,或分與持去,不留一錢。每出,則追呼索逋者相隨於道路,更用爲忭笑資。其歿也,幾無以殮云。”

尤侗《祝允明傳》:“允明居家,未嘗問有無。得俸錢及四方饋遺,輒召所善客劇飲歌呼,費盡乃已,或分與持去,不留一錢。每出,則追呼索逋者相隨于道路,更用爲忭笑資。其歿也,幾無以殮云。”

允明詩取材頗富,造語頗妍,下擷晚唐,上薄六代,往往得其一體。所作骨力稍弱,雖未能深入堂奥,而風神清雋,含茹六朝,亦殊爲超然拔俗也。其文亦蕭灑自如,不甚倚門傍户,雖無江山萬里之巨觀,而一邱一壑時復有致。才人之作,自不妨存備一格矣。

祝允明《上巡按陳公辭召修廣省通志狀》:“竊自童弱歸誠古賢游、夏,祖宗歷朝工匠黄卷,日對師友周旋。雖掛名黌籍,勉事時學,其實醉心古典,期畢華顛。既而摧頹場屋,時文日疏,好古益篤,雪檐燭牖,汩汩筆硯,或言心紀事,或論政糾俗,妄有所述,頗就篇帙。”

文徵明《甫田集》卷三十二《翰林蔡先生墓誌》:"同時若楊禮部君謙、都太僕元敬、祝京兆希哲,仕不大顯,而文章奕奕,輝然在人,要亦不可以一時一郡言也。"

陸粲《祝先生墓誌銘》:"先生少有意用世,既濩落不試,一發於文,雖聲實閎振,猶非其志也。""陸粲曰:斯文之用,與天地準,由漢氏來纘言之士,臻於斯極者,亦僅可數已。明興百年,士猶膠守章句,未睹其恢然者也。乃憲、孝之際,始彬彬矣。祝先生由諸生起,覃精發藻,横逸踔厲,超追古昔,盛哉!若其湛浮自得,龍變不羈,大觀逍遥,廓然離俗矣。夏侯湛贊東方生云:'明濟開豁,包含弘大,拔乎其萃,游方之外者。'殆先生哉!殆先生哉!"

王世貞《弇州四部稿》卷一百四十八:"吴中祝允明始仿諸子,習六朝,材更僻澀不稱,皆似是而非者,然古文有機矣。""祝希哲如盲賈人張肆,頗有珍玩,位置總雜不堪。"卷一百五十二:"吾吴中以南曲名者,祝京兆希哲、唐解元伯虎、鄭山人若庸。希哲能爲大套,富才情而多駁雜,伯虎小詞翩翩有致,鄭所作《玉玦記》最佳,它未稱是。"《弇州史料》後集卷二十四《祝允明傳》:"先生之文,縷古飾今。其爲詩歌,庀景匠心。獨於八法,形而下者。蠕蠕十指,若役造化。超明轢宋,與唐上下。跌宕沈冥,景純斯亞。"

胡應麟《詩藪》(明萬曆三十七年張養正刻本)續編二:"桑民懌高自稱許,今睹其集,體格卑弱之甚,可謂大言無當。吴中昌穀,同時祝希哲、唐伯虎、沈啓南、王履吉才皆高出一代,而皆以書畫掩之,亦以偏工書畫,不能致力耳。履吉諸作特高朗,非三君比,使稍加以年,可亞昌穀。"

皇甫汸《祝氏集略序》:"而四君者仕罔通顯,業并終窶,謂非伯季之風節激之然耶?諦閲公集,述道德則闡而弗畔,紀象緯則核而有徵,論政治則可推而行,陳事情則委曲而款,談名理則標顯慧宗,志靈怪則不誣幽秘,至夫賦綺靡而有則,詩藻贍而寄深,辭托諷以感物,聲諧律以赴節,神構匪襲,肺吐必新,體裁具備,意無不逮者矣。鳴匠如公,不獲振鷺羽於彤階、奏鳳音於清廟,亦命也。方王文恪掄材之初,徐春卿揚譽之日,豈直以鉛槧垂聲哉!思欲銘彝鼎而不偶者也。悲夫!悲夫!再閱《大游》一篇,則又譾蒙叟之卮言,陋公孫之繩辯,逸騁雕龍,指深喻馬,探其襟抱,將扶摇宇内,豈區區搶揄所可控而笑哉?"

文震孟《祝京兆先生》:"當祝先生時,其文蓋岸然獨貴當世云。琴川桑悦民懌,好大言無所讓,亦曰:'天下文章,惟悦與翰林羅玘、長洲祝某也。'蓋明興百年,士膠守章句,未有能恢然者也,緣六經而旁飭之,庀材復古,先生先登矣。先生天材既捷,少則館甥於李少卿氏,而外王父爲武功徐公,故書學遂能超宋躒唐,鳳翥龍變,蠕蠕六指,形而下者,其不朽,乃藉此乎?"

何喬遠《祝允明傳》:"與允明同時同邑者有桑悦、楊循吉。悦,狂生也,以孟軻自況,論文曰:'今天下文惟悦,其次祝允明,其次羅玘。'"

朱彝尊《静志居詩話》卷九:"六如居士畫,枝指生書,允稱絶品。至於詩,遜昌穀三十籌。然如'莫食汨羅魚,腸中有靈均。''小山侵竹尾,細水護松根。''麥嚮家家碓,茶提處處筐。''人家低似岸,湖水遠於天。'置之《嘆嘆集》中,正自難辨。"

《四庫全書》集部六《懷星堂集》提要:"所作骨力稍弱,雖未能深入堂奥,而風神清雋,含茹六朝,亦殊爲超然拔俗也。"

永瑢《四庫全書總目》卷一百七十一集部二十四"懷星堂集三十卷江蘇巡撫采進本":"允明與同郡唐寅并以任誕爲世指目。寅以畫名,允明以書名,文章均其餘事。寅詩頽唐淺率,老益潦倒,袁袠所輯《六如居士集》,王世貞《藝苑卮言》以乞兒唱蓮花落詆之。

顧璘《國寶新編》稱允明學務師古，吐詞命意，迥絶俗界，效齊梁月露之體，高者凌徐庾，下亦不失皮陸。其推挹誠爲過當，然允明詩取材頗富，造語頗妍，下擷晚唐，上薄六代，往往得其一體；其文蕭灑自如，不甚倚門傍户，雖無江山萬里之鉅觀，而一丘一壑時復有致。才人之作，亦不妨存備一格矣。"

陳田《明詩紀事》丁籤卷十二"祝允明"條："田按：枝指生言情之作頗有麗藻，不盡合轍。書法深得古人神髓，有《口號》云：'枝山老子鬢蒼浪，萬事遺來剩得狂。從此日和先友對，十年漢晋十年唐。'可以知其攻苦矣。"

爲雜著若干。早歲所作，言頗近理，晚乃蕩然禮法之外，務爲新奇之論，或記委巷之談，及怪誕不經之事。論者以其平生以晋人放誕自負，故持論矯激，未能悉軌於正云。

文震孟《祝京兆先生》："其所稱《祝子罪知》者，語絶誕。"

永瑢等《四庫全書總目》卷一百二十四子部三十四"祝子罪知七卷兩江總督采進本"："是編乃論古之言，其舉例有五，曰舉，曰刺，曰説，曰演，曰系。舉曰是是，刺曰非非，説曰原是非之故，演曰布反復之情，系曰述古作以證斯文。一卷至三卷皆論人，四卷論詩文，五卷、六卷論佛老，七卷論神鬼妖怪。其説好爲創解，如謂湯武非聖人，伊尹爲不臣，孟子非賢人，武庚爲孝子，管蔡爲忠臣，莊周爲亞孔子一人，嚴光爲奸鄙，時苗、羊續爲奸貪，謝安爲大雅君子，終弈折屐非矯情，鄧攸爲子不孝、爲父不慈，人之獸也，王珪、魏徵爲不臣，徐敬業爲忠孝，李白百俊千英、萬夫之望，種放爲鄙夫，韓愈、陸贄、王旦、歐陽修、趙鼎、趙汝愚爲匿非。論文則謂韓柳歐蘇不得稱四大家，論詩則謂詩死於宋，論佛老爲不可滅，皆剿襲前人之説，而變本加厲。王宏撰《山志》曰：'祝枝山狂士也，著《祝子罪知録》，其舉刺予奪，言人之所不敢言，刻而戾，僻而肆，蓋學禪之弊,乃知屠隆、李贄之徒,其議論亦有所自,非一日矣。聖人在上,火其書可也。'其説當矣。《千頃堂書目》載《祝子罪知》十卷,此本僅七卷,而佚去八、九、十三卷。卷爲一册,惟第五卷并入四卷之後,藏書者未經翻閲,以爲缺第五卷,乃改七卷'七'字爲'五'字,攙入六卷之前,不知五、六兩卷皆論佛老,安得參以七卷之神鬼妖怪也?殆坊肆賈人無知者之所爲歟?然如是之書,不完亦不足惜也。""浮物一卷浙江范懋柱家天一閣藏本":"是編取韓愈'文浮物也,氣猶水也'之義命名,皆務爲新奇之論,甚至以《詩》三百篇、《春秋》二萬言爲聖人之煩,則放言無忌可知矣。蓋允明平生以晋人放誕自負,故持論矯激,未能悉軌於正云。""讀書筆記一卷户部尚書王際華家藏本":"凡三十四條,言頗近理,不似其他書之狂誕。前有自識,稱:'於乙巳居憂時偶有所得,隨筆箋記,就有道而正之。'乙巳者,成化之二十一年,蓋其少時所作,猶未蕩然禮法之外也。"

永瑢等《四庫全書總目》卷一百四十三子部五十三"野記四卷浙江鮑士恭家藏本":"是書所記多委巷之談,如記張太后遺詔復建文年號一事,張朝瑞《忠節記》已辨之;至謂《永樂大典》修輯未成而罷,則他事失實可知。朱孟震《河上楮談》亦稱允明所撰志怪及此書,可信者百中無一云。""前聞記一卷浙江巡撫采進本":"是書雜載前明事實,散無統紀,大抵於所爲《野記》中別撮爲一書,而小更其次第,如《野記》載洪武三年二月,命制四方平定巾,二十四年,又諭禮部侍郎張智申明巾義,其下注云:'舊傳太祖召楊維楨問以所戴巾,對曰:四方平定巾。'而是書則取《野記》之小注爲正文,後附以洪武三年、二十四年事,則辭義全複也。又如《野記》載太祖聞危素履聲,笑曰:'我只道是文天祥。'是書則曰:'我只道伯夷、叔齊來。'或云'文天祥',蓋仍是一條而小變其語耳。明人欲誇著述之富,每以所著一書分爲數種,往往似此,不足詰也。"

永瑢等《四庫全書總目》卷一百四十四子部五十四"志怪録五卷兩淮鹽政采進本"："是編所載皆怪誕不經之事，觀所著《野記》諸書，記人事尚多不實，則説鬼者可知矣。朱孟震《河上楮談》謂允明所作《志怪》凡數百卷，疑無此事，'卷'字殆'條'字之誤歟？"

周中孚《鄭堂讀書記》（民國吴興劉氏嘉業堂刻吴興叢書本）卷五十三子部十之二"讀書筆記一卷顧氏四十家小説本"："乃其于成化乙巳居憂時所作，前有自識，稱'于事物之理偶有所見，隨筆籤記'。今觀其書，凡二十五條，皆準情酌理而出之，絶少放言高論，非後來所作《罪知》《浮物》諸書可比。蓋其時年尚少，猶未以晋人放誕自負也。《廣秘笈》《説郛續》均收入之，惟陶本卷末多一條，不知據何本增入爾。"

所著有詩文集六十卷、後集十卷、他雜著百餘卷。有《祝氏集略》三十卷、《祝子罪知》七卷、《浮物》一卷、《讀書筆記》一卷、《野記》四卷、《前聞記》一卷、《志怪録》五卷等行世。

允明著述豐贍，生前手自編訂其集，其《上巡按陳公辭召修廣省通志狀》（《祝氏集略》卷十三）自述："有《祝子通》五十五篇、《祝子微》二卷、《祝子雜》□□卷、《大游賦》一篇、《蠶衣》五篇、《浮物》一卷、《野記》四卷、《成化間蘇材小纂》四卷、《太中遺事》一卷、《武功佚事》一卷、《太僕言行記》一卷、《先公門人記》一卷、《語怪四編》四十卷、《文集》六十卷、《後集》十卷、《集拔》二十卷，其他與人共輯先朝實録、輿地志記暨及小雜詞説，又不與焉。"王寵《祝公行狀》又有"《江海殲渠記》一卷、《金石契》一卷、《興寧志》五卷"；皇甫汸《祝氏集略序》又有"《懺鐸音》"；趙宏恩《（乾隆）江南通志》卷一百九十一又有"《廣省通志》"。允明亦預修《姑蘇志》，《祝氏集略》卷十二《上閣老座主太原相公書》："初允明承委條件，令專修者沿革、守令、科第、諸表、官署、宦迹、兵防、倉場、驛遞、冢墓諸志，以爲書，凡十有八卷;所參修者城池、風俗、世家、平亂又四卷。於時允明所受驅策,稍已勉畢其事矣。獨以先生王命赫臨入相,期促,而書中諸條未有所屬者猶繁。”

按,永瑢等《四庫全書總目》卷一百七十一集部二十四“懷星堂集三十卷江蘇巡撫采進本”:“《明史·藝文志》載《祝氏集略》三十卷、《懷星堂集》三十卷、《小集》七卷;本傳稱其詩文集六十卷;朱彝尊《静志居詩話》載《祝氏集略》外,又有《金縷》《醉紅》《窺簾》《暢哉》《擲果》《拂弦》《玉期》等集。今行於世者惟《祝氏集略》及此集。凡詩八卷,雜文二十二卷。”按,祝氏詩文集最早刊本爲嘉靖間張景賢宰吴時所刻,是爲“明嘉靖三十六年張景賢刻本”。有序,落款曰:“嘉靖丁巳五月十有一日奉敕總理糧儲提督軍務兼巡撫應天等府地方督察院右僉都御史晚學眉山張景賢謹撰。”《懷星堂集》三十卷者,明萬曆刻本,然其版式、内容、字體幾全襲嘉靖本,惟版心不同,卷端題名曰“懷星堂全集”,并增“長洲祝允明著”,卷末有“辛亥八月刊壬子五月書成曾孫男世廉謹緝”。前有序,亦與嘉靖本略同,文字稍有改异,署款“萬曆己酉五月十有一日奉敕總理糧儲提督軍務兼巡撫應天等府地方督察院右僉都御史通家侍生周孔教謹撰”,并有“周孔教印”,顯爲後刻者挖改,故二書實爲一書(詳見邱曉平《祝允明詩文集版本考辨》)。四庫館臣或未同時并見二書,故云“今行於世者惟《祝氏集略》及此集”。

又按,竹垞所云“《金縷》《醉紅》《窺簾》《暢哉》《擲果》《拂弦》《玉期》”者,馮桂芬《(同治)蘇州府志》卷一百三十七:“《祝氏小集》七卷,《金縷》《醉紅》《窺簾》《暢哉》《擲果》《拂弦》《玉期》共七種。”

又按,復有《枝山文集》四卷本,爲嘉靖中謝雍手録本。俞樾《枝山文集序》(《春在堂雜文》續編卷三):“越三載,而京兆之族裔耔庵大令以《枝山文集》殘本四卷見示,乃明嘉靖中謝君雍所手録以贈文衡山先生者。謝君字元和,集中有《贈謝元和序》,盛稱其能子能友,而期以德業大成者,即其人也。寫此時年已八十一歲,筆墨黯淡,編次不苟,洵舊帙之幸存者。耔庵因録副本,付之剞劂,而問序於余。""今此本止四卷,非其全者,故止云殘本,然記傳、雜説、詩詞無所不備。"

參考文獻:

1. 王寵《雅宜山人集》,明嘉靖十六年刻本。
2. 祝允明《祝氏集略》,明嘉靖三十六年張景賢刻本。
3. 陸粲《陸子餘集》,明嘉靖四十三年陸延枝刻本。
4. 皇甫汸《皇甫司勛集》,明萬曆三年吴郡皇甫氏自刻本。
5. 王世貞《弇州四部稿》,明萬曆五年王氏世經堂刻本。
6. 王世貞《弇州史料》,明萬曆四十二年刻本。
7. 文震孟《姑蘇名賢小記》,明萬曆刻清順治重修本。
8. 過庭訓《本朝分省人物考》,明天啓刻本。
9. 何喬遠《名山藏》,明崇禎刻本。
10. 唐寅《唐寅集》,上海古籍出版社 2013 年版。

(王志剛)

杭淮傳

杭淮,字東卿,號雙溪,或作復溪,宜興人(今江蘇省宜興市)。明英宗天順六年正月十四日(1462 年 2 月 12 日)生。其先人爲中州亢氏,因避亂至杭州,易姓爲杭。父杭倫,號省齋,善詩;母王氏。宜興杭氏世重文采,漸成望族。

張邦奇《張文定公靡悔軒集》卷六《明嘉議大夫都察院右副都御史雙溪杭公墓誌銘》:"公諱淮,字東卿,别號雙溪。其先中州人亢氏,避亂居杭,易今姓。後徙義興東霞埠,由漢泰山都尉徐若干傳,至宗三,定居今之百瀆里,是爲公高祖,生邦愷,邦愷生徵,徵生倫,號省齋,皆隱其德。省齋配王氏,子六人。長濟,仕至福建右布政使,號澤西。次即公。……生天順六年正月十四日。"

顧鼎臣《顧文康公文草》卷六《明故嘉議大夫都察院右副都御史雙溪先生杭公墓表》:"公姓杭氏,諱淮,字東卿,别號雙溪。其先中州人,姓亢氏,係出漢泰山都尉徐,子孫避亂居杭,遂以地爲氏。公之遠祖某,自杭徙義興之東霞埠。高祖宗三,又徙百瀆,遂定居焉。……其生實天順六年正月十有四日。"

徐問《山堂萃稿》卷九《督察院右副都御使杭公神道碑銘》:"杭之先本中州姓亢氏,避亂始居於杭,易今姓,後徙義興東霞步(埠),由漢泰山都尉徐,遞迄國朝,諱宗三者,徙今百瀆里,公高祖也。曾大父諱邦愷,大父諱徵,父諱倫,號省齋,善詩,有家集。"

毛憲《古庵毛先生文集》卷五《福建布政使司右布政使進階資善大夫致仕澤西杭公行狀》:“公諱濟,字世卿,姓杭氏,號澤西。其先中州人,本姓亢,避亂居杭,因改姓杭。後徙宜興東霞埠。始祖諱邦愷者,復徙今百瀆里。曾大父諱敏,大父諱徵,皆有陰德。父諱倫,喜吟好義。鄉稱長者,以公貴,封吏部稽勛司主事。母王氏,贈太安人。”

杭淮《澤西先生傳》(《百瀆杭氏宗譜前編》卷六):“吾族之先,自漢泰山都尉諱徐者,傳至高祖諱邦愷,世遠譜殘缺,未聞有仕者。豈有之而不顯,故不傳與。邦愷生曾祖諱敏,敏生祖諱徵,徵生先君諱倫,號省齋,通書史,善詩,隱不仕。生六子,長即澤西先生,次餘淮,暨弟瀾、濂、洵、溱。”

杭濟《大父竹軒公墓表》(《百瀆杭氏宗譜前編》卷四):“濟登甲榜,備位天曹。逢國大慶,天子推恩皇考,省齋誥封吏部稽勛清吏司主事。而大父猶然處士也。嗣是以後,濟蒙主知,累遷參政,擢任屏藩。朝廷功今三品以上,褒封三代,大父例贈資善大夫。”又,《叔政杭公傳》:“自天德公以詩書發迹,馳譽南雍。其後鴻才碩彦,接踵而興。”又,《太伯岳商任杭公傳》:“方公(杭聘)少年時,沐雨櫛風,艱難締造。豈逆知瓜瓞之綿延,椒聊之蕃衍哉。然而創業垂統,求爲可繼,以忠厚培其根,以和平養其機,以詩禮廣其傳數。十餘年間,諸子中有列郡庠者矣,有領鄉貢者矣,諸孫中有補教諭者矣,有授判官者矣。新來杭氏,遂成望族。”

湛若水《泉翁大全集》(萬曆二十一年補修本)卷六十三《明故福建布政使致仕進階資善大夫澤西杭公墓表》:“於乎!是惟澤西先生之墓,甘泉子表之。澤西先生者,故福建布政使致仕進階資善大夫杭公濟世卿也。都憲雙溪公淮之兄,太學生封之考也。始祖曰邦愷,自宜興東霞埠來徙百瀆里,曾祖曰敏,祖曰徵,考曰倫,倫以公封稽勛主事。妣曰王氏,贈太安人。厥弟惟五,曰:淮、瀾、濂、洵、溙。”

淮受學於兄杭濟,苦讀成疾。臺試,與兄齊名,時稱“二難”。弘治八年乙卯(1495)中舉,十三年己未舉進士。歷刑部山西、廣西二司主事、員外郎。勇於職事。

顧鼎臣《顧文康公文草》卷六《明故嘉議大夫都察院右副都御史雙溪先生杭公墓表》:“公少誠篤勤敏,受經於兄,勩學成痞疾。及游黌舍,與兄齊名,嘗臺試,兄居首,公次之,時稱‘二難’。弘治乙卯領鄉薦,乙未登進士第。初官刑部,歷山西、廣西二司主事、員外郎。詳讞明慎,具獄詞如老吏。同僚某主事輪宿部中,督察獄禁,責重且久,以子病疹,劇辭不得,公慨然代之。公暇會同志,講經義,資以立身行政。慮淮陽諸郡重囚,多所平反。”

張邦奇《張文定公靡悔軒集》卷六《明嘉議大夫都察院右副都御史雙溪杭公墓誌銘》:“公少稟學澤西,已乃并名庠校。嘗臺試,首澤西,公得第二。時稱‘二難’。弘治乙卯領鄉薦,己未登進士,授刑部山西司主事。同官當慮囚淮揚,以子疹竊難之,公毅然代行,合數郡纔戮一人,餘多平反。秩滿,升本部廣西司員外郎。”

徐問《山堂萃稿》卷九《督察院右副都御使杭公神道碑銘》:“公少授詩於兄,勤苦成疾。臺試,兄弟每聯出諸等。弘治乙卯領鄉薦,己未科登進士第。授刑部四川司主事,明慎刑獄。”

秦金《明故嘉議大夫都察院右副都御史雙溪杭公行狀》(《百瀆杭氏宗譜前編》卷六)曰:“(杭淮)弘治乙卯領鄉薦。”又,“己未登進士甲榜,觀禮部政。”又,“辛酉,授刑部四川司主事。明刑如宿吏,同官督獄當往,以子疹憚行,公請代治官書。暇倡同志爲五經會。慮淮揚諸郡重囚,纔戮一人,餘多所平反。”又,“武宗正德丙寅,考績升本部廣西司員外郎。”

吴仕《大中丞杭公傳》(《百瀆杭氏宗譜前編》卷六):"己未登進士,授刑部主事。"

正德三年(1508),升浙江按察司僉事。廉靖不苛,清理宿弊,爲官清廉。嘗謁林和靖墓,出俸葺之,建放鶴亭。

徐問《山堂萃稿》卷九《都察院右副都御史杭公神道碑銘》:"戊辰,升浙江按察司僉事。廉静不苛,楮户持例金若干緡進,公斥之出。"

張邦奇《張文定公靡悔軒集》卷六《明嘉議大夫都察院右副都御史雙溪杭公墓誌銘》:"尋升浙江按察司僉事,楮户持例金若干緡進,公斥之出。捐俸即孤山林和靖墓,建放鶴亭,手書碑記,封表遺逸。升本司副使。敕理戎伍,勾稽有方,閭閈無擾者。"

顧鼎臣《顧文康公文草》卷六《明故嘉議大夫都察院右副都御史雙溪先生杭公墓表》:"升浙江按察司僉事,廉靖不苛,楮户輸歲課,公當簡擇可否,衆循常例,括金以獻,公斥去之。嘗謁林和靖祠墓,一覽廢興,慨出俸金葺之,并建放鶴亭。手書吊處士辭,刻於石。尋升本司副使,清理戎籍。隱匿宿弊,搜剔殆盡。"

秦金《明故嘉議大夫都察院右副都御史雙溪杭公行狀》曰:"戊辰,升浙江按察司僉事,仁厚廉靖,肅而不苛。楮户持例金若干緡進,公斥之出。葺林和靖墓,建放鶴亭。封表遺逸,治行純古。升本司副使,敕理戎務。"

杭淮《杭雙溪先生詩集》卷六《放鶴亭辭并小序》:"放鶴亭者,宋處士林和靖先生之所作也。歲久傾圮,莫考遺迹。今續構於孤山頂西偏,因其墓耳。亭成,設酒肴爲辭,以告於先生。"

正德五年(1510),升浙江按察司副使。奉表回京,取道省親,爲父盡孝。

徐問《山堂萃稿》卷九《都察院右副都御史雙溪杭公神道碑銘》:"庚午,升本司副使。"

顧鼎臣《顧文康公文草》卷六《明故嘉議大夫都察院右副都御史雙溪先生杭公墓表》:"尋升本司副使,清理戎籍,隱匿宿弊,搜剔殆盡。正德庚午,捧表賀萬壽節回,渡江,夢驚心動,馳歸省侍,省齋已遘疾,不五日而没。人以爲孝誠所感。"

張邦奇《張文定公靡悔軒集》卷六《明嘉議大夫都察院右副都御史雙溪杭公墓誌銘》曰:"升本司副使。敕理戎伍,勾稽有方,閭閈無擾者。正德庚午,進萬壽表。當還,忽心動,取道省省齋翁,不五日,翁微疾卒。人謂公孝感云。"

正德九年(1514),改山東按察副使,次年,改雲南提學副使。整頓學風,士習爲變。

徐問《山堂萃稿》卷九《都察院右副都御史雙溪杭公神道碑銘》曰:"甲戌,服闋,改山東按察副使,整飭天津兵備。乙亥,部以公優於文學,改雲南提學副使。至則嚴條約,變士習,振起僻陋,文風亞於中州。……公并刻像,撰《二忠録》以傳。"

顧鼎臣《顧文康公文草》卷六《明故嘉議大夫都察院右副都御史雙溪先生杭公墓表》:"服闋,復除山東按察司副使,整飭天津兵備。銓司念公有文行,改雲南督學。赴任,道經貴陽清平衛,蠻虜突至,圍其城。守將畏衄,束手問計,公徐爲區畫,令諭以禍福,遂解散。公至雲南,端楷範,嚴條約,文尚醇雅,士習爲變。秋祀黔寧昭靖王,制以布政使主祀,三司官咸與。既而其家廟舉祀,如歲例速陪,衆欲往。公不可,曰:昨命祀也,當陪;今彼舉私家,陪非宜。衆從之。國初,雲南未定,王禕、吴雲前後死節,公乃倡爲二忠祠,請列祀典。"

張邦奇《張文定公靡悔軒集》卷六《明嘉議大夫都察院右副都

御史雙溪杭公墓誌銘》曰："服闋，改山東副使，尋改提學雲南。嚴矩範，勤誨勵，士習爲變。"

正德十六年(1521)，升湖廣按察使，秉公執法，冤獄多所平反。

徐問《山堂萃稿》卷九《都察院右副都御史雙溪杭公神道碑銘》："辛巳，升湖廣按察使，尤肅憲度。某官怙勢犯賄，公擿治，拒其間請，墨吏咸望風斂戢。言官薦公執法不撓，可柄用。時巡撫廉逮曖昧，罪百人，杖瀕死，公得其誣狀，羈紲都司，多所申白。"

顧鼎臣《顧文康公文草》卷六《明故嘉議大夫都察院右副都御史雙溪先生杭公墓表》："考績奏最，升湖廣按察司按察使。屬有怙勢以賄敗者，衆爲請公，皆弗聽。竟置之於法。御史疏薦公執憲不撓，可大用。巡撫臺廉，捕事曖昧，百人杖瀕死，下之獄，公惻然曰：豈盡得其情邪？徐訊之，多得釋。"

張邦奇《張文定公靡悔軒集》卷六《明嘉議大夫都察院右副都御史雙溪杭公墓誌銘》曰："升湖廣按察使，廉明仁武，有怙勢賂敗者，摘治不納間請。言官條公執法不撓，宜大用。巡撫廉捕曖昧，百人杖瀕死，落獄。公惻然曰：'豈盡得情耶？'徐訊辨，宥釋之。"

秦金《明故嘉議大夫都察院右副都御史雙溪杭公行狀》曰："辛巳考績，升任湖廣按察使。釐弊肅宄，流仁宣威。某官怙勢賄敗，公摘治拒間請，墨吏望風斂戢。言官上公執法不擾。"

嘉靖二年(1523)，升山東右布政使，次年，轉河南左布政使。乙酉，升南京太僕寺卿。餘暇吟咏山水，滁人比之六一公。

顧鼎臣《顧文康公文草》卷六《明故嘉議大夫都察院右副都御史雙溪先生杭公墓表》："升山東右布政使，尋轉河南左布政使。時帑羡二萬餘緡，守吏間以啖公。公笑曰：'此他日福吏之貲也。'升南京太僕寺卿，修舉馬政。暇則吟咏山水，滁人比之六一翁。"

徐問《山堂萃稿》卷九《都察院右副都御史雙溪杭公神道碑銘》:"癸未,升山東右布政使。甲申,轉河南左布政使。"

張邦奇《張文定公靡悔軒集》卷六《明嘉議大夫都察院右副都御史雙溪杭公墓誌銘》曰:"逾歲,升南京太僕寺卿,公稽閲馬政。以其暇吟諷山水,滁人擬之歐陽公。"

秦金《明故嘉議大夫都察院右副都御史雙溪杭公行狀》曰:"癸未,升山東右布政使。"又,"甲申,轉河南布政使提調。"

陳田《明詩紀事》丁籤卷十六:"淮字東卿,濟弟。弘治己未進士,授刑部主事。歷員外,出爲浙江按察僉事,進副使,改山東,又改雲南,歷湖廣按察使,山東、河南布政使,擢南太僕卿,以都察院右副都御史總督南京糧儲。"

嘉靖五年(1526)進都御史,勤謹爲政。然不得當道認可,以多文名而少政績,勒回籍聽用。

顧鼎臣《顧文康公文草》卷六《明故嘉議大夫都察院右副都御史雙溪先生杭公墓表》:"進擢都察院右副都御史,奉敕督理南京糧儲公務。持大體,舉要務,而當道者方事苛細,謂公長於文學,短於吏事,勒回籍聽用。公浩然買舟,下荆溪,返舊廬,日與兄弟親舊吟咏登眺,淡然無復外慕。兩京科道交章論薦,謂公古心古行,時論攸歸,投閑非宜。銓曹六上疏,推任卿貳,皆不果用。"

徐問《山堂萃稿》卷九《都察院右副都御史雙溪杭公神道碑銘》:"丙戌,進都御史,總督糧儲。公節制公曹,各殫心力,繕倉庾,敷内供,度軍餉,飭官攢,謹要會,諸事無庸支節。已而得部咨,宰執擬公及都御史今致仕尚書林公廷棉,皆有文名而少政績,回聽擢用。"

張邦奇《張文定公靡悔軒集》卷六《明嘉議大夫都察院右副都御史雙溪杭公墓誌銘》曰:"升都察院右副都御史,奉敕總督南京糧儲，公繕倉庾，敷上供，度軍餉，飭官攢，約期注，謹會要，稽乾没，常靖恭，持大體。而當道方尚刻摘紛更米鹽瑣屑，謂公文名有餘，政聲未著，勒回籍聽簡用。公浩然下荆溪，日與澤西公及叔季瀾、濂、洵、溱吟染，眺覽。晦迹十年，吏部會推者六，終弗起。”

雷禮纂輯《國朝列卿紀》（明刻本）卷九十九：杭淮，字東卿，直隸常府宜興縣人，弘治己未進士。正德十年任雲南提學副使，十六年升湖廣按察使，嘉靖四年由河南左布政使升南京太僕寺卿，六年升總督糧儲右副都御使，七年回籍聽用，卒於家。

嘉靖十七年九月十八日(1538 年 10 月 10 日)，卒於家。

徐問《山堂萃稿》卷九《都察院右副都御史雙溪杭公神道碑銘》：“嘉議大夫都察院右副都御史先奉敕提督南京糧儲杭公，諱淮，字東卿，别號雙溪，卒於家，是爲嘉靖戊戌九月十八日。……疾革，命移正寢，辟女婦，神氣不亂，充然而卒。享年七十有七。”

張邦奇《張文定公靡悔軒集》卷六《明嘉議大夫都察院右副都御史雙溪杭公墓誌銘》曰：“嘉靖十七年九月十八日卒。”

顧鼎臣《顧文康公文草》卷六《明故嘉議大夫都察院右副都御史雙溪先生杭公墓表》：“嘉靖十七年戊戌九月八日卒。……享年七十有七。”

吴仕《大中丞杭公傳》：“卒於家中，年七十有七。”

按，顧鼎臣與徐問、張邦奇之記卒日，相差十天，未知孰是，待考。

淮博覽群書，文法西漢，詩宗杜甫，其詩格清體健，頗諧中道。

顧鼎臣《顧文康公文草》卷六《明故嘉議大夫都察院右副都御史雙溪先生杭公墓表》：“平生書無不讀，文章步驟西漢，詩宗杜少陵，書法顔魯公。所著有《雙溪集》，藏於家。”

徐問《山堂萃稿》卷九《都察院右副都御史雙溪杭公神道碑銘》:"博涉書傳,作詩風格蒼老如杜子美。字莊重師顔魯公,得其片楮者皆寶愛之。所著有《雙溪集》若干卷行於世。"

張邦奇《張文定公靡悔軒集》卷六《明嘉議大夫都察院右副都御史雙溪杭公墓誌銘》曰:"公書無不讀,詩章翰墨,雄視一時,所著《雙溪集》,藏於家。"

王慎中《遵岩文集》卷十四《雙溪杭公詩集序》:"夫公之詩雖制裁錯出,律調不同,歸之嚴整雅健,體高而意正,音舒而節越,有前世作者之風,無有乎嬛媚之習,粉澤之飾,艷妻蕩子、冶游淫托之思不奸於中。誦其詩不知其爲人,亦可想見其爲美士君子也。……其時,北地、中原、江左卓然名家殆十數人。江左則徐迪功郎禎卿、顧中丞公璘與公爲三人。迪功仕宦最窮而早死。二公獨老而大成,享遐齡至大官,巋然爲江左風流之宗。其清德威望,宜於表民用世,雖退而老於家,將必有待而起,何其盛也。"

秦金《明故嘉議大夫都察院右副都御史雙溪杭公行狀》:"無嗜好,惟博古涉文,冠冕朝局。詩雄邁,宗李杜。"

永瑢等《四庫全書總目提要》卷一百七十一别集類二十四《雙溪集》八卷:"與兄濟并負詩名。與李夢陽、徐禎卿、王守仁、陸深諸人遞相唱和。其詩格清體健,在弘治、正德之際,不高談古調,亦不沿襲陳言,頗諧中道。"

朱彝尊《静志居詩話》卷九:"雙溪詩極其遒煉,如繭絲抽自梭腸,似澀而有條理。五言尤擅場,可亞少穀。"

俞憲編《盛明百家詩·二杭詩集》(齊魯書社1997年版)卷首:"雙溪名淮,字東卿,弘治己未進士,官至都憲。其集始《送同年余邦臣》,終《春日周陳王氏園亭》。"

陳田《明詩紀事》丁籤卷十六陳田按:"東卿詩不事叫囂,自饒古格，在七子派中，與大復、昌穀爲近。"

林東海《雙溪詩後》(《杭雙溪先生詩集》)："杭友洵示予雙溪公詩一帙，自進士而刑曹，而視學，而長藩憲，而卿，而巡撫，而近者山林之作多載焉。灑叙平鑰，宏雄雋雅，細咏之，真若周鼎商彝，篆紋剥古，其誰不敬重焉者，梓而傳之也固宜。蒲生林東海謹跋。"

弘正間，淮與前七子、文徵明、沈周、王陽明等諸大家多有交游唱和。

杭淮與前七子多有交游，李夢陽《空同子集》(中華書局 2019 年版)卷五十九《朝正倡和詩跋》："詩倡和莫盛於弘治，蓋其時古學漸興，士彬彬乎盛矣，此一運會也。余時承乏郎署，所與倡和，則揚州儲静夫、趙叔鳴，無錫錢世恩、陳嘉言、秦國聲，太原喬希大，宜興杭氏兄弟，郴州李貽教、何子元，慈谿楊名父，餘姚王伯安，濟南邊庭實，其後又有丹陽殷文濟，蘇州都玄敬、徐昌穀，信陽何仲默。其在南都，則顧華玉、朱升之其尤也。諸在翰林者，以人衆不叙。"

錢謙益《列朝詩集小傳》(上海古籍出版社 2008 年版)丙集云："濟仕至布政使，淮至都御史，與李空同結社。"

永瑢等《四庫全書總目提要》别集類二十四《雙溪集》八卷："明杭淮撰。淮字東卿，……與兄濟并負詩名，與李夢陽、徐禎卿、王守仁、陸深諸人遞相唱和。其詩格清體健，在弘治、正德之際不高談古調，亦不沿襲陳言，頗諧中道。"

杭淮與李夢陽之交游。孝宗弘治六年癸丑(1493)，杭淮遇李夢陽，作《李獻吉瓊林圖歌》(《杭雙溪先生詩集》卷六)："龍飛癸丑六載春……李君之望兀嵂如雲中巔，李君之才涌躍如山下泉。"言辭間頗景仰。弘治十六年，李夢陽赴寧夏餉軍，杭淮爲其送行，作《李獻吉餉軍寧夏以東坡"乍合水上萍，忽散風中雲"爲韻十絶》。武宗正德九年甲戌(1514)，李夢陽致仕，杭淮作《送李獻吉致仕歸陝三首》爲其送行。李夢陽逝世,杭淮作《挽李獻吉四首用曹太守韻》。杭淮《杭雙溪先生詩集》收録贈李夢陽詩歌三十餘首,李夢陽有《答杭雙溪渡河見寄》《雙溪方伯夏初見過就飲石幾留詩》《同雙溪方伯咏石幾》等詩。

與何景明之交游。何景明有詩四首寄杭淮,《送杭憲副兵備天津》《寄杭東卿》《寄杭東卿高曾唯二憲副》《再寄杭東卿憲使》。

與邊貢之交游。明嘉靖六年丁亥(1527),邊貢上京,《明世宗實録》卷七十五云:"嘉靖六年四月辛亥,改南京太常寺卿邊貢爲太常寺卿,提督四夷館。"杭淮有詩寄贈,作五律《送邊太常卿廷實上京》。邊貢有《送錢水部致仕次杭秋官韻》《次東卿韻挽北村秋官五首》。杭淮有《次周中丞邊太常游雨花臺見寄》《送邊太常卿廷實上京》詩。

與徐禎卿之交游。徐禎卿有《寄杭東卿》《酬東卿留别》,杭淮有詩《徐昌國席上賦别》。

與文徵明之交游。杭淮《杭雙溪先生詩集》卷八《文徵明與胡祖貽夜宿雅歌堂徵明作畫題詩爲别祖貽持示請和》。

與王慎中之交游。王慎中《遵岩文集》卷十四《雙溪杭公詩集序》:"去年秋謫判常州,謁公於義興之第。因挐舟泛東溪,訪張公、善權二洞,由西溪泛舟而旋。於時,山明氣肅,霜落水清。相與把酒賦詩,以爲至樂。"

與王陽明之交游。杭淮《澤西先生傳》云:"時余亦舉進士同朝,先生與王陽明、秦鳳山諸公,政暇爲五經會。"按,杭淮詩集中有《送王陽明謫官龍場驛》《八月十六日夜飲王陽明館》《新正二日發宜春次王陽明韻》等詩。

有《杭雙溪先生詩集》八卷存世。

徐𤊹《徐氏紅雨樓書目》(上海古籍出版社 2005 年版)卷四:

“宜興杭濟世卿《澤西集》,附杭淮東卿《雙溪集》。”

焦竑《國史經籍志》(商務印書館 1939 年版)卷五:“杭淮《雙溪集》八卷。”

黄虞稷《千頃堂書目》(上海古籍出版社 2001 年版)卷二十一:“杭淮《雙溪詩集》八卷。”

張廷玉等《明史・藝文志四》:“杭淮《雙溪詩集》八卷。”

嵇璜等纂修《欽定續文獻通考經籍考》(清乾隆四十九年武英殿刻本):“杭淮《雙溪集》八卷。”

永瑢等《四庫全書總目提要》卷一百七十一别集類二十四《雙溪集》八卷:“此本乃其弟洵所編,爲朱彝尊曝書亭舊藏。卷末有彝尊手題兩行,稱:‘康熙辛巳九月十九日,竹垞老人讀一過,選入《詩綜》一十四首。’各詩内亦多圈點甲乙之處,蓋其輯《明詩綜》時所評騭。今《詩綜》本内所録淮詩篇數,并與自記相同。中如《打牛坪》詩第三聯,原本作‘碧嶂自雲生’,而彝尊改作‘蔓草自春生’。《王思槐過訪》詩第三聯,原本作‘野竹過墻初挺秀’,而彝尊改作‘挺拔’。亦間有所點定,皆較原本爲善。且稱其詩遒煉,如繭絲抽自梭腸,似澀而有條理。五言尤擅場。持論亦屬允愜云。”

按,杭淮《杭雙溪先生詩集》,現存版本主要有嘉靖杭洵刻本,現藏國家圖書館、首都圖書館、上海圖書館,鳳凰出版社出版《常州先哲遺書續》收録此書。《雙溪集》主要爲四庫全書本。俞憲《盛明百家詩》收録《二杭詩集》,係杭濟、杭淮所作詩選本。

參考文獻:

1. 杭淮《杭雙溪先生詩集》,國家圖書館藏明嘉靖本。

2. 殷彦愷、劉王成編《百瀆杭氏宗譜》,1936 年刻印。

3. 張邦奇《張文定公靡悔軒集》,《續修四庫全書》第1337册,上海古籍出版社2002年版。

4. 顧鼎臣《顧文康公文草》,《明别集叢刊》第一輯第91册,黄山出版社2013年版。

5. 毛憲《古庵毛先生文集》,《明别集叢刊》第一輯第86册,黄山出版社2013年版。

6. 徐問《山堂萃稿》,《明别集叢刊》第一輯第91册,黄山出版社2013年版。

7. 王慎中《遵岩文集》,《明别集叢刊》第二輯第83册,黄山出版社2016年版。

(孫啓華)

毛紀傳

毛紀字維之,號礪庵,晚號海翁,别號鰲峰逸叟。萊州掖縣(今山東省烟台市萊州市)人。生於天順七年(1463)。

嚴嵩《鈐山堂集》卷三十四《明故光禄大夫柱國少保兼太子太保吏部尚書謹身殿大學士贈太保謚文簡毛公神道碑》(以下簡稱《毛公神道碑》):"公姓毛氏,諱紀,字維之,世爲東萊掖人。曾祖伯全,祖福英,隱弗仕;父敏,舉鄉薦,教授杭郡學,俱贈光禄大夫、柱國、少保兼太子太保、户部尚書、武英殿大學士;妣俱贈一品夫人。""生天順癸未七月十有七日。"

毛紀《鰲峰類稿》卷八《崇儒毛氏族譜序》:"吾東萊毛氏,聞之上世,當元季之亂從淮泗間徙家而來,代遠,莫可考。譜始於啓宗府君,生安仁,斷自所可知者耳。安仁生懷德,懷德生樂善,樂善生先君養浩。翁蚤孤,奮志于學,遂以儒業顯,成化中教授于杭。"卷十四《明封一品夫人官氏墓誌銘》:"紀從先公游學于杭,讀書常至夜分。"

王世貞《嘉靖以來首輔傳》卷一:"毛紀字維之,萊州掖人也。"

徐縉《鰲峰類稿序》(毛紀《鰲峰類稿》):"鰲峰逸叟,其别號也。"

李廷相《鰲峰類稿序》(毛紀《鰲峰類稿》):"海翁先生毛公既解機務,歸卧東海上,乃輯平生所爲文合二十有六卷,題曰《鰲峰類稿》。"

趙完璧《海壑吟稿》(文淵閣四庫全書補配文津閣四庫全書本)卷九《故鄉進士直隸和州知州進階奉直大夫行齋毛公行狀》:"考諱紀,號礪庵,晚號海翁,早擢省元,舉進士。"

附識,蒲松齡《聊齋志异》有《姊妹易嫁》一篇,取材本毛紀故事。謂毛氏少爲牧牛兒,里人張氏夢得神兆,知其必貴,遂以長女字之。女以毛寒微,矢不嫁,張遂以次女易之。後毛果貴顯,姊遂自愧云。按,其事雖非實録,殆可見毛氏故事頗見於當時里巷之談,故爲蒲氏采入《聊齋》,文情相照,事理具備,亦足爲藝林之一掌故。任城孫擴圖考證其事,識云:"文簡封翁諱敏,以孝廉任杭州府學教授。生五子,文簡最少。封翁年八十餘,文簡官少宰,乃受封而卒。其塋地自趙宋時沿葬,歷有達者。至文簡卒,始卜西山新阡。乾隆壬戌,予與文簡裔人共修《掖縣志》,曾親至毛氏新舊兩塋,覽其碑表,徵事實焉。至文簡夫人一段,畢氏《蟬雪集》中所載亦與此小异。夫人姓官氏。姊陋文簡有文無貌,臨嫁而悔。妹承父母意,遂代姊歸文簡。文簡既貴,姊自恨,出家爲女道士。妹饋遺之,都不肯受。清修登上壽。文簡林下廿餘年,頗與過從談道,相敬重云。"(《聊齋志异》卷三)

成化二十二年(1486),舉鄉試第一。明年登進士,選庶吉士。

嚴嵩《毛公神道碑》:"公幼則侍父于杭,篤志力學。弱冠舉丙午山東鄉試第一,丁未第進士。"

王世貞《嘉靖以來首輔傳》卷一:"少惇敏好學,二十四舉山東鄉試第一,明年成進士,改翰林院庶吉士。"

談遷《國榷》卷四十:"(成化二十三年三月)丁卯,進士程楷、蔣冕、屈伸、袁達、黄穆、傅珪、萬弘璧、倪阜、華繼、吴儼、李漢、仲棐、羅玘、蘇葵、鄭昭、歐陽鵬、伍符、翁健之、李遜學、鄒智、石珤、李充嗣、唐希介、蔡杲、毛紀、劉丙、任儀、嚴儨、楊廉、潘楷選翰林院庶吉士。右春坊右庶子汪諧、左春坊左諭德兼翰林院檢討傅瀚教習。”

弘治初,授檢討,進修撰,充經筵講官,簡侍東宫講讀。《會典》成,遷侍讀。

嚴嵩《毛公神道碑》:“入翰林讀中秘書,授檢討。同考丙辰會試,升修撰,充經筵講官,選侍東宫講讀,賜五品服,修《大明會典》。書成,升侍讀,賜給驛歸省。再同考乙丑會試。”

王世貞《嘉靖以來首輔傳》卷一:“授檢討。滿九載,進修撰,充經筵講官。俄侍東宫講讀,修《大明會典》成,遷侍讀。”

永瑢等《四庫全書總目》卷八十一史部三十七“明會典一百八十卷江蘇巡撫采進本”:“明弘治十年奉敕撰,十五年書成,正德四年重校刊行,故卷端有孝宗、武宗兩序,其總裁官爲大學士李東陽、焦芳、楊廷和,副總裁官爲吏部尚書梁儲,纂修官爲翰林院學士毛紀、侍講學士傅珪,侍讀毛澄、朱希周,編修潘辰并列銜卷首。然皆武宗時重校諸臣,其原修之大學士徐溥等竟不列名,未詳當日何意也。”

談遷《國榷》卷四十一:“(弘治二年十一月)甲子,翰林院庶吉士程楷、蔣冕、黄穆、傅珪、華繼、吴儼、羅玘爲編修,李遜學、石珤、毛紀爲檢討,進士朱㫤爲南京監察御史。”卷四十四:“(弘治十二年八月)翰林院檢討毛紀爲修撰。”卷四十五:“(弘治十六年三月)辛未,……朱希周、毛紀、編修顧清爲侍讀。”“(三月)辛卯,翰林侍讀毛紀歸省。”

武宗立,改左諭德。時劉瑾意抑儒臣,坐《會典》小誤大裁諸臣,紀遂降侍讀。

嚴嵩《毛公神道碑》:“武廟即位,進左春坊諭德兼侍講,賜金帶。丁父艱,服闋,值逆瑾竊政,削其春坊銜。”

王世貞《嘉靖以來首輔傳》卷一:“皇太子即位,進左春坊左諭德。丁父憂歸。服除,中貴人瑾恨之,奪左諭德,復爲侍讀。”

談遷《國榷》卷四十五:“(弘治十八年七月)侍讀毛紀、左中允兼編修傅珪并左諭德兼侍講。”卷四十七:“(正德四年五月)戊戌,命吏部擬纂修《實録》官升職等第,且謂先年劉健等修《會典》糜費,革其升職,仍令李東陽等覆定。於是降少師大學士李東陽支從一品俸,吏部尚書梁儲爲右侍郎少保,户部尚書楊廷和、禮部尚書白鉞支從二品俸,禮部右侍郎靳貴爲光禄寺卿,左諭德兼侍講傅珪、侍讀朱希周俱修撰,左諭德兼侍講毛紀降侍讀,五經博士潘辰仍典籍,光禄寺卿周文通降禮部郎中,仍支從四品俸,吏部郎中沈冬魁降員外郎,前翰林學士調鎮江同知張芮降兩浙鹽運司副使,守制禮部尚書劉機降從二品俸,左庶子兼侍讀毛澄降侍讀,侍讀顧清降編修,致仕吏部左侍郎楊守阯降右侍郎,南京吏部尚書王華降右侍郎。時劉瑾意抑儒臣,又焦芳以東陽軋己,導瑾裁之。”

《孝宗實録》成,擢侍講學士,爲講官。正德五年(1510),進學士,遷户部右侍郎,尋遷禮部左侍郎。

嚴嵩《毛公神道碑》:“孝廟《實録》成,升侍講學士,充日講官。尋升學士,擢户部右侍郎、禮部左侍郎。”

王世貞《嘉靖以來首輔傳》卷一:“孝廟《實録》成,進侍講學士,尋爲學士,權户部右侍郎,遷禮部左侍郎。”

談遷《國榷》卷四十七:“(正德四年五月)壬子,纂修官翰林侍讀毛紀爲侍講學士。”“(正德四年九月)己酉,翰林侍講學士毛紀爲學士。”卷四十八:“五月乙卯朔,翰林學士毛紀爲户部右侍郎,仍兼日講。”“(正德五年十月)己丑,户部右侍郎毛紀爲禮部左侍郎。”

正德十年(1515),由吏部左侍郎拜禮部尚書。烏思藏入貢,其使言有活佛能前知禍福,帝遣中官迎之,靡費以百萬計。紀切諫不

可,疏再上,不報。郊祀畢,請勤朝講,又以儲嗣未建,乞早定大計,亦不聽。

毛紀《鰲峰類稿》卷四《乞停遣使西域疏》《請定宗社大計疏》。

嚴嵩《毛公神道碑》:“丁母艱,服闋,改吏部左侍郎,升禮部尚書,掌詹事府事,賜玉帶。時遣使西域賫番供,公奏言:‘西番佛國,遠在數萬里外,祖宗朝雖許入貢,賜法王國師名號,特藉以羈縻番衆,令不爲邊患而已。賫供媚之,失天朝體。’又以儲嗣未建,疏乞早定大計。”

王世貞《嘉靖以來首輔傳》卷一:“母憂歸。服除,改吏部左侍郎,進吏部尚書(按,當爲禮部尚書,刻本誤)。遣中貴人使西域,賫番僧供,紀力争之,不報。”

談遷《國榷》卷四十八:“(正德七年十二月)禮部左侍郎毛紀憂去。”卷四十九:“(正德十年五月)服闋禮部左侍郎毛紀爲吏部左侍郎。”“(正德十年八月)丁卯,吏部左侍郎毛紀爲禮部尚書。”

張廷玉等《明史》卷一百九十《毛紀傳》:“十年,由吏部左侍郎拜禮部尚書。烏思藏入貢,其使言有活佛能前知禍福,帝遣中官劉允迎之,携錦衣官百三十,衛卒及私僕隸數千人,芻糧舟車費以百萬計。紀等上言:‘自京師至烏思藏二萬餘里,公私煩費,不可勝言。且自四川雅州出境,過長河西行數月而後至,無有郵驛、村市,一切資費,取辦四川。四川連歲用兵,流賊甫平,蠻寇復起。困竭之餘,重加此累,恐生意外變。’疏再上,内閣梁儲、靳貴、楊一清皆切諫,不報。郊祀畢,請勤朝講,又以儲嗣未建,乞早定大計,亦不聽。”

尋改理詰,敕掌詹事府。正德十二年(1517),兼東閣大學士,入預機務。其秋,加太子太保,改文淵閣大學士。

嚴嵩《毛公神道碑》:"以學士司誥敕,仍掌府事,賜麒麟服、蟒衣、絲環、繫帶等物。於是敕兼東閣大學士,入閣供事,隨加太子太保,文淵閣大學士,賜蟒衣、斗牛服。錢寧等數導上巡幸,會逆濠之亂,倡親征議。上御文華殿,宣内閣、九卿、科道官於左順門,傳旨促令撰《親征詔》。公等力言不可,免冠伏地泣,諸司皆泣。上諭各官退,復降手敕,欲出師,自稱威武之號。公奏言:'人君爲天下主,不宜自貶,下同臣庶。'上意稍悟。"

王世貞《嘉靖以來首輔傳》卷一:"亡何,兼翰林院學士,掌詹事府,入東閣理誥敕,賜玉帶、蟒衣,尋兼東閣大學士,直文淵閣,預機務。無何,加太子太保兼文淵閣大學士。"

談遷《國榷》卷五十:"(正德十一年九月)丁亥,禮部尚書毛紀兼翰林學士,專誥敕,仍署詹事府。""(正德十二年三月)甲辰,選翰林院庶吉士汪佃、余承勛、黄易、江暉、王廷陳、汪應軫、劉世勝、曹懷、儲昱、葉桂章、葉式、馬汝驥、汪思、王三錫、史于光、陳沂、鄺灝、史道、劉穆、楊士靈、張星、廖喤、蕭與成、林時、鄭自璧、劉士揚、曹嘉、閻閎、李芳、湯惟學、黎貫、席春、王邦瑞、許宗魯,署詹事府、禮部尚書毛紀、少詹事顧清教習。""(五月)丙子,禮部尚書兼翰林學士毛紀兼東閣大學士,直閣。""(七月)甲申,進蔣冕太子太傅兼武英殿大學士,毛紀太子太保、文淵閣大學士。"

武宗南征,紀佐楊廷和居守,駕旋,晋少保、户部尚書、武英殿大學士。

毛紀《鰲峰類稿》卷八《密勿稿序》:"正德末,權幸蠱惑,武宗數出巡狩,尋討逆濠之亂,久於其外,百司馳奏,政務未免稽滯。諸老奉敕居守,憂勞夙夜,寢食弗遑。數年間,迎請調護,章疏頗多,每屬之予。"

嚴嵩《毛公神道碑》:"三載考滿,加少保、武英殿大學士。車駕幸宣大，駐蹕居庸，公力疏請還。未幾，卒以征濠議南幸。公等奉敕居守，憂勤備至，懇請回鑾，章數十上。”

王世貞《嘉靖以來首輔傳》卷一：“上以宸濠反，欲親征。紀與楊廷和等泣請留，不得，遂同廷和居守。滿三載，進少保、户部尚書、武英殿大學士、階光禄大夫、勛柱國。”

談遷《國榷》卷五十：“（正德十二年）八月甲辰朔，上微服出德勝門，幸昌平，外廷不知也。明日，大學士梁儲、蔣冕、毛紀追至沙河，請回蹕，上不納而還。”“（正德十三年正月）丙午，上還自宣府，群臣戎飾迎德勝門外，具彩幛彩聯，稱威武大將軍，俱署銜，不稱臣。又列羊酒、白金、彩幣，手一紅梵夾爲賀。比夜，見上乘赤馬，佩劍，邊騎簇擁見，火球起戈干間，群臣伏道左。上下馬，坐御幄，大學士楊廷和奉觴，梁儲注酒，蔣冕奉果，毛紀奉金花稱賀。遂馳入德勝門，宿豹房。時大雨雪，群臣多僕馬相失，走泥淖濡衣，過夜半入城。”“（七月）壬寅，諭兵部進威武大將軍爵國公，又諭太監谷大用、蕭敬、温祥、賴義、秦文、張欽、蔣貴、韋霦、張淮、李英、張鋭及都督朱寧、兵部尚書王瓊俱世錦衣正千户，太監于經、周昂，侍郎陳玉、王憲俱世百户，都督朱泰、朱洪、宋贇各進秩，錦衣官舍朱政、朱勛、朱舍利、朱得那俱世指揮使，又閣臣楊廷和、梁儲、蔣冕、毛紀蔭錦衣正千户，餘賜金幣。”卷五十一：“（正德十四年八月）蔭楊廷和、梁儲、蔣冕、毛紀世錦衣正千户。”“（正德十五年十一月）已卯，大學士楊廷和、毛紀朝行在。”“（正德十六年正月）庚午，進蔣冕少傅、謹身殿大學士，毛紀少保、户部尚書兼武英殿大學士。”

世宗即位，録定策功，加伯爵，再疏辭免。

嚴嵩《毛公神道碑》：“武皇晏駕，公等密疏，請于昭聖皇太后决策，奉迎今聖天子入承大統。于時逆彬統京營邊軍及錦衣官校，威焰特盛，禍機叵測。復密請懿旨，先擒彬黨，令邊軍官校各散歸，中外始安。皇上入登大寶,開經筵,敕同知經筵事,纂修《武宗實録》,命充總裁,累賜蟒衣、玉帶、銀幣。上念定策功,敕封公等伯爵。疏辭,改蔭錦衣一職,世襲,又改蔭文職,五品。上引前代漢文加封平、勃等功,及我成祖封尚書茹瑺故事,俾勉承恩命,天語懇至,皆力辭免。”

王世貞《嘉靖以來首輔傳》卷一:“上晏駕,紀與廷和等合筴迎興世子,及捕誅江彬等。興世子即位,與蔣冕俱同知經筵事,充《武廟實録》總裁,論功與廷和、冕俱賜封伯爵,力辭,改文武蔭襲如冕,復辭。”

談遷《國榷》卷五十二:“(正德十六年)十一月己酉朔,敕修《武宗實録》,監修太傅定國公徐光祚,總裁大學士楊廷和、蔣冕、毛紀、費宏,副總裁吏部尚書石珤、禮部尚書毛澄、吏部左侍郎羅欽順,纂修少詹事周詔、侍講學士劉龍等。”“(嘉靖元年三月)壬申,論翊戴功,進大學士楊廷和、蔣冕、毛紀伯爵,費宏蔭錦衣指揮使,皆世襲。壽寧侯張鶴齡進太師,建昌侯張延齡進太傅,駙馬都尉崔元進侯。禮部尚書毛澄太子太傅,蔭錦衣指揮同知,世襲。太監張錦扶、安温祥、賴義、秦文、張欽、張淮等各加禄,蔭弟侄錦衣指揮、僉事、同知等官有差。外戚邵喜、蔣輪各封伯。廷和等力辭伯,改蔭錦衣,又辭;改文蔭,不拜。”“(九月)辛未,立皇后陳氏,陳萬言女。遣成國公朱輔充正使,大學士楊廷和、毛紀充副使,持節,奉册寶,行奉迎禮。”

嘉靖初,帝欲追尊興獻帝,閣臣執奏,忤旨。三年(1524),廷和、冕相繼去國。紀爲首輔,復執如初。帝欲去本生之稱,紀與石珤合疏争之。帝召見平臺,委曲諭意,紀終不從。朝臣伏闕哭争者俱逮繫,紀具疏乞原。帝怒,傳旨責紀要結朋奸,背君報私。紀自辯,且乞休益力。帝銜紀亢直,允其去,馳驛給夫、廩如故事。

嚴嵩《毛公神道碑》:"六載考滿,改吏部尚書、謹身殿大學士。上召公等至平臺議廟號稱謂,衆久不決,公以疾面陳乞退。上知其志决,疏入,乃允致仕,命有司給月米、夫役,陛辭,賜白金、彩幣、寶鈔。"

王世貞《嘉靖以來首輔傳》卷一:"會冕歸,而紀以一品六年滿,改吏部尚書、謹身殿大學士。時追崇興獻帝,敕諭甫下,而上復入桂萼、張璁等言,驟遷其官,而下禮部議,稱孝宗爲皇伯考,獻帝爲皇考,與聖母俱去本生字。禮部執奏不聽,令具儀聞。於是詹事府、翰林院、給事、御史部屬百餘人,各上疏争之。上怒甚,逮爲首者下詔獄。紀乃與大學士石珤復伸其説,報聞。於是紀移疾乞休,優詔留之,而當上聖母册,時大臣多不至者,上益怒。會紀扶病入朝,而有旨捕繫言事諸臣,他待罪闕門者尚衆,人情汹汹。紀乃上疏,請乞少霽天威,急收人心。上使司禮監論,數紀朋奸背君。紀自辯,且乞休益力。上乃責而許之,其恩禮猶視蔣冕。紀之代蔣冕亦僅三月。"

談遷《國榷》卷五十二:"(嘉靖二年正月)戊午,楊廷和、毛紀、蔣冕各求去,閣虚迹數日,累遣内臣鴻臚寺諭留。徐學謨曰:一時大臣黨同過激,殊非事幼君之體,自後邪臣伺隙,離間日生,新進用事,老成削迹,未必非廷和輩自處太高,有以媒之也。"卷五十三:"(嘉靖三年六月)己未,大學士毛紀請節省纂修《實録》供費,以故事,不允。""(七月)兵部尚書秦金、右副都御史王時中、吏部左侍郎何孟春等,誥敕吏部左侍郎賈咏、翰林學士豐熙等,太常寺卿汪舉等,給事中張翀等,御史余翱等,吏部郎中余寬等,户部郎中黄待顯等,兵部郎中陶滋等,刑部郎中相世芳等,工部郎中趙儒等,大理寺正毋德純等,行人司正高節等,各言尊號不當去本生字。疏入,留中。大學士毛紀、石珤再疏,報聞。""(七月)庚辰,大學士毛紀乞宥逮繫諸臣,切責之。""(七月)己丑,少保兼太子太保、吏部尚書、謹身殿大學士毛紀罷。紀求去,有旨切責放歸,仍命有司給月粟歲役。""(八月)甲寅,給事中陳洸遍劾争大禮費宏、毛紀、吴一鵬、汪俊、金獻民、朱希周、汪偉、趙鑒、佘才、劉天民、薛蕙、鄭一鵬,於是宏等乞歸,不許。"卷五十四:"(嘉靖七年六月)癸卯,敕定議禮諸臣之罪,前大學士楊廷和削籍,故禮部尚書毛澄奪官,前大學士蔣冕、毛紀、尚書喬宇、汪俊各鐫秩閑住,林俊、何孟春、郎中夏良勝俱削籍,餘不問。"

張廷玉等《明史》卷一百九十《毛紀傳》:"嘉靖初,帝欲追尊興獻帝,閣臣執奏,忤旨。三年,廷和、冕相繼去國,紀爲首輔,復執如初。帝欲去本生之稱,紀與石珤合疏争之。帝召見平臺,委曲諭意,紀終不從。朝臣伏闕哭争者,俱逮繫,紀具疏乞原。帝怒,傳旨責紀要結朋奸,背君報私。紀乃上言曰:'曩蒙聖諭,國家政事商確可否,然後施行。此誠内閣職業也,臣愚不能仰副明命。邇者大禮之議,平臺召對,司禮傳諭,不知其幾似乎商確矣,而皆斷自聖心,不蒙允納,何可否之有。至於笞罰廷臣,動至數百,乃祖宗來所未有者,亦皆出自中旨,臣等不得與聞。宣召徒勤,扞格如故。慰留雖切,詰責隨加。臣雖有體國之心,不能自盡。宋司馬光告神宗曰:"陛下所以用臣,蓋察其狂直,庶有補於國家,若徒以禄位榮之而不取其言,是以官私非其人也。臣以禄位自榮,而不能救正,是徒盗竊名器以私其身也。"臣於陛下,敢舉以爲告。夫要結朋奸,背君報私,正臣平日所痛憤而深疾者。有一於此,罪何止罷黜。今陛下以之疑臣,尚可一日靦顔朝寧間哉。乞賜骸骨歸鄉里,以全終始。尤望陛下法祖典學,任賢納諫,審是非,辨忠邪,以養和平之福。'帝銜紀亢直,允其去,馳驛給夫廩如故事。"

紀有學識,居官廉静簡重,與廷和、冕正色立朝,并爲縉紳所倚賴。其代冕亦僅三月,後《明倫大典》成,追論奪官。久之,廷和、冕皆淪喪,紀以恩詔叙復。

王世貞《嘉靖以來首輔傳》卷一:"又三載,璁、萼益貴用事,所撰述《明倫大典》成,下詔罪狀廷和,謂自詭門生天子、定策國老,法當僇市,姑削職爲民;蔣冕、毛紀俱冠帶閑住。明年,廷和卒;又三年,冕卒,皆年七十。修撰慎數更赦不得歸,其家亦無敢以恤典請者。獨毛紀老無恙,援恩詔得復官,上亦且忘之。"

張廷玉《明史》卷一百九十贊:"蔣冕、毛紀、石珤清忠鯁亮,皆卓然有古大臣風。"

紀在詞林,歷爲部佐,後入内閣,公務之暇,多與僚友會晤游賞,因事感懷,相與聯句唱和。

毛紀《鰲峰類稿》卷十七《聯句私抄引》:"《聯句私抄》凡四卷,昔在翰林,與僚友及諸司善鳴者會晤游賞,多形之聯句,得二卷。後爲部佐,與同年數公相處,因事感懷,復得一卷。其末卷則在内閣與諸老同作者。閣中前輩多以詩爲禁,倡和絶少,而聯句則昉於今日也。總七言律二百二十五,排律二,五言古詩一首。歸田後閑葺雜稿,録爲一帙,并題諸公名氏於前。屈指舊游三十二人,四五十年間,其存而無恙者,僅六七人而已。嗚呼!不亦有感也夫!夫顧惟諸公之在當時,皆卓然朝著之英俊,公務之暇,相與有作,特出于一時偶然之興,信口而成者,而予以譾劣,亦與其列,益聞所未聞焉,受益多矣。故於諸作,因得而私抄之。"

既歸林下,於近郭營别墅爲游息之所,以"尋樂"名其軒,仿温公真率故事,與鄉之耆碩爲忘形會。若山水園林之勝,觴咏壺奕之歡,惟意所適,怡然忘倦。

毛紀《鰲峰類稿》卷十七《題歸田雜識》:"予謝事家居忽一紀,于今園林晝永,世累一不以縈懷,檢書之暇,每憶疇昔之所遭際,列爲《四朝恩遇圖》一册。近郭小莊,有田數百畝,亭臺花木幽静可愛,因名其軒曰'尋樂'。岑寂之久,可與晤語者,乃約里中二三故老,仿香山洛社故事,立忘形會,間一行之。圖有引,軒有記,會有約,釐爲上下卷,總名之曰《歸田雜識》。"

毛紀《鰲峰類稿》卷十七《忘形會約》:"顧惟樗朽,幸與同鄉致政諸老,皆以賢科發迹,致位中外,亦既少效勞勤,仰荷聖明賜歸田里,幸遭際熙洽升平之運,似非偶然,且年皆耆艾以上,亦有逾七望八者矣。其所以悼往日、惜餘生,誠不能不以之興懷也。……今日之會,雖不敢仿佛古人之盛,然準今酌古,亦惟以道義爲主。戚友雅集,期於怡情適興,以罄一日之歡而已。庶幾乎得張弛之宜,而於歲序代謝之道爲不悖矣,昔人四美之説而賞心其尤切者乎?初不拘拘於其迹也,因名之曰忘形會,爰仿温國真率之意,定爲條約,列於左方。"

張萱《西園聞見録》卷二十一:"毛文簡以定策功錫之伯爵,力辭不受,甫逾六十即懇致仕而歸,其高尚之風尤人所罕見者。自家居以來幾二十年,壽已八十矣,而視聽聰明,筋力强健,無异壯者。常營别墅爲游息之所,以'尋樂'名其軒,仿温公真率故事,與鄉之耆碩爲忘形會。若山水園林之勝,觴咏壺奕之歡,惟意所適,怡然忘倦,何其康寧也。"

嘉靖二十一年(1542),年八十,撫按以聞,詔遣官存問,再賜夫、廪。

《明世宗實録》卷二百六十一:"紀輔弼舊臣,年登八帙,德壽并茂。其賜以羊酒,令撫按官及門存問,仍月給食米四石,歲撥人夫六名應役,以示優眷。"

嚴嵩《毛公神道碑》:"公既歸,臺諫累疏奏請起用。山東撫按官奏公年登八十,詔賜羊酒存問,仍加給夫、米等數。"

王世貞《嘉靖以來首輔傳》卷一:"年八十,命撫按官即家以幣彩牢醴慰勞。"

張邦奇《張文定公紆玉樓集》(明刻本)卷八《少保兼太子太保禮部尚書謹身殿大學士礪庵毛公八十壽序》:"公今年壽八十七,月十有七日,實届初度。先期,山東撫按特疏以聞,天子嘉悦,謂公累朝名德,舊學輔臣,茂綏福履,以躋壽考,允足褒尚,錫之飧牽,仍命撫按官及門存問,歲給輿廩。於是遠近欣欣傳誦,以爲儒者之極榮、聖朝之盛事也。"

談遷《國榷》卷五十七:"(五月)戊申,存問前少保大學士毛紀,時年八十。"

嘉靖二十四年(1545)卒,贈太保,謚文簡。

嚴嵩《毛公神道碑》:"二十四年乙巳六月六日,以疾薨於里第之正寢,享年八十有三。""甲辰,太僕君以公年高,乞假歸省,上特許之。居無何,而公訃至矣。距生天順癸未七月十有七日,享年八十有三。"

王世貞《嘉靖以來首輔傳》卷一:"又三年而卒,贈太保,謚文簡。"

談遷《國榷》卷五十八:"(六月丁酉)前大學士毛紀卒。字維之,掖縣人。成化丁未進士,館選授檢討,歷左諭德,忤瑾,降侍讀,尋進侍講學士,至直閣。武宗大漸,受命同楊廷和定策,晚致仕家居二十年。贈太保,謚文簡。"

子渠,進士,太僕卿。

嚴嵩《毛公神道碑》:"配官氏,累封一品夫人,前卒。子男六,長棻,順天府推官;次概,户部員外郎;次槃(按,即槃,據趙完璧《海壑吟稿》卷九《毛公行狀》),和州知州;次渠,太僕寺卿;次業;次集,左府經歷。女二,長適按察檢校劉朝,次思南知府李光祚。孫男十一人,延照、延魁、延厚、延慧、延清、延年、延玖、延祀、延太、延康、延慶。曾孫男三人。"

張邦奇《毛公八十壽序》:"諸子皆績學登名,駸駸效用,而石溪、冏伯歷位三品,聲績尤懋,授受於家庭,而敷施於朝著,拮據於疇昔,而紹述於方今,志意日舒,而寵澤彌新,不其盛乎!"

所著有《鰲峰類稿》《密勿稿》《辭榮録》《聯句私抄》《歸田雜識》等,修輯《萊州府志》。詩文一守格範,平正不逾矩,亦如其爲人,篤實少文采,有臺閣體之風,然小詩亦有清致。

嚴嵩《毛公神道碑》:"公器宇凝重,燕居無褻容,素不言人過,不妄交際。士夫至萊者,必造其廬,第以刺答之而已。平居手不釋卷,老而愈篤,作文渾厚典實,一根於理。所著有《鰲峰類稿》《密勿稿》《辭榮録》《聯句私抄》《歸田雜識》,藏於家。"

毛紀《鰲峰類稿》卷八《萊州府志序》:"嘉靖乙未,知萊州府事蘄水胡公啓忠莅政之暇,爰詢及此,乃慨然以身任之,裒輯故實,立義起例,概以《一統志》爲準,取其類目,稍加隱括,而旁搜遍采,益廣其所未備,務從體要,不事文藻者,貴實也。書成,將鋟諸梓,乃偕同寀請予序之。"

徐縉《鰲峰類稿序》:"公既辭相位,歸東海之上,輯生平述作,若内制,若講章,若表箋,若奏疏,若雜著、序記、碑傳、墓誌、行狀、祭文、書簡、古今詩,凡若干篇,合二十有六卷,題曰《鰲峰類稿》。""公之文,其有皋夔益稷、伊傅旦奭之遺風乎!質直而渾厚,和平而簡邕,如黄鐘之扣,如大美之和,如玄黄之布彩,正而雅,麗而則也。"

永瑢等《四庫全書總目》卷五十六史部十二“密勿稿三卷兩江總督采進本”:“是編皆在内閣所進奏疏、題本、揭帖,第一卷二十五首,武宗北巡時作,其請車駕還京諸疏皆在卷内;二卷十四首,武宗南征時作;三卷十七首,嘉靖初政時作。皆紀歸田以後彙輯舊稿,手自編定者也。”“辭榮録一卷兩江總督采進本”:“紀自爲禮部侍郎至大學士,凡有朝命,必具疏陳辭,合之得二十有六首。每首各注年月,其第一首乃正德七年壬申作,而注曰壬午,蓋刻本字訛也。”卷六十四史部二十“歸田雜識二卷兩江總督采進本”:“紀於成化丁未通籍,嘉靖甲申賜休,自以位登臺輔,全節完名,製爲《四朝恩遇圖》一册,凡十有六幀,每幀皆先叙作圖始末,而以制詞敕旨具録左方,又闢尋樂軒,與二三故老,立忘形會,軒有記,會有約,有啓,與《恩遇圖》并刊之,分爲上下二卷,總題此名云。”卷一百七十五集部二十八“鰲峰類稿二十六卷浙江巡撫采進本”:“是集乃紀致仕後所手定,前十八卷爲文,後八卷爲詩。朱彝尊《明詩綜》載紀有《鰲頭類稿》,蓋即此編。校刊偶疏誤,以峰字爲頭字也。”卷一百九十二集部四十五“聯句私鈔四卷兩江總督采進本”:“是集前有引一篇,稱昔在翰林,與僚友及諸司善鳴者會晤游賞,多形之聯句,得二卷。後爲部佐,與同年數公相處,因事感懷,復得一卷。其末卷則在内閣與諸老同作者。總七言律二百二十五首,排律二首,五言古詩一首。歸田後葺録爲一帙,并題姓名、履貫於卷首,自華亭顧清以下共三十有二人。”

范邦甸《天一閣書目》卷二之二史部:“萊州府志十卷,刊本,明郡人毛紀修輯并序。”

陳田《明詩紀事》丙籤卷九“毛紀”條:“田按,謝文正致仕,復起,以楊文襄不爲之下而歸。費文憲復起,毛文簡有《推讓名次疏》云:‘臣加少保,偶在宏先,僉議謂臣列銜立班,宜居其上。竊惟宏加秩雖在臣後，而宏入閣則在臣先。宏學識才猷過臣甚遠，恐不可概以爵鈞論也。'庶幾可以愧躐進者。小詩亦有清致。"

參考文獻：

1. 毛紀《鰲峰類稿》，明嘉靖二十年刻本。

2. 嚴嵩《鈐山堂集》，明嘉靖二十四年刻增修本。

3. 王世貞《嘉靖以來首輔傳》，清嘉慶十一年至十七年虞山張氏刻藉月山房彙鈔增修本。

4. 張萱《西園聞見録》，1940 年哈佛燕京學社印本。

5. 談遷《國榷》，中華書局 1958 年版。

6. 陳田《明詩紀事》，上海古籍出版社 1993 年版。

（王志剛）

石珤傳

石珤，字邦彦，號熊峰，直隸真定藁城（今河北省石家莊市藁城區）人。生於成化元年（1465）。

張廷玉等《明史》卷一百九十列傳第七十八："石珤，字邦彦，藁城人。"

過庭訓《明分省人物考》卷七："石珤，字邦彦，藁城縣人。"

雷禮《國朝列卿紀》卷十六："石珤，字邦彦，直隸藁城縣人。"

楊一清《大學士石公神道碑》："公諱珤，字邦彦，姓石氏。熊峰，其别號也。係出真定之藁城。""公生成化乙酉。"

四歲知詩書，十三爲文章，少有文名。成化二十二年（1486），舉於鄉，得《易》卷甚佳。次年與兄石玠同舉進士，入翰林院庶吉士。

石珤《熊峰集》卷七《碌碌何足道》："爲學二十年，聞善思允蹈。四歲知詩書，八歲勤灑掃。十三爲文章，光澤春雨膏。十九學漸富，士林有稱號。瀛洲名濫入，君親恩未報。高步望登堂，爝火求就燥。迨今又十載，不覺壯夫到。彬彬猶未能，碌碌何足道。"

過庭訓《明分省人物考》卷七："珤自幼穎异莊重。弱冠爲諸生，即與兄尚書公玠俱有文學名。謁楊文襄公，以文爲贄，文襄甚奇之。"

黄佐《南雍志》卷二十列傳二:"少博雅穎悟,明《周易》。與兄玠齊名,先後皆舉鄉魁。""成化丁未,俱登進士第。時稱'二鳳'。珤被選入翰林,爲庶吉士,除檢討。"

過庭訓《明分省人物考》卷七:"舉成化丙午鄉試,丁未,同兄玠登進士,被簡爲庶吉士。"

黄佐《翰林記》卷十:"(成化)二十三年三甲,石珤授檢討。"

楊一清《大學士石公神道碑》:"其爲諸生時,年未冠,與其兄故太子少保、户部尚書致仕東滹公邦秀,俱有文學名,常以其父憲使公之命來謁余,以文爲贄。比予出分外憲,越九年,以公務入京,時公已入翰林爲檢討。"

李東陽《懷麓堂集》卷二十八《送石邦彦檢討序》:"藁城石邦彦,吾同年雲南按察副使大器公之子也。其於予始未通問。及予典試京闈,得《易》卷甚佳,遂以魁學《易》者。既揭榜,詢而知其人。後被簡入翰林,爲庶吉士,凡預閣試,輒在優等。予用是愛且重之。"

弘治二年(1489),授翰林院檢討,與修《大明會典》,同考禮部會試。弘治十四年,充經筵展書官。十八年,遷修撰,同修《孝廟實録》。

張廷玉等《明史》卷一百九十列傳第七十八:"授檢討,數謝病居家。孝宗末,始進修撰。"

過庭訓《明分省人物考》卷七:"弘治己酉,授翰林院檢討。德器剛毅,知識不群,館閣重之,與修《大明會典》,同考禮部會試。""辛酉,充經筵展書官。乙丑,遷修撰,同修《孝廟實録》。"

焦竑《國朝獻徵録》卷十五内閣四:"辛酉,充經筵展書官。乙丑,滿秩,遷修撰,同修《孝廟實録》。"

雷禮《國朝列卿紀》卷十六:"成化丁未進士,選庶吉士。弘治己酉，授翰林院檢討，與修《大明會典》，同考會試。""辛酉，充經筵展書官。乙丑，遷修撰，同修《孝宗實録》。"

楊一清《大學士石公神道碑》："弘治己酉，授檢討，與修《大明會典》，同考禮部會試。"

黄佐《南雍志》卷二十列傳二："德器剛毅，知識不群，館閣稱重之，以纂修功升修撰，侍經筵講讀，賜金帶、四品服。"

石珤《熊峰集》卷六《送劉進士奉使序》："弘治九載，珤濫竽分考天下士之在禮部者，得江西劉君持慶焉。君明《春秋》學，深得胡氏傳旨，旁通《公》《谷》《左氏》。"

羅欽順《整庵存稿》卷六《送南京少宰石公入爲少宗伯序》："欽順初入翰林，則獲從熊峰先生石公游。時公文名已日起，後數載爲南院學士，著述益富。"

正德元年(1506)，充講官，尋遷南京翰林侍讀學士。四年，擢南京國子監祭酒。五年，改北監。尋遷南京吏部右侍郎。召改禮部右侍郎，又晋左侍郎，兼翰林院學士。

張廷玉等《明史》卷一百九十列傳第七十八："正德改元，擢南京侍讀學士。歷兩京祭酒，遷南京吏部右侍郎。召改禮部，進左侍郎。武宗始游宣府，珤上疏力諫，不報。改掌翰林院事。"

過庭訓《明分省人物考》卷七："正德丙寅，武宗初開經筵，充講官，賜宴及銀幣。因士風漸漓，多巧宦，作《媒説》以諷。尋遷南京翰林侍讀學士。己巳，擢南京國子監祭酒，教法嚴邃，濟之以恕。時閹瑾用事，士大夫多附會之，以苛刻博勵精名南京禮部，因監生查對軍册，有患病者不容給假。珤力主之。南京户科因曬晾黄册，有不至者，輒行典薄廳取供。珤以祖宗成憲不敢擅改答之，諸生感悦。庚午，改北監。"

黄佐《南雍志》卷四事紀四："七月丙午，以南京翰林院侍讀學士石珤爲祭酒。”

黄佐《南雍志》卷五職官年表上祭酒:“石珤,正德四年九月十六日到任。”卷二列傳二:“升南京翰林院侍讀學士。己巳,遂補南監祭酒,教法嚴邃,濟之以恕。”“明年,改北監祭酒,教法如在南時。後晋南京吏部右侍郎。尋調禮部右侍郎,又晋左侍郎,兼翰林院學士。”

焦竑《國朝獻徵録》卷十五内閣四《大學士石文隱公珤傳》:“會武宗初開經筵,充講官。尋遷南京國子祭酒。”

雷禮《國朝列卿紀》卷十二:“正德丙寅,武宗初開經筵,充講官,賜宴及銀幣。尋遷南京翰林侍讀學士。己巳,擢南京國子監祭酒。升南京吏部右侍郎。簡静持正。乙亥,改禮部。丙子,轉左。丁丑,命兼翰林學士,掌院事,授庶吉士業。”卷二十二“南京翰林院掌署院事年表”:“正德元年,升南院侍講學士。四年,升南京祭酒。”卷一百六十“南京國子監祭酒年表”:“正德四年任,五年改北。”卷一百五十九“國子監祭酒”:“正德五年任。八年,升南吏部右侍郎。”卷三十“南京吏部左右侍郎年表”:“正德八年,任右。”

正德九年(1514),升南京吏部右侍郎。十年,改禮部右侍郎。次年,轉左。十二年,兼翰林學士掌院事,教習庶吉士。十五年,主會試。次年,擢禮部尚書,仍兼學士,掌詹事府事。尋升吏部尚書。修《武宗實録》,爲副總裁官。

過庭訓《明分省人物考》卷七:“九年,升南京吏部右侍郎,簡静持正。乙亥,改禮部。丙子,轉左。丁丑,命兼翰林學士掌院事,教習庶吉士。庚辰,主考會試。辛巳,擢禮部尚書,仍兼學士,掌詹事府事。尋升吏部尚書。是時,輔臣有不悦者托辭,請命仍兼學士,在内閣專管誥敕,實奪之權也。修《武宗實録》,爲副總裁官。”

焦竑《國朝獻徵録》卷十五内閣四《大學士石文隱公珤傳》:“升

禮部侍郎，兼翰林學士，掌院事，授庶吉士。庚辰，主考會試。又主武舉事。未幾，擢禮部尚書，兼學士，掌詹事府事。皇上入嗣大統，會吏部缺尚書，廷議，首以珤名上報，可。時輔臣有不悦其介特者，請命兼學士，在内閣專管誥敕，實奪之權也。修《武宗實録》，爲副總裁。"

張廷玉等《明史》卷一百九十列傳第七十八："十六年拜禮部尚書，掌詹事府。世宗立，代王瓊爲吏部尚書。自群小竊柄，銓政混濁。珤剛方，謝請托，諸犯清議者多見黜，時望大孚，而内閣楊廷和有所不悦。甫二月，復改掌詹事府，典誥敕。"

黄光昇《昭代典則》卷二十五："辛巳十六年春正月，以石珤爲禮部尚書，兼翰林學士，掌詹事府事。"

雷禮《國朝列卿紀》卷十六："庚辰，主考會試。又主考武舉事。辛巳，擢禮部尚書兼學士，掌詹事府事。"卷三十"南京吏部左右侍郎行實"："九年，升南京吏部右侍郎，簡静持正。十年，改禮部。"卷四十四"禮部左右侍郎年表"："正德十年，右。十一年，左。十二年，掌翰林。"卷四十四"禮部左右侍郎行實"："乙亥，改禮部。丙子，轉左。丁丑，命兼翰林院學士，掌院事。十二年，改掌翰林院事。"卷二十"翰林院學士講讀學士年表"："正德十二年，以禮部左侍郎兼學士掌院事。"卷二十四"吏部尚書"："正德十六年任。本年，改掌詹事。"

嘉靖元年(1522)，改任吏部尚書，兼學士，掌詹事府。二年，復主會試。五月，升吏部尚書。三年，由禮部尚書兼學士掌詹事府兼文淵閣大學士，參預機務。四年，撰修《獻皇帝實録》。同年，《武宗實録》成，賜宴禮部，加太子太保，武英殿大學士。次年，進《獻皇帝實録》，加少保。因飛語構陷，上書乞歸，歸鄉閉門。

過庭訓《明分省人物考》卷七："壬午，遣祀闕里及東岳、少昊陵。既還,復主癸未會試事。甲申,奉手敕,兼文淵閣大學士,入典機務。乙酉,《武宗實録》成,賜宴禮部,加太子太保。賜白金、鞍馬,尋賜玉帶蟒衣。丙戌,上御平臺,召内閣四臣面諭,各賜詩一章。於珤稱許尤至。進《恭睿獻皇帝録》,加少保,宴賜如前。以災异自劾祈免,不允。丁亥,錦衣官有構飛語訐輔臣者,并中傷之,遂逮下廷鞫,臺諫皆白珤無他。大學士楊一清爲珤等力辯之,珤不自白,惟求去,疏再上,許之。既入,謝。僦民車歸私第,閉門不出。邑人罕識其面,人望益歸重之。"

張廷玉等《明史》卷一百九十列傳第七十八:"嘉靖元年,遣祀闕里及東岳。事竣還家,屢乞致仕。言官以珤望重,交章請留,乃起赴官。"

鄧元錫《皇明書》卷十:"嘉靖三年外六月,以吏尚書兼學士,掌詹事府,石珤爲文淵閣大學士,參預機務。"

黄佐《南雍志》卷二十列傳二"石珤":"癸未,復主會試,所作録文乃更醇雅,人固莫能測也。是年五月,升吏部尚書,每銓輒以職名書諸片楮爲丸,納袖中,探而出之,囑托不行。七月,仍兼翰林院學士,在内閣專管誥敕。甲申五月,兼文淵閣大學士。乙酉六月,加太子太保、武英殿大學士,尚書如故。"

焦竑《國朝獻徵録》卷十五内閣四《大學士石文隱公珤傳》:"及遣祀事竣,便道歸家,以疾請老,上優詔褒答,遣官促之,臺諫亦疏,論珤不宜許退。上命撫臣親詣其家,以禮敦勸。不得已,力疾至京。其在内閣,有所論列,多觸忌諱,上優容之,再求退,不允。"

雷禮《國朝列卿紀》卷八:"同直石珤,直隸藁城人,進士,以吏部尚書兼文淵閣大學士,於嘉靖三年六月入直。""嘉靖初,吏部缺尚書,廷議首以珤名上報,可。是時,輔臣有不悦之者,托辭以請命兼學士,在内閣專管誥敕。"

嘉靖六年(1527)二月,致仕。七年冬卒,謚文隱。隆慶初,改謚文介。

張廷玉等《明史》卷十七《本紀》第十七世宗一:"癸亥,費宏、石珤致仕。"

黄光昇《昭代典則》卷二十六乙亥六年春:"大學士石珤致仕。"

鮑應鰲《明臣謚考》卷上"文介":"石珤,大學士,贈少保。初謚'文隱',隆慶年改謚同(文介),北直藁城縣人。"

范守己《皇明肅皇外史》卷八:"閏十月,石珤卒。年六十有四,謚文隱,改謚文介。"

崔桐《雪夜聞石熊峰閣老訃》:"柱石悲遺老,俄成變古今。蓬瀛清望在,蒿里白雲深。海岳收英氣,冰霜感歲陰。九原那可作,翹首幾沾襟。"

珤性孝友沉静,德器剛毅。爲官清正廉潔,持論堅確,秉正嫉邪,同直多有贊揚。致仕還鄉,僅裝襆被車一輛,時人爲之贊嘆不已,稱"自來宰臣去國,無若珤者"。

楊一清《大學士石公神道碑銘》:"性孝友,東滹公没於家,疏請歸治喪葬,不得,比數年言及猶泣下,撫其子如子。姊氏適周姓者,既卒,子孤弱不能立,公撫之於成。待諸弟瓘、珮、瑱,友愛備至。"

范守己《皇明肅皇外史》卷八:"珤爲人沉默,不妄言笑。有不當意者,輒忿激見顔色。主教南雍,以師道自任,諸生不敢犯,屢典文衡,力去浮怪,文體爲之一變云。"

張廷玉等《明史》卷一百九十列傳第七十八:"珤爲人清介端亮,孜孜奉國。數以力行王道,清心省事,辨忠邪,敦寬大,毋急近效爲帝言。帝見爲迂闊,弗善也。……歸,裝襆被車一輛而已。都人嘆异,謂自來宰臣去國,無若珤者。"

過庭訓《明分省人物考》卷七:“珤在國子時,以身率人,教嚴而諸生莫敢犯。時武宗無嗣,上疏請於宗藩中擇其親且賢者,育於宫中,代行温清烝嘗之禮。其爲翰長,武宗狩宣、大,疏請回鑾,曰:‘六師不備,遠違法駕。内無近親之托,外有事變之虞,若鑾輿一日未返,則臣子之心一日不能安。’其後,百官相率諫南巡者,罪且不測。珤上疏救之,辭尤切直。其在吏部,承群小竊柄之餘,政以賄成,官以意授,士習靡然,日趨於壞。屬考察京官,諸凡清議有幹者,多見屏黜,登賢汰冗,不及究所施而遷去,前後所上封事,士林多傳録其要,語則勸上清心省事,法堯舜之恭己無爲,用漢文之與民休息。力行王道,辨别忠邪。賢才皆可用之人,不必備求,平易有近民之實,不必苛擾,治有端緒,不必責效於旦夕之間,事可包荒,不必刻意於淵魚之察,人謂其救時之藥石云。其在内閣,有所論列,多觸忌諱,上優容之,再求退,不允。有勛戚怙勢奪畿内民地萬餘頃,詭言國初所賜,歲久失之。既得旨矣,畿民大恐,珤言於上,曰:‘百姓爲業且久,一旦奪之,恐生變。’上爲停前命,仍給之民。性沉静寡,默居政府,不輕發言,遇事所難,徐出一二語,輒中窾節。”

何喬遠《名山藏》卷二十二:“爲人沉厚寡默,遇難事,徐出一二語,輒中窾會。有不當者,憤激見詞色,人或誚其過直少量,久乃服之。”

王兆雲《皇明詞林人物考》:“公靖方介恪,潔己好修,士類信向。”“公清修無玷,毁譽不撓,持論堅確,不避夷險,秉正嫉邪,進禮退義。”

馬叙倫《讀書續紀》:“公初居翰林,已勵志不殖貨利。及官家宰,黜陟公明,弗爲權勢所奪。然緣是見忌,改知制誥,蓋前無此故事也。作相後,門無私謁,其剛方正直,始終不變云。”

雷禮《國朝列卿紀》卷十二《國琛録》:"瑶澹約性成,匑匑自戢,位躋臺鼎,供具如寒素士。正德末造,侈局肇開,公不逐世好,亦不迥立异幟。嘉靖初,入閣,嚴誡閽從,不濫交,與謁者以帕爲儀,受則還贄。致政歸,行李奩配不滿一輿。"

羅欽順《整庵存稿》卷六《送南京少宰石公入爲少宗伯序》:"以嚴正簡重清士氣,以公平明恕得士心。"

陳子龍《明經世文編》卷一百六十七余珊《陳言時政十漸疏》:"臣請陛下亟去之,更求才兼文武,應變幾神,可與共濟時艱,如昔大學士楊一清;惇德夙成,木强重厚,可與共臨患難,如今大學士石瑶。若有其人,同置左右;如不兼得,寧虚位以俟,而不求備焉。斯弊政可除,人才可用。必有上帝者默賚良弼,起而協夢卜之求矣。"

范守己《皇明肅皇外史》卷三:"嘉(御史曹嘉)乃仿宋臣范仲淹獻百官圖之意,差别京官四品以上及春坊五品官,釐爲四等上之。其一,資望頗久,可備任用者。林俊、石瑶、孫交、汪俊、陶琰、劉玉、董玘、李時也。"

瑶出東陽之門,其詩文皆平正通達、冲淡醇雅、不趨時好。爲文主氣勢流貫,沛然吐辭,不發畏首畏尾、支離浮游之言。屢典文衡,皆力斥浮誇,以平正簡要取士,使粹然一出於正。具有茶陵之體,東陽每稱後進可托以柄斯文者,惟瑶一人。著有《熊峰集》。

石瑶《熊峰集》卷六《送劉進士奉使序》:"爲文章不拘拘剪剪,沛然吐其辭而放之,若漢廷諸臣議論,雖人盡其説,文采焕發,然誅則誅、貶則貶,自有擾而能毅,雜而棷亂者,亦可謂精矣。其論古今賢否得失及策當世之務,善操事柄,守之不移。某是某非,此可予、彼可奪,雖未必盡合於中,然麾之進退如臂使指,不爲畏首畏尾、支離浮游之言,蓋以具所精者而達之他文,故能如是。噫! 作文之法當如是矣。"

過庭訓《明分省人物考》卷七:"屢典文衡,以平正簡要取士,力去浮誇險怪之説,文體爲之一變。""少師李文正每曰:'諸後進可托以柄斯文者,其石氏季方乎。'""詩文冲澹沉著,自成一家言。博極群書,根於理要,世有非考亭之學者,珤曰:'彼何所見,第好名耳。'力詆之。"

黄佐《南雍志》卷二十列傳二"石珤":"初,珤法古,爲文頗喜莊列。在南監時,取名士梅鶚爲季試首,文體奇崛,爲之一變。癸未,復主會試,所作録文乃更醇雅,人固莫能測也。"

王兆雲《皇明詞林人物考》卷三:"所著有《熊峰先生文集》,雖簡帙寥寥,風調爾自足名世。"

雷禮《國朝列卿紀》:"文隱詩歌成一家言,少師李文正曰:'邦彦詩詞皆中矩度,而七言古詩尤超脱,凡近衆所不及。'"

王世貞《藝苑卮言》:"石少保詩如披沙揀金,時時見寶。"

陳田《明詩紀事》丙籤卷九:"少保立朝,岳岳懷方,不肯隨人作計,詩亦清音亮節,不愧詞人。"

朱彝尊《明詩綜》卷二十九:"有《恒陽集》。李賓之云:'邦彦詩詞皆中矩度,而七言古詩尤超脱,凡近衆所不及。'王元美云:'石少保如披沙揀金,時時見寶。'《詩話》:'少保爰立在永陵初年,是時,諸臣以議禮忤旨,帝初欲援以自助,而鯁直自守,至三封内批,帝心弗善也。故雖位列中臺,其詩多蹇産而不釋。如云:"黽勉二十年,十事九失意。"又云:"人生值命薄,所遇多不平。"又云:"誰云日偃仰,亦復成局促。"又云:"趾發物已迕,意行悔相連。"又云:"軒冕豈不華,一喜生衆惕。"又云:"皤皤行春鳥,解使朝變昏。"又云:"古來忠與邪,往往激褊淺。"又云:"苟移造化柄,糞土亦易崇。"又云:"寧爲白璧碎,不作脂與韋。寧爲鈍劍折,不作鈎與錐。"又云:"事去朝露空,安辨窮與達?"又云:"牋誥日紛綸,君臣互相諛。但聞都俞聲，無復咈與吁。”又云：“終然千古下，忽有知己嘆。”蓋當日綸扉之間，未盡和衷之雅。’‘一傳衆咻，誰與爲善？’乃知人生不得行胸懷，雖作相與不遇等也。近見東南文士有推少保詩爲北方之冠者，又或謂得長沙之指授，俱未盡然，然其詩頗類明初西江一派。”

朱睦㮮《萬卷堂書目》卷四：“《熊峰小集》二册石珤。”“《熊峰集》四卷石珤。”

張廷玉等《明史》卷九十九志第七十五藝文四：“石珤《熊峰集》四卷。”

陳田《明詩紀事》丙籤卷九：“有《熊峰集》十卷。”

史夢蘭《史夢蘭集·畿輔藝文考》：“石文介珤《熊峰集》四卷……皇甫汸嘗删定其集爲四卷，歲久版佚。”

王圻《續文獻通考》卷一百九十二經籍考：“石珤《熊峰集》十卷……臣等謹案：朱彝尊《明詩綜》稱珤所著名《恒陽集》，皇甫汸删定爲四卷。今本《熊峰集》乃餘姚孫光煬爲藁城知縣，得别集遺稿於其家。又聞梁清標家有全稿，乃購得，續刊共爲十卷。校舊本，頗爲賅備，又别本四卷題作《熊峰先生集》，其名又不同，亦非汸所選也。”

嵇璜等撰《續通志》卷一百六十二《藝文略》：“《熊峰集》十卷，明石珤。”“别本《熊峰集》四卷，明石珤撰。”

永瑢等《四庫全書總目》卷一百七十一集部二十四：“《熊峰集》十卷，直隸總督采進本。明石珤撰。珤，字邦彦，藁城人。成化丁未進士，官至文淵閣大學士，謚文隱，改謚文介。事迹具《明史·本傳》。珤出李東陽之門，東陽每稱後進可托以柄斯文者，惟珤一人。皇甫汸嘗删定其集爲四卷。歲久，板佚。國朝康熙丁未，餘姚孫光煬爲藁城知縣，得别集遺稿於其家，爲合而重刊之。嗣聞真定梁清標家有其全集，乃購得，續刊共爲十卷，即此本也。自一卷至四卷爲詩,五卷、六卷爲文,七卷至九卷又爲詩,十卷又爲文。蓋刊板已定,不能依類續入,故其體例叢脞如是也。珤詩文皆平正通達,具有茶陵之體,故東陽特許之。當北地信陽駸駸代興之日,而珤獨堅守師説。屢典文衡,皆力斥浮誇,使粹然一出於正。雖才學皆遜東陽,而湜湜持正,不趨時好,亦可謂堅立之士矣。"

黄虞稷《千頃堂書目》卷四:"《明武宗毅皇帝實録》一百九十七卷。正德十六年六月敕修,先命楊廷和、蔣冕、毛紀、費宏爲總裁,其後廷和、冕、紀三人去位,申命宏與楊一清、石珤、賈咏、毛澄、羅欽順爲正、副總裁,復增以侍郎吴一鵬,至嘉靖四年六月成。""《明獻皇帝實録》五十卷。嘉靖四年三月甲戌敕修獻皇實録,命藩府内外臣僚將當日嘉言善行輯送翰林院編纂,於是以定國公徐光祚、尚書廖紀、席書爲監修官。大學士費宏、石珤、賈咏爲總裁。侍郎温仁和、李時副之。侍講學士董玘等七人纂修,明年六月,書成。"

與李東陽、儲巏、羅玘、邵寶、郝立夫、楊一清、陳宗之、王守仁、吴寬、王鏊、羅欽順等相友善。

石珤《熊峰集》集中多有贈友詩歌,如《送楊提學應寧》《同陳宗之諸同年飲鷄鳴山憑虚閣,時羅太常景鳴作倡二首》《同年曾分得是字》《送陳宗之采録江西因得過省》《送儲静夫》《燕歌行次静夫都憲韻》《游南溪記》《聞羅景鳴入京》《寄羅汝實》《送儲静夫》《次韻静夫神樂觀祈雨》《游西湖同李廷評喬考部王祠部諸友》《芹香别思代郝立夫作》《送邵國賢分韻得引字》等。

李東陽《懷麓堂集》卷二十八《送石邦彦檢討序》:"及受秩爲檢討,朝夕相與,處義加密。而邦彦視予,若弟子之於師,坐立稱謂,匪惟不爲抗,又若有過焉者。"此外李東陽集中有《石學士珤之任南京》《石邦彦少宰告别,席間用所賦壽詩韻以贈》《邦彦將宿乃兄邦秀少司馬,留之不得,再贈一首》等。

王守仁《王陽明全集》卷四外集《六月五章》序:“六月乙亥,南都熊峰少宰石公以少宗伯召。……陽明子素知於公……乃叙其事,爲賦《六月》,庸以贈公之行。”

羅欽順《整庵存稿》卷六《送南京少宰石公入爲少宗伯序》:“公行有期,公卿大夫皆相與賦詩以贈,既成卷,太宰孫公以授欽順俾序之。”

黄佐《翰林記》卷二十:“瀛洲雅會:弘治中,南京吏部尚書倪岳、吏部侍郎楊守址、户部侍郎鄭紀、禮部侍郎董越、祭酒劉震、學士馬廷用,皆發身翰林者,相與醵飲,倡爲‘瀛洲雅會’,會必序齒。正德二年七月,吏部尚書王華、侍郎黄珣,禮部尚書劉忠、侍郎馬廷用,户部尚書楊廷和、祭酒王敕、司業羅欽順,學士石珤,太常少卿羅玘,復繼之,皆倡和成卷,以梓行於時。”

珤家爲河北藁城世家,其先有長卿、漢卿、才卿者,以直義聞於鄉。高祖石永,曾祖石麟,爲山西臨晋教諭。珤父名玉,天順八年(1464)進士,累官山西按察使。

李東陽《懷麓堂集》卷七十七《明故贈文林郎廣東道監察御史石公墓表》:“石氏爲真定藁城世族,其先有長卿、漢卿、才卿者,并以直義聞於鄉里人,至今稱爲‘三石家’。”“公生而爽郎曠達,不事容飾,學《春秋》。永樂癸卯,舉順天鄉貢。甲辰中禮部,乙科授山西臨晋縣學教諭。時年甫弱冠,抗顔立教,寬而有則,人不敢易視,當道亦器重之。使攝縣事,坐逸死罪囚,就逮,罪且不測,按察廉其無他,以常律論。左遷廣東河泊所大使,人以風土弗習,諷令勿赴。公曰:‘事君者,罪不逃刑。’亟上道。數年,以疾卒於官。年三十有二而已,識者惜之。配時氏,早卒。繼孺人徐氏,廣信上饒人,宋國子祭酒元杰之後。”

過庭訓《明分省人物考》卷七:“父玉,由進士歷官山西按察使。”

楊一清《大學士石公神道碑》:“石氏之先,有長卿、漢卿、才卿者,稱長者,號‘三石’。君高祖永,曾祖友智,曾祖妣鄭氏,繼邢氏。祖麟,中癸卯舉人,爲山西臨晋縣教諭。祖妣時氏,繼徐氏,被旌爲節婦。考諱玉,天順甲申進士,累官山西按察使,妣趙氏。考以上俱以公貴,累贈光禄大夫、柱國少保,兼太子太保、吏部尚書、武英殿大學士。妣俱累贈一品夫人。配王氏,先卒,贈一品夫人。繼翟氏,封一品夫人。”

石珤《熊峰集》卷三《恭承誥封母趙爲恭人進四品秩從家君貴而有作二首》(其一):“乳烏思反哺,荏苒一春無。聖主推人子,重封視大夫。黄金新束帶,翠羽舊明珠。未得承顔色,徘徊立送途。”

參考文獻:

1. 黄佐《南雍志》,蘇州大學圖書館藏 1931 年版。

2. 石珤《熊峰集》,《景印文淵閣四庫全書》第 1259 册,臺灣商務印書館 1986 年版。

3. 楊一清《大學士石公神道碑》,李衛《(雍正)畿輔通志》,《景印文淵閣四庫全書》第 506 册,臺灣商務印書館 1986 年版。

4. 羅欽順《整庵存稿》,《景印文淵閣四庫全書》第 1261 册,臺灣商務印書館 1986 年版。

5. 過庭訓《明分省人物考》,周駿富編《明代傳記叢刊》第 129 册,臺灣明文書局 1991 年版。

6. 焦竑《國朝獻徵録》,周駿富編《明代傳記叢刊》第 109 册,臺灣明文書局 1991 年版。

7. 雷禮《國朝列卿紀》,周駿富編《明代傳記叢刊》第 32—

38 册,臺灣明文書局 1991 年版。

8. 崔桐《崔東洲集》,《四庫全書存目叢書》集部 72 册,齊魯書社 1997 年版。

9. 范守己《皇明肅皇外史》,《四庫全書存目叢書》史部 52 册,齊魯書社 1996 年版。

10. 李東陽撰,周寅賓校點《李東陽集》,岳麓書社 2008 年版。

11. 黄光昇著,顔章炮點校《昭代典則》,商務印書館 2017 年版。

（閆麗）

夏尚朴傳

夏尚朴，字敦夫，一作惇夫，號東岩、東岩主人。江西廣信府永豐縣（今江西省吉安市永豐縣）人，生於成化二年十二月初三（1467年1月8日）。

費寀、周宗正《理學東岩夏先生行實》（簡稱《夏先生行實》，《理學夏東岩集》卷前附）："先生姓夏，諱尚朴，字敦夫，别號東岩主人。……蓋世籍於廣永豐縣二十三都之育英坊。……先生生於成化丙戌十二月初三。"

管景等纂修《（嘉靖）永豐縣志》（明嘉靖二十三年刻本）卷四"學行"："夏尚朴，字敦夫，號東岩。"

《正德六年進士登科録》："夏尚朴。貫江西廣信府永豐縣，民籍。國子生，治《書經》，字敦夫，行三十六，年四十六，十二月初三日生。祖原貴，父廣洪，母葉氏，兄尚安（省祭官）、弟尚志，娶劉氏。"

魏校《莊渠遺書》中有《與夏惇夫》《答夏惇夫》等書。顧璘《顧璘詩文全集・息園存稿》文卷二有《送夏惇夫守惠序》。

按，或謂字敬夫。似無據。黄虞稷《千頃堂書目》卷二十二、萬斯同《明史》卷一百三十均著録夏尚朴《語録》《文集》，皆注："字敬夫，永豐人。"

幼穎异，動静知禮。弱冠，與侄一之從婁忱受舉子業，求聖賢學於婁諒。諒命以詩觀志，大奇之。

費寀、周宗正《夏先生行實》:“先生兄弟三人,先生居次。生有殊質,穎异絶人。自幼不與群兒嬉戲。言動知避非禮。九歲始就外傅,嶷然有大人之志。習句讀輒成誦不忘。弱冠與從侄一之,從冰溪婁公受舉子業。時冰溪父一齋公得聘君吴康齋的傳,遂欲爲聖賢之學,一齋以師道自尊極慎許可。一日,命詩觀志,獨大奇之。先生篤信好學,一齋日見器重。”

《夏東岩先生詩集》卷五《婁一齋先生命以詩觀志三首》,其一:“東風鼓篋孔門前,心事都將付簡編。慨想紫陽風韻遠,不知衣鉢許誰傳?”其二:“燈下題詩笑目前,盡將心事付青編。夜來始解輪人意,斯道難將靠紙傳。”其三:“聖賢相繼作于前,賴有心期在簡編。會意即超行墨外,工夫到此可言傳。”

過庭訓《本朝分省人物考》(明天啓刻本)卷六十《夏尚朴》:“夏尚朴,永豐人,初就試,鄉先生以詩戲之,輒應聲曰:‘青雲萬里知非遠,更有人間第一層。’時聞胡居仁講學余干,往從之。篤慎躬行,毅然以性學爲己任。”

按,吴與弼,字子傅,號康齋,撫州崇仁人。婁諒,字克貞,别號一齋,廣信上饒人。婁忱,字誠善,號冰溪,諒之子。詳參黄宗羲《明儒學案》卷四、卷五。

受丁璣啓發,後悟明德之旨。晚構明德堂,以識不忘。

費寀、周宗正《夏先生行實》:“丹徒丁補齋(按,丁璣,號補齋)來卒郡,邃於理學。一日,行部宿普照寺。先生往謁請益。丁舉《大學》問曰:‘明德是何物?’先生以‘心、性’對。丁詰之曰:‘若是心,何不曰明心?若是性,何不曰明性?必有説也。可自思而得之,不可放過。’後閲《程氏遺書》,始悟‘心、性合爲明德’之旨。由是讀書不敢草草。每于經傳,必反覆潛玩,以求深造。嘗曰:‘平生知幾分義理,賴丁公啓發良多。’晚構一室於寺旁,榜曰明德堂,識不忘也。"

《夏東岩先生文集》卷一《語録》:"京口丁補齋先生卒吾郡時,常行部到山中,憩里之普照寺。余嘗侍教。先生問予'何如謂之明德?'予以'心'對。先生云:'既曰心,何不曰明心?說是性,何不曰明性?'予思無以對,而請教焉。先生誦管子語云:'思之思之,又重思之,思之不通,鬼神將通之。汝且去思。'予退以朱子所釋明德之義反覆思之,或問'明德是心,是性?'朱子答云:'心與性自有分別。靈的是心,實的是性。性是理,心是盛貯該載敷施發用的。'由是恍然有悟。自此看書不敢草草。于後少有所得,皆公一問之力也。終身不敢忘德。近年寺廢僧徙,從有司購得遺址,結屋數楹,扁爲'明德堂'。因書此以示子侄,使知所用心云。"

《夏東岩先生詩集》卷三《題明德堂》:"結屋深村裏,悠然謝俗情。閑居遵孔教,巨榜仰湯銘。學向三關透,功歸一敬成。不知塵世上,能有幾人醒。"卷五《京口丁補齋先生卒吾郡時常留題于開光院,暇日與諸生同游因次韻》:"話欲尋僧意即閑,坐忘深入白雲關。起來欲去還登閣,詩在千峰落照間。"

屢舉鄉試不第,用力益勤。弘治十七年始領鄉薦。正德戊辰會試,見劉瑾亂政,不試而歸。

費寀、周宗正《夏先生行實》:"屢舉鄉試不第。益加進修,以俟天之定。弘治甲子始領鄉薦。……戊辰,逆瑾虐焰方熾,欲加解額。先生遂不入試,曰:'時事如此,尚可干禄乎哉?'先達婁野亭有詩美之曰'遠赴春闈獨感時,姓名不使主司知'。"

張廷玉等《明史》卷二百八十三《夏尚朴傳》:"正德初,會試赴京。見劉瑾亂政,慨然嘆曰:'時事如此,尚可干進乎?'不試而歸。"

《夏東岩先生詩集》卷五《乙丑會試京師,逆瑾欲加解額。因不入場。比回,婁野亭作詩過獎,次韻復之》:"白髮高堂待養時,毛生心事有誰知。緘詩過奬非吾意,敢向人前負出奇。”按,各本均作“乙丑”,當誤。清康熙間傳而保重刻本,除收此詩外,另補收同韻詩,惟將詩題“乙丑”改作“戊辰”,兩存之。《理學夏東岩集》卷十一《戊辰試京師,逆瑾欲加解額。因不入場。比回,婁野亭作詩過奬,次韻復之》:“荆公新法盛行時,道在堯夫豈不知。却對門人曾有語,紛紛投檄未爲奇。”此二詩當同爲戊辰會試歸家後和婁性(號野亭,婁忱弟)作。

《夏東岩先生詩集》卷六《下第歸興》:“歲暮驅車萬里餘,行囊添得幾編書。御溝流水隨人遠,驛路閑花笑客愚。抱璞不須悲楚卞,囊沙終可破龍沮。丈夫得志寧論晚,好步從來戒疾趨。”

《夏東岩先生詩集》卷六《寓蓮塘自勉》:“蟄處寒窗幾載餘,埋頭空自讀儒書。光陰轉轂時將邁,身世浮萍業浸疏。静裏操存功欠密,動中酬應事多拘。從今緊着加鞭力,敬義須當兩勖諸。”

正德六年(1511)登進士第,時年四十三。聞捷酣睡自若。授南京主客司主事,尋轉駕部員外郎。剛正不徇私,講學論文,爲人所重。

費寀、周宗正《夏先生行實》:“(正德)辛未,登楊慎榜進士。初第時方熟卧邸中,家人趨告,應之。復鼾睡如故。時有同捷者喜極而缺其爪,聞先生如此,不覺汗顔。授南京主客司主事。……既而轉駕部員外郎,職司江淮馬船。先此,士夫假以私載,先生以爲不可,一相知郎署亦拒不與。借者雖慚而心服其守。後其人入掌銓曹,又拔薦之。一時南都名士,如魏莊渠、邵鶴峰、王順渠、周克之、姜元甫、顧華玉等相與講學論文,名重中外。廣東湛甘泉公與魏莊渠書云:‘東岩夏子,匡辯儒釋,匪好名之人;明闡宗傳,實理學之士。’”

《夏東岩先生詩集》卷六《登第後冰溪婁先生以詩來賀,用韻奉復》:"五十侵尋何所聞,偶將狂瞽訴明君。時來也際風雲會,老去慚追鵷鷺群。和靖肯忘程子教,侯巴終守太玄文。却憐斗粟淹吾駕,羞向紅塵問白雲。"

張廷玉等《明史》卷二百八十三《夏尚朴傳》:"(正德)六年成進士,授南京禮部主事。"《正德六年進士登科録》載:夏尚朴,江西鄉試第二十五名,會試第三百二十六名。進士二甲第七十六名。

崔銑《洹詞》卷四《贈夏子敦夫序》:"客曰:'今之君子有夏子者,先生亟聞之乎?'後渠子曰:'知之。'客曰:'何由習而信之歟?'後渠子曰:'信友。魏子子才嘗告予曰:"敦夫,篤論君子也,可與締交。夫子才敬以確,故予於是乎取鑒。"'"

拒議大禮,告養以歸。尋母卒,哀毀逾禮。服闋,升武庫郎中。值南京大饑,條陳救荒數事,并捐俸作粥,所活者數百人。

費寀、周宗正《夏先生行實》:"尋因同署欲强先生比議大禮,先生堅執不從。偶以母氏、瞽姊并懷鄉土,遂告養以歸。逾年,太恭人果捐養。哀毀逾禮,家貧不克喪事。生員俞謨等具呈代巡唐公漁石,批助長夫四名。移文稱贊有'古貌古心古學,真爲吾師'等語。服闋,升武庫郎中。值京師大饑,死者枕藉於道。先生亟條救荒數事,當道悉見施行。又自捐俸作粥,以活耳目所及者數百人。死爲掩之。"

張廷玉等《明史》卷二百八十三《夏尚朴傳》:"歲饑,條上救荒數事。"

《夏東岩先生文集》卷四《上南都李巡撫書》:"今歲灾傷甚廣,而江北尤甚,死者相枕藉。挈家南歸者已不計其數。阻之使不得渡江,則非仁。聽其渡江散之四方而不知所以處之,非惟展轉死於溝壑,抑恐群聚爲寇,不能不近爲畿輔之憂也。……爲今權宜之計,望與諸公亟命五城兵馬及上元江寧知縣,盡籍内外城中,龍江、上新等處軍民殷實人户及開鋪面得利之家，分爲三等。令每家安插飢民一人，俱不分軍民。先上等户，次中、下等户。如飢民衆多不足安插，上等户量添一二人，每人日與粥三餐二三碗，共計米六七合，似亦易給耳。限之使不得他往。……十家内趲空屋一二間，計可容十數人。如本巷無空屋，可容量給官錢，令買竹木蘆席，傍冷，更鋪邊搭蓋，二人共與草薦一，二鋪用木板閣之，免令受濕生病。飢民死者，或官錢不足以給葬，不得已用蘆席裹之，責令地方火夫抬出城外深埋，勿令暴露爲犬豕所傷。并行直隸府縣，凡在城在鄉，悉依此法處之。"

尋遷惠州守，道中聞上司倨甚，遂投劾歸。與舊徒講學，譽望日隆。數拒白鹿洞教事。

費寀、周宗正《夏先生行實》："尋遷廣東惠州守，行至蒙里驛，遇同年少參徐可大謂之曰：'此中上司倨甚，非公所宜居。'先生嘆曰：'爲數斗折腰，誠不能也。'即日以文憑托韶守繳之。……歸即杜門，日與舊徒講習舊學，臨流陟岡，傲睨游咏，若將終身，譽望日隆。兩臺洎二司遣南昌師生莫容、熊梅等賫禮幣到家，敦請主白鹿洞教事，不赴。僉憲高公汝白，與先生有道義之契，親至山中申致諸公惓惓，亦固辭。高不能强，乃止。"

《夏東岩先生文集》卷四《再復高憲臺書》："近承專使，惠書遥致撫按、藩臬諸公之命，使主白鹿洞教事。生以薄劣不足以當此責任之重，已作一書奉復。冀平昔知己必能懇懇諸公之側，使得遂所辭矣。不意復蒙敦遣教官莫華，同生員熊梅等四人，遠奉書幣到山中。禮意誠懇，若終不予釋者。豈不肖平昔深情厚貌，欺執事致執事誤諸公耶？三復來教慚悚不已。……生舊有瘋疾，去歲承乏惠州，度嶺疾作，遂將文憑托韶守轉繳。今退未幾，舊疾未瘳，遽勉强承命數百里之外，徜徉容與於弦誦山水之間，此於事體猶有未安。

執事知我愛我之深,能不慮及此乎?……謹將禮幣奉復,并遣小兒貢,賫此以布下懷。無任悚息待罪之至,尚朴再拜。"

同卷《復陳都憲書》:"伏蒙命有司、具禮幣,敦遣教官莫華、生員熊梅等,遠降敝廬,令主白鹿洞教事。奉命無任慚悚,此洞乃昔賢講道之所,當此廢墜之餘,欲聚江右英材而教育之,此爲政第一義也。必得天下第一流人物,乃足以當之。顧生何人,可以承命?且生舊有瘋疾不時舉發,雖欲趨命有所不能。謹將禮幣托原教官上納。霜威之下,不敢盡言,恐重取方命之罪。謹具疏托高僉憲與達下懷。伏乞俯賜矜宥萬萬。"

寧王之亂,因婁妃逮及其族,婁忱下獄。尚朴不避艱險,藏匿婁氏二幼子。作詩獻於王陽明,力爲之辨。

費寀、周宗正《夏先生行實》:"逆濠爲亂,以婁妃逮及其族。冰溪坐是下獄。先生不避艱險,以興藏匿二豎。作詩獻於陽明,力爲辨其非辜。陽明轉奏朝廷。冰谿雖死獄中,而一齋如綫之緒得存者,先生之力也。"

夏尚朴《夏東岩先生詩集》卷六《冰谿逮繫》:"十年堅不下樓居,禍到家門豈自虞。慷慨莫逃張儉命,愴惶誰受夏侯書。蓋棺難定今朝事,闔户空存舊日閭。偉矣一齋天下士,百年宗祀竟何如。"

《夏東岩先生文集》卷五《冰溪婁先生墓誌銘》:"宸濠叛逆,冰溪以妃族被逮,死獄中。聖天子御極,詔議獄開釋無辜,婁氏皆得原宥。有大臣閱奏牘見冰溪姓名,顧謂同列曰:'是即所謂樓上先生。昔嘗不受宸濠衰服之命,豈有從逆之意,不死當見原。'士論惜之。……宸濠逆節將崩,婁妃泣諫,不從。事敗,妃死,檻送京師。每食必取飯呼婁妃食。嘆曰:'恨不用爾之言,至此!'湖廣參政同邑鄭毅立之,以詩哭之曰:'道義傳心有定論,賢妃原是一齋孫。'"

嘉靖初年，特起爲山東提學副使。到任後，建言良多，親督講習，振厲士風，作養人材尤盛。

管景等纂修《（嘉靖）永豐縣志》卷四“學行”：“嘗柄文山東，道範偉然，士風振舉。”

費寀、周宗正《夏先生行實》：“世宗皇帝急於求賢起廢。先生以兩臺薦，特起爲山東督學副使。莅任後，擇諸生行誼宿著者爲之長，朝夕至貢院親督講習。一日登堂講孟子《義利章》，深切痛快，竦動人心。一府官叩前稱謝曰：‘老先生發揮義利，痛快明切，前此未聞，令人毛髮森竦。’”按，講《孟子》首章，見《夏東岩先生文集》卷一《語録》。

《夏先生行實》又記：“時王巡按以觀城諸邑乏才，欲移他處優等秀才補其廪增之缺。請先生與三司會議。先生以爲，‘祖宗立法，經、權并用。雖進士亦分南北。至良法也。今以某縣員缺，移某縣挨補，則鑽刺紛起。致使海濱之人目不知丁而後已。朝廷良法不可輕動，以取變亂之罪。’事遂寢。凡考校各府之才處，不拘以文，略知書義者即優取之。後人争嗜學，皆先生作養之功所致也。”

《夏東岩先生文集》卷一《語録》：“予在山東提學時，都憲王公據東昌府知府申説觀城縣廪增缺多，欲將某縣學某某挨補。都憲行二司令與某議。予復狀云：‘祖宗立法，經、權并用，至精至備，未可輕改。……今以某縣員缺，欲移某縣挨補，則鑽刺之徒紛然競起，致使海濱之人目不知丁而後已。此非祖宗之法，本職不敢輕動，自取變亂之罪。’事遂寢。近時建議不問食糧、年月深淺，止將文義考在前列者充貢，有考不中等者罷歸，而罪提學將使偏方下邑無人才去處，十數年不得一貢，如何作興士子讀書？殊失祖宗法意。因記於此。”

嘉靖八年(1529),升南京太僕寺少卿。與魏校、湛若水輩日相講習。言官劾桂萼,語連尚朴,旋得白,尋引疾歸。

《明世宗實録》卷九十九:“(嘉靖八年三月甲子)升山東副使夏尚朴爲南京太僕寺少卿。”卷一百零四:“(八年八月)丙子,工科給事中陸粲言:‘……南京太僕寺少卿夏尚朴由知府期月而遂亞卿寺。……此皆萼之親黨,相與比周爲奸者也。……’”卷一百零五:“(八年九月)吏部尚書方獻夫等奉旨詳核科道官所論劾黨附張璁桂萼諸臣。……(夏尚朴等)俱素行無玷。……有旨:(尚朴)供職如故。”

費寀、周宗正《夏先生行實》:“既而有南太僕之命。……聲聞日起,人皆期以公輔。先生自以與時宰不甚諧協,遂力求去。疏數入,得遂其請。”

夏尚朴《東岩集》詩集卷三《有感示貢子》:“世途真可畏,十步九思回。絶學方無累,虚名宜作灾。偶逢陶令菊,懶問醉翁杯。老我成何事,東岩歸去來。”詩集卷六《婁容善以詩見寄次韻答之二首》其二亦有“迂疏也忝兩朝臣,歸卧雲山隔市塵”之句,頗可見其歸思。

張廷玉等《明史》卷二百八十三:“擢南京太僕少卿,與魏校、湛若水輩日相講習。言官劾大學士桂萼,語連尚朴。吏部尚書方獻夫白其無私,尋引疾歸。”

東岩從學婁一齋,傳主敬之學。爲崇仁學派後進,翼衛程朱,講學不倦。痛矯簡易超悟之弊,頗病陳白沙、王陽明之偏。數與陽明詩文往還,研極義理。

吕懷《東岩先生文集序》(《夏東岩先生文集》卷前):“東岩先生則性度春和,涵養純粹,人以明道方焉。懷蓋嘗謁先生於家。先生飲之，燕坐既久，其侄貞獻新釀秫酒，請爲酒令。先生時方督學山東，笑語懷曰：‘某此去不能爲新奇酒令，但循古套行酒，期於浹洽，不亦可乎？’尋出，侍先生於堂間問學，先生書兩楹對語，有‘天人一處須由敬，内外忘時始是仁’之句。先生指謂懷曰：‘某平生問學，只此二語是用功最得力處。’”

《夏東岩先生文集》卷一《語録》：“人不知而有一毫不平之意，即是渣滓未渾化，如何爲成德？一齋嘗有詩云：‘爲學要人知做甚，養之須厚積須多。君子一心如止水，不教些子動微波。’”《夏先生行實》：“日與有志來學者講學不倦。蓋痛矯簡易超悟之弊，頗以白沙、陽明諸公爲偏。雖犯衆議，不恤也。時陽明著有《破朱心解》，將欲付之剞劂。先生聞之，亟寄詩三首，有‘六籍精微豈易窺，發明親切賴程朱’云云。陽明得詩省悟，即火其書。”又，《夏先生行實》：“及致仕後，世宗皇帝幸内翰，見所寄陽明三詩，詢曰：‘誰氏之作？’諸公以先生對。玉音輒重曰：‘真爲當代翼朱者！’遣中使力起，先生以疾辭，終弗就。”

《夏東岩先生詩集》卷五有《寄王陽明三首》，其一：“同甫有才疑雜伯，象山論學近於禪。平生景仰朱夫子，心事真如白日懸。”其二：“陸學也能分義利，一言深契晦翁心。紛紛同异今休問，請向源頭着意尋。”其三：“六籍精微豈易窺，發明親切賴程朱。兵知險阻由鄉導，後學如何可廢兹。”《理學夏東岩集》卷十輯補二首云：“利欲真如膏火煎熬，直教掃盡見真源。不須更論朱夫子，同甫還能入聖賢。”“其説荆公利欲輕，却於理學欠分明。紛紛吕蔡空推尚，字説安能比六經。”

《夏東岩先生文集》卷一《語録》：“朱陸同异之辯，前輩已有定論。細觀其書當自見之。今就其中摘其一二梢梢同處，遂欲會而爲一，非所謂‘不揣其本而齊其末，方寸之木可使高於岑樓’者耶？

近時諸公力扶象山之學,極詆朱子之學支離。蓋亦未能平心易氣,細觀其書以致然耳。王欽佩嘗謂予云:‘朱子所著諸書,或有初言未定之論,兼門人記録未能盡得其意者亦或有之。吾輩觀之,但擇其好處。’今王陽明專擇其不好處來説,豈不是偏耶?”

黄宗羲《明儒學案》卷四《崇仁學案四》:“王文成贈詩有‘舍瑟春風’之句。先生答曰:‘孔門沂水春風景,不出虞廷敬畏情。’先生傳主敬之學,謂:‘才提起,便是天理;才放下,便是人欲。’魏莊渠嘆爲至言。然而訾象山之學以收斂精神爲主。……蓋先生認心與理爲二,謂心所以窮理,不足以盡理。陽明點出‘心即理也’一言,何怪不視爲河漢乎!”

按,朱陸之辯是發生於明正德九年至十一年的一場學術争論,這場争論發生於崇陸的陽明一派與尊朱的魏校一派之間,是明代中後期朱陸之争兩種不同形式的表現。正德十年七月,魏校與夏尚朴的共同友人李滄(字一清)去世。夏尚朴銘其墓,將其所作墓誌銘寄送魏校修改,魏校即撰《損益夏敦夫撰李一清墓誌銘》復之。在這些修改當中,正體現了魏校對這場辯論謹慎克制的態度。(參張倩茹《正德九年朱陸之辯與王陽明〈朱子晚年定論〉關係新探》,《孔子研究》2020 年第 1 期)

東岩與陽明同屬婁一齋之門,一齋爲康齋(吴與弼)最器重的入室弟子。一齋的“持敬”有心學傾向,其“收放心”“勿助勿忘”於陽明學有啓沃之功。同爲一齋後學的夏東岩,則固守“持敬”。東岩試圖翻轉一齋及陽明的“樂”,回歸康齋的“持敬”。(參張昭煒《崇仁之學的主静與持敬回轉》,《江西社會科學》2021 年第 5 期)

爲人孝友忠厚,不道人惡,扶危濟困,務因人成就。好學不倦,持身謹嚴,布衣蔬食,初終如一。愛君憂國,清廉自守,當其致仕歸,時人有《五無歌》頌之。

費寀、周宗正《夏先生行實》:"事親至孝,事長極悌。和以睦族,慈以逮下。每周恤宗族之貧者,雖俸入儉而力嘗强爲之副也。兄樂夫早卒,撫其諸孤如己子,養且教以俾成立。合族之資禀可教者,皆曲成之。女兄雙瞽,竟不適人。先生尤深憐之。奉養如母,且聚俸買田以爲之祀,使其百世無替。……與從侄一之自幼同志,相麗澤以聖賢爲準。歸來時,一之以盲廢,朝夕必與之俱,談論不輟。……布衣蔬食,初終如一。雖既貴且顯,不异韋素。有事至親友家,單身徒步,止命一僕持一小傘。若路出遥險,則角巾小輿。自宦迄歸,無半紙公門。没身所遺,不及中人之産。"

夏尚朴《理學夏東岩集》卷十四《雪夜偶成録寄諸侄》:"禁城風雪麗殘年,游子思家夜不眠。慈母八旬應待養,女兄雙瞽更誰憐。毛生捧檄情偏切,李勣燃鬚事可傳。喜得一官迎侍便,春風穩送上江船。"卷十二《偶得思親一詩録寄三六妻及十六侄輩,情見乎詞》:"慈親兼瞽姊,與蝦俱斗室。……賴有妻和侄,尋常孝敬無。"

《夏先生行實》:"閨門内外肅然,無嘻嘻聲,家法甚嚴。喪祭一遵家禮。浮屠非禮之事,一切屏去。賓友往來無虚日,以詩侑酒,并無博弈謔浪之聲。入其門者,如坐春風,流連移日不忍去。新舊門人,考德問業者,莫不因人成就,務使賢愚各得其益,然後已。"又謂:"凡得邸報,如事關國是,進賢遠奸則喜而不寐。或有缺失之大者,則寢處不寧。……至老好學不倦,書册未嘗去手。倦則瞑目端坐,默悟玄聽。嘗謂:'衛武公九十不忘箴儆,諸生毋以我爲老也。'"

《夏先生行實》:"歸舟抵嚴州,路費已盡。貸諸人,始得抵家。彼時張元吉公有《五無歌》頌之曰:'一錢劉太守,也被一錢污。今日公歸去,一文錢也無。臨去受百紙,清哉杜人夫。今日公歸去,半張紙也無。清獻出入日,琴鶴與之俱。今日公歸去,琴無鶴也無。東山船載月,皎潔如冰壺。今日公歸去,船中月也無。問公何所有,所有與人殊。只有一廉字,斯人百世無。'一時公論翕然,謂其清慎貞孤,可比趙清獻;尚義好施,可比范文正。"按,此歌見於元人王義山《稼村類稿》(明正德十一年刻本)卷三《五無歌送張參政》,略有字句之异。

管景等纂修《(嘉靖)永豐縣志》卷四"學行":"(夏尚朴)天性孝友。……若其不應進士第,與夫辭榮養親,投劾不受官職,皆大節所在。"

嘉靖十七年四月十六日(1538年5月14日)以疾卒。年七十三。時人哀之。有子男二,女一,孫女四。

費寀、周宗正《夏先生行實》:"先生生於成化丙戌十二月初三,卒於嘉靖戊戌四月十六,爲年七十有三。娶霞坊劉氏,封恭人,生女一,適邳州判劉賓。再娶上饒鄭氏,生男一,貢,郡庠生,娶劉東皋女孫;男一,應奎,娶玉山詹燕峰孫女。孫女四,長適排山周良璧。卜葬於本邑廿二都從容頭。"

《夏先生行實》:"作《中庸説》完,謂嗣子貢曰:'我殆已矣。譬之蠶食葉盡,則作繭吐絲,以成功緒。今我作此説,精力已竭,真猶蠶之作繭吐絲,其不起乎?'無何,果患琳疾,竟爾捐館,時戊戌四月十六日也。郡守趙公鏜爲文誄之曰:'公可謂上沿統紀,下通緒餘。會吴與薛、胡而一之者也。文章政事,無施補宜,蓋合體與用而一之者也。'"

東岩詩文如其人。爲文淳樸雅正,迂徐有致。詩多描寫日常,平淡有理趣,亦頗見鍛煉處。佳者冲澹有味。

吕懷《東岩先生文集序》:"其爲詩文若干卷,和平實落,要皆本之情性、切於日用,信六經之羽翼也。"

斯正《夏東岩先生集序》(《夏東岩先生文集》卷前):“公守奉教言,反躬實踐,生平學術宗依亦惟程朱是信、是仰,靡少違戾。……故其終身造履深潛純粹,崇雅黜浮。制作所裁,積中彪外,豐暢而博大,紓徐而雋永,簡易而質直,無雕刻藻繪態,殆若布帛菽粟然。世道攸賴,非無補之空言足比。故如《中庸》一説,身心一貫之旨也。《語類》一遍,事物會通之學也。若詩若文,咸有得乎勿忘勿助之機,魚躍鳶飛之趨也。是康齋之學得其宗者,公與白沙、一齋其選焉。大抵言而不本於六經非言也,文而無益於世用非文也。聖賢授受,要不外此。”

陳寵《夏東岩先生文集後序》(《夏東岩先生文集》卷前):“吟咏辭章,沉醇縝密,粹然一出於正。《庸説》《語類》尤足驗精力於生平。……至於辟象山之禪,箴陽明之偏,攻白沙之論學,藏形匿影不可致詰,而甘泉之注曲爲回互,皆人所不敢言者。非卓然有見以繼往開來爲己任,能犯群議而弗恤耶?先生殁後,觀其文者,思欲爲先生執鞭而不可得。其於世教不爲小補。文之可以傳也無疑矣。”

傅而保《夏東岩先生集序》(《理學夏東岩集》卷前):“見其詩若文,皆以發明聖賢理學爲急務。其言理學則本程朱正傳。蓋欲昌明程朱之道以直接孔孟墜緒,非苟而已也。”

永瑢等《四庫全書總目》卷一百七十二《東岩集》提要:“尚朴本講學之士,不以文章爲工,然其言醇正,固亦不乖於大雅焉。”卷一百七十六《東岩詩集》提要:“此編乃其詩集。多涉理語,近白沙、定山流派。集中《讀擊壤集》絶句云:‘閑中風月吟邊見,始信堯夫是我師。’其宗法可知也。”

按,東岩詩中多有《自警》《自策》之詩。《夏東岩先生詩集》卷三《觀時文有感》:“世久遵王度,人心忽厭常。器難依古制,女愛入新妝。大道無雕斫,微言空發揚。挽回渾厚治,千載仰明良。"則其志可知。卷五《寄王陽明三首》《觀書有感》等俱可見其羽翼程朱之心。"欲向枝頭問消息,不知含蓄幾多時"(卷五《觀花有感》)、"誰知好酒出深巷,醖久香清味自嘉"(卷五《觀烟土酒榜有感示子侄》)等則以理趣入詩。

《夏東岩先生诗集》卷五《與友人論詩二首》其一:"悟入深資静養功,好詩觸處自相逢。千篇洗盡塵埃氣,妙處還能奪化工。"卷六《次潘德夫與友論詩韻二首》其一:"詩從删後更無詩,此語多應欠致思。自古文章關所養,浪云高下係於時。淡中求味方知味,拙處藏奇始見奇。欲識少陵窠臼處,請看雲在意俱遲。"其論詩意趣可見。

著有《中庸説》《語録》及東岩詩、文集若干卷。

管景等纂修《(嘉靖)永豐縣志》卷四:"所著有《中庸説》《語録》《文集》若干卷。"張廷玉《明史》卷二百八十三《夏尚朴傳》:"所著有《中庸語》《東岩文集》。"丁丙《善本書室藏書志》(清光緒刻本)卷三十七著録有明刊本《夏東岩先生詩集》八卷。

永瑢等《四庫全書總目》卷一百七十二《東岩集》提要:"正、嘉之際,學問漸岐,而尚朴獨恪守先儒,不爲高論,可謂篤實之士矣。至其論《中庸》分八節,獨不用朱子之説,則見仁見智,各有所得。其不爲苟同即其不爲苟异者也。史載所著有《中庸説》《東岩文集》,此本爲其婿劉賓所編,以《語録》《中庸説》爲第一卷,與《文集》并爲一編。史蓋據其初出各行之本也。"

周宗正《東岩先生文集後序》(《夏東岩先生文集》附):"(先生)平生詩文多不存稿,門人太守江山姜子芳曾私刻之,未備也。……(大冢宰柏泉胡公)以先生文集爲念,先生子貢以遺稿上,遂付豐尹斯侯刻焉。斯捐俸屬先生婿劉金麓賓督其成。金麓子曰:'予責也。'歸其俸。遂詳加裒集,以壽諸梓。"

按,嘉靖中斯正刻有《東岩集》,包含《夏東岩先生文集》《夏東岩先生詩集》各六卷。康熙中傅而保重刻詩文集爲《理學夏東岩集》(《夏東岩先生文集》),含文集六卷、詩集八卷,輯補遺詩二百數十首,按詩體重爲編次,釐爲八卷。并輯有《理學東岩夏先生行實》頗資掌故。

參考文獻:

1. 崔銑《崔氏洹詞》,明嘉靖三十三年周鎬等池州刻本。

2. 夏尚朴《東岩集》,明嘉靖四十五年斯正刻本。

3. 過庭訓《本朝分省人物考》,明天啓刻本。

4. 夏尚朴《理學夏東岩集》(《夏東岩先生文集》),清康熙三十八年傅而保刻本。

5. 臺灣"中央研究院"歷史語言研究所校印《明憲宗實録》,上海書店 1984 年版。

6. 夏尚朴《夏東岩先生詩集》,《四庫全書存目叢書》集部 67 册,齊魯書社 1997 年版。

7. 黄宗羲著,沈芝盈點校《明儒學案》(修訂本),中華書局 2008 年版。

(朱付利)

張羽傳

張羽，字鳳舉，泰興(今江蘇省泰興市)人。生於明憲宗成化三年(1467)，其父曾任定興侍御史，五十六歲而歿。生羽兄弟七人、妹二人，五弟翊及二妹相繼早逝，兄弟之間，友愛甚篤。幼時家貧，備嘗苦辛。

趙宏恩《(乾隆)江南通志》卷一百四十五《張羽》："張羽，字鳳舉，泰興人。"

張羽《東田遺稿》(《景印文淵閣四庫全書》第1264册)卷下《祭弟文舉》："念昔先父母生予兄弟七人，妹二人，不幸五弟翊及二妹相繼蚤世。吾兄弟六人者，五十年來友愛篤至，父母安之，族黨稱之，家庭之間，怡怡如也。"又，"先君在時，嘗苦貧乏，吾弟夙知幹蠱，方僕僕爲左右饘粥之謀，憂虞苦樂，備嘗之矣。先君官定興，予及二弟、四弟、八弟咸有仕進之業，不克以從。"

張羽《東田遺稿》卷下《亡弟文舉墓誌銘》："嘉靖癸未冬，十二月甲寅，葬我先弟文舉於馬莊之原，先考侍御史定興府君，先妣太孺人墓次。"又"吾弟諱翡，文舉其字，常於别業構石爲亭，號石亭居士。先君生予兄弟七人，羽爲長，翀次之，其次吾弟，弟之次翹，官衢州府學訓導，次翊，不幸早世。次翿，官禮部主客員外郎。季即翑，明經，補邑庠弟子員，累舉未第，皆太孺人出也。"

張羽《東田遺稿》卷下《副汴臬乞恩休致》："臣父贈監察御史，

黼叔授迪功郎黻，皆以五十六歲而歿。”

按，《亡弟文舉墓誌銘》載：“吾弟生成化庚寅(1470)十一月四日，卒正德辛巳(1521)十一月十六日，行年五十有二。”《祭弟文舉》云：“且予今年五十有六，長弟三歲。”故張羽當生於成化三年。

弘治丙辰(1496)進士，除淳安知縣，有惠政。尋改任寧海知縣，後入江西道監察御史，彈劾中貴，疏論時事甚剴切。上《劾劉瑾疏》，言瑾奸邪誤國，結黨營私。

張羽《東田遺稿》卷下《送河南按察使陳公遷山東左布政使序》：“弘治丙辰，同年舉進士者凡三百人，時在京師相與游從甚洽，今距昔垂三十年。”

趙宏恩《(乾隆)江南通志》卷一百四十五《張羽》：“弘治丙辰進士，授淳安知縣，有惠政。擢御史，彈劾中貴，疏論時事甚剴切。”

萬斯同《明史》卷二百八十四《張羽傳》：“正德初，由寧海知縣入爲御史。”

儲巏《柴墟文集》卷一《贈張鳳舉改令寧海》：“嘉君本奇士，得縣山水窟。前年游桐江，釣瀨漱齒髮。今年過赤城，天姥爽風骨。况兹侯城里，有士古硉矹。手把遜志編，生氣凛不歿。長有懷賢詩，高齋對明月。”

張羽《東田遺稿》卷下《劾劉瑾疏》：“臣切見司禮監太監劉瑾鬼蜮其形，虺蛇成性，剛愎自用，陰狠害人。挾主威以令群臣，任己私而亂成法。凡其設心蓄慮，動爲國家天下之大蠹。陛下不覺其奸，以爲能事，寄之心膂，假以柄權，故瑾得以緣法爲奸，怙恩妄作，目不識文字而謬擬綸言，身不諳典刑而恣行威賞。祖宗以來百五十年，綱紀法度，規模體統，蕩然無幾存者。迹瑾奸邪，誤國之罪難遍。”

張羽《東田遺稿》卷下《副汴臬乞恩休致》：“由進士先任知縣，

尋升御史。"

正德二年(1507)四月,奉補吏部急缺科道官,日夜兼程,途中染痰濕之疾,後漸以沉痼。五年,巡按雲南,奏免開礦及中官怙勢者。清利源以蘇疲困,久職任以節浮費,罷冗員以寬民力,廣學校以變夷風。後因病乞歸,未允。

張羽《東田遺稿》卷下《守保定有疾乞休》:"臣由進士初任知縣,尋升御史,及補今官,先於正德二年四月間,該吏部爲急缺科道官員事,題奉欽依,將臣行取赴京。彼因限期緊切,衝冒炎暑,兼程前趨。行及山東德州地方,中途風雨交作,猝乏雨具,旁無旅舍,前有嚴程。比至州城,自辰達酉,沾濕既無可避,飢渴復不能支。臣氣體素弱,加以濕熱交蒸,道路勞頓,遂爾困憊,行不能前,淹留信宿,隨復就道。臣於爾時,亦不覺受病之深也。自後每遇春夏之月,暖氣流動,前疾舉發,痰飲客於中焦,濕氣流於支節,拘攣煩亂,不時有之。年復一年,漸以沉痼。"又"臣前在雲南亦嘗冒死陳情願,乞休退,未蒙諭允,臣當殞身盡瘁,仰答深恩。"

萬斯同《明史》卷二百八十四《張羽傳》:"巡按雲南,所部故有銀場,中官采取,久爲民害。羽奏罷之,而中官張倫復力争,户部尚書孫交持之,竟如羽議。"

趙宏恩《(乾隆)江南通志》卷一百四十五《張羽》:"巡按雲南,奏免開礦及中官怙勢者。"

張羽《東田遺稿》儲洵《東田遺稿序》:"讀《地震》《開礦》《取燈》諸疏,危苦激切,嚴聽敢毅,表坐正人,照彼佞者。"

按,《東田遺稿》卷上有《出使至長沙院中次壁間詩韻》,下題"庚午年作",即正德五年,後有《益陽院後小軒》《界亭驛次壁間韻》《平越院中小憩用壁間韻二首》《至貴陽贈王蘭亭文濟》《出滇至平夷館適睹合溪張天益道長留一詩壁間見候次韻爲報》諸作,此行出使即爲巡按雲南之路途。羽在雲南，多有政績，詳見其《地震》《計開》《再題地震》《奏捷》諸文。

正德七年，升直隸保定府知府。明年，痰疾復發，莫能自力，至三月與七月，兩次乞休，奏准。十三年五月，改邵武。十五年十一月起升河南按察司副使，引疾歸家。

張羽《東田遺稿》卷下《副汴臬乞恩休致》："於正德七年，升直隸保定府知府。正德八年，因患痰濕等疾奏准致仕。"

張羽《東田遺稿》卷下《守保定有疾乞休》："今春以來，疾復大作，脾土内蝕，心火上炎，飲食言語，動有妨礙，較之初年，實益狼狽……今病與日增，莫能自力，數月之内，疾痛飲藥之日多，安强從事之日少，臣之初志，實所難酬……臣嘗驗之，往時疾作，療之易愈，近而微一感觸，調理尤艱。蓋元氣不逮於平時，藥力不至於膏肓，而疇昔諸醫，復多間遠，興居之際，少逸多勞，此疾所以日益危也。"

張羽《東田遺稿》卷下《再乞休疏》："臣因舊患痰濕，調治不痊，謹於今年三月間具奏，乞恩休致。仰奉欽依吏部知道，欽此欽遵。續蒙該部轉行撫按衙門，行令臣在任調理，照舊供職遵依。一面服藥，扶疾管事。至七月初旬，前疾大作，肢體重困，莫能支吾。"

張羽《東田遺稿》卷下《副汴臬乞恩休致》："正德十三年五月，内奉吏部札付文憑，復除福建邵武府知府。臣時舊疾痊痾，依奉於當年九月赴任，至正德十五年十一月欽升前職，正德十六年四月，前來到任。"

張羽《東田遺稿》儲洵《東田遺稿序》："保定剩左襠嗞城之狐，視先生敬憚之，三月無敢撓治。讀孫司徒九峰書，悲其志，連章乞歸。"

陳田《明詩紀事》丁籤卷七："出知保定府，改邵武。"

張羽《東田遺稿》卷上《病中喜雨(在保定作)》:"伏枕聞鳴雨,開窗愜病心。天公神叵測,旱魃爾何侵。優渥應千里,斯須可萬金。更祈三日止,牟麥忌恒陰。"

按,《(乾隆)江南通志》《(嘉慶)大清一統志》言羽在保定時以母疾乞歸,誤。

嘉靖二年(1523)四月,轉任河南右參政,南陽撫民。彼時因患痰濕、目昏、臂痿等疾,上疏乞休,蒙吏部題奉欽依,病痊推用。自是獲歸鄉里,屏居一室,專意養疴。會世宗皇帝登十六而該輔,八年二月,復起爲四川參政,居無何,升河南布政右使,尋轉河南布政左使,致仕歸,築東田草堂。卒於十五年春三月十三日後。

陳田《明詩紀事》丁籤卷七:"歷河南副使,四川參政,進河南布政使。"

高叔嗣《蘇門集》卷五《送張東田伯翔致仕文》:"江都東田先生守河南布政左使,引疾遽歸,解印將逝。"又"初,先生以南陽參政病免於家,杜門受業,鄉里服化,奄及七年,絶意榮寵。會今上協九八以開期,登十六而該輔,始起家四川參政、河南布政右使,尋領今官。數月三遷,强出巖石。"

張羽《東田遺稿》卷下《副汴臬乞恩休致》:"去年(1522)冬間,風熱上壅,右目猝然昏花。今年春來,痰濕旁流,左臂旋亦痿弱,近而目益加暗,臂復不仁,淹留彌時,醫藥罔效。案牘妨於披閱,出入艱於應酬。司法之官,豈宜有此?"

張羽《河南左轄乞休》:"臣由進士歷任知縣、御史、知府、按察司副使,於嘉靖二年四月内,升任河南右參政,南陽撫民。爾時因患目昏臂痿等疾,上疏乞恩休致,蒙吏部題奉欽依,病痊推用。自是獲歸田里,屏居一室,專意養疴。六七年間,目始暗而復明,臂先痿而亦愈,視瞻作用,盡復故常,出入興居,一無妨礙。嘉靖八年二月内，叨蒙復除四川左參政。無幾，升河南右布政使，尋轉今官。”

萬斯同《明史》卷二百八十四《張羽傳》：“歷河南左布政使，亦有稱於時。”

張羽《東田遺稿序》：“再薦，起貳藩臬，逾年歸。亟薦，正左轄，不浹時歸。”

楊激雲修，顧曾烜纂《(光緒)泰興縣志》卷九：“東田草堂在城東隅，明張羽歸休築。此與弟翀北渚别業、狥前江書屋相望。”

按，《東田遺稿》最末爲《計開》一文，落款爲嘉靖十五年(1536)春三月十三日，此文集序爲嘉靖癸卯(1543)夏四月望，其謝世之日，當在其間。

張羽相貌俊秀，身長白皙，博聞强志，不取合於流俗。爲官方正廉潔，自愛名節，三仕而三已。三十餘年，家中清貧，無與鄉人争利。

張羽《東田遺稿》儲洵《東田遺稿序》：“先生長身玉皙，廉潔清方，神秀穎發，博聞强志，不取合於流俗，真翩翩振鷺也。始令淳安，讀鐵翁去思碑，仁愛好教化，以寬平稱。良晋内臺，伸威提法，風裁徵明，不爲利疚，不以勢詘……讀其言曰：朝廷以廉退用臣，臣敢不以名節自愛？夫自愛以節，三仕而三已，進退之道，抑時也哉！先生曠遠峭直，得一善則盱衡擊節，黄見眉端；即非其意，雖籠富貴，分縻爵，奚啻傷損？”

張萱《西園聞見録》卷十三《張羽》(《明人傳記叢刊》第117册，明文書局1991年版)：“羽歷官三十年，家無長物，縣官知其貧，爲置負郭田二頃，固辭却不受，戒家人無與鄉人争利。”

張羽《東田遺稿》卷下《祭弟文舉》：“抑予爲官三十年，家益以貧，弟固未嘗得少依藉以長尺寸。今而已矣，將他日豐厚優裕，固不可期。”

公詩學盛唐,不落纖巧之習。專講音節,字句不盡入格。現存《東田遺稿》兩卷,詩、文各一卷,爲其季子楨所編,門人儲洵爲序。

嵇璜《續文獻通考》卷一百九十二:"張羽《東田遺稿》二卷。羽,字鳳舉,泰興人,弘治進士。官河南左布政使。臣等謹案:明初有張羽,爲吴中四杰之一,此張羽姓名相同,亦復工詩,是集詩、文各一卷,爲其季子楨所編。"

永瑢等《四庫全書總目》卷一百七十一《東田遺稿》:"詩亦規摹盛唐,不落纖巧之習。蓋弘治、正德之間,去明初前輩猶爲未遠,流風餘韻,往往尚存。而羽之澹静峭直,又出天性。雖其博大富健不及李東陽諸人,排傲巨麗亦不及李夢陽諸人,而不爲舊調之膚廓,亦不爲新聲之涂飾。肖心而出,務達所見而止。在諸作者中,亦可以自爲一隊矣。"

陳田《明詩紀事》丁籤卷七:"其詩專講音節,字句不盡入格。録其合作,固彬彬乎唐人之雅音也。"

張羽與柴墟、高叔嗣等人相交甚篤,相互多有寄贈唱和,令人艷羡。

按,張羽《東田遺稿》中存《奉贈柴墟儲公》《邵伯湖寄柴墟先生》《中秋次柴墟先生韻二絶》諸作,儲巏《柴墟文集》中亦有《贈張鳳舉改令寧海》《次韻答張鳳舉進士》等詩。另高叔嗣《蘇門集》有《送張東田伯翔致仕文》。

參考文獻:

1. 儲巏《柴墟文集》,明嘉靖四年刻本。

2. 嵇璜《續文獻通考》,明嘉靖四年刻本。

3. 楊激雲修,顧曾烜纂《(光緒)泰興縣志》,清光緒十二年刻本。

4. 張羽《東田遺稿》,《景印文淵閣四庫全書》第 1264 册,臺灣商務印書館 1986 年版。

5. 趙宏恩等《(乾隆)江南通志》,《景印文淵閣四庫全書》第 511 册,臺灣商務印書館 1986 年版。

6. 張萱輯《西園聞見録》,周駿富編《明人傳記叢刊》第 117 册,臺灣明文書局 1991 年版。

7. 陳田《明詩紀事》,上海古籍出版社 1993 年版。

8. 萬斯同《明史》,《續修四庫全書》第 329 册,上海古籍出版社 2002 年版。

(陳家愉)

費宏傳

費宏，字子充，號鵝湖，又號健齋，晚號湖東野老，江西鉛山（今江西省鉛山縣）人。生於成化戊子（1468）二月二十六日，其父名璠，字叔玉，號五峰，母余氏，均以公貴。宏幼勤學，少而温茂秀异，過目不忘，稍長即擅文章。

夏言《夏桂洲先生文集》卷十六《明故光禄大夫柱國少師兼太子太師吏部尚書華蓋殿大學士贈太保謚文憲費公墓誌銘》（以下簡稱《費公墓誌銘》）："公名宏，字曰子充，信之鉛山人。曾祖諱榮，祖諱應麒，考諱璠，并以公貴。累贈光禄大夫、柱國、少保兼太子太保、户部尚書、武英殿大學士。曾祖妣曹氏、張氏，祖妣周氏，妣余氏，并累贈一品夫人……公生有奇質，少讀書過目成誦，稍長即能文，與季叔瑞同學。"又"家居九年，足不入城府，卜築烈橋，自號湖東野老。"

何喬遠《名山藏》卷七十二《費宏列傳》："費宏，字子充，廣信鉛山人。少温茂，有文章，如倒囊出物，而風水相遭。"

傅維麟《明書》卷一百二十八《費宏列傳》："費宏，字子充，號鵝湖，鉛山人。"

顧鼎臣、顧祖訓《明狀元圖考》卷二《狀元費宏》："費宏，字子克（按，諸家皆爲"充"，"克"應爲刊刻致誤），號健齋，江西鉛山人。少而秀异，長負文名。"

費宏《太保費文憲公摘稿》(《續修四庫全書》第1331册,上海古籍出版社2002年版)卷十六《先君封翰林修撰承務郎五峰先生行實》:"先君諱璠,字叔玉,姓費氏,家鉛山仁義鄉之横林。"

雷禮《國朝列卿紀》卷四十一《費寀傳》:"費寀,字子和,江西廣信府鉛山縣人。祖應麒,生五男:曰珣,鄉貢士;曰瑄,舉進士,貴州參議;曰璠,以子文憲公宏貴,贈少師;曰璵,即寀父;曰瑞,鄉貢士。璵娶張氏,生寀。"

按,張廷玉等《明史》載費宏父諱瑄,實爲其伯父,非其考。費宏另撰有《先伯貴州等處承宣布政使司右參議致仕復庵先生行實》。

成化十九年(1483),公與叔瑞同領江西鄉薦。明年,試春官不利,卒業北雍。時保相丘文莊公爲祭酒,少宗伯補庵費公爲司業,皆重之。公仍致力於學,節衣縮食以采買書籍。自六籍、歷代史、諸子,莫不融會,采擷片羽,成一家之言。以之季試,每據首列。

夏言《夏桂洲先生文集》卷十六《費公墓誌銘》:"年十六,遂同領成化癸卯江西鄉試,卒業北雍,祭酒丘文莊公深器重之。"

雷禮《國朝列卿紀》卷十二《費宏傳》:"癸卯甫冠,遂與雪峰同領鄉薦,甲辰試春官不利,卒業北雍。時保相丘文莊公爲祭酒,少宗伯補庵費公爲司業,皆重之。宏益肆力於學,居常茹淡服素,節縮經費,爲購書資。蓋自六籍、歷代史、諸子,莫不旁通而鈎沉其芳雋,爲一家言。用是月季試,每據首列。"

傅維麟《明書》卷一百二十八《費宏列傳》:"成化十九年癸卯,甫冠,逐與叔瑞同領鄉薦。甲辰,試春官不利,卒業北雍。時邱濬爲祭酒,甚重之。"

成化二十三年(1487)丁未,舉進士第一,年僅二十,授翰林院修撰。是年八月,憲宗上賓,公與修《實録》。弘治三年(1490),同考禮部試。辛亥(1491)書即成,以疾請告歸,時人稱其善恬退。壬子(1492)史成,有白金文綺之賜。

張廷玉等《明史》卷一百九十三《費宏列傳》:"甫冠,舉成化二十三年進士第一,授修撰。"

費宏《太保費文憲公摘稿》卷四《及第紀恩二首》:"鵷斑濟濟聽臚傳,驚喜龍頭屬少年。明主拔才真十五,寒儒對策愧三千。百年拜舞天心悦,六字親題御墨鮮。觀榜共隨仙樂出,文星燦爛曉雲邊。(其一)有詔南宫宴茂材,主縫仍遣上公來。需雲散彩浮瑶席,湛露分香溢玉杯。天近帝居春似海,樂兼胡部鼓如雷。宫花斜壓夸冠重,知是瓊林醉後回。(其二)"

李開先《李中麓閑居集》文卷九《湖東費相國傳》:"是秋,修《憲廟實録》,總裁楊文懿倚翁獨重。書將成,而以疾請歸,人皆惜其不霑恩,識者稱其善恬退。"

雷禮《國朝列卿紀》卷十二《費宏傳》:"是歲八月,憲廟上賓,預修《實録》,丘文莊公、少宰楊文懿公爲副總裁,甚推重之,加委任焉。庚戌,同考禮部試,少師徐文靖公、宗伯汪公爲主考,程文多屬稿焉,而得人尤盛。辛亥,以疾請告。時史事將就緒,叙勞當遷,總裁之勸公者,或止之曰:'盍需諸?'宏曰:'吾豈以身徇禄耶?'遂决南歸。壬子史成,有白金文綺之賜。"

王世貞《嘉靖以來首輔傳》卷一《費弘》:"二十,舉進士第一,授翰林院修撰。預修《憲宗實録》。垂成,而以疾請告其長謂宏:'不小需,俟恩命耶?'宏謝曰:'疾安能需也!'遂歸,而史成,僅有金帛賚。"

弘治八年(1495),疾愈,復任。次年,廷試充執事官,適皇太子出學青宫,改左春坊左贊善。己未(1499)春,聞母喪,守制南歸。次年十月,父喪,爲之撰《行實》。十六年,服闋北上,召修《通鑑纂要》。

傅維麟《明書》卷一百二十八《費宏列傳》:"弘治九年丙辰,皇太子出閣,改左春坊左贊善。"

費宏《太保費文憲公摘稿》卷十六《先母贈夫人余氏行略》:"弘治戊午秋,宏念遺養日久,復申前請,先母始欣然默許之。北上有期,不幸以其年冬十二月三日卒,距其生正統癸亥六月十三日,享年五十有六。"

費宏《太保費文憲公摘稿》卷十六《先君封翰林修撰承務郎五峰先生行實》:"歸未數刻,頭岑岑痛不止,遂卒,蓋庚申十月三日也。距所生正統壬戌六月十一日,僅享年五十有九。"

李開先《李中麓閑居集》文卷九《湖東費相國傳》:"疾愈,復任。值皇太子出學青宫,改左春坊左贊善。尋以母憂去位,父亦繼卒。服將闋,特命給驛北上,同修《通鑑纂要》。"

雷禮《國朝列卿紀》卷十二《費宏傳》:"乙卯,疾愈,復任。丙辰,廷試充執事官。是年皇太子出學青宫,詔簡肅乂正人以裨勸講,首改左春坊左贊善。己未春,聞母喪,守制南歸。明年,父卒。癸亥,服闋,將起復,會有旨召修《通鑑纂要》,給驛北上。"

弘治乙丑(1505),九載考滿,升左諭德兼翰林院侍講。是年五月,武廟嗣服,擢太常寺少卿兼翰林院侍讀。秋,妻濮氏亡,岳母鄒塞貞作《祭女文》。丙寅,與修《孝廟實録》,且爲經筵日講官。居無何,轉禮部左、右侍郎。

傅維麟《明書》卷一百二十八《費宏列傳》:"武宗即位,擢太常寺少卿兼翰林院侍讀。丁卯,擢禮部右侍郎,尋轉左。"

李開先《李中麓閑居集》文卷九《湖東費相國傳》:"九年,考滿,升左諭德兼翰林院侍講。武宗嗣服,升太常寺少卿兼侍讀,預修《孝廟實録》,充經筵日講官。未幾,連升禮部左、右侍郎。"

雷禮《國朝列卿紀》卷十二《費宏傳》:"乙丑,九載考績,升左諭德兼翰林院侍講。五月,武廟嗣服,擢太常寺少卿兼翰林院侍讀。丙寅,與修《孝廟實録》,且爲經筵日講官。丁卯,擢禮部右侍郎。己巳,進左侍郎,又以特旨得贈祖、父如其官。"

鄒塞貞《士齋詩集》卷三《祭女文》:"乙丑之夏,爾書連至。尺楮丈長,家事巨細。爲我區畫,爲我嘆息。豈意爾身,仲秋亦逝。"

正德五年(1510)十月,升禮部尚書,力辭未允,兼日講官如初,得賜玉帶、麒麟衣。十二月,恭上慈聖康壽太皇太后、慈壽皇太后徽號,賜白金文綺。辛未(1511)正月,又賜麟衣一襲。十二月,加文淵閣大學士,入閣預機務。

時群盜蜂起,公與同僚指揮謀劃,逾年平之。論功,蔭一子爲錦衣千户,公力辭,改授六品文階。又復辭免,乃加太子太保、武英殿大學士。甲戌(1514)二月,賜蟒衣,進户部尚書,兼官如故。

夏言《夏桂洲先生文集》卷十六《費公墓誌銘》:"庚午,升尚書,兼日講如故,賜玉帶、麒麟衣。辛未冬,入兼文淵閣大學士。"又,"時鄢、藍、劉、齊群盗并起,四方騷動,公與李文正、楊石齋、梁厚齋諸公同心謀畫,逾年悉討平之。尋以靖寇功賜武蔭,公力辭。乃特加太子太保、武英殿大學士。甲戌,賜蟒衣,進户部尚書,兼官如故。"

李開先《李中麓閑居集》文卷九《湖東費相國傳》:"是冬,升禮部尚書,得賜腰玉恭上康壽太皇太后、慈聖皇太后徽號,賜白金文綺,又賜麟衣一襲。知會試、貢舉諸需,舊皆取之宛、大二縣,而民甚不堪。翁議以各省鄉試羨金轉解。充用鑄印局額設大使、副使各一員,食糧儒士二名。及滿將補,投考者不下數千人,請托者居半。當事者頗難於處分,翁於食糧二名外,預取聽缺者四人,習字者數,亦如之挨次選補,度可逾十數年。投考及請托者由是屏迹。二事俱著爲令。魯府鄒平王當襲爵,爲庶兄奪且數年矣,有本辭奏辯,翁謂倫序宜改正,事下廷臣,卒如翁議。内閣員缺,廷薦首翁,奉旨兼文淵閣大學士,乃與李西涯、楊石齋、梁厚齋同心輔政,一時號稱得人。"又,"鄢、藍、劉、齊群盜蜂起,四方騷動。命將出師,指授方略。逾年,討平之。論功,蔭一子爲錦衣千户。連疏懇辭,改授六品文階。又復辭免,乃加太子太保、武英殿大學士。已,又賜蟒衣一襲。"

何喬遠《名山藏》列傳卷七十二《費宏列傳》:"正德六年,以禮部尚書兼文淵閣大學士,與李東陽、楊廷和、梁儲同相年四十矣。"又,"久之,加太子太保、武英殿大學士,亡何,進户部尚書,兼秩如故。"

雷禮《國朝列卿紀》卷十二《費宏傳》:"九月,以逆藩寘鐇平,録諸公卿贊畫功,受白金文綺之賜爲特厚。十月,升禮部尚書,力辭,不允故事,九卿之長,皆得侍經筵。上以春宫舊臣,自擢禮部,皆兼日講官如初。尋復賜玉帶,皆异數也。十二月,恭上慈聖康壽太皇太后、慈壽皇太后徽號,賜白金、文綺,又以覃恩得加贈祖、父如其官。辛未正月,賜麒麟衣一襲。"

傅維鱗《明書》卷一百二十八《費宏列傳》:"十月,升禮部尚書。鑄印局額設大使、副使各一員,食糧儒士二名。及滿將補投考者不下數千人,請托者半之。當事者每難處分,宏於食糧二名外,預聽缺者四人,習字四人,擬次第補,度可逾十數年。由是投考及請托者皆絶迹。辛未十二月,以文淵閣大學士入閣,預機務。"又,"甲戌二月,進户部尚書,兼秩如故。”

公爲人正直,不同流合污。時幸臣錢寧與欲交歡宏,以重金賂,公拒之。後朱宸濠謀復護衛事,宏峻却之。於是宸濠與寧合,以計傾之宏去位,與從弟費寀皆被劾,致仕歸,閉門謝客,自此閑居八年。

然濠由糾集氓流挑起事端,焚公室廬,毁其家墓。宏馳使訴於朝,亡何,濠以逆誅,中外咸服公忠謀達識,言者争請召宏。

夏言《夏桂洲先生文集》卷十六《費公墓誌銘》:“時錢寧怙寵作威,一日,以百金飲器,求撰誥文,公拒之峻,寧懷慚恚。會逆藩宸濠謀爲不軌,厚賂寧暨諸當路,請復護衛。公獨不可,曰:濠久蓄异志,若與之護衛,是藉寇以兵也。木兵者不能執濠,竟得護衛。公乃力求解位以去。”又,“公既歸,濠銜公怒無所泄,乃陰嗾里中惡少焚公室廬,至禍及丘墓。未幾,濠以逆誅,中外咸服公忠謀達識。”

張廷玉等《明史》卷一百九十三《費宏列傳》:“幸臣錢寧陰黨宸濠,欲交歡宏,饋彩幣及他珍玩。拒却之。寧慚且恚。宸濠謀復護衛、屯田,輦白金巨萬,遍賂朝貴,寧及兵部尚書陸完主之。宏從弟編修寀,其妻與濠妻,兄弟也,知之以告宏。宏入朝,完迎問曰:‘寧王求護衛,可復乎?’宏曰:‘不知當日革之者何故?’完曰:‘今恐不能不予。’宏峻却之。及中官持奏至閣,宏極言不當予,詔卒予之。於是宸濠與寧合,而恚宏。寧數偵宏事無所得。以御史余珊嘗劾寀不當留翰林,即指爲宏罪。中旨責陳狀,宏乞休。命并寀致仕。寧遣騎伺宏後,抵臨清,焚其舟,資裝盡毁。宏歸,杜門謝客。”“宸濠復求與通,宏謝絶之,益怒。會宏族人與邑奸人李鎮等訟,宸濠陰令鎮賊宏。鎮等遂據險作亂,率衆攻費氏。索宏不得,執所與訟者支解之,發宏先人冢,毁其家,劫掠遠近,衆至三千人。宏馳使訴於朝。下巡撫孫燧按狀,始遣兵剿滅。宸濠敗,言者争請召宏。”

焦竑《熙朝名臣實録》卷十二《太保費文憲公》:"會錢寧入宸濠賄,規復護衛,宏執不可。有同列嫉宏而覬其位者,陰助寧。一日,忽傳旨詰責,宏因引咎力請退,有旨令致仕,而從弟翰林編修寀亦罷。抵家,杜門謝客,不敢履城府,築樓一區,日課諸子。""會群從有與鄉人爲仇者,赴愬會城,濠知之。招讎家人,令捃摭入奏,欲以聳動上意。奏入,下都察院。時大司馬幸庵彭公澤掌院事,洞燭其奸,既駁罷,又欲加罪。濠知計不行,乃嗾群凶嘯聚奸細,焚略其室廬積聚,又侵毀其先墓。宏恐避處縣城,己卯六月,濠因朝會,殺巡撫孫燧及副使許逵。發兵反,隨遣數十騎趨信圖宏。過進賢,爲縣令劉源清所斬,會王公守仁,以羽檄徵兵列郡。信守周朝佐、鉛令杜民表等皆率兵往,宏爲贊畫方略,遣人間道致書於王。濠平,王欲上聞,時侍御謝君源、伍君希儒方隨軍紀功,乃奏曰:'大學士費宏、編修寀,當護衛之再請也,昌言明沮,已懷先事之憂;反逆謀之既成也,間道獻策,又急勤王之義。'"

按,此事《國朝列卿紀》《明實録》《嘉靖以來首輔傳》《明書》等籍亦載,甚詳。

辛巳(1521)四月,世宗即位,旬日即降敕起公,寀亦召用,宏十月末旬抵京。上慰勞再三,賜以酒饌,進少保,照舊入閣供事。次月,賜蟒衣三襲,玉帶一束。又以平濠功,恩賚加厚,重頒誥命之毁於火者。時上以勵精圖治,而宏益切篤棐。

夏言《夏桂洲先生文集》卷十六《費公墓誌銘》:"辛巳四月,今上入纂阼,首降敕起公,有累效忠謀,遭讒去位之褒。十月入朝,進少保,賜蟒衣玉帶。以平濠功,加恩賚。并補給三代誥文之毁於火者。"

李開先《李中麓閑居集》文卷九《湖東費相國傳》:"而聖天子入繼大統,旬日,即降敕起翁,而弟亦連茹,有累效忠謀,遭讒去國之褒。復遣行人趙嶼敦速,既至京,加少保,照舊入閣供事,賜蟒衣三襲、玉帶一束。又以平濠功,恩賚加厚,誥命之毁於火者,重蒙頒給。今上以神聖之資,勵精圖治,翁以練達之才,極力贊襄,蓋千載一時也。”

雷禮《國朝列卿紀》卷十二《費宏傳》:“逾年,世廟入繼大統,甫旬日即降敕起宏,而寀亦召用,時辛巳四月也。及具疏辭,温旨褒答,有‘卿輔導先帝,累效忠謀,遭讒去官,輿論推重。新政之初,特玆召用’等語。尋復遣行人趙璵再捧敕敦速行,乃促裝,以十月末旬抵京。上慰勞再三,賜以酒饌,敕加少保,照舊入閣供事。越月,賜蟒衣三襲、玉帶一束。又以贊畫平逆濠功,加厚賚。前所得誥命之毁於火者,皆賜重給,且有温旨褒答焉。時上以英偉絶人之資,勵精圖治,而宏益切篤棐。”

甲申(1524)五月,進吏部尚書、謹身殿大學士。大禮議之事,宏頗揣知帝旨,亦持重識大體,斡旋群臣,而大禮亦徐以定。次年,《武廟實録》成,進少師兼太子太師,進華蓋殿大學士,食正一品俸,得賜金帛等物若干。

丙戌(1526)二月,六年考滿,上以《御製咏春詩》及《四景律詩》命宏等恭和,後將諸作編定成集,名曰《宸章集録》。聖心甚悦,又賞錢物若干。

雷禮《國朝列卿紀》卷十二《費宏傳》:“甲申五月,進吏部尚書,謹身殿大學士。時大禮未定,上心未安,諸公相繼去位。宏以受國厚恩,未忍遽去,諸凡委曲調護,上心漸安,縉紳倚之無恐,而大禮亦徐以定……乙酉,郊祀,賜大紅蟒衣一襲,世廟規制、規畫爲多。《武廟實録》成,進少師兼太子太師,餘秩如故。賜白金八十兩、文綺六表、羅衣一襲、鞍馬一匹副,賜宴禮部。時弟寀、從子懋中皆編修,預史事。寀進左贊善,懋中進修撰,賜衣及宴如之,金帛有差。

蓋一家一時之盛云。""丙戌二月,六年考滿,有羊酒寶鏹之賜。上以《御製咏春詩》及《四景律詩》命宏等恭和,聖心甚悦,賜純白玉帶一束、大紅蟒衣一襲、白金五十兩。自是日有聖製,皆命和之。"

夏言《夏桂洲先生文集》卷十六《費公墓誌銘》:"甲申,進吏部尚書、謹身殿大學士……乙酉,《武廟實録》成,進少師兼太子太師,賜白金、文綺,賜宴。""丙戌,《獻皇帝實録》成,加正一品俸兼華蓋殿大學士,賜金綺、襲衣、鞍馬及御製詩一章。"

張廷玉等《明史》卷一百九十三《費宏列傳》:"'大禮'之議,諸臣力與帝争,帝不能堪。宏頗揣知帝旨,第署名公疏,未嘗特諫,以是帝心善之。及廷和等去位,宏爲首輔。加少師兼太子太師、吏部尚書、謹身殿大學士,委任甚至。"

永瑢等《四庫全書總目》卷一百九十二《宸章集録》:"明費宏編。宏有《文集》,已著録。此書乃嘉靖五年六月十三日世宗御平臺,召宏及大學士楊一清、石珤、賈咏入見,各賜御製詩。宏得七言古詩一章,一清、珤、咏各得五言古詩一章。宏等疏謝,并依原韻和進,帝復賜以批答,宏因集爲一帙,梓而傳之。《明史》宏本傳稱:'帝嘗御平臺,特賜御製七言詩一章,命輯倡和詩集,署其銜曰内閣掌參機務輔導首臣。'"

丁亥(1527)二月,公以疾病乞歸,上允之。其子懋賢已舉進士,選庶吉士疏,乞歸侍養疾,上并允之。宏於家閑居九年,自號湖東野老,有飄然塵外之思,整理文稿集爲《自慚漫稿》。

夏言《夏桂洲先生文集》卷十六《費公墓誌銘》:"丁亥,以疾力求去,上重違公志,詔馳驛以還。時懋賢舉進士,初改翰林庶吉士,上許以侍行。家居九年,足不入城府,卜築烈橋,自號湖東野老。集平生所爲文曰《自慚漫稿》,好觀養生書,有飄然霞外之想。"

雷禮《國朝列卿紀》卷十二《費宏傳》:"丁亥二月,疾再作,辭益力,上允之,令馳驛以還。時子懋賢已登進士,被選入翰林,爲庶吉士,因疏乞歸侍養疾,上并允之。且令痊日照舊作養,恩至渥也。”

嘉靖十四年(1535)四月,上復詔起公,宏顧惟聖恩隆重,遂於六月朔日,冒暑發程,七月己卯至京,上大喜,眷遇益深。八月二日,既陛見,入閣供職。賜銀圖書一,文曰:舊輔元臣。又白銀五十兩,大紅織金麒麟紗衣一襲,自是日承顧問,多祭祀、游園之事,又駐輦顧問,議朝廷政事,群臣之間,拳拳情深。

李開先《李中麓閑居集》文卷九《湖東費相國傳》:“乙未夏,手敕特諭禮部尚書夏言曰:‘宏比復如何?’言對以尚健。次日,詔起翁復用,遣行人王獻芝促之行,可謂迎蒲車於渭水,而錫靈杖於漢庭也。翁迎敕稽首曰:‘老臣幸未即死,願得終事明主。遂於六月朔日,冒暑發程。復先馳疏以聞。’上喜答曰:‘卿可兼程來,朕寧俟卿見。’七月抵京,上方齋居,即遣中使勞問。翁奏對,多切於治理。上復大喜曰:‘卿當獻正閑邪,匡朕不逮。’”“既又召見便殿,慰勞有加,即日賜銀圖書一,文曰:舊輔元臣。自是日承顧問。御札稠疊,數命代祀先師孔子、帝社、帝稷,及時享,捧主廟廷。又嘗賜游西苑,遍歷新構别殿,每至一所,必駐輦諮詢,拳拳於群臣之進退,朝政之得失,皆天下大計。又與一二輔臣協心竭力,引用耆舊,光復化機,天下欣欣,想望太平。”

雷禮《國朝列卿紀》卷十二《費宏傳》:“乙未四月,忽有旨起用,且遣行人王獻芝捧敕促行,時方溽暑,或謂行宜稍俟凉爽,或謂宜先具辭。宏曰:‘吾名位已極,年且衰邁,豈志於進取者哉?顧惟聖恩隆重,豈可徐徐?况君命召不俟駕,乃聖人之訓,而鞠躬盡瘁,死而後已,實古大臣事也。吾豈務遜讓之虚名,而忘事君之大義哉?’遂於六月朔日冒暑以行,至中途具疏謝恩,温旨褒答,有‘卿可兼程早來,以副朕眷朕伫俟卿見’等語。七月十二日,至京,未及陛見,寓東朝房。翼日,即荷御札咨訪政事,遣中使勞問,賜以上尊珍饌,恩數逾前。時弟寀方爲南祭酒,適北員缺,上欲用寀,諭吏部推舉,成命已下矣。有相知者,謂宏初入朝而寀即北調,恐涉於引用親黨之嫌,宏深然之。即上辭疏,上亮其誠,寀不調。既逾時,竟擢南京禮部右侍郎,蓋上之注念未忘也。""八月二日,既陛見,入閣供職。午,復召見文華右室,賜銀圖書一,文曰:舊輔元臣。又白銀五十兩,大紅織金麒麟紗衣一襲。且諭之曰:'别卿久矣,喜再見卿。卿猶康健,凡百宜盡心輔導,以稱厥懷。'宏稽首謝。自是日承顧問,御書稠叠,且數命代祀先師孔子、帝社、帝稷,及時享,捧主廟廷。又嘗賜游西苑,遍歷新構諸别殿,每至一所,必駐輦顧問。天顔和粹,温旨綢繆,拳拳於大臣之進退,朝政之得失,皆天下大計也。抵暮始出,且有酒飯之賜,一時恩禮,蓋益至云。宏感激知遇,矢竭報稱,又得少保序庵李公協心匡弼,引用耆俊,光復化幾,一時縉紳,喜見元老,天下忻忻,想望太平。"

後宏經月積勞,突發脾疾,然處事仍不怠。公多宴飲之事,冬十月十九日,天寒夜歸,猶少飲,伏枕而逝,享年六十八。贈太保,謚文憲。

夏言《夏桂洲先生文集》卷十六《費公墓誌銘》:"會大内啓祥,諸宫訖工,上告成於祖考,是曰:'予與公同捧主内殿,復陪祭欽安殿,拜賜觀宫後苑,薄暮始出右掖。'公歸,值夜寒,猶少飲,始就榻,伏枕而逝。時冬十月十九日也。"

李開先《李中麓閒居集》文卷九《湖東費相國傳》:"第以累月積勞,脾疾頓發,然猶力疾視事不少怠。會大内啓祥宫訖工,上告成於祖考翁,捧主内殿。復陪祭欽安殿,拜賜觀宫後苑,薄暮出自右掖。值夜寒,猶少飲,始就榻,俄而伏枕長逝。時十月十九日也,在官實日祇三月餘耳。"

張廷玉等《明史》卷一百九十三《費宏列傳》:"未幾卒,年六十有八。帝嗟悼,賻恤加等,贈太保,謚文憲。"

按,何喬遠《名山藏》言其卒時爲七十,誤。

公年少及第,三入内閣,仕宦兩朝殆十年,文章功業,皆卓有所立。雅尚儉約,素衣蔬食。爲官正直,多仁義之舉,不免遭讒構,幸以功名始終。

張廷玉等《明史》卷一百九十三《費宏列傳》:"宏三入内閣,佐兩朝殆十年。中遭讒構,訖以功名終。"

雷禮《國朝列卿紀》卷十二《費宏傳》:"雅尚儉約,衣食不厭粗樸。至於施仁舉義,則爲之不少靳。捐田輸以供諸墓祀,其餘以贍族之貧者。家居殖農,遇歲歉即減租,或有逋負,即焚券不復問。幼出補庵公之門,見其子若孫貧,屢厚恤之。嘗至濟寧,見有旅櫬在舟覆溺者,厚助以俾之歸。其志在利濟類如此。所著有《自慚漫録》若干卷,藏於家。"

焦竑《國朝獻徵録》卷十五《少師兼太子太師吏部尚書華蓋殿大學士費宏實録》:"宏恭慎謙抑,明習國家故事,能持重得大體,故三入政府,以功名始終云。"

鵝湖多有撰述,參撰《武宗實録》,《明史·藝文志》著録其《武廟初所見事》一卷,《宸章集録》一卷,《費宏文集》二十四卷,又有《費文憲經筵講義》見於《澹生堂藏書目》。現存《費文憲公摘稿》二十卷,其門人徐階作序。據本稿選録有《費文憲公集選要》。

永瑢等《四庫全書總目》卷一百七十五《費文憲集選要》:"所著《鵝湖摘稿》本二十卷。此本乃徐階、劉同升所選録,非全帙也。"

按,其作品著録見《明史·藝文志》卷九十七、卷九十九及《澹生堂藏書目》。

其妻濮氏贈一品夫人,繼孫氏累封一品夫人,另有側室李氏。長子懋賢,濮出。次懋良,李出。懋賢方改庶吉士,父子兄弟并列禁近,後歷兵部郎中。從寀爲少保、禮部尚書,後改春坊贊善,謚文通。

夏言《夏桂洲先生文集》卷十六《費公墓誌銘》:"配濮氏,太平贈編修公某女,有賢行,贈一品夫人,先公三十年卒。繼孫氏,德興清簡公女,累封一品夫人。側室李氏。子男二:長懋賢,濮出,職方主事;次懋良,李出。女三,長適吴文肅公長子大理寺副驥,先卒;次殤;次適貴溪江副使良貴之子以郊,先卒。孫男若干人。延之、述之,女二。以某年月日葬於某山之原。"

何喬遠《名山藏》列傳卷七十二《費宏列傳》:"寀亦爲禮部尚書,有文詞,善將順,上聽信之。宏子懋賢、寀子懋中皆舉進士。"

張廷玉等《明史》卷一百九十三《費宏列傳》:"弟寀爲贊善,從子懋中由進士及第爲編修,宏長子懋賢方改庶吉士,父子兄弟并列禁近。寀官至少保、禮部尚書,謚文通。懋中終湖廣提學副使,懋賢歷兵部郎中。"

王世貞《嘉靖以來首輔傳》卷一《費弘》:"寀後亦至少保、禮部尚書,爲上所寵信。當宏之再相也,寀爲春坊贊善,從子懋中進士及第,授編修,而子懋賢改庶吉士,一時罕與之比。"

參考文獻:

1. 費宏《費文憲公摘稿》,明嘉靖刻本。
2. 李開先《李中麓閑居集》,明嘉靖刻本。
3. 雷禮《國朝列卿紀》,明萬曆刻本。
4. 焦竑《國朝獻徵録》,明萬曆四十四年徐象橒曼山館刻本。

5. 夏言《夏桂洲先生文集》,明崇禎刻本。

6. 焦竑《熙朝名臣實録》,明末刻本。

7. 傅維麟《明書》,商務印書館1936年版。

8. 王世貞《嘉靖以來首輔傳》,《景印文淵閣四庫全書》第452册,臺灣商務印書館1986年版。

9. 何喬遠《名山藏》列傳,《明代傳記叢刊》第76册,臺灣明文書局1991年版。

10. 鄒塞貞《士齋詩集》,《四庫全書存目叢書》集部第60册,齊魯書社1997年版。

11. 顧鼎臣、顧祖訓編《明狀元圖考》,文物出版社2019年版。

(陳家愉)

鄭岳傳

鄭岳,字汝華,號山齋,福建興化府莆田縣(今福建省莆田市)人。生於成化四年(1468)。

焦竑《國朝獻徵録》卷四十《兵部三》柯維騏《兵部左侍郎鄭公岳傳》:"鄭岳,字汝華,號山齋。"

張廷玉等《明史》卷二百零三列傳第九十一:"鄭岳,字汝華,莆田人。"

過庭訓《本朝分省人物考》卷七十四:"鄭岳,字汝華,莆田縣人。"

陸心源《三續疑年録》(《山齋集附録》)卷七:"鄭山齋岳,七十二。生成化四年戊子。"

按,據《莆陽文獻》所附《鄭山齋公傳》第七十五:"享年七十二卒。"其卒年爲嘉靖十八年(1539),可知鄭岳生於成化四年(1468)。

幼穎慧,讀書數過即成誦。從學士黄公瀾游,文譽日盛。弘治二年(1489),領鄉薦。六年,登進士,觀政兵部。七年,授户部貴州司主事。秩滿,請告歸葬。家食二年,略不問户外事。

柯維騏《兵部左侍郎鄭公岳傳》:"岳七歲而孤,賴母林兄嵎食貧而撫教之。岳逾弱冠,登弘治癸丑進士,授户部主事,考績貤恩,遂移疾歸葬其父。"

過庭訓《本朝分省人物考》卷七十四:"幼穎慧,讀書數過即成誦。從學士黄公瀾游,文譽日盛。弘治癸丑,登進士,觀政兵部。馬端肅公甚重之。甲寅,授户部貴州司主事。督京倉糧倉,故多贏羡,岳一無所取。監倉中貴張某者横不可馭,輒痛裁之,幾爲中害。秩滿,請告歸葬。家食二年,略不問户外事。林公俊异之,與爲忘年友。"

雷禮《國朝列卿紀》卷五十二:"幼穎慧,讀書數過即成誦,屬對多新語,長爲文,士多式之。從學士黄公瀾游,盛有所稱异。年二十二,領鄉薦,弘治癸丑登進士,觀政兵部。"

弘治十二年(1499),起爲刑部山東司主事。因奏論語涉中貴,轉浙江司員外郎。擢湖廣按察僉事。

過庭訓《本朝分省人物考》卷七十四:"己未,起爲刑部山東司主事。與錦衣千户張福同監市囚,福恃勢逾坐,岳論劾之,語涉中貴,逮繫詔獄。侍郎許進爲疏,雪,得微譴。轉浙江司員外郎。"

柯維騏《兵部左侍郎鄭公岳傳》:"起補刑部主事。錦衣千户張福同監市囚,福恃勢越坐,岳奏論,語涉中貴,孝宗怒,下詔獄,堂官疏救以免,轉員外郎。時邊事孔棘,侍郎許進督師大同,貴近惡其剛方,議代。前副總兵趙昶僨事坐廢,謀復起,京軍屢出無功,又議再遣,岳抗疏論列,人咸稱允。擢湖廣按察僉事。宗藩侵民田,奏勘不决,岳竟歸之民。施州夷民忿争讎殺衛帥,以亂聞,岳剿首事數人,餘悉諭遣。他若辨盗、鑄土官印信及追獲縛賣客民男婦百餘人,皆异政。荆、岳歲饑無備,設法以賑,全活甚衆。常德守刑貨瀆濫,捕其信任者,置之法守,解印綬去。南京十三道會薦天下方面官十七人,岳與焉。"

張廷玉等《明史》卷二百零三列傳第九十一:"弘治六年進士。授户部主事,改刑部主事。董天錫偕錦衣千户張福决囚,福坐天錫上。岳言其非體。且言:'糾劾非鎮監職,而董讓行之。太常本禮部屬,而崔志端專之。内外效尤,益無忌憚。'忤旨,繫獄。尚書周經、侍郎許進等救,不聽。贖杖還職。尋進員外郎。許進督師大同,貴近惡其剛方,議代之。罷職總兵官趙昶謀起用,京軍屢出無功。岳言進不可代,昶不可用,京軍不可出。朝論韙之。"

正德初,擢廣西兵備副使。調廣東副使,滯獄爲空,治稱第一。尋擢江西按察使。連擢左、右布政使。因宸濠之反及李夢陽相訐事,坐罷。濠事敗,起四川左布政使,以母喪未終制,不赴。

柯維騏《兵部左侍郎鄭公岳傳》:"武宗初,擢廣西兵備副使,征里松洞,奏捷。及撫諭土酋岑猛,連受褒賜。築足灘、廣運、昭平三堡,屹爲府江巨鎮。調廣東副使,滯獄爲空,治稱第一。尋擢江西按察使。宸濠結逆瑾,復護衛諸司承順,勢益熾。岳至,力振風紀,爲濠所忌。連擢本省左、右布政使。宸濠横奪民田億萬計,民設寨聚守,濠諷總制以兵剿,岳沮止。李副使夢陽、江御史萬實相訐奏,下藩臬會勘。岳欲平其理,而夢陽務求勝,致其怒。濠從而嗾之,乃執岳察司舊役門隸,誣用公堂銀鍛詞,送濠,禁錮。事聞下,鎮巡勘報濠,左右夾持成獄,家人擒捕殆盡,子泓未冠亦被執。人心憤惋不平。科道暨撫臣交疏其枉,於是遣大理寺卿燕忠、給事中黎奭覆勘。濠收質事證,妻子脅無异詞,衆環泣曰:'王府費萬金陷公,公必欲白,我輩無噍類,即公亦禍叵測。'岳乃自誣服,坐罷。濠反事敗,内外臣工交章論薦。起岳四川左布政使,以母喪未終制,不赴。"

張廷玉等《明史》卷二百零三列傳第九十一:"正德初,擢廣西副使。土官岑猛當徙福建,據田州不肯徙。岳許爲奏改近地,猛乃請自效。尋改廣東。遷江西按察使,就遷左布政使。宸濠奪民田億萬計,民立砦自保。宸濠欲兵之,岳持不可。會提學副使李夢陽與巡按御史江萬實相訐,岳承檄按之。夢陽執岳親信吏,言岳子澐受賕,欲因以脅岳。宸濠因助夢陽奏其事,囚掠澐。巡撫任漢顧慮不能決,帝遣大理卿燕忠會給事中黎奭按問。忠等奏勘岳子私有迹,而夢陽挾制撫、按,俱宜斥。岳遂奪官爲民。宸濠敗,中外交薦,起四川布政使。以憂不赴。"

嘉靖元年(1522),擢都察院右副都御史,巡撫江西。尋召爲大理寺卿。三年,升兵部右侍郎。四年,轉左侍郎。同年,以議大禮乞休。居家凡十五年,十八年卒,年七十二。

張廷玉等《明史》卷二百零三列傳第九十一:"世宗初,擢右副都御史,巡撫江西。甫兩月,召爲大理卿。嘉靖元年冬,上言内臣有犯,宜聽部院問理,毋從中決,不能從。帝數不豫,岳請遵聖祖寡欲勤治之訓,宫寢有制,進御以時,而退朝即御文華,裁決章奏,日暮還宫,以養壽命之源。報聞。出按甘肅亂卒事,總兵官李隆等皆伏罪。還朝,以灾异陳刑獄失平八事。"

柯維騏《兵部左侍郎鄭公岳傳》:"嘉靖初,制滿,升都察院右副都御史,巡撫江西。至則民擁道聚觀,手額相慶。岳奏賑恤受兵郡縣,定次討逆軍功及贈祀死事之臣,皆報可。甫三閱月,擢大理寺卿。輔臣以擁立世宗功,議封伯。岳遺書内閣,所厚蔣冕勸其辭避。林見素俊以司寇召至,協衷守法,一無所假。勘事陝西正總兵官李隆罪,蓋隆與都御史許銘不協,而嫁其禍也。道見北人不知水利,乃相度,還奏爲足國之計,前後凡四上疏,皆切時政。升兵部右侍郎,無何,轉左侍郎。大同兵變,赦而復叛,岳主議管軍官各報首惡姓名,誅之,事可立定。乃密令總兵桂勇斬首惡數人,主兵者奪其功,與奏帶大璫弟侄御史王官輒爲核實,岳署部事,駁行改正。内侍崔文方用事,其侄指揮崔昂欲躐升裨將,岳又執不用,權幸由兹側目。岳嘗議'大禮',忤旨奪俸。及是,群小媒孽,眷寢衰,會寧夏總兵种勛行賄求調，爲東廠捕追金幣。勛嘗失事，被岳劾，禮帖獨無岳名，言官風聞論之，岳上疏自白，因力乞休致，世宗聽之，歸。歸凡十五年，薦起者六，竟格弗大用云。”

雷禮《國朝列卿紀》卷五十二“兵部左右侍郎年表”：“鄭岳，福建莆田人。弘治癸丑進士，嘉靖三年右，四年左，尋致仕。”

鄭岳《山齋文集》：《正德辛巳再起巡撫江西書懷》《嘉靖四年六月十一日得請致仕書感》。

鄭岳《莆陽文獻》《鄭山齋公傳》第七十五：“享年七十二卒。”

李清馥《閩中理學淵源考》卷五十五：“凡十五年，卒於家。……享年七十二。”

張廷玉等《明史》卷二百零三列傳第九十一：“因乞休，歸十五年而卒。”

陸心源《三續疑年録》卷七：“鄭山齋，七十二。……卒嘉靖十八年己亥。”

岳嚴毅端諒，平心率物。事寡母甚孝，有利於鄉族者，概不惜費。好禮勤書，老猶不懈，喜奬掖後進。

鄭岳《莆陽文獻》《鄭山齋公傳》第七十五：“岳事寡母甚孝，念兄鞠哀恩，罄官俸以報。逮罷官，兄割償産之半。構蒲坂祖祠、益祭田。又與族子公奇等别創南山始祖祠，暨修治先世諸墓。至於開渠、造橋、遷社，有利於鄉族者，概不惜費。……尤喜奬掖後進，士夫家食者，勸其著書，爲不朽事業，聞者有所激厲。”

李清馥《閩中理學淵源考》卷五十五：“岳嚴毅端諒，好禮勤書，老猶不懈，尤喜奬掖後進。事寡母甚孝，念兄鞠哀恩，罄官俸以報。構蒲坂祖祠，益祭田，治先世諸墓。至於開渠、造橋、建社，有利於鄉族者，概不惜費。”

過庭訓《本朝分省人物考》卷七十四：“居鄉杜門，自重絶於請。

若民間利病,輒白所司行之。平心率物,未嘗一毫侵牟於人。性嗜學,至老手不釋卷,詩文酬應無倦。”

與林俊、石珤、費宏、邵寶、楊一清、喬宇、王獻臣、方良永、劉麟、吴獻臣等多有往來。歸鄉,倡逸老會,與林有年、林茂達、宋元翰、吴希由、林嘉績、林季瓊等人以登臨酬倡爲娱。

鄭岳《山齋文集》中多有與以上諸人往來之詩文:《立春和林見素韻》《秋齋爲周彦通侍御題》《送何子元少宰改任南都》《奉候林見素都憲平蜀寇致仕三首》《月峰寺次見素韻送陳惟濬正郎時謫戍過此》《蘭州聞見素致仕用前留别韻奉寄二首》《通州道中奉柬費湖東石熊峰賈南塢三閣老》《吴門卧病承同年王敬止枉顧》《嘉興遇同年胡静庵亞卿夜話》《秋夜感懷寄邵二泉宗伯二首》《林見素出殯感傷二首》《壽楊邃庵閣老七十》《壽喬白岩太宰六十》《春寒次吴東湖獻臣韻》《同年吴白樓宗卿秦鳳山司徒王平川吴紫二亞卿追餞曹氏園亭賦謝》《送劉克柔之任南鴻臚》。

此外,方良永《方簡肅文集》卷二《贈都憲鄭山齋公巡撫江西序》、劉麟《清惠集》卷九《與鄭山齋》、朱淛《天馬山房遺稿》卷八《和鄭山齋梅隴信宿叙懷二首》、《明詩紀事》丁籤林茂達《次鄭山齋韻》等。

鄭方坤《全閩詩話》卷七:“嘉靖初,莆田有逸老會,皆鄉邦之望。都憲林茂達,年七十五。憲副吴希由、逸士林嘉績,俱年六十七。御史林季瓊、知縣宋元翰,俱年六十五。憲副林有年,年六十四。侍郎鄭岳,年六十三。侍郎林富、寺丞李廷梧,亦幾六十。有《逸老詩集》行於世。”

山齋詩暢達藴藉,莊嚴質雅,深於諷諭之體。其文落落自將,不隨風氣。著述甚富,有詩文集《山齋净稿》《吟稿》《漫稿》《續稿》

《詩餘》《山齋奏議》《西行紀》《南還録》《蒙難録》等。其曾孫鄭炫輯其詩文結爲《鄭山齋先生文集》二十四卷。留心鄉邦故事，輯《莆陽文獻》。

朱彝尊《明詩綜》卷三十一："謝山子云：'侍郎(鄭岳)深於諷諭之體。'"

永瑢等《四庫全書總目》卷一百七十一集部二十四："《山齋集》二十四卷，福建巡撫采進本。明鄭岳撰。岳有《莆陽文獻》已著録。其所著詩文有《蒙難録》《西行紀》《南還録》《山齋吟稿》《漫稿》《净稿》《續稿》《奏議》。因雕本燹毁，所存不過數種。是集乃萬曆中其曾孫炫搜輯重鋟，凡詩七卷，文十七卷。炫《跋》謂較視舊集十未能存二三，蓋亦幸而不佚也。柯維騏《續莆陽志》稱其所作詩文，俱暢達藴藉。朱彝尊《明詩綜》引謝子山之言，亦稱其詩深於諷諭之體。考《明史》岳本傳，稱其屢拒中官崔文之干請、争寧王宸濠之侵占，又以争興獻王祔廟，忤旨奪俸。其居官頗著風節。而爲江西按察使時，與李夢陽互訐。爲兵部侍郎時，又爲聶豹劾罷。所與齟齬者，乃皆正人。蓋其天性孤介，非惟與小人相忤，即君子亦不苟合也。其文章落落遠俗，固亦有由焉。"

陳田《明詩紀事》丁籤卷六："田按：汝華以勘李獻吉與巡按相訐事，獻吉執汝華親信吏言汝華子澐受賕，宸濠助之。朝議遣大理卿燕忠勘問，兩斥之，因罷爲民。獻吉爲宸濠所助，其曲直不辨自明。汝華非徒風骨岳岳，亦留心鄉邦故事，其所輯《莆陽文獻》，具有經緯。五字詩亦有風韻。"

梁章鉅《東南嶠外詩話》："汝華侍郎著有《蒙難録》，其稿本久佚。惟《山齋集》中有《幽居書懷詩序》云：'庶人宸濠，久畜异志，予由臬轉藩，裁抑逆萌，濠不能堪，嗾同寮横加誣訐。威賄上下，文致其辜。逮繫逾年，始得罷歸。憂患中嘗作《蒙難録》。'兹摘其概書之詩云:'咄咄日書空,禍階慨伊始。蟻穴昔何微,潰川浩無埃。數至諒難違,修身以順俟。《明夷》古所悲,演《易》在羑里。厲貞乃終吉,齋心悟玄理。''溪壑絶險巇,千仞猶可窮。人心如其面,談笑伏兵戎。田灌平生交,酒杯不相容。魏其力解紛,乃迸遭禍凶。往事昧明訓,邈哉廉藺蹤。'"

鄭炫《鄭山齋先生文集跋》:"□□□□先司馬公詩□□□西左□忤逆□□□中著□《蒙難録》,誅其廷尉,使西陲,梓《西行紀》;已謝本兵歸,梓《南還録》;若《山齋吟稿》,實大父詹録公疏終養時所鍥選出,都憲林二山先生而正,即柯石莊翁亦嘗評之。嗣是有作,與夫未梓尚强半,云文司馬公手編,曰《漫稿》、曰《净稿》、曰《續稿》、曰《奏議》,俱未登木,公仙逝矣,后王參知筆鋒先生編校全稿,得詩七百首、序記百篇,碑銘傳贊書説,匯凡二百有畸、奏疏七十二章,名曰《山齋先生文集》。壬戌之變,盡遭兵燹,然索之省中舊刻本,猶有《西行》《南還》《吟稿》,間訪之文獻世族,采諸宇内圖志,參以炫髫稚所記憶,僅得詩與文若干篇,藏山名世,十未能二三存,惜哉!穆廟初政,諸抗言議禮,俱優詔贈謚,乃先公不獲,與同邑尚書林見素公、郴州侍郎何燕泉公并□□殊典,斯何以故哉?借令遺稿梓行□□□□當有知公而請於朝,豈竟闕□恤典已邪!慨壬戌迄今三十年,隻字篇章,殫精搜輯,倘不亟梓,後至泯滅無傳。是歲家嚴見背,因讀禮,暇命兒壁手録讎校編次,凡二十四卷,仍曰《山齋先生文集》。自愧跧伏茆蘅,二毛漸長,無尺寸以揚前烈,家且貧矣,曷繇畢先志哉?乃鬻自田,得若干金,遽召梓人給之直,顧其費頗鉅,不自揣分而獨成之。嗚呼!公忠貞勛伐,柄著三朝,固不待文以傳,然因文考世,亦借文而益顯,我後之人庸忍弗傳乎?《莆陽志略》則并其本而亡之,悠悠彼蒼,何所逃罪,如其補遺以俟來哲,悲夫!萬曆辛卯冬十一月朔,不肖曾孫炫志刻。"

高儒《百川書志》卷十六："《西行紀》四卷，大理卿莆田山齋蒙叟鄭岳著，凡七十七首。"

鄭王臣《莆風清籟集》："柯奇徵云：'山齋詩秀整者似昌黎，閑曠者似東野。'朱必東云：'山齋詩樸厚蘊藉，無藻繪、纖巧、嫵媚之態。'馬子莘云：'山齋於詩，游情漢、魏，涉迹晋、唐，每觸事興懷，若不經意，而莊嚴、質雅、敦厚、和平。刻於辭者，反無以過也。'"

鄭王臣《蘭陔詩話》："《幽居書懷》，此詩爲李獻吉作也。公與獻吉同年進士，交好甚篤，及爲獻吉所構，待之如初。觀此詩，猶惓惓不忘舊好。後宸濠伏誅，獻吉坐，爲作《陽春書院記》《小蓬萊詩》。獄辭連及，林見素力救之。黄才伯有《讀見素救獻吉疏》詩云：'憐才不是云莊老，愁殺中山獵後狼。'《中山狼傳》乃馬東田所作，以訾獻吉負康德涵者。朱錫暢以爲康、李未嘗隙末。然觀獻吉之擠公若此，其於德涵亦可知矣。"

焦竑《國史經籍志》卷三史類："《莆陽文獻志》七十四卷，鄭岳。"卷五集類："鄭岳《西行紀》四卷。"

孫能傳《内閣藏書目録》卷三："《鄭山齋公文集》六册，全。正德間少司馬鄭岳著。"

鄭岳《莆陽文獻》《鄭山齋公傳》第七十五："倡逸老會，以登臨酬唱爲娱，好禮劬書，老猶不懈，爲詩文暢達藴藉。所著有《山齋净稿》《吟稿》《奏議》《駁稿》《莆陽文獻》《莆陽志略》。"

鄭岳《山齋文集》："《塞下曲》：'引弓兒騎射，奄忽若星馳。腥風吹馬來，四面衝我師。我師勿輕動，持滿以待之。佯北勿輕追，恐爲彼所欺。'《九江阻風泊舟有感》：'白浪起層層，峰頭雲正黑。迴舟入小港，聊兹一憩息。路梗難爲期，滄波浩無極。坐觀北來船，帆掛千仞直。篙工意閑暇，津津動顔色。緬懷造化心，施予難爲力。往船風宜南，來船風宜北。南北本异途，彼此那俱得。物理每循環,明朝未可測。隱几澹無營,冥心悟羲易。'《幽居書懷》(其三):'平生相傾慕,會合意何敦。相期振頽靡,撫心憫元元。如何自猜忌,枝葉傷同根。川洛構黨禍,善類鮮安存。王導仇伯仁,千載抱煩冤。古來同嘆息,棄置復何言。'《和林汝儀招飲溪閣》:'旭日散林霏,澄波銜山影。離城才幾許,已覺非人境。''几杖松壇幽,鷄犬柴門静。幸逢素心人,高談白日永。'"

南湖先生露之後,先世自桃源徙蒲坂,高祖以貲雄於鄉,被訟,戍甘州。父朴庵,徙入城,僦居金橋。子泓,字士流,蔭授詹事府録事。

柯維騏《兵部左侍郎鄭公岳傳》:"南湖先生露之後,先世自桃源徙蒲坂。高祖以貲雄於鄉,被訟,戍甘州,因之破家,一再傳,益落。父朴庵,徙入城,僦居金橋。"

李清馥《閩中理學淵源考》卷五十五:"子泓,字士流,初爲逆濠所陷,謫戍,赦回,蔭授詹事府録事,疏歸,終養。"

參考文獻:

1. 鄭岳《鄭山齋先生文集》,明萬曆十九年鄭象賢刻,清鄭炫補刻。

2. 梁章鉅《東南嶠外詩話》,清刻本。

3. 焦竑《國朝獻徵録》,臺灣學生書局 1984 年版。

4. 過庭訓《本朝分省人物考》,《明代傳記叢刊》,臺灣明文書局 1991 年版。

5. 陸心源《三續疑年録》,《續修四庫全書》第 517 册,上海古籍出版社 1996 年版。

6. 李清馥著,徐公喜、管正平、周明華點校《閩中理學淵源考》,鳳凰出版社 2011 年版。

7. 鄭方坤《全閩詩話》,福建人民出版社 2011 年版。

8. 鄭岳著,吴伯雄點校《莆陽文獻》,廣陵書社 2016 年版。

（司馬周　閆麗）

陳沂傳

陳沂，字宗魯，後更字魯南，號石亭居士，以崇敬蘇軾，又號小坡。鄞縣（今浙江省寧波市鄞州區）人。成化五年（1469）七月初二生於金陵。

顧璘《明故山西行太僕寺卿石亭陳先生墓誌銘》："先生名沂，姓陳氏，初字宗魯，後改魯南，號石亭居士。""母金安人，以成化己丑七月二日，遲宜公先夢釋氏奉明珠入室，旦生公。"

過庭訓《本朝分省人物考》卷十三："陳沂，字宗魯，號石亭居士。"

何喬遠《名山藏》卷八十六《臣林記》："陳沂，初字宗魯，後改魯南，鄞人。"

成瓘《（道光）濟南府志》卷二十五："陳沂，浙江鄞縣人。"

沂穎异早現，少時即有才名。五歲能屬對，八歲能摹古人畫，十歲能詩，十二歲能舉業，作《孔墨辯》《赤寶山賦》，傳誦人口。

顧璘《明故山西行太僕寺卿石亭陳先生墓誌銘》："五歲能屬對，八歲能摹古人畫，十歲能詩，十二歲能舉業，率奇拔驚動長者。總角著《孔墨辯》《赤寶山賦》諸文，傳誦人口，自是行誼、文學，日益隆茂。"

弘治十四年(1501),領鄉薦。正德十二年(1517),中進士。初授翰林院庶吉士,除編修,與修《武宗實録》,内館教書。

顧璘《明故山西行太僕寺卿石亭陳先生墓誌銘》:"辛酉,始舉鄉試,暨丁丑,始舉進士。雖久處韋布,時名燁然出人上。閣老野亭劉公、太宰白岩喬公、少宰柴墟儲公宦南都時,皆海内具瞻。鄉定山莊先生,負學行高望,皆引爲忘年友。既仕,改翰林院庶吉士,除編修,與修《武宗實録》,推内館教書。"

嘉靖二年(1523),禮部聘同考官。《實録》成,進侍講,賜白金、文綺,充經筵講官。五年,授册封楚王。逾年,出爲江西布政司參議。尋進山東左參政。

顧璘《明故山西行太僕寺卿石亭陳先生墓誌銘》:"癸未,禮部聘同考官。甲申,與編修鄒守益等及與修撰楊慎再論大禮。《實録》成,進侍講,賜白金、文綺,隨充經筵講官,撰講章,善寓諷勸。上問宰臣,知其名。丙戌,授册封楚王。逾年,出爲江西布政司參議。先生素抱經濟,樂於惠民,於是備設科條,以杜奸宄賦,同官驚服。進山東左參政。按沂、莒、滕、費諸郡邑,察其灾荒,發官帑,市牛百餘頭,給民墾藝,且寬其税,期年皆熟,又爲蠲除種馬、薪木、運布諸徵,民獲蘇息。嘗至鉅野,察有盗將發,調卒襲捕散之,即言於中丞,職兵者不謂然,已而盗竟破縣去,衆許其略。"

成瓘《(道光)濟南府志》卷三十五:"陳沂,浙江鄞縣人,進士,嘉靖九年由侍讀任山東左參政。博學善叙述,與提學陸釴共著《通志》,以十年六月開局於貢院,明年三月稿成。人物取白沙黄中丞本,餘取余憲副子華本,蓋兩人未竟之書至此始就。而考正訛謬、搜索遺亡、立凡例、定可否、總論顛末,沂與釴之功居多焉。"

後改山西行太僕卿,請老歸。還家築遂初齋,杜門著書,絶意世務。嘉靖十七年(1538)六月二十六日卒,年七十。

顧璘《明故山西行太僕寺卿石亭陳先生墓誌銘》:"頃年,先生以山西行太僕卿,璘以浙江布政使,各請老,居山中,與諸耆舊大夫修浄社甚歡。丁酉,璘召起爲副都御史撫楚。與先生别,殊怏怏。戊戌秋,忽以訃聞,實卒於六月二十六日。璘哭之慟。其子時萬等致禮部主事許子穀狀來請爲墓銘。"

顧璘《明故山西行太僕寺卿石亭陳先生墓誌銘》:"吏部舉河南、福建布政司,皆不遷。遂改山西行太僕卿。再上疏請老,歸。築遂初齋於家園。杜門著書,絶意世事。"

陳沂孝友忠信,事親至孝。其清修厚德,文藻惠政,頗有時名。

顧璘《明故山西行太僕寺卿石亭陳先生墓誌銘》:"先生孝友忠信出於天性,事二親死生情文備極,人所難及。素廉於財,長沙公没後,營弟妹婚姻,貸以備禮。及貴,周恤南都與四明族屬,往往曲殫心力。嘗有大臣後流落不能歸葬,必圖爲之。所居京,凡鄉閭人急難,匍匐拯之,唯恐後。蓋平生舉事造念率歸忠厚,固不可以數計也。""其清修厚德,文藻惠政,合而歸之有道仁人,吾鄉稱爲實録。"

沂多以詩文書畫會友,與"金陵四家""前七子"等均有往來,尤與顧璘、劉麟、文徵明最爲密切。

陳沂《拘虚集》:《和顧華玉朱升之山游次韻二首》《飲顧氏園亭二首》《幕府山餞華玉》《江上呈華玉》《寄顧全州》。顧璘亦爲陳鋼、陳沂父子作墓誌銘。詩集中有《酬陳魯南見寄青溪看月之作》《與陳魯南》《華山對雨寄陳魯南索畫》《和陳魯南遂初齋漫興》《同陳魯南雨飲永寧寺》《陳魯南學士自山東寄遁志十絶和之》《和陳魯南遂初齋四首》《贈陳魯南上陵》《寄陳魯南》《復陳魯南》《寄陳魯南》《與陳魯南》。陳沂《哀辭六首》:《空同李按察獻吉》:"空同少負氣,下視無與頏。吐論排衆紛,所向前莫當。今世鮮述作,重憶人悲傷。厥子吾所録,健思亦昂藏。"《凌溪朱參政升之》:"凌溪激清湍,音響重遐聞。摛毫揚美詞,肆意逐高雲。憶昔重親交,遠别傷故群。既見猶未旬,日薄已向曛。"《大復何按察仲默》:"大復蚤立身,弱冠已蒼顔。置身向篇什,畢命山水間。璀璨呈璠璵,欲逸無能删。安知昔往餞,世路悲多艱。"《迪功徐博士昌穀》:"迪功未弱冠,明河蕩胸臆。南都同被薦,鯤翼先奪北。博士三年淹,廷尉不受職。蘭蕙嗟已萎,餘芳未曾息。"《少穀鄭禮部繼之》:"少穀美自匿,吐氣常不勝。鬱思不易發,抱萼丹艶凝。無意向珪組,蕭散結儔朋。明星忽晨隕,悲嘆撫吾膺。"《太白孫山人太初》:"山人太白來,托身向吴越。初爲赤松游,晚被烟火奪。沉思發玄秘,華冕等寬褐。一水從遡洄,百歲永間闊。"

劉麟《清惠集》卷一:《覆陳魯南》:"我居深山真木石,一年易過如一日。人生難得白髪時,且許於今髪已白。髪白有方可再黑,感君惠我不死術。百年總與一日同,世間豈有壽多百。青山白雲天外天,一日一醉與君别。"詩尚有《次陳魯南韻》等。

顧璘《明故山西行太僕寺卿石亭陳先生墓誌銘》:"璘自登第後,相結爲文友,傾心四十餘年,切磨契許,日益膠固,真如兄弟骨肉。"

宋長白《柳亭詩話》卷五:"顧尚書璘,字華玉,與陳沂、王韋肆力爲詩文,時稱'金陵三俊'。"

方鳳《改亭存稿》卷八詩《錢元抑夜過小飲和陳魯南韻》《有松爲梁九皋作和陳魯南韻》、顧清《東江家藏集》卷二十五《歸來稿》《次韻答陳魯南》、皇甫汸《皇甫司勳集》卷二十五《答陳魯南太史入牛首山作》、文徵明《甫田集》卷五《陳魯南將赴試南宫過吴中訪别賦詩送之》、卷十二《憶昔四首次陳魯南韻》、卷二十四《祭王欽佩文(與陳魯南同祭)》、許相卿《雲村集》卷六《與陳魯南編修》、王廷陳《夢澤集》卷六《得陳魯南書感而賦此》《哭陳魯南二首》、譚元春《譚友夏合集》卷二十《送陳沂公會試》《答劉濟甫黄美中陳沂公龍朗伯四子見憶》、鄭善夫《少穀集》卷二十五附録下收録陳沂《哭鄭吏部繼之》。

舉於鄉,即與喬宇、儲巏諸人相唱和。中歲變其格,詩宗盛唐,文出入史漢,歸於簡古。以詩文名,與顧璘、王韋并稱"金陵三俊"。入京後,與李夢陽、何景明、徐禎卿、邊貢、朱應登、顧璘、鄭善夫、康海、王九思號"弘治十才子"。晚益好著述,浸淫理奥,不以綺麗競能。陳沂論詩,專以唐人爲宗,謂少陵七言"聲洪氣正,格高意美",反對剿襲摹擬。著述甚夥,有《皇明翰林志》《畜德録》《誨似録》《花岩志》《游名山録》《晤言詩談》,總若干卷。詩文《拘虚集》五卷、《後集》三卷、《拘虚詩談》一卷、《石亭文集》十二卷,又《金陵志》《山東通志》《南畿總志》《金陵古今圖考》《金陵世紀》《金陵人物志》,皆出筆削。

顧璘《明故山西行太僕寺卿石亭陳先生墓誌銘》:"先生吾南都文人也,穎异蚤見,軀不甚長,神采朗秀,眸子可照。少好蘇氏之學,筆勢瀾溢,人謂其類東坡,亦自號曰小坡。中歲再變其格,詩宗盛唐,文出入史漢,歸於簡古,晚益好著述,浸淫理奥,不以綺麗競能,厥趣遠哉!"

顧起綸《國雅》:"陳魯南才與顧華玉、王欽佩并稱,如'鳥聲林棄暗,山影石溪寒。''懸燈動星月,轉梵起魚龍。''漏轉雲車急,花深月殿開。''鳷觀月華還映雪,龍池水色已含春。'恍乎臨蓬山而俯瞰閬洲,深遠鬱然。"

錢謙益《列朝詩集》丙籤卷十四："魯南論詩專以唐人爲宗，謂'少陵七言聲洪氣正，格高意美，非小家妝飾。但才大不拘，後學茫昧，特拾其粗耳。'於時，大江南北文士稱朱、顧、陳、王四家，朱、顧皆羽翼北地，共立壇墠，而魯南能另出手眼，訟言一時學杜之敝，欽佩亦與之同調。江左風流至今未墜，則二君蓋有力焉。"

陳田《明詩紀事》丁籤卷五："魯南論詩針砭北地之失，可謂談言微中，但其所作去北地乃不可以道里計。牧齋援魯南以攻北地，譬如挾邾、莒小國以抗齊、楚，多見其不知量也。"

張廷玉等《明史》卷二百八十六列傳第一百七十四："弘治時，宰相李東陽主文柄，天下翕然宗之，夢陽獨譏其萎弱。倡言文必秦漢，詩必盛唐，非是者弗道。與何景明、徐禎卿、邊貢、朱應登、顧璘、陳沂、鄭善夫、康海、王九思等號'十才子'。"

王夫之《明詩評選》評陳沂《大駕夜出南郊於端門内奉送書事一首》："輦屬前旌盡，香聞後殿來。寶韉千騎合，金闕九城開。天象乘微月，皇衢隱薄雷。但知心目眩，無復賦昭回。"稱其："全以沈、宋爲風骨，不屑問津天寶。結語激而不怨。"評《憶昔》(其二)："紫宸朝退下青扉，侍從花間過錦衣。金吐鳳皇香不發，玉傾鸚䳱醉方歸。楹高甲帳雲霞色，官冷牙牌冰雪輝。一自夢回天萬里，長安空見塞鴻飛。"稱："詩有神采，不倚妝點。顧必有神采而後妝點可略，若一以鐵綽板十圍布鼓，删神采而侈腔骨，正自驚人悶頓，安得長言以動性情邪？凡此之弊，學杜者當之。欽佩、魯南，當項籍、英布喑啞橫行之日，獨存兩生風範，觸目賞心，千秋有孤寄矣。"

朱彝尊《明詩綜》卷三十七："顧華玉云：'石亭詩，人謂其類東坡，亦自號曰"小坡"，中歲乃宗盛唐。'陳羽伯云：'魯南藻性天成，尤多賦咏，文采照映一時。'顧玄言云：'石亭與華玉、欽佩并稱，讀其詩恍乎臨蓬山而俯瞰閬苑，深遠鬱然。'穆敬甫云：'太僕詩宏博精深,當屬大家。'李時遠云:'魯南古體埒漢魏,長篇似太白,近體在開元之間。'《詩話》:'魯南詩亦勾整,第乏警策。蓋心懲北地剿襲之非,而限於力也。'"

顧璘《明故山西行太僕寺卿石亭陳先生墓誌銘》:"所著書有《皇明翰林志》《金陵圖考》《金陵世紀》《畜德録》《誨似録》《花岩志》《游名山録》《晤言詩談》,總若干卷。詩文《拘虚集》若干卷,又《金陵志》《山東通志》《南畿總志》,皆出筆削。"

永瑢等《四庫全書總目》卷七十三史部二十九:"《金陵古今圖考》,是編紀金陵建置,自列國以迄明代,爲圖一十有五。又以城郭規制,隨世异態,作互見圖以辨之,每圖并附有説。""《金陵世紀》四卷,浙江范懋柱家天一閣藏本,明陳沂撰。分都邑、城郭、宫闕、郊廟、官署、雍泮、衢市、第宅、樓宇、山川、驛路、津梁、臺苑、陵墓、祠祀、寺觀、讖遺、賦咏十八門,粗具大略,不爲詳贍。沂《金陵古今圖考》乃未登第時所作,後官翰林侍講時,乃續爲此書,隆慶中太僕少卿史際始刊行之。"

永瑢等《四庫全書總目》卷五十三史部九:"《維禎録》一卷、《附録》一卷,浙江范懋柱家天一閣藏本。明陳沂撰。沂字魯南,號小坡,其先鄞人,徙家南京。正德丁丑進士,官至太僕寺卿。弘治十子之一也。《明史·文苑傳》附見《顧璘傳》中。是書雜記朝廷典章及明初故事,鈔撮而成,殊多疏略。"

永瑢等《四庫全書總目》卷一百二十四子部三十四:"《拘虚晤言》一卷,浙江范懋柱家天一閣藏本,明陳沂撰。沂有《維楨録》已著録。此書皆所著雜説,共三十四條,大旨用兩事比類取譬,申明其義於下,頗近連珠之體,而不用韻。然意主修詞,不必盡名言至理也。"

蔣一葵《堯山堂外紀》卷九十三國朝:"王韋,字欽佩,南京人,與朱應登、顧璘、陳沂皆長文章，時謂'江南四才子'。""陳沂，字魯南，號石亭。丁丑年凡入翰林者皆有一諢名，如沂唤做陳木匠，鄺灝唤做鄺響馬，馬汝驥唤做馬二姐，皆以其狀貌相似而言。""陳魯南謝官東歸，小至舟泊衢城下，灘聲、月色愴然，有懷賦詩云：'倦客東歸一繫船，天涯行役自堪憐。空江月色孤城下，永夜灘聲獨枕前。豈有微勞酬厚禄，衹餘衰病寄殘年。愁長未覺寒更减，星斗惟看直北懸。'"

按，《明史·藝文志》著録其《翰林志》一卷、《畜德録》一卷、《南畿志》（明嘉靖間刻本）六十四卷、《金陵世紀》（明隆慶間刊本）四卷、《金陵古今圖考》一卷。《千頃堂書目》另著録其《山東通志》《獻花岩志》一卷、《宋陳少陽先生盡忠録》（明正德十一年刊本）八卷。

沂亦善詞曲，以詞曲知名當時，其詞胡爽而放。有雜劇《善知識苦海回頭》，《南北宫詞紀》存其散曲套數一套，題《對雪》。

王驥德《曲律》卷四："近之爲詞者，北調則關中康狀元對山、王太史渼陂，蜀則楊狀元升庵，金陵則陳太史石亭、胡太史秋宇、徐山人髯仙。""陳胡爽而放。"

陳沂撰有雜劇《苦海回頭》，題爲《聖天子賜還官職，善知識苦海回頭》。日本松澤老泉《彙刻書目外集》收《明刊四太史雜劇》中《善知識苦海回頭記》，即題"明陳石亭著"。此劇寫成於陳沂告歸南京後，演述胡仲淵及第授官，遭誹貶雷州半島，帝召回後辭官歸里信佛以終之事。祁彪佳《遠山堂曲品》評之曰："境界絶似《黄粱夢》，第彼幻而此真耳。"孫楷第《戲曲小説書録解題》評點云："劇情甚簡直，詞意亦不甚超拔。又北曲四折，雖多以一人唱，而諸本每折開場人物往往不屬之一人，所以避免重複，兹則每折皆以末胡仲淵開白，實非當行。"周暉《金陵瑣事》卷一云："陳魯南有《善知識苦海回頭記》行於世。人最膾炙者《梅花序》。"

陳沂著有不少散曲,部分收入《南北宫詞紀》中。另據《古典戲曲存目匯考》等稱,陳沂還著有《遂初齋集》《詩陵》《善謔録》《詢答録》等。

沂博才多學,亦以工書善畫聞名。書法蘇眉山,筆勢瀾溢,篆隸亦佳。繪事亦稱能品,官翰林時,文徵明爲待詔,相與論畫。凡宦游所經名山大川,皆圖成卷軸,并賦詩紀勝游,山水最得馬河中、夏禹玉之妙。

文徵明《致石亭》:"數辱惠教,不一一奉報,愧愧。昨令郎過次忽遽特甚,不得少致鄙意,通家之情殊缺然也。恭喜致仕得請,無以爲賀,舊藏匏翁大書一卷,輒用馳上,或可供林下清玩。此非尋常帀帛,想不見缺也。所委拙畫,稍和得爲幹當,不敢終負雅情。子重行,且此奉覆。徵明頓首再拜石亭太卿先生尊兄。"

周暉《金陵瑣事》:"陳魯南書法蘇眉山,評者謂不減於吴匏庵。篆隸亦佳。六七歲便搦筆模仿古人畫,後入翰林,與文徵仲講論,其畫更進。凡宦游所歷覽名山大川,皆圖成卷軸,最得馬河中、夏禹玉之妙。"

朱謀垔《畫史會要》卷四:"陳沂,字魯南,號石亭。年方七歲便搦筆模仿古人之畫。後入翰林,與文待詔議論,其畫更進。凡宦游所歷覽名山大川,便圖成卷,最得馬河中、夏禹玉之妙。"

李登《萬曆重修江寧縣志》:陳沂:"詩宗盛唐,文出入史漢,所著有《山東通志》《南畿志》《金陵世紀》《金陵圖考》《獻花岩志》《畜德録》《拘墟集》《石亭文集》。""夫人馬氏亦有才情,善聲。"

姜紹書《無聲詩史》卷二:"築遂初齋,杜門著述。旁及書法、繪事,皆掩映名流。書宗蘇長公,畫格清勁,其歷覽之處,必作圖賦詩以紀勝游,如濟南武林諸景,俱有圖咏,爲丘壑傳神。"

沂本宋丞相秀國公陳升之之裔，先祖洪武時徵入太醫院，以醫籍居南京，遂入上元籍。父陳鋼，成化元年(1465)舉人，授黔陽知縣、長沙通判，體恤愛民，素有官聲。弘治元年(1488)卒，黔陽、長沙并祠祀之。初配楊，繼馬，婦德并茂，馬尤能文，贈封皆淑人。子男四，伯時萬，鄉進士。仲時億，叔時兆，皆才哲，季時□。

顧璘《明故山西行太僕寺卿石亭陳先生墓誌銘》："本宋丞相秀國公升之之裔，曰澤，以言青苗謫四明，爲鄞人。曰琺，國朝以醫徵入太醫院，始家南都，其詳載《長沙公傳》中。長沙公，諱鋼，稱遲宜子，即先生父，初爲黔陽令，再擢長沙通判，皆有遺愛，祀於土。母金安人。"

顧璘《長沙通判陳公傳》："本建安人，宋昭化節度公申之侄，丞相秀國公升之之弟，有子澤，以言青苗貶明州，遂籍爲鄞人，國初有名琺者，始以醫徵籍太醫院，家南京。"

張廷玉等《明史》卷二百八十一列傳第一百六十九："陳鋼，字堅遠，應天人。舉成化元年鄉試，授黔陽知縣。楚俗，居喪好擊鼓歌舞，鋼教以歌古哀詞，民俗漸變。縣城當沅、湘合流，數決，壞廬舍。鋼募人采石甃堤千餘丈，水不爲害。南山崖官道數里，徑窄甚，行者多墮崖死。鋼積薪燒山，沃以醯，拓徑丈許，行者便之。鋼病，民爭籲神，願減己算益鋼壽。遷長沙通判，監修吉王府第。工成，王賜之金帛，不受。請王故殿材修岳麓書院，王許之。弘治元年，丁母憂歸。卒，黔陽、長沙并祠祀之。子沂，官侍講，見《文苑傳》。"

顧璘《明故山西行太僕寺卿石亭陳先生墓誌銘》："初配楊，繼馬，婦德并茂，馬尤能文，贈封皆淑人。子男四，伯時萬，鄉進士。仲時億，叔時兆，皆才哲，方向進。季時□，尚幼。孫男幾、女幾。"沂有四子，長子陳時萬，嘉靖十二年進士，陳沂有《長兒時萬會試北上二首》。次子陳時億，資料不詳。三子陳時兆，字叔行。陳時伸，陳沂從子,據《江寧府志》記載爲嘉靖間舉人,由教授歷官同知,號“雨峰”,有百篇稿《南華長語》一集。

參考文獻:

1. 陳沂《拘虛集》,張壽鏞輯《四明叢書》第4輯,廣陵書社1981年版。

2. 顧璘《息園存稿》,文淵閣《四庫全書》影印本集部第1263册,上海古籍出版社1987年版。

3. 朱彝尊《静志居詩話》,人民文學出版社1990年版。

4. 陳田《明詩紀事》,上海古籍出版社1993年版。

5. 何喬遠《名山藏》,上海古籍出版社1996年版。

6. 成瓘《(道光)濟南府志》,《中國地方志集成》,鳳凰出版社2004年版。

7. 文徵明著,周道振輯校《文徵明集》,上海古籍出版社2014年版。

(司馬周　閆麗)

唐寅傳

唐寅，初字伯虎，更字子畏，號六如，南直隸蘇州吴縣（今江蘇省蘇州市）人，世居吴趨里。成化六年二月初四日（1470 年 3 月 6 日）生。

祝允明《祝允明集·祝氏集略》卷十七《唐子畏墓誌并銘》云："唐氏世吴人，居吴趨里。子畏母丘氏，以成化六年二月初四日生子畏。歲舍庚寅，名之曰寅，初字伯虎，更子畏。……子畏罹禍後，歸心佛氏，自號六如，取四句偈旨。"

顧璘《國寶新編》（明嘉靖十五年刻本）云："唐寅，字子畏，一字伯虎，蘇州人。"

袁袠《衡藩重刻胥臺先生集》（明萬曆十二年刻本）卷之十四《唐伯虎集序》云："唐伯虎者，名寅，初字伯虎，後乃更字子畏，吴人也。"

王世貞《吴中往哲像贊》（《弇州山人續稿》本，明萬曆刻本）云："唐六如先生寅，字子畏，一字伯虎，吴縣之吴趨里人。"

閻秀卿《吴郡二科志》云："唐寅，字伯虎，一字子畏，吴縣吴趨里人。"

文震孟《姑蘇名賢小記》（明萬曆四十二年刻本）卷下："唐先生寅，字伯虎，一字子畏，吴趨里人。"

王季遷、孔達合編《明清畫家印鑒》（吉林文史出版社 1987 年版）稱先生有號"六如、六如居士、桃花庵主、魯國唐生、逃禪仙吏、江南第一風流才子”。

家居市廛,父爲商賈。性穎利,讀書不識門外街陌,父欲用其起家,致舉業師。

唐寅《唐寅集》卷五《與文徵明書》:“計僕少年,居身屠酤,鼓刀滌血。”又,《答文徵明書》:“昔僕穿土擊革,纏鷄握雉,恭雜輿隸屠販之中。”

祝允明《祝允明集・祝氏集略》卷十七《唐子畏墓誌并銘》:“子畏性絶穎利,度越千士,世所謂穎者。數歲能爲科舉文字,童髫中科第,一日四海驚稱之。子畏不然。幼讀書,不識門外街陌,其中屹屹,有一日千里氣。……其父德廣,賈業而士行,將用子畏起家,致舉業師教子畏,子畏不得違父旨。”

祝允明《祝允明集・祝氏集略》卷二十七《夢墨亭記》云:“子畏天授奇穎,才鋒無前,百後千杰,式當其選,形拔而勢孤,立竣則武狹。”

文震孟《姑蘇名賢小記》卷下:“性絶穎利。少讀書,不識户外街陌,其中矻矻有千里氣。”

少時曠遠不羈,年盛氣鋭。弘治初,與都穆、祝允明、文徵明、張靈等人倡爲古文辭,詩酒倡酬,不間時日。

祝允明《祝允明集・祝氏集略》卷十七《唐子畏墓誌并銘》:“(子畏)不或友一人,余訪之再,亦不答。一旦,以二章投余,杰特之志錚然,余亦報以詩,勸其少加弘舒,言萬物,轉高轉細,未聞華峰可建都聚,惟天極峻且無外,故爲萬物宗。子畏始肯可,久乃大契。”

文徵明《文徵明集》卷二十三《題希哲手稿》:“右應天卒祝君希哲手稿一軸。詩、賦、雜文,共六十三首,皆癸卯、甲辰歲作。於時公年甫二十有四。同時有都君玄敬者，與君并以古文名吴中。……又後數年，某與唐君伯虎，亦追逐其間，文酒倡酬，不間時日。於時年少氣鋭，儼然皆以古人自期。”

文徵明《文徵明集》卷二十五《上守溪先生書》：“年十九還吴，得同志者數人，相與賦詩綴文。於時年盛氣鋭，不自量度，儼然欲追古人及之。”

文徵明《文徵明集》補輯卷十九《大川遺稿序》：“弘治初，余爲諸生，與都君玄敬、祝君希哲、唐君子畏倡爲古文辭。争懸金購書，探奇摘异，窮日力不休。儼然皆自以爲有得，而衆咸笑之。”

閻秀卿《吴郡二科志》：“張靈，字夢晋，吴縣人。家故貧窶，作業閭閻，至靈始讀書。好交游，爲俠客……所與游者，吴趨唐寅最善。”

王穉登《吴郡丹青志・張靈》（上海人民美術出版社 1963 年版）云：“張靈，字夢晋，與唐寅爲鄰。兩人氣志雅合，茂才相敵，又俱善畫，以故契深椒蘭。……靈性落魄，簡絶禮文，得錢沽酒，不問生業，嘐嘐然有古狂士之風。爲郡諸生，竟以狂廢。”

王世貞《藝苑卮言》（周維德集校《全明詩話》第三册，齊魯書社 2005 年版）卷六：“唐伯虎與里中生張夢晋善。張才大不及唐，而放誕過之。”

父母妻妹，接踵而歿。遂立志博取功名，閉户讀書期年。弘治戊午(1498)，中鄉試第一。得梁儲、程敏政賞識。曾作《廣志賦》《連珠賦》數十首，爲倪岳所稱。

唐寅《唐寅集》卷五《與文徵明書》：“不幸多故，哀亂相尋，父母妻子，躡踵而没，喪車屢駕，黄口嗷嗷。”又，卷六《祭妹文》：“未幾而内艱作，吊赴繼來，無所歸咎。吾於其死，少且不俶，支臂之痛，何時釋也？今秋爾家襲作蓍龜，以有此兆宅；來朝駕車，幽明殊途，永爲隔絶。”

祝允明《祝允明集·祝氏集略》卷十七《唐子畏墓誌并銘》:“父没,子畏猶落落。一日,余謂之曰:‘子欲成先志,當且事時業;若必從己願,便可褫襴幞,燒科策。今徒籍名泮廬,目不接其册子,則取舍奈何?’子畏曰:‘諾。明年當大比,吾試捐一年力爲之,若弗售,一擲之耳。’即墐户絶交往,亦不覓時輩講習,取前所治毛氏《詩》與所謂四書者,翻討擬議,衹求合時義。戊午,試應天府,録爲第一人。”

俞弁《山樵暇語》(國家圖書館藏鈔本)卷九:“弘治戊午科應天鄉試,解元唐寅,經魁陸山,鎖榜陸鍾,首尾皆蘇人,至今爲鄉中美談。太守曹公(鳳)作彩旗,一聯云:‘一解一魁無敵手,龍頭龍尾盡蘇州。’遠近爲之傳誦。”

《明孝宗實録》卷一百三十九:“弘治十一年七月,命司經局洗馬梁儲、翰林院侍讀劉機爲應天府鄉試主試官。”

王鏊等纂《(正德)姑蘇志》(明正德元年序刻本)卷六“科第表中”:“唐寅,弘治十一年戊午科解元。”

閻秀卿《吴郡二科志》:“先是,洗馬梁儲校寅卷,嘆曰:‘士固有若是奇者耶?解元在是矣。’儲事畢歸,嘗從程詹事敏政飲,敏政方奉詔典會試,儲執卮請曰:‘僕在南都,得可與來者,唐寅爲最。且其人高才,此不足以畢其長,惟君卿奬异之。’敏政曰:‘吾固聞之,寅,江南奇士也。’”

張廷玉等《明史》卷二百八十六“文苑二”:“舉弘治十一年鄉試第一。座主梁儲奇其文,還朝示學士程敏政,敏政亦奇之。”

顧璘《國寶新編》:“(寅)著廣志賦暨連珠數十首,跌宕融暢,傾動群類。清溪倪公見之,亟稱才子。”

倪岳《青溪漫稿》(《明别集叢刊》第60册,黄山書社2016年版)卷十九《送洗馬梁先生南畿校文還朝序》云:“弘治之十有一年,歲在戊午,適鄉舉取士之期。惟時司經局洗馬梁先生叔厚,翰林院侍讀劉先生世衡,適奉上命來司南畿考校之事。……太常吕卿秉之袖一卷過予曰:‘此吴中唐生寅所業,以赴京闈試,持以爲贄。先生試一鑒定,以爲何如?’予受而讀之,爲古賦二篇,爲古選,爲演連珠各若干首。辯博之學,充贍之氣,詞鋒差差,殆不可嬰也。予大驚喜,以爲後來之英乃有斯人耶?主司得士如此,固當以魁解處之。”

尤侗《明史擬稿》(清康熙刻本)卷四《文苑》“唐寅”:“諸生或笑之,慨然曰:‘閉户經年,取解首如反掌耳。’弘治戊午,舉鄉試第一。”

王鴻緒《明史稿》(清雍正元年敬慎堂刻本)卷一百六十二“文苑二”:“祝允明規之,乃閉户浹歲,舉弘治十一年鄉試第一。座主梁儲奇其文,還朝示學士程敏政,敏政亦奇之。”

弘治十二年(1499)二月,禮部會試,與徐經因涉嫌科場舞弊,下獄。六月,以夤緣求進罪名結案,判贖徒,黜充吏役,耻而不就。

唐寅《唐寅集》卷五《與文徵明書》:“猶幸藉朋友之資,鄉曲之譽,公卿吹嘘,援枯就生,起骨加肉,猥以微名,冒東南文士之上。方斯時也,薦紳交游,舉手相慶,將謂僕濫文筆之縱横,執談論之户轍,岐舌而贊,并口而稱。墻高基下,遂爲禍的。側目在旁,而僕不知;從容晏笑,已在虎口。庭無繁桑,貝錦百匹;讒舌萬丈,飛章交加。至於天子震赫,召捕詔獄。身貫三木,卒吏如虎;舉頭搶地,洟泗横集。而後崑山焚如,玉石皆毁;下流難處,衆惡所歸。繢絲成網羅,狼衆乃食人;馬氂切白玉,三言變慈母。海内遂以寅爲不齒之士,握拳張膽,若赴仇敵,知與不知,畢指而唾,辱亦甚矣!整冠李下,掇墨甑中,僕雖聾盲,亦知罪也。當衡者哀憐其窮,點檢舊章,責爲部郵,將使積勞補過,循資干禄;而蘧篨戚施,俯仰异態。士也可殺,不能再辱。”

祝允明《祝允明集・祝氏集略》卷十七《唐子畏墓誌并銘》:“己未,往會試。時傍郡有富子,亦已舉於鄉,師慕子畏,載與俱北。既入試,二場後,有仇富子者,抨於朝,言與主司有私,并連子畏。詔馳敕禮闈,令此主司不得閲卷,亟捕富子及子畏付詔獄,逮主司出,同訊於廷,富子既承,子畏不復辯,與同罰,黜掾於浙藩,歸而不往。或勸少貶,异時亦不失一命。子畏大笑,竟不行。”

袁袠《衡藩重刻胥臺先生集》卷十四《唐伯虎集序》:“會試禮部,衆擬伯虎復當首選,伯虎亦自負。江陰徐經者,通賄考官程公敏政家人,得其節目,以示伯虎,且倩代草文字。事露,逮錦衣衛獄,掠問亡狀。先是梁公奉使外夷,伯虎嘗持束帛乞程公文送之,竟以此論發爲吏。耻不就,免歸。”

《明孝宗實録》卷一百四十七“弘治十二年”:“二月丙申,命太子少保禮部尚書兼文淵閣大學士李東陽、禮部右侍郎兼翰林院學士程敏政爲會試考試官。……丁巳,户科給事中華昶奏:‘國家求賢,以科目爲重,公道所在,賴此一途。今年會試,臣聞士大夫公議於朝,私議於巷:翰林學士程敏政假手文場,甘心市井,士子初場未入而《論語》題已傳誦於外,二場未入而表題又傳誦於外,三場未入而策之第三、四問又傳誦於外。江陰縣舉人徐經、蘇州府舉人唐寅等狂童孺子,天奪其魄,或先以此題驕於衆,或先以此題問於人。此豈科目所宜有?盛世所宜容?臣待罪言職,有此風聞,願陛下特敕禮部場中硃卷,凡經程敏政看者,許主考大學士李東陽與五經同考官重加翻閲,公爲去取。俾天下士就試於京師者,咸知有司之公。’上令禮部即議處以聞。禮部言:‘昶必有所聞,故陳此奏。但恐風聞之事猶或未真,况未經開榜,不知所指實之人曾取中否?乞如所奏,行令李東陽會同五經同考試官將場中硃卷凡經程敏政看中者重加翻閲,從公去取,以息物議。開榜日期,亦乞改移本月二十九日或三月初二日。'上從之,命以三月初二日放榜。"

《明孝宗實録》卷一百四十八"弘治十二年三月":"(辛酉)禮部會試取中式舉人倫文叙等三百名。……丙寅,下户科給事中華昶及舉人徐經、唐寅於獄。會試事畢,大學士李東陽等奏:'日者給事中華昶劾學士程敏政私漏題目於徐經、唐寅。禮部移文臣等重加翻閲,去取其時,考校已定,按彌封號籍,二卷俱不在取中,正榜之數有同考官批語可驗。臣復會同五經諸同考連日再閲,定取正榜三百卷,會外簾比號拆名。今事已竣,謹具以問章下禮部看詳。尚書徐瓊等以前後閲卷去取之間,及查二人硃卷,未審有弊與否。俱内簾之事,本部無從定奪,請仍移原考試官徑自具奏,别白是非,以息横議。'得旨,華昶、徐經、唐寅錦衣衛執送鎮撫司對問明白以問,不許徇情。"

《明孝宗實録》卷一四九"弘治十二年四月辛亥":"下禮部右侍郎兼翰林院學士程敏政於獄。……及置對,鎮撫司以經、昶等獄辭多异,請取自宸斷。上命三法司及錦衣衛廷鞫之,經即自言敏政嘗受其金幣。於是左都御史閔珪等請逮敏政對問。奏留中十餘日,乃可之。"

《明孝宗實録》卷一百五十一"弘治十二年六月己丑":"先是,給事中華昶奏學士程敏政會試漏題事,既午門前置對。敏政不服,具以昶所指二人皆不在中。列而復校,所黜可疑者十三卷,亦不盡。經校閲,乞召同考試官及禮部掌號籍者面證。都御史閔珪等請會多官共治,得旨不必會官第,從公訊實以聞。復拷問徐經,辭亦自异,謂:'來京之時,慕敏政學問,以幣求從學,間講及三場題可出者,經因與唐寅擬作文字,致揚於外。會敏政主試,所出題有嘗所言及者,故人疑其買題,而昶遂指之,實未嘗賂敏政。前懼拷治,故自誣服。'因擬敏政、經、寅各贖徒,昶等贖杖,且劾敏政臨財苟得、不避嫌疑、有玷文衡、遍招物議,及昶言事不察,經、寅等夤緣求進之罪。上以招輕參重有礙,裁處命再議擬以聞。珪等以具獄上,於是命敏政致仕,昶調南京太僕寺主簿,經、寅贖罪。畢送禮部奏處,皆黜充吏役。"

吴寬《致歐信爲唐寅乞情札》(上海圖書館藏):"自使旆到吴中不得一書,聞敕書已先到,亦未審何時赴浙中,極是懸懸。兹有□今歲科場事,累及鄉友唐寅,渠只是到程處,爲坐主梁洗馬求文送行,往來幾次,有妒其名盛者,遂加毀謗。言官聞之,更不訪察,連名疏内,後法司鞫問,亦知其情,參語已輕,因送禮部收查發落。部中又不分别,却乃援引遠例,俱發充吏。此事士大夫間皆知其枉,非特鄉里而已。渠雖嘗奏訴數次,事成已無及矣。今便道告往浙省,屠老大人惜其遭此,定作通吏名目者。如渠到彼,切望與貴寮長楊、韓二方伯大人及諸寮友一説,念一京闈解元,平生清雅好學,别無過惡,流落窮途,非仗在上者垂眄,情實難堪。俟好音到日或有出頭之時,諒亦不忘厚恩也。冗中具此,不暇他及,惟冀心照不備。眷末吴寬再拜。履庵大參大人親契執事。八月十九日具。"按,履庵,即歐信,弘治十二年八月升任浙江布政司左參政。"楊、韓二方伯"爲浙江左布政使楊峻與右布政使韓鎬。

劉鳳《續吴先賢贊》(商務印書館 1937 年版)云:"洗馬梁公儲論士東南第一,歸而言之程詹事敏政云:'所與來唐生,今無比也。即太常籍奏未足盡生萬分一。'敏政亦雅聞寅,從儲請其文。寅立奏幾萬言,遂大被賞。寅懷梁深,會其當行,亦請敏政文。適敏政被命都諸奏上者,都穆嫉寅,潜譖之,謂有寄請。給事論罷之,且斥寅爲掾,寅由此廢。"

萬斯同《明史》(清鈔本)卷一百八十七:“座主梁儲奇其文,還朝以示學士程敏政,敏政亦奇之,遂與相往還。及儲奉使南行,寅乞敏政文以餞。先是,有徐經者,江陰富家子,慕寅名,與同入都。適敏政總裁會試,經賄其家僮,得試題,事頗章露。有忌敏政者,發之,語連寅,下詔獄鞫訊。寅不承,竟坐乞文事謫爲吏,寅耻不就。”

黄魯曾《吴中故實記》:“會試遇江陰富人徐姓者,有賣題之毁。君與徐則舊交也,徐以三四書題,丐君代作;而君不知其文衡,泄之。被給事中華昶因劾程篁墩先生事連逮下獄,落其桂籍。”

歸家後,夫妻反目,哀傷難排。轉好佛氏,取《金剛經》四句偈自號“六如”。築桃花庵,詩酒書畫度日,放浪形骸。

唐寅《唐寅集》卷五《與文徵明書》:“兹所經由,慘毒萬狀;眉目改觀,愧色滿面。衣焦不可伸,履缺不可納。僮奴據案,夫妻反目。舊有獰狗,當户而噬。反視室中,甂甌破缺,衣履之外,靡有長物。”

閻秀卿《吴郡二科志》:“歸無幾,緣故去其妻。”

祝允明《祝允明集·祝氏集略》卷十七《唐子畏墓誌并銘》:“放浪形迹,翩翩遠游。扁舟獨邁祝融、匡廬、天台、武夷。觀海於東南,浮洞庭、彭蠡。暫歸,將復踏四方。”又,“子畏罹禍後,歸心佛氏,自號六如,取四句偈旨。治圃舍北桃花塢,日般飲其中,客來便共飲,去不問,醉便頽寢。”按,唐寅的游踪,江兆申《關於唐寅的研究》有詳細考述,并認爲祝允明所謂的“遠游”,是將唐寅數次遠游的經歷合并在一起行文的結果。

王世貞《藝苑卮言》卷六(周維德集校《全明詩話》第三册,齊魯書社2005年版):“伯虎舉鄉試第一,坐事免。家以好酒益落,有妒婦,斥去之,以故愈自棄不得。”

袁袠《衡藩重刻胥臺先生集》卷十四《唐伯虎集序》:“乃後益自放廢,縱酒落魄。……築室桃花塢中,讀書灌園。家無擔石,而客長滿座。”

文徵明《文徵明集》卷七《夜坐聞雨有懷子畏次韻奉簡》:“皋橋南畔唐居士,一榻秋風擁病眠。用世已銷横槊氣,謀身未辦買山錢。鏡中顧影鸞空舞,櫪下長鳴驥自憐。正是憶君無奈冷,蕭然寒雨落窗前。”

徐禎卿《迪功集》(人民文學出版社 2009 年版)卷三《唐生將卜築桃花塢謀家無貲貽書見讓寄此解嘲》:“歸來欲奏楚王書,漢主上林方好武。黄金不遇心自吁,白璧無媒翻見侮。昨日結交燕少年,酣歌擊筑市中眠。正逢天子失顔色,奪俸經時無酒錢。”按,徐禎卿正德元年奉使赴湖南纂外史,正德二年八月返京,未幾,以失囚獲罪,奪俸,故而唐寅築桃花庵的時間當在正德二年(1507)左右。

江盈科《雪濤小書》(中央書店 1935 年版):“姑蘇唐寅,字伯虎。發解南畿,旋被詬削籍。放浪丹青山水間,以此自娱,亦以自闊。”

正德九年(1514),寧王朱宸濠遣使來聘,唐寅與謝時臣、章文俱往南昌。居半年,見寧王多不法,乃佯狂,得以歸。致信姜龍,言及江西之行,實興敗而返。

袁袠《衡藩重刻胥臺先生集》卷十四《唐伯虎集序》云:“宸濠之謀逆,欲招致四方材名之士,乃遣人以厚幣招,伯虎堅辭,不可。至則陰知將有淮南之謀,遂佯狂以酒自污。宸濠曰:‘唐生,妄庸人耳。’乃放歸,得免於難。”

張廷玉等《明史》卷二百八十六“文苑二”:“寧王宸濠厚幣聘之,寅察其有异志,徉狂使酒,露其醜穢,宸濠不能堪,放還。”

唐寅《唐寅集・補輯卷》第六《致姜龍》:“寅頓首頓首,夢賓姜儀部大人座下:别來簡闊殊甚,僕自去歲游廬山,欲溯江西上,悉覽諸名勝,不意留頓在豫章,三月中旬得回吴中矣,所謂興敗而返也。

丈夫潦倒於江山花竹之間，亦自有風韻。此但可與先生道，難與俗人言也。游廬山開先寺詩一首，奉上請教（詩即卷二《廬山》）。即日，唐寅頓首拜稿，夢賓姜大人先生座下。”按，姜龍，字夢賓，崑山人。正德三年(1508)進士，歷官禮部儀制司郎中。

何良俊《四友齋叢説》（中華書局1959年版）卷十五“史十一”：“宸濠甚慕唐六如，嘗遣人持百金至蘇聘之。既至，處以别館，待之甚厚。六如住半年餘，見其所爲多不法，知其後必反，遂佯狂以處。宸濠差人來饋物，則倮形箕踞，以手弄其人道，譏呵使者。使者反命，宸濠曰：‘孰謂唐生賢？直一狂生耳。’遂遣之歸。”

王世貞《弇州山人四部稿》（明萬曆五年世經堂刻本）卷一百五十五：“正德末，待詔困諸生，而伯虎爲山人以老。寧庶人慕其書畫名，以金幣卑禮聘之。待詔謝弗往，伯虎往。而睹庶人有反狀矣，乃陽爲清狂。寧使至，或縱酒箕踞謾罵，至露其穢。庶人曰：‘果風耶?’放之歸。歸二年，而庶人反，伯虎已卒矣。”

徐咸《西園雜記》（商務印書館1937年版）上：“（宸濠）日與賽詩論畫，酒間，語涉悖逆，寅即佯狂不答，或作喪心狀，遇人若泄其謀者，濠懼，遣歸。”

《風流逸響》：“宸濠事敗，六如幾不免，當事者甚憐之，然不能挽也。及見題壁一詩云：‘碧桃花樹下，大脚黑婆娘。未説銅錢起，先鋪蘆席床。三杯渾白酒，幾句話衷腸。何時歸故里，和它笑一場。’遂保護其壁，深白伯虎鬱鬱思歸，略不與黨狀，復奏得釋。”

嘉靖二年十二月二日(1524年1月7日)，書《絶命詩》一首，卒，年五十四。葬橫塘王家村，宋牧仲撫蘇州，修葺之。

祝允明《祝允明集·祝氏集略》卷十七《唐子畏墓誌并銘》：“卒嘉靖癸未十二月二日，得年五十四。……墓在横塘王家村。”

唐寅《唐寅集》卷三《伯虎絶筆》云：“生在陽間有散場，死歸地府也何妨?陽間地府俱相似,只當漂流在异鄉。"

何大成輯《唐伯虎先生集》之《伯虎遺事》引《燕中記》:"伯虎絶筆詩,他本互异。予僑居燕中,友人邵百朋手一編來云:此係伯虎定本。詩云:一日兼他兩日狂,已過三萬六千場。他年新識如相問,只當漂流在异鄉。"

祝允明《祝允明集·祝氏集略》卷七《哭子畏》二首:"天道難公也不私,茫茫聚散底須知。水衡於此都無準,月鑒由來最易虧。不泯人間聊墨草,化生何處産靈芝?知君含笑歸兜率,袛爲斯文世事悲。""萬妄安能滅一真?六如今日已無身。周山既不容神鳳,魯野何須哭死麟?顔氏道存非謂夭,子雲玄在豈稱貧。高才剩買紅塵妒,身後猶聞樂禍人。"

查爲仁《蓮坡詩話》(張寅彭編纂《清詩話全編·乾隆期》,上海古籍出版社2020年版)卷下:"唐六如墓在桃花庵,日久廢傾。商丘宋漫堂中丞(犖)重爲修葺,一時名士吟咏甚多。有《重表唐解元遺墓詩》一卷,内韓慕廬宗伯(菼)一聯極妙,云:'誰昔唐衢惟解哭,袛今宋玉與招魂。'"

《(道光)蘇州府志》(清道光四年刻本)卷五十一《冢墓·吴縣》:"解元唐寅墓,在横塘王家村,墓至今尚存。本朝康熙中,閶門内居民於寅讀書之準提庵西,掘得一碑,人書唐解元墓,蘇守胡纘宗書也。時商丘宋犖撫吴,亟臨祭之,爲構'才子亭'於其旁,宗伯韓菼記以詩。然唐墓實在横塘,當時未詳考爾。明末井研雷起劍重修唐解元墓,其記略云:'崇禎甲申暮春既望,余與徐元嘆、葉羽遐、毛子晋、馬人伯、孫月在、釋石林放舟於吴門之横塘,羽遐指野水叢薄間曰:是爲唐伯虎先生之墓,童烏之嗣既乏,若敖之鬼已餒矣。今其墓牛羊是踐,是可悲!余遂與諸友人披棘拜之,訪於田夫之鄰者,問其遺族。云:族并乏,止有城内桃花塢一老嫗,尚是伯虎侄孫婦之孀者。余與友人凄然嘆曰：是朋友之罪也，千載下讀伯虎之文者皆其友，何必時與并乎？理厥封樹構數楹而祠之，是在吾儕今日耳。子晋然欣任之，同儕各賦詩以紀。閱兩月而祠成，更勒石以遺千古之有心者。'"又，"唐解元寅宅，在桃花塢，今尚存六如古閣。又有桃花庵，今爲準提庵。"

袁枚《隨園詩話》(鳳凰出版社2000年版)卷十四："宋牧仲撫蘇州，爲唐六如修墓。韓宗伯慕廬題云：'在昔唐衢常慟哭，祗今宋玉與招魂。'"

寅生性狂放不羈，崇俠尚氣。軼事瑣聞，流傳甚廣。

徐禎卿《新倩籍》："(寅)雅資疏朗，任逸不羈。"

閻秀卿《吴郡二科志》云："(寅)爲人放浪不羈，志甚奇，沾沾自喜。"

顧璘《國寶新編》(嘉靖十五年刻本)："(寅)棄落之餘，益任放誕。"

唐寅《唐寅集》卷五《與文徵明書》："(寅)亦能慷慨然諾，周人之急。嘗自謂布衣之俠，私甚厚魯連先生與朱家二人。爲其言足以抗世，而惠足以庇人。"

劉鳳《續吴先賢贊》卷十："(寅)少輕俠，有逸才。"

毛慶臻《一亭考古雜記》(臺北"國圖"藏鈔本)："唐六如最近名，故爲人所忌。失意後，恣酒狂放，自稱'江南第一風流才子'；又有印文以'名第一'對'醉千場'，二句頗欠高雅。其書畫喜用'南京解元'印，可謂結習未忘。"

陸粲《説廳》卷上："吴趨唐解元伯虎赴省試，有忌其文名壓己者，中禍黜歸。行素不羈，至是益游酒人以自娱，故爲俚歌勸人及時行樂。"

按，何大成所編《唐伯虎先生集》外編卷三爲《伯虎遺事》，搜羅明代關於唐寅的瑣聞軼事甚夥。

時吴中人才輩出,各領風騷。寅與同籍祝允明、文徵明、徐禎卿相友善。四人齊名,後有"吴中四才子"之稱。

唐寅《唐伯虎先生集》(明萬曆何大成刻本)外編卷三:"伯虎與文徵仲交誼甚厚,乃其情尚固自殊絶。

陸應陽《廣輿記》(清康熙二十五年刻本)卷三:"徐禎卿字昌穀,長洲人,天性穎异,家不蓄一書,而無所不通。與唐寅、祝允明、文璧齊名,號吴中四才子。"

錢謙益《列朝詩集小傳》(上海古籍出版社2008年版)丙集"徐博士禎卿":"禎卿,……與吴趨唐寅相友善。……昌穀(徐禎卿)少與唐寅、祝允明、文璧齊名,號'吴中四才子'。"

張廷玉《明史》卷二百八十六:"禎卿少與祝允明、唐寅、文徵明齊名,號'吴中四才子'。"

按,"吴中四才子"名號之緣由始末,可參看霍美麗、朱曙輝《"吴中四才子"定名考論》。

丁元薦《尊拙堂文集》(清順治十七年刻本)卷十一《祭徐聲遠》:"江左風流,至唐伯虎、桑民懌、文徵仲、沈石田、祝希哲諸公盡矣。"

寅詩文初尚才情,後頽然自放,不計工拙。專用俚語,寄托於風人之旨,新意别出。

祝允明《祝允明集·祝氏集略》卷十七《唐子畏墓誌并銘》云:"子畏爲文,或麗或淡,或精或泛,無常態,不肯爲鍛鍊功;其思常多而不盡用。其詩初喜穠麗,既又放白氏,務達情性,而語終璀璨,佳者多與古合。"

俞弁《山樵暇語》(國家圖書館藏鈔本)卷一:"唐子畏寅詩,早年甚精嚴，晚歲平易疏暢，蓋學元白，具體而微者。”又，“唐解元寅，詩多類白樂天，善於模寫，深得人情物態、悲歡窮達。”

顧元慶《夷白齋詩話》（周維德集校《全明詩話》第一册，齊魯書社 2005 年版）：“解元唐寅子畏晚年作詩，專用俚語，而意愈新。嘗有詩云：‘不煉金丹不坐禪，不爲商賈不耕田。起來就寫青山賣，不使人間造孽錢。’君子可以知其養矣。”

王世貞《藝苑卮言》卷五：“唐伯虎如乞兒唱《蓮花落》，其少時亦復玉樓金埒。”

王世貞《明詩評》（周維德集校《全明詩話》第三册，齊魯書社 2005 年版）卷二《唐解元寅》：“詩少法初唐，如鄠杜春游，金錢鋪埒；公子調馬，胡兒射雕。暮年脱略傲睨，務諧俚俗；西子蒙垢土，南珠襲魚目，狐白絡犬皮，何足登床據几，爲珍重之觀哉？”

王世貞《弇州山人續稿》（明萬曆刻本）卷一百四十八《文部》云：“先生之始爲詩，奇麗自喜，晚節稍放，格諧俚俗，冀托於風人之指；其合者猶能令人解頤。”

袁宏道《唐伯虎全集序》（《唐寅集附録》）：“吴人有唐子畏者，才子也；以文名，亦不專以文名。余爲吴令，雖不同時，是亦當寫治生帖子者矣；余昔未治其人，而今治其文。大都子畏詩文，不足以盡子畏，而可以見子畏。故余之評騭，亦不爲子畏掩其短；政以子畏不專以詩文重也。子畏有知，其不以我爲俗吏乎？”

徐㶿《徐氏筆精》（明崇禎五年刻本）卷四：唐伯虎疏狂玩世，嵇、阮之流也。詩雖不甚雅馴，而一段天然之趣，自不可及。

錢謙益《列朝詩集小傳》丙集：“伯虎詩少喜穠麗，學初唐，長好劉、白，多凄怨之詞，晚益自放，不計工拙，興寄爛熳，時復斐然。”

袁枚《隨園詩話》（鳳凰出版社 2000 年版）卷八：“文、沈、唐、仇，以畫名前朝。仇畫從無題咏。唐能詩，恰無佳句。”

閻秀卿《吴郡二科志》:"(唐寅)有俊才,博習多識。善屬文,駢驪尤絶,歌詩婉麗,學劉禹錫。"

顧元慶《夷白齋詩話》(商務印書館 1936 年版):"解元唐寅子畏晚來作詩,專用俚語,而意愈新。"

張廷玉等《明史》卷二百八十六本傳:"寅詩文,初尚才情,晚年頹然自放,謂後人知我不在此,論者傷之。"

朱庭珍《筱園詩話》(郭紹虞編選《清詩話續編》,上海古籍出版社 1983 年版)卷四:"子畏詩縱筆率意,俚俗頹唐,與解大紳輩同墮野狐禪魔道中,不足言詩也。"

陳田《明詩紀事》丁籤卷十一上陳田按:"子畏詩才爛漫,好爲俚句,選家陶汰太遠,并其有才情者不録,此君真面不見。子畏領解後,以事下獄,可謂不幸。"

喜玩古書,多所博通。尤工畫,下筆輒追唐宋名匠,與沈周、文徵明、仇英稱"明四家"。

祝允明《祝允明集·祝氏集略》卷二十七《夢墨亭記》:"或布濩餘蓄,以爲圖繪日月山河,霄漢風氣,烟雲霧雨,花鳥樹石,仙崖鬼竇,奇夫曠人,俠子媚女,樵牧耕漁,墟市舟騎,千形萬模,皆務爲凌誇横突,峻掘譎詭,周曲碎雜,無不求詣,各至妥貼也。"

祝允明《祝允明集·祝氏集略》卷十七《唐子畏墓誌并銘》:"奇趣時發,或寄於畫,下筆輒追唐宋名匠。既復爲人請乞,煩雜不休,遂亦不及精諦。且已四方慕之,無貴賤貧富,日詣門徵索文辭、詩畫,子畏隨應之,而不必盡所至。大率興寄遐邈,不以一時毁譽重輕爲趣舍。"

王穉登《吴郡丹青志·妙品志》(上海人民美術出版社 1963 年版):"(唐寅)畫法沉鬱,風骨奇詣,刊落庸瑣,務求濃厚。連江叠巘,灑灑不窮。信士流之雅作,繪事之妙詣也。評者謂其畫遠攻李唐，足任偏師；近交沈周，可當半席。”

姜紹書《無聲詩史》（清康熙五十九年李光映刻本）卷二：“畫品高甚，自宋李營丘、李唐、范寬、馬遠、夏圭，以至勝國名家大痴、山樵之迹，無不探討。”

徐沁《明畫録》（商務印書館 1936 年版）卷三：“（唐寅）工詩文，尤精書畫。其山水自李成、范寬、馬、夏、元四大家，靡不研解。行筆秀潤，縝密而有韻度。美人花鳥，尤極精研。”

徐禎卿《新倩籍》：“唐寅字伯虎，雅資疏朗，任逸不羈。喜玩古書，多所博通，不爲章句，屬文務精思。”

王世貞《弇州山人續稿》（明萬曆刻本）卷一百四十八《文部》：“畫品高甚，在五代北宋間。今像頗質而野，顧猶襲太學衣裾若重戴者，可悲也。贊曰：奪汝薦，冐以椽。汝何悳？䰠面靦。樸其外，文其中。咄惜哉！以樂窮。以窮工，藝乃終。”

袁宏道著，錢伯城箋校《袁宏道集箋校》（上海古籍出版社 2008 年版）卷十八《叙姜陸二公同適稿》：“畫苑書法，精絶一時，詩文之長因之而掩者，沈石田、唐伯虎、祝希哲、文徵仲是也。”

胡應麟《詩藪續編》（周維德集校《全明詩話》第三册，齊魯書社 2005 年版）卷二：“桑民懌高自稱許，今睹其集，體格卑弱之甚，可謂大言無當。吴中昌穀，同時祝希哲、唐伯虎、沈啓南、王履吉，才皆高出一代，而皆以書畫掩之。亦以偏工書畫，不暇致力耳。”

陳去病《五石脂》（江蘇古籍出版社 1985 年版）：“蔡羽、文壁、沈周、唐寅、祝允明、陸治及壁子文彭、文嘉皆吾吴先賢之彬彬者也。其人咸多技能，好古竺學，知考藏金石，搜弆古今圖書無倦意。又嫻於吟咏，工文章，擅書畫，故當時莫不有鄭虔三絶之譽。而流風所被，天下承其應響。”

張萱《西園存稿》（清康熙四年重修本）卷二十九“題跋二”“題

唐寅落花詩卷":"寅故精繪事,以吟咏自喜。一遭无妄,輒頹然自放,以耗其雄心於翰墨之間,時以自寫其侘傺無聊之意。故一往奔詣,技日益進,而名日益高。片紙隻字,世争購焉。"

嘉靖十三年(1534),袁袠首刻《唐伯虎集》兩卷。後經何大成、曹元亮、唐仲冕等人重刻增補。

袁袠《唐伯虎集序》(《唐寅集》附録)云:"唐伯虎集二卷,樂府、詩總三十二首,賦二首,雜文一十五首,内金粉福地賦闕不傳。伯虎他詩文甚多,體不類此。此多初年所作,頗宗六朝。惟《游金焦》《匡廬》《嚴陵》《觀鰲山》諸詩及《嘯旨後序》,乃中季所作,亦可入選,故附入選。……袠童時,嘗獲侍高論,接杯酒之歡。哲人已遠,九京不作,撫頌遺文,慨仰遐烈。爰加搜摭,庶存梗概云爾。嘉靖甲午臘月望日,胥臺山人袁袠謹序。"按,此序收録於袁袠《衡藩重刻胥臺先生集》時多有删改。

何大成《伯虎外編小序》(《唐寅集》附録)云:"予因是旁搜逸艷,并輯其志銘,暨諸名公贈答,釐爲若干卷,題曰外編,附刻卷末,以貽同好。"

曹元亮《伯虎唐先生匯集序》(《唐寅集》附録):"今所集二十二種,百五十餘篇,大都皆先生中年作。悲歌慷慨,而寄韻委婉,謔浪笑傲,而談言微中。先生善畫,恨不得於畫見先生,今於兹集見之矣。謹校閱付梓,遺珠在世,博雅鑒補,則先生益不朽。萬曆壬子相月,雲間曹元亮寅伯甫題并書。"

唐仲冕《重刊六如居士集序》(《唐寅集》附録):"嘉慶六年嘉平月,重刊家子畏先生集成,因爲之叙曰:……先生爲文,自言'後人知我不在此',其集致多散佚。余於袁徵君棠、王孝廉曇睿、何文學元錫,得袁中郎批本四卷,及萬曆間何君立本二十二卷,輯而刻之。補之以家藏山水畫端詩,阮中丞元、黄司馬易所藏墨迹,王太守文治、邵茂才騄、趙上舍輅、魏茂才標所見詩篇，且刻其制藝、畫譜。而孫觀察星衍寄示康熙甲戌宋中丞刊本表墓詩一卷，韓封君是升有明天啓間周廷簡所臨畫像題跋；并采録外集，都爲十六卷。”

孫唐卿《談觚》：“唐伯虎有《金粉福地賦》《汗巾賦》，俱莫得其傳。今《金粉賦》已殺青，所闕者《汗巾賦》耳。”

趙尊岳輯《明詞彙刊・六如居士詞》(上海古籍出版社 2012 年版)：“全集以當時袁中郎批四卷本、萬曆何君立刊二十二卷本爲最佳。嘉慶六年，其長沙族裔名仲冕字陶山者，復裒輯重梓，爲内集七卷、外集六卷，凡遺事、投贈、題跋、詩話無不畢詳，别附所作制藝、畫譜，纚屬以行。蓋居士遺著，至是庶幾備具。”

按，唐伯虎詩文集現存版本主要有《唐伯虎集》《唐伯虎先生集》《唐伯虎先生外集》《解元唐伯虎彙集》《袁中郎先生批評唐伯虎彙集》《唐伯虎先生外編續刻》《六如居士全集》，其編排狀况，可參看周道振、張月尊輯校《唐寅集前言》。

參考文獻：

1. 劉建等修《明孝宗實録》，臺灣“中央研究院”歷史語言研究所校印本 1962 年版。

2. 徐禎卿《新倩籍》，《叢書集成初編》第 3381 册，中華書局 1985 年版。

3. 閻秀卿《吴郡二科志》，《叢書集成初編》第 3381 册，中華書局 1985 年版。

4. 文徵明著，周道振輯校《文徵明集》，上海古籍出版社 1987 年版。

5. 文林《文温州集》，《四庫全書存目叢書》集部第 40 册，齊魯書社 1997 年版。

6. 唐寅著,周道振、張月尊輯校《唐寅集》,上海古籍出版社 2013 年版。

7. 祝允明《祝允明集》,上海古籍出版社 2016 年版。

(鄧曉東　孫啓華)

文徵明傳

文徵明，初名壁，後以字行，更字徵仲，以先世爲衡山縣人，故號衡山。長洲（今蘇州市）人。成化六年十一月初六（1470年11月28日）生。父林，温州知府。母祁守瑞。兄奎，字徵静。弟室。

文嘉《先君行略》（周道振等輯校《文徵明集》附録二）："公諱壁，字徵明。後以字行，更字徵仲。以世本衡山人，號衡山居士，學者稱爲衡山先生云。"又，"洪生林，字宗儒，成化壬辰進士，歷知永嘉、博平二縣事，進南京太僕寺寺丞，仕終温州知府，公之父也。母祁氏，贈安人。繼母吴氏，封安人。"

王世貞《弇州山人續稿》（明萬曆刻本）卷一百四十八《吴中往哲像贊》："文衡山先生者，初名壁，字徵明，云故丞相天祥裔也。避其祖璧諱，以字行，更字徵仲。"

黄佐《泰泉集》（清康熙刻本）卷五十四《將仕佐郎翰林院待詔文衡山公墓誌》："公初諱壁，字徵明。後以字行，更字徵仲。世爲衡山人，故人稱之曰衡山先生。"又，"洪生林，公之父也，仕終温州府知府。文章政事，爲世名臣，學者稱交木先生。"又，"夫人崑山吴氏，河南參政愈之女。……與公同生於成化庚寅十一月，夫人初一日，而公則初六也。"

文徵明有《十一月初六日初度，與客飲散，獨坐誦太白紫極宫詩，有感次韻》（《文徵明集》卷三）。按，據此可知，文徵明生於成化六年十一月初六。

俞憲編《盛明百家詩》(齊魯書社 1997 年版)云:“先名壁,字徵明,長洲人。以先世楚産,號衡山。後更名徵明,字徵仲,又自號文仲子。”

陳繼儒《太平清話》(商務印書館 1936 年版):“文徵明,始名壁,徵明其字也。後更以爲名。昔文文山死宋,而其弟文壁號文溪者附元,公之改名,意或憎此。”按,考《文氏族譜續集·衡山世系表》,文衡山非文天祥後裔,亦非文璧之後。

楊循吉《松籌堂集》卷六(金氏文瑞樓刻本)《明故中順大夫温州府知府文公墓誌銘》:“子男三人,奎、壁、室。”

按,兄弟三人奎、壁、室皆從星宿,故徵明當以“壁”爲名而非“璧”。葉廷琯《鷗陂漁話》(遼寧教育出版社 1998 年版)卷一《文衡山舊名》:“相傳衡山初名璧,字徵明。因文信國子璧仕元,不欲與同名,故以字行。然證以其兄名奎,及徵明之字,俱與壁宿義近,似應作壁爲是。”

又按,據周道振、張月尊《文徵明年譜》:徵明初名壁,“壁”字從土不從“玉”,可於早年書畫中見之。然徵明於行草書“壁”字寫法有頓筆,或後人誤以爲“王”而作“玉”。

文徵明《文徵明集》卷三十《亡兄雙湖府君墓誌銘》:“先君諱林,起進士,仕終温州知府。”

吴寬《匏翁家藏集》(明正德三年刻本)卷七十六《明故中順大夫浙江温州府知府文君墓碑銘》:“温州知府文君以弘治十二年六月己未卒於官。……幼傳家學,成化戊子舉於鄉,壬辰登進士第。初知永嘉,丁父憂,服除,改知博平。召爲南京太僕寺丞,稱病去,久之,始起爲温州君。”

楊循吉《松籌堂集》卷六《明故中順大夫温州府知府文公墓誌

銘》:"弘治丁巳冬十一月,上起南京太僕寺丞文公於家,以爲温州府知府。"

徵明幼不慧,稍長,穎异挺發。父器重之,官博平知縣及南京太僕寺丞時,徵明得隨侍左右。

文嘉《先君行略》:"少時,外若不慧,然敦確内敏,雖在童稚,人不敢易視。稍長,讀書作文,即見端緒,尤好爲古文詞。"

馮時可《馮元成選集》(明刻本)卷五十《文待詔徵明小傳》:"公生而外椎,七歲始能立。逾十歲,始能言。其兄奎甚爽朗,温州獨器公,曰:'此兒神明内蘊,奎不能兄也。'"

黄佐《泰泉集》卷五十四《將仕佐郎翰林院待詔文衡山公墓誌》:"公生而少慧,貌古神完,八九歲語言猶不分明,他人或易視之,而其兄奎爽朗俊慧,交木獨器公曰:'此兒他日必有所成,非乃兄所及也。'隨侍往滁,讀書務稽古人之德,能自得師。"

王世貞《弇州山人四部稿》卷八十三《文先生傳》:"先生生而外椎,八九歲語猶不甚了了,或疑其不慧,温州公獨异之曰:'兒幸晚成,無害也。'先生既長,就外塾,穎异挺發,日記數百千言。嘗從温州公宦於滁。"

張廷玉等《明史》卷二百八十七"文苑三":"徵明幼不慧,稍長,穎异挺發。"

文徵明《文徵明集》卷十一《魏家灣有感》:"博平縣里侍親時,四十年來兩鬢絲。"

學文於吴寬,學書於李應禎,學畫於沈周,皆父友也。又以父命至江浦與莊昶游,酬唱贈答,引爲知己。

文徵明《文徵明集》卷七《上少卿范庵先生》:"公能折行忘前輩,我幸通家講世親。"又,卷二十一《跋李少卿帖》:"家君寺丞在太僕時,公爲少卿,某以同僚子弟,得朝夕給事左右,所承緒論爲多。一日,書《魏府君碑》,顧謂某曰:'吾學書四十年,今始有得,然老無益矣。子其及目力壯時爲之。'因極論書之要訣,累數百言。凡運指、凝思,吮毫、濡墨,與字之起、落、轉、换,小、大、向、背,長、短、疏、密,高、下、疾、徐,莫不有法。"

文嘉《先君行略》:"少拙於書,遂刻意臨學。"又,"温州於吴文定公寬爲同年進士,時文定居憂於家,温州使公往從之游。文定得公甚喜,因悉以古文法授之,且爲延譽於公卿間。温州在南太僕寺,少卿李公應禎,博學好古,性剛介難近,少所許可,而獨重公。公亦執弟子禮惟謹。一日,見公書稍涉玉局筆意,即大咤曰:'破却工夫,何用隨人脚踵。'且曰:'吾學書四十年,今始有得,然老無益矣!'因以筆法授公。"

何喬遠《名山藏》(明崇禎刻本)卷九十六《高道記》:"徵明初游郡學時,學官以嚴厲束諸生,辯色而入,張燈乃散。既日長,諸生皆飲噱嘯歌,壺弈消晷。徵明獨臨寫《千字文》,日以十本爲率,書遂大進。"

閻秀卿《吴郡二科志》:"壁所善沈石田尤愛敬,嘗爲推策曰:'徵明庚甲何异?乃聰慧若此!'"

何良俊《四友齋叢説》卷二十六《詩》三:"見衡山常稱'我家吴先生,我家李先生,我家沈先生',蓋即匏庵、范庵、石田,其平生所師事者,此三人也。"

王世貞《弇州山人四部稿》卷八十三《文先生傳》:"以文贄莊昶郎中,莊公讀而奇之,爲詩以贈。然先生得其緒於門人,往往舍下學而談上達,因絶口不名莊氏學。"又,"於文師故吴少宰寬,於書師故李太僕應禎,於畫師故沈周先生。咸自愧嘆,以爲不如也。"

王世貞《弇州山人四部稿》卷一百五十五《藝苑卮言附録四》:

“文待詔稱啓南爲先生,每謂人:‘吾先生非人間人也,神仙人也。’”

錢謙益《石田先生事略》(沈周撰,錢謙益輯《石田先生詩鈔》附録,瞿式耜明崇禎十七年刻本):“以徵明嘗從游門下,俾爲足之。自顧拙劣,……觀公作《長江萬里圖》,意頗歆會。公笑曰:‘此余從來業障,君何用爲之?’蓋不欲其以藝事得名也。然相從之久,未嘗不爲余盡。”

文徵明有《謁江浦莊先生留宿定山草堂》《至定山辱莊先生贈詩次韻奉答》等與莊昶唱和之作。莊氏卒後,文徵明有詩《宿江浦有懷定山先生》懷之。莊昶《定山先生集》(嘉慶六年刻本)卷五《贈文二》中有云:“詩本平生非杜甫,琴才臨老遇鍾期。盡堪出手名家早,但覺忘年得友遲。”

黄佐《泰泉集》卷五十四《將仕佐郎翰林院待詔衡山文公墓誌》:“交木命往從莊定山昶游,昶與語奇之,贈行有‘忘年’‘得友’之句。”

馮時可《馮元成選集》(明刻本)卷五十《文待詔徵明小傳》:“事郎中莊昶,得其學。然不用以口談。”

弘治初,與楊循吉、都穆、祝允明、唐寅、杭濂等倡爲古文辭。文酒唱酬,不間時日,聲名益起。

文徵明《文徵明集》卷二十五《上守溪先生書》:“以親命選隸學官,於是有文法之拘,日惟章句是循,程式之文是習,而中心竊鄙焉。稍稍以其間隙,諷讀《左史》、《史記》、兩《漢書》及古今文集,若有所得,亦時時竊爲古人詞。一時曹耦莫不非笑之,以爲狂。其不以爲狂者,則以爲矯、爲迂。”又,《題希哲手稿》(《文徵明集》卷二十三):“於時公年甫二十有四。同時有都君玄敬者,與君并以古文名吴中。其年相若,聲名亦略相下上。而祝君尤古邃奇奥,爲時所重。又後數年,某與唐君伯虎,亦追逐其間,文酒唱酬,不間時日。

於時年少氣鋭,儼然皆以古人自期。"又,《大川遺稿序》(《文徵明集》補輯卷十九):"弘治初,余爲諸生,與都君玄敬、祝君希哲、唐君子畏,倡爲古文辭。争懸金購書,探奇摘异,窮日力不休。儼然皆自以爲有得,而衆咸笑之。杭君道卿來自宜興,顧獨喜余所爲。遂舍其所業而從余四人者游。"

文嘉《先君行略》:"時南峰楊公循吉、枝山祝公允明,俱以古文鳴,然年俱長公十餘歲。公與之上下其議論,二公雖性行不同,亦皆折輩行與交,深相契合。或有問先君於祝君者,君曰:'文君乃真秀才也。'公名既起,然不苟爲人述作。或有托其名爲文以售者,楊公輒能辨之。"

王世貞《弇州山人四部稿》卷八十三《文先生傳》:"吴中文士秀异,祝允明、唐寅、徐禎卿日來游。允明精八法,寅善丹青,禎卿詩奕奕有建安風。"

袁袠《衡藩重刻胥臺先生集》卷之十四《唐伯虎集序》:"(寅)好古文辭,與京兆祝公允明、博士徐公禎卿、内翰文公徵明相友善。"

弘治八年(1495),始赴應天鄉試,凡十試不售。

文徵明《文徵明集》卷二十五《謝李宫保書》:"某家世服儒,薄有蔭祚。少之時,不自量度,亦嘗有志當世,讀書綴文,粗修士業。而受性樸魯,鞭策不前。加之憂患交攻,日以墮廢。自弘治乙卯抵今嘉靖壬午,凡十試有司,每試輒斥。年日以長,氣日益索,因循退托,志念日非。非獨朋友棄置,親戚不顧。雖某亦自疑之。所謂潦倒無成,齷齪自守,駸駸然將日尋矣。"

文嘉《先君行略》:"温州既殁,公與游諸君祝、唐、都、徐,皆連起科目,而公數試不利,乃嘆曰:'吾豈不能時文哉?得不得固有命耳。然使吾俑匐求合時好,吾不能也。'於是益肆力爲古文詞。"

弘治十二年(1499)六月,父林卒於温州。徵明挾醫省疾,後三日而至。郡邑循例致千金,徵明不受,人多稱之。温人乃爲文林父子修故却金亭。

文嘉《先君行略》:"温州在任有疾,公挾醫而往,至則前三日卒矣。時屬縣賻遺千金,公悉却之,温人構亭以致美云。"

黄佐《泰泉集》卷五十四《將仕佐郎翰林院待詔衡山文公墓誌》:"弘治己未,聞交木有疾,挾醫而往,至則殁已三日矣。故事,卒於官者,郡邑咸賻,官尊則益厚。時所賻幾千金,公盡却之。爲書以謝曰:'吾父以廉吏稱,而吾忍污其死耶?《傳》不云乎,父死之謂何,又因以爲利!'温人駭异,曰:'廉官則吾見之矣,未有爲公子而廉者也。'由是聲稱籍甚,温人爲立却金亭以識之。"

閻秀卿《吴郡二科志》:"父在任卒,璧往奔喪,府僚及縣大夫僉計,以銀千兩餞柩行。璧辭曰:'先君忝作府,曾未貨取一毫,不幸以疾卒,甃得其正。而使不肖愛斯贈,是欺死父也。且先君以正死,不肖可以不正生乎!'固不受。居喪按禮,人多稱之。"

湯日昭修《(萬曆)温州府志》(齊魯書社 1996 年版)卷九《治行志》云:"(林)卒於官。子徵明奔訃,凡饋賻謝不受。"

張廷玉等《明史》卷二百八十七"文苑三":"林卒,吏民醵千金爲賻,徵明年十六,悉却之。吏民修故却金亭,以配前守何文淵,而記其事。"按,王世貞《文先生傳》"徵明年十六而父卒",《明史》承其説,均誤。

正德七年(1512),寧王朱宸濠使來,貽書幣以聘,辭病不納,亦無報書,後寧王事敗被擒,作《書事》二首記之,衆人始服其遠見。

文嘉《先君行略》:"寧藩遣人以厚禮來聘,公峻却其使。同時吴人頗有往者,公曰:'豈有所爲如是,而能久安藩服者耶?'人殊不以爲然。及寧藩叛逆,人始服公遠識。”

黄佐《泰泉集》卷五十四《將仕佐郎翰林院待詔衡山文公墓誌》:“寧藩宸濠嘗遣使召之,力辭而遁。使者求公弗得,案間書幣封識如故,乃持之而返。世皆稱公見幾。”

王世貞《弇州山人四部稿》卷八十三《文先生傳》:“寧庶人者,浮爲慕先生,貽書及金幣聘焉。使者及門,而先生辭病亟,卧不起。於金幣無所受,亦無所報。人或謂:‘王今天下長者,朱邸虚其左而待。若不能效枚叔、長卿曳裾樂耶?’先生笑而不答。無何,寧竟以反敗。”

顧慶元《夷白齋詩話》(商務印書館1936年版):“衡山文先生徵明有《病起遣懷》二律,蓋不就寧藩之徵而作也。詞婉而峻,足以拒之於千里之外。……後寧藩敗,凡應辟者崎嶇萬狀,公獨晏然,始知公不可及也。”寧王事敗後,徵明又作《八月六日書事二首》。

嘉靖二年(1523),尚書李充嗣薦之於朝,吏部試而賢之,授翰林待詔,參修《武宗實録》。

文嘉《先君行略》:“巡撫李公充嗣露章薦公,督學欲越次貢之,公曰:‘吾平生規守,豈既老而自棄耶?’督學亦不能强,竟以壬午貢上。癸未四月至京師,甫十八日,吏部爲覆前奏,有旨授公翰林院待詔。”

黄佐《泰泉集》卷五十四《將仕佐郎翰林院待詔衡山文公墓誌》:“嘉靖壬午冬,予初授官史館,得公藝文於王司業同祖,因雅知公。居無何,聞巡撫李梧山充嗣以公及故元老劉文肅公忠同薦。公尋以歲貢至,會予寓舍,與之上下議論,古今經籍,無一不知者,且折衷具有卓識。”

林俊《見素集》(明萬曆十三年林及祖刻本)卷二十三《寄李宫保》云:“文徵明奔父喪,却賻金,金幾千許。寧庶人屢召不起,氣節有如此者。其温粹之養，介特之行，深博之學，精妙之筆法，皆眼中所少。一書生，名動天下，蘇人以爲星鳳。意當以潘南屏例薦之。昨會守溪翁，謂‘尚過南屏’。致之舟上，與語連日，知之深；且已見其喜氣充溢，鄉、會恐不能易，亦無待薦。然吾人道不當遺此賢者也不具。”

王世貞《弇州山人四部稿》卷八十三《文先生傳》：“吏部試而賢之，特爲請超授翰林待詔……先生爲待詔，可二年，修國史，侍經筵。”

張廷玉等《明史》卷二百八十七“文苑三”：“正德末，巡撫李充嗣薦之。會徵明亦以歲貢生詣吏部試，奏授翰林院待詔。世宗立，預修《武宗實録》，侍經筵。”

翰林諸公若楊慎、薛蕙等見推與太甚，或以爲過，及見公，咸共推服，皆爲傾倒，比於唐之王維，宋之米芾。大司寇林俊愛公尤深。

文嘉《先君行略》(《文徵明集》附録二)：“翰林諸公見諸公推與太甚，或以爲過。及見公，咸共推服。而新都楊公慎、嶺南黄公佐，愛敬尤至。故事，翰林以入之先後爲坐次，公年既長，其中又有爲公後輩者，遂以齒讓公。公竟上坐，衆亦不以爲迕。”

黄佐《泰泉集》卷五十四《將仕佐郎翰林院待詔衡山文公墓誌》：“公尋以歲貢至，會予寓舍，與之上下議論，古今經籍，無一不知者，且折衷具有卓識。……時楊修撰慎、薛吏部蕙皆有文名。楊則自負博洽，菲薄宋賢。薛則顓精内史，泡影經籍。聞予談公學行，皆未以爲然。已而晤公，二人乃大詘服，遂爲莫逆交。時大司寇見素林公俊，愛公尤深。每晤余，必速公共語。三日不相見，輒折簡邀之。一時諸名士覿德相先，户外屨常滿。”

李光祚《長洲縣志》(清乾隆十八年刻本)卷二十四《人物》：後以歲貢入太學，薦授翰林院待詔，與修國史。回翔禁近，清吟揮灑。

詞館諸人,皆爲傾倒。比於唐之王維,宋之米芾。”

尤侗《明史擬稿》(《四庫未收書輯刊》,北京出版社 2000 年版)卷四《文苑傳·文徵明》:“論曰:待詔爲翰林散官,非子職也。獨徵明以名德才藝見尊於時,人皆以‘太史’呼之。”

張璁爲文林所取士也,徵明嘗與交。及璁當政,徵明遂漸遠之。位雖卑,不阿權貴。

文嘉《先君行略》:“既而與修《實録》成,當遷官。或言宜先謁見當道,公竟不往,官亦不遷,惟賜銀幣而已,公亦無所懟也。先是羅峰張公爲温州所拔士,公亦與交。及張將柄用,遂漸遠之。”

黄佐《泰泉集》卷五十四《將仕佐郎翰林院待詔衡山文公墓誌》:“張少傅孚敬始名璁,交木守温州時所取士也,嘗薦諸吴文定公。歲壬午,張在留都部曹遇公,即以大禮爲言,公唯唯而已。既而官京師,方柄用,公遂遠嫌不相往來。楊邃庵一清起用至京師,止都門外,傾朝往見,公獨不往,曰:‘尚未面君,吾何見焉?’及會,謂曰:‘余,汝父同年相好,何相見之晚也。’公曰:‘生非敢後,自先君之没,有一字見及者,未嘗不答。’楊曰:‘此則余之罪也。’聞者爲之縮舌。”

時專尚科目,徵明意自不得。會朝廷議大禮,公以病未與。官居三年,凡三上疏乞歸,上始允其請。

文嘉《先君行略》:“公於早朝未嘗一日不往,偶跌傷左臂,始注門籍月餘。時議禮不合者,言多訐直。於是上怒,悉杖之於朝,往往有至死者。公幸以病不與,乃嘆曰:‘吾束髮爲文,期有所樹立,竟不得一第。今亦何能强顔久居此耶?况無所事事,而日食太官,吾心真不安也。’遂謝歸。方上疏時,或言:‘公居官已三年,若一考滿,當得恩澤,或可進階。’公笑而不答,竟不考滿而歸,時丙戌冬也。”

徐縉《徐文敏公集》(明隆慶二年吴郡徐氏刻本)卷四《送翰林待詔文君致仕還吴序》:"文君徵仲待詔之三年,三上疏乞歸,皇上始允其請。朝之縉紳,無不高其義而惜其去者,多作歌詩以侈之。"

謝肇淛《五雜俎》(上海古籍出版社 2009 年版)卷十五:"當徵仲在史局,同事太史諸君皆笑其不由科目,濫竽木天。"

王世貞《弇州山人四部稿》卷八十三《文先生傳》:"先生爲待詔,……然居恒邑邑不自得,上疏乞歸寢,不報。"

何良俊《四友齊叢説》卷之十五"史十一":"衡山先生在翰林日,大爲姚明山、楊方城所窘。時昌言於衆曰:'我衙門中不是畫院,乃容畫匠處此耶?'惟黄泰泉佐、馬西玄汝驥、陳石亭沂與衡山相得甚歡,時共酬唱。乃知薰蕕不同器,君子小人固各以其類也。然衡山自作畫之外,所長甚多,二人只會中狀元,更無餘物,故此數公者,長在天地間,今世豈更有道着姚淶、楊維聰者耶?此但足發一笑耳。"

張廷玉等《明史》卷二百八十七"文苑三":"是時專尚科目,徵明意不自得,連歲乞歸。"

按,文徵明有《丙戌十月十日致仕出京》二首,《馬上口占謝諸君送客十首》寫致仕出京事。

比歸,築玉磬山房,家居以翰墨自娱,不與世事。四方求請者紛至,公亦隨應之,惟拒公侯以幣交者。暇則一游近地山水,所至奉迎恐後。從學者日衆,陳淳、陸師道、王谷祥、王寵、彭年、周天球等皆出其門。

文嘉《先君行略》:"到家,築室於舍東,名玉磬山房。樹兩桐於庭,日徘徊嘯咏其中,人望之若神仙焉。於是四方求請者紛至,公亦隨以應之,未嘗厭倦。惟諸王府以幣交者,絶不與通;及豪貴人所請,多不能副其望。曰:'吾老歸林下,聊自適耳,豈能供人耳目玩哉!’蓋如是者三十餘年。”

黄佐《泰泉集》卷五十四《將仕佐郎翰林院待詔衡山文公墓誌》:“各王府以幣納交者,公悉却不受。如周府以古鼎古鏡,露封其書;徽府以金寶瓶及銀幣約數百鎰,悉却不受。使者謂:‘意本無求,惟少通微誠於賢者爾,盍啓封一觀乎?’公謝曰:‘既見書,當有回啓,不若不見之爲愈也。’……優游林壑三十餘年。四方文儒道吴者,莫不過從,亦有枉道至者。”

王世貞《弇州山人四部稿》卷八十三《文先生傳》:“先生歸,杜門不復與世事,以翰墨自娱。諸造請户外屨常滿,然先生所與從請,獨書生、故人子屬、爲姻黨而窘者,雖强之,竟日不倦。其它即郡國守相連車騎,富商賈人珍寶填溢於里門外,不能博先生一赫蹏。而先生所最慎者藩邸,其所絶不肯還往者中貴人。……先生門無雜賓客,故嘗授陳道復書,而陸儀部師道歸自儀部,委質爲弟子。其最善後進者王吏部穀祥、王太學寵、秀才彭年、周天球。而先生之二子彭、嘉亦名能精其業。時時過從,談榷藝文,品水石,記耆舊故事。焚香燕坐,蕭然若世外。而吴中好事家,日相與載酒船,候迎先生湖山間,以得一幸爲快。雖孺子亦習知先生名,至市井間强勉爲善者,其曹戲之曰:‘汝豈亦文某耶?’”

何良俊《四友齋叢説》之卷十五“史十一”:“衡山先生於辭受界限極嚴,人但見其有里巷小人持餅餌一奄來索書者,欣然納之,遂以爲可浼。嘗聞唐王曾以黄金數笏,遣一承奉賫捧來蘇,求衡山作畫。先生堅拒不納,竟不見其使,書不肯啓封,此承奉逡巡數日而去。”

姜紹書《無聲詩史》(清康熙五十九年李光暎刻本)卷二《文徵明》:“先生暇則出一游近地佳山水,所至奉迎恐後。”

嘉靖三十八年二月二十日(1559年3月28日),年九十,爲御史嚴杰書其母墓誌銘,執筆而逝,翛然若蜕。私謚貞憲先生。

文嘉《先君行略》:"年九十而卒。卒之時,方爲人書誌石未竟,乃置筆端坐而逝,翛翛若仙去,殊無所苦也。是歲,爲嘉靖己未二月二十日。"

黄佐《泰泉集》卷五十四《將仕佐郎翰林院待詔文衡山公墓誌》:"嘉靖己未二月二十日與嚴侍御杰書其母墓誌,執筆而逝,翛然若仙,人皆嘆异。"

文含《文氏族譜續集·歷世生卒配葬志》:"待詔府君諱徵明,……私謚貞憲先生。"

王世貞《弇州山人四部稿》卷八十三《文先生傳》:"至九十,猶矍矍不衰,海内習文先生名久,幾以爲异代人,而怪其在,謂爲仙且不死。己未,爲嚴御史母書墓誌已,擲筆而逝,翛然若蜕者。"

袁尊尼《袁魯望集》(明萬曆刻本)卷十一《貞憲先生私謚議》:"謹按謚法:清白守節曰'貞',聰明睿哲曰'獻'。"

性孤介,德高仁厚,爲時推服。好周人之急,不喜聞人過。生平無二色,足不履狎邪。衆友跅弛自喜,然能异軌而齊尚,歡然無間。

文嘉《先君行略》:"人有過,未嘗面加質責,然見之者輒惶愧汗下。絶口不談道學,而謹言潔行,未嘗一置身於有過之地。蓋公人品既高,而識見之定,執守之堅,皆非常人可及。"

黄佐《泰泉集》卷五十四《將仕佐郎翰林院待詔文衡山公墓誌》:"尤好賙人之急。或有所入,往往緣手散去。……嘗訓諸子曰:'道德性命,宋賢講之詳矣。而孝弟忠信,禮義廉耻,則人之所當行者也,……循是而行,雖不至於聖賢,亦可以寡過矣。'"

王弘撰《山志》(中華書局1999年版)卷六"紀游":"文衡山不特詩文書畫名世,而道德醇粹,深心理學。此邦人士迄今稱頌不衰。"

焦竑《玉堂叢語》(中華書局1981年版)卷一《行誼》:"文待詔徵明,性不喜聞人過,有欲道及者,必巧以他端易之,使不得言。終其身以爲常。"

杜蔭棠《明人詩品》(《明代傳記叢刊》,臺灣明文書局1991年版):"文徵仲貞憲先生,人品第一。"

王世貞《弇州山人四部稿》卷八十三《文先生傳》:"吴中文士秀异,祝允明、唐寅、徐禎卿日來游。……其人咸跅弛自喜,於曹耦無所讓,獨嚴憚先生,不敢以狎進。先生與之异軌而齊尚,日歡然無間也。……内行尤淳固,與吴夫人相莊白首也。生平無貳色,足無狹邪履。"

何良俊《四友齋叢説》卷二十六:"同愛每飲必用伎。衡山平生不見伎女。二公若薰蕕不同器,然相與一世,終不失歡。"

劉鳳《續吴先賢贊》卷十一《文學・文壁》:"若徵明與人無不容,而終其身未嘗褻近婦女。此雖細行,可以觀其概矣。"

張廷玉等《明史》卷二百八十七"文苑三":"文筆遍天下,門下士贋作者頗多,徵明亦不禁。"

何良俊《四友齋叢説》卷十五:"衡山精於書畫,尤長於鑒别。凡吴中收藏書畫之家,有以書畫求先生鑒定者,雖贋物,先生必曰:'此真迹也。'人問其故,先生曰:'凡買書畫者,必有餘之家。此人貧而賣物,或待此以舉火。若因我一言而不成,必舉家受困矣。我欲取一時之名,而使人舉家受困,我何忍焉!'"

博聞舊事,長於議論。人謂其詩、文、書、畫四絶,不減趙孟頫。尤以書畫名天下。平生詩文書畫有三戒:不爲閹官作,不爲諸侯王

作，不爲外夷作。

徐禎卿《新倩集》："文壁，字徵明。篤好據古，洽聞舊事。善議論，學者咸高之。"

文嘉《先君行略》："論者以公博學，詩、詞、文章、書、畫，雖與趙同，而出處純正，若或過之。"又，"少拙於書，遂刻意臨學。始亦規模宋、元之撰，既悟筆意，遂悉棄去，專法晋、唐。其小楷雖自《黄庭》《樂毅》中來，而温純精絶，虞、褚而下弗論也。隸書法鍾繇，獨步一世。"

王世貞《弇州山人四部稿》卷八十三《文先生傳》："書法無所不規，仿歐陽率更、眉山、豫章、海岳，抵掌睥睨，而小楷尤精絶，在山陰父子間。八分入鍾太傅室，韓、李而下所不論也。"

王世貞《藝苑卮言》卷六："文徵仲太史有戒不爲人作詩文書畫者三：一諸王國，一中貴人，一外夷。生平不近女色，不干謁公府，不通宰執書，誠吾吴杰出者也。"

謝肇淛《五雜俎》(上海書店出版社 2009 年版)卷十五："文徵仲作詩畫有三戒，一不爲閹宦作，二不爲諸侯王作，三不爲外夷作。故當時處劉瑾、宸濠之際，而超然遠引。二氏籍没，求其片紙隻字不可得，亦可謂曠世之高士矣。"

何喬遠《名山藏》卷九十六《高道記》："四夷貢使道吴門者，望徵明里而拜，以不得一見爲恨。既見，亦不作一筆與之。"

劉鳳《續吴先賢贊》卷十一《文學・文壁》："倭人嘗贄謁，徵明服緋坐受其拜於庭，示以尊中國體，竟不受饋，又不與書。"

陳繼儒《太平清話》："文衡山太史極熟勝國人遺事，能口述其世系、官閥、里居。几上多鈔本小册，皆國初元末故實也。"

詩文兼法唐宋，温厚和平，恬淡雋雅，雖氣骨神韻不能動也，而主風雅數十年。亦擅詞曲，好音律，音調清麗，風韻俊逸。

文徵明《文徵明集·補輯》卷十九《南濠居士詩話序》:"余十六七時,喜爲詩,余友都元敬實授之法。……余每一篇成,輒就君是正,而君未嘗不爲余盡也。"

文嘉《先君行略》:"詩兼法唐、宋,而以温厚和平爲主。或有以格律氣骨爲論者,公不爲動。爲文醇雅典則,其謹嚴處一字不苟。故一時文章,多以屬公,而獨持文柄者垂六十年。"

何良俊《四友齋叢説》卷二十三:"衡山之文,法度森嚴,言詞典則,乃近代名作也。"又,卷二十六:"衡山嘗對余言:'我少年學詩,從陸放翁入門,故格調卑弱,不若諸君皆唐聲也。'"

王世貞《弇州山人四部稿》卷八十三《文先生傳》:"先生好爲詩,傳情而發,娟秀妍雅,出入柳柳州、白香山、蘇端明諸公。文取達意,時沿歐陽廬陵。"

王世貞《明詩評》:"大抵徵明詩如老病維摩不能起坐,頗入玄言。又如衣素女子,潔白掩映,情致親人;第亡丈夫氣格。"

王世貞《藝苑卮言》卷五:"文徵仲如仕女淡妝,維摩坐語;又如小閣疏窗,位置都雅,而眼境易窮。"又,卷六:"吾少年時不經事,意輕其詩文,雖與酬酢,而甚鹵莽。年來從其次孫請,爲作傳,亦足稱懺悔文耳。"

顧起編《國雅品》(周維德集校《全明詩話》第二册,齊魯書社2005年版)"士品四":"吴中往哲,如公之博鑒,雅步藝苑者,宜冠林壑矣。其文恬雅整飭,詩亦從實境中出,特調稍纖弱。王元美謂其如'小閣疏窗,位置都雅,而眼界易窮',似或有之。"

李日華《六硯齋二筆》(明崇禎刻本)卷一:"文衡老詩,清婉約,弇州、歷下諸公,每以'吴歈'目之。然獨施於登眺宴集,或稍涉輕縟流易耳。余見屠伯起所藏公書文信公事詩四首,不獨忠憤激烈,耿耿有貫虹偃日之氣;而語格亦多雄渾典碩,舍杜老未易窺者。

乃知公養邃蓄深，蓋難爲垂綆也。”

張廷玉等《明史》卷二百八十七《文苑》三：“吴中自吴寬、王鏊以文章領袖館閣，一時名士沈周、祝允明輩與并馳騁，文風極盛。徵明及蔡羽、黄省曾、袁袠、皇甫冲兄弟稍後出，而徵明主風雅數十年。”

錢謙益《列朝詩集小傳》丙集：“當群公凋謝之後，以清名長德，主中吴風雅之盟者三十餘年。文人之休有譽處壽考令終，未有如徵仲者也。”

王夫之《薑齋詩話》（人民文學出版社1961年版）卷二：“近世文徵仲輕秀與相頡頏。而思致密贍，駸駸欲度其前。”

永瑢等《四庫全書總目提要》卷一百七十二别集類二十五“甫田集三十五卷附録一卷”：“徵明詩則雅飭之中，時饒逸韻。……徵明秉志雅潔，其畫細潤而蕭灑，詩格亦如之。要亦各肖其性情，不盡由於所仿效也。”

陸時化《吴越所見書畫録》（清乾隆四十一年刻本）卷三《文衡山行書詩餘卷》王穉登跋：“衡山太史手書詞一卷，音調清麗，風韻俊逸，正堪十八雙鬟，執紅牙歌之，可與‘曉風殘月’齊響耳，不謂此翁乃多嫵媚也。”

嘗選集晋、唐以下書法舊迹及當代名筆，匯爲《停雲館帖》十二卷。

《（同治）蘇州府志》卷四十六《第宅園林》：“文温州林宅，……中有停雲館，子待詔徵明亦居此，所勒《停雲館帖》十二卷，世甚珍之。”

徐渭《徐文長逸稿》（《徐渭集》第三册，中華書局1983年版）卷十六《跋停雲館帖》：“待詔文先生諱徵明，摹刻停雲館帖，裝之，多至十二本。雖時代人品，各就其資之所近，自成一家，不同矣。然其入門,必自分間布白,未有不同者也。”

項元汴《蕉窗九録》(商務印書館 1937 年版):“《停雲館帖》。姑蘇文待詔徵明得前人未刻真迹,勒之於石。”

孫承澤《閑者軒帖考》(《知不足齋叢書》本)“停雲館帖”:“文衡山父子皆精書學,而又自能鎸刻。嘉靖中摹勒舊迹及近時名筆上石,共十卷,爲《停雲館帖》,清勁不俗,近世諸刻,推此第一。”

著有《甫田集》三十五卷。另有《太湖新録》(與徐禎卿合撰)一卷,《拙政園圖題咏》一卷,《梅花百咏》一卷,《賡吟集》二卷(與桑介合撰)等。集外散見詩文詞曲甚夥。

文元發《文翰林甫田詩選跋》(《文徵明集》附録一):“先待詔詩凡三付剞氏矣,顧尚以搜羅未盡,不能無遺珠之嘆。蓋當時稿本,皆公手書,故多爲人持去,所存不得什一。後藏和州府君所,乃又逸去大半。今則所鋟梓者,僅什一中之什一耳。侄龍有志搜輯,顧方業公車,未暇也。間從人間覓得逸詩若干首,又舊梓未能精繕,因取原三刻并今所得者,送周公瑕氏,俾之訂選,復莊刻焉。”

俞憲《續文翰詔集識語》(《文徵明集》附録一):“文翰詔詩刻成,客有遺餘《甫田集》者,起自弘治庚戌,終於正德甲戌,乃四十年前舊物也。然亦足以探其志矣。其次序當在《懷歸》諸詩之前,業已不可更置,故又於集中取其聲之成文者刻如左。嘉靖丙寅秋。”

王世貞《弇州山人四部稿》卷八十三《文先生傳》:“先生詩文集若干卷,有《甫田集》行於世。”

《續文獻通考·經籍考》(鈔本):“《文衡山集》《甫田集》,文徵明注。”

張廷玉等《明史·藝文志四》:“文徵明《甫田集》三十五卷。”

永瑢等《四庫全書總目提要》别集類二十五《甫田集》三十五卷附録一卷:“明文徵明撰。……是集凡詩十五卷,文二十卷。附録

《行略》一卷,其仲子嘉所述也。……朱彝尊《明詩綜》録徵明詩十五首。其《池上》一詩,得諸墨迹,爲本集所不載。且稱其集外流傳者甚多,惜無廣搜續集者。然縑素流傳,半真半贋。與其如吴鎮、倪瓚諸集多收僞本,固不如據其家集,猶不失本來面目矣。"

按,文徵明著述存世甚夥。手稿有《文徵明詩文稿》不分卷,嘉靖寫刊本《莆田集》四卷、嘉靖二十二年《文翰林甫田詩選》二卷、嘉靖刊《甫田集》三十五卷等。今人周道振等匯集各本,網羅放佚,成《文徵明集》三十五卷補輯三十二卷行世。

長子彭,次子嘉,力承先緒,有父風,能詩,工書畫篆刻,所謂謝家子弟。

王世貞《弇州山人四部稿》卷八十三《文先生傳》:"先生之二子彭、嘉,亦名能精其業,……丈夫子三人,彭爲國子博士,嘉爲吉水訓導,臺先卒。諸孫魯中多賢者。"

黄佐《泰泉集》卷五十四《將仕佐郎翰林院待詔文衡山公墓誌》:"生子男三人:長彭,嘉興府學訓導;次嘉,縣學生;次臺,先卒。"

劉鳳《續吴先賢贊》卷十一《文學》:"二子彭、嘉。彭書類父,能肆於學,其人尤長者,仕爲文學掌故檇李。而士大夫過必謁之,彭乃遣人持刺城門授之云:'掌故報謁。'令之前,則對云:'實未來也。'人以其負當世名,笑而已。遷大胥屬,卒。而嘉亦博物君子,有父兄風,書學不墜,或謂過之,繪素尤擅。至子及孫,皆蔚有其文。"

永瑢等《四庫全書總目提要》卷一百八十九總集類四"文氏五家詩十四卷":"明長洲文氏三世五人之詩也。文洪字功大,……中惟徵明名最盛,其家學之淵源,則自洪始,……徵明詩格不高,而意境自能拔俗。至彭嘉肇祉,亦能於耳濡目染之餘,力承先緒,所謂謝家子弟。雖復不端正者,亦奕奕有一種風氣也。”

參考文獻:

1. 何良俊《四友齋叢説》,中華書局1959年版。

2. 錢謙益《列朝詩集小傳》,上海古籍出版社1959年版。

3. 徐禎卿《新倩籍》,《叢書集成初編》第3381册,中華書局1985年版。

4. 閻秀卿《吴郡二科志》,《叢書集成初編》第3381册,中華書局1985年版。

5. 文徵明著,周道振輯校《文徵明集》,上海古籍出版社1987年版。

6. 朱彝尊著,郭紹虞主編《静志居詩話》,人民文學出版社1990年版。

7. 何喬遠《名山藏》,上海古籍出版社1996年版。

8. 王世貞《弇州山人四部稿》,《四庫全書存目叢書》集部第115册,齊魯書社1997年版。

(鄧曉東　孫啓華)

王守仁傳

王守仁,初名雲,後更名守仁,字伯安,號陽明山人,浙江餘姚(今浙江省餘姚市)人。明成化八年壬辰九月丁亥(1472年10月31日)生。守仁先祖本瑯琊人,後徙居餘姚。曾祖王世杰,以明經貢太學,祖王天叙,封翰林院修撰,父王華,成化辛丑進士第一人,官至南京禮部尚書。

錢德洪《陽明先生年譜》(《王陽明全集》卷三十三):"先生諱守仁,字伯安,姓王氏。……先生嘗築室陽明洞,洞距越城東南二十里,學者咸稱陽明先生云。憲宗成化八年壬辰九月丁亥,先生生。"

黄綰《黄綰集》卷二十四《陽明先生行狀》:"誕夕,岑太淑人夢天神抱一赤子乘雲而來,導以鼓樂,與岑。岑寤而公生,名曰雲。"

錢德洪《陽明先生年譜》:"是爲九月三十日。太夫人鄭娠十四月。祖母岑夢神人衣緋玉雲中鼓吹,送兒授岑,岑警寤,已聞啼聲。祖竹軒公异之,以雲名。"

湛若水《湛甘泉先生文集》(《王陽明全集》卷三十八《世德紀》)卷三十一《陽明先生墓誌銘》:"祖妣岑太淑人,有赤子乘運下界,天樂導之之夢,公乃誕焉。是名曰雲,乃徵之矣。神僧言之,遂改今名。"按,湛若水《湛甘泉先生文集》卷三十一所録多有异文。

黄綰《黄綰集》卷二十四《陽明先生行狀》:"六歲不言。一日,有僧過之,摩其頂曰:'有此寧馨兒,却叫壞了。'龍山公悟,改今名,遂言,穎异頓發。”

錢德洪《陽明先生年譜》:“先生五歲不言。一日與群兒嬉,有神僧過之曰:好個孩兒,可惜道破。竹軒公悟,更今名,即能言。一日誦竹軒公所嘗讀過書。訝問之,曰:聞祖讀時已默記矣。”按,關於王守仁“不能言”之年歲,黄綰曰六歲,錢德洪曰五歲,未知孰是。

錢德洪《陽明先生年譜》:“其先出晋光禄大夫覽之裔,本琅琊人,至曾孫右將軍羲之,徙居山陰;又二十三世迪功郎壽,自達溪徙餘姚;今遂爲餘姚人。曾祖諱世杰,人呼爲槐……里子,以明經貢太學卒。祖諱天叙,號竹軒。……所著有《竹軒稿》《江湖雜稿》行於世。封翰林院修撰。……父諱華,字德輝,别號實庵,晚稱海日翁。嘗讀書龍泉山中,又稱龍山公。成化辛丑,賜進士及第第一人,仕至南京吏部尚書,進封新建伯。”

守仁天資穎异。年十一隨父祖居京師,次年就塾師。詩才顯露,見識過人。游居庸關,觀山川形勝,慨然有經略之志。嘗欲上書建言平畿内之亂,父喝止之。

錢德洪《陽明先生年譜》:“龍山公迎養竹軒翁,因携先生如京師,先生年纔十一。翁過金山寺,與客酒酣,擬賦詩,未成。先生從傍賦曰:‘金山一點大如拳,打破維揚水底天。醉倚妙高臺上月,玉簫吹徹洞龍眠。’客大驚异,復命賦蔽月山房詩。先生隨口應曰:‘山近月遠覺月小,便道此山大於月。若人有眼大如天,還見山小月更闊。’明年就塾師,先生豪邁不羈,龍山公常懷憂,惟竹軒公知之。……嘗問塾師曰:‘何爲第一等事?’塾師曰:‘惟讀書登第耳。’先生疑曰:‘登第恐未爲第一等事,或讀書學聖賢耳。’龍山公聞之笑曰:‘汝欲做聖賢耶?’”又,“先生出游居庸三關,即慨然有經略四方之志:詢諸夷種落,悉聞備禦策;逐胡兒騎射,胡人不敢犯。經月始返。……時畿内石英、王勇盗起,又聞秦中石和尚、劉千斤作亂,屢欲爲書獻於朝。龍山公斥之爲狂,乃止。”

黄綰《黄綰集》卷二十四《陽明先生行狀》:“性豪邁不羈,喜任俠。畿内王英、石勇,湖廣石和尚之亂,爲書將獻於朝,請王征之,龍山公力止之。”

守仁爲學,涉獵甚廣,力求悟道。年十八謁婁諒,始入聖學門,自此端謹言行,以修身爲務。

錢德洪《陽明先生年譜》:“外舅諸公養和爲江西布政司參議,先生就官署委禽。合巹之日,偶閑行入鐵柱宫,遇道士趺坐一榻,即而叩之,因聞養生之説,遂相與對坐忘歸。諸公遣人追之,次早始還。官署中蓄紙數篋,先生日取學書,比歸,數篋皆空,書法大進。先生嘗示學者曰:‘吾始學書,對模古帖,止得字形。後舉筆不輕落紙,凝思静慮,擬形於心,久之始通其法。既後讀明道先生書曰:‘吾作字甚敬,非是要字好,只此是學。’既非要字好,又何學也?乃知古人隨時隨事只在心上學,此心精明,字好亦在其中矣。’後與學者論格物,多舉此爲證。”又,“(孝宗弘治)二年己酉,先生十八歲,寓江西。十二月,夫人諸氏歸餘姚。是年先生始慕聖學。先生以諸夫人歸,舟至廣信,謁婁一齋諒,語宋儒格物之學,謂‘聖人必可學而至’,遂深契之。明年龍山公以外艱歸姚,命從弟冕、階、宫及妹婿牧,相與先生講析經義。先生日則隨衆課業,夜則搜取諸經子史讀之,多至夜分。”

黄綰《黄綰集》卷二十四《陽明先生行狀》:“年十七,至江西,成婚於外舅養和諸公館舍。明年,還廣信,謁一齋婁先生。异其質,語以所當學,而又期以聖人爲可學而至,遂深契之。”

張廷玉等《明史》卷一百九十五列傳第三十八“王守仁”:“守仁天姿异敏。年十七謁上饒婁諒,與論朱子格物大旨。還家,日端坐,講讀《五經》,不苟言笑。”

弘治五年(1492),領鄉薦,始爲宋儒格物之學。嘗遍讀考亭之書,并試以格竹證之,未得其要領。明年春,會試下第,三年後會試再下第,然無所動。繼而好兵法,留心武事,并善射。後歸餘姚,結詩社。

弘治五年,舉浙江鄉試。錢德洪《陽明先生年譜》:"是年爲宋儒格物之學。先生始侍龍山公於京師,遍求考亭遺書讀之。一日思先儒謂'衆物必有表裏精粗,一草一木,皆涵至理',官署中多竹,即取竹格之;沉思其理不得,遂遇疾。先生自委聖賢有分,乃隨世就辭章之學。明年春,會試下第,縉紳知者咸來慰諭。宰相李西涯戲曰:'汝今歲不第,來科必爲狀元,試作來科狀元賦。'先生懸筆立就。諸老驚曰:'天才!天才!'退有忌者曰:'此子取上第,目中無我輩矣。'及丙辰會試,果爲忌者所抑。同舍有以不第爲耻者,先生慰之曰:'世以不得第爲耻,吾以不得第動心爲耻。'識者服之。歸餘姚,結詩社龍泉山寺。致仕方伯魏瀚平時以雄才自放,與先生登龍山,對弈聯詩,有佳句輒爲先生得之,乃謝曰:'老夫當退數舍。'"

其間學兵法。

張廷玉等《明史》卷一百九十五列傳第三十八"王守仁":"弱冠舉鄉試,學大進。顧益好言兵,且善射。"

錢德洪《陽明先生年譜》:"十年丁巳,先生二十六歲,寓京師。是年先生學兵法。當時邊報甚急,朝廷推舉將才,莫不遑遽。先生念武舉之設,僅得騎射搏擊之士,而不能收韜略統馭之才。於是留情武事,凡兵家秘書,莫不精究。每遇賓宴,嘗聚果核列陣勢爲戲。"

弘治十二年(1499),守仁舉進士,時與京中文士游,刻意爲辭章,馳騁才氣。守仁爲學立身,屢經轉折,最終回歸儒家道統,始聚徒講學。

錢德洪《陽明先生年譜》:"是年春會試。舉南宫第二人,賜二甲進士出身第七人,觀政工部。"

黄綰《黄綰集》卷二十四《陽明先生行狀》:"領弘治壬子年鄉薦。己未登進士,觀政工部。與太原喬宇,廣信汪俊,河南李夢陽、何景明,姑蘇顧璘、徐禎卿,山東邊貢諸公以才名争馳騁,學古詩文。……明年,授刑部主事,差往淮甸審囚,多所平反,復命。日事案牘,夜歸必燃燈讀《五經》及先秦、兩漢書,爲文字益工。"

湛若水《陽明先生墓誌銘》:"初溺於任俠之習;再溺於騎射之習;三溺於辭章之習;四溺於神仙之習;五溺於佛氏之習。正德丙寅,始歸正於聖賢之學。"按,湛若水《湛甘泉先生文集》卷三十一"正德丙寅"作"嘉靖丙戌"。陽明卒於嘉靖七年戊子,故當以《世德紀》中所録爲是。

守仁舉進士前曾好養生之學,至有遺世入山之意。任刑部主事期間,奉命江北審囚。錢德洪《陽明先生年譜》:"先生録囚多所平反。事竣,遂游九華,作《游九華賦》,宿無相、化城諸寺。是時道者蔡蓬頭善談仙,待以客禮。請問。蔡曰:'尚未。'有頃,屏左右,引至後亭,再拜請問。蔡曰:'尚未。'問至再三,蔡曰:'汝後堂後亭禮雖隆,終不忘官相。'一笑而别。聞地藏洞有异人,坐卧松毛,不火食,歷岩險訪之。正熟睡,先生坐傍撫其足。有頃醒,驚曰:'路險何得至此!'因論最上乘曰:'周濂溪、程明道是儒家兩個好秀才。'後再至,其人已他移,故後有會心人遠之嘆。"

王世貞《弇州山人續稿》(明萬曆刻本)卷八十六《王公守仁傳》:"出决江北囚,事竣游九華諸山,有所遇,遂好神仙之術。明年引疾請告,前是守仁與諸所善太原喬宇、廣信汪俊、太州儲巏、河南李夢陽、何景明,山東邊貢相切劘爲古文辭,名藉藉。已而厭之。曰:滑我精,耗我神,我且爲之役耶? 因築室於陽明洞中,頗習導引,習之久,而有若先知者,衆嘩且以爲仙,而無所得。遂游南屏、虎跑諸刹,與諸禪衲偕,往往有所發明。"

最終悟仙釋之非,回歸儒家道統,并以傳道講學爲任。

錢德洪《陽明先生年譜》:"十有五年壬戌,先生三十一歲,在京師。……是年先生漸悟仙、釋二氏之非。先是五月復命,京中舊游俱以才名相馳騁,學古詩文。……久之,又忽悟曰:'此念生於孩提。此念可去,是斷滅種性矣。'明年遂移疾錢塘西湖,復思用世。往來南屏、虎跑諸刹,有禪僧坐關三年,不語不視。先生喝之曰:'這和尚終日口巴巴説甚麽!終日眼睁睁看甚麽!'僧驚起,即開視對語。先生問其家。對曰:'有母在。'曰:'起念否?'對曰:'不能不起。'先生即指愛親本性諭之,僧涕泣謝。明日問之,僧已去矣。"

主山東鄉試,重經世之學。

錢德洪《陽明先生年譜》:"十有七年甲子,先生三十三歲,在京師。秋,主考山東鄉試。巡按山東監察御史陸偁聘主鄉試,試録皆出先生手筆。"

重身心之學,授徒講學。

錢德洪《陽明先生年譜》:"九月改兵部武選清吏司主事。十有八年乙丑,先生三十四歲,在京師。是年先生門人始進。學者溺於詞章記誦,不復知有身心之學。先生首倡言之,使人先立必爲聖人之志。聞者漸覺興起,有願執贄及門者。至是專志授徒講學。"

武宗初政,劉瑾擅權,矯旨逐劉健、謝遷。南京户科給事中戴銑與同官連章上奏,上疏留之,劉瑾矯詔置之詔獄。守仁爲戴銑辯護,得罪劉瑾,亦下詔獄,庭杖四十,死而復蘇。

錢德洪《陽明先生年譜》:"是時武宗初政,奄瑾竊柄。南京科道戴銑、薄彦徽等以諫忤旨,逮擊詔獄。先生首抗疏救之,……疏入,亦下詔獄。已而廷杖四十,既絶復蘇。尋謫貴州龍場驛驛丞。"

王世貞《弇州山人續稿》卷八十六《王公守仁傳》:"中貴人劉瑾等導上爲狎游。南省臺臣戴銑等争之力。瑾矯旨捕置詔獄。守仁上疏謂:君仁則臣直,銑等以言爲責,如其善,自宜嘉納;即不善,亦宜包容,以開忠讜之路。乃今赫然下令,緹騎旁午,拘攣載道,即陛下非有意怒絶之,而下民無知,妄生猜懼。自今而後,雖有上關宗社危疑不制之事,孰從而聞之? 幸寢前旨,俾各供職如故,適足以廣大公無我之仁,明改過不吝之勇。瑾銜其言切,下之詔獄。廷杖四十,死而復蘇。謫貴州龍場驛丞。"

王世貞《弇山堂别集》(中華書局 1985 年版)卷二十七《史乘考誤八》:"《雙溪雜記》言:王伯安奏劉瑾,被撻幾死,謫龍場驛丞,以此名聞天下。楊文襄公作《王海日公華墓誌銘》,其説亦同而加詳。考之國史與《王文成公年譜》《行狀》《文集》,止是救南京給事中戴銑等忤劉瑾,下獄杖謫,本無所謂劾瑾也。夫以楊文襄之在吏部,用文成爲屬,王恭襄之在本兵;與文成若一人,而鹵莽乃爾,安在其爲野史家乘耶?"

湛若水《陽明先生墓誌銘》:"起補兵部主事,上疏乞宥南京所執諫官戴銑等,毋使遠道致死,朝廷有殺諫官之名。劉瑾怒,矯詔廷杖之。不死,謫貴州龍場驛。萬里矣,而公不少怵。"

正德元年(1506),謫龍場驛丞。赴謫至錢塘,遭劉瑾遣人追殺,附商船逃往舟山,遇大風吹至閩界,潛入武夷山中。思遠遁天涯,經鐵柱宫道人勸導,决計返歸。作《泛海》。

黄綰《黄綰集》卷二十四《陽明先生行狀》:"明年丙寅,正德改元,宦官劉瑾竊國柄,作威福,差官校至南京,拿給事中戴銑等下獄。公上疏乞宥之。瑾怒,矯詔廷杖五十,斃而復蘇,謫貴州龍場驛丞。瑾怒未釋。公行至錢塘,度或不免,乃托爲投江,潛入武夷山中,决意遠遁。夜至一山庵投宿,不納。行半里許,見一古廟,遂據香案卧。黎明,道士特往視之,方熟睡。乃推醒曰:'此虎狼穴也,何得無恙?'因詰公出處,公乃吐實。道士曰:'如公所志,將來必有赤族之禍。'公問:'何以至此?'道士曰:'公既有名朝野,若果由此匿迹,將來之徒假名以鼓舞人心,朝廷尋究汝家,豈不致赤族之禍?'公然其言。嘗有詩云:'海上曾爲滄水使,山中又拜武夷君。'遂由武夷至廣信,溯彭蠡,歷沅、湘,至龍場。"

錢德洪《陽明先生年譜》:"先生至錢塘,瑾遣人隨偵。先生度不免,乃托言投江以脱之。因附商船游舟山,偶遇颶風大作,一日夜至閩界。比登岸,奔山徑數十里,夜扣一寺求宿,僧故不納。趨野廟,倚香案卧,蓋虎穴也。夜半,虎繞廊大吼,不敢入。黎明,僧意必斃於虎,將收其囊;見先生方熟睡,呼始醒,驚曰:'公非常人也!不然,得無恙乎?'邀至寺。……因爲蓍,得《明夷》,遂決策返。先生題詩壁間曰:'險夷原不滯胸中,何异浮雲過太空!夜静海濤三萬里,月明飛錫下天風。'因取間道,由武夷而歸。時龍山公官南京吏部尚書,從鄱陽往省。十二月返錢塘,赴龍場驛。"

正德三年(1508),至龍場,居夷處困,苦毒萬狀。守仁澄心默思,忽悟格物致知之旨:"聖人之道,吾心自足。"主貴陽書院,此後致力講學,從游者衆。

黄綰《黄綰集》卷二十四《陽明先生行狀》:"始至,無屋可居。茇於叢棘間,遷於東峰,就石穴而居。夷俗於中土人至,必蠱殺之。及卜公於蠱神,不協,於是日來親附。以所居陰濕,乃相與伐木,爲何陋軒、君子亭、賓陽堂、玩易窩以居之。三僕歷險冒瘴,皆病,公日夕躬爲湯糜調護之。"

正德三年春,至龍場,悟格物致知之旨。

錢德洪《陽明先生年譜》:"三年戊辰,先生三十七歲,在貴陽。春,至龍場。先生始悟格物致知。……忽中夜大悟格物致知之旨,寤寐中若有人語之者，不覺呼躍，從者皆驚。始知聖人之道，吾性自足，向之求理於事物者誤也。乃以默記《五經》之言證之，莫不吻合，因著《五經臆説》。”

主貴陽書院，學術大進，倡知行合一。

錢德洪《陽明先生年譜》：“四年己巳，先生三十八歲，在貴陽。提學副使席書聘主貴陽書院。是年先生始論知行合一。始席元山書提督學政，問朱陸同异之辨。先生不語朱陸之學，而告之以其所悟。書懷疑而去。明日復來，舉知行本體證之《五經》諸子，漸有省。往復數四，豁然大悟，謂：‘聖人之學復睹於今日；朱陸异同，各有得失，無事辯詰，求之吾性本自明也。’遂與毛憲副修葺書院，身率貴陽諸生，以所事師禮事之。”

教以悟入之功。

錢德洪《陽明先生年譜》：“五年庚午，先生三十九歲，在吉。……語學者悟入之功。先是先生赴龍場時，隨地講授。及歸，過常德、辰州，見門人冀元亨、蔣信、劉觀時輩俱能卓立，喜曰：‘謫居兩年，無可與語者，歸途乃幸得諸友！悔昔在貴陽舉知行合一之教，紛紛异同，罔知所入。兹來乃與諸生静坐僧寺，使自悟性體，顧恍恍若有可即者。’既又途中寄書曰：‘前在寺中所云静坐事，非欲坐禪入定也。蓋因吾輩平日爲事物紛拿，未知爲已，欲以此補小學收放心一段功夫耳。明道云：“才學便須知有用力處，既學便須知有得力處。”諸友宜於此處着力，方有進步，异時始有得力處也。’”

强調實踐之功。

錢德洪《陽明先生年譜》：“十有二月，升南京刑部四川清吏司主事。論實踐之功。先生與黄綰、應良論聖學久不明，學者欲爲聖人，必須廓清心體，使纖翳不留，真性始見，方有操持涵養之地。應良疑其難。……按先生立教皆經實踐，故所言懇篤若此。自揭良知宗旨後,吾黨又覺領悟太易,認虚見爲真得,無復向裏着己之功矣。故吾黨穎悟承速者,往往多無成,甚可憂也。”

任職滁州,從游者始衆。

錢德洪《陽明先生年譜》:“正德七年十二月,升南京太僕寺少卿,……(八年)冬十月,至滁州。滁山水佳勝,先生督馬政,地僻官閑,日與門人遨游瑯琊、瀼泉間。月夕則環龍潭而坐者數百人,歌聲振山谷。諸生隨地請正,踴躍歌舞。舊學之士皆日來臻。於是從游之衆自滁始。”

黄綰《黄綰集》卷二十四《陽明先生行狀》:“瑾欲害公之意未已。公於一切得失榮辱皆能超脱,惟生死一念,尚不能遣於心,乃爲石廓,自誓曰:‘吾今惟俟死而已,他復何計?’日夜端居默坐,澄心精慮,以求諸静一之中。一夕,忽大悟,踴躍若狂者。以所記憶《五經》之言證之,一一相契,獨與晦庵注疏若相牴牾,恒往來於心,因著《五經臆説》。時元山席公官貴陽,聞其言論,謂爲聖學復睹。公因取《朱子大全》閲之,見其晚年論議,自知其所學之非,至有誑己誑人之説,曰:‘晦翁亦已自悔矣。’日與學者講究體察,愈益精明,而從游者衆。”

正德十一年(1516),升督察院左僉都御史,巡撫南、贛、汀、漳,後改提督南、贛、汀、漳等處軍務。平流賊,安百姓,立社學,升都察院右副都御史。刻古本《大學》《朱子晚年定論》。修濂溪書院。

時南中盗賊蜂起,有司束手,以爲不可除。兵部尚書王瓊薦,守仁受命。黄綰《黄綰集》卷二十四《陽明先生行狀》:“明年,丙子十月,升都察院左僉都御史,撫鎮南、贛、汀、漳等處。先是南、贛撫鎮,屢用非人,山谷凶民初爲攘竊,漸至劫掠州縣,肆無忌憚,遠近視效。凡在虔、楚、閩、廣接壤山谷,無非賊巢。小大有司束手無策,皆謂終不可除。兵部尚書王公瓊獨知公,特薦而用之。又懇疏以辭,亦不允,督旨益嚴。公遂受命。"

守仁領命,至贛開府,行十家牌法、選民兵,立兵符,撫剿并用,相繼平漳寇,平横水、桶岡諸寇,征三浰,平大帽、浰頭諸寇,境内大定。張廷玉《明史》卷一百九十五列傳第三十八"王守仁":"兵部尚書王瓊素奇守仁才。十一年八月擢右僉都御史,巡撫南、贛。……官軍進攻,内外合擊,擒斬無遺。乃於下浰立和平縣,置戍而歸。自是境内大定。初,朝議賊勢强,發廣東、湖廣兵合剿。守仁上疏止之,不及。桶岡既滅,湖廣兵始至。及平浰頭,廣東尚未承檄。守仁所將皆文吏及偏裨小校,平數十年巨寇,遠近驚爲神。進右副都御史,予世襲錦衣衛百户,再進副千户。"

治軍之餘,并重理民。立社學、舉鄉約,教化百姓。

錢德洪《陽明先生年譜》:"四月,班師,立社學。先生謂民風不善,由於教化未明。今幸盗賊稍平,民困漸息,一應移風易俗之事,雖未能盡舉,姑且就其淺近易行者,開導訓誨。即行告諭,發南、贛所屬各縣父老子弟,互相戒勉,興立社學,延師教子,歌詩習禮。出入街衢,官長至,俱叉手拱立。先生或贊賞訓誘之。久之,市民亦知冠服,朝夕歌聲,達於委巷,雍雍然漸成禮讓之俗矣。"

錢德洪《陽明先生年譜》:"十月,舉鄉約。先生自大征後,以爲民雖格面,未知格心,乃舉鄉約告諭父老子弟,使相警戒,辭有曰:'頃者頑卒倡亂,震驚遠邇。父老子弟,甚憂苦騷動。……務和爾鄰里,齊爾姻族,德義相勸,過失相規,敦禮讓之風,成淳厚之俗。'"

守仁治軍理民,仍不廢講學。先後刻古本《大學》、刻《朱子晚年定論》、修濂溪書院。

錢德洪《陽明先生年譜》:"先生出入賊壘,未暇寧居,門人薛侃、歐陽德、梁焯、何廷仁、黄弘綱、薛俊、楊驥、郭治、周仲、周冲、周魁、郭持平、劉道、袁夢麟、王舜鵬、王學益、余光、黄槐密、黄鍙、吴倫、陳稷劉、魯扶𠭊、吴鶴、薛僑、薛宗鎧、歐陽昱,皆講聚不散。至是回軍休士,始得專意於朋友,日與發明《大學》本旨,指示入道之方。先生在龍場時,疑朱子《大學章句》非聖門本旨,手録古本,伏讀精思,始信聖人之學本簡易明白。……四方學者輻輳,始寓射圃,至不能容,乃修濂溪書院居之。"

正德十四年(1519),奉敕往勘福建叛軍,至豐城,聞寧王朱宸濠反,立返吉安,起兵平叛。守仁用計使寧王朱宸濠從安慶撤兵,回援南昌,率軍與叛軍決戰鄱陽湖,擒寧王。

錢德洪《陽明先生年譜》:"時福州三衛軍人進貴等脅衆謀叛,奉敕往勘。以六月初九日啓行,十五日午,至豐城,知縣顧佖迎,告濠反。先生遂返舟。"

黄綰《黄綰集》卷二十四《陽明先生行狀》:"時濠陰謀不軌,亦已有年。一日,命安福舉人劉養正往説公云:'寧王尊師重道,有湯、武之資。欲從公講明正學。'公笑曰:'殿下能舍去王爵否?'既而令門人冀元亨先往,與濠講學,以探其誠否。元亨與語矛盾,濠怒,遣還,密使人殺於途,不果。公以六月初九日自贛往福建勘事。……知府戴德孺喜甚,留公入城調度。曰:'臨江居大江之濱,與省城相近,且當道路之衝,莫若吉安爲宜。'又以三策籌之曰:'濠若出上策,直趨京師,出其不意,則宗社危矣。若出中策,則趨南都,大江南北亦被其害。若出下策,但據江西省城,則勤王之事尚易爲也。'"

張廷玉《明史》卷一百九十五列傳第三十八"王守仁":"乃多遣間諜,檄府縣言:'都督許泰、郤永將邊兵,都督劉暉、桂勇將京兵,各四萬,水陸并進。南贛王守仁、湖廣秦金、兩廣楊旦各率所部合十六萬,直搗南昌,所至有司缺供者,以軍法論。'又爲蠟書遺僞相李士實、劉養正,叙其歸國之誠,令從臾早發兵東下,而縱諜泄之。宸濠果疑。與士實、養正謀,則皆勸之疾趨南京即大位,宸濠益大疑。十餘日詗知中外兵不至,乃悟守仁紿之。……己酉次豐城,以文定爲前鋒,先遣奉新知縣劉守緒襲其伏兵。庚戌夜半,文定兵抵廣潤門,守兵駭散。辛亥黎明,諸軍梯絙登,縛拱樤等,宫人多焚死。軍士頗殺掠,守仁戮犯令者十餘人,宥脅從,安士民,慰諭宗室,人心乃悦。"又,"居二日,遣文定、珣、璉、德孺各將精兵分道進,而使堯元等設伏。宸濠果自安慶還兵。……宸濠懼,盡發南康、九江兵。守仁遣知府撫州陳槐、饒州林瑊取九江,建昌曾璵、廣信周朝佐取南康。丙辰復戰,官軍却,守仁斬先却者。諸軍殊死戰,賊復大敗。退保樵舍,聯舟爲方陣,盡出金寶犒士。明日,宸濠方晨朝其群臣,官軍奄至。以小舟載薪,乘風縱火,焚其副舟,妃婁氏以下皆投水死。宸濠舟膠淺,倉卒易舟遁,王冕所部兵追執之。士實、養正及降賊按察使楊璋等皆就擒。南康、九江亦下。凡三十五日而賊平。"

正德十六年(1521),封新建伯,進兩京兵部尚書,參贊機務。至是,其學術亦臻成熟,始揭致良知之教。後大禮議起,同僚問之,不置可否。

正德十六年,升南京兵部尚書,隨之并封新建伯,參贊機務。錢德洪《陽明先生年譜》:"六月,赴内召,尋止之,升南京兵部尚書,參贊機務。……十月二日,封新建伯。制曰:'江西反賊剿平,地方安定,各該官員,功績顯著。你部里既會官集議,分別等第明白。王守仁封新建伯,奉天翊衛推誠宣力守正文臣,特進光禄大夫柱國,還兼兩京兵部尚書,照舊參贊機務,歲支禄米壹千石,三代并妻一體追封,給與誥券,子孫世世承襲。正德十六年十二月十九日,准兵部吏部題。'"

揭致良知之教。錢德洪《陽明先生年譜》:"十有六年辛巳,先生五十歲,在江西。正月,居南昌。是年先生始揭致良知之教。先生聞前月十日武宗駕入宫,始舒憂念。自經宸濠、忠、泰之變,益信良知真足以忘患難,出生死,所謂考三王,建天地,質鬼神,俟后聖,無弗同者。乃遺書守益曰:'近來信得"致良知"三字,真聖門正法眼藏。往年尚疑未盡,今自多事以來,只此良知無不具足。譬之操舟得舵,平瀾淺瀨,無不如意,雖遇顛風逆浪,舵柄在手,可免没溺之患矣。'……今經變後,始有良知之説。"

嘉靖三年,大禮議起,守仁未置一言。錢德洪《陽明先生年譜》:"是時大禮議起,先生夜坐碧霞池,有詩曰:'一雨秋凉入夜新,池邊孤月倍精神。潛魚水底傳心訣,棲鳥枝頭説道真。莫謂天機非嗜欲,須知萬物是吾身。無端禮樂紛紛議,誰與青天掃舊塵?'又曰:'獨坐秋庭月色新,乾坤何處更閑人?高歌度與清風去,幽意自隨流水春。千聖本無心外訣,《六經》須拂鏡中塵。却憐擾擾周公夢,未及惺惺陋巷貧。'蓋有感時事,二詩已示其微矣。四月,服闋,朝中屢疏引薦。霍兀涯、席元山、黄宗賢、黄宗明先後皆以大禮問,竟不答。"

嘉靖六年(1527),思恩、田州土酋盧蘇、王受反。命以原官檢都察院左都御史,總督兩廣及江西湖廣軍務,平思恩、田州之亂。以病疏辭,不允。行前,與弟子論學於天泉橋,提出王門四句教,史稱"天泉正道"。

錢德洪《陽明先生年譜》:"先是廣西田州岑猛爲亂,提督都御史姚鏌征之。奏稱猛父子悉擒,已降敕論功行賞訖。遺目盧蘇、王受構衆煽亂,攻陷思恩。鏌複合四省兵征之,久弗克;爲巡按御史石金所論。朝議用侍郎張璁、桂萼薦,特起先生總督兩廣及江西、湖廣軍務,度量事勢,隨宜撫剿,設土官流官孰便,并核當事諸臣功過以聞;且責以體國爲心,毋或循例辭避。先生聞命,……疏入,詔鏌致仕,遣使敦促上道。"

王守仁長期患病，本不願赴此軍旅之勞。黄綰欲薦守仁入閣，未果。守仁遂扶病就任。黄綰《黄綰集》卷二十四《陽明先生行狀》："予時爲光禄寺少卿，具疏論江西軍功，及薦公才德，堪任輔弼。上喜，親書御札，并疏付内閣議。楊公一清忌公入閣與之同列，乃與張公孚敬具揭帖對曰：'王守仁才固可用，但好服古衣冠，喜談新學，人頗以此异之。不宜入閣，但可用爲兵部尚書。'桂公知，遂大怒詈予，潛進揭帖毁公，上意遂止。公遂扶病莅任，……十二月，楊公一清與桂公萼謀，恐事完回京，復命見上，予與張公又薦之，上必留用。又題命公兼理巡撫。奉聖旨：'王守仁暫令兼理巡撫兩廣等處地方，寫敕與他。'咨到，又力疏辭免，舉致仕都御史伍文定、刑部左侍郎梁才自代，不允。"

九月，啓程赴廣，渡錢塘過釣臺時作《復過釣臺》(《王陽明全集》卷二十)，詩曰："憶昔過釣臺，驅馳正軍旅。十年今始來，復以兵戈起。空山烟霧深，往迹如夢裏。微雨林徑滑，肺病雙足胝。仰瞻臺上雲，俯濯臺下水。人生何碌碌？高尚乃如此。瘡痍念同胞，至人匪爲己。過門不遑入，憂勞豈得已。滔滔良自傷，果哉末難已。"跋曰："右正德己卯獻俘行在，過釣臺而弗及登，今兹復來，又以兵革之役，兼肺病足瘡，徒顧瞻悵望而已。書此付桐廬尹沈元材刻置亭壁，聊以紀經行歲月云耳。嘉靖丁亥九月廿二日書，時從行進士錢德洪、王汝中、建德尹楊思臣及元材，凡四人。"

十一月二十日，至梧州開府，先平思恩、田州之亂，繼而襲八寨、斷藤峽，破之。又興思、田學校，興南寧學校，疏請經略思、田及八寨、斷藤峽。張廷玉《明史》卷一百九十五列傳第三十八"王守仁"："嘉靖六年，思恩、田州土酋盧蘇、王受反。總督姚鏌不能定，乃詔守仁以原官兼左都御史，總督兩廣兼巡撫。綰因上書訟守仁功，請賜鐵券歲禄，并叙討賊諸臣，帝咸報可。……章下兵部，尚書王時中條其不合者五,帝令守仁更議。十二月,守仁抵潯州,會巡按御史石金定計招撫。悉散遣諸軍,留永順、保靖土兵數千,解甲休息。蘇、受初求撫不得,聞守仁至益懼,至是則大喜。守仁赴南寧,二人遣使乞降,守仁令詣軍門。二人竊議曰:'王公素多詐,恐紿我。'陳兵入見。守仁數二人罪,杖而釋之。親入營,撫其衆七萬。奏聞於朝,陳用兵十害,招撫十善。……守仁欲討之,故留南寧。罷湖廣兵,示不再用。伺賊不備,進破牛腸、六寺等十餘寨,峽賊悉平。遂循横石江而下,攻克仙臺、花相、白竹、古陶、羅鳳諸賊。令布政使林富率蘇、受兵直抵八寨,破石門,副將沈希儀邀斬軼賊,盡平八寨。"

嘉靖六年九月,赴兩廣之前,與弟子論學,提王門四句教。錢德洪《陽明先生年譜》:"是月初八日,德洪與畿訪張元冲舟中,因論爲學宗旨。……是日夜分,客始散,先生將入内,聞洪與畿候立庭下,先生復出,使移席天泉橋上。德洪舉與畿論辯請問。先生喜曰:'正要二君有此一問!我今將行,朋友中更無有論證及此者,二君之見正好相取,不可相病。汝中須用德洪功夫,德洪須透汝中本體。二君相取爲益,吾學更無遺念矣。'德洪請問。先生曰:'有衹是你自有,良知本體原來無有,本體衹是太虚。太虚之中,日月星辰,風雨露雷,陰霾饐氣,何物不有?而又何一物得爲太虚之障?人心本體亦復如是。太虚無形,一過而化,亦何費纖毫氣力?德洪功夫須要如此,便是合得本體功夫。'畿請問。先生曰:'汝中見得此意,只好默默自修,不可執以接人。上根之人,世亦難遇。一悟本體,即見功夫,物我内外,一齊盡透,此顔子、明道不敢承當,豈可輕易望人?二君已後與學者言,務要依我四句宗旨:無善無惡是心之體,有善有惡是意之動,知善知惡是良知,爲善去惡是格物。以此自修,直躋聖位;以此接人,更無差失。'畿曰:'本體透後,於此四句宗旨何如?'先生曰:'此是徹上徹下語,自初學以至聖人,衹此功夫。初學用此,循循有入,雖至聖人,窮究無盡。堯、舜精一功夫,亦衹如此。'先生又重囑付曰:'二君以後再不可更此四句宗旨。此四句中人上下無不接着。我年來立教,亦更幾番,今始立此四句。人心自有知識以來,已爲習俗所染,今不教他在良知上實用爲善去惡功夫,只去懸空想個本體,一切事爲,俱不著實。此病痛不是小小,不可不早説破。'是日洪、畿俱有省。"

疴漸沉,以病乞歸,疏入不報,遂不起。於明世宗嘉靖七年十一月二十九日(1529年1月9日)卒於南安。萬曆十二年(1584),守仁與胡居仁、陳獻章獲准從祀孔廟。

守仁此次乃抱病出征,軍旅操勞,病勢愈沉。黄綰《黄綰集》卷二十四《陽明先生行狀》:"是時公已卧病月餘,扶病疏謝。而病勢日篤,猶力憊視事。……十月初十日,復上疏乞骸骨,就醫養病。因薦林富自代。又一月,乃班師。至大庾嶺,謂布政使王公大用曰:'爾知孔明之所以付托姜維乎?'大用遂領兵擁護,爲敦匠事。廿九日至南康縣,將屬纊,家童問何所囑。公曰:'他無所念,平生學問方纔見得數分,未能與吾黨共成之,爲可恨耳!'遂逝。舁至南安府公館而斂。柩經南、贛,雖深山窮谷,男女老弱皆縞素,匍匐哀迎,若喪考妣。凡所過江西地方,行道之人無不流涕者。"

錢德洪《陽明先生年譜》:"十月,疏請告。先生以疾劇,上疏請告,具言:'臣自往年承乏南、贛,爲炎毒所中,遂患咳痢之疾。歲益滋甚。其後退休林野,稍就醫藥,而疾亦終不能止。自去歲入廣,炎毒益甚。力疾從事,竣事而出,遂爾不復能興。今已輿至南寧,移卧舟次,將遂自梧道廣,待命於韶、雄之間,夫竭忠以報國,臣之素志也。受陛下之深恩,思得粉身齏骨以自效,又臣之所日夜切心者也。病日就危,而尚求苟全以圖後報,而爲養病之舉,此臣之所以大不得已也。'疏入,未報。……十一月乙卯,先生卒於南安。是月廿五日,逾梅嶺至南安。登舟時,南安推官門人周積來見。先生起坐,咳喘不已。徐言曰:'近來進學如何?'積以政對。遂問道體無恙。先生曰:'病勢危亟,所未死者,元氣耳。'積退而迎醫診藥。廿八日晚泊,問:'何地?'侍者曰:'青龍鋪。'明日,先生召積入。久之,開目視曰:'吾去矣!'積泣下,問:'何遺言?'先生微哂曰:'此心光明,亦復何言?'頃之,瞑目而逝,二十九日辰時也。"

《大明神宗顯皇帝實録》(上海書店出版社 2018 年版)卷一百五十五"萬曆十二年十一月":"上曰:皇祖世宗嘗稱王守仁有用道學。陳獻章、胡居仁既衆論推許,盛准從祀孔廟。"

守仁事功,有明一代文人無人可及;其於學術,乃爲一代巨擘;至於詩文,非着力爲之,然亦有獨至處。

陽明論學,在道而不在文。就文而言,雖有多之者,亦有不然者。至於道,雖當代後世,争訟紛紜,然於思想史,其地位實不可撼。

王世貞《藝苑卮言》卷五:"文章之最達者,則無過宋文憲濂、楊文貞士奇、李文正東陽、王文成守仁。……王資本超逸,雖不能湛思,而緣筆起趣,殊自斐斐然,晚立門户,辭達爲宗,遂無可取。其源實出蘇氏耳。"又,卷六:"講學者動以詞藻爲雕搜之技,工文者,則舉拙語爲談笑之資,若枘鑿不相入,無論也。……此王文成句也,何嘗不極其致。"

王世貞《弇州山人續稿》卷八十六《王公守仁傳》:"守仁天資穎敏絶世,少而好古文辭,爽朗多奇。晚取詞達不能工也,既以氣節名世,又建不世勋,迨有志聖學,一切盡掃去之。而識者不謂盡然。又其慕好之者亦挾以兩相,重其禦烏合,籠豪俊,待宵人,蹈險出危,俶儻權譎,種種變幻。……今天下之好稱守仁,十七八也。間有疑之者,以其學故。若乃起義旅,擒叛王,不使九重之尊輕與匹夫角，而大事定其功，孰能難之。”

王世貞《弇州山人題跋》（浙江人民美術出版社 2019 年版）卷八《國朝名賢遺墨五卷》第四卷：“新建伯南京兵部尚書都察院左都御史贈新建侯王文成公守仁一絶句，毋論公理學勛猷巨公已，詩秀拔有致，結法亦楚楚。卷中閲至此，大醒人目。”

江盈科《雪濤詩評》（周維德集校《全明詩話》第四册，齊魯書社 2005 年版）：“王陽明先生，大有詩才，然已入理學派頭，不在詩人之列。曾記其《咏傀儡》一詩，……如此咏物，不着色相，非高手不能。”

黄綰《黄綰集》卷十三《陽明先生存稿序》：“陽明先生夙負豪杰之資，始隨世俗學文，出入世儒老釋之間；中更竄謫流離之變，乃篤志學，久之，深有省於《孟子》良知之説，《大學》親民之旨，反身而求於道，充乎其自得也。故其發於言行也，日見其宏廓深潛，中和信直，無少偏戾。故其見於文也，亦日見其浩博淵邃、清明精切，皆足以達其志而無遺。”

錢德洪《刻文録叙説》（《王陽明全集（新編本）》卷五十二“附録二”）：“先生之學凡三變，其爲也亦三變。少之時馳騁於辭章；已而出入二氏；繼乃居夷處困，豁然有得於聖賢之旨：是三變而至道也。”

顧起綸《國雅品・士品三》（周維德集校《全明詩話》第四册，齊魯書社 2005 年版）：“王新建伯安，博學通達，詩非所優，然亦有幽逸思致。余讀其《陽明先生集》，疏義侃侃，詞切理約，自是經國大手。”

葉方藹《陽明先生要書後序》（《王陽明全集（新編本）》卷五十三“附録三”）：“古來道學之宗、功名之士、文苑之家各居其勝，欲從道學顯功名，從功名著文苑，觸處拈提，輒標上乘，非心光獨湛、悟門特辟者，能幾其萬一乎？溯往哲於有明，若陽明王文成公，洵哉其兼擅矣!”

朱彝尊《静志居詩話》卷九:“新建勛業氣節文章,皆可甲世。”

吴喬《圍爐詩話》(《清詩話續編》,上海古籍出版社 1983 年版)卷六:“王伯安胸襟好,七律得子美骨,有數十篇可觀。”

王士禛《池北偶談・談獻五・王文成》(中華書局 1982 年版):“王文成公爲明第一流人物,立德、立功、立言皆踞絶頂。”

永瑢等《四庫全書總目提要》別集類二十四“王文成全書”:“守仁勛業氣節,卓然見諸施行。而爲文博大昌達,詩亦秀逸有致。不獨事功可稱,其文章自足傳世也。”

張廷玉等《明史》卷一百九十五列傳卷三十八“王守仁”:“王守仁始以直節著。比任疆事,提弱卒,從諸書生掃積年逋寇,平定孽藩。終明之世,文臣用兵制勝,未有如守仁者也。當危疑之際,神明愈定,智慮無遺,雖由天資高,其亦有得於中者歟。矜其創獲,標异儒先,卒爲學者譏。守仁嘗謂胡世寧少講學,世寧曰:‘某恨公多講學耳。’桂萼之議雖出於媢忌之私,抑流弊實然,固不能以功多爲諱矣。”

守仁生前,弟子即請以所録文稿請刻,不允。守仁卒,弟子徐愛、薛侃、錢德洪、鄒守益、王畿憂書籍散逸,多方搜求,以成全帙。現有《文録》《别録》《文萃》《全録》《全書》《要書》傳世。

宋儀望《刻陽明先生文粹序》(《王陽明全集(新編本)》卷五十三“附録三”):“《陽明先生文粹》若干卷,始刻於河東書院,蓋余企諸人士相與講先生之學,故集而編之云。”

亢思謙《慎修堂集》卷四《重刻陽明先生文粹後序》(明萬曆刻清亢宗瑗重修本):“侍御斗城孫公之監豫也,省方布度、肅法弼違,日孜孜罔暇逸矣。……遂刻《陽明先生粹言》於大梁,俾知適從焉。刻既成,諸生若珙璧是獲,相率告于謙。”

黄綰《黄綰集》(明萬曆刻清亢宗瑗重刻本)卷十三《陽明先生存稿序》:"惜乎天不憖遺,不獲盡見行事大被斯世,其僅存者唯《文録》《傳習録》《居夷集》而已,其餘或散亡及傳寫訛錯。撫卷泫然,豈勝斯文之慨！乃與歐陽崇一、錢洪甫、黄正之率一二子侄,檢粹而編訂之,曰《陽明先生存稿》。洪甫携之吴中,與黄勉之重爲釐類,曰《文録》、曰《别録》,刻梓以行,庶傳之四方、垂之來世,使有志之士知所用心,則先生之學之道爲不亡矣。"

鄒守益《鄒守益集》(鳳凰出版社 2007 年版)卷二《陽明先生文録序》:"錢子德洪刻先師《文録》於姑蘇,自述其裒次之意,以純於講學明道者爲《正録》,曰明其也;以詩賦及酬應者爲《外集》,曰盡其全也;以奏疏及文移爲《别録》,曰究其施也;於是先師之言,粲然聚矣。"

錢德洪《陽明先生文録序》(《王陽明全集(新編本)》卷五十二"附録二"):"乃取其少年未定之論,盡删而去之;詳披締閲,參酌衆見,得至一之言五卷焉,其餘或發之題咏,或見之政事者,則釐爲《外集》《别録》,復以日月前後順而次之,庶幾知道者讀之,其知有所取乎?"

錢德洪《刻文録叙説》:"戊子年冬,先生時在兩廣謝病歸,將下庾嶺。德洪與王汝中聞之,乃自錢塘趨迎。至龍游聞訃,遂趨廣信,訃告同門,約每越三年遣人裒録遺言。明日又進貴溪,扶喪還玉山。至草萍驛,戒記書篋,故諸稿幸免散逸。自後同門各以所録見歸,既七年,壬辰,德洪居吴,始校定篇類,復爲《購遺文》一疏,遣安成王生自閩、粤由洪都入嶺表,抵蒼梧,取道荆、湘,還自金陵,又獲所未備,然後謀諸提學侍御聞人邦正,入梓以行。《文録》之有《外集》《别録》,遵《附録》例也。"

談愷《陽明先生全録序》(《王陽明全集(新編本)》卷五十三"附

録三"):"先大父中丞公與文僖公爲同年,董生聰文僖公之曾孫也,於予有通家之誼,觀其梓先生全集,是知所向方者。其曰《正録》、曰《外録》、曰《别録》,錢子德洪所訂正,蓋專以講學知先生者。以予鄙見,當如先生之言,但以年月爲先後可也,海内同志或有知予言者。"

徐階《世經堂續集》(明萬曆徐肇惠刻本)卷二《王文成公全書序》:"《王文成公全書》三十六卷,其首三卷爲《傳語録》,公存時徐子曰仁輯;次二十八卷爲《文録》、爲《别録》、爲《外集》、爲《續編》,皆公薨後錢子洪甫輯;最後五卷爲《年譜》,則近時德洪與王子龍溪輯而附焉者也。隆慶壬申,侍御新建謝君奉命按浙,首修公祠,置田以供歲祀。已而閲公文,見所謂録若集各自爲書,懼夫四方之學者或弗克盡讀也,遂匯而授諸梓,名曰《全書》,屬某序。"按,此序,《王陽明全集》卷四十一所録,有异文。"三十六卷"作"三十八卷",蓋補《世德紀》及《世德紀附録》二卷。

葉紹顒《陽明先生要書序》(《王陽明全集(新編本)》卷五十三"附録三"):"余自束髮時,即沉潛先生之書,考正較异,匪朝伊夕。一日,京邸與陳幾亭訐衡時事,感慨於斯人之不作,幾亭出其枕中鴻寶,則丹鉛先生之集,大約同者什九,异者什一,不覺狂呼劇歡,遂參互而合并之,命曰《陽明要書》。"

黄虞稷《千頃堂書目》(上海古籍出版社2001年版)卷二十一:"王守仁《陽明文録》二十卷。又《文録别集》八卷。又《續録》八卷。又《陽明全書》三十八卷。又《居夷集》三卷。又《陽明寓廣遺稿》二卷。……又《陽明先生文粹》十一卷(宋儀望輯)。又《陽明文選》八卷。"

永瑢等《四庫全書總目提要》别集類二十四"王文成全書三十八卷":"明王守仁撰。守仁有《陽明鄉約法》,已著録。是書首編《語録》三卷,爲《傳習録》,附以《朱子晚年定論》,乃守仁在時,其門人徐愛所輯,而錢德洪删訂之者。次《文録》五卷,皆雜文。《别録》十卷,爲奏疏公移之類。《外集》七卷,爲詩及雜文。《續編》六卷,則《文録》所遺,搜輯續刊者。皆守仁殁後,德洪所編次。後附以《年譜》五卷,《世德紀》二卷,亦德洪與王畿等所纂集也,其初本各自爲書。隆慶壬申,御史新建謝廷杰巡按浙江,始合梓以傳,仿《朱子全書》之例以名之。蓋當時以學術宗守仁,故其推尊之如此。……此書明末版佚。多有選輯别本以行者。然皆闕略,不及是編之詳備焉。"又,"别集類存目三"《陽明要書八卷附録五卷》:"明王守仁撰。葉紹容編。守仁有《保甲法》,已著録。紹永,吴江人。是書成於崇禎乙亥,取守仁全書摘其要語。前有小序八首,及凡例四條,皆著其删纂之大意。《浙江通志》載宋儀望輯《陽明文粹》十一卷,王畿輯《陽明文選》八卷。而無此書之名。蓋偶未見也。"又,《王陽明集十六集》:"明王守仁撰。其五世孫貽樂重編。案《守仁全集》,刻於明嘉靖中,久而版佚。國朝康熙初,貽樂爲滕縣知縣,乃重爲掇拾,定爲此本。然視原集已闕其半。其目分論學書、南贛書、平濠書、思田書、雜著書,亦頗瑣屑。又因有李贄所作年譜,而遂以卓吾鑒定題其前,尤爲依托。迥不及原本之完善也。"又,《陽明文鈔二十卷》:"明王守仁撰。是編康熙己巳江都張問達所編。以《傳習録》《大學或問》爲首,奏疏、序、記、諸講學書及論説、雜著、賦詩、公移次之,而終以陽明年譜。"又,《陽明全集二十卷》《傳習録一卷》《語録一卷》:"明王守仁撰。此本爲康熙中餘姚俞嶙所編。删除錢德洪本正録、外録、别録之目,并爲一集,更其舊第。首載年譜,次以書、序、記、説諸體,而以《傳習録》《語録》附焉。"

按,守仁詩文集現存版本主要分爲全本系統與選本系統。各系統代表性版本可參看吴光《〈王陽明全集(新編本)〉編校説明》(《王陽明全集(新編本)》,浙江古籍出版社2011年版)。

參考文獻:

1. 王世貞撰《弇州四部稿(外六種)》,上海古籍出版社1993年版。

2. 黄宗羲著,沈芝盈點校《明儒學案》,中華書局2008年版。

3. 王世貞著,陸潔棟、周明初批注《藝苑卮言》,鳳凰出版社2009年版。

4. 王守仁撰,吴光等編校《王陽明全集(新編本)》,浙江古籍出版社2011年版。

5. 黄綰撰,張宏敏編校《黄綰集》,上海古籍出版社2014年版。

6. 束景南《王陽明年譜長編》,上海古籍出版社2017年版。

7. 王守仁撰,束景南、查明昊輯編《王陽明全集補編》,上海古籍出版社2018年版。

8. 湛若水撰,黄明同主編《湛若水全集》,上海古籍出版社2020年版。

(李雙華　孫啓華)

李夢陽傳

李夢陽，字獻吉，號崆峒，陝西慶陽府安化（今甘肅省慶陽市）人，明成化八年十二月七日（1473年1月5日）生於慶陽，後隨父徙開封，遂家焉。

袁袠《李崆峒先生傳》（潘之恒、鄧雲霄刻《空同子集》附録一，萬曆三十年至三十一年刻本）："李公諱夢陽，字獻吉，陝西慶陽人也。母夢日墮懷中，寤而生公，故名。"

李開先《李中麓閑居集》（明嘉靖刻本）卷十《李崆峒傳》："正生次子孟陽，今改孟爲夢，原字天賜，今改獻吉，而取號崆峒，爰自素屏改焉。"

李夢陽之生日，朱安渹《李空同先生年表》（《李夢陽集校箋》附録一）："成化八年壬辰十二月癸丑七日己巳，公生於慶陽里舍。"崔銑《明江西按察司提學副使空同李公墓誌銘》（潘之恒、鄧雲霄刻《空同子集》附録一）曰："空同子以成化壬辰十二月七日生。"

李開先《李中麓閑居集》卷十《李崆峒傳》："李氏三世上不可知，以其陣亡子幼，無所與考。傳説名恩者，生子忠，忠生第三子正，正則教授温和王府者也。正生次子孟陽。"

李夢陽《李夢陽集校箋》卷三十八《家傳》："號貞義公者，諱恩，始徙慶陽，是謂慶陽李氏。"又，《大傳》述曾祖恩曰："傳曰：號貞義公者，不知何里人也，而贅於扶溝人王聚。王聚以洪武三年歸，軍於蒲州,已又自蒲州徙慶陽。於是,貞義公從入慶陽。"

徐縉《明江西按察司副使空同李公墓表》(黄宗羲《明文海》卷四百三十二,人民文學出版社 2023 年版):"公秦人也,生於慶陽,後乃徙大梁。曾大父恩,大父忠。父正,官阜平縣學訓導,升封丘王教授,累贈奉直大夫、户部貴州司員外郎,號吏隱。母高氏,累贈宜人,詳《李氏族譜》。始高夫人夢日投懷中,寤生公,乃名曰夢陽,既字獻吉。吏隱公教授封丘,遂家於梁,故扶溝籍也,已又歸慶陽。"

朱安淝《李空同先生年表》:"其先扶溝人,國初以從戎徙陕西慶陽。曾祖恩以義勇聞,殁於王事。祖忠,爲人重厚長者,鄉人稱李處士。父正,以貢入太學,授阜平訓導,補封丘温和王教授,遂家大梁。"

崔銑《明江西按察司提學副使空同李公墓誌銘》:"空同子諱夢陽,字獻吉,慶陽人,徙大梁。"

顧璘《國寶新編》"李夢陽傳贊"(明嘉靖刻本)云:"李夢陽字獻吉,本關中人,從父官,遂寓大梁。"

夢陽年少聰穎,十歲隨父學詩。泛覽六籍,工古文辭,人稱才子。

朱安淝《李空同先生年表》:"十七年辛丑,公年十歲。奉直公補任封丘温和王教授,公從如大梁,受《毛詩》。弘治元年戊申,公年十七歲。游心六籍,工古文詩賦,閉户潛修,尚友千古,梁人目之爲李才子云。"

弘治二年(1489),年十八,應河南鄉試不第。歸慶陽,從楊一清游。年二十一,舉陕西鄉試第一。六年第進士。十一年,授户部主事,與廊署才彦唱和,主持風雅,領袖詩壇。

朱安淝《李空同先生年表》:"二年己酉,公年十八歲。以儒士應河南鄉試,不第,奉直公命習舉業。公黽勉從之。爲文即迥出流輩。同業生皆斂手推服。"

次年從楊一清游。朱安㴋《李空同先生年表》:"公年二十歲,長子枝生,公偕左宜人歸慶陽,時大學士邃庵楊公一清爲督學憲副,見而异其才,延之門下,日從講肆。"

朱安㴋《李空同先生年表》:"公年二十一歲,舉陝西鄉試第一,與洵陽張鳳祥同榜。……六年癸丑,公年二十二歲,登毛澄榜進士第,觀政通政司。"

袁袠《李空同先生傳》:"年十八,舉鄉試第一,明年,弘治癸丑,舉進士,丁内外艱。"

李開先《李中麓閑居集》卷十《李崆峒傳》:"崆峒自河南扶溝赴陝西鄉試,即爲丁紳太守所許,薦之邃庵楊提學一清。邃庵驚嘆,以爲當以文章名天下,薦之者雖丁守,而知之尤深者則邃庵也。與鳳翔張鳳翔稱爲'二杰'。……連舉進士,連遭父母喪事。"

錢謙益《列朝詩集小傳·丙集》"李副使夢陽":"夢陽,字獻吉,慶陽人,徙大梁。弘治癸丑進士。"

查繼佐《罪惟録·列傳》卷十三上"李夢陽傳":"李夢陽,字獻吉,初以戍籍隸陝西慶陽。弘治中,父正教授周府,因就試河南,不遇。還慶陽,而棘闈且閉,夢陽闌監場使者,大言:'夢陽不入試,是科無解首。'使者勉收之,果舉鄉試第一,時年十八。明年癸丑,成進士。"

毛奇齡《西河合集》(清嘉慶蕭山陸凝瑞堂刻本)傳九《列朝備傳》"李夢陽傳":"夢陽束髮就河南試,不利,年十八,乃以故籍走試陝,陝場且閉,夢陽大言曰:'場無解元,何爲閉也?'主者奇其言,試而納之,遂中。弘治五年,鄉試第一。明年,舉進士,連中。"

萬斯同《明史》(清鈔本)卷三百八十八"文苑三""李夢陽傳":

“弘治五年,赴陝西應舉,則諸生已入場矣,大言曰:‘場中無解元。’主者試之,賦立就,果發解第一。明年,成進士。”

張廷玉等《明史》卷二百八十六“文苑傳二”“李夢陽傳”:“弘治六年舉陝西鄉試第一,明年成進士。”

朱睦㮮《空同先生傳》(嘉靖三十一年朱睦㮮增修本《空同集》):“年十八,舉鄉試第一,明年爲弘治癸丑,登進士第。”

後其母與父相繼謝世,於慶陽守制。朱安㴋《李空同先生年表》:“年二十七,服闋。如京師。……授公户部山東司主事。公不以錢穀爲困,剸棼斷錯,乃顧亨於官,其學益進。一時郎署彦才有揚州趙叔鳴,無錫錢世恩、陳嘉言、秦國聲,太原喬希天,宜興杭東卿,郴州李貽教、何子元,慈谿楊名父,餘姚王伯安,濟南邊廷實,後又有丹陽殷文濟,信陽何仲默,蘇州都玄敬、徐昌穀,南都顧華玉,皆能游思竹素,高步藝林。惟公主張風雅,裁定品流,每得公一篇,天下傳送,以爲矜式焉。”

崔銑《明江西按察司副使空同李君墓誌銘》:“弘治中,空同子興陋痿文之習,慨然奮復古之志,自唐而後,無師焉已,汝南何景明友而應之。空同子之雄厚,仲默之逸健,學者尊爲宗匠。又咸激勵風節,敢上直諫,安於冗散,鄙忽驟貴。空同子方雅簡,仲默稍飭廉稜。仲默恬淡温遜,不露才美云。空同子……才敏氣雄,簿書外,日招集名流爲文會,酬倡講評,遂成風致。”

弘治十四年(1501),奉命監三關。夢陽秉公執法,剛直不阿,不畏權貴,至下詔獄。不屈,尋復職。愈加奮力,上疏指斥外戚壽寧侯張鶴齡不法,再下詔獄。尋復職。

崔銑《明江西按察司副使空同李君墓誌銘》:“嘗監三關招商,用法嚴,格勢人之求,被構下獄,尋得釋。

朱安㴋《李空同先生年表》:“十四年辛酉,公年三十歲,奉命監三關招商。公見邊儲日匱,奸蠹歲滋,戚里宦寺豪横無忌,包攬者賄通當道,上下相蒙,是以利歸權要,士有饑色。前監臨者,皆依違其間,或充私橐。公至,持法嚴峻,請托不行,嬖倖不便,媒孽誣奏,至下詔獄。公毅然就理,指陳利病,辭氣不撓,事遂得白。釋復職。”

崔銑《明江西按察司副使空同李君墓誌銘》:“乙丑,應詔陳二病、三害、六漸之弊,末言皇親横則外戚驕恣之漸,爲掩義之害。張侯辯愬,摘奏中張氏字爲訕母后,遂令回話,乃列張侯不法狀,悉實可按,遂下獄。衆爲栗栗。已,僅奪俸三月。上語尚書劉大夏曰:‘朕欲置夢陽輕典,左右謂當廷杖,渠忿則泄,如朕殺諫臣何?’”

張廷玉等《明史》卷二百八十六“文苑傳二”“李夢陽傳”:“十八年,應詔上書,陳二病、三害、六漸,凡五千餘言,極論得失。末言:‘壽寧侯張鶴齡招納無賴,罔利賊民,勢如翼虎。’鶴齡奏辨,摘疏中‘陛下厚張氏’語,誣夢陽訕母后爲張氏,罪當斬。時皇后有寵,后母金夫人泣訴帝,帝不得已繫夢陽錦衣獄。尋宥出,奪俸。金夫人訴不已,帝弗聽,召鶴齡閑處,切責之,鶴齡免冠叩頭乃已。左右知帝護夢陽,請毋重罪,而予杖以泄金夫人憤。帝又弗許,謂尚書劉大夏曰:‘若輩欲以杖斃夢陽耳,吾寧殺直臣快左右心乎!’他日,夢陽途遇壽寧侯,詈之,擊以馬棰,墮二齒,壽寧侯不敢校也。”

朱安㴋《李空同先生年表》:“十八年乙丑,公年三十四歲。詔曰:‘朕方圖新政,樂聞讜言,事關軍民利病,切於治體可行的,着各衙門大小官員,悉心開具,明白來説。’公於是感激思奮,密具疏數千言,疏入,不報。時皇親壽寧侯張延齡與弟鶴齡怙寵驕縱,勢焰赫赫,天下謂之‘二張’,自公卿以下,皆尊而避之,莫敢誰何。見公疏,大怒,即奏公有斬罪十,謂疏言張氏斥母后也。敬皇帝不得已,詔下公錦衣衛獄,楚毒備至,公不爲少屈。舉朝爲公危之,科道交章論救。上一日坐文華殿,召大學士劉公健、李公東陽、謝公遷,問:'李夢陽宜何如處?'劉公對曰:'夢陽狂直,不足深罪。'上色變。李公不敢言。謝公從容奏曰:'夢陽雖狂直,然其心無他,實欲效忠於陛下。'上乃首肯曰:'謝先生言是。'尋詔夢陽復職。居頃,龍御上賓,公作《大行皇帝挽章》,末云:'向來激切疏優渥,小臣知至嘉靖初。'張氏卒陷大辟,身戮家亡,識者以公有先見焉。是歲,進公貴州司員外郎。"

正德元年(1506),遷廣東司郎中。武宗初政,劉瑾專權。臺閣六部,束手無策。夢陽勇爲草疏,請誅閹黨。事泄奪官,勒致仕。劉瑾仍欲殺之,康海爲之説情,乃免。

張廷玉《明史》卷二百八十六"文苑傳二""李夢陽傳":"遷郎中,榷關,格勢要,構下獄,得釋。"

朱安㴋《李空同先生年表》:"進公廣東司郎中。時上初即位,逆閹劉瑾輩以青宫舊恩,日導上狗馬鷹兔、舞唱角抵,漸棄萬機罔親,時號'八虎'。給侍中劉公蒞、陶公諧相繼論劾,不報。於是户部尚書韓公文每退朝,對屬吏輒泣下,以閹故。公間説之,爲具草疏。閹瑾知韓公之奏皆公贊成之,疏又出公手也,遂矯詔奪官,降山西布政司經歷,勒致仕。又黜劉公健、謝公謙、韓公文等四十八人,榜爲黨人,禁錮之。公作《棄婦辭》。"

張廷玉等《明史》卷二百八十六"文苑傳二""李夢陽傳":"孝宗崩,武宗立,劉瑾等八虎用事,尚書韓文與其僚語及而泣。夢陽進曰:'公大臣,何泣也?'文曰:'奈何?'曰:'比言官劾群閹,閣臣持其章甚力,公誠率諸大臣伏闕争,閣臣必應之,去若輩易耳。'文曰:'善',屬夢陽屬草。會語泄,文等皆逐去。瑾深憾之,矯旨謫山西布政司經歷,勒致仕。既而瑾復摭他事下夢陽獄,將殺之,康海爲説瑾,乃免。"

崔銑《明江西按察司副使空同李君墓誌銘》:"正德改元,八閹導上燕游,閣部臺諫協請誅之,不克,閹遂竄斥諸臣。已,知部之奏,實空同贊成,奪官,降山西布政司經歷,致仕。戊辰,劉瑾必快前忿,羅以他事,械赴京,人意其必死。是時,瑾敬禮修撰康子,康子謂瑾曰:李生能法皇祖爲文,殺之,大失天下學者望。瑾嬖人姜達亦申理,瑾乃賢空同子。既釋縶,又欲用之選部,空同子托以痼疾,康子爲力請,得免。"

朱安淝《李空同先生年表》:"三年戊戌,公年三十七歲。逆瑾蓄憾未已,必欲殺公以攄其憤。乃羅織他事,械縶北行,矯詔下錦衣獄,公兄夢和與内弟左國玉間行,匍匐謁康公海,爲解之。瑾嬖人姜達者,昔貧,販草束於邊,公監三關招商,革宿弊,禁權勢包攬,惟許小民上納,於是達獲利數倍,遂投入瑾宅,見公下獄,毅然申救,得放歸。有《離憤》詩,并獄中咏物詩。"

正德六年(1511),起江西提學副使。夢陽復興古學,砥礪士風,不畏主政長官,竟至墮入官場糾紛,相互構陷,被劾侵官,免職閑住。

瑾誅,起爲江西提學副使。朱安淝《李空同先生年表》:"六年辛未,公年四十歲,臺諫交章薦公忠直,詔起爲江西按察司提學副使。公益勵風節,慨然有孟博澄清之志。作《述征賦》以行。至則修白鹿、盱江書院。爲文立石,慕紫陽遺風。聚士其中,豐餼嚴約,闡明經意,至者千人。又於各鄉立社學,以教民間俊秀。所以養蒙斂才,視昔爲備矣。"

其砥礪士節,不隨俗俯仰,至與同僚相訐。李開先《李中麓閑居集》卷十《李崆峒傳》:"庚午,瑾誅,起升江西提學副使,興復古學,整頓頹風,……上任例有宴會,因他事怒藩臬長,假以遣戲子寓意譏之:'六經何嘗有戲?公堂上縱其褻狎之語,而沸淫哇之聲,不美觀聽甚矣!’二司長斥曰:‘善戲謔兮,非詩語耶?歌者自歌,不聽者任其不聽。’崆峒不辭而退,由此成仇。又任巡撫漢行縣,方試士,不令出迎。且語出不遜,復生一敵。又訐誚江巡按萬實,敕書雖許舉聞重事,往惟視爲故事而已。崆峒一一行之,兩臺劾其侵官,崆峒亦劾兩臺不職。事屬大理卿燕忠體劾,又以鄭副使陽、段參議敏爲同勘官,竟文至閑住,聲其冤者萬口一詞。崆峒惟以脱獄爲幸,不復計其他矣。宸濠久蓄异圖,招集文學士,邀名譽,收人心。凡吏於其土有才名者,或啗以利,或劫以威,悉入網羅。崆峒初亦不屈,被其朔望困餓,又欲藉其勢以挾軋己者,實則不與其謀。”

朱安淈《李空同先生年表》:“(正德)七年壬申,公年四十一歲,寧庶人宸濠,陰懷逆圖,招致文學之士,凡吏江西有才名者,即啗以厚利,否則威劫之。知公不可撼,佯下之,欲從公學詩,字有門生之稱。公正言拒之。公出,而有濠嬖伶遭之不避,公撻之於市。濠積憤,將中傷之。初,公奉敕許舉聞重事,乃於學政外復有建白,同官者病之。會巡按江御史萬實不諳憲度,公疏其罪,江亦奏訐。上命大理寺卿燕忠往勘,由是上下承濠風旨,罪且不測。獨何公景明上書冢宰楊公一清,乞爲申解,公遂得閑住。作《廣信獄前後記》《懼問記》。時布政使鄭公岳,又爲濠所忌,公素與岳不相能,復相訐,岳亦以濠故罷官。”

袁袠《李空同先生傳》:“辛未,起公江西提學副使,振起古學,力變宿習,褒奬義節,訓正禮俗,士翕然向風。時宸濠懷逆,招致文學,凡吏江西有才名者,即啖以厚利,否則威劫之。以公有大名,折節下之,公初不以爲動,久之,墮其術中,乃公不知也。公既才高負氣,不肯同流俗人,人多忌之。而江御史某,與公有嫌,遂相奏訐,天子命大理卿燕忠體勘,下公廣信獄。摧苦殊甚,公不稍爲屈,竟文至閑住。而布政使鄭岳適爲濠所陷，公素與岳不相能，岳既得罪，謂公傾之也。”

崔銑《明江西按察司副使空同李君墓誌銘》："辛未，瑾誅，起爲江西副使提學，敕許舉聞重事。空同子振學莅士外，大有更白，臺使及同官者病其侵官，空同子非其隳職，各起訟，當路素忌空同子才名，落職閑住。要辭曰'臨官不讓'云爾，聞者笑之曰：斯以虞之臣責過空同邪？”

張廷玉等《明史》卷二百八十六"文苑傳二""李夢陽傳"："瑾誅，起故官，遷江西提學副使。令甲，副使屬總督，夢陽與相抗，總督陳金惡之。監司五日會揖巡按御史，夢陽又不往揖，且敕諸生毋謁上官，即謁，長揖毋跪。御史江萬實亦惡夢陽。淮王府校與諸生争，夢陽笞校。王怒，奏之，下御史按治。夢陽恐萬實右王，訐萬實。詔下總督金行勘，金檄布政使鄭岳勘之。夢陽僞撰萬實劾金疏以激怒金，并構岳子澐通賄事。寧王宸濠者浮慕夢陽，嘗請撰《陽春書院記》，又惡岳，乃助夢陽劾岳。萬實復奏夢陽短，及僞爲奏章事。參政吴廷舉亦與夢陽有隙，上疏論其侵官，不俟命徑去。詔遣大理卿燕忠往鞫，召夢陽，羈廣信獄。諸生萬餘爲訟冤，不聽。劾夢陽陵轢同列，挾制上官，遂以冠帶閑住去。亦褫岳職，謫戍澐，奪廷舉俸。”

顧璘《國寶新編》"李夢陽傳贊"："視江西學政，文教鬱興。不能與俗俯仰，躬陷縲絏，誠亦負氣之過。卒使讒毁叢積，擯棄終身，伊誰咎哉？”

關於廣信之獄，涉及當時官場風習及夢陽人品，各家叙説互有异同。待考。

夢陽家居，益豪縱負氣，俠游南北，號空同子，名震天下。因前與寧王宸濠交往而下獄。因楊廷和等救之，止削籍。嘉靖八年十

二月三十日(1530 年 1 月 28 日)卒於家。

張廷玉等《明史》卷二百八十六"文苑傳二""李夢陽傳":"夢陽既家居,益跅弛負氣,治園池,招賓客,日縱俠少射獵繁臺、晋丘間,自號空同子,名震海内。宸濠反誅,御史周宣劾夢陽黨逆,被逮。大學士楊廷和、尚書林俊力救之,坐前作《書院記》,削籍。頃之,卒。"

崔銑《明江西按察司副使空同李君墓誌銘》:"寧庶人方畜异圖,威劫謀内,省臬受制,知空同子不可撼,陽下之。及庶人叛滅,有言空同子亦疑於黨附者,當路又將陷以法,司寇見素公不可,止。"

朱安氵𣶏《李空同先生年表》:"後濠敗,辭連公,忌者復欲擠之,獨刑部尚書林公俊毅然曰:'夫李獻吉有何罪?不過人妒其文名爾!'遂得免焉。"

李開先《李中麓閑居集》卷十《李崆峒傳》:"作詩模擬杜子美,而壽算復與之同。然杜遭亂離,窘逼終其身,崆峒雖四次下吏,而晚景富貴驕奢。以其據紛華之地,而多賣文之錢耳。"

袁袠《李空同先生傳》:"就醫京口,還大梁,病卒。"

朱安氵𣶏《李空同先生年表》:"八年乙丑,公年五十八歲。夏,疾果作。乃就醫京口,且得爲東南勝游。門人張實、次子楚從行。七月渡淮,寓楊相國南園,錢醫療之,少愈。五岳山人王省曾迓公京口,公與之論文賦詩。八月,還登金山寺,題詩。九月,抵家,疾復作。公夢有人迎龍亭旌幢至,執手板請公書'肯'字。覺曰:吾疾不起矣。又夢日曈曈墜海中没,蓋符其始生之兆云。司務黄公彬以詩問疾,公答之詩曰:'平生逸氣横雲海,一病侵冬歷夏秋。小兒弄人古有此,君子知命今何憂。親從江國迎醫返,滿擬家園賦雪游。載酒爲君何日起,東園松竹翠修修。'至十二月晦日將易簀,作自贊曰:‘生無敢私,死無敢欺,質雖凡近,高遐是期。或謂弗然,請試察之,剛而寡謀,自信靡疑,衆雖見惡,君子是之。即不見是,天豈不知。老而覺悟,途窮數奇。賫志長畢,命也何爲?空同八篇,潦草綴詞。’書畢而逝。”

崔銑《明江西按察司副使空同李君墓誌銘》:“嘉靖己丑九月二十有九日卒,享年五十有八。”崔誤。

弘正之際,夢陽倡言復古,崛起文壇,雄視天下,牢籠一代,固一世之雄才。然至於字模而句擬,人譏之剽竊,雖非盡然,亦不爲誣矣。

何景明《何大復集》(中州古籍出版社1989年版)卷三十二《與李空同論詩書》:“追昔爲詩,空同子刻意古範,鑄形宿鏌,而獨守尺寸。僕則欲富於材積,領會神情,臨景構結,不仿形迹。……今空同之才,足以命世,其志金石可斷,又有超代軼俗之見。自僕游從,後睹作述,今且十餘年來矣。其高者不能外前人也,下焉者已踐近代矣。自創一堂室,開一户牖,成一家之言,以傳不朽者,非空同撰焉誰也?”

邊貢《邊華泉集稿》(清康熙刻本)卷六《題空同書翰後》:“魯公,聖於書者也;子美,聖於詩者也。李子兼之,可謂豪杰之士已矣。今之學者之爲詩若書,莫不曰乃所願則學李子也。”

王廷相《王氏家藏集》(中華書局1989年版)卷二十三《李空同集序》:“時則有茗空同子李獻吉,以恢閎統辯之才,成沈博偉麗之文,厥思超玄,厥詞寡和,游精於秦漢,割正於六朝,執符於《雅》《謨》,參變於諸子,以柔淡爲上乘,以沉着爲三昧,以雄渾爲神樞,以蘊藉爲堂奥,會詮往古之典,用成一家之言。巨者日融,小者星列,長者江流,闊者海受,洋洋岩岩,冥冥爗爗,無所不極。後有知言之選,嘆賞不暇,尚安能爲之昂抑哉?遂能掩蔽前賢,命令當世,秦漢以來寡見其儔矣。”

黄省曾《空同先生文集序》(明嘉靖九年黄省曾刻《空同先生文集》卷首):“粤我空同先生,岳降於熙雍之運,鵬騫良於平章之朝,夙稱八斗之才,逐擅九州之秀。非姬公、宣父之書不涉於目,非左馬班揚之策不發於笥,非《騷》《選》李杜之篇不歷於思。由是代方享弊,樹獨幟於旌墟;士舉安凡,振孤轅於廣陌。雖和之者自萃珪璋之儔,而訕之者頗繁參商之輩,物忌勢危,終於擯落,然先生風節凝持,卓立不懼,卒能浣學囿之污沿,新彤管之瑣習,起末家之頹散,復周漢之雅麗,彬彬乎天下學士大夫莫不趨風而宗之。自是埏宇之内,倡和鎔鈞,文章經緯,與三代同驅矣。”

吕柟《涇野先生文集》(明嘉靖三十四年刻本)卷九《空同李子集序》:“今顧其爲集,乃工曹、劉、李、杜之間,精於屈、宋、賈、馬之場,夫世有干霄之材,斷而爲侏儒之柱者,則必悔人;藏照乘之珠,分而嵌糟醨之盤者,則必怨此:非其力之不贍,及其藝之未審耳,故予每讀二疏,深爲李子驚,及觀他文詩,則又悵然惜矣!”

陳沂《拘虚集》(明嘉靖刻本)卷一《哀辭六首・空同李按察獻吉》:“崆同少負氣,下視無與頏。吐論排衆紛,所向前莫當。今世鮮述作,重憶令悲傷。厥子吾所録,健思亦昂藏。”

何良俊《四友齋叢説》(明隆慶三年華亭何氏原刊本)卷二十三“文”:“李空同集中,如《家譜大傳》《黄尚書傳》《康長公墓碑》《河上草堂記》《徐迪功集序》諸篇,極爲雄健,一代之文,罕見其比。”又,卷二十六“詩三”:“我朝如楊東里、李西涯二公,皆以文章經國,然只是相沿元人之習。至弘治間李空同出,遂極力振起之,何仲默、邊庭實、徐昌穀諸人相與附和,而古人之風幾遍域中矣。律以古人,空同其陳拾遺乎。”

王世貞《明詩評》(周維德集校《全明詩話》,齊魯書社 2005 年版)卷一:"此道蕪千餘年,至夢陽始辟之,社稷勛哉! 其詩如孫吴用兵,奇正闔闢,變化不窮。又如蒼鶻擊空,雲龍戲海,健急怪偉,種種入神。"

王世貞《藝苑巵言》(周維德集校《全明詩話》,齊魯書社 2005 年版)卷五:"李獻吉如金鳷擘天,神龍戲海;又如韓信用兵,衆寡如意,排蕩莫測。"又,"李獻吉如樽彝錦綺,天下瓌寶,而不無追蝕絲理之病。"又,卷六:"獻吉才氣高雄,風骨遒利,天授既奇,師法復古,手闢草昧,爲一代詞人之冠。要其所詣,亦可略陳。騷賦上擬屈宋,下及六朝,根委有餘,精思未極。擬樂府自魏而後有逼真者,然不如自運,滔滔莽莽。《選》體、建安以至李杜,無所不有,第於謝監未是初日芙蓉,僅作顔光禄耳。七言歌行縱横如意,開闔有法,最爲合作。五言律及五七言絶時詣妙境,七言雄渾豪麗,深於少陵,抵掌捧心,不能厭服衆志。文酷仿左氏、司馬,叙事則奇,持論則短,間出應酬,頗傷率易。"又,"何仲默謂獻吉振大雅,超百世,書薄子雲,賦追屈原。王子衡云:'執符於《雅謨》,游精於漢魏,以雄渾爲堂奥,以藴藉爲神樞,思入玄而調寡和。如鳳矯龍變,人罔不知其爲祥,亦罔不駭其异。'黄勉之云:'興起學士,挽回古文,五色錯以彪章,八音和而協美。如玄造包乎品物,海渤匯夫波流。'又云:'江西以後,愈妙而化,如玄造範物,鴻鈞播氣,種種殊别,新新無已。'其推尊之可謂至矣。"又,"獻吉之於文,復古功大矣。所以不能厭服衆志者,何居? 一曰操撰易,一曰下語雜。易則沉思者病之,雜則顓古者卑之。"

俞憲《盛明百家詩·李空同集序》(齊魯書社 1997 年版):"我朝稱詩文大家必曰李空同,何大復以其力變文體,首倡藝林,蓋比之漢遷固、唐李杜云。今觀空同先生詩,汪洋浩渺,光耀變幻至不可測識,誠哉一代之宗匠也。玩誦再三,别爲抽録,聊便觀覽,昭我思存。"

馮夢禎《快雪堂集》(明萬曆四十四年刻本)卷一《重刻空同先生集序》:“然就先生之詩而評之,則五七言律與七言歌行最稱擅場,蓋先生所深嗜而冥契者杜陵,故得其神理而面目隨之,實非有意模擬,如宋人生吞活剥之説也。至其序碑銘諸作,則謹嚴莊雅,質有其文,鎔精兩漢而雜出之,藻不傷琢,真不涉俚,蓋庶幾稱盛世之文哉!”

胡應麟《詩藪内編四・近體上》(周維德集校《全明詩話》,齊魯書社 2005 年版):“杜五言律,規模正大,格致沉深,而體勢飛動。自宋以來,學杜者但刻意深沉,如枯桥朽株,無復生意。惟獻吉於杜體勢最親,所恨者陶冶未融,刻削時露,且於正大沈處,反欠工夫耳。至句語偶爾相犯,豈足爲疵,觀其安身立命可也。”又,《内編六・近體下》:“詩至五言絶,語極寂寥,而獻吉豪宕縱横,往往有拔山力。”又,《續編一・國朝上》:“李獻吉詩文山斗一代,其手闢秦、漢、盛唐之派,可謂達摩西來,獨闡禪教。又如曹溪卓錫,萬衆歸依。至品藻人倫,則尚有不愜人意者。”

費尚伊《刻空同集序》(明萬曆十五年李四維刻《空同集》卷首):“徐昌穀、邊廷實、康德涵輩,號稱名流,皆趨望下風,自遜以爲弗及,獨何仲默以名高爲敵,持堅白不下,已卒逡巡不敢取前茅以進。蓋天下仰先生,不啻泰山、喬岳,珍先生之製作,不啻明珠珙璧,逐使中興文運煒然一新,斯非明興一人哉! 今憐先生者,爲先生秉靈毓秀,爲時赤幟,上不躋鐘鼎、竹帛之業,黻藻一代,下不從金馬石渠之彦,筆削千古,徒托空文以自見,爲先生惜;而病先生者,又爲先生負才太高,持己太峻,曾不少貶以徇時好,卒坎坷偃蹇,白首夷門,爲先生咎。不知先生既以文章名世,業垂不朽,即假令稍自貶損以就功名,浮雲朝露,何如身後名哉?”

蘇雨《重刻空同集序》(明萬曆十五年李四維刻《空同集》卷

首）："故以文士目先生者，小先生者也；以文學惜先生者，淺乎知先生者也，空同子可以文盡乎哉？"

臧爾勸《空同集後序》（明萬曆二十九年李思孝刻《空同集》卷末）："夫文運莫厄於金、元，皇祖驅逐胡虜，蕩滌腥羶，重新日月乾坤，還諸三代文明之盛，獨文之餘風未殄，有待熙洽。慶陽李獻吉氏，崛起弘治郅隆間，一掃金、元靡陋之習，力追先秦、西京，以接於風雅，鬱鬱乎爾雅深厚，稱盛世之文，於我聖祖耿光大烈，庶幾潤色而黼藻之。自是作者繼出，人思隨踵左、馬，家欲比肩漢魏盛唐，獻吉先之也，文家推爲社稷勛，信哉！"

許學夷《詩源辯體・後集纂要》（人民文學出版社 1987 年版）卷二："樂府五七言、雜言，有自出機軸者，有摹擬相肖者，獻吉（李夢陽）則兩失之。元美謂'獻吉樂府，自魏而後有逼真者'，直夢語耳。"又，"歌行本於《離騷》。獻吉熟於《騷》，其歌行妙處皆得於《騷》。……獻吉歌行入録者，紆回隱約，有餘不盡。短篇嚴緊精煉，不雜一常語，此國朝諸公所無。長篇體雖縱横而意實渾涵，實兼李杜所長，其不及李杜者，則累語累字爲多，而全集益見莟莽也。"又，"獻吉五言律，入録者僅十之一，然於初唐、子美，得其神髓，惜不免有玷缺者。"又，"獻吉七言律，入録者益少，然氣格蒼古，本乎自然，非矯强可到。若全集，則有生句、稚句、庸句、鄙句，其鹵莽率意，近學究者有之。國朝諸公論詩多貴耳賤目，惟元美庶爲有見，至論獻吉七言律，亦貴耳賤目矣。"又，"獻吉五七言律、絶，於朝廷、郊廟、邊塞諸作則工，於山林、田野、閑適諸詩則拙。蓋才性各有所宜。若李杜，則無不兼善矣。七言絶《帝京篇》《郊祀歌》等，氣格本乎李杜，惜未盡工。"

錢謙益《列朝詩集小傳》丙集"李副使夢陽"曰："獻吉生休明之代，負雄鷙之才，僴然謂漢後無文，唐後無詩，以復古爲己任。……

獻吉以復古自命,曰古詩必漢魏,必三謝;今體必初盛唐,必杜;舍是無詩焉。牽率模擬剽賊於聲句字之間,如嬰兒之學語,如桐子之洛誦,字則字、句則句、篇則篇,毫不能吐其心之所有,古之人固如是乎?”

朱彝尊《静志居詩話》卷十:“獻吉五古,源本陳王、謝客,初不以杜爲師,所云杜體者,乃其摹仿之作,中多生吞語,偶附集中,非得意詩也。至效盧、駱、張、王諸體,特游戲耳。惟七古及近體,專仿少陵,七絶則學供奉。蓋多師以爲師者。其謂:‘唐以後書不必讀,唐以後事不必使。’此英雄欺人之言。如‘江湖陸務觀’‘司馬今年相宋朝’‘秦相何緣怨岳飛’等句,非唐以後事乎?”

吴喬《圍爐詩話》(《清詩話續編》,上海古籍出版社1983年版)卷六:“獻吉病笨重,氣又傲,如對傖父,酪羶蒜臭觸鼻。”又,“獻吉亦知詩妙處在有言外之意,求工於字句,心勞日拙,而所作反是。元美之譏錢起‘佳氣長浮仗外峰’爲泛,亦然。”

喬億《劍溪説詩》(《清詩話續編》,上海古籍出版社1983年版)卷下:“空同詩削其摹古太着迹者,餘皆卓犖可觀。而虞山詆諆不遺餘力,只可誑盲俗耳。”

沈德潛《明詩别裁集》卷四:“空同五言古宗法陳思、康樂,然過於雕刻,未極自然。七言古雄渾悲壯,縱横變化。七言近體開合動蕩,不拘故方,準之杜陵,幾於具體,故當雄視一代,邈焉寡儔。而錢受之詆其模擬剽賊,等於嬰兒之學語,至謂‘讀書種子從此斷絶’,吾不知其爲何心。”又,“追逐少陵。實有面目太肖處,集中掃而空之,不欲使掊擊前賢者得以藉口。”

張廷玉等《明史》卷二百八十六“文苑傳二”“李夢陽傳”:“夢陽才思雄鷙,卓然以復古自命。弘治時,宰相李東陽主文柄,天下翕然宗之,夢陽獨譏其萎弱。倡言文必秦、漢,詩必盛唐,非是者弗道。與何景明、徐禎卿、邊貢、朱應登、顧璘、陳沂、鄭善夫、康海、王九思等號十才子，又與景明、禎卿、貢、海、九思、王廷相號七才子，皆卑視一世，而夢陽尤甚。吴人黄省曾、越人周祚，千里致書，願爲弟子。迨嘉靖朝，李攀龍、王世貞出，復奉以爲宗。天下推李、何、王、李爲四大家，無不争效其體。華州王維楨以爲七言律自杜甫以後，善用頓挫倒插之法，惟夢陽一人。而後有譏夢陽詩文者，則謂其模擬剽竊，得史遷、少陵之似，而失其真云。"

永瑢等《四庫全書總目提要》别集類二十四"空同集"："夢陽爲户部郎中時，疏劾劉瑾，遘禍幾危，氣節本震動一世。又倡言復古，使天下毋讀唐以後書，持論甚高，足以竦當代之耳目。故學者翕然從之，文體一變。厥後摹擬剽賊，日就窠臼。論者追原本始，歸獄夢陽，其受詬厲亦最深。考明自洪武以來，運當開國，多昌明博大之音。成化以後，安享太平，多臺閣雍容之作。愈久愈弊，陳陳相因，遂至啴緩冗沓，千篇一律。夢陽振起痿痹，使天下復知有古書，不可謂之無功，而盛氣矜心，矯枉過直。……平心而論，其詩才力富健，實足以籠罩一時。而古體必漢魏，近體必盛唐，句擬字摹，食古不化，亦往往有之。所謂武庫之兵，利鈍雜陳者也。其文則故作聱牙，以艱深文其淺易。明人與其詩并重，未免怵於盛名。"

陳田《明詩紀事》丁籤卷一："空同志壯才雄，目短一世，好揞擊人，而受人揞擊亦甚。然究一時才杰，亦不能出其右也。成弘之間，茶陵首執文柄，海内才俊，盡歸陶鑄。空同出而异軍特起，臺閣壇坫，移於郎署，始猶依違，不欲顯然攻之也。……及江西放廢後，茶陵已殁，乃放言不諱。……平心而論，茶陵詩文固自可傳，而空同復古之功，亦不可没。從古文人相輕，由來已然，論者固不必爲之左右袒矣。"

夢陽著述宏富,平日即自録其詩,藏之篋笥。其弘治、正德間詩,題曰《弘德集》,三十二卷。嘉靖年間詩,題曰《嘉靖集》,一卷。夢陽生前,即以手編全集寄姑蘇黄省曾問序。夢陽既歿,遺文詩殆千百篇,其甥曹仲禮刻其集,題曰《空同集》,六十三卷。

李夢陽《詩集自序》(潘之恒、鄧雲霄刻《空同子集》卷首,明萬曆三十年至三十一年刻本):"李子聞之闇然,無以難也,自録其詩,藏篋笥中,今二十年矣,乃有刻而布者,李子聞之懼且慚曰,予之詩非真也,王子所謂文人學子韻言耳,出之情寡而工之詞多者也;然又弘治、正德間詩耳,故自題曰《弘德集》,每自欲改之,以求其真,然今老矣,曾子曰,時有所弗及學之謂哉!是集也,凡三十三卷,賦三卷三十五篇,四五言古體一十二卷四百七十篇,七言歌行五卷二百一十篇,五言律五卷四百六十二篇,七言律四卷二百八十三篇,七絶句二卷二百二十七篇,五言絶句并六言雜言一卷一百二十篇,凡一千八百七篇。"

黄省曾《空同先生文集序》(明嘉靖九年黄省曾刻《空同先生文集》卷首):"省曾樂志衡門,修辭海曲,山川間之,音通道契。故先生於戊子之冬,以手編全集寄我姑蘇,殷勤札書,屢貽疊受,既而先生問醫南下,邀予京口,千里不遐,命僕爲序,辭謝再三,屬委逾至,乃得論襟於緑雲之亭,品文大峴之山,并館逾旬,雪涕成别,長江悠悠,雲帆遂遠。歲之除夕,先生告殂。"

吕柟《涇野先生文集》(明嘉靖三十四年刻本)卷九《空同李子集序》:"空同李子者,陝之慶陽人,李二獻吉也。既殁矣,遺文詩殆千百篇,其甥曹君仲禮守鳳陽,將梓行,問序焉。"

高儒《百川書志》卷十三(上海古籍出版社 2005 年版):"《空同詩文全集》六十三卷,江西提學副使空同山人北郡李夢陽獻吉撰。"

陳文燭《二酉園續集》(明萬曆刻本)卷二《李空同先生集序》:

“其集海内争誦，嗣孫四維守沔陽，重梓之，介博士乞余言，憶昔過夷門，訪河上草堂，已没於寒烟斷莽間，每與何啓圖學士謀選李何集，而未能也，今安能已於言哉！”

費尚伊《刻空同集序》(《李夢陽集校箋》附録二)：“郡大夫李公四維既梓其先王父《空同先生集》成，偕博士馬君輩丐余言爲序。”

聶豹《空同子小序》(潘之恒、鄧雲霄刻《空同子集》卷首)：“予讀《空同子》八篇，而嘆其爲文之至也。……乃刻之郡齋，俾後世之知空同子者，不獨以其文而已矣。”

高尚忠《空同子跋》(明萬曆十五年李四維刻《空同集》卷末)：“蓋不佞始得《空同先生集》，締視之，眩然驚，已穆然思，伏而讀之，不能釋也。晚乃睹所謂《空同子》八篇者，則又益嘆先生之深於道焉。……會先生之孫四維爲德平令，將付剞劂，不佞於先生爲鄉人，景行之日久，而重以德平君之記，乃敬綴一言於末。”

鄧雲霄《重刻空同子集叙》(潘之恒、鄧雲霄刻《空同子集》卷首)：“余之梓空同先生集也，豈自時污不至阿其所好，夫亦顧同志者皈依正覺，毋蹈野狐外道，抑嗤‘白雲秋色’‘中原紫氣’等語之爲魔軍。余將倚劍空同而摧伏之矣。是役也，潘君景升校讎半載，深窺作者心苦。”

馮時可《空同子集序》(潘之恒、鄧雲霄刻《空同子集》卷首)：“《空同集》乃先生手自編匯，以貽我郡黄勉之，勉之爲校訂序焉，梓於吴。未幾，先生甥曹仲禮守濠，爲重梓，而王子衡復序之。逾七十年，板漸蝕，莫能得善本。會東莞鄧侯令長洲，政成之暇，爰飭風雅，每喟然曰：‘吴於海内文獻稱甲哉！而奇多柔曼，孰其振之！’已讀先生集而亟賞曰：‘兹其矯矯者與！舍是而誰爲吴士的矢也！’爰出月俸資剞劂，俾潘君景升事校讎。景升淹雅苦心數月，於集中魯魚亥豕咸正罔遺，又采集中所選若干篇，重定其目，而益以《空同子》八篇,於是先生集始爲完書。"

潘之恒《弘德集序·箋》(潘之恒、鄧雲霄刻《空同子集》):"此《弘德集》序,自嘉靖後所增亦無幾,惟五七言律各一卷耳,豈遺草尚多耶?先生賦止騷而無漢,故稱賦騷,四言出入風雅,乃不自居,而曰四言古非體也,易爲風雅什,五言絶高古,曲盡其變,安得以少而抑在後乘,如擬李古風五七言,淆之而名散篇,體將安傳乎?一升之,一別之,各爲一卷,總成三十七卷,此可覓諸先輩所安,不敢謂僭也。"

馮夢禎《重刻空同先生集序》:"《空同先生集》有晋陵鄒氏板,毁於火業數十年。東莞鄧玄度令長洲,政事之暇,留神翰墨,有契斯文,斥俸梓之,委校讎於潘子景升。會馮子至吴,玄度因景升請:'願借先生一言竟殺青可乎?'余唯唯。"

按,李夢陽詩文集版本主要有《弘德集》(明嘉靖初年刻本)三十二卷、《嘉靖集》(明嘉靖三年刻本)一卷;《空同先生集》(明嘉靖九年黄省曾刻本、明萬曆六年高文薦刻本、明萬曆七年思山堂徐應瑞刻本、明萬曆七年東山堂徐廷器刻本)六十三卷;《空同集》(明嘉靖十一年曹嘉刻本、明萬曆十五年李四維刻本、明萬曆二十九年李思孝刻本)六十三卷;《空同子集》(明萬曆三十年鄧雲霄、潘之恒校刻本)六十六卷;《空同詩鈔》(清乾隆十五年誦芬堂刻本);楊慎選評《李空同詩選》(明嘉靖刻本);湯賓尹編《新鍥會元湯先生批評空同先生文選》(明萬曆二十五年書林詹聖澤刻本);吴騏編《吴日千先生評選空同詩》(清鈔本)。可參看郝潤華校箋《李夢陽集校箋·前言》。

參考文獻:

1. 陳田《明詩紀事》,商務印書館 1936 年版。

2. 王公望《李夢陽年譜簡編》,《甘肅社會科學》2001 年論文集刊。

3. 朱彝尊《明詩綜》,中華書局 2007 年版。

4. 錢謙益《列朝詩集小傳》,上海古籍出版社 2008 年版。

5. 李夢陽著,郝潤華校箋《李夢陽集校箋》,中華書局 2020 年版。

6. 梁贊宏《李夢陽年譜》,復旦大學 1987 年學位論文。

（李雙華　孫啓華）

何孟春傳

何孟春，字子元，號燕泉，湖廣郴州（今湖南省郴州市）人。先世本吉，盧陵人，又吉遷廣，元時自廣徙郴，遂家焉。明成化十年正月十日生（1474 年 1 月 27 日）。

李東陽《懷麓堂文後稿》（岳麓書社 1983 年版）卷二十六《明故奉政大夫修正庶尹雲南按察司僉事致仕何公墓誌銘》："公先世在宋，出廬陵，徙廣東。宋有號都統者，鎮郴桂，其孫行三九者始居郴。郴今有都統廟，族人皆稱爲始祖。"

羅欽順《南京工部左侍郎贈禮部尚書燕泉何公孟春墓誌銘》（《國朝獻徵録》卷五十三，明萬曆四十四年刻本）："丙申五月朔，竟以疾卒，距其生成化甲午，得年六十有三，而家居十年矣。"又，"公諱孟春，子元其字，别號燕泉。先世本吉廬陵人，由吉遷廣，在元爲都統，鎮郴、桂者，又自廣徙郴。傳至合州同知，諱儀堅，公曾祖也。大父諱俊，雲南提學僉事。父諱説，刑部郎中。以公貴，俱贈通議大夫、吏部右侍郎。大母廖，繼李，母李，俱贈淑人。"

王兆雲《皇明詞林人物考》（明萬曆刻本）卷四"何文簡"："公名孟春，字子元，先世廬陵人，遷於廣元。有爲都統鎮柳（按，柳，郴之誤）桂者，因家郴。祖俊，雲南按察僉事。父説，刑部郎中。"

何喬遠《名山藏》（明崇禎刻本）卷七十四《臣林記》"何孟春"："何孟春，字子元，郴人。本廬陵人，元時有爲郴、桂都統者，遂家焉。祖俊,雲南提學僉事,父説,刑部郎,皆知名。"

顧璘《憑几集續編》卷二《前吏部侍郎燕泉先生何公墓碑》:"公字子元,先世廬陵人,遷於廣元,有都統鎮郴、桂者,因家郴。至公曾祖義堅,合州同知,後貴矣。祖俊,雲南按察僉事。父説,刑部郎中。以公貴,俱贈通議大夫、吏部右侍郎。祖母廖,繼李,母李,俱贈淑人。"

《何燕泉先生行述》(《餘冬録卷首》):"公生成化甲午正月十日。"

孟春性稟賦异常,方數歲,聞人誦長篇,輒能誦,目爲神童。長游李東陽門。東陽閲其文,稱曰:"子當表吾楚。"以"何郎少年美文藻"贊之。

李東陽《懷麓堂詩後稿》卷三《懷郴州爲何郎中孟春作》:"何郎少年美文藻,直以賞識隨標題。"按,李東陽去世後,何孟春有《祭太師李文正公墓文》。

羅欽順《南京工部左侍郎贈禮部尚書燕泉何公孟春墓誌銘》:"公性稟趨异,方數歲,聞人誦長篇,已即能覆誦。黎文僖公一見,目爲奇童,長游李文正之門,文正每携公所作以示同官曰:'此吾楚後來之杰也。'"

顧璘《憑几集續編》卷二《前吏部侍郎燕泉先生何公墓碑》:"公少穎异,稱奇童。長游李文正公之門,文正嘗稱曰:子當表吾楚。"

王兆雲《皇明詞林人物考》卷四"何文簡":"孟春少穎异,稱奇童。長游李文正之門,文正嘗稱曰:'子當表吾楚。'"

彭定求輯《明賢蒙正録》(清同治九年刻本):"侍郎何文簡公孟春(湖廣郴州人,弘治癸丑進士)少穎异,稱奇童。長游李文正公之門,文正稱之曰'子當表吾楚'。"

汪國楠《皇明名臣言行録新編》(明萬曆四十年刻本)卷三十九:“公少穎异,稱奇童。長游李文正公之門,文正嘗稱曰:‘子當表吾楚。’”

鄧元錫《皇明書》(明萬曆三十四年序刻本)卷二十六:“何侍郎孟春,字子元,郴人也。性稟超异,黎文僖一見目爲奇童。稍長,李文正携所業,謂同官曰:‘此當表吾楚。’”

何喬遠《名山藏》卷七十四《臣林記》“何孟春”:“孟春幼穎异,爲黎淳所賞。長從李東陽游,東陽讀其文曰:‘表吾楚者,此子也。’”

郭崇嗣《何文簡公文集後序》:“嗣按,何公郴之世家也,少而天資神异,從其先大夫宦京都,受業李文正公,甚見推許。”

劉穩《何燕泉詩集序》(《何燕泉詩集》卷首):“一目輒數行俱下,日誦數萬言,即終身不能遺失。”

《何燕泉先生行述》:“神質超异,童年從刑部公於京師,聞人誦長篇數百言,一過即能不忘而背録之,黎文僖公稱之爲奇童。”

弘治五年(1492),領鄉薦,明年成進士,丁父憂歸,九年授兵部主事。歷員外郎、郎中,丁母憂歸。正德七年(1512),擢河南左參政,入爲太僕少卿、本寺卿。十三年,以右副都御史巡撫雲南,討平十八寨叛蠻,遷南兵部右侍郎,拜吏部左侍郎。孟春爲官清正廉明,敢於直言忠諫,頗具氣節,素有清名。凡朝廷之苛政陋規,均奏請改革。

羅欽順《南京工部左侍郎贈禮部尚書燕泉何公孟春墓誌銘》:“壬子,鄉舉第二人,連登進士第,將試翰林庶吉士,會丁父憂。丙辰,授兵部職方主事,鋒穎日見,歷升員外郎、郎中。大司馬馬端肅公、劉東山公皆器重之。東山公每有大政及邊方急務,率與公商處,他司疑事,亦咨決焉。及丁大父憂去官,東山念之,如失左右手。嘗奉使山西，查理馬政，繼往陝西，毫無所漏。巡撫大臣亦有被公論劾者，因列上五事，僉以爲當。俄丁繼大母憂，又丁母憂。"又，"入爲太僕少卿，民老幼相扶携，沿道扳戀，依依不忍釋，其得人心如此。"

何喬遠《名山藏》卷七十四《臣林記》"何孟春"："年二十，登弘治八年進士，授兵部職方司主事，歷員外、郎中。"

王兆雲《皇明詞林人物考》卷四"何文簡"："弘治癸丑進士，兵部主事、員外、郎中，馬端肅、劉忠簡大見器重。嘗使山陝清馬政，還上五事，并劾撫臣不職，朝論韙之。"

汪國楠《皇明名臣言行録新編》卷三十九："登進士，任兵部主事、員外郎、郎中、大司馬。馬端肅公、劉忠宣公大見器重，曹無滯政。嘗使山西清馬政，條目畢舉。還，上五事，并劾撫臣不職，朝論韙之。"

徐開任《明名臣言行録》（清康熙二十年刻本）卷四十九"侍郎何文簡公孟春"："登進士，任兵部主事、員外郎、郎中，曹無滯政。嘗使山西清馬政，條目畢舉。還，上五事，并劾撫臣不職，朝論韙之。公貌癯神暢，雖在年少，淹貫通練，每談疆埸，慨然有彎弓之志。尚書馬文升、劉大夏皆器重之。一日，京師熊入市傷人，文升以守衛官不戒，請加罪，并陳當飭戎備盜。公言：'熊之爲兆，雖當防盜，亦慮火災。'亡何，禮部毁，或問公驗何占書。公言：'初無占書，記宋紹興己酉，永嘉縣有熊入市，太守高世則謂其卒曰："熊於字上能下火，郡宜慎火。"已，永嘉縣灾，某談所記，不意驗也。'"

鄧元錫《皇明書》卷二十六："弘治初，舉進士，官兵曹。馬端肅、劉忠宣皆嚚重之，有大政必咨。丁大父憂去官，忠宣念之，如失左右手。"

張廷玉等《明史》卷一百九十一列傳第七十九"何孟春"："詔修

萬歲山毓秀亭、乾清宫西室,役軍九千人,計費百餘萬。抗疏極諫。清寧宫灾,陳八事,疏萬餘言。進員外郎、郎中,出理陝西馬政,條目畢張。還,上釐弊五事,并劾撫臣不職。正德初,請釐正孔廟祀典,不果行。出爲河南參政,廉公有威。擢太僕少卿,進爲卿。駕幸宣府,馳疏諫。尋以右副都御史巡撫雲南,討平十八寨叛蠻阿勿、阿寺等,奏設永昌府,增五長官司、五守御所。録功,蔭一子,辭不受。世宗即位,遷南京兵部右侍郎,半道召爲吏部右侍郎。會蘇、松諸府旱潦相繼,而江、淮北河水大溢,漂没田廬、人畜無算。孟春仿漢魏相條奏八事,帝嘉納焉。尋進左侍郎。尚書喬宇罷,代署部事。"

《何燕泉先生行述》述其作風:"(巡山西、陝西等處查理馬政時)秉公謁忠,纖毫皆心力所及,無少縱","公隨至着有風力。每有文移回報,馬公(按,兵部尚書馬文升)大稱許之,嘗謂公爲今之賈生","時逆瑾用事,士夫出差者,有校尉往查,惟公之事清明,不能有所中傷乃已。"又,"(任河南左參政時)公在汴三年,儉惠持己待下,去弊政尤力。及去汴,民甚懷之,百姓送者傾城,有以斗貯灰插香焚道旁鱗次相送者,有以酒酬道旁謝公馬足者,有老幼擁車道爲不得行者……。"

何孟春《何燕泉詩集》卷二《離汴之日(三月三日),百姓送者傾城老幼擁車道不得行僕不自知其何以致此也愧嘆之餘漫紀一首》:"鬌白紛紛擁路塵,愧余無語慰吾民。緑楊繫馬烟中景,芳草停車雨後春。杯酒酹時情極重,斗香焚處意還真。糧差不用重相問,老泪留傾汴水濱。"

陳田《明詩紀事》丁籤卷六:"孟春,字子元,郴州人。弘治癸丑進士,授兵部主事,歷員外、郎中。"

嘉靖初,世宗詔議尊親生父爲“叔考興獻大王”。孟春疏陳通例,以爲不可,言“尊無二上,不宜加興獻王帝號”。疏上留中,遂偕百官跪伏於左順門號泣,阻駕切諫。帝怒,拘禁、杖斃官員若干,并斥孟春“毁君害政,變亂是非”,奪其俸一月,尋調南工部左侍郎。孟春屢疏引疾,至六年(1527)始得請。七年,《明倫大典》成,削其籍。

羅欽順《南京工部左侍郎贈禮部尚書燕泉何公孟春墓誌銘》:嘉靖甲申春,南京一二郎官疏請更議大禮,有旨廷臣集議。何公子元時爲吏部左侍郎,前後疏三上,勸上從初議甚懇。既而請更議者,條舉十三事以證其説,公偶得其草,即夕具疏,逐條辨析甚詳。既入,遂偕百官伏闕以請,久之,未得命,則相與號泣於廷。上聞之震怒,下群臣獄,罪讁有差,而奪公俸一月。尋調南京工部,於是中外論薦,吏部會推,頻年不置,忌者常力沮之。丁亥春,引疾乞休,特准還鄉調理。明年六月,《明倫大典》成,俄降敕諭,坐公以鼓率朝臣,伏闕喧嚷,削職爲民。

顧璘《憑几集》續編卷二《前吏部侍郎燕泉先生何公墓碑》:“嘉靖甲申,國家用今少傅張公孚敬等言,更議大禮,固一代典則。内閣楊公廷和等各持論不合。時二家附和者甚衆,非必自能深考極論,以折衷禮制,甚者懷觀望圖,以國爲玩。唯吏部侍郎何公孟春前後三上疏,勸從初議,辭意明懇,實由其衷。間得張或問十三條,即夕具疏,辯析尤盡。復偕百官伏闕以請,且號泣於廷,豈蹇蹇匪躬,勿欺而犯者邪!上怒,奪俸一月,調南京工部,旋引疾歸。及《明倫大典》成,詔削籍。”

王兆雲《皇明詞林人物考》卷四“何文簡”:“嘉靖甲申議大禮,孟春前後三上疏,勸從初議。間得張或問,具疏辯析,復諧百官伏闕以請,調南京工部,旋引疾歸。及《明倫大典》成,詔削籍。”

汪國楠《皇明名臣言行録新編》卷三十九:“嘉靖甲申,國家用今少傅張公孚敬等言,更議大禮,固一代典則。内閣楊公廷和等各持論不合。二家附和者甚衆,非必自能深考極論,以折衷禮制,甚者懷觀望,圖以國爲玩。公前後三上疏,勸從初議,辭意明懇,實由其衷。間得張或問十三條,即夕具疏,辨析尤盡。復偕百官伏闕以請,且號泣于廷,上怒,奪俸一月,調南京工部,旋引疾歸。及《明倫大典》成,詔削籍,天下愈重其望。”

鄧元錫《皇明書》卷二十六:“嘉靖初,大禮議作,孟春疏三,勸上從初議甚懇。張主事條十三事證其説,孟春即夕具疏條辨之,率百官伏闕請。時大典未定,衆觀望附和,非必能深考極論以折衷禮制,惟孟春實由衷謇謇也。詔奪俸,調南工部。於是中外論薦,吏部會推,皆不用。既乞休,《明倫大典》成,坐削籍卒。”

何喬遠《名山藏》卷七十四《臣林記》“何孟春”:“大禮議起,孟春前後三疏,張璁爲大禮或問十三條,孟春通夕作十三難,破之,遂與百官伏闕請。上怒,孟春首倡以大臣,僅奪其俸。尋調南京工部,居二年,引疾退,許之。《明倫大典》書成,削職爲民。”

張廷玉等《明史》卷一百九十一:“帝怒不已,責孟春倡衆逞忿,非大臣事君之道,法官重治,姑從輕奪俸一月。旋出爲南京工部左侍郎。”又,“孟春屢疏引疾,至六年春始得請。及《明倫大典》成,削其籍。”

錢謙益《列朝詩集小傳》丙集:“世廟即位,詔議尊親禮,大臣相繼去位,子元率部院臺諫力争,泣諫於左順門,上疏,上撫諭再四,跪泣不起,左遷南京工部右侍郎。居無何,盡斥諸咈議者,削籍,錮不復用。”

按,何孟春先後上《重天命以興聖治疏》《明典禮以正尊親首疏》論及大禮議之事。

嘉靖十五年(1536),卒於家,年六十三。隆慶初,贈禮部尚書,謚文簡。

《何燕泉先生行述》:“丙申四月二十二日,公感氣痛疾,是後痛亦止,止復痛,至五月一日午後,疾忽亟底,申時終於正寢,距生甲午,得年六十又三。……隆慶改元,上用給事中陳公瓚議,贈禮部尚書,謚文簡。”

張廷玉《明史》卷一百九十一:“隆慶初,贈禮部尚書,謚文簡。”

孟春游東陽之門,論詩多從其師之説,宗唐法杜,尤重格調、聲韻,尚簡淡求真,反繁縟揑造。所論多作理語,所著《餘冬詩話》,以考釋詞句及詩本事爲核。

羅欽順《南京工部左侍郎贈禮部尚書燕泉何公孟春墓誌銘》:“詩文清麗豐蔚,一時作者多推讓之。”

徐開任《明名臣言行録》卷四十九“侍郎何文簡公孟春”:“詩文少騁莊、騷,後一歸於義理。”

錢謙益《列朝詩集小傳》丙集:“右録石熊峰、羅圭峰等六公之詩,皆長沙之門人也。華亭何良俊曰:‘李西涯在弘、正間,主張風雅,一時名士如邵二泉、儲柴墟、汪石潭、錢鶴灘、顧東江、陸儼山、何燕泉,皆出其門。’東江、燕泉,前六公中人也。”

永瑢等《四庫全書總目提要》卷一百七十六“别集類存目三”:“孟春少游李東陽之門,傳其詩派,而才力不及其富贍,故往往失之平衍。”又,卷一百九十七“詩文評類存目”“餘冬詩話三卷”:“是書載《學海類編》中,今檢其文,實於孟春《餘冬序録》中,摘其論詩者。詭題此名也。所論多作理語,如謂蘇氏之文,無見於道,枉讀書耳。……其他持論多類此。夫以講學之見論文,已不能得文外之致,至以講學之見論詩,益去之千里矣。”

陳田《明詩紀事》丁籤卷六云:"子元及西涯之門,觀所著《餘冬序録》,於《西涯詩話》緒論,娓娓不倦,并夢中亦續《西涯詩稿》,可謂服膺不忘矣。惟才力稍弱,句調平易,而學殖既深,亦自遠於俗調。"

趙賢《何文簡公文集》題序贊曰:"公之忠亮,即出自天性,至於稽疑,定是批郄導窾,徵爲蓍蔡,垂爲範型,類非游談亡根者不可同年而語矣。"

孟春少耽墳素,皓首不倦,博究群書,百家九流,皆所剖析,尤長於曆數兵法奇遁之術。卒後,詩文多散佚。著有《何文簡公文集》《易移初筮》《餘冬序録》《奏議》等。箋注《孔子家語》《擬古樂府》《陶靖節集》《賈太傅新書》。

汪國楠《皇明名臣言行録新編》卷三十九:"公少耽墳素,皓首不衰,雖居卿佐,處若單微,一介弗取,群欲弗染。……是以就將即日,鑽探屢年,凡有披觀,坦乎揚述。厥嗣仲方,名繼藝林,乃於鉛槧之暇,次其簡篇,首辜終閏,内外凡十有三册,命曰《餘冬序録》,則乃何公志其勤陰,而顯其純敏者也。"(黄省曾序)

徐開任《明名臣言行録》卷四十九"侍郎何文簡公孟春":"博究經史、曆數、兵法,皆精其學。詩文少騁莊、騷,後一歸於義理。所著書有《餘冬序録》六十五卷,《閑日分義》百卷,皆討論今古,參訂是非,爲學者矜式。"

何喬遠《名山藏》卷七十四《臣林記》:"居常好讀書,兼喜飲酒,其所讀書參互考訂,博而能精,曆數、兵法、奇遁、醫藥皆臻其妙。"

羅欽順《南京工部左侍郎贈禮部尚書燕泉何公孟春墓誌銘》:"於書無所不讀,參互考訂,博而能精,曆數、兵法、奇遁之術,皆臻其妙。"

王兆雲《皇明詞林人物考》卷四"何文簡":"孟春博究經史、曆數、兵法，皆精其學。著《餘冬序録》六十五卷，《閑日分義》百卷。又有《撫滇條約》《軍中耳學》《平夷録》《備荒書》《恤刑書》《奏議稿》通數十卷。注《孔子家語》《陶靖節集》《易疑初筮》《西涯擬古樂府》行於世，號燕泉。卒六十三。有《何文簡公文集》，汝南趙汝泉撫楚時選梓之。"

郭崇嗣《何文簡公文集後序》："何公文稿歲久散逸，幾亡矣！我大中丞汝陽趙公巡采至郴，獲而惜之，命嗣校而刻之永州。"

趙賢《何文簡公文集序》："乃搜其遺文暨詩，得若干篇，付少參郭君崇嗣校而壽之梓。"

湯日昭《何文簡公文集補刻題詞》："顧先生往與一代詞人何、李輩建旗鼓，著述尚多，文集不能全收，而歷歲既久，梓目且逸其半，余甚憫焉，已與諸同寅慨曰，世取一管毫，力剿飾其詞以汗牛而充棟者，寧詎一二數哉，直優孟之抵掌耳！至若先生諸所作，含藻擴真以標其所不可移，使吾之較然與古爲徒者，彌穹亘代，則文在與，文亡與亡，世殆不可少也。"

陳田《明詩紀事》丁籤卷六："今所傳《燕泉集》十卷，乃其六世孫惟文搜逸輯録。觀《餘冬叙録》所列之詩，集不一見，知非當日完帙也。"

焦竑《國史經籍志》（清咸豐元年刻本）卷五："何孟春《文簡集》十八卷，《餘冬序録》六十五卷。"

黄虞稷《千頃堂書目》卷一："何孟春《易疑初筮》。"又，卷三："《補注孔子家語》八卷。"又，卷九"《備荒書》一卷、《軍務集録》六卷。"又，卷十："《續遺録》一卷。"又，卷十二："《餘冬序録》六十五卷、《間日分義》一百卷。"又，卷十四："《群書續鈔》一卷、《軍中備急方》一卷、《群方樞要》一卷。"又，卷二十一："《何文簡公集》十八卷。"又，卷三十："《何文簡疏議》十卷。"

永瑢等《四庫全書總目提要》卷五十五“詔令奏議類”“何文簡疏議十卷”:“明何孟春撰。……孟春没後,遺稿散佚。萬曆初,巡撫湖廣僉都御史汝陽趙賢始搜輯其詩文,刻之永州。又别録其奏議爲一集,刊於衡州,即此本也。前二卷爲官兵部時作,第三卷爲官河南参政,入爲太僕寺卿時作,第四卷至八卷爲巡撫雲南時作,末二卷爲官侍郎時作。”又,卷一百二十七,雜家類存目四《餘冬序録》六十五卷:“明何孟春撰。孟春有《文簡疏議》,已著録。是書體格近王充《論衡》。凡内篇二十五卷,前五卷多論君道,後二十卷多論古今人品。外篇三十五卷,又閏五卷,則皆雜論也。大旨主於品藻得失,不主於考證同异。好爲高論,而不免流入迂僻。又炫博貪多,有得輒録,往往傷於踳駁。外篇或剽陳言、或記瑣事,亦病蕪雜。使其精自簡汰,僅存數卷,頗足爲一家之言。而愛不能割,遂僅於陳繹《金壘子》諸書,較其優劣,殊爲不善用長。至分卷之目,原本標以《爾雅》月名月陽,尤爲詭异。”又,卷一百七十六别集類存目三《何燕泉詩》四卷:“明何孟春撰。孟春有《何文簡疏議》,已著録。……是編乃嘉靖間署彬州事蔣文化選録刊行,亦非其全集也。”

嵇璜等纂修《欽定續文獻通考·經籍考》(清乾隆四十九年武英殿刻本):“何孟春《燕泉詩》四卷。”又,《經籍考·集(詩文評)》:“《餘冬詩話》三卷。”又,《經籍考·子(雜家中)》:“《餘冬序録》六十五卷。”

《何燕泉先生行述》:“性至聰敏,童年即以古文動京師,於書無所不讀,百家九流,皆所剖析,尤長於曆數兵法奇遁之術,亦必造其妙。考究之學,博而能精,每比類立論,合胡越爲一家,通古今於一瞬,觀者洞然。著有《擬古樂府》、《陶靖節集》、《賈傅新書》、《易疑初筵》、《五經晰疑》、《萬花谷河圖洛書解》、《孔子家語注》、《撫滇條約》十卷、《軍中耳學》二十卷、《平夷録》四卷、《餘冬叙録》六十五卷、《閑日分義》百卷、《備荒書》、《恤刑書》、《批點李太白集》、《燕泉雜集》十二卷、《燕泉奏議》十册、《燕泉舊稿》十册。"

參考文獻:

1. 顧璘《憑几集》五卷《續集》二卷,明嘉靖吴郡沈氏繁露堂刻本。

2. 陳田輯撰《明詩紀事》,上海古籍出版社 1993 年版。

3. 何孟春《何燕泉詩集》,《四庫全書存目叢書》集部第 46 册,齊魯書社 1997 年版。

4. 何孟春《餘冬録》,岳麓書社 2012 年版。

5. 何孟春《何文簡公文集》,《明别集叢刊》第一輯第 94 册,黄山書社 2013 年版。

6. 何孟春《燕泉何先生遺稿》,《明别集叢刊》第一輯第 93 册,黄山書社 2013 年版。

(司馬周　孫啓華)

劉麟傳

劉麟字元瑞，一字子振。晚居吴興之南坦，自稱坦上翁，學者尊稱之南坦先生。本安仁(今江西省鷹潭市余江區)人，世爲南京廣洋衛(今江蘇省南京市)副千户，因家焉。生於成化十年(1474)。

按，劉麟《劉清惠公集》卷十二附録，有王廷相《生銘》、顧應祥《墓銘》、雷禮《墓表》、李默《小傳》、張寰《履略》。

王廷相《生銘》:“按狀，先生遠祖子春，宋睦州知府；七世祖曰良卿者，始居江西之安仁，遂爲安仁人。曾祖泰者，山西朔州衛某所正千户。祖亹，南京鷹揚衛後所副千户，贈亞中大夫、太僕寺卿，性慎儉端介，授官未逾年而卒。祖母孫氏封太宜人，贈太淑人，年二十有五而鷹揚公逝，瞢瞢勤苦，藁寢糲飯者四十餘年。父蒼，南京廣洋衛右所副千户，封武略將軍，贈亞中大夫、太僕寺卿，襲官後進武學，刻勵讀書，通小學、四書、史略、將鑒諸籍，性行澹素，不事荒嬉，有文士所不及者。母蔣氏，贈太淑人；繼母曳氏，封淑人；配王氏，封淑人。男子二：長牖，娶處士吴甘泉之孫；次序，聘都御史王涵峰之女。女子一，適南京户部尚書周約庵之子仕。孫子五，某某并皆佳秀。孫女四。”

顧應祥《墓銘》:“公諱麟，字元瑞，一字子振，係出宋睦州守子春後，十二世祖良卿自南陽徙居安仁，遂爲江西安仁人。國初，諱泰者率萬人歸附，授山西朔州衛正千户，傳子孟庸，失職。永樂初，庸子甫復以軍功授山西平陽衛副千户，尋改南京鷹揚衛。三傳至亹，爲公大父。亹傳蒼，公之考也，改廣洋衛，俱以公貴，贈亞中大夫、太僕寺卿。母蔣氏贈太淑人，繼母曳氏封太淑人。""生之年成化甲午九月二十八日。"

雷禮《墓表》："公諱麟，字元瑞，江西安仁人也。祖簡三公，襲伯祖廣洋衛千户，遂家金陵。父蒼嗣官，俱以公貴，贈太僕寺卿。祖母孫氏，母蔣氏，俱贈太淑人；繼母曳氏，封淑人。"

李默《小傳》："翁字元瑞，本安仁人。先世以武功起家，累調南京廣洋衛副千户。"

張寰《履略》："南坦翁劉公麟，字元瑞，江右安仁人也。晚居吴興之南坦，學者尊稱之曰南坦先生。先世以武功授山西平陽衛後所副千户，嗣世改南京鷹揚衛，又嗣選賢調廣洋衛，俱副千户。自鷹揚公家金陵，翁生于金陵。"

錢謙益《列朝詩集》丙集卷十三"劉尚書麟"條："晚自稱坦上翁。"

弘治五年(1492)領鄉薦，九年成進士。時外戚張氏貴幸，頗驕横骫法，言官龐泮等交章論劾，旨下詔獄，麟偕同年生陸崑抗疏救。孝宗爲之霽威，事尋解。

王廷相《生銘》："先生登弘治丙辰科進士。"

顧應祥《墓銘》："公生長金陵，年甫十九，應弘治壬子南畿鄉薦，丙辰登進士。適臺諫官俱以言貴戚事下獄，公與同年進士吾湖玉厓陸君崑抗疏救免，聲譽遂起。"

雷禮《墓表》："公性資澄朗，弱冠領弘治壬子鄉薦，丙辰登進士第，同歸安陸崑觀政虞衡。時外戚張氏貴幸，頗驕横骫法。科道龐泮等交章論劾，旨下詔獄，拷治甚急。公與陸崑抗章申救，大意謂：'通治道而來，諫議，古帝王之盛節，一旦沮壞，後有利害，誰復敢言?'敬皇爲之霽威,獄寢解。"

李默《小傳》:"至翁始以經術舉應天,登弘治丙辰進士。是時外戚張氏貴幸,頗驕横骫法,臺諫擊之,逮治甚急。翁與同年歸安陸崑抗章申救,敬皇爲之霽威,事尋解。"

張寰《履略》:"弱冠領弘治壬子鄉薦,丙辰登進士第。與同年進士歸安陸崑觀政虞衡。時外戚用事,蒼頭驕横干紀,怨聲載路。科道官龐泮等交章論劾,上怒,悉下詔獄,臺諫一空,以中書并刑部主事等官視其篆,中外駭懼。陸乃颺言曰:'是可諫矣。'翁時奮激,首與聯名具奏,大意以爲:'通治道而來,諫議,古帝王之盛節,一旦沮壞,後有利害,誰復敢言?'雖坐停格,獄亦寢解。"

徐復祚《花當閣叢談》卷六《劉尚書》:"家無輿出,則布衣芒蹻,蹴蹴行里中。一日,過故人所,先有某宦在坐,見尚書藍縷短褐,待之揮霍自若。談次,偶及孝廟時外戚張延齡驕横,臺諫攻之,上怒其激,逮治甚急,時非某公抗氣申救,禍且叵測。尚書亟趨出,某宦問:'此爲誰?'故人曰:'此即抗氣申救人也,是爲劉尚書。'某宦頰赤汗下,吐舌半晌,不能言,因故人造謝,尚書略不爲意。"

十三年(1500),除刑部主事,進員外郎,録囚畿内,平反三百九十餘人。

王廷相《生銘》:"庚申,除刑部河南清吏司主事,歷升本司員外郎、山東清吏司郎中。""爲員外郎時,奉敕録囚畿内,且夫囚有負枉者拘於成案而不獲伸,事有隱僻者偏於先入而不能白,倘非憫衆之仁、探幽之智,孰能别其是非真假以爲重輕乎?先生乃執法折中,游心明察,以求至真之擬,奏論疑獄,免死者一百三十七人,減放流徒以下者萬六千有奇。"

顧應祥《墓銘》:"丁蔣淑人憂。服除,授刑部主事,遷員外郎,奉敕慮囚畿内。畿内事多掣肘,公不避不阿,平反者咸當其情,人益賢之。尋轉郎中。"

雷禮《墓表》:"尋丁蔣淑人憂,扶柩歸,葬安仁赤塘祖塋,示不忘本也。制終,除刑部主事,進員外郎,以才選録畿内囚,公執法折中,不拘成案,所疏雪冤抑無慮數百人。"

李默《小傳》:"稍除刑部主事,進員外郎,以才選録畿内囚,所疏雪冤痛無慮數百人,老吏謝弗及。"

張寰《履略》:"尋丁内艱歸,制終,授刑部主事,門無私謁。以資升員外郎,奉璽書,録囚畿内。畿内多貴幸,獄事重大,部議以翁領之,至則布德盡下,周歷遠攬,邊鄙悉到,大辟重囚,辯問者若干,情可矜、罪可疑者若干,事無證佐可結正者若干。通計死囚全活者共三百九十有奇。輕罪囚奉例減等、釋放流徒、笞杖供明,寬免若干,共一萬六千四十有奇。"

正德初,進郎中,出爲紹興府知府。劉瑾銜麟不謁謝,甫五月,摭前録囚細故,罷爲民。士民醵金贐,不受,爲建小劉祠以配漢劉寵。

文徵明《甫田集》卷十六《送劉君元瑞守西安叙》:"正德戊辰,金陵劉君元瑞以刑部屬出守紹興,尋以先事忤權幸罷,自被命至去郡,爲日僅五十有六。然而紹興之人惜其去,如失慈母。父老子弟奔走追餞,争致饋遺,君悉麾去無所取。乃相率飾祠廟,肖君像事之,於是劉君之名一日聞天下。"

王廷相《生銘》:"升紹興府知府。在部時以事觸忤逆瑾,至郡,摘拾註誤,廢爲編民。"

顧應祥《墓銘》:"正德戊辰,升紹興府知府。莅任五十餘日,中貴劉瑾修舊怨,矯制褫公職,公乃益貧。"

雷禮《墓表》:"事竣,轉郎中。正德戊辰,擢守紹興,漢劉寵故處也。抵郡,躬理簿書,清刑獄,裁供億。甫五月,民皆嚮方。逆瑾銜公在部時以事觸忤,及出守,又不修謁,掇郎中瑣事,廢爲編氓。郡人扳呼,如失父母,集千金爲贐。公笑曰:'勤苦諸君,吾治不逮前劉,敢蒙一錢惠耶?'既去,越人肖公像爲小劉祠,求太宰海日王公華紀其績于石。"

李默《小傳》:"轉郎中,擢守紹興,漢劉寵故處也。在郡精核廉敏,甫五十日,郡聲大和。逆瑾銜翁出守不修謁,猶掇郎中時瑣細,廢爲編氓。郡人争致贐,翁曰:'勤苦諸君,吾治不逮前劉,敢蒙一錢惠邪?'既去,越人肖翁像爲小劉祠,語在太宗伯王公華記中。"

張寰《履略》:"事竣,升郎中。正德戊辰,出守紹興,于時逆瑾擅權,士大夫遷除者必候謁,翁獨不往。捧檄遂行,履郡,以廉勤公恕率其民,簿書不厭,刑獄不滯,共億不濫,誠心貫于庶政。甫五月,而民皆嚮方,諸司賢之。中官銜之,掇拾細故,廢爲編氓。旨從中下,下之日,郡士民奔走號呼,如失父母,集千金爲贐,笑曰:'昔寵一錢,吾與寵孰多?若等謂古今人不相及邪?'麾之去。越人頌德,肖翁之像爲小劉祠,謂可以媲美劉寵云。大宗伯海日王公華紀其事于石,今郡中刻有《遺愛録》。"

張岱《石匱書》卷二百零一《循吏傳》:"漢有劉寵,明有劉麟,越之府署,遂著有大小劉之號。越人何幸,乃始終受劉氏之惠耶?乃大劉之爲郡,斤斤一錢示潔,而小劉則能於水衡泉貨之府,綜核經營而究竟一無所染,庫名節慎,傳之永久,推大劉之意而宏遠出之,其規模則更大矣。"

因寓湖州,與吴琬、施侃、孫一元、龍霓爲湖南五隱,結社賦詩,湖中風雅稱中興焉。息迹衡門,充志箕山,世恒以偉遁幽人贊之。

劉麟《清惠集》卷一《湖南結社》:"夏木成陰後,春蠶作繭時。墓碑新賜誥,橋柱舊題詩。鄉酒淹情素,官燈照鬢絲。報君歸去業,結侶飲雲巵。"《社中》:"愛此文字飲,衣冠千里同。好德競爲主,忘年耻作翁。頌禱言皆應,賡歌句轉工。終筵惟敬慎,監史愧無功。”卷二《開新社》:“摇曳舟車上國來,歡游不許鬢絲催。湖心夜月思君并,岩畔春花逐我回。醉有狂歌書草木,閑尋往事掃莓苔。江城别社收耆舊,轉眼湖南有棄才。”卷十一《湖南崇雅社引》:“南坦子曰:社有小大,我則未之前聞,日用飲食,硜硜小人惟立義以篤近,將導和而完身,遠之不達於邦國,近之不及於凡民,方之大道,渺焉若塵,皆窮栖無位者之所自好,而聊以慰離索於同群,顧安能施博舉遠敷宏一世而爲仁,雖固陋之可疾,乃敬遜而獨存也。甘泉吴子初作是會,西溪龍子題諸首簡曰:斯社之興,將以舒恬曠之懷,修契與之好,達生委性,悠然於順安之境,而不自覺也。又曰:析義考文淑儀寡過相求夫麗澤之承者,率藉於斯信斯言也。立社爲會,不於其大,而於其雅,道固以切近精實爲貴也。况繼甘泉諸子之後而作,士人在四方者爲多,又不過二三同志而爲會,斯亦可謂爲社之小者,若大宗之支裔,别出曰小宗云。正德辛巳孟夏初一日,南坦居士劉麟記。”

雷禮《墓表》:“家居,值歲祲,無旦暮儲,士大夫相率嘆曰:‘可使劉元瑞至是耶!’湖州吴子琉、施子侃慕公道誼,迎公入湖,相與論道蒙山之董塢。關中孫太初方僑寓、宜春龍霓亦徙居,遂結雅社,爲湖南五隱。”

李默《小傳》:“時與湖吴琉、施侃、龍霓及崑定交,因徙居于湖,山人孫太初亦以羈旅入社,湖中風雅稱中興焉。”

朱彝尊《静志居詩話》卷九“劉麟”條:“尚書由二千石登三九之列,數棄官以去,好爲山水之游。流寓長興之南坦,自號坦上翁。與孫山人一元、龍僉事霓,及苕中名士吴琉、施侃等結詩酒社,號苕溪五隱。”

按,湖南五隱又稱“苕溪五隱”,復有劉麟、吴琉、孫一元、龍霓、陸崑之説。李夢陽《空同集》卷五十八《太白山人傳》:"是時建業劉麟、龍霓咸徙居湖,與吴充、陸崑暨山人結社游,號'苕溪五隱'。"王廷相《生銘》:"前後罪廢及謝病凡四,退歸皆寓長興之瀆南坦。足迹少游城府,嘗與太白山人孫太初、龍霓、吴充、陸崑結社於苕溪,乃號'苕溪五隱'云。息迹衡門,亢志箕山,世恒以偉遁幽人贊之。"顧應祥《墓銘》:"是時,玉厓陸君爲南道御史,亦以言事罷職爲民,遂與同歸於湖。吾邑甘泉吴君琉慕公名,琉固巨族也,招致之,締爲婚姻,公寓長興始此時。浙臬僉憲西溪龍君霓亦罷官來寓,及關中詩人孫一元相與結社,謂之五隱。"陳田《明詩紀事》丁籤卷七"劉麟"條:"坦上翁人品高潔,居朝日,永陵以冰清玉潔目之,可謂知臣莫如君也。前後罷官,及謝病,凡四退歸,皆寓長興之瀆南坦。嘗與太白山人孫太初、龍霓、吴琉、陸崑施侃結社於苕溪,號'苕溪五隱'。"

又,張寰《履略》以劉麟、陸崑、吴琉、施侃、龍霓、孫太初等六人同爲"湖南五隱",錢謙益《列朝詩集》則以劉麟、孫一元、張寰、吴琉、陸崑爲湖南雅社成員。張寰《履略》:"時翁歸,值歲祲,斗米百錢,家有饑色,士大夫相率曰:'可使劉元瑞至是邪?'于時崑適以逮繫至南都,慰惜尤勤。吴子琉、施子侃皆慕翁道誼,忻然迎之入湖,相與論道蒙山之董塢。關中孫太初方僑居於湖,談説玄理,詫相見之晚。會龍子霓亦至,遂結雅社爲"湖南五隱"。吴子得翁契分尤加,締爲姻好。"錢謙益《列朝詩集》丙集卷十三"劉尚書麟"條:"晚自稱坦上翁,與孫一元、張寰、吴琉、陸崑輩作湖南雅社。"

瑾誅,起補西安,遭父憂。樂吴興山水,奉父柩葬焉,遂居湖州。

文徵明《甫田集》卷十六《送劉君元瑞守西安叙》:"庚午更化,悉起前時被斥之人,首擢君知西安府。"

王廷相《生銘》:"正德庚午,詔復原官,知西安府事。歲餘,丁父憂去。"

顧應祥《墓銘》:"瑾敗,起公知西安府。聞廣洋公訃,奔歸,扶柩葬吾邑夏駕山。公遂定居瀆南坦上,以南坦自號。"

雷禮《墓表》:"未幾,瑾誅,起西安,陝民戴之猶越也。歲餘,丁廣洋公憂。都憲藍公章憂其無以爲喪,檄諸司治車馬之資,公却不受。會宸濠構亂,弗克歸安仁,遂於吴興夏駕山安厝。"

李默《小傳》:"瑾誅,起知西安,遭内艱去郡,其得秦人心與却賻賵,無异越時。"

張寰《履略》:"未幾,逆瑾誅,起翁知西安,陝民戴之猶越也。遭内艱,訃聞,即日就道,藩臬諸大夫交异之,陝之僚屬偕其民集千金爲賻,却之如越。都憲藍公某憂其無以爲喪,檄諸司治車馬之資,翁又却之。會江右藩國之變,弗克歸安仁,乃葬先大夫于吴興石鼓山南。"

正德九年(1514),起陝西左參政,督糧儲。都御史鄧璋督師,議加賦充餉,麟力争。會陝民詣闕愬,得寢。麟乃精核儲政,大抑侵漁,正賦不痡,邊餉亦足,自是政聲彌著。

王廷相《生銘》:"甲戌,升陝西布政使司右參政。"

顧應祥《墓銘》:"服闋,升陝西布政司參政。邊報急,或擬加賦,公曰:'靖邊以衛民也,民可先困乎?'議者沮,而軍興亦不乏。"

雷禮《墓表》:"服闋,遷陝西參政,屬關内饑,虜數入寇,朝遣貴臣督兵,議軍餉,將加賦秦民,諸司莫敢持异。公曰:'不可,靖邊本以爲民,今若此,内難亦可慮也。'貴臣變色曰:'憂民者,獨參政耶?'公不答。適陝有赴闕陳訴者,命下,公共圖其便,議遂寢。公乃核侵漁,括逋負,邊儲竟以不乏。"

李默《小傳》:"服闋,遷陝西參政,屬關内饑,虜數入,朝遣貴臣督兵,將厚賦軍興,諸司莫敢持异。翁曰:'靖邊以爲民也,饑年加賦,内難獨不可恤耶?'使者色沮。會有赴闕陳訴者,命與參政共圖其便,議遂寢。翁亦嚴核侵漁,括逋負,邊儲竟以不乏。"

張寰《履略》:"服闋,遷陝之參政。是歲,關陝饑,夷虜内侵,朝遣貴臣執峻法臨之,議軍餉,將厚賦秦民,諸司唯唯。翁曰:'不可,靖邊本以爲民,今若此,内難亦可慮也。'使者變色曰:'憂民者獨參政邪?'翁不答。時陝民已有詣闕赴訴者,朝議特命翁參預餉議,使臣爲詘,加賦之議遂寢。乃精核儲政,大抑侵漁,正賦不痡,邊餉亦足,自是政聲彌著。"

尋遷雲南按察使,謝病歸。

王廷相《生銘》:"戊寅,升雲南按察使,疾作,疏上,准回籍調理。"

顧應祥《墓銘》:"尋升雲南按察使,甫至,即以疾告,詔許回籍調理。外官無養病例,蓋殊典也。"

雷禮《墓表》:"逾年,擢雲南按察使,謝病歸。"

李默《小傳》:"逾年,擢雲南按察使,謝病歸。"

嘉靖初,召拜太僕卿,進右副都御史,巡撫保定六府。中官耿忠守備紫荆,多縱,麟劾奏之。請捐天津三衛屯田課,及出庫儲給河間三衛軍月餉,徵逋課以償,皆報可。帝因諭户部,中外軍餉未給者悉補給之。再引疾歸。

王廷相《生銘》:"辛巳,起爲太僕寺卿。嘉靖癸未,升都察院右副都御史,巡撫保定等府地方。舊疾復作,四上疏得允歸。"

顧應祥《墓銘》:"歲辛巳,今上登極,召爲太僕卿。嘉靖癸未,升都察院右副都御史,巡撫保定等處,復以疾歸。公雖淡於仕進,而廟堂求公益切。"

雷禮《墓表》:“嘉靖更化,起爲太僕寺卿。時值繼母曳淑人疾,留妻家侍,公獨旅寓,每退食焚香,如坐禪室。元輔石齋楊公一日過其門,見雙藤倚户,飄香載道,問曰:‘此爲誰?’曰:‘劉卿也。’石齋嘆賞,遣人致意而去。尋擢都察院右副都御史,巡撫北圻。公飭勵屬官節財用,存贓贖,爲備荒禦虜計,畿甸以寧。因疾作,四上疏,得允歸。”

李默《小傳》:“嘉靖更化,起爲太僕寺卿,擢副都御史,巡撫北畿,復引疾,章三四上,始得請。”

張寰《履略》:“逾歲,擢太僕卿。時繼母曳淑人疾,家累留侍,翁獨旅寓,每退食焚香,如坐禪室。首相石齋楊公廷相一日過翁之門,見雙藤倚户,飄香載道,驚問曰:‘此内爲誰?’曰:‘劉卿也。’公嘆賞,遣人致意而去。尋擢巡撫真定,翁禦戎設險,儲蓄任人,畿甸以寧。病,復引歸。”

嘉靖六年(1527),起大理卿,明年,改刑部右侍郎,尋拜工部尚書。奏建節慎庫,歲一查盤,工部錢糧從此出入有經。中貴用此銜麟。因諫罷蘇杭織造,忤旨,敕致仕,復以顯陵宫殿滲漏波及,追論落職閑住。

王廷相《生銘》:“丁亥再起,改大理寺卿。戊子,改刑部右侍郎,尋升工部尚書。己丑秋七月,以議奏停罷蘇松等處織造,内臣忤旨,敕致仕。辛卯,會安陸大雨,顯陵殿宇滲漏,以興工在視篆時追論,落職閑住。”“在工部時一惟以節財惜費爲念,凡有徵取及興大役,皆考據前典,大而議罷,次而議減,遭際聖明在上,多所允行。雖弗悦乎任事者之心,而軍民賴以休息多矣。先是,四司銀貨各在所司畜之,收放出納各任司屬,歲久出入多寡艱於考稽,先生乃疏奏創建節慎庫一區,逖在部後,總移四司所蓄藏之,又請以本部侍郎一員、都察院御史一員同監臨之,由是銀物公具宿弊剗除,此亦大釐革之政也。辛卯,工部灾,累世公帑獨全,連年南北郊宫寢,大工屢興,俱不煩徵取,天下調度咸舉,非先生創兹永圖,何克爾耶?”

顧應祥《墓銘》:“丁亥,復召爲大理卿。戊子,改刑部左侍郎。時四郊之功方興起,部難其人,乃以公爲工部尚書。公言于銓曹,辟瑰才充司屬,百度具舉。又奏建節慎庫,歲一查盤,工部錢糧從此出入有經。公素不悦于中官,以議蘇松織造事忤旨罷歸,復以顯陵宫殿滲漏波及,勒令閑住,後以建儲推恩,始得致仕。公雖退而名益彰,部使者及當道論薦人才者必首公,以無中援,竟不起。”

雷禮《墓表》:“逾三年,丁亥,再起大理寺卿,尋升刑部左侍郎。會工部尚書缺,推公進補。公遇事不設嫌,咨白吏部,進退其屬,凡銓除者悉訪才廉充任。先是,四司銀貨各在所司蓄之,出納各任司屬自擅,弊日滋,率難稽核。公上疏,創建一庫,逖在部後,刷四司之財貯之,特銓主事一人與御史一員,同典出納,又請侍郎一員,專稽其數。上加奬賜,庫名曰節慎,自是財無虚耗,司屬亦免於贓敗。部每歲内府二十四監局上供料價,并不時題派,輒淆典式,不受覆核。公考據前章,或議罷,或議減,不輒循,又擇其甚者十二事條上,得旨裁之,省費十之四五,中貴人用是切齒。會己丑秋七月,上遣近璫督造龍袍於蘇松,公謂:‘監局自有常供,請停便。’忤旨,敕致仕。辛卯,安陸大雨,顯陵殿宇滲漏,以興工在視篆時,追論落職閑住。”

李默《小傳》:“時論方高翁才節,再起爲大理卿,尋升刑部右侍郎,升工部尚書。水衡泉貨之府,高潔士頗避之,公咨白吏部,選才廉充曹任,仍請築外帑,刷四司之財貯之,特銓主事一人與臺臣同典出納。上嘉翁意,賜庫名曰節慎。自是,財無泛出,吏有廉名,實自翁始。凡工部上供,率關内府所見徵,輒淆典式,不受覆核。翁條上最甚者十二事,得旨裁之,中貴人用是切齒。會上遣近璫督造龍袍於蘇松，翁謂：'尚衣自有常供，請停便。'上以爲忤，勒令解職。久之，猶以顯陵工薄，遽奪官，追前過也。"

張寰《履略》："又三年，改大理卿，尋改刑部侍郎。會工部尚書缺，以翁進補。命下之日，羅峰閣老曰：'古者司空作相，天下事共理，幸毋多讓。'翁遇事不設嫌，又咨白冢宰，進退其屬，郎吏皆俊髦，乃益展布，百度用貞。部供費極繁浩，舊不治藏，出入細吏領之，坐是國計潛耗。翁創議曰：'古者愛民必先節用。財貨，國脉、民命所繫。'乃疏于上，請治藏乃可。鳩工度材，區畫備具，復言于上曰：'用財宜節，取民宜慎。'上嘉納之，賜名節慎。日計視籍，月計視日，歲計視月，皆御史與其屬共理之，自是貪鄙者無所容，君子謂其理國如家，度越前代。又造作咸關大内者二十四監局，率縻費不協典式，歲計浮泛，無慮萬萬。翁擇其甚者凡一十二事，條陳疏上，得允，大約節省者十五。于是，中貴人不便，皆切齒。會上御龍袍段匹，不任監局之舊，命所親信者出造於蘇松，翁以爲非舊，議罷之。上已俞而尋悔，卒以爲忤，敕致仕，實嘉靖己丑之歲云。"

居郊外南坦，賦詩自娱。守爲築一臺，令爲構堂，始有息游之所。家居三十餘年，廷臣頻論薦。然終不復出，斂德嘉遁，盡謝生事，非慶吊不至城郭，都邑之政無巨細，絶口不談。

劉麟《劉清惠公集》卷一《南坦讀書臺》："盡洗侵輿竹，來聽轉壑泉。萬花初映谷，五柳欲飛綿。弱子將迎婦，鄰翁許藉錢。讀書臺下雨，種玉比藍田。"卷二《築坦上》："秋風誅茅結草廬，庭容旋馬地無餘。面山臨水足真意，與兒對窗俱讀書。"

王廷相《生銘》："及退而歸，返商原之耕，甘谷口之卧，放志遺榮，不索索以應世真，抱道而逸者矣。然而自筮仕以逮懸車，中間賢人君子累疏薦論，何啻數十，此亦有所根系，非漫然而已。蓋以先生秉精執之德，有中幾之慮，措諸政事，活民益國然爾。夫天之欲祚者,智巧所不能爲;人之欲爲者,鬼神時有所奪。彼怵迫貪鄙之徒,望富貴以趄趦,假時勢而引拔,雖明景於人寰,終失步於聖途,道義淪迷,又安論禍福之舛錯哉!先生出處清正之節,屢退屢歸,絶無非間,如此不亦爲世衡準乎?”

雷禮《墓表》:“公自退歸,寓居長興之瀆南坦,一室頽如,家無貯積。郡守萬君雲鵬往候之,重其清貧,爲築讀書臺。邑令楊君上林又爲之建堂,曰廣心堂。有亭曰瀞露,因阻涉,乃駕橋于門,曰龍津。斂德嘉遁,盡謝生事,非慶吊不至城郭,都邑之政無鉅細,絶口不談。公卿臺諫推公行誼,頻薦于朝,有述以相告者,公若罔聞焉。”

張寰《履略》:“入仕四十年,而生理不逾中人。栖于坦上,一室頽如也。郡守萬君某往候之,病其隘,爲築臺,始有臺。邑令楊君某載酒往共酌,病其隘,爲起堂,始有堂。巡按御史張君某爲樹綽楔,未幾火。周君某將捐金復之,翁力辭,周不能强,楊紀其事銘諸石。楊爲亭,始有亭。居澗谷之間,楊數臨訪,因病涉,乃架橋于門,始有橋。臺曰讀書,堂曰廣心,亭曰瀞露,橋曰龍津。林居苟完,盡謝生事。夙無寵姬,外無歌童,帑無厚儲,庖無珍味,韋布猶書生,惟灌畦、賦詩爲樂。非慶吊不至城郡,郡邑之政無巨細,悉屏不聞。門無俗轍,獨文儒有至,則傾倒盡歡。”

滿室惟圖書數卷,朝夕省玩,有所得輒書屏間,久之,屏表裏斑如。門無俗轍,獨文儒至,則展所蓄諸名家翰墨欣賞終日。年八十餘,被褐坐小舟,赴峴山會,其風流可想見也。

顧應祥《墓銘》:“主政一庵唐君倡爲峴山社會,公與湖中林下士夫歲一再會,乘一扁舟來往,郡大夫物色訪之,始得一見,見亦不談公事。方會時,適一權臣經過,遂避去。”

雷禮《墓表》:“滿室惟圖書數卷,朝夕省玩,有所得輒書屏間,久之,屏表裏斑如。尤恐衰暮有過舉,平生盡棄之,扁于室曰'志率',勿使氣勝。門無俗轍,獨文儒至,則展所蓄諸名家翰墨,欣賞終日。曰:'吾堂不寶金玉,不襲文綉,敢以此侑觴。'"

李默《小傳》:"賓至,則陳法書名墨以爲娱,叩以時事即不答。公卿臺僚騰章交薦,翁不知也。雅性清約,蔬布自喜。……初,翁僦居溧陽,予嘗遣門人候之,翁引至卧内,見四壁惟掛書數束,他無長物。又二十年,觴予于峴山逸老堂,了無宿具,臨以乳羊博市沽,風雨蕭蕭,欣然達夜,惟其真也。默所觀古今人,好名檢者或缺理略,富文藻者或寡風節,兼之實難,若翁者,彬彬文質君子也。"

張寰《履略》:"論交海内名士,嘗曰:'吾居山中久,孫太初、吴甘泉、凌練溪諸君子并逝,陳棟塘又僻處,吾有離索之嘆。聞海濱浦伯兼南金醞籍明達有行義。吴之彦,吾之益友也,今爲湖郡博,殆天畀之乎!'翁所蓄諸名家翰墨,嘉賓至,輒具陳,欣賞終日。曰:'吾堂不寶金玉,不襲文繡,此有觴,敢以此侑。'君子謂其爲大雅云。至於進退之節尤謹,諸御史推薦德望,必以首稱。翁聞之,無喜色。有後進陟樞要者,又夙有交,與謹避之。有貴重臣取道于湖,翁若勿聞也者,而亦不言故。讀古書有所得,輒書屏間,久之,屏表裏斑如。自咏曰山堂刺繡五紋披,實自譽云。又曰:'士人身如處子,幸自獲,不敢從人。若有過舉,將盡平生棄之。'扁于室曰'志率',弗欲氣勝之也。"

錢謙益《列朝詩集》丙集卷十三"劉尚書麟"條:"建安李尚書嘗訪之于峴山,了無宿具,以乳羊博市沽,風雨蕭蕭,欣然達夜。"

朱彝尊《静志居詩話》卷九"劉麟"條:"年八十餘,被褐坐小舟,赴峴山會,人不知爲鉅公也。嘗請浚川預作墓銘,可云達天知命者矣。顧華玉贈詩云:'琴鶴居何定,蒓鱸味獨偏。'王履吉寄詩云:'鸞鶴諧真賞,瑶華贈遠人。'孫太初詩云:'閉門句好香殘後,擣藥聲高月上初。'其風流可想見也。"

晚好樓居,力不能構,懸籃輿於梁曲,卧其中,名曰神樓。文徵明繪圖題詩遺之。騷人墨士争咏之,朱日藩、楊慎相繼有作。

劉麟《清惠集》卷一《神樓》:"天生樓上翁,百年渾是病。遭時或振步,顛沛干吾正。中歲幸投簪,有物如造命。擇栖苦不早,乞湖何必鏡。吴興逸老成,春秋迭觴咏。從此作行窩,東南稱獨盛。契哉文内史,繪樓孤且敻。謂我居其中,懷葛失其静。從此不復下,得酒歌明聖。問余何所得,樓中有真性。"《神樓漫咏二首》:"青嶂隱澄潭,鍾靈自太古。結樓翠微間,雲中啓朱户。風簾半在鉤,月射人高步。安期不可期,霑濡惜多露。"其二:"七十已無友,百歲誰知心?獨往日欲暮,悲歌天地陰。卜居謝人境,結樓深復深。殘軀幸有托,安得揮黄金?"

顧應祥《墓銘》:"嘗欲建樓居,無力,文内翰衡山爲繪一圖,名曰神樓,騷人墨士争咏之。衣冠必法古制,不知者以爲异處。异母弟鳳極其友愛,尤薄俗所難者。"

雷禮《墓表》:"晚歲好樓居,寡力自營,索其友文翰林徵明繪《神樓圖》,字之曰'高明所'。廣其義,集古詩十六題以自况,又題其楣間曰'半壁時觀我,群峰日可賓',藹蕭然超脱於風塵之外。"

李默《小傳》:"心慕樓居,無力築作,友人文内翰徵明爲寫層樓圖遺之,常懸置北壁下,命之曰神樓。"

張寰《履略》:"翁晚歲好樓居,寡力自營,索其友文翰林徵明繪《神樓圖》,字之曰高明所,廣其義,集古詩十六題以自况,索予用韻,日夕燕息其間,若不知在人間世也。自題其楣間曰:'半壁時觀我,群峰日可賓。'軒之内曰内光亭,儲書滿架,日課諸孫其中,皆青雲器也。"

徐復祚《花當閣叢談》卷六《劉尚書》:"工部尚書劉元瑞麟掛冠

歸家,貧甚,好樓居,力不能構,文太史寫層樓圖遺焉,懸之壁,扁曰'神樓'。"

錢謙益《列朝詩集》丙集卷十三:"好樓居,而力不能構,文徵仲作《神樓圖》以遺之,楊用修、朱子价皆作《神樓曲》。"

陳田《明詩紀事》丁籤卷七"劉麟"條:"性好樓居,貧不能構,八十初度,文徵仲繪《神樓圖》贈之,兼繫以詩。朱射陂、楊升庵相繼有作,并録於此。徵仲云:'仙人謾説愛樓居,咫尺丹青足卷舒。坐守黄庭幽闕迴,讀殘真誥夜窗虚。游心物外疑無地,寄迹空中樂有餘。一笑闌干不成倚,浮雲奄忽意何如。'射陂云:'神樓一何峻,神樓峻而安。胡不京洛游,畏彼峽路間。峽路誠崎嶇,險於太行山。歌以言志,神樓峻而安。'升庵云:'安期昔製神樓散,射陂今作神樓曲。神樓主人南坦翁,欲往從之限空谷。吾聞仙家五城十二樓,樊桐方丈繞瀛洲。長風引舟不可到,環中根像空神游。坦翁元是神仙流,何年飄然下丹丘。天庭摛藻掞鸞鶴,雲屏立仗鳴驊騮。北斗南宫不肯住,掛冠歸來營菟裘。碧瀾罨畫開苕霅,紫烟縈帶彩雲夾。新波菱榜泛青翰,過雨蘋風爽烏袷。人間九罭播聲詩,天上五龍傳睡法。青李遥看尺牘來,雀羅净埽昏眸開。尻輪神馬馳萬里,坐我赤明龍漢臺。一氣孔神存中夜,手翳華芝海若詫。中有真人巾金巾,授以靈文老復姹。玄珠纍纍蒼玉鳴,烽沈析閴歌太平。豐屋天翔鬼瞰室,廟謨何用談佳兵。游仙夢覺聞清嘯,載賡清潤連清調。願從廣成順下風,肯許襄童窺末照。咸池濛泛紛如馳,扶起混沌須神醫。他年合遇神樓散,約公海上尋安期。'"

麟性孝友,事繼母若所生,遇异母弟鳳尤篤恩禮。

李默《小傳》:"獨事繼母曳,遇异母弟鳳尤篤恩禮,先人田盧悉以委之,其不以豐約累志如此。"

張寰《履略》:"翁性孝友,事繼母若所生,异膳宿肉,月朔必冠帶見,誕日率諸子弟拜祝堂下,獻幣陳殽,極歡。淑人安其養。淑人卒,襄事必誠必親。繼母弟鳳勿與外事,先大夫遺有屋廬,悉以付鳳,一無所取。宦歸,以俸餘買田益之。二胤子,牖、序,咸若于訓臧獲數輩,僅給灑掃而已。"

晚年好參玄理,閒棲道養,契乎内修之術。注釋丹經,種種凡若干萬言,不輕以示人。

劉麟《清惠集》卷一《七袠咏》:"我生忽忽逢稀年,回看故路如飛湍。點檢同生多變遷,高冢壘壘成古阡。入山結屋招聃籛,丹訣久昧無真傳。欠伸偶作邯鄲眠,鶴背飄揺牛女邊。八洞高張無一仙,問之皆稱元節賢。邀趨玉帝鴛班聯,覺來蒿榻生寒烟。暮卷西風梁月懸,南國諸公修白蓮。貴游清福能兼全,有書切勿言歸田。上天下天皆杳然。"

王廷相《生銘》:"先生晚年閒棲道養,乃契乎内修之術,曾示予曰:'辱教提挈綱維,因求所未示。自夫六火六符,進退升降,并皆返照内觀於核,煉於玄關,幸而藥得火行,加以日月,驗於天機有應,當一一奉塵門下同心凋落,緬惟夙昔静閲,凡今此神已翩然浚儀之曲矣。造物者於吾徒,或别作處分,未可知耳。'又曰:'僕一夕體氣异常暢爾,如醉醇酒,盡日乃已,不知此何祥也?此後日益健勝,不敢告人。'浚川子曰:'嗟乎!此非崔公得氣之驗乎!四體百骸,真元透達,經絡浸浸,毛孔蘇蘇,如酒熏灼。'由是觀之,先生所得將不謂神矣乎!漢太史公曰:'老子壽百六十歲,或言二百餘歲,以其修道而能壽也。'其然乎?予觀先生廉澄好修,風流而文,雖孤處虚奥,而天地萬物變化之委瑣冥昧,靡不灼睹洞辯,施而行之,無所不極,其政由經術,澤被齊民,人弗思之邪?謀猷裨國,帑藏充積,克襄大工,人不嘉之耶?軒黻華芬,浮埃流雲,弗兢弗珍,非有道者能之耶?"

顧應祥《墓銘》:“平生善反觀内照之術,秘不以告人,嘗自謂造物者當别有處分,人亦以仙骨奇之。年八旬餘,遠涉江湖,往安仁謁墓,如少壯然。”

雷禮《墓表》:“及山居日久,心鏡澄澈,妙契玄理,以故聰明色澤,彌老不衰。”

李默《小傳》:“早參玄理,兼達天命。嘗請浚川王公廷相預作墓銘,今聰明色澤,彌老不衰,其天全也。惟不貪生,故能長生,信矣。”

張寰《履略》:“注釋丹經,種種凡若干萬言,不輕以示人。翁今大耋將臨,齒髮無恙,步履視少壯,與知己者言,雖終夕忘寐。謂翁善攝生,其信然乎?”

嘉靖四十年(1561)卒於家,年八十八,贈太子少保,謚清惠。

顧應祥《墓銘》:“公之配王淑人始聞于朝,在朝諸臣咸謂公始終清節,宜加殊典,請于上,贈太子少保,特謚清惠,諭祭者二,命工部遣官治葬事如制。”“末歲屢得危疾。一日,命大書《論語》‘曾子浴乎沂’一段,懸於寢所,朝夕相對,怡然自得,人莫測其所以。復得疾,竟無一語及家事而卒,時嘉靖辛酉四月朔之二日也,距刻本作‘主’之年成化甲午九月二十八日,享年八十有八。”

雷禮《墓表》:“大司空南坦劉公於嘉靖辛酉四月初二日卒于家,享年八十有八。其子長興庠生牖赴闕控情,蒙上賜祭葬,贈太子少保,謚清惠。”“至辛酉歲,忽一日命書曾點‘暮春者’至‘咏而歸’一段,懸於正寢,朝夕相對,怡然自得,人莫測其故。至四月初二日,無一語及家事,神清氣爽而逝,視所懸‘暮春而歸’,乃前知也。”

麟績學能文,以文學馳名於時。與顧璘、徐禎卿稱江東三才子,又與顧璘、陳沂、王韋號江東四杰。

李夢陽《空同集》卷四十七《凌谿先生墓誌銘》:“時顧華玉璘、

劉元瑞麟、徐昌穀禎卿號江東三才,凌谿乃與并奮競騁吴楚之間。”按,凌谿即朱應登。

朱彝尊《静志居詩話》卷十“顧璘”條:“華玉與劉元瑞、徐昌穀號江東三才。”

錢謙益《列朝詩集》丙集卷十三“劉尚書麟”條:“元瑞舉進士,與顧華玉、徐昌穀號江東三才子。”

梁清遠《雕丘雜録》卷四:“明弘、德間,顧華玉、劉元瑞、陳魯南、王欽佩號江東四杰。”

又,王世貞《弇州山人四部續稿》以顧璘、劉麟、朱應登爲江東三才子,卷一百四十八文部:“(顧璘)爲詩歌與劉麟元瑞、朱應登升之齊名,曰江東三才子。”

有《清惠集》行世。詩擬盛唐,興趣天然。文能以冲泊雅澹之詞,發瑰瑋奇崛之氣,窈渺之音,穠纖之色,皆冥與神會。書法宗羲獻以還,書醇古簡。尺牘片簡,人争寶之。

顧應祥《墓銘》:“公平生尚氣節,以文學馳名于時,律詩步驟盛唐,選擬漢魏,字法羲獻,雖短牘數字亦不苟作。時出諢語,亦皆雋永有味。片紙隻字,人得之以爲至寶。末年一意静養,求之者俱不應,故不留稿。”

雷禮《墓表》:“其於文冲泊雅澹中有奇崛氣,皆冥與神會。詩擬盛唐,書法宗羲獻以還。尺牘片簡,人争寶之。”

李默《小傳》:“其於文能以冲泊雅澹之詞,發瑰瑋奇崛之氣,窈渺之音,穠纖之色,皆冥與神會。書法宗羲獻以還,尺牘片簡,人争寶之。至與人談謔,往往出微辭,臻妙趣,雖蒙孺、俚生咸樂自近云。”

王世貞《弇州山人四部稿》(明萬曆五年王氏世經堂刻本)卷一百四十八:“劉元瑞如閩人强作齊語,多不辨。”

陳田《明詩紀事》丁籤卷七“劉麟”條:“所著興趣天然,頗似擊壤一派,今録其少矜鍊者。”

倪濤《六藝之一録》卷三百六十九:“劉司空書醇古簡,足可砭今人好奇作异之病。”

永瑢等《四庫全書總目》卷一百七十一集部二十四“劉清惠集十二卷”:“長興朱鳳翔爲序,稱其文出入秦漢,詩則駸駸韋杜,固未免太過。至稱其標格高入雲霄,胸中無一毫芥蒂,故所發皆盎然天趣,讀之足消鄙吝,則得其實矣,是亦文章關乎人品之驗也。”

按,劉麟之文,李夢陽以其學自六朝,病在靡、媚:“今百年化成,人士咸於六朝之文是習,是尚其在南都爲尤盛。予所知者,顧華玉、升之、元瑞皆是也。南都本六朝地,習而尚之固宜。庭實齊人也,亦不免,何也?大抵六朝之調凄宛,故其弊靡,其字俊逸,故其弊媚。”(《空同集》卷五十六《章園餞會詩引》)查繼佐難之曰:“空同論文,謂劉元瑞與顧華玉、朱升之咸非六朝,又謂取之存乎其人,是猶吾所擬也。以擬論詩不可,而况乎文?蓋元瑞之詩與文,大率義取清堅,空同不足以知之矣。”(《罪惟録》列傳卷之十五下《清介諸臣傳》)

參考文獻:

1. 文徵明《甫田集》,明嘉靖刻本。

2. 李夢陽《空同子集》,明萬曆三十年長洲鄧雲霄、潘之恒校刻本。

3. 劉麟《劉清惠公集》,明萬曆三十四年刻本。

4. 王世貞《弇州山人四部續稿》,明萬曆刻本。

5. 梁清遠《雕丘雜録》,清康熙二十一年梁允桓刻本。

6. 徐復祚《花當閣叢談》,清嘉慶十一年至十七年虞山張氏刻藉月山房彙鈔增修本。

7. 張岱《石匱書》,稿本補配清鈔本。

8. 錢謙益《列朝詩集小傳》,上海古籍出版社 1983 年版。

9. 朱彝尊《静志居詩話》,人民文學出版社 1990 年版。

(王志剛)

王廷相傳

王廷相，字子衡，别號浚川，又號平厓，河南儀封（今河南省蘭考縣儀封鄉）人。明憲宗成化十年十月二十五日（1474 年 12 月 4 日）生。原籍山西潞州，自其父始家儀封。

高拱《高拱全集》卷四《前榮禄大夫太子太保兵部尚書兼都察院左都御史掌院事浚川王公行狀》（以下簡稱《浚川王公行狀》）："公諱廷相，字子衡，别號浚川，河南儀封人也。父增，祖實一，曾祖思義，俱以公貴，纇增太子太保兵部尚書兼都察院左都御史。母田暨祖母、曾祖母，俱贈一品夫人。蓋爲山西潞州人云，而家儀封實自父始。乃以成化十年十月二十五日，生公於儀封。"

張鹵《滸東先生文集》（明天啓五年張永忠刻本）卷十三《少保王肅敏公傳》："公諱廷相，字子衡，别號平厓，又號浚川，世但稱爲浚川先生，河南儀封人也。先世自潞來家於此。父增而上，皆隱迹弗耀。母田氏，以成化十年十月二十五日生公。"

于慎行《穀城山館全集》（明萬曆三十五年周時泰刻本）卷二十六《明故太子太保兵部尚書都察院左都御史贈少保謚肅敏浚川先生王公墓表》（以下簡稱《浚川先生王公墓表》）："先生諱廷相，字子衡，浚川别號也。其先自潞徙儀封，世有明德聞於閭里。"又，"先生歸三年，以甲辰九月七日卒於里第，距生成化十年十月二十五日，得年七十有一。"

許瓚《榮禄大夫太子太保兵部尚書兼督察院左都御史掌院事浚川王公墓誌銘》(朱大韶《皇明名臣墓銘》坤集,明"蘭格鈔本"):公諱廷相,字子衡。其先自潞遷河南,遂爲儀封人。曾祖思義,祖實一,父增,母田氏,以成化十年十月二十五日生。

廷相幼風姿秀發,聰慧奇敏,好爲文賦詩。成化二十三年(1487)補邑庠生。弘治八年(1495),舉河南省試。九年,會試不第。

廷相七歲入私塾,拜師李珍。王廷相《明處士李先生墓誌銘》:"吾師李先生,少篤於學,博覽群籍,……廷相爲童子時,曾游先生門下。"

張鹵《少保王肅敏公傳》(明天啓五年張永忠刻本):"七歲時,從群兒入書肆,邑人前進士田鑒見而异之曰:'此公輔器也!'十三,補邑庠生,即以能古文詩賦名。弘治八年,年二十二,舉於鄉。"

高拱《浚川王公行狀》:"公幼風姿秀發,聰慧奇敏,讀書即解大義,好爲文賦詩,留心經史,日記千餘言不忘。年十三,補邑庠弟子員。登弘治乙卯鄉試。"

許瓚《榮禄大夫太子太保兵部尚書兼督察院左都御史掌院事浚川王公墓誌銘》(朱大韶《皇明名臣墓銘》坤集,明"蘭格鈔本"):"公丰姿奇秀,幼讀書即求通解,日記千言,十三歲爲邑庠生,爲文有英氣,繼進古文詩賦雅暢。弘治乙卯舉鄉試。"

弘治九年(1496),會試不第。高拱《浚川王公行狀》:"明年,會試不第,乃爲潞州展墓,會族姓諸親己,聚友講學。居一載始還。"

于慎行《浚川先生王公墓表》:"先生風神秀穎,早著文聲。弘治乙卯,舉河南省試。"

何喬遠《名山藏》卷七十五《臣林記》:"王廷相,字子衡,儀封人。風姿奇秀,讀書日記千言。十二歲爲邑庠生,文有英氣,繼進古文,詩賦雅暢。”

孫奇逢《中州人物考》(清道光二十四年刻本)卷一《理學》:“廷相字子衡,儀封人。生而穎异,十三歲補邑庠,即以能古人詩賦名。”

張廷玉等《明史》卷一百九十四:“王廷相,字子衡,儀封人。幼有文名。”

弘治十五年(1502)進士及第,先後爲翰林院庶吉士、兵科給事中。益發精進,其經濟才受當道期許。授兵科給事中,條陳時政,無所顧忌。與李夢陽等唱和,提振文風,一掃纖弱靡麗之習。

于慎行《浚川先生王公墓表》:“壬戌第進士,選翰林吉士,授兵科給事中。”

高拱《浚川王公行狀》:“壬戌,登進士第,選爲翰林庶吉士,乃益務進修,聲華籍甚。時方有邊警,閣試《擬經略邊關事宜疏》,公即明指利害,陳權宜振刷之策,亹亹數千言,咸中肯綮。當道者覘公有經濟才,靡不以大用相期云。甲子,授兵科給事中。條陳時政,靡所顧忌。”

張鹵《少保王肅敏公傳》:“時明興已百餘年,文章尚讓於古昔。至此孝皇極治,海内乂安,公與大梁李夢陽、信陽何景明、武功康海、東吴徐縉、鄠杜王九思相以古文倡,而成化以前纖弱靡麗之習一爲丕變。公猶乃究心國家典章、時政機宜、聖學矩矱,期以需獻納,以正學術,爲諸家所推重。”

何喬遠《名山藏》卷七十五《臣林記》:“弘治十五年進士,選翰林庶吉士,與李夢陽、何大復、崔銑號爲‘四杰’。授兵科給事中,條論時政,不避危忌。”

孫奇逢《中州人物考》卷一《理學》:“弘治壬戌,登進士,由庶吉士授兵科給事中。官京師,與大梁李夢陽、信陽何景明、武功康海、東吴徐縉、鄠杜王九思,以古人相倡。廷相尤究心國朝典章、時政機宜、聖學矩矱。"

過庭訓《本朝分省人物考》(明天啓刻本)卷八:"王廷相,字子衡,儀封縣人。弘治壬戌舉進士,選翰林庶吉士。時方有邊警,閣試擬經略邊關事宜疏,廷相即明指利害,陳權宜振刷之策,亹亹數千言,當道者睹其有經濟才,授兵科給事中。"

正德三年(1508),忤劉瑾,謫判亳州。後任監察御史,巡按陝西,得罪權閹,下詔獄,謫贛榆縣丞。廷相不畏權貴,兩度被貶,無失志之意,勤勉爲政。十六年,升山東提學副使。所到之處,明道教化,勉勵教育,振揚文教,提振學風,以得士著稱。

高拱《浚川王公行狀》:"戊辰,起服,以失領勘合謫亳州判。判,卑官,而自諫垣出也,人咸爲不堪,而公初無失志意。亳素鮮科第,公群諸生躬誨之。生有薛蕙者,一試輒奇之,曰:'君殆非章句儒生也。'遂日與游,開示周至,蕙乃成學,才名播天下;而科第亦至今不乏。時參將石璽爲逆瑾心腹,群小咸附比出門下,公待之甚嚴,人危之,而璽竟莫如公何。會撫按交薦公賢,乙巳,升高淳縣知縣。兩越月,行取授四川道監察御史,巡鹽山東,抉奸剔蠹,權貴斂迹。"又,"癸酉,提北畿學政。公素有作人之志,至是則明道教化,務以實用相期,不專文藻,士風丕變焉。中官曰二王三劉者納賄,丁及學政,公對使焚其書,二人者恚,日偵伺欲加中傷。會廖鏜誣公巡陝西不法事,遂相構煽,逮詔獄,竟無迹得實,謫贛榆縣丞。先是,縣治毁於盗,官吏露幕視事,公悉建復。贛自國初來無科第,公復力課生儒,期於有成。而後果有相繼顯者,贛人刻石紀其事。丙子,升寧國知縣。丁丑,升松江府同知。甫數月,升四川按察司提學僉事。辛巳,升山東提學副使。公在兩省,振揚文教悉如御史時,而士風之變,亦悉如北畿,至今稱得士者必曰王公云。"

張鹵《少保王肅敏公傳》:"戊辰,謫亳州判。識薛蕙於稠人中,親授以成其學。一時大江南北人士皆翕然丕應。去亳，晋高淳知縣。尋賜環，復晋監察御史，出按陕西。時權閹廖鏜方出鎮守，朘削無度，三輔如苦倒懸，公嚴禁裁抑之。先是，公督學北畿，權閹又有三王二劉者，以納賄干及學政，公引使者於庭，焚其書。至是鏜誣奏公，二人協力相構，逮繫詔獄。九卿、六科、十三道、少保吏部尚書楊一清、都給事中李鐸、監察御史平世用等皆抗疏論救。已，謫贛榆縣丞。再晋寧國知縣，歷松江府同知、四川提學僉事、山東提學副史。自御史歷兹，蓋三度學政，皆正學術，嚴考校。在川蜀時，會何公景明督學關陕，乃以境地相接，職任、意見相同，共約爲條教行之，至今士大夫談及明經養士之法，皆遵爲成軌。"

于慎行《浚川先生王公墓表》："正德戊辰，以他故，謫爲州判。稍遷知縣，復召爲御史，出按陕西。會鎮守太監廖鵬毒螫民吏，先生繩之以法，廖遂大恨。已而視學北畿，有兩中貴人關請先生，焚其書不應，兩人亦恨，未有以發也。而廖因上書構之，此兩人從中生其奏，逮下制獄，又謫爲縣丞。"

何喬遠《名山藏》卷七十五《臣林記》："正德中，起服，謫判亳州。政暇誨生，徒得薛蕙爲名士。升高淳知縣。選御史，巡鹽山東，裁勢豪私敗諸弊。巡按陕西，憲度益振，鎮守太監廖鑾煽虐關中，廷相隨事禁革，鑾殊誓恨。提學京畿，中官王、劉納賄屬事，廷相焚其書。適鑾誣奏廷相，王、劉合力構之，下詔獄，謫贛榆丞。升寧國知縣，松江府同知。僉事四川，副使山東，皆提督學政。敦士節，振萎習，諸生翕然化之。"

張廷玉等《明史》卷一百九十四："正德初，服闋至京。劉瑾中以罪，謫亳州判官，量移高淳知縣。

《(嘉靖)儀封縣志·人物傳》(上海古籍書店 1990 年版)："以外艱失領勘合，調判亳州。升御史，提北畿學政。因忤權貴，調贛榆縣丞。”

《明武宗毅皇帝實録》(北京大學圖書館藏原北平圖書館藏“紅格鈔本”)卷一百零八“正德九年春正月戊子(二十四日)”:“降監察御史劉天和爲金壇縣丞,王廷相爲贛榆縣丞。時陝西鎮守太監廖堂,誅求無厭,天和、廷相繼按其地,稍裁抑之,遂致怨。會堂奉旨於蘭州等處造辦進貢燒餅,宜關白巡按,天和以蘭州爲御史馬溥然所轄,辭不往。又洛川妖民邵進禄謀爲亂,事覺,自首於官,廷相釋之。堂遂摭奏天和違命,并及廷相釋賊事。詔遣官校械繫二人至京,送鎮撫司拷訊。獄久未釋,言者多救之。乃付法司擬罪,當贖杖還職,内批特降之,蓋堂以厚賂結同類諸權幸爲之助也。時各處鎮守者罔利作威,甚於狼虎,而堂爲尤甚。御史既連得罪,由是官司無敢與抗,民不勝其擾矣。”

朱睦㮮《皇朝中州人物志》(明隆慶四年序刻本)卷十三:“累遷四川僉事、山東副使,俱督學政。廷相乃敦士節,振萎習。諸生皆翕然化之。”

嘉靖二年(1523),升湖廣按察使。廷相爲政勤勉,嫉惡如仇,所到之處,革除弊政,政聲顯著,中外咸稱之。

張鹵《少保王肅敏公傳》:“嘉靖癸未,晋湖廣按察使,數決疑獄,平李見寇亂。甲申,以山東右布政使居母憂……戊子、乙丑間,朝廷鋭意籌邊,及嚴核宫府冗冒,公以兵部右侍郎督修邊工,以左侍郎清查騰驤四衛勇士,邊腹宫廷賴之。”

高拱《浚川王公行狀》曰:“嘉靖癸未(二年),升湖廣按察使。楚俗悍詐健訟,公讞決如流,滯獄一空。湘民以‘青天’呼之。時有巨惡李見,招納亡叛,拒殺官軍,且善通關節,人莫敢按其事,公執法捕問,竟除其害。甲申,升山東布政司右布政。”

嘉靖六年(1527),巡撫四川,撫綏軍民,興革利弊。

高拱《浚川王公行狀》:"丁亥,既禫,升四川巡撫右副都御史,撫綏軍民,興革利弊,保釐之績爲最。先是,蜀夷沙保、向信倡亂特久,川貴騷然,公被命征剿,設謀懸賞,宥降散衆,督軍冒險入其營,遂平之。上嘉悦,賜金綺酬其勞。戊子,升兵部右侍郎,督修三邊城堡。尋詔還,轉左侍郎,時騰驤四衛詭冒溢增,積習已久,公清查無所回護,宿弊頓革,迄今着爲定額。庚寅,升南京兵部尚書,參贊機務。舊南京内外守臣與諸監局衙門,恣意妄行,蠹政害人,不可枚舉。公至,申號令,省冗費,清占役,宿弊盡除。兵民得安,咸感德,繪像祀焉。復以外守備魏國公權重勢久非宜,上疏欲如參贊文臣例,不時選代。上悟,遂更置。"

于慎行《浚川先生王公墓表》:"其撫四川,威信覃布,吏人畏懷,屬夷盗邊,發兵討平,解散其黨,西徼以寧。騰驤四衛勇士,隸在中涓,多竄市人名籍,幾至三萬。先生佐本兵,奉命清查,留五千餘人,盡裁其濫,禁旅肅然。南京内外守備,多遣私人榷貨關津,及進御用服食,大發船舟,横索道路,糜耗不貲。先生窮其根株,悉以銖兩酤榷,爲裁其多少,令與載相準,且請令守備惟詰奸遏虐,以靖都輦,不得受民間訟牒,侵法司權。世廟雅意釐革,所言輒聽。正德以來,中官蠹敝,一旦劃除,先生之力多焉。"

張廷玉等《明史》卷一百九十四:"初有詔,省進貢快船。守備太監賴義復求增,廷相請酌物輕重以定船數,而大減宣德以後傳旨非祖制者。龍江、大勝、新江、浦子、江淮五關守臣藉稽察榷利,安慶、九江藉春秋閱視索賂,廷相皆請革之。草場、蘆課銀率爲中官楊奇、卜春及魏國公徐鵬舉所侵蝕。以廷相請,逮問奇、春,奪鵬舉禄。三月入爲左都御史,疏言南京守備權太重,不宜令魏國世官。給事中曾忭亦言之,遂解鵬舉兵柄。"

嘉靖九年(1530),進南京兵部尚書,參與機務。尋升都察院左都御史、兵部尚書、提督團營。晋太子少保,加太子太保。官位漸高,聲望日隆,權位愈重。其建言多得世宗嘉納。

張鹵《少保王肅敏公傳》:"庚寅,晋南京兵部尚書,參贊機務,其内外守備、各監局科克役占諸弊盡除。又謂祖宗根本重地,守備重權不宜久屬魏國專司,請如各處文武官推代,上嘉納之;更置推代,自奏始公入。越三年,召公爲都察院左都御史,掌院事。仍晋加兵部尚書,提督十二團營。尤以澄清天下爲己任,申飭憲綱條格,奏布中外,應務悉頓改觀。肅皇帝忽諭群臣,欲令太子監國,以頤養聖躬,人心錯愕,不知所出。公奏:太子春秋方幼,知思未普,一旦御事,恐事失分别,且壅蔽將自此而生,後雖覺無及。疏入,其事報罷。尋加太子太保,賜玉帶。御史馮恩極論吏部尚書汪鋐貪鄙狀,上怒詰之,所司引上言大臣德政律擬死。公疏其律義,救辨之,以申臺諫敢言之氣。上將南幸承天,公累疏懇留,上皆以温旨慰答,即命公輔行,掌軍務及行在兵部都察院事。沿途日侍帷幄,恭和聖製詩篇,賞賚稠叠。一日,上問沿途勞費,公具以實對,裁省甚多。行在九年考滿,又有玉帶、厩馬之賜。"

高拱《浚川王公行狀》:"癸巳(十二年),升都察院左都御史,掌院事,申明憲綱,雅有澄清天下之志。謂御史實代巡行,一不得人,流禍不少,議欲考察不職者。上報曰:'覽奏,足見振揚風紀,深切時弊,都依擬,務要着實舉行。'自是臺政改觀,内外肅然。尋升兵部尚書,仍掌院事,奉敕提督團營軍務。公已承平日久,兵制浸弛,上疏議修舉團營廢墜,極其詳悉,上皆嘉納。當是時,靈寶許公爲冢宰,釐正官邪,而久與之協心并力,無所回護,由是士氣得申,憸佞無所容,一時宦路號爲清肅。凡兩經考察,利巧、黨附、貪婪之徒悉皆罷去,中外稱快焉。"又,"丙申,晋太子少保,陪祀諸陵,扈從車駕，屢有金綺及飛魚衣之賜。又聖諭，以氣血初平，精神太減，欲權命太子監國，以自養。公上書論太子春秋方幼，知思未普，一旦許之御事，中間恐分事輕重隨意，隱暗之弊自此而生，後雖有覺，亦無及矣。疏上，其事遂寢。己亥，加太子太保，賜玉帶。上將幸承天，中外咸知勞費，莫敢言者，公即日疏留，條悉利害。人爲公懼，上竟以温旨答之。督一切軍務，兼掌行兵部都察院事，往來扈蹕，每在帷幄，承顧問，恭和詩歌，特賜墩、帽、袋、佩、厩馬之屬，寵渥鮮比。"

于慎行《浚川先生王公墓表》："其掌内臺，日夜講求憲綱，分條類奏，班諸御史。奉以從事，罔敢逾繩。至今其籍在也。又嘗疏正會議之體，事有可否，各出所見，即廷推大吏各舉所知，主者毋得專决。司馬舉江防大帥，嘗以贓敗，立上書争之，竟格不用。督理戎政，簡諫士馬，修明賞罰，將校無敢私役。兩察内吏，三計郡國，所贊襄簡隲，天下服其公。再疏薦何公塘、崔公銑、吕公柟、李公夢陽、薛公蕙諸人，皆一時名流，士論韙之。己亥，車駕幸承天，先生疏留不允，以九卿扈蹕道中，數召問郡邑供頓狀具以質對，多所省減。嘗和御製歌詩，甚見褒賞。及他所班賜尚方、珍綺，不可勝計。世廟知人善任，先生兼京營内臺，且及三考，所倚信聽納，有加等列，中興之烈賴焉。"

嘉靖二十年(1541)，因郭勛案牽連，責其朋比阿黨，斥爲民。

張鹵《少保王肅敏公傳》："辛丑，翊國公郭勛既伏罪，上因詰責其曾領營敕遲，以敕連公名，罷歸。"

談遷《國榷》："翊國公郭勛有罪下獄。勛怙寵驕恣，初，給事中李鳳來等劾其私廛科斂，事下，左都御史王廷相等按之，……上怒其抗，責陳鏸、王廷相不即對，各引罪，鏸奪俸，廷相削籍。"

許瓚《榮禄大夫太子太保兵部尚書兼督察院左都御史掌院事浚川王公墓誌銘》："辛丑，翊國公郭勛諸不法事覺，朝廷因詰其領營敕遲,下獄。又因敕連名公,遂令罷歸。”

何喬遠《名山藏》卷七十五《臣林記》:“二十年,郭勛坐罪下獄,上詰其領營敕事,因責廷相黨附,不行自奏,革職爲民。給事中劉繪疏救,不允。”

張廷玉等《明史》卷一百九十四:“初,廷相請以六條考察差還御史。帝令疏其所未盡,編之憲綱。乃取張孚敬、汪鋐所奏列,及新所定凡十五事以進,悉允行之。及九廟災,下詔修省,因敕廷相曰:‘御史巡方職甚重。卿總憲有年,自定六條後,不考黜一人,今宜痛修省。’廷相惶恐謝。廷相掌内臺最久,有威重。督團營,與郭勛共事,逡巡其間,不能有所振飭。給事中李鳳來等論權貴奪民利,章下都察院,廷相檄五城御史核實,遲四十餘日。給事中章允賢遂劾廷相徇私慢上。帝方詰責,而廷相以御史所核聞,惟郭勛侵最多。帝令勛自奏,於是劾勛者群起。勛復以領敕稽留觸帝怒,下獄。責廷相朋比阿黨,斥爲民。”

于慎行《浚川先生王公墓表》:“先生之督營也,與翊國公郭勛共事。及歲辛丑,勛罪狀覺,上欲遂法之。會其受管敕後期,因逮下吏,而敕連司馬名,并罷。”

廷相被罷,或有難言之隱。高拱《浚川王公行狀》:“辛丑秋八月,武臣郭勛領敕稽遲,以公同事,未先舉奏,乃罷歸田里。先是,勛怙勢作威,盤踞難動,公意姑與從容,陰消其釁,俟更甚,乃可爲處,期於濟事,而不料中廢至此。”

既罷,優游田里,沉酣百家,言不及世事。嘉靖二十三年(1544)病逝,享年七十一。

高拱《浚川王公行狀》:“乃慨然就道,略無愠色。既歸,不以語人,一惟引咎,竟不自白心事。日在書屋,與圖史對,時或出游東園,爲酒食會親友,角巾野服,訢訢如也。兩京科、道暨撫、按論薦無虚日，銓部累擬司農、司馬，未既起，而乃於甲辰九月七日以疾終。”

于慎行《浚川先生王公墓表》：“先生歸三年，以甲辰九月七日卒於里第。距生成化十年十月二十五日，得年七十有一。”又，“既罷官歸，閉門謝客，著述日富。以其餘暇，與一二舊知嘯咏山林，無染世氛，遠近高其風規。”

許瓚《榮禄大夫太子太保兵部尚書兼督察院左都御史掌院事浚川王公墓誌銘》：“嘉靖二十三年甲辰九月初七日，太子太保尚書左都御史浚川王公卒於家。”又，“罷歸抵家，閉門讀書，對親友不言宦途事迹。時游東園會客，葛巾野服，訢訢焉。”

張鹵《少保王肅敏公傳》：“一入鄉園，日惟以圖史耕漁自適，絶口不及世事。至甲辰九月七日，卒於家，年七十有一。”又，“公卒時，士類慟嗟，臺諫交章謂宜加恤典，當事者竟泥之。隆慶初，詔臺諫舉先朝應得恤典諸臣，輿論皆以公爲最。詔復原官，贈少保，謚肅敏，諸餘葬祭，皆視他有加數云。”

廷相歷事三朝，以忠誠不欺爲先。

許瓚《榮禄大夫太子太保兵部尚書兼督察院左都御史掌院事浚川王公墓誌銘》：“歷事三朝，以忠誠不欺爲先。御下則公直不虐，有益國是，雖負天下之謗不恤。不然，即可以致譽者不爲也。蓋識見中有持守，持守中有精力，義理堅定，隨事而應。故雖累遭下獄罷斥，震撞摇掣，可憂可怫之勢，互交目前，而志氣不可奪也。”

汪國楠《皇明名臣言行録新編》（明萬曆四十年刻本）卷四十二：“公歷事三朝，以忠誠不欺爲先。御下則公直不虐，有益國是，雖負天下之謗不恤。蓋識見中有持守，持守中有精力，義理堅定，隨事而應。故雖屢遭下獄罷斥，震撞摇掣，可憂可怫之勢，互交目前，而志氣不可奪也。”

沈佳《明儒言行録續編》:“公歷事三朝,以忠誠不欺爲先。遇事之當,爲毅然必行,自謂大舜鷄鳴而起,周公坐以待旦,不予過也。”

弘、正間,詩學大盛,一變宣、正流弊。廷相雅好詩文,與大梁李夢陽、信陽何景明等以古文相倡,文風爲之丕變,時有七子之稱。

張鹵《少保王肅敏公傳》:時明興已百餘年,文章尚讓於古昔。至此孝皇極治,海内乂安,公與大梁李夢陽、信陽何景明、武功康海、東吴徐縉、鄠杜王九思相以古文倡,而成化以前纖弱靡麗之習一爲丕變。公尤乃究心國家典章、時政機宜、聖學矩矱,期以需獻納,以正學術,爲諸家所推重。

李復初《内臺集叙》(《王廷相集》):“浚川夫子以振古之豪,超然獨步,博學研幾,反躬踐實,而沉潛合一,積久彌精。故寄興感懷,經世考政,窮神闡化,測數推象,吐辭命意,托詩文,條爲疏説,辯而信,直而文,雄裁杰斷,揚榷疑貳,公直謹嚴,其史乎!肆而隱,曲而中,玄思妙悟,發揮藴奥,涵噩典麗,其經乎!風動神行,涂傳里誦,夾輔綱常,輝煌化理,軌範百世,豈但可以文藝家數名之耶?”

俞憲《盛明百家詩·王陂集序》:“我明弘、正間以詩文名家者,李、何爲首倡,而武功康對山、儀封王浚川、鄠杜王渼陂、吾吴徐迪功、濟南邊華泉,實相輝映,爲時宗纂。”

錢謙益《列朝詩集小傳》丙集:“子衡起何李之後,凌厲馳騁,欲與并駕齊驅。與郭價夫論詩,謂《三百篇》比興雜出,意在辭表,《離騷》引喻藉論,不露本情,而以《北征》《南山》諸篇,爲詩人之變體,騷壇之旁軌,其托寄亦高遠矣。……子衡盛稱何、李,以爲侵謨匹雅,欲騷儷選,遐追周漢,俯視六朝,近代詞人,尊今卑古,大言不慚,未有甚於子衡者。……子衡五七言古詩,才情可觀,而摹擬失真,與其論詩頗相反,今體詩殊無解會,七言詩尤爲笨濁,於以驂乘何、李，爲之後勁，斯無愧矣。”

王世貞《明詩評》（周維德集校《全明詩話》第三册，齊魯書社 2005 年版）卷一：“廷相渾渾，如高麗使人，抗浪意氣，殊乏精韻。古詩歌行，小勝近體。”

王世貞《藝苑卮言》（周維德集校《全明詩話》，齊魯書社 2005 年版）卷五：“王子衡如外國人投唐，武將坐禪，威儀解悟中，不免露抗浪本色。”又，“王子衡如絲笮旄牛，珍貴能負，而不曉步驟。”

顧起綸《國雅品·士品三》（周維德集校《全明詩話》，齊魯書社 2005 年版）：“學古才辯。其爲文章，多漢、晋人語，特閑於古體，如闕里孔檜，泰岳秦松，蒼秀挺鬱。王元美議其稍露本色，不無有之。其《南昌行》亦足以發其忠憤激烈之思。余讀其《居家集》公所自序，即張魏公辟蘇雲事曰：‘古今人好尚，其不齊也。有如是哉？以野處爲適，則視官守爲樊籠；以閑散樂，則視軒冕爲桎梏。’於是乎可以觀公矣。豈惟文哉。”

王文禄《文脉·文脉新論》（《叢書集成》本）：“王浚川辨五行，識高也。慎言雅述，發未發多矣。文亦歐格，賦乏風、騷，《明月篇》《與郭價夫論詩書》可匹魏晋云。”

胡應麟《詩藪續編·國朝上》（周維德集校《全明詩話》，齊魯書社 2005 年版）：“弘、正間，若……王子衡……皆文人兼學行者。”

朱彝尊《静志居詩話》卷十：“浚川揚歷之暇，鋭意詩文，非徒扶大雅之輪，抑且抉群經之奥。”又附録：“黄清甫云：‘浚川詩，貴達意，不避險直，多擬古樂府，欲返真樸，未見其工。君采出其門下，所謂青出於藍也。’”

永瑢等《四庫全書總目提要》卷一百七十六集部二十九别集類存目三“王氏家藏集六十八卷”：“一曰浚川集，明王廷相撰。廷相有《慎言》，已著録。其詩文列名七子之中，然軌轍相循，亦不出北地、信陽門户。鄭善夫詩所謂‘海内談詩王子衡,春風坐遍魯諸生’,一時興到之言,非篤論也。王士禛《論詩絶句》曰:‘三代而還盡好名,文人從古善相輕。君看少谷山人死,獨有平生王子衡。’蓋善夫殁後,廷相始見是詩,賙恤其家甚至也,亦頗有微詞矣。”

張廷玉等《明史》卷二百八十六“文苑傳二”“李夢陽傳”:“夢陽才思雄鷙,卓然以復古自命。弘治時,宰相李東陽主文柄,天下翕然宗之,夢陽獨譏其萎弱。倡言文必秦、漢,詩必盛唐,非是者弗道。與何景明、徐禎卿、邊貢、朱應登、顧璘、陳沂、鄭善夫、康海、王九思等號十才子,又與景明、禎卿、貢、海、九思、王廷相號七才子,皆卑視一世,而夢陽尤甚。”

魯九皋《詩學源流考》(張寅彭編纂《清詩話全編·乾隆期》第十二册,上海古籍出版社2020年版):“永樂以還,崇尚臺閣,迄化、治之間,茶陵李東陽出而振之,俗尚一變。但其新樂府,於鐵崖之外,又出一格,雖若奇創,終非正軌。嗣是空同李氏、大復何氏大聲一呼,海内響應,又得徐昌穀禎卿、邊華泉貢爲之輔翼,稱‘弘治四杰’。繼又以康海、王九思、王廷相三人爲七子,是爲‘前七子’。是時詩學之盛,幾幾比於開元、天寶,而李、何聲價,當時亦不啻李、杜。……前後七子,議論略同,其所宗法,皆在少陵以上,建安而下,唐以後書則置焉。其見非不甚善,特斤斤規仿,過於局促,神理不存。”

潘德輿《養一齋詩話》(中華書局2010年版)卷十:“明人論詩多大言,不獨大復譏陶、謝也。王子衡云:‘《風》《騷》包韞本體,標顯色相。若子美《北征》之篇,昌黎《南山》之作,玉川《月蝕》之詞,微之《陽城》之什,漫敷繁叙,填事委實,言多趁帖,情出附輳。’嗚呼,何其誕也。《北征》一篇,原本忠愛,發以史筆,根柢盤深,關係宏遠,乃杜集之巨制,與《風》《雅》相出入者,比以昌黎《南山詩》,已覺不倫，況儕諸盧仝、元稹輩哉？彼蓋只知意在詞表《三百》、爲《離騷》，而不知《風》《騷》之暢叙已懷，鋪陳亂始，直詆匪人者，固指不勝屈也。大抵詩知賦而不知比興者，則切直而乏味，知比興而不知賦，則婉曲而無骨，三緯所以不可缺一。子衡崇比興而廢賦，直知一而不知二矣。"

陳田《明詩紀事》丁籤卷三："子衡刻意學詩，粗漫之篇誠如昔人所譏，遇有合作，如游五都市中，動獲奇寶。"

廷相平生修身力學，以聖賢自期，沉酣百家之學，不循泥拙見。立言垂訓，根極理要，多前賢未發之言。好著述，老而不倦，著作總爲《王氏家藏集》，行於世。

于慎行《浚川先生王公墓表》："先生記問該博，學術純正，於百家之籍，無不沈酣，而不涉异教。文辭詳贍古雅，可謂典型。……所著《家藏集》十六種，世多有之。"

高拱《浚川王公行狀》："公德器弘粹，氣稟剛大，修身力學，以聖賢自期。不事浮藻，旁搜遠攬，上下古今，惟求自得，無所循泥。灼見其是，雖古人所非者不拘；灼見其非，雖古人所是者不執。立言垂訓，根極理要，多發前賢所未發焉。"又，"好著述，老而不倦。在翰苑有《溝斷集》，爲侍御有《臺史集》，在贛榆有《近海集》，在松江有《吴中稿》，在四川有《華陽稿》，在山東有《泉上稿》，守制時有《家居集》，在湖廣有《鄂城稿》，爲侍郎有《小司馬稿》，在南京有《金陵稿》，總括之爲《王氏家藏集》云；又有王氏《慎言》《雅述》《射禮圖注》《攝生要義》《内臺集》《奏議》及《覆奏語略》《公移駁稿》《歸田稿》《闡玄述》，咸刻行於世。"

張鹵《少保王肅敏公傳》："撮公平生所著，有《溝斷集》《臺史集》《近海集》《吴中稿》《華陽稿》《泉上稿》《家居集》《鄂城稿》《小司馬集》《金陵稿》《喪禮備纂》《慎言》《雅述》，總之爲《王氏家藏集》六十卷。又有《奏議集》《公移駁稿》《覆奏語略》《歸田集》三十卷,皆行於世。其淵源乎道德性命之微言,而研精於禮樂制度之卓軌,實有以總近代諸家之大成,覽者當自得之,特其一二因事施論者著於篇。"

何喬遠《名山藏》卷七十五《臣林記》:"博古通經,究諸實用,禮樂、律曆、象緯、醫卜、靡不穿通。所著有《禮樂雜論》四十篇、《夏小正解》十三篇、《答天問》一篇、《雅述》《慎言》十五篇。自言知道以來,仰觀俯察二十餘年,言積數萬,其與仲尼之道衛守之嚴,不敢异端雜之,蓋竊附孔氏之徒云。"

張廷玉等《明史》卷一百九十四:"廷相博學好議論,以經術稱。於星曆、輿圖、樂律、河圖、洛書及周、邵、程、張之書,皆有所論駁,然其説頗乖僻。"

孫奇逢《中州人物考》卷一《理學》:"所著有《溝斷集》《臺史集》《近海集》《吴中稿》《華陽稿》《泉上稿》《家居集》《慎言》《雅述》諸書,共六十卷。《奏議》《公移》《歸田集》,共三十卷。皆淵源乎道德性命,而研精於禮樂規制。"

崔銑《雅述序》(《王廷相集·雅述》):"浚川先生王公嘗作《慎言》十三篇,深探隱化、暢發玄旨,學者莫不諷誦之。先生又出其《雅述》二篇,悼後人之襲迷、示行者之廣涂,修身理國之具,循級蹈實。銑辱交於先生四十載,論心談義,商訂箴規,至忘爾汝,不特形骸。"

高儒《百川書志》卷十六(上海古籍出版社 2005 年版):"《王氏家藏集》二十卷,都御史浚川儀封王廷相子衡撰。《溝斷集》二卷,浚川子故作。自弘治迄今,凡二十六祀,詩賦文一百八首。《臺史集》二卷,浚川子爲御史時著也。起正德庚午,至甲戌五載之作,詩文賦百四十五首。《泉上稿》二卷,浚川督學山東所著詩文六十篇。

《家居集》三卷，浚川家居著也。三十二首，銘文二十六首。”

黄虞稷《千頃堂書目》卷二十一：“王廷相《王氏家藏集》五十四卷。”又，“《内臺集》七卷。”又，“《家居集》一卷。”又，“《近海集》一卷。”

永瑢等《四庫全書總目》别集存目三内臺集：“是刻刻於嘉靖丙申。凡詩二卷，詞一卷，雜著一卷，奏疏一卷，雜文二卷，又在《家藏集》之後者也。時廷相爲都御史，故以内臺爲名云。”

按，今存王廷相著作主要有《王氏家藏集》和《王浚川所著書》。具體版本信息可參看葛榮晋《王廷相著作考》（王孝魚點校《王廷相集》附録二）、葛榮晋《王廷相生平學術編年》。

參考文獻：

1. 何喬遠《名山藏》，明崇禎刻本。

2. 錢謙益《列朝詩集小傳》，上海古籍出版社 1959 年版。

3. 朱大韶《皇明名臣墓銘》，臺灣明文書局 1980 年版。

4. 沈佳《明名臣言行録續編》，臺灣明文書局 1982 年版。

5. 王廷相著，王孝魚點校《王廷相集》，中華書局 1989 年版。

6. 談遷《國榷》，中華書局 2005 年版。

7. 高拱撰，岳金西標點《高拱全集》，中州古籍出版社 2006 年版。

（李雙華　孫啓華）

王濟傳

王濟，字伯雨，號雨舟，晚更號白鐵道人，又自稱紫髯仙客。浙江嘉興府桐鄉(今浙江省桐鄉市)人。明成化十年九月二十八日(1474年11月7日)生。

劉麟《廣西橫州判官王君濟墓誌銘》(《國朝獻徵録》卷一百零一)："求之同生，固稀逢也。"

按，吴書蔭《曲品校注》，以爲同生指王濟、劉麟同年生，今從之。據張惟驤《疑年録匯編》，兩人都今年生。劉麟之生年，顧應祥《墓銘》："生之年成化甲午九月二十八日。"據此易知，王濟生於成化十年甲午。

張寰《廣西橫州别駕王君濟行狀》(《國朝獻徵録》卷一百零一)："君諱濟，字伯雨，雨舟其别號云。"

劉麟《廣西橫州判官王君濟墓誌銘》："王君，諱濟，字伯雨，别號雨舟。"

董斯張《(天啓)吴興備志·詭徵二》(南林劉氏嘉業堂刊本)引《碧里雜存》："王雨舟名濟，湖之烏鎮市人也，其父王翁，家巨富而性吝。無子。其家臨市河，傍有市橋，橋久廢矣。一日，有老僧至門，以修橋爲請。怒叱數四，其請益堅。翁曰：'汝以市中募緣，吾當爲主。'僧不肯，必欲翁一力成之。不得已而諾焉，費之百金成焉。仍建亭橋側，俾僧居之。戒律清苦，時時與翁往來笑語，甚相得也。居且十年,時翁側室有妊,將就館矣。一夕,翁夢此僧踉蹌進門,徑入閨中。翁夢中大怒,追逐,遂醒,而内室啼聲聞矣。舉家大喜。天明得外報云,僧於半夜已坐化於亭中,翁大驚异,因命其子曰濟,蓋取義於橋也。"

嚴辰《(光緒)桐鄉縣志》(清光緒十五年刻本)卷十五"人物下":"王公濟,字伯雨,號雨舟,晚號白鐵道人。"

濟先泗州人,元末爲避戰亂,六世祖道輔舉家南遷至吴興烏青鎮,遂家焉。道輔生敬先,敬先生宗孝,宗孝生瑜,瑜生英。父英,號且閑,生性豪爽,崇尚俠義,爲烏鎮巨富。弘治年間,英循例授予蘇州衛指揮使,先娶妻朱氏,繼娶何氏,生伯雨。

張寰《廣西横州别駕王君濟行狀》:"按:王氏,其先爲泗州人,元季六世祖道輔避兵南遷,遂籍吴興之烏墩鎮。道輔生敬先,敬先生宗孝,宗孝生瑜,瑜生英,號且閑,君之考也。以材能自振,豪爽而酣於義。弘治間,例授蘇州衛指揮使。娶朱氏,繼何氏,生君。"

劉麟《廣西横州判官王君濟墓誌銘》:"其先泗州人,元季六世祖道輔避兵烏墩鎮,遂世爲烏程人。道輔生敬先,敬先生宗孝,宗孝生瑜,瑜生英。號且閑,性器豪爽而篤於義,弘治間,例授蘇州衛指揮使。君之考也。娶朱,繼娶何,何生君。"

盛楓《嘉禾徵獻録》(嘉興金氏 1936 年刻本)卷三十二:"王濟,字伯雨,號雨舟。晚更號白鐵道人。其先泗州人。元末,六世祖道輔避兵烏鎮,家焉。父英,號且閑,弘治中爲蘇州衛指揮。"

濟少穎敏好學,博洽自許,嗜學讀書,其父以重金聘名師督導學業。弱冠補郡學生,入太學。然七上秋闈皆不售。

張寰《廣西横州别駕王君濟行狀》:"君少穎敏而好學,博洽自許,尋由郡學生例補太學生,屢蹶於秋闈。"

劉麟《廣西横州判官王君濟墓誌銘》:"君少穎敏好學,弱冠補郡學生,例補太學生,試秋闈屢蹶。"

盛楓《嘉禾徵獻録》卷三十二:"濟自弱冠爲諸生,以高資例入太學。"

嚴辰《(光緒)桐鄉縣志》卷十五"人物下":"穎敏好學,弱冠爲諸生,以高資例入太學。"

正德十六年(1521),以貲授廣西横州通判,攝知州事。横州乃嶺南瘴地,習俗异於中原,士多不樂往,而濟怡然就道。初到任,州方守缺,濟領州事。當是時,州政多弛,民獷悍而多盜。既攝篆視事,得其俗之習尚,政之利弊,召横人集議,商定乃因革之。凡所設施,咸與横宜。於是政弊除,盜迹息,横俗丕變。

張寰《廣西横州别駕王君濟行狀》:"(王濟)齒既逾壯,始謁,選銓曹,授廣西横州判官。横,爲嶺南瘴地,士多不樂往,君怡然就道。"

劉麟《廣西横州判官王君濟墓誌銘》:"年逾壯,謁銓曹,授廣西横州判官。横,嶺南瘴厲地,去鄉幾八千里,君怡然就之。横會缺守,州政多弛,盜且作。君視篆,得其習俗利弊,召横人集議,議定,乃因革之。凡所設施,咸與横宜,横俗丕變,盜亦潛弭,州以無事。"

謝啓崑修纂《(嘉慶)廣西通志》(清同治四年刻本)第二百四十八卷"宦迹録八":"王濟,字伯雨,烏程人。正德十六年判横州。比莅州,州方缺守。既攝篆視事,盡得其俗之習尚,政之利弊,召父老庭下集議可否而從革之。於是民知向方,盜亦潛弭,俗用丕變。"

《(民國)烏青鎮志》卷二十八"人物上":"識者服其先見,雖名將大臣,不能出其範圍也。"

盛楓《嘉禾徵獻録》卷三十二:"授廣西横州州判。州守缺,濟攝州事。悉其習俗,利病設施皆當於理。……夙能詩,爲文章,放衙吟誦不輟。植湘竹盈庭。"

嚴辰《(光緒)桐鄉縣志》卷十五"人物下":"授廣西横州州判,攝州事。悉其習俗利病,凡所設施,咸與横宜。横故多盗,自公受事後,盗亦潜弭。"

次年,以母老,去家甚遠,遂請終養,辭官乞歸。離任時,横民傾城遮道留之。

王濟《君子堂日詢手鏡》(《叢書集成初編》本,商務印書館 1936 年版):"在官二百五十日,以母老去家甚遠,恒邑邑不自安,遂請終養還。"

張寰《廣西横州别駕王君濟行狀》:"君以儒術緣飾吏事,超然遠覽,一州别駕,居未展其驥足,而方可以覿其政矣。未閲歲,忽念母氏春秋高,疏乞終養。上官倚任方隆,下及耄倪,遮道留之,竟弗能奪。"

劉麟《廣西横州判官王君濟墓誌銘》:"無何,以母老乞疏終養,横民傾城留之不得。"

還鄉,居常與賓客樽俎間談及治内事,因采風物异於故鄉者,匯爲一編,曰《君子堂日詢手鏡》。

王濟《君子堂日詢手鏡》跋:"廣西横州,乃舊合浦郡也。余竊禄於兹,見其風氣絶與吴浙不同。故每遇事,必細詢之不倦。是以郡内山川出産,民情土俗,頗得一二。……居常與賓客樽俎間,每有談及治内事者,余性疏懶,又拙於應對,故暇時憶一事,則書一事於故楮。積久成帙,録而入梓。或有問及,則以一帙呈焉,以代口舌。題其首爲《君子堂日詢手鏡》。君子堂者,郡廨側燕息所也。嘉靖改元秋吴興白鐵道人王濟謹識。"

盛楓《嘉禾徵獻録》卷三十二:"日采其風物與故鄉异者,爲一編,曰《君子堂日詢手鏡》。其論載岑猛作逆始末及蠻中惡習、瘴癘蠱毒土産無不備,又多預商御蠻之策。復去官,而猛逆屢不靖。識者服其先見。"

王濟《君子堂日詢手鏡》:"横人專信巫鬼,有一等稱爲鬼童。其地家無大小,歲七八月間,量力厚薄,具牛馬羊豕諸牲物羅於室中,召所謂鬼童者五六人,携楮造繪畫面具,上各書鬼神名號,以次列桌上,用陶器、杖鼓、大小皮鼓、銅鑼擊之,雜以土歌,遠聞可聽。一人或三二人各帶神鬼面具,衣短紅衫,執小旗或兵杖,周旋跳舞。有時奮身踴躍至屋梁,或仆於地,或忽據中坐,自稱爲某神,言人禍福。主人跪拜於下,謂爲過神。少憩復如之,如此一日夜方罷。"

嚴辰《(光緒)桐鄉縣志》卷十五"人物下":"退食之暇,植湘竹盈庭,吟咏其下,采其風土物宜與域中异者類爲一編,名曰《君子堂日詢手鏡》,内載岑猛作逆事始末并預籌禦蠻之策。"

按,《君子堂日詢手鏡》收録於沈節甫輯録《紀録匯編》及鄧士龍編録《國朝典故》。今存明刻《顧氏明朝四十家小説》本及《叢書集成初編》影印《紀録匯編》本。

嘉靖十九年八月十九(1540年9月19日)卒,時年六十又七。

劉麟《廣西横州判官王君濟墓誌銘》:"求之同生,固稀逢也。庚子八月十九日卒。"

濟善交游,往來多名士。所築横山堂、長吟閣、寶峴樓,有園林之勝,日與名流才士吟咏其間,如祝允明、文徵明、蔡羽、豐坊輩。入吴汝秀湖南崇雅舍,與劉麟、龍霓、孫一元、張寰等結峴山詩社,觴咏論道,吟詩作對。

《(民國)烏青鎮志》卷十七:"横山堂在獅子巷北,州判王濟宅,前爲世恩堂。濟父蘇州衛指揮英就宅後治園,左右亭臺間列,下流觴曲水,鎸刻精巧,蓋宋時物也。而濟自書其堂曰横山,日與文人墨客歌咏倡和於其中。堂後築嘉樹亭,前置巨石,鄞人豐坊篆書扁。又有凝翠亭、蕭爽亭、羅春亭、黑猿冢。"

龍霓《宴王伯雨羅春亭》(《(民國)烏青鎮志》卷十七):"芳亭新構值秋清,却有春花到處明。假使百年同綺席,勝於千載奠虚楹。玉山且倒生前醉,金谷誰憐身後名。欲向西王問消息,桑田滄海幾番更。"

文徵明《横山堂小咏》(《(民國)烏青鎮志》卷十七,又見《文徵明集》補輯卷第十四):"雨滌山花濕未乾,野雲流影入欄干。泉聲漱醒山人夢,一卷殘書竹裏看。"

顧應祥《王山人山居》(《(民國)烏青鎮志》卷十七):"山人構山居,山深不嫌僻。開門面嘉樹,結宇倚層壁。曬藥上欄干,峰回無日色。蒙密覆桐花,悠然山間宅。白雲四望生,紅塵千里隔。夷猶駕鹿車,偶遇采芝客。相對共忘言,風吹古臺柏。"

祝允明《過王氏園題壁》(《(民國)烏青鎮志》卷十七):"亭子羅春偶一來,將離零落錦葵開。紅顔可惜難持久,白髮如何不怕催。書劍薄游寬宇宙,峰巒秀列小蓬萊。緑陰門巷南熏里,喜教流鶯侑酒杯。"

孫一元《題王元雨園亭》(《(民國)烏青鎮志》卷十七):"海月清光吐,湖天霽色開。羽觴停翠荇,壺矢躍蒼苔。魚影翻回去,鶯聲嬌入來。不知天欲白,徙倚更支陪。"

施儒《飲王氏横山堂觀流觴曲水》(《(民國)烏青鎮志》卷十七):"芳辰作新會,列坐觀流泉。羽觴何宛轉,樂意同周旋。花間啼翠鳥,竹裏鳴朱弦。夕陽在高柳,微飆散輕烟。主客翕盛事,無慚永和年。"

王濟《次孫太白施西亭題家園韻》(《(民國)烏青鎮志》卷十七):"衡門久寂寂,偶屈高軒游。入門月色皎,拍檻溪光幽。低頭愧東野,折簡招薛收。睠兹罍未罄,留連意難休。"

茅坤《横山堂感舊》(《(民國)烏青鎮志》卷十七):"摩詰没已久,輞川似可憐。圖書散舊客,花鳥貯當年。半榻芝幢日,一簾蘿帶烟。翛然并玉樹,邀我草堂前。"

《(民國)烏青鎮志》卷十七:"寶峴樓在横山堂南,亦王州判築,有豐坊寶峴樓石刻,内有瀓江草堂,錫山朱時望嘗居此,輯金石韻府。又閣名長吟閣,前一桂樹甚古,花時吟賞者不絶。《列朝詩傳》:'伯雨所居有長吟閣、寶峴樓,圖史鼎彝,奪目充棟。'"又,"清唐元迪《重游長吟閣看桂》:曲欄常從少日過,别來叢桂益婆娑。紅亭翠幹猶如此,青鏡朱顔更若何?赴洛久慚招隱賦,涉江重聽曰歸歌。美人芳樹情無限,奈爾花前怨轉多。"又,"徐從王《病中懷長吟閣桂花·寄調踏莎行》:梧葉風凋,葵心雨剖,十分秋色今來九。長吟桂影更平分,今宵應識秋光透。曾訂花期,尋芳載酒自憐,瘦骨難濡首。一聲辜負謝花神,明年有意先開否?"

張寰《廣西横州别駕王君濟行狀》:"暇日游心篇翰,寄興山水,時則有若致仕尚書南坦劉公麟、僉憲西溪龍公霓、太白山人孫君太初方結社湖南,喜君(王濟)之歸,争邀致之,登臨觴咏,高風自持,所謂'崇雅小社'者,倡自南坦公,傳諸海内爲美談云。"

劉麟《廣西横州判官王君濟墓誌銘》:"色養之餘,沈酣古雅,與僉憲西溪龍公霓、太白山人孫君一元輩觴咏取適。君衣冠甚古,居當吴越要衝,騷人墨客日常滿座,酒行意暢,忽自稱紫髯仙客。或病其放,君不然,若汎愛而中實,介然决擇。若今銀臺張石川奉其翁天方公吟眺往來,殆且十年,得詩若干篇,好事者題曰浙西倡和,梓行於時。"

錢謙益《列朝詩集小傳》丁集中："濟，字伯雨，烏程人。以貲爲横州判官，富而好客，與劉南坦、孫太初、張允清，結'峴山社'。"

唐之鳳《天香閣文集》（清康熙四十三年刻本）卷七《横山堂銘》："粵西山水之奇麗者，隨地而有。在鬱林，則横山爲最。横山高峻而怪險，面臨横江，其幽邃深杳，不可名狀。游斯地者，莫不極夸之。里中王雨舟先生，當嘉靖初爲横州别駕。未幾，拂袖而歸，築山於所居之北，名曰横山，復作斯堂示不忘也。日與名流才士賦詩飲酒於其間，如文待詔、豐考功、祝京兆輩。無不流連旬月，稱莫逆交。考功詩有云'横山堂上烏程酒，醉墨亭中顧渚茶'。"

嚴辰《（光緒）桐鄉縣志》卷十五"人物下"："與致仕尚書劉麟、僉事龍霓、太白山人孫一元共結崇雅小社，觴咏無虚日。又與姑蘇張天方、石川父子往來吟眺，有《浙西唱和集》行世。"

濟博學多才，喜收藏，與萬卷樓主人豐坊交情匪淺，専建寶峴樓存各方珍寶。樓中圖史鼎彝，奪目充棟。其最者，嵇叔夜手勒《山源絶交書》及朱紫陽《小學》原稿。

《（民國）烏青鎮志》卷四十一"舊聞上"："烏鎮王雨舟承祖父巨産，嗜學讀書。法書名刻盈寶峴樓，騷人墨士日常滿座。"

《（民國）烏青鎮志》卷三十九"著述下"："豐坊《長信宫詞》《夢槎行》《宛在亭歌》《雪酒歌》等詩并跋。石刻跋云：'丁亥清明節，在雨舟别駕寶硯樓觀祝枝山、蔡林屋、文衡山等書，雨舟因出此紙，命録鄙作。筆硯精良，誠一快事。第詞札陋劣，將爲褚知白羞，況欲步武諸君耶？可愧可愧，上巳日鄞豐坊。'《國朝書法》文嘉曰：'此卷爲烏鎮王雨舟所書，詞既古雅，書尤精妙，筆法自晋唐而來，無今人一律態度。'"

《（民國）烏青鎮志》卷二十八"人物上"："《劉清惠公集》：濟自稱紫髯仙客，于婣黨飢寒，倒囊不惜。"《耄年集》："白鐵先生，共祝枝山、文衡山、黄省曾輩爲翰墨游。予嘗過之,先生數出秦漢金石刻及法書名畫共爲品評。其最者,鐘鼎篆及嵇叔夜手勒《山巨源絶交書》,間以覆之,昭明太子所載,特篡數字。又如朱紫陽所纂《小學》原稿,竊謂古天球河圖,不過也。”

錢謙益《列朝詩集小傳》丁集中:“所居有長吟閣、寶峴樓,圖史鼎彝,奪目充棟。”

嚴辰《(光緒)桐鄉縣志》卷十五“人物下”:“所藏金石、書畫甚富,所尤寶貴者嵇叔夜手勒《山巨源絶交書》及朱紫陽《小學》原稿。”

濟素工詩,能文章,尤長於戲曲。有《碧梧館傳奇》三種,現存《連環記》一種,爲崑曲奠基之作。

劉麟《廣西横州判官王君濟墓誌銘》:“(濟)有博物崇谷之識。”

吕天成《曲品》列《連環記》爲“妙品”,稱之:“烏鎮王雨舟,人以曲稱,曲緣事重。頗知煉局之法,半寂半喧;更通琢句之方,或莊或逸。我欽高手,世想令名。”又,《舊傳奇·妙品六》:“詞多佳句,事亦可喜。元有《奪戟》劇,亦妙。”

祁彪佳《遠山堂曲品·雅品殘稿·連環》(古典文學出版社1957年版):“元有《奪戟》劇,云貂蟬小字紅昌,原爲布配,以離亂入官,掌貂蟬冠,故名。後仍作王司徒义女,而連環之計,紅昌不知也。”

按,現存《連環記》爲清人鈔本,共30折。每折有三五支曲,較長幾折亦不超過十二支曲子。《連環記》講述東漢末年,董卓脅迫群臣、劫遷天子,王允與貂蟬定美人計離間吕布,除掉董卓之故事。故事主要據“三國”話本寫成,與小説《三國演義》、元雜劇《錦雲堂美女連環計》基本相同,略有改變。《連環記》文辭本色,適於舞臺演出。其中《起布》《議劍》《問探》《拜月》《小宴》《大宴》《梳妝》《擲戟》等出,至今仍在崑曲舞臺上上演。鄭振鐸、徐朔方對《連環計》

有較高的評價。鄭振鐸《插圖本中國文學史》:“吕布、貂蟬事,元劇有《連環計》。雨舟此作更以細針密縫的工夫,曲曲傳達出這三國故事中最錯綜動人的一則,其流行遂遠在《古城記》等其他三國傳奇之上。”徐朔方《晚明曲家年譜·浙江卷》:“(《連環記》)比《明珠記》《浣紗記》還早,可説是三吴即蘇州外圍文人傳奇的先聲之一。”

濟亦工詩詞,詩文集有《白鐵山人詩集》《谷應集》《水南詞》《和花蘂夫人宫詞》《二溪編》《鐵老吟餘》,均已亡佚,今未見傳。《列朝詩集》丁集録其詩一首,清陸心源《吴興詩存》四集卷五録其詩十一首。

劉麟《廣西横州判官王君濟墓誌銘》:“所著有《谷應》《水南詞》《和花蘂夫人宫詞》若干卷,傳於世。”

顧元慶《夷白齋詩話》(周維德集校《全明詩話》,齊魯書社2005年版):“吴興王雨舟,人物高遠,奉養雅潔,刻意詩詞。”又,“其《宫詞》尤蘊藉可喜,姑舉一二,染指可知鼎中之味矣。詞云:‘駕幸長春二鼓時,提燈馳報疾如飛。上房供奉忙多少,才拭龍床布地衣。’‘昨夜閩中進荔枝,君王親受幸龍池。先將并蒂盛金盒,密賜昭儀盡不知。’‘錦標奪得有誰争,跪向君王自報名。宣索宫花親自插,連呼萬歲兩三聲。’餘皆類此。”又,“所著有《宫詞》一卷,有《水南詞》一卷,有《谷應集》,有《鐵老吟餘》。”

《(民國)烏青鎮志》卷二十八“人物上”:“(王濟)夙能詩,爲文章,放衙吟誦不輟。”又,卷三十八“著述上”:“王濟,《君子堂日詢手鏡》二卷、《湖録》(劉麟云清判横州公暇采其風土物宜與域中异者,類爲此編)《二溪編》、《白鐵道人(《兩浙名賢録》作山人)集》、《谷應》、《水南詞》、《鐵老吟餘》、《和花蕊夫人宫詞》。”

黄虞稷《千頃堂書目》卷二十三:“王濟《谷應集》,又《水南詞》,又《和花蕊夫人宫詞》。”又,卷三十:“王濟、張寧《浙西唱和詩》。”

濟公天性孝友,尤樂施予。爲官則恪守職責,公而忘私,鄉居則體恤親族。雖傾囊,無吝色。

顧元慶《夷白齋詩話》:"吴興王雨舟,人物高遠,奉養雅潔。"

張寰《廣西横州别駕王君濟行狀》:"從弟太學生洲,少失怙,罹多難,君爲廷師家塾教之,而捍禦其外侮,力撫其成。祖塋基廣税繁,族人莫辨。沅州衛軍裝,每五年徵派濆累,其族之貧者尤甚,歲割己産代之。婣黨鄰里故舊,凡以貧病死告急於君者,衣食之,廬居之,藥餌櫝埋之,無吝容。境内浮圖頹廢,或謂修復可以兆人文,君獨任之。"

劉麟《廣西横州判官王君濟墓誌銘》:"若其從弟大學生洲,少失怙,又罹多難。君内勸之學,外禦其侮,怛焉,惠焉,放者固如是乎?下洲一等者,君捐資以通其有無,難則排之,紛則解之。有告於君,君應之無難色,放者能之乎?又其下者,逹諸姻黨,饑食之,寒衣之,藥餌櫝埋之,……雖倒囊不惜,放者不易也。"

《(民國)烏青鎮志》卷十三:"且閑橋在王家墳左,明正德十年鎮人王濟建。"又,卷四十一"舊聞上":"(王濟)外若放浪,中實介然决擇。有優人乘醉呼公名辱駡,家人欲詰責之,公不許。一日宴客,召其人歌而侑觴。公語家人曰:'我與客坐,彼獨立而歌不止,辱之也。'公嘗用重值售古鏡一圓,出以示門下客。一不加意,鏡墮地破。其人跼蹐不勝,公慰之曰:'吾前所云重價,紿君爾,實價不過兩許,君毋芥蒂於心也。'其厚德類此。"

董斯張《(天啓)吴興備志·詭徵二》引《碧里雜存》:"雨舟後官横州别駕,詞翰俱佳。亦無子,性坦夷,有大度,窮極聲色,富樂終身。與余先君交善,此其所自言也。"

嚴辰《(光緒)桐鄉縣志》卷十五"人物下":"公天性孝友,尤樂施予。從弟洲,少失怙,又罹多難,賴公教育成立。凡姻黨鄰里,以貧病婚喪告急者,傾囊濟之,無吝色。"

參考文獻:

1. 焦竑著,吴相湘主編《國朝獻徵録》,臺灣學生書局 1965 年版。

2. 吕天成撰,吴書萌校注《曲品校注》,中華書局 1990 年版。

3. 盧學溥續修,董世寧原修《(民國)烏青鎮志》,《中國地方志集成・鄉鎮志專輯》第 23 册,上海書店 1992 年版。

4. 徐朔方《晚明曲家年譜・浙江卷》,浙江古籍出版社 1993 年版。

5. 錢謙益《列朝詩集小傳》,上海古籍出版社 2008 年版。

(司馬周　孫啓華)

康海傳

康海，初名澍。字德涵，號對山，又號沜西子、沜西山人、浒東漁父、太白山人。明成化十一年六月二十日(1475年7月22日)，生於陝西武功縣(今陝西省咸陽市武功縣)，父鏞，海爲其次子，於叔伯兄弟中行五。

康海《康對山先生集》卷十九《康氏族譜・小傳第三》，述其先祖："諱政，字文政，始由固始來徙武功，居武功長寧，是爲武功康氏。"述其父："諱鏞，字振遠，號曰已庵，通政公子，爲平陽府經歷司知事。贈儒林郎、翰林院修撰。"自述："海，字德涵。平陽公第二子。初名澍，娶尚氏。"

馬理《對山先生墓誌銘》(《康對山先生文集》，乾隆二十六年武功縣刻本卷前附)："公有二、三、四從兄，六、七、八、九、十、十一、十二從弟，公視之皆如同母兄阜焉。"王九思《渼陂集》有《花下對酒憶康五》《寄康五德涵二首》《喜康五過訪》等詩。

張治道《翰林院修撰對山康先生狀》(黄宗羲輯《明文海》卷四百三十三，清鈔本)："先生諱海，字德涵，别號對山，又號沜西山人。其先河南固始人，……康長公先生二子：長阜，負才夭折，其次即先生。"

王廷相《王氏家藏集》《沜西記》(明嘉靖刻清順治補刻本)卷二十四："武功康子不偶於時，優游家居，乃築室於武水之西，以避喧晦迹，因自號曰滸西子。”

康海《康對山先生集》卷二十八《汧東靈藥記》自署“太白山人”。

李開先《李中麓閑居集》卷十《對山康修撰傳》：“君姓康，名海，字德涵，自號對山。而滸西山人、汧東漁父，則其别號也。然人之稱之者，惟對山。故對山之名溢海内。”

海夙禀靈秀，自幼穎悟絶人。六歲受學，十八歲入縣學，受“毛詩”，讀書惟求大義，不以尋章摘句爲能，揆古證今，以資世用，爲文凌跨同輩，時陜西督學楊一清以狀元之才許之。

康海《康對山先生集》卷三十五《先公墓碑》：“先公以己抱負闊大，不得施設自見，而家世膺受國祉又厚也，於是日日躬自督課，使五子各自治經舉進士。故予先君卒時，懇懇言先公，謂予小子海及諸崑弟之小子，當廣志意、成聞人，以報先公，即否，亦當必舉進士。”

王九思《渼陂集·續集》卷中《明翰林院修撰儒林郎康公神道之碑》：“公自幼穎悟絶人，年十八入爲縣學弟子員，受《毛詩》，讀書惟求大義，不尋章摘句若板刻時文之爲者。喜唐宋韓、蘇諸作，尤喜《嘉祐集》。伸紙爲文，滚滚千餘言可立就。當是時，楊邃庵督學陜西，亟以狀元許之，然公實以此自負也。”

《康對山先生集》卷十七《病起雜詩十首》其九：“六齡作書生。”

李開先《李中麓閑居集》卷十《對山康修撰傳》：“數歲，與群兒嬉游，群兒推爲師。父見其開悟機警也，授之業，退而嬉游如故。怒捶之，課其業，無可捶乃已。就傅於牛生，初教以小學，繼以大學，日有進益。稍長，語及牛傅，未嘗不泫然流涕也。年十八，爲縣庠生，受《毛詩》，惟求大義，不尋章摘句，若板刻時文之爲者，而文未嘗不過人。邃庵楊提學得其卷，大奇之，許以必中狀元。他人雖不盡信，而君實以之自負。”又謂：“其爲學，十日而七在外訪友。閉門讀書者,率不三日也。每被試,挾册者多笑之。已而,笑者方咨咨構思,君已投卷不知所之矣。"

弘治十一年(1498),以《詩經》舉鄉試第七。十五年,年二十八,進士第一名及第,授翰林院修撰。其《廷對策》備極稱贊,天下傳誦。陝西狀元自康海始,天下驚傳得真狀元矣。

張治道《翰林院修撰對山康先生狀》:"以《詩經》中弘治戊午鄉試。壬戌,進士第一。除翰林院修撰。是時,孝宗皇帝拔奇掄才,右文興治,厭一時爲文之陋,思得真才雅士,見先生策,謂輔臣曰:'我明百五十年無此文體,是可以變今追古矣。'遂列置第一。而天下傳誦則效,文體爲之一變。朝野景慕,若麟鳳龜龍問世而一睹焉。"

李開先《李中麓閑居集》卷十《對山康修撰傳》:"弘治戊午,舉鄉試第七。壬戌,舉進士第一。敬皇深喜得人,而讀卷官劉健等以爲詞意高古、閑於政理,不惟三百人不及,自有制策以來,鮮見其比,天下驚傳得真狀元矣。其第二名孫清,初猶不服,至八月,領原卷登殿試録,一見嘆羨,拜服地下,久而後起。"

李開先《李中麓閑居集》卷十《康王王唐四子補傳》:"康對山既舉會試,對衆嘆曰:'鄉試讓吉時,會試讓魯鐸,若廷試復讓一人,則真棄物矣。'已而果然,衆始服其言。"

王九思《渼陂集·續集》卷中《明翰林院修撰儒林郎康公神道之碑》:"壬戌春,自禮部入對。大廷策既上,大學士上洛陽劉公見而嘆息曰:'奇才,奇才! 奚啻三百,即千人無以過也。'奏之敬皇帝,帝覽曰:'俞哉。'賜進士及第第一。陝西狀元蓋自公始,釋褐,授翰林院修撰云。馬理《對山先生墓誌銘》:'公壬戌對策殿廷,大臣得公卷奏之,問關中名士,應者語數人,非所問也。'時史氏渼陂王子在他所進曰:'關中有康海者,天下士也。'大臣曰:'信如子言。’遂奏卷。時孝宗皇帝親覽，復稱旨焉。公遂登進士第一人。”

康海《康對山先生集》卷十七《病起雜詩十首》其九：“六齡作書生，廿八厠科甲。”其十：“壬戌二月莫，策名謁天子。”又，《康對山先生集》（清乾隆二十六年武功縣刻本）卷一《制策》文後附李東陽評曰：“條陳禮樂之興廢，發明教化之盛衰，以及選課之有方，徵輸之有法，馭兵之有制，用刑之有條，一一中款，末路歸本君身，尤見忠愛卓識。”

性豪放，好面斥人過，任職翰林時，因“康長公行述事件”等，人或忌之。

“康長公行述事件”，是明代文學史上一樁重要的“公案”。事見王九思、何良俊等人記載。王九思《渼陂集·續集》卷中《明翰林院修撰儒林郎康公神道之碑》：“太安人棄養，公將西歸合葬平陽公。諸翰林之葬其親者，銘表碑傳無弗謁諸館閣諸公者，公獨不然。或勸之，乃大怒曰：‘孝其親者在文章之必傳耳，官爵何爲？’於是自述狀，以二三友生爲之。刻集既成，題曰《康長公世行叙述》，遍送館閣諸公。諸公見之無弗怪且怒者。”

何良俊《四友齋叢説》（明萬曆七年刻本）卷十五：“康對山以狀元登第……不久以憂去。大率翰林官丁憂，其墓文皆請之内閣諸公，此舊例也。對山聞喪即行，求李崆峒作墓碑，王渼陂、段德光作墓誌與傳。時李西涯方秉海内文柄，大不平之。”

王兆雲《皇明詞林人物考》（明萬曆刻本）卷四《康德涵》：“性豪放，不閑小禮，恃才凌駡人，人多忌之。”

王九思《渼陂集·續集》卷中《明翰林院修撰儒林郎康公神道之碑》：“公在翰林時，論事無所遜避，事有不可輒怒駡，又面斥人過，見修飾僞行者又深嫉之，然人亦以此嫉公。”

馬理《對山先生墓誌銘》：“乙丑冬，公還史館，凡三年。凡論著必宗經而子史,以宋人言爲俚,以唐爲新巧,以秦漢爲伯仲,而有所駁也。故同志進者畏服而忌焉,多就而正所業者。忌者遂以國老文就正於公,公即革其質、易其文而授之,所存者十不一二,忌者乃又以呈國老,故諸國老咸病公。”

張治道《翰林院修撰對山康先生狀》:“戊辰,先生同考會試,場中擬高陵吕仲木爲第一,而主者置之第六。榜後,先生忿言於朝曰:‘吕仲木天下士也,場中文卷無可與并者,今乃以南北之私忘天下之公,蔽賢之罪,誰則當之？會試若能屈吕矣,能屈其廷試乎？’時内閣王濟之爲主考,甚怒先生焉。”

康海《康對山先生集》卷二十二《與彭濟物》:“今僕之不可於當世者有五,而甚不宜出就官職者有二。性喜嫉惡而不能加詳,聞人之惡輒大罵不已。今諸公者,皆喜明遜而陰譏,此一不可;翰林雖皆北面事君,而勤渠閣老門下者,以爲賢能。僕放畏出,歲不能一造其户,此二不可;人皆好修飾文詐、僞恭假直,而僕喜面訐人,未有不怒者,此三不可;士大夫不務修身法事之業,而俱呻吟詩文以爲高業,見其詩若文不能不怒,故見輒有言,而彼方望我以爲美也。我以言加之,此四不可;與相好者接,必因其職事加勉戒之詞,多忤其所好,彼或未從,即拒而絶之,以此親疏多怨。苟復見其所愛者,又不忍不告,或又告之,彼即又不從,而僕又絶之,此五不可。”

剛腸嫉惡,而愛人至深,拯危濟困,赤誠無私。重名節、不趨奉,數拒劉瑾利誘。李夢陽逮繫錦衣獄,自獄中傳帖甚急,曰:“對山救我!”德涵遂謁劉瑾,詭言説之,夢陽得釋。

《康對山先生集》卷二十二《與彭濟物》:“瑾之用事也,蓋嘗數以崇秩誘我矣。當是時,持千金壽瑾者不能得一級,而彼自區區於我,我固能談笑而却之。使饕虓巇嶮之人,卒不敢加於我。此其心與事，亦雄且甚矣。當朝大臣蓋皆耳聞目見，而熟知其然。”

張治道《翰林院修撰對山康先生狀》：“時武宗皇帝初即位，宦官用事，八黨行權，而興平宦劉瑾用事尤專，百僚被其竄逐而吾鄉折罰尤甚。聞先生名常欲其至，而先生獨不之往，瑾以是銜之。有時見直言諷勸，在他人不能堪，先生獨言之無忌。……瑾令親密者謂先生曰：‘主上欲以汝爲吏部侍郎。’先生曰：‘我服官纔五越歲矣。翰林未有五越歲而升部堂者，請爲我辭之。’事遂寢。而瑾嫌其不附内，益銜之。”

何良俊《四友齋叢説》卷十五：“劉瑾，陝西人。與康滸西同鄉。康在翰林，才望傾天下。瑾欲藉之以彈壓百僚，故陽爲尊禮之。”

張治道《翰林院修撰對山康先生狀》：“夢陽爲主事時，尚書洪洞韓文率諸大臣劾瑾等專恣擅權，而彈文出夢陽手，朝廷怒罷諸大臣、夢陽官。後瑾居司禮，忌前彈文，構夢陽以他事，奏下錦衣獄，欲致之死。人情汹汹，莫敢拯救。夢陽自獄中傳帖甚急，曰：‘對山救我！’此信尚存。編修何柏齋謂衆人曰：‘康對山若往瑾救之，獻吉可活也。’人以是語先生，先生曰：‘我何惜一往而不救李耶？’……又明日，先生往瑾所。瑾聞先生至，倒屣迎之，留飲坐話久之。瑾謂先生曰：‘人謂自來狀元俱不如先生，真爲關中增光。’先生紿言曰：‘海何足言。今關中有三才，古今所稀少也。’瑾驚曰：‘何三才古今稀少也？’先生曰：‘李郎中之文章，張尚書之政事，老先生之功業。’瑾曰：‘李郎中爲誰，乃與我并耶？’先生曰：‘是今獄中李郎中也。’瑾曰：‘非李郎中夢陽耶？’先生曰：‘是。’瑾曰：‘若應死無赦。’先生曰：‘應則應矣，殺之關中少一才矣。’飲罷晚出。明日，瑾奏上，赦李夢陽。”

李夢陽《空同集》（明嘉靖刻本）卷四十三《左舜欽墓誌銘》：“前余罷首禍絀還，尋被鈎織，械繫北行，厥勢雷轟山崩。人人自保竄匿,若將及之,舜欽獨力疾從酷暑、無晝夜、行饑渴。蓋是時瑾權威熾矣,顧頗獨禮修撰康海,敬之。於是,舜欽爲書上康子,累數十百言,其大要有四:言瑾持天下衡,必不以私怨殺人,一;又爲天下惜才,必不忍殺李子,二;又康子必匡瑾以古大臣之業,三;又康、李義交也,即爲之死諍不過,四。康子爲斂容謝焉。"

按,康海謁劉瑾救李夢陽出獄事,記載甚多,而詳簡有别。張治道、馬理等人俱言夢陽獄中傳書求救,獻吉則言爲其内弟左國玉上書勸誡之力。世人於此頗有譏議,或以對山作《中山狼傳》雜劇以譏夢陽忘恩云。參吕柟《涇野先生文集》卷三十二《大明前翰林院修撰對山先生康公墓表》、王世貞《弇山堂别集·史乘考誤》卷二十九。韓結根《康海年譜》(復旦大學出版社 1993 年版)、金寧芬《康海研究》(崇文書局 2004 年版)之《康海生平疑案試析》辨之甚詳,可參看。

正德三年(1508),母張氏卒。海扶喪回鄉,於内丘被劫,乃貽書於劉瑾,縣官斂民財償之。後瑾敗,爲言官所劾,置之閹黨,削籍除名,時年三十六歲。此後里居三十年,不復出。

康海《康對山先生集》卷四十五《先平陽府君夫人張氏行狀》:"先夫人生宣德甲寅三月乙酉,至卒日正德戊辰八月戊寅,春秋實七十有五。"《明武宗實録》卷六十五:"强賊張茂於内丘縣劫丁憂修撰康海財物。海,劉瑾鄉人也,素與厚,貽書於瑾,囑其捕賊。……海言於紝曰:'所失非吾財,皆瑾寄橐也。'紝乃斂諸州縣民財至數千兩償海,海復書於瑾,其事乃已。後瑾敗,海竟坐罷。"

李夢陽《嗚呼行贈康子以其越貨之警》(《空同集》卷十八):"近者内丘大寧河,横賊八騎持干戈。裕州知州與賊戰,康也扶柩衝之過。資糧蕩盡僅身免,月暗天昏路途遠。吉人作善翻轗軻,痛哭寒城白雲返。頃聞留滯在襄國,百口仰給縣官食。吾兄匹馬走問之,半月更復無消息。”

王九思《渼陂集·續集》卷中《明翰林院修撰儒林郎康公神道之碑》:“庚午,孽寺瑾伏辜,言者彈刻朝士,亦濫及公,是時李西涯爲相,素嫉公,遂落公爲民。報至武功,人皆以唁公,公曰:‘玉石俱焚,自古爲然。瑾誅,天下之幸,我一人何足惜也。’辛巳秋,今上皇帝即位,詔京官爲民者予冠帶。或以勸公,公曰:‘吾之冠帶,敬皇帝所賜也。群小構害我至此,復何冠帶之有?’竟不冠帶。嘉靖以來,薦公者甚衆,然竟亦無能用公者。”

何瑭《康修撰對山墓表》(《何文定公文集》卷十,明萬曆四年刻清道光二十八年補刻本):“其才甚高,其氣甚豪,其性甚真,其言行則不切切於規矩之内。其取重於當世以此,而見謗於世亦以此。……孔子論人,以中行爲上,次則思狂狷。……對山其殆孔子之所謂狂者乎?”

王九思《渼陂集·續集》卷中《明翰林院修撰儒林郎康公神道之碑》:“公嘗嘆息謂予曰:‘王大,朝廷作養我輩,恩德優渥,冀效犬馬尺寸之勞。詎意若是已耶!丈夫心事,可對鬼神,夫復何言。’嗚呼,有才如此而不得一試,豈不惜哉!彼以狂客目公者,果足以知公哉?”

《康對山先生集》卷二十二《與彭濟物》:“方臺諫論列之際,出於一時倉卒,未暇差别,而今則又數年矣。……與不肖之人同被驅放,上辱兩朝作養之恩,下累先人涓介之業,生平微志,付之穢途。”同卷《與王子衡》:“丘壑之下,凡有志天下國家者,豈所忍居?苟有所不可,則亦寧死守而不易耳。平生碌碌,别無他事,維此點檢最熟,而又失之,死無面目見先人於地下也。”

對山以經世爲志,詩文本其餘事,放廢後,無由自達,轉以文章名世。與李夢陽、何景明等并列,後世聲名益高,稱“前七子”,又有

“十才子”之目。

現存最早列出“七子”名單的明代文獻,爲康海《康對山先生文集》卷二十八《渼陂先生集序》:“我明文章之盛,莫極於弘治時。所以反古俗而變流靡者,惟時有六人焉。北郡李獻吉、信陽何仲默、鄠杜王敬夫、儀封王子衡、吴興徐昌穀、濟南邊廷實,金輝玉映,光照宇内。而予亦幸竊附於諸公之間。乃於所謂孰是孰非者,不溺於剖劘,不怵於异同,有灼見焉。於是後之君子,言文與詩者,先秦兩漢、漢魏盛唐,彬彬然盈乎域中矣。”

何景明《大復集》(明嘉靖刻本)卷八《六子詩·康修撰海》:“矯矯龍頭士,騰躍在明時。群游慕豪放,棲志固有期。赤驥鳴烟霄,不受黄金羈。揮毫御清宴,浩思隨風飛。鐙前激高倡,顧盼孰與希。究古摘遺編,頗好班馬辭。良世久無稱,斯文當在兹。”按,其餘五人爲:王九思、何瑭、李夢陽、邊貢、王尚絅。

王九思《渼陂集·續集》卷中《明翰林修撰儒林郎康公神道之碑》:“公又嘗爲之言曰:‘本朝詩文自成化以來,在館閣者倡爲浮靡流麗之作,海内翕然宗之,文氣大壞,不知其不可也。夫文必先秦兩漢,詩必漢魏盛唐,庶幾其復古耳。’自公爲此説,文章爲之一變。”

王九思《渼陂集序》(《渼陂集》卷前):“予始爲翰林時,詩學靡麗,文體萎弱。其後德涵、獻吉導予易其習焉,獻吉改正予詩者,稿今尚在也;而文由德涵改正者尤多。然亦非獨予也,惟仲默諸君子,亦二先生有以發之。”《渼陂集》卷六《漫興十首》其一:“滸西山人今謫仙,笑横雙眼看碧天。説着大明有大雅,指點李何與王邊。”其四:“成化以來誰擅場?豪杰争趨懷麓堂。不有李康持藻鑒,都令後進落門墻。”

張治道《翰林院修撰對山康先生狀》:“是時李西涯爲中臺,以文衡自任，而一時爲文者皆出其門，每一詩文出，罔不模效竊仿，以爲前無古人。先生獨不之仿，乃與鄠杜王敬夫、北郡李獻吉、信陽何仲默、吴下徐昌穀爲文社，討論文藝，誦説先王。西涯聞之，益大銜之。”

李開先《李中麓閑居集》卷十《渼陂王檢討傳》：“（李夢陽、康海、王九思）厭一時詩文之弊，相與講訂考正，文非秦漢不以入於目，詩非漢魏不以出諸口，而唐詩間亦仿效之，唐文以下無取焉。……李西涯則直惡其异己，蓄怒待時而發。”

《康對山先生集》卷三十三《太微山人張孟獨詩集序》：“明興百七十年，詩人之生亦已多矣。顧承沿元、宋，精典每艱；忽易漢、唐，超悟終鮮。惟李、何、王、邊、洎、徐迪功六君子蹶起於弘治之間，而詩道始有定向。”

張廷玉等《明史》卷二百八十六《李夢陽傳》：“弘治時，宰相李東陽主文柄，天下翕然宗之。夢陽獨譏其萎弱，倡言文必秦、漢，詩必盛唐，非是者弗道。夢陽……與何景明、徐禎卿、邊貢、朱應登、顧璘、陳沂、鄭善夫、康海、王九思等號十才子。又與景明、禎卿、貢、海、九思、王廷相號七才子，皆卑視一世。”

按，“前七子”之名，經由王九思、張治道、李開先等人揄揚，至明清之際，陳子龍等人尊崇之，錢謙益抨擊之，後經《明史》及《四庫全書總目》使用，始成爲文學史定名。“前七子”之文學建構是一個層累的過程。就康海而言，“康長公行述事件”導致了他的落職，却促成其文學聲望和文學史地位的提高，使他最終被塑造爲“前七子”文學集團的“帶頭人”（參孫學堂《康海落職與“前七子”的初步塑造——關於弘、正復古思潮的一個原發性問題》，《文學遺産》2022 年第 2 期）。

爲文尚質實、輕文采,謂士大夫當以"國士"自期,不當爲"文士",鄙夷呻吟詩文者。七子倡言復古,德涵之"復古昔"尤重政治、學術、吏治、風俗等,非詩文體貌之復古。

馬理《對山先生墓誌銘》:"公之錮也,以文爲身累,遂倦於修辭,曰:'辭章小技爾,壯夫不爲。吾咏歌舞蹈於泉石間已矣,何以小技爲哉?'"

張治道《翰林院修撰對山康先生狀》:"常與予論曰:'道以無定爲真,學以適用爲是,文以達質爲良。三代堯舜罔有不同。至有宋以來,執一以爲道,訓詁以爲學,庸冗以爲文,論其學則有,適於用則無,講一身之行爲似是,救國家之急難則非也。'觀乎此言,非振古豪杰、天挺獨出者哉!"

德涵論文尚質實、輕文采,前後一以貫之,《康對山先生集》中所論甚多。

卷一《廷對策》:"然所以修身者,又非勉强矯拂之所能致,必自君臣、父子、夫婦、昆弟之間,以至於動静語默,一事一爲之際,常加儆畏,内省於中,果當於理而不悖乎,果非其當然之則而狃於外誘乎?使天理純明,私欲净盡,則身無有不修,而道無有不盡。"

卷二十二《與彭濟物》:"士大夫不務修身法事之業,而倶呻吟詩文以爲高業,見其詩若文,不能不怒,故見輒有言,而彼方望我以爲美也。"

卷二十八《送白貞夫序》:"今士大夫尚浮名而趨末務,偶善一詩,成一文,則矜炫馳肆,目無全物。即上追屈宋、中驂班馬,藝而已矣。况摹仿摽奪、文實俱鮮。此文士之鄙習,非國士之鴻操也。國家以崇官好爵養天下之士者,恐百姓之未安、萬化之未洽也。若此何耶?貞夫論事滔滔萬言,條理罔謬,厥存遜矣。夫揚休烈,道情性,古之人莫不用之,而予意則苟求其志而已。詩曰'言志',今之爲詩者,果言志否耶?"

卷二十九《浚川文集序》論"文有三等":"夫文有三等,聖人所不易,而學者所未諳也。上焉者,惠猷啓績,若唐虞咨俞之美焉;中焉者,弘道廣訓,若孔孟删序之微焉;下焉者,序理達變若雅頌諷托之妙焉。三者不具,雖文何觀?其故在所以養之者,厚而毋淆,純而毋駁而已。"

按,文學史一般認爲康海早年加入復古派陣營,是"前七子"領袖,落職閑住後頽然自放,詩文寫作"不復精思"。但事實很可能相反:康海早年志在經世,并不以文章修辭之士自居,到晚年纔把自己與李夢陽、何景明、徐禎卿等人并列爲明代"文章之盛"的代表。他在放廢前後對待寫作、修辭和文章著述的態度是一貫的,并無明顯變化(相關論述參孫學堂《康海的文學態度與"復古俗"指向》,《蘇州大學學報(哲學社會科學版)》2021年第3期)。

放廢之後,乃放蕩形志,寄情聲樂。每臨佳勝,停驂命酒,歌其所製感慨之詞。嘗與李開先遇於乾州,開先作散曲《述隱》以贈。

《康對山先生集》卷二十二《與彭濟物》:"僕自庚午蒙詔之後,即放蕩形志,雖飲酒不多,而日與酩酊爲伍。人間百事,一切置之。"

王九思《渼陂集·續集》卷中《明翰林院修撰儒林郎康公神道之碑》:"公嘗西登吴岳,北至嵯峨、九嵕,南訪經臺、白雲、紫閣之勝,東至於太華、中條,二青衣從焉。每臨佳勝,停驂命酒,歌其所製感慨之詞,公於是時飄飄焉不知宇宙之大,何物瑣瑣入其胸次哉。"

何良俊《四友齋叢説》卷十五:對山因往來劉瑾之門,"遂終以此廢業,天下共惜之。後自放於聲樂,亦《簡兮》詩人之意。"又記王維楨憶康對山生日事,對山先邀維楨清晨至,"近午,對山起曰:'今日老夫賤降,客不可無公,然吾與令親輩每宴必有妓樂。不當以此累公,今諸公將至,不敢久留矣。'吾辭出,侍御輩至,歌妓并進,酣飲達旦。"

李開先《李中麓閑居集》卷九《渼陂王檢討傳》:"予嘗餉軍西夏,路出乾州,偶遇康對山,坐談即許以國士,當夜作一正宫長套贈之,傳播長安以及鄠縣,而張太微、胡濛溪又交口稱譽,以爲自來會晤過客,無如予者。康又相約,事竣游武功以及鄠、杜,見渼陂翁。……在長安與對山衆士夫盤桓二十餘日。"

嘉靖十年,李開先路出乾州,與康海偶遇,作散曲《述隱——贈康對山》,這是目前所知開先最早的詞曲之作。共二十二曲,長達二千餘言,辭情豪俊,頗可見對山放廢後情狀。如《滚繡球》:"要相逢恨不能,得相逢喜又驚,證果的名實相稱。把傷心世態閑評,熱情懷變冷水,正團圞散曉星。都只爲争名求勝,巧舌頭惡浪千層。你如今文高一世人偏忌,學貫三才志不行,怎能勾萬里前程。"《四煞》:"任豪俠傲九卿,被聰明誤一生,老來還是躁狂性。舉杯笑對三更月,舞劍空憐兩鬢星。愛李左相名爲聖,醒來又醉,醉了重醒。"《三煞》:"結團茅在滸西,近園林遠市城,山光水色遥相映。花間時有金釵墜,門外常聞駿馬鳴。著個伶俐通名姓,推辭了達人貴客,單請這酒友詩朋。"(陳所聞編、吴曉鈴校補《南北宫詞紀校補·附北宫詞紀外集》卷一,中華書局1961年版)

曉音律,妙歌彈,尤以製曲稱。觸物有感,必隨時賦事,被之管弦。有《沜東樂府》,基調以憤世嫉俗爲主。與王九思相善,徵歌度曲,人稱"康王樂府"。

《康對山先生集》卷二十八《沜東樂府後録序》:"曩予嘗著《沜東樂府》,凡林泉之樂若頗具矣。顧景物所觸,則亦莫能自已,必隨時賦事,被之管弦,以達其趣。……適得二青衣,能鼓十三弦及琵琶,號稱絶藝,古今曲調又能審其雅俗之語和律依永,殆同天授。

予每作出，二青衣不逾時輒能奏成，洋洋遂遂、合宫叶調，未嘗不撫掌私慶也。……歸田三十年，益肆志于登山臨水之際，而二青衣又以助之，其樂詎有涯哉？”

康海《沜東樂府》卷二《丁卯即事》其一斥劉瑾弄權：“[罵玉郎]玉階昨夜妖星現，排正直，寵奸權。人人剥削夸劉宴，奏文宣，阿武偃，題封禪。[感皇恩]順水推船，撿空抛磚。假妝幺，胡捏鬼，大欺天。翻了舊典，弄出新圈。竄馮唐，囚李廣，薦韓嫣。[采茶歌]盡争先，要調元，搬騰的赤眉銅馬遍中原。已往斯、高須未遠，方來狐鼠要憂鸇。”卷二《書懷》寫放廢之感：“[醉春風]俺也曾玉殿首傳臚，金閨夸倚馬。到如今布袍濁酒野人家，暢好是雅、雅。有時節唤幾個撥阮的秦娃，彈箏的晋女，學一會游山的阮大。”卷二《代友人宦邸書懷》以循吏之口道出做不成好官、愛不成百姓的現實：“[堯民歌]可不道官清法正自無譁。見如今流離逃竄未安插。家徵口斂百忙里雜，女哭兒啼甚行踏。聽咱，愛民如愛花，休使風霜乍。”

馬理《對山先生墓誌銘》：“（對山）乃屢爲樂章，求律於太常氏，又自定黄鐘而用之。然後宣以五音，舞以六羽，使聲容并作，以祀先樂賓，觀者無弗嘆賞。”

顧起綸《國雅品・士品四》（明萬曆刻本）：“康、王作社於鄠里，既工新詞，後擅音律，酷嗜聲伎。王每倡一詞，康自操琵琶度之。字不折嗓，音落檀槽，清嘯相答，爲秦中士林風流之豪。”

錢謙益《列朝詩集小傳》（清順治九年汲古閣刻本）丙集《王壽州九思》：“敬夫、德涵，同里同官，同以瑾黨放逐沜東、鄠杜之間，相與過從談宴，徵歌度曲，以相娱樂。……德涵尤妙於歌彈，酒酣以往，奏彈按歌，更起爲壽，老樂工皆擊節自謂弗如也。萬曆中，廣陵顧小侯所建游長安，訪求曲中七十老妓，令歌康王樂府，其流風餘韻，關西人猶能道之。”

對山殊有史才,幼有所嗜,遂遍讀天下郡邑之書,所撰《武功縣志》,文簡事核,後人推爲典範。

《康對山先生集》卷三十三《邠州志序》:“予自齠齔,見古昔先生之名,必稽問所自,以徵其生始。故凡夫天下郡邑之記,靡不究矣。”

《康對山先生集》卷三十四《朝邑縣志序》:“夫志者,記也。記其風土文獻之事與官乎是郡邑者,可以備極其改革,省見其疾苦,景行其已行,察識其政治。使天下爲士大夫者,讀之足以興,爲郡邑者讀之足以勸而已。然非以夸靈聖之迹,崇獎飾之細也。而撰者之志,每不皆若此焉。且何以觀也。”史傳求信重實,亦其論文尚質之表現。

王士禛《帶經堂集》(清康熙五十年刻本)卷六十五《新城縣志序》:“以予所聞見,前明郡邑之志,不啻充棟。而文簡事核,訓詞爾雅,無如康對山之《武功》。”

永瑢等《四庫全書總目》卷六十八《武功縣志》提要:“是志僅七篇。……凡山川、城郭、古迹、宅墓皆括於《地理》;官署、學校、津梁、市集則歸於《建置》;祠廟、寺觀則總以《祠祀》;户口、物産則附於《田賦》;《藝文》則用《吴郡志》例,散附各條之下,以除冗濫;《官師》則善惡并著,以寓勸懲。王士禛謂其‘文簡事核,訓詞爾雅’,石邦教稱其‘義昭勸鑒,尤嚴而公,鄉國之史,莫良於此’,非溢美也。”同卷《朝邑縣志》:“然後來志乘,多以康氏爲宗。”

通曆數、陰陽、醫方、占卜,工篆隸,重商賈之道。里居三十年,友愛敦睦,扶危濟困,教育子弟戚黨皆成名。

馬理《對山先生墓誌銘》:“公審於律吕如周、阮。尤精於曆數,隔年求日月交食,分秒不爽,用掌鈐天時,決病人死生。又明脉絡、孔穴,以處針熨、藥餌,悉不謬。爲親友喪家相葬地點穴,陰陽家弗能駁也。用六壬、太乙占事知來輒驗。惟博弈薄而不爲。”

王九思《渼陂集·續集》卷中《明翰林院修撰儒林郎康公神道之碑》:“書工篆、隸,筆妙如神。”

李開先《李中麓閑居集》卷十《康王王唐四子補傳》:“嘗病武功貿易之寂寥也,乃於城東神廟報賽。數日間,樂工集者千人,商賈集者千餘人,四方賓客男女長幼來觀者數千人。對山乃約里中壯士數百人,戎裝臨之。時有大盜欲行劫而不敢發,來者無不既醉且飽。其才略施諸細事類如此。”

馬理《對山先生墓誌銘》:“從弟七浩、十一河皆舉進士,歷官至太守;九淳以選貢,十二濂亦以選貢爲教官;甥生員習方、從甥張鏄、張鍊昆弟聯舉於鄉。悉公教育所成。凡九族待公而舉火者數十餘家,凡交游昏喪有不能舉者,公即助而舉之。長安張太微氏有父喪,力不能舉,公以百金助之。他不能勝記。凡四方醫卜技藝人,多依公而食。”

卒於嘉靖十九年十二月十四日(1541年1月10日)寅時,年六十有六,身後略無長物,有子四男三女。對山雖制行戾俗,不免駭俗;出語驚人,不免傷人,要之不失爲天下士,後人懷之。

馬理《對山先生墓誌銘》:“公生成化乙未六月二十日午時,卒嘉靖庚子十二月十四日寅時,壽六十有六年矣。”

王九思《渼陂集·續集》卷中《明翰林院修撰儒林郎康公神道之碑》:“公居林下三十餘年,乃嘉靖庚子十二月□□日病終正寢,以山人巾服殮焉。距生成化乙未六月二十日壽六十有六歲。公配尚安人先卒,生有一子三女:子栗,縣學生,始娶吾女,不幸病卒;繼靈寶楊氏,嘉靖己丑栗卒,楊氏飲藥死殉栗。女一適華州舉子張之渠,一適岐山縣學生李世禎,一適同邑監生馬襲吉。側室韓氏生子梣,甫八歲。……公卒之明年辛丑十月某日,合葬尚安人於城南紙坊祖塋。”

吕柟《涇野先生文集》(明嘉靖三十四年刻本)卷三十二《大明前翰林院修撰對山先生康公墓表》:"其歿也,予從谿田公會哭,問後事,同諸弟檢諸篋笥,止百餘金。家人云:'此今大學士翟公過陝,惜其貧,轉他官所與,及楊御史徵文資也。'其餘皆酒器、首飾,不滿一二百云。"李開先《李中麓閑居集》卷十《對山康修撰傳》亦謂:"檢其遺囊,止百金并酒器首飾,更有二百之數,然大小鼓却有三百副。"

李開先《對山康修撰傳》:"楊少司馬過其里,留飲而歡,君自起彈琵琶勸酒。楊言:'家兄在内閣,久欲起君。何不以書自通,待吾到京首言之。'君乃盛怒,擲其琵琶撻楊,楊走,追而罵曰:'吾豈效王維假作伶人,以琵琶討官做耶?'"又謂:"小廉曲謹之士,惑於一吠衆聲,或有誚之者,及接其神采,聽其談吐,無不茫然自失。雖制行戾俗,然不免駭俗,出語驚人,然不免傷人,要之不失爲天下士。"

對山逝後,鄉人爲其建祠祀之。其居處、軼事入於方志、見於歌咏。沈華修,崔昭等纂《(雍正)武功縣後志》(清雍正十二年刻本)卷一《祠祀志》:"康太史祠,明嘉靖中詔建。"阿克當阿修,姚文田等纂《(嘉慶)重修揚州府志》(清嘉慶十五年刻本)卷三十《古迹一》:"康山草堂在揚州新城東南隅,……相傳修撰武功康海被放後寓於此,聚女樂,置腰鼓三百副,飲宴賓客,一時稱盛。禮部尚書董其昌署其楣曰'康山草堂'。"焦循《劇説》(民國誦芬室讀曲叢刊本)卷三:"康山在吾郡城内,相傳對山游揚州時,於此地彈琵琶數曲,後人因壘土成山。種黄楊三五株,今尚存。董元宰書'康山草堂'。"

著述頗豐,文勝於詩。有詩文、散曲、雜劇、縣志、族譜、雜著等多種。詩文見於《對山集》《沜東樂府》等。

李開先《李中麓閑居集》卷十《對山康修撰傳》:"所著有《武功志》《張氏族譜》《沜東樂府》《納凉餘興》《春游餘録》《王蘭卿傳奇》《即景

餘録》,有史筆,有元音,而《對山文集》十九卷,不雕刻,有識見。”

李開先《李中麓閑居集》卷十《康王王唐四子補傳》:“數次援人於死地,弗望報也,而獲生者反造謗焉,因爲《差差辭》及《中山狼傳》,而後咎有所歸矣。”沈德符《萬曆野獲編》(清道光七年刻,同治八年補修本)卷二十五“填詞有他感”條:“填詞出才人餘技,本游戲筆墨間耳。然亦有寓意譏訕者,如王美陂之《杜甫游春》,則指李西涯及楊石齋、賈南塢三相;康對山之《中山狼》,則指李崆峒。”祁彪佳《遠山堂曲品·雅品》(明鈔本)之《中山狼》題下注:“北四折,康海。”關於《中山狼傳》,或疑非康海作。金寧芬《是也非也争不休,綜而觀之似可求——也説雜劇〈中山狼〉的作者》(金寧芬《康海研究》,崇文書局2004年版)辨之頗詳,以爲以目前所見文獻,當可證明是康海所作。

永瑢等《四庫全書總目》卷一百七十一《對山集》提要:“其詩文集自明以來凡四刻。一爲張太微所選,一爲王世懋所選,互有去取。國朝康熙中,其里人馬氏始裒其全集刻之江寧。此本乃乾隆辛巳,其里人編修孫景烈以所藏張太微本,又加刊削而刻之。海以救李夢陽故,失身劉瑾。瑾敗,坐廢。遂放浪自恣,徵歌選妓,於文章不復精思。詩尤頽縱。……景烈此本雖晚出而去取謹嚴,於詩汰之尤力,較諸本特爲完善,已足盡海所長矣。明人論海集者,是非不一,要以俞汝成‘文過於詩’語,爲不易之評。”

關於康海著述的詳細情況,可參金寧芬《康海研究》,賈三强、余春柯《康海著述》《〈康對山文集〉的存世諸版本之比較》《〈康對山文集〉詩文總目及所屬版本一覽表》《〈對山集〉詩文總目及所屬版本一覽表》(《康對山先生集》前言、附録),韓結根《〈對山集〉版本述考》(《康海年譜》附録)等。此外,賈三强、余春柯點校《康對山先生集》、金寧芬點校《對山集》等輯補亦多。

參考文獻:

1. 康海《康對山先生集》,明萬曆十年潘允哲刻本。

2. 康海《康對山先生文集》,清乾隆二十六年武功縣刻本。

3. 王九思《渼陂集》,明嘉靖刻本。

4. 韓結根《康海年譜》,復旦大學出版社 1993 年版。

5. 金寧芬《康海研究》,崇文書局 2004 年版。

6. 李開先著,卜鍵箋校《李開先全集》,文化藝術出版社 2004 年版。

7. 康海著,[新加坡]陳龝沅編校《康海散曲集校箋》,浙江古籍出版社 2011 年版。

8. 康海著,賈三强、余春柯點校《康對山先生集》,三秦出版社 2015 年版。

9. 康海著,金寧芬校點《對山集》,社會科學文獻出版社 2016 年版。

(朱付利)

潘希曾傳

潘希曾，字仲魯，號竹澗，浙之金華(今浙江省金華市)人，生於成化十二年(1476)。

程文德《程文德集》卷二十一《大司馬竹澗潘公傳》："公諱希曾，字仲魯，浙之金華人也。"又，"公生成化丙申，享年僅五十有七。"又，"(潘公)被謫遣，……還鄉里，杜門不出，日惟課子弟讀書。宅後池旁佳竹，陰可息，間招親友觴咏，悠然自得，因自號竹澗居士。"

湛若水《泉翁大全集》(明萬曆二十一年修補本)卷之五十九《明故正議大夫資治尹兵部左侍郎贈兵部尚書竹澗潘公墓誌銘》："竹澗公，潘其姓，希曾其名，仲魯其字，竹澗其號，金華其里。"又，"公生成化丙申三月十三日，距卒享年五十有七。"又，"歸則杜門深居，宅傍有水，水際有竹蔭可息，間招親友觴咏，悠然自得，因自號竹澗居士。"

其先畢公，高子季孫者，食采於潘，子孫因以爲氏。宋南渡後，世有"清潘""貴潘""富潘"之别，歷更元之亂，而莫辨其誰裔。

潘希曾《竹澗先生文集》卷五《雙溪潘氏宗譜記》："潘氏之先，出於畢公高，畢公高本姬姓，子季孫者食采於潘，因以爲氏焉。潘氏子孫，蔓延於天下。宋南渡初，金華稱三潘焉。待制曰清潘；駙馬曰貴潘;半州君曰富潘。更元之亂,分散微弱,而吾一門至今號儒籍焉。”又,卷六《潘氏家乘序》:“惟我潘氏,世居浙東,遺文往事,久而散漫。於是竊不自揆,編《家乘》八卷,首以累朝誥敕之典,次以吾宗世系之譜,而凡銘、狀、表、傳、祭、挽、贈送之作亦附焉。”又,卷八《跋宗譜記後》:“予之爲譜,不能上溯三藩而祖其所當祖,斷自所知。八世祖者爲始祖矣,猶恐其無以自别,而久而復混也。則因高祖始居雙溪,定爲雙溪潘氏。”

程文德《程文德集》卷二十一《大司馬竹澗潘公傳》:“其先畢公,高子季孫者,食采於潘,子孫因以爲氏。宋南渡初,潘爲著姓。待制默成先生,以清節歷事三朝,爲世偉人,里閈稱爲‘清潘’;又節度使鄭王之後,尚主隨駕南渡,貴傾一時,居城西偏,人稱爲‘貴潘’;其自括之竹溪來者,田宅甲一郡。至景憲,父子始以科第顯,人稱爲‘富潘’。‘三潘’鼎居。更元之亂,世微譜散。公旅籍以儒稱,而竟莫辨其誰裔也。”

林寶《元和姓纂》(鈔本)卷四:“周文王子畢公高之後子伯季,食采於潘,因氏焉。”

按,《潘氏家乘》已亡佚,零星信息存於《竹澗先生文集》中。

潘氏以詩書傳家。高祖彦亨,以賢良徵至朝堂問治道。曾祖文華,贈文林郎山東道監察御史。祖父洪,永樂二十年(1422)舉人,歷任山東道監察御史、廣西按察司僉事,爲官正派,不畏權貴,上諫皇帝,下劾奸臣,卒後贈奉政大夫修正。父璋,成化八年(1472)進士,官至四川提學僉事、陝西按察副使,著有《静虚齋稿》。璋爲官剛直敢言,重教育,推崇正學,卒於官。

潘希曾《竹澗先生文集》卷八《跋先世遺翰三首》:“我顯祖(潘洪)廣西僉憲府君,景泰初爲山東道監察御史。手書彈章洎聖旨、移文凡二通,希曾近得之,從子燧拜觀之,余敬裝爲軸,歸之俾謹藏焉。昔冢宰鈞陽馬公序我祖哀詞有云：文升登景泰辛未第，亦拜是官，得從先生之後者數年，先生正色立朝，風采凛然，凡院中陳大事、劾大奸，奏疏彈文，多經先生之筆。”

潘希曾《竹澗先生文集》卷七《漁隱先生潘公墓誌銘》：“（潘瑋）自幼隨宦京邸，佩服庭訓，兄弟自相師友，諸經子史多涉獵，攻詩善屬文。後從少司寇滁陽劉公游，造詣益深。”又，“（作詩）率皆冲澹蕭散，而無枯槁迫促、纖靡豪夸之病。”又，“天順中，郡縣薦先生才德，辭不就，後屢以鄉飲請，皆辭不赴。”“古文益高，詩極清婉，書得歐虞筆意，妙自成家。晚年放情觴咏，與星齋錢先生諸耆碩爲北山詩社，士大夫求文者交於門。”

潘希曾《竹澗先生文集》卷三《示兒徽》：“望汝成人汝勉之，汝家門地要支持。箕裘不廢真吾子，學問仍須自得師。早致青雲繩祖武，莫將白日付兒嬉。終身有益惟謙約，好爲書紳慎勿遺。”

程文德《程文德集》卷二十一《大司馬竹澗潘公傳》：“（潘彦亨）以賢良徵至朝堂，問治道，仍奉使江右，未拜官卒。”

湛若水《明故正議大夫資治尹兵部左侍郎贈兵部尚書竹澗潘公墓誌銘》：“彦亨其高祖，文華其曾祖，洪其祖，璋其考。彦亨應洪武賢良聘，使江右，有專對之才，未官而卒。文華以洪貴贈山東道御史。洪以御史累官廣西按察僉事，又以璋貴贈奉政大夫。璋由水部郎司榷荆湘有聲，爲僉事，督學於蜀有聲，官至陝西副使督學，卒，食俎豆於蜀之名臣、婺之鄉賢祠，後洪、璋俱以公貴贈中大夫、南京太僕寺卿。祖妣吴氏封孺人，母姜氏封安人，俱累贈淑人，其世德之積累也。”

應廷育《金華先民傳》（明鈔本）卷六：“潘璋，字栗夫，金華人。由進士任工部主事，監税荆南，有冰蘗聲。升四川提學僉事。善於作興士類，競勸凡所品題後皆顯名，尚書周洪謨謂：‘全蜀之士仰之若山斗,愛之若父母。'尤尊禮儒先,嘗啓蜀惠王改葬宋文憲公,親志其墓,且録其後一人於學以主祀事。升陝西副使,仍董學政,未幾,卒。蜀士聞之相率哭於三公祠下,且舉入名宦祠。所著有《静虚齋稿》。"

《(雍正)四川通志》(清雍正十三年刻本)卷六:"(潘璋)重文學,敦風化,一時人才多所獎進。"

希曾自幼聰慧,七歲能詩文,十四歲父亡,扶靈回鄉,讀禮如成人。弘治十四年(1501)舉於鄉,明年成進士,選翰林院庶吉士。後丁母憂,服除,授兵科給事中。

潘希曾《竹澗先生文集》卷八《記先君奏疏後》:"弘治二年,先君以陝西憲副卒於官。"

程文德《程文德集》卷二十一《大司馬竹澗潘公傳》:"公兄弟三人:長希奭,散官;次希顔,汝王教授;公最少,穎异,七年能詩文。十有四年,喪憲副公於陝,奉淑人以喪歸,讀禮如成人。弱冠補郡弟子員,慨然慕鄉先哲何、王、金、許四君子之傳,砥行明經,迥出流輩,董學諸公咸器重焉。試輒首選,弘治辛酉舉於鄉,明年壬戌登進士,皆居上第。尋被選翰林庶吉士。秋,迎淑人就養京邸。未幾,淑人以疾終。公扶柩還葬。除服,授兵科給事中。"

湛若水《明故正議大夫資治尹兵部左侍郎贈兵部尚書竹澗潘公墓誌銘》:"公生七年能詩文,十有四年,喪憲副公於陝,奉淑人以喪歸葬,讀禮如成人。弱冠,補郡弟子員,經學迥异,督學者必器重焉!弘治辛酉,舉鄉試。壬戌,登進士,皆居上第,選翰林院庶吉士。秋,迎母淑人,以疾終,則扶柩還葬,如喪憲副公。服除,授兵科給事中。"

性耿直，有氣節。時閹竪初熾，故太監汪直義子汪鈺乞升錦衣衛鎮撫，帶俸守塋。希曾上疏，倡裁剪冗員。正德元年(1506)，奏《灾异陳言疏》，語皆剴切，不便近幸。時劉瑾權擅天下，威福任情。御史歐陽雲賄賂案起，瑾風希曾彈劾爲賄賂地，不從。瑾矯命下希曾獄，欲置之死。後免於死，削籍爲民。

潘希曾《竹澗先生文集》卷一《遵詔旨以正僥緣疏》："不知汪直果何大功可以禄。及義男汪鈺等如何守墳，必須朝廷官職。況世禄以及子孫，鬼神不歆非類，内臣本無後，而强求世禄之恩。義男本异姓，而欲冒他鬼之蔭，物理人情甚是無謂。"

潘希曾《竹澗先生奏議》卷一《灾异陳言疏》："他如射獵游戲，往往使人心意荒惑，形神勞頓，千金之子猶坐不垂堂，陛下以宗廟社稷之身，豈不自愛哉！民由左右前後不得正人，希寵導非，迷君誤國，伏望放鷹犬，絶玩戲，仍簡内臣端謹者以充侍從，務俾游樂有節，而佞幸不得近。天下之患莫甚於因循，因循不振則國政日弊，近該部奏准查革冗食濫費，足國裕民莫急於此，而乃累旬浹月不即奉行，部寺猶然，諸司何責京師。如此藩郡可知伏乞降旨，切責斷在必行，庶幾人心知警，而因循可振也。朝廷之患莫大於玩法，玩法不懲則主權下移。近該部奏准查看草場以補國用，太監寧瑾乃敢無故奏沮，此其狥私罔上，情罪顯然。"

程文德《程文德集》卷二十一《大司馬竹澗潘公傳》："時閹竪初熾，公灼見其幾。有汪鈺者，故太監汪直義男也，乞升錦衣衛鎮撫，帶俸守塋。公即疏奪之。"又，"疏上，中官切齒，而公之禍基矣。復因灾异陳言，勸上隆大孝、勤聖學、節游樂、遠佞幸、振因循、懲玩法、備虜寇、厲士節八事。"又，"瑾又風公多參劾爲賄地，公復不從。瑾大怒，矯命械公下詔獄拷訊，欲置之死。既復杖於闕下，奄然而暈。瑾快曰：'死矣。'左右負以出，久乃蘇。"

程文德《程文德集》卷十六《祭外父潘竹澗公文》:“尋拜諫議,直聲大起。卒忤逆璫,落職鄉里。”

湛若水《明故正議大夫資治尹兵部左侍郎贈兵部尚書竹澗潘公墓誌銘》:“有汪鈺者,故太監汪直義男也,乞升錦衣衛鎮撫,帶俸守塋。公即首疏,以爲世禄以及子孫,鬼神不歆非類。内臣本無後,而强求世禄之恩義;男本异姓,而欲冒他鬼之蔭。疏上,中官皆切齒側目。又上疏勸上隆大孝、勤聖學、節游樂、遠佞幸八事。逆瑾遂謀中傷之,以發前憤,乃差公湖、貴二省計處邊儲。至,則有司爲備千金以請曰:‘今瑾虐焰日熾,凡差者以賂免,時也,勢也。’公毅然却之,曰:‘我諫官也,未能爲朝廷除惡,奈何復爾乎?’瑾因大怒,矯詔下獄拷訊,欲置之死。杖於闕下,暈不知人矣。瑾决曰:“死矣!”左右負以出,不知公之復蘇也,然且除爲民。”

張廷玉《明史》卷三百零四“宦官”劉瑾傳:“所遣人率阿瑾意,專務搏擊,劾尚書顧佐、侶鍾、韓文以下數十人。浙江鹽運使楊奇逋課死,至鬻其女孫。而給事中安奎、潘希曾,御史趙時中、阮吉、張彧、劉子厲,以無重劾下獄。奎、彧枷且死,李東陽疏救,始釋爲民。希曾等亦皆杖斥,忤意者謫斥有差。”

潘希曾《竹澗先生文集》卷一《詔獄和李獻吉題扇》:“山青不改色,水流不改聲。吁嗟寂寞鄉,有此悠遠情。蚊蚋萬起滅,今古同薨薨。何如林居子,超然了平生。”

回鄉,杜門深居,或教習子弟課業,或招集親友觴咏,以居所旁有水,水邊有竹,故自號竹澗居士。時人多贊其清修苦節。

程文德《程文德集》卷二十一《大司馬竹澗潘公傳》:“時蘭谿章楓山先生懋,於人少許可,獨稱公清修苦節,且貽書曰:‘世上何人號最閑,司諫拂衣歸華山,執事此一歸,賢於二十四考中書矣。’”

程文德《程文德集》卷十六《祭外父潘竹澗公文》:“人謂弗堪,

公則怡然。考槃竹澗,日將老焉。"

正德五年(1510),劉瑾伏誅,越明年,希曾復官,任刑科右給事中。尋偕湛若水出使安南,八年册封安南國王黎晭。作《南封録》,記出使途中見聞。

潘希曾《竹澗先生文集》卷六《南封録序》:"乃取在安南所賦詩歌二十二首,回京奏疏一通,手録爲卷。又以安南國王詩二首、書二通、陪臣詩五首,綴之卷末,題曰《南封録序》而藏之。凡山川之迂險,風土之奇詭,與夫往來交際之始末,一覽可見。古者太師陳詩以觀民風,采之里巷歌謡。春秋以狄視秦,而車鄰駟驖諸詩三百篇取焉。是録也,予不得以淺俚自嫌,且俾外國之什得附。見者固不以夷而棄之也,擇焉不精,覽者庶無我疵。"

湛若水《甘泉先生文集》(明嘉靖十五年刻本)内編卷二十四《交南賦并序》:"予奉命往封安南國王晭。正德七年二月七日出京,明年正月十七日始達。"又,卷四《次安南國贈物對》。

程文德《程文德集》卷二十一《大司馬竹澗潘公傳》:"庚午,瑾伏誅,明年詔起公刑科右給事中。壬申,偕編修湛公若水奉使安南,錫麟袍玉帶服以行。尋升禮科左給事中。入其國,先諭威德,正禮儀,然後致命返。三辭其贐,皆作詩諭意,足以服裔夷,章王靈,非徒不辱而已。紀事觀風有《南封録》焉。"

湛若水《明故正議大夫資治尹兵部左侍郎贈兵部尚書竹澗潘公墓誌銘》:"庚午,瑾伏誅。明年,詔復其官刑科右給事中。壬申,奉詔持節往使安南,賜一品服以行,尋由吏科右給事中升禮科左。入其國,遠近皆來瞻仰其儀度,以爲從天而下,莫不起敬,且爲中國重,非徒不辱命而已。途中述作有《南封録》。"

按,潘希曾《竹澗先生文集》卷二有《出鎮南關次安南坡壘驛》《南交紀事》等詩,紀出使安南事。

歸京,升工科都給事中,時方營建乾清、坤寧二宫,希曾上《慎興作以隆治功疏》,勸上莫大興土木。疏上不報,遷南京太僕寺少卿,猶時念爲國效勞,心繫百姓,减馬課,輕灾民賦,作《感雪賦》陳情表志。

程文德《程文德集》卷二十一《大司馬竹澗潘公傳》:"反命,升工科都給事中。時方營建乾清、坤寧二宫,内官監復請修蓋太素殿、天鵝房、船塢諸役,費累巨萬。公抗疏争之,……丁丑,環滁大雪,時聞鑾輿北幸,乃作感雪賦。"

湛若水《明故正議大夫資治尹兵部左侍郎贈兵部尚書竹澗潘公墓誌銘》:"反命,升工科都給事中。時内官監奏請修太素殿、天鵝房諸役,費累鉅萬。公抗疏力争之曰:'方今邊儲告匱,冗食日繁,山東、河南,近經兵燹,江西、四川,瘡痍未起。况營建清、寧二宫,大木采及於遠方,工料派遍於天下。若復别興土木,誠恐民不堪命。'疏上不報。丙子,遷南京太僕寺少卿。奏易買馬爲折色,寬滁、和之民困,而馬課視昔尤易完,遇灾沴則請蠲貸以蘇之,長淮南北之人咸德焉。今上御極,遷本寺卿,復遇恩詔,是以有祖考之贈。癸未,遷南京太常寺卿。"

世宗即位,革除先朝弊政,遷南京太常寺卿。期月,改提督四夷館。時大禮未定,希曾作《大禮問辨》以調和之。嘉靖四年(1525),改晋督察院右副都御史,督南贛汀漳等處軍務。七年,黄河溢淤漕渠,希曾上《疏支河以防水患》,陳治河方略,上納其説,命其治水。未期年,便見成效,作《治河録》記之。

程文德《程文德集》卷二十一《大司馬竹澗潘公傳》:"嘉靖癸未,遷南京太常寺卿。期月,改提督四夷館。時大禮未定,議者紛紛,公慮其聚訟而貽患也,作《大禮問》以解之。公言出而群議遂定。……乙酉，晋都察院右副都御史，提督南贛汀漳等處軍務，賜璽書斧鉞。至則明號令，修器械，時簡教，廉謀勇，信賞罰。……還朝，值河溢淤漕，任事者方興新河之役，費且數十萬，死者數千人。人心汹汹，歲運不繼。上憂之，廷議必得公代乃可。賜璽書，兼憲職，往莅事。公還甫三月也，既受命，誓殫慮畢力以濟大事。夙夜思惟，考故詢謀，以沛漕之淤塞，因黄河之旁衝；黄河之旁衝，因上流之未疏。今宜疏支河以殺其勢，築長堤以防其衝。然後挑通沛漕，自無復淤之患，乃上疏。……役夫費銀不滿二萬，不期年而功成。”

湛若水《明故正議大夫資治尹兵部左侍郎贈兵部尚書竹澗潘公墓誌銘》：“及還朝時，黄河溢淤漕渠。任事者方興新河之役，費且數十萬，死者數千人，人心汹汹欲爲亂。歲運又不繼，廷議必得公往代乃可。賜璽書兼憲職，以往莅事，公還甫三月也。於是誓殫慮畢力，以濟大事，夙夜思惟，廉知沛漕之淤塞，因黄河之旁衝；黄河之旁衝，因上流之未疏。今宜疏支河以殺其勢，築長堤以防其衝，然後鑿通沛漕，自無復淤之患。”

潘希曾《竹澗先生文集》卷八《治河録引》：“戊子之秋，予奉命治河。明年冬，厥功告成。都憲梅國劉公督漕過濟，詢予所從事曰：‘盍録諸庶，將來足徵乎？’乃俾書史，録其綱要若干篇，有敕旨焉、有奏議焉、有文移焉、有祭告之辭焉、有書若記焉。敕冠諸首，餘篇依月日序次，於是始末可睹矣。是役也，弭河患，通國賦，祇若皇上德意，不敢不竭其愚。若夫荒度，利導壹是皆本其故，而不敢以智鑿云。”

永瑢等《四庫全書總目提要》卷一百七十一别集類二十四《竹澗集》八卷《竹澗奏議》四卷：“希曾治河績最著，傳稱别有《治河録》，今已不傳。然集中條議修築諸疏，措置規模，猶見一二，是尤切於實用之文,足以資後來考證者矣。"

《侍郎潘公祠堂記》(明嘉靖二十年黄省曾刻本《竹澗先生文集》附録):"潘公何祠? 民祠之也,思也。德公思公,圖報無地,故爲祠以尸祝之也。民何德? 公之理河,不擾民,不激水,漕舟通利,國富民安,飲水者思禹,不能一朝忘也。然則民作之乎? 民無敢作,君子者聽之也。君子何聽? 高山仰止,景行行止,五音之於六律,方員之於規矩,前船後眼,不能舍之而他適也。於戲! 遺愛於民,遺法於後,公去猶不去也,公没猶不没也,大人君子其無尚於立德也已。是故可以祠,可以記。公諱希曾,字仲魯,號竹澗,浙江金華人。嘉靖八年,以工部侍郎兼都察院僉都御史,奉敕總理河道。祠成於十有六年之秋,倡之者耆民郝端、伊逵等,聽之者理鹺監察御史陳公蕙、洪公垣,視其成者,徐州整敕兵備山東按察司副使宋君圭、徐州知州陸君時望,記者州人馬津湖廣按察司僉事。記已爲歌,歌曰:於戲! 公之理河也民無知,公之去河也民有祠。河之水兮湯湯,公之靈兮洋洋,歲時伏臘兮民曷可忘。"

按,《大禮問辨》見潘希曾《竹澗先生文集》卷五。

希曾因治水積勞成疾,嘉靖八年(1529)冬疏乞骸,上温旨慰留。十一年三月十九日,上御正殿,傳制賜進士,希曾陪侍。退朝,與同省新進進士集,日落方歸,又延賓客罷。卧内憩眠,有傾,氣微微而逝,年五十有七。訃於朝,咸驚愕,天子特贈兵部尚書,賜祭葬。

程文德《程文德集》卷二十一《大司馬竹澗潘公傳》:"壬辰三月十九日戊辰,朝服侍上御殿,傳制賜進士。退朝,同省集,迎主賓百餘,冠裳濟濟,宴會盡歡。比日昃歸,復接賓客罷,如卧内少休,有頃,則氣微微逝矣。明日,訃聞於朝,咸驚愕以爲异,徬徨赴吊。天子軫哀,特贈兵部尚書,賜祭葬。"

程文德《程文德集》卷十六《祭外父潘竹澗公文》:"嗚呼,天乎痛哉！天涯翁婿，情猶父子。比屋而居，日以見喜。頃刻不見，而至於此。天乎痛哉！謂之何哉？痛之至者，言不能宣。傷悲扼塞，我又何言？……收泪拉涕，告於公前。……江上歸舟，載柩以行。恨縻官守，目送銘旌。倘弗會窆，永隔幽冥。天乎痛哉，孰知我情！公男來奔，自南適至。公女相顧，一哭仆地。煢然居家，遥憐母弟。骨肉依依，公獨何逝？天乎痛哉，吾尚忍言？稽首三奠，泪徹重泉。嗚呼！尚饗。”又，卷二十七《送外父櫬至雙橋還悲挽》：“曉看朝衣趨紫陛，夕觀天象墮文星。可憐京國懷歸日，竟負鄉園待隱亭。泪深執紼雙橋送，望斷銘旌隔樹停。翁婿百年今日别，天涯何以慰伶俜。”又，卷三十《歲除前日聞外父以是日歸兆》：“千里傳書報今日，薤露凄凄入武鄉。獨恨飄蓬違執紼，朔風瞻灑立斜陽。”

湛若水《明故正議大夫資治尹兵部左侍郎贈兵部尚書竹澗潘公墓誌銘》：“力疾趨事，壬辰三月十九日，上御正殿，傳制賜進士。公朝服侍班，退朝，同省迎進士，合主賓百餘人，冠蓋濟濟，宴會盡歡，比日昃始歸。又延接賓客，罷則如卧内少休。有頃，則氣微微逝矣。明日訃聞於朝，朝紳皆驚愕，以爲神异。天子贈公兵部尚書，賜祭葬。”

《世宗實録》卷一百三十八（北京大學圖書館藏原北平國立圖書館藏明“紅格鈔本”）：“希曾，清敏質亮，居職務自盡，不取聲望，臨事有矩度。在南贛屢殄巨寇。比治水、築長堤、浚支河漕運，遂通恬於進取，居南太常凡六年貳卿，且三考不以滯留，介念，有大臣之風。詔贈兵部尚書，賜葬祭如例。”

子徽，嘉靖八年(1529)進士，任刑部主事。女粹適程文德。文德亦嘉靖八年進士。

潘希曾《竹澗先生文集》卷三《寄程甥文德（後嘉靖己丑進士及第，兒徽同登）》：“不多年紀好文章，珍重吾家坦腹郎。志篤尚須開萬卷,學成何止擅三場。功名世濟方爲孝,冰玉人看亦有光。别後自嗟心力倦,猶能刮目日相望。"

程文德《程文德集》卷二十一《大司馬竹澗潘公傳》:"生子徽,與某同登己丑進士,任刑部主事,女粹適文德,封孺人。"又,卷十九《嘉議大夫福建按察使壺南潘公墓誌銘》:"憲使潘公,予内子兄也,諱徽,字叔慎,號壺南。世爲金華著姓,始祖彦亨,洪武間以賢良聘使江右。高祖文華,贈文林郎、山東道監察御史。曾祖洪,廣西按察司僉事,累贈中大夫、南京太僕寺卿。祖璋,陝西按察司提學副使,累贈如僉憲。君考竹澗公希曾,位大司馬,即予外舅也,持身敦厚,謙默居官,清慎忠勤,歷仕三十年,竟卒於王事,自有傳。曾祖妣吴,祖妣姜,皆以竹澗公貴,累贈淑人。而妣葉,先封淑人,復以公貴加封太夫人。公秉性敦樸凝静,剛方正直。初與予同登嘉靖己丑進士,任南京刑部廣東司主事。"又,卷二十五《内兄潘壺南生日》:"雙溪有佳士,好臭佩蘭芷。心宇湛空明,人稱冰壺子。冰壺行年三十秋,文章落筆凌蒼虬。未入明光時未遇,功名豈爲冰壺憂。蓬萊八月函絳氣,丹桂飄香滿天地。瑶池仙母獻長生,不餐蟠桃只餐桂。我聞月中桂樹八千春,華蕊飽收風露精。願君蚤折和砂制丹餌,服之歲歲延修齡。"

湛若水《明故正議大夫資治尹兵部左侍郎贈兵部尚書竹澗潘公墓誌銘》:"男子三人,女子一人。長男徽,登己丑進士,任南京刑部主事。女粹,適程内翰文德,俱淑人出。庶子紹,邑庠生,章氏出;綬,葛氏出。"

仲魯供職翰林院時,師從李東陽,受西崖先生影響甚巨。且與茶陵衆人相交從密,常集會於東園,吟誦唱和,紀興感懷。

按,"東園"乃李東陽之私宅,茶陵衆人時聚於此,飲酒作詩,論文品畫。

潘希曾《竹澗先生文集》卷六《東園看月詩序》:"正德甲戌中秋前一日,閣老西崖先生李公即所居之東園開樽肆筵,召其門人司業魯振之,少卿張汝吉,太史趙爾錫、李宗易,通政李守正、王時芳、宫允、李夢弼。洎希曾爲看月之會。於時久雨新霽,殘暑已退,夕陽落陰,凉風時至。公坐諸生於左右,或論文,或誦詩,或觀古書名畫,時一命酒以待明月之出,少選栖鳥漸集,暝色四合,獨鶴唳空,冰輪皎然,於林薄之上,公仰視久之,忽顧謂曰:'嫦娥差瘦一分秋,仲魯尚記憶否?'此蓋希曾十三年前從公閣試,八月十六夜賞月句也。……作楚調歌之,歌畢請用韻紀興。"又,潘希曾《竹澗先生文集》卷四《東園漫興》:"花發東園偶獨窺,山禽相對語移時。天涯形影青春伴,晚節功名白髮知。何處菟裘還待老,他年竹帛亦虚垂。杖藜緩步防苔滑,筋力深嗟病後衰。"

著有古今詩、奏議、文、賦、序記、銘、狀、説、引、書跋總若干卷,黄省曾校注刻印。現傳有《竹澗先生文集》八卷,内有詩四卷、雜文四卷,另奏議四卷、墓誌、小傳類附録於末。其詩文感物暢懷、托興言志。

蘇祐《竹澗潘先生文集序》:"兵左郎贈尚書,金華潘公所著有《竹澗潘先生文集》,古今詩、奏議、文、賦、序、記、銘、狀、説、引、書、跋總若干卷。其冢嗣僉憲君念手澤之存不忍忘,敬托吴郡黄省曾氏校刻以傳。……其咏歌之文,感物暢懷,諭志托興,麗以雅矣;敷奏之文,獻可替否,辨是與非,直以斷矣;酬應雜著之文,因言撰要,準理命詞,確以則矣。確以則,可以訓;直以斷,可以據;麗以雅,可以風,炳炳烺烺,各極體要。公之文,其美哉洋洋者乎!"

永瑢等《四庫全書總目提要》卷一百七十一别集類二十四《竹澗潘集》八卷《竹澗奏議》四卷:"今觀集中章奏,語旨剴切真摯,不爲粉飾而深中事理,不愧其名。其平時雖不以文章著,而直抒胸臆,沛然有餘,亦其剛正之氣有不可掩遏者歟?……是尤切於實用之文,足以資後來考證者矣。”

永瑢等《欽定四庫全書簡明目録》(古典文學出版社 1957 年版):“奏議亦皆真摯詳明,深中事理。詩文不甚修詞,而剛直之氣毅然直達,不能更以工拙論之。”

參考文獻:

1. 潘希曾《竹澗先生文集》,明嘉靖二十年黄省曾刻本。

2. 潘希曾《竹澗先生文集》,《續金華叢書》第 54 册,廣陵古籍刻印社 1983 年版。

3. 王世貞《弇山堂别集》,中華書局 1985 年版。

4. 李東陽《李東陽集》,岳麓書社 2008 年版。

5. 程文德《程文德集》,上海古籍出版社 2012 年版。

(司馬周　孫啓華)

顧璘傳

顧璘，字華玉，別號東橋居士。世爲南直隸蘇州府吴縣人，高祖時遷上元，遂占籍爲上元(今江蘇省南京市)人。生於成化十二年七月二日(1476年7月22日)。

文徵明《文徵明集》卷三十二《明故資政大夫南京刑部尚書顧公墓誌銘》曰："公諱璘，字華玉，別號東橋居士，世爲蘇之吴縣人。國朝洪武中，高祖通，以匠作徵隸工部。因占數爲上元人。曾祖海，不仕。祖誠，以公貴，贈資政大夫，南京刑部尚書。考紋，號愚逸。初封承德郎，南京吏部主事。後加贈資政大夫，南京刑部尚書。祖母陸氏、母楊氏，俱贈夫人。……其生成化丙申七月二日。"

京學志《南京刑部尚書顧公璘傳》(《國朝獻徵録》卷四十八，萬曆四十四年刻本)云："公諱璘，字華玉，應天上元人。"

俞憲《盛明百家詩・顧司寇集》(明嘉靖隆慶間刻萬曆增刻本)："名璘，字華玉，初吴人，家於金陵。"

王世貞《吴中往哲像贊》《弇州山人續稿》卷一百四十八(明萬曆刻本)："顧東橋先生者，諱璘，字華玉。其先吴縣人也，徙家留都，爲江寧人。"

蔣一葵《堯山堂外記》卷九十二曰："顧璘，字華玉，號東橋，吴郡人，家金陵。"

弘治八年乙卯(1495)舉於鄉,弘治九年丙辰登毛澄榜進士。

文徵明《顧公墓誌銘》:"公以應天府學生領乙卯鄉薦,明年丙辰舉進士。"

京學志《南京刑部尚書顧公璘傳》:"弘治丙辰進士。"

顧璘《憑几集》卷五《高吾詩集序》:"洪謨,字宗禹,同璘舉弘治丙辰進士。"

按,《明清進士題名碑録索引》,璘舉弘治九年三甲第一百五十五名進士。

弘治十三年(1500),授廣平知縣,入爲南吏部驗封司主事。正德五年(1510),出爲開封知府,時中官廖堂、錢寧、王宏多圂奪自恣,氣焰讋人。璘强執不撓,不爲禮,不拜謁,下璘錦衣獄。謫授廣西全州知州,秩滿,遷台州知府。

文徵明《顧公墓誌銘》:"己未,授廣平縣知縣;壬戌,徵入南京吏部驗封司主事,進稽郎中。"又,"正德己酉,升河南開封府知府。癸酉,謫授廣西全州知州。……及爲開封,益更練堅決。盗起燕、薊,流劫中原,攻圍城邑,所在繹騷。兵部尚書彭公澤,奉詔疏捕,領兵壓境上,簡公自輔。公亦悉心展錯,練兵飭甲,轉餉傳餐,取具呼噏間,而厭難折衝,謀畫居多。在郡期年,隨事經理,多所緒正,而强執不撓。鎮守中官廖堂,恃逆瑾黨援,圂奪自恣。公摧抑捍蔽,每折其萌芽,不令得肆。瑾誅,廖罷去,而錢寧用事,群閹方熾。王宏者尤諄謾慓疾,繼廖出鎮,乘權席寵,氣焰讋人,一時有司或屈節自容。公故不爲禮,有所徵需,一不答;歲時展謁,長揖而已,用是積忤宏。宏方恃寧爲援,矯詔逮赴錦衣獄。獄吏問狀,公據禮執誼,抗言條對,一無所承。寧無已,遣邏卒陰探郡中,無所得,乃文致他比,以竟其獄。獄成,鐫三階,徙全。"按,據顧璘《息園存稿》所載，璘出守開封在庚午，“己酉”當爲“庚午”。又，“起知浙江台州府，升浙江布政使司左參政。”

顧璘《息園存稿》卷一《夔夔先生挽詩序》：“正德庚午歲，予出守開封。”又，卷六《祭祖母太孺人文》：“正德五年九月七日，璘在開封，聞大母太孺人陸訃至，……在郡甫三月，而以訃傳也。”

京學志《南京刑部尚書顧公璘傳》云：“授廣平縣知縣，入爲南吏部驗封司主事，進稽勳郎中。”

湛若水《泉翁大全集》（明萬曆二十一年修補本）卷二十《壽顧愚逸先生八十華誕序》：“及聞華玉守開封，行善政，有惠於民，無畏於勢，忤王宏，逮詔獄，謫全州。”

文徵明《文徵明集》卷十六《送開封守顧君左遷全州叙》：“正德癸酉，君得罪中官，逮赴詔獄。一時人莫不危君，而余竊爲君喜。已而君竟被罪，鐫三階，左除廣西之全州。”

顧璘《息園存稿》卷一《關西紀行詩序》：“癸酉夏，璘赴湘南，謁白岩公於南京。”

馮時可《馮元成選集》（上海圖書館藏明刻本）卷四十九《南京刑部尚書顧東橋公傳》：“徙全州，甫三年，擢台州。”

嘉靖二年(1523)，升山西按察使。歷任江西按察使、浙江右布政使、督察院右副都御使，巡撫山西、湖廣。期間，屢上疏棄終養，致仕後屢徵起。

文徵明《墓誌銘》：“嘉靖改元，册立中宫禮成，奉表入賀，道升山西按察使。以親老辭，不允，尋以病免。戊子，起爲江西按察使。未行，升浙江右布政使，轉左布政使。庚寅，召爲都察院右副都御史，巡撫山西。上疏乞終養，忤旨，落都御史，以布政使致仕。丁酉，再起爲都察院右副都御史，巡撫湖廣，兼贊理軍務。”

京學志《南京刑部尚書顧公璘傳》：“庚寅，起爲江西按察使，未行,升浙江布政使。壬辰,召爲都察院右副都御史,巡撫山西。疏乞終養,忤旨,落都御史,以布政使致仕。丁酉,再起爲右副都御史,巡撫湖廣。”

馮時可《馮元成選集》卷四十九《顧東橋公傳》:“辛巳,擢浙江參政。未幾,晋山西按察使,尋以病免。戊子,太宰方獻夫薦起江西按察使。未上,遷浙江左轄。庚寅,擢右副都御史,撫山西。乞終養,忤旨。適御史按浙,躡尋舊事,横被口語,吏部明其無他,特以太驟,落都御史,准左布政,致仕。”

《世宗實録》(北京大學圖書館藏原北平國立圖書館藏明“紅格鈔本”)卷二十五:“(嘉靖二年四月丁丑)升浙江右參政(按,“右參政”當爲“左參政”)顧璘爲山西按察司按察使。”又,卷一百零五:“(嘉靖八年九月癸丑)起原任山西按察使顧璘於江西。璘先以侍養歸,至是親終服,故用之。”又,卷一百零六:“(嘉靖八年十月)乙酉,升江西按察使顧璘爲浙江右布政使。”又,卷一百零九:“(嘉靖九年正月甲辰)升浙江右布政使顧璘爲本司左布政使。”又,卷一百一十七:“(嘉靖九年九月)乙卯,升浙江右布政使顧璘爲都察院右副都御史,提督雁門等關,兼巡撫山西。”又,卷一百二十一:“(嘉靖十年正月甲辰)初,參議顧璘養親致仕,起家爲浙江左參政,遂遷山西按察使,俱未之官,仍乞致仕。養親數歲,復起浙江左布政使之任。未幾,復擢撫山西都察院右副都御史。過家,復乞養親。上曰:‘顧璘原係致仕養親官,吏部如何連升爲參政、按察使?既不之官,却又推升布政,未久又推巡撫。乃復以親老爲辭,實非人臣事君之道,璘仍以原任布政職銜致仕。’”又,卷一百九十六:“(嘉靖十六年正月辛丑)起致仕右都御史顧璘以原職,撫湖廣。”

顧璘《憑几集》卷五《游衡岳前記》:“嘉靖丁酉,姑蘇顧璘以都察院右副都御史建節撫楚。”又,《憑几集續編》卷二《明故山西行太僕寺卿石亭陳先生墓誌銘》:“丁酉,璘召起爲副都御史,撫楚。”

按,璘歷任官職之時間,各家記載多有牴牾,《明史文苑傳箋證》多有訂正,可參考。

嘉靖十八年(1539),升刑部右侍郎,尋改吏部。會朝廷營建明顯陵事竣,改工部左侍郎,領山陵事,進工部尚書。後修《承天大志》,進呈,不合聖意,改南京刑部尚書。

文徵明《顧公墓誌銘》:“己亥,升刑部右侍郎,尋改吏部。會顯陵肇工,改工部左侍郎,領山陵事,進工部尚書。事竣還朝,改南京刑部尚書。”又,“顯陵之作,役大事繁,經費不貲。公既長於料簡,而程省弗懈,調發有制,視他所營率損費十五,而功實倍。規制宏偉,翬飛赫奕,而民不告病,有司不以爲煩,其經理施置,有足多者。”

馮時可《馮元成選集》卷四十九《顧東橋公傳》:“己亥,升刑部右侍郎,尋改吏部。會顯陵肇工,改工部,進尚書。……未幾,改南京刑部尚書。”

《世宗實録》卷二百一十七:“(嘉靖十七年十月癸丑)升……巡撫湖廣都察院右副都御史顧璘爲刑部右侍郎。”又,卷二百一十九:“(嘉靖十七年十二月甲辰)改刑部右侍郎顧璘爲吏部右侍郎。”又,卷二百二十:“(嘉靖十八年正月丙子)改巡撫湖廣右副都御史今升吏部右侍郎顧璘爲工部左侍郎兼右副都御史,仍在地方督理顯陵工程。”

建顯陵事,《世宗實録》卷二百一十九:“(嘉靖十七年十二月)乙巳,上敕諭禮、工二部曰:‘朕皇考獻皇帝顯陵在湖廣承天府,……朕周覽川原,於我成祖長陵之西南得一支山曰大峪,林茂草鬱,因阜豐衍,别在諸陵之次,實爲吉壤,朕心愜焉。茲欲啓迎皇考梓宫遷祔於此。……茲特敕爾禮、工二部,便擇日興工,預告間於祖宗、列聖暨我皇考,及他事宜,即合詳議,具擬來聞。'”

張璧《陽峰家藏集》(明嘉靖二十四年世思堂刻本)卷二十四《賀顧東橋董役顯陵工完序》:“今上御極之十又八年,太狩承天,展謁顯陵,緬懷霜露,以獻皇考舊寢規制未宏,無以揚億萬載無疆之休,且將奉章聖梓宫祔焉,爰命所司營度其事,凡規制一如京師諸陵。今工部左侍郎兼右副都御史東橋顧公被命董是役。……逾年,告完顯陵玄宫寢廟及舊邸、世子府,以暨達孝、顯親、陽春諸門,咸告落成,乃庚子秋九月。”

袁袠《衡藩重刻胥臺先生集》(明萬曆十二年衡藩刻本)卷之十四《大司空顧公董役顯陵工完序(代大宗伯張師作)》:“嘉靖己亥,聖天子幸承天躬視顯陵,相其陰陽,以睿宗獻皇考舊寢規制未備,無以揚億萬年無疆之休,且將奉章聖皇太后梓宫祔焉,乃命營度其事,凡規制一如京師諸陵。今工部左侍郎兼都察院右副都御史金陵顧公璘實被簡命,以董是役。……逾年,大工告完,凡顯陵玄宫、寢廟及舊邸、世子府,以暨達孝、顯親、陽春諸門,咸底落成。庚子之秋九月,余蒙恩進官南京禮部尚書,便道祇謁顯陵。”

《世宗實録》卷二百四十六:“(嘉靖二十年二月)乙丑,……顯陵寶城及舊邸宫殿等工成,詔升内官監太監袁亨一級、工部右侍郎兼右副都御史顧璘爲本部尚書。”

《世宗實録》卷二百五十九:“(嘉靖二十一年三月)壬辰,承天督工尚書顧璘進所輯《興都志書》。上曰:‘覽所進《志》,亦見諸臣纂輯效勞,顧璘、方遠宜、魏良輔、柯喬及王格、顔木、王廷陳等各賞銀幣有差。但朕皇考妣聖迹自有國史、實録備載,寶藏金匱,有此不當僭書者,且其體例不合,而所紀事實多誤,命部重加删訂進覽。'”又同卷:“(嘉靖二十一年三月丙申)改工部尚書顧璘爲南京刑部尚書。”

王兆雲輯《皇明詞林人物考》(明萬曆刻本)卷四:"修《承天大志》,先生開局聘楚故名士宦廢者王廷陳、顔木、王格分任之。書成,乃不稱旨,遷南京刑部尚書。"

馮時可《馮元成選集》卷四十九《顧東橋公傳》:"修《承天大志》,將以宗伯處之。會公聘廢宦王廷陳、顔木、王格分任。三君皆闊視誕節,不能澤於理道。書成,上弗善,責其體例不合,事實差訛。會公復疏薦廷陳,爲給事參駁,公稍屈己,還京。大學士嵩素慕公,設酒邀飲,陳席中堂,自居北面左偏。公竟坐,不請主人。相對已,行酒,公持杯曰:'太寒。'主人更進酒。公又曰:'太熱。'主人執禮愈恭。而公指顧揮霍自如。居旬日,嵩復延公。先於曲室小坐,中懸一畫,乃吴小仙所圖唐人'月明千里'。公曰:'此贋筆也。真迹藏我鄉倪某。'侍賓問:'可覓否?'公曰:'倪甚崚嶒,寧以珍玩媚貴人?'出登席,優劇滿廷,盛妝以待。公命從人勞金一鐶,即令麾之去,曰:'此輩喧聒可厭。'嵩父子太沮喪。已,談次,復稱故給事中陸粲詩文。陸曾劾嵩及薦公者。嵩不懌,曰:'公屢齒陸,得非爲羽翼故耶?'公曰:'陸君志在國家,其所舉刺無私好偏惡,但爾時淆衆議,未能深知門下耳。'嵩又言:'姑蘇文徵仲往自言,未嘗一出河上。及途過蘇,特往造,亦竟不報謁。此待他人則可,待不肖則恐未安。'公曰:'此所爲文徵仲,若他人不謁,而獨謁門下,惡成其爲徵仲?'嵩默然。未幾,改南京刑部尚書。"

璘晚典邦禁,執志堅定,不肯骫骳以狥。坐是,言者假以爲辭,肆言醜詆,遂罷官。嘉靖二十四年(1545)卒於金陵。

文徵明《顧公墓誌銘》:"及是雖典邦刑,而留司務簡,亦不足以盡其用。且鄉里所在,父老姻戚,不能無望於公,而公執志堅定,不肯骫骳以狥,苟罹於辜,必以法繩之。豪植强禦,咸不得肆,而怨讟興矣。言者因得假以爲辭,肆言醜詆,而素所忌嫉之人,從而醖釀之,公雖内省不愧,而不勝浸淫之辱,竟鬱鬱以没。”又,“嘉靖二十四年乙巳閏正月八日辛巳,南京刑部尚書顧公以疾卒於金陵里第。先是公以考績還自京師,道聞長子嶼卒,驚惋得疾。抵家疾甚,久之,竟不起。……履祥等以卒之明年丙午三月廿七日,葬公上元縣彭城山之原。”

京學志《南京刑部尚書顧公璘傳》:“晚典邦禁,不肯骫骳狥人,苟罹於辜,必以法繩之,而怨讟興矣。蓋公負天下重望,高視闊步,遇權貴或傲然不爲意,而與山林文學行誼士,乃講均敵禮,孳孳獎進之,惟恐不給。坐是,忌者側目,雖晚躋大位,卒困於讒以没,惜哉!”

馮時可《馮元成選集》卷四十九《顧東橋公傳》:“會嵩修舊根,令其鄉人給事萬虞愷劾公,遂致仕。”

《世宗實録》卷二百八十八:“(嘉靖二十三年七月癸亥)南京户科給事中甄成德劾奏南京刑部尚書顧璘不職,詔璘回藉聽勘。”

談遷《國榷》“甲辰嘉靖二十三年七月”條(清鈔本):“(癸亥)罷南京刑部尚書顧璘。”

查繼佐《罪惟録》(浙江古籍出版社 2012 年版)卷十五下列傳:“歷吏部右侍郎。上治顯陵承天,改工部,領山陵事,慎簡料,費少功倍,晋南京刑部尚書,璘禮數簡約,高步闊覽。會一時同事者多新近,而璘尤前輩臨之,坐是怪謗并興,爲言官所醜指,竟鬱鬱而終。璘居恒言士大夫當以心術爲本根,以倫理爲植幹,以學問爲荒畬,以事業爲結實,以文章爲花萼。”

璘少負才名,與同里陳沂、王韋,號金陵三俊,後寶應朱應登繼起,稱四大家。所交游者,皆一時海内名流,若李崆峒、何仲默輩。璘頡頏其間,不分伯仲。

顧璘《憑几續集》卷一《重刻劉蘆泉集序》:“余自弘治丙辰舉進

士，觀政户部，獲與二泉邵公國賢、空同李君獻吉、蘆泉劉君用熙友。未幾，余謝病歸，用熙意古寡徒，遂絶問遺。……時獻吉名尚未盛。”

顧璘《浮湘稿》卷二《次孟侍御酬何舍人仲默見寄之作》：“京洛何平叔，傳詩動我哀。……相期不相見，悵望碧梧臺。”

王廷相《王廷相集》（中華書局 1989 年版）卷十八《寄顧開封華玉（兼呈邊庭實、何仲默）二首》其二：“邊何王顧梁園夜（去歲與三子會於大梁），醉裹悲歌世莫知。天地飄零吾獨還，風塵澒洞各相思。洪波切望雙魚錦，遠道虚攀五色芝。官閣梅花鬥殘臘，凄凄歲暮一題詩。”

文徵明《顧公墓誌銘》：“自其少時，已有名世之志，既舉進士，即自免歸，大肆力於學。時陳侍講魯南、王太僕欽佩皆未仕家居，皆名能文，與相麗澤，聲望奕然，時稱‘金陵三俊’。及官南曹，曹事甚簡，益焠厲精進。居六年，而學益有聞。自是出入中外，所雅游若李崆峒獻吉，若何大復仲默，若朱升之、徐昌穀，皆海内名流，一時詩名震疊，不啻李、杜復出，而公頡頏其間，不知其孰爲高下也。”

張廷玉等《明史》卷二百八十六列傳第一百七十四：“初，璘與同里陳沂、王韋，號金陵三俊。其後寶應朱應登繼起，稱四大家。”

李夢陽《李夢陽集校箋》（中華書局 2020 年版）卷五十九《朝正倡和詩跋》：“詩倡和莫盛於弘治，蓋其時古學漸興，士彬彬乎盛矣，此一運會也。余時承乏郎署，所與倡和，則揚州儲静夫、趙叔鳴，無錫錢世恩、陳嘉言、秦國聲，太原喬希大，宜興杭氏兄弟，郴李貽教、何子元，慈谿楊名父，餘姚王伯安，濟南邊庭實，其後又有丹陽殷文濟，蘇州都玄敬、徐昌穀，信陽何仲默。其在南都，則顧華玉、朱升之其尤也。諸在翰林者，以人衆不叙。自正德丁卯之變，縉紳罹慘毒之禍，於是士始皆以言爲諱，重足絫息而前，諸倡和者亦各飄然萍梗散矣。”

皇甫汸《憑几集序》:“公自弱冠發科,解褐談藝,即與李、何之輩高視上京、獨步江左,兹固上德之餘事、素業之外篇也。汸也謫楚無文,誦言增嘆云爾。”

璘虚己好士,雅好交游,所交多山林隱逸之士,如孫太初一元、王廷陳才。嘗於居室後築息園,内設載酒亭、促膝軒,四方之士輻輳而至,高辯雄論其中。

錢謙益《列朝詩集》(中華書局2007年版):“金陵傳華玉二事:一在浙物色孫太初不可得,稍閑輒道衣、幅巾,放舟湖上,幾行求得之月下。有舟泊斷橋下,一僧、一鶴、一童子煮茗,笑曰:‘此必太初也。’移舟就之,遂往還無間。一在楚欲見王稚欽,稚欽固不肯見。稚欽有狎客二人,日共鬥鷄走狗,不去左右。使人劫之曰:‘若朝夕與王公游,而王公固不見撫公,若兩人死無日矣。’兩人大恐曰:‘敢不如命!雖然,必以計掩之可也。’候稚欽狎游時,趣報華玉。華玉疾趨而至,稚欽遑遽將走匿,二人夾持之不聽去,乃强留具賓主,自是遂定交。前輩之風流好士,良可書也。”

馮時可《馮元成選集》卷四十九《顧東橋公傳》:“居閑無事,多縱游山水間。於居室後築息園,曰:‘息之義,止也,生也,形貴止,神貴生,動而不止,形乃日敗,静而不撓,神乃日生。’内有載酒亭,以待問字者。東有小軒,曰‘促膝’。諸故人至,解帶密坐,茗碗爐香,談農圃、醫藥事,恒移日晷。久之,文譽籍甚,四方士輻輳,户屨常滿。不三日,即張筵,令教坊樂工以箏簫佐觴,高論雄辯,音吐如鐘,四筵驚聽,莫不豁然若披霧開雲。每發一談,樂聲中闋。談竟,樂輒復作,人以爲風流豪也。”

顧璘《息園存稿》卷三《送藍本和掌教遂昌序》:“吾所友於鄉國四方之士亦既衆矣。”又,《壽光禄陸儼山先生序》:“余登朝四十年,周旋海内人士衆矣。"又,卷四《載酒亭記》:"東橋子學圃多暇,時有好事之賓,命駕載酒款於息園,討論古文奇字,辨義析疑,日樂其趣,殆且薄芻豢而鄙絲竹矣。"

何良俊《四友齋叢説》(中華書局1959年版)卷十五"史十一":"顧東橋文譽籍甚,又處都會之地,都下後進皆來請業,與四方之慕從而至者,户外之屨常滿。先生喜設客,每四五日即一張燕,余時時在其座。先生每燕必用樂,乃教坊樂工也。以箏琶佐觴,有小樂工名楊彬者,頗俊雅,先生甚喜之,常詫客曰:'蔣南泠詩所謂消得楊郎一曲歌者,正此子也。'先生每發一談,則樂聲中闋。談竟,樂復作。議論英發,音吐如鐘。每一發端,聽者傾座,真可謂一代之偉人。"

按,顧璘與復古派之七子及金陵文人、吴中文人多有交往,其交游唱答之細節,可參看王媛碩士論文《顧璘詩文研究》第三章"顧璘與明中期文學發展"。

璘既主風雅,又負知人之鑒,嘗識拔江陵於童子之時。

張居正《張太岳先生集》(清刻本)卷四十七《太師張文忠公行實》:"(張居正)五歲始授句讀,輒授輒記。十歲通六經大意,以能屬書摛辭聞郡中。嘉靖十五年丙申就試有司,……遂補太師博士弟子高等,……明年,就省試。時大司寇顧公璘開府楚中。顧公者,故海内所稱,矯然名世臣也。一見知太師王佐才,語直指使者馮公曰:'張孺子天授,即令早在朝廷,宜亦無不可。然余以爲,莫若老其才。他日所就當益不可知耳。此使君事也,使君其圖之。'於是,太師棘中所射策業爲觀察使陳君束所稱,陳君以爲請,而馮公竟用顧公言,勿置第。至庚子乃第。會顧公以大司空有事於獻皇帝陵園,太師過謁顧公。顧公曰:'張生幸過我,大器晚成。此自中材,僕誠不當以中人薄視吾子。遲吾子三年作相。然僕親見解承旨奇才,高皇帝遣歸受學,德念甚厚。即令謹待十年未晚。而承旨曾不少下,卒以此爲世所悲嘆。我所爲語馮侍御者,願吾子志伊學顔,毋徒以秀才獨喜自負也。'久之别去。顧公親屬文贈之,又解所繫束帶爲賀曰:'此非子所就,聊以明吕虔意耳。'二十六年丁未,太師舉進士,選庶吉士。讀中秘書,二十八年乙酉,授翰林院編修。"

張居正在《與南掌院趙麟陽》《張文忠公全集》"書牘十五"(清光緒二十七年紅藤碧樹山房重刻本)曾提及此事,其曰:"僕昔年十三,大司寇東橋顧公,時爲敝省巡撫,一見即許以國士,呼爲小友。每與藩臬諸君言:'此子將相才也。昔張燕公識李鄴侯於童稚,吾庶幾云云。'又解束帶以相贈。"

王世貞《藝苑巵言》卷六:"華玉能識今江陵公於未冠時,足稱具眼。"

沈雄《古今詞話·詞評下》(上海書店 1987 年版):"吴郡顧華玉,弘、正間大司寇,爲當時風雅主盟,負知人之鑒,稱東橋先生。識拔張江陵於童子時。其詩有'君王自信圖中貌,静女虚迎夢裏車'。詞亦近是。"

璘爲文不事險刻,鑄詞發藻詩法古人。詩尤雋永,以唐詩爲矩矱,務去陳言,時有奇峭。

陳大壯《息園存稿詩序》:"蓋先生本原淵静,知見肆核,益之以經獵堅凝、容與敦裕,以故怡性寄悰,遘賢會奇,自古賦樂府迄於近體,體盡其變,法盡其通,用盡其神,罔不臻極,矧曰殷情以叙倫,搴勝以端好,悼往以申節,懷侣以崇比,咸性情之正者乎!先生揚歷中外,蓋四十年,披棐宣愛,敷教永辭,言與行孚,政以風觀,今全楚殿毖爲當寧倚毗者,固詩之緼也。"

鄧繼曾《息園存稿文序》:"頃以議裁賦繇,備端書之役,獲睹

《息園存稿》,遍取而讀之,嘆曰:'此道藴之發也,此世教之一振也。'……方今文明達辭君子固後先相望也,罔不心服先生,推爲宗工。先生之文無意於學古,而立旨命辭自與古合,序事、記實、贈生、志殁,卓具史裁,而箴議、辯解、近言之類,則互發經旨,是其賦於天者清粹醇一,充諸問學者博洽正大,而又更歷於世態者,夷險起仆,靡曲不致,故其道之藴諸中者深,而其英華之發諸辭者達有如此者。曾又得縱觀其詩,如《山中》《憑几》《息園》諸集,又皆本諸性情,而中乎音律。要之,皆達辭也。"

蔡羽《顧全州詩序》:"全州曩時詩格和平,讀之令人喜豁,自謫全,寄詩皆感慨愁壹,夫感慨愁壹,必有所不足也。"

顧起綸《國雅品·士品三》(周維德集校《全明詩話》,齊魯書社2005年版):"顧司寇華玉體裁變創,工於發端,斐然盛明之羽翼也。如:'經旬謝賓客,春草當門生。''鹿飲紅泉細,猿啼翠壁重。''緑樹邀行騎,青山擁寺門。'又'御前却輦言無忌,衆裏當熊死不辭。'足使文通變色,彦升失步矣。"

王世貞《藝苑卮言》卷六:"顧華玉才華在朱、鄭之上,特以其調少下耳。如'君王自信圖中貌,静女虚迎夢裏車',又'古寺頻來僧盡老,重陽欲近蟹争肥',無論體裁,俱雋婉有味。至'御前却輦言無忌,衆裏當熊死不辭',尤覺矯矯壯麗。朱句如'寒菊抱花餘舊摘,慈鴉將子試新飛',亦自楚楚。"

王世貞《弇州山人續稿》(明萬曆刻本)卷一百四十八《吴中往哲像贊》:"先生詩富才情,格不必盡古,而以風調勝,往往膾炙人口。文小弱,然亦宛宛雅趣。延接名流,如恐失之。……贊曰:弘、正之間,天昌厥辭。李何□之,邊王翼之。跋跋中原,江左其誰。昌穀後勁,公乃先馳。綿麗才情,紆徐規矩。六季風流,庾鮑庶幾。"

俞憲《盛明百家詩·顧司集》(明嘉靖隆慶間刻萬曆增刻本):“東橋顧公詩,隨事闡義,因物泄情,志希大方,當在陳石亭、王南原之上。”

文徵明《顧公墓誌銘》:“爲文不事險刻,而鑄詞發藻必古人爲師,見諸論著,雄深爾雅,足自名家。詩尤雋永,雖矩矱唐人,而劖芟陳爛,時出奇峭。樂府歌詞,不失漢魏風格。問學博深,既有資地,而才敏氣充,足以發之。”

錢謙益《列朝詩集小傳》丙集:“詩矩矱唐人,才情爛然,格不必盡古,而以風調勝,延接勝流,如恐不及。”

朱彝尊《静志居詩話》卷十“顧璘”附録:“顧詩發源清淺,沿流徘徊,忽有所觸,一振其響,清映林樾,頓洗俗聽。如‘高林忽在下,衣襟有雲霧。倒景猶照人,平地黯將暮’,可謂春容雅韻。又‘江横群水合,野闊萬峰開’,描寫江山,超於凡想。”

王昶《明詞綜》(商務印書館 1938 年版)卷二:《柳塘詞話》云:“東橋詞,有承平氣象。”

永瑢等《四庫全書總目提要》别集類二十四《浮湘集》:“《明史·文苑傳》稱璘初與同里陳沂、王韋號金陵三杰。後寶應朱應登繼起,號四大家。然璘、應登翼李夢陽,而韋、沂則頗持异論。又稱璘詩矩矱唐人,以風調勝。今觀其集,遠挹晋安之波,近驂信陽之乘,在正、嘉間固不失爲第二流之首也。”

潘德輿《養一齋詩話》(中華書局 2010 年版)卷十:“顧華玉謂‘詩當要諸後世,不可苟悦於目前’,名論也。然謂‘杜宗《雅》《頌》而實其實,其蔽也樸,韓昌黎是也;李宗《國風》而虚其虚,其蔽也浮,温庭筠是也。盛唐王、岑諸公,依稀《風》《雅》而以魏、晋爲歸,冲夷有餘韻矣,其蔽也俚而易,王建、白樂天是也’。是皆不免武斷。三代以後,學《風》《雅》者稀矣,學《頌》者尤稀,杜詩仰追《風》

《雅》,亦未及《頌》也。謂其詩無不實,亦非也。彼其運意深微屈曲,得風人之虚婉者多矣,華玉未之審耳。太白宗《國風》,又兼《離騷》,其樂府古詩往往有沉着入微處,謂其純蹈虚,則窺太白亦淺矣。王、岑諸公造詣淵源,不可輕議,大略以晋爲始耳,謂其宗魏,吾不敢知其'依稀《風》《雅》'者安在?若'樸'乃詩之佳境,不可言'蔽',昌黎亦未可言'樸'。温庭筠非因宗太白而'浮'。王建與樂天不相似,又未必宗王、岑也。種種失當,實誤後人。詞場名士,聲譽既樹,任意雌黄,吾見亦多矣。華玉詩與空同、大復、昌穀亞,猶蹈此失乎?然華玉謂'空同氣雄,大復才逸,昌穀情深,醇駁優劣,可略而言',則所'樸'與'浮'與'俚而易'者,殆指此三家之受蔽而言歟?要之,空同之蔽在粗而不在'樸'也。華玉又謂'論詩者言《風》《雅》則妄,上漢、魏,次李、杜、王、岑諸賢,詞林之規矩在是'。夫以宗漢、魏祧《風》《雅》爲不妄,而不知其爲無頭腦學問,乃妄之尤者也。且既不知《風》《雅》,又何以宗漢、魏、李、杜哉!恐其所謂宗漢、魏、李、杜者,亦姑飾其體貌以服人,而非中心所實好也。"

璘著述頗多,詩文集曰《息園文稿》《息園詩稿》《浮湘集》《山中集》《憑几集》《緩慟集》。雜著曰《國寶新編》《近言》《顧氏七記》。《國寶新編》記李夢陽、何景明、祝允明等十三人,傳後有贊。

文徵明《顧公墓誌銘》:"公所著書曰《國寶新編》,曰《近言》,曰《顧氏七記》。詩曰《浮湘稿》,曰《山中集》,曰《息園集》,曰《憑几集》,曰《登衡小紀》,總若干卷。"

馮時可《馮元成選集》卷四十九《顧東橋公傳》:"公著撰有四集,雜著曰《國寶新編》,曰《近言》,曰《顧氏七記》。"

黄虞稷《千頃堂書目》卷二十一:"顧璘《息園文稿》九卷。又《息園詩稿》十四卷。又《憑几集》七卷。又《浮湘稿》四卷。又《山中集》四卷。又《緩慟集》一卷。"又,卷三十:"顧璘《文端》二卷。"

張廷玉等《明史》卷七十三《藝文志二》:“顧璘《國寶新編》一卷。”又,《藝文志四》:“顧璘《息園文稿》九卷、詩十四卷。”

永瑢等《四庫全書總目提要》别集類二十四“《浮湘集》四卷《山中集》四卷《憑几集》五卷《續集》二卷《息園存稿》詩十四卷文九卷《緩慟集》一卷”:“璘有《國寶新編》,已著録。是編乃其詩文全集。《浮湘集》由開封府知府謫全州知州時作,蔡序之。《山中集》移病家居時作,陳束序之。《憑几集》《憑几續集》皆起官湖廣巡撫時作,皇甫汸序之。璘亦有自序。《息園存稿》并刻於嘉靖戊戌,《詩稿》陳大壯序之,《文稿》鄧繼中序之。附録曰《緩慟集》,官工部侍郎時哭其亡女之作,璘自序之。朱彝尊《明詩綜》稱其尚有《歸田集》,今未見傳本,不知佚否也。”又,“傳記類存目三”“國寶新編”:“是書凡録李夢陽、何景明、祝允明、徐禎卿、朱應登、趙鶴、鄭善夫、都穆、景暘、王韋、孫一元、王寵十三人,爲之傳,傳爲之贊。”

嵇璜《欽定續文獻通考經籍考》(乾隆四十九年武英殿本)卷一百九十二:“顧璘《浮湘集》四卷、《山中集》四卷、《憑几集》五卷、《續集》二卷、《息園存稿》詩十四卷、文九卷、《緩慟集》一卷。”

按,顧璘著作現存版本及詩文版本系統可參看王媛《顧璘詩文研究》第二章“顧璘詩文著述考”及《明史文苑傳箋證》卷二“顧璘”相關論述。

參考文獻:

1. 顧璘撰《浮湘稿》《山中集》《憑几集》《息園存稿》《緩慟集》,明嘉靖吴郡沈氏繁露堂刻本。

2. 張居正《張太岳先生集》,清刻本。

3. 錢穀《吴都文萃續集》,商務印書館 1934 年版。

4. 錢謙益編著《列朝詩集小傳》，上海古籍出版社 1959 年版。

5. 王世貞著，陸潔棟、周明初批注《藝苑卮言》，鳳凰出版社 2009 年版。

6. 文徵明著，周道振輯校《文徵明集》，上海古籍出版社 2014 年版。

7. 蔣一葵撰，吕景琳點校《堯山堂外紀（外一種）》，中華書局 2019 年版。

（李雙華　孫啓華）

邊貢傳

邊貢,初字來庭,後更字庭實,號華泉,又號青厓、野史氏、野史公,山東濟南府歷城(今濟南市歷城區)人。成化十二年(1476)八月生。

李廷相《資政大夫南京户部尚書華泉邊公貢神道碑》(《國朝獻徵録》卷三十一,明萬曆四十四年刻本):"公諱貢,字庭實,别號華泉。……今爲歷城人。"又,"公生於成化丙申八月。"

邊貢《邊華泉集稿》卷六《弟賦庭寶字説》:"予生六歲而未有名,少司空泰和張達時爲應天丞,與大父治中府君爲僚友也,始以貢命予。予既冠而交游,字之曰:'來庭',鄉先達太保尹公少之,易以'庭實',於是交游者因遂以'庭實'呼之矣。"

邊貢《邊華泉集稿》卷二《頤晦林子詩集序》:"有傳斯語於野史氏者。且曰:是莆之高士也。野史氏以問石峰陳子。"又,卷四《魏邦奠墓誌銘》:"野史氏曰:予於魏子者之死也,而信天道之難忱焉。"又,卷四《吴處士墓誌銘》:"……野史公曰:古有言,不知其子,視其父;不知其人,視其友。"

張廷玉等《明史》卷二百八十六本傳:"邊貢,字廷實,歷城人。"

按,《明史》邊貢本傳、《掖垣人鑑》卷十一《邊貢傳》等皆云邊貢字廷實,當以邊貢《弟賦庭寶字説》及李廷相《資政大夫南京户部尚書邊公貢神道碑》所載爲是。

其先淮陰人，六世祖朝用，元至正中避亂徙歷城，入贅王家，冒王姓，始居歷城。祖寧，復邊姓，仕至應天府治中，藏書萬卷，建萬卷樓。父節，字時中，別號介庵，成化二十三年舉人，久不第，正德元年(1506)，選授山西代州知州。在代三年，抑豪家，釋罪囚，不喜逢迎，以御史索賄不得，枉劾免官歸。母董金，歷城人，永濟驛丞董杰之女。

邊貢《邊華泉集稿》卷四《先代州府君行狀》："邊氏故淮陰人，諱朝用府君者，我先君高祖也，至正之亂徙歷城，遂家歷城。冒王氏姓者三世矣。乃至我大父奉政公而始復邊氏云。"又，《先代州府君行狀》述其父："然數試乃數不第，爲學官弟子者凡十六年，而當成化丙午，是年舉鄉試第九人……又二十年而當正德丙寅，始入選試吏部，吏部列置第一矣，乃授山西代州知州。爲知州者三年，則致仕歸。歸二年，所病乃不起，是爲辛未六月乙未，距其生景泰庚午四月己卯，春秋纔六十二也。……其始至郡也，郡鄉村多豪家，恃强横不服役也。先君召父老與之言君子野人之分，上下之義，使布告諸鄉村豪家，於是諸鄉村豪家咸服役來，恐後，帖帖矣。又視郡中獄多繫囚，以問吏。吏曰：'此其人皆頑慢者，不以時入賦，不可釋，釋則亡，不携父子入林砦，以拒官府。'先君按其籍，則皆亡餘夫者。……乃釋諸繫者囚，與之限列，使入賦，於是諸繫囚以首觸地曰：'父母！父母！'皆踴躍以歸，及限列賦，纚纚來入矣。……先君又不喜逢迎……又值御史行縣邑，時中官瑾肆侵牟矣。御史者，故秦人而又其肺腑也，乃先君庭謁屏人語，降色求賄金焉。先君腹非之，爲禮不敬，又不與御史金，卒以是忤御史，坐謬劾免官歸。……先君名節，字時中，别號介庵。嘗自謂曰：'吾慕蘇子卿之爲人，幸他日舉進士，必以漢卿易吾字。'於戲，悲夫！乃卒不獲信其志也。"

邊貢《邊華泉集稿》卷四《先夫人董氏行狀》述其母:"先夫人者諱金,歷城董家女也。父曰杰,仕爲永濟驛驛丞。"又,卷五《始自荆州奔喪告文》:"吾父以兒耽嗜詞章,意每不喜,凡所自製咸弗示。"

李夢陽《李夢陽集校箋》(中華書局 2020 年版)卷四十四《明故奉訓大夫代州知州邊公合葬志銘》:"邊氏者,故淮陰人也。曰朝用者,元末避亂,走歷城,而贅歷城王家,稱王朝用。朝用生王一誠,一誠生王文質,文質有二子:長曰安,次曰寧。寧生而异,稍長,揚言曰:'我,邊氏也,呼我邊寧。曰大邊氏必我。'後其官果至應天府治中。乃治中罔金,畜書也,輒倍金獲之。久之,書萬,起萬卷樓,謂人曰:'吾子孫必有以文興者。'"又,"邊節者,奉訓公也,字時中,號介庵子。……邊公坎坷者復二十年,始有代州之命。……如是者三年,代州大治。會中官瑾用事,天下以賂行,公執古,獨不以賂行,而忤中謁者。已又與御史者拗也,坐是免官歸。"

邊貢生有异質,少從祖父游學南京,即有文名。

李廷相《資政大夫南京户部尚書邊公貢神道碑》:"公生有异質,即襁褓時,祖母王夫人時置膝上,口授章句,一過輒成誦。既乃從大父治中公於官所,於是公角尚弁即蔚有文名。"

邊貢《邊華泉集稿》卷五《始自荆州奔喪告文》:"兒生三十六歲於兹矣,六歲而侍吾祖奉政公於南都,十四而歸,二十一而繫身仕版中。"又,卷六《東山春興卷引》:"月庵先生姓陳氏,和州人,居於金陵。成化末,邊生從王父游金陵,嘗受學焉。"

弘治八年(1495)舉山東鄉試第四人,九年登進士第,授太常博士,十八年升兵科給事中。

李廷相《資政大夫南京户部尚書華泉邊公貢神道碑》(《國朝獻徵録》卷三十一,明萬曆四十四年刻本):"弘治乙卯,年纔二十,舉山東鄉試第四人。明年丙辰,遂登進士第。授太常博士。時敬皇帝重祠事,公駿奔惟謹,嘗以告,不與。上私語左右曰:'何不見年少官人耶?'其爲上所簡注如此。乙丑六月,擢兵科給事中。"

吕柟《涇野先生文集》(明嘉靖三十四年刻本)卷七《贈邊華泉致政序》:"公年二十,發解山東,即成進士。"

邊貢《邊華泉集稿》卷一《同年會别詩序》:"弘治乙卯秋八月,山東之士之舉於其鄉者七十有五人焉,……丙辰會試禮部,再會於京師逆旅舍中。"

《武宗實録》(北京大學圖書館藏原北平國立圖書館藏明"紅格鈔本")卷二:"(弘治十八年六月戊寅),授行人司行人安奎、吕翀、任惠,太常寺博士邊貢,進士王翊、陳霆、徐暹,俱爲給事中,奎吏科,貢、翊兵科,翀、霆刑科,惠南京吏科,暹南京工科。"

貢性峻直,通曉時務。孝宗崩,敬宗登,貢上疏劾中官張瑜,太醫劉文泰、高廷和用藥之謬,又劾中官苗逵、保國公朱暉、都御史史琳用兵之失。旋擢太常寺丞。瑾擅權,貢不善事顯貴人,顯貴人伺瑾顔色,出貢爲衛輝知府,時正德四年(1509)。明年,改荆州。

李廷相《資政大夫南京户部尚書華泉邊公貢神道碑》:"公性峻直,又練習國章,通曉時務,抵掌談天下事,率鑿鑿副名實,雖重忤時貴,弗畏避。敬皇帝登遐,公劾太監張瑜與太醫劉泰、高廷和用藥之誤,又劾太監苗逵與保國公朱暉、都御史史琳用兵之失,詞義剴切,聞者凛然。"又,"是年(指弘治十八年)九月,仍擢公太常寺丞。既而逆瑾擅權,陵轢衣冠,亡所不至。公又不能善事顯貴人,於是顯貴人伺瑾顔色,出公爲衛輝知府。庚午,改荆州。"

《武宗實録》卷一:"(弘治十八年五月己亥)司設監太監張瑜、掌太醫院事右通政施欽、院判劉文泰、御醫高廷和等有罪下獄。初,先帝以禱雨齋戒偶感風寒,命瑜與太醫院議方藥。瑜私於文泰、廷和,不請診視,輒用藥以進,繼與欽及院判方叔和、醫士徐昊等進藥,皆與證乖,先帝遂彌留弗興。中外痛恨,英國公張懋等及給事中王宸、薛金,御史陳世良等交劾其惡,以爲庸醫殺人、律科過失特爲常人設耳,若上誤人主、失宗廟生靈之望,是爲天下大害,罪在不赦。故合和御藥誤,不依本方,謂之大不敬,列諸十惡,請加瑜等顯戮,以泄神人之怒。令旨從懋等言,乃命錦衣衛執瑜等送都察院,會多官鞫之。"又:"(弘治十八年五月己酉)得旨,瑜、文泰、廷和依律論死,欽、叔和革職閑住。"又,卷四:"(弘治十八年八月)丙子,敕監督軍務等官太監苗逵、保國公朱暉、都御史史琳回京以自陳。爲言官所論,且虜勢稍緩故也。"又,卷五:"(弘治十八年九月)庚寅,升兵科給事中邊貢爲太常寺寺丞。"

邊貢《邊華泉集稿》卷一《言邊患封事》:"……臣惟將士無功,責在主兵。今日之事,不暇遠舉,請以太監苗逵、保國公朱暉、右都御史史琳節次奏報之詞論之。其捷音本内開稱:官軍對敵,計出萬全,賊鋒大剉,邊境寧謐,爲萬萬年無疆之休矣。今旋軍一日,而大同即化爲賊場,臣不知所謂萬全之計、無疆之休者,何在也?其旋軍本内開稱:議留總兵等官吴江等十餘員於大同各路,分布周密,防備戰守,苗逵等復回宣府節制,隨宜調度。今虜賊入如蹈無人之境,臣不知防備戰守、隨宜調度者何在也?……伏望陛下上計社稷,下憫生靈,特敕多官會議,將苗逵等取回,治其欺妄失事之罪,以懲後人,别推内外文武大臣素有猷望者數員列名上請,簡命三員前往二鎮,以代其事。"又,卷二《贈福建右方伯鄒公序》:"予昔在戊辰、己巳間,爲太常丞,而公爲户科都給事中。"又,卷六《東山春興卷引》:"正德庚午,邊生自太常丞出爲荆州牧。"又,卷六《弟賦庭實字説》:"今年春,予自太常丞出守江陵。"

張廷玉等《明史》卷一百七十三《朱暉傳》:"武宗即位,寇大入宣府,復命暉偕、逵琳帥師往。寇轉掠大同,參將陳雄擊斬八十餘級,還所掠人口二千七百有奇。暉等奏捷,列有功將士二萬餘人,兵部侍郎閻仲宇、大理丞鄧璋往勘,所報多不實。終以逵故,衆咸給賜。劉瑾用事,暉等更奏録功太薄,請依成化間白狐莊例。兵部力争,不納,竟從暉言,得擢者千五百六十三人,暉加太保。”

正德六年(1511),貢父節卒。貢由荆州知府擢山西提學副使。九年,服除,起爲河南提學副使,十二年,丁母憂。十六年,歷升南京太常寺少卿。

李廷相《資政大夫南京户部尚書華泉邊公貢神道碑》:“辛未,擢山西提學副使,尋丁代州公憂。甲戌服除,起公河南。公正己以格物,先行而後文,申條教以定其趨,勤考校以程其業,復文體以示其標,嚴勸懲以鼓其氣,繇是,士經公訓迪,莫不充然各有所得。丙子鄉試,號稱得人。丁丑,丁母董夫人憂。”

李夢陽《李夢陽集校箋》卷四十四《明故奉訓大夫代州知州邊公合葬志銘》:“邊公卒之年,爲正德辛未六月乙未。”

邊貢《邊華泉集稿》卷五《始自荆州奔喪告文》:“吾父委棄二孤五閲月於兹矣,兒始得自荆州反哭於靈所,終天之慟,尚忍言哉?”

《武宗實録》卷七十七:“(正德六年七月)甲子,升荆州府知府邊貢爲山西按察司副使,提調學校。”

《世宗實録》(北京大學圖書館藏原北平國立圖書館藏明“紅格鈔本”)卷八:“(正德十六年十一月癸酉),原任河南按察司副使邊貢爲南京太常寺少卿。”

嘉靖二年(1523)遷南京太僕寺卿,六年改太常寺卿、提督四夷館,七年進南京刑部右侍郎,八年晋南京户部尚書。

雷禮《國朝列卿紀》(明萬曆刻本)卷一百五十一“南京太僕寺

卿行實"條:"嘉靖二年,由南太常寺少卿升任。……三年,升南太常寺卿。"

《世宗實録》卷三十二:"(嘉靖二年十月甲寅)升南京太常寺少卿邊貢爲南京太僕寺卿。"又,卷三十七:"(嘉靖三年三月甲戌)升南京太僕寺卿邊貢爲南京太常寺卿。"又,卷七十五:"(嘉靖六年四月)辛亥,改南京太常寺卿邊貢爲太常寺卿,提督四夷館。"又,卷九十四:"(嘉靖七年閏十月)丙戌,升太常寺卿、提督四夷館邊貢爲南京刑部右侍郎。"又,卷一百零五:"(嘉靖八年九月辛丑)升南京刑部右侍郎邊貢爲南京户部尚書。"

湛若水《泉翁大全集》(明萬曆二十一年修補本)卷十九《贈太常邊華泉應召提督四夷館北上序》:"嘉靖六年夏,華泉邊先生由南京太常卿詔改北,提督四館。"

談遷《國榷》"嘉靖八年九月"條:"辛丑,南京刑部右侍郎邊貢爲南京户部尚書。"

貢久官留都,悠閑無事,喜接賓客,與詩友游覽六代江山,揮毫浮白,都御史因劾其嗜酒曠職,遂罷歸。

李廷相《資政大夫南京户部尚書華泉邊公貢神道碑》:"辛卯,忽以疾懇疏乞歸。"按,李廷相《神道碑銘》載邊貢因病告退,蓋爲其挽回顔面之藉口。

王世貞《明詩評》(周維德集校《全明詩話》,齊魯書社 2005 年版)一:"尚書美姿風流,饒吏事,好交與天下豪俠。其所搜積金石古文幾遍。屬主上清明,備閑秩,亡所見,稍稍游歷留司諸山水,竟日夜,而又好浮白,多屈其坐人。汪鋐時長憲,心忌尚書名,以爲罪,論去之。"

錢謙益《列朝詩集小傳·丙集》"邊貢傳":"久游留司,優閑無所事事,游覽六代江山,揮毫浮白,夜以繼日。"

尤侗《明史擬稿》(清康熙三十年刻本)卷四:“久官留都,喜接賓客,游覽六代江山,揮毫浮白,夜以繼日。每醉則使兩妓肩臂扶路唱歌,觀者如堵,了不爲怪。”

吕柟《涇野先生文集》卷七《贈邊華泉致政序》:“大司徒華泉邊公守南户部尚書二年矣。去冬來,數疾作,每帶病聽政,其湯藥調攝則間居於家,於是都御史汪公言於上,吏部覆疏,准歸休。”

林文俊《方齋存稿》(鈔本)卷三《送大司徒華泉邊公致政序》:“大司徒濟南華泉邊公,前歲自太常卿進拜南京刑部右侍郎,便道過家,屬有末疾,具疏乞休,堅不欲出。上降旨勉留,敦迫就道,公不得已,舁疾行。既至,進南京户部尚書。政益繁,勞益甚,疾益纏綿,復欲具疏請,同列固止之。公亦念上惓倚之厚,力疾圖報,未敢遽言其私。今年之夏,廷臣偶有以公之疾聞上者,上不欲煩以政,特賜休致。”

好藏書,金石古文積蓄甚富。嘉靖十年(1531)歸里,卜居大明湖畔,平生癖於搜書,所蓄不啻數萬卷,因建萬卷樓以貯之。嘉靖十一年二月遭火,藏書盡焚,仰天大哭,遂病卒。時年五十有七。

李廷相《資政大夫南京户部尚書華泉邊公貢神道碑》:“初,公癖於求書,所蓄不啻數萬卷。壬辰偶遭回禄,焚之幾盡,公仰天大哭:‘嗟乎! 甚於喪我也!’疾遂篤。胡夫人謂公曰:‘即不諱麗牲之石,孰當銘公者?’既而曰:‘宜莫如廷相公?’然之,已而卒。”

錢謙益《列朝詩集小傳》丙集“邊貢傳”:“癖於求書,搜訪金石古文甚富,一夕毁於火,仰天大哭曰:‘嗟乎,甚於喪我也!’病遂篤,卒年五十七。”

胡德琳修,李文藻等纂《(乾隆)歷城縣志》(清乾隆三十八年刻本)卷四十:“(嘉靖)十年,右都御史某劾其縱酒廢職,遂致仕歸。築萬卷樓於湖上,蓄書籍、金石、古文甚富。十一年,火幾盡,貢仰天大哭曰:'甚於喪我也!'遂發病卒,年五十七,賜祭葬。"

邊貢美姿風流,嗜飲酒,好交游,所交悉海内名士。弱冠舉進士,入朝與郎署才俊李夢陽等詩酒交游,共相推轂,倡復古道。

李廷相《資政大夫南京户部尚書華泉邊公貢神道碑》:"初公體豐顔渥,風神藻雅,兩更三年喪,哀毀逾禮,自是積憂成疾,而公亦倦於游矣……況公孝友天至,又喜賓客,樂道人善,接引後進常若不及。"

何喬遠《名山藏》(明崇禎刻本)卷八十六《邊貢傳》:"貢美姿風流,饒吏事,所交與皆天下豪俠。能酒,酒屈其座客。每醉則使兩伎肩臂扶路唱樂,觀者如堵,了不爲怪。"

王世貞《藝苑卮言》(周維德集校《全明詩話》,齊魯書社2005年版)卷六:"邊庭實以按察移疾還,每醉,則使兩伎肩臂,扶路唱樂,觀者如堵,了不爲怪。關中許宗魯何棟、西蜀楊名無夕不縱倡,漸以成俗。有規楊用修者,答書云:'文有仗境生情,詩或托物起興。如崔延伯每臨陣,則召田僧超爲壯士歌;宋子京修史,使麗豎燃椽燭;吴元中起草,令遠山磨隃麋。是或一道也,走豈能執鞭古人? 聊以耗壯心,遣餘年,所謂老顛欲裂風景者,良亦有以。不知我者不可聞此言,知我者不可不聞此言。'"

王世貞《明詩評》卷一:"何李赤幟,貢實雁行,羽儀詞林,膾炙藝圃。"

魏允孚《重刻華泉先生全集序》(《邊華泉集》卷首):"我明當孝廟之世,皇運熙宏,人文樸茂,學古之士并軫而翔。關西則李獻吉,汝南則何仲默,吴中則徐昌穀,歷下則邊庭實。"

錢謙益《列朝詩集小傳》丙集《邊貢傳》:"廷實弱冠舉進士,雅負才名,美風姿,諳吏事,好交與天下豪俊,久游留司,優閑無所事事,游覽六代江山,揮毫浮白,夜以繼日。"

與李夢陽、何景明、徐禎卿合稱“弘正四杰”。與李夢陽、何景明、徐禎卿、康海、王九思、王廷相號“七子”(“前七子”)。亦與李夢陽、何景明、徐禎卿、康海、王九思、朱應登、顧璘、陳沂、鄭善夫稱“弘治十才子”。留都十年,時與顧璘、朱應登、蔣山卿、趙鶴、景暘等觴咏酬唱,詩名負天下數十年。工詩,力除臺閣之頹靡萎弱。

顧起綸《國雅品·士品三》(周維德集校《全明詩話》,齊魯書社2005年版):“袁氏獻實曰:‘李何徐邊,世稱四杰。李雄健,何秀逸,徐精融,邊樸質。故并負盛名,輝映當代,四公殆藝苑之菁英也。’邊稍不逮,只堪鼓吹三家耳。其集中篇章頗富,如:‘緑水閶門道,青山建業城。’‘地入河源渺,天連塞日曛。’又:‘魯連箭滅遺書在,微子城荒故堞留。’‘千盤鳥道懸雲上,五色龍江抱日流。’應是豪華語。《卮言》云:‘廷實如五陵裘馬,千金少年。’信然。”

張廷玉等《明史》卷二百八十六《李夢陽傳》:“弘治時,宰相李東陽主文柄,天下翕然宗之,夢陽獨譏其萎弱。倡言文必秦、漢,詩必盛唐,非是者弗道。與何景明、徐禎卿、邊貢、朱應登、顧璘、陳沂、鄭善夫、康海、王九思等號‘十才子’,又與景明、禎卿、貢、海、九思、王廷相號‘七才子’,皆卑視一世,而夢陽尤甚。”

項篤壽《今獻備遺》(明萬曆刻本)卷四十二《何景明》:“弘治初,北地李夢陽首爲古文,以變宋元之習,文稱左遷,賦尚屈宋,詩古體宗漢魏,近律法李杜,學士大夫翕焉從之。其時濟南邊貢、姑蘇徐禎卿及何景明最有名,世稱四杰。四人才各有所長:李天才雄健,徐陶冶精融,而景明藻思秀逸,皆藝苑之鴻匠也。邊公材不逮,識樸質有餘,而華采不足,豈天稟限之歟?”

沈德潛《明詩别裁集》(上海古籍出版社1979年版)卷五:“華泉邊幅較狹,而風人遺韻,故自不乏。李、何、邊、徐并名,有以也。”

邊貢論詩主"守之以正,時出其奇"。其詩長於近體,尤精於五言,平樸秀整,興象飄逸而語尤清圓,無凌轢跋扈之氣。後數十載,清錢謙益對李夢陽、李攀龍等人詩作吹垢索斑,不遺餘力,於邊貢則無惡語,因此是也。

邊貢《華泉集》卷十四《題史元之所藏沈休翁高鐵溪詩卷》:"守之以正,時出其奇。"

王世貞《藝苑卮言》卷五:"邊庭實:如洛陽名園,處處綺草,不必盡稱姚魏;又如五陵裘馬,千金少年。"

王世貞《明詩評》一:"詩如洛陽名園,處處錦爛,五陵游俠,裘馬千金。雖復大雅,不心醉乎?五言律勝七言,七言勝古。"

俞憲《盛明百家詩·邊華泉集序》(齊魯書社1997年版):"華泉邊公詩調逸情真,氣舒音亮,不假深求,自得風人之遺韻。蓋蔚乎可傳者也。"

魏允孚《華泉集序》:"庭實,先生字也。獻吉之詞雄,仲默之詞逸,昌穀之詞蒼,先生之詞温然、粹然。"

許學夷《詩源辯體·後集纂要》(人民文學出版社1987年版)卷二:"邊庭實(名貢)五言古,語多錯出,出漢魏者較于鱗則爲淺易。樂府雜言格新調婉,惜變化差少,然以意爲主,而不以格爲主也。五言律多出子美、盛唐。七言律和韻最多,下者有同學究。入録者冠冕整秩而兼有氣格,其工處較五言爲勝。元美稱'五言勝七言',以全集論也。七言絶《迎鑾曲》《凱歌》等,出於太白《永王東巡歌》《上皇西巡歌》,較獻吉《帝京》《郊祀》,完美過之,當爲杰作。"

朱彝尊《静志居詩話》卷十:"華泉諸體,不及三家,獨五言絶句擅場。昔宋吴江令張達明與客論詩,其言曰:'詩莫難於絶句,尤莫難於五言。欲其章短而意長,辭約而理盡',華泉庶足當之。大復贈詩云:'《陽春》誠獨步,《清廟》徒三嘆。'以絶句論,邊亦無愧於三家也。"

永瑢等《四庫全書總目提要》别集類二十四《華泉集》:“魯中立《海岳靈秀集》曰:‘華泉之作,雖不逮何、李,然平淡和粹。孝廟以前,海岱之才,無其倫比。’胡應麟《詩藪》曰:‘世人獨推李、何爲當代第一。余以爲空同關中人,氣稍過勁,未免失之怒張。大復之亮節俊語出於天性,亦自難到,但工於文句,而乏意外之趣。獨邊華泉興象飄逸,而語尤清圓,故當共推此人。’陳子龍《明詩選》則曰:‘尚書才情甚富,能於沈穩處見其流麗,聲價在昌穀下,君采之上。’今考其詩,才力雄健,不及李夢陽、何景明善於用長,意境清遠,不及徐禎卿、薛蕙善於用短,而夷猶於諸人之間,以不戰爲勝。無憑陵一世之名,而時過事移,日久論定,亦不甚受後人之排擊。”

張謙宜《絸齋詩談》(清乾隆二十五年刻本)卷六:“此翁詩,筋能附骨,華不掩真,品在于鱗之上。”

王士禛以鄉前賢推崇其詩,輯有《華泉集選》四卷,序云:“濟南詩派大昌於華泉、滄溟二氏,而篳路藍縷之功,又以邊氏爲首庸。”

王士禛《漁洋詩話》(丁福保輯《清詩話》,上海古籍出版社1963年版)卷上:“歷下詩派,始盛於弘、正四杰之邊尚書華泉,再盛於嘉、隆七子之李觀察滄溟。”

陳田《明詩紀事》(商務印書館1936年版)丁籤卷二:“陳田按:‘《華泉集》蕪蔓未翦,今睹阮亭《詩選》,頓爾改觀。曹子建常嘆异世相知,誰訂吾文者。阮亭真華泉曠世知己。華泉古詩佳作不及何、李之多,律體翩翩,自是風流一代人豪。竹垞專取五絶,未爲知言。’”

按,王士禛删定貢詩,序《華泉集選》(《華泉先生集選》卷首,清刻本)謂:“吾濟南詩派,大昌於華泉、滄溟二氏,而蓽路藍縷之功,又以邊氏爲首庸”,甚至以華泉“比之曹植、謝靈運”。《四庫全書總目》以爲此論,“雖不免夸飾,然於《李攀龍集》終置不論,而獨加意於貢集,其去取之間,亦有微意”,可謂持平之論。

有《華泉集》存世。近人趙尊岳《明詞彙刊》録其詞六首爲《華泉詞》。

李廷相《資政大夫南京户部尚書華泉邊公貢神道碑》:“所著詩文四十餘卷,藏於家,門人輩相與謀梓之。”

《(嘉靖)山東通志》(明嘉靖刻本)卷二十九《人物二·濟南府·邊貢》:“……所著詩文二十卷,藏於家。”

黄虞稷《千頃堂書目》卷二十一:“邊貢《華泉詩集》八卷,又《華泉文稿》一卷。”

張廷玉等《明史》卷七十三《藝文志二》:“邊貢《華泉集》四卷,《詩》八卷。”

永瑢等《四庫全書總目提要》卷一百七十一:“《華泉集》十四卷,山東巡撫采進本,明邊貢撰。”

魏允孚《華泉集原序》:“先生集舊有本,歲久而蝕,又遺所爲文不載,余理濟之明年,從先生仲子搜得數十篇,因叙入集中爲重鋟之。匪徒不朽於先生之詞,且俾論世者有所考見。”

王士禛《香祖筆記》(清康熙刻雍正印本)卷二:“《華泉集》一刻於胡中丞可泉,再刻於魏推官允孚,又《逸稿》六卷,刻於王方伯桃溪,又有李中麓太常選本,山西臺察趙倎齋刻於太原。予所及見者前三本,而中麓太常選本獨未之見,諸本亦漸就澌滅矣。康熙己卯,予乃選刻於京師,凡四卷。”

繆荃孫、吴昌綬、董康《嘉業堂藏書志》(復旦大學出版社1997年版)卷四“邊華泉集八卷”:“右詩五首,見王文簡選刻本,而集中不載,則知此集非文簡所據胡、魏二刻本也。華泉卒於嘉靖十五年丙申,章邱李太常開先選其詩八卷,一刻於晋,一刻於家。劉希尹曾以書致謝。至戊戌,希尹復收其逸詩若干首,天水胡中丞可泉鋟梓以行。是此集於尚書甫歿三年内,已有三刻本矣。潘序謂,歷城令巽川李公藏稿,桃溪方伯王公捐俸刻之。魏序謂,余理濟之明年,從先生仲子搜得數十篇,敘入集中重鋟之。兩序皆無重刻年月,然考潘子霓嘉靖三十二年癸丑進士,魏允中萬曆八年庚辰進士,允孚乃允中季弟,其成進士又在庚辰之後。潘、魏兩人成進士前後相去三十年,則方伯刻本在前,司理刻本在後,相去當不下二十餘年矣。文簡不言方伯刻本者,其所據乃中丞、司理二刻本,非方伯刻本故也。此集原本乃邑文學張漣得之臨邑廣文盛君者,其爲方伯刻本無疑。兹特補刻五詩,附於八卷之末,而識其源流如此。李喬云。”

按,據謝瑩興考證,邊貢詩文集,就卷數而言,有十四卷、十三卷、十二卷、八卷、七卷、六卷及四卷等;就刊刻時代而言,有明刊本:嘉靖十七年(1538)劉天民編司馬魯瞻刊本(即胡中丞可泉鋟梓)、嘉靖十七年劉天民編嘉靖二十三年李寵序刊本、嘉靖間李開先選山西臺察趙俟齊刻本、萬曆間魏允孚序刊本、歷城令巽川李公藏稿桃溪方伯王公捐俸刻本;清刊本:康熙四十四年(1705)刊本、乾隆年間四庫全書本、嘉慶十年(1805)刊本、嘉慶十年刊咸豐元年(1851)補刊本、日本天保二年(清道光十一年,1831)寫本、弘正四杰詩集本、光緒二十一年(1895)長沙張氏湘雨樓刊弘正四杰詩集本、康熙三十九年(1700)王士禛漁洋三十六種(王漁洋遺書)本,等等。見謝瑩興《邊貢〈華泉集〉板本考述》,《東海中文學報》第16期,2004年7月。

參考文獻:

1. 陆釴纂修,吕元善續修《山東通志》,明嘉靖刻本。

2. 邊貢《邊華泉集》《邊華泉集稿》,清康熙刻本。

3. 邊貢《華泉先生集選》,齊魯書社 1996 年版。

4. 程嗣功《應天府志》,齊魯書社 1996 年版。

5. 李東陽著,周寅賓、錢振民校點《李東陽集》,岳麓書社 2008 年版。

6. 錢謙益《列朝詩集小傳》,上海古籍出版社 2008 年版。

(司馬周　孫啓華)

周用傳

周用，字行之，號白川，士夫稱之曰“白川先生”，吴江（今蘇州市吴江區）人。明憲宗成化十二年（1476）九月生。

夏言《周恭肅公神道碑銘》：“按：公姓周氏，諱用字行之，别號白川，世爲蘇之吴江人。”

徐階《資德大夫正治上卿太子少保吏部尚書贈太子太保謚恭肅周公用墓誌銘》：“白川周公，諱用，字行之，吴江人也。”“生成化丙申九月二十二日。”

顧應祥《恭肅公傳》：“公諱用，字行之，在南科時，寓居白川之上，因以自號，而士夫亦習稱之曰‘白川先生’。”

嚴訥《恭肅公行狀》：“以成化丙申九月二十二日生公。”

張廷玉等《明史》卷二百零二列傳第九十：“周用，字行之，吴江人。”

少有穎質，善屬對，以文聞於鄉。弘治十四年（1501），舉於鄉。十五年，中進士，授禮部行人司行人。

張廷玉等《明史》卷二百零二列傳第九十：“弘治十五年進士。授行人。”

張朝瑞《皇明貢舉考》卷五壬戌弘治十五年會試第三甲：“周用，南直隸吴江縣。”

徐階《恭肅公墓誌銘》:"少以文有名,弘治壬戌舉進士,拜行人司行人。"

夏言《周恭肅公神道碑銘》:"公生穎敏不凡,尤刻苦力學。弘治辛酉,以《書經》魁鄉榜。明年壬戌,登進士。"

嚴訥《恭肅公行狀》:"公生有穎質,數歲善屬對,宴客屢以試公,公對屢警不凡,人大奇之。其塾師遂辭不能教而去。""弘治辛酉舉於鄉,第三。"

正德初,遷南京兵科給事中。後九年,改禮科給事中。丁父憂,服闋,留補禮科。乞南,改南京兵科。

張廷玉等《明史》卷二百零二列傳第九十:"正德初,擢南京兵科給事中。""父憂服闋,留補禮科。已,乞南。改南京兵科。"

徐階《恭肅公墓誌銘》:"正德初,選南京兵科給事中。後九年,改禮科給事中。當是時,士大夫重内徙,得輒動色以賀,公獨曰:'南於我便。'乃復以爲南京兵科給事中。"

過庭訓《明分省人物考》:"遷南京兵科給事中,丁父憂。服除,改禮科給事中。又乞南,於是復得南京兵科。"

因力諫迎佛烏斯藏、請治鎮守江西中官黎安罪及平番禺盜事,多次晋升,有政績。

張廷玉等《明史》卷二百零二列傳第九十:"諫迎佛烏斯藏及以中旨遷黜尚書、都給事中等官,且請治鎮守江西中官黎安罪。出爲廣東參議,預平番禺盜,有功。"

徐階《恭肅公墓誌銘》:"武皇帝好佛,遣中貴人迎大寶法王於西番,公上書諫甚力,已。又論幸進諸大臣及鎮守江西中貴人不法,其身引而南,其所論奏,顧侃侃出北臺諫上。久之,遷廣東參議,督兵討賊之逋誅者,凡戮九百餘人,平其寨十有八。"

夏言《周恭肅公神道碑銘》:"時武廟以西僧言,遣使往迎其所謂法王者。及中貴用事,擅黜陟權,九卿科道多不由銓部。又有中貴鎮守江西,非法置人於死,莫敢誰何。公獨前後抗疏,力詆其辜,天下快之,然銜者衆矣。升廣東左參議,值番禺盗起,公設策征剿,擒斬九百餘人,平十有八寨。同事者或欲張大己功,恣意誅戮,公核其可疑者,悉縱之。或以所斬獲少,懼且得罪,公捐己級與之,藉得免。"

過庭訓《明分省人物考》卷二十二:"正德間,西僧言西番有復生大寶法王,解知未來,遣中官往迎,上章力詆其誣,願毋輕信祟,以生民奸。辭甚切直,人多危之,竟得旨,不加罪。時中貴人用事,黜陟多從中制,於是尚書劉愷以下凡任數人,言官周經輩任外,皆不繇選部。又鎮守江西中貴人黎安非法致人以死,中外皆無敢言者,獨前後抗疏,請罷愷等。還,經等以公用舍罪黎安,以正法令,天下快其論,而賢用敢言。遷廣東左參議。番禺盗群起,撫臣調土兵兼官軍,分六哨合攻,以用領龍門哨,征藍粪諸寨,與武臣分哨并進,直抵藍粪,擒斬九百餘人,平其寨十有八。事聞朝,議以級不滿千,没其功,不賞,實以前敢言故。當是時,同事者欲多其級,其所誅戮或不辯渠醜,用獨矜之,核其可疑者,悉縱之。是舉也,蓋其功雖不蒙賞於朝,而仁義之譽因是籍籍。"

嘉靖改元,用升浙江按察副使。未幾,丁母憂,服除,起爲山東按察副使,備兵於臨清。後擢福建按察使,轉授河南右布政使。所在均有善政。

張廷玉等《明史》卷二百零二列傳第九十:"歷浙江、山東副使。擢福建按察使,改河南右布政使。代監司鞫南陽滯獄,獄爲之空。"

夏言《周恭肅公神道碑銘》:"迨嘉靖改元,詔擢用天下賢臣。公於是升山東按察副使,備兵於臨清。恩威并著,盗用斂迹。升福建按察使,推鞫詳慎,小大必以情,獄無停囚,咸稱神明。升河南右布政使。歲大旱,道殍相藉,公職當清戎,乃毅然白於巡撫,以賑饑爲己任,躬循鄉落間,廉其狀,復經畫銀米,户爲之給,所全活甚衆。公車所止,甘雨輒注,歲於是大稔。僚佐以病廢職,訟獄繁積,公代爲分守,即時剖决,盡釋其所繫,民用太和。"

徐階《恭肅公墓誌銘》:"公於是得浙江副使。未幾,遭母憂,服除,改山東副使。整飭臨清兵備,爲捕盗格若干條,盡臨清之境,盗不敢入。遂遷福建按察使,故事鎮守市舶,中貴人日給食三山驛,費錢若干,公勒驛減十二,且曰:'吾將以漸盡去之。'逾年,遷河南右布政使。"

過庭訓《明分省人物考》卷二十二:"嘉靖改元,升浙江按察副使。會丁母憂,服除,起爲山東副使,備兵於臨清,爲建設賞格,令同盗者相首,即不復罪其罪,盗自相疑畏,不復相聚,境内以寧。遷福建按察使,閩素多訟,推鞫平恕,獄無繫囚,亦無冤民。中貴人鎮守市舶,臨於福州,其日所給食,責之驛館,館人苦於劇費,胥蹙額不能應,乃例削其數,公私稱便。升河南右布政使,歲大旱,民饑,死者相藉,至有相食者,用職當清戎,無分守之責,然不忍坐視民之饑而死也,毅然白於撫巡,請自往活之。故事,賑饑多里户據報,報多僞,饑者多不被賑。用不以屬人,躬循野間,户貼賑濟字,令民自賫以來,遂以内帑所發銀及措畫米物,户給之,絶無遲留,民溥獲實惠,所活甚衆。已而,車從所駐,雨輒隨注,麥爲秀發,民大賴之。有參政守汝南,以養痾故,訟牒紛積,獄繫日繁,民病之。乃代爲分守,即先命有司盡釋其所繫,以俟至則昧爽視事,日讞數十輩,心力過勚,耳爲之不聞,而南陽滯政俱次第頓舉矣。"

嘉靖八年(1529),擢都察院右副都御史,巡撫南贛。十年,還院,協理院事。

張廷玉等《明史》卷二百零二列傳第九十:"嘉靖八年,擢右副都御史,巡撫南贛。召協理院事。"

雷禮《國朝列卿紀》卷一百零四"提督南贛汀漳等處軍務左右副僉都年表"周用:"嘉靖八年以右副都任,十年還院。"

雷禮《國朝列卿紀》卷一百零四"南贛撫臣行實":"嘉靖八年,升都察院右副都御史,提督南贛、汀漳等處軍務。移檄所屬曰:'當知不得已而用兵,尤當知不得已而爲盗。惟藩臬諸司之綱之紀,抑郡邑長吏有守有爲,源潔則流自清,民安而盗自弭矣。'其言惻怛由衷,罔不竦服。有巨盗數輩阻山横行,捕,久不能獲,廉其黨有悔悟者,召至,諭以利害,結以信義,因以賞誘之,遂奉成算,俘斬來獻。蓋不血寸兵,不蜚束芻,而賊亂蠲除,民得安畔,人以爲莫大之功。初,橋廠榷税太重,商至者稀,用稍減其額,商復趨之,至今利焉。贛豪室多隱其田額,以其虚税竄之貧者,命履畝計丈核之,盡革其私,賦役以均,流亡盡復。召還,理院事。"

夏言《周恭肅公神道碑銘》:"升都察院副都御史,督南贛軍務。有巨盗負險爲患,久不能下。公密召其黨,諭以利害,結以信義,而授之成算,竟斬首以獻,不煩寸兵。贛豪室多隱其田税,顧貽之貧者,致相竄亡。公命履畝核之,革其弊,而流亡以復。初,設橋廠榷商税,以給軍餉。既而税過重,商苦之,不復徭。公爲劑量,着之令,商復樂趨,而公用以裕。召還,理院事。"

過庭訓《明分省人物考》:"八年,升都察院副都御史,督南贛軍務,移檄所屬曰:'當知不得已而用兵,尤當知不得已而爲盗。惟藩臬諸司之綱之紀,抑郡邑長吏有守有爲,源潔則流自清,民安而盗自張矣。'其言惻怛由衷,莫不竦服。有巨盗數輩,阻山横行,捕久不能獲,廉其黨有悔悟者,召至,諭以利害,結以信義,因以賞誘之,遂奉成算,俘斬來獻。蓋不血寸兵,不蜚束芻,而賊亂蠲除,民得安畊,人以爲莫大之功。初,橋廠榷税太重,商皆避之他處,軍餉不給,乃爲調停其輕重,着之例,商復趨之,至今貽其利焉。贛豪室多隱其田額,以其虚税竄之貧者,命履畝計丈核之,盡革其私,賦役以均,流亡盡復。召還,理院事。"

嘉靖十年(1531),任吏部左侍郎,次年任右侍郎。以嫁禍故,嘉靖十二年,調用南京刑部左侍郎。次年就遷南京都察院右都御史。

張廷玉等《明史》卷二百零二列傳第九十:"歷吏部左、右侍郎。以起廢不當,尚書汪鋐委罪僚屬,乃調用南京刑部。就遷右都御史,工、刑二部尚書。九廟灾,自陳致仕。用端亮有節概。既罷,中外皆惜之,頻有推薦。"

雷禮《國朝列卿紀》卷二十九"吏部左右侍郎年表"周用:"嘉靖十年右,十一年左。"

雷禮《國朝列卿紀》卷七十二"都察院左右副都御史年表"周用:"嘉靖十年任右。"

雷禮《國朝列卿紀》卷六十"南京刑部左右侍郎年表"周用:"嘉靖十二年任左。"

雷禮《國朝列卿紀》卷七十四"南京都察院左右都御史年表"周用:"嘉靖十三年任右都御史。"

徐學聚《國朝典匯》卷五十三吏部:"十三年三月以周用爲南京右都御史。"

夏言《周恭肅公神道碑銘》:"尋升吏部侍郎,凡四掌院事。以尚書嫁禍故,左遷南京刑部侍郎,升南京都察院右都御史。疏乞起廢,其所推薦,皆海内人望也。兼操江兵,卒平太倉海寇,公與有功焉。"

過庭訓《明分省人物考》卷二十二:"十年,升吏部右侍郎,十一年轉左,凡署掌部事者四。尚書汪鋐舉用失當,嫁其罪於用。十三年,調南京刑部右侍,處之裕如,不自辯,亦不以介意。十四年,升南京右都御史,律己甚嚴,門無私謁,上疏乞起廢,其所推轂,咸炳炳杰出,海内有聲者。兼操江兵,亦以方略平太倉海寇,而一方陰蒙寢兵之福。”

嘉靖十七年(1538),任南京工部尚書。十八年,任南京刑部尚書。

雷禮《國朝列卿紀》卷六十三“南京工部尚書年表”周用:“嘉靖十七年任。”

徐學聚《國朝典匯》卷一百零八工部:“十七年九月,以周用爲南京工部尚書。”

雷禮《國朝列卿紀》卷五十七“南京刑部尚書年表”周用:“嘉靖十八年任,歷吏部尚書。”

徐學聚《國朝典匯》卷一百零七兵部:“十八年八月,以周用爲南京刑部尚書。”

夏言《周恭肅公神道碑銘》:“升南京工部尚書,立準式,平物直,貪商污吏莫能爲奸。慈聖太后梓宫祔葬顯陵,道江淮,公治巨艦以奉,安之若履平地,大慰聖天子孝思。改南京刑部尚書。九廟灾,坐自劾免。家食者凡十年。”

過庭訓《明分省人物考》卷二十二:“十七年升南京工部尚書。慈聖太后梓宫南祔顯陵,自京師直抵承天,上下江淮,聖念殊切。用殫思勞力,督治巨艦以奉安之,梓宫賴安履無虞,成聖天子至孝,而竟不一自伐。工部物直往往以黠商賂先,物未入而給,吏緣爲奸,乃爲立定式以釐之,宿弊盡去。常修都城,按籍以程工,而人不敢懈事,城益堅。改南京刑部尚書,九廟灾,坐自劾免。晦養者五年,御史交剡論薦。”

嘉靖二十二年(1543),以南京刑部尚書起工部尚書,兼右都御史,疏濬河道。二十三年,改漕運。未上,升都察院左都御史。

張廷玉等《明史》卷二百零二列傳第九十:"久之,以工部尚書起督河道。數月,改漕運。未上,召拜左都御史,二品。九年滿,加太子少保。"

雷禮《國朝列卿紀》卷一百零二"總理河道尚書侍郎都御史年表"周用:"嘉靖二十二年,以南京刑部尚書起工部尚書,兼右都御史任,疏請疏濬溝洫,以防河决五事。二十三年,遷督漕運,升都察院左都。"

徐學聚《國朝典匯》卷五十三吏部:"二十三年十月,以工部尚書周用爲左都御史。"

雷禮《國朝列卿紀》卷一百零一"總漕撫臣行實":"嘉靖二十三年,以工部尚書兼右都御史治河改任,本年改都察院左都御史,掌院事。"

夏言《周恭肅公神道碑銘》:"撫、按交章論薦,起爲工部尚書,督理河政。疏乞修溝洫,以防河决,凡五事,皆見施行。改督漕運。復入爲都察院左都御史。"

過庭訓《明分省人物考》卷二十二:"二十二年,起爲工部尚書督河政,疏請修溝洫,以防河决,其事凡五,皆不易之規。給授資德大夫正治上卿。二十三年,改督漕運。本年尋入爲左都御史。"

嘉靖二十五年(1546),升吏部尚書。

張廷玉等《明史》卷二百零二列傳第九十:"二十五年,代唐龍爲吏部尚書。"

雷禮《國朝列卿紀》卷七十二"都察院左右都御史年表"周用:"二十五年升吏部尚書。"

范守己《皇明肅皇外史》卷二十五：嘉靖二十五年“七月，以周用爲吏部尚書。”

夏言《周恭肅公神道碑銘》：“歲當考察京朝官，公合諸御史所論，而詳稽其賢否，雖至親不爲少庇，天下咸服其公。九載考績，加太子少保。會吏部尚書缺，上特以命公。”

嘉靖二十六年(1547)，以死勤事，贈太子太保，謚恭肅。

張廷玉等《明史》卷二百零二列傳第九十：“明年卒官。贈太子太保，謚恭肅。”

徐階《恭肅公墓誌銘》：“丁未春正月，僅訖事，以某月十九日。”

徐學聚《國朝典匯》卷三十四吏部：“二十六年正月，吏部尚書周用卒。”徐學聚《國朝典匯》卷四十二吏部引：“吏部左侍郎周用，才猷通敏，學識老成，直諒未鑴，過人雅度，頗能容衆，贊理邦治，庶幾也。”

夏言《周恭肅公神道碑銘》：“事甫竣，而公薨矣。實嘉靖丁未正月十九日也。”“訃聞，上爲嗟悼不已，詔所司給賻，舟備祭葬，贈太子太保，謚恭肅，制得樹碑神道。”“壽七十有二，卜以戊申年三月二十二日，葬於澄源鄉西亢之原。”

徐學聚《國朝典匯》卷三十四：“吏部尚書周用、都御史宋景，端明簡諒，有風節，不肯依附人，人亦不敢干以私。嘉靖丁未正月，朝覲考察甫畢，相繼卒，善類咸惜之，周贈太子太保，謚恭肅。”

爲人寡欲勤恪，爲官自持廉潔，論事剴切，無所畏避，所在皆有异績，以風節功名卓然見於世。

張廷玉等《明史》卷二百零二列傳第九十：“用掌憲時，慎自持而已，無所獻替。其後宋景、屠僑繼之，大略皆廉潔，與用相似。”

錢謙益《列朝詩集小傳》丙集：“公歷宦四十餘年，忠公勤恪。”

張萱《西園聞見録》卷十三:“周恭肅公用,歷官四十餘年,恒不以家自隨,人饋之物,即菓蔬,見之,輒不懌,故其卒也,至無以市棺。教諸子嚴,余嘗候公,其子國南竊語予寢食狀,公目且瞑,遽呼曰:‘兒毋及外事。’其不亂如此。”

朱希閔《周恭肅公集序》:“自弘治間起家進士,歷仕三朝,其在諫垣,論事剴切,無所畏避,爲藩臬、爲巡撫,所至咸有异績,不可勝紀。及掌内臺,位冢宰,考核内外諸司,去留靡忒,而登崇俊良,布列在位,爲聖政之助。”

葉向高《蒼霞餘草》卷二《周恭肅公祠記》:“吴江人之欲祀恭肅周公也,以其嘗遇灾請恤,有功德於鄉也。今之祀於家,則公之曾孫御史季侯以鄉人意讓産而成之也。公有長曾孫之軾,没而無子,宗人欲瓜分其産,以田百畝、屋一區歸季侯,季侯不受,即其屋立公祠,而以田直爲修葺費,樹棹楔焉。歲時,合族人俎豆其中。官於吴者自中丞直指而下,咸義兹舉。非但思恭肅公之烈,亦嘉季侯之克讓,光昭先德也。”

自喜爲詩,詩尚古,取法杜陵,格律深妙,典則古雅,頗有奇詞警句。爲文章,豐蔚暢達,議論超卓,無陳腐語,亦不爲無益之空言。詞亦有佳作。善繪事,師從沈周,所繪山水遒勁縟密,遠近斐亹,氣韻幽然,尤善題畫詩。著有《讀易日記》一卷、《楚辭注略》一卷、《周恭肅公集》十六卷、《白川集》。

朱希閔《周恭肅公集序》:“爲文章,豐蔚暢達,而議論超卓,無陳腐語。然皆本乎義理,關乎名教,不爲無益之空言。其爲詩,興致高遠,格律深妙,奇詞警句,力追古作,而用事若自己出,不見斧鑿之痕。”

焦竑《國朝獻徵録》卷四十八:“爲文不事險刻,雄神爾雅,詩尤雋永,時而奇峭,樂府歌詞居然漢魏風格。”

金之俊《金文通公集》卷一《讀恭肅公集序》:"其詩清新俊潔,其文淡簡古質。蓋卓然不類乎流俗之爲文詞者。"

朱彝尊《静志居詩話》卷九:"有《白川集》。白川十齡能畫,長師石田翁,得其指授。詩則别裁風格,取法杜陵。集中詩云:'畫品仍游藝,詩家特擅名。丹青乃餘事,金石自希聲。散地方盤礴,諸公孰老成。輞川稱二絶,早晚慰平生。'蓋以摩詰自喻也。余嘗見公畫龍,戲浪穿山,蜿蜒升降,百年絹素,雲霧猶濕。至寫平坡放犢,亦不減史道碩、厲歸真。乃知公藝事兼能,不惟以經濟文章重也。"

錢謙益《列朝詩集小傳》丙集:"顧自喜爲詩,動盈卷帙。書法俊逸,尤善繪事。余嘗爲公諸孫永年删定其詩,得百餘篇,今録其什之一。"

葉向高《蒼霞餘草》卷十四《周恭肅公遺墨跋》:"吴江周恭肅公,忠猷偉績,表表在人耳目,世所共曉,而詩文簡潔奥雅,卓然宗工,乃不列作者之林,此以大節掩其小藝者。余從其曾孫季侯侍御讀公集,深懷賞嘆,今觀此册,公之繪事又精絶如此。然則世之不能盡公,不獨詩文矣。"

金天羽《天放樓詩文集》卷十三《吾鄉周恭肅公〈畫牛障子〉,崑山徐氏所藏,有竹垞青士玉立立齋題句,韋齋用透光鏡攝數番,以貽其裔孫迦陵,迦陵贈余一幀,余方看花郭外,題句報之》:"白川畫牛稱神妙,戴韓以來無此筆。"

徐沁《明畫録》卷三:"書法俊逸,所畫山水遒勁縟密,遠近斐亹,氣韻藹然。"

張廷濟《桂馨堂集》卷三《明吴江周恭肅公詩畫三十幅爲一册》二首,有句:"天留册幅人間世,字字幽風入畫圖。"

馮桂芬《(同治)蘇州府志》卷一百三十八:"周用《讀易日記》一

卷,鄒元標序。”

永瑢等《四庫全書總目》卷一百七十六集部二十九:“《周恭肅公集》十六卷,浙江汪汝環家藏本。是集爲其子國南所編,凡詩九卷,詩餘一卷,文六卷,其詩古體多嘽緩之音,近體音節頗宏整,文則平實坦易,縱其筆之所如。”

始祖俊德,元時入贅張判院,從其姓氏。三傳至祖父瑄,盡讓外家業,復周姓。父周昂,以孝義名重於鄉,娶於計氏。配施氏。子男四,國南、兆南、式南、乾南。女二。孫男女十。

周用《周恭肅公集》卷十三《告家廟文》:“昭告於始祖考俊德處士、府君始祖妣張氏安人,高祖考希賢處士,府君高祖妣馬氏安人,曾祖考耕隱處士,府君曾祖妣陳氏安人,祖考贈通議大夫、都察院右副都御史,怡蓮府君祖妣贈淑人韓氏。顯考贈通議大夫都察院右副都御史,南園府君顯妣自孺人贈淑人計氏。”

夏言《周恭肅公神道碑銘》:“始祖俊德,在元贅張院判氏。凡三傳至瑄,讓外家業,復歸於周,實公之祖也。生子昂,以孝義重於鄉,娶於計,是生公。”“子男四,長即國南,都事,公蔭也;次兆南,式南,乾南,孫男女十。壽七十有二,卜以戊申年三月二十二日,葬於澄源鄉西亢之原。”

徐階《恭肅公墓誌銘》:“曾大父,諱景芳,大父諱瑄,父諱昂。”“母計,封太孺人,贈夫人。配施,封孺人,先卒,贈夫人。子男四,長即國南,以公蔭爲右軍都督府都事,施出。次兆南,太學生。式南、乾南,縣學生,俱側室姜出。孫男八……孫女二。”

嚴訥《恭肅公行狀》:“始祖俊德在元贅張判院氏,俊德生希賢,希賢生景芳,景芳生瑄。”

周用《周恭肅公集》卷十四《孺人施氏壙記》:“子,男長國南,縣學生,次兆南、式南皆幼。女,德生五年死,貴生十三年,後孺人四年死且葬矣。長子與二女，孺人出也。孫女一。”

師從劉東溪。與沈周、夏言、祝枝山、蔡羽、顧應祥、顧璘、潘希召、湛若水、王惟本、原慱查、錢廷佐、吴瞻之、顧鼎臣等人多有交往唱和之作。

周用《周恭肅公集》卷十三《祭劉東溪文》:“□□月日，總理河道工部尚書門生周用，謹以年豕庶羞，□酌之奠致祭於故嘉議大夫、都察院右副都御史東溪劉先生之靈。”

周用《周恭肅公集》:《次桂洲閣老韻四首》《送湛甘泉吏書》《種蔬吟次韻答湛甘泉尚書》《次潘希召韻》《和錢廷佐見贈》《讀錢廷佐唱和諸作次韻》《偕顧刑書華玉登牛首山》《祭同年王惟本文》《同年王惟本既平將葬，啓其室孺人壙，則淪於水，司空林公與余等以故人同年之故，爲之改葬，復次林公詩以紀悲》《祭原慱查公文》《祭亡友錢廷佐文》《悼石田沈翁周》等。

參考文獻：

1. 周用《周恭肅公集》，明嘉靖二十八年周國南川上草堂刻本，蘇州大學圖書館藏。

2. 薛熙輯《明文在》卷七十二，清康熙三十二年古淥水園刻本。

3. 徐學聚《國朝典滙》，臺灣學生書局 1965 年版。

4. 范守己《皇明肅皇外史》，全國圖書館文獻縮印複製中心 1987 年版。

5. 朱彝尊《静志居詩話》，人民文學出版社 1990 年版。

6. 過庭訓《明分省人物考》，周駿富編《明代傳記叢刊》第 131 册，臺灣明文書局 1991 年版。

7. 焦竑《國朝獻徵録》,周駿富編《明代傳記叢刊》第110冊,臺灣明文書局1991年版。

8. 雷禮《國朝列卿紀》,周駿富編《明代傳記叢刊》第33、38冊,臺灣明文書局1991年版。

9. 張萱《西園聞見録》,周駿富編《明代傳記叢刊》第117、119冊,臺灣明文書局1991年版。

10. 周用《周恭肅公集》,《四庫全書存目叢書》集部第54、55冊,齊魯書社1997年版。

11. 張朝瑞《皇明貢舉考》,《續修四庫全書》史部第828冊,上海古籍出版社2002年版。

(閆麗)

陸深傳

陸深，初名榮，字子淵，號儼山，學者稱儼山先生，南直隸松江府上海縣(今上海市浦東區)人，明憲宗成化十三年八月十日(1477年9月16日)生。其先華亭人，曾祖德衡，始遷居上海之洋涇。

陸深《儼山文集》卷八十一《先兄友琴先生行狀》："先生生浦東洋涇之里。"又，卷八十二《陸氏先塋碑》："其先汴人，建炎南渡來華亭，居華亭，大有貲積，稱巨室。今松城有興聖院，浮屠其基，蓋半爲陸舍云。餘慶自華亭出居於魏塘之馬橋北莊，蓋陸氏之别業也。……竹居府君既受室，既有子女，即别産於章氏，有田一廛，有屋數楹，在黄浦之東，由是始定籍於上海。"

夏言《夏桂洲文集》卷十六《通議大夫詹事府事兼翰林院學士贈禮部右侍郎謚文裕陸公墓誌銘》(以下簡稱《陸公墓誌銘》)："公諱深，字子淵，姓陸氏，自號儼山，學者稱爲儼山先生。"

唐錦《龍江集》卷十二有《詹事府詹事兼翰林院學士儼山陸公行狀》(以下簡稱《陸公行狀》)："公諱深，字子淵，姓陸氏，學者稱爲儼山先生。"又，"陸自漢晋以來爲三吴著姓，元季有諱子順者，居華亭之馬橋鎮，……(曾祖)遷居上海洋涇之原。"又，"公生丁酉秋八月十日。"

嚴嵩《鈐山堂集》卷三十五《明故通議大夫詹事府詹事翰林院學士贈禮部右侍郎謚文裕陸公神道碑》(以下簡稱《陸公神道碑》)：

“公諱深,字子淵,姓陸氏,學者稱爲儼山先生。其先華亭人,曾祖曰德衡,始遷居上海之洋涇。……公生成化丁酉八月十日。”

朱謀垔《續書史繪要》(浙江人民美術出版社 2012 年版):“陸深,字子淵,號三汀,晚號儼山,上海人。”

張廷玉《明史》列傳第一百七十四“文苑二”:“陸深,字子淵,上海人。”

朱彝尊《静志居詩話》卷九:“陸深,字子淵,上海人。”

錢謙益《列朝詩集小傳》丙集:“深,字子淵,上海人。”

查繼佐《罪惟録》卷十八“文史諸臣列傳”:“陸深,字子淵,南直上海人。”

深少穎敏异常,教以古詩詞,輒過耳成誦。甫成童,即洞究經史,文鋒警鋭。

唐錦《陸公行狀》:“一夕,忽夢海潮迅涌,有童子浮水,以小朱盒盛冠帶排户而入。翌日誕公,人以爲祥。公生而穎敏异常。三四歲即警悟如成人。筠松翁恒撫之曰:‘是兒腰圍不凡,他日紆金相也。’六歲就外傅,教以古詩詞,過耳輒能成誦。筠松翁嘗燕集,客見室隅設鼓,因戲云:‘擊鼓點成紅芍藥。’公即抗聲應曰:‘拈針繡出白荼醾。’座客驚喜,呼爲小友。甫成童,即洞究經史,文鋒警鋭。一時老學爲之斂遜。”

夏言《陸公墓誌銘》:“五六歲即能屬對,奇語驚人。甫成童,淹貫經史,文詞雋拔。”

十五六歲,喜讀蘇氏書。聞蘇原戰國策,繼而從友人處得《戰國策》斷簡十卷,愛而讀之,奇其文。

陸深《儼山文集》卷八十六《書戰國策後二首》:“余家窮鄉,又故農也,素無遺書。迨余又力薄,故其致書比與他難也。十五六時,喜讀蘇氏書,側聞先儒悉謂蘇實原於《戰國》,因訪諸友人,得一斷簡,蓋《齊策》至《楚策》,凡十卷。受而讀之,其事至不足道,而其文則至奇。時恨未睹其全也。"

弘治十四年(1501),二十五歲,應天府鄉試解元。

唐錦《陸公行狀》:"戊午臺試,尤爲提學御史方公志所器許,雖秋闈小蹶,而才名日益籍甚。辛酉科缺提學屬,巡按御史袁公經考選公文第一,首送應試。是科尚書海石王公華,太傅野亭劉文肅公忠爲主考,得公初場經義,即曰:'此可以冠場矣。'及得五策,野亭益喜,謂海石曰:'此必天下士無疑矣。'取冠多士,榜出,士論翕然,稱爲得人。"

尹繼善《江南通志》(清乾隆元年刻本)卷一百二十七:"弘治十四年辛酉科。陸深等共一百三十五人。"

查繼佐《罪惟録》卷十八"文史諸臣列傳":"以鄉試第一。"

弘治十五年(1502),進京會試,未中,歸從楊一清學。會試時購得《戰國策》一部,下第南歸後讀之。十八年,二月中會試第九名進士,廷試二甲第八名,改庶吉士,授編修。

陸深《儼山文集》卷八十一《敕封文林郎翰林院編修先考竹坡府君行實》:"壬戌下第,忽從上東門入,牽衣勞之曰:'吾固知有是也,故復來,來與俱歸耳。'"又,《先孺人吴母行實》:"辛酉之歲,深舉鄉試。……乙丑,深成進士。……庚辰秋九月,忽遘末疾,終於旅舍。"又,卷八十六《書戰國策後二首》:"壬戌之春,會試南宫,始購得之,猶非善本。下第南還,避谷亭者幾兩月,始伏讀之。"

嚴嵩《陸公神道碑》:"嵩憶在弘治壬戌春會試,識公於滄衛之間,傾蓋如平生,是歲并下第歸,歸則約次年必偕來。已而果如約,同寓邸,同舉進士,自是出必聯騎,居必連榻。"

唐錦《陸公行狀》:“壬戌會試禮部,偶以經義不合,抱璞而歸。卒業於南雍,時尚書楓山章文懿公懋爲祭酒,太宰羅公欽順爲司業,試公學政策一道,公答幾萬言,酌古準今,皆精確可行。二公擊節,以公輔期之時。少師邃庵楊公一清爲南太常,公慕其風猷,特及門受業。邃庵曰:‘子材識閎遠,文學華邁,异日當追踪古人。吾不足學也。’乙丑再試禮部。時侍郎東白張公元禎、少師石齋楊公廷和主試事。公卷出,尚書北潭傅文毅公珪經房,薦名第九,廷試第二甲第八人。選入翰林,爲庶吉士,讀中秘書。公入館,手不釋卷,館閣校試,恒居首列,時太師晦庵劉文靖公健、太師西涯李文正公東陽、太傅木齋謝文正公遷在内閣,嘗試夫子天縱論,文靖置公第一。……丁卯春二月,吉士當授職内閣,覆試,公復在優列,授翰林院編修。逾年,丁吴淑人憂。”

許贊《通議大夫詹事府詹事兼翰林院學士贈禮部右侍郎謚文裕陸公深墓表》(《國朝獻徵録》卷十八):“弘治辛酉,領南畿鄉薦第一人。乙丑會試第九,廷試二甲第八。”又,“入翰林,爲庶吉士。正德丁卯,授國史編修。逾年,丁母憂。”

夏言《陸公墓誌銘》:“改庶吉士,授翰林院編修,尋丁母憂。”

《武宗實録》(北京大學圖書館藏原北平國立圖書館藏明“紅格鈔本”)卷三十一:“(正德二年十月)戊寅,授庶吉士崔銑、嚴嵩、湛若水、陸深、翟鑾、徐縉爲翰林院編修。”

張廷玉等《明史》列傳第一百七十四“文苑二”:“弘治十八年進士,二甲第一。選庶吉士,授編修。”

朱彝尊《静志居詩話》卷九:“弘治乙丑進士,改庶吉士,授翰林院編修。”

錢謙益《列朝詩集小傳》丙集:“弘治乙丑進士,繇庶吉士,授編修。”

查繼佐《罪惟録》卷十八“文史諸臣列傳”:“弘治十七年進士,授翰林院編修。”

正德四年(1509),中官劉瑾亂政,托名擴充政務,諸館職悉改部秩,調深爲南京精膳主事。時深居憂,未赴任。五年,瑾伏誅,復編修。

陸深《儼山文集》卷八十一《敕封文林郎翰林院編修先考竹坡府君行實》:“戊辰之秋,先妣見背,扶親南還。明年,當調官主事於南都,得報,欣然曰:‘資顧高耳,吾且近,然籍籍得罪云何?’深跪謝無狀。徐曰:‘同汝者,皆我聞天下賢者名也,抑又何辭?’”又,“明年庚午,權奸誅殛,得復被詔起。……又明年辛未,深入謝,果成請,留官翰林。”

唐錦《陸公行狀》:“時逆瑾亂政,托名擴充政務,諸職悉改部秩,公得南京精膳主事,以居憂未赴。庚午秋八月,瑾伏誅,乃還舊職。”

許贊《陸公深墓表》:“逆瑾銜公不附,改爲南京主事。庚午瑾誅,復公職。”

《武宗實録》卷六十六:“(正德五年八月丙午)……擬調南京禮部主事陸深俱復原職。”

張廷玉等《明史》列傳第一百七十四“文苑二”:“劉瑾嫉翰林官亢己,悉改外,深得南京主事。”又,“瑾誅,復職,歷國子司業、祭酒,充經筵講官。”

查繼佐《罪惟録》卷十八“文史諸臣列傳”:“劉瑾以擴充政事爲名,改南主事。”又,“瑾誅,復職。久之,歷國子司業。嘉靖七年,起爲國子祭酒。故事,講官撰講章,送内閣詳定,然後入直經筵。”

正德七年(1512),因痰疾回籍療治。十一年秋,疾愈,起告入朝。

唐錦《陸公行狀》:"歸舟抵杭,痰疾忽作,因疏請回籍療治。歸則杜門江東里第,罕入城市,及門受業者甚衆。"又,"丙子疾愈,以竹坡公年耄,雅不欲行。竹坡公强之曰:'兒當及時自效,移孝爲忠,毋徒以我爲念也。'公不得已,乃入朝供職,留妻子侍養。"

陸深《儼山文集》卷八十一《先兄友琴先生行狀》:丙子之秋,深起告時。

正德十二年(1517)二月,禮部會試,充當考官,取夏言、舒芬、倫以訓、王正宗、顧鐸等。

唐錦《陸公行狀》:"丁丑春二月,禮部會試,奉命充同考官。如少師桂洲夏公言、狀元舒公芬、固安王御史正宗、博興顧知府鐸、登州浦御史鋐、彭城馬御史津、青神余編修承勛,皆公所取,後并爲名臣。"

陸深《儼山文集》卷九十一《與李獻吉》:"入春以來……比承乏禮闈,舒生芬者偶出本房,亦有夏生言者,詞翰甚有法度,云嘗受先生指教。江西之政,浸漑鼓舞者多矣。外此有陳生沂、梅生鶚者,皆名士,大率此科人材亦自不少。"

正德十六年(1521)二月七日,父以和卒,四月,南下奔喪。

陸深《儼山文集》卷四十五《經筵詞序》:"深故史官,嘗厠講幄。既而去佐成均,遭家不造。今上皇帝紹統之三日,陛辭南奔。"

唐錦《陸公行狀》:"辛巳春三月,聞竹坡公訃,哀慟幾絶,毁悴骨立,杖而後起,扶疾歸,理襄事。"

嘉靖二年(1523),除父服,建後樂園,於居第北隅葺土築五岡,望之儼然如山,遂號儼山。

唐錦《陸公行狀》:"癸未服闋,公以餘哀未忘,兼之痰疾頻作,乃馳疏繳納孝字勘合,因請假就家療疾,尋獲小愈。日與師友徜徉林泉花石間,又於居第北隅葺土築五岡,望之儼然真山也,遂號儼山。"

宋如林《松江府志》(清嘉慶二十三年刻本)卷七十八《後樂園》:"陸文裕深别業,作城外黄浦之東,其地正浦與吴松江合流處。深買田頃餘,作樓六楹,被以蒹葭,帶以楊柳,隔岸樓閣,一望如畫。外土岡數里,宛轉有情,儼然如山,因自號儼山。樹宜木棉,因名'木棉坂'。儼山西偏建閣曰'澄懷'。其下曰'小滄浪'。置三川石於其間,有壁立萬仞之勢,題曰"柱石塢"。其南有"四友亭"。隙地盈丈,聚武康之石,頗具峰巒岩壑。復作磴路,迂回旁通,可登待月,退坐亭上,可以觀雨,謂之'小康山徑'。山樓之下,叠石疏渠,作流觴曲水,隔墻設轆轤,引泉而入。樓外俱蘆洲,可以瞰江,顔之曰'望江',又曰'快閣',謂榜楹貼云:'滄浪風帆,遺世慮於江山之外。農歌牧笛,供樂事於畎畝之中。'其藏書地曰'江東山樓',燕息處曰'江東山亭',極花木水竹之勝。堂亦曰'後樂',精舍即曰'儼山'。最後歸田,伐柏作亭,標之曰:'南國已回池草夢,西京初重柏梁材。'每與名人韻士嘯歌觴咏於中。嘗買一舟曰"水晶宫",載酒往來,隨潮上下,因作《龍舟泛舟曲》,叙生平榮遇及林泉逸興。莆田鄭質以行部來宿山館,書贈一聯云:'乘興歸來,三朝玉堂金馬。强移栖息,百年流水柴門。'蓋紀實也。今則遺址無存。蘆洲半皆非陸氏所有,其地猶呼之曰'陸家嘴'云。"

嘉靖七年(1528)二月,特詔徵爲講讀。九日,未至國門,詔進國子監祭酒,嗣嚴嵩任。

陸深《儼山文集》卷四十五《經筵詞序》:"荷皇帝神明,不遺舊學,博采薦章,特以講讀事召起於海上,將處以翰林春坊之職。未及國門,再遷祭酒。知遇兩極,感愧交深。"又,卷四十九《送嚴介谿宗伯奉使安陸詩序》:"公方自祭酒遷於是,國監自司業林先生而下咸賦詩送之。深適來嗣公爲祭酒,乃聯而爲什以爲贈,且遂爲之序。"

唐錦《陸公行狀》:"戊子春二月,特詔徵公以備講讀。途中所作,有《戊航雜紀》。未至國門,詔進國子監祭酒。"

談遷《國榷》(鈔本)卷五十四《世宗嘉靖七年》:"(五月)己卯,國子司業陸深服除,授祭酒。"

嘉靖八年(1529),抗疏爲《陳愚見以裨聖學事》,忤輔臣,謫福建延平府同知。

唐錦《陸公行狀》:"既認罪罷,公詣闕謝恩。歸而嘆曰:'際遇如此,雖捐軀何惜。'遂抗疏爲《陳愚見以裨聖學事》,凡千餘言。……疏下吏部參詳,得旨,降級調外,左遷延平府同知。"

夏言《陸公墓誌銘》:"(己丑)三月,經筵進講,大學士桂公萼閱公講章,輒加竄易,公即文殿講畢,面奏云:'今日講章非臣原撰,乞自今容講臣得盡其愚。'上欣然可之。退而人謂公曰:'經筵面奏非故事。'公乃上疏謝罪。上批云:'爾昨奏講章不欲内閣閱看,此舊規也,不必更改,爾果有所見,當别具聞。'公感優遇,至於流涕,乃條奏有關聖學事,凡千餘言,大抵仍欲使講官之言得盡達於上,然後聰明日啓,無壅蔽之患。當路益忌之,疏下吏部,竟左遷延平府同知。"

《世宗實録》(北京大學圖書館藏原北平國立圖書館藏明"紅格鈔本")卷九十九:"(嘉靖八年三月戊戌)上御經筵,國子監祭酒陸深講《孟子》。講罷,深奏講章内閣所改。時鴻臚方贊行禮,上不悉,聞其語,命之退。深退,上疏請罪。上始知之,曰:'此舊規也,汝有所見,當别疏具聞。'已而,桂萼言:'深講章乃臣所改正者,請以深原稿録上,不没其善。'上曰:'講章由内閣看進,始得明剀,若任己意爲之,必有雜説以阻亂理學者,□當如舊。'"又,"癸卯,國子監祭酒陸深言:'臣昨以越禮,幸皇上不加譴責,俯賜慰詞,是誘臣使言也,請盡言之。夫經筵講章必送内閣裁定,是其意盡出於閣臣,而講官不過口宣之耳。此於大義深有未安,而感孚之道亦甚相遠,幸容臣等各陳所見,因以觀臣等之淺深,更請自訓詁衍譯之外,凡天下政事,舉得依經比義,條列類陳,以仰裨聖學。'上曰:'陸深夸詐險惡,敢於欺罔。兹疏首獻諛詞,豈人臣讜忠事君之道?且其進講已三,語多悖謬諂美。大臣意在行私,吏部參究以聞。'已,吏部言深不敬,當罪,詔降一級,調外任,遂謫福建延平府同知。"

張廷玉等《明史》列傳第一百七十四"文苑二":"奏講官撰進講章,閣臣不宜改竄。忤輔臣,謫延平同知。"

錢謙益《列朝詩集小傳》丙集:"講畢,面奏:'閣臣改易講章,令講官不得盡職。'左遷延平府同知。"

查繼佐《罪惟録》卷十八"文史諸臣列傳":"故事,講官撰講章,送内閣詳定,然後入直經筵。深請得因事納忠,勿狥故事,以爲自訓詁而外,於凡天下大政事,大利弊,依經比義,條列敷奏,庶幾九卿有司有行之而不能盡,給事中御史有知之而不敢言,司府州縣有負之而不能達者,皆得以次上聞。上以爲夸詐,謫延平府同知。"

談遷《國榷》(鈔本)卷五十四《世宗嘉靖八年》:"(三月)癸卯,國子祭酒陸深言:講章不宜内閣改定。又乞訓詁之外,凡政事得依經比義,條悉以聞。上以深險詐,下吏部。言深不敬。謫延平府同知。"

夏燮《明通鑑》(岳麓書社 1999 年版)卷五十四《明世宗嘉靖八年》:"癸卯,調國子祭酒陸深外任。"

嘉靖八年(1529)十一月,升山西按察副使,總理學政。後推補浙江按察副使,仍理學政。後歷任江西布政司右參政、山西布政司右布政使、四川左布政使。

陸深《儼山文集》卷三十六《知命集引》:"深以嘉靖十有二年春,得江西右參政。明年甲午冬十月,有事浮梁,之景德鎮。望後四日,聞山西右布政之命。又明年二月初旬,爲入關之役。由京口濟江至維揚,舍舟從陸,實廿有一日也。曉徑蜀岡,問之曰:'此維揚也,而謂之蜀,可乎?'有父老答之曰:'自此可以通蜀也。'予識之。前此三日,而四川左布政之命下矣。"又,《溪山餘話》:"己丑十一月九日,予聞山西之命,以明年夏四月六日入太原。"

唐錦《陸公行狀》:"(己丑)八月抵任,……甫三月,升山西按察副使,總理學政。……壬辰秋九月,推補浙江按察副使,仍理學政。數月,升江西布政司右參政,署掌司事。又數月,遷陝西布政司右布政使,道轉四川左使。"

夏言《陸公墓誌銘》:"未幾,升山西按察司副使,總理學政。……壬辰,補浙江按察司副使,仍理學政,痛革時文險怪之習。升江西布政司參政。……不數月,遷陝西布政司右布政。未履任,轉四川左布政使。"

《世宗實録》卷一百四十二:"(嘉靖十一年九月)庚午,調山西按察司副使陸深於浙江,提調學校。"又,卷一百四十六:"(嘉靖十二年正月壬申)升浙江按察司副使陸深爲江西布政使司右政。"又,卷一百六十七:"(嘉靖十三年九月)壬午,升山東按察使范輅、江西右政陸深俱右布政使。……深陝西。"又,卷一百七十二:"(嘉靖十四年二月己酉)升山東右布政使秦鉞、陝西右布政使陸深、江西右布政使陸杰俱左布政使,鉞江西,深四川,杰廣東。"

查繼佐《罪惟録》卷十八"文史諸臣列傳":"甫三月,升山西提學副使。”

張廷玉等《明史》列傳第一百七十四“文苑二”：“晉山西提學副使，改浙江。”

嘉靖十五年(1536)，松、茂諸夷倡亂，深助副總兵何卿平夷患。有功，擢光禄寺卿。十七年，改太常寺卿兼翰林院侍讀學士。

陸深《儼山文集》卷八十七《跋蕩南詩》：“嘉靖丁酉，予自蜀藩召爲光禄卿。”

唐錦《陸公行狀》：“丙申歲，威茂諸夷倡亂。朝廷命將征剿，公移文於副總兵何公卿，曰……聞者甚偉其議。公復悉力調度，兵食饒給，夷患遂平。捷聞，公有白金文綺之賜。”又，“戊戌春二月，内閣特疏，薦改太常寺卿兼翰林院侍讀學士，領修玉牒。”

《世宗實録》卷一百九十二：“(嘉靖十五年九月丙午)初，四川威、茂等處深溝、淺溝、渾水等十餘寨，番賊糾衆據險，邀阻糧運，分兵攻犯茂州及長寧等堡，安求撫賞。副總兵何鄉(卿)乃密與副使朱紈定方略，先築茂州外城，以坐困之，尋以剿平淺溝、渾水碉寨，斬捕首虜甚衆。於是諸番震懼，争執首惡以獻，刑牲歃血，或斷指割耳，誓不復叛。乃與刻木結約，部分其衆，畫地爲守。由是松、茂之路遂通。巡撫都御史潘繼、巡按御史陸琳列上諸臣功狀。上深嘉之。”又，卷一百九十四：“嘉靖十五年十二月……升四川左布政使陸深爲光禄寺卿。”又，卷二百零九：“(嘉靖十七年二月)壬戌，命吏部左侍兼翰林院學士張邦奇、光禄寺卿陸深升太常寺卿兼侍讀學士，纂修玉(原文闕“牒”字)。”

張廷玉等《明史》列傳第一百七十四“文苑二”：“松、茂諸番亂，深主調兵食，有功，賜金幣。”

查繼佐《罪惟録》卷十八“文史諸臣列傳”：“累升太常卿，兼侍讀學士。”

嘉靖十八年(1539)二月,改詹事府詹事兼翰林院學士。二十年四月,上《自陳不職乞賜罷黜以彌灾變事》求去。疏上,得旨致仕。

陸深《儼山文集》卷二十八《乞恩比例改給誥命追贈前母事》:"本月十五日,又蒙聖恩,改臣詹事府詹事兼翰林院學士。"

許贊《陸公深墓表》:"駕幸承天,上以公原官兼學士掌行在院印,命簡宫僚,改公詹事府詹事兼學士。……(辛丑)四月,九廟灾,公憂甚,上疏力求罷歸,得旨致仕。"

唐錦《陸公行狀》:"夏四月,九廟灾。上甚悚惕,詔百官修省。公憂惶彌甚。又得家報,二孫連殤,愈鬱鬱不樂,去志益决,乃上疏,略曰:'殷憂啓聖,變不虚生。仰惟皇上聖敬大孝,感格皇穹,蓋有素矣。而灾變若此,非臣等奉職無狀所致耶?如在一芥草茅,叨塵侍從,食禄有年,曾無寸補,尸素之愆,又皇天所宜震怒者也。倘蒙聖恩,不加斧鉞之誅,將臣放歸田里,别選忠勤,以爲格天之助,臣亦少延殘喘,歌咏太平之盛矣。'疏上,得旨致仕。"

《世宗實録》卷二百四十八:"(嘉靖二十年四月)甲戊(戌),吏部等衙門、尚書等官許贊等自陳乞休。奉旨罷免者十二人:吏部尚書許贊、右侍郎歐陽鐸,兵部左侍郎陶諧,刑部右侍郎王浚,工部右侍郎蔣淦,詹事府詹事兼翰林院學士陸深,大理寺卿牛天麟,太常寺少卿李開先、沈鋭,通政使司參議張環、蔡文魁,順天府府丞尤魯,餘各飭令修省供職。"

張廷玉等《明史》列傳第一百七十四"文苑二":"世宗南巡,深掌行在翰林院印,御筆删侍讀二字,進詹事府詹事。"

查繼佐《罪惟録》卷十八"文史諸臣列傳":"駕幸承天,改翰林學士,兼掌行在印信。駕還,升詹事。"又,"三十九年,廟灾,自劾致仕。"

嘉靖二十三年(1544)七月二十五日卒,年六十八歲。訃聞,賜諭祭,贈禮部右侍郎,謚文裕。

唐錦《陸公行狀》:“(甲辰七月二十五日)昧爽,問天已明,未須臾,翛然而逝。”

夏言《陸公墓誌銘》:“語畢而逝,七月二十五日昧爽也。……訃聞,皇上軫念講筵舊學,特贈禮部右侍郎,謚文裕。”

許贊《陸公深墓表》:“甲辰二月,感脾寒,吐泄漸劇,七月二十五日卒,享年六十有八。訃聞,朝廷念公講筵舊勞,賜諭祭,贈禮部右侍郎,謚文裕。”

張廷玉等《明史》列傳第一百七十四“文苑二”:“卒,謚文裕。”

查繼佐《罪惟録》卷十八“文史諸臣列傳”:“卒,贈禮部右侍郎,謚文裕。”

朱彝尊《静志居詩話》卷九:“卒,贈禮部右侍郎,謚文裕。”

深自少即有文名,官翰林,著作日富。爲文以通達政務爲尚,以紀事輔經爲賢。賦詩不事雕琢,直述性情。

唐錦《陸公行狀》:“於書無所不讀,自少至老,未嘗一日廢書不觀,故其胸中浩瀚汪洋,學者質疑問難,愈叩而愈不見其窮也。其辨析義理,細入幽微,無不出人意表。爲文章,渾雄典贍,成一家言。頗厭近時文體之陋,恒語學者曰:‘文字當各寫胸次,如江河之潤,日月之光,乃可言文,若規規然模描仿襲,作者果如是乎?’遇艱澀之詞,輒曰:‘此换字減字文也。’棄去不視。尤長於紀事,落筆千百言,馳驟頓挫,無一冗詞泛語。賦詩則直寫性情,不事雕琢。初喜盛唐,中年以後,冲澹閑適,駸駸漢魏矣。”

夏言《陸公墓誌銘》:“於書無所不讀,非疾病甚憊,未嘗手釋卷,是以造詣精深,發爲文章,成一家言。作詩直寫性情,得風人之旨。"

徐階《儼山文集序》:"公自少時,文則有名,既官翰林,以文章爲職業,於是其所著作,日益工以富。每一篇出,士大夫輒傳誦推遜之。然公嘗言,文以通達政務爲尚,以紀事輔經爲賢,非顓顓輪轅之飾已也。"

陸師道《陸文裕公續集題後》:"禮部尚書華亭徐公謂,公問學宏博,詞賦精工,在國朝可與宋文憲、李文正争衡。信斯言也!考其篇帙,實與潜溪、麓堂相埒。……然公著述之旨,雖若在此而不在彼,而公應世之文,乃彬彬作者,成一家言,天下學士大夫咸宗而歸之。蓋惟其有立德立功之心,故言必載道,而氣節政事之風厲於世,又足以重乎其言,則其爲不朽者莫大於是,而又豈專意著述,無本以出之者之可及乎?"

王世貞《明詩評》(周維德集校《全明詩話》,齊魯書社 2005 年版)三:"詹事天才卓逸,翰墨名家,流輩見推,彌布朝野。詩如梨園小兒,急健華利,所至動人,第愧大雅,亦短深趣。"

張廷玉等《明史》列傳第一百七十四"文苑二":"深少與徐禎卿相切磨,爲文章有名。"

錢謙益《列朝詩集小傳》丙集:"公少與徐昌國善,切磨爲文章,有名於時。"

陳田《明詩紀事》(商務印書館 1936 年版)丁籤卷十二:"陳田按:子淵論詩云:'近時李獻吉、何仲默最工,姑自其近體論之,似落人格套,雖謂之擬作可也。'然其自作乃平衍敷腴,去李、何尚遠。"

工書,書法雅宗趙松雪,晚鎔李北海。其真、草、行書,遒勁有力。

唐錦《陸公行狀》:"書學極其精妙,國初吾松多以書學名天下,久已絶響,公近奮起,遂凌蹴前人而處其上。今太常卿張公電以書學際遇，實出公所指授。識者謂公趙文敏後一人。”

夏言《陸公墓誌銘》：“書法妙逼鍾、王，比於趙松雪。”

何三畏《雲間志略》（明刻本）卷十：“至其真、草、行書，如鐵畫銀鈎，遒勁有法，頡頏北海，而伯仲子昂。”

朱謀垔《續書史會要》（浙江人民美術出版社 2012 年版）：“善真、行、草書，俱法趙文敏公。”

莫如忠《崇蘭館集》（明萬曆刻本）卷十八《文裕陸公書跋》：“陸文裕公儼山先生，書法雅宗趙松雪，晚鎔李北海，西晋風格宛然具存，足傳不朽。”

王世貞《弇州山人四部稿》（明萬曆五年王氏世經堂刻本）卷一百五十四《藝苑卮言》附録三：“國朝書法當以祝希哲爲上，文徵仲、王履吉、宋仲温、宋仲珩次之，陸子淵、豐道生、沈華亭、徐元玉、李貞伯、吴原博又次之，餘似未入品。”又，“吾吴中自希哲、徵仲後，不啻家臨池而人染練，法書之迹，衣被遍天下，而無敢抗衡。雲間雖陸子淵能振其法於寥響之後，門户頗峻，師承者少。”

張廷玉等《明史》列傳第一百七十四“文苑二”：“工書，仿李邕、趙孟頫。賞鑒博雅，爲詞臣冠。然頗倨傲，人以此少之。”

查繼佐《罪惟録》卷十八“文史諸臣列傳”：“深磊落瑰奇，嬉笑成文，品隲古文，商確事義，辨識書畫古器，談鋒傾一座。書法學趙吴興。”

錢謙益《列朝詩集小傳》丙集：“工書，仿李北海、趙承旨。品隲古今，賞鑒書畫，博雅爲詞林之冠。”

朱彝尊《静志居詩話》卷九：“若夫正書似顔尚書，行書似李北海，莫雲卿之論，謂：‘風力實出趙吴興之上。自董尚書墨迹盛行，而儼山遂爲所掩。’”然尚書論書法，推爲正宗。世有張懷瓘估直，未必定取董而遺陸也。

陳田《明詩紀事》丁籤卷十二:“陳田按:書法在明人中,不失爲第二流。”

著述頗豐,凡《文集》一百卷,《外集》四十卷,又有《續集》十卷。其子陸楫所葺。

許贊《陸公深墓表》:“七月二十五日卒,享年六十有八。訃聞,朝廷念公講筵舊勞,賜諭祭,贈禮部右侍郎,謚文裕。所著有《儼山文集》一百卷、《傳疑録》二卷、《書輯》三卷、《史通會要》三卷、《同异録》二卷、《金臺紀聞》二卷、《中和堂隨筆》二卷、《河汾燕間録》二卷、《續停驂録》三卷、《玉章漫抄》四卷、《玉堂漫筆》三卷、《聖駕南巡日録》、《大駕北還録》、《淮封日記》、《南遷日記》、《知命録》、《願豐堂漫書》、《科場條貫》、《春風堂隨筆》、《溪山餘話》、《停驂録》、《春雨堂雜抄》、《平胡録》、《蜀都雜抄》、《古奇器録》各一卷,及《詩微》《校定大學經傳》《翰林記》,凡二十餘種。”

文徵明《儼山文集後序》:“文裕公既卒,逾年,《文集》梓成,凡一百卷,《外集》若干卷,其子太學生楫所葺。今大學士徐公既叙首簡,楫以余於公雅有事契,俾識其後。”

徐獻忠《儼山外集序》:“詹事府詹事、兼翰林院學士、贈禮部右侍郎、謚文裕、儼山先生《外集》者,輯略古義,有《傳疑録》,在史館立義,有《史通會要》,以編修官入試院,有《科場條貫》,書法造極三昧,有《書輯》,性嗜古,有《古奇器録》,考求聖祖刈夷之迹及扈從皇上行幸山陵,有《平胡録》,及《南巡北還日録》,其寓游歷覽,有《淮封南遷日記》,有《河汾燕閑知命停驂録》,有《蜀都豫章雜抄》,有《金臺紀聞》《玉堂漫筆》,其燕私,有《春風中和堂隨筆》《願豐堂漫書》《春雨堂雜抄》及《溪山餘話》,又有《同异録》,發明格心之業。是皆可以昭世軌,歆人情,名一家言也。……先所次詩文集共若干卷,此因名《外集》。子楫校,授中表黄子標銓次如此云。”

唐錦《龍江集》卷二《文裕公續集》序："先生既斂神觀化，其子太學生楫，字思豫，發所藏稿，類而成編，凡爲《集》百卷，《外集》四十卷，咸登諸文梓，壽其傳矣。兹復訪搜散佚，隨遇札録，編爲《續集》十卷，刻附集後以傳。"

陸師道《陸文裕公續集題後》："右《陸文裕公續集》。其子楫既刻《前集》百卷、《外集》四十卷，復搜輯遺逸，以成是編，爲十卷，合百五十卷。嗚呼！富矣哉！……若夫卷帙浩博，楫必欲窮搜而并存之，則邵文莊所謂道極乎變而後可以言道，文極乎變而後可以言文，亦欲以見公之全也。"

永瑢等《四庫全書總目提要》卷一百二十三雜家類七《儼山外集》三十四卷："明陸深撰。深有《南巡日録》，已著録。是編乃其札記之文，其子楫匯爲一集。凡《傳疑録》二卷、《河汾燕閑録》二卷、《春風堂隨筆》一卷、《知命録》一卷、《金臺紀聞》二卷、《願豐堂漫書》一卷、《溪山餘話》一卷、《玉堂漫筆》三卷、《停驂録》一卷、《續停驂録》三卷、《豫章漫鈔》四卷、《中和堂隨筆》二卷、《史通會要》三卷、《春雨堂雜鈔》一卷、《同异鈔》二卷、《蜀都雜鈔》一卷、《古奇器録》一卷、《書輯》三卷。其中惟《史通會要》摭劉知幾之精華、檃括排纂，别分門目，而采諸家之論以佐之，凡十有七篇，專爲史學而作。《同异録》爲進御之本，采擇古人嘉言，撮其大略，分上、下二篇，上曰典常，下曰論述，專爲治法而作。《古奇器録》皆述珍异。《書輯》皆論六書八法。其餘則皆訂證經典，綜述見聞，雜論事理。每一官一地，各爲一集。部帙雖别，體例則一。雖讕言瑣語，錯出其間，而核其大致，則足資考證者多。在明人説部之中，猶爲佳本。舊刻本四十卷。今簡汰《南巡日録》《大駕北還録》《淮封日記》《南遷日記》《科場條貫》《平北録》六種，别存其目，故所存惟三十四卷焉。"又，卷一百七十一别集類二十四《儼山集》一百卷《續集》十卷：

"明陸深撰。深有《南巡日録》已著録。是集有費寀、徐階二序,文徵明後序。《續集》前有唐錦序,後有陸師道跋。皆其子楫所編。錦序及師道跋并稱尚有《外集》四十卷,通此二集爲一百五十卷。此本不載《外集》。蓋《外集》皆其筆記雜著,又自别行也。"又,卷一百七十六别集類存目三《行遠集》《行遠外集》:"明陸深撰。深有《南巡録》,已著録。其文集、續集刻嘉靖中,此集則崇禎庚午,其曾孫休寧縣知縣起龍所編。前有起龍述言一篇,稱深隨地著述,散見四方者,邈不可購。所鎸正、續集一百五十卷有奇,十不得五。迄今模糊散佚,又十之二三。起龍睠懷先澤,多方搜購。見輒筆之,又積至二十餘卷,以次校編。又稱附以年譜,重開生面云云。今考此本所載皆《文裕集》所已收。蓋其時舊刻散佚,因掇拾所存,重刻此版,故稱搜購。實則非續獲正、續二集之外也。所稱年譜,今亦不存。或裝緝偶漏,或歲久版又佚缺歟?"

查繼佐《罪惟録》卷十八"文史諸臣列傳":"論曰:遺文凡一百卷,又著《詩徵》《書輯》《道南》三書,《河汾燕閒録》《史通會要》《蜀都雜抄》《平胡録》諸種。"

錢謙益《列朝詩集小傳》丙集:"遺文百卷外,有《河汾燕閒録》《玉堂漫筆》諸書傳於世。"

嵇璜等纂修《續文獻通考》(清乾隆四十九年武英殿刻本)卷一百九十二:"陸深《儼山集》一百集,《續集》十卷……深《續集》有唐錦序、陸師道跋并稱。尚有《外集》四十卷。通此二集爲一百五十卷。然《外集》皆其筆記雜著,本自别行也。又《四庫全書存目》有《行遠集》《行遠外集》,并無卷數,蓋深集散佚之後,其曾孫起龍所編皆收舊刻散佚,非續獲於正、續二集之外。"

參考文獻：

1. 陸深《儼山集》《外集》《續集》，明嘉靖陸楫刻本。

2. 唐錦《龍江集》，明隆慶三年唐氏聽雨山房刻本。

3. 嚴嵩《鈐山堂集》，明嘉靖刻本。

4. 夏言《夏桂洲先生文集》，明崇禎十一年吴氏刻本。

5. 錢謙益編著《列朝詩集小傳》，上海古籍出版社 1959 年版。

6. 焦竑著，吴相湘主編《國朝獻徵録》，臺灣學生書局 1965 年版。

7. 朱彝尊著，郭紹虞主編《静志居詩話》，人民文學出版社 1990 年版。

8. 查繼佐《罪惟録》，浙江古籍出版社 2012 年版。

9. 楊月英《陸深年譜》，復旦大學 2008 年學位論文。

（李雙華　孫啓華）

崔銑傳

崔銑，字子鍾，一字仲鳧，號後渠，又號洹野，其先爲山東樂安人，後隨父占籍安陽（今河南省安陽市），明憲宗成化十四年（1478）十二月二十二日生。其父爲升，官四川參政。母李慧，户部侍郎李公和之長女。

張廷玉等《明史》卷二百八十二《崔銑列傳》："崔銑，字子鍾，安陽人。父升，官參政。"

焦竑《國朝獻徵録》（《明代傳記叢刊》第 110 册）卷三十七郭樸《南京禮部右侍郎贈禮部尚書崔文敏公銑傳》："公諱銑，字子鍾，一字仲鳧，參政升之子也。"

陳錫輅撰《（乾隆）安陽縣志》卷十馬理《崔文敏公傳》："後渠先生姓崔氏，諱銑，字仲鳧，號曰後渠先生，山東樂安人。厥考參政公隨父委吏翁居安陽，少司徒李公以女妻之，遂占籍安陽。"

崔銑《崔氏洹詞》卷十六《顯考參政南郭君述》："先君諱升，字廷進，山東樂安人。"

崔銑《崔氏洹詞》卷十六《顯妣淑人李氏述》："先妣諱慧，户部侍郎李公和之長女也。"

貴泰《（嘉慶）安陽縣志》卷十五何瑭《崔文敏公墓誌銘》："先生姓崔，諱銑，字子鐘，更字仲鳧，號後渠，更號洹野，天下惟稱曰'後渠先生'。其先山東樂安人……先生生成化戊戌十二月二十二日。”（按，“字子鐘”應爲“字子鍾”，“何塘”他書均作“何瑭”，有《柏齋集》。）

李氏夢蛟龍寤而生銑，子鍾天資穎敏，十歲從父延安授《四書》《毛詩》，年十五又從諸儒官講太極圖通《周易》。取髦士與之共學，改訂其日課所撰之文，使公閱之。久之，銑之文融諸家之長，故成童時舉業已過人。

貴泰《(嘉慶)安陽縣志》卷十五何瑭《崔文敏公墓誌銘》："淑人之娠也，芝産門閾，及月，夢蛟起舍西塘，雲霧彌天，驚寤而生先生。啼聲洪亮，丰骨岐嶷，見者异之。五歲閑禮儀，口占成對。弘治改元，南郭君以職方員外郎晋知延安，携先生往。甫十歲，始授《論語》，一誦五葉。不數月通《論》《孟》《學》《庸》，習《毛詩》，能文章。明年，從諸儒官游，博及性理、《通鑑》群書。年十五，講太極圖，通《周易》。"

孫奇逢《中州人物考》(《景印文淵閣四庫全書》第458册)卷一《崔文敏銑》："母李淑人之娠也，芝産門閾，及月，夢蛟龍寤而生銑。啼聲洪亮，風骨岐嶷，見者异之。十歲從父延安授《四書》《毛詩》，明年，從諸儒官講太極圖通《周易》。"

陳錫輅撰《(乾隆)安陽縣志》卷十馬理《崔文敏公傳》："後渠生而白皙，漆□玉質。始能言，即識文字，參政公時以小學方教之。年十三，參政公知延安府事，携之任。時延安多髦士，屬官有名士七八人，公取髦士與共學，日課所會文，每文成，謄七卷，馳使七人者筆削之，仍合爲一卷，使後渠通閱之。久之，諸髦士及七子才美皆萃於後渠，以故成童時舉業已過人。"

弘治八年(1495)秋，升遷四川參政，銑隨之入蜀。時尚書吴公廷舉卒於成都，博聞篤行，遂與之定交，又得聞陳獻章之學。十一年，河南鄉舉第九，入太學。

後數年與四方之士秦偉、馬理、吕柟、寇天叙、林慮馬卿、同邑張士隆締交求教,見賢思齊,同修明經,同志相勉。又與梁宗烈、翰林檢討劉德符、何景明會文交友。登弘治乙丑(1505)進士第,改庶吉士。

黄宗羲《明儒學案》卷四十八《文敏崔後渠先生銑》:"弱冠舉鄉試,入太學,與四方名士馬理、吕柟、寇天叙輩相期許。"又,"登弘治乙丑進士第,改庶吉士,授編修。"

陳錫輅撰《(乾隆)安陽縣志》卷十馬理《崔文敏公傳》:"又聞白沙陳氏之學,於成都通判吴氏廷舉,年二十一,中河南戊午鄉舉第九,己未不第。游太學時,文字攬筆而成,月試嘗日中投卷,榜出輒列名第一。"又,"時太學有廣東舉人梁宗烈者,白沙高第,後渠記與何氏仲默往約會文。又聞翰林檢討劉氏德符以斯文自任,即日就而求益。德符亦賢,後渠與締交焉。時後渠有知人之明,又見賢思齊,凡海内學者邪正淺深,識與不識,咸察而知之。於是多聞多見,諸史群籍亦涉獵而得其概矣。時理與一二友人同居辟雍,講習明辨篤行之學,後渠三就三省而是之,遂相與日簪聚焉。蓋自是切問近思,以濂洛之學爲階遞,以洙泗授受爲準的。"

貴泰《(嘉慶)安陽縣志》卷十五何瑭《崔文敏公墓誌銘》:"(按,弘治八年)秋,隨(按,父)如蜀,適尚書吴公廷舉卒成都,博聞篤行,遂與定交。戊午,舉於鄉。庚申,如太學祭酒,方石謝公大奇之,歷試稱首。"又,"壬戌,春試又不利。三原秦公偉、馬公理,高陵吕公柟,榆次寇公天叙,林慮馬公卿,同邑張公士隆相有約,明經修行,毋慕高虚,毋溺訓詁,毋耽辭,毋陷利與名,其志以洙泗爲師。甲子,還安陽。乙丑,舉進士,改翰林庶吉士。"

孫奇逢《中州人物考》卷一《崔文敏銑》:"弘治十一年舉於鄉,入太學,與三原秦偉、馬理,高陵吕柟,榆次寇天叙,林慮馬卿,同邑張士隆相友,約明經修行,毋慕高虚,毋泥訓詁,其志毅然,以洙泗爲師。十八年,舉進士,改庶吉士。”

熊賜履《學統》卷四十二《崔銑》:“銑弘治中舉於鄉,再試不利,就業太學,與三原馬理、高陵吕柟、榆次寇天叙輩同志相勉。”又,“十八年,舉進士,改翰林庶吉士。”

正德丁卯(1507),授編修,預修《孝宗實録》。戊辰,爲會試同考,秉公執法,不畏權貴。時劉瑾竊政,朝中之士見之多屈膝,惟先生與何瑭長揖,瑾怒。

《實録》成,瑾僞傳旨,先生改南京吏部驗封司主事。在政改糧陋習,懲治滑吏。正德四年(1509),先生病寒疾,已不治。明年,瑾誅,還故官。

張廷玉等《明史》卷二百八十二《崔銑列傳》:“預修《孝宗實録》,與同官見太監劉瑾,獨長揖不拜,由是忤瑾。”又,“書成,出爲南京吏部主事。瑾敗,召復故官。”

貴泰《(嘉慶)安陽縣志》卷十五何瑭《崔文敏公墓誌銘》:“正德丁卯,授編修,同修《孝皇實録》。戊辰,同會試,考官宰執欲私厥子,先生不可,竟出它手。時閹瑾竊政,因戌元老,奴僕端揆,先生守正不屈,瑾怒,謂冢宰張綵曰:‘翰林白面後生輕薄,如崔銑尤甚。’綵曰:‘北方賴斯人,倡古作。’時瑭爲修撰,見瑾亦長揖,瑾俱欲重置。瑭謂先生曰:‘吾兩人不可易節。’先生曰:‘銑安義命久矣。’”又,“是歲,《實録》成,瑾僞傳旨,史臣未練政體,各升俸一級,調部屬州縣,先生改南京吏部驗封司主事。莅政外,與寮友顧公璘、王公韋、吕公夔講評經史,衆高風致。部儲歲縱,糧長易美以惡,先生廉出之。糧長,江南巨猾也。賂請權貴,先生固執不可。尚書曰:‘爾謫仙也,何苦爲?’先生曰:‘何勤非忠,孰忠非分?’果恪奸。庚午,瑾誅,召還史館。”

黄宗羲《明文海》卷四百三十八沈一貫《南京禮部右侍郎贈禮部尚書謚文敏後渠崔公神道碑銘》:"授編修,校《孝宗實録》。戊辰,同考會試,執政欲私其子,公不可,而執政子竟録於他手。劉瑾擅政,卿佐伏謁跪。公及修撰何瑭遇之於史館。他日,史官旅見,皆長揖。瑾怒,謂張綵曰:'翰林盡白面輕薄生,銑尤甚,宜罪。'綵不可。"又,"《實録》成,瑾矯升史官俸一級,而調部屬州縣以練政。公得南驗封主事。瑾誅,還故官。"

崔銑《洹詞》卷五《亡妻孺人李氏壙志》:"正德己巳,予調南封部主事。"又,"明年庚午,誅劉瑾,予得賜還,再入翰林……己巳,予病寒疾,已不治。"

黄宗羲《明儒學案》卷四十八《文敏崔後渠先生銑》:"逆瑾竊政,朝士見者多屈膝,先生與何瑭長揖而已。瑾怒其輕薄,張綵曰:'此人有虚名,未可驟加之罪。'"又,"終出爲南京稽勛主事。瑾誅,召還翰林。"

查繼佐《罪惟録》列傳卷之十三《崔銑》:"正德初,宦瑾專權,卿佐皆伏謁。銑遇瑾史館門,獨長揖。瑾怒目視銑。他日,諸史官旅見,又獨長揖。瑾益怒,謂監張綵:'翰林識幾字?乃輕薄如此!'益意□不能釋銑。綵曰:'□□賴此人,□古作,挫抑之厄衆。'"又,"修《孝宗實録》成,瑾遂藉以少練政事,授銑南京稽勛主事。"

時李東陽以文藝籠絡縉紳,漸成風氣,作《上西涯相國書》規勸,懇懇千餘言。正德八年(1513),奉使大梁册封周藩王。明年,掌廷試卷,充經筵展書,會講官有他故,即代之。日與何景明、殷雲霄、馬理及何瑭相究古學,即事觀理,以身驗實。

正德丙子,經筵講《説命》,啓上以擇相、輔德、納誨、去冥頑、戒逸豫。十二年,引疾乞休得允。建後渠書屋,讀書講學其中,删定《二程遺書》,作《郡志》。十五年,母李淑人卒,惟禮三年,食粗异寢。

張廷玉等《明史》卷二百八十二《崔銑列傳》:“充經筵講官,進侍讀。”又“引疾歸,作後渠書屋,讀書講學其中。”

熊賜履《學統》卷四十二《崔銑》:“上書李東陽,勸其及時悟主,救民薦賢,理財强兵,毋以文章自好。尋告病去,作《喻問》二篇以見志。”

黄宗羲《明文海》卷四百三十八沈一貫《明南京禮部右侍郎贈禮部尚書謚文敏後渠崔公神道碑銘》:“李文正當國好文藝,公勸以及時悟主、救民薦賢、理財强兵,書千餘言。滿九載升侍讀,告歸。”

貴泰《(嘉慶)安陽縣志》卷十五何瑭《崔文敏公墓誌銘》:“明年,再同會試考官,時元輔某忽略體要,攻治文藝,先生上書勸以及時悟主、救民薦賢、理財强兵,無事瑣末,懇懇千餘言。先是,先生陋萎文之習,抗志追古,自唐以後無師焉。及是南旋,更練醇達,海内器其文,曰:‘可謂一代宗工矣。’癸酉,受册封周藩歸,却厚贈,便道壽淑人。甲戌,還京,掌卷廷試,展書經筵,講官有他故者,先生即代之。内宫灾,上疏極言時政,不報。王御史廷相言事,下獄,瀕死矣。先生亟詣執政,曲救出之。日與何公景明、殷公雲霄、馬公理及瑭相究古學,即事觀理,以身驗實。”又,“丙子,經筵講説命,啓上以擇相、輔德、納誨、去讒頑、戒逸豫。時權幸錢寧及安廖鵬在側,太銜之。冬,歷三考,晋侍讀。春,罷經筵。先生引疾乞休,少傳梁公固留之,乃三同會試,考官事竣得歸。時南郭君八衺矣,稱慶雙壽。己卯,作後渠書屋。董耕授徒,删定《二程遺書》,作《郡志》。庚辰,淑人卒,斂葬祭惟禮三年,食粗异寢。”

黄宗羲《明儒學案》卷四十八《文敏崔後渠先生銑》:“時西涯以文藝籠絡天下,先生以爲非宰相所急,上書規之。侍講講經筵,每以親君子遠小人磨切武宗,指錢寧、廖鵬而言也。小人皆欲甘心之。晋侍讀,遂告歸。”

崔銑《崔氏洹詞》卷十一《奏乞養疾疏》:“臣少患吐紅,壯而多病。近來連患傷寒,遂成痰病。兩耳常鳴,右腿深痛。自今春因事過勞,痰火大作。每聞人聲驚悸流汗,頭暈而不省人事。中脹而不納飲食。切思前疾累治不痊,若不居閑默養,必至痿體喪軀。即今職業莫共察禄徒費,伏望皇上憫臣多病,全臣微生。乞敕吏部放臣回還原籍調理,病痊之日前來供職,臣不勝感恩之至。”

崔銑《崔氏洹詞》卷十六《顯妣淑人李氏述》:“正德十五年,正月二十有六日卒,享年七十有八。”

嘉靖元年(1522),起修《武宗實録》,是年,《彰德府志》書成。明年,日講《論語》,開陳治本,啓沃懇切。擢南京國子監祭,周濟四方。與諸生講論,朝夕問難,應答不倦。

張廷玉等《明史》卷二百八十二《崔銑列傳》:“世宗即位,擢南京國子監祭酒。”

黄宗羲《明儒學案》卷四十八《文敏崔後渠先生銑》:“嘉靖改元,起原官,尋擢南京祭酒。”

熊賜履《學統》卷四十二《崔銑》:“嘉靖初,召擢南京國子祭酒。開誠善誘,明教條,正文體,日衣冠坐。諸生問難。”又,“大禮議起,疏言:‘皇上求備禮於本生,至孝也。然當詳稽《禮經》,大順人情。今獨任已意,曷有極已。’疏入,罷歸。臨行不役官夫,囊無江南一物,携古書數篋而已,公卿及諸生送者千餘人。”

貴泰《(嘉慶)安陽縣志》卷十五何瑭《崔文敏公墓誌銘》:“今上即位,改元嘉靖,輔臣諫議交薦,起先生修《武廟實録》,以備經筵。明年癸未,講《論語》,開陳治本,啓沃懇切,上方隆重禮教,擢先生南京國子祭酒。諸生相顧曰:‘吾輩得師矣!’先生開誠心,崇正義,明教條,嚴祀事,正文體,獎雋彦,警輕惰,禁游戲,清廪餘,革蠹耗。日衣冠坐東堂,諸生朝夕問難,先生響答不倦。周貧、佚老、問疾、賻喪,士林大悦。逸尹梅純,南謫時友也。抗瑾奪官,貧且卒矣,其母自鬻書屋,先生分禄以養病,爲治棺斂。先内書堂中侍受教者時監留都。厚幣來謁,先生却之曰:'祭酒論道德否,何以表人?'"

永瑢等《四庫全書總目》卷七十三《彰德府志》八卷:"明崔銑撰。銑有《讀易餘言》,已著録。是書成於嘉靖壬午,自序謂本宋《相臺志》、元《相臺續志》而益以諸縣之輿記。其書頗爲謹嚴,蓋銑本儒者故也。"

嘉靖三年(1524),大禮議起,上疏劾張璁、桂萼,觸怒上,奉聖致仕。銑歸時,公卿及諸生送者千餘人,潸然泪下。先生乘醉登舟,歌曰:"故園寂水知堪養,捷徑終南保未曾。"

《明史》卷二百八十二《崔銑列傳》:"嘉靖三年集議大禮,久不決。大學士蔣冕、尚書汪俊俱以執議去位,其他擯斥杖戍者相望,而張璁、桂萼等驟貴顯用事。銑上疏求去,且劾璁、萼等曰:'臣究觀議者,其文則歐陽修之唾餘,其情則承望意響,求勝無已。悍者危法以激怒,柔者甘言以動聽。非有元功碩德,而遽以官賞之,得毋使僥幸之徒踵接至與?臣聞天子得四海歡心以事其親,未聞僅得一二人之心者也。賞之,適自章其私昵而已。夫守道爲忠,忠則逆旨;希旨爲邪,邪則畔道。今忠者日疏,而邪者日富。一邪亂邦,況可使富哉!'帝覽之不悦,令銑致仕。"

貴泰《(嘉慶)安陽縣志》卷十五何瑭《崔文敏公墓誌銘》:"甲申,議時政,先生抗疏數千言,辯其非是,且勸上勤聖學,辯忠邪,以回天變。自分必被逮,已報休。先生曰:'天恩蕩覆,歸見老父辛矣。'諸生愕然,如失怙恃。設帳爲文,贈曰:'忠孝全名,出處中道。'先生行不役一夫,囊中無江南一物,惟家携古書數篋。因自笑曰:'人言金祭酒,我金若冰矣。'公卿及諸生送者千餘人,從而渡江者又數十人。群拜,潸然涕下。先生乘醉登舟,歌曰:'故園寂水知堪養,捷徑終南保未曾。'歸見南郭君,愉愉如也。"

黄宗羲《明文海》卷四百三十八沈一貫《南京禮部右侍郎贈禮部尚書謚文敏後渠崔公神道碑銘》:"大禮議起,江南北饑人相食,公應詔言事,且曰:'比主事張璁等以獻議驟遷,而大學士蔣冕、尚書汪俊、修撰吕柟、編修鄒守益、御史馬明衡乃罷斥,御史段續、陳相員外郎薛蕙至下獄。陛下求備禮於本生至孝也,顧當詳稽禮意,大順物情。獨任己意曷其有?'既疏入罷歸,無江南一物,諸生悵失依。"

黄宗羲《明儒學案》卷四十八《文敏崔後渠先生銑》:"大禮議起,上疏'勤聖學,辨忠邪,以回天變'。上以爲刺己也,勒令致仕。"

家居十六年,教四方之士,潛心撰述,其間著《中説考》《士翼》《中庸凡》《松窻寤言》,删定《朱子大全》,輯《文苑春秋》,定《洹詞》。妻李氏、父升先後卒,哀毁甚深。

貴泰《(嘉慶)安陽縣志》卷十五何瑭《崔文敏公墓誌銘》:"日讀書洹上,折衷群言。明年,李孺人卒,先生哀不復娶。郡中及四方學者衆,先生教以研經飭行。曰:'道在五倫,學在治心,功在慎獨。'論學曰:'式典主虞廷,浚源宗洙泗,衍孔及程氏。'丙戌,南郭君卒,哀斂葬祭如淑人禮更篤。戊子,著《中説考》。己丑,肆家塾望道堂。秋,作祖祠,申族約,宗子士棕,髫年失養,收育教之。庚寅,著《中庸凡》。癸巳,著政議《松窻寤言》。甲午,删定《朱子大全》,著《士翼》。有客遺泗磬,因號少石以介老。丙申,演《大學》全文。丁酉,輯《文苑春秋》。戊戌,定《洹詞》。先生自南歸以來,家居十六年,杜門養性,歷却樹坊,謝遺金,辭廢祠地,日危坐不二軒,非聖人之志不存,非翼經之文不閲,有終焉之意。公卿堂諫引薦者四十餘疏,先生愈自晦約,或勸以通書當路。先生笑曰:'有正命。'"

孫奇逢《中州人物考》卷一《崔文敏銑》:"日讀書洹上,折衷群言。明年,李孺人卒,先生哀不復娶。郡中及四方學者衆,先生教以研經飭行。曰:'道在五倫,學在治心,功在慎獨。'……五年,罹父艱,哀毁更甚。既禫,著《松窻寤言》《中庸凡》,演《大學》全文,又著《士翼》《政議》《中説考》《文苑春秋》。"

熊賜履《學統》卷四十二《崔銑》:"退處相臺十年,四方來學者,教以研經飭行,曰:'道在五倫,學在治心,功在慎獨。'學者稱曰'後渠先生'。"

崔銑《崔氏洹詞》卷十六《顯考參政南郭君述》:"嘉靖五年丙戌十一月二十有六日卒,享年八十有八。"

嘉靖十八年(1539),起詹事府少詹事,兼翰林院侍讀學士。後擢南京禮部右侍郎,時有風霾之變,先生自劾當首免,温旨慰留之。嘉靖二十年夏,疾劇而卒,贈禮部尚書,謚文敏,時年六十四。

黄宗羲《明儒學案》卷四十八《文敏崔後渠先生銑》:"家居十六年,以皇太子立,選宫僚,起少詹事兼侍讀學士,轉南禮部右侍郎,入賀聖節,過家疾作而卒,辛丑歲也,年六十四。贈禮部尚書,謚文敏。"

貴泰《(嘉慶)安陽縣志》卷十五何瑭《崔文敏公墓誌銘》:"己亥,皇太子立,上慎選官僚,起先生詹事府少詹事,兼翰林院侍讀學士,衆方想望丰采,比至,資政講學者無虚日。少師夏公贈曰:'一字不曾通政府,十年始得見先生'政暇過談,夜午忘歸。奉天殿灾,上疏乞罷黜,以答天戒,不允。尋進南京禮部右侍郎,會撫臣請表揚句容朱家巷帝祖鄉,先生職當核。曰:'皇明興王之基失實,爲岡墳址荒唐。'奏上,事乃寢。君子曰:'仁人之利溥哉!'庚子,署户篆,清耗釐弊,任攝愈真。引年乞休,不允。無何,進賀萬壽聖節,部例公賻,愁拒不受。時有風霾之變,先生自劾當首免,温旨慰留之。冬,過安陽,疾作,杜客調攝,著《易餘言》。辛丑春,續成議,將南行,以疾弗果。遂乞休,夏疾劇而卒。"

張廷玉《明史》卷二百八十二《崔銑列傳》:"閱十五年,用薦起少詹事兼侍讀學士,擢南京禮部右侍郎。未幾疾作,復致仕。卒,贈禮部尚書,謚文敏。"

熊賜履《學統》卷四十二《崔銑》:"世宗立太子,慎選宫僚,起詹事府少詹事兼翰林院侍讀學士,尋進南京禮部右侍郎,署户部篆,進賀萬壽聖節。時有風霾之變,上疏自劾,温旨慰留過家。卒,訃聞,遣官治葬諭祭,贈禮部尚書,謚文敏。"

銑爲官耿介,教化鄉里。言動有矩,無世俗依阿態。年少輕俊,好飲酒。遵從程朱理學,又有取舍。不滿陸、王之學,詆之爲霸儒。其《洹詞》簡勁峭直,意之所是,不以人毀之而沮;意之所非,不以人譽之而寬。

張廷玉等《明史》卷二百八十二《崔銑列傳》:"銑少輕俊,好飲酒,盡數斗不亂。中歲自厲於學,言動皆有則。嘗曰:'學在治心,功在慎動。'又曰:'孟子所謂良知良能者,心之用也。愛親敬長,性之本也。若去良能,而獨挈良知,是霸儒也。'又嘗作《政議》十篇,其《序》曰:'三代而上,并田封建,其民固,故道易行;三代而下,阡陌郡縣,其民散,故道難成。沿而下趨至今日乎。然人心弗异,繫乎主之者而已。'凡篇中所論説,悉仿此意。"

貴泰《(嘉慶)安陽縣志》卷十五何瑭《崔文敏公墓誌銘》:"先生志在行先聖之道,以濟天下。既不得仕,則思著書明道,以傳來世。至於歷官廉介之節,居鄉仁讓之化皆餘事也,兹不備載。"

孫奇逢《中州人物考》卷一《崔文敏銑》:"文敏端嚴抗爽,言動有矩,無世俗依阿態,人擬之程正叔。余過滏水,張湛虚司馬亟稱其人與學。余讀其集,簡勁峭直,意之所是,不以人毁之而沮;意之所非，不以人譽之而寬。殆所謂獨立不懼，獨行不搖者與？夫子不得中行而思狂狷，正爲其不隨流俗而孤行。一意文敏，其聖門之狂狷乎？陸、王學術具在天下後世，文敏詆其爲僞儒，爲霸儒，不肯一語敷同，不無已甚。然亦各就所見而駁之，於异處正好着眼，第看果謬於聖人否，殊不向毁譽場中定品格也。”

銑有二子、二女，長子滂，爲舉人，先公卒，有《長兒滂壙志》。次子汲，爲監生。

何瑭《崔文敏公墓誌銘》："子二，滂，舉人，先己丑卒；汲，監生。女二，長早卒；次婿劉仁。"

黄宗羲《明文海》卷四百三十八沈一貫《南京禮部右侍郎贈禮部尚書謚文敏後渠崔公神道碑銘》："子滂，舉於鄉。"

參考文獻：

1. 崔銑《崔氏洹詞》，明嘉靖刻本。

2. 崔銑《洹詞》，明趙府味經堂刻本。

3. 陳錫輅撰《（乾隆）安陽縣志》，清乾隆三年刻本。

4. 貴泰《（嘉慶）安陽縣志》，北平文嵐簃古宋印書局 1933 年鉛印本。

5. 孫奇逢《中州人物考》，《景印文淵閣四庫全書》第 458 册，臺灣商務印書館 1986 年版。

6. 查繼佐《罪惟録》，浙江古籍出版社 1986 年版。

7. 黄宗羲《明文海》，中華書局 1987 年版。

8. 焦竑《國朝獻徵録》，周駿富輯《明代傳記叢刊》第 110 册，臺灣明文書局 1991 年版。

9. 黄宗羲著,沈芝盈點校《明儒學案》,中華書局 2008 年版。

10. 熊賜履撰,徐公喜、郭翠麗點校《學統》,鳳凰出版社 2011 年版。

(陳家愉)

徐禎卿傳

徐禎卿，字昌國，又字昌穀，吴縣（今江蘇省蘇州市）人。其先世來居吴地雙鳳鄉，後徙家吴縣，遂占籍。成化十五年（1479）年生。

張廷玉等《明史》卷二百八十六《徐禎卿傳》："徐禎卿，字昌穀，吴縣人。"

閻秀卿《吴郡二科志》《徐禎卿傳》（《叢書集成初編》第 3381 册，商务印書館 1935 年版）："徐禎卿，字昌國。琴川人，徙家吴縣，遂占籍焉。"

王兆雲《皇明詞林人物考》卷五《徐昌穀傳》："公名禎卿，字昌穀，吴人也。"

錢肅樂修，張采纂《（崇禎）太倉州志》卷七："徐禎卿，字昌國。居雙鳳鄉，父寓郡城，因補長洲縣學生。"

王守仁《王陽明全集》卷二十五《徐昌國墓誌》："正德辛未三月丙寅，太學博士徐昌國卒，年三十三。"

天性穎异，幼精文理。六歲識字，十歲能詩。十二歲其母亡。

閻秀卿《吴郡二科志》《徐禎卿傳》："天性穎异。"

顧璘《國寶新編》《徐禎卿傳》："幼精文理，不由教迪。"

文徵明《文徵明集》卷二十四《祭徐昌穀文》："昔在髫年，穎拔而出。"

張廷玉等《明史》卷二百八十六《徐禎卿傳》:"資穎特,家不蓄一書,而無所不通。"

徐禎卿《徐禎卿全集編年校注》卷二《答沈休翁所問因成贈章》:"六齡識姓字,十歲弄歌章。十二失慈母,嬉戲道路傍。"

按,後昌國作有憶母詩,如《先母諱日》《與孫生夜話》,文徵明《書昌國憶母詩後》:"平生自謂心如鐵,腸斷徐卿泣母篇。"

十三四時,嘗從邵守齋學章句。又師事朱良育論詩。

徐禎卿《徐禎卿全集編年校注》卷五《守齋邵先生墓誌銘》:"某年十三四時,嘗從先生授章句,義不可以不銘。"

徐禎卿《徐禎卿全集編年校注》卷五《與朱君叙别》:"僕少時聞其詞學,嘗師事之,君亦器僕,因爲忘年交。"

唐順之《重刊校正唐荆川先生文集》卷十《封知府朱公墓誌銘》:"公既以老儒生精於治經,又性喜爲詩,所著有《草堂集》凡十卷……昌穀嘗數過公論詩,公曰:'詩貴成家。格卑弱固不可,若規規摹擬前人逼真,亦詞家大忌也。且夫古之爲詩者,以寓性情也。得之於體裁,而失之於性情,亦安用詩?'昌穀深服其言。"

弘治八年(1495),年十七,始學干禄。與唐寅相友善,因得與吴中名士交往,文酒宴笑,評騭古今。撰《新倩籍》。屢臺試不捷,父惡之,因感屈原《離騷》而著《嘆嘆集》。又著《談藝録》,以究詩體之變。十一年,於虎丘送文徵明之父文林赴任温州。

徐禎卿《徐禎卿全集編年校注》卷二《答沈休翁所問因成贈章》:"十七學干禄,跅弛空彷徨。"

閻秀卿《吴郡二科志》《徐禎卿傳》:"與吴趨唐寅相友善。寅獨器許,薦於石田沈周、南濠楊循吉,由是知名。屢臺試不捷,父惡之。禎卿嘆曰:'橋梓之間,正須和協,今而及此,誠可爲痛。且處囊脱穎,君子之常,何至蓬累步乎?'因感屈子《離騷》,作《嘆嘆集》。論者以'文章江左家家玉,烟月揚州樹樹花'爲集中警句,雖沈宋無以加。又斷作詩之妙爲《談藝録》。陳内翰霽見之曰:'所觀多矣,皆莫如,他日當獨秀吴中可也。'"

張廷玉等《明史》卷二百八十六《徐禎卿傳》:"自爲諸生,已工詩歌,與里人唐寅善,寅言之沈周、楊循吉,由是知名。"

文徵明《文徵明集》卷三十三《錢孔周墓誌銘》:"時余三(按,指唐寅、文璧、徐禎卿)人,與君皆在庠序。故會晤爲數。時日不見,輒奔走相覓,見輒文酒宴笑,評騭古今。或書所爲文,相討質以爲樂。"

王兆雲《皇明詞林人物考》卷五《徐昌穀傳》:"弱冠作《談藝録》,以究詩體之變。斷自漢魏而止,晋以下弗論也。"

龔本立《松窻快筆》:"年十七撰《新倩籍》,居然魏晋矣。弱冠著《談藝録》及《嘆嘆集》。北地李夢陽傾蓋語曰:'《談藝》超駕六朝,而《嘆嘆集》氣格不類。'"

按,文林《文温州集》卷一有《戊午春,將赴温州,楊君謙禮部邀餞於虎丘,同集者爲沈啓南、韓克贊二老,幅巾杖藜,韓從子壽椿與朱性甫青袍方巾,唐子畏徐昌國則并舉子巾服,而予與君謙獨紗帽,相對會凡八人,而人各爲侶,適四類不雜》。

弘治十四年(1501),舉於鄉。十八年,進士及第,與李夢陽、何景明等倡和。禎卿善賦,頌怪揚雄《反騷》作《反反騷》。以貌寢未得館選,授大理寺左寺副。

閻秀卿《吴郡二科志》《徐禎卿傳》:"辛酉,登鄉。"

張廷玉等《明史》卷二百八十六《徐禎卿傳》:"舉弘治十八年進士。孝宗遣中使問禎卿與華亭陸深名,深遂得館選,而禎卿以貌寢不與。授大理左寺副。"

王兆雲《皇明詞林人物考》卷五《徐昌穀傳》:"舉進士,與北地李夢陽游。李方以文雄海内,見禎卿所爲文异之。由是得相友善,人稱'徐李'。禎卿善賦,頌怪揚雄《反騷》作《反反騷》,初授大理寺副。"

陸深《儼山集》卷九《館中書事》序:"深既入館,司禮監太監蕭敬者在上前言:'進士陸深、徐禎卿意若幸予,而惜昌穀之不偶。'數日後,同年數輩在左闕門接本。有中人問之曰:'爾進士中有陸深、徐禎卿者?'衆皆愕然,不識其故,漫應之曰:'然。'曰:'前日蕭太監爲至尊言之如此。'衆以告予,予驚且懼,賤姓名何以達於中貴?因識以詩。"

王世貞《弇州山人四部稿》續稿卷一百四十八《徐禎卿像贊》:"先生爲進士時,上忽使中貴人問先生與陸深名,顧陸深得館選,先生付得也,按大理寺左寺副。"

李夢陽《空同集》卷六十二《與徐氏論文書》:"久之,聞足下來舉進士,愈益喜,計得一朝侍也。前過陸子淵,子淵出足下文示僕。讀未竟,撫卷嘆曰:'佳哉!鏗鏗乎古之遺聲邪。'方伏謁足下。"

李夢陽《空同集》卷五十八《朝正唱和詩跋》:"詩倡和莫盛於弘治,蓋其時古學漸興,士彬彬乎盛矣,此一運會也。余時承乏郎署,所與倡和則揚州儲静夫、趙叔鳴,無錫錢世恩、陳嘉言、秦國聲,太原喬希大,宜興杭氏兄弟,郴李貽教、何子元,慈谿楊名父,餘姚王伯安,濟南邊庭實。其後又有丹陽殷文濟,蘇州都玄敬、徐昌穀,信陽何仲默。"

王守仁《王陽明全集》卷二十五《徐昌國墓誌》:"始昌國與李夢陽、何景明數子友,相與砥礪於辭章,既殫力精思,杰然有立矣。"

正德元年(1506)二月,受命赴湖南纂外史,李夢陽、徐縉、陸深等爲之送行。途經江漢之波、沅湘之流、洞庭之湖、雲夢之澤,山水游歷,足迹所至,詩篇爲記。

徐禎卿《徐禎卿全集編年校注》卷二《留別都城諸同志二首》其一:"對酒忽不樂,悵然懷別離。別離結中勞,眷彼長路岐。苒苒郊河樹,曖曖闕門祠。佇望瀟湘水,先與秋風期。鴻雁雲中來,嗷嗷使人悲。懷哉爾方集,悵矣予當辭!"其二:"客有凄凄者,三年歌式微。朅來事原隰,經返舊園扉。昔往被冬裘,今還服春衣。撫景雖雲愜,中歡憯以違。出門見芳草,念子忽如饑。"

李夢陽《空同集》卷十八《二月四日部署宴餞徐、顧二子》:"春日載陽官署幽,東吴二子過我游。庭空日斜吏人散,窅然何异經林丘。今晨驚蟄暖氣達,昨夜哀鴻呼故儔。中庭古槐蒼蘚溽,上有百鳥何啁啾。倉庚交交刷其羽,君看巨細各有求。明時冠軒幾邂逅,得暇胡不攀淹留。自從去年識徐顧,令我意氣傾南州。徐郎近買洞庭柂,顧子亦具錢唐舟。浮生飄轉若飛藿,倏忽聚散誰能謀。風光爛熳況復爾,願寫清壺銷客憂。故人若稱不好飲,舉杯入唇還復休。妙歌時時激慷慨,鄙夫何以答綢繆。嚴柝沉沉静夜色,北斗倒掛城南樓。祗恐天明驅馬出,攬袪延望河之洲。"

李夢陽《空同集》卷九《贈徐禎卿》:"獨處忽不懌,攬衣循東厢。樹木何修修,春風起飄揚。我友駕在門,告言適江湘。倉皇挈玉壺,追送臨河陽。顧瞻兩飛凫,并戲水中央。翩翩厲羽翮,鳴聲一何長。奈何游客子,一別永相望。時澤亮有周,天命固其當。薄終義所劣,別離庸詎傷。懿彼回路贈,慷慨由此章。"

陸深《儼山集》卷五《送徐進士昌穀湖南纂修》:"丈夫及壯辰,足迹遍川谷。送子湖南去,佳勝付遐矚。渺渺洞庭波,盤盤衡陽麓。朝鱠武昌魚,暮聽瀟湘竹。嗟此赤壁灰,悲彼長沙鵩。雙旌動秋色,俯仰如新沐。境内三千里,候吏豐館穀。山水富奇聞,歸借南游録。"按,《儼山集》卷六還有《贈別徐昌穀二首》。

徐縉《徐文敏公集》卷一《二月十二日夜餞昌穀席間分得何

字》:"依依春已半,濟濟高軒過。款款奉濁醪,暢飲不辭酡。張燈回燕笑,渴如沭陽和。開窗見明月,庭影交芳蘿。況復接蘭袂,緩步發青哦。言念吾宗英,行行遠逶迤。豈無眷戀心,王事難蹉跎。明當送南浦,春草傷如何。"(按,此卷還有《送徐昌穀使湖南五首》。)

李夢陽《空同集》卷六十二《詒古鏡書》:"姑蘇徐昌穀,纂外史湘郡,瀕行關西,李子持古鏡爲贈,復爲書以詒之。"(按,徐禎卿作《酬李員外贈古鏡歌》答謝。)

徐禎卿《徐禎卿全集編年校注》卷五《重與獻吉書》:"僕以攝提格之歲仲春,南徂。出齊魯之邦,經淮沛之墟,直視平原,蕭條千里……道指東吴……乃遵錢唐,薄眺會稽……傍引桐江之溪,遡迴富春之渚……又西南行,渡穀水,陟常山,越餘干,沿弋陽……横涉彭蠡,仰瞻廬岳……又西溯九江,南望全楚。"(按,《迪功集》中有《淮陰》《彭蠡》《在武昌作》《將發夏口》等作。)

正德三年(1508),年三十,至京復命。選平生所作爲《迪功集》。以親老求徙南便養,當事者抑之。未幾,以失囚獲罪,奪俸,改官國子監五經博士。

徐禎卿《徐禎卿全集編年校注》卷二《潘君希昭往歲奉使修史於閩,予時亦在江漢。既歸京師,欲求爲郡博士,弗果。予亦繼有是請不報,尋而君膺懷慶之命,睠然難别,贈以是章》:"昔遇浮江歷沅湘,今看垂帶獨游梁。遠愛著書探禹穴,可煩牽禄去河陽。故人聊解金龜别,大道臨頃碧玉觴。醉拂蓮花同起舞,片雲中斷月開光。"

朱彝尊《明詩綜》卷三十六:"鄭繼之云:'昌穀年二十外,厭薄吴聲一變,遂與漢、魏、盛唐作者馳騁上下,今之世絶無而僅有者也。年三十,選平生所爲文曰《迪功集》。'"

張廷玉等《明史》卷二百八十六《徐禎卿傳》:“坐失囚,貶國子博士。”

王守仁《王陽明全集》卷二十五《徐昌國墓誌》:“於是以親老求改便地爲養,當事者目爲好异,抑之。已而降爲五經博士。”

萬斯同《明史》卷三百八十八《徐禎卿傳》:“以不習法比,乞改學職便養,當事不許。無何,坐失囚,貶國子博士。”

徐禎卿《徐禎卿全集編年校注》卷二《答顧郎中華玉》:“去年作吏在法曹,月俸送官空署職。床頭一瓮不滿儲,囊裹無錢作沽直。歸來困頓不得醉,兒女荒凉婦嘆息。今年調官去懊惱,苦笑先生禄太嗇。”

正德六年(1511)三月,病卒。享年三十三。

王世貞《徐昌穀像贊》:“以貧病卒。年僅三十三。時王文成公守仁爲吏部郎。初與其儕談道,先生驟見而悦之。亡何,卒。王公爲《墓誌銘》,意若欲當先生師。”

萬斯同《明史》卷三百八十八《徐禎卿傳》:“而時已抱病,未幾遂卒,年三十有三,正德六年三月也。”

文徵明卷二十四《祭徐昌穀文》:“聖明更化,拔幽登俊。弗與維新,君則有命!嗚呼昌穀!八品之階,三十之壽。胡付之材,而不享有?”

王守仁《王陽明全集》卷二十五《徐昌國墓誌》:“惜也昌國,吾見其進,未見其至。早攻聲詞,中乃謝棄,脱淬垢濁,修形煉氣,守静致虚,恍若有際。道幾朝聞,遐夕先逝。不足者命,有餘者志。璞之未琢,豈方頑礪。隱埋山澤,有虹其氣。後千百年,曷考斯誌!”

禎卿少與唐寅、祝允明、文徵明齊號“吴中四才子”。作詩初喜劉、白,沉酣六朝,散華流艷,然氣格卑弱。進士及第後,與李夢陽、

何景明數子友,改趨漢魏盛唐,然故習猶在,丰骨超然。與李夢陽、何景明、邊貢等并稱“前七子”。

張廷玉等《明史》卷二百八十六《徐禎卿傳》:“禎卿少與祝允明、唐寅、文徵明齊名,號‘吴中四才子’。其爲詩,喜白居易、劉禹錫。既登第,與李夢陽、何景明游,悔其少作,改而趨漢、魏、盛唐。然故習猶在,夢陽譏其守而未化。”

萬斯同《明史》卷三百八十八《李夢陽傳》:“夢陽獨譏其萎弱,倡復古學。文必秦漢,詩必盛唐,非是者弗道。其黨王九思、康海、何景明、徐禎卿、邊貢、王廷相和之,於是有七才子之目。”

朱彝尊《明詩綜》卷三十一:“顧華玉云:‘昌穀專門詩學,究訂體裁。上探騷雅,下括高、岑,融會折衷,備兹文質。取充棟之草,删存百一,至今海内奉如圭璧,所謂雖多亦奚以爲也。’獻吉乃云:‘守而未化,故蹊徑存焉。’豈其然歟?又云:‘弘治間詩學始盛,獻吉、仲默、昌穀各有所長,李氣雄,何才逸,徐情深,皆準則古文鍛琢成體……’王元美云:‘徐昌穀如白雲自流,山泉泠然,殘雪在地,掩映新月,又如飛天仙人,偶游下界,不染塵俗。’”

朱彝尊《静志居詩話》卷十一:“迪功少學六朝,其所著五集,類靡靡之音。及見北地,初猶崛强,賦詩云:‘我雖甘爲李左車,身未交鋒心未服。顧予多見不知量,此項未肯下頗牧。’既而心傾意寫,營壘旌旗忽焉一變。是時李何并陳,未决雌雄。迪功精鋭無多,能以偏師取勝,遂成鼎足,其詩不專學太白,而仿佛近之。七言勝於五言,絶句尤勝諸體。《興慶池頭》《送君南下》等作,雖龍標、太白復生,何多讓焉?”

喬億《劍溪説詩》卷下:“昌穀詩超軼絶塵,復饒古韻,在盛唐中允推上品。秀水朱先生(竹垞)謂:‘七言勝於五言,七絶尤勝諸體。’余閲《迪功集》,唯五古有未至,而樂府歌行律體俱妙,至七絶名篇實多，并臻極則。”

沈德潛《明詩别裁集》卷六：“迪功詩大不及李，高不及何，而豐骨超然。”

陳田《明詩紀事》丁籤卷二：“昌穀才力不及李、何富健，而清詞逸格，矯矯出群，不授後人指摘，良由存詩不多耳。”

論詩主“情”，因情立格，以情爲心之精也。又倡復古，推源詩三百篇，下探兩京詩法、魏氏之章，詩論多見於《談藝録》。其《迪功集》付李夢陽刊之，情言超瑩，參之以神。祖漢宗魏，卓有遺風。

徐禎卿《徐禎卿全集編年校注》卷六《談藝録》：“夫任用無方，故情文异尚……郊廟之詞莊以嚴，戎兵之詞壯以肅，朝會之詞大以雝，公宴之詞樂而則……此宏詞之極軌也。若夫款款贈言，盡平生之篤好；執手送遠，慰此戀戀之情。勖勵規箴，婉而不直；臨喪挽死，痛旨深長。雜懷因感以咏言，覽古隨方而結論。行旅超遥，苦辛各异，遨游晤賞，哀樂難常；孤孽怨思，達人齊物；忠臣幽憤，貧士鬱伊。”

徐禎卿《徐禎卿全集編年校注》卷六《談藝録》：“情者，心之精也。情無定位，觸感而興。既動於中，必形於聲。故喜則爲笑啞，憂則爲吁戲，怒則爲叱咤。然引而成音，氣實爲佐；引音成詞，文實與功。蓋因情以發氣，因氣以成聲，因聲而繪詞，因詞而定韻，此詩之源也。然情實助眑渺，必因思以窮其奥；氣有麄弱，必因力以奪其偏；詞難妥帖，必因才以致其極；才易飄揚，必因質以禦其侈，此詩之流也。”

萬斯同《明史》卷三百八十八《徐禎卿傳》：“禎卿體癯而神清，詩鎔煉精警，爲吴中詩人之冠。年雖不永，名滿士林，談者率與李、何輩并稱云。”

永瑢等《四庫全書總目》卷一百七十一《迪功集》六卷附《談藝

録》一卷:"其平生論詩宗旨,見於《談藝録》及《與李夢陽第一書》……其所談仍北地摹古之門徑。特夢陽才雄而氣盛,故枵張其詞。禎卿慮澹而思深,故密運以意。當時不能與夢陽争先,日久論定,亦不與夢陽俱廢,蓋以此也。王士禎《居易録》稱黄庭堅自定其詩爲《精華録》,僅三百首。禎卿自定《迪功集》亦三百首。此本凡樂府四十四首,贈答詩十六首,游覽詩二十五首,送别詩四十首,寄憶詩二十一首,咏懷詩十二首,題咏詩二十一首,哀挽詩三首,共一百八十二首,不足三百之數。而五卷以下則爲雜文二十四篇,題正德庚辰刊。前有李夢陽、顧璘序。并稱六卷,當是原本。不知何以與士禎所言不符。豈士禎所見别有一本歟。毛先舒詩辨坻曰:'昌穀《迪功集》外,復有《徐迪功外集》,皇甫子安爲序而刻之者。又有徐氏别稿五集,曰《鸚鵡編》《焦桐集》《花閑集》《野興集》《自慚集》。'又曰:'《迪功集》是所自選,風骨最高。《外集》殊復奕奕。《焦桐》多近體,最疵。'曰《鸚鵡》多學六朝,間雜晚唐,有竹枝楊柳之韻。《花閑》'文章江左家家玉,烟月揚州樹樹花',於詩爲小乘,入詞亦苦於不稱。他如'花閑打散雙蝴蝶,飛過墻兒又作團'。《咏柳花詩》云:'轉眼東風有遺恨,井泥流水是前程。'便是詞家情語之最,云云。今不盡可見矣。"

李夢陽《空同集》卷五十一《徐迪功集序》:"《徐迪功集》六卷,并《談藝録》,子容寄我豫章。予即豫章刊焉,印傳同好,意表迪功文云。初迪功亡京師也,予在梁。子容訃予曰:'昌穀遺言,子序其遺文。'於是手其文,嘘唏久之。"

晚年好長生之説,有道士自西南來,與語甚悦,究心玄虚。後與陽明劇論,幡然醒悟,欲從之學,未竟而歿。

王守仁《王陽明全集》卷二十五《徐昌國墓誌》:"有道士自西南來,昌國與語,悦之,遂究心玄虚,益與世泊。自謂長生可必至。正德庚午冬,陽明王守仁至京師。守仁故善數子,而亦嘗没溺於仙釋。昌國喜,馳往省,與論攝形化氣之術。當是時,增城湛元明在坐,與昌國言不協,意沮去。异日復來,論如初。守仁笑而不應。”

萬斯同《明史》卷三百八十八《徐禎卿傳》:“晚年好長生之説,有道士自西南來,與語,悦之,遂究心玄虚,謂冲舉可立致。已而見王守仁,與劇論,守仁三不答。禎卿悟,懇請守仁微示聖學之旨,禎卿幡然,遂欲從學,而時已抱病。”

按,徐禎卿《訪元默不遇,元默來顧,亦不值。余辱示佳章,因之有益》云:“懶將雲舄謁王侯,偏喜名言接道流。凡鳥欲題翻自笑,瑶華申贈若爲酬。丹砂未向山中煉,仙訣常於枕畔留。辛苦浮名何用絆,只須來共赤松游。”《王員外不解〈參同契〉,但索一詩,許以遺我,率而戲之》云:“王烈持洞章,茫然不能讀。石氣銷紫烟,十年秘空簏。從來楚史識《三墳》,阮籍焉能辨赤文?一自華陽窺妙訣,緱山夜夜鶴相聞。”詩中亦顯出其學道之意。

參考文獻:

1. 唐順之《重刊校正唐荆川先生墓誌銘》,明嘉靖三十四年金陵書林重修本。

2. 顧璘《國寶新編》,明嘉靖刻本。

3. 李夢陽《空同集》,李思孝明萬曆二十九年刻本。

4. 喬億《劍溪説詩》,郭紹虞編選,富壽蓀點校《清詩話續編》第 2 册,上海古籍出版社 1983 年版。

5. 陸深《儼山集》,文淵閣《四庫全書》影印本第 1268 册,上海古籍出版社 1987 年版。

6. 王世貞《弇州續稿》,文淵閣《四庫全書》影印本第 1284

册,上海古籍出版社 1987 年版。

7. 文徵明著,周道振輯校《文徵明集》,上海古籍出版社 1987 年版。

8. 朱彝尊《静志居詩話》,人民文學出版社 1990 年版。

9. 王兆雲《皇明詞林人物考》,周駿富輯《明代傳記叢刊》第 16 册,臺灣明文書局 1991 年版。

10. 王守仁著,吴光等編校《王陽明全集》,上海古籍出版社 1992 年版。

11. 陳田輯《明詩紀事》,上海古籍出版社 1993 年版。

12. 萬斯同《明史》,《續修四庫全書》第 329 册,上海古籍出版社 2002 年版。

13. 徐禎卿著,范志新編年校注《徐禎卿全集編年校注》,人民文學出版社 2009 年版。

14. 徐縉《徐文敏公集》,沈乃文《明别集叢刊》第二輯第 23 册,黄山書社 2016 年版。

(鄧曉東　陳家愉)

陳霆傳

陳霆，字聲伯，號兩山，又自號水南，稱水南山人。浙江德清（今浙江省德清縣）人。約生於1479年。

宗源翰等修《（同治）湖州府志》卷七十五："陳霆，字聲伯，號水南，德清人。"

朱彝尊《静志居詩話》卷九《陳霆》："陳霆，字聲伯，德清人。"

陳田《明詩紀事》丁籤卷九《陳霆》："霆字聲伯，德清人。"

按，生卒年未有明確記載。其《水南集》《水調歌頭·己卯初度》有"早是年開五秩，便待人生百歲"之語，己卯爲1519年，而對"年開"二字衆説紛紜。張仲謀《明瞿佑等四詞人生卒年考》認爲"年開五秩"爲四十一歲，并舉白樂天"行開第八秩，可謂盡天年"爲七十一歲爲證，即陳霆生於明成化十五年（1479）；周明初、葉曄《全明詞補編》陳霆小傳認爲"年開五秩"是爲五十一歲，陳霆生於明成化五年（1469）。又據王磊《陳霆研究》所考，"《新市鎮續志·陳霆傳》中載其'卒年七十有四'，且其侄陳翀作《水南文集後跋》稱'叔父水南先生，養高林下四十餘祀矣'，考陳霆於正德六年（1511）致仕歸隱，則其卒年當在嘉靖三十一年（1552）後。又據陳霆嘉靖年間所修《德清縣志》卷四職官表、卷六選舉表所録最晚見於職官表嘉靖三十一年（1552）費銓條。因此本文初步推測其卒年當在1553年。依其享年逆推其生年當在1479年。"綜合諸家所説，其生年當在1479年,而據其享年七十四歲,以虚歲計卒年爲1552年,1553年之説似證據不足。

父和,字尚節,號陶莊居士。爲人真率坦直,善作詩,著有《陶莊吟稿》。母孫氏,弘治十八年(1505)追贈爲孺人。

陳霆《仙潭志》卷四《陳和傳》:"陳和,字尚節,號陶莊居士。爲人涉獵多記,尤勤紀録,善作詩。與人真率坦直,遇有言論不典,或行事戾違,面折不少貸。已而知無他腸,亦不怒也。教子霆有成,弘治末,霆給事殿中,獲推恩所自,特封徵仕郎刑科給事中,十餘年間,悠游林野。正德乙亥以疾卒。所著有《陶莊吟稿》,藏於家。"

陳霆《仙潭志》卷五敕封詔書:"爾孫氏乃刑科給事中陳霆之母,儉勤兼至,慈惠夙成。躬正道以相夫,式隆□範;佐義方以訓子,早掇賢科。顧諫垣之績既成,而禄養之榮弗逮,宜頒恤典以慰孝思。兹特贈爲孺人。"

霆十五入邑庠求學。弘治八年(1495),中生員。戊午(1498),鄉舉未中,然壯志未改。

陳霆《水南稿》卷十六《明故胡母馮宜人墓誌銘》:"予自十五進邑庠。"

陳霆《水南稿》卷十五《送楊君維新之安吉序》:"乙卯秋,偕試於臨安。"

陳霆《水南稿》卷十八《東夷題西湖》:"戊午歲,予以鄉舉寓杭,試既畢,拉一友游西湖,因放舟至孤山。"

陳霆《水南稿》卷十三《蘇武慢》題注:"下第時作,以下共四首,俱用虞邵庵韻。"

弘治十四年(1501),霆高中鄉試第六人。明年登進士第,歸守母制,爲鄉里友人推重,廣結賢良,賓客盈門。十八年,始授刑科給事中。

侯元棐修,王振孫纂《(康熙)德清縣志》卷三坊表"亞魁坊"條:"在新市施家巷北,爲鄉試第六人陳霆立。"

宗源翰等修《(同治)湖州府志》卷七十五:"弘治十五年進士,爲刑科給事中。"

陳田《明詩紀事》丁籤卷九《陳霆》:"弘治壬戌進士,歷刑科給事中。"

徐象梅《兩浙名賢録》卷二十四《山西提學僉事陳霆》:"登弘治壬戌康海榜進士第,授給事中。"

陳霆《水南稿》卷十八《除夜自況》:"予嘗以進士歸守制。"

陳霆《水南稿》卷六《中秋會友於有竹亭話韻》:"銀蟾光彩溢中秋,萬里纖雲次第收。筵上醉歌傳酒盞,竹間清話費茶甌。久停畫舫催人發,相對胡床爲我留。欲訪嫦娥足餘興,醉酣更上碧峰頭。"

陳霆《水南稿》卷六《宴有竹亭和沈僉憲韻》:"三兩人家水北村,熟知來客犬迎門。借他竹節刊詩句,縛個茅亭着酒樽。稻漲黄雲添野景,樹飄紅葉護籬根。秋風一曲漁家傲,榮辱升沉未要論。"

陳霆《水南稿》卷六《甲子中秋臨晚,至亭上會客,復用前韻》:"落日牛羊下晚村,田家鵝鴨鬧柴門。會循真率虚邀客,飲散高陽倒卧樽。千里共君看月色,十年勞我夢槐根。胡床少屈陪清坐,尚有新詩共講論。"

朱彝尊《静志居詩話》卷九《陳霆》:"弘治壬戌進士,刑科給事中。"

正德元年(1506),孝宗被庸醫誤診致死,霆劾大璫張瑜。次年,爲瑜之同黨劉瑾陷害,入錦衣衛獄,杖其三十,并與湯仁夫輩同遭貶謫,爲六安州通判。

霆既遭謫放,目爲朋黨,身處困頓,胸臆難平。然不改其亢直敢言之性情與經世濟民之懷抱,深得民心。又流連六安山水,多有題咏。正德四年,移知休寧。

宗源翰等修《(同治)湖州府志》卷七十五:“抗直敢言,以忤逆瑾逮獄,廷杖,目爲朋黨,謫判六安州。”

嵇曾筠《(雍正)浙江通志》卷二百三十七:“正德二年,劉瑾摭其罪下,錦衣衛獄杖三十。”

侯元棐修,王振孫纂《(康熙)德清縣志》卷七:“正德二年,劉瑾摭其罪下錦衣衛獄杖三十,謫六安州判。”又,“列之敕諭,目爲朋黨,亦如蔡京《元佑黨碑》云:‘瑾誅有詔,被瑾誣陷者不次起用。’”

陳霆《水南稿》卷十二《水調歌頭·丁卯中秋醉後大書》:“乾坤容我醉,風月放人閑。倚天長嘯,斗間紫氣劍光寒。誰管功名兩字,自要烟波萬頃去把釣魚竿。回首塵埃事,一笑請君看。十年前,鑽蠹簡,戴儒冠。致君事業,平生撫掌道非難。爲問羊裘高興,比似鑾坡簪筆,終古笑辛酸。拂袖理松菊,浩氣壓雲端。”

陳霆《兩山墨談》卷九:“六安茶爲天下第一,有司包貢之餘,例饋權貴與朝士之故舊者。《玉堂聯句》有云:‘七碗清風自六安,每隨佳興入詩壇。纖芽出土春雷動,活火當爐夜雪殘。陸羽舊經遺上品,高陽醉客避清歡。何時一酌中泠水,重試君謨小鳳團。’觀此,則一時重賞可知矣。予謫宦六安,見頻歲春凍,茶産不能廣,而中貴鎮守者,私徵倍於官貢。有司督責,頭芽一斤,至賣白金一兩,山谷窶民,有鬻産賣子以買充者。官司視之漠然,初不爲异也。故茶在六安,始若利民,而今爲民害則甚……昔人云:‘未必桐鄉能愛我,當時我自愛桐鄉。'予所爲六安者亦如此。"

陳霆《水南稿》卷六《書六安緑鄉園亭壁(離任時作)》:"三年肉食慚無補,百里牛刀亦可持。亭子不隨園主去,棠陰留與後人思。消磨歲月全憑酒,收拾江山賴有詩。夾道泪垂無可遣,西風勒馬駐些時。"

廖騰煃修,汪晋徵纂《休寧縣志》卷四《職官表》:"正德四年,陳霆。"

陳霆《水南稿》卷七《留别諸京貴》:"黄金何處覓高臺,破帽西風滿面埃。山下楚人空有泪,録中朝士正多材。十年未長青萍價,百念先成畫燭灰。拭眼道旁觀紫陌,看花前度記曾來。"

按,陳霆官六安期間有《江上,時正德丁卯,予在謫》《丁卯中秋,與李二守對坐》《石洞》《游山寺》《題霍山上八景》《登霍岳頂》諸作。

正德五年(1510),瑾誅,六年,霆復起爲山西按察司僉事,以師道自任,士習丕變,致仕歸隱。

宗源翰等修《(同治)湖州府志》卷七十五:"瑾誅,復起歷遷山西提學僉事,以師道自任,士習丕變,致政歸。嘉靖中屢薦不出,進階朝議大夫。"

侯元棐修,王振孫纂《(康熙)德清縣志》卷七《陳霆》:"六年,舉僉山西督學。以師道自任,士習丕變,終以瑾黨猶用事,致仕歸。"

陳霆《渚山堂詞話》卷二:"是歲冬(按,正德六年冬),予以心疢,移疾卧齋中。既逾月,朝旨竟下,許還籍致仕。"

正德七年(1512),霆謝歸德清,於其舍後之東北隅創一園圃,名曰"緑鄉",叠石爲渚山,構萬雨軒。隱居此地四十餘載,屢薦不出,著書辨學,造福鄉里。又游歷名勝,體察風物,先後纂輯《新市

鎮志》《德清縣志》,最爲鄉邑盛事。

新市鎮舊稱仙潭,雖爲彈丸之地,僻在遠處,然百貨之輿集,人烟浩繁,文物蔚炳。然未嘗有志,陳霆懼耆宿之凋零,名勝之湮鬱,而掌故之不傳也。故自謝歸後,即留心搜羅,考究風土人文,輯而爲志,始開新市鎮修志之風。

陳霆《水南集》卷十一《緑鄉筆林序》:"屏退林下,即舍後創一圃,首松關,次篁徑。……入門則叢木蔽翳,蒼翠濃郁,露光烟潤,若膏沐然。……鄉之中,疊石曰渚山,構椽曰萬雨軒。軒左右皆竹,爲□□□□第一。中設木榻二,棐几一,旁無長物,惟置書,皮積緗素數千卷。每旦興櫛竟,即掃地焚香,據榻默坐。外喧既絶,履迹不至。則開卷接古人語,竟日不得休。遇有會於心,駭乎目,備該乎物情,而資補乎治道。"

陳霆《水南集》卷十一《仙潭志序》:"仙潭舊無志,予幼也,喜從鄉先夫大老,訪求其故而覽觀其迹。時所指似者,曰某某坊、某某第、某山某游、某邱某藏、某也名宦、某也全節,某寓某、某産某,小子識之。又曰:市名新,本陸市更徒也。其曰仙潭,謂昔爲仙人游泳也,小子識之。既壯而仕,仕而歸,則昔焉見聞,恒了然心目之間。而前所從受之人,則物故殆盡矣。懼夫老而遺忘,後將罔傳也。爰輯而爲之志。歲丙子八月,書成。"

吴翯臯修,程森纂《民國德清縣志》卷十一陳尚古《仙潭志餘序》:"水南先生霆當武廟時,仿春秋書法,考古核今,以志新市。其旨正而嚴,其文質而雅,洵惇史也。"

陳霆《仙潭志》卷二《渚山》:"在僉事陳霆居第之東北隅,致仕後得地於鄰氏,因營此以自娱。地在洋溪之南,本一州渚也,故名渚山。"

霆亦潛心詩文著述，累有百餘卷。霆善治史，首重名位典章之分，凡忠節不移者，皆爲其所感佩推重，乃援以具載汗青，以昭後世，因之屢以春秋史筆立正朔、明正統。方志以外又有《唐餘紀傳》十八卷、《宣靖備史》四卷，要在明典章、立制度、辨名位；而《兩山墨談》十八卷，托之小説體例，亦重史學考證，訂疑考誤，甚爲詳贍。

永瑢等《四庫全書總目》卷六十六《唐餘紀傳》二十四卷："是書凡《圖記》三卷，《列傳》十卷，《家人傳》一卷，《忠節傳》一卷，《義行傳》一卷，《隱逸傳》一卷，《藩附傳》一卷，《列女傳》一卷，《方技傳》一卷，《伶人傳》一卷，《别傳》一卷，《志略》一卷，《附録》一卷。大旨以南唐承唐之正統，蓋與姚士粦《後梁春秋》均欲竊取《通鑑綱目》帝蜀之意，而不知其似是而非者。……其體例多學步《新五代史》。……至於雜采稗官，漫無刊削，又其小失矣。胡恢之書雖佚，馬令陸游二書具在，何必作此屋下屋也。"

陳霆《宣靖備史》卷首《宣靖備史序》："乃搜獵衆編，網羅遺軼，略仿綱目之例，别爲一書。命曰'《宣靖備史》'。蓋以拾宋史之遺，摭宣靖之詳也。"

陳霆《宣靖備史》卷尾沈戩谷《跋》："所著《宣靖備史》紀宋崇寧至靖康二十六年行事，於召虜喪國推其始禍之人、釀禍之事，旁采稗史，揭其大綱，變綱目之例，自爲書法，係以史斷，風旨嚴毅，至欲發其人磔而燔之，而大序復原其流禍於石晋之割地賂虜。"

永瑢等《四庫全書總目》卷一百二十六《兩山墨談》："是書考證古籍，頗爲詳贍，而持論每涉偏駁。如據《國語》王子晋厲宣幽平之言，謂周宣與厲幽平相等。謂許衡、姚樞不當仕元。謂至正二十六年，即當削元之統。皆乖謬殊甚。又輕信小説，如《紅綫》《蘇小妹》之類，并引爲故實。至於據《政和縣志》所載余應詩，以元順帝爲瀛國公子，益荒誕矣。"

陳霆《兩山墨談》卷首李檗《刻兩山墨談序》:“(《墨談》之書)大則根經據史,訂疑考誤,小則別事與物,窮情盡變。奇而匪浮,襲而匪固,辨而無誕,炫而無畔,證而無晦,殆博求而詳説者也。是故采之足以備史,資之足以宏識,存之足以稽實,録而析衆言。”

陳霆《兩山墨談》卷尾沈闇崑、肖岩父《跋》:“此書引證詳洽,辨析精核者十之八九,實足爲稽古者殫見洽聞之助。故王漁洋《香祖筆記》中推重之。”

陳霆《兩山墨談》卷尾劉承幹《跋》:“是書考證古籍頗爲詳贍,在明代已屬賅博,與焦弱侯、楊升庵不相上下。”

按,其著作尚有《渚山堂詩話》《水南續集》《水南閑居録》《緑鄉筆林》《草堂遺音》《山堂瑣語》,皆佚。以上存目見《德清縣志》。

餘則屬詩文創作與品評,如《渚山堂詞話》《水南稿》《水南集》等。其詩、詞、文皆擅,尤以詞自得,自贊曰:“字不如文,文不如詩,至於灑然,詩不如詞。”霆詞效仿蘇、辛,於此之外亦宗姜夔等南宋諸家,内長調尤爲獨步,少敷衍之作,爲正、嘉時少見之詞家。

陳霆《水南集》卷十六《自贊〈水南小像〉》:“字不如文,文不如詩。至於灑然,詩不如詞。語資性則可上而可下;論人品,則不高而不卑。外若矜飾,中則坦夷。雖善無足稱,而惡亦不爲。夫其名兹七尺,而畢吾一生者,有可得而知矣。曰:‘墨中人,山林之姿。’”

永瑢等《四庫全書總目》卷一百九十九《渚山堂詞話》:“是編與所作《詩話》并刊,而較《詩話》爲稍勝。蓋霆詩格頗纖,於詞爲近,故論詞轉用所長。其中如韋莊‘雨餘風軟碎鳴禽’句,本用杜荀鶴春宫怨語。南卓《羯鼓録》所謂‘透空碎遠之聲’,即此‘碎’字。當訓‘細瑣雜亂’之意。霆乃謂‘鳴禽曰碎’,於理不通,改爲‘暖風嬌鳥碎鳴音’,未免點金成鐵。又謂楊夢載雪詞‘簌簌揚飇’字古無所出,欲據黄庭堅詩改爲‘疏疏密密’。不知以‘疏疏密密’咏雪,黄詩又何所出,亦未免涉於膠固。然其他持論多確。又宋元明佚篇斷句,往往而有。如宋徐一初'九日登高'之類,其本集不傳於世者,亦頗賴以存。王昭儀《滿江紅》詞,爲其位下宫人張瓊瑛作。《垂楊》《玉耳墜金環》二曲,爲唐宋舊譜所無之類。亦足資考證,猶明人詞話之善本也。"

永瑢等《四庫全書總目》卷一百九十七《渚山堂詩話》:"是書雜論唐宋以來詩句工拙,而明詩爲多。又喜自載其詩,如《冷齋夜話》《瑚珊鈎詩話》之例。"

永瑢等《四庫全書總目》卷一百七十六《水南稿》:"是集所載諸詩,意境頗爲蕭灑,而才氣坌涌,信筆而成,故往往不暇檢點。古文大致樸直,而少波瀾頓挫之勝。惟詩餘一體較工,其豪邁激越,猶有蘇、辛遺範。末附詩話一卷,中間論詞一條,謂明代騷人多不務此,間有知者,十中之一二,則其自負亦不淺矣。"

按,正德五年刊本《水南稿》十九卷,内收詩十卷四百七十餘首,詞四卷一百八十餘首,文三卷二十餘篇,又詩話二卷三十四則,有汪循、張旭序及汪鉉後序。後又有嘉靖四十三年其侄陳翀刊《水南集》十七卷,内有諸體詩九卷八百餘首,詞二百二十餘首,文六卷五十餘篇,書啓十餘篇,有蔡汝楠序,《明史·藝文志》著録之《水南集》十七卷即爲此本。兩集所收互有异同。

霆性剛志潔,重風教,崇名節,創水南書院、柳溪書院,獎掖後進。德高望重,素受鄉里敬戴,以至終歲矣。約嘉靖三十一年(1552),聲伯年七十四,卒。

朱彝尊《静志居詩話》卷九《陳霆》:"水南博洽著聞,留心風教,詩不苟作。"

沈赤然纂《新市鎮續志》卷二《陳霆傳》:"卒年七十有四。"

按,《水南集》有《德清縣賓貢題名記》《德清縣新市鎮創建三賢祠記》《新建織簾書院記》《德清縣重修儒學明倫堂記》諸文,讀之可察公推崇前賢、彰宣人文、造福桑梓之志。

參考文獻:

1. 陳霆《兩山墨談》,吴興劉氏嘉業堂刊本。

2. 侯元棐修,王振孫纂《(康熙)德清縣志》,康熙十二年刻本。

3. 廖騰煃修,汪晋徵纂《休寧縣志》,清康熙三十二年刊本。

4. 宗源翰等修《(同治)湖州府志》,清同治十三年刊本。

5. 吴翯皋修,程森纂《民國德清縣志》,1931年刻本。

6. 陳霆《渚山堂詞話》,人民文學出版社1960年版。

7. 嵇曾筠《(雍正)浙江通志》,《景印文淵閣四庫全書》第525册,臺灣商務印書館1986年版。

8. 陳霆《水南集》,文物出版社1987年版。

9. 陳霆《仙潭志》,《中國地方志集成·鄉鎮志專輯》第24册,上海書店1992年版。

10. 沈赤然纂《新市鎮續志》,《中國地方志集成·鄉鎮志專輯》第24册,上海書店1992年版。

11. 陳霆《宣靖備史》,《叢書集成續編》第23册,上海書店1994年版。

12. 陳霆《水南稿》,《四庫全書存目叢書》集部第54册,齊魯書社1997年版。

(司馬周　陳家愉)

韓邦奇傳(附韓邦靖傳)

韓邦奇,字汝節,號苑洛,學者稱苑洛先生,陝西朝邑(今陝西省大荔縣)人。明憲宗成化十五年(1479)生。父紹宗,字裕後,號蓮峰。官至福建按察副使。母閻氏。

張廷玉等《明史》卷二百零一《韓邦奇傳》:"韓邦奇,字汝節,朝邑人。父紹宗,福建副使。"

郭實修,王學謨纂《(萬曆)續朝邑縣志》卷六《韓邦奇傳》:"韓邦奇,字汝節,紹宗次子。學有本源,學者稱苑洛先生。"

韓邦奇《苑洛集》卷八《韓邦靖傳》:"顯配張氏,封太宜人,旌表節婦,生紹宗,字裕後,號蓮峰。鄉學士以蓮峰長者,呼爲蓮峰先生云。蓮峰先生起家進士,累官按察副使,加封中憲大夫,蓮峰先生配閻恭人。"

馮從吾《少墟集》卷二十二《苑洛韓先生》:"先生名邦奇,字汝節,號苑洛,朝邑人。父紹宗,號蓮峰。成化戊戌進士,仕至福建按察副使,學識才品當世推重。"

馮從吾《少墟集》卷二十《苑洛韓先生》:"乙卯,會地震,卒,年七十七。"

黄宗羲《明儒學案》卷九《恭簡韓苑洛先生邦奇》:"韓邦奇,字汝節,號苑洛,陝之朝邑人。"

汝節幼穎敏,書無所不讀。承訓過庭,即有志聖學,尤精理數之學。

馮從吾《少墟集》卷二十《苑洛韓先生》:"先生幼靈俊异常,承訓過庭,即有志聖學。"

欒尚約《(嘉靖)宣府鎮志》卷三十四《韓邦奇傳》:"幼穎敏,書無所不讀,尤精理數之學。"

弘治元年(1488)閏正月初一日,邦奇之弟邦靖生。字汝慶,號五泉,朝邑人。生而靈异,號爲奇童。幼即誦古詩,通《孝經》,讀《論語》,八歲通舉子業。

郭實修,王學謨纂《(萬曆)續朝邑縣志》卷六《韓邦靖傳》:"韓邦靖,字汝慶,紹宗第三子。生而靈异,號爲奇童。五歲讀文王至德篇掩卷若有思者,父問之,對曰:'即如是武王非矣。'父大奇之,八歲通舉子業。"

馮從吾《少墟集》卷二十《苑洛韓先生》:"弟邦靖,字汝慶,號五泉,幼稱奇童。"

韓邦奇《苑洛集》卷八《韓邦靖傳》:"弘治元年,閏正月初一日子時生靖。"

過庭訓《本朝分省人物考》卷一百零四《韓邦靖傳》:"韓邦靖,字汝慶,朝邑縣人。自稱曰'五泉子'。母夢五色雲中奏咸韶之音,已而玉女十餘,持蓋擁一童子入室,覺而生。生而靈异,三歲而能誦古詩百餘首,四歲而能通《孝經》,五歲而讀《論語》文王至德篇,掩卷若有思者。父問之,對曰:'即如是武王非矣。'八歲而通舉子業。"

按,張廷玉《明史》作"字汝度",與諸本不同,此不從。

弘治十四年(1501),韓邦彦、韓邦奇、韓邦靖同試於長安,秋,邦靖中舉。弘治甲子,邦奇以書舉第二人。治《尚書》時,即著《蔡傳發明》《禹貢詳略》,見者驚服。會試不第,歸著《律吕直解》。

吕柟《涇野先生文集》卷二十三《福建按察司副使封中憲大夫蓮峰先生韓公墓誌銘》:"弘治辛酉,柟與公之三子同試長安,邸一寺,朝夕游。三子者,今儀封知縣邦彦、浙江僉事邦奇、工部員外邦靖也。"

張廷玉等《明史》卷二百零一《韓邦靖傳》:"年十四舉於鄉。"

王九思《渼陂集》卷十三《明故朝列大夫山西等處承宣布政使司左參議五泉韓子墓誌銘》:"十四而舉於鄉。"

郭實修,王學謨纂《(萬曆)續朝邑縣志》卷六《韓邦奇傳》:"治《尚書》時,即著《蔡傳發明》《禹貢詳略》。弘治甲子,乃以書舉第二人。會試不第,歸著《律吕直解》。"

馮從吾《少墟集》卷二十《苑洛韓先生》:"爲諸生治《尚書》時,即著《蔡傳發明》《禹貢詳略》《律吕直解》,見者驚服。弘治甲子,以書舉第二人。"

正德三年(1508),韓邦奇、邦靖同舉進士。官拜吏部考功主事,尋升考功司員外郎。

張廷玉等《明史》卷二百零一《韓邦奇傳》:"邦奇登正德三年進士,除吏部主事,進員外郎。"

馮從吾《少墟集》卷二十《苑洛韓先生》:"正德戊辰,成進士,拜吏部考功主事,尋轉員外郎。"

郭實修,王學謨纂《(萬曆)續朝邑縣志》卷六《韓邦奇傳》:"正德戊辰,成進士,授吏部考功司主事,升考功司員外郎。"

郭實修,王學謨纂《(萬曆)續朝邑縣志》卷六《韓邦靖傳》:"二十一舉正德戊辰進士。”

正德六年(1511)考察,都御史私袖小帙竊視之,公考核不私,奪去。尋調文選司,大宰托意爲官擇人,欲發視缺封,邦奇執不可。冬,京師地震,邦奇上疏論時政缺失,謫平陽通判。决滯獄,倡理學,號一時卓异。

郭實修,王學謨纂《(萬曆)續朝邑縣志》卷六《韓邦奇傳》:“明年辛未考察,都御史私袖小帙竊視,邦奇曰:‘考核公事,有公籍在,何以私帙爲?’乃掣其帙,封貯不檢,都御史爲遜謝,同曹郎皆縮項失色。尋調文選司,大宰托意爲官擇人,欲發視缺封,邦奇執不可,曰:‘發則有私。’諸曹咸依阿,邦奇執愈厲,卒不更,太宰銜之。未幾,京師地震。上疏極論時政闕失,謫平陽府通判。决滯獄,倡理學號一時卓异。”

張廷玉等《明史》卷二百零一《韓邦奇傳》:“六年冬,京師地震,上疏陳時政闕失。忤旨,不報。會給事中孫禎等劾臣僚不職者,并及邦奇。吏部已議留,帝竟以前疏故,黜爲平陽通判。”

黄宗羲《明儒學案》卷九《恭簡韓苑洛先生邦奇》:“辛未,考察都御史袖私帙視之,先生奪去。曰:‘考核公事,有公籍在。’都御史爲之遜謝。調文選。京師地震,上疏論時政缺失,謫平陽通判。”

正德九年(1514),任浙江按察司僉事,除貪獎廉,節財愛民,不畏權要,風裁凛然。先是,散遣宸濠將謀反所聚於天竺寺數千内監。時中貴王堂、晁進、崔珏、張玉怙寵作威,聚歛無厭,假上供爲名,誅求百倍,民不聊生。邦奇力爲裁制,十一年四月,上《蘇民困以保安地方事》。

富陽縣産茶與鰣魚進貢采取,時民不勝其勞擾,邦奇作《富陽謡》以哀之。尋爲王堂奏誣,邦奇擅革進貢,作歌誹謗朝廷。帝怒,

斥爲民。浙民懷其德,攀號不忍舍。

張廷玉等《明史》卷二百零一《韓邦奇傳》:"遷浙江僉事,轄杭、嚴二府。宸濠令内豎假飯僧,聚千人於杭州天竺寺,邦奇立散遣之。其儀賓托進貢假道衢州,邦奇詰之曰:'入貢當沿江下,奚自假道?歸語王,韓僉事不可誑也。'時中官在浙者凡四人,王堂爲鎮守,晁進督織造,崔珤主市舶,張玉管營造。爪牙四出,民不聊生。邦奇疏請禁止,又數裁抑堂。"又,"邦奇閔中官采富陽茶魚爲民害,作歌哀之。堂遂奏邦奇沮格上供,作歌怨謗,帝怒,逮至京,下詔獄。廷臣論救,皆不聽,斥爲民。"

劉伯縉修,陳善纂《(萬曆)杭州府志》卷六十二《韓邦奇傳》:"甲戌,擢浙江僉事。剛介特立,風裁凜然。初按浙東,貪墨者望風斂避,豪强屏息。未幾,改浙西。時中貴王堂怙寵作威,聚歛無厭,假上供爲名,誅求百倍,民大困。邦奇力爲裁制,堂不得逞,乃構以沮撓貢物,有旨改江西僉事。堂心弗慊,復重賂錢寧,以飛語中之,竟逮詔獄,瀕死,後乃得釋。方就逮時,嘉興守李仲分俸餉之,邦奇不受,曰:'以李道甫而饋韓汝節,雖百金可受,但嘉興守不當饋浙僉事耳。'誦謝郤洪尹詩止之,仲嘆息而去。浙民懷其德,攀號不忍舍。"又,"邦奇在治日,憫民疲於貢物,作《富陽謡》,迄今膾炙人口。"

郭實修,王學謨纂《(萬曆)續朝邑縣志》卷六《韓邦奇傳》:"甲戌,升浙江按察司僉事。所莅疏冤雪枉,抑强扶弱,除貪獎廉,節財愛民,而不畏權要,不憚險難,尤人所不及。它時浙無巡撫統攝,故賦役獨稱煩費。邦奇理其事,弛張裁割,身當怨勞,釐爲四科,事從節縮,法嚴徵散,公不費供,私不厲民,歲省以百萬計。抵今遵承命曰'韓公科條焉'。逆厮錢寧托寵義於以鈔三萬錠符浙省易銀,當事者斂饋如其數。邦奇檄知縣吉棠散其斂,卒不饋。宸濠將舉逆,先命内豎假以飯僧,聚千人於杭州天竺寺。邦奇過寺見之,立爲散遣。濠又以儀賓托名進貢,假道衢州,邦奇召儀賓而詰之曰:'進貢自當沿江而下,奚自假道?歸語爾主,韓僉事在此,不可誑也。'後三年,濠果通謀鎮守,欲襲浙江,賴前事發,奸不竟逞。邦奇謂鎮守爲浙之蠹,不少假藉。鎮守怨之,奏邦奇擅革進貢,誹謗朝廷。逮赴詔獄,詔奪爲民。"

過庭訓《本朝分省人物考》卷一百零四《韓邦靖傳》:"凡鎮守并織造中官有所求爲,率裁抑之。"又,"積忤既久,後因富陽縣産茶與鰣魚,進貢采取。時民不勝其勞擾,目擊其患,作歌曰:'富陽山之茶,富陽江之魚。茶香破我家,魚肥賣我兒。采茶婦,捕魚夫,官府拷掠無完膚。皇天本至仁,此地何辜?魚兮不出别縣,茶兮不出别都。富陽山,何日頹?富陽江,何日枯?山頹茶亦死,江枯魚亦無。山不頹,江不枯,吾民何以蘇?'後被鎮守奏,以作歌怨謗,阻絶進貢,逮至京,下錦衣獄,褫其官。初被逮時,杭府縣贈錦衣官校金祈途中寬梃,斥之曰:'死則死耳,何以金爲?'及府縣贈以路費,揮之挺不屈,真烈丈夫也。"

嘉靖元年(1522),起爲山東副使,尋乞休。三年,薦起山西左參議,分守大同。時局動蕩,民心不穩,先生奮然單車入,人心少安。後與户部侍郎胡公瓚意見不和,致仕歸。

馮從吾《少墟集》卷二十《苑洛韓先生》:"世廟即位,改元嘉靖,詔起山東參議,尋乞休。甲申,大同巡撫張文錦階亂遇害,時勢孔棘,復以薦起山西左參議,分守大同,人皆危之。先生聞命即行,將入城,去二舍許,逆者使二人露刃迎,且故毁參將宅以懾之。先生奮然單車入。時諸司無官,鎮人聞先生入,皆感激泣下,人心少安。既而巡撫蔡公天佑至代州,先生親率將領,令盛裝戎服,謁蔡於代。蔡驚曰:'公何爲如此?'先生曰:'某豈過於奉上者?大同變後,巡撫之威削甚,大同人止知有某耳。不身先降禮,何以帥衆?'蔡爲嘆服。會上遣户部侍郎胡公瓚提兵問罪,鎮人聞之,復大噪。先生迓侍郎於天城,以處分事宜馳白巡撫,諸軍聞言出於先生,信之,始解。翌日,首惡就戮,先生謂侍郎曰:'首惡既獲,宜速給賞以示信,庶亂可弭寧。不然,人心疑懼,將有他變。'侍郎不聽,先生遂致仕歸,後果如其言。"

黄宗羲《明儒學案》卷九《恭簡韓苑洛先生邦奇》:"世宗即位,起山東參議,乞休。甲申大同兵變,起山西左參政,分守大同。先生單車入城,人心始安。巡撫蔡天佑至代州,先生戎服謁之,天佑驚曰:'公何爲如此?'曰:'大同變後,巡撫之威削甚。今大同但知有某,某降禮從事者,使人知巡撫之不可輕也。'朝廷復遣胡瓚以總督出師,時首惡業已正法,而瓚再索不已。先生止之,不聽。城中復變,久之乃定。先生亦致仕去。"

韓邦奇《苑洛集》卷十一《山東參議致仕歸(時年四十三)》:"鄉國清幽萬景奇,年來每動古人思。首陽月照夷齊墓,渭野風飄尚父絲。"

韓邦奇《苑洛集》卷十一《晋陽致仕(時年四十五)》:"封章七上許歸田,深感皇恩自九天。衰病豈緣三黜直,迂庸敢謂二疏賢。山園赤棘堪釀酒,家沼金鱗不用錢。更有雲霄南去雁,相隨同到華峰前。"

嘉靖戊子(1528),起四川提學副使,尋改右春坊右庶子,兼翰林院修撰。其秋,主順天鄉試,命題引執政所不悦,謫南京太僕寺丞。己丑,再疏而歸。

張廷玉《明史》卷二百零一《韓邦奇傳》:"起四川提學副使,入爲春坊右庶子。七年偕同官方鵬主應天鄉試,坐試録謬誤,謫南京太僕丞。復乞歸。"

郭實修,王學謨纂《(萬曆)續朝邑縣志》卷六《韓邦奇傳》:"戊子,起爲四川提學副使。尋改右春坊右庶子,兼翰林院修撰,經筵啓沃,關係重大。其秋,主順天鄉試,命題斥當時權力柄事,不悦言者,承風旨。謫南京太僕寺丞。己丑,再疏而歸。"

馮從吾《少墟集》卷二十《苑洛韓先生》:"戊子,起四川提學副使,尋改右春坊右庶子,兼翰林院修撰。其秋,主試順天,因命題爲執政所不悦,嗾言者謫南太僕寺丞。己丑,再疏歸。"

按,韓邦奇《苑洛集》卷九有《順天府鄉試第二問》《順天府鄉試第三問》《順天府鄉試第五問》。

尋起山東按察司副使,大理左少卿,以右僉都御史巡撫宣府。乙未(1535),入佐院事,進右副都御史,巡撫遼東。定遼陽兵變,又巡撫山西,巡歷邊塞,爲政嚴肅。嘉靖十七年(1538),四疏乞休,再致仕。

郭實修,王學謨纂《(萬曆)續朝邑縣志》卷六《韓邦奇傳》:"尋升山東按察司副使、大理寺左少卿,以左僉都御史巡撫宣府。至鎮,謂戰馬倉糧皆邊務之首,即平市估以易馬,出紅腐以足軍,咸爲感悦。時大同再變,玉師出討,百凡軍需倚辦,宣府悉力經理,有備無乏。乙未,入左院事,與掌院尚書王公廷相同寅協恭,臺綱振肅。尋改巡撫山西,於是旌循良,黜貪暴,定徭役,平賦斂,節驛傳,禁和買,憲度肅然。既而巡歷邊塞,增飭戰守之具,拓老營,堡城垣,募軍常守,以代分番,而邊屹然可恃。戊戌,四疏乞休,乃復致仕。"

張廷玉等《明史》卷二百零一《韓邦奇傳》:"起山東副使,遷大理丞,進少卿,以右僉都御史巡撫宣府。入佐院事,進右副都御史,巡撫遼東。時遼陽兵變,侍郎黄宗明言邦奇素有威望,請假以便宜,速往定亂。帝方事姑息,不從,命與山西巡撫任洛换官。至山西,爲政嚴肅,有司供具悉不納,間日出俸米,易肉一斤。居四年,引疾歸。"

萬斯同《明史》卷二百八十七《韓邦奇傳》:"起山東副使,遷大理丞,進少卿。十二年,以右僉都御史巡撫宣府。明年入佐院事。又明年進右副都御史,巡撫遼東。時遼陽兵變,侍郎黄宗明言邦奇素有威望,請假以便宜,速往定亂。帝方事姑息,不從,命與山西巡撫任洛易。任至山西,爲政嚴肅,有司供具悉不納,間日出俸米。易肉一斤。官署蕭然,將吏懾服。嘗上言:'在律官軍毋擅調,此爲尋常小盗言耳。若大盗猝發,變在呼吸,安得以此爲辭?'乞敕所司講明律意,有勢不暇聞者,許即調兵討捕。從之。居四年,引疾歸。"

嘉靖二十三年(1544),薦起總理河道,升刑部右侍郎,改吏部右侍郎。丁未(1547),升南京都察院右都御史,復進南京兵部尚書,參贊機務。己酉(1549),五疏乞歸。

郭實修,王學謨纂《(萬曆)續朝邑縣志》卷六《韓邦奇傳》:"甲辰,復用薦起總理河道,升刑部右侍郎,改吏部右侍郎。太宰周公用喜得佐理,翕然委重。丁未,升南京都察院右都御史,復進南京兵部尚書,參贊機務。既司留筦,振修百廢,封植基本,議保靈長。五上乞身勉留,皆温語,卒遂初服。益修舊業,倡導來學。"

馮從吾《少墟集》卷二十《苑洛韓先生》:"甲辰,復用薦起總理河道,升刑部右侍郎,改吏部右侍郎。太宰周公用喜得佐理,翕然委重。丁未,升南京都察院右都御史,復進南京兵部尚書,參贊機務。五疏乞歸,是在己酉。益修舊業,倡導來學。"

張廷玉等《明史》卷二百零一《韓邦奇傳》:"中外交薦,以故官起督河道。遷刑部右侍郎,改吏部。拜南京右都御史,進兵部尚書,參贊機務。致仕歸。"

嘉靖三十四年(1555)十二月十二日,關中大地震,韓邦奇卒,有識者有蒼生之憾。贈太子少保,謚恭簡。憲學祀正學祠中。

張廷玉等《明史》卷二百零一《韓邦奇傳》:"三十四年,陝西地大震,邦奇隕焉。贈太子少保,謚恭簡。”

郭實修,王學謨纂《(萬曆)續朝邑縣志》卷六《韓邦奇傳》:“居八年,乙卯,會地震即世,豈非地紀絶而哲人萎邪?有識者於是乎有蒼生之憾焉。訃聞,贈少保。賜諭祭,謚恭簡云……憲學祀正學祠中。”

黄宗羲《明儒學案》卷九《恭簡韓苑洛先生邦奇》:“歸七年,乙卯地震而卒,年七十七。贈少保,謚恭簡。”

朱國禎《涌幢小品》卷二十七《地震》:“嘉靖三十四年乙卯,十二月十二日壬寅,山西、河南、山陝同日地大震,鷄犬鳴吠。陝西華州、朝邑、三原等處,山西蒲州等處尤甚。或地裂泉涌,中有魚物,或城郭房屋陷入地中,或平地突成山阜,或一日連震數次,或累日震不止。河渭泛漲,華岳、終南山鳴,河壅數日,壓死官吏軍民,奏報有名者八十三萬有奇。致仕南京兵部尚書韓邦奇、南光禄馬理、南祭酒王維禎同日死焉。”

按,嘉靖三十四年十二月十二日爲公元1556年1月23日。

邦奇嗜學,學問精到,著述甚富。自諸經、子、史及天文、地理、樂律、術數、兵法之書,無不通究。所撰《志樂》尤爲世所稱。另有詩文集《苑洛集》,易學之作《易學啓蒙意見》《易占經緯》《洪範圖解》。

張廷玉等《明史》卷二百零一《韓邦奇傳》:“邦奇性嗜學。自諸經、子、史及天文、地理、樂律、術數、兵法之書,無不通究。著述甚富。所撰《志樂》,尤爲世所稱。”

黄宗羲《明儒學案》卷九《恭簡韓苑洛先生邦奇》:“門人白璧曰:‘先生天稟高明,學問精到,明於數學,胸次灑落,大類堯夫,而論道體乃獨取横渠。少負氣節,既乃不欲爲奇節一行,涵養宏深,持守堅定,則又一薛敬軒也。’某按:先生著述,其大者爲《志樂》一書。方其始刻之日，九鶴飛舞於庭。傳其術者爲楊椒山，手製十二律管吹之，而其聲合，今不可得其詳。然聲氣之元，在黄鐘之長短空圍，而有不能無疑者。"

永瑢等《四庫全書總目》卷三十八《苑洛志樂》二十卷："是書首取《律吕新書》爲之直解，凡二卷。前有邦奇《自序》，後有衛淮《序》。第三卷以下乃爲邦奇所自著……所撰《志樂》尤爲世所珍，亦有以焉。末有嘉靖二十八年其門人楊繼盛《序》。據繼盛自作《年譜》，蓋嘗學樂於邦奇。"

永瑢等《四庫全書總目》卷一百七十一《苑洛集》二十二卷："是集凡《序》二卷、《記》一卷、《誌銘》三卷、《表》一卷、《傳》一卷、《策問》一卷、《詩》二卷、《詞》一卷、《奏議》五卷、《見聞考隨録》五卷。乃嘉靖末所刊，汾陽孔天允爲之序。當正、嘉之際，北地信陽方用其學提唱海内。邦奇獨不相附和，以著書餘事，發爲文章。不必沾沾求合於古人，而記問淹通，凡天官、地理、律吕、數術、兵法之屬無不博覽精思，得其要領。故其徵引之富，議論之核，一一具有根柢，不同綴拾浮華。至《見聞考隨録》所紀朝廷典故，頗爲詳備。其間如譏于謙不能匡正之失，及辨張綵阿附劉瑾之事，雖不免小有偏駁，而叙次明晰，可資考據。其他辨論經義，闡發易數，更多精確可傳。蓋有本之學，雖瑣聞雜記，亦與空談者异也。"

按，《易學啓蒙意見》《易占經緯》《洪範圖解》於《四庫全書總目》皆有著録。

苑洛有兄弟四人，長邦彦，次爲公，次邦靖，次邦翊。其妻爲張氏，子名仲課，一女嫁張士榮。

韓邦奇《苑洛集》卷六《大明外孫廪騰生員南陽張士榮墓誌銘》："(張士榮)父騰蛟，累應秋試，充歲貢；母，吾女；外祖，吾，參贊機務尚書；外祖母，張淑人。"

郭實修,王學謨纂《(萬曆)續朝邑縣志》卷六《韓仲譔》:"韓仲譔,尚書恭簡公子,入監讀書。"

附韓邦靖傳

韓邦靖進士及第後,正德四年(1509),拜工部虞衡司主事。奉部檄監十庫,與奄人抗禮,奄人絀服。七年,請命伐賊,比歸,遷都水司員外郎。九年,乾清宫灾,會詔求直言,乃上疏言朝政闕失,詞甚危激。上震怒,下詔獄,賴給事中李君鐸率衆論救,奪官爲民。

韓邦奇《苑洛集》卷八《韓邦靖傳》:"己巳,二十二,除工部虞衡主事,升都水員外郎。甲戌,二十七,以諫罷歸。"

張廷玉等《明史》卷二百零一《韓邦靖傳》:"與邦奇同登進士,授工部主事。榷木浙江,額不充,被劾,以守官廉得免。進員外郎。乾清宫灾,指斥時政甚切。武宗大怒,下之詔獄。給事中李君鐸等以爲言,乃奪職爲民。"

馬朴、張一英《(天啓)同州志》卷十二《韓邦靖傳》:"除工部主事,監十庫,中貴人不敢與抗禮。己巳,遷員外郎中,會詔求直言,乃上疏言朝政闕失,詞甚危激。上震怒,下詔獄,賴論救,奪官爲民。"

郭實修,王學謨纂《(萬曆)續朝邑縣志》卷六《韓邦靖傳》:"拜工部虞衡司主事,奉部檄監十庫,與奄人抗禮,奄人絀服。已遷員外郎,都水司郎中。是時詔求言,邦靖乃上疏曰:'夫民者,樂安而思治,惡危而厭亂,向背之際,甚可畏也。臣竊見陛下自即位以來,朝政不修,經筵罔御,盤游無節,狎近群儉,摧折骨鯁之臣,閉塞諫諍之路,百度乖違,庶事叢脞,府庫空竭,閭閻流散,盗賊灾异,薦至迭興,危亂之形已成,社稷之憂將大。頃者乾清宫灾,陛下下詔求直言,在位群臣,疏論剴切,時政缺失,指陳略盡。天下之人,皆以爲天心仁愛,啓佑聖衷,必將延攬聽納,革既往之愆,圖維新之化,潤澤生民,永昌社稷,在此一舉。不意陛下徒事虚文,不修實政,凡諸過舉,仍遵往轍,臣工章疏,罔有施行,而部官黄體行乃又以言罷去。天下人心,莫不囂然沮喪,以爲陛下遭此大异,因循恬安,尚復如此,是陛下無悔悟之期,天下無治安之日,涣散支離,不可收結。書曰:民可近,不可下。下尚不可,而况使之離哉?夫親離者家散,民離者國摇,故漢儒有土崩之言,先哲有搏沙之喻。臣每念及此,實懷隱憂。伏望陛下以社稷爲念,于以收既散之人心,迓將來之福澤。'疏上,天子震怒,下錦衣衛獄。給事中李君鐸率衆論救,乃得奪官爲民。"

張廷玉等《明史》卷十六《武宗本紀》:"九年春正月丁丑,大祀天地於南郊。庚辰,乾清宫灾。"

王九思《渼陂集》卷十三《明故朝列大夫山西等處承宣布政使司左參議五泉韓子墓誌銘》:"壬申春,南北畿内、河南、山東諸郡盗起。天子命將征剿,工部官例一人前除。當前除者數人,皆懼不敢往,言之部尚書,有泣下者。次不及五泉子,部尚書知五泉子素勇可使,數日五泉子。五泉子毅然請行。後亦有天幸不害。比歸,遷員外郎都水司。"

正德十四年(1519),朝邑知縣王道因言邑志繁蕪污移,乃請韓邦靖編新志。是年二月《朝邑縣志》成。爬羅别抉,簡明扼要。紀録質實而文彩焕炳可誦,信爲簡確之編。

韓邦靖《朝邑縣志》卷首《自序》:"今志凡七篇。正德己卯二月六日五泉韓邦靖書。"

韓邦靖《(正德)朝邑縣志》王道《朝邑縣志跋》:"顧其邑志繁蕪污穢,不足以彰往而詔來,道乃請諸五泉韓先生作此新志焉。其視舊志雖省三之二,然而爬羅別抉,昭昭乎可激勸於人者,不啻加千百也。既而又得對山康先生、涇野吕先生序諸前後,則斯志也滋可傳諸木,以爲斯邑實籍矣。……正德己卯九日吉旦知朝邑縣事山西陵川王道跋。"

韓邦靖《朝邑縣志》卷首康海《朝邑縣志序》:"朝邑令陵川王君莅縣之明年,以五泉韓子汝慶所撰《朝邑志》刻成,謂予宜序諸首。予讀五泉子之志,异而嘆焉,曰:嗟乎! 此吾五泉子之所以爲志也。款置縣沿革與山川故迹、官署諸事,惟歸諸總志,此天下之所通見而不能裁者,斯予之所謂繁而不詳,晦而不白,亂而不理者矣。今畢以反之矣。名宦所以志其官師之行事,人物所以備其豪俊之餘烈,其恐猶有所遺而未盡也,括之以雜記。開卷之際,凡川源改革之异,文獻散失之舊,皆縷陳而無憾矣。使郡邑之志皆若此,其奚有不可也。"

永瑢等《四庫全書總目》卷六十八《朝邑縣志二卷》:"是書成於正德己卯。上卷四篇,曰總志,曰風俗,曰物産,曰田賦。下卷三篇,曰名宦,曰人物,曰雜記。上卷僅七頁,下卷僅十七頁。古今志乘之簡,無有過於是書者。而宏綱細目,包括略備。蓋他志多夸飾風土,而此志能提其要,故文省而事不漏也。然叙次點綴,若有餘閑,寬然無局促束縛之迹。自明以來,關中輿記,惟康海《武功縣志》與此《志》最爲有名。論者謂《武功志》體例謹嚴,源出《漢書》;此《志》筆墨疏宕,源出《史記》。然後來志乘,多以康氏爲宗,而此《志》莫能繼軌。蓋所謂不可無一,不容有二者也。前有邦靖自序,又有康海序,末有吕柟後序,及朝邑知縣陵川王道跋。并文格高潔,與志適相配云。”

正德十六年(1521)秋,韓邦靖起山西布政司左參議,分守大同。革奸弊,恤民隱,輕徭薄斂,讞獄平允,知無不爲。嘉靖二年(1523),歲饉,人相食。數上奏請發内帑賑濟,皆駁之。復疏乞歸,疏報未下即行。西歸之日,軍民遮留號泣,不忍舍去。

張廷玉等《明史》卷二百零一《韓邦靖傳》:“世宗即位,起山西左參議,分守大同。歲饑,人相食,奏請發帑,不許。復抗疏千餘言,不報。乞歸,不待命輒行。軍民遮道泣留。”

王九思《渼陂集》卷十三《明故朝列大夫山西等處承宣布政使司左參議五泉韓子墓誌銘》:“辛巳秋,今上即位。起爲山西左參議,分守大同。于是感激奮勵,單車就道。革奸平獄,權豪斂迹……未幾,大同歲饑,人相食,又奏議請發内帑賑濟,不許,爲之憮然泣下,輟食將再論之。”

郭實修,王學謨纂《(萬曆)續朝邑縣志》卷六《韓邦靖傳》:“辛巳秋,世廟即位,起爲山西左參議,分守大同。革奸平獄,權豪斂迹。是時天子修定策功,封爵太濫,而高山、陽和諸衛軍士,奉例開墾草場數千餘頃,皆爲豪家占種。乃前後上疏,疏論列,又皆不報。未幾,大同歲饉,人相食。又奏議請發内帑賑濟,不許,爲之憮然泣下。復抗疏論列,又不報。復疏乞歸,疏報未下即行。西歸之日,軍民遮留號泣,不忍舍去。”

抵家未幾,病卒於是年四月二十日,年三十有六。其妻爲屈氏,生一女,無子。韓邦奇與弟情深,及歿,衰蔬食,終喪弗懈。鄉人爲立“孝弟碑”。

張廷玉等《明史》卷二百零一《韓邦靖傳》:“抵家病卒,年三十六。未幾,邦奇亦以參議莅大同。父老因邦靖故,前迎,皆泣下。邦奇亦泣。邦奇嘗廬居,病歲餘不能起。其弟邦靖藥必分嘗,食飲皆手進。後邦靖病亟,邦奇日夜持弟泣,不解衣者三月。及歿,衰絰蔬食,終喪弗懈。鄉人爲立'孝弟碑'"。

過庭訓《本朝分省人物考》卷一百零四《韓邦靖傳》:"至家稱觴壽母,與諸兄弟燕會終日,甚樂也。乃未幾病卒,年三十有六。"

王九思《渼陂集》卷十三《明故朝列大夫山西等處承宣布政使司左參議五泉韓子墓誌銘》:"四月初十日,衣冠如平生,呼苑洛子曰:'我其逝矣。十九日必大雷雨,即爲我戒衣衾。'……及二十日,而苑洛子復問曰:'歸在明日呼?'不應。苑洛子痛哭曰:'吾弟力不支矣。'又首之,已而果卒,距其生蓋三十六歲云。配安人屈氏生一女,無子,以族子仲譜。"

邦靖以詩名於鄉邦,有《韓五泉詩集》四卷,爲邦奇所編。追摹大復,詩學漢魏。

永瑢等《四庫全書總目》卷一百七十六《韓五泉詩集》四卷《附録》二卷:"是集乃其兄邦奇所編,以誌、傳二卷,附録於後。邦靖兄弟負重名,時有'關中二韓'之目。而詩則不出當日之風氣。王九思云:'五泉子七言絶句詩,絶類少陵,古歌詞浸淫唐初、逼漢魏矣。'標榜之詞,未免溢美。朱彝尊《静志居詩話》曰:'五泉心摹手追,乃在大復,比於西原。南泠不足,方之孟有渥。李嵩渚似勝一籌。'斯爲平允之論矣。"

王九思《渼陂集》卷十三《明故朝列大夫山西等處承宣布政使司左參議五泉韓子墓誌銘》:"予在京師見五泉子七言絶句詩,類杜子美。及罷歸,爲予誦其古歌,詞浸淫唐初、逼漢魏矣。"

參考文獻:

1. 韓邦靖《(正德)朝邑縣志》,明正德十四年刊本。

2. 韓邦奇《苑洛集》,明嘉靖三十一年賈應春刻本。

3. 吕柟《吕柟集》,明嘉靖三十四年刻本。

4. 孫世芳修,欒尚約輯《(嘉靖)宣府鎮志》,明嘉靖四十年刊本。

5. 劉伯縉修,陳善纂《(萬曆)杭州府志》,明萬曆刻本。

6. 張一英、馬朴《(天啓)同州志》,明天啓五年刻本。

7. 王九思《重刊渼陂王太史先生全集·渼陂集》,崇禎十三年刻本。

8. 王學謨纂《(萬曆)續朝邑縣志》,清康熙五十一年刻本。

9. 馮從吾《少墟集》,《景印文淵閣四庫全書》第 1293 册,臺灣商務印書館 1986 年版。

10. 過庭訓《本朝分省人物考》,《明代傳記叢刊》第 139 册,臺灣明文書局 1991 年版。

11. 萬斯同《明史》,《續修四庫全書》第 329 册,上海古籍出版社 2002 年版。

12. 黄宗羲著,沈芝盈點校《明儒學案》,中華書局 2008 年版。

13. 朱國禎著,王根林點校《涌幢小品》,上海古籍出版社 2012 年版。

(李雙華　陳家愉)

許相卿傳

許相卿,字伯台、台仲,號九杞,海寧(今浙江省海寧市)人,後徙紫雲,又自號雲村老人、雲村病翁。生於成化十五年(1479)九月十六日,六世祖懋,洪武初爲海州同知。父許滋,母俞氏。

張廷玉等《明史》卷二百零八《許相卿列傳》:"許相卿,字伯台,海寧人。"

王兆雲《皇明詞林人物考》卷六《許伯台》:"公名相卿,字伯台,號雲村,杭之海寧靈泉里人,晚徙紫雲,自稱雲村老人。"

何喬遠《名山藏》卷九十六《許相卿列傳》:"許相卿,字伯台,海寧人……父殁,葬海鹽縣之金井山。結廬墓次蔬水三年,旦夕臨毁。墓近紫雲村之茶磨山,遂徙籍焉,因自稱雲村病翁。"

盛楓《嘉禾徵獻録》卷二十三《許相卿傳》:"許相卿,字台仲(一字伯臺)。本海寧人,移家海鹽之紫雲山,因占籍。六世祖懋,洪武初海州同知。"

許相卿《黄門集》附録《雲村老人墓石記》:"雲村老人伯台氏,名相卿,許故族,居杭之海寧靈泉里,晚徙紫雲,自稱雲村老人……老人以成化十五年九月十六日生于外皇父俞氏。"

許相卿《黄門集》附録董穀《雲村許先生行實》:"國朝海州同知懋,懋生橓,橓生禎,禎生紃,紃生封,給事中滋配贈孺人俞氏,先生父母也。"

按，相卿字“伯台”或“伯臺”衆本不同，今以其自撰墓石記爲準。

相卿少有异稟，卓爾不群。三歲失哺，少長善病，弱冠始爲學。年十七，受詩四明張先生福，功苦學正。

許相卿《黄門集》附録《雲村老人墓石記》：“三歲失哺，少長善病，弱冠始爲學。”

許相卿《黄門集》附録董穀《雲村許先生行實》：“先生自少穎异不群，异母姊早寡，以苦節終。先生尚少，奮力合葬其夫婦，爲之誌銘封樹……年十七，受詩四明張先生福，功苦學正。”

正德二年（1507），舉孝廉，三上春官不第，嘗讀於靈泉山中十年。後從王守仁講學，與關中孫一元、吴下文徵明友善。以詩倡和，聚書讀之，有終焉之志。

許相卿《黄門集》附録董穀《雲村先生傳》：“弱冠游鄉校，正德丁卯舉於鄉，讀書靈泉山中，積十年。”

樊維城、胡震亨《（天啓）海鹽縣圖經》卷十四《許相卿傳》：“初，相卿正德中舉孝廉，久不第。從陽明子講學，又與關中孫一元、吴下文徵明諸公言詩。聚書萬卷讀之，不屑以進取爲念。”

盛楓《嘉禾徵獻録》卷二十三《許相卿傳》：“即從王守仁講學，又與太初山人孫一元、長洲文徵明友善，以詩倡和，聚書萬卷，有終焉之志。”

何喬遠《名山藏》卷九十六《許相卿列傳》：“三上春官不第。聚書萬卷，讀于靈泉山中。”

正德十二年（1517），登進士。嘉靖登基，又擢兵科給事中。相卿連疏五六，指陳時弊，論朝覲考察并諫罰言官諸封事，言辭剴切，以直諫名震天下。爲給事三載，所言皆不納，遂引疾歸，累詔不起。

張廷玉等《明史》卷二百零八《許相卿列傳》:“正德十二年進士。世宗立,授兵科給事中。”又,“爲給事三年,所言皆不聽,遂謝病歸。”

樊維城、胡震亨《(天啓)海鹽縣圖經》卷十四《許相卿傳》:“後竟登進士。嘉靖初,世皇新政,謁選即授兵科給事中。嘗上疏論罪閹張鋭、張忠内降貰死非法,張欽義子襲緹騎秩爲濫恩,著敢諫聲。在廷張、桂、夏三公并與交善。而性慕栖逸,自以古心正道難於諧世。世僅三載,引疾歸。”

劉伯縉修,陳善纂《(萬曆)杭州府志》卷七:“相卿舉正德十二年進士,以恩例歸省未選,十六年授兵科給事中。抗章論奄竪驕横,幾五六上,皆人所不敢言者。嘉靖改元,論朝覲考察并諫罰言官諸封事,讀者爲之縮舌。無何,謝病歸。累詔不起,至是部中遣舍人李茂春奉命來徵,竟辭不赴。”

沈堯中纂,劉應鈳修《(萬曆)嘉興府志》卷十九《許相卿傳》:“正德進士,授兵科給事中。屬世廟新政,乃疏論政令不便者數事。先是,中貴張鋭、張忠恣横,法曹置之法,内降旨輕減,相卿力争之。又李賢以中貴張欽義子襲錦衣指揮,相卿力言其非,至訾上爲氣驕志怠,迥异初心,舉朝皆駭。由是許給諫直聲震天下。居一年,抗疏致仕歸。縣官具與臺騶隸,堅却之。”

嘉靖八年(1529),詔養病官三年以上不赴都供職者,悉削籍,相卿遂廢,由是累辭徵召,家居不出。築室紫雲山中,醉心石泉畦茗,益務覃思墳籍,游心術藝之場。嘗製短蓑長笠,以二鶴自隨,往來阡陌間。田翁野叟,皆與之交,遇即就彼食飲。大雪日,則跨犢披蓑,登雲岫絶頂,悠游賦詩,人望之以爲神仙。

張廷玉等《明史》卷二百零八《許相卿列傳》:“八年。詔養病三年以上不赴都者,悉落職閑住,相卿遂廢。夏言故與同僚相善。既秉政，招之，謝弗應。”

許相卿《黄門集》附録《雲村老人墓石記》：“於是結屋紫雲山中，水石幽勝處，食力咏志，讀書彈琴。無一迹抵親、交城市，四十許年而終。”

樊維城、胡震亨《(天啓)海鹽縣圖經》卷十四：“迨嘉遁此邦，益敦素尚，埽軌謝客，雖親知罕見其面。課耕力食之餘，時跨黄犢，戴笠披蓑行山間，覓句爲樂。嘗大雪，直上雲岫絶頂賦詩，人望之以爲神仙。”

錢琦《錢臨江先生集》卷六《過許台仲紫雲山居》：“百折巉崖落細泉，茅齋行到紫雲邊。許由原不買山遁，自愛萬松深處烟。”

盛楓《嘉禾徵獻録》卷二十三《許相卿傳》：“製短蓑大笠，力耕自給，常騎黄犢，以二鶴自隨。冒雪登山巔賦詩，人以爲神仙。己丑，詔養病官三年以上不赴都供職者，悉削籍，相卿遂廢。”

而後清名益高，海内咸傾仰之。嘉靖十五年(1536)、十六年前後詔補前職，皆不起。十八年，以禮科給事中召起於家，終以疾辭。舊游仕者或過山中勸之出，則相與雜談農圃事。間有索京師故人書者，則言相卿死矣。其志堅若此。

何喬遠《名山藏》卷九十六《許相卿列傳》：“久之，中外交薦。召禮科給事中，力辭不起。舊游仕者過相卿勸之，相卿故與雜談農圃事，閑有索京師故人書者，則曰：‘君第言相卿死矣。’故人張璁、夏言相繼當事，各貽書物，探所欲官，悉謝却之。”

徐象梅《兩浙名賢録》卷四十三《給諫許台仲相卿》：“林居三十年，海内咸傾仰之，中外薦者以十數。嘉靖己亥，以禮科給事中召起於家。部使者臨門，敦逼土道，相卿力以疾辭。”

張萱《西園聞見録》卷二十二《許相卿傳》：“嘉靖十五六年前後詔補前職，皆不起。其明年，右使邵公錫，海寧令沈公瀚臨門諭詔，諫議辭病不起。”

盛楓《嘉禾徵獻録》卷二十三《許相卿傳》:“有士人求京師故人書,則曰‘公至京’,有人相問第,言‘相卿死矣’,聞者絶倒。”

嘉靖三十四年(1555)四月,島夷突犯海防,相卿憂憤成疾,倉卒走避,蹶夷左股,弗良於行。三十六年秋,忽得噎疾,知不起,則自撰墓石記,撝眷屬出閤外,端拱而逝,年七十有九歲。

許相卿《黄門集》附録《雲村老人墓石記》:“嘉靖三十六年秋,寢疾,知不起。且慮子若孫狥俗飾終,將乞埋文誣我,蒙羞入地,無絶已時。已恐來世有稽無徵也,則手書於墓石……嘉靖三十四年四月,島夷突犯海防,老人走折左股,一捫之頓踴呼號曰:‘人同有生之樂,而吾獨不免殷憂畢此生哉。夫天之賦我者,學未克見于道。父母之生我也,老乃更殘其遺。忘親不子,負天非人,奈何尚猶立覆載,戴面目,名人也乎?’痛恨不終食輟也。”

盛楓《嘉禾徵獻録》卷二十三《許相卿傳》:“相卿預知死期,平生相知各作啓别之。一啓已發,追還曰:‘中一字須改。’改畢,使者未行,已翛然逝,年七十九。”

許相卿《黄門集》附録董穀《雲村許先生行實》:“春秋七十有九,視聽不衰。歲癸丑,島夷寇海上,倉卒走避,蹶夷左股,弗良於行。”

許相卿《黄門集》附録馮臯謨《雲村許先生傳》:“歲丁巳,忽得噎疾,知不起,則自誌自挽,作觀化詩,書訃音,撝眷屬出閤外,端拱而逝,年七十有九歲,蓋是年十月十日也。”

伯台耿介直進諫,簡亢貞諒。退居林下數十年,不累於名利,超然於塵埃之外,爲鄉里之人所仰。

樊維城、胡震亨《(天啓)海鹽縣圖經》卷十四:“余久遠城市,不敢復入也。蓋超然塵埃,可望而不可親者,三十年如一日焉。"

劉伯縉修,陳善纂《(萬曆)杭州府志》卷七:"然其立懦廉頑,風乎百世,以較馳驅之士,所裨孰多也? 高山仰止,今安得復見斯人乎?"

張萱《西園聞見録》卷二十二《許相卿傳》:"生平不事榮利,不喜俗間生作事。時顯仕里居,部使、監司多因歲時行金錢爲問遺,諫議曰:'吾豈以貧故溷諸公哉? 終身不受一錢也。'性好游,時時出游秦峰雲岫間,盆[盘]礴下上,遇山僧野叟,班荆爾汝,即喜與爲飲食。或曰:'公貴人也。'謝不敢,即拂衣去。"

許相卿《黄門集》附録馮皋謨《雲村許先生傳》:"公卒後十年,紫雲里群百人醵金錢,貰牢醴,且拜且走二十里,跽公龍山墓下,呼許翁,許翁! 有涕泣者,挽近士恣睢,爲里人駡。端何前者相慕嚮之誠,後相背之戾也?"

九杞尤喜藏書,輯考經史,著《史漢方駕》,考辨班、馬二家,編《革朝志》,記建文一朝君臣始末,又於家廟禮俗多有專研,著《許氏貽謀四則》一卷,分《家則》《學則》《祠則》《墓則》四部。其詩清泠而有豐骨,沉着悲壯,格調高遠。五言有大曆之調,七言出入於陳師道、陳與義間,詩文集有《黄門集》《雲村文集》傳世。

許相卿《黄門集》附録馮皋謨《雲村許先生傳》:"垂四十年,獨喜貯書,自墳典洎古石室,秘文略備,靡所不閲。尤酷好秦漢人語,手揭班、馬二家并書,題曰《史漢方駕》。冠笄婚喪,祀祭經禮,多所考正。忠臣孝子,悌弟貞婦遺事,尤喜論載。文多佶屈,不可句讀,亦大類秦漢家言。當代推宗匠鉅工,然公自命云:'櫪駒韝隼,緜紲萬里。飛騰之雄,於眉睫指顧間。'則文章特公之緒餘耳。"

許相卿《黄門集》附録董穀《雲村先生傳》:"蓋先生之學,邃博不可涯涘。其爲詩也,沉着悲壯,格調高遠。銘頌奇古,如商彝周鼎,文體簡嚴奥雅,上逼秦漢。得意處柳子厚不能道,實一代之聞人,詞林之正宗無愧焉。”

永瑢等《四庫全書總目》卷五十三《革朝志》:“是編記建文一朝君臣始末。仍用記傳之體,而以門目分褒貶。”

永瑢等《四庫全書總目》卷一百七十二《雲村文集》:“《自序》謂棄其脱遺不可讀者、存其餘可讀者。其自題絶句有曰:‘雲村病老語多嚨,造次詩成絶宋腔。還溯開元論風格,拾遺壇上樹旌幢。’蓋自以所學爲未足、欲進而求之唐人也。今觀其詩,大抵近體居多,五言有大曆之調,七言出入於陳師道、陳與義間,可謂自知之審矣。章疏切實,雜文體裁雅潔,亦多有道之言,無明季士大夫求名若渴之習。”

朱彝尊《静志居詩話》卷十一:“詩取適意,集出其手自删。……自題絶句云:‘雲村病老語多嚨,造次詩成雜宋腔。還溯開元論風格,拾遺壇上樹旌幢。’由今誦之,諸體亦自清潤,不全雜以宋腔也。若‘老如舊歷渾無用,病戀殘燈亦暫明’。此則宋腔之佳者。”

龔嘉儁修,李瑀纂《(民國)杭州府志》卷九十《藝文志》:“《雲村集》十四卷,《黄門集》十二卷。海寧許相卿撰,一本題:《黄門集》十二卷附録一卷年譜一卷,《浙江遺書總録》云:‘《黄門集》即《雲村集》’,《明志》作‘《許相卿全集》二十六卷’今據《千頃堂書目》《雲村集》,文淵閣著録。”

按,丁仁《八千卷樓書目》著録“《貽謀録》一卷”即《許氏貽謀四則》。《明史·藝文志》合《雲村集》十四卷、《黄門集》十二卷作“《許相卿全集》二十六卷”。

公初贈孺人沈氏,繼封孺人李氏,又繼馬氏。生二子,長子聞過,先公死。少子聞造,另有女五。兄楫卿,弘治甲子舉人;弟檣

卿，嘉靖乙酉舉人，丙戌進士，大理寺副；材卿，貢汶上訓導，遷桐城教諭。

許相卿《黄門集》附録《雲村老人墓石記》："老人長子聞過，先老人死。晚舉少子聞造，過子敦儉、敦儲，儲質美而殤，儉子令已、令甲、令丙。"

許相卿《黄門集》附録董穀《雲村許先生行實》："初贈孺人沈，生子男聞過，蚤卒。繼封孺人李氏，又繼馬氏，幼男聞造，陶出也。女五。"

盛楓《嘉禾徵獻録》卷二十三《許相卿傳》："兄楫卿，弘治甲子舉人……弟檣卿，嘉靖乙酉舉人，丙戌進士，大理寺副；材卿，貢汶上訓導，遷桐城教諭。相卿子聞造。"

參考文獻：

1. 許相卿《黄門集》，明萬曆刻本。

2. 劉伯縉修，陳善纂《(萬曆)杭州府志》，明萬曆七年刻本。

3. 劉應鈳修，沈堯中纂《(萬曆)嘉興府志》，明萬曆二十八年刊本。

4. 錢琦《錢臨江先生集》，明萬曆三十二年錢蕎刻本。

5. 樊維城、胡震亨《(天啓)海鹽縣圖經》，明天啓四年刊本。

6. 龔嘉儁修，李璿纂《(民國)杭州府志》，1922 年鉛印本。

7. 朱彝尊《静志居詩話》，人民文學出版社 1990 年版。

8. 何喬遠《名山藏》，《明代傳記叢刊》第 78 册，臺灣明文書局 1991 年版。

9. 王兆雲《皇明詞林人物考》,《明代傳記叢刊》第 17 册,臺灣明文書局 1991 年版。

10. 盛楓《嘉禾徵獻録》,《續修四庫全書》第 544 册,上海古籍出版社 2002 年版。

11. 徐象梅《兩浙名賢録》,浙江古籍出版社 2012 年版。

(陳家愉)

嚴嵩傳

嚴嵩，字惟中，號介溪，江西分宜（今江西省分宜縣）人，成化十六年（1480）正月二十二日生。其父爲淮，母爲晏氏。

查繼佐《罪惟録》卷三十《嚴嵩傳》："嚴嵩，别號介溪，江西分宜人。"

焦竑《國朝獻徵録》卷十六王世貞《大學士嚴公嵩傳》："嚴嵩，字惟中，江西之分宜人。父爲藩司吏，其婦方娠而有光，起廨舍，已生嵩。藩使奇之，賫醪糒錢布以贈。"

雷禮《國朝列卿紀》卷十三《嚴嵩傳》："嚴嵩，字惟中，江西袁州府分宜縣人。"

張廷玉等《明史》卷三百零八《嚴嵩傳》："嚴嵩，字惟中，分宜人。"

劉健《弘治十八年進士登科録》："年十六，正月二十二日生……父淮，母晏氏。"

嵩身長而瘦削，疏眉，聲大。穎异絶倫，鄉人目爲神童。

焦竑《國朝獻徵録》卷十六王世貞《大學士嚴公嵩傳》："嵩長身，疏瘦如削，疏眉目，大音聲。"

雷禮《國朝列卿紀》卷十三《嚴嵩傳》："幼以神童名。"

萬斯同《明史》卷四百零一《嚴嵩傳》："童言宿生穎悟絶人，瘦削而神甚王温如也。"

弘治十八年(1505)進士,改庶吉士。正德二年(1507),授翰林院編修。數以疾請告,繼而丁憂歸,築東堂讀書數年。編《甲戌志》,一郡文獻賴以有徵。好爲詩,清雅有態,然弱而不能爲沉雄之思。文章清潤雅正,同邵二泉、李崆峒、王陽明有交。

查繼佐《罪惟録》列傳卷三十《嚴嵩傳》:"以弘治乙丑進士,授翰林,請告,歸鈐山讀書十年乃出。文章清潤雅栗,交游皆知名。"

焦竑《國朝獻徵録》卷十六王世貞《大學士嚴公嵩傳》:"二十二舉於鄉,二十六進士高第,改翰林院庶吉士,授編修。數移疾告歸,讀書鈐山中。嵩好爲詩,清雅有態,然弱而不能爲沈雄之思,文亦類之。"

錢謙益《列朝詩集小傳》丁集中《嚴少師嵩》:"弘治乙丑進士,選翰林庶吉士,授編修。"

張廷玉等《明史》卷三百零八《嚴嵩傳》:"舉弘治十八年進士,改庶吉士,授編修。移疾歸,讀書鈐山十年,爲詩古文辭,頗著清譽。"

曹國慶、趙樹貴等《嚴嵩評傳》附録三《介橋嚴氏族譜·少師介溪公傳》:"正德二年丁卯,授編修。戊辰,丁祖純德府君憂回里。繼丁内艱,謁告家居,築東堂在縣學之左,日讀書其中,鋭意名山大業,攬勝尋幽,著述日富。憫《袁志》久湮,廣爲搜輯成編,即所傳《甲戌志》。後得秘閣本,再輯於嘉靖丙午,一郡文獻賴以有徵。時邵二泉、李崆峒、王陽明先生使節經臨,率先造訪,爲訂縞纻交,聲名傾一時。"

朱彝尊《静志居詩話》卷九:"弘治乙丑殿試,泰陵焚香祝天,願得良輔。不意是榜,乃有分宜。吁可怪也!然分宜通籍,即見知於獻吉、仲墨,旋請假還里,讀書鈐山者七年。獻吉還訪之山中,作

《鈐山堂歌》以贈。於時子衡、華玉、廷實、子鍾、允寧、應德輩，交相引譽。又走使萬里，索用修點定其詩，可稱好事矣。其《與友人贈答詩》云：‘自非肉食相，藏拙安所宜。’又云：‘故園多所歡，薄宦何爲者。’《贈相士顔生》云：‘本無蔡澤輕肥念，不向唐生更問年。’一似恬澹自持，無意榮利者。”

嚴嵩《鈐山堂集》卷三《奉酬空同先生垂訪見貽》：“病來渾與故人疏，珍重能勞長者車，地僻柴門堪繫馬，家貧蕉葉可供書。鶯花對酒三春暮，風雅聞音百代餘，長願飲河心自足，却慚和郢曲難如。”

正德十一年(1516)離家還朝，十三年戊寅，奉使至廣西靖江王府册封宗藩。後歸家築鈐山堂。嘉靖改元，升南京翰林院侍讀，掌院事。嘉靖四年(1525)，鄉人費宏私之，召爲國子祭酒。七年，遷禮部右侍郎。

曹國慶、趙樹貴等《嚴嵩評傳》附録三《介橋嚴氏族譜・少師介溪公傳》：“十一年丙子，挈家赴闕，瀕發有詩云：‘七看梅發楚江濱，多難空餘一病身。闕下簡書催物役，鏡中癯貌愧冠紳。非才豈合仍求仕，薄禄深悲不逮親。此日滄波理征棹，回瞻松柏自沾巾。’入京復館職。……十三年戊寅，册封宗藩，承命赴廣西靖江王府，過衡山，進登南岳，備覽祝融朱鳥之勝。維時武廟乘輿數出，朝野洶懼，公爲文告岳神，冀牖迪聖衷，惓然忠愛心事。”

焦竑《國朝獻徵録》卷十六王世貞《大學士嚴公嵩傳》：“嘗奉使至廣西道，謁鄉人李遂。遂故御史，司其省試而得嵩者。……久之，進侍讀，領南京翰林院事。召爲國子監祭酒，嵩於資薄不當祭酒，輔臣費宏其鄉人，私之。”

曹國慶、趙樹貴等《嚴嵩評傳》附録三《介橋嚴氏族譜・少師介溪公傳》：“己卯歸次里門，值寧藩之亂，應陽明先生招，贊成大議，與有力焉。事平,王公致宴席彩幣以酬,公卧家復兩稔歲,改東堂邑第西南,名曰'鈐山堂',邵二泉先生爲記文,見《縣志》。壬午,嘉靖改元,由編修升南京翰林院侍讀,掌院事。四年乙酉,遷國子監祭酒。七年戊子,升禮部右侍郎。"

張廷玉等《明史》卷三百零八《嚴嵩傳》:"還朝,久之進侍講,署南京翰林院事。召爲國子祭酒。嘉靖七年歷禮部右侍郎。"

王鏊《震澤集》卷三十二《鈐山堂銘》:"我族諸家,世蕃以昌。爰始爰詢,學宫之傍。有鈐者山,奔騰來赴。靚麗端嚴,屹若相顧。唯堂何有,有圖有書。亦有豆籩,親賓之於。有斐嚴子,陟降惟斯。坐對鈐山,乃自得師。其師伊何,默以成德。不震不騫,惟是之則。"

嚴嵩《鈐山堂集》卷二十七《北上志》:"予卧疴鈐山閱八稔,正德丙子春三月,疾愈,治裝將如京師。"

奉世宗命祭告顯陵,作《祇役顯陸(陵)賦》。還京後,以所在旱荒狀上聞,疏陳數事,皆切民利病,上深嘉納,發幣賑之。後歷禮部左侍郎、吏部左侍郎。嘉靖十一年(1532),進南京禮部尚書。明年,改南京吏部尚書。

張廷玉等《明史》卷三百零八《嚴嵩傳》:"奉世宗命祭告顯陵,還言:'臣恭上寶册及奉安神床,皆應時雨霽。又石産棗陽,群鸛集繞,碑入漢江,河流驟漲。請命輔臣撰文刻石,以紀天眷。'帝大悦,從之。遷吏部左侍郎,進南京禮部尚書,改吏部。"

曹國慶、趙樹貴等《嚴嵩評傳》附録三《介橋嚴氏族譜·少師介溪公傳》:"時顯陵營建,詔遣禮官一人端督禮儀,公被命以往,有《祇役顯陸(陵)賦》。還京,以所在旱荒狀上聞,又疏均驛傳數事,皆切民利病,上深嘉納,發京儲數十萬賑之,有'所言委出忠赤'之褒,蓋上享用公,實自此始云。己丑轉左。辛卯改吏部。十一年壬辰，拜南京禮部尚書。癸巳轉吏部。”

焦竑《國朝獻徵録》卷十六王世貞《大學士嚴公嵩傳》：“既去位，言官有及嵩者，疏辨得留，進爲禮部右侍郎。給事中陸粲等論糾輔臣桂萼所私，復及嵩。嵩奏辨，復得留。尋遷左侍郎，轉吏部左侍郎，久之進南京禮部尚書，改南京吏部尚書。”

後五年，至京師，時議更修《宋史》，夏言在禮部，請留嵩，遂以禮部尚書兼翰林院學士專司董理。任禮部尚書兼翰林院學士。帝欲稱宗入太廟，反復詳議，著《明堂或問》示群臣，遂尊獻皇帝曰睿宗，祔武廟。大禮議成後得重賞，嵩爲《慶雲賦》及《大禮告成頌》。尋加太子太保。

雷禮《國朝列卿紀》卷十三《嚴嵩傳》：“十七年，通州同知豐坊言：‘宜建明堂，尊皇考爲宗，以配上帝。’嵩言：‘明堂、圜丘皆以事天，今大祀殿應古方位，明堂不必更建侑享之禮。詩傳云：人成形於父。秋祀明堂，以父配之。自漢、唐、宋莫不由之。錢公輔、司馬光又主祖宗之有功德者。今以功則宜文皇，以親則宜皇考。若稱宗，恐有未宜，不敢妄議。’上以示夏言，言不敢對。上曰：‘明堂秋享，宜奉天殿行之。皇考稱宗，烏在其爲不宜。’嵩乃言：‘考秋享成物之旨，嚴父配天之文。皇考配享，允合周道。’上嘉納之。秋七月，上以太宗功同開創，當稱祖以别之。嵩曰：‘古者祖有功，宗有德。漢有二祖，皆以開造。我文皇定鼎持危，功莫大焉。稱祖，聖見允當。古者父子异昭穆，兄弟同世次。殷有四君，一世而同廟者。唐十一世而九室。宋太祖、太宗同居昭位，合祭同位。今皇考、孝宗宜同一廟。蓋四時之廟，禰爲獨親。太祖即位，仁祖以布衣享天子之祀，皇考可獨缺乎。’奏下，臣工翕然，命各擬廟號進上。”

張廷玉等《明史》卷三百零八《嚴嵩傳》：“居南京五年，以賀萬壽節至京師。會廷議更修《宋史》，輔臣請留嵩以禮部尚書兼翰林學士董其事。及夏言入内閣,命嵩還掌部事。帝將祀獻皇帝明堂,以配上帝。已,又欲稱宗入太廟。嵩與群臣議沮之,帝不悦,著《明堂或問》示廷臣。嵩惶恐,盡改前説,條畫禮儀甚備。禮成,賜金幣。自是,益務爲佞悦。帝上皇天上帝尊號、寶册,尋加上高皇帝尊謚聖號以配,嵩乃奏慶雲見,請受群臣朝賀。又爲《慶雲賦》《大禮告成頌》奏之,帝悦,命付史館。尋加太子太保,從幸承天,賞賜與輔臣埒。"

焦竑《國朝獻徵録》卷十六王世貞《大學士嚴公嵩傳》:"其在南京,逾五載不召,以萬壽賀表至京師。時議重修《宋史》,方至局經理。嵩謀於輔臣,時以少保夏言在禮部,日奉行諸祀典,而尚書顧鼎臣教習庶吉士,皆不暇兼職,言亦從臾之,遂請留嵩,以禮部尚書兼翰林院學士專司董理。逾歲間,言入内閣,鼎臣當次長禮部,而嵩復私於言,躐得之,自是始謬爲共謹,以迎合上意。……時上入諛臣言,欲祀獻皇帝於明堂,以配上帝。嵩不敢違。已又欲獻皇帝稱宗而入太廟,嵩與群臣廷議皆難之。上不悦,著《明堂或問》以見志。嵩皇恐,盡變前説,所以條畫禮儀良備。遂尊獻皇帝曰睿宗,祔武廟。上禮成,而賜嵩白金百兩,彩幣四有,副鈔四千貫。上皇天上帝尊號、册寶,尋加上高皇帝尊謚聖號以配。嵩奏慶雲見。上悦,受群臣賀。嵩爲《慶雲賦》及《大禮告成頌》,上嘉之,付史館。明年,加太子太保,已從幸承天,賞賜優渥,與輔臣埒。"

嘉靖二十一年(1542),拜武英殿大學士,入直文淵閣,兼翰林院學士,仍掌禮部事。神采溢發,猶如壯年。自此得君專政凡二十餘年。後累進吏部尚書、謹身殿大學士、少傅兼太子太師。二十六年,再加華蓋殿大學士。

曹國慶、趙樹貴等《嚴嵩評傳》附録三《介橋嚴氏族譜·少師介溪公傳》:"二十一年壬寅八月十五日,特敕兼武英殿大學士,入内閣，兼翰林院學士，仍掌禮部事。……二十三年加太子太傅，改吏部尚書、謹身殿大學士，進少傅。二十四年加太子太師，進少師。二十六年改華蓋殿大學士。二十七年進支正一品俸。”

雷禮《國朝列卿紀》卷十三《嚴嵩傳》：“二十一年八月，以原官兼武英殿大學士入閣。……二十三年加少傅，二十四年晋少師。”

焦竑《國朝獻徵録》卷十六王世貞《大學士嚴公嵩傳》：“乃以聖誕恩，進武英殿大學士，入直文淵閣，仍掌禮部事，免其奏事承旨。時嵩年已六十三，而神采溢發如壯時。……時尚書許贊以一品六年滿，加兼太子太傅。未幾，上特加嵩官視贊。時輔臣翟鑾特以資序在嵩上，上待之不能如嵩，每有所諮問及齋予，時時首嵩而不及鑾。……尋進嵩兼吏部尚書、謹身殿大學士。亡何，復以六年滿，加少傅，兼食大學士俸，一子中書舍人，給四代誥命。……俄而太廟工告成，加兼太子太師，賜金幣渥。……嵩以萬壽加特進，又以九年考滿，加華蓋殿大學士。”

張廷玉等《明史》卷三百零八《嚴嵩傳》：“二十一年八月拜武英殿大學士，入直文淵閣，仍掌禮部事。時嵩年六十餘矣。精爽溢發，不异少壯。朝夕直西苑板房，未嘗一歸洗沐，帝益謂嵩勤。久之，請解部事，遂專直西苑。帝嘗賜嵩銀記，文曰‘忠勤敏達’。尋加太子太傅。翟鑾資序在嵩上，帝待之不如嵩。嵩諷言官論之，鑾得罪去。吏部尚書許贊、禮部尚書張壁同入閣，皆不預聞票擬事，政事一歸嵩。……累進吏部尚書、謹身殿大學士、少傅兼太子太師。久之，帝微覺嵩横。時贊老病罷，壁死，乃復用夏言，帝爲加嵩少師以慰之。言至，復盛氣陵嵩，頗斥逐其黨，嵩不能救。……世蕃遷太常少卿，嵩猶畏言，疏遣歸省墓。嵩尋加特進，再加華蓋殿大學士。”

錢謙益《列朝詩集小傳》丁集中《嚴少師嵩》：“故事宰相得燕見

天子,少師爲宗伯,勤敏捷給,當上意,數入召見,與幸相比。壬寅九月,召入直武英殿,得君專政凡二十餘年。”

朱彝尊《静志居詩話》卷九嚴嵩:“迨爰立之後,驕縱貪黷,忿懥慆淫,失其本心,終以致敗。暮年自序詩集云:‘晚登政途,百責身萃,回憶舊業,如弁髦然。觸口縱筆,率而應酬,不能求工,亦不暇求工也。’對應德亦云:‘少於詩務鍛煉組織,求合古調。今則率吾意而爲之耳。’分宜能知暮年詩格之壞,而不自知立身之敗裂,有萬倍於詩者。《生日詩》猶云:‘晚節冰霜恒自保。’昧心之言,將誰欺乎?而應德翻謂‘不煩繩削而合’。若湛元明一序,讀之猶令人張目,不意講學者,貢諛乃若是。王元美《樂府變》:云:‘孔雀雖有毒,不能掩文章。’殆平情之論乎?”

後驕子用事,竊權罔利,貪横日甚。嘉靖四十一年(1562),削籍遣歸,四十五年,窮老寄食而亡,終年八十六歲。

錢謙益《列朝詩集小傳》丁集中《嚴少師嵩》:“久之,其貪横日甚,上心厭之,移其眷於華亭。言者得間攻之,上震怒,削籍遣歸,僇其子世蕃於西市,籍没其家。年七十餘,窮老寄食以死。萬曆初,江陵枋國,下教屬分宜令葬焉。少師初入詞垣,負才名,謁告還里,居鈐山之東堂,讀書屏居者七年,而又能傾心折節,要結勝流,若崔子鍾、楊用修、王允寧輩,相與引合名譽,天下以公望歸之。已而憑藉主眷,驕子用事,誅夷忠良,隤敗綱紀,遂爲近代權奸之首,至今兒童婦人,皆能指其姓名,戟手唾罵。萬眉山以後所僅見也。少師在鈐山,有詩贈日者云:‘原無蔡澤輕肥念,不向唐生更問年。’爲通人所稱。”

張廷玉等《明史》卷三百零八《嚴嵩傳》:“田玉善召鶴,嵩因取其符籙,并己祈鶴文上之,帝優詔褒答。嵩因言:‘臣年八十有四,惟一子世蕃及孫鵠皆遠戍,乞移便地就養,終臣餘年。’不許。其明年，南京御史林潤奏：‘江洋巨盗多入逃軍羅龍文、嚴世蕃家。龍文居深山，乘軒衣蟒，有負險不臣之志。世蕃得罪後，與龍文日誹謗時政。其治第役衆四千，道路皆言兩人通倭，變且不測。’詔下潤逮捕，下法司論斬，皆伏誅，黜嵩及諸孫皆爲民。嵩竊政二十年，溺信惡子，流毒天下，人咸指目爲奸臣。其坐世蕃大逆，則徐階意也。又二年（按，嘉靖四十五年），嵩老病，寄食墓舍以死。”

焦竑《國朝獻徵録》卷十六王世貞《大學士嚴公嵩傳》：“嵩死時寄食墓舍，不能具棺椁，亦無吊者，時年八十有六。”

曹國慶、趙樹貴等《嚴嵩評傳》附録三《介橋嚴氏族譜・少師介溪公傳》：“殁於嘉靖四十五年丙寅四月二十一日寅時。”

傅維鱗《明書》卷一百四十九《嚴嵩傳》：“嚴嵩奸巧陰譎，挾沾沾之小技，以順爲悦，内固主寵，而外籠天下之利，殺諫臣，逐异己，望風投拜者獲榮顯，剛直自好者嬰挫辱，藐法負恩，目無祖憲，雖無孽子，寧毋敗也。及至世蕃隔外，所條對率不稱上旨，其才又可知矣。世蕃積惡取罪，而死以謀叛，雖非正律，允當厥辜也。所籍没資産，紀實瑣瑣，匪史體，以見元載之鍾乳三千，未爲侈耳。”

其妻爲歐陽氏。子世蕃，未至戍所而返鄉，被誅於西市。

劉健《弘治十八年進士登科録》：“娶歐陽氏。”

萬斯同《明史》卷四百零一《嚴嵩傳》：“世蕃不之戍所，大治家第。南京御史林潤劾言其南通倭，北通邊，且爲亂。天子於是即令潤家逮世蕃下刑部獄，籍嵩財産。守巡官至嵩家，點簡嵩，從旁視之，嘆曰：‘吾壹不知。’至此籍時，珍玩無筭，白金溺器饋者自署姓名其底，其穢籍如此。世蕃短項肥體，眇一目，久繫獄，殊不知上意欲殺之。一日，隸拘縛之江西司，世蕃曰：‘吾死矣。’緹騎之士標白幟押赴西市，騎往來長安道，世蕃行至某處，輒報入上前。既誅，不知其屍所在，而嵩出宿於野寺，亦病死。”

介溪有《鈐山堂集》三十五卷,其詩在流輩之中,乃獨爲迥出。語辭平和,清麗婉弱,淡雅閑遠。王世貞言:"孔雀雖有毒,不能掩文章。"乃持平之論。

永瑢等《四庫全書總目》卷一百七十六《鈐山堂集》三十五卷:"嵩雖怙寵擅權,其詩在流輩之中,乃獨爲迥出。王世貞《樂府變》云:'孔雀雖有毒,不能掩文章。'亦公論也。然迹其所爲,究非他文士。有才無行,可以節取者比,故吟咏雖工,僅存其目,以昭彰癉之義焉。"

錢謙益《列朝詩集小傳》丁集中《嚴少師嵩》:"其詩名《鈐山集》者,清麗婉弱,不乏風人之致。直廬應制之作,篇章庸猥,都無可稱。王元美爲郎時,譏評其詩,以爲不能復唱渭城者也。余録其詩,冠於嘉靖中年以來將相之首,使讀者論其世,知其人,庶幾有考焉,亦有戒焉云爾。"

嚴嵩《鈐山堂集》卷首王廷相《鈐山堂集序》:"予讀大宗伯介溪嚴先生之集,見其詩思冲邃閑遠,在孟襄陽伯仲之間,文致明潤宛潔,揆之歐陽子,稍益之奇,未嘗不嘆服其格古雅,而卒澤於道德之會也。"

嚴嵩《鈐山堂集》卷首唐龍《鈐山堂集序》:"而今得《鈐山堂集》,乃詩若文咸備,窮日之力,且誦且嘆,而弗能已於言。聞崆峒子評介溪詩曰淡。石潭翁又曰達。達者其詞和,淡者其詞平,夫和平而後謂之至也。"

參考文獻:

1. 嚴嵩《鈐山堂集》,明嘉靖二十四年刻本。

2. 傅維麟《明書》,商務印書館 1936 年版。

3. 劉健《弘治十八年進士登科録》,屈萬里《明代登科録匯編》第5册,臺灣學生書局1969年版。

4. 錢謙益《列朝詩集小傳》,上海古籍出版社1983年版。

5. 王鏊《震澤集》,《景印文淵閣四庫全書》第1256册,臺灣商務印書館1986年版。

6. 查繼佐《罪惟録》,浙江古籍出版社1986年版。

7. 曹國慶、趙樹貴等《嚴嵩評傳》,上海社會科學院出版社1989年版。

8. 朱彝尊《静志居詩話》,人民文學出版社1990年版。

9. 焦竑《國朝獻徵録》,周駿富輯《明代傳記叢刊》第109册,臺灣明文書局1991年版。

10. 雷禮《國朝列卿紀》,周駿富輯《明代傳記叢刊》第33册,臺灣明文書局1991年版。

11. 萬斯同《明史》,《續修四庫全書》第331册,上海古籍出版社2002年版。

(陳家愉)

胡纘宗傳

胡纘宗,字孝思,後改世甫,號可泉,又號鳥鼠山人。陝西秦安(今甘肅省秦安縣)人。成化十六年(1480)生。父士濟,字澤民,以《毛詩》稱於關隴。母李氏,日事耕織,尤精於女紅。

焦竑《國朝獻徵録》卷六十一佚名《通議大夫都察院右副都御史可泉胡公纘宗墓誌銘》:“公諱纘宗,初字孝思,後更世甫,秦人也。號可泉,亦號鳥鼠山人。”

王兆雲《皇明詞林人物考》卷五《胡世甫》:“公名纘宗,字世甫,陝西秦州人。”

張廷玉等《明史》卷二百零二《胡纘宗》:“胡纘宗,陝西秦安人。”

胡纘宗《鳥鼠山人小集》卷十五《先大夫行實》:“先大夫諱士濟,字澤民,故渭州人。”

胡纘宗《鳥鼠山人小集》卷十五《先大夫行實》:“先大夫性醇而慧,少有大志,故獨爲先祖所鍾愛。及游邑庠,與六叔父皆以《毛詩》稱於關隴。”

胡纘宗《鳥鼠山人小集》卷十五《先大夫行實》:“先宜人姓李氏,國子生諱玘女也。自歸先大夫,日事耕紡以給先大夫,事先祖母朝夕懇懇不知懈。自少精於女紅,邑中女紅以先宜人爲最。”

二十三年(1487),其母病逝於京師,纘宗年僅八歲。公幼時聰慧過人,爲時賢所重。

胡纘宗《鳥鼠山人小集》卷十五《先大夫行實》:"(先大夫)仕貢於京師,慨然欲卒業國子,以友天下士,而先宜人病不起,成化丁未九月癸丑也。先大夫不能留,乃仕爲成都縣學訓導。"

胡纘宗《鳥鼠山人小集》卷十五《先大夫行實》:"(先宜人)乃不幸客死京師,年纔三十有六也。"

焦竑《國朝獻徵録》卷六十一佚名《通議大夫都察院右副都御史可泉胡公纘宗墓誌銘》:"穎悟夙成,蚤歲以春秋邑學生提學,邃庵楊公、虎谷王公咸愛重之。"

弘治十四年(1501),中陝西辛酉鄉試。正德三年(1508),舉進士,爲三甲第一人,授翰林院檢討,參對《孝宗實録》。

焦竑《國朝獻徵録》卷六十一佚名《通議大夫都察院右副都御史可泉胡公纘宗墓誌銘》:"中陝西辛酉鄉試,繼登正德戊辰吕柟榜進士,三甲第一人。會有執政子亦登二甲第一人,欲覬翰林清職,乃倚中官劉瑾勢,以二甲、三甲各第一人,因傳臚俱授翰林院檢討,仍取二甲邵鋭、黄芳等五人,三甲李志學等三人,俱授庶吉士,實假衆市公也。公辭職,不獲,乃受命與修撰吕公、編修景公參對《孝宗實録》,成録,賜金幣,加俸一級。"

萬斯同《明史》卷三百八十七《胡纘宗傳》:"正德三年舉進士,爲三甲第一人,時焦芳子黄中居二甲首,欲用爲翰林,因并授纘宗簡討。"

雷禮《國朝列卿紀》卷一百二十《胡纘宗》:"正德戊辰進士,改翰林院庶吉士,授檢討。"

錢謙益《列朝詩集小傳》丙集《胡副都纘宗》:"正德戊辰進士,

三甲第一人。傳臚之日,與二甲第一人焦黄中并特授翰林簡討。黄中,焦芳之子也。”

費廷珍《(乾隆)直隸秦州新志》卷十《胡纘宗》:“胡纘宗,字世甫,秦安人,正德戊辰進士。殿試策對,擬一甲。有權宰私庇其子,抑置三甲一名。李東陽憐其才,請同一甲。傳臚,即授翰林院檢討。參對《孝宗實録》成,賜金帛,爲忌者所中。”

沈德符《萬曆野獲編》卷十《進士授史官》:“正德三年戊辰科,焦黄中以二甲第一名,胡纘宗以三甲第一名,俱奉旨傳授檢討。此出逆瑾私意,焦不足言,胡故材臣,坐是謫州判。”

正德五年(1510),因劉瑾事所累,補嘉定州判官。歷二載,遷潼川州知州,均有惠政,士民多感其德。後凡三遷,十四年,出爲安慶知府。

錢謙益《列朝詩集小傳》丙集《胡副都纘宗》:“芳敗,黄中編管爲民,孝思與庶吉士邵鋭等俱外補判嘉定州,移守潼川,入南京户,吏二部郎中,出知安慶府。”

雷禮《國朝列卿紀》卷一百二十《胡纘宗》:“五年,調嘉定州判官。八年,升潼川州知州。十年,升南京户部司員外郎。十三年,升本部江西司郎中。本年,調南京吏部驗封司郎中。十四年,升安慶府知府。”

胡纘宗《鳥鼠山人小集》卷十五《明河南南陽縣學訓導胡仲子墓誌銘》:“是秋,予自翰林謫判嘉定,復携中甫入蜀而奉先大夫。”(按,胡仲子爲其弟胡正宗。)

焦竑《國朝獻徵録》卷六十一佚名《通議大夫都察院右副都御史可泉胡公纘宗墓誌銘》:“庚午,執政者以瑾敗,其子編管民,乃詿公與邵黄等俱外補,公補四川嘉定州判官,歷二載,升潼川州知州,俱有惠政。乙亥,升南京户部湖廣司員外郎。己卯,升吏部驗封司郎中，以考最得封父如其官，母并妻封贈爲宜人。未幾升安慶府知府。"

黄廷桂《(雍正)四川通志》卷七上："胡纘宗，字世甫，泰安人。官翰林檢討，以不附逆瑾謫嘉定州州判，捐俸修水城，衛民廬舍，又教士子，多所成就，士民均感其德。"

費廷珍《(乾隆)直隸秦州新志》卷十《胡纘宗》："外補州判，四遷知江南安慶府。"

萬斯同《明史》卷三百八十七《胡纘宗傳》："芳敗，謫嘉定州判官。量移潼川知州，三遷爲安慶知府。"

當是時，寧王宸濠兵變，兵凶相仍，民皆竄去。又武宗駐蹕南京，供御繁劇，纘宗奉上安民，事皆無誤。

焦竑《國朝獻徵録》卷六十一佚名《通議大夫都察院右副都御史可泉胡公纘宗墓誌銘》："時值逆濠兵後，民皆竄去。又武皇駐蹕留都，供御繁劇，朝議以公秦人，有經略雋才，特簡公以守，刻期履任。時夏旱秋澇，公修火政，舉荒政，上下乂安。"

費廷珍《(乾隆)直隸秦州新志》卷十："時宸濠變後，兵凶相仍。武宗又行幸南京，纘宗奉上安民，事皆無誤。"

萬斯同《胡纘宗傳》："值寧王宸濠圍城後，瘡夷未起，有綏輯勞。"

胡纘宗《鳥鼠山人小集》卷首崔銑《可泉集序》："胡子在南司，封寧藩作亂，胡了畫策截防，大司馬用之保國。"

嘉靖二年(1523)，改任蘇州知府，有善政。閑時與諸文士觴咏玩樂，多游至山水樓閣，題墨淋漓，遍於壁石。才敏風流，前後罕儷。

焦竑《國朝獻徵録》卷六十一佚名《通議大夫都察院右副都御

史可泉胡公纘宗墓誌銘》:"明年癸未,江南大旱,歲飢民流,復詔公移守姑蘇。公以姑蘇巨郡,財賦益夥,法制益難,經理庶務尤詳於治皖。"

萬斯同《明史》卷三百八十七《胡纘宗傳》:"嘉靖初,調蘇州,政事修舉。纘宗素豪於詩,以其暇與諸名士觴咏游賞,遍湖山泉石間,才敏風流,前後罕儷。"

張萱《西園聞見録》卷一百《胡纘宗》:"胡纘宗,字孝思。嘗爲吴郡守,才敏風流,前後罕儷。公暇多游行湖山園亭,從諸名士一觴一咏,題墨淋漓,遍於壁石。"

按,《國朝列卿紀》卷一百二十云"嘉靖三年,調蘇州知府",誤。

七年(1528),升任山東布政使司左參政,廉明精敏,循良師古而遺愛在民。後遷浙江左參政、山西布政使司左參政,政足以濟時艱,因平盜功,升山西右布政使。十五年冬,以右副都御史巡撫山東,抗疏治惡,改理河道。

焦竑《國朝獻徵録》卷六十一佚名《通議大夫都察院右副都御史可泉胡公纘宗墓誌銘》:"升任山東布政使司左參政,及去任,兩郡士民皆建祠奉祀,樹碑頌德,思如父母。再移浙藩,又改晋省,以平盜功蒙賜金幣。辛卯,升本司右布政使。壬辰,丁外艱。制滿,復除河南右布政使。時鄢陵盜起,公討平之,亦得賜以金幣。丙申,轉本司左布政使。冬,升都察院右副都御史,巡撫山東地方。時魯府恣惡,公抗疏以聞,得遣。廷臣會勘,詔奪其禄,并革護衛。地方藉以寧謐。繼以原職總理河道,經畫河防利弊。"

錢謙益《列朝詩集小傳》丙集《胡副都纘宗》:"爲參政於山東、浙江、山西,爲布政於河南,以右副都御史巡撫山東。"

談遷《國榷》卷五十六:"(十五年)十二月朔,丙戌。河南左布政使胡纘宗爲右副都御史,巡撫山東。"

萬斯同《明史》卷三百八十七《胡纘宗傳》:"歷山東、浙江、山西參政,河南左右布政使。十五年冬,以右副都御史巡撫山東。奏言:'青、登、萊三郡間有元時新河,南北距海三百餘里,舟楫往來,興販貿易,民甚便之。比歲淤塞不通,商農交困,其建閘處遺迹猶存。惟馬家濠中多頑石,乃元人疏鑿未竟者。今已募民鑿通,尚有停口窩鋪淺隘者一百餘里,淤塞者三十里,乞發官帑開浚,永爲民利。從之。尋以故官經理河道,言:河南睢州考城縣新開孫家口、孫禄口黄河支流,一以分殺上源歸、睢水患,一以灌下流徐、吕二洪,用濟官漕。議於孫家口至孫禄口别築長堤,而於考城、馬牧,其諸處修堵决口,務築高廣堅實,密栽榆柳護之。河身既寬,土堤亦實,大冰涣發,勢能容受,可免冲决散漫之虞。而黄河安流,二洪順軌,運道庶乎無患。'帝亦從之。"

嘉靖己亥(1539)三月,改河南巡撫。汴中大饑且疫,公上疏請賑,汴民少蘇焉。是年冬,汴中火灾頻發,居無何,纘宗居所亦失火,并毁符驗敕書,遂引咎乞歸,得賜閑田里。居家數年,閉門著書,手不釋卷。或課耕隴畝,或登高賦詩。

焦竑《國朝獻徵録》卷六十一佚名《通議大夫都察院右副都御史可泉胡公纘宗墓誌銘》:"己亥,以皇太子立,復奉詔得蔭一子入監讀書。既乘輿南狩,公迎於磁,乃復改巡撫河南,時車駕經過,公經理周悉,事竣復賜金幣。汴中大饑且疫,公上疏請賑,情詞激切,同事者覽而難焉,公曰:'豈得念吾屬而坐使斃中州數百萬之生靈哉! 脱有咎,某請任之。'疏上,得發帑銀二十萬兩,命大臣賑貸之,汴民少蘇焉。己亥冬,汴中薄城内外火燎頻發,未幾,行臺亦灾,公引咎乞歸,因得賜閑田里。爰築别墅以居,日閉門著書,手未嘗廢卷帙。於諸理亂黜陟不相聞,時或乘籃輿課耕隴畝,亦或登高賦詩,興盡乃反。與邑中薦紳燕會,作九逸圖。"

萬斯同《明史》卷三百八十七《胡纘宗傳》:“十八年,車駕南巡,迎於磁州。會河南巡撫易贊坐供頓不辦獲罪,即命纘宗代之。其冬,以所居公署火,并毁符驗敕書,落職閑住。”

錢謙益《列朝詩集小傳》丙集《胡副都纘宗》:“乘輿南狩,迎駕於磁,復改河南。汴城行台火,引咎乞歸。”

談遷《國榷》卷五十七:“(嘉靖十八年)三月朔,以右副都御史胡纘宗巡撫河南,起朱裳右副都御史,總理河道。”

嘉靖二十九年(1550),因奸人王聯以公紀永陵南巡之作訐告陷害,被捕下獄。諸人力救乃得解,杖四十,削籍遣歸。

夏燮《明通鑑》卷五十九:“(世宗嘉靖二十九年夏四月)辛亥,下河南巡撫都御史胡纘宗於獄,刑部尚書劉訒坐免。初,上幸承天,纘宗撫河南,迎駕時,有河間人王聯,任陽武知縣,纘宗嘗以事笞之,爲巡按御史陶欽夔劾罷。聯素凶狡,嘗歐其父良論死,久之以良請出獄,復坐殺人,求解不得。知上喜告訐,乃摭纘宗迎駕詩中‘穆王八駿’語爲謗詛,言‘纘宗命己刊布不從,乃屬欽夔論黜,羅織成大辟’。遂以去年長至日,令其子詐爲常朝官,闌入闕門訟冤。凡所不悦若副都御史劉隅,給事中鮑道明,御史胡植、馮章、張洽,參議朱鴻漸,以及知府項喬、賈應春等百十人,悉構入之。上大怒,立遣官捕纘宗等下詔獄,命訒會法司嚴訊。訒等盡得其誣罔狀,仍坐聯死,當其子詐冒朝官律論斬,而爲纘宗等乞宥。上既從法司奏,坐聯父子辟,而心嗛纘宗,多所詰讓,復下禮部都察院參議,嚴嵩爲之解。會京師灾异數見,上以咨陶仲文,仲文對言:‘慮有冤獄,得雨方解。’上稍動,乃從輕典革纘宗職,杖四十,訒坐市恩,亦除名。法司正,貳停半歲俸,郎官承問者悉下詔獄。嵩以對制平獄有功,令兼支大學士俸。嵩辭,乃允。”

萬斯同《明史》卷三百八十七《胡纘宗傳》:“至二十九年,乃有王聯之獄。聯，河間人，初爲陽武知縣。纘宗令供役行殿，不辦，怒笞之。旋爲御史陶欽夔以贓罪劾罷，居鄉武斷，且毆辱其父良。良告之，御史閻鄰論死。久之，良告息詞保候間，聯又坐殺人，仍論死繫獄。聯百方求脱不得，以是憾其先後。御史胡植、馮璋、張洽等至是刺知帝喜告訐，謀有以動宸聽，爲脱罪地，乃捃摭纘宗迎駕詩有'穆天八駿空飛電，湘竹英皇泪不磨'句，爲不祥詛謗，且言屬之刊布。聯不奉令，遂假手欽夔劾之。鄰、植等慮聯以纘宗詩聞，乃相率羅織，抵伊重辟。其詞多誕謾，意所不悦，咸構入之，若都御史劉隅，參政朱鴻漸，前知府項喬、賈應春，推官蔣珊，知縣郭咸休、田甸、高儒，給事中鮑道明，苑馬少卿袁淮等，無慮百十人，令其子朝策當昨歲冬至日詐充常朝官，闌入闕門，于班中聲冤。帝得疏大怒，趣命錦衣分遣官校械繫纘宗等至京，下三法司會訊。聯詞悉誣纘宗詩皆稱頌，非詛謗。乃讞上其獄，聯仍坐殺人罪，朝策假官當斬，纘宗等悉赦勿治。疏入，帝不悦曰：'聯孔門之徒，何不忠不孝至是！纘宗令人刊詩，財力非民出而何？且疏内欽夔一人稱俱任，何也？'于是刑部尚書劉訒等具疏引罪。帝曰：'爾等迷于庇護，纘宗詩既曰稱頌，何又有泪不磨語？繕疏亦不經心，是人臣禮耶？'禮部、都察院參看以聞。是時帝意且不測，内閣嚴嵩、真人陶仲文申救，怒少解。及部院疏入，手批之曰：'訒等急于市恩，全不以執法爲事，稱頌之體固如此耶？訒斥爲民，三法司堂官奪俸半歲，司官下鎮撫考訊纘宗，錦衣杖四十爲民，餘皆獲宥。'"

焦竑《國朝獻徵録》卷六十一佚名《通議大夫都察院右副都御史可泉胡公纘宗墓誌銘》："時有巨惡欲脱罪，乃誣公，被逮，賴聖明洞察寬釋，得優游卒老。"

朱彝尊《静志居詩話》卷十《胡纘宗》："孝思詩未入格，顧沾沾自喜，到處留題。當永陵南巡，作詩紀事，有云'穆王八駿空飛電，湘竹英皇泪不磨’,用事殊不倫,乃刻之於石,致騰讒者之口,其得免死,幸也。”

錢謙益《列朝詩集小傳》丙集《胡副都纘宗》:“家居數年,而有詩案之獄。户部主事王聯者,孝思在河南時所笞貪令也,爲户部主事,犯法當死,思告訐以自脱,從獄中上書,指孝思聞大駕幸楚詩,有‘穆天湘竹’之語,爲怨望咒詛。世廟大怒,捕下獄,嚴分宜、陶恭誠力救乃得解,杖三十遣歸。孝思在獄中,取錦衣獄中杻械之類,作《制獄八景詩》,衆争咎孝思,掣其筆。孝思笑曰:‘坐詩當死,不作詩得免死耶?’”

按,《明通鑑》《國榷》《明史》(萬斯同)均載孝思被杖四十,《列朝詩集小傳》言其被杖三十,此從前説。

嘉靖三十九年(1560)九月三日,卒於鄉里,年八十一。

焦竑《國朝獻徵録》卷六十一佚名《通議大夫都察院右副都御史可泉胡公纘宗墓誌銘》:“庚申九月三日,方執簡對賓,倏忽告逝。據生成化庚子,享年八十一歲。”

談遷《國榷》卷六十三:“(世宗嘉靖三十九年,九月丙寅)故巡撫湖廣右副都御史胡纘宗卒。”

纘宗爲人樸直,清廉愛民,宦迹所至,政績卓著。

虞懷忠《(萬曆)四川總志》卷十一《胡纘宗》:“正德中,知潼川。以文學飭治,立程序,肅命令,察吏弊。屬邑錢糧獄訟一切文牘至者,計時刻付行,吏不得展轉爲奸。檄令差役一準丁糧,以定輕重。尤作興學校,磨礱焠礪,士知向方,以文章政事稱於時。”

李遜《(嘉靖)安慶府志》卷十六李天爵《知府胡纘宗去思碑記》:“時顧蘇郡困弊,上用薦者言藉公守焉。公得報即日就道,皖之士民遠至深山窮谷,皤皤之輩,咸奔走嘘唏,不舍公去。”

費廷珍《(乾隆)直隸秦州新志》卷十《胡纘宗》:"蘇州賦甲天下,纘宗守蘇最久,廉潔辦治,聲名更勝。"

纘宗精研文史,雅好吟咏留題,嗜篆、草書。詩學歸於復古,主《詩三百》、秦漢之篇,論文追摹六經,故有《擬古漢樂府》《擬西涯古樂府》《唐雅》《雍音》諸書。其詩文匯爲《鳥鼠山人小集》可泉博及群書,夙抱經略,有《儀禮鄭注附逸禮》《春秋本義》。詩文藻翰之外於方志之學用力尤深,纂有《安慶志》《秦安志》《鞏郡志》《秦州志》。

張廷玉等《明史·藝文志》著録九種:《胡氏詩識》三卷、《儀禮鄭注附逸禮》二十五卷、《春秋本義》十二卷、《安慶府志》三十一卷、《漢中府志》十卷、《鞏郡志》三十卷、《秦州志》三十卷、《鳥鼠山人小集》十八卷、《擬古樂府》二卷、詩七卷。

焦竑《國朝獻徵録》卷六十一佚名《通議大夫都察院右副都御史可泉胡公纘宗墓誌銘》:"公才氣英發,對客揮毫,詩賦立就,宛若宿構然。雋爽豪逸,上追古人,凡海内賢達及藝文之士,望形影從,聽聲響赴,欣欣納交。而骫骳詭隨之徒,未免含嫉睨視焉。雖大位屢滯,不究厥施,而功實詞華,流傳遠邇,雖百世不泯也。有《辛巳集》《丙辰集》各四卷、《鳥鼠山人小集》八卷、《擬古漢樂府》二卷、《擬西涯古樂府》《家譜》各一卷、《安慶志》三十卷、《秦安志》二卷、《鞏郡志》三十卷、《秦州志》三十卷、《春秋本義》十二卷,并匯選《唐雅》《雍音》等篇,皆已行於世,其《河嵩》《歸田》諸集,未梓者尚多。"

胡纘宗《鳥鼠山人小集》卷首崔銑《可泉集序》:"其詩清以健,其文典以暢,矩古而不襲,詞腕而意躍如也。"

胡纘宗《鳥鼠山人小集》卷首朱袠《胡蘇州集序》:"始袠爲弟子員時,今河南右布政天水胡公來守蘇,數教袠爲古文辭,且授以法。曰:'文莫盛於退之,而文之體則變矣;詩莫盛於子美,而詩之體則變矣。故文必以六經爲準,而秦、漢次之;詩必以《三百篇》爲準,而漢、魏次之。舍是,雖工猶爲棄源而尋委,舍根而培枝也,况未工乎!’……袠三復終編,乃知公所著述,即所授袠之法也。文出入秦、漢,而根於六經,詩出入漢、魏,而源於《三百篇》,其視昌黎、少陵若弗屑者,而亦未始不合也。”

永瑢等《四庫全書總目》卷九十六《願學編》二卷:“此編乃其講學之語,成於嘉靖甲寅,時纘宗已七十五矣。關中之學,大抵源出河東三原,無矜奇吊詭之習。纘宗又師羅欽順而友魏校、湛若水、何瑭、吕柟、馬理,故所論頗爲篤實。其解《大學》用古本,而不廢朱子格物之説。雖與王守仁异趨,而稱其如程門之有游、楊,亦無門户詬争之習。然核其全書,大抵皆先儒所已言也。”

永瑢《四庫全書總目》卷九十六《近取編》二卷:“是編取《朱子要語》釐成二卷,名曰《近取》者,謂取諸切近日用,以救宗金谿者之弊。殆爲王守仁發也。”

永瑢等《四庫全書總目》卷一百七十六《鳥鼠山人集》二十九卷:“是編凡《正德集》四卷,《嘉靖集》七卷,《鳥鼠山人小集》十六卷,《後集》二卷。其詩激昂悲壯,頗近秦聲,無嫵媚之態,是其所長,多粗厲之音,是其所短。”

永瑢等《四庫全書總目》卷一百七十六《擬涯翁擬古樂府》二卷:“纘宗游李東陽之門,乃取東陽《古樂府》二卷,以次屬和。立題指事,率由東陽之舊,亦間有所釐正。凡一百八首,太康張光孝爲之評,而其弟統宗爲之注。”

永瑢等《四庫全書總目》卷一百七十六《擬漢樂府》八卷:“一名《輿上集》,以其多成之輿上也。漢樂府多聲詞合寫,不能復辨,沈約《宋書》言之甚明。纘宗乃揣摩題意爲之,殊類於刻舟求劍,况唐人歌詩之法,宋人不傳,惟《小秦王》一調,勉强歌之,尚須雜以虚聲,乃能入律。宋人歌詞之法,元人亦不傳。《白石道人歌曲》自度諸腔,所注節拍,今皆不省爲何等事矣。纘宗乃於千年以外,求漢樂府之音節,不愈難而愈遠乎?”

永瑢等《四庫全書總目》《雍音》四卷:“是編專輯秦中之詩。始於泰伯、文、武、周公、成王、宣王諸逸篇,下訖於元,凡百五十人。分體排纂,以合於雅音者爲内編二卷,未盡雅馴者爲外編二卷。然李陵、蘇武諸詩概列之外編中,其進退殊不甚可解也。”

纘宗有弟三人:正宗,可宗,在宗。其妻爲王氏,生子初。

胡纘宗《鳥鼠山人小集》卷十五《先大夫行實》:“先大夫子男四:長纘宗,今爲山西右布政使,次正宗,次可宗,次在宗。可宗先先大夫卒。女三:長適通判孫述先,次義官董瑩,次高第。”

胡纘宗《鳥鼠山人小集》卷十五《王宜人行狀》:“宜人姓王,鞏昌秦人,予外舅國子賢季女也……有子一,初也。”

參考文獻:

1. 胡纘宗《鳥鼠山人小集》,明嘉靖刻本。

2. 李遜《(嘉靖)安慶府志》,明嘉靖三十年刻本。

3. 虞懷忠修,郭棐纂《(萬曆)四川總志》,明萬曆刻本。

4. 費廷珍《(乾隆)直隸秦州新志》,清乾隆二十九年刊本。

5. 黄廷桂《(雍正)四川通志》,清乾隆刻本。

6. 錢謙益《列朝詩集小傳》,上海古籍出版社 1958 年版。

7. 談遷《國榷》,中華書局 1958 年版。

8. 朱彝尊《静志居詩話》,人民文學出版社 1990 年版。

9. 焦竑《國朝獻徵録》,周駿富輯《明代傳記叢刊》第 112 册,臺灣明文書局 1991 年版。

10. 雷禮《國朝列卿紀》,周駿富輯《明代傳記叢刊》第 39

册,臺灣明文書局1991年版。

11. 王兆雲《皇明詞林人物考》,周駿富輯《明代傳記叢刊》第16册,臺灣明文書局1991年版。

12. 張萱輯《西園聞見録》,周駿富輯《明人傳記叢刊》第124册,臺灣明文書局1991年版。

13. 萬斯同《明史》,《續修四庫全書》第331册,上海古籍出版社2002年版。

(陳家愉)

殷雲霄傳

殷雲霄,字近夫,號石川,山東壽張(今山東省陽穀縣)人。祖上爲鳳陽大族,後遷居壽昌。成化十六年(1480)庚子生。其父名玘,號剛齋,官昌黎令。近夫稍長,修眉碧目,口可容拳,體羸而骨健,讀書數行下,既成誦,終身不忘。

張廷玉等《明史》卷二百八十六《殷雲霄》:"雲霄,字近夫,壽張人。"

崔銑《洹詞》卷三《殷近夫墓誌銘》:"殷氏,鳳陽大族也。元末有諱仲明者,避亂東平,因家於壽張,名生尚文,尚文生勝,勝生鐸,鐸生玘,號剛齋,以貢士爲昌黎令……剛齋取張氏,繼室以任氏,皆不孕,子乃内李氏,孕七月生。近夫既長,修眉碧目,口可容拳,體羸而骨健。讀書數行下,既成誦,終生不忘。"

崔銑《洹詞》卷三《殷近夫墓誌銘》:"近夫諱雲霄,號石川。"

過庭訓《本朝分省人物考》卷十七《殷雲霄》:"殷雲霄,字近夫,鳳陽人。元末有諱仲名者,避亂東平,因家於壽張。雲霄修眉碧目,口可容拳,體羸而骨健,讀書數行下,既成誦,終身不忘。"

弱冠,舉鄉貢。弘治十八年(1505),二十六歲,舉進士,與鄭善夫同年。明年,以疾歸。湛若水有《贈進士殷近夫養病還鄉詩》。

張廷玉《明史》卷二百八十六《殷雲霄》:"善夫同年進士。"(按,

《明史》載:“鄭善夫,字繼之,閩縣人。弘治十八年進士。”)

殷雲霄《石川集》卷五《石川子傳》:“弱冠,以太夫人命舉鄉貢,繼復舉進士。石川子曰:‘吾且爲世用,吾學無得,吾將奚爲用?’移病歸。”

崔銑《洹詞》卷三《殷近夫墓誌銘》:“年二十有六,舉弘治乙丑進士。明年,以疾歸。”

湛若水《湛甘泉先生文集》卷十七《贈進士殷近夫養病還鄉詩序》:“壽張殷近夫既舉進士,謝病而歸,采藥於太山之麓,買書數千卷,曰:‘吾獨身病哉?乃心亦病而未之治也。吾歸,將於經史而求砭劑焉。’訂之曰:‘群聖心法,夫心,非關經史也,經史其法耳。時維濟道之舟乎?故舟能濟物,亦能溺物。’於時同館者各舉其經以贈之。”

卜居石川,作蓄艾堂,聚書數千卷,日取六經讀之,自以爲樂。欲以作者自命,著書十餘篇。

張廷玉等《明史》卷二百八十六《殷雲霄》:“作蓄艾堂,聚書數千卷,以作者自命。”

殷雲霄《石川集》卷五《石川子傳》:“結屋石川上,日取六經讀之,自以爲樂。”

崔銑《洹詞》卷三《殷近夫墓誌銘》:“卜居石川,作畜艾堂,聚書數千卷,旦夕誦思,欲以作者自名,著書十餘篇。”

錢謙益《列朝詩集小傳》丙集《殷給事雲霄》:“以疾歸,作畜艾堂,讀書其中。”

正德六年(1511),病愈還京師,授靖江知縣。明察有斷,愛民如子。發兵緝盜,懲治奸凶。素好游,登臨覽物,歌咏而返。

崔銑《洹詞》卷三《殷近夫墓誌銘》:“正德辛未,病愈,還京師,授靖江知縣。近夫明察有斷,不勞而治,薊盜過淮渡江,掠常州,將如靖江。近夫有備,盜諜知之,乃如江陰。近夫發兵追之,江陰得完。常守檄近夫修郡城,又自修學官,費省而工堅。民朱鎧死於文廟西廡中,莫知殺之者,忽得匿名書曰:'殺鎧者,某也。'鎧素仇某,衆謂不誣。近夫曰:'此嫁賊以緩治也,密問左右與鎧狎者誰。'對曰:'胥姚明。'近夫乃集群胥於堂曰:'吾欲寫書,各呈若字。'視明字類書,詰之曰:'爾素狎鎧,殺之何?'明大驚曰:'鎧將販於蘇,獨吾餞之,利其貲,故殺之耳。'近夫嘆曰:'利重忘親交,非其道者,必凶。嗟乎!嗟乎!'乃殺明。"

殷雲霄《石川集》卷五《石川子傳》:"得靖江縣,去靖江居大江中,其東北孤山臨大海。石川子坐孤山東望曰:'溟涬無他,曠然絶世。其有乘風凌波來顧我者乎?'酹酒海中,浩歌而返。"(按,崔銑《殷近夫墓誌銘》、過庭訓《本朝分省人物考》將眺川覽物、歌咏之事置於公調青田縣後,現以殷雲霄本人記述爲準。)

劉廣生修,唐鶴徵纂《(萬曆)重修常州府志》卷十一:"居官約己,愛民能摘奸伏。有朱鎧死於非命,莫知殺者爲誰。忽得匿名書曰:'殺鎧者某也'。公知投書即殺鎧者,廉得胥姚明書,相類訊之,果服。"

正德八年(1513),調青田,何景明有《送殷近夫之青田》贈之。安民去害,暇日喜入石門洞,瞑目坐,數日而歸。十年,考績如京師,召爲南京工科給事中。青田父老兒童攀馬號泣而送之,并製二歌。

張廷玉等《明史》卷二百八十六《殷雲霄》:"正德中,官南京給事中。"

崔銑《洹詞》卷三《殷近夫墓誌銘》:"癸酉,調青田。青田,劇邑也。近夫去其害民者六七事,他無所更張……乙亥,考績如京師,青田民號泣而送之。吏部以最聞,選授南京工科給事中。"

殷雲霄《石川集》卷五《石川子傳》:"居二年,改青田。青田民頗能安其拙。日多暇,則入石門洞,瞑目坐,數日歸。又二年去,民相與號泣留之。石川子曰:'吾愧汝!吾愧汝!吾何能爲?'今天子召以爲南京工科給事中。"

何景明《何大復先生集》卷二十六《送殷近夫之青田》:"石川居士昔餐霞,爲吏風塵不怨嗟。海上故栽彭澤柳,江邊新種洛陽花。飄飄暮送凌空鵠,渺渺春回上漢槎。安得便同仙令去,遠從勾漏覓丹砂。"

雷銑《(光緒)青田縣志》卷八《殷雲霄》:"擢南京給事中,去任。父老兒童攀馬號泣,脱靴建亭,爲之謡曰:'脱公靴,公將奚如?公行無靴,公行則遲。'又曰:'脱公靴取其一隻,毋遺其一,公不可再得祀名宦。'"

正德十一年(1516),武宗納有娠女子馬姬宫中,雲霄偕同官疏諫,引李園、吕不韋事爲諷,不報。七月,卒於官,年三十有七。會葬千人,哭失聲。

張廷玉等《明史》卷二百八十六《殷雲霄》:"武宗納有娠女子馬姬宫中,雲霄偕同官疏諫,引李園、吕不韋事爲諷,不報。卒官,年三十有七。"

崔銑《洹詞》卷三《殷近夫墓誌銘》:"上疏言事者五,曰清弊蘇民,曰安重地,曰防奸微,曰除邪以全治,曰公賞罰。既病,封其疏,題曰:'理真事曉,意忠詞馴。'付其母,曰:'兹以歸雲霓。'弟遂卒,丙子七月七日也,享年三十有七……葬於石川之南,會者千人,咸哭之。失聲銘曰:'嗟吾友,行如璧,文孔暐,明有儒,垂世模。'"(按,"雲霓"疑爲"雲霄"之誤。)

查繼佐《罪惟録》列傳卷之十三上《殷雲霄》:"死,會葬千人,哭失聲。"

錢謙益《列朝詩集小傳》丙集《殷給事雲霄》:"卒於官,年三十七。"

萬斯同《明史》卷三百八十七《殷雲霄》:"十一年,武宗納有娠女子馬姬於宮中,雲霄偕同官疏諫曰:'聞陛下納馬昂有娠之妹,官昂爲都督,取其兄弟數人隨侍宸游。竊考前代壞國家、生禍亂,其端非一,而内寵恩幸爲甚。今閭閻之家尚不娶有娠之女,況陛下貴爲天子,何取於昂妹而寵樂之?夫女之不德,維以蔽聰,欲之不防,實以名釁。詩云:"赫赫宗周,褒氏滅之。"蓋傷其以天下之大而壞於一婦人也。昔李園進有娠之妹於楚考烈,吕不韋進有娠之妾於秦莊襄,二國遂至易姓,天下後世未嘗不痛恨於二主之不察也。陛下久無儲嗣,天下所憂,而昂敢以已適人之妹進,罪不容誅,不早絶之,何以解萬姓之惑?伏願亟出昂妹,速正昂典刑,宗社幸甚。'不報。其年七月卒於官,年三十有七。"

赵春寧、師雅惠《歷代文苑傳箋證·明史文苑傳箋證》卷二《殷雲霄》:"又按武宗納馬姬事《明史》多有記載,《明史》卷三百零七《江彬傳》云:'初,延綏總兵官馬昂罷免,有女弟善歌,能騎射,解外國語,嫁指揮畢春,有娠矣。昂因彬奪歸,進於帝,召入豹房,大寵。傳升昂右都督,弟炅、昶并賜蟒衣,大璫皆呼爲舅,賜第太平倉。給事、御史諫,不應。'又,《明史》卷一百八十八《徐文溥傳》、《石天柱傳》、卷一百九十一《徐文華傳》、卷二百零一《周金傳》等皆有記述。《武宗實録》卷一百四十一:'(正德十一年九月丙午)後軍都督府右都督馬昂罷。初,昂女弟美艷,江彬白之上,時已適畢指揮,有娠矣。上令中使取之至豹房,以善騎射,解胡樂、達語,遂得幸。馬氏一門無大小,皆賜蟒衣,内庭大璫皆呼昂爲舅,聲勢炫赫,動於京師。賜第太平倉東,上嘗從數騎過飲,既酣,召昂妾,昂忤旨,上怒而起,昂懼,乃謝病歸。女弟始疏。'然《世宗實録》與此記述頗不同,卷十二:‘(嘉靖元年三月癸酉)初,陝西總兵馬昂以事革任,結太監張忠,覬復用。其妹已嫁指揮畢春,有娠矣,因忠獻於武宗,於是分守陽和。太監許全率昂弟炅及昶、昊至春家,奪取進之。昂大被寵幸,傳升右都督,近侍皆呼爲馬舅,炅兄弟并召入朝,賜蟒服。昂又進其美妾杜氏,炅傳升都指揮、儀真守備。復買美女四人進豹房謝恩。上即位,命出諸女還其家,捕治炅等。’故《萬曆野獲編》卷二十一‘武宗諸嬖’條評二《録》所記云:‘是馬昂當時之妾,未嘗不承恩,而昂及妹并未嘗疏也。二録不同如此。’”

平生方峭克約,不談人過。與孫太初、鄭繼之爲友,所至登臨山水,不以吏事廢嘯咏,亦不羈之士也。鄉人穆孔暉畏雲霄峭直,曰:“殷子耻不善,不啻負穢然。”

張廷玉等《明史》卷二百八十六《殷雲霄》:“鄉人穆孔暉畏雲霄峭直,曰:‘殷子耻不善,不啻負穢然。’”

查繼佐《罪惟録》列傳卷之十三上《殷雲霄》:“文從六經,耻不善,不啻負穢。”

崔銑《洹詞》卷三《殷近夫墓誌銘》:“近夫方峭克約,國子司業穆伯潛篤行苦學,無匹也,猶畏近夫曰:‘近夫之耻不善,不啻負穢!’近夫居常不談人過,及論文則指擿疵瑕,不以一言假人。”

錢謙益《列朝詩集小傳》丙集《殷給事雲霄》:“平生方峭克約,與孫太初、鄭繼之爲友,所至登臨山水,不以吏事廢嘯咏,亦不羈之士也。”

近夫文從六經,愛誦程氏、朱氏書,爲文好習秦漢人語,又以“詩者,抒情表志,風人於善”,自漢魏至唐作者,皆辯其音節而擬之。氣逸才雄,思奇語勁。詩體逼側略近繼之,而風調不及。大體才情富贍,而骨格未堅。今存《石川集》。

崔銑《洹詞》卷三《殷近夫墓誌銘》:"近夫愛誦程氏、朱氏書,其爲文非秦漢人語不習,又以詩者,抒情表志,風人於善。自漢魏至唐作者,皆辯其音節而擬之,作《古樂府》四百篇,集《志彀録》《金僕姑》數十卷。又覽莊周書,説其達性善喻最。後自病太博,必六經之旨,然後究心焉。"

錢謙益《列朝詩集小傳》丙集《殷給事雲霄》:"詩體逼側,略近繼之,而風調不及。王元美評其詩:'如越兵縱横江淮,終不成霸。'"

朱彝尊《明詩綜》卷二十八《殷雲霄》:"有《瀛洲》《芝田》二集。朱中立云:'石川詩得初唐體裁,海岳之奇氣也。'王元美云:'殷近夫如越兵縱横江淮間,終不成霸。'穆敬甫云:'殷君與太白山人多倡和,宜其風度似之。'俞汝成云:'石川氣逸才雄,思奇語勁,騷壇一勁敵也。'顧玄言云:'給事菁藻時髦,才情遒麗。'李時遠云:'近夫豪雄逸宕,不羈之才。'錢受之云:'近夫詩體逼側,略近繼之,而風調不及。'《詩話》:'近夫如傳寫手,欲開生面,而神采未工。然風格自存,終不作鋪眉苦眼求似。'"

陳田《明詩紀事》丁籤卷十《殷雲霄》:"《藝苑卮言》:'殷近夫詩如越兵縱横江淮間,終不成霸。'《海岳靈秀集》:'石川天資豪邁,著述甚富,海岳之靈氣也。'《國雅》:'殷給事近夫菁藻時髦,才情遒麗,如"波喧偏怒石,山暗欲生雲","溪静千峰倒,雲歸衆壑昏",又"狂龍歌舞晚潮外,芳草歷亂新晴中",稍得鳳池一毛,龍淵片甲。田按:"近夫好古振奇,豪情健句,雜沓而來。古詩稍落痕迹,七律學杜拾遺,不失爲陳正字也。"'"

萬斯同《明史》卷三百八十七《殷雲霄》:"生平好作詩,略近善大,而風調遜之。有《擬古樂府》四百篇。"

過庭訓《本朝分省人物考》卷十七《殷雲霄》:"所作有《古樂府》

四百篇,集《志彀録》《金僕姑》數十卷。”

黄虞稷《千頃堂書目》:“《石川明道録》二卷;《石川集》五卷;《石川諫草》一卷。”

永瑢等《四庫全書總目》卷一百七十六《石川集》四卷、《附集》一卷:“雲霄字近夫,壽張人。弘治乙丑進士,官至南京工科給事中。嘗疏論武宗納有娠女子馬姬事,以峭直稱。《明史・文苑傳》附載《鄭善夫傳》中。是集分二種,又各分詩文爲二卷:曰《瀛洲集》者,官靖江知縣時作;曰《芝田集》者,官青田知縣時作。附一卷,曰《金陵稿》者,則官南京時作也。史稱雲霄嘗作蓄艾堂,聚書數千卷,以作者自命,多與孫一元唱和,詩派亦與相近,然大抵才情富贍,而骨格未堅。”

赵春寧、師雅惠《歷代文苑傳箋證・明史文苑傳箋證》卷二《殷雲霄》:“《皇甫司勛集》卷三十六《殷給事集選序》:‘魯國《殷給事集》二卷,李子植卿寄我於曲梁,一曰《瀛洲》,一曰《芝田》,皆其領邑時撰綴也。’陳氏叙曰:‘殷子之作,奚啻倍是,而火於任城,兹殆其燼餘耳。余山居寡營,頗耽群藝,遂選其近古者匯分之,都爲一集,以竢好事者梓而傳焉。’則雲霄書稿因火毁於任城,所存僅餘燼。今存《石川集》含《瀛洲遺集》一卷,《文稿》一卷,《芝田遺集》一卷,《芝田稿文》一卷,附《金陵稿》一卷,《四庫全書存目叢書》收録。”

其妻岳氏,生男一,爲䢵。生女三。

崔銑《洹詞》卷三《殷近夫墓誌銘》:“取岳氏,男子一人,曰䢵。女子三人。”

參考文獻:

1. 殷雲霄《石川集》,明嘉靖刻本。

2. 何景明《何大復先生集》,明嘉靖二十七年刻本。

3. 劉廣生修,唐鶴徵纂《(萬曆)常州府志》,明萬曆四十六年刻本。

4. 崔銑《洹詞》,明趙府味經堂刻本。

5. 湛若水《湛甘泉先生文集》,清同治五年刻本。

6. 雷銑修,王棻纂《(光緒)青田縣志》,1925年重印本。

7. 錢謙益《列朝詩集小傳》,上海古籍出版社1959年版。

8. 查繼佐《罪惟録》,浙江古籍出版社1986年版。

9. 黄虞稷撰,瞿鳳起、潘景鄭整理《千頃堂書目》,上海古籍出版社1990年版。

10. 過庭訓《本朝分省人物考》,《明代傳記叢刊》第130册,臺灣明文書局1991年版。

11. 陳田輯《明詩紀事》,《續修四庫全書》第1711册,上海古籍出版社2002年版。

12. 萬斯同《明史》,《續修四庫全書》第328册,上海古籍出版社2002年版。

13. 朱彝尊《明詩綜》,中華書局2007年版。

14. 周祖譔《歷代文苑傳箋證》,鳳凰出版社2012年版。

(陳家愉)

夏言傳

夏言，字公謹，號桂洲，江西貴溪(今江西省貴溪市)人。成化十八年(1482)六月二十九日生。父鼎，字汝梅，號象峰。爲臨清郡守。母匡氏。言自少時長於京師，弘治十一年(1498)，隨父至嚴州府從學。

夏言《夏桂洲先生文集》卷首林日瑞《夏桂洲先生年譜》:"是歲，贈少師象峰公已登鄉薦，寓京師。……六月二十九日辰時，先生誕于城西蓮子巷。"又，"弘治元年戊申至八年乙卯，先生年十四，俱在京師。"又，"弘治十一年戊午，二月十八日，象峰公選授嚴州府推官，先生隨任從學。"

張廷玉等《明史》卷一百九十六《夏言傳》:"夏言，字公謹，貴溪人。父鼎，臨清知州。"

費宏《太保費文憲公摘稿》卷十八《夏母匡太宜人墓誌銘》:"太宜人匡氏爲吾鉛人，歸貴溪夏氏，爲臨清守象峰。公諱鼎之配……會象峰公以從戎，偕伯兄奉其母徐孺人亦寓京師，而喪其初偶吴，知太宜人賢，以繼室請。年十七，遂歸夏氏。"

張自清修，張樹梅等纂《(民國)臨清縣志》卷十四《夏鼎》:"夏鼎，字汝梅，江西貴溪人。弘治癸亥，由嚴州推官遷守臨清。"

正德五年(1510)領鄉薦，十二年舉進士，授行人。十五年擢兵科給事中，奉詔核斥錦衣冒濫官屬，糾中貴人趙彬、建昌侯張延齡。

尋轉右給事中,請嚴政體,時有進言。嘉靖三年(1524),丁母憂回籍,居家築象麓草堂於象山之麓,日讀書養性,游覽形勝,吟弄風月。

夏言《夏桂洲先生文集》卷首林日瑞《夏桂洲先生年譜》:"正德五年庚午秋,先生以《詩經》領江西鄉薦第六。"

張廷玉等《明史》卷一百九十六《夏言傳》:"言舉正德十二年進士,授行人。擢兵科給事中。性警敏,善屬文。及居言路,謇諤自負。"

夏言《夏桂洲先生文集》卷首林日瑞《夏桂洲先生年譜》:"十五年庚辰冬十月,先生授兵科給事中。"

焦竑《國朝獻徵録》卷十六王世貞《大學士夏公言傳》:"舉進士,授行人司行人,擢兵科給事中。奉詔核斥錦衣冒濫官屬三千二百,出按皇莊侵占農地二萬餘頃,糾中貴人趙彬、建昌侯張延齡,前後七疏,皆報可。轉右給事中,同考會試疏請杜内臣傳,乞救知府郭九皋等緹逮,及請慎出入以嚴政體,及論邢福海等不當以傳奉升,皆諤諤爲人所傳誦,丁母憂,歸。"

夏言《夏桂洲先生文集》卷首林日瑞《夏桂洲先生年譜》:"(三年甲申)五月,一品夫人匡氏棄養,先生守制回籍。初,以查革濫職,錦衣宫校切齒懷恨,久伺報復。時諫官以議禮不合,上千聖怒,重被廷杖譴責。先生至是以憂去,獲免,群小失望。(嘉靖四年)是歲,先生築室於象山之麓,在三峰山之右,東去象山書院半里。友人鄭少谷題其匾曰:'象麓草堂',亭曰:'三峰門境',悠然回隔塵俗。每坐亭上,邑中之勝一覽皆在目中。自是日養性讀書於其間,有深造獨得之妙。凡道德精微、禮樂制度與天下古今治亂興衰之機,靡不究心。時或吟弄風月,游覽山川形勝,詩諸篇章無不奇絶,若不復有仕進之念。"

服除,守故官。嘉靖七年(1528)夏,遷禮科左、兵科都給事中,八年,調吏科,衆咸驚异。九年,於議郊祀典禮時,言請分祭天地,甚合帝意,受世宗寵信,升翰林院侍讀學士,仍兼吏科都給事中。

夏言《夏桂洲先生文集》卷首林日瑞《夏桂洲先生年譜》:"七年戊子夏五月,入朝仍補兵科右,隨升禮科左、兵科都給事中。"

焦竑《國朝獻徵録》卷十六王世貞《大學士夏公言傳》:"服除,守故官,尋轉禮科左,遂進兵科都給事中……會吏科缺都給事中,故事當以左序遷,特旨移言長吏科,言以是益自負。"

張廷玉等《明史》卷一百九十六《夏言傳》:"七年,調吏科。當是時,帝鋭意禮文事。以天地合祀非禮,欲分建二郊,并日月而四。大學士張孚敬不敢决,帝卜之太祖亦不吉,議且寢。會言上疏請帝親耕南郊,后親蠶北郊,爲天下倡。帝以南北郊之説,與分建二郊合,令孚敬諭旨,言乃請分祀天地。廷臣持不可,孚敬亦難之,詹事霍韜詆尤力。帝大怒,下韜獄。降璽書奬言,賜四品服俸,卒從其請。又贊成二郊配饗議,語詳《禮志》。言自是大蒙帝眷。郊壇工興,即命言監之。延綏饑,言薦僉都御史李如圭爲巡撫。吏部推代如圭者,帝不用,再推及言。御史熊爵謂言出如圭爲己地,至比之張綵。帝切責爵,令言毋辨。而言不平,訐爵且辭新命,帝乃止。孚敬頤指百僚,無敢與抗者。言自以受帝知,獨不爲下。孚敬乃大害言寵,言亦怨孚敬驟用彭澤爲太常卿不右己,兩人遂有隙。言抗疏劾孚敬及吏部尚書方獻夫。孚敬、獻夫皆疏辨求去。帝顧諸人厚,爲兩解之。言既顯,與孚敬、獻夫、韜爲難,益以强直厚自結。帝欲輯郊禮爲成書,擢言侍讀學士,充纂修官,直經筵日講,仍兼吏科都給事中。"

夏言《夏桂洲先生文集》卷首林日瑞《夏桂洲先生年譜》:"是冬(八年己丑),吏科缺都給事中,例不改調,先生奉特旨自兵科調補,衆咸驚异。”

雷禮《國朝列卿紀》卷十三《夏言傳》:“八年,改吏科。”(按,依年譜及《國朝列卿紀》,當爲嘉靖八年調吏科。)

夏言《夏桂洲先生文集》卷首林日瑞《夏桂洲先生年譜》:“九年庚寅二月二十日,先生蒙皇上召,至文華内殿恭承聖諭,以建議耕蠶典禮,契合宸衷,特降敕褒奬,賜四品服色及彩段表裏。隨具疏謝恩。……二月二十二日,先生蒙賜《大學衍義》。……初,議親蠶,繼上郊禮,咸默契上心,屢賜嘉納。”

按,《夏桂洲先生文集》卷十有《謝賜敕加服色表》《謝升侍讀學士表》。

嘉靖十年(1531),贊帝更定文廟祀禮及大禘禮,帝益喜。升少詹事,兼翰林學士,掌院事。九月,代李時任禮部尚書。十一年,加太子太保。

夏言《夏桂洲先生文集》卷首林日瑞《夏桂洲先生年譜》:“十年辛卯正月八日,先生上禘議疏。先是,皇上以太廟享祀制宜,未稱孝敬之情,乃尊奉太祖爲始祖,居中,太宗而下,并各居二握。孟春同日,行特享禮,其夏秋冬三享,仍於太祖之室,相向行時袷禮。季冬中旬,太袷則以德祖居尊,懿、熙、仁三祖合享於太廟,親王、功臣俱配食兩廡,以存太祖當代之制。歲慕節祭,行之奉先殿。……御批:‘禘議深奥,爾所議已得具見誠意。’”

談遷《國榷》卷四十三《明世宗嘉靖十年》:“(三月)丙申,以夏言爲少詹事,兼翰林學士……(九月)戊辰,夏言爲禮部尚書。”

焦竑《國朝獻徵録》卷十六王世貞《大學士夏公言傳》:“旋特進詹事府少詹事,兼翰林院學士。言眉目疏朗,美鬚髯,大音聲,不操楚語。上故已材言,至進講,愈目屬之。既顯與孚敬异,孚敬恨,乃因行人司正薛侃之疏,用彭澤計而傾之,卒不勝言。出獄之月餘,遂進禮部左侍郎兼翰林院學士,掌院事。未幾,命禮部尚書李時入閣,而言代之,與時并召對,所以褒勉獨有加。”

張廷玉等《明史》卷一百九十六《夏言傳》:“十年三月,遂擢少詹事,兼翰林學士,掌院事,直講如故。……八月,四郊工成,進言禮部左侍郎,仍掌院事。逾月,代李時爲本部尚書。去諫宫未浹歲,拜六卿,前此未有也。”

按,《夏桂洲先生文集》卷十有《謝升少詹事兼翰林院學士表》《謝加太子太保并賞銀兩表裏表(嘉靖十一年十一月十七日)》。

嘉靖十二年(1533),言上疏請修贊治堂成,親書堂名。諸僚好友皇甫涍、張邦奇、張衮、唐龍、王廷相等有詩歌賀,是爲雅集,有集成,夏浚後有集序。

涂山《明政統宗》卷二十三:“(嘉靖十二年十月)夏言進《贊治堂記》。時言新構尚書燕署,成乎書,奉紀天語,以爲堂名曰‘贊治’。因作記刻石,以昭聖眷。”

夏言《夏桂洲先生文集》卷十六《贊治堂記》:“比以部署小大廨宇,歲久多壞,乃其請上命大司空亟加修葺。先是,尚書燕署之東有隙地一區,舊屋數十,椽頽甚兹,乃謀盡撤之,取新材構堂五楹,前作一軒,左右翼以小室,重扃複院,窈爾清靓,而歲時齋居,旦夕草奏,恒寓於斯。經始於是年五月,再閱月而工告訖。顧瞻兹堂之成,仰思我皇上始而命臣終而留臣,玉音再發,惓惓以贊治爲言,則淵衷簡注,所以責望之者厚矣。而臣何所效其答稱哉?乃謹拜手稽首,大書天語,以名其堂曰:贊治。”

夏浚《月川類草》卷七《恭題贊治堂集後》:“少師臣言以其作秩宗時所著《贊治堂記》,并一時卿僚爲贊治堂而作焉者,屬其屬臣浚集而傳之,以對揚休命,浚拜首稽首颺言于末簡。”

按,皇甫涍《皇甫少玄集》卷三有《贊治堂詩》,張邦奇《張邦奇集》卷六有《贊治堂爲桂洲宫保賦》,張衮《張水南文集》卷二有《題夏桂洲宗伯贊治堂二首》,唐龍《漁石集》卷四有《贊治堂》,王廷相《内臺集》卷一有《贊治堂歌贈夏宗伯》。

嘉靖十三年(1534),進少保。十月,言請旨修建書院,賜額忠禮,皇甫汸有詩。是年,言大蒙帝眷,屢獲賞賜。

談遷《國榷》卷四十四《明世宗嘉靖十三年》:"(丙辰)進張孚敬少師,李時、方獻夫、尚書夏言并少保。"(按,《夏桂洲先生文集》卷十有《謝加少保表》。)

談遷《國榷》卷四十四《明嘉靖十三年》:"(十月庚戌)賜禮部尚書夏言書院額'忠禮',名其堂'瓊恩',樓'寶澤'……壬戌,賜夏言銀章,博學優才,令識手奏。十一月丙寅,命輔臣禮部尚書夏言,侍郎黄綰、黄宗明觀文華殿東室圖畫。"

張居正等《明世宗實録》卷一百六十八:"嘉靖十三年十月……禮部尚書夏言請乞有司爲建書院、樓堂於里中,以藏御製宸翰及所賜書籍,4并乞名額。上從之。書院名忠禮,堂名瓊恩,樓名寶澤,令有司繕造,工部給扁。"

皇甫汸《皇甫司勛集》卷二十五《春日宴夏宗伯第得嘗御賜長春酒兼聞忠禮書院之勝》:"學士留歡宴玉堂,書生何幸奉餘光。華燈不夜猶元夕,御酒長春出尚方。東觀雪殘融作瑞,南宫雲起結爲祥。更聞賜第銜天藻,豈數平泉李相莊。"

按,是年,言屢獲賞賜,有《謝賜酒飯疏》《謝賜遣告社稷祭品疏》《謝賜衣疏》《謝賜陪祀帝社稷祭品疏》《謝聖節慶賀禮成諭賜酒飲疏》《謝賜薦新稻米膳酒果脯醢疏》《謝遣奉安先聖先師禮成賜祭卓疏》《謝賜建神御閣告廟祭品表》《謝特恩敕賜銀記表》《謝賜紅柿疏》《謝賜告祖配神果酒脯醢疏》等。

嘉靖十五年(1536),皇子生,帝賜言甚渥,進少傅兼太子太傅,後兼武英殿大學士入閣。是年,拔擢嚴嵩,嵩有《奉命視部篆歲除日履任奉呈桂翁少傅》四首呈。

張廷玉等《明史》卷一百九十六《夏言傳》:"皇子生,帝賜言甚渥。初加太子太保,進少傅兼太子太傅。閏十二月遂兼武英殿大學士,入參機務。"

王世貞《嘉靖以來首輔傳》卷三《夏言》:"皇子生,言入對,上喜甚,手簪花於帽,侑以白金文幣甚渥,遂兼武英殿大學士入内閣。是時李時爲華蓋殿大學士,以年老樸誠居首輔,而上所以委寄之不能如言重,一切禮文之事皆以屬言,賞亦稱是。"

何喬遠《名山藏》卷七十三《臣林記》:"言事未滿,考以督南郊,特加太子太保,尋進加少保,加俸一級,先後累兼太子太師,錫賚御書,綉蟒飛魚麒麟服色,玉帶、兼金、上尊、珍饌、時鮮之類無虚月。嘉靖十五年,皇子生,言入對,上取花手簪言帽,有白金文綺之侑,賜遂兼武英殿大學士入内閣。"

鄭曉《吾學編·直文淵閣諸臣表》:"(丙申嘉靖十五年)十二月進李時太子太師、華蓋殿大學士,以少傅兼太子太傅、禮部尚書、翰林學士。夏言爲武英殿大學士,内閣辦事。"

按,張廷玉《明史》卷一百一十《宰輔年表》:"夏言,閏十二月,少傅,太子太師,禮部尚書兼武英殿大學士入。"《世宗實録》卷一百九十三"嘉靖十五年十一月乙卯"條均作"太子太師"。明天啓刻本《本朝分省人物考》卷六十、《石匱書》卷一百四十六《夏言曾銑列傳》、何喬遠《名山藏》卷七十三《臣林記》等都作兼"太子太師"。據《吾學編·直文淵閣諸臣表》,夏言於嘉靖十五年兼武英殿大學士,嘉靖十七年兼太子太師。由此可知,在皇子出生之後到閏十二月兼武英殿大學士期間,夏言并没有進太子太師,則《明史》所載"太子太傅"當爲準確。

按,據《夏桂洲先生文集》所收嘉靖十一年十一月十七日《謝加太子太保并賞銀兩表裏表》及嘉靖十三年正月十九日《謝加少保表》可知,夏言於嘉靖十一年和十三年分别受封太子太保和少保,即上引《名山藏》卷七十三《臣林記》所載:"言事未滿,考以督南郊,特加太子太保,尋進加少保。"夏言做太子太保和少保均在嘉靖十五年皇子出生之前。前引《名山藏》在此之後却記載"先後累兼太子太師",誤。

嘉靖十七年(1538)冬,内閣首輔李時卒,言爲首輔。十八年正月,加少師、特進光禄大夫,自擬上柱國。五月,因阻表賀謁陵事致帝不悦,令以少保、尚書、大學士致仕。居數日,復少傅兼太子太傅、禮部尚書、武英殿大學士。

張廷玉等《明史》卷一百九十六《夏言傳》:"(嘉靖十七年)其冬,時卒,言爲首輔。"

王世貞《嘉靖以來首輔傳》卷三《夏言》:"於是部臣嵩懼而如命,獻帝遂稱睿宗入太廟,言亦莫能持也。尋以滿六年考録,一子中書舍人,兼支大學士俸,俄李時卒,言居首。"

鄭曉《吾學編·直文淵閣諸臣表》:"(嘉靖十七年)十二月李時卒,進夏言太子太師、吏部尚書、華蓋殿大學士。"

張廷玉等《明史》卷一百九十六《夏言傳》:"十八年,以祇薦皇天上帝册表,加少師、特進光禄大夫、上柱國。明世人臣無加上柱國者,言所自擬也。""帝謁顯陵畢,嵩再請表賀,言乞俟還京。帝報罷,意大不懌,嵩知帝指,固以請。帝乃曰:'禮樂自天子出可也。'令表賀。帝自是不悦言。帝幸大峪山,言進居守敕稍遲,帝責讓,言懼請罪,帝大怒曰:'言自卑官,因孚敬議郊禮進,乃怠慢不恭,進密疏不用賜章,其悉還累所降手敕。'言益懼,疏謝。請免追銀章、手敕,爲子孫百世榮,詞甚哀。帝怒不解,疑言毁損,令禮部追取,削少師勛階,以少保、尚書、大學士致仕,言乃以手敕四百餘,并銀章上之。居數日,怒解,命止行,復以少傅、太子太傅入直,言疏謝。帝悦,諭令勵初忠,秉公持正,免衆怨。"

夏言《夏桂洲先生文集》卷十八《加特進光禄大夫、上柱國少師,扈從南巡,祭謝辭家廟文》:"言仰蒙聖恩,以册上皇天上帝大號於圜丘,以言充泰壇監禮使,禮成加特進光禄大夫、上柱國、少師,仍兼太子太師、尚書、大學士如故,隆恩殊錫,榮冠一時。"

嘉靖十九年(1540),復少師、太子太師,進吏部尚書、華蓋殿大學士。

張廷玉等《明史》卷一百九十六《夏言傳》:"陝西奏捷,復少師、太子太師,進吏部尚書,華蓋殿大學士。江、淮賊平,璽書獎勵,賜金幣,兼支大學士俸。"

王世貞《嘉靖以來首輔傳》卷三《夏言》:"會陝西三邊大捷推功,言復勛階及少師、太子太師,仍進吏部尚書、華蓋殿大學士。江淮寇平復推功,言賜白金、彩幣,賜璽書褒獎閣臣之與邊功。"

夏言《夏桂洲先生文集》卷十《謝加少師兼太子太師吏部尚書華蓋殿大學士表(嘉靖十九年十二月初二日)》:"昨該兵部爲捷音事,欽蒙聖旨:内閣輔臣,謀謨帷幄,效有勞勩,夏言加少師兼太子太師、吏部尚書、華蓋殿大學士,勛階散官悉如前。欽此。"

嘉靖二十年(1541),昭聖太后崩,詔問太子服制,言報疏有訛字,帝切責,令以少保、尚書、大學士致仕。十月,復少傅、太子太師、禮部尚書、武英殿大學士。

談遷《國榷》卷四十五《明世宗嘉靖二十年》:"(八月)庚辰,少師大學士夏言以疏對謬誤切責,因乞休。上怒,落職,以少保武英殿致仕。……(十月)丁卯,復夏言少傅、太子太師、禮部尚書、武英殿大學士。"

張廷玉等《明史》卷一百九十六《夏言傳》:"昭聖太后崩,詔問太子服制,言報疏有訛字。帝切責言,言謝罪且乞還家治疾。帝益怒,令以少保、尚書、大學士致仕。言始聞帝怒己,上御邊十四策,冀以解。帝曰:'言既蘊忠謀,何堅自愛,負朕眷倚,姑不問。'……言罷,獨翟鑾在,非帝所急也。及將出都,詣西苑齋宮叩首謝。帝聞而憐之,特賜酒饌,俾還私第治疾,俟後命。"

嘉靖二十一年(1542)春,言一品滿九年,世宗賜宴禮部嘉獎,盡復官階,然言此時恩眷不復如初。六月,嚴嵩陳言罪於上。七月,言革職閑住。

張廷玉等《明史》卷一百九十六《夏言傳》:"二十一年春,一品九年滿,遣中使賜銀幣、寶鈔、羊酒、内饌。盡復其官階,璽書獎美,賜宴禮部。尚書、侍郎、都御史陪侍。當是時,帝雖優禮言,然恩眷不及初矣。"

談遷《國榷》卷四十五《明世宗嘉靖二十年》:"(三月)丙申,大學士夏言一品九載,復少師,宴禮部。"(按,《夏桂洲先生文集》卷十有《一品九載給由辭免恩命表》《一品給由謝賜恩命表》《一品給由陳謝欽賞表》。)

張廷玉等《明史》卷一百九十六《夏言傳》:"六月,嵩燕見,頓首雨泣,愬言見凌狀。帝使悉陳言罪,嵩因振暴其短。帝大怒,手敕禮部,歷數言罪……言大懼,請罪。居十餘日,獻帝諱辰,猶召入拜,候直西苑。言因謝恩乞骸骨,語極哀。疏留八日,會七月朔日食既,下手詔曰:'日食過分,正坐下慢上之咎,其落言職閑住。'帝又自引三失,布告天下。……於是嚴嵩遂代言入閣。"

談遷《國榷》卷四十五《明世宗嘉靖二十一年》:"六月庚辰朔辛

已,上手諭都察院列夏言罪狀布中外,蓋欲科道糾之也。而尚疑言之復用,相顧莫敢發。上罪夏言擅署慈慶宮爲東宮府、羅織郭勛獄私、興苑中違所賜香巾、不服軍國重事,徑自家裁之。……乙酉朔日食,勒大學士夏言閑住,切責之。”

帝漸憐之,復尚書、大學士。嘉靖二十四年(1545),復少師兼太子太師、吏部尚書、華蓋殿大學士,原職起用。

張廷玉等《明史》卷一百九十六《夏言傳》:“言久貴用事,家富厚,服用豪侈,多通問遺。久之不召,監司府縣吏亦稍慢易之,悒悒不樂。遇元旦聖壽,必上表賀,稱草土臣。帝亦漸憐之,復尚書、大學士。至二十四年,帝微覺嵩貪恣,復思言,遣官賫敕召還,盡復少師諸官階。”

談遷《國榷》卷四十六《明世宗嘉靖二十四年》:“(九月壬申),時上微覺嵩横,張璧死,思用夏言。……丁丑,敕召大學士夏言。……十二月,少師兼太子太師、吏部尚書、華蓋殿大學士夏言入朝,進嚴嵩少師。言復居嵩上,愈驕。凡有所擬旨行其意,不復顧問嵩,嵩唯唯不能吐一語,心恨甚。故事堂饌言與嵩對案不食,大官供而自携庖甚豐,亦不以及嵩也。”

按,《夏桂洲先生文集》卷十有《起用謝恩表》。

嘉靖二十七年(1548),以復河套事奪職放歸。後嚴嵩代仇鸞上書訐言受曾銑賄金,交通爲奸利,十月,卒坐棄市,年六十七。妻蘇氏流放廣西,從子、從孫削籍爲民。

張廷玉等《明史》卷一百九十六《夏言傳》:“未幾,河套議起。……因陝西總督曾銑請復河套,贊決之。……江都人蘇綱者,言繼妻父也,雅與銑善。銑方請復河套,綱亟稱於言。言倚銑可辦,密疏薦之,謂群臣無如銑忠者。帝令言擬旨,優奬之者再。銑喜，益鋭意出師。帝忽降旨詰責，語甚厲。嵩揣知帝意，遂力言河套不可復，語侵言。……而帝已入嵩譖，怒不可解。二十七年正月盡奪言官階，以尚書致仕，猶無意殺之也。會有蜚語聞禁中，謂言去時怨謗。嵩復代仇鸞草奏訐言納銑金，交關爲奸利，事連蘇綱，遂下銑、綱詔獄。……其年十月竟棄言市。妻蘇流廣西，從子主事克承、從孫尚寶丞朝慶，削籍爲民。言死時年六十有七。”

張廷玉等《明史》卷十八《本紀》：“二十七年春正月，把都兒寇廣寧，參將閻振戰死。癸未，以議復河套，逮總督陝西三邊侍郎曾銑，杖給事中御史於廷。罷夏言。三月癸巳，殺曾銑，逮夏言。癸卯，出仇鸞於獄……冬十月癸卯，殺夏言。”

隆慶初，言冤案平反，詔復其官，追謚文愍。言竟無後。

張廷玉等《明史》卷一百九十六：“隆慶初，其家上書白冤狀，詔復其官，賜祭葬，謚文愍。言始無子。妾有身，妻忌而嫁之，生一子。言死，妻逆之歸，貌甚類言。且得官矣，忽病死。言竟無後。”

焦竑《國朝獻徵録》卷十六王世貞《大學士夏公言傳》：“隆慶初，其家上書白冤狀，復吏部尚書，已再盡復其官，賜謚文愍，予祭葬。言始有妾，孕七月而蘇氏妒之，嫁民間，生一子。後言死而蘇氏知之，迎置家，其貌甚類言，且得官矣，而卒病死，言竟無後。”

言豪邁辯博，果於有爲，文章政事，卓有可觀。性警敏，善屬文，長於筆札。所撰青詞，甚得帝意。

夏言《夏桂洲先生文集》卷首林日瑞《夏桂洲先生年譜》：“十二年己未，先生十八歲，讀書輒過目成誦……先生之學日就，宏傳舉業之職，皆情詩賦，揮筆數千言立就。”

《桂洲詩集》卷首曹忭序：“公天才敏妙，超悟玄旨，雖在上前，萬言立就。”

王世貞《嘉靖以來首輔傳》卷三:“性警敏,能屬文,尤長於筆札。自其在公車,則已奕奕有儁聲。”

張廷玉等《明史》卷一百九十六《夏言傳》:“帝每作詩,輒賜言,悉酬和勒石以進,帝益喜。奏對應制,倚待立辦。數召見,諮政事,善窺帝旨,有所傅會。……初,言撰青詞及他文,最當帝意。”

雷禮《國朝列卿紀》卷十三《夏言傳》:“言豪邁辯博,果於有爲,文章政事,卓有可觀,竟以驕傲致禍。”

傅維鱗《明書》卷一百三十二《夏言傳》:“高位疾顛,厚味腊毒,寵利之際,蓋其難哉。夏言以更制變禮,驟結主知,此洛陽少年所致恨於絳灌者也。既躐躋貴近,志得意疏,抵隙蹈瑕,日在張弧履虎中而不悟,方以爲君恩可恃,而刃已在其頸矣。夫愛憎變於前,禍如發矢,説在彌子之駕車食桃也。使言學道謙讓,見微知止,何至與霍韜、郭勛輩同類而并譏之耶?”

喜爲長短句及小令,草稿未削,已廣爲流傳。詞學辛棄疾,有豪邁之氣。詩文宏整平易。

夏言《桂翁詞》楊儀《重刻桂翁詞序》:“元相《桂翁詞》六卷,初刻於吴郡,再刻於鉛山,三刻於閩中。每刻成則新譜復出,公盛德大業,天下具瞻,片紙隻字散落人間,莫不争先快睹,貴如珙璧。……明日篇章遂傳布都下,兒童輿皂皆能歌之,乃知禮樂之化,入人深而感人速至於如此。”

錢謙益《列朝詩集》丁集中《夏少師言》:“少師賦才敏捷,奏對應制,倚待立辦,以此爲人主所知。喜爲長短句,在南宫與屬吏虞山楊儀夢羽唱和,今所傳元相《桂翁詞》及《鷗園新曲》,皆夢羽序而行之。少師得君專政,聲勢烜赫,詩餘小令,草稿未削,已流布都下,互相傳唱。”

吴衡照《蓮子居詞話》卷三《夏言詞》:“夏文愍言當時亦有曲子

相公之號。”

沈雄《古今詞話》卷下《夏桂洲嚴介溪陸山詞》:“錢允治曰:詞至夏桂洲、嚴介溪,俱以《百字令》《木蘭花慢》爲贈答之什。如陸儼山、周白川亦無不效之,但悉遵舊人之韻,千篇一律,了無旨趣。若桂洲閨艷小令膾炙人口,則又嫁名於無名氏。集中三百九十闋,應酬居多。”

王國維《庚辛之間讀書記·桂翁詞》:“是嘉靖一朝前後三十年間,已六付剞劂,古今詞家未曾有也。……一詞朝傳,萬口暮誦。同時名公皆摹擬其體格。門生故吏,争相傳刻,雖居勢使然,抑其風采文采,自有以發之者歟?”

沈德符《萬曆野獲編》卷八《二相詩詞》:“夏貴溪亦能詩,然不甚當行,獨長於新聲。所著有《白鷗園詞稿》,豪邁俊爽,有辛幼安、劉改之之風。”

王國維《庚辛之間讀書記·桂翁詞》:“有明一代,樂府道衰,‘寫情’‘扣舷’尚有宋元遺響,仁、宣以後,兹事幾絶。獨文愍以魁碩之才,起而振之,豪壯典麗,與于湖、劍南爲近。”

永瑢等《四庫全書總目》卷一百七十六《桂洲集十八卷》:“言未相時以詞曲擅名,然集内詞亦未甚工。詩文宏整而平易,猶明中葉之舊格。”

朱彝尊《明詩綜》卷三十六《夏言》:“李舒章云:‘文愍詩頗長應制,第有形模而少氣色。’《詩話》:‘貴溪游覽贈酬之作,不及分宜,而應制詩篇,投頌合雅,不若袁文榮之近於褻也。’”

陳田《明詩紀事》戊籤卷十三《夏言》:“五言特具高韻,才本揮霍。長禮部時,與翰苑諸公賦《觀蓮歌》,聯篇次韻,層出不窮,雖未盡合節,要亦豪宕之作也。絶句尤有風致。”

參考文獻:

1. 夏言《桂翁詞》,明嘉靖二十五年常熟陳堯文重刻本。

2. 夏言《夏桂洲文集》,明崇禎吴一璘刻本。

3. 費宏《太保費文憲公摘稿》,明嘉靖三十四年刻本。

4. 夏浚《月川類草》,清鈔本。

5. 張居正等《明世宗實録》,臺灣"中央研究院"歷史語言研究所 1962 年校印本。

6. 王國維《庚辛之間讀書記》,《王國維遺書》第三册,上海書店 1983 年版。

7. 皇甫汸《皇甫司勳集》,文淵閣《四庫全書》影印本第 1275 册,上海古籍出版社 1987 年版。

8. 王世貞《嘉靖以來首輔傳》,文淵閣《四庫全書》影印本第 452 册,上海古籍出版社 1987 年版。

9. 何喬遠《名山藏》,周駿富輯《明代傳記叢刊》第 76 册,臺灣明文書局 1991 年版。

10. 焦竑《國朝獻徵録》,周駿富輯《明代傳記叢刊》第 109 册,臺灣明文書局 1991 年版。

11. 雷禮《國朝列卿紀》,周駿富輯《明代傳記叢刊》第 33 册,臺灣明文書局 1991 年版。

12. 朱彝尊《明詩綜》,中華書局 2007 年版。

13. 談遷《國榷》,浙江古籍出版社 2012 年版。

(鄧曉東　陳家愉)

何景明傳

何景明，字仲默，號大復、大復山人，河南信陽（今河南省信陽市）人。其先祖避亂，由羅田移家信陽。成化十九年（1483）八月六日生。其父信，號梅溪，封徵仕郎中書舍人，母李氏。梅溪有四子，大復最幼。

李開先《李中麓閑居集》卷十《何大復傳》："大復何氏，名景明，字仲默，四世祖避紅巾亂，由羅田移家信陽。父信，母李氏，以成化丙午生大復於里第。"

孟洋《孟有涯集》卷十七《中順大夫陝西按察司提學副使何君墓誌銘》："何君，諱景明，字仲默，號大復山人。高祖泰山，由羅田徙居信陽。生海，海生鑒，鑒以陰陽家縣辟爲典術五子曰：信者封徵仕郎中書舍人。讀書善吟，號梅溪。梅溪公四子，長景韶，東昌通判，卒。次景暘，安慶通判。次景暉，最幼何君。"

何景明《何大復先生集》卷末樊鵬《中順大夫陝西按察司提學副使何大復先生行狀》："何先生諱景明，字仲默，號大復山人。……鑒生父信，驛丞後封中書舍人，博學能詩，號梅溪公。公生四子。先娶盧夫人，二子，長景韶，成化丙子舉河南，歷官東昌府判，先卒。次景暘，弘治戊午與先生同中河南鄉舉，見官安慶府通判。後娶李夫人，子二人。長景暉，不仕。次即先生者也。……先生生成化十九年八月六日。"

汪道崑《太函集》卷六十七《明故提督學校陝西按察司副使信陽何先生墓碑》:"堇母李夢赤日而娠,及舉而命之曰景明。"

大復生有异質,秀而癯,少穎慧,六歲能詩,日記數百言。八歲能文,諸老生見者争傳誦,稱爲神童。

何景明《何大復先生集》卷末樊鵬《中順大夫陝西按察司提學副使何大復先生行狀》:"先生生六歲,能對句,出奇字,日記數百言。知敬諸兄至撻之不敢詬,見群兒逐戲即不同群。八歲能文。"

孟洋《孟有涯集》卷十七《中順大夫陝西按察司提學副使何君墓誌銘》:"何君秀而癯,性沉敏有度。八歲能屬文。"

喬世寧《丘隅集》卷十七《何先生傳》:"生有异質,穎記殊絶,八歲時即能賦詩爲文章,諸老生見者争傳誦,稱爲神童。"

李開先《李中麓閑居集》卷十《何大復傳》:"六歲即能屬警對,吐奇語。八歲文思如泉出山下,涓涓不竭。貌癯而秀,性敏而靈。"

汪道崑《太函集》卷六十七《明故提督學校陝西按察司副使信陽何先生墓碑》:"始能言,輒强記。六年能聲偶,八年能文。里師謂何氏子童而神,遞避席去。"

張廷玉等《明史》卷二百八十六《何景明傳》:"八歲能詩古文。"

年十二,隨父之臨洮。臨洮守李紀奇其才,爲延師,得學《春秋》。群兒嬉戲無度,公獨坐誦讀,李公視其貴也。居三年,信辭官歸里,貧不能歸,李乃資之車馬,送諸郊亭上。

何景明《何大復先生集》卷末樊鵬《中順大夫陝西按察司提學副使何大復先生行狀》:"十一二歲隨父宦之陝西會寧驛。時臨洮守李公聞其奇,召置門下,甚愛重,爲延師,授《春秋》。其師間出,他長兒皆譃笑,履師座。先生獨安坐説《春秋》。"(按,"十三歲"與諸家所載不同,應誤。)

喬世寧《丘隅集》卷十七《何先生傳》:"年十二,以父仕臨洮府驛丞,乃隨侍臨洮。臨洮守李紀者聞其奇,召置門下,甚愛幸,賢之,爲延師授《春秋》。居頃之,即善說《春秋》。"

李開先《李中麓閑居集》卷十《何大復傳》:"十二,隨父宦會寧驛。臨洮李太守聞其奇,招置門下,延師授《春秋》,數月即善說《春秋》。師或他出,群兒嬉戲無度,或登其坐榻,或着其衣巾,或弄其筆硯書册,有至壞者,大復獨危坐朗誦,如臨其師。李守窺見而嘆美之,入謂其夫人曰:'汝視予貴耶! 何氏子异日貴不止此。'居三年,父將棄官,貧無以爲道里費,李乃資之車馬,送諸郊亭上。執大復手泣曰:'吾小友。'"

汪道崑《太函集》卷六十七《明故提督學校陝西按察司副使信陽何先生墓碑》:"年十二,從父會寧丞信官臨洮。臨洮守召,授《春秋》,奇之甚。居三年而父謝去,貧不能歸,守帳具祖先生於郊,車馬畢具。既就舍,受伯兄景陽《尚書》。"

何景明《何大復先生集》卷三十八《祭李默庵先生文》:"夫景明昔寓于公,是時有毛夫人也,公執詩書,毛夫人執燈燭,晝夜課景明誦讀。居也,視衣食。還也,饋車馬。此豈不有父母恩邪? 是時景明幼孺,非有能知也,公以成人禮之。……公嘗盛衣冠入召景明語,毛夫人在傍,公謂曰:'汝視予貴邪? 它日是子貴奚翅予邪?'"

何景明《何大復先生集》卷三十六《明故大中大夫資治少尹福建都轉運鹽使司運使李公墓誌銘》:"初景明從先君爲驛丞時,公使與汝佐同學,朝夕惠教,即父師矣。嘗謂毛夫人曰:'汝視景明毋可以异汝佐。'然毛夫人視景明不啻不异汝佐也。及先君致仕,貧甚,公饋之車馬。其歸也,集衛官送之郊亭,揚爵酌先君,曰:'吾老友。'酌景明曰:'吾小友。'"

歸,學《尚書》於長兄景韶。弘治十一年(1498),以《尚書》舉鄉試第三,年僅十六。諸王公大人争睹之。

何景明《何大復先生集》卷末樊鵬《中順大夫陝西按察司提學副使何大復先生行狀》:"已而中經魁,報者至,先生卧應之。人曰:'汝何不喜?'曰:'吾固知已,何喜爲也?'是年纔十五。形貌又小,且禿笄也,諸王公大人争負視,至轉相負,匿府不出,所居過人遮蔽弗得進。草書日數百張,應諸求者。一時盡呼爲神童。"

喬世寧《丘隅集》卷十七《何先生傳》:"歸,又受《尚書》長兄景韶所,甫數月,即以《尚書》魁河南省試。當是時年纔十五也。諸王公大人争迎致一見,候車常數十乘,所過人觀者如堵。"

李開先《李中麓閑居集》卷十《何大復傳》:"歸,從其兄改治《尚書》,不十月而沁水李巡按瀚在汝寧試士,得其卷甚喜,曰:'吾未歷信陽,不知山川何如,乃産此异人。'遂即如信陽觀之。已而同其兄中鄉試,而名在第三,時纔十三歲也。報者至卧中,從容應之,人謂'胡爲不喜?'大復曰:'固知有此。且少年登科,古人方以爲不幸,何喜之有。'至處,争睹者如市,呼爲神童。"

孟洋《孟有涯集》卷十七《中順大夫陝西按察司提學副使何君墓誌銘》:"梅溪公既歸,乃又從其兄,受《尚書》纔九月,弘治戊午,即以《尚書》魁河南鄉試。"

張廷玉等《明史》卷二百八十六《何景明傳》:"弘治十一年舉於鄉,年方十五。宗藩貴人争遣人負視,所至聚觀若堵。"

按,關於何景明鄉試的名次,主要有三説,其一爲"舉鄉試第三",其二爲"以尚書魁於鄉",其三爲"舉鄉試第一"。明清科舉制度,考生於五經試題裏各認考一經,録取時,取各經之第一名合爲前五名,稱五經魁,鄉試則稱鄉魁。可知"以尚書魁於鄉"應指景明在尚書這一經中取得第一名,因此"舉鄉試第一"和"以尚書魁於鄉"都與"舉鄉試第三"不矛盾。

又按,何景明舉鄉試之年齡,有十三、十五、十六三説。孟洋《墓誌銘》明確爲弘治十一年,此年何景明虚歲十六,周歲十五,故稱十五歲應取周歲,然李開先説十三歲則誤。

次年會試,以文多奇字不中。入太學,祭酒林公甚愛幸,比歸,以詩贈之。

何景明《何大復先生集》卷末樊鵬《中順大夫陝西按察司提學副使何大復先生行狀》:"次年春試,以文多奇字,覆省卷,見除不第。入太學,匝月歸,林祭酒作詩贈之。祭酒贈詩諸生,前未嘗有也。"

孟洋《孟有涯集》卷十七《中順大夫陝西按察司提學副使何君墓誌銘》:"己未,試禮部不第。游太學,祭酒林公又甚愛幸何君,贈詩美之。"

喬世寧《丘隅集》卷十七《何先生傳》:"既入京師,游太學,祭酒林公又甚愛幸,賢之。歸則詩贈焉。于是名盛傳海内,猶鳳鳴麟出世,人驚睹也。"

李開先《李中麓閑居集》卷十《何大復傳》:"明年會試,以卷多奇古字,置之。入太學,大司成林公愛之有甚。李守給假南旋,贈之以詩。師長詩贈少年弟子,前此鮮聞。"

按,祭酒林公即林瀚。過庭訓《本朝分省人物考》卷七十:"林瀚,字亨甫,閩縣人。成化丙戌進士,改庶吉士,授翰林院編修,纂修《續通鑑綱目》成,升修撰,進左春坊左諭德。弘治三年,太宰王恕薦瀚學行淳正,升國子祭酒。"

弘治十五年(1502),舉進士。因不喜私謁,未入翰林,請歸,娶張氏,二年卒。十七年,授中書舍人。

何景明《何大復先生集》卷末樊鵬《中順大夫陝西按察司提學副使何大復先生行狀》:“未冠,中弘治壬戌進士,授中書舍人。”

孟洋《孟有涯集》卷十七《中順大夫陝西按察司提學副使何君墓誌銘》:“壬戌,舉進士,進士改庶吉士。何君獨以不喜私謁,弗與進士。請歸娶,娶張氏,二年卒。……甲子,授中書舍人。”

喬世寧《丘隅集》卷十七《何先生傳》:“年十九登壬戌進士,授中書舍人。”

汪道崑《太函集》卷六十七《明故提督學校陝西按察司副使信陽何先生墓碑》:“越三歲,舉進士,授中書舍人。”

李開先《李中麓閑居集》卷十《何大復傳》:“及舉進士,在弘治壬戌科。去鄉試四五年,而年猶未冠也。輿論謂今選庶吉士,必在首列。而當國者方惡能詩之人,以爲雖作到李杜,亦不過一醉漢耳。選授中書舍人。”

陳洪謨《繼世紀聞》卷一:“初,劉閣老健爲首相,信陽何景明十三歲登鄉舉,博學有詩文名。十七歲,中進士,人以爲必居翰林,後不與選,或以爲疑。劉曰:‘此子福薄,能詩何用?’竟除中書舍人,後至提學副使,未四十而卒,人謂劉公知人。”

正德初,劉瑾用事,景明上書吏部尚書許進,勸其秉政毋撓,逾年以此免官歸。

鄧元錫《皇明書》卷三十八《何景明》:“逆瑾用事,景明爲書上諸大臣,言宜自立,毋委靡不振,抑瑾權,不用,謝病歸。逾年免官。”

何景明《何大復先生集》卷末樊鵬《中順大夫陝西按察司提學副使何大復先生行狀》:“後值逆瑾用事,知以小臣不能奪。諸大臣又多自顧,即謝病歸居。”

孟洋《孟有涯集》卷十七《中順大夫陝西按察司提學副使何君

墓誌銘》:“劉瑾時君度,惟大臣可與抗節,乃上書諸尊貴,言宜自振立,撓瑾權,諸尊貴恧顧嗛何君。丁卯,何君恐禍及,謝病歸。郊居著述。一年,瑾盡舉免諸在告者。戊辰,何君免。”

喬世寧《丘隅集》卷十七《何先生傳》:“先是,逆瑾撓吏部權,則移書許太宰,引正大義。”

汪道崑《太函集》卷六十七《明故提督學校陝西按察司副使信陽何先生墓碑》:“初入中書,輒上書許襄毅所,極言嬖人用事,公等務操正義撓其權。”

正德四年(1509),父母相繼卒。大復哀毁危絶,居喪,不禫不飲。

何景明《何大復先生集》卷末樊鵬《中順大夫陝西按察司提學副使何大復先生行狀》:“頃之,梅溪公與李夫人同時卒。先生哀毁骨立,禫祭未成,不飲酒,不彈琴。”

孟洋《孟有涯集》卷十七《中順大夫陝西按察司提學副使何君墓誌銘》:“己巳,梅溪公及李太孺人相繼卒,何君哀毁危絶。”

汪道崑《太函集》卷六十七《明故提督學校陝西按察司副使信陽何先生墓碑》:“居喪,不禫不飲。”

及瑾誅,以李東陽薦,復授中書舍人,直内閣侍經筵。

何景明《何大復先生集》卷末樊鵬《中順大夫陝西按察司提學副使何大復先生行狀》:“服除,而逆瑾敗。當是時,諸名節士多爲瑾污者,不即被大禍,而先生獨超然遠舉,天下皆曰:‘見幾而作,何子豈不高哉!’已用大學士李公薦,復授中書,直内閣制敕房經筵官。”

孟洋《孟有涯集》卷十七《中順大夫陝西按察司提學副使何君墓誌銘》:“辛未冬,何君因閣老李公薦,復授中書舍人,直内閣經筵官。”

李開先《李中麓閑居集》卷十《何大復傳》:“後以大臣特薦,復官,入直制敕房,并侍講筵。”

汪道崑《太函集》卷六十七《明故提督學校陝西按察司副使信陽何先生墓碑》:“瑾誅,用大學士李文正公薦起,則仍舊秩,直内閣侍經筵。”

張廷玉等《明史》卷二百八十六《何景明傳》:“瑾誅,用李東陽薦,起故秩,直内閣制敕房。”

正德九年(1514)正月,乾清宫災。上書言政,直指時弊,留中不行。

何景明《何大復先生集》卷末樊鵬《中順大夫陝西按察司提學副使何大復先生行狀》:“乾清宫災,上書陳時政。言人事不修,天變將復作,至詆曰:‘義子某不當畜也,某宦官不當寵也。’因留中不出。人爲之寒心。”

喬世寧《丘隅集》卷十七《何景明傳》:“會乾清宫災,應詔言便事,乃極言邊軍番僧、義子數事,義子者,斥錢寧也。疏留中不出。”

李開先《李中麓閑居集》卷十《何大復傳》:“因天變,上封事,尤爲人所難能。其曰:‘義子不當畜,宦官不當寵。’聞者皆爲大復危之。幸而留中不出。”

汪道崑《太函集》卷六十七《明故提督學校陝西按察司副使信陽何先生墓碑》:“乾清宫災,嘗應詔上封事,則又極言義子、邊軍、番僧諸不便狀。疏留中不行。”

張廷玉等《明史》卷二百八十六《何景明傳》:“九年,乾清宫災,疏言義子不當畜,邊軍不當留,番僧不當寵,宦官不當任。留中。”

正德十二年(1517),擢吏部驗封司員外郎,仍直内閣。次年五月,授陝西提學副使。提學政尚嚴,務在崇本起敝,士習大變。

孟洋《孟有涯集》卷十七《中順大夫陝西按察司提學副使何君墓誌銘》:"丁丑,升吏部驗封司員外郎,仍直内閣。戊寅,升陝西按察司提學副使,提學政尚嚴,務在崇本起敝。士初稍不堪,漸久而安,風習亦振。初,何君獨以文學著聞,既提學,人又服其能政若是。"

李開先《李中麓閑居集》卷十《何大復傳》:"生平耻干謁,輕仕進,積九年始帶銜吏部員外郎,尋升陝西提學副使。邊遠郡縣,胡騎出没無常。往惟調考或即彼處兵備考送。大復笑曰:'即如此,是棄之矣。'一一按臨其地,不以邊腹殊。觀學政甚嚴,務在敦本崇實,初似不堪,久而士心漸安,士習亦變矣。躬行年餘,始布教條,以爲空言無補耳。優等拔入正學書院,蓋因材而篤之也。又爲之給其不足。"

談遷《國榷》卷四十三:"(正德十三年五月)壬戌,吏部員外郎何景明爲陝西提學副使。"

鄧元錫《皇明書》卷三十八《何景明》:"升陝西督學副使,務崇本實,起弊陋。先之以身,董之以實,行之以嚴,而推之以恕,士初稍不堪,久乃悦而安之。"

正德十六年(1521)二月,卒然嘔血。六月,棄官歸,會道暑,益劇。抵家六日而卒,時八月五日,年三十九。

何景明《何大復先生集》卷末樊鵬《中順大夫陝西按察司提學副使何大復先生行狀》:"今年四月,竟以學政勤勞得心疾。六月告歸,行李蕭然,至家甫六日而卒。"

孟洋《孟有涯集》卷十七《中順大夫陝西按察司提學副使何君

墓誌銘》:"辛巳二月,何君以形勞慮深,卒然嘔血損。六月棄官歸,會道暑,益極,抵家六日爲八月五日,而何君卒。"

李開先《李中麓閑居集》卷十《何大復傳》:"以勤勞得疾,嘔血不已。至家六日而歿,年止三十九。囊餘三十金,而書有數千卷。時則正德十六年八月五日也。"

張廷玉等《明史》卷二百八十六《何景明傳》:"嘉靖初,引疾歸,未幾卒,年三十有九。"按,朱厚照於正德十六年三月去世,朱厚熜於是年五月登基,以明年爲嘉靖元年。《明史》"嘉靖初"云云,誤。

性高潔狷介,不妄交游。尤不與寵臣中官如錢寧、廖鵬等交往。

喬世寧《丘隅集》卷十七《何先生傳》:"一時聲傾都下,然顧高潔,不妄交游。錢寧欲交歡先生,間持古畫,求先生題。先生曰:'此名畫,無污吾題。'留一年,終不與題。是時,寧賜宗姓,最寵貴弄權,先生顧奴視遠之。……師御史客死京師,權幸廖鵬者賻之棺,謂可結縉紳歡也。先生曰:'御史生不苟受,奚爲受污地下邪?'乃約所知共賻金斂之,竟却其棺。"

孟洋《孟有涯集》卷十七《中順大夫陝西按察司提學副使何君墓誌銘》:"錢寧欲交歡何君,間持古畫謁何君題,君謝曰:'此名畫,不可點毁。'弗許。……屈師御史者,客死京邸,莫能斂。錦衣官廖鵬,錢寧之黨也,賻之棺,因結歡士大夫。君曰:'奚爲污吾友地下。'乃出金賻之,諸所知,皆賻之,斂成禮,旋却所賻棺。其見義勇爲如此。"

汪道崑《太函集》卷六十七《明故提督學校陝西按察司副使信陽何先生墓碑》:"幸臣錢寧冒賜姓,目攝諸公卿,獨以古畫求先生詩,待命終歲卒不予。中官廖鵬柄事,嘗賻師御史棺,先生醵諸客購他材,力却鵬所賻者。"

鄧元錫《皇明書》卷三十八《何景明》:"錢寧慕景明名,欲交歡,持古畫索題,景明曰:'此古畫不可點污。'卒不許。師御史死京邸中,中人廖鵬贈之棺,景明叱之曰:'吾友生不苟受,豈以死而濫哉?'自出金,賻之。"

初在京師,與李夢陽善,夢陽爲劉瑾所惡下獄,公爲周旋,以康海居其間,遂解。後李夢陽有江西之獄,人多媒其短,莫肯直。景明獨上書楊文襄直之,訟乃得辨。

汪道崑《太函集》卷六十七《明故提督學校陝西按察司副使信陽何先生墓碑》:"瑾故憚獻吉名,高嗛獻吉。先生書抵文正,爲獻吉地,且介康、德涵居其間。瑾意平,乃解。及獻吉對江西簿,獄且成,先生獨上楊文襄書,直獻吉。"

李開先《李中麓閑居集》卷十《李崆峒傳》:"内弟左國玉遂上書求救於康,而張潛、何景明共促之。"

孟洋《孟有涯集》卷十七《中順大夫陝西按察司提學副使何君墓誌銘》:"何君友與人訟者,故嘗寡交與,及訟,衆莫爲之地,何君乃獨上書力諍直友之屈。"

鄧元錫《皇明書》卷三十八《何景明》:"經筵官李夢陽有江西之獄,人多媒糵其短,莫肯直。景明獨上書争之,訟得辨。"

按,何景明《上楊邃庵書》見《大復集》卷三十二。楊文襄、楊邃庵即楊一清。

爲人淡泊,不喜華麗。爲官清廉,歷仕十餘年,不治産業。卒時,僅餘三十金。亦不屑干謁,故守中書十年不調。

何景明《何大復先生集》卷末樊鵬《中順大夫陝西按察司提學副使何大復先生行狀》:"先是京官非有罪,無九年不遷者。先生特以危行連蹇,湮滯中書,凡十餘年始轉吏部員外。"

喬世寧《丘隅集》卷十七《何先生傳》:"性不喜華麗,不治産,禄入盡散親。故臨卒時,餘三十金篋中。"又,"顧獨以不能干謁,守中書十年不調官。"

孟洋《孟有涯集》卷十七《中順大夫陝西按察司提學副使何君墓誌銘》:"何君一切不好華靡,復不治産業。居官所入禄,則又常分所親。故既歸,餘白金不滿五十兩。所在不賫方物。疾且亟,王孺人泣曰:'官貧,諸兒女幼。君即有不諱,奈何?'君曰:'若無多患,第不昧天理足矣。'"

汪道崑《太函集》卷六十七《明故提督學校陝西按察司副使信陽何先生墓碑》:"歷仕十餘年,不問家人産,死之日,囊中僅三十緡。"

先生天資穎异,而猶好學。讀書常至夜分,寒暑如一。有用世之志。

孟洋《孟有涯集》卷十七《中順大夫陝西按察司提學副使何君墓誌銘》:"何君天資穎异,好學常若不及。讀書率過夜半,即盛暑,蚊蝱汗洽背不廢。邇年略去詞章,嘗稱以爲天下自有實用之學,竭精力猶弗逮,何暇文詞,無益也。蓋其用世之志至遠,今中沮矣,惜哉!"

喬世寧《丘隅集》卷十七《何先生傳》:"志在經術世務,終不言功名事。"

李開先《李中麓閑居集》卷十《何大復傳》:"樂道安貧,外更無餘事,却有餘長。如陰陽、醫卜、地理、天文、律吕、曆數,各臻其妙,猶以詞章非實用之物,將略去不復容心。嘗致書王浚川,極言枝葉之學不足貴。已著一書將成,期在川陝接境,共爲一月之談。既而不果,書亦不存矣。或年促病奪,未及爲之耶。使其壽不止此,而所著亦豈止如今所刻行者哉?"

與李夢陽、邊貢、王九思、康海等倡復古，其文類《國策》《史記》，詩類漢魏盛唐。詩文與李夢陽齊名，人稱“李何”，又與邊貢、徐禎卿并稱“四杰”。後與李夢陽論文相掊擊，遂致小間。

孟洋《孟有涯集》卷十七《中順大夫陝西按察司提學副使何君墓誌銘》：“當是時，關中李君獻吉、濟南邊君廷實以文章雄視都邑。何君往造，語合三子，乃變之古。自是操觚之士往往趨風秦漢矣。”

喬世寧《丘隅集》卷十七《何先生傳》：“是時北地李獻吉、武功康德涵、鄠杜王敬夫、歷下邊廷實，皆好古文辭。先生與論文語合，乃一意誦法古文，而與獻吉又駿發齊名，憂憤時事，尚節義而鄙榮利，并有國士之風焉。往學士爲文，自六朝以後，日益靡靡敝矣。國初尚襲元習，宣、正以來，駸駸如宋矣。至弘、正間，先生與諸君子始一變趨古，其文類《國策》《史記》，詩類漢魏盛唐。于是明興，詩文足起千載之衰，而何、李最爲大家。今學士家稱曰‘何李’，或稱曰‘李何’，屹然爲一代山斗云。”

汪道崑《太函集》卷六十七《明故提督學校陝西按察司副使信陽何先生墓碑》：“初，獻吉崛起北地，倡江東、歷下二三君子講業京師。先生至，大悦之，相與道古，遂駢肩而進，先二三君子。嗚其論世則周秦、漢魏、黄初、開元，其人則左史、屈宋、曹劉、阮陸、李杜。都人士所膾炙者，宜莫如陶彭澤、宣城、昌黎。先生宣言古文之法亡於韓，詩弱於陶，亡於謝。睥睨千古，直與左史、屈宋、曹劉、阮陸、李杜游。世儒率溺舊聞，弗入也。及得兩家所論著者，胠篋而擬議之，於周秦、漢魏、黄初、開元之間，始相顧曰：‘誰謂何李不馴古之人也。’於是聞者響應，莫不傾耳聽之。兩家遞爲桓文，執旗鼓號天下矣。獻吉兢兢尺寸，非規矩不由。先生志在運斤，斲輪務底於化。于時主典則者張獻吉，主神解者附先生。要諸至言，各有所當。顧其相直,若繩墨而相濟,若和羹。即言逆耳而莫逆于心,耳視者弗察也。今兩家并懸書海内,不啻户説之浸。"

王廷相《王氏家藏集》卷二十三《何氏集序》:"及登第,與北地李獻吉爲文社交,稽述往古,式昭遠模,擯棄積俗,肇開賢蘊。一時修辭之士翕然宗之,稱曰'李何'云。今詳其文,侵謨匹雅,欲騷儷選,遐追周漢,俯視六朝。温醇典雅,色澤丰容,妙緒鴻裁,靡不備舉。摽而彰之,將并日月,朗於太虚,豈非高邁獨立,出世離類,不爲時拘者耶? 古稱雄視百代,斯文信矣。"

崔銑《洹詞》卷六《江西按察司副使空同李君墓誌銘》:"空同子之雄厚,仲默之逸健,學者尊爲宗匠。又咸激厲風節,敢上直諫,安於冗散,鄙忽驟貴。空同子方雅簡默,稍飭廉稜。仲默恬淡温孫,不露才美。"

錢謙益《列朝詩集小傳》丙集:"仲默初與獻吉創復古學,名成之後,互相詆諆,兩家堅壘,屹不相下。於時,低頭下拜,王渼陂倒前途之戈;俊逸粗浮,薛西原分北軍之袒。則一時之軒輊已明,身後之玄黄少息矣。"

張廷玉等《明史》卷二百八十六《何景明傳》:"景明志操耿介,尚節義,鄙榮利,與夢陽并有國士風。兩人爲詩文,初相得甚歡,名成之後,互相詆諆。夢陽主摹仿,景明則主創造,各樹堅壘不相下,兩人交游亦遂分左右袒。説者謂景明之才本遜夢陽,而其詩秀逸穩稱,視夢陽反爲過之。然天下語詩文必并稱何、李,又與邊貢、徐禎卿并稱'四杰'。其持論,謂:'詩溺於陶,謝力振之,古詩之法亡於謝。文靡於隋,韓力振之,古文之法亡於韓。'錢謙益撰《列朝詩》,力詆之。"

永瑢等《四庫全書總目》卷一百七十一《大復集》三十八卷:"正嘉之間,景明與李夢陽俱倡爲復古之學,天下翕然從之,文體一變。

然二人天分各殊，取徑稍异。故集中與夢陽論詩諸書，反覆詰難。斷斷然兩不相下。平心而論，摹擬蹊徑，二人之所短略同。至夢陽雄邁之氣與景明諧雅之音亦各有所長。正不妨離之雙美，不必更分左右袒也。景明於七言古體深崇四杰轉韻之格，見所作《明月篇序》中。王士禎《論詩》絶句有曰：'接迹風人明月篇，何郎妙悟本從天。王楊盧駱當時體，莫逐刀圭誤後賢。'乃頗不以景明爲然。其實七言肇自漢氏，率乏長篇。魏文帝《燕歌行》以後，始自爲音節。鮑照《行路難》始别成變調。繼而作者實不多逢。至永明以還，蟬聯換韻，宛轉抑揚，規模始就。故初唐以至長慶，多從其格。即杜甫諸歌行，魚龍百變，不可端倪，而《洗兵馬》《高都護》《驄馬行》等篇，亦不廢此一體。士禎所論，以防浮艷涂飾之弊則可，必以景明之論足誤後人，則不免於懲羹而吹齏矣。"

著有《大復集》三十八卷，撰《雍大記》三十六卷。

喬世寧《丘隅集》卷十七《何先生傳》："所著《雍大記》三十卷，《何子》十二篇。詩歌千餘首，書、疏、騷、賦、序、記、銘、贊、雜文數百篇。盛傳當世，名可萬世不朽矣。"

永瑢等《四庫全書總目》卷一百二十四《大復論》一卷："此書蓋仿《昌言》《中論》而作。曰《嚴治》、曰《上作》、曰《法行》、曰《任將》、曰《勢成》、曰《功實》、曰《用直》、曰《敵中》、曰《固權》、曰《處與》、曰《策術》、曰《心迹》，凡十二篇，已載入《大復集》中，此乃其别行之本。"

永瑢等《四庫全書總目》卷一百七十一《大復集》三十八卷："是集凡賦三卷，詩二十六卷，文九卷，傳志行狀之屬附録於末。王廷相、康海、唐龍、王世貞各爲之序。"

永瑢等《四庫全書總目》卷七十三《雍大記》三十六卷："是編爲所作陝西總志。乃其督學時開局立例，召學官生徒，分輯成編者。

訂改甫就,景明以病去官。僉事周宗化攝學政,爲續成之。始末具詳於段炅序中。關中自《三輔黄圖》以後,宋敏求、程大昌所作最爲簡雅有法。景明廣事搜采,意欲突過前人,而嗜博務多。如歷代史贊之類,概爲收入,未免泛濫。又文字多摹古而失真,如改《沿革志》曰《考易》,改《藝文志》曰《志貢》,名目皆出臆創。幾於鷗閣虬户,篠驂銑溪。七子末派,爲世所詬厲,亦有由矣。"

原配張氏,二年而卒。繼配王氏,生子三,長子夫,次子立,三子登。女三。

孟洋《孟有涯集》卷十七《中順大夫陝西按察司提學副使何君墓誌銘》:"娶張氏,二年卒。……王孺人少二歲,生成化乙巳二月甲寅,子三人,長夫,聘郟縣王氏參政君女,次立;次登。女三人,長聘袁氏子,次馮氏子,次張氏子,皆王出。"

喬世寧《丘隅集》卷十七《何先生傳》:"夫數子皆幼慧英特,才藻雄麗者。……次子立舉癸卯鄉試,立子洛文復少俊,皆能世其家學。"

參考文獻:

1. 何景明《何大復先生集》,明嘉靖三十七年刻本。

2. 孟洋《孟有涯集》,明嘉靖十七年刻本。

3. 李開先《李中麓閑居集》,明嘉靖刻本。

4. 喬世寧《丘隅集》,明嘉靖刻本。

5. 汪道崑《太函集》,明萬曆十九年刻本。

6. 鄧元錫《皇明書》,明萬曆刻本。

7. 崔銑《洹詞》,明趙府味經堂刻本。

8. 王廷相《王氏家藏集》,明嘉靖刻清順治十二年補刻本。

9. 陳洪謨《繼世紀聞》,商務印書館 1937 年版。
10. 錢謙益《列朝詩集小傳》,上海古籍出版社 1983 年版。
11. 談遷《國榷》,中華書局 2005 年版。

（鄧曉東　陳家愉）

黄卿傳

黄卿，字時庸，號海亭，山東青州府益都(今山東省青州市)人。

杜思、馮惟訥《(嘉靖)青州府志》卷十四："黄卿，字時庸，益都人。"

過庭訓《明分省人物考》卷九十七："黄卿，字時庸，益都人。"

朱彝尊《明詩綜》卷三十三："卿，字時庸，益都人。"

永瑢等《四庫全書總目》卷一百八十九"《海岱會集》十二卷"："卿，字時庸，號海亭，益都人。"

正德二年(1507)，舉於鄉。次年，中進士，授武進知縣，轉知涉縣。

杜思、馮惟訥《(嘉靖)青州府志》卷四選舉"鄉舉"："二年丁卯，黄卿，進士。"又，"正德三年戊辰，黄卿，江西左布政。"

張朝瑞《皇明貢舉考》卷六："戊辰正德三年會試"三甲："黄卿，山東益都縣。"

朱彝尊《明詩綜》卷三十三："正德戊辰進士，歷官江西布政使。"

陳田《明詩紀事》丁籤卷十四："正德戊辰進士，累官江西布政使。"

永瑢等《四庫全書》卷一百八十九"《海岱會集》十二卷"："正德

戊辰進士,官至布政司參政。"

王士俊《(雍正)河南通志》卷三十四"涉縣":"黄卿,山東益都人,進士。"

遷應州知州。升南京刑部郎。嘉靖初,擢守太原,修廢决滯,閱五月而大治,在任六載,治聲卓然。升浙江布政司右參政,忤時宰,調陝西,再遷江西。嘉靖十八年(1539),任江西右布政使,遷左布政使。

杜思、馮惟訥《(嘉靖)青州府志》卷十四:"歷知武進、涉縣,遷守應州,所至皆以能稱。升南京刑部郎,時有宸濠之變,參贊大司馬喬宇籌畫,賊賴以平。擢守太原,修廢决滯,五閲月而郡大理。汾河决,城將墊,具詞祭告,水徙三里,民神之。升浙江右參政,忤時宰,調陝西。再遷江西,尋升左布政。卿爲審權量、寬息耗,吏不能欺,民感其惠。"

過庭訓《明分省人物考》:"歷知武進、涉縣,遷守應州,所至皆以能稱。升南京刑部郎,時有宸濠之變,參贊大司馬喬宇籌畫,賊賴以平。擢守太原,修廢决滯,五閲月而郡大理。汾河决,城將墊,具詞祭告。"

唐鶴徵《皇明輔世編》卷四"張文忠孚敬":"浙江參政黄卿以孚敬之不悦而調,黨以平以孚敬之説而補,彭澤奸回,無故而改右諭德。"

徐學聚《國朝典匯》卷三十四吏部:"浙江參政黄卿性悻直,見惡於璁,而副使黨以平、温州知府丁瓚皆璁所善,乃調卿於陝,而以平代卿,以瓚代平,各得俞旨相代去。都給事中夏言劾獻夫媚悦政府,蔑視名器,任意行私,犯議有四,而璁擅易命吏,文選郎中劉序又甘心詭隨,宜并切責以防其微,上命黄卿等俱以舊官任事。"

嵇曾筠《(雍正)浙江通志》卷一百一十八"承宣布政司右參

政":"黄卿,益都人。"

章潢《(萬曆)新修南昌府志》卷十六:"由進士歷本省參政,左、右布政使。清介峻特,因大旱,步行祈禱,彌旬不懈,遇解。兑原封出入,堂無筦庫,捐俸修學舍及城隍廟。"

蘇祐《編茗集序》:"歲己亥,公起廢,參江藩,轉左、右轄,余亦來督學政。"

穆彰阿《(嘉慶)大清一統志》卷一百三十七:"黄卿,益都人。嘉靖初,知太原府,寬仁廉正,治獄多所平反。黄土寨大水,漂民居以千計,卿掩骸賑恤,不遺餘力,民舍火,將延學宫,再拜禱之,風反火熄,在任六載,治聲卓然。"

嘉靖十九年(1540)十月,入覲,卒於途。

杜思、馮惟訥《(嘉靖)青州府志》卷十四:"嘉靖庚子歲饑,發帑賑之,全活萬衆。是歲十月入覲,中道卒。"

過庭訓《明分省人物考》卷九十七:"嘉靖庚子歲饑,發帑賑之,全活萬衆。是歲十月入覲,中道卒。"

杜思、馮惟訥《(嘉靖)青州府志》卷十一"江西布政使黄卿墓":"在北古城,父封郎中,信墓在焉。"

蘇祐《編茗集序》:"歲己亥,……始朝夕論聚,互傾其平生,然見其稿猶未悉,而公尋以入覲卒于越。"

爲官清介峻特,行己自持,所在多有善聲,民有"清風兩袖獨朝天"之謡。

李賢《明一統志》卷四十九"名宦":"歷江西參政,左、右布政使。清介峻特。大旱,步禱經旬,不稍懈。兑原封出入,堂無筦庫,捐修學舍及城隍廟。入覲,唯圖書數卷。有'清風兩袖獨朝天'之謡。"

章潢《（萬曆）新修南昌府志》卷十六："入覲，惟圖書數卷。有'清風兩袖獨朝天'之謡，先是市民有夢鼓吹迎新城隍者，諦觀之，乃方伯黄公也。公卒，適孚所夢之期，故人以爲神明云。"

蘇祐《編苕集序》："公平生以節義自持，以古賢豪自期待，而莅官行己鑿鑿有徵，所至宣仁布義，奬廉退貪，忠存報主，而膏澤潤於群生。其在江西，尤稱懋著，至今田夫野叟言之亹亹不倦且泫然涕也。"

平生嗜學，老而彌篤。詩矜練有味，鋭意高深，覃思玄遠，别自一格。長於作賦，皆婉轉可誦。著有《編苕集》《編苕詩話》《閑鈔漫記》《擬珠集》。

陳田《明詩紀事》丁籤卷十四："有《編苕集》。""編苕詩特矜練，在《海岱會集》中别自一格，所著《編苕詩話》惜今不見。"録黄卿詩四首：《洛陽道》："山川開鞏洛，九日會中州。芳樹夾馳道，奇花簇酒樓。衣冠盛祖餞，綺綉相追游。蘇秦佩印日，車馬去如流。"《聞蔣侍御將至》："松寺衣冠會，高軒豸綉遲。碧雲斜日合，芳草入春滋。馬飲淄澠曲，旌留管晏祠。雷琴先拂拭，倩客繫朱絲。"《游寶峰寺》："蘭若登游開積翠，諸崖環拱鬱嵯峨。殿雲依樹鶴秋唳，塔日穿林麝午過。异代金容雄上黨，中天花雨灑漳河。憑師欲發珠林秘，北獻蓬萊意如何。"《三關書事》："限夷岩赴黄花嶺，石壁重關雁度愁。直北蕭蕭纔百里，黑山枯草盡邊頭。"

黄卿《編苕集》卷八《古駢鳴教册序》："或謂諸體鋒摭，敷張揚厲，喻托皆文之精華，非易言者可易録乎？余聞敬服者，禮之著也；感激者，義之致也；咏嘆者，和之積也。三者性之德也，辭由是出，雖未工，烏有弗雅乎？夫古哲王重詩尚音，故設官鋒之，以觀政化。夫子之時，官廢詩亡，故滄浪之歌，亟令志之，其慨深矣。矧去聖益遠乎？矧於偏邑乎？覽者無全於文責，惟爲楮子表已耳。"

朱彝尊《明詩綜》卷三十三:"有《編苕集》。"

焦竑《國史經籍志》卷五"集類":"《編苕集》八卷。"

黄虞稷《千頃堂書目》卷二十二:"黄卿《編苕集》八卷。"又,"《編苕詩話》八卷。"

萬斯同《明史》卷一百三十七:"黄卿《編苕集》八卷。"又,"《編苕詩話》八卷。"

杜思、馮惟訥《(嘉靖)青州府志》:"平生嗜學,老而彌篤,雖隆冬、盛暑不廢覽閲,有《海岱會稿》《編苕集》《編苕詩話》《閑抄漫紀》《擬珠集》藏于家。"

蘇祐《編苕集序》:"是集益都海亭黄公稿也,稱'編苕'從其所自名也。"又,"今年春,公伯子含以是集寄余豫章,余始得觀其全,爰命校官鄭天行氏偕陳生蘭化校,將付諸梓人。適宗藩既白雅尚文事,見而愛之,請刻以傳,因是授焉,意表公精藴云。集中所載諸體皆備,古詩、賦、樂府尚矣,律詩則步驟開元,而文亦出入莊、左,皆非苟作者。蓋公少以詞賦起齊魯,既又以直道退居北海上,鋭意高深,覃思玄遠,其所造詣,莫可究竟矣。"

范邦甸《天一閣書目》卷四之二集部:"《編苕集》八卷,刊本,明江西参政朝儛黄卿撰,嘉靖二十一年宗藩朱既白刊,鄭天行、陳蘭化校,濮陽蘇佑序。"

黄宗羲《明文海》録黄卿《濰水賦》《杏壇賦》《海市賦》等賦文七篇。評《海市賦》:"長於作賦,皆婉轉可誦,不墮方板填塞之習,其文則句法瑣碎。"《(嘉靖)青州府志》、陳元龍《御定歷代賦匯》等皆收黄卿賦。

嘉靖十四年(1535),與石存禮、藍田、馮裕、劉澄甫、陳經、劉淵甫、楊應奎結"海岱詩社"於益都,雅集唱和,編爲《海岱會集》。與邵照磨、王玉溪、李晋卿、李克淳、羅質夫、易士美、胡纘宗、李舜臣

等人皆有往來。

馮裕《長至日海岱會集序》:“嘉靖乙未,日南至,於是石子、藍子、二劉子、黄子、楊子、馮子七子者相與會,尋詩盟也。”

永瑢等《四庫全書總目》卷一百八十九集部四十二:“《海岱會集》十二卷,兵部侍郎紀昀家藏本。明石存禮、藍田、馮裕、劉澄甫、陳經、黄卿、劉淵甫、楊應奎八人唱和之詩也。存禮,字敬夫,號來山,益都人。弘治庚戌進士,官至知府。田有《北泉集》,已著録。裕,字伯順,號閭山,臨朐人。正德戊辰進士,官至按察司副使。澄甫,字子静,號山泉,壽光人。正德戊辰進士,官至布政司參議。經,字伯常,號東渚,益都人。正德甲戌進士,官至兵部尚書。卿,字時庸,號海亭,益都人。正德戊辰進士,官至布政司參政。淵甫,字子深,號范泉,澄甫之弟。正德戊午舉人。應奎,字文焕,號澠谷,益都人,官至知府。嘉靖乙未、丙申間,經以禮部侍郎丁憂里居,田除名閑住,淵甫未仕,存禮等五人并致仕,乃結詩社於北郭禪林,後編輯所作成帙,冠以社約同社姓氏及長至日、五月五日、九月九日、上巳日、七月七日會集序五篇,其詩凡古樂府二卷、五言古詩二卷、七言古詩一卷、五言律詩三卷、五言排律一卷、七言律詩一卷、五言絶句一卷、七言絶句一卷,計詩七百四十九首。其編輯名氏原本未載,惟卷首萬曆己亥魏允貞序稱:‘友人馮用韞以《海岱會集》自遠寄至’,據王仕禛《古夫於亭雜録》,蓋馮裕曾孫琦所選也。八人皆不以詩名,而其詩皆清雅可觀,無三楊臺閣之習,亦無七子摹擬之弊。……其社約中有不許將會内詩詞傳播,違者有罰一條。蓋山間林下,自適性情,不復以文壇名譽爲事,故不隨風氣爲轉移。而八人皆閑散之身,自吟咏外無余事,故互相推敲,自少疵纇,其斐然可誦,良亦有由矣。”

杜思、馮惟訥《(嘉靖)青州府志》卷十七藝文:“石存禮、馮裕、劉澄甫、陳經、黄卿、楊應奎、劉淵甫同著《海岱會集》十四卷”又,“黄卿著《編苕集》;《編苕詩話》八卷。”

杜思、馮惟訥《(嘉靖)青州府志》卷九“學校”條“松林書院”:《胡纘宗馮裕劉澄甫黄卿同年宴集詩》,黄卿詩:“先朝首榜群英少,北海清樽四士同。劇語騷玄移鶴月,盡麈絲竹度松風。浮澌凝溜融融合,炬焠爐爇裊裊重。知是明朝經略急,遲回酬酢興無窮。”

黄卿《九月九日海岱會集序》:“重九高秋,日晶風淑。麗澤諸友,不速偕集。一揖再茶,坐無雜言。乃各出所著古賦、樂府、古今詩,相請相遜相諗評焉。已乃進饌,饌潔而無肴;乃酌酒,酒清而不多;乃相議擬再作之題,於《雅》於《著》,於取義者焉。蓋相遜也,歆然相受也,憮然相正也,偲偲然相忘也,怡怡然又作。曰:是維五陰之候,而月九者,陽數也;日又如月之數焉。陽,健也,昭也,亨也。君子用事,重陽嫌陰也。故重九之賞逖矣!出觀于茱萸,曰藥之良也,物至時而後茂者,鮮矣!再觀於菊,黄華沃若,曰芳而不艷,無競乎衆芳也。何也?暇而合其離,會而游于藝,弛而歸於張,禮也。故仰觀于時,以勵志也;俯感于物,以興情也。情志之慎,詩之教也。辭賦、樂府,皆古之流也,爲其言而弗若其教者,蕩也。抑嘗讀《詩》至《板》《蕩》諸篇,悼其作者,憂虞凛凛焉。今吾優游容與,于文于晏也,夫非荷一人之慶之溥乎?仰日月而不負其照臨,雖在隱,可也。且古之君子歸于鄉也,有爲師爲望之責焉。兹舉也,或將式之,或且瞻之,爲瞻可及也,爲式則難矣。言之,弗畔之,難也。畔道而于己于人,無弗蔽也矣。不敏獲從斯游,教益幸多,敢弗黽勉,辱次授簡,則謹繹而有附焉。嘉靖十五年秋九月九日,海亭黄卿序。”

王士禛《古夫於亭雜録》卷五:“吾鄉六郡,青州冠蓋最盛。……世宗時林下諸老爲海岱詩社,倡和尤盛。其人則馮閭山、黄海亭、石來山、劉山泉、范泉、楊滙谷、陳東渚，而即墨藍北山亦以僑居與焉，倡和詩凡十二卷，無刊本，余近訪得鈔本，詩各體皆入格，非浪作者。閰山名裕，即四馮之父（惟健、惟敏、惟重、惟訥）。文敏，琦之曾祖。山泉、范泉，則文和珝之孫也。此集惜不行於世，乃鈔而藏之。其後大司空龍淵鍾公晚年里居，復舉真率之會，多至三十人，而詩歌倡和不及前矣（海岱社詩即文敏公所選）。"

魏允貞《海岱會集序》："友人馮用韞一日以《海岱會集》自遠寄至，讀一再。而其對景言情，即事屬辭，質而葩、逸而典、清新而暢，不矯不艷，异乎今君子詩矣，豈古昔所稱香山、洛下者流與？貞生也晚，不及見其人，而既聞其言矣，不可知其人乎？因爲之説曰：'禮者，嘉之會也；詩者，樂之變也。《海岱會集》雖謂先進之禮樂，可也！'後學者其審所從夫！"

黄卿《編苕集》：詩：《遲山二首贈友人邵照磨》《浙省移官陝西，舟至天津阻風二首》《覲回至河澗贈别同年楊寧波》《京邸贈玉溪子前平陽太守調南康》《懷南康玉溪子》《柬友李晋卿掌科》《入覲同平陽王子望京邑》《早行望燕臺和王子之作》《白岩思樂莊次王玉溪韻》《十六夜月同王子》《與玉溪子話涇野吕子時吕爲留都尚寶鄉》《奉留玉溪子》《答永嘉王茂才應辰二首》。文：《送李君克淳之麻陽序》《送羅質夫知袁州序》《送易士美知雷州序》《祭吴垣軒》。

胡纘宗《鳥鼠山人小集》卷五《贈黄參政時庸》："拂拭理瑶琴，琴中太古音。薰風自南至，飄飄吹我襟。洋洋一曲升，滺滺一曲沉。三出太華直，九折黄河深。倡嘆如有獲，爾雅琴中心。不有鍾期子，那聞白雪吟。"

李舜臣《愚谷集》卷一詩《贈黄時庸》："海岱惟吾土，生才每不群。承明今謁帝，意氣始知君。叔度陂千頃，簫韶奏九聞。仍看作者志，直欲繼斯文。""闕下初心醉，堂中共目成。映尊梅未盡，承步草新生。白雪聽歌郢,甘泉見賦京。吾承騷雅後,何限慰交情。”《春日飲蘭亭章石室時與黄李二子同坐》:“共到蘭亭飲,仍因石室留。如何城市裏,亦有洞岩幽。泛鼎疑烟宿,當窗似澗秋。俄聞鶯響發,無乃谷中求。”《寄黄時庸浙中》:“昭代今詞客,東江復此行。山聞霞似色,湖憶鏡爲名。嚴瀨千岩迴,枚濤八月驚。天台仍勝絶,隨意暢高情。”

馮裕《海岱會集》卷四五言古詩《送黄海亭適江右》:“東方有高士,結亭在海野。優游二十年,所志惟大雅。翻然謁帝庭,上策擬董賈。宦迹遍四方,琴書隨匹馬。忽賦歸去來,洋溪結詩社。風月共謳吟,時時飛玉斝。謝安棲東山,清朝誰肯舍?西江紫薇堂,好雨當春灑。我贈海亭行,衷素應傾寫。滄海足大觀,還當歸善下。”

蘇祐《谷原文草》卷之四有《祭方伯海亭黄公文》;《谷原詩集》卷之六《朝正行送海亭黄方伯》:“君不見,太公表東海,高亭遺落營丘間。安期玄鶴日來往,坐中歷見三仙山。謬許塵心負奇好,飛鴻曾寄雲門調。……獻頌應成清廟章,寄書先枉元辰作。”

其父封郎中。長子含,歲貢生。

杜思、馮惟訥《(嘉靖)青州府志》卷十一“江西布政使黄卿墓”:“父封郎中。”

蘇祐《編茗集序》:“今年春,公伯子含以是集寄余豫章。”

王士俊《(雍正)河南通志》卷三十二:“黄含,山東益都人,歲貢。”

參考文獻:

1. 黄卿《編茗集》,國家圖書館藏明嘉靖刻本。

2. 杜思、馮惟訥等修纂《(嘉靖)青州府志》,上海古籍書店

1965 年版。

3. 馮裕輯，石存禮等撰《海岱會集》，文淵閣《四庫全書》影印本第 1377 册，上海古籍出版社 1987 年版。

4. 王士俊《(雍正)河南通志》，文淵閣《四庫全書》影印本第 535—538 册，上海古籍出版社 1987 年版。

5. 王士禛《古夫於亭雜録》，中華書局 1988 年版。

6. 陳田《明詩紀事》，上海古籍出版社 1993 年版。

7. 蘇祐《谷原文草》《谷原詩集》，《四庫全書存目叢書》集部第 89 册，齊魯書社 1997 年版。

8. 胡纘宗《鳥鼠山人小集》，國家圖書館出版社 2014 年版。

9. 李舜臣《愚谷集》，《明别集叢刊》第二輯第 53 册，黄山書社 2016 年版。

（閆麗）

戴冠傳

戴冠,字仲鶡,號邃谷,或稱邃谷子。河南信陽(今河南省信陽市)人,先世江西吉水(今江西省吉安市吉水縣)。生於成化二十年十月十五日(1484年11月3日)。

樊鵬《樊氏集》卷十《山東按察司提學副使戴君墓誌銘》(下稱《戴君墓誌銘》):"君諱冠,字仲鶴(按,通"鶡"),號邃谷。先世江西吉水人也。……(父)誼,中弘治戊午鄉試,累官至趙府長史,娶程氏,贈太安人。生長子巿,次即君也。……君生成化甲辰十月十五日。"

孟洋《孟有涯集》卷十七《趙王左長史戴公墓誌銘》:"公(按,戴誼)始娶程氏,弘治十六年四月十日獻縣卒,五十有一。又娶任氏,正德五年用子冠貴,贈封安人。子男二,[長]蚤卒無嗣,次即冠,娶羅氏。女五,……皆任出。"

王兆雲《皇明詞林人物考》(明萬曆刻本)卷六《戴仲鶡》:"公名冠,字仲鶡。其先江西吉水人,戴孟孜客游信陽,因家焉。孜生緝訓,訓生誼,舉鄉試,官趙王左長史。冠,其仲子也。"

胡纘宗《鳥鼠山人小集》(明嘉靖刻本)卷十一《送戴先生貳守沂州序》:"信陽戴先生掌獻之教九年,奏最,命佐守沂州,子進士仲鶡同年,友十又一人相率携酒爲餞。"

戴冠《戴氏集》卷前任良幹序:"公名冠,字仲鶡,别號邃谷。"韓邦奇《苑洛集》中與戴冠多有唱酬,《送邃谷子詩序》《送邃谷子》《再過邃谷子》等。

按,明有兩戴冠,另一爲江蘇長洲人,字章甫,好古篤學,著有《濯纓亭筆記十卷》《禮記集説辨疑一卷》,其生平見文徵明《甫田集》卷二十七《戴先生冠傳》。

幼穎异。長從何景明學甚用力,得大復之道,名聲籍甚。正德二年(1507)舉河南鄉試,次年登進士第,時年二十五。何景明有詩賀之。

樊鵬《樊氏集》卷十《戴君墓誌銘》:"君幼嶄然自出,謹禮客,未嘗婆娑嬉游。長從吾師何子於京師,苦學至困疾,輒益弗懈。是時,長史公仕獻縣學,君每省視,往來途中口誦不輟,途人皆异之。數年盡得何子之道。嘗讀其文曰:'彼有善、不善。'何子稱曰:'戴生妙悟,諸人弗如也。'由是名聲籍甚。正德丁酉(按,當爲正德二年丁卯)舉河南。戊辰,登進士第。"

張朝瑞《皇明貢舉考》(明萬曆刻本)卷六,"戊辰正德三年會試"條:"戴冠,中二甲第一零五名。"張弘道《明三元考》(明萬曆刻本)卷九"少年進士":"戴冠,信陽人,年二十三。"按,當爲"二十五"。

蔣一葵《堯山堂外紀》(明萬曆三十四年刻本)卷九十三:"正德戊辰,戴仲鶡冠赴春官,來别何仲默,仲默作《寶劍篇》贈之。……是年仲鶡登第。"

何景明《大復集》卷二十八《喜戴仲鶡得鄉薦》二首,其一:"梁園宋苑却宜秋,夾道槐花照綺樓。試問東瀛海邊住,何如金明池上游?"其二:"馬上秋風得意歸,丈夫豈是愛輕肥。傍人休訝新年少,曾向長安作布衣。"

何景明《大復集》卷十一《寶劍篇》序:"戴仲鶡將赴春官,來别何子,何子作《寶劍篇》贈之。"辭曰:"我有雙龍之寶劍,重之不減雙吴鈎。雄游九天横素秋,雌鳴匣中聲啁啾。扶風豪士邯鄲俠,千金在傍不敢酬。雪花星文照玉玦,贈汝慰我心所求。汝今年纔二十四,北上長安見天子。手翳鳳凰跨騏驥,肝膽義氣無與比。杏花江頭春風起,緑袍青綬帶秋水。想見提携白日前,更看結佩青雲裏。我初鑄此良已勞,崑吾鐵冶風雷號。寶鞘玉珥黄金錯,何以繫之赤錦縧。砍地翻虞滄溟倒,倚天未覺虹蜺高。十年在匣尚未試,嘗恐棄置成鉛刀。君不見豐城紫氛埋古獄,星辰夜摇魍魎哭。奇器逢人自有時,肯使塵沙竟湮没?又不見藍田寶山空突兀,頑石却指神鋒秃。平生雖有百煉鋼,一用不謹爲棄物,吁嗟戴生爾無忽!”

授户部主事。憂國用不足、見冗食之衆,上疏極諫。言辭慷慨,疏入忤上,貶廣東烏石驛丞。

何景明《大復集》卷十六《寄戴仲鶡進士》:“戴生久離别,宦况近何如。白日閑官舍,青雲近帝居。明時難自晦,直道未應疏。問我生涯事,山中懶著書。”

《戴氏集》卷九《趨太倉》:“長安中夜人迹斷,我獨携僕歷金門。金門未闢九殿迥,玉漏正滴千街昏。忽見三星明遠樹,須臾微月生高垣。菲才深愧司農屬,馬上髀肉何足論。”

《明武宗實録》卷一百二十二:“(正德十年三月)降户部主事戴冠爲廣東烏石驛驛丞。上疏言……疏入,詔以其掇拾奏擾,乃降外方雜職。”

樊鵬《樊氏集》卷十《戴君墓誌銘》:“授户部主事,主事三年,憂國用之不足,而見冗食之衆也。于是上疏曰:‘臣聞立國以人,聚人以財。祖宗以來百六十年,倉庫積蓄未見其有餘,軍國經用未見其不匱,海内虚耗,物力頓屈,此何故也?今宣、大、陝西諸邊,數有警報,户部運送之使相繼告急之不絶,加之北直隸、河南、山東、徐淮之境，水亢爲灾，小民逃亡，不知陛下亦嘗少念及於此乎？'……疏上大忤，貶廣東烏石驛丞，是爲正德十年。"

張廷玉等《明史》卷一百八十九《戴冠傳》："戴冠，信陽人。正德三年進士。爲户部主事。見寵幸日多，廪禄多耗，乃上疏極諫，略曰：'古人理財，務去冗食。近京師勢要家子弟僮奴苟竊爵賞，錦衣官屬數至萬餘，次者縶籍勇士，投充監局匠役，不可數計，皆國家蠹也。歲漕四百萬，宿有贏餘。近絀水旱，所入不及前，而歲支反過之，計爲此輩耗三之一。陛下何忍以赤子膏血，養無用之蠹乎！兵貴精，不貴多。邊軍生長邊土，習戰陣，足以守禦。今遇警輒發京軍，而宣府調入京操之軍，累經臣下論列，堅不遣還。不知陛下何樂於邊軍，而不爲關塞慮也。天子藏富天下，務鳩聚爲帑藏，是匹夫商賈計也。逆瑾既敗，所籍財産不歸有司，而貯之豹房，遂創新庫。夫供御之物，内有監局，外有部司，此庫何所用之。'疏入，帝大怒，貶廣東烏石驛丞。"

按，《戴氏集》卷一收此疏，題爲《憂國計奏疏》。

又，仲鶡曾被逮繫獄。《戴氏集》卷九《六月二十六日出獄，忽憶去年今日赴汴》："世路紛更那可知，感今懷昔一傷悲。初從朋輩求人薦，便逐官僚受吏笞。夢裏此身驚尚在，望中鄉國見何時。百年心事憑誰説，獨坐階前日影移。"

時人惜之，頗多送行之作。與韓邦奇遇於浙東，有《西湖聯句》。

王廷相《王氏家藏集》(明嘉靖刻本)卷十《送戴仲鶡赴烏石》："萋迷發川涘，眷戀瞻雲月。離踪日超緬，戒塗方蹀躠。凌晨促征徒，日夕恣沿越。泛泛滄流駛，靡靡夏雲結。長汀蔽叢茭，幽林響哀鴂。牽舸趍南荒，揚鑣展絶粤。行子多苦顔，况爾罷朝列。魯生思蹈海，朱令期濺血。予衷苟貞亮，萬事任窮達。盈虚有定端，時命詎可奪?鷃棲既冥化,龍戰亦澌滅。齊哉古今理,嗒然厭宣説。"

邵寶《容春堂集・後集》(明正德刻本)卷十二《送戴仲鶡謫嶺南和侯明府》:"清江浦口馳詞地,左順門前待報時。遠道謫官何日到,小臣憂國有天知。鏡看白髮朝還掩,棹指青山晚更移。老我閑居復多病,秋來愁和送君詩。"

韓邦奇《苑洛集》卷二《送邃谷子詩序》:"邃谷子謫嶺南,與余遇於越海之上。萍會他鄉,相看若夢。締歡言於促膝,掩離涕於交頤。悲喜可知矣。昔送邃谷子赴北山之役,謂歸期當三月也。比邃谷子還,余已得罪出判平陽。白樓滄海,動隔關河。又三年,余來按兩浙,邃谷子則蕭蕭江上,身爲逐客矣。於時潮平江闊,日白天青。傷歲序之易流,慨升沉之靡定。舉目山河之异,回首故里之思。感時追昔,悵然興懷,且悲余生事茫茫,後會知何地耶?詩以送之。"

韓邦奇《苑洛集》卷十一《送邃谷子》二首,其一:"十載相思隔帝州,天涯此日復離愁。湖明返照吴山暮,楓落寒潮越海秋。流涕賈生空上策,懷鄉王粲謾登樓。茫茫江上銷魂地,萬里烟波一葉舟。"其二:"閶闔沉沉萬里遥,五雲深處擁簫韶。誰將麟史開春講,日有龍旗候早朝。黄閣雍雍周俊彦,金貂楚楚漢驃姚。如君獨上憂時策,越嶺東南見海潮。"(《戴氏集》卷十《西湖聯句》亦載此二詩,字句略有不同。)按,顧可學、韓邦奇、戴冠,三人聯句多首。見於韓、戴二人集中。

居烏石七年,種蔬自給,益肆於學。以南宋名臣崔與之自期。與人詩文往來,亦頗有謫宧意。

樊鵬《樊氏集》卷十《戴君墓誌銘》:"烏石居七年,種蔬自給,益肆于學。嘗赴廣州,夜行,海賊入舟。君惶懼投水。若有人捧出者三,乃獲生。"

《戴氏集》卷十二《與丁原德年兄》:"入增城,人事粗遣。舍後鳳凰山,山後有崔菊坡,下何仙姑廟。時時從游覽,遇高興發時,不復知爲遷謫人也。"卷八《登菊坡》:"菊坡一片地,千古迥無塵。出處看前輩,來游愧逐臣。江山人自老,草木歲還新。落日高歌動,誰能愛病身。"

文章修,張文海等纂《(嘉靖)增城縣志》卷八:"(冠)嘗從甘泉先生講學,……初至,拜菊坡祠下,心獨慕之。遂卜地於祠後(即鳳凰臺也),築一室,扁曰'后坡',蓋欲以坡翁自期也。公處其中,讀暇則吟哦以泄其懷。又於舊驛二十步許,建新驛舍,爲久居之計,(甘泉先生爲之記)蓋公不以左遷爲辱而即能安之。其恬淡之性如此。"

王兆雲《皇明詞林人物考》卷六《戴仲鶡》:"烏石瀕海,瘴癘難居。冠種蔬力學,晏如也。冠髮秀而長,幾倍于身,必兩人持之乃可櫛沐。嘗赴廣州,海賊入舟,毫無所獲,因擊冠墮水。舟子提冠髮出之,賊復揮刃斷其髮,逐波流去,若有人捧足而出之者三。久乃獲濟。……居廣東七年。"

鄭善夫《鄭少谷先生全集》(明崇禎九年刻本)卷十七《答戴仲鶡》:"一自廢歸,杜門削迹,不知當世乃爾。紛紛霄漢,故人亦彼此不相聞,别執事已三年矣。執事以言廢,名在朝野,而入於善夫之耳,顧未久也,丁原德再至始得其真。伏讀手書,遠拜君子之辱。大丈夫既出而不爲禄仕,要着實地,正如執事之所也。蠻夷瘴海,困頓鞠窮,隨其所之而安之。然亦毋曰'此固仕宦之捷徑也'。前代以直言得譴者,他日公論一定,每起爲美官,而天下人士亦以此多而侈之。近世士大夫亦每效之,以矯美名於一時。及其貶竄遷則皆慰之曰:'是何傷哉,固仕宦之第一籌也!'是豈臣子者之所以事君,與士君子之所以立心哉?執事俊穎百倍凡輩,必能體此,不惑毫髮之差,奚啻千里之謬也。勉之,勉之。增城之僻陋,執事之窮厄,固甚不堪者。聞湛元明兄在家,朝夕晤語,亦可慰志。君子固有窮時也,眠食惟善自愛。"

《戴氏集》中多有遷謫意。"屬國歸無日,文園病未休"(卷八《辛巳五月一日登樓》)、"歲暮南天瘴未開,孤城落日更徘徊"(卷九《答盛太史》)、"抱罪炎州歲月深,病顔青鏡不堪臨"(卷九《答林德孚次韻》)、"歲暮他鄉傷客心,南天雲日故陰陰"(卷九《到嶺呈南安季守》)等。卷九《烏石寄答王宜學》:"山驛無人睡起遲,翰林書札遠相遺。陽春白雪真難和,鐵畫銀鈎信自奇。南海風烟今日好,中原消息幾時知。不堪三復長回首,何處杜鵑啼正悲。"卷十一《木蘭花慢》:"想京華舊日,文軒細馬,朋輩招邀。多少賞心樂事,到如今,一筆都消。塵世難逢開口,風流空負人豪。"

嘉靖改元,起爲户部員外郎,半道升延平知府。爲政簡静,以清廉聞。

樊鵬《戴君墓誌銘》:"嘉靖改元,起户部員外。半道升延平知府。延平幾一年,適當入覲。君弗治行。一日,肩輿出城,隸人問:'何之?'曰:'直從北路歸爾。'一郡大驚。其廉直如此。"

《明世宗實録》卷二:"(正德十六年五月)吏部奏:'近奉詔,查先朝直言守正降黜并乞歸諸臣。死者議恤,生者録用。謹按……(員外郎戴冠等)皆以危言觸忤,黜謫廢棄,衆論惜之。謹各具履歷以聞。……'疏上,上命……(戴冠等)復職如故。"

王兆雲《皇明詞林人物考》卷六《戴仲鶡》:"居廣東七年,稍起潛山知縣。適嘉靖改元,復户部員外郎,升延平府知府。"

鄭慶雲《(嘉靖)延平府志》(明嘉靖四年刻本)卷五:"(戴冠)承平再起,歷延平知府。簡静以居,不以才華自炫。雖不屑屑於吏事,郡亦稱治。"

倪宗正《倪小野先生全集》(清康熙四十九年刻本)卷七《奉次戴户部冠謫還》:"錦樹斑斑瘴雨晴,馬前縹緲五雲明。嬋娟合貯黄金屋,夢寐重回白玉京。湖海年來觀世變,聖賢道在與時行。緇衣歌味情猶缺,却愧平生識重名。"

孟洋《孟有涯集》卷十三《戴子自烏石驛起守延平》:"君去江南訪舊游,聖朝春色遍遐陬。閩中無限佳山水,不似羅浮海上愁。"

鄭善夫《鄭少谷先生全集》卷六《寄戴仲鶡延平》:"嗟爾投荒在,十年歸鬢新。豹文淹瘴癘,龍節漸風雲。往事收殘泪,清時録遠臣。别深魚雁闊,迹久鳳麟馴。余亦豐城物,思君劍水濱。客衣渾自浣,不染洛陽塵。"

《戴氏集》卷四《辭驛亭竹》:"自我來南中,六稔而餘兹。遇酒即痛飲,終日常含巵。昨蒙曠蕩恩,醉裹忽量移。意與君相守,胡爲一朝辭。把酒向君語,吾言君莫疑。吾欲携爾去,不及爾醉時。厲爾冰霜操,吾醉當復來。"志懷冰霜,是其節終不改矣。

尋改蘇州知府,數月,擢山東按察司副使提學。

《明世宗實録》卷二十五:"(嘉靖二年四月升)直隸蘇州府知府戴冠爲山東按察司副使,提督學校。"

胡纘宗《鳥鼠山人小集》卷十四《鐘硯銘》:"邃谷戴子謂予曰:'予有二硯,一以贈子。'纘宗再拜受之。既乃製而爲鐘,取其重也,中也,虚也,容也,宣也,倫也,如其然也。庶幾不辱於戴子也。"又,"戴子冠,中人也。山東提學按察副使。"

《戴氏集》卷十二《與王翰林宜學》:"錢唐之别,殊失裁問。知爲俗吏恕也。僕此以覲事入朝,謂可以少遂請教之私。詎意中道有吴郡之報。令人悵恨而已。僕不幸,延平且不能支,而况吴乎?"

《戴氏集》卷十二《復山東吴副憲年兄》:"承遣行李,遠涉江海。不肖何可當,何可當!不肖前月二十二去吴下,兹至清口。將取道過家,一拜老父。謹令邵完先此馳謝。不肖履任當在中秋前後也。未間,爲國珍重,藩臬諸前輩先生均望叱意。

旋遭父喪,服闋,感風病,積久不治。嘉靖八年十二月二十二日(1530年1月21日)卒。年四十有六。有子男二,女三。

樊鵬《樊氏集》卷十《戴君墓誌銘》:"尋改蘇州。數月,拜山東按察司副使提學。未履任,遭長史公之喪。服闋而感風病,積久不起矣。……君生成化甲辰十月十五日,卒嘉靖己丑十二月二十二日。年四十有六。娶羅氏、徐氏。羅封安人。長男山,徐出,娶陳氏;次川,國子生,羅出,娶馮氏。女三人,長適蔣、次適葉、次適馮。葬城西黄草山。"

《戴氏集》嘉靖二十七年刻本戴川跋:"先君子捐舍垂二紀矣。……易簀之會,遺孤不肖時僅十有一齡耳。"

孟洋《孟有涯集》卷十七《趙王左長史戴公墓誌銘》:"嘉靖七年七月二十八日,趙王左長史戴公卒。治命家人曰:'今世誌銘,每寡實,予死,甚毋遺我羞。'公仲子山東按察司提學副使冠,謀諸公之門人孟洋。孟洋曰:'先生茂德,匪言莫永,不可。'冠涕泣曰:'然知吾先君,莫如子。'……公體羸氣下,慊慊如庸懦人。然邁節抗義,勇不可奪。常語冠曰:'崇善如登,不可遜爾;遠貨如崩,不可近爾。'冠,户部員外,以言譴謫南海,公貽之書云:'是不汝事耶?勿我爲念!'"

仲鶡爲人含默不多言,識見邃卓。受業於何景明,論詩、取法亦似之,有宏邁峻峭處,而才學遜於何,或終傷婉弱。

樊鵬《樊氏集》卷十《戴君墓誌銘》:"君爲人含默不多言,而識見邃卓。於詩文谷迎縷解。……遭齟齬七年,業益光大。歷兩郡治平,民去後思之。……方君幼時,家貧,父子皆館於余家。與余同卧起，而君少長。一夕共卧，床下火忽起，君覺痛，走呼先大夫救火，得先太宜人舉水下火勢。余尚床卧，抱而投之院，乃寤。當是時，使非君蚤覺，兩人俱焚；使君覺而走辟不呼，余獨焚矣。君先貴，嘗云：‘及子貴而吾死，然幸誌銘我。’”

《戴氏集》卷前任良幹序：“取而誦之，格調古雅，詞意洪邁，有盛唐風。恨不逢時，相與上下其議論也。公出大復之門，妙契宗旨，故其形諸聲歌，播諸吟味，機軸自别於衆。”凌迪知《萬姓統譜》（明萬曆刻本）卷九十九：“戴冠，字仲鶡，信陽州人。正德戊辰進士，户部主事。言事謫驛丞。清修自勵，簡静以居。素位而行，累無怨尤。歷山東提學副使。師事大復何先生，有時名，其詩聲調宏邁，語意勁挺（按，原作“撫”，今從四庫本改），慷慨激烈，有古國士風。”朱彝尊《明詩綜》（清乾隆刻本）卷三十三選戴冠七首，評注曰：“俞汝成云：‘仲鶡聲調宏邁，語意勁拔，慷慨激昂有古國士風。’穆敬甫云：‘戴詩如丹崖緑水，澹然有味。’”

朱彝尊《静志居詩話》卷十：“仲鶡與仲默同鄉里，詩亦同調，謂之具體可爾。或言其五言律勝於仲默，豈篤論乎？”永瑢等《四庫全書總目》（中華書局 1965 年版）卷一百七十六《邃谷集》提要：“冠受業於鄉人何景明，詩亦似之。然景明詩雖風姿俊逸，而醖釀猶深。冠才學皆遜於師，而徒守其格調，殆所謂‘時女步春，終傷婉弱’者矣。”

李夢陽《空同集》（明嘉靖刻本）卷十二《九子咏九首》序：“九子者皆天下賢豪人。今乃合余，於孟氏之堂祖行也。慕義傷離，悵然有感，於前游作九子咏。”《戴進士仲鶡冠》：“南州實才窟，小戴亦横鶩。探鐶乃叨竊，對孔豈在屢。左右佩采薺，追趨信陽步。傾城在夙昔，贈我陸機賦。”按，李夢陽在開封陸續生活近二十五年。其作於正德三年的《九子咏》中七位是河南籍，信陽人即有戴冠、孟洋、馬録、樊鵬四人。戴冠亦受乃師何景明器重，李、何二人交厚。在

“前七子”的文學活動及交游圈中,戴冠自有其位置。關於李夢陽與河南詩人、詩壇的關係,可參看劉坡《李夢陽與明代中州詩壇》,《江西社會科學》2014 年第 9 期;郝潤華《李夢陽與中原作家交游考》,《中國文學研究》2018 年第 1 期。

按,仲鶡詩有聲調宏邁,語意勁拔處。如《贈甘惠州》《曉發》《憂國計疏》《聞捷》《天馬歌》等;亦有步趨乃師,或傷婉弱處,如《秋興八首》之類。然其所作頗能發乎真情,亹亹動人。如《六月二十六日出獄忽憶去年今日赴汴》《寄書》《立春日舟中題》《寄劉氏姊》《辭驛亭竹》等,寫一己哀樂,情思真摯,澹然有味。

頗究心藏書。著作宏富,散佚頗多。後人輯刻有《戴氏集》十二卷。

《戴氏集》卷十二《與樊少南》:“都下好書甚多,但僕俸入止足朝夕,不能更爲置書之資。而書之奇者,率十數兩一部。此僕之得所以不能十一也。然僕自五七年來,所積經傳僅有三,子史亦不下十餘家。古今詩集亦近數十人。勤力其中,亦必有可觀者。”

樊鵬《樊氏集》卷十《戴君墓誌銘》:“所著有《邃谷詩集》行于世。”

《戴氏集》戴川跋語謂:“夫先人玩心六籍,肆力百家,操觚染翰,以古文自濯磨。生平著述抑宏富矣。未幾抱志飲恨,中道告殂。……殘編弊篋,手澤猶新。第莫能大搜墜緒爲恨也。嘉靖己亥中,桂林南嶠公索稿梓之,凡三卷。維時速于就緒,未及盡録也。丁未,安厓張公以吉之名彦守申,公暇讀之,召川問曰:‘稿其盡是矣乎?’川謝曰:‘猶有一二之遺也。’公復問曰:‘吾其遂成之,可乎?’川再拜復謝。公取川之藏者,釐其序次,分爲十二卷。爰捐俸以梓之。夫先人久湮之志,幸不盡泯者,得二公而益闡。”

《戴氏集》卷首載嘉靖二十七年張魯序:“及視篆信陽,公物化已久。索其遺稿，僅二小帙，竊甚訝之。進其子汝濬問焉，對曰：'任公既刻之，後旁搜博采，日積月累，今惟倍矣。繕寫以待。'乃爲訂其訛舛，次其簡編，付諸梓人。……故公之遺稿也必刻之盡，而奏疏也爲之冠，庶乎其不差矣。昔西山真氏稱胡澹庵諫書可與日月争光，予於公亦云。樊公南溟之銘公也，亦盡載其疏而爲之傳，真足爲知言哉！"

《四庫全書總目》存《邃谷集》之目。《戴氏集》有嘉靖二十七年張魯刻本，詩文均收。卷一爲奏疏，卷二爲叙。卷三至卷九，分體收詩。卷十一爲詞，卷十二爲《天馬歌》《環溪賦》及銘、記、傳、書等。《四庫存目叢書》據之影印。又有光緒二十年刻本《戴邃谷先生集》十二卷及《附録》一卷，所附録爲戴冠、韓邦奇、顧可學等《西湖聯句》。《戴學憲集》一卷（俞憲《盛明百家詩》本）收戴冠詩賦一百餘首，間或有《戴氏集》中所未收者。《邃谷詞》一卷，近人趙尊岳從明刊集本中輯出。與《戴氏集》卷十一所録詞同，而偶有詞牌之异。

參考文獻：

1. 戴冠《戴氏集》，明嘉靖二十七年張魯刻本。

2. 樊鵬《樊氏集》，明嘉靖十三年刻本。

3. 孟洋《孟有涯集》，明嘉靖十七年刻本。

4. 文章修，張文海等纂《（嘉靖）增城縣志》，明嘉靖十七年刻本。

5. 韓邦奇《苑洛集》，明嘉靖刻本。

6. 何景明《大復集》，明嘉靖刻本。

（朱付利）